›Homer des Nordens‹ und ›Mutter der Romantik‹
Band 4

# ›Homer des Nordens‹ und ›Mutter der Romantik‹

James Macphersons *Ossian* und seine Rezeption
in der deutschsprachigen Literatur

Band 4

Kommentierte Neuausgabe wichtiger Texte
zur deutschen Rezeption

Herausgegeben von
Howard Gaskill und Wolf Gerhard Schmidt

Walter de Gruyter · Berlin · New York

♾ Gedruckt auf säurefreiem Papier,
das die US-ANSI-Norm über Haltbarkeit erfüllt.

ISBN 3-11-017937-7

*Bibliografische Information Der Deutschen Bibliothek*

Die Deutsche Bibliothek verzeichnet diese Publikation in der Deutschen
Nationalbibliografie; detaillierte bibliografische Daten sind im Internet
über http://dnb.ddb.de abrufbar.

Printed in Germany
Einbandgestaltung: Christopher Schneider, Berlin
Druck und buchbinderische Verarbeitung: Hubert & Co., Göttingen

# Vorbemerkung

Für die typographische Erfassung der in diesem Band enthaltenen Quellentexte (Drucke) danken wir Gisela und Gerhard Schmidt, für die Erstellung des Personenregisters Gisela und Carolin Schmidt. Die Handschriften wurden von den beiden Herausgebern transkribiert und mit freundlicher Genehmigung der angegebenen Institute und Bibliotheken abgedruckt. Darüber hinaus sei der Saarland Sporttoto GmbH für die Bewilligung eines großzügigen Druckkostenzuschusses gedankt und der Fernleihabteilung der Universität des Saarlandes für den unermüdlichen Einsatz bei der Beschaffung des relevanten Materials.

Edinburgh und Saarbrücken, im April 2004


Howard Gaskill und Wolf Gerhard Schmidt

# Inhaltsverzeichnis

## D.   Die philologisch-historische Rezeption: Texte und Kommentare zur Echtheitsfrage ................... 621

# A.  Die reproduktive Rezeption: Übersetzungen ossianischer Gedichte

# Darthula, ein Gedicht Ossians
## [anonyme deutsche Erstübersetzung] [1766].

[318] Mein Herr!

Der Greis hat viel Leser, die mit Monatsschriften, Journalen und andern Bü-
chern eben nicht in Bekanntschaft stehen, und welche daher auch von den
schönen Ueberbleibseln der alten schottischen Dichtkunst wenig dürften ge-
hört haben. Ich wünschte, daß Sie diesen Theil Ihrer Leser damit bekannt
machten, und zu dem Ende will ich Ihnen eine Uebersetzung von einem dieser
Lieder mittheilen. Es möchte aber wohl nöthig seyn, den Theil von Lesern, von
welchem ich hier rede, zu erinnern, daß die alten Celten, die sich über den gan-
zen westlichen Theil von Europa ausbreiteten, und von denen die [319] Fran-
ken, die Schotten und andre nordische Völker Abkömmlinge waren, ihre Bar-
den oder Dichter hatten, welche ihre Heldenthaten besangen. Von den Barden
der alten Deutschen ist uns nichts übrig geblieben. Die Sammlung, die Carl der
Große davon hatte machen lassen, ist verloren gegangen. Aber die Schotten,
die gleichfalls solche Dichter unter sich hatten, sind so glücklich, daß unter ih-
nen eine Sammlung eines ihrer berühmtesten Barden sich erhalten, dessen
Werke in England herausgegeben worden. Dieser Barde heißt *Ossian*, mag
ohngefähr gegen das Ende des dritten, oder im Anfange des vierten Jahrhun-
derts nach Christi Geburt gelebt haben, und war nicht nur ein Barde oder Dich-
ter, und in allen poetischen Künsten erzogen, sondern auch der Sohn Fingals,
eines der größten Prinzen seiner Zeit. Fingal regierte über ein sehr angesehenes
Gebiet, und hatte sich von den Spolien der römischen Provinz bereichert, und
durch seine Thaten und Siege groß gemacht. In der Poesie *Ossians* ist nichts
lustiges und [320] freudiges, sondern Feyerlichkeit und Ernst. Alle Begeben-
heiten darinnen sind ernsthaft. Er erhebt sich allezeit in das Gebiet des Großen
und Pathetischen. Wer den *Ossian* lesen will, muß ihn nicht geschwind und
überhin lesen, sondern mehr als einmal. Er ist so kurz, und so von Bildern voll,
daß das Gemüth sich anstrengen muß, ihn überall zu begleiten. Das Gedicht,
dessen Uebersetzung ich Ihnen mittheile, führet den Titel: *Darthula*.

[321] Es wird nicht unschicklich seyn, die Geschichte, welche Gelegenheit
zu diesem Gedichte gegeben hat, hier so mitzutheilen, wie sie durch die Tradi-
tion sich unter den Schotten erhalten hat. *Usnoth*, Herr von Etha, (vermuthlich
derjenige Theil von Argyleschire, welcher bey Loch Etha, einen Arm der See
in Lorn liegt;) hatte mit Slissama, der Tochter des Semo, und Schwester des

berühmten Cuchullins, drey Söhne gezeugt, Nathos, Althos und Ardan. Die
drey Brüder, die noch sehr jung waren, wurden durch ihren Vater nach Irrland
gesandt, um unter Cuchullin, welcher dort sehr angesehen war, den Gebrauch
der Waffen zu lernen. Sie hatten eben in Ulster gelandet, als die Nachricht vom
Tode Cuchullins ankam. Nathos nahm, obgleich noch sehr jung, das Com-
[322]mando über Cuchullins Heer, setzte sich dem Rebellen Cairbar entgegen,
und schlug ihn in verschiednen Schlachten. Doch da Cairbar endlich Mittel ge-
funden, den rechtmäßigen König Cormac umzubringen, zog sich das Heer des
Nathos zurück, und er selbst wurde genöthigt, nach Ulster zurückzukehren,
und von da nach Schottland überzuseegeln. *Darthula*, die Tochter des Colla,
wurde vom Cairbar geliebt, und wohnte zu der Zeit in Selama, einem Schlosse
der Provinz Ulster. Sie sah und liebte den Nathos, und floh mit ihm. Aber ein
Sturm, der sich auf der See erhob, trieb sie unglücklicher Weise nach dem
Theil der Küste von Ulster wieder zurück, wo Cairbar mit seinem Heere gela-
gert stand, und den Fingal erwartete, der gesonnen war, in Irrland einzudrin-
gen. Nachdem sich die drey Brüder eine Zeitlang mit der größten Tapferkeit
gewehrt hatten, wurden sie überwältigt und nieder gemacht, und die unglückli-
che Darthula tödtete sich selbst auf dem Leichnam ihres geliebten Nathos.

Ossian eröffnet das Gedicht in der Nacht vor dem Tode der Söhne Usnoths,
und läßt [323] das Vorhergegangne als Episoden erzählen. Er beschreibt den
Tod der Darthula anders, als die gemeine Tradition es mit sich bringt, doch ist
seine Erzählung die wahrscheinlichste, weil der Selbstmord in jenen frühen
Zeiten unbekannt gewesen zu seyn scheinet: wenigstens findet man keine Spur
davon in den alten Gedichten.

Dieses ist der Innhalt des Gedichts, dessen Uebersetzung sie ihren Lesern
mittheilen mögen, wenn es ihnen beliebt, um sie mit diesen schätzbaren Ueber-
bleibseln aus Zeiten, welche wir barbarisch zu nennen pflegen, bekannt zu ma-
chen. Ich bin u. s. w.

## Darthula, ein Gedicht Ossians.

Tochter des Himmels,[1] schön bist du! die Stille deines Antlitzes ist angenehm.
Liebenswürdig kommst du hervor; die Sterne begleiten deine blauen Schritte
im Osten. [324] Die Wolken erfreuen sich deiner Gegenwart, o Mond, und er-
hellen ihre dunkelbraunen Seiten. Wer ist dir im Himmel gleich, Tochter der
Nacht? Die Sterne sind beschämt vor dir, und wenden seitwärts ihre grünen
funkelnden Augen. – Wohin begiebst du dich von deinem Laufe,[2] wenn die

---

1   Die Anrede an den Mond ist außerordentlich schön im Original. Sie ist in einem lyrischen
   Syllbenmaaße, und wurde vermuthlich bey der Harfe abgesungen. [Mac.]
2   Der Dichter meynt den abnehmenden Mond. [Mac.]

Dunkelheit deines Angesichts zunimmt? Hast du deine Hallen, wie Ossian?
Wohnest du im Schatten der Betrübniß? Sind deine Schwestern vom Himmel
gefallen? Sind die, welche in der Nacht mit dir sich erfreuten, nicht mehr? Ja,
schönes Licht, sie sind gefallen, und du begiebst dich oft hinweg, über sie zu
trauern. – Aber du selbst wirst in einer künftigen Nacht dahin sinken, und dei-
nen blauen Pfad am Himmel verlassen. Die Sterne werden dann ihre grünen
Häupter empor heben; frohlocken werden die, welche in deiner Gegenwart be-
schämt waren.

Jetzt bist du mit Glanz bekleidet: o blick aus deinem Himmelsthron herab!
Zertheile die Wolken, o Wind, daß die Tochter der Nacht [325] herabschaue,
daß die rauhen Berg' erhellt werden, und der Ocean seine blauen Wellen im
Lichte rolle.

Nathos[3] ist auf der Tiefe, und Althos der Strahl der Jugend; Ardan ist bey
seinen Brüdern. Sie fahren dahin im Dunkel ihres Laufes. Die Söhne Usnoth
fahren dahin in Finsterniß, vor dem Zorn des wagenlenkenden[4] Cairbar.[5]

Wer ist jene finstre neben ihnen? Die Nacht hat ihre Schönheit bedeckt. Ihr
Haar seufzet im Winde des Ocean, ihr Gewand fließt in schwarzen Kreisen da-
hin. Sie gleicht einem schönen Himmelsgeiste, wenn er in trübe Nebel gehüllt
ist. – Wer ist es sonst als Darthula,[6] die erste der Töchter Erins? [326] Sie ist
der Liebe Cairbars entflohn, mit dem wagenlenkenden Nathos. Aber die Win-
de betrügen dich, o Darthula! und versagen deinen Seegeln das waldigte Etha.
Dieses, o Nathos! sind nicht deine Berge, dieß ist das Rauschen deiner steigen-
den Wellen nicht. Die Hallen Cairbars sind nahe: des Feindes Thürm' erheben
ihr Haupt. Ullin streckt sein grünes Haupt in die See, und Tuves Meerbusen
nimmt das Schiff auf. Wo waret ihr, Winde des Süden, als die Söhne meiner
Liebe betrogen wurden? Ihr spieltet auf der Ebne, und verfolgtet den Bart der
Distel. O hättet ihr in den Seegeln des Nathos gerauscht, biß die Hügel von
Etha sich erhoben hätten! Biß sie sich in ihren Wolken erhoben hätten, und ihr
kommendes Oberhaupt hätten sehn! Lange bist du abwesend gewesen, o Na-
thos, und der Tag deiner Zurückkunft ist vorbey.[7]

[327] Aber das Land der Fremden sah dich voller Reiz! Liebenswürdig
warst du in den Augen der Darthula. Dein Gesicht war dem Lichte des Mor-
gens, dein Haar dem Fittig des Raben gleich. Edelmüthig war deine Seel', und
hold, gleich der Stunde der untergehenden Sonne. Deine Worte waren der

---

3   Nathos bedeutet jung, jugendlich: Althos auserlesene Schönheit: Ardan Stolz. [Mac.]
4   Wagenlenkend, ein Beywort, welches Ossian jedwedem Heerführer beylegt. Im Englischen
    heißt es *carborne*, vom Wagen getragen, oder auf einem Wagen fahrend. D. Ue.
5   Cairbar, der den König von Irrland ermordete, und sich auf den Thron schwang. [Mac.]
6   *Dar-thula*, oder *Dart-huile*, eine Frau mit schönen Augen. Sie war die berühmteste [326]
    Schönheit des Alterthums. Der gewöhnliche Ausdruck, eine Frau wegen ihrer Schönheit zu
    loben, ist biß auf den heutigen Tag: sie ist schön wie Darthula. [Mac.]
7   Das ist, der Tag, den das Schicksal bestimmt hat. Wir finden keine Erwähnung der Gottheit
    in Ossians Gedichten, wenn das Schicksal keine ist. [Mac.]

Hauch des Rietgrases, oder der sanftgleitende Strom von Lora. Aber wenn die Wuth der Schlacht stieg, warst du wie das Meer im Sturme. Fürchterlich war der Klang deiner Waffen: Der Feind verschwand vor dem Schall deines Laufes.

Damals sah dich Darthula von der Spitze ihres bemoosten Thurms; von Selamas[8] Thurme, wo ihre Väter wohnten.

Liebenswürdig bist du, o Fremdling! sagte sie, denn ihre zitternde Seele hob sich: schön bist du im Streite, du Freund des gefallnen [328] Cormac.[9] Warum kamst du in deiner Tapferkeit daher gelaufen, Jüngling mit röthlicher Wange? Nur wenig sind deiner Hände in der Schlacht, gegen den wagenlenkenden Cairbar. O daß ich von seiner Liebe[10] möchte befreyt werden, daß ich mich der Gegenwart des Nathos möcht' erfreuen! – Gesegnet sind die Felsen von Etha, sie werden seine Schritte auf der Jagd, werden seinen weißen Busen sehen, wenn die Winde sein Rabenhaar emporheben.

Dieß waren deine Worte, Darthula, in den moosigten Thürmen Selamas. Jetzt aber ist Nacht um dich her, und die Winde haben deine Seegel betrogen. Die Winde haben deine Seegel betrogen, Darthula; lautheulend stürmen sie über dich hin. Halt ein, o Nordwind, halt einen Augenblick ein, und laß mich die Stimme der Schönen hören. Angenehm ist deine Stimme, Darthula, zwischen den brausenden Sturmschlägen.

Sind dieses die Felsen des Nathos? Ist dieß das Rauschen seiner Bergströme? [329] Kommt jener Lichtstraal von Usnoths nächtlicher Halle? Der Nebel windet sich um ihn her, und schwach ist der Straal; aber das Licht der Seele Darthulas ist der wagenlenkende Held von Etha! Sohn des edelmüthigen Usnoth, warum dieser gebrochne Seufzer? Sind wir nicht im Lande der Fremden, du Haupt des wiederhallenden Etha?

Dieses sind weder die Felsen des Nathos, antwortet' er, noch ist dieß das Rauschen seiner Ströme. Kein Lichtstraal kommt von Ethas Hallen, denn sie sind weit entfernt. Wir sind im Lande der Fremden, im Lande des wagenlenkenden Cairbar. Die Winde haben uns betrogen, Darthula; Ullin erhebt hier seine grünen Hügel. – Geh du nach der nördlichen Seite, Althos; laß deine Schritte, Ardan, längst der Küste seyn: daß der Feind nicht im finstern komm' und unsre Hoffnung nach Etha erlösche. Ich will nach jenem bemoosten Thurme gehen und sehen, wer um den Straal wohnt. – Ruh indessen am Ufer, Darthula, ruh in Frieden, du Lichtstraal! das Schwerdt des Nathos ist um dich her, gleich dem Blitze des Himmels.

---

8   Selama, schön von Ansehen, oder ein Ort mit einer angenehmen und weiten Aussicht. Man bauete in denen Zeiten die Häuser auf Anhöhen, um das Land herum übersehen zu können, und desto sicher vor einen Ueberfall zu seyn. Daher wurden viele Selama genannt. [Mac.]

9   Der junge Cormac, König von Irrland, der durch den Cairbar war ermordet worden. [Mac.]

10  Nämlich von der Liebe des Cairbar. [Mac.]

[330] Er gieng. Sie saß allein, und hörte das Wälzen der Welle. Aus ihrem Auge quillt eine starke Zähre: sie schaut nach dem wagenlenkenden Nathos. Ihre Seele zittert bey jedem Sturmschlag. Sie wendet ihr Ohr nach seinen Fußtritten. – Seine Fußtritte werden nicht gehört. – Sohn meiner Liebe, wo bist du? Das Heulen des Sturmwindes ist um mich her. Schwarz ist die wolkigte Nacht. Aber Nathos kommt nicht. – Was hält dich zurück, Heerführer von Etha? Haben die Feinde dem Helden im nächtlichen Kampfe begegnet?

Er kam zurück, aber sein Gesicht war finster: er hatte seinen abgeschiednen Freund gesehen, – Es waren die Mauren von Tura, und Cuchullins Geist wanderte dort. Die Seufzer seiner Brust waren häufig, die erloschne Flamme seiner Augen furchtbar. Sein Speer war eine Säule von Nebel: schwach und trübe blickten die Sterne durch seine Gestalt hindurch. Seine Stimme war gleich dem holen Winde in seiner Felsenhöle: er sprach Worte der Betrübniß. Die Seele des Nathos war traurig, wie die Sonn' an einem neblich[331]ten Tage, wenn ihr Antlitz wäßrigt und trüb ist.

Warum bist du traurig, o Nathos? sagte die reizende Tochter des Colla. Du bist eine Lichtsäule für Darthula: die Freud' ihrer Augen ist der Held von Etha. Wo hab ich einen Freund, außer Nathos? Mein Vater ruht im Grabe. Stillschweigen wohnt in Selama. Traurigkeit verbreitet sich über die blauen Ströme meines Landes. Meine Freunde sind mit Cormac gefallen: erschlagen sind die Mächtigen in der Schlacht von Ullin.

Der Abend lag finster auf der Flur. Die blauen Ströme verlohren sich aus meinen Augen. Der Hauch des Windes rauscht im Gipfel der Haine Selamas. Ich saß unter einem Baum auf dem Walle meiner Väter. Truthill gieng vor meiner Seele vorüber; der Bruder meiner Liebe, der abwesend war im Streit gegen den wagenlenkenden Cairbar.

Gestützt auf seinen Speer kam der grauhaarigte Colla. Sein niedergeschlagnes Gesicht ist finster, und Sorgen füllen sein Gemüth. Das Schwerdt ist an der Seite des Helden; der Helm seiner Väter auf seinem [332] Haupt. Die Schlacht wächst in seiner Brust. Er bemüht sich, die Zähren zu verbergen. Darthula, sagt er seufzend, du bist die letzte von Collas Geschlecht. Truthill ist im Streite gefallen. Der König[11] von Selama ist nicht mehr. Cairbar kommt mit seinen Tausenden gegen Selamas Mauren. Colla will seinem Stolze sich entgegen stellen, und seinen Sohn rächen. – Aber wo werd ich deine Sicherheit finden, Darthula, mit dem dunkelbraunen Haar! du bist reizend wie der Sonnenstraal des Himmels, und deine Freunde sind dahin.

Und ist der Sohn der Schlacht gefallen? sagt' ich mit einem aufsteigenden Seufzer. Hat Truthills edelmüthige Seele aufgehört über die Fluren hinzuleuchten? – Meine Sicherheit, Colla, ist in diesem Bogen. Ich habe gelernt die Rehe

---

11  Man findet sehr häufig in Ossians Gedichten, daß der Titel eines Königs jedwedem Heerführer beygelegt wird, der wegen seiner Tapferkeit berühmt war. [Mac.]

zu erlegen. Und ist Cairbar nicht wie der Hirsch der Wüste, Vater des gefall-
nen Truthill?

Das Gesicht des Alters wurde durch Freude erheitert, und häufige Thränen
flossen von sei[333]nen Augen herab. Die Lippen des Colla bebten, sein grau-
er Bart zitschert' im Winde. Du bist Truthills Schwester, sagt' er, und brennest
im Feuer seiner Seele. Nimm, Darthula, nimm diesen Speer, dieses metallne
Schild, diesen polirten Helm; ein Krieger trug sie ehemals, ein Sohn früher Ju-
gend.[12] Wenn der Tag über Selama heraufsteigt, wollen wir den wagenlenken-
den Cairbar aufsuchen. – Doch bleib du dem Arme des Colla nahe; bleib unter
dem Schatten meines Schildes. – Dein Vater konnte dich einst vertheidigen,
Darthula, jetzt aber ist das zitternde Alter auf seiner Hand. Die Stärke seines
Arms ist entwichen, und seine Seele mit Bekümmernissen umschattet.

Wir brachten die Nacht in Sorgen zu. Das Licht des Morgens gieng auf. Ich
erschien in den Waffen der Schlacht. Der grauhaarichte Held gieng voran. Die
Söhne Selamas versammelten sich um das tönende [334] Schild des Colla.
Aber wenig waren ihrer auf der Ebne, und ihre Locken waren grau. Die Jüng-
linge waren mit Truthill gefallen, in der Schlacht des wagenlenkenden Cairbar.

Gefährten meiner Jugend, sprach Colla, nicht also habt ihr mich in den
Waffen gesehn: nicht also gieng ich in den Streit, da der große Confadan fiel.
Aber ihr seyd mit Traurigkeit beladen, – die Finsterniß des Alters kommt
gleich dem Nebel der Wüste. Mein Schild ist durch die Jahre abgenützt: mein
Schwerdt ist an seinem Ort bevestigt.[13] Ich sage zu meiner Seele: dein Abend
wird ruhig, und dein Abschied einem ausgehenden Lichte gleich seyn. Aber
der Sturm ist zurückgekommen. Ich bin gebeugt, wie ein bejahrter Eichbaum.
Meine Zweige sind abgefallen, und ich zittre auf meiner Stelle. Wo bist du mit
deinen gefallenen [335] Helden, o mein wagenlenker Truthill? Du antwor-
test nicht aus deinem dahin fahrenden Winde, und die Seele deines Vaters ist
traurig. Aber ich will nicht länger traurig seyn. Cairbar muß fallen, oder Colla.
Ich fühle die zurückkommende Stärke meines Armes; mein Herz hüpft beim
Getöse der Schlacht.

Der Held zog sein Schwerdt. Die glänzenden Klingen seines Volks straal-
ten umher. Sie giengen längst der Ebne, ihr graues Haar strömet im Winde.

---

12   Um die Bewaffnung der Darthula wahrscheinlich zu machen, gibt der Dichter ihr die Rüstung
     eines Jünglings; sonst würde man schwerlich glauben können, daß sie, da sie noch sehr jung
     war, im Stande seyn sollte, solche Waffen zu tragen. [Mac.]

13   Es war in jenen Zeiten gebräuchlich, daß jeder Krieger, wenn er gewisse Jahre erreicht hatte,
     oder zum Kriege untüchtig geworden war, seine Waffen in der großen Halle bevestigte, wo
     der ganze Stamm sich bey freudigen Gelegenheiten zum Schmause versammelte. Wann dieß
     geschehen, so erschien er niemals mehr in der Schlacht, und diese Stufe des Alters nannte
     man die Zeit der Bevestigung der Waffen. [Mac.]

Cairbar saß beym Fest in der stillen Ebne von Lona.[14] Er sah die Ankunft der Helden, und rief seine Heerführer zur Schlacht.

Warum sollt ich dem Nathos erzählen,[15] wie der Kampf der Schlacht gestiegen sey? Ich [336] habe dich in der Mitte von Tausenden gesehn, gleich dem Straal des himmlischen Feuers; er ist schön, aber schrecklich. Das Volk fällt in seinem rothen Laufe. – Der Speer des Colla traf, denn er erinnerte sich der Schlachten seiner Jugend. Ein Pfeil kam mit seinem Klang, und durchbohrte die Seite des Helden. Er fiel auf sein ertönendes Schild. Meine Seele fuhr in Schrecken zusammen. Ich breitete meinen Schild über ihn. Man sah meine klopfende Brust. Cairbar kam mit seinem Speer, und sah das Mägdchen von Selama. Freude verbreitete sich auf sein dunkelbraunes Gesicht; er hielt den gezückten Stahl zurück. Er errichtete das Grabmaal des Colla, und brachte mich weinend nach Selama. Er sprach die Worte der Liebe, aber meine Seele war traurig. Ich sah die Schilde meiner Väter, und das Schwerdt des wagenlenkenden Truthill. Ich sah die Waffen der Verstorbnen, und Thränen waren auf meiner Wange. Dann kamst du, o Nathos, und der finstre Cairbar floh. Er floh wie der Geist der Wüste vor dem Morgenstraal. Sein Heer war entfernt, und schwach war sein Arm gegen deinen Stahl.

[337] Warum bist du so traurig? sagte die reizende Tochter des Colla.[16]

Ich hab in meiner Jugend die Schlacht aufgesucht, erwiederte der Held. Mein Arm konnte den Speer nicht heben, als zuerst die Gefahr entstand; aber meine Seel erheiterte sich im Kriege, wie das schmale grüne Thal, wenn die Sonn ihre Straalen heruntergießt, ehe sie ihr Haupt in einem Sturme verbirgt. Meine Seel erheiterte sich in Gefahr, eh ich die Schöne von Selama sah; eh ich dich sah, gleich einem Sterne, der in der Nacht über dem Hügel scheint; langsam schleicht sich die Wolke heran, und bedroht das reizende Licht.

[338] Wir sind im Lande der Feinde, und die Winde haben uns betrogen, Darthula. Die Stärke unsrer Freunde ist entfernt, die Berge von Etha sind weit. Wo werd ich deinen Frieden finden, Tochter des mächtigen Colla! Die Brüder des Nathos sind tapfer, auch hat sein eignes Schwerdt in der Schlacht geschienen, aber was sind die Söhne Usnoths, gegen das Heer des wagenlenkenden

---

14 Lona, eine sumpfichte Ebne. Es war in den Tagen Ossians gebräuchlich, nach einem Siege zu schmausen. Cairbar hatte eben seinem Heer eine Mahlzeit bereiten lassen, nachdem er Truthill, den Sohn des Colla, und die übrige Partey Cormacs geschlagen, als Colla mit seinen bejahrten Kriegern ankam, ihm Schlacht zu liefern. [Mac.]

15 Der Dichter vermeidet die Beschreibung der Schlacht von Lona, weil sie in dem Munde eines Mägdchens unschicklich seyn, und nach den vielen Beschreibungen dieser Art aus seinen andern Gedichten nichts neues enthalten würde. Zugleich giebt er der Darthula Anlaß, ihren Liebhaber auf eine feine Art zu loben. [Mac.]

16 Ossian pflegt am Ende der Episoden die Worte zu wiederholen, womit er sie eingeleitet. Dieß bringt den Leser zur Hauptgeschichte des Gedichts zurück. [Mac.]

Cairbars. O hätten die Winde deine Seegel gebracht, *Oscar*,[17] König der Män-
ner! Du versprachst zu den Schlachten des gefallnen Cormac zu kommen.
Dann würde meine Hand stark seyn, gleich dem flammenden Arme des Todes.
Cairbar würd' in seinen Hallen zittern, und Friede die liebenswürdige Darthula
umgeben. Aber warum sinkst du, meine Seele? Noch können Usnoths Söhne
siegen. – Und sie werden siegen, o Nathos, sprach die sich hebende Seele des
Mägdchens; nie wird Darthula die Hallen des finstern Cairbar sehn. Gieb mir
jene metallene Waffen, die im Lichte dieses vor[339]beyziehenden Meteores
schimmern: ich seh sie im schwarzbrüstigen Schiffe. Darthula wird der eiser-
nen Schlacht entgegen gehen. – Geist des edlen Colla! seh ich dich auf jener
Wolke? wer ist der finstre neben dir? Es ist der wagenlenkende Truthill. Soll
ich die Hallen desjenigen sehn, der Selamas Haupt erschlug? Nein? Geister
meiner Liebe! ich will sie nicht sehn.

Freude zeigte sich im Antlitz des Nathos, als er das weißhalsigte Mägdchen
hörte. Tochter Selamas! du leuchtest auf meine Seele. Komm mit deinen Tau-
senden, Cairbar! die Stärke des Nathos ist zurückgekehrt. Und du, o bejahrter
Held, Usnoth! du sollst nicht hören, daß dein Sohn geflohen sey. Ich erinnere
mich deiner Worte in Etha, da meine Seegel sich zu heben begonnen, als ich
sie gegen Ullin ausbreitete, gegen die bemoosten Mauren von Tura. Du gehst
zum König der Schilde, o Nathos, so sprach er zu Cuchullin, dem Haupte der
Männer, der nie vor Gefahren floh. Laß deinen Arm nicht kraftlos, deine Ge-
danken nicht von der Flucht seyn; es möchte sonst der Sohn Semo sagen,
Ethas [340] Geschlecht sey schwach; seine Worte möchten vor Usnoth kom-
men, und in der Halle seine Seele betrüben. – Zähren waren auf seiner Wange
– Er gab dieß glänzende Schwerdt.

Ich kam nach Turas Meerbusen, aber die Hallen waren öde. Ich blickt' um-
her, und niemand war da, mir vom Heerführer Dunswichs Nachricht zu geben.
Ich gieng zur Halle seiner Schaalen, wo die Waffen seiner Väter hiengen. Aber
die Waffen waren fort, und der bejahrte Lamhor[18] saß dort in Thränen.

Von wannen sind die stählernen Waffen? sagte der aufstehende Lamhor.
Lang' ist das Licht des Speeres von Turas dunkeln Mauren abwesend gewesen.
– Kommt ihr von der rollenden See? oder von den traurigen Hallen Temo-
ras?[19]

Wir kommen von der See, sagt' ich, von Usnoths erhabenen Thürmen. Wir
sind die [341] Söhne der Slis-sama,[20] der Tochter des wagenlenkenden Semo.
Wo ist der Heerführer von Tura? Sohn der schweigenden Halle! doch warum

---

17    Oscar, der Sohn Ossians, hatte lange einen Feldzug in Irrland gegen den Cairbar beschlossen,
     weil dieser den Cathol, Oscars Freund ermordet hatte. [Mac.]

18    *Lamh-mhor*, mächtige Hand. [Mac.]

19    *Temora* war der königliche Pallast der obersten Könige von Irrland. Er wird hier traurig ge-
     nannt, wegen des Todes Cormacs, der durch den Anführer Cairbar ermordet worden. [Mac.]

20    *Slis-seamha*, sanfter Busen. Sie war die Gemahlinn des Usnoth. [Mac.]

sollte Nathos fragen? ich seh deine Thränen. Wie fiel der Mächtige? Sohn des einsamen Tura!

Lamhor antwortete: Er fiel nicht wie der stille Stern der Nacht, wenn er durch die Finsterniß herabschießt und verschwindet. Nein! er war gleich einem Luftzeichen, das in ein fernes Land niederfällt; Tod begleitet seinen feurigen Lauf; seine Erscheinung bedeutet Krieg. – Traurig sind die Ufer des Lego, und das Rauschen des strömichten Lara! dort fiel der Held, Sohn des edlen Usnoth!

Gewiß fiel der Held mitten im Morden, sagt' ich mit einem aufsteigenden Seufzer. Seine Hand war stark im Kriege; hinter seinem Schwerdte war der Tod.

Wir kamen an die traurigen Ufer des Lego. Wir fanden sein erhabnes Grabmaal. Seine Gefährten im Kriege sind dort, und die Barden vieler Gesänge. Drey Tage trauerten [342] wir über den Helden: am vierten schlug ich das Schild des Caithbet. Freudig versammelten sich die Helden um mich herum, und schwenkten ihre strahlenden Speere.

Corlath, der Freund des wagenlenkenden Cairbar, war uns nahe mit seinem Heer. Wir kamen wie ein Strom in der Nacht, und seine Helden fielen. Das Volk im Thale sah, da es aufstand, ihr Blut im Morgenlichte. Aber wir rollten weiter, gleich Kränzen von Nebel, nach Cormacs wiederschallender Halle. Wir zuckten die Schwerdter den König zu vertheidigen. – Aber Temoras Hallen waren leer. Cormac war in seiner Jugend gefallen; der König von Erin war nicht mehr.

Traurigkeit ergriff die Söhne Ullins; sie zogen langsam und finster zurück; gleich Wolken, die lange mit Regen gedroht haben, und endlich hinter dem Hügel sich senken. Kummervoll giengen die Söhne Usnoths nach dem schallenden Meerbusen von Tura. Wir giengen bey Selama vorbey, und Cairbar entwich, wie der Nebel des Lano, wenn die Winde der Wüsten ihn vor sich her treiben. Damals sah [343] ich dich, o Mägdchen, gleich dem Sonnenlicht' in Etha. Reizend ist dieser Straal, sagt' ich, und gedrängte Seufzer stiegen aus meiner Brust empor. Du kamst in deiner Schönheit, Darthula, zu dem traurigen Heerführer von Etha. – Aber die Winde haben uns betrogen, o Tochter des Colla, und der Feind ist nahe!

Ja! der Feind ist nahe! sagte die rauschende Stärke des Althos.[21] Ich habe den Klang ihrer Waffen auf der Küste gehört, und die schwarzen Kraise der Fahne von Erin gesehn. Cairbars Stimm' ist vernehmlich, und laut wie der fallende Strom von Cromla. Er hat das schwarze Schiff auf der See bemerkt, eh die trübe Nacht herabkam. Sein Volk wacht auf der Ebne von Lena, und schwenkt zehn tausend Schwerdter.

---

21  Athos kam eben von der Küste von Lena zurück, wohin ihn Nathos bey einbrechender Nacht gesandt hatte. [Mac.]

Und laß sie zehn tausend Schwerdter schwenken, sagte Nathos lächelnd.
Nie werden die Söhne des wagenlenkenden Usnoth in Gefahr erzittern. Warum
treibst du allen [344] Schaum deiner Wellen umher, du brüllende See von
Ullin? Warum brauset ihr auf euren schwarzen Fittigen, ihr pfeifenden Stürme
des Himmels? – denkt ihr, o Winde, daß ihr den Nathos auf der Küste zurück-
haltet? Nein! seine Seele hält ihn zurück, Kinder der Nacht! – Althos! bring
meines Vaters Waffen: du siehst sie im Sternenlichte glänzen. Bring den Speer
des Semo;[22] er steht im schwarzbrüstigen Schiffe.

Er brachte die Waffen. Nathos bekleidete seine Glieder mit ihrem glänzen-
den Stahle. Der Gang des Helden ist voll Anmuth; die Freude seiner Augen
furchtbar. Er sieht sich um nach der Ankunft Cairbars. Der Wind säußelt in
seinem Haar. Darthula ist neben ihm stillschweigend. Ihr Blick ist auf den Hel-
den gerichtet. Sie bestrebt sich, den aufstei[345]genden Seufzer zu verbergen,
und zwey Thränen schwellen in ihren Augen.

Althos! sagte der Heerführer von Etha, ich seh eine Höhle in jenem Felsen.
Dahin führe Darthula, und laß deinen Arm stark seyn. Ardan! wir suchen den
Feind auf, und rufen den finstern Cairbar zur Schlacht. O möcht' er in seinem
tönenden Stahle kommen, sich dem Sohne Usnoth entgegen zu stellen! – Dar-
thula! wenn du gerettet wirst, sieh nicht auf den fallenden Nathos. Erhöhe dei-
ne Seegel, o Althos, nach den wiederschallenden Hainen von Etha. Sage dem
Heerführer,[23] daß sein Sohn rühmlich fiel, daß mein Schwerdt den Streit nicht
scheuete. Sag' ihm, ich fiel in der Mitte von Tausenden, und laß die Freude
seiner Betrübniß groß seyn. – Tochter des Colla! rufe die Jungfrauen zu den
wiederschallenden Hallen von Etha. Laß ihre Lieder vom Nathos sich erheben,
wenn der schattigte Herbst zurückkehrt. – O möchte die Stimme von Cona[24]
zu meinem Lob' erschal[346]len! dann würde mein Geist sich erfreuen, in der
Mitte meiner Berglüfte.

Und meine Stimme soll dich preisen, Nathos! Heerführer des waldigten
Etha! Ossians Stimme soll zu deinem Lob' erschallen, Sohn des großmüthigen
Usnoth! Warum war ich nicht auf Lena, da die Schlacht angieng? Dann hätte
Ossians Schwerdt dich vertheidigt, oder er selbst wäre gefallen.

Wir saßen dieselbe Nacht in Selma rings um die Stärke der Schalen. Der
Wind war draußen in den Eichen: der Berggeist[25] heulte. Ein säußelnder
Hauch fuhr durch die Halle, und berührte sanft meine Harfe. Der Klang war

---

22    Semo war der Großvater des Nathos von mütterlicher Seite. Der Speer, dessen hier gedacht
      wird, war dem Usnoth bey seiner Vermählung gegeben worden. Denn es war damals ge-
      bräuchlich, daß der Vater der Braut seine Waffen dem Schwiegersohne geben mußte. Die bey
      dieser Gelegenheit üblichen Ceremonien werden in andern Gedichten beschrieben. [Mac.]
23    Usnoth. [D. Ue.]
24    Ossian, der Sohn Fingals, wird oft poetisch *die Stimme von Cona* genannt. [Mac.]
25    Durch den Berggeist wird das tiefe und melancholische Getöse verstanden, welches vor dem
      Sturme hergeht, und denen, die in Gebürgen wohnen, sehr gut bekannt ist. [Mac.]

traurig und schwach, wie der Gesang des Grabes. Fingal hört' ihn zuerst, und die gehäuften Seufzer seiner Brust stiegen empor. – Einige meiner Helden sind danieder, sagte der grauhaarigte König von Morven. Ich höre den Todeston auf der Harfe meines Sohnes. [347] Ossian! rühre die tönende Sayte; gebeut dem Kummer sich zu verbreiten, daß ihre Geister freudig mögen fliegen nach den waldigten Hügeln von Morven.

Ich rührte die Harfe vor dem Könige: der Klang war traurig und schwach. – Beugt euch vorwärts aus euren Wolken, so sagt' ich, Geister meiner Väter, o beugt euch herunter! Legt ab das feurige Schrecken eures Laufes, und empfangt den fallenden Helden; er mag von einem fernen Lande kommen, oder aus der rollenden See heraufsteigen. Lasset sein Kleid von Nebel nahe seyn, und seinen aus einer Wolke gebildeten Speer. Bevestiget an seiner Seite ein halb erloschenes Meteor, in der Gestalt des Schwerdtes des Helden. Und o! lasset Anmuth in seinem Gesichte seyn, daß seine Gegenwart seine Freunde entzükke! Beugt euch vorwärts aus euren Wolken, so sagt' ich, Geister meiner Väter, o beugt euch herunter!

So war mein Lied in Selma, bey der schwachbebenden Harfe. Aber Nathos war [348] auf der Küste von Ullin, von der Nacht umschlossen. Er hörte die Stimmen der Feinde, unter dem Brausen wälzender Wellen. Schweigend hört' er ihre Stimmen, und ruht' auf seinem Speer.

Der Morgen gieng auf mit seinen Straalen: die Söhne Erins erschienen. Wie graue Felsen mit dichten Bäumen bewachsen, so längst der Küste breiteten sie sich aus. Cairbar stand in der Mitten, und grimmlächelte, da er den Feind sah.

Nathos sprang vorwärts in seiner Stärke, auch konnte Darthula nicht zurückbleiben. Sie kam mit dem Helden, und hob ihren glänzenden Speer. Und wer sind diese, in voller Rüstung, im Stolze der Jugend? Wer sonst als die Söhne Usnoth, Althos und Ardan mit schwarzen Haar?

Komm, sprach Nathos, komm, du Haupt des hohen Temora! Laß uns auf der Küste beyde kämpfen, um das Mägdchen mit weißem Busen. Die Völker des Nathos sind [349] nicht bey ihm; sie sind jenseits der rollenden See. Warum bringst du deine Tausende gegen den Heerführer von Etha? Du flohest vor ihm in der Schlacht, da seine Freunde ihn umgaben.

Jüngling mit dem Herzen des Stolzes! soll der König von Erin mit dir fechten? Deine Väter waren weder unter der Zahl der Berühmten, noch von den Königen der Männer. Sind die Waffen der Feinde in ihren Hallen? oder die Schilde alter Zeiten? Cairbar ist berühmt in Temora; er ficht mit geringen Männern nicht.

Die Thräne entstürzt dem wagenlenkenden Nathos; er blickt auf seine Brüder. – Mit eins flogen ihre Speere, und drey Helden lagen gestreckt. Dann blitzen ihre erhabene Schwerdter; es weichen die Glieder von Erin, wie eine Reihe schwarzer Wolken vor dem plötzlichen Winde weicht.

Da rief Cairbar sein Volk an, und sie faßten tausend Bogen. Tausend Pfeile flogen: [350] die Söhne Usnoth fielen. Sie fielen wie drey junge Eichen, die ganz allein auf dem Hügel standen; der Wandrer sah die schönen Bäume, und wunderte sich, wie sie so allein gewachsen wären; der Hauch der Wüste kam in der Nacht, und streckt' ihre grünen Häupter zur Erde: den folgenden Tag kam der Wandrer wieder, aber sie waren verwelkt, und die Heide war kahl.

Darthula stand in stillem Gram, und sah ihren Fall. Keine Thräne ist in ihrem Aug', aber eine wilde Betrübniß in ihrem Blick. Blaß ist ihre Wange; aus ihren zitternden Lippen bricht ein halbgestammletes Wort hervor; ihr schwarzes Haar fliegt im Winde. – Aber der finstre Cairbar kam. Wo ist nun dein Geliebter? Der wagenlenkende Heerführer von Etha? Hast du die Hallen Usnoths gesehn? oder die dunkelbraunen Hügel Fingals? Meine Schlacht hätte in Morven gebrüllt, wären die Winde der Darthula nicht zuwider gewesen. Fingal selbst hätte müssen erliegen, und Kummer würd' in Selma wohnen.

[351] Darthulas Schild fiel ihr vom Arm. Man sah ihren Busen von Schnee. Man sah ihn, aber er war mit Blut befleckt, denn ein Pfeil stach in ihrer Seite. Sie fiel auf den gefallnen Nathos, wie ein Kranz von Schnee. Ihr schwarzes Haar bedeckt ihr Gesicht, und beyder Blut vermischt sich rund umher.

Tochter des Colla! du bist dahin! sagten die hundert Barden des Cairbar. Stillschweigen ist bey den blauen Strömen von Selama, denn Truthills[26] Geschlecht ist vergangen. Wenn wirst du in deiner Schönheit aufstehn, du erste der Jungfrauen Erins? Dein Schlaf ist lang im Grabe, und der Morgen weit entfernt. Die Sonne wird nicht zu deinem Bette kommen, und sagen: erwache, Darthula! erwache, du erste der Frauen! die Frühlingsluft ist draußen; die Blumen schütteln ihre grünen Häupter auf den Hügeln; sanft wallen die wachsenden Blätter des Waldes. Geh fort, o Sonne! die Tochter [352] des Colla schläft. Sie will nicht in ihrer Schönheit hervorkommen; sie will nicht einher wandeln in den Schritten ihrer Anmuth.

So war der Barden Gesang, als sie das Grabmaal errichteten. Seitdem hab' ich über dem Grabe gesungen, da der König von Morven kam; da er nach dem grünen Ullin kam, mit dem wagenlenkenden Cairbar zu streiten.

---

26  Truthill war der Stammvater des Geschlechts der Darthula. [Mac.]

# [187] Carthon [übersetzt von Michael Denis] [1768].[1]

Eine Geschicht der verflossenen Zeit! Die Thaten der Vorwelt! –
Lora! das Rauschen von deinen Gewässern erwecket Erinnrung
Lange geschehener Dinge. Der Wald von Garmallars Höhen
Säuselt mir lieblich ins Ohr. Malvina! dort raget ein Felsen.
Nimmst du den büschigten Gipfel nicht wahr? Mit Aesten voll Jahre
Hangen drey Fichten darüber, und unten am Fusse des Felsen
Grünet ein schmäleres Feld. Dort wachsen die Blumen des Berges,
Schütteln am Winde die silbernen Blühten. Auch einsame Disteln
Legen dort reifende Bärte von sich. Zur Hälfte versunken
Zeigen zween Steine die moosigte Stirne. Die Thiere der Höhen
Weiden da niemal herum. Sie sehen den düsteren Schatten,
Welcher die Gegend bewacht;[2] denn nächst am Felsen im engen
Grunde, da liegen, o Tochter von Toscar! die Starken im Schlummer. –
Eine Geschicht der verflossenen Zeit! Die Thaten der Vorwelt!
   Fernher vom Lande der Fremden wer kömmt? in Mitte von seinen
Tausenden? Helleste Schimmer der Sonne bestralen die Pfade
[188] Seiner Ankunft, ihm fliegen die Lüfte von seinen Gebirgen
Kräuselnd ins Haar. Die Züge des Krieges verliessen sein Antlitz,
Seelenruhe nahm wieder es ein. So blicket auf Conas
Schweigende Thäler ein Stral des Abends aus westlichen Wolken. –
Comhals Erzeugter der ist es! der König gewaltiger Thaten![3]
Seines Vaterlands Hügel erblickt er, erblickt sie mit Freude,
Winket den Barden, und Barden zu tausend erheben die Stimme:

Söhne ferner Länder!
Ueber eure Felder
   Nahmet ihr die Flucht.

---

1   Der Stoff dieses Gedichtes ist der anziehendste in der ganzen Sammlung, und vielleicht ist
    auch kein Plan besser angeleget. Ich will die Aufdeckung der Schönheiten dem Herzen des
    Lesers überlassen. Niemand ist geschickter dazu. *Ces.*
2   Man glaubte zu selber Zeit: die Thiere sahen die Geister der Abgestorbnen. Noch heut zu
    Tage, wenn Thiere ohne erscheinender Ursache plötzlich auffahren, wähnt der Pöbel, es wäre
    ihnen ein Geist vorgekommen. *Mac.*
3   Fingal kömmt hier von einer Streife wider die Römer zurück, welchen Ossian mit einem be-
    sondern Gedichte besungen hat. Der Uebersetzer hat es in Händen. *Mac.*

Euer Weltbeherrscher
Sitzt in seiner Halle,
   Hört von eurer Flucht;
Seines Stolzes Augen
Glühen auf. Er fasset
   Seiner Väter Schwert. –
Söhne fremder Länder!
Ueber eure Felder
   Nahmet ihr die Flucht.

Also sangen die Barden heran, und die Thore zu Selmas
Hallen thaten sich auf. Den Fremden entrissene Fackeln[4]
Flammten unzählbar empor in Mitte des Volkes. Das Gastmahl
[189] Goss sich umher, und Freude verkürzte die nächtlichen Stunden.
Itzo begann der schönlockigte Fingal: wo bleibet der edle
Clessamor? er der Gefährt von meinem Vater, am Tage
Meines Frohlockens? Im Thale des rauschenden Lora verlebt er
Gramvoll und düster sein Leben. – Doch seht! er steiget vom Hügel
Aehnlich dem munteren Wiehrer; erblickt er im luftigen Felde
Seine Gefährten, dann schüttelt er glänzende Mähnen am Winde.[5] –
Clessamors Seele die sey mir gesegnet! was hielt dich so lange
Ferne von Selma? Du kehrest, o Führer! versetzt' er: in Mitte
Deines Ruhmes. So kam von seinen Jugendgefechten
Comhal dein Vater zurück. Oft schifften wir über den Carun
In die Gebiethe der Fremden, und unsere Schwerter die kehrten
Trunken vom Blute der Feinde. Dem Herrscher der Erde gelangs nicht
Unsertwegen zu jauchzen. – Allein ich denke vergebens
Meiner Jugend Gefechte! Mein Haar ist ergrauet. Die Rechte
Clessamors meistert nun nicht mehr den Bogen, wie vormal. Den schweren
Lanzen entsaget mein Arm. O dass ich die Freudigkeit hätte,
Die mich belebte, dann als ich das Fräulein mit zärtlichem Busen,
Als ich Moina[6] die Tochter der Fremde mit schwarzblauen Augen
Itzo das erstemal sah! Der mächtige Fingal versetzte:
Clessamor! gib uns Bericht von deinen blühenden Jahren!

---

[4]   Glaublich *Wachskerzen*. Denn von diesen geschieht öfter Meldung unter der übrigen Beute
      aus dem römischen Antheile Britanniens. *Mac.*

[5]   Homer sagt vom Pferde im 6 B. der Ilias:
                        *Vom Zaume befreyet*
      *Irrt er durch Felder, und stampft, und brüstet sich munter. Sein Nacken*
      *Strebet empor von Mähnen umflogen*, u. s. f.
      Und Virgil im 11 B. der Aeneis:
      *Brausend empört er den Nacken, geberdet sich muthig. Die Mähnen*
      *Spielen den Hals und die Schenkel hinunter. Mac.*

[6]   Auch die *britischen* Namen in diesen Gedichten sind vom Celtischen. Ein Beweis, dass man
      einst auf der ganzen Insel ebendieselbe Sprache redete. *Mac.*

[190] Hohe Betrübniss umwölkt dir den Geist, wie Nebel die Sonne.
Kränkend sind deine Gedanken, und stumm und menschenfeindlich
Ist am rauschenden Lora dein Sitz. Erzähl' uns den Kummer
Deiner Jugend, o Freund! und was dir dein Leben verfinstert.
   Frieden beherrschte das Land: so gab ihm zurücke der edle
Clessamor:[7] als sich mein Schiff Balcluthas thürmenden Mauern[8]
Nahte. Mein Segel erfüllten die Winde mit mächtigem Hauchen,
Und mein düsterer Kiel gewann die Gestade des Clutha.[9]
Reuthamirs Hallen die nahmen mich auf, da blieb ich drey Tage,
Sah sie die Tochter des Würths, den Schimmer der Schönheit. Die Muscheln
Kreiseten fröhlich umher, und endlich erhielt ich vom greisen
Helden die Schöne, den Busen so weiss, wie Schaum auf der Welle,
Leuchtend, wie Sterne, das Aug, die Locken, wie Rabengefieder,
Edel und fühlend das Herz. Ich brannte vor Liebe. Die Seele
Ward mir erweitert von inniger Lust. Indessen erschien er,
Der um Moinen auch warb, ein Krieger der Fremde; gewaltig
Sprach er im Saale von sich, fuhr immer zur Klinge: Wo ist denn:
Sprach er: der mächtige Comhal, der unstät auf Haiden herumstreift?[10]
[191] Kömmt er mit seinen Geschwadern heran, weil dieser so kühn ist? –
Krieger! versetzt' ich: von eigenem Feuer entbrennt mir die Seele.
Sind sie schon ferne die Starken, auch unter Tausenden steht dir
Clessamor furchtlos. Hier bin ich allein; diess macht dich verwägen;
Aber Fremdling! mir zittert zur Seite das Eisen, und wünschet
Ungeduldvoll in der Rechten zu blitzen![11] Schweig, schimpfe mir Comhal
Nicht mehr, du Sohn des schlänglichten Clutha! – Sein wildester Hochmuth
Flammte nun auf. Wir fochten. Er stürzte mir unter der Schneide.
Cluthas Gestade vernahmen den Fall, und Lanzen zu tausend
Glänzten auf einmal. Ich stritt; doch waren die Feinde zu zahlreich;
Schwimmend erreicht' ich mein Schiff, empörte die weisslichten Segel,
Lief in den blaulichten Ocean aus. Da sah ich Moinen
An dem Gestade. Sie folgte mit Augen von Thränen geröthet.
Winde durchwühlten ihr finsteres Haar. Ich hörte sie jammern,
Suchte mein Fahrzeug zu wenden; umsonst! Die Winde von Osten

---

7   Die Erzählung Clessamors ist zwar in sich selbst schon vortrefflich; aber man wird dieses
    noch mehr am Ende des Gedichtes empfinden. Der Leser wird durch sie unvermerkt von al-
    lem unterrichtet, was nothwendig war ihn zum Ausgange der Handlung vorzubereiten. *Ces.*
8   Balcluthta ist glaublich das *Alcluth* des Beda. *Mac.*
9   So hiess auf celtisch der Fluss Clyde. Und dieser Namen enthält eine Anspielung auf seinen
    *schlänglichten* Lauf. Von Clutha machten die Lateiner *Glotta. Mac.*
10  Im Englischen ist: *The restless Wanderer*, und im Originale *Scuts* ein schimpflicher Namen,
    den die Briten den Caledoniern gaben wegen ihren immerwährenden Einfallen in fremde Ge-
    biethe. Die Römer haben das Wort *Scoti* daraus gebildet. *Mac.*
11  So *wünschen* beym Homer im 15 B. der Ilias die Lanzen Körper zu verletzen. *Ces.*

Schlugen mich weg. Ich habe dich nicht mehr, o Clutha! dich nicht mehr,
Dunkelgelockte Moina! gesehn. – Nicht lange, so starb sie.
Ihren Schatten den hab ich erkannt. Am rauschenden Lora
Kam er in düsterer Nacht, und glich dem Monde, der eben
Wiedergebohren den drängenden Nebel durchäugelt, wenn itzo
Schnee vom Himmel herunter in flockigte Wände sich aufhäuft,
Und die verstummende Welt in Finsternisse gehüllt steht.[12]
[192] Sänger! beginnt das Lob der zährenwerthen Moina!
Nahm der erhabene Fingal das Wort: und ladet mit euren
Liedern auf unsere Berge den Geist, damit er hier ruhe
Unter die Schönen von Morven gemenget, die Sonnenstralen
Lange verflossener Tage, die Lust der Gebiether der Vorwelt.[13]

Auch ich, ich sah dich, Balclutha!
Doch lagst du zur Erde gefället;[14]
Schon hatte das prasselnde Feuer
   Durch deine Gewölbe geherrscht.

Der stummen entvölkerten Wüste,
Nicht Stadt mehr, glichst du, Balclutha!
Vom Schutte zerfallener Vesten
   War selbsten der Clutha verdrängt.

Einsiedlerisch wankten am Winde
Die Diesteln, und sauste der Mooswuchs.
Am Fenster erblickt' ich die Füchse
   Vom Grase der Mauer umwallt.

[193] Ach! öd ist die Kammer Moinens!
In ihrer Väter Gemächern
Herrscht Schweigen! O Sänger, beginnet
   Den Fremden ein klägliches Lied!

---

[12]  So heisst im 6 B. der Aeneis vom Aeneas und dem Geiste der Dido:
         *Durch düstre*
      *Schatten nahm er sie wahr. So sieht man zuweilen durch Nebel,*
      *Oder man glaubet den Neumond zu sehen.*

[13]  Hier kömmt Fingaln ein Enthusiasmus an. Die irländischen Geschichtschreiber, sagt H. Mac-
      pherson: rühmen ihn wegen seines poetischen Talentes, wegen seiner Vorsicht künftiger
      Dinge, und wegen seiner gesetzgeberischen Klugheit. O' Flaherty saget, dass Fingals Gesätze
      noch zu seinen Zeiten vorhanden gewesen seyn.

[14]  Die folgende Beschreibung kann man vergleichen mit Isai. 13 c. 21 v. wo der Prophet den
      Untergang Babels vorsagt, und mit 34 c. 53 v. wo von den Ruinen Idumäens die Rede ist.
      *Mac.*

Nur, dass sie vor uns noch vergiengen;
Denn einstens vergehen wir alle! –
Du Sohn der geflügelten Tage!
   Was nützt dir ein stolzes Gebäu?

Heut schaust du von deinem Gethürme;
Bald kommen die Stürme der Wüste,
Durchheulen die räumigten Hallen,
   Umsausen den älternden Schild.[15] –

Sie kommen! Berühmt ist mein Leben!
Es dauert in Schlachten das Denkmaal
Von Fingals Arme. Mein Namen
   Der steiget in Liedern empor.

Auf! singet uns, lasset die Muscheln
Herumgehn! Es halle mein Gastmaal
Vom Jauchzen! – O Sonne des Himmels!
   Sprich! wirst du wohl einmal vergehn?

[194] Denn soll dein Lauf sich einst enden,
Du mächtige Quelle des Lichtes!
Und scheinst du, wie Fingal, nur Jahre,
   So bleibet mein Nachruhm nach dir.

Also sang Fingal am Tage der Freude. Den Stühlen entfuhren
Tausend Barden der Stimme des Königs zu lauschen. Nicht ungleich
War sie den Tönen der Harfe von Frühlingslüften getragen. –
Deine Gedanken wie lieblich, o Fingal! ich konnte die Stärke
Deines Geistes nicht erben von dir! Du stehest, o Vater!
Immer allein, und wer hoffet dem Herrscher von Morven zu gleichen! –
   Itzo war unter Gesängen die Nacht vergangen. Der Tag schien
Ueber die Freude der Helden. Die grauen Häupter der Berge
Zeigen sich schon, die blaulichte Stirne des Oceans lächelt.
Ferne bemerkt man die schäumende Welle. Sie bricht sich an Klippen.
Langsam steiget vom See der düstere Nebel, und schwebet
Ueber die schweigenden Flächen heran zum Greisen gebildet.
Seine Riesengestalt in Mitte der Lüfte von einem
Geiste getragen erreichte die Burg von Selma, da schmolz er
Endlich in Güsse von Blut.[16] Der Herrscher von Morven allein wars,
Welcher das schreckliche Nebelbild sah, den Bothen des Todes
Seinem Volke. Nun kömmt er zur Halle, die Lanze des Vaters
Haschet er schweigend. Es rasselt sein Panzer. Die Führer bemerkens,

---

[15]  Die Waffen der Vorältern wurden in den Sälen und Gewölben aufgehangen.
[16]  Ein ähnliches Gesicht sandte Zevs dem Agamemnon, als er sich im 11 B. der Ilias zur
     Schlacht rüstete. *Ces.*

Raffen sich auf, und betrachten einander verstummet, und blicken
Immer nach Fingal, und sehen die Schlacht auf seinem Gesichte,
[195] Sehen auf seinem Gewehre den Tod von rüstigen Schaaren.
Schilde zu tausenden werden auf einmal ergriffen, und Schwerter
Blinken zu tausenden. Selma wird hell, und ertönet von Waffen.
Fürchterlich heulen von ihrem Gelieger die graulichten Doggen.
Aber die Starken verlieren kein Wort. Ein jeglicher Ausblick
Haftet an Fingal, und schon, schon werden die Speere gebäumet.
    Söhne von Morven! begann der Gebiether: die Zeit ist vorüber
Nochmal die Muschel zu füllen. Ein finsteres Kriegesgewitter
Zeucht sich auf uns, und unsere Gränzen befleugt das Verderben.
Eben gab mir ein freundlicher Schatten vom Feinde die Nachricht.
Ueber die dunkel sich wälzenden Fluten erscheinen die Fremden,
Weil sich das Vorbild von unserem Unheil' aus Wassern emporhub.
Strecket die Rechten zur wichtigen Lanze,¹⁷ die Klingen der Väter
Gürtet euch an, bedecket die Schläfe mit finsteren Helmen,
Und mit erglänzenden Panzern die Brust. Wie Donnergewölke,
Sammelt und häuft sich die Schlacht. Nicht lange, so werdet ihr selbsten
Rings um euch her das grässliche Brüllen des Todes vernehmen.
    Itzo bewegt sich der Held vor seinen Geschwadern, und gleichet
Einer dichteren Wolke mit Feuer des Himmels beschwänzet;
Nacht ists, wenn sie den Himmel heraufdräut, dem Schiffer ein Zeichen
Nahender Stürme. Nun steht auf Conas Höhen der Heerzug.
Selmas Töchter erheben ihr Aug, und sehen ihn dastehn
Aehnlich dem Walde. Sie sehen ihn vor den Tod der geliebten
[196] Jünglinge, blicken mit Ahnung aufs Meer aus, und wähnen in jeder
Weisslichten Woge die kommenden Segel zu finden, und weinen.
    Aber nun stralte die Sonne schon über die Fluten. Wir wurden
Einer Flotte von ferne gewahr. Wie Nebel vom Meere
Kamen die Fremden. Die Jugend ersprang schon das Ufer. Ihr Führer
Schien, wie der Hirschmann in Mitte der Heerde. Mit Golde beschlagen
Blitze sein Schild. Er that sich hervor der Gebiether der Lanzen
Voll von Hohheit, die Schritte nach Selma gerichtet. Ihm folgten
Seine Tausende. Mache dich auf: sprach Fingal: o Ullin!
Mit dem Friedengesange zum Herrscher der Klingen, und sag' ihm:
Mächtig sind wir im Krieg', und zahlreich sind die Schatten
Unserer Hasser; doch jene sind namhaft, die Fingal in seinen
Hallen bewürthet. Sie zeigen in fernen Gebiethen die Waffen
Meiner Väter.¹⁸ Der Sohn des Fremden besieht sie mit Wunder,

---

17    So heisst es Jerem. 46 c. 3 v. *Bereitet Schilde – bedecket euch mit Helmen, glättet die Lanzen,*
      *und zieht den Harnisch an.* Und im 2 B. der Ilias:
          *Jeglicher schwinge den Spiess, und jeglicher fasse den Schild an!*

Segnet die Freunde von Morvens Geschlechte; denn unseren Namen
Nennen die Länder umher. Ihn haben der Erde Gebiether
Unter dienstbaren Völkern gehöret, und haben gezittert.
   Ullin mit seinem Gesange gieng hin. Indessen stand Fingal
Von dem Speere gestützt. Er sieht ihn in seinem Geschmeide
Seinen gewaltigen Feind, und segnet den Züchtling der Fremde:
   Sohn des Meeres! begann der Gebiether des waldigten Morven:
Trefflich bist du! Der Staal an deinem Gehänge der blitzet
Tapferkeit aus. Der Fichte, die Stürmen entgegen sich pflanzet,
[197] Gleichet dein Spiess, und dein Schild an Breite dem ändernden Monde.
Wie es so roth ist dein jugendlich Antlitz! wie sanft sie sich ringeln
Deine Locken! – Doch kannst du verwelken, o Blume! doch kann sich
Selbst dein Gedächtniss verlieren mit dir! – Die Tochter des Fremden
Würde dann trauren, kein Aug vom wallenden Meere verwenden,
Mutter! wir sehen ein Schiff! so würden die Kinder ihr ruffen:
Dass es vielleicht den König Balcluthas[19] uns brächte! dann stiegen
Eilende Thränen der Mutter ins Aug, und ihre Gedanken
Wären in jenen versenkt, der itzt in Morven den Tod schläft.
   Also der König. Indess kam Ullin zum tapferen Carthon,
Legte zur Erde den Spiess, und stimmte das friedliche Lied an:

Komm zu Fingals Feste,
   Komm, o Sohn des Meers!

An des Königs Mahle
   Nimmst du lieber Theil,
Oder schwingst du lieber
   Feindlich deinen Speer?

Unsrer Feinde Schatten,
   Wisse, die sind viel.
Aber Morvens Freunde
   Sind berühmt und gross.

[198] Sieh aufs Feld, o Carthon!
   Wo der Hügel grünt,
Wo bemooste Steine
   Manches Kraut umrauscht.

Ueberwundne Feinde
   Fingals liegen dort
Auch verwägne Söhne
   Des empörten Meers.

---

18   Die alten Schotten wechselten mit ihren Gästen die Waffen. Man behielt sie lange Zeit auf
     zum Zeichen der Freundschaft, die einst zwischen den Vorältern obwaltete. *Mac.*
19   Kann es Fingal hier schon wissen, dass Carthon der König von Balclutha ist?

        Komm zu Fingals Feste,
            Komm, o Sohn des Meers!

Sänger des waldigten Morven! was sagst du? versetzete Carthon:
Schein' ich dir etwa zum Kampfe noch schwach? entstellet mein Antlitz
Blässe der Furcht? o du Sohn des Friedengesanges! und denkst du
Mit der Erzählung von jenen, die fielen, den Geist mir zu trüben?
Meine Rechte die wies sich in Schlachten. Mein Ruhm ist verbreitet.
Suche dir feigere Krieger! Sie werden sich Fingaln ergeben,
Wenn du gebeutst. Wie? sah ich denn nicht Balclutha zerstöret?
Und ich gienge zu feyern? ich? mit dem Sohne von Comhal?
Warf nicht Comhal den Brand in meiner Väter Gebäude?
Ach noch war ich ein Kind! zwar sah ich die Thränen der Mädchen;
Aber ich wusste nicht, wie es geschah. Die Säulen des Rauches,
Welche von meinem Gemäuer sich huben, gefielen dem Auge;
Lächelnd blickt' ich noch immer nach selben, als itzo die Meinen
Längs des Hügels entflohn. Doch als ich zum Jünglinge reifte,
Ach da fiel mir das Moos von meinen zertrümmerten Vesten
In das Gesicht, da strömten mir Seufzer mit jeglichem Morgen,
[199] Zähren mit jeglicher Nacht. Ich dachte: wie? werd' ich die Söhne
Meiner Feinde nicht suchen zum Kampfe? Ja! kämpfen, o Barde!
Kämpfen will ich! es pocht mir die Brust vom Heldengefühle!
    Itzo verdicken sich Schaaren um Carthon. Auf einmal entfliegen
Ihre glänzenden Schwerter der Scheide. Den flammenden Säulen
Steht er nicht ungleich in Mitte der Führer. Ihm zittern im Auge
Thränen. Er denket den Schutt Balcluthas noch einmal, und jedes
Seelenvermögen empört sich in ihm. Er blicket des Hügels
Abhang hinauf, von welchem die Waffen der Mächtigen Fingals
Niederstralten; so, wie er sie schwinget, so bebet die Lanze.
Vorwärts scheint er geneigt dem Könige selbsten zu dräuen.
    Soll ich dem Helden: sprach Fingal bey sich: schon itzo begegnen?
Soll ich ihn hemmen in Mitte der Laufbahn, noch eh sich sein Ruhm schwingt?
Aber wenn einstens am Grabe von Carthon ein Barde der Nachzeit
Sagte: den tapferen Carthon zu fällen zog Fingal mit allen
Seinen Tausenden aus? – Nein! Barde der Nachzeit! so sollst du
Niemal ihn schänden den Namen von Fingal! Dem Jünglinge setz' ich
Meine Versuchten entgegen. Ich werde der Kämpfenden Zeug seyn.
Sieget der Feind, dann fall' ich auf ihn mit ganzem Vermögen,
Gleich dem Gebrause des strömenden Lora. – Wer wagt es, ihr Helden!
Wider den Sohn des wogigten Meeres der erste zu treffen?
Stark ist sein eschener Speer, und häufig am Ufer sein Streitvolk.
    Cathul erhub sich der erste voll Muths. Ihn hatte der tapfre
Lormar erzeuget. Ihm zogen zur Seite dreyhundert Gefährten,

[200] Seines wässrichten Heimats Geschlecht.[20] Doch war er mit Carthon
Nicht zu vergleichen. Er stürzte zur Erde. Die Seinen entwichen.
    Nun kömmt Connal[21] den Hügel herunter den Kampf zu erneuern;
Aber ihm springt die gewichtige Lanze zu Trümmern. Gebunden
Liegt er im Felde. Der Sieger verfolget die Flüchtlinge Connals.
    Clessamor! ruffet der König von Morven: wo bleibet der Nachdruck
Deines Speeres? wie? kannst du noch sehen auf Connal in Banden?
Deinen Connal, am Strome des Lora? Geh, schwing dich im Blitze
Deines Staales empor, du Freund von Comhal! Balcluthas
Jüngling empfinde die ganze Gewalt des Blutes von Morven![22]
    Clessamor hebt sich im ganzen Vermögen der Waffen, er schüttelt
Seine grauenden Locken, belastet die Linke mit seinem
Schilde. Nun bricht er hervor auf seinen bewiesenen Muth stolz.
    Hoch stand Carthon am büschigten Hügel, und sah ihn herannahn;
Liebte die fürchterlichheitere Miene, das Feuer bey greisen
Haaren, und sprach: Erheb' ich den Spiess, der jedesmal tödtet?
Oder such' ich vielmehr durch friedenrathenden Anspruch
[201] Diesem vieljährigen Krieger das Leben zu fristen? – Voll Hoheit
Ist sein älternder Schritt, und liebenswürdig der Ausgang
Seiner Tage. – Vielleicht ist er der Geliebte Moinens,
Er mein Vater. Oft hab ich gehöret: es pfläge mein Vater
An dem Gestade des strömenden Lora zu wohnen. Er sprach es.
Und sein Gegner war nah, und stiess mit geschwungener Lanze
Nach dem Jüngling'. Er fieng mit seinem Schilde den Stoss auf,
Und dann sprach er mit friedsamen Worten zu Clessamor also:
    Sage mir, Krieger mit grauenden Locken! gebricht es an Jugend
Deinem Gebiethe die Lanze zu schwingen? und bist du nicht Vater,
Dass ein gefälliger Sohn den schirmenden Schild dir erhübe,
Dass er dem Arme der Jugend für dich entgegen sich setzte?
Starb dir vielleicht die geliebteste Gattinn? und starb sie nicht, etwa
Sitzt sie bethränet am Grabe der Kinder?[23] O sage mir, Krieger!
Bist du wohl einer, dem Menschen gehorchen? und – solltest du fallen,
Wird er gross seyn der Ruhm von meinem Staale? – Das wird er!
Schwülstiges Herz! Mein Muth ist beruffen: versetzte der hohe
Clessamor: aber mein Namen ward niemal dem Gegner entdecket.[24]

---

20  Aus dieser Stelle kann man schliessen, dass die *Clanen* schon zu Fingals Zeiten eingerichtet
    waren; obwohl ihre Beschaffenheit anders gewesen seyn mag, als der itzigen *Zünfte* in Nord-
    schottland. *Mac.*
21  Dieser Connal ist von seiner Weisheit und Tapferkeit in den alten Gedichten sehr berühmt.
    Noch ist im nördlichen Schottland eine kleine Zunft, die sich für seine Abkunft ausgiebt.
    *Mac.*
22  Fingal weis hier noch nicht, dass Clessamor Carthons Vater sey. *Mac.*
23  Carthon glaubt: Clessamor suche vor Betrübniss den Tod.

Meersohn! ergib dich, dann sollst du vernehmen, wie manches Gefilde
Meiner Tapferkeit Spuren bewahret. – O König der Lanzen!
Ich mich ergeben? so nahm es des Jünglings empfindlicher Stolz auf:
[202] Niemal bin ich gewichen! auch ich focht öfter in Schlachten,
Focht und erblickte das Bild von meinem werdenden Ruhme.
Herrscher der Menschen! verachte mich nicht! Mein Arm ist geprüfet,
Stark ist mein Speer. Du kehre viel lieber zu deinen Gefährten.
Jüngeren Helden gebühret die Bahn. Dein schimpfliches Mitleid:
Fiel ihm Clessamor ein mit schmelzendem Auge: verwundet
Meine Seele zu tief! Mir schwächet das Alter die Faust nicht.
Immer vermag sie den Staal noch zu schwingen. In Fingals Gesichte
Heisst du mich fliehen? in meines Geliebten Gesichte? – Noch bin ich
Niemal geflohen! – Empöre, du Meersohn! die spitzige Lanze!
    Und sie begannen den Kampf. So ringen die Woge zu wälzen
Widrige Winde. Doch fehlte der Speer von Carthon. Er wollt' es;
Immer glaubt' er: es könnte sein Gegner der Gatte Moinens
Endlich noch seyn. Nun brach er dem Alten die blitzende Lanze,
Fieng ihm das leuchtende Schwert, und war schon bemüht ihn zu fässeln;
Clessamor aber entblösste den Dolch der Väter, ward Carthons
Wehrloser Seite gewahr, und that sie durchstochen dem Tod' auf.[25]
    Fingal hatte gesehn, dass Clessamor hinsank. Er eilet
In dem Getöne der Waffen herunter. Da breitet sich Schweigen
Ueber das Heer in seinem Gesichte; nicht einer verwandte
Von dem Gebiether das Aug. Er gleicht im Kommen dem dumpfen
[203] Laute des Sturmes, noch ehe die Winde sich heben. Im Thale
Nimmt ihn der Jäger gewahr, und suchet die deckende Bergkluft.
    Carthon stand und bewegte sich nicht. Von der offenen Seite
Sprudelte Blut. Er bemerket den König, der nahte. Sein Herz hebt
Schmeichelndes Hoffen sich Ruhm zu gewinnen;[26] doch bleich ist sein Antlitz,
Los ist sein Haupthaar, es sinket ihm unter dem Helme der Nacken,

---

[24]   Seinen Namen dem Gegner offenbaren war in dieser Heldenzeit eine sichtbare Ablehnung
    des Gefechtes; denn, wenn es sich ergab, dass einst zwischen den Vorältern der Partheyen
    Freundschaft gewesen sey, so hörte der Kampf von Stund an auf, und das alte Vernehmen
    wurde erneuert. Daher hiess ehedem ein Feiger im Schimpfe: *ein Mensch, der den Gegnern
    seinen Namen sagt.* Mac.

[25]   Clessamor hatte sich nicht ergeben, sondern wehrte sich noch, ob ihn gleich Carthon für
    überwunden hielt, und wie sollte nicht der ganze Stolz eines alten Kriegers rege werden,
    wenn er sich von einem Jünglinge fast bemeistert sieht; daher ist Clessamors Betragen nicht
    als ein Verrätherstreich, sondern als eine Vertheidigung anzusehen, die nicht wider die
    Kriegsgesätze läuft. Mac.

[26]   Dieser Ausdruck ist doppelsinnig: entweder dass Carthon berühmt zu werden hoffet durch
    Fingals Fall, oder durch seinen eigenen von Fingals Hand. Da er bereits verwundet ist, ist das
    letzte glaublicher. Mac.

Jegliche Kraft ist dahin; nur bleibt ihm noch immer der Muth treu.
   Fingal erblicket den blutenden Führer, und wendet die Lanze,
Die schon gefällt war: Ergib dich, o König der Schwerter! dein Blut fleusst!
Also rufft er: Dein Muth ist im Kampfe bewiesen. Es wird sich
Niemal verdunkeln dein Ruhm. – Ach bist du jener beruffne
König? versetzte der Jüngling zum Wagen gebohren: ach bist du
Jene Flamme des Todes, der Schrecken der Erdegebiether? –
Doch warum frag' ich? Ich seh dich ja selbsten, wie Ströme der Wüste,
Stark, wie der Gang der Gewässer, und schnell, wie der Adler des Himmels. –
Hätt' ich nur immer gestritten mit dir, so klänge mein Namen
Hoch im Gesange der Nachwelt, so könnte der Waidmann einst sagen,
Wenn er mein Grabmaal ersieht: Er kämpfte mit Fingal dem hohen. –
Aber nun scheidest du ruhmlos, o Carthon! Es hat dein Vermögen
Sich nur an Schwachen erschöpft. – Nein! ruhmlos wirst du nicht scheiden!
Sagte der König des waldigten Morven: o Carthon! der Barden
Fingals sind viel. Sie senden ihr Lied zur Nachwelt. Die Kinder
Künftiger Zeiten die werden den Namen von Carthon vernehmen,
Wenn sie den lodernden Eichstamm umsitzen, und unter Gesängen
[204] Voriger Alter die Nächte verfliegen.[27] Einst lässt sich der Waidmann
Nieder ins Gras, dann schwätzt ihm ein Lüftchen zum Ohre, dann schaut er,
Findet den Hügel, wo Carthon erlag, und zeiget dem Sohne
Jene Stätte, wo Mächtige kämpften, und saget: Hier focht einst
Schrecklich, wie tausend vereinigte Flüsse, der König Balcluthas.
   Freude verstreuet sich auf dem Gesichte des Jünglings. Er richtet
Nochmal die brechenden Augen empor, beut Fingaln sein Schwert an,
Dass es im Saale von Selma verbleibe des fürstlichen Jünglings
Ewiges Denkmaal. Die Schlacht war geschieden; schon hatte der Sänger
Längs der Gefilde das Lied des Friedens gesungen. Die Führer
Häufen sich itzund heran, umstehen den sterbenden Carthon,
Ihre Seufzer begleiten sein letztes Abschiedstammeln;
Schweigend, auf Lanzen gestützt so stehn sie, vernehmen Balcluthas
Helden. Sein Haar fleugt säuselnd am Winde. Die Stimme wird immer
Unvernehmlicher. Also beginnt er: In Mitte der Laufbahn
Bin ich, o König von Morven! dahin! – Kein väterlich Grabmaal
Wird mir zu Theil – im Lenze von meinem Leben – dem letzten
Keime von Reuthamirs edlem Geschlechte! – Nun hüllet Balcluthas
Finsterniss ein, und ächzende Schatten ergehn sich in Crathmo.
Aber am Ufer von Lora, wo meine Väter einst wohnten,

---

27  Es ist noch nicht lange, dass man in Nordschottland aufgehöret hat an den Feyertagen einen
    dicken Eichenstamm zu brennen, welchen man auch: *the trunk of the Feast* nannte. Die Zeit
    hatte diesen Gebrauch so ehrwürdig gemacht, dass der Pöbel nicht ohne Gewissensangst da-
    von abstand. *Mac.*

Helden! erhöht mein Gedächtniss! – Vielleicht, dass der Gatte Moinens,
Wenn er noch lebt, dem Geiste von seinem erblichenen Carthon
Eine Thräne doch schenkt! – Des Sterbenden Worte durchbohrten
[205] Clessamors Herz. Er erstummt, fällt über den Sohn hin. Dem ganzen
Heere wird es itzt finster. Kein Laut ist in Loras Gefilden.
Also fand sie die Nacht. Der Mond entwölkt sich in Osten,
Blicket herab auf die Fläche des Jammers, und sieht sie noch starren,
Aehnlich dem schweigenden Forste, der Gormals Höhen begipfelt,
Wenn ihn nun nicht mehr die brausenden Winde bestürmen, und itzo
Ueber unfreundliche Felder mit seinen Nebeln der Herbst liegt.
    Und man beklagte die Leiche von Carthon drey Tage; den vierten
Starb sein Vater. Sie liegen im engen Grunde des Felsen
Itzo beysammen. Ein düsterer Schatten beschützet ihr Grabmaal.
Oefter erscheint hier die zarte Moina. Wenn über dem Felsen
Sonnenstralen sich brechen, und dämmernde Kühlung im Thal' ist,
Lässt sie, Malvina! sich sehn; doch nicht, wie die Töchter des Hügels.
Fremd ist ihr Putz,[28] und sie wandelt allein. – Den König betrübte
Carthons Geschick. Er geboth den Barden den Tag zu bezeichnen,
Wenn sich die Nebel des Herbsts nun wieder uns nahten. Die Barden
Zeichneten öfter den Tag, und sangen zum Lobe des Helden:

    Wer kömmt vom Toben
        Des Oceans,
    So stürmisch, wie die Wolken
        Des dunklen Herbsts?

    [206] Wer brüllt heran
    Auf Loras düstrer Haide,
        Den Tod in seiner Hand,
    Und Feuerstralen in dem Auge?

    Ich kenn' ihn! Carthon ists der Fürst der Schwerter! –
        Wie fällt das Volk!
        Betrachte seinen Schritt!
    Er gleicht dem Schreckengeiste Morvens. –

    Doch ach! hier liegt der Eichen schönste
    Von einer gähen Windsbraut ausgewurzelt! –
        Balcluthas Herzenswonne!
    Wann, königlicher Jüngling! stehst du wieder auf?

    Wer kömmt vom Toben
        Des Oceans,
    So stürmisch, wie die Wolken
        Des dunklen Herbsts?

---

28    Denn sie war eine Britinn.

Also klagten die Barden am Tage des Leides. Ich stimmte
Traurig darein, und fügte Gesang zu Gesange. Die Seele
War mir um Carthon beklemmt. In Tagen des Muthes da fiel er! –
Und du, Clessamor! welche Gebiethe der Lüfte bewohnst du?
Hat er die Wunde vergessen der Jüngling! befleugt er die Wolken
Itzo mit dir? – Ich fühle die Sonne, Malvina! Zu ruhen
Kömmt mir die Lust; dass etwa die beyden vertraulichen Schatten
Meine Träume besuchen. Schon ist mir, als hört' ich ein leises
[207] Lispeln. Der Schimmer des Himmels beleuchtet noch immer mit Freude,
Jüngling Balcluthas! dein Grab. Ich fühle den wärmenden Einfluss.

Die du hieroben dahergehst, und gleichest an Ründe dem Schilde
Meiner Väter! o Sonne! wer gab dir die Stralen? woher quillt
Dieses dein ewiges Licht? In majestätischer Schönheit
Kömmst du von Osten, da schwinden am Himmel die Sterne, da taucht sich
Blass und frostig der eilende Mond in die westlichen Fluten,
Und du wandelst allein am einsamen Himmel, und niemand
Folget der wandelnden. Eichen entrollen den Bergen. Die Berge
Mindern sich unter dem Alter; der Ocean bläht sich, und sinket,
Selbsten das Mondlicht verliert sich hieroben. Du gleichest aus allen
Immer dir selbst, und jauchzest[29] in deinem erleuchteten Laufe.
Zaget in finsteren Wettern die Welt, und hört sie der Donner
Rollen, und sieht sie das Kreuzen der Blitze, dann schaust du von Wolken
Deiner Schönheit gewiss, verachtend auf Wetter herunter.
Aber auf Ossian schaust du vergebens! Sie leuchten ihm nicht mehr
Deine Stralen ins Aug, nicht, wenn dein göldenes Haupthaar
Oestliche Wolken beströmt, nicht wenn du vom westlichen Thore
Funkelst. Doch bist du vielleicht wohl gar mir ähnlich, o Sonne!
Auch der Vergänglichkeit Kind, und wirst du dein Alter auch einstens
Enden, dann schlafen in Wolken, und nicht mehr hören den Morgen,
Wenn er dich rufft! – O so brauche mit Freuden indess das Vermögen
Deiner Jugend. Das Alter ist düster und unhold, und gleichet
[208] Blässeren Stralen des Monds, der unter zerstreutem Gewölke
Ungewiss blinzet.[30] Es lagern sich Nebel am Hügel. Durch Ebnen
Raset der Nord. In Mitte des Weges erstarret der Wandrer.

---

[29] *Sie frohlocket, wie ein Ries, ihren Weg zu laufen.* 18 Psalm. 47 v. *Ces.*
[30] So heisst es im 6 B. der Aeneis:
*Ein Wandrer durchirret*
*Also die Wälder am trüglichen Lichte des dämmernden Mondes.*

## [66] Die Gesänge von Selma
## [übersetzt von Johann Wolfgang Goethe] [1771].

Stern der niedersinckenden Nacht! Schön ist dein Licht im Westen! Du hebest dein lockiges Haupt aus deiner Wolcke: ruhig wandelst du über deinen Hügel. Was siehst du nach der Ebne? Es ruhen die stürmischen Winde. Das Murmeln der Ströme kommt aus der Ferne. Brüllende Wellen klettern den entlegenen Felsen hinan. Die Fligen des Abends schweben auf ihren zarten Schwingen, das Summen ihres Zug's ist über dem Feld. Wo nach blickst du, schönes Licht? Aber du lächlest und gehst. Fahrewohl du schweigender Stral. Dass das Licht in Ossians Seele heraufsteige.

Und es steigt herauf in seiner Stärcke. Ich sehe meine verschiedenen Freunde. Ihre Versammlung ist auf Lora, wie in den Tagen die vorüber sind. Fingal kömmt wie eine wässrige Säule von Nebel; seine Helden sind um ihn her. Und sieh! Die Sänger der Lieder; grauhariger Ullin! ansehnlicher Ryno! Alpin mit der melodischen Stimme! und die sanfte Klage von Minona! O wie habt ihr euch verändert, meine Freunde, seit den festlichen Tagen von Selma, da [67] wir wetteiferten wie Lüffte des Frühlings, sie fliegen über den Hügel und beugen wechselnd das sanftlispelnde Gras. Minona trat hervor in ihrer Schönheit, mit niedergeschlagenem Blick und weinendem Auge. Schwer flossen ihr die Locken am Wind, der nur manchmal vom Hügel her sties. Die Seelen der Helden wurden trüb, da sie die liebliche Stimme erhub; denn offt hatten sie das Grab Salgars gesehen, und die dunckle Behausung der weisbusigen Colma. Colma blieb allein auf dem Hügel mit ihrer melodischen Stimme. Salgar hatte versprochen zu kommen, aber die Nacht stieg rings umher nieder. Hört die Stimme von Colma da sie allein sas am Hügel.

*Colma.*

Es ist Nacht; – Ich binn allein verlohren auf dem stürmischen Hügel. Der Wind braust zwischen dem Berge. Der Wasserfall sausst den Felsen hinab. Keine Hütte nimmt mich vorm Regen auf. Ich bin verlohren auf dem stürmischen Hügel.

Tritt, o Mond! hervor hinter deiner Wolcke; Sterne der Nacht, erscheint. Ist denn kein Licht das mich führe zum Platz wo mein Liebster ausruht von der Mühe der Jagd! Sein Bogen neben ihm ohngespannt. Seine Hunde schnobend um ihn her. Aber hier muss ich allein sitzen, an dem Felsen des mosigen Stroms. Und der Strom und der Wind sausst, und ich kann nicht hören die Stimme meines Geliebten.

[68] Und wie, mein Salgar, wie, der Sohn des Hügels, hält sein Versprechen nicht? Hier ist der Felsen und der Baum, und hier der wilde Strom. Du versprachst mit der Nacht hier zu seyn. Ach! wohin ist mein Salgar gangen. Mit dir wollt ich meinem Vater entfliehn; mit dir meinem stolzen Bruder. Unsre Stämme sind lange schon Feind, aber wir sind nicht Feinde, o Salgar.

Ruh eine Weile, o Wind! Strom, sey eine Weile still, dass meine Stimme über die Haide schalle, und mich mein Wandrer höre. Salgar! Ich binn's das ruft. Hier ist der Baum und der Fels. Salgar mein Liebster! ich binn hier. Warum zögerst du zu kommen?

Sieh! der Mond erscheint, die Flut glänzt in dem Thal. Die Felsen sind grau an dem Hange des Hügels. Aber ich seh ihn nicht auf dem Pfad. Keine Hunde vor ihm her verkünden dass er kommt. Hier muss ich sitzen allein.

Aber wer sind die, die vor mir auf der Haide liegen? Ist's nicht mein Liebster und mein Bruder? Redet, o meine Freunde! Sie antworten nicht. Ach, ich fürchte – Ah! Sie sind todt. Ihre Schwerter sind roth vom Gefecht. O mein Bruder! mein Bruder! warum hast du meinen Salgar erschlagen? warum, o Salgar, hast du meinen Bruder erschlagen? Lieb wart ihr mir beyde! Was soll ich zu euerm Ruhm sagen? Du warst schön auf dem Hügel unter tausenden; [69] er war schröcklich in dem Gefecht. Redet; hört meine Stimme, Söhne meiner Liebe. Aber ach! sie sind stumm; Stum[m] für ewig, ihr Busen ist kalt wie das Grab.

Oh! von dem Felsen des Hügels; von dem Gipfel des windigen Berges, redet ihr Geister der Todten! Redet ich will nicht erschröcken. – Wohin seyd ihr zu ruhen gegangen? In welcher Höhle des Hügels kann ich euch finden? Keine schwache Stimme vernehm ich im Wind, keine halbverwehte Antwort in den Stürmen des Hügels.

Ich sitze in meinem Jammer. Ich erwarte den Morgen in meinen Trähnen. Erhebt das Grab, ihr Freunde der Todten; aber schliesst es nicht biss Colma kommt. Mein Leben fliegt weg wie ein Traum: wie könnt ich zurück bleiben? Hier will ich mit meinen Freunden ruhn, an dem Strom des schallenden Fels. Wenn die Nacht über den Hügel kommt; wenn der Wind über die Haide bläst; dann soll mein Geist im Winde stehn, und meiner Freunde Todt betraur'n. Der Jäger höret mich unter seinem Reiserdach, und fürchtet meine Stimme und liebet sie. Denn süss soll meine Stimme seyn um meine Freunde, denn lieb waren sie beyde mir.

So war dein Gesang, Minona, sanft erröthendes Mädgen von Torman. Unsere Trähnen flossen um Colma, und unsre Seelen waren trüb. Ullin kam mit der Harfe, und sang Alpins Lied. Die Stimme [70] Alpins war Lieblich, die Seele Rynos war ein Feuerstral. Aber sie ruhten schon im engen Haus, und ihre

Stimme hörte man nicht in Selma. Ullin kam einst zurück von der Jagd eh die Helden fielen. Er vernahm ihren Streit am Hügel[;] ihr Gesang war sanft aber traurig. Sie betrauerten den Fall Morars, des ersten der sterblichen Menschen. Seine Seele war wie die Seele Fingals; sein Schwerdt wie das Schwerdt Oskars. Aber er fiel, und sein Vater trauerte; seiner Schwester Augen waren voll Trähnen.

Minona's Augen waren voll Trähnen, der Schwester des edelgebohrenen Morar. Sie wich zurück vor Ullins Gesang, wie der Mond in Westen, wenn er den Regen voraussieht, und sein schönes Haupt in eine Wolcke verbirgt. Ich rührte die Harfe mit Ullin, der Trauergesang begann.

*Ryno.*

Der Wind und der Regen sind vorüber, still ist die Mitte des Tags. Die Wolcken sind getheilt am Himmel. Über die grünen Hügel fliegt die unbeständige Sonne. Roth durch das steinige Thal kommt nieder der Strom von dem Hügel. Süs ist dein Gemurmel, o Strom, aber süser ist die Stimme die ich höre. Es ist die Stimme Alpins; der Sohn des Gesangs trauert um den Todten. Vor Alter ist sein Haupt gebeugt und roth sein tränevoll Aug. Alpin du Sohn des Gesangs, wie so allein auf dem schweigenden Hügel? Warum klagst du wie ein [71] Windhauch im Wald: wie eine Well' um das ferne Gestade.

*Alpin.*

Meine Tränen, o Ryno! sind für den Todten; meine Stimme für die Bewohner des Grabs. Schlanck bist du auf dem Hügel; schön unter den Söhnen der Ebne. Aber du wirst fallen wie Morar; und auf deinem Grabe wird der Klagende sitzen. Die Hügel werden dich nicht mehr kennen; dein Bogen wird in deiner Halle liegen, ohngespannt. Du warst leicht, o Morar! wie ein Reh auf dem Hügel, schröcklich wie ein feurig Meteor. Dein Grimm war wie der Sturm. Dein Schwerdt in der Schlacht, wie das Wetterleuchten im Feld. Deine Stimme war wie ein Strom nach dem Regen; wie der Donner auf fernen Hügeln. Viele stürzten durch deinen Arm; sie wurden verzehrt in den Flammen deines Zorns.

Aber wenn du zurückkehrtest vom Krieg, wie friedlich war deine Stirne. Dein Gesicht war gleich der Sonne nach dem Regen; gleich dem Mond in dem Schweigen der Nacht; still wie der Busen des Teichs wenn der laute Wind sich gelegt hat.

Eng ist nun deine Wohnung; finster der Platz deines Aufenthalts. Mit drey Schritten mess ich dein Grab, o du der du sonst so gros warst. Vier Steine mit ihren mosigen Häuptern sind dein einziges Denckmal. Ein halb verdorrter Baum, langes Gras das im Winde flüstert, zeigen dem Auge des Jägers, das [72] Grab des mächtigen Morars. Morar, fürwahr du bist tief gesuncken. Du hast keine Mutter die dich beweinte, kein Mädgen mit ihren Tränen der Liebe. Todt ist sie die dich gebahr gefallen ist die Tochter von Morglän.

Wer ist der auf seinem Stabe? Wer ist der, dessen Haupt von Alter so grau ist, dessen Augen von Trähnen so roth sind der bei jedem Schritte wanckt? – Es ist dein Vater, o Morar! der Vater keines Sohns ausser dir. Er hörte von deinem Ruhm in der Schlacht; er hörte von zerstreuten Feinden. Er hörte von Morars Ruhm, wie? und hörte nichts von seiner Wunde? Weine, du Vater von Morar! weine; aber dein Sohn hört dich nicht. Tief ist der Schlaf der Todten, tief ihr Küssen von Staub. Nimmer wird er deine Stimme vernehmen, nimmer wird er erwachen wenn du ihm rufst. Wann wird es Morgen im Grabe werden, der den Schlummerer erwecke?

Fahre wohl, du edelster der Menschen; du Erobrer im Feld. Doch das Feld wird dich nimmer mehr sehen; nimmer der Wald mehr erleuchtet werden vom Glanze deines Strals. Du hast keinen Sohn hinterlassen; aber der Gesang soll deinen Nahmen erhalten. Künftige Zeiten sollen von dir hören, sie sollen hören von dem gefallenen Morar.

Nun erhub sich die Trauer der Helden, aber am meisten Armins berstender Seufzer. Er dacht an den Todt seines Sohns; er fiel in den Tagen seiner Jugend. Carmor sas nächst an dem Helden, der Führer des [73] schallenden Galmal. Warum birstet der Seufzer von Armin, sagt er? Ist hier eine Ursach zum Jammer. Der Gesang kömmt mit seiner Musick, die Seele zu schmelzen, und zu vergnügen. Er ist wie der sanfte Nebel, der von einem Teiche heraufsteigt, und über das schweigende Thal zieht; die grünen Blumen füllen sich mit Thau, aber die Sonne kehrt zurück in ihrer Stärcke, und der Nebel ist weg. Warum bist du so trüb, o Armin, Führer des seeumgebenen Gorma?

Trüb! das binn ich fürwahr: und nicht gering die Ursach meines Jammers. Carmor, du hast keinen Sohn verlohren; du hast keine Tochter verlohren in ihrer Schönheit. Colgar der tapfere lebt; und Annira die schönste der Mädgen. Die Zweige deines Geschlechtes blühen, o Carmor! Aber Armin ist der letzte seines Stamms. Dunckel ist dein Bed, o Daura! und tief dein Schlaf in dem Grabe. Wann wirst du erwachen mit deinem Gesang mit deiner Stimme der Lieder? Auf ihr Winde des Herbsts, auf; stürmt über die finstere Haide! Ihr Ströme der Berge, brüllt! heult ihr Stürme, in dem Gipfel der Eiche! wandele durch zerrissene Wolcken, o Mond! Zeige manchmal dein blasses Gesicht! Bring vor meine Seele iene schröckliche Nacht, da alle meine Kinder fielen! Arindal der mächtige fiel; Daura die liebe dahinsanck. Daura meine Tochter, du warst schön; schön wie der Mond auf den Hügeln von Fura; weis wie der gefallene Schnee; süs wie die athmende Lufft. Arindal, dein [74] Bogen war starck, dein Speer war schnell in dem Feld. Dein Blick war wie Nebel über der Welle, dein Schild eine rothe Wolcke im Sturm. Armar berühmt im Kriege, kam und suchte Dauras Liebe, er ward nicht lang verschmäht; schön war die Hoffnung ihrer Freunde.

Erath der Sohn von Odgal, ergrimmte; seinen Bruder hatte Armar erschlagen. Er kam verkleidet in einen Sohn der See: schön war sein Kahn auf der Welle; weis seine Locken des Alters; ruhig seine ernstliche Stirne. Schönste der Mädgen, sprach er; liebliche Tochter von Armin! Ein Fels nicht weit in der See trägt an seiner Seit' einen Baum, roth scheinet die Frucht aus der Ferne. Dort wartet Armar auf Daura. Ich kam seine Liebe zu hohlen, hinüber die rollende See.

Sie ging; und rief nach Armar. Niemand antwortete als der[1] Sohn des Felsens. Armar! Mein Liebster! Mein Liebster! Wie lange ängstest du mich mit Furcht? Höre, Sohn von Ardnart höre; es ist Daura die dich rufft. Erath der Verräther floh lachend zurück nach dem Land. Sie hub ihre Stimme auf, und rief nach ihrem Bruder und ihrem Vater. Arindal, Armin! Keiner, seiner Daura zu helfen. Ihre Stimme kam über die See. Arindal mein Sohn stieg nieder vom Hügel, wild in der Beute der Jagd. Seine Pfeile [75] rasselten an seiner Seite; sein Bogen war in seiner Hand; fünf dunkelgraue Docken strichen um seine Tritte. Er sah den kühnen Erath an dem Ufer, ergriff und band ihn an eine Eiche. Fest mit Riemen, rings um die Lenden gebunden beladet er den Wind mit seinem Geheule.

Arindal besteigt in seinem Nachen die Welle Dauren zum Lande zu bringen. Armar kam in seinem Grimm und schoss den graubefiederten Pfeil. Er klang; er sanck in dein Herz, o Arindal mein Sohn; für Erath den Verräther stirbst du. Das Ruder starrt' in seiner Hand, er sanck über den Felsen und verschied. Ach welcher Jammer, Daura, ringsher um deine Füsse quillt deines Bruders Blut.

Den Nachen schlagen die Wellen entzwey. Armar stürzt sich in die See, seine Daura zu retten oder zu sterben. Ein Windstos vom Hügel kömmt schnell über die Wellen. Er sanck, ich sah ihn nicht mehr.

Allein von dem seeumstürmten Felsen, hörte man meine Tochter iammern. Viel und laut war ihr Schreyn, und ihr Vater konnt sie nicht erlösen. Die ganze Nacht stund ich am Ufer. Ich sah sie beym schwachen Stral des Monds. Die ganze Nacht hört ich ihr Geschrey. Laut war der Wind, und der Regen schlug hart an die Seite des Felsens. Eh der Morgen erschien, ward ihre Stimme schwach. Sie starb weg wie der Abendhauch zwischen dem Gras auf dem Felsen. Verzehrt von Jammer verschied sie. Und [76] lies dich, Armin, allein: hin ist meine Stärcke im Krieg, gefallen mein Stolz unter den Mädgen.

Wenn die Stürme des Bergs kommen. Wenn der Nord die Wellen in die Höh hebt; Sitz ich am schallenden Gestad, und schau auf den schröcklichen Felsen. Offt am niedersinckenden Mond seh' ich die Geister meiner Kinder. Halb unsichtbaar wandeln sie in traurigem Gespräch neben einander. Will

---

[1]    Das Echo.

keins von euch aus Mitleiden reden? Sie sehen ihren Vater nicht an. Ich bin trüb o Carmor; aber nicht gering die Ursach meines Schmerzens!

So waren die Worte der Barden in den Tagen des Gesangs; da der König den Klang der Harfen hörte, und die Geschichten vergangener Zeiten. Die Fürsten erschienen von allen ihren Hügeln, und hörten den lieblichen Ton. Sie priesen die Stimme von[2] Cona des ersten unter tausend Barden. Aber das Alter ist nun auf meiner Zunge, mein Geist ist weggeschwunden. Ich höre manchmal die Geister der Barden und lerne ihren lieblichen Gesang. Aber das Gedächtnis schwindet in meiner Seele. Ich höre den Ruf der Jahre. Sie sagen wie sie vorübergehn, wie? singt Ossian. Bald wird er liegen im engen Haus, kein Barde seinen Ruhm erheben. Rollt hin ihr dunkelbraunen Jahre, ihr bringt mir keine Freude in eurem Lauf. Eröffnet Ossian sein Grab, denn [77] seine Stärcke ist dahin. Die Söhne des Gesangs sind zur Ruhe gegangen, meine Stimme bleibt über wie ein Hauch der fern um den seeumgebenen Felsen saust, wenn sich der Sturm gelegt hat. Das finstere Moos rauscht, und aus der Ferne sieht der Schiffer die wallenden Bäume.

---

[2]    Ossianen.

# [Auszug aus:] [Brief von Johann Wolfgang Goethe] An Herder [Frankfurt, September 1771].

[1*] Puail teud, a mhic Alpin na mfon,

Rühr Saite du Sohn Alpins des G'sangs

Ambail solas a nclarsich na nieöl

Wohnt Trost in d'n Harfen *der Lüffte.*

Taom air Ossian, agus Ossun gu tróm

Wälz über Ossian, zu Ossian dem traurgen.

Ta anam a snamh a nceö.

Seine Seel in [sic!] gehüllt in Nebel.

Son of Alpin strike the string. Is there ought of ioy in the Harp? Pour it then, on the Soul of Ossian: it is folded in mist.

Vllin, a Charril, a Raono,
Guith amsair a dh'aom o-shean.

Ullin und Carril und Raono,
Stimmen vergangne der Tage vor Alters

Cluinim Siobh an dorchadas Shelma

Hört ich euch in Finsternus [sic!] Shelma,

Agus mosglibhse anam nan dan.

Bald erhübs die Seele des Lieds.

Ullin, Carril and Ryno, voices of the days of old. Let me hear you, in the darkness of Selma, and awake the soul of songs.

[2*] Ni ncluinim siobh Shiol na mfón.

Nicht hör'ch euch Söhne des G'sangs.

Cia an talla do neoil, m'bail ar suain

In welcher Wohnung der Wolcken ist eure Ruh?

Na tribuail siobh, clarsach nach trom,

Nicht rühret ihr, Harfe die düstre,

An truscan ceo-madin's cruaim

Ein hüllen Nebel, 's Morgens tief.

Far an erich, gu fuaimar a ghrian

Dort aufsteigt, mit Getön die Sonne,

O Stuaigh na ncean glas.

Über Wellen die Häupter
blau/grün.

I hear You not, ye childern [sic!] of music, in what hall of clouds is your rest?
Do you touch the shadowy harp, robed with morning mist, where the sun
comes sounding forth from his greenheaded wawes [sic!].

O linna doir-choille na Leigo.

Von Wassern Buschwaldigen
des Lego,

Air uair, eri' ceo taobh-ghórm nan tón

Drüber 'nüber steigen Nebel
Busen-finster von Wellen.

[3*] Nuair dhunas dorsa na hoicha

Wenn geschlossen werden Tohre
der Nacht.

Air iulluir shuil greina nan speur.

Überm Adler-Aug der Sonn am
Himmel.

Tomhail, mo Lara nan sruth
Thaomas du'-nial as doricha cruaim

Weit nach Lara dem Fluss,
Wälzen düster-Nebel so dunckl'
und tief.

Mar ghlas-Scia', roi taoma nan nial,

Wie trüb-Schild starck rollt im
Nebel,

Snamh seachad, ta Gellach na hoicha,

Gehüllet *siebenmal*, der Mond
der Nacht.

From the wood-skirted waters of Lego, ascend, at times, grey bosomed mists,
when the gates of the west are closed on the sun's eagle-eye. Wide, over Lara's
Stream, is poured the vapour dark and deep: the moon, like a dim shield is
swimming thro its folds.

Le so edi taisin oshean
An dlu'-gleus, a measc na gaoith
[4*] 'S iad leamnach, o osna gu osna,

– – – – – –
– – – – – –
Wenn sie gauckeln von Wind zu
Wind,

Air du aghai oicha nan sian

Über's dunckle – Gesicht der
Nacht des Sturms.

An taobh oitaig, gu palin nan seoid,

Auf düstern Lüfften, zum Grab
des Kriegers

Taomas iad ceäch nan speur
Gorm-thalla do thannais nach beo,

Wälzen sie Nebel am Himmel
Finstre Wohnung denen Geistern
nicht muthigen/starcken/
lebendgen

| Gu am eri fon marbh-ran nan teud. | Biss dass steige Gesang Todten – Ruhm/Erinnerung von Saiten. |

With this clothe the spirits of old their sudden gestures on the Wind, when they stride, from blast to blast, along the dusky face of the night. Often blended with the gale, to some warriors grave, they roll the mist, a grey dwelling to his ghost, until the songs arise.

| An codal so don' fhear-phosda aig Clatho, | Wie schläft so hoher Mann der Clatho. |
| [5*] Am bail coni do m'athair, an swain? | Ist Wohnend d'Stärcke meines Vaters in Ruh? |
| Am bail cuina, 's mi 'ntruscan nan nial, | Binn 'ch wohnend in Vergessenheit, wie mich hüllen die Nebel |
| 'S mi m'aonar an ám na hoicha | – – – – – – |

Sleeps the husband of Clatho? dwells the father of the fallen in the rest? Am I forgot in the folds of darkness; lonely in the season of dreams.

| Lumon na sruth! | Lumon der Flüss'!/*des Fluss's*! |
| 'Ta u dealra, air m'anam fein, | Du bist leuchtend über m'Seele fein, |
| 'Ta do ghrian, air do thaobh, | 'S ist deine Sonne, über deiner Seite, |
| Air carric nan cran, bu trom | Überm Felsen des Schalls der Bäume. |

Lumon of foamy streams, thou risest on Fonars Soul! Thy sun is on they [sic!] side, on the rock of thy bending trees.

[66] Diese Stellen sind alle aus dem siebenten Buch: Wenn Sie schon einen Ossian haben, so braucht ich das nicht dazu zu fügen. Sie werden sehen ob Sie mit [67] mir einig seyn können, wenn ich sage die Relicks und Ossians schotti-sches machen ganz verschiedne Würckung auf Ohr und Seele. Der ungebildete Ausdruck, die wilde Ungleichheit des Sylbenmases, |:von dem ich freylich nicht mehr sagen kann als dass es ungleich ist:| das nachklingende pleonasti-sche, das zwar Mackps. manchmal übersetzt |:Sons of song, of foamy streams:| im Original hängts aber fast an ieder Zeile : nan speur, na hoicha, nach beo, nan teud', nan nial:| giebt dem Sylbenmas einen eignen Fall, und dem Bild eine

nachdrückliche Bestimmung; das alles zusammen ruckt soweit von dem englischen Balladen Rythmus, von ihrer Eleganz pp.[1]

Das Sie alles besser finden werden, als ich's sagen kann. Überhaupt ist es ein Überfluss euch Herren seine Meynung zu sagen wenn ihr über eine Sache selbst nachgedacht habt, oder dencken wollt. So viel können Sie hieraus sehen dass ich mich, mit Ihnen, für Sie, eine Zeit her beschäfftigt habe, und dass ich keiner von den letzten binn für die Sie schreiben.

Wenn Sie noch mehr aus dem schottischen übersetzt haben wollen so schreiben Sie's.

Wenn Sie keinen Ossian kriegen können, steht meiner zu Diensten, aber ich muss ihn wieder haben. Melden Sie's bald, denn ich kann oh[n]möglich sehen, dass Sie noch lange sind ohne so viel Freude zu haben als ich, denn es geht doch nichts drüber.

Die deutschen Balladen werden Sie haben.

Eschenburg ist ein elender Kerl. Seine Übersetzung |:der Stellen Sch. versteht sich:| verdient keine Nachsicht sie ist abscheulich. Die Abhandlung selbst hab ich nicht gelesen, werde auch schwerlich. Schicken sie nur Ihre auf den 14ten Ocktober. Die erste Gesundheit, nach dem Will of all Wills, soll auch Ihnen getruncken werden. Ich habe schon dem Warwickschirer ein schön Publikum zusammen gepredigt, Und übersetze Stückgen aus dem Ossian damit ich auch den aus vollem Herzen verkündigen kann.

[...]

---

[1] Nach geendigtem Brief, les ich die Stelle in Ihrem da sie von Ossiannen reden, und fühle dass ich nichts hätte sagen sollen, biss ich Ihre Abhandl. gelesen hätte. Es mag seyn. Nur könnten Sie nach diesem glauben ich habe Sie nicht verstanden.

# [163*] [Johann Georg Jacobi:] Ossian fürs Frauenzimmer [1775].

Die Uebersetzungen aus dem *Ossian* in *Werthers Leiden* haben den mehrsten Leserinnen vorzügliche Freude gemacht. Sollten letztere nicht begierig seyn, ienen alten Dichter genauer kennen zu lernen? Wohl ihnen, wenn er den Ton ihres Herzens trift! Immer werden seine starken Gesänge voll Wahrheit und Natur unserm verzärtelten Zeitalter einen heilsamen Wink, und unsern Müttern Anlaß geben, aus ihren Kindern *deutsche Männer* und *deutsche Mädchen* zu bilden.

## [164*] [Jakob Michael Reinhold Lenz:] Vorbericht.

Zu besserem Verständniß des Stücks müssen wir voraus erinnern, daß die Haupthelden desselben und der Dichter mit seiner Muse *eine Familie* ausmachen. *Ossian* war der Dichter, ein Sohn *Fingals*; seine Muse und Zuhörerin zugleich, war *Malvina*, eine Tochter *Toscars*, auch *Fingals* Sohn, und *Ossians* Bruder. *Oscar* war *Ossians* Sohn, *Fingals* Enkel, *Malvinas* Vetter, den sie geliebt zu haben scheint, wovon sich auch *Ossians* zärtliche Freundschaft für sie herschreibt.

[165*] Die Namen: *Erin*, *Inisfäl*, zeigen dasselbe Land an, das allem Vermuthen nach *Irrland* war. So wie *Morven*, *Ardven*, *Cona*, *Fingals* Vaterland bedeuten, das man in *Schottland* vermuthet. *Swaran* scheint aus *Norwegen* gekommen zu seyn, das *Lochlin* anzeigen will, wozu auch die Großbrittannien gegen Mitternacht gelegnen Inseln *Orkney* und *Schettland* gezählt wurden, von denen das erstere hier *Inistore* heißt.

## [166*] [Auszug aus:] Fingal, ein alt Gedicht von Ossian [übersetzt von Lenz] [1775-1776].

Cuchullin saß an Turas Felsen unter dem Baum mit raschelndem Laube. Seinen Spieß gegen den moossigten Fels gelehnt. Sein Schild bey ihm im Grase. Dacht an den mächtigen Carbar, ein Held, den er im Krieg erschlug, da kam der Kundschafter des Oceans Moran, der Sohn Pithil.

Flieh, sprach der Jüngling, Cuchullin flieh, ich sehe Swarans Schiffe. Cu-
chullin ihrer sind viel, viel der Helden auf dem dunkeln Meer.

[167] Moran, rief der Blauauge, immer zitterst du Moran. Deine Furcht
vermehrt den Feind. Vielleicht sind das die Schiffe des Königs der einsamen
Hügel, der mir zu Hülfe kommt.

Ich sah den König, grad wie ein Fels von Eis. Sein Spieß wie ein Feuer-
strahl. Sein Schild wie der aufgehende Mond. Er hatte sich hingesetzt auf
einen Fels an der Küste, sein Heer zog wie Wolken um ihn her. Ich sagt' ihm,
viel, du Haupt der Helden, viel sind unsrer Arme im Streit. Recht heißt man
dich den starken Mann, aber viel starke Männer sind um Turas Felsen. – Er
antwortete mir: Wer ist mir gleich? Helden stehn nicht wo ich bin, sie fallen
zur Erde unter meiner Hand. Niemand darf fechten mit Swaran als Fingal Kö-
nig der einsamen Hügel. Einst rungen wir auf der Hayde von Malmor, unsere
Fersen kehrten den Busch um. Felsen fielen von ihrer Stelle und die Bäche
veränderten ihren Lauf und flohn weg von unserm Streit. Drey Tage nachein-
ander stritten wir und Hel[168]den standen von weitem und zitterten. Am vier-
ten, sagte Fingal, der König des Meers fällt, er steht, rief Swaran. Sag Cuchul-
lin, er soll sich mir ergeben, ich bin stark wie die Stürme von Malmor.

Nein versetzte der Blauauge, keinem Menschen ergeb ich mich. Cuchullin
will groß seyn oder todt. Geh Sohn Fitils, nimm meinen Speer, schlag an den
schallenden Schild von Cabait. Er hängt über Turas buschigtem Eingang, sein
Schall ist nicht Friedensschall. Meine Helden auf dem Hügel sollen ihn hören.

Er gieng und schlug an den holen Schild. Die Hügel und Felsen antworte-
ten. Der Schall flog über den Wald hinaus, alle wilde Thiere am Teich stutzten.
Curach lief von dem schallenden Felsen, Connal auch mit dem blutigen Speer.
Crugals weisse Brust schlug hoch. Der Sohn Favi ließ die braunen Rehe. Es ist
der Schild des Krieges, sagt Ronnar, der Speer Cuchullins sagt [169] Lugar.
Sohn der See leg die Waffen an! Calmar ergreif deinen thönenden Speer!
furchtbarer Puno! steh auf. Cairbar fort von deinen rothen Bäumen! Eth beweg
deine weissen Kniee! Caolt heb auf deine weissen Hüften von der flispernden
Hayde Mora, deine Hüften die weiß sind wie der Schaum der unruhigen See,
wenn die dunklen Winde in Cuthon stürmen.

Jetzt seh ich sie noch die Helden alle, mit den Augen meiner Seele seh ich
sie, in dem ganzen Stolz ihrer verrichteten Thaten, ihre Seelen entzündet von
vormaligen Schlachten und der Mühe der Vergangenheit. Ihre Augen sind wie
so viele Flammen und suchen die Feinde des Vaterlands. Ihre mächtige Faust
ans Schwerdt geschlagen, und Blitze fahren aus ihrer Stahlrüstung so oft sie
sich bewegen. – Sie kamen vom Felsen herab wie die Ströme, ieder brauste vor
sich her. Hell leuchteten die Hauptleute in der Rüstung ihrer Väter, *o meine
Augen die das sahen, daß ich euch verloren habe!* – Jedem Haupt[170]mann
folgten dunkel und finster seine Helden, wie die Regenwolken hinter einer
Lufterscheinung. – Der Schall ihrer Waffen stieg auf. Die grauen Hunde heul-

ten dazwischen. Hier und da brach der Schlachtgesang los, die Felsen in Cromla wiederholten ihn rund herum. Auf Lenas dunkler Hayde standen sie wie Nebel, die die Hügel im Herbst bedecken, hier und da emporsteigen und ihr Haupt gen Himmel erheben.

Heil, schrie Cuchullin, Heil euch, Söhne der engen Thäler, Jäger des Wildes! Ein andrer Scherz zieht an von dem dunklen Meer. Sollen wir fechten, ihr Kriegsseelen! oder übergeben unser grünes Vaterland? Connal rede, erster der Helden, Schildezerbrecher, du hast schon mit Lochlin gefochten, willst du werfen deines Vaters Speer?

Cuchullin, antwortete der Held geruhig, Connals Speer ist spitz. Freut sich im Treffen zu blitzen und das Blut von tausenden zu trinken. Aber obschon [171] meine Hand ausgestreckt zum Krieg ist, so ist mein Herz für den Frieden. Sieh an, du erster in Cormaks Kriegen, die Flotte von Swaran. Seine Mastbäume sind so zahlreich als das Schilfrohr im Teich Lego. Seine Schiffe sind wie Wälder mit Nebeln umwickelt, wenn der Windstoß sie sichtbar macht. Viel sind seiner Hauptleute. Connal ist für den Frieden. – Fingal würde seinen Arm scheuen, der erste aller sterblichen Menschen, Fingal der den Starken zerklittert, wie ein Sturm die Büsche auf der Hayde, wenn die Ströme brüllen durchs wiederhallende Cona und die Nacht mit allen ihren Schrecknissen auf dem Hügel ruht.

Flieh du Friedenshauptmann, sprach Calmar der Sohn Matha, flieh zu deinen einsamen Hügeln, wo kein Stahl des Krieges geschienen hat, verfolge deine braunen Rehe und spücke sie mit deinen Pfeilen. Aber Blauauge Cuchullin, Kriegsseele! zerklittern wir die Söhne Lochlins und brüllen durch ihre Kriegsheere des Stolzes. Keines der Schiffe [172] des Schneereichs soll wieder auf dem dunkeln Meer zurückkehren. Auf ihr finstern Winde von Erin, brüllt ihr Wirbelwinde der Hayde. Im Ungewitter will ich sterben, weg in einer Wolke gerissen von zornigen Geistern, mitten im Ungewitter läßt Calmar sterben, wenn iemals ihm die Jagd so lieb war als der Kampf fürs Vaterland.

Calmar, antwortete Connal geruhig, ich floh niemals, Mathas Sohn! ich war schnell mit den Meinigen im Treffen, aber gering ist mein Ruhm. Wo ich war, ward der Streit gewonnen und der Starke siegte. Aber Sohn Semo, höre meine Stimme, sieh an den alten Thron Cormaks, gieb Geld und das halbe Land für Frieden, bis Fingal kommt mit dem Krieg. Oder wenn du Krieg wählst, so heb ich mich mit Schwerdt und Spieß. Meine Freude soll in der Verwirrung der Schlacht seyn, meine Seele heiter seyn im Dunkel des Handgemengs.

Was mich betrift, sagte Cuchullin, mir gefällt das Geräusch der Waffen, [173] es ist angenehm wie der Donner am Himmel vor einem Frühlingsregen. Aber ich will erst unser Heer mustern, alle die Kriegsseelen sehn. Laß sie bey mir vorbeyziehn an der Hayde, hell wie ein Sonnenschein vor dem Sturm, wenn der Abendwind die Wolken versammelt und die Eichen von Morven seufzen.

Aber wo sind meine Kriegskameraden, meine Spießgesellen in Gefahr? Du Cathbat? Du Duchomar? Du Fergus? Fergus erster bey unserm Muschelnfest, Sohn Rossa – Da kommt er ia den Hügel herab – Heil dir Sohn Rossa! was bewölkt deinen Blick?

Vier Steine, versetzte der Held, liegen auf Cathbat. Diese Hände haben in die Erde gelegt Duchomar. Cathbat, Sohn Tormans du warst wie ein Sonnenstrahl über den Hügel, und du Duchomar, Kriegswolke, du warst wie der Nebel auf dem Morast Lano, wenn er über die Herbstpfützen seegelt und Tod den Völkern bringt. Morna! schönste der Mädchen! süß ist dein Schlaf in [174] der Felsenhöle. Du bist ausgeloschen wie ein Stern, der in der Wüste hinabschießt und der einsame Pilgrim den vorübergeschwundenen Schimmer beweint.

Sag an, sprach der Blauauge, wie fielen die Helden von Erin. Fielen sie von Lochlins Söhnen? Geschwinde!

Cathbat fiel von Duchomars Schwerdt bey der Eiche des trüben Stroms. Duchomar kam zu Turas Höle und sprach zur liebenden Morna:

Morna, schönste der Mädchen, liebliche Tochter Cormac Cairbar, warum in diesem Kreis von Steinen, in der Höle des Felsen alleine? Der Strom murmelt heischer, die alten Eichen heulen in den Wind, der See liegt trüb vor dir her, dunkel sind die Wolken des Himmels. Du aber bist wie Schnee auf der Hayde, dein Haar wie der Nebel in Cromla, wenn er sich am Felsen kräuselt und die Sonne drauf scheint. Deine Brust ist wie der glatte Marmorfelsen, den man von Branno auf dem [175] Strom sieht, deine Arme sind wie die zwey weissen Pfeiler in der Halle des mächtigen Fingals.

Von wannen, antwortete das weißarmigte Mädchen, von wannen kommst du Duchomar du finsterster unter allen Männern? Dunkel sind deine Augenbrauen und schröcklich, roth sind deine herumwälzenden Augäpfel. Ist Swaran auf dem Meer erschienen, was hast du neues vom Feinde Duchomar?

Ich komme vom Hügel Morna, vom Gemsenhügel komme ich, drey hab ich erlegt mit meinem Bogen von Ebenholz, drey mit meinen schnellen Doggen der Jagd. Liebliche Tochter Cormacs, ich liebe dich wie meine Seele. Hör, ich habe einen stattlichen Hirsch für dich erlegt. Hoch war sein ästiges Haupt und seine Füße wie der Wind.

Duchomar, antwortete das Mädchen kalt, ich liebe dich nicht du finstrer Mann. Dein Herz ist hart wie ein Felsen, und dunkel dein schreckliches [176] Augenbraun. Aber Cathbat der Sohn Torman der ist Morvens Liebe. Wie ein Sonnenstrahl über den Hügel ist er in den Tagen des finstren Sturms. Sahst du den Sohn Torman, lieblich auf seinem Rehhügel? Hier die Tochter Cormacs wartet auf seine Zurückkunft.

Und lang soll Morna warten, sagt Duchomar, sein Blut ist an diesem Schwerdt. Lang soll Morna warten auf ihn. Er fiel an Brannos Strom. Hör' ich

will hoch sein Grab auf Cromla errichten, Tochter Cormac Cairbar! aber wirf
deine Liebe auf Duchomar, der stark wie der Sturm ist.

Und ist der Sohn Torman gefallen, sagte das Mädchen mit dem Schmerz-
auge. Ist er gefallen auf der schallenden Hayde, der Junge mit der Schneebrust.
Er der der erste war in der Hügeliagd und der Feind war von den Fremden von
Ocean. – Duchomar du bist schwarz in der That und grausam ist dein Arm für
mich. Aber gieb mir dein Schwerdt meinen Feind, ich liebe zu sehen das Blut
von Cathbat.

[177] Er gab ihren Thränen das Schwerdt, sie durchstieß ihm die harte
Brust. Er fiel wie ein Felsen vom Bergstromufer, streckte aus seinen Arm und
sprach:

Tochter Cairbar, du hast Duchomar erschlagen. Kalt ist das Schwerdt in
meiner Brust Morna, ich fühl's ist kalt. Gieb mich der Moina, dem Mädchen,
ich war ihr Traum bey Nacht. Sie wird mir ein Grab errichten, daß der Jäger
mich ehre. Aber zieh das Schwerdt aus meiner Brust Morna, der Stahl ist kalt.

Sie kam mit allen ihren Thränen, sie kam und zog ihm das Schwerdt aus
der Brust. Er durchborte ihren weissen Busen damit, spreitete ihre schöne Lok-
ken über den Boden aus. Ihr Blut sprung aus der Wunde und ihre weissen Ar-
me wurden mit Roth befleckt. Im Tode wälzte sie sich und Turas Höle wieder-
holte ihr Aechzen.

Friede, sagte Cuchullin, sey mit den Seelen der Helden, ihre Thaten wa-
[178]ren groß in Gefahr. Laß sie auf Wolken um mich her fahren, mir ihre Li-
neamenten des Muths weisen, daß meine Seele stark in der Gefahr werde, und
mein Arm wie ein Ungewitter. – Aber du Morna komm auf einem Mondstrahl
zu dem Fenster meiner Ruhe, wenn meine Gedanken voll Friedens sind und
das Kriegsgetümmel vorüber ist. – Versammelt euch meine Freunde, brecht
auf in den Krieg für Erin. Begleitet meinen Wagen, steckt drey Speere in den
Wagen zum Zeichen, folgt meinen wiehernden Hengsten, daß meine Seele
stark unter meinen Freunden sey, wenn die Schlacht dunkel wird um mein
Schwerdt herum.

*Ach meine Malvina! daß du lebtest und ich dirs singen könnte das Getüm-
mel der Schlacht. Und meine Augen offen wären zu sehen deinen erwartenden
Busen und den Reitz der Verwunderung auf deinem Gesicht. Deine Augen voll
Krystallen über die edlen Namen, die ich dir nenne, und die heruntertröpfelnde
Liebe, wenn ich sie feu[179]rig nenne. Ach und deine Arme um meinen Hals
geschlungen und das zärtliche Geschrey, wenn ich nun nenne, und selber wei-
ne.*

Wie ein Strom dampfend herunterrauscht von den Buschklippen Cromla,
wenn der Donner oben poltert und schwarze Nacht auf dem Hügel ruht; so ge-
waltig, weit und schröcklich rauschten heran die Söhne von Erin. Der Feldherr
wie ein Wallfisch im Ocean, dem alle seine Wellen folgen, und Stärke von sich
schießt wie einen Strom.

Die Söhne Lochlins hörten das Geräusch wie den Schall eines Winter-stroms. Swaran schlug an den hohlen Schild und rief den Sohn Arno. Was für ein Getümmel summt dort am Hügel wie ein Mückenschwarm am Abend? Ich glaube gar, es sind die Söhne von Inisfäl, die herunter kommen. Steig auf den Hügel und übersieh die dunkle Fläche der Hayde.

[180] Er gieng, kam schnell und zitternd zurück. Seine Augen irrten ver-wildert umher, sein Herz schlug ihm gegen die Rippen. Seine Worte waren ab-gebrochen, gestammelt, feig.

Flieh Sohn des Oceans, flieh Feldherr der dunkelbraunen Schilde. Ich sehe den dunklen Bergstrom, die tief aufgebrachte Stärke der Söhne von Erin. Der Wagen der Streitwagen kommt wie die Flamme des Todes, der schnelle Wa-gen Cuchullins des edlen Sohns Semo. Er funkelt ganz von Steinen wie die See im Mondschein, die Seiten sind mit Spiessen besteckt und sein Boden ist der Fußschemel von Helden. Auf der rechten Seite des Wagens ist der schnar-chende Hengst, der hochmähnigte, breitbrüstige, stolze, hochspringende Hengst, sein Name ist Sulin Silfadda. Auf der linken Seite vom Wagen ist der schnarchende Hengst, der schwarzmähnigte hochköpfigte Hengst, sein Name ist Dusronnal, so nannten ihn die Kriegsleute. Die beyden Pferde sind wie eilende Nebel über die nassen Thä[181]ler, sie schiessen so schnell wie das Wild, und so stark wie der Adler, der auf den Raub fällt. In dem Wagen sitzt der Feldherr, sein Name ist Cuchullin der Sohn Semo Königs der Muscheln. Seine rothe Backen sind wie mein Bogen von Förenholz, der Blick seines blau-en Auges trägt weit unter dem finstern Bogen seiner Augbraunen. Sein Haar fliegt von seinem Kopf zurück wie eine Flamme, indem er sich mit dem Speer vorwärts beugt. Flieh König des Oceans flieh, er kommt wie ein Sturm das Stromthal herab.

Wenn floh ich, sagt der König, vor vielen Spiessen, wenn floh ich Sohn Arno, Mann mit der kleinen Seele? Ich gieng dem Sturm Gormal entgegen als die Wellen hoch um mich herdampften, ich gieng dem Sturm des Himmels entgegen, und soll ich vor einem Helden fliehn? Wär es Fingal selbst, meine Seele hielt es aus mit ihm. – Auf zu der Schlacht ihr Tausende! strömt um mich her wie die wilde See. Rund um den hellen Stahl eures Königs, stark [182] wie die Felsen unsers Landes, die den Sturm mit Jauchzen empfangen und hinstrecken ihre schwarzen Wälder dem Winde.

Wie zwey Ungewitter im Herbst von zwey entgegenstehenden Hügeln, so näherten sich die Helden einer dem andern. Wie zwey Ströme von hohen Fel-sen aufeinander treffen, vermischen und brüllen durch die Ebene, so laut, wild, rasend trafen aufeinander Lochlin und Innisfäl. Hauptmann auf Hauptmann, Held auf Held, Schwerdter klungen auf Schwerdtern, Helme zersprungen. Die Bogensehnen pfiffen, Pfeile zogen längs dem Himmel, die Speere fielen wie Blitzstrahlen im Nachtungewitter.

Wie das Gebrause des unruhigen Oceans wenn er hohe Wellen wirft, wie der ausgebreitete Donner an dem Himmelsbogen, so ist das Gewirr der Schlacht. Wenn Cormaks hundert Barden dastünden dieses Treffen zu besingen, zu schwach wäre die Stimme von hundert [183] Barden, alle die Tode zu verewigen. Denn viel fielen der Helden und weit umher floß das Blut der Gewaltigen.

Klagt ihr Liedersänger den Tod des edlen Sithallin. Laßt die Seufzer der Fiöna erschallen auf der einsamen finstern Hayde um ihren lieben Ardan. Sie fielen wie zwey Rehe der Wüste, unter der Hand des mächtigen Swaran, als er mitten unter Tausenden brüllte, wie der Geist eines Ungewitters, der in den Wolken von Gormal brüllt und sich freut über des Schiffers Tod.

Auch ruhte dein Arm nicht Feldherr der Nebelinsel, viel waren der Tode, die du austheiltest Cuchullin Sohn Semo. Sein Schwerdt war gleich dem Blitz der einschlägt in ein Thal, wenn das Volk versengt niederfällt und all die Hügel rundherum brennen. Dusronnal schnarchte über Heldenleichen und Silfadda badete die Hufen in Blut. Die Schlacht lag hinter ihnen wie umgekehrte Wälder in der Wüsten, wenn der [184] Sturm drüber hergefahren ist mit allen seinen Nachtgeistern.

Wein auf dem stürmigten Felsen, Mädchen aus Inistore, beug herab dein schönes Haupt über die Wellen, du, schöner als der Geist des Hügels, wenn er schreitet in einem Sonnenstrahl am Mittag über das Stillschweigen der Ebenen. Er ist gefallen, dein Junge liegt, bleich unter dem Schwerdt von Cuchullin. Sein Muth wird ihn nicht mehr aufheben. Trenar, dein lieber Trenar starb, Mädchen aus Inistore. Seine grauen Doggen heulen zu Hause und sehn seinen vorüberschleichenden Geist. Sein Bogen liegt in der Halle ungespannt. Keinen Laut hört man auf seiner Jagd mehr.

Wie tausend Wellen gegen Felsen stürmen, so rückte Swarans Heer heran, wie ein Fels tausend Wellen empfängt, so empfieng Innisfäl Swaran. Der Tod ließ alle seine Stimmen hören und vermischte sie mit dem Schall der Schilder. Jeder Held ist eine Wolke der Finsterniß, und sein Schwerdt ein [185] Feuerstrahl in seiner Hand: Das Feld tönt von einem Ende zum andern wie hundert Hämmer die abwechselnd knallen auf dem rothen Ambos.

Wer sind iene zwey auf der Hayde so dunkel und schrecklich? wer sind iene zwey Wolken und ihr Schwerdt blitzt über ihren Häuptern? Die Hügelchen sind unruhig um sie her und die Felsen zittern mit allem ihrem Mooß. – Wer anders kann dir hier einfallen Malvina, als der Sohn des Oceans und der zum Wagen geborne Feldherr von Erin (Irrland)? Viel sind der bangen Augen ihrer Freunde um sie her, indem die Helden so gegeneinander immer schröcklicher werden. Jetzt verbirgt sie die Nacht in ihren Wolken und endet das furchtbare Gefecht.

Jetzt legte Dorglas das vor der Schlacht gefällte Wildpret auf der felsigten Küste von Cromla nieder. Hundert Jünglinge trugen dürres Mooß zusammen, zehn Helden bliesen das Feuer [186] an, drey hundert suchten glatte Steine aus. Das Fest rauchte weit umher.

Cuchullin der Feldherr von Erin nahm seine starke Seele wieder. Er stand gelehnt auf seinem hellen Speer und sprach zu dem Liedersänger vergangener Zeiten, zu Carril dem grauen Sohne Kinfena. Raucht dies Fest für mich allein? und der König von Lochlin ist auf meiner Küste, fern von seinen Jagden und der tönenden Halle seiner Feste zu Hause. Geh Carril Sänger vergangener Zeiten, bring Swaran meine Worte, sag ihm der kam über die unfreundliche See, daß Cuchullin sein Fest heut giebt. Laß ihn hier horchen auf das Gelispel meiner Wälder unter den stillen Mondnachtwolken. Denn kalt und unfreundlich ist der Wind, der über die See stürmt. Laß ihn hier bewundern unsere zitternden Harfen und hören unsere Heldengesänge.

Der alte Carril gieng, mit der sanftesten Stimme lud er ein den König der dunkelbraunen Schilde. Steh [187] auf von den Fellen deiner Jagd, steh auf Swaran König der Wälder. Cuchullin giebt heut die Freude der Muscheln, theile das Fest des Blauaugen.

Er antwortete wie das dumpfe Geräusch in Cromla vor einem Sturm. Wenn alle deine Töchter Innisfäl ihre Arme von Schnee mir entgegenstreckten, hoch aufschwellten das Schwellen ihrer Brust und sanft äugelten mit ihren Augen voll Liebe: dennoch fest wie Lochlins tausend Felsen bleibt Swaran hier, hier bis die ersten Strahlen des morgenden Tages mir zum Tode Cuchullins leuchten. Angenehm meinem Ohr war der Seesturm. Er blies über meinem See. Er brachte mir meine grünen Wälder wieder ins Gedächtniß, wo mein Spieß roth von Bärenblut war. Laß Cuchullin mir den alten Thron Cormaks wiedergeben oder Erins Wellen sollen roth von Blut seines Stolzes an den Küsten schlagen.

Traurig ist der Ton von Swarans Stimme, sagte der Barde der Vergangenheit zu Cuchullin.

[188] Traurig für ihn allein, antwortete der Blauauge. Aber Carril erhebe deine Stimme, und rufe mir her die Thaten der Vergangenheit. Schicke die Nacht in Liedern fort, gieb mir die Freude der Schmerzen. Manche Helden, manche Mädchen der Liebe haben gelebt in Innisfäl. Und süß sind die Lieder der Schmerzen, die um Albions Felsen ertönen, wenn das Geräusch der Jagd vorüber ist, und Ossians Stimme allein schallte, und ihm die Bäche von Cona antworteten.

In vergangenen Zeiten, hub Carril an zu singen, kamen auch Söhne des Oceans nach Erin. Tausend Schiffe tanzten über die Wellen nach Ullins schönen Ebenen. Die Söhne von Innisfäl stunden auf entgegen dem Volk der dunkelbraunen Schilde. Cairbar der erste der Helden war unter ihnen und Grudar ein stattlicher Jüngling. Lang hatten sie gekämpft um den gefleckten Stier, der in Golbuns schallender Hayde sprung. Jeder nannt' ihn sein, und Tod war oft auf der Spitze ihres Stahls.

[189] Jetzt fochten die Helden einer an des andern Seite und die Fremden vom Ocean flohen. Wessen Namen war herrlicher nun auf den Hügeln als Cairbar und Grudar? Aber ach! warum sprung der Stier in Golbuns schallender Hayde? Sie sahn ihn springen weiß wie der Schnee. Der Zorn der Helden kam wieder.

An Lubars grünen Ufern fochten sie und Grudar fiel wie ein Sonnenstrahl. Der stolze Cairbar kehrte in das Thal von Tura, wo Brassolis seine schöne Schwester ganz allein saß und die Lieder der Schmerzen sang. Sie sang die Thaten Grudars ihres geheimen Jünglings. Sie klagte um ihn in dem Schlachtfelde, aber immer tröstete sie sich, er werde wiederkehren. Ihr weißer Busen stieg über ihr Kleid wie der Mond über Lichtwolken. Ihre Stimme war süsser, als die Harfe um Schmerzenlieder zu singen. Ihre Seele war gebunden an Grudar, ihr geheimer Blick war er. – Wenn wirst du wiederkommen in deinen Waffen, du Mächtiger im Kriege?

[190] Nimm Brassolis, kam Cairbar und sprach, nimm Brassolis diesen blutigen Schild, häng ihn auf in meiner Halle, er ist von meinem Feinde. Ihr sanftes Herz schlug an die Brust. Bestürzt und blaß lief sie fort. Sie fand ihren Lieben im Blut, sie starb auf Cromlas Hayde. Da ruht ihr Staub noch, Cuchullin, und aus ihrer beyder Grabe wuchsen zwey Weidenbäume empor, die sich wünschen zu vereinigen. Schön war Brassolis auf den Ebenen und Grudar auf den Hügeln. Der Barde soll ihre Namen beschützen und wiederholen künftigen Zeiten.

Angenehm ist deine Stimme Carril, sagte der Blauauge und lieblich tönen die Worte der Vergangenheit. Sie sind wie ein sanfter Regen im Frühling, wenn die Sonne auf das Feld sieht und Lichtwolken über die Hügel fliegen. O schlage die Harfe zum Preise meiner Lieben, des einsamen Sonnenstrahls von Dunscaich. Schlage die Harfe zum Preise Bragela, die ich auf der Nebelinsel ließ, der Braut des Sohns Semo. [191] Hebst etwa dein schönes Gesicht auf vom Felsen zu entdecken die Seegel Cuchullins? Die See ist weit umher unruhig und ihr weisser Schaum könnte dich täuschen mit meinen Seegeln. Geh zurück meine Liebe, es ist Nacht, und die finstern Winde seufzen in deinem Haar. Geh zurück in die Halle meiner Feste und denk an die vergangenen Zeiten, denn ich kann nicht umkehren, als bis der Sturm des Krieges vorüber ist. O Connal reden wir von Waffen und Schlachten, treibe das liebe Bild weg aus meiner Seele, denn lieblich ist sie mit ihrem Rabenhaar und mit ihrem weissen Busen, die Tochter von Sorglan.

Connal mit seiner Ruhe antwortete: Hüte dich vor dem Volk vom Ocean, send Vorposten aus, sey aufmerksam auf die Stärke von Swaran. – Cuchullin, ich bin vor den Frieden, bis das Volk der Wüste kommt, bis Fingal kommt der erste der Menschen und leuchtet wie eine Sonne über unser Land.

[192] Der Held schlug an den Lärmschild, die Vorposten der Nacht rückten heraus. Die andern legten sich schlafen auf der Hayde, und schliefen unter dem

finstern Wind. Die Geister der letzten Schlacht waren gegenwärtig auf dunkeln Wolken und weit umher in dem finstern Stillschweigen von Lena wurden die leisen Stimmen des Todes vernommen.

## [Auswahl weiterer Interpolationen von Lenz]
## Zweyter Gesang.

[86] [...]
*So meine Malvina! vereinigen sich oft alle sterbliche und unsterbliche Mächte wider den Helden, ihn in seinem grossen Entschluß aufzuhalten. So, edles Kind, hat auch Ossian Erscheinungen gehabt, eh er die beste seiner Thaten that, oder wenn er ein grosses Lied dachte. Sie stöhrten ihn nicht. Ach, aber du erscheinest mir nicht, du die meine Seele immer selbst arbeiten muß sich vorzustellen, du Trost, meines Alters entrißner Trost! – Doch mir immer gegenwärtig. Ich sehe dich. Ich fühle deinen Athem mich anhauchen. Ich höre dein Aechzen und Lispeln, liebes Kind. Nimmst du Theil an Cuchullin, meine Seele! beunruhigst du dich für Cuchullin, lispelnder Engel? Höre mein Lied!*
[96] [...]
*Was zitterst du Malvina? warum fühl ich deine Seufzer in meinem Haar? Zitterst du die Gefahr der Helden, die sich hinpflanzen in ihrem Stolz für tausende? Ach zittre nicht, meine Seele! wenn es keine Gefahr gäbe, gäb es keinen Held und keine Freude.*

## Dritter Gesang.

[96] [...]
*So, meine Malvina, ist immer die Gefahr am wenigsten zu fürchten, wenn sie am höchsten gestiegen ist. Ich sehe dich auf dem Boden liegen vor zärtlicher Besorgniß. Steh auf, meine Liebe! ermanne dich. Du bist ein Mädchen, deine zarten Nerven fahren zusammen; du fällst zusammen, liebe Blume! bey den Gedanken solcher Gefahr[.] Aber steh auf, ich singe dir Männergeschichten. Steh auf, Liebe, ermanne dich!*
[...]

## Fünfter Gesang.

[580] [...]

*Wo war ich Malvina? – Ach ich glaubte den* Barden *vor mir zu sehen, zu fühlen seinen herzlichen Händedruck – Ach es ist alles Betrug in der Welt! –*

## Sechster Gesang.

[825] [...]

*Ach,* Malvina*! mein Gesang neigt sich zum Ende. Daß du ihn fühltest! So hätt' ich doch nicht ganz vergebens gesungen. Daß ein Kuß von dir meine Lippen anwehte, die nun bald auf ewig schweigen werden! – Weiter kenn ich nichts auf dieser Welt: denn die Herzen schlagen nicht mehr wie vormals.*
    [...]

Karrikthura.
# Probe einer neuen Uebersezung Ossians,
## von Gottfried August Bürger [1779].

## Inhalt.

*Fingal*, auf der Rückkehr von einem Zug in die römische Provinz beschloß
dem *Kathulla*, König von *Inistore* und Bruder der *Komalens*, deren Geschichte
*Ossian* in einem dramatischen Gedichte behandelt, einen Besuch zu machen.
Sobald ihm *Karrikthura*, der Palast des Königes, in die Augen fiel, sah er auf
demselben eine Flamme, welches in diesen Zeiten ein Zeichen der Noth war.
Der Wind trieb ihn in einen Meerbusen in einiger Entfernung von *Karrikthura*,
und er sah sich gezwungen die Nacht am Ufer zuzubringen. Am folgenden
Tage grif er das Heer *Frothals*, des Königs von *Sora*, an, welcher den *Kathulla*
in seinem Palast belagert hielt, besiegte *Frothal* in einem Zweikampf und
nahm ihn gefangen. Die Befreiung von *Karrikthura* ist der Gegenstand dieses
Gedichts, in welches jedoch einige Episoden eingewebt sind. Nach der Ueber-
lieferung war dies Gedicht einem *Kuldee*, oder einem der ersten christlichen
Missionaren zugeeignet, und *Ossian* führte darin den *Geist des Loda*, wahr-
scheinlich des Skandinavischen *Odins*, zum Gegensaz der Lehre des Kuldee
auf. Dem sei wie ihm sei, es leitet uns in *Ossians* Vorstellungen auf ein höhe-
res Wesen, und zeigt, daß er dem Aberglauben nicht ergeben war, der vor Ein-
führung des Christenthums die ganze Welt beherschte.

[535] "Hast du vollendet deine blaue Bahn, goldlockige Tochter des Himmels?
Der Abend schliest die Pforten auf. Hier ist dein Ruhegemach. Die Meereswo-
gen umringen dich, in deiner Schöne dich zu schaun. Sie richten die bebenden
Häupter empor; betrachten deinen holden Schlaf; und fahren zagend zurück.
Ruh in deiner schattigen Grotte, ruh, o Sonne, sanft! und kehr in Wonne zu-
rück!"
  "Doch zündet nun tausend Kerzen an, zu den Harfengesängen von Selma!
Der Glanz erfülle die Hall' umher! Denn wiedergekehrt ist der Wirt des Mu-
schelfests. Der Krieg von Karun ist aus, wie ein ausgesungenes Lied. Begint,
ihr Barden, den Sang! Der König ist wiedergekehrt mit Ruhm." –[1]

---

[1]  Das Lied *Ullins*, mit welchem das Gedicht anfängt, ist in einem lyrischen Versmaase. *Fingal*
pflegte, wenn er von seinen Zügen zurückkehrte, seine Barden singend vor sich her zu sen-
den. Diese Art des Triumfs heist beim *Ossian* das Lied des Sieges. [Mac.]

So sang Ullin, als Fingal zurück vom Kriege kam; als er kam in schönem Jugendroth, in seiner Locken Fülle. Die blaue Rüstung hüllt' ihn ein, wie die Sonn' ein leichtes Gewölk, wenn einher sie wallt im Nebelgewand', und halb ihr Licht nur zeigt. Dem Könige folgt sein Heldenheer; man bereitet das Muschelmahl. Fingal blickt die Barden an, und fodert ihren Gesang.

"Stimmen des hallenden Kona, spricht er, Barden des Alterthums! Ihr, in deren Seelen die blauen Heere unsrer Väter auferstehn! Schlagt die Harfen in meiner Halle! Laßt mich hören euren Gesang! Lieblich ist die Wonne der Wehmut. Dem Frühlingsregen gleichet sie: er schmeidiget den Eichenast, und lockt die grünen Köpfchen des jungen Laubes hervor. Wolan, ihr Barden, singt! Denn Morgen erhöhn wir die Segel. Mein blauer Lauf geht durch das Meer, zu Karrikthura's Burg; zu Sarno's [536] mosiger Burg, von wannen Komala entsprang. Dort spendet der edle Kathulla das Muschelmahl. Voll Eber ist sein Waldgeheg'; ertönen soll die Jagd."

"Kronnan,[2] Sohn des Gesangs!" sprach Ullin, "Minona, holde Harfenschlägerin! Hebt an die Sage von Schilrik, den König von Morven zu erfreun. Führt Vinvela hervor in ihrer Schöne, gleich dem träufelnden Bogen der Luft, wann sein liebliches Haupt leuchtet über dem See, und die sinkende Sonne stralt. Sieh, o Fingal, sie komt! Traurig ist ihr Ton, doch sanft." –

*Vinvela.* "Mein Liebster ist des Hochlands Sohn. Er verfolgt den flüchtigen Hirsch. Die grauen Hund' umkeuchen ihn. Im Wind' ertönt seine Bogenschnur. Ruhst du am Felsenborn? Oder beim Rauschen des Bergstroms? Im Winde schwankt des Baches Rohr; der Nebel huscht über die Berge. Ich will mich ungesehn ihm nahn; ich will ihn betrachten vom Felsen herab. Bei Branno's[3] alter Eiche zuerst erblickt' ich dich, in deiner Lieblichkeit. Du kehrtest schlank von der Jagd zurück, der schönste deiner Gesellen."

*Schilrik.* "Wes war der Ton, den ich vernahm; der Ton, wie Sommerwind? Ich size nicht bei dem schwankenden Rohr, noch hör' ich den Felsenborn. Weit weg, Vinvela, weit geh' ich zu Fingals Kriegen weg. Mir folgen nun meine Hunde nicht mehr; ich betrete nicht mehr das Gebirg; erblicke nicht mehr dich von oben her[537]ab, holdwandelnd am Strome des Thals; hellglänzend, wie der Bogen der Luft, und auf westlicher Woge der Mond.["]

*Vinvela.* "So bist du denn fort, mein Schilrik! Und verlässest mich auf dem Gebirg allein! Der Hirsch erscheint auf der Höh', und graset furchtlos umher. Ihn schreckt nun weder der Wind, noch das rasselnde Laub, der Jäger ist fern von hier; im Gefilde der Gräber fern! Fremde! Söhne der Wogen! Ach! schont mir der lieblichen Schilrik!"

---

2  *Kronnan* und *Minona* stellten vermutlich *Schilrik* und *Vinvela* vor. Alle dramatischen Gedichte *Ossians* scheinen vor *Fingal* bei feierlichen Gelegenheiten aufgeführt zu sein. [Mac.]

3  *Bran*, oder *Branno*, bedeutet einen Bergstrom, hier einen Fluß der zu *Ossians* Zeiten diesen Namen führte. Noch izt nent man verschiedne kleine Flüsse im nördlichen Schottland *Bran*, besonders einen, der bei Dunkeld in den Tay sich ergiest. [Mac.]

*Schilrik.* "Wenn in der Schlacht ich fallen muß, so erheb', o Vinvela, hoch mein Grab! Graue Steine bezeichnen mich, und ein Hügel von Erde, der Zukunft! Sizt dann an dem Haufen der Jäger einst, und geniest sein Mittagsmahl; so spricht er: "Hier ruht ein Held!" und belebet meines Namens Ruhm[.] Gedenke mein, Vinvela, wann tief ich ruh' in der Gruft!"

*Vinvela.* "Ja, ich gedenke dein! Ach! Fallen wird mein Schilrik! Was, o Geliebter, fang' ich an, wenn du auf ewig dahin bist? Um Mittag irr' ich durch dieses Gebirg; durchirre die stumme Haide. Da betracht' ich deinen Ruheplaz, wann von der Jagd du kamst. Ach! Fallen wird mein Schilrik! Ich aber gedenke sein." –

"Auch ich gedenke des Helden," rief der König des waldigen Morven. "Er verschlang die Schlacht in seinem Zorn. Doch nun erblickt ihn mein Auge nicht mehr. Ich traf ihn einst auf der Höh' mit bleicher Wang' und finstrer Stirn. Oft seufzt' er vom Busen herauf, und schrit der Wüste zu. Nun fehlt er in meiner Helden Gewühl, wann der Hall meiner Schild' erwacht. Wohnt er in dem engen Gemach,[4] der Fürst des hohen Karmora?" –

[538] "Kronnan," sprach Ullin, der Barde des Alterthums, "begin das Lied von Schilrik, als er heim auf seine Berge kam, und hin Vinvela war. Gelehnt an ihren graumosigen Stein, wähnt' er, sie lebe noch. Holdwandelnd[5] erblickt' er sie auf der Au; doch die Lichtgestalt zerschwand. Der Sonnenstral entglit der Flur, und sie ward nicht weiter gesehn. Vernehmt nun Schilrik's Lied! Traurig ist es, doch sanft." –

"Ich siz' am mosigen Quell, hoch auf dem Berge des Sturmes. Ein einzel[n]er Baum rauscht über mir. Dunkle Wogen rollen die Haid' entlang. Empört ist unten der See. Der Hirsch entsteiget dem Berge. Kein Jäger erscheint von fern. Mittag ist es; doch alles ist still umher. Einsam trauert mein Sinn. Mögtest doch du mir erscheinen, o Liebe, wallend über das Haidekraut! Mit wehenden Locken hinter dir her, mit schwellendem Busen von vorn, und Augen voll Zähren für die Deinen, welche der Nebel des Hügels barg. Ich wolte dich trösten, du Liebe, dich führen in deines Vaters Haus." –

"Aber ist sie es, die dort auf der Haid' erscheint, wie ein Stral des Lichts? – Glänzend, wie der Mond im Herbst, wie die Sonn' im Sommersturm, komst du, o Mädchen, über Felsen und Berge zu mir! – Sie redet! – Aber schwach ist ihr Laut! Wie das Lüftchen im Schilfe der See." –

"Komst du glücklich vom Kriege zurück? Wo, Lieber, sind deine Gesellen? Ich hörte von deinem Tod' im Gebirg; ich hört' es und trauert' um dich, mein Schilrik." – "Ja, du Holde, ich komme zurück; doch der [539] einzige meines

---

4    Im Grabe. [Mac.]
5    Der Unterschied, den die alten Schotten zwischen guten und bösen Geistern machten, bestand darin, daß die ersten zuweilen bei Tage an einsamen unbesuchten Oertern, die andern niemals als bei Nacht und in düstern fürchterlichen Gegenden erschienen. [Mac.]

Geschlechts. Du wirst sie nimmer wieder sehn; ich begrub sie dort auf der Au.
Doch warum bist du in der Bergwüstenei? Warum auf der Haid' allein?" –
"Allein bin ich, o Schilrik, allein in der Winterbehausung! Ich sank aus
Gram um dich; und lieg', o Schilrik, bleich in der Gruft."
"Sie gleitet, sie segelt von hinnen, wie Nebelgewölk vor dem Winde. Und
willst du nicht harren, Vinvela? O harre, mich weinen zu sehn! Wie schön er-
scheinst du, Vinvela! Im Leben auch warest du schön." –
"Sizen will ich am mosigen Quell, hoch auf dem Berge des Sturmes. Wann
umher der Mittag schweigt, dann rede mit mir, o Vinvela! Kom auf dem leicht-
beflügelten West, auf dem Lüftchen der Wüste kom! Laß hören mich deinen
Laut, wann vorüber du wallst, und umher der Mittag schweigt." –
So klang Kronnans Lied in der Nacht der Freuden zu Selma. Doch in Osten
brach der Morgen an. Die blauen Gewässer rollten in Licht. Fingal hieß die Se-
gel spannen; den Bergen entsausten die Winde. Und sieh, empor stieg Inistore,
mit Karrikthura's mosiger Burg. Doch oben erschien das Zeichen der Noth, die
warnende Flamme mit Rauch besaumt. Der König von Morven schlug sich
an's Herz, und faßte plözlich den Speer. Bald streckt' er seine verfinsterte Stirn,
nach der Küste voran; bald blickt' er nach den trägen Winden zurück. Verwor-
ren flog im Nacken sein Haar. Das Schweigen des Königs war schrecklich.
Die Nacht sank auf das Meer, und Rotha's Bucht empfing das Schif. Ein
Fels hängt das Gestad' entlang, mit hallenden Wäldern herab. Auf seinem
Haupt ist Lo[540]das Rund,[6] und der mosige Stein der Kraft. Darunter senkt
sich ein Thal, mit Gras und alten Bäumen bestreut, welche die Stürme der
Mitternacht, in ihrem Zorn, dem rauhen Felsen entrast. Blau wandelt hier ein
Strom. Einsam treibt der Odem des Meers den Bart der Distel vor sich hin.
Drei Eichen flamten empor; man sezte das Muschelmahl auf. Doch traurig
blieb des Königs Sinn, um Karrikthura's bedrängten Gebieter.
Der bleiche kühle Mond stieg in Osten heran. Der Schlaf sank auf die Jüng-
linge. Die blauen Helme flimmerten im Stral. Die sinkende Flamme verlosch.
Den König nur umfing kein Schlaf. In voller Rüstung sprang er auf und erhob
sich langsam auf den Berg, der Flamm' auf Sarno's Thurme nachzuspähn.
Die Flamme war trüb' und fern. Der Mond verbarg in Osten sein rothes Ge-
sicht. Vom Gebirge fuhr ein Orkan. Auf seinen Schwingen sas Loda's[7] Geist.

---

6    *Loda's Rund*, oder der Zirkel von Loda, vermutlich ein Ort, wo die Skandinavier ihren *Odin*
     verehrten. [Mac.]
7    Von diesem *Loda*, vermutlich dem *Odin* der Skandinavier, und seiner Wolkenhalle, wo die
     Seelen der abgeschiedenen Helden um ihn versammelt sind, ist ein fürchterlich schönes Ge-
     mälde in dem Gedicht Kathloda. "Uthorno, entsteigend den Wogen! Umschwebt von Flam-
     mengebilden der Nacht! Ich sehe des Mondes Niedergang, im Rücken deines rauschenden
     Hains. Dein Haupt bewohnt der nebliche Loda. Hier ist der Heldengeister Siz. Aus der Tiefe
     seiner Wolkenhalle winkt Kruthloda, der Gott der Schwerder, hervor. Dort dämmert seine
     Gestalt, durch wallendes Nebelgewölk. Mit der Rechten hält er den Schild; in der Linken

Mit Grausen kam er heran, zu seinem Heiligthum, und schwang den düstern Speer. Wie Flammen blizten die Augen ihm in seinem finstern Gesicht. Dem fernen Donner glich sein Ruf. Fingal streckte den Speer voran in die Nacht, und rief mit mächtiger Stimme:

[541] "Von hinnen, Sohn der Nacht! Ruf deinen Stürmen und fleuch! Was tritst du vor meinen Blick, mit deinen schattenden Waffen? Schreckt deine Nachtgestalt mich, unseliger Geist? Schwach ist dein Wolkenschild, und schwach der Flammenschweif, dein Schwert. Ein Windhauch rollet's in eins; und du zerschwindest in Nichts. Von hinnen, Sohn der Nacht! Ruf deinen Stürmen und fleuch!" –

"Drängst du aus meinem Heiligthum mich? versezt' er mit dumpfem Ton. Die Völker knien vor mir. Ich lenke die Schlacht im Felde der Starken. Völker vernichtet mein Blick. Tod hauch' ich aus meiner Nase. Auf Stürmen fahr' ich einher. Gewitter rollen voran. Doch friedlich über den Wolken ist mein Aufenthalt, und lieblich das Gefilde meiner Ruhe."

"So bewohne dann dein lieblich Gefild, und vergiß hier Komhals Sohn! Steig' ich von meinen Bergen hinan, in deinen friedlichen Aufenthalt? Droht dir entgegen mein Speer, auf deinen Wolken, unseliger Geist? Was runzelst denn du mich an? Was schwingst du den luftigen Speer? Du runzelst umsonst! Nie wich ich dem Starken im Streit. Und schrecken solten den König von Morven die Söhne der Luft? Nimmer! Er weis, ihre Waffen sind schwach."

"Fleuch in dein Land! versezte die Gestalt, nim an die Wind' und fleuch. Sie wohnen in meiner hohlen Hand; ich lenke den Flug des Sturms. Der Fürst von [542] Sora ist mein Sohn: er neigt sich vor dem Steine meiner Kraft. Sein Heer umringt jezt Karrikthura, und ich gewähr' ihm Sieg. Fleuch, Komhals Sohn, zurück in dein Land! Sonst fühle die Glut meines Zorns!"

Hier erhob er den schattenden Speer und streckte sich fürchterlich, mit seiner ganzen Länge voran. Fingal entgegen zückte sein Schwerd, die Klinge des dunkelbraunen Luno.[8] Der blizende Schwung des Stals durchhieb den düstern Geist. Gestaltlos zerfiel die Erscheinung in Luft, wie ein Pfeiler von Rauch, entsteigend verlöschender Esse, welchen der Stecken des Knaben zerstört.

Mit Geheul zusammen sich rollend, erhob auf dem Sturme sich Loda's Geist. Ganz Inistore durchdrönte der Laut. Ihn vernahmen die Wogen des Abgrunds, und stockten erschrocken im Lauf. Hui! fuhren Fingals Gefährten em-

---

halbsichtbar die Muschel. [541] Das Dach der entsezlichen Halle blinkt von den Flammen der Nacht.

Das Geschlecht Kruthloda's rückt heran, ein Schwarm gestaltloser Schatten. Er reicht die tönende Muschel herum, an die, so da glänzten im Streit. Doch ihn und den Feigen sondert sein Schild, ein düstres Scheibenrund. Er ist ein stürzendes Zeichen der Luft dem Schwachen im Streit." [Bürger.]

8    Fingals berühmtes Schwerd, die Arbeit des *Lun*, oder *Luno*, eines Schmiedes zu *Lochlin*. [Mac.]

por, und ergriffen die mächtigen Lanzen. Der König ward vermißt. Voll Zorn erhuben sie sich, in lautem Waffengeklirr. –

Der Mond ging in Osten hervor. In blinkender Rüstung kam Fingal zurück. Groß war die Wonne der Seinen. Ihre Seelen beruhigten sich, wie nach dem Sturme das Meer. Ullin stimt' ein Freudenlied an. Die Hügel von Inistore frohlockten. Die Flamme der Eiche wuchs an; und Heldensagen wurden erzählt. –

Doch Frothal, Sora's zorniger Fürst, saß harmvoll unter einem Baum. Sein Heer umströmte Karrikthura. Ergrimt blickt' er die Mauren an, und lechzte nach Kathulla's Blut, der einst im Streit ihn bezwang. Als Frothals Vater, Annir, noch in Sora gebot, da erhob sich ein Sturm auf dem Ozean, und verschlug den meerdurchstreifenden Frothal nach Inistore. Drei Tage gastet' er hier in Sar[543]no's Burg, und erblickte die langsam rollenden Augen Komala's. Schnell liebt' er sie, mit jugendlicher Glut, und strebte nach dem Genuß des Mädchens mit den weissen Armen. Kathulla befehdet' ihn drob; es erhub sich ein grimmiger Kampf. Frothal ward in Bande gelegt. Drei Tage must' er büssen dafür in der Hall' allein. Am vierten sandt' ihn Sarno auf sein Schif, und er kehrte zurück in sein Land. Nun schwärzte seine Seele der Zorn gegen den edlen Kathulla. Als Annirs Denkstein erhoben war, kam Frothal in seiner Kraft. Die Fehde lodert' um Karrikthura, und Sarno's mosige Mauern.

Der Morgen graut auf Inistore. Frothal schlug seinen schwarzbraunen Schild. Die Helden fuhren beim Klang' empor. Sie standen, die Augen gewandt nach dem Meer; und sieh! in seiner Kraft schrit Fingal heran. Der edle Thubar rief zuerst: "Wer komt, wie der Hirsch der Wüste daher, sein Rudel hinter ihm drein? Frothal, es ist ein Feind! Ich sehe den vorwärts drohenden Speer. Vielleicht, daß der Fürst von Morven, daß Fingal der Erste der Helden es ist. Seine Thaten sind in Lochlin kund. Das Blut seiner Feinde trieft in Starno's Hallen. Soll ich um Königsfrieden[9] ihn flehn? Ein Wetterstral ist sein Schwerd." –

Sohn des schwachen Arms, rief Frothal, soll so mein Leben in Wolken aufgehn? Ergeben soll ich mich schon, o Fürst des strömenden Tora, bevor ich nur Einmal gesiegt? Ha! spotten würd' in Sora das Volk: Frothal flog aus, wie ein Flammengebild; jedoch die Nacht verschlang's, und vernichtet ist sein Ruhm. Nein, Thubar, nimmer ergeb' ich mich! Mein Ruhm soll mich umgeben, wie Licht. Nein, Fürst des strömenden Tora, nein, ich ergebe mich nie!"

Drauf stürzt' er voran, mit dem Strome seines Volks. Doch er traf auf einen Fels. Fingal stand ohne Wank. Zertrümmert prallten, links und rechts, die [544] Wogen der Schlacht von ihm ab. Doch harmlos flohen sie nicht. Hinter drein war des Königs Speer. Das Feld ward mit Kriegern bedeckt. Ein steigender Hügel nur rettete noch den Rest.

---

9    Frieden unter anständigen Bedingungen. [Mac.]

Frothal sah der Seinigen Flucht. Hoch schwoll sein Herz vor Wut. Er senkte zu Boden den Blick, und rief den edlen Thubar: "Thubar, mein Heer ist geflohn. Nicht fürder hebt sich mein Ruhm. Nun will ich allein dem Könige stehn; denn ich fühle mein glühendes Herz. Send' einen Barden, den Zweikampf zu fodern! Wende dagegen nichts ein! Doch, Thubar, ich lieb' ein Mädchen. Sie wohnt an Thano's Strom; es ist die weisbusige Tochter Hermans, Utha, mit den sanftrollenden Augen. Sie scheute die tiefbegrabne Komala. Geheime Seufzer entstiegen ihr, als ich die Segel erhob. Melde du dem Harfenmädchen, daß nur sie mein Herz entzückt."

So sprach er, entschlossen zum Kampf. Doch Utha's sanfter Seufzer war nicht fern. Sie war ihrem Helden in männlicher Rüstung gefolgt. Sie rollt' ihr Aug' insgeheim auf den Jüngling, tief unterm Stal hervor. Sie sah den Barden gehn, und dreimal entsank der Speer ihrer Hand. Im Winde zerflattert' ihr loses Haar. Von Seufzern schwoll ihr weisser Busen. Sie erhob nach dem König ihr Aug. Sie wolte reden; doch dreimal gebrach ihr der Laut.

Fingal vernahm des Barden Ruf, und kam in der Kraft seines Stals. Zusammen klirrten die tödtlichen Lanzen. Dann blizten hoch die Schwerder empor. Fingals Schwerd fuhr herab und zerspellte Frothals Schild. Entblöst ward seine schöne Seite. Halb gekrümt erwartet' er seinen Tod. Nacht umzog die Seele Utha's. Die Zähr' entstürzt' ihren Wangen. Sie sprang, den Helden zu decken, mit ihrem Schild herbei. Ein liegender Eichbaum hemt' ihren Lauf. Sie fiel auf ihren Arm von Schnee. Weit stoben Schild und Helm von ihr ab. Und sieh, [545] entblöst wallt' ihre weisse Brust; ihr dunkelbraunes Haar lag zerstreut auf dem Boden umher.

Fingal erbarmte sich des Mädchens mit den weissen Armen, und hielt an das erhobene Schwerd. Die Thräne stand in seinem Aug' als voran sich neigend er sprach: "König des strömigen Sora, fürchte nicht Fingals Schwerd! Noch nie befleckt' es das Blut des Besiegten, und nie durchbort' es den liegenden Feind. Jauchz' an den heimischen Strömen dein Volk! Frohlocken die Mädchen deiner Liebe! Soltest also du fallen in deiner Jugend schon, du König des strömigen Sora?" Frothal hörte Fingals Wort, und sah das empor sich raffende Mädchen. Schweigend standen beide[10] jezt in ihrer Schönheit da; wie zwei junge Bäume der Au, wenn ihr Laub von Frühlingsregen trieft, und der laute Sturm nun schweigt.

"Tochter Hermans, erseufzte Frothal, kamst du von Tora's Strömen, kamst du in deiner Schönheit her, um deinen Helden so tief erliegen zu sehn? Doch er lag nur so tief vor dem Starken, Mädchen des langsamrollenden Auges. Kein Schwacher bezwang den Sohn des erlauchten Annirs. Furchtbar, o König von Morven, bist du im Lanzengefecht! Doch im Frieden gleichst du der Sonne, durchblickend ein stilles Regenschauer. Die Blumen erheben die schönen

---

10   Frothal und Utha. [Mac.]

Häupter vor ihr, und säuselnd schüttelt die Flügel der West. O daß du in Sora nun wärst! Und aufgesezt wäre mein Mahl! Sora's künftiges Königsgeschlecht, mit Wonne würd' es deine Waffen einst schaun. Ergözen würd' es seiner Väter Ruhm, welche den mächtigen Fingal sahn."

"Sohn Annirs," versezte der König, "erschallen soll der Ruhm von Sora's Geschlecht. Ist der Held im Kriege stark, dann preist ihn Gesang. Doch schwinget er über den Schwachen sein Schwerd; Hat das Blut des [546] Feigen sein Rüstzeug befleckt: Dann verschweigt ihn der Barden Gesang, und vergessen wird sein Grab. Der Fremdling komt und bauet darauf, und zerschaufelt den Hügel umher. Ein halbverrostetes Schwerd taucht vor ihm auf; er neigt sich herab und spricht: "Sieh da dein altes Heldenschwerd! Doch den Namen des Helden meldet kein Sang." Nun, Frothal, kom zum Fest von Inistore! Das Mädchen Deiner Liebe begleite dich! Freud' erhelle nun jedes Gesicht!"

Hier nahm Fingal den Speer und schritt voran in seiner Kraft. Weit thaten Karrikthurapforten sich auf. Das Muschelmahl ward aufgesezt. Dazu erhob sich der sanfte Klang der Musik. Freude durchglänzte die Halle. Ullins Stim' erklang; gerührt war die Harfe von Selma. Utha ergözte sich dran, und fodert' ein Trauerlied. Die volle Zähre hing von ihrer Wimper herab, als die sanfte Krimora sprach. Krimora, Rinvals Tochter, wohnt' an Lotha's brausendem Strom. Die Sage war lang, doch lieblich, und gefiel der erröthenden Utha.

*Krimora.* "Wer komt von dem Hügel herab, wie die Wolke, getaucht in den westlichen Stral? Wer ist die Stimme, laut wie der Wind, doch anmutsvol, wie Karvils Harfe? Es ist mein Liebster im Schimmer des Stals; doch Gram umwölkt seine Stirn. Lebt Fingals Heldengeschlecht? Oder was sonst verdunkelt Konnals Geist?["]

*Konnal.* [″]Es lebt. Es kehrt von der Jagd zurück wie ein Strom von Licht, mit sonnevergoldeten Schilden. Gleich feuriger Furche steigt es vom Hügel herab. Laut tönt die Stimme der Jugend. Der Krieg ist nah, du Liebe! Morgen komt der schrekliche Dargo, zu prüfen unsres Stammes Kraft. Er trozet Fingals Geschlecht, dem Geschlechte der Schlachten und Wunden."

[547] *Krimora.* "Ich sah, o Konnal, seine Segel; dem grauen Nebel gleich, auf dunkelbrauner Flut. Langsam kamen sie ans Land. Viel, o Konnal, sind, der Krieger Dargo's sind viel!"

*Konnal.* "So hole den Schild deines Vaters mir! Rinvals gewölbten eisernen Schild! Den Schild, wie der volle Mond, wann verfinstert durch den Himmel er wallt!"

*Krimora.* "Ich bring', o Konnal, den Schild. Doch meinen Vater schüzt er nicht. Er fiel durch Gormars Speer. Auch du kanst fallen, o Konnal."

*Konnal.* [″]Fallen kan ich! Alsdann erheb, o Krimora, mein Grab! Graue Stein' und ein Hügel von Sand verkünde der Zukunft meinen Namen. Krimora senk' ihr rothes Aug hernieder auf mein Grab, und schlag' an den Busen, schwellend vor Gram! Bist du gleich schön, wie Licht, du Liebe; und schmeichelnder, als des Hügels Lüftchen; so bleib' ich dennoch nicht hier. Erheb, o Krimora, mein Grab!"

*Krimora.* ["]So reiche dann die blinkende Rüstung auch mir! Auch mir das Schwerd und den stälernen Speer! Auch ich will Dargo entgegen, und Konnal helfen im Streit. Lebt wol, ihr Felsen von Ardven! Ihr Hirsche! Ihr Ströme der Berge, lebt wol! Nie kehren wir wieder zurück. Denn unsere Gräber sind fern!" –

"Und kehrten sie nun nicht wieder zurück?" brach Utha seufzend aus, "und fiel ihr Held in der Schlacht? Und überlebt' ihn Krimora? Sie wankte wol einsam nach! Wie betrübt war sie wol, um ihren Konnal! Denn war er nicht jung und hold, wie der sinkenden Sonne Stral?" Ullin sah des Mädchens Zähre, und nahm die sanft erbebende Harfe. Lieblich war sein Lied; doch traurig. Ganz Karrikthura schwieg umher.

"Der Herbst umschwärzt das Gebirg; der Nebel grauet die Hügel. Die Haide durchheult der Wirbelwind. Schwarz rollt der Bach durchs enge Thal. Ein Baum [548] dort einsam auf der Höh' bezeichnet Konnals Ruhestatt. Im Winde kreiset das Laub umher, und bestreut des Erschlagenen Grab. Zu Zeiten erscheinen hier die Geister der Todten, wann sinnig der Jäger allein langsam über die Haide schleicht.

Wer erreicht, o Konnal, den Urquell deines Geschlechts? Wer nennet deine Väter alle? Dein Geschlecht wuchs auf, wie die Eiche des Gebirgs, die ihr luftiges Haupt dem Sturm entgegen hebt. Nun aber ist sie entwurzelt! Wer füllet nun Konnals Plaz? Hier war das Waffengeklirr, und hier des Sterbenden Röcheln. Wie triefen die Schlachten Fingals von Blut! O Konnal, hier fielest du! – Wie der Sturm war dein Arm; dein Schwerd, wie Gewitterstral. Du erhubst dich, wie vom Thal ein Fels. Wie die Esse glühte dein Blick; und lauter, als Sturm, war dein Ruf, in den Schlachten deines Stals. Die Starken erlegte dein Schwerd, wie Disteln der Stecken des Knaben. Dargo, der Starke, kam an, finster in seiner Wut. Ihm krampfte der Zorn die Augenbrauen zusammen. Zwei Felsenhöhlen glich sein Augenpaar. Hoch blizten die Schwerder empor, in jegliches Helden Hand, und laut umher erklang ihr Stal.

Nicht fern war Rinvals Tochter, im Schimmer männlicher Rüstung. Ihr goldnes Haar flog ungebunden ihr nach. Sie folgte, den Bogen in ihrer Hand, dem Vielgeliebten zur Schlacht. Sie schnellte die Sehne nach Dargo ab; doch irrend durchborte sie ihren Konnal. Er fiel, wie die Eich' im Thal, wie ein Fels vom rauhen Gebirg. Das arme Mädchen! Was soll es nun thun? Er blutet, ihr Konnal, und stirbt! Sie wimmert die ganze lange Nacht, sie wimmert den ganzen Tag: "O Konnal, mein Lieber, mein Freund! Vor Schmerzen stirbt die arme Leidende hin. Nun birgt der Erde Schoos des Hochlands lieblichstes Paar. [549] Nun wuchert das Gras um ihres Grabes Steine. Oft siz' ich hier traurig im Schatten. Der Wind durchseufzet das Grab, und ihr Gedächtnis säuselt durch meinen Geist. Ungestört schlummert ihr nun zusammen; einsam ruht ihr im Grabe des Gebirgs!" –

"So ruht denn sanft, rief Utha, unglückliche Kinder des strömenden Lotha! Mit Thränen wil ich eurer gedenken, und mein geheimes Lied euch weihn. Wann der Wind durch Tora's Haine rauscht, und neben mir brauset der Strom; dann sollen sie meiner Seele sich nahn, in aller ihrer lieblichen Wehmuth." – –

Drei Tage lang währte der Könige Fest. Am vierten schwollen die Segel. Der Nordwind trieb in sein waldiges Land den König von Morven zurück. Doch Frothals Schiffen fuhr, auf seiner Wolke, der Geist von Loda nach. Windschnaubend neigt' er sich voran, und schwellt' empor die weissen Busen der Segel. Unvergessen blieben ihm die Wunden seiner Gestalt. Noch immer scheut' er des Königs Hand.

[Ossianübersetzungen von Johann Gottfried Herder
aus: *Volkslieder*] [1779].

## 14.
### Darthula's Grabesgesang. Aus Ossian.

Mädchen von Kola, du schläfst!
Um dich schweigen die blauen Ströme Selma's!
Sie trauren um dich, den letzten Zweig
Von Thrutils Stamm!
    Wenn erstehst du wieder in deiner Schöne?
Schönste der Mädchen in Erin!
Du schläfst im Grabe langen Schlaf,
Dein Morgenroth ist ferne!
    Nimmer, o nimmer kommet mehr die Sonne,
Weckend an deine Ruhestätte: "wach auf!
Wach auf Darthula!
Frühling ist draussen,
Die Lüfte säuseln!
Auf grünen Hügeln, holdseliges Mädchen,
Weben die Blumen! im Hain wallt spriessendes Laub!"
    Auf immer, auf immer! so weiche denn, Sonne,
Dem Mädchen von Kola! sie schläft!
Nie ersteht sie wieder in ihrer Schöne!
Nie siehst du sie lieblich wandeln mehr.

## 15.
### Fillans Erscheinung und Fingals Schildklang. Aus Ossian.

Vom See in Büschen des Lego
Steigen Nebel, die Seite blau, von Wellen hinauf:
Wenn geschlossen die Thore der Nacht sind,
Ueberm Adlerauge der Sonne des Himmels.
    [424] Weit von Lara dem Strom
Ziehen Wolken, dunkel tief:

Wie blasser Schild zieht voran den Wolken,
Und schwimmt beiseit der Mond der Nacht.
    Mit ihnen haschen die Todte der Vorzeit,
Schnelle Gestalten in der Mitte des Sturms:
Sie schlüpfen von Hauche zu Hauche
Auf dem dunkeln Antlitz der Nacht voll Laut.
    Auf Lüftchen schleichend zum Grabe der Edeln,
Ziehn sie zusammen Nebel des Himmels,
Zur grauen Wohnung dem Geiste des Todten,
Bis steigt von Saiten das Sehnen des Todtengesangs.

                    * * *

    Kam Schall von der Wüsten am Baum –
Konar, der König heran –
Zieht schnell schon Nebel grau,
Und Fillan am Lubar blau.
Traurig saß er im Gram,
Gekrümmt im Nebelstral.
Bald rollt ihn ein Lüftchen zusammen;
Bald kommt sie wieder, die schöne Gestalt.
Er ists! mit langsam sinkendem Blick,
Mit wehender Locke von Nebel im Sturm.
    Dunkel ists!
Das Heer noch schlafend in Banden der Nacht;
Erloschen die Flammen auf Königs Hügel,
[425] Der einsam liegt auf seinem Schild':
Halbgeschlossen die Augen in Thaten,
Kam Fillans Stimme zum Ohr ihm:
    "Und schläft der Gatte von Klatho?
Und wohnt der Vater des Todten in Ruh?
Und ich vergessen in Falten der Wolken
Bin einsam in Banden der Nacht."
    Warum kommst in Mitte der Träume du mir?
Sprach Fingal und hob sich schnell,
Kann ich dich vergessen, mein Sohn?
Deinen Gang von Feuer auf Rethlans Felde!
Nicht also kommen auf Königs Seele
Die Thaten der Mächtgen im Stale des Strals.
    Sie scheinen ihm nicht, wie ein Blitzstral,
Der schwimmet in Nacht dem Fußtritt hinweg.

Ich denk im Schlaf des lieblichen Fillan,
Denn hebt in der Seele sich Zorn. –"
    Grif der König zum Speer,
Schlug zum Schilde tönenden Schall,
Zum Schilde hangend im Dunkel hoch,
Verkündung der Schlacht der Wunden – –
    Auf jeglicher Seite des Bergs
Auf Winden flohen die Todten hinweg,
[426] Durchs Thal der vielen Krümmen
Weinen die Stimmen der Tiefe.
    Schlug an das Schild, noch einmal,
Aufstand Krieg in den Träumen des Heers:
Weites Streitgetümmel, es glüht
Im Schlaf auf ihren Seelen, den Edeln.
Blauschildige Krieger steigen zur Schlacht,
Das Heer ist fliehend, und harte Thaten
Stehn vor ihnen halbverborgen im Schimmer des Stahls.
    Als aufstieg noch einmal der Schall;
Da stürzte von Felsen das Thier.
Man hörte das Krächzen der Vögel der Wüste,
Auf seinem Lüftchen ein Jedes,
Halb erhoben Albions Stamm des Hügels
Grif jeder hinauf, jeder zum glimmenden Speer:
Aber Schweigen kehrte zurück zum Heere,
Sie kannten Morvens Schild,
Der Schlaf kam auf die Augen der Männer.
Das Dunkel ist schwer im Thal.

                    * * *


Kein Schlaf in deinem Dunkel ist auf dir,
Blauaugigte Tochter Konmors, des Hügels.
Es hört Sulmalla den Schlag,
Auf stand sie in Mitte der Nacht,
Ihr Schritt zum Könige Atha's des Schwerts,
[427] "Kann ihm erschrecken die starke Seele?"
Sie stand in Zweifel, das Auge gebeugt.
Der Himmel im Brande der Sterne. – –
    Sie hört den tönenden Schild,
Sie geht, sie steht, sie stutzet, ein Lamm,
Erhebt die Stimme; die sinkt hinunter – –
Sie sah ihn im glänzenden Stahl,

Der schimmert zum Brande der Sterne – –
Sie sah ihn in dunkler Locke,
Die stieg im Hauche des Himmels – –
Sie wandte den Schritt in Furcht:
"Erwachte der König Erins der Wellen!
Du bist ihm nicht im Traume des Schlafs,
Du Mädchen Inisvina des Schwerts."
　　Noch härter tönte der Schall;
Sie starrt; ihr sinket der Helm.
Es schallet der Felsen des Stroms,
Nachhallets im Traume der Nacht;
Kathmor hörets unter dem Baum,
Er sieht das Mädchen der Liebe,
Auf Lubhars Felsen des Bergs,
Rothes Sternlicht schimmert hindurch
Dazwischen der Schreitenden fliegendem Haar.
　　[428] Wer kommt zu Kathmor durch die Nacht?
In dunkler Zeit der Träume zu ihm?
Ein Bote vom Krieg' im schimmernden Stal?
Wer bist du, Sohn der Nacht?
Stehst da vor mir, ein erscheinender König? –
Ruffen der Todten, der Helden der Vorzeit? –
Stimme der Wolke des Schauers? –
Die warnend tönt vor Erins Fall.
　　Kein Mann, kein Wandrer der Nachtzeit bin ich,
Nicht Stimme von Wolken der Tiefe,
Aber Warnung bin ich vor Erins Fall.
Hörst du das Schallen des Schildes?
Kein Todter ists, o König von Atha der Wellen,
Der weckt den Schall der Nacht!"
　　"Mag wecken der Krieger den Schall!
Harfengetön ist Kathmor die Stimme!
Mein Leben ists, o Sohn des dunkeln Himmels,
Ist Brand auf meine Seele, nicht Trauer mir.
Musik den Männern im Stale des Schimmers
[429] Zu Nacht auf Hügeln fern.
Sie brennen an denn ihre Seelen des Strals,
Das Geschlecht der Härte des Willens.
Die Feigen wohnen in Furcht,
Im Thal des Lüftchens der Luft,
Wo Nebelsäume des Berges sich heben
Vom blauhinrollenden Strom u. f.

## 16.
## Erinnerung des Gesanges der Vorzeit. Aus Ossian.

Rühr Saite, du Sohn Alpins des Gesangs,
Wohnt Trost in deiner Harfe der Lüfte?
Geuß über Ossian, den Traurigen, sie,
Dem Nebel einhüllen die Seele.
   Ich hör dich Bard' in meiner Nacht,
Halt an die Saite, die zitternde
Der Wehmuth Freude gebühret Ossian,
In seinen braunen Jahren.
   Gründorn, auf dem Hügel der Geister,
Webend das Haupt in Stimmen der Nacht,
Ich spüre ja deinen Laut nicht,
Geistergewand nicht rauschend im Laube dir.
   [430] Oft sind die Tritte der Todten,
Auf Lüftchen im kreisenden Sturm,
Wenn schwimmt von Osten der Mond,
Ein blasser Schild, ziehend den Himmel hindurch.
   Ullin und Carril und Raono,
Vergangne Stimmen der Tage vor Alters,
Hört' ich Euch im Dunkel von Selma,
Es erhübe die Seele des Lieds.
   Nicht hör' ich euch, Söhne des Gesangs,
In welcher Wohnung der Wolken ist eure Ruh?
Rührt nicht die Harfe, die düstre,
Gehüllt in Morgengrau,
Wo aufsteigt tönend die Sonne,
Von Wellen, die Häupter blau?

## [3*] [John Smith:] Der Fall von Tura: ein Gedicht [übersetzt von Christian Felix Weiße] [1781].

Dieß Gedicht ist unter den Namen *Losga Taura*, und *Laoidh Ghara's nam ban*, "der Brand von Tura," oder, "die Elegie auf Gara und die Mädchen von Morven," bekannt. Der unglückliche Zufall, dessen Andenken sich erhält, läßt zugleich die Ursachen von dem Verfalle der Familie und der Freunde des Barden vermuthen. Der letzte Theil des Gedichts wird gemeiniglich als ein besonderes Stück unter dem Titel, *Ossian a' caoi' nam Fiann*, "die Klage Ossians über seine Freunde," aufgeführet.

### [4] Innhalt.

Fingal wird nach seiner Rückkehr von einer Reise, die er in die römische Provinz gethan, von dem Glückwünschungsgesang der Jungfrauen in seinem Palaste von Tura empfangen. Während daß sie beym Feste sind, kömmt ein Barde an, und bittet um Fingals Hülfe für den Civa-dona, dessen Geschichte erzählet wird. Den Morgen darauf geht ein Theil auf diesen Zug aus, die übrigen verfolgen die Jagd, und lassen bloß die Weiber und Kinder daheim, und bey ihnen den Gara, damit er sie genau in Obacht nehme, wenn eine Unruhe oder Gefahr vorfallen sollte. Unglücklicher Weise geräth das Haus in Brand, während daß sie schlafen, und alle, die sich darinne befinden, kommen um. Dieser Verlust wird beschrieben, und von Ossian und Malvina sehr pathetisch beklagt: dieser letzten ist das Gedicht im Anfange zugeschrieben, und am Ende desselbigen nimmt er selbst Theil daran.

### [5] Der Fall von Tura.

Wer kömmt, seine Stimme auf die Nacht ergießend? Bist du ein Geist, der nicht seinen Ruhm erhalten? Wanderst du noch auf dem Dunste des sumpfigten Nebels? Und kömmst du mit deiner Klage vor Ossians Ohr? – Ergeuß denn deine Stimme, Sohn der Nacht! Mein Ohr neigt sich unter seiner grauen Locke vorwärts zu deiner Erzählung. Ergeuß deine Stimme, Geist der Nacht! damit der Barde deinen Namen kennen möge.

Der Klang kömmt, auf dem Fittige des rollenden Windes wachsend. Er kömmt, wie der Seufzer des Bergstroms, der zwischen den Bäumen von der Höhe der Felsen herabfällt. Er steigt von seinem finstern Bette zu Zeiten durch den Dampf des Schaums auf, und erreicht zur Hälfte das Ohr des Jägers. "Lora!" sagt er, horchend aus seiner Hütte, "die Stimme deines müden Stroms ist süß: ich liebe das Gemurmel deiner Schritte durch das steinige Thal, ob es gleich oft den Sturm ankündiget."

[6] Ja, Jäger der Rehe, die Abendstimme von Lora ist süß; aber weit süßer ist sie in Ossians Ohr. Sie ist sanft, wie der Klang abgeschiedener Barden in dem Flüstern des Rohrs. Sie ist sanft und jammervoll, wie der Gesang der Malvina, wann sie den Geist des Oscar sieht; der Abend ist stille, und der West wedelt kaum die Wolle der einsamen Distel. – Sie ist es, es ist die Liebe meines Oscar; Malvina, ein verwayster Vogel.[1] Sie kömmt, wie der Mond über seine einsamen Gebürge, wann seine Schritte durch die Wolken langsam gehen, und sein Gesicht durch einen dünnen Nebel bleich ist. Sie kömmt, ein schönes Licht, über ihrer Schwestern Fall zu trauern. Ihre Stätte ist finster: die Pfade ihrer Fußtritte verlieren sich, wie der Lauf der Sterne, die aus ihrer blauen Stelle am Himmel fielen; wie der Mond, wann er sich in seinem düstern Gewande in den Wolken verbirgt. – [7] Ja, Malvina, deine Stätte ist finster; und die Schritte deines Grams auf dem Hügel der Heide sind einsam.

Tochter des Toscar, bring meine Harfe. Entzünde die Seele des Barden durch deine gesangvolle Stimme. Wecke sie vom Schlummer der Jahre auf: die Nacht des Alters ist unlieblich und finster. Sie ist finster, Malvina; aber dein Gesang ist ein Strahl des Lichts. Ihr Klang ist lieblich, wie die Harfe der Geister auf ihrer Luft, wann sie um Mittag auf ihrem weißen reihelangen Nebel gesehen werden, der längst dem schweigend sich windenden Strom dahin kreucht. Deine Stimme ist lieblich: vereinige sie mit der Harfe: ergeuß sie in mein Ohr durch die Nacht, Malvina, du einsamer Vogel!

Die Zeiten, die vorüber sind, rollen mit ihrem düstern Lichte auf die Seele des Barden zurück.

Wir kehrten in unserm Ruhm von dem Felde von Arda[2] zurück. Die Rosse des [8] Fremdlings schritten unter uns in ihrem Stolze dahin; und wir freuten uns in der Größe unserer Beute. Die untergehende Sonne war über den Haynen des Berges gelb; ihre Strahlen auf Tura waren, wie das Gold des Fremdlings. Das Antlitz der See darunter ist heiter. Die Kinder bewundern die Berge, die

---

1    Malvina, von der Ossian so oft in seinen Gedichten spricht, war die Liebe seines Sohns Oscar, welcher starb, als er sehr jung war. (Temora, Istes B.) Ossian redet allezeit mit ganz besonderer Zärtlichkeit und Liebe von ihr, welches sie ihm auch bis auf die letzt mit der kindlichsten und aufmerksamsten Achtung vergalt.

2    Der größte Theil dieses Paragraphen nebst einigen andern, welche folgen, besonders die vor und nach dem Gesange des alten Barden, sind aus [8] Erzählungen ergänzt worden, da die Versification zerrissen und mangelhaft ist.

darunter, mit ihrem Epheu-bewachsenen Felsen, mitten in Wäldern hängen. Sie wundern sich, den blauen Rauch von Tura da hinabsteigen zu sehen. Die Jungfrauen von Morven stehen wie Regenbogen auf ihrem Berge. Sie sehen die Schritte unserer Rückkehr; und gehen in der Freude der Schönheit uns entgegen. Der Klang ihrer hundert Harfen ertönt. Die Gesänge der Musik, vermischt mit diesen, steigen empor.

"Wer kömmt," sagen sie, "in dem Glanz seiner Stärke; wer kömmt flimmernd in seinem Stahl? Das Roß des Fremdlings ist stolz unter ihm; es stampft mit Verachtung die Erde, und schüttelt seine graue Mähne in der Höhe. Die Wolken von Dampf fliegen, wie [9] die blauen sich kräuselnden Säulen, die von Tura aufsteigen, schnarchend aus seinen Nasenlöchern: und von seinem Munde hängt ein Strom von Schaum. Sein Nacken beugt sich empor, wie der Bogen der Schlacht; und seine zwey Augen sind Flammen. – Wer hält die flimmernden Zügel des Rosses? Wer, als Fingal, der König der Menschen? – Dein Ruhm, o Fingal, ist prächtiger um dich her, als die Sonnenstrahlen; in seinem Lichte freuen sich deine Tausende. Das Lächeln des Friedens ist auf ihrer Stirne: sie sind heiter, wie der glatte See. Sie sind wie der Fluß des Cona an einem Frühlingsabende, wann die Kinder des Stroms in die Luft nach dem summenden Fittig hüpfen. – Aber sie, die ruhig im Frieden sind, waren ein Sturm im Kampfe des Kriegs. Vor ihnen seyd Ihr, Fremdlinge eines fernen Landes, geflohen: vor ihrem Anblick habt Ihr, Könige der Welt, gezittert. Eure Krieger kehren ohne ihre Pferde und prächtigen Waffen zurück. "Wo," sagt Ihr, "habt Ihr eure Waffen gelassen? Fraget die Söhne des Berges, sie werden es am besten sagen können." Eure eignen Leute sind stumm; sind beschämt; [10] kein Barde übergiebt ihren Namen dem Gesange; keine Jungfrau eilt mit ihrer Harfe ihnen entgegen. Nein; sie weinen in ihren geheimen Hallen: denn ihre Liebhaber haben ihren Ruhm dem Fingal überlassen. Ihr Jungfrauen des fernen Landes, wohl möget Ihr weinen: Könige der Welt, wohl möget Ihr zittern. Aber Morvens Mädchen werden frohlocken: mit der Stimme der Gesänge und der Harfe werden sie ihre Helden bewillkommen."[3]

[11] Dieß war der Gesang von Morvens Mädchen an dem Tage ihrer Freude; indem die Heiterkeit ihres Gesichts der, über die waldichten Gebürge

---

3    Die Religion, Gesetze und Sitten der Caledonier, alles geht dahin, ihren großen Grundsatz, *sich tapfer im Kriege zu verhalten*, ihnen einzuprägen. Besonders aber war dieß die große Absicht der Glückwünschungsgesänge ihrer Schönen, wann sie im Triumph zurückkamen. Aus eben dem Grunde, sie zu einem muthigen Verhalten zu reizen, geschah es, daß die Weiber ihnen ins Schlachtfeld folgten, wo sie bisweilen mehr, als bloße Zuschauer abgaben. In der Stelle, die oben in einer *Anmerkung* in Ansehung des Todes Oscars angeführet wird, finden sich beynahe in allen Ausgaben, die ich von diesem Stücke angetroffen habe, zwo Zeilen, (die dort mit italiänischen Lettern bezeichnet sind,) aus denen sich vermuthen läßt, daß ihre Weiber dabey zugegen [11] waren. Die Gewohnheit anderer alten und benachbarten Völker giebt dieser Gewohnheit, die so sehr von den Sitten neuerer Zeiten verschieden ist, noch mehr Wahrscheinlichkeit. S. Lord Kaime's Skizen, B. I. Sk. 7.

untergehenden Sonne gleich waren, und ihre Ruhe gleicht dem Blatte der Eiche, wann es ungeschüttelt über Lubar hängt. Auch schliefen, o Barden, eure Harfen nicht an den Mauern des wiederhallenden Tura. Ihre freudenvolle zitternde Stimme war auf. Ihr Klang ward in der Entfernung gehört. Die rothe Eiche brennt; die Spitze ihrer Flamme geht hoch. Der Wanderer sieht ihr Licht auf der finstern Heide, wann die Nacht um ihn her ihre Rabenschwingen breitet. Er sieht es und ist fröhlich: denn er kennt die Halle des Königs. "Hier," sagt er zu seinem Gefährten, "bringen wir die Nacht zu. Die Thüre Fingals ist immer offen. Der Name seiner Halle ist, des Fremdlings Heimath."[4]

[12] "Das Fest ist zubereitet. Der König wundert sich, daß kein Fremder von der finstern Heide gekommen ist. "Ich will horchen," sagt er, "ob ich nicht vielleicht ihre wandernden Schritte höre." Er geht. Ein betagter Barde begegnet ihm in der Thüre. Auf weniger als einen halben Speer lehnt er seine sich beugende Last. Kein Stahl schimmert an seinem stumpfen Speer: denn die Tage seines Kampfes sind vorüber: seine Schlach[13]ten sind alle gefochten, und ihr Getös ist vorbey. Der König führte mit Freuden den Fremdling hinein. Wir sahen sein schmerzrothes Auge von Thränen verdunkelt: wir sahen ihren Lauf auf seiner gefurchten Wange. Seine wenigen grauen Haare hiengen, eine dünne, umschlungene Locke auf jeder Seite, und vermischten sich mit dem weißen Barte auf seiner Brust. Ein Jüngling stund hinter ihm: sein niedergeschlagen Gesicht ist das Bette des Grams: er trägt die Harfe des Barden.

Wir stehen auf, den Fremden Platz zu machen. Wir bitten sie, an unserm Feste, das umher rauchet, Theil zu nehmen. Wir ermuntern sie, daß sie das Licht unserer Freude, die Wolke ihres Grams möchten zerstreuen, und den Nebel auf ihrer Seele durchscheinen lassen. Aber sie waren, wie die graue Wolke des Morgens, die nicht die Hälfte des Berges aufklimmt, obgleich die Sonne in ihrer ganzen Pracht umherscheint.

Der Greis nahm endlich seine Harfe, und goß seinen Gesang in unser horchendes Ohr.

[14] "Sithama war ein Heerführer anderer Länder. Seine Hallen erhuben ihre Häupter über Gormluba's Ufer, und sahen ihre grauen Thürme in seinem blauen, sich krümmenden Strom. Gebürge breiteten ihre Arme rund um den Ort aus, und betagte Wälder schützten es vor dem Sturm. Hier ließ die Eiche

---

4    Die Gastfreyheit ist eine von denjenigen Tugen[12]den, die eben an ihrem Grund und Boden in dem Verhältnisse verloren, als die Cultur zugenommen. Sie erhält sich noch in einem hohen Grade in den Hochländern: ob sie gleich seit einigen Jahren so schnell abzunehmen anfängt, daß man in verschiedenen Theilen eben so an ihr, als an andern Tugenden zweifeln kann, die vom Ossian seinen Helden beygelegt werden. Es sind noch nicht gar viele Jahre verstrichen, daß durchgängig die Gewohnheit war, jeden Abend, ehe die Thüren verschlossen wurden, sich vor denselben umzusehen, ob sich irgendwo ein Fremdling blicken ließ. Wann man einen auftrieb, so hatte der Wirth offenbar mehr Vergnügen an dem, was er seinem Gaste gab, als was dieser erhielt. Aber
    *Tempora mutantur, et nos mutamur in illis.*

ihr verwelktes Laub funfzigmal auf Sithamas Haupt fallen; und eben so oft zeigte er dem Volke an, wie schnell ihre Tage verschwinden. "Wir verwelken," sagte er, "wie das Gras des Berges; wir fallen hin, wie das Laub der Eiche. Das Leben hat vier Jahreszeiten, und rastlos rollen sie dahin, wie die des Jahres. Einige fallen in der Jugend, wie die Knospe, die durch den Frost getödtet wird: andre sind wie das Laub, über das der Mehlthau in den schwülen Tagen vorüber gieng. Viele fallen, wie meine verblichene Liebe, in dem kranken Herbste; und sehr wenig halten, wie ich selbst, bis auf den Winter des Lebens aus. Weil unsere Zeit also so ungewiß ist, so laßt uns nach Ruhm streben," sagte er, "weil wir noch können["].⁵

[15] Das Wild seiner eignen Berge ist Sithama genug: er trank bloß aus seinem eignen blauen Strom. Wann der Schwache seine Hülfe suchte, so sprang seine Klinge aus seiner schwarzen Scheide, und glänzte zu seiner Hülfe. Der Hülflose stund hinter seinem Schilde, und sagte: Hier sind wir sicher.

Es erhub sich ein Streit unter Freunden. Duarma suchte den Fall seines Bruders. Der Beleidigte erhielt Sithamas Beystand. Aber der finstere Duarma siegte. Talmo fiel im Blute; und Sithama, der Freund des Schwachen, unterlag! – Duarma kömmt zu Gormlubas Strömen. Der Sohn des Sithama ist jung. Er bewundert den Buckel [16] des breiten Schildes an der Wand, und fragt, wie der Schlachtspeer geführt wird. Ueber die Heide sieht er den Fremdling kommen, da die Nacht über das Gehölz herabsteigt. Kurz, aber schnell sind seine Schritte, ihm zu begegnen: denn Crigal hat die Seele seines Vaters: er freut sich der Gegenwart des Fremden, wie der grüne Zweig in dem Regen des Frühlings. Er sieht das Angesicht des Duarma finster: aber er reicht ihm doch seine kleine Hand. "Das Gastmal," sagt er, "ist bereit; warum sollte dein Gesicht traurig seyn?" – Duarma giebt ihm keine Antwort; aber sein Speer ist hoch erhoben. Der Jüngling versucht zu fliehen; aber ach! er flieht umsonst. Er wird über den Boden seines Vaters hingestreckt. Seine Seele fließt roth durch den Pfad des Speers. – Seine Schwester sieht aus ihrem Fenster Duarmas Grimm. Was soll die hülflose Civadona thun? – "Alter Barde, kannst du mir nicht helfen?" – Der verwelkte Arm des Barden wird durch einen halben Speer gestützt. – Sie kehrt sich wild auf die andere Seite. Hier ist das Fenster, von dem die Jungfrauen oft ihr Gesicht der Schönheit in [17] der Fluth beschauen. Von seiner Höhe stürzt sie sich selbst in Gormlubas Strom. Der Barde geht mit seiner Harfe an die Thüre. Seine Schritte sind wie der Krieger vieler Jahre,

---

5    Sithama scheint von der Sekte der Druiden ge[15]wesen zu seyn. Seine Art in Gleichnissen zu unterrichten ist den ältesten Zeiten eigen, und stimmt mit den räthselhaften Apophtegmen überein, die Laertius ganz besonders den Druiden zuschreibt. Wenn der ganze Orden dem Fingal unterworfen war, so macht ihr Vertrauen auf seine Bereitwilligkeit, dem Unrecht abzuhelfen, das auch nur einem einzigen widerfahren war, und die Lebhaftigkeit, mit der er es unternahm, seinem Charakter die größte Ehre. Der höchste Heldenmuth besteht darinne, über die Rache erhaben zu seyn, und selbst seine Feinde durch Sanftmuth zu überwinden.

wann er traurig den Sohn seines Sohnes zu Grabe trägt. Der Boden ist schlüpf-
rig von Crigals wandernden Blute; der Greis fällt queer über. Der Speer des
Duarma ist über ihm erhoben; aber der sterbende Crigal sagt: "Es ist der
Barde."[6] – Ein grauer Hund läuft heulend vorbey, und empfängt den Speer in
seine Seite. – Die Halle ist in Feuer. Ihre Flammen sind Mondenstrahlen im
Thal. Der Barde sucht Civadona bey ihrem Lichte, und findet sie an einem Ast
hängend, der sich queer über den Strom streckte. Crigal ist in seinem schwei-
genden Bette beygelegt, und Civa-dona in seine Kleider gekleidet. Sie geht mit
dem Barden, Hülfe zu suchen. – König von Morven! der Unglücklichen sind
zween vor dir; leiste dem Alten und dem Jungen deine Hülfe."

[18] Der Barde schwieg. Sein Schmerz brach aus. Civa-dona entfernte sich
mit den jungfräulichen Schwestern von Morven. Sie entfernte sich, wie ein
Stern hinter seinen Wolken, nachdem sein wäßrichtes Gesicht ein wenig durch
den Sturm geblicket hat. In ihres Bruders Gewand, worinn sie ihr Haupt ver-
hüllte, sahen wir die Zeichen von Duarmas Speer.

Die Thräne tritt in des Königs Auge. Mit seiner grauen Locke wischt er sie
ab. Seine Helden vergessen des Gastmals. "Reich mir," sagte Fresdal, "meinen
Speer."

"Der Tag erhebt über den Hügel sein graues Haupt.[7] Unser Lauf soll auf
Ardvens Jagd gehen. Zehn Helden sollen von dortaus Duarma's Halle besu-
chen; und der Jüngling, der Civa-donas Liebe gewinnt, soll bey ihr bleiben."

Wir flogen, leicht wie Geister, wann sie vor dem Tage entweichen. Gara
allein blieb zu Tura, damit kein Feind unsre Mädchen schrecken möchte. –
Tochter des Toscar, warum dieser Ausbruch des Schmerzes? Noch ist ihre
Halle das Haus der Freude. Trockne also, [19] Malvina, deine Thränen, und
gieb den Rest des Mährchens dem Gesang. – Der Gesang des Schmerzes ist
ein Strom, o Malvina! Er schmelzet die Seele des Starken, und führet ihn in
seinem finstern Laufe längst mit sich dahin. Sein Gemurmel, so traurig es ist,
ist lieblich.

Erinnerst du dich nicht, Malvina, der Schönheit der Fremden, als die Pracht
des Tages aufstieg, und die Sonne den Heidehügel beschien? Ja; denn du be-
gleitest sie auf deinem Rosse nach Ardven, und dann verfolgtest du die Jagd
mit dem Könige. Dann war es, als wir die Schönheit der Civa-dona sahen, als
du dich zurück zogst, wie der Mond, hinter deinen Gebürgen. Sie glänzte wie
ein prächtiger Stern über den gebrochenen Rand einer Wolke; aber wer konnte
den Stern bewundern, da man den unbewölkten Mond sah? – Doch der Stern
von Gormluba war schön. – Weiß waren die Reihen zwischen ihren Lippen,[8]

---

6   Der Charakter und die Person eines Barden wurden selbst von der unverschonendsten Grau-
    samkeit für heilig gehalten.
7   Fingal spricht.
8   Der Dichter dehnet die Beschreibung dieses Frauenzimmers zu einer ungewöhnlichen Länge
    aus, entweder Malvinas Gram ein wenig zu [20] zerstreuen: oder ihre Schönheit das größte

und wie die [20] sanfte Höhe des Berges war unter ihrem neuen Kleide ihre

---

Kompliment zu machen, das er nur konnte, indem er das Bildniß einer andern schilderte, die er ihr doch so weit nachsetzte. Das Original ist schön, nur hat es das Unglück gehabt, daß man es für ein bloßes Ideal gehalten, und zwar so sehr, daß man ihm so gar den Namen *Aisling air dhreach mnai* gegeben, oder "Abriß der Einbildungskraft von einer schönen weiblichen Person." Diejenigen, die es für einen Fehler halten, werden es hoffentlich vergeben, wenn wir es hier um seiner Bewunderer Willen hersetzen:

Innseam pairt do dhreach na reul:
Bu gheal a deud, gu hur dlu.
'S mar chanach an t sleibhe
Bha a cneas fa h eide 'ur.
Bha a braighe cearclach ban.
Mar sheachda tla 's an fhireach,
Bha da chich air a h uchd ciat 'ach;
Be 'n dreach sud miann gach fir,

Bu shoithe 'binn a gloir,
'S bu deirge nan ros a beul.
Mar chobhar sios ra taobh
Sinnte gu caol bha 'lamh.
Rha 'da chaol-mhala mhine,
Du'-dhonn air liobh an loin.
[21] A da ghruaidh air dhreach nan caoran,
'Si gu hiomlan faor o chron.

Bha a gnuis mar bhara-gheuga
Anns a cheud-fhas ur.
A folt buidhe mar orra-shleibhte;
Smar dhearsa greine a suil.

Ein späterer Dichter ist von dieser Beschreibung so gerührt gewesen, daß, als er sie hörte, er natürlicher Weise das Verlangen äußerte, durch eine solche Schönheit beglückt zu werden: "für dieser ihre Liebe wollte er mehr, als Liebe erwiedern: für dieser ihre Hochachtung wollte er mehr als Hochachtung erwiedern; und allezeit eine Neigung beybehalten, die in dem längsten Verlauf von Tagen und Nächten, wie er versprach, nie abnehmen noch fallen sollte." – Da diese Zeilen in demselben Sylbenmaas sind, wie die Beschreibung der Schönen, so wird sie meistens mit derselben hergesagt, als ob sie ursprünglich dazu gehört hätte.

'S truagh nach mise am fear,
Annir nan rosg mall,
D 'an tiubhra tusa gradh
Is bheirinn a dha da chionn.

Bheirinn gaol thar ghaol,
Bheirinn gradh thar ghradh;
[22] Bheirinn run thar run,
Is mein thar mein a ghna;
'S nan biodh do chroidhe neo' fhuar,
Gun ghluasad as a chaoidh',
Bheirinn se dhuit gradh
Nach crionadh a la na dh'oidhch.

Haut. Zirkel über Zirkel [21] bildeten ihren schönen Nacken. Wie Hügel unter ihren sanften Schneeflocken erhoben sich [22] zwo Brüste der Liebe. Die Melodie der Musik war in ihrer Stimme. Die Rose war neben ihrer Lippe nicht roth; noch der Schaum der Ströme weiß neben ihrer Hand. – Mädchen von Gormluba, wer kann deine Schönheit beschreiben! Die Augenbrauen, sanft und geschlossen, waren von einer schwärzlichen Farbe; deine Wangen waren wie die rothe Beere der Bergäsche. Rund um sie her waren die blühenden Bluhmen an dem Aste des Frühlings. – Das blonde Haar der Civa-dona war wie der vergüldete Gipfel des Berges, wann güldene Wolken auf sein grünes Haupt herabsehen, nachdem sich die Sonne zur Ruhe geneigt. Ihre Augen waren prächtig, wie Sonnenstrahlen; und ganz vollkommen war die Gestalt der Schönen. – Helden sahen sie und priesen sie.

Wir kamen zur Halle des Duarma; er aber war entflohen: er hatte den Ruf von Morven gehört. Der Ellbogen seines Vaters [23] lehnte auf einem grauen Steine, indem er längst daran auf der Erde lag. Sein Haupt hieng auf seiner Hand nieder; und sein grauer Bart war in Staub zerstreut. Seine Seufzer waren tief auf dem Winde: und sein dunkles, thränenvolles Auge ist roth. Er hört das Rasseln unserer Füße nahe bey Talmos Grab. – "Mein Sohn, mein Sohn," schrie er, "es ist lieblich dem Tritt deines Geistes so nahe zu seyn!" – Wir fühlten für den Greis, wir ließen ihm einen Theil der Beute.

Wir kamen an den Ort, wo Sithama wohnte: aber es war finster und wüste. Der Fuchs fuhr von seinen Ruinen auf: und die Eule ruhte in der Spalte seiner zerbrochenen Mauer. Wir sahen uns nach dem Fenster um, aus dem die Schöne gesprungen war: aber es war verfallen. Der weiße Strom sprang brüllend über seinen Haufen von Steinen. Wir sahen, wo der Boden mit Crigals Blut bezeichnet war. Es war in der Höhlung geblieben, die sich in den Stein durch den öftern Fußtritt der Gäste getreten hatte. – Civa-dona war traurig: aber wir ließen den [24] Fresdal da, sie aufzuheitern: denn er war es, der ihre Liebe gewonnen hatte.

Fingal wartet noch unser auf Ardven. Hier nehmen wir Theil an seinem Feste des Wildes. – Die Nacht kömmt: der Schlaf steigt herab: Geister erheben sich mit allen ihren traurigen Gestalten in unsern Träumen. Die Harfen ihrer Barden sind wie der Gesang des Grabes; ihr Klang kömmt zu unserm Ohr, wie der Bergseufzer, wann er von fern vor dem Sturme gehöret wird. Sie hängen über uns im finstern, gestaltlosen Nebel. Der Wind kömmt in verschiedenen Stößen: er wälzt vor sich alle ihre Glieder. Aber immer kehren die Gestalten zurück. Sie neigen sich über uns, von dem Busen ihrer Wolke sich beugend; und oft heben sie den Seufzer.

Der Schlaf des Königs war geflohen. Dreymal hatte ihn das schwache Heulen der Geister aufgeweckt. Er steigt den Hügel auf, ihre Worte zu hören. Er blickt um sich her aus der Höhe. Er sieht die sich kräuselnden Pfeiler von Dampf zu den Sternen aufsteigen: er sieht die sich thürmenden Flammen ihr schwarzrothes Haupt über seine Halle sich emporheben. Er schlägt sein Schild: seine [25] Stimme ertönt: "Tura flammt durch den Himmel!"

Mit dem Donner fahren wir auf einmal erwacht auf. Wir fliegen wie der Blitz über die Heide von Colra. Wir stoßen auf einen finstern Strom im Thale. Jeder springt auf seinem Speer eilends hinüber. Der Sohn des Ratho stürzt von der Höhe des seinigen herab. "Kümmert euch nicht um mich," schreyt er; "sondern flieht: flieht schnell, und rettet meine Liebe." – In dem Strome hebt er noch zweymal sein weißes Auge über den Strom: aber das drittemal sinkt er und stirbt.

Wir kamen nach Tura; aber es war zu spät. Die Flammen verbargen in schwarzrother Asche ihr Haupt: der Ruin fällt in Haufen über die sterbenden Kohlen. Die halb verbrannte Thüre ist noch verschlossen, so wie die Töchter von Morven sie ließen, als sie sich in der Mitte ihrer Freude zur Ruhe begeben hatten. O warum fanden sie nicht den Weg dahin, als die Flamme der aufgefachten Gluth sie erweckte! – Kein Morgen mit seiner ruhigen Stimme wird jemals euren Schlummer wieder verscheuchen, Töchter der [26] Gebürge. Die Stimme des Liebhabers wird nie wieder sagen: Erwache.

Wir kehren dem Ruin unsern Rücken. Wir hängen traurig über unsern Speeren; und beweinen laut unsern Verlust. – Unsre hundert Helme und unsre hundert gewölbten Schilder; unsere Panzer und glänzenden Schwerter, unsre hundert Hunde, die jungen Kinder der Jagd; unsere gebuckelten Zügel, die Regierer der stolzen Rosse; und alle unsere Paniere, diese rothgrünen Meteore, die in der Luft strömten; – alle diese waren diesen Tag vergessen; kein Held erinnerte sich, daß sie in der Halle wären. Der Ausbruch unsers Herzeleids war um unsere hundert Schönen und um ihre kleinen Söhne: dieser junge Wald von Bäumen, die in ihren grünen Kleidern in den regnichten Sonnenstrahlen des Frühlings heranwuchsen. – Sie waren junge Bäume: aber die Flamme ergriff ihre grünen Häupter, und legte ihre Schönheit in die Asche danieder. – Malvina, schönes Licht! nicht ohne Ursache bist du traurig: denn alle die prächtigen Strahlen, die deinen Lauf begleiteten, sind [27] verloschen. Ein trauervolles Grab enthält die Ueberbleibsel deiner Schwestern.

Wir stunden den ganzen Tag, wie der finstre Strom, den das Eis in seinem Laufe an den Berg der Kälte gebunden. – Die Finsterniß der Nacht würde unbemerkt vorüber gegangen seyn, wenn uns nicht eine Stimme von unserm Gram aufgeweckt hätte. – Es ist die hervorbrechende Stimme des Gara. Wir suchten ihn in dem Thurme, wo er geruhet hatte: aber er ist nicht hier. Seine Stimme steigt aus einer Höhle herauf. Der kummervolle Trauernde liegt hier in Leid gestreckt. – In den unruhigen Träumen seiner Ruhe waren die knisternden Flammen in sein Ohr gedrungen; er glaubte, der Fuß des Feindes nähere sich. Mit einem lauten Krachen stürzt das Dach ein. Das Schild des Königs, denkt er, werde geschlagen. Auf einmal springt er erwacht auf; sein Haar hängt sich an das offene Ende der Schwelle, auf der er schlief: er läßt es hier mit seiner ganzen Haut. Er sieht Tura in der Asche: er weiß es nicht, daß sein Blut, ein rother Strom, herabfließt. Sein Schmerz wird unter seiner Klage vergessen. "Jung[28]frauen meiner Liebe, ich will euch nicht überleben," sagte er, als er sterbend auf der Heide niederfiel.[9]

Auch starbst du nicht allein, o Gara; der Tage vieler andern Helden wurden auf ihrer finster schweigenden Heide wenig und trauervoll. Sie schmachteten weg, wie die grünen Blätter, über die ein Meelthau gegangen: sie sinken schweigend auf die moosichte Heide des Hügels. Wie Geister, die nicht ihre Ehre erhalten, scheuten sie die Stimme der Freude.[10] Sie schlichen sich in ihre [29] Höhlen, wann sich der Klang der Fröhlichkeit erhub.

[30] Malvina![11] die Ursache meines Schmerzes ist groß. Du hast deine Schwestern verloren, die schönen Lichter auf den Bergen; ich aber überlebe

---

[9]   Die *Ur-sgeuls* erzählen Garas Tod auf eine andere Art, mit vielen seltsamen Geschichten durchflochten, z. B. er sey auf dem Schenkel des Fingal enthauptet worden, u. s. w. Aber diese Mährchen sind offenbar neu und falsch, und werden mithin verworfen.

[10]   Der traurige Zustand, den man denjenigen nach dem Tode anwies, die nicht ihre "Ehre erhalten," muß diejenigen, die daran glaubten, sehr stark gereizt haben, sich durch tapfre und tugendhafte Thaten hervorzuthun, die die Lobpreisung des Barden verdienten. Mit Recht lachen wir über den mannichfaltigen Aberglauben unserer Väter; da aber in dem Fortgang solcher Staaten ein solcher Aberglaube muß gewesen seyn, so müssen wir billig die Klug[29]heit bewundern, mit der die Druiden sich dieses Werkzeugs zu bedienen wußten, daß es für das Interesse der Gesellschaft allgemein nutzbar wurde. – Die Gebäude, die man auf den Aberglauben errichtet, scheinen itzt, wie die sehr alten Thürme, eben so seltsam und wunderlich, als äußerst unbequem; sie waren aber doch zu ihrer Zeit sehr brauchbar, und die meisten unter ihnen der Bedürfniß der Zeiten sehr angemessen.

Die ersten christlichen Missionarien in diesen Ländern sahen wohl ein, wie sehr dieser Aberglaube bey Leuten könne genützt werden, die noch nicht aufgeklärt genug waren, das Licht der Wahrheit zu ertragen. Sie suchten also nicht so wohl ihre Quelle zu verstopfen, als sie vielmehr in einen andern Canal zu leiten. Nach ihrer Lehre also mußte z. B. jeder, der nicht zur christlichen Religion durch die Taufe eingeweiht war, nach dem Tode in einem trauervollen einsamen Schatten unter einem gleichen Zustande wandeln, wie jene, die nicht "ihren Ruhm erhalten." Noch sehr spät glaubte man unter den Hochländern, daß man die schwachen Töne der Kinder, die ohne Taufe gestorben waren, in den Wäldern und an andern einsamen Oertern höre, wo sie ihr trauriges Schicksal bejammerten. – Alle Länder, so wohl als dieses, hatten ihre Epoken von Aberglauben: [30] nur sind die die glücklichsten, die sich ihnen am ersten entrissen haben.

[11]   Was von diesem Gedichte folgt, wird meistentheils für sich unter dem Titel: *Ossian a 'caoidh nam Fiann*, hergesagt; allein da es ursprünglich ein Theil von *Losga Taura* war, so ist es ihm hier wieder gegeben. Die große Menge der Namen gegen das Ende desselbigen macht eine so große Verschiedenheit in der Hersagung dieses Theils, daß es unmöglich wird, die wahre Liste mit irgend einem Grade der Gewißheit zu bestimmen. Das Namenverzeichniß, wann es für sich hergesagt wird, hebt meistentheils mit folgenden Zeilen an:

So far am faca' mi n Fhiann,
Chuncas ann Cian agus Conn,
Fionn fein Oscar mo mhac,
Raoini' Art is Diarmad donn.

das Geschlecht der Helden. Ich suche nach ihnen mit meinen Händen unter den
schweigenden Strömen, die sie so gern zu besuchen pflegten: ihr Grab ist alles,
was ich finde. Ach! die Kinder der kommenden Jahre werden selbst dieß nicht
mehr bemerken: sie werden auf dem Berge suchen, werden's aber nicht finden.
– Der Heer[31]führer der Tage, die da seyn werden, wird auf dem grünen
Hügel stehen, wo Tura war. Cona rollet unter ihm in seinem Kieselbette. Seine
Ströme wandern, ihren Weg verlierend, durch Wälder: Heerden sieht man
längst dahin an ihren Ufern irren. Der blaue Ocean zittert in einiger Entfer-
nung. Inseln heben ihre grünen, vielfachen Häupter über ihre Welle; und der
aufmerksame Schiffer segelt nach der Küste zu. – "Dieser Ort," wird der Füh-
rer sagen, "ist liebenswürdig: hier erbauet für mich, im Angesichte der Wallfi-
sche und Rehe, das hohe Haus." – Sie graben den grünen Hügel auf; den Hü-
gel, wo Tura sich erhob. Halb verbrannte Speere erhoben vor ihnen ihre Häup-
ter; zerbrochene Schilder, mitten unter Asche, fiengen an zu erscheinen. "Es ist
das Grab der Helden," wird er sagen; "verschließt wieder das enge Haus." Er
ruft den grauhaarichten Barden, und fragt, wessen Gedächtniß in diesem Grabe
enthalten ist. Der Barde schaut nach dem Lichte des Gesanges umher: aber
seine Seele des Alters ist finster; sein Gedächtniß ist verschwunden. Er sucht
seine Gefährten: aber er sieht ihr [32] Grab. Er steht vielleicht, ein einsamer
Baum, wie Ossian. – Ein einsamer Baum bin ich, o Barde, auf den öden Ber-
gen: seine Gefährten, einer über den andern, haben ihn verlassen: mit gesenk-
tem Haupte bejammert er ihr Scheiden.

*Malvina.*

Und sind nicht die Schwestern der Malvina gleicher Weise grüne Bäume, die
verwelket sind? Ja; und keine junge Pflanze wächst an ihrer Stelle. Die Jung-
frauen sind nicht mehr, und meine Ursache des Leidens ist groß. Des Tages
über schaue ich nach ihnen; aber der Pfad ihrer Fußtritte ist nirgends zu finden,
außer dem grünen Grabe mit allen seinen bemoosten Steinen. Ich bin wie der
graue Stern des Morgens, wann er krank und bleich sich hinter seinen Gefähr-
ten verbirgt. Er trauert ein wenig: aber sein Licht wird auch bald verdunkelt
werden. Die Jägerinn, die auf der Heide steht, wird empor blicken, aber sie
wird ihn nicht sehen. "Auch wir," sagt sie zu ihrer Gefährtinn, "werden eines
Tages verschwinden."

[33] *Ossian.*

Das Herz des Ossian ist in die Nacht seines Grames gesunken. Es ist wie die
Sonne in ihrer s[ch]warzrindigen Wolke: kein Strahl des Lichts bricht durch
das Dunkel: kein Lächeln leuchtet auf der Bergspitze: das schweigende Thal

um seinen finstern Strom ist trauervoll. – Die Helden haben ihr Licht zurückgezogen, das, wie der Glanz meiner Waffen, umher schien.

*Malvina.*

Auch die Lichter um Malvina sind verschwunden. Mein Herz ist wie der Mond, wann seine Finsterniß wächst. Ich ziehe, wie er, meinen Schleyer über mein Gesicht, und beklage meine Schwestern ingeheim. Ja; schöne Lichter, ich werde eurer nicht vergessen, ob Ihr euch gleich in Finsterniß verborgen habt; euer Andenken ist traurig süß.

*Ossian.*

Auch kann ich eurer nicht vergessen, Regierer des Sturms der Schlacht, ob ihr gleich in eurem friedlichen Schlummer nun ruht. Euer Bild wohnt immer noch in meiner Seele, ob ich gleich euch nicht mehr, wie vormals, auf der braunen Heide sehe. – Hier hab' ich den Fingal, den König der Menschen, gesehen; [34] Oscar und Ryno, Strahlen des Lichts; Artho der Schönheit, und das schwarzbraune Haar des Dermid. Hier habe ich den Sohn des Lutha gesehen, den Sanftmüthigen; und die Seele ohne Falsch, Conchana; mit dem Sohne des Garo, dem Kühnen, die drey Finans und Fed. Hier glänzte der Helm des Eth; hier pfiffen in Winden die schwarzen Locken des Dairo; und hier strömten, wie Paniere, die rothen Haare des Dargo. Hier wuchs Trenar, wie eine Eiche; Torman brüllte, wie ein Strom; Ardan schritt in seinem Stolze, wie ein Baum, der sein grünes Haupt über das Thal des Nebels erhebt; Murno und Sivellan neben ihm, lächelten über blaue Schilde. Clessamor von mächtigen Thaten war hier; und hier der polirte Stahl des Fercuth. Hier erhub sich die Stimme des Carril; und hier horchten Tausende auf die Harfe des Ullin. Hier habe ich Moran und Fithil von Gesängen gesehen: Connal von sanften Worten und edelmüthigen Thaten; Lamdarga mit seinem blutigen Speer; und Curach, dessen Arm ein Heer in der Stunde der Gefahr war. – Und wo bist du, Lugar, dessen Thüre nie verschlossen war; wo ist nun deine Stimme, Fadetha, von dem lautesten [35] Geschrey? Wo, Ronuro, sind deine güldnen Locken? Wo, Colda, sind deine Füße des Hirsches? Und wo, Lauma, dein Schlachtspeer? Wo ist der sanftblickende Ledan; nebst Branno von Waffen, und Toscar von Jugend? Wo sind die Jäger des Ebers auf Gormal, Machrutha, Colmar und Comalo; Fillan, mein Bruder der Liebe, und der rothe Fergus von der sanftesten Rede? Wo ist Crugal, glänzend in seinem Stahl; und Dogrena, das Licht der Helden auf der Ebene? Wo, Aldo, ist itzt deine Schönheit? Und wo, Maronnan, die Stärke deiner blauen Schaalen? Wer wird mir die Fußtapfen des schwarzen, aber freundlichen Duchomar zeigen; oder das Gesicht des Crigals, des Strahls der Liebe? Auch Suino, Sorglan und Conloch sind verschwunden, die drey Bergströme in

unsern Schlachten. Connal, das Meteor des Todes, ist nicht mehr; auch nicht
Gaul, der Wirbelwind, durch den unsere Feinde zerstreuet wurden. – Helden
meiner Liebe, ihr seyd dahin; keiner von euch blieb übrig, die Thräne auf das
Grab des Ossian zu ergießen. Kein Freund wird meinen grauen Stein setzen,
oder auf der einsamen Heide mein enges Bette zubereiten. Nein; die Helden
von Morven [36] sind alle dahin. Aber ihr Andenken soll in der Seele des Bar-
den bleiben.

*Malvina.*

Schwestern meiner Liebe, auch Ihr seyd alle dahin: aber in der Seele der Mal-
vina sollt Ihr auch bleiben. Mein scheidender Odem soll ein Gesang eures Lo-
bes seyn. – Ja, Evirchoma, Darthula, Sulmina, ich fühle eure warmen Strahlen
oft über meine Seelen weggehen. Sie sind wie die Sonnenstrahlen im Herbst,
wann sie über die schwarzbraune Heide von Lena fliegen; und der wässerige
Bogen mit allen seinen Thränen nahe ist. – Gellama, Moina, Minona! Ihr
schienet vormals auf diese Hügel, obgleich itzt eure Schönheit verfinstert ist.
Melicoma, Colmal und Annir, habt ihr eure reizende Gestalt beybehalten?
Oder werdet Ihr in euren dünnen Wolken noch immer von Helden bewundert?
Crimora, hat deine Schönheit ausgehalten? Gelchossa, wo sind die Fußtapfen
deiner Liebenswürdigkeit? – Dersagrena, was ist aus deiner ganzen Pracht ge-
worden? Und wo, Oi-thona, geußt du deine Stimme der Liebe aus? Wie die
Harfe des Barden, wann der Fürst des Volks todt [37] ist, war sie lieblich trau-
ernd. – Und warum sollte ich euch vergessen, Evirallin und Clatho, schönste
unter allen Lichtern, die auf Morven geschienen haben! Die Freude ist in Sel-
ma fremd, seit ihr in Finsterniß untergegangen seyd; der Gesang der Jungfrau-
en hat seitdem aufgehört; und die Harfen der Barden schweigen. – Aber die
Thränen und die Stimme der Malvina würden nicht zureichen. – Schöne Strah-
len! Ihr habt eure Schwester trauernd hinterlassen. – Dunkel scheint sie auf den
öden Bergen, und ihre Schritte sind einsam. Bleich und krank ist ihr Angesicht,
wie das Antlitz des Monden, wann er, wie ein graues Wölkchen, zur Zeit der
Sonne am Himmel erscheint, wann sich alle Sterne in ihrem Lauf entfernt ha-
ben. – Schwestern meiner Liebe! Ihr seyd Sterne, die verschwunden sind; euer
Andenken ist aber noch bey Malvinen.[12]

---

12   Hier wird bisweilen eine Stelle wiederholt, die aber mehr zur Eröffnung eines andern Gedich-
     tes, als zu irgend einem Theil des gegenwärtigen, ge[38]höret zu haben scheint. Da sie rüh-
     rend und schön ist, so will ich eine Uebersetzung davon beyfügen.
     *Ossian.* Warum fließen deine Thränen, wie der Strom der Quelle? Warum seufzt deine
     Stimme, wie die Luft von Lego?
     *Malvina.* Du fragst nach der Ursache meines Jammers, da die Distel in Selma wächst,
     und Fledermäuse in dem Hause des Fingal wohnen? Ich horchte auf ein Geräusch in dem
     Windstoß; aber es war nicht Cuthullins Wagen: ich sah einen Lichtstrahl auf Lena: aber es
     war nicht der Speer des Oscar. – Oscar! Ist dein Speer ein Bewohner des Grabes, und dein

*Ossian.*

Höre auf zu weinen, Malvina. Du machest den Alten traurig. So wie die Nacht
[38] auf ihren Schwingen meistens vorüber ist, so wird auch die Nacht unsers
Grams vorüber gehen. Sie ist wie der Traum der Jägerinn des Rehes in der
Kluft ihres Felsen. In Gedanken fällt sie von der Höhe: sie wirft sich in den
Strom darunter: ihre Seele ist wie der weißgebrüstete Vogel des Stroms, [39]
bald über, bald unter der Fluth. Sie schreyt nach ihrem Geliebten, er kann ihr
aber nicht nahe kommen; ihre Seele fleugt auf Wolken: sie sieht ihn hinter sich
trauernd an dem Grabe ihrer Ruhe. Sie verlangt nach seiner Ankunft, denn sie
ist traurig. – Ihr eigner Seufzer weckt sie auf: sie streckt ihr Haupt unter ihrem
Felsen hervor; und der Traum ihres Schreckens ist vorüber. – So ist der Traum
unsers Lebens, Jägerinn des waldigten Cona. Unsere Freunde vor uns werden
uns bald wieder aufwecken. Hörst du sie nicht schon in der Stimme der, durch
das Rohr säuselnden Luft sagen: "Malvina und Ossian werden bald sich mit
uns vereinigen." – Malvina! ihr Klang ist mir lieblich. Er ist wie das Gemur-
mel von Lora dem Pilger der Nacht, wann er wandernd über die Wüste kömmt.
Sein Gesicht ist gegen Selma gekehrt: aber Selma ist in Finsterniß verborgen.
Kein Licht, als das stürmische Meteor, wird auf der Heide gesehen. Der eng
sich windende Pfad an der Stirne des Berges hat sich verloren; und das
Schreyen der Geister wird umher gehöret. Zuletzt hört er die Stimme von Lora,
und springt von seinen zerbrochenen Felsen. Seine Freude kehrt zu[40]rück.
"Selma," sagt er, "ist nahe!" – So[13] ist die Freude des Ossian, der in der [41]

---

Schild düster in Selma worden? Ich sah seinen Buckel; aber er war mit Nebel bedeckt, und
seine vielfachen Bande waren verschwunden.
   *Ossian.* Liebe meines Oscars! Auch wir werden verschwinden, und Selma selbst wird in
seinem grünen Grabe modern. – Aber die Schlummer des Grabes sind süß, o Malvina! Laß
nicht deine Seele um die trauern, die in Morven wohnten. Sie waren Strahlen, die eine Zeit
lang am Himmel schienen, und ihr Pfad war mit Tag bezeichnet.
13     Diese Stelle, und noch ein oder zwey mehr von derselbigen Art, scheinen sich in Absicht des
Gedanken etwas höher, als der allgemeine Ton dieser Gedichte ist, zu erheben. Da diese,
nach vieler Meynung, ihr Alterthum verdächtiger macht, so habe ich hier das Original mit
hergesetzt, um denen, die es verstehen, eine gute Gelegenheit zu geben, für sich selbst zu
urtheilen. Es ist möglich, daß einige von diesen Zeilen verändert oder eingeschoben sind;
aber da die meisten darunter, wie sich aus ihrem antiken Tone und veralteten Ausdruck wahr-
nehmen läßt, offenbar alt sind, so würde es mir leid gethan haben, wenn ich eine von ihnen
auf einen bloßen Verdacht hätte verwerfen sollen. Stellen dieser Art erhalten eine Miene, die
in einer Uebersetzung ganz von der unterschieden ist, die sie in dem Original haben, da man
ihnen ihr altes Kleid ganz auszuziehen, und in solche Ausdrücke kleiden muß, die der neuern
Dichtkunst angemessen sind. Ueberdieß, da nicht alle Metaphern gleich gut in allen Sprachen
lauten, auch dieselben Bilder nicht in einer Sprache so gut, als in der andern passen, so haben
verschiedene Aenderungen müssen gemacht werden, um dem Styl ein einförmiger Ansehen
zu geben. In dieser Rücksicht sind einige kleine Veränderungen in der Stelle, die wir vor uns
haben, gemacht worden. So heißen besonders die Worte, die man hier gegeben, [41] "das
Licht unserer Freude soll nicht verdunkelt werden," im Original, "das Licht unserer Freude

Dunkelheit wandert, wann ihm eine Stimme saget, daß er bald zu seinen Vätern kommen [42] werde. – Malvina, werden wir nicht diese Freunde wiedersehen, die wir beweinen; und in ihrem Umgang uns wieder freuen? – Wird da in den Wolken noch irgend ein Gram wohnen? Wird hier irgend ein Trauernder seyn? – Wird der Vater an diesem Orte seinen Oscar verlieren? Oder Malvina über dem Grabe ihrer Liebe jammern? – Wird Evirallin hier von ihrem Ossian gerissen werden? Die Halle, wie Tura, verbrannt: oder die Freunde durch den Tod getrennet werden? – Nein, schöner Strahl! Das Licht unserer Heiterkeit wird nicht verdunkelt werden: unsere Freude wird nicht abnehmen, wie der Mond, noch wie die See zusammenfahren, und sich zurücke ziehen. Unsere Freunde werden nicht mehr Sterne seyn, die ihre blaue Stelle verlassen, und ihre Gefährten traurig zurücklassen. Nein: sie werden uns allezeit in der Freude unsers Laufes begleiten; sie werden ihr Licht und ihren fröhlichen Gesang um uns her ergießen. – Uebergieb also deine Thränen den Winde, Tochter des Toscar! Besänftige deinen Schmerz, Malvina, einsamer Vogel!

---

soll glänzen, wie die Klinge des Luno." Die Natur der englischen Sprache erfodert oft, daß man die Bilder, die in dem Gallischen natürlich und unaffectirt scheinen, ein wenig sanfter hält.

'Sco ait is fin Ossian anrach
Ri claisdin cagar nan taibhse
Ga chuirre' gu talla a shinnsir,
Aite-co'ail nan caomh air iontrain.

Ann talla nam flath am bi bron,
Ne saoi le deoir air a ghruaidh,
An t athair an caoi' an t Oscar,
Sam mair osnai' Mala-mine?

An spionar Aaoibhir-aluin o Gradh,
No'n lois gear aros nam Fiann;
An sgarar na cairdean o cheile,
No'n dealuigh an t eug gach diais?
A reul na maise! ni h amhluidh,
Ach dealruidh nar lann an Luin ar follus;
Arn aoibhneas mar an fhairge cha traigh
Scho'n fhailnich mar aghaidh na Galaich.

Ar caoimh mar sholluis a chaochail
'S na speura faoin os ar cionn
Cha bhi nis mo; ach taomaidh
Le ciol aobhach an ait eal tharuinn.
– Ingheann Thoscair, uiseag at aonar
Leig air faondra mata do thuisse.

[Ossianübersetzungen von Johann Gottfried Herder aus: *Vom Geist der Ebräischen Poesie*] [1782].

## 1.
### Oßians Anrede an die untergehende Sonne.

Hast du verlaßen deinen blauen Lauf?[1]
goldhaariger Himmels-Sohn.
Der West hat seine Thore aufgethan:
da ist das Bette deiner Ruh.
Die Wogen kommen zu schauen deine Schönheit,
sie heben ihre zitternden Häupter auf:
sie sehen dich in deinem Schlafe lieblich
und zittern weg vor Furcht.
Ruh aus in deiner Schattenhöhl' o Sonne
und laß dein Wiederkommen in Freude seyn.

## 2.
### An die Morgensonne.

O du, die du droben rollst, rund wie meiner Väter Schild,
woher sind deine Stralen, o Sonne,
dein immerdaurend Licht?
Du trittst hervor in deiner erhabnen Schöne;
da bergen die Stern' im Himmel sich,
der Mond, kalt und blaß, sinkt in die westliche Woge.
Du aber schreitest allein daher;
wer kann Gefährte seyn von deinem Lauf?
[298] Die Eichen der Berge fallen:
Die Berge selber schwinden mit den Jahren:
es schrumpft das Meer zusammen und wächset wieder:
auch selbst der Mond verliert am Himmel sich;
nur du bist immer derselbe, dich erfreu'nd
im Glanze deines Laufs.

---

1    Lauf ist bei Oßian wie auch in den Psalmen das gewöhnliche Wort für Thaten der Helden.

Wenn die Welt in Stürmen dunkel liegt:
wenn Donner rollt und es fliegt der Blitz;
denn blickst aus Wolken du in deiner Schönheit nieder
und lachst dem Sturm.
 Doch ach! auf Oßian blickest du umsonst;
er sieht nicht deine Stralen mehr,
ob jetzt dein gelbes Haar auf Ostes-Wolken fliesse,
oder ob du zitterst an des Westes Thor?
 Vielleicht bist du auch, gleich wie ich,
für eine Zeit,
und deine Jahre werden ein Ende haben.
Denn wirst auch du in deinen Wolken schlafen,
sorglos der Stimme des Morgens, die dich weckt.
 Erfreu dich Sonne, jetzt in deiner Jugend Kraft:
denn dunkel und unlieblich ist das Alter.
Es ist wie Mondes Schimmerlicht,
wenns durch gebrochne Wolken scheint,
und Nebel auf den Hügeln liegt;
der Hauch des Nords ist auf der Ebene,
der Wandrer fährt zusammen in der Mitte seines Wegs.

3.

An den Mond.

Tochter des Himmels, schön bist du!
Das Schweigen deines Angesichts ist freundlich.
Du trittst hervor in Lieblichkeit.
Die Stern' erwarten deine blauen Tritt' im Osten.
Die Wolken freun sich, wenn du kommst, o Mond,
und ihre dunkeln Säume stehn vergüldet.
 [299] Wer ist dir gleich am Himmel,
Tochter der Nacht?
Die Sterne sind beschämt wenn du erscheinest,
sie wenden schnell ihr funkelnd Auge weg.
 Und wohin birgst du dich von deinem Lauf
wenn Dunkelheit dein Antlitz deckt?
Hast du auch deine Hall wie Oßian?
und wohnst daselbst in Grames-Schatten?
weil deine Schwestern wohl vom Himmel fielen,[2]

---

2 Fallen ist bei Oßian der gewöhnliche Ausdruck des Todes.

die sich mit dir erfreuten einst zu Nacht
und sind nicht mehr.
    Ja! sie fielen, schönes Licht!
Und darum gehest du so oft zu trauren.
Doch du, du selbst wirst auch einmal
zu Nacht ausbleiben,
und lassen deinen blauen Pfad
am Himmel leer.
    Denn werden sie ihr dunkles Haupt erheben,
die Sterne, die du nun beschämst;
sie werden denn frohlocken.
    Noch bist du schön mit deinem Glanz geschmückt,
blick' her aus deinem Himmelsthor.
Zerbrich die Wolke, Wind, daß sie da vor sich schaue,
das Kind der Nacht:
daß Büsch' und Berge wiederglänzen,
und seine blauen Wogen roll' im Lichte
der Ocean.

# 4.
## An den Abendstern.

Stern der niedersteigenden Nacht!
Schön ist dein Licht im West.
Du hebst dein ungeschornes Haupt
aus deiner Wolk' empor
und stattlich ist dein Tritt auf deinem Hügel.
[300] Wornach blickst du die Ebn' hinan?
Die stürmgen Winde haben sich gelegt:
des Stromes Murmeln kommt von weitem her:
brüllende Wogen klimmen den fernen Felsen hinan:
des Abends Mücken sind auf ihren schwachen Flügeln:
und auf dem Felde ist das Sumsen ihres Laufs.[3]
    Wornach blickst du, schönes Licht?
Doch du lächelst und gehst davon.
Die Wellen umringen mit Freude dich
und baden dein lieblich Haar.
Leb' wohl, du stiller Stral!

---

3    Sie haben auch Uebungen und Schlachten wie Krieger.

# [Matthew Young:] Ein Gespräch zwischen dem bejahrten Ossian und St. Patrik [übersetzt von Friedrich Ludwig Wilhelm Meyer] [1793/1802].[1]

[101] *Ossian.*
Laß, Schriftgelehrter, mich hören,
Wie lauten geschriebene Bücher?
Ist über die Reiche des Himmels
Der mächtige *Fingal* nicht Herr?

*St. Patrik.*
Die Bücher sagen Dir Wahrheit,
Du Held und Sänger der Thaten.
Es herrscht nicht im Himmel Dein Vater,
Es herrschen nicht *Oskar* und *Gaul.*

[102] *Ossian.*
Du giebst mir traurige Kunde
Von meinen Freunden, o Priester.
Wenn Fingal im Himmel nicht waltet,
Was soll deine Lehre mir dann?

*St. Patrik.*
Wach' auf aus jährigem Schlummer,
Wach' auf zu frommem Gesange!
Erloschen ist deine Stärke,
Nie ständest Du mehr in der Schlacht.

*Ossian.*
Erloschen ist meine Stärke,
Erloschen Fingals Gefährten;
Doch acht' ich darum keinen Priester
Und keines Priesters Gesang.

---

1    Aus dem Englischen übersetzt. S. Spiele des Witzes und der Phantasie. Berlin, 1793 [Anmerkung von Johann Gottfried Herder].

*St. Patrik.*

Der Gesang des Priesters ist süßer,
Als Einer, den je Du vernahmest.
Du warst ein Held auf den Hügeln,
Jetzt bist Du thörigt und schwach.

*Ossian.*

Ich war ein Held auf den Hügeln,
Du weißt es, tückische Zunge.
Ich war ein rüstiger Kämpfer,
Und thöricht spottest Du mein.

[103] Zwölf Hunde spielten um Fingal,
Sie spielten im Thale von *Smail*,
Mehr liebt' ich das Bellen der Hunde,
Als, Priester, dein Glockengeläut.

*St. Patrik.*

Du liebtest das Bellen der Hunde,
Du liebtest der Waffen Getümmel
Viel mehr als Beten und Beichten –
In Banden liegt *Fingal* dafür.

*Ossian.*

Du täuschest mit trüglichen Worten,
Dich täuschen geschriebene Bücher;
Kein Gott und kein König hat Bande,
In denen *Fingal* erliegt.

*St. Patrik.*

Gebunden umschließet die Hölle
Den stolzen Spender des Goldes.
Er gab meinem Gott nicht die Ehre,
Drum lechzt' er im Hause der Quaal.

*Ossian.*

O lebten die Streiter von *Bosga*!
Die muthigen Streiter von *Moran*!
Wir brächen die Pforten der Hölle,
Und unser würde das Haus.

[104] *St. Patrik.*

Ob alle Krieger vom Hochland'
Auf deinen Zuruf erständen;
Nie bräch't ihr die Pforten der Hölle,
Nie würde Euer das Haus.

*Ossian.*

Wie lauten geschriebene Bücher?
Was sagen sie Dir von der Hölle?
Ist sie nicht so gut wie der Himmel?
Gebrichts ihr an Hunden und Wild?

*St. Patrik.*

Es flattert die Mücke des Abends,
Es birgt sich die kleinliche Motte
Nicht unter dem Schilde des Himmels,
Bevor es sein König erfährt.

*Ossian.*

So lerne sein König von Fingal!
In Fingals freundlicher Halle
Fand Obdach und Labung der Wandrer,
Und niemand fragt' ihn: woher?

*St. Patrik.*

Vergleiche nicht Menschen dem Gotte,
Den Du, o Alter, nicht kennest.
Vorlängst begann seine Herrschaft,
Und ewig richtet sein Stuhl.

[105] *Ossian.*

Ich sollte nicht *Fingal* vergleichen
Dem Gott – – – – – – ²

*St. Patrik.*

Dies, dies war Euer Verderben,
An Gott den Herrn nicht zu glauben,
Drum fielen Brüder und Söhne,
Und Ossian trauret allein.

---

2    Hier fehlen Zeilen, die wahrscheinlich zu kühn waren, um übersetzt zu werden [Anmerkung von Johann Gottfried Herder].

*Ossian.*

Nicht dies war unser Verderben;
Es fielen Brüder und Söhne,
Weil *Fingal* ferne von ihnen
Sich zweimal wandte nach Rom.

Einst wohnten Caol und Oskar
Und Fingal auf hohen Gebürgen.
Laut war das Bellen der Hunde,
Wütig ihr Treiben im Thal.

Der mächtige *Fingal* war König,
Wir freuten uns seiner Befehle;
Niemand, krummstäbiger Priester,
Und niemand fragte nach Gott.

[106] *St. Patrik.*

Halt ein mit lästernden Reden:
Sie führen und dulden ist Sünde.
Mein Gott ist höher und größer,
Als Hochlands Fürsten und Du.

*Ossian.*

Die mindergepriesne der Schlachten,
Die Fingal, mein Vater, gefochten,
Gilt mehr mir, als Der, dem Du dienest,
Und Schriftgelehrter, als Du.

*St. Patrik.*

Laß, bitt' ich dich, weisen und retten,
Befolge die Lehre der Demuth.
Du sinkst in der Last deiner Jahre,
O sink' ohne Frevel ins Grab.

*Ossian.*

Ich will den zwölf heiligen Aposteln
In ihren Schutz mich empfehlen;
Und hab' ich Sünde begangen,
So decke die Sünde mein Grab.

[John Smith:] Finan und Lorma.
Ein Gesang des Ossian [übersetzt von
Ludwig Theoboul Kosegarten] [1801].

Kinder der tändelnden Jahre, was ist's, das ihr im Angesicht der Nacht be-
schauet? Ist's der Schnee der Morvens Berge weißet? Sind's die Rauchsäulen,
die aus den luftigen Hallen wirbeln? Seht ihr die Tochter der Nacht wandeln
durch die Wolken, oder ihre klare Scheibe sich spiegeln im ruhigen Strome?
Hört ihr ächzen den Geist des Gebürges? Oder lauscht ihr auf das Flüstern der
Schatten im Winde?

Morven, o Barde, starrt im Schnee. Der Mond zittert im Strom. Der Geist
des Berges spricht, und Abgeschiedne flüstern [140] in den gleitenden Lüften.
– Doch nicht dieses ist's, worauf wir merken. Zween Wolken sind's, die unsre
Blicke fesseln. Stattlich wandeln sie daher vom rehvollen *Alva*; ihre Säume
versilbert der Mond; ihr Haar strömt im Winde. Zwey schimmlichte Doggen
geselten den Einen, und der Bogen ist gespannt in seiner Nebelhand. Des an-
dern weißer Seite entrollt ein rother Strom und sein fließendes Gewand scheint
gefärbt mit Blut. – Holdselig ist ihr Aussehen, wiewohl traurig; und es flim-
mert noch die Thräne auf ihrer Wange. – Halt deinen Athem ein wenig an,
Wind, damit wir beschauen mögen die luftigen Gestalten. – Doch nein, du
rollest sie zusammen in eine finstre Wolke. Weit umher verstreust du ihrer
Glieder schimmlichten Dunst. Ueber das Thal der Binsen, über den Hügeln der
Hindinnen [141] streichen sie hin, gehüllt in ihren wäßrichten Nebel – Sänger
der alten Tage, kennst du die Luftgestalten, kannst du uns nennen die Namen
der Verschwundenen?

Sie kehren wieder, die Jahre, die nicht mehr sind. Die Seele Ossians er-
schwillt vom Gesange. Ich höre nahen die Stimme des Liedes; gleich der Stim-
me der Wellen, die daher weht auf den Abendhauch, nachdem ihre Kraft sich
brach am Gestade, und die Stürme ihre müden Schwingen senkten. – Ihr Kin-
der Morni's, ich gedenke eures Liedes. Lange hat sein Klang nicht geklungen
in Selma.

Kinder der harmlossspielenden Jahre, einstens möchten eure Augen dunkel
werden, wie die Meinen. Ihr möchtet fragen die Kinder kommender Jahre, was
sie sähen [142] in den Wolken des Himmels. Wir sehen, werden sie sagen,
zween jugendliche Schatten; über sie her beugt ein Aelterer sich aus seinem
grauen Nebel. Sie werden forschen nach den Geschichten der Erscheinungen.

Höret, höret sie von Ossian, damit ihr einst nicht sprechen dürfet: Wir wissen nichts.

Wer wanket zitternd daher, gestützt vom Stabe des Alters. Finstre, rothbesäumte Wolken hüllen seine Augen, geschwollen vom Regenschauer der Thränen. Sein graues Haar schwirrt im Winde, und der narbigten Brust entströmen Seufzer – Warum so traurig, *Morni*, in deinen alten Tagen. Sind nicht *Finans* Augen Flammen in der Schlacht; bäumt er seinen Schild nicht unter den Helden? Schwebt nicht *Lorma* daher auf dem Hügel der [143] Rehe? Spannt sie den Bogen nicht mit den Jungfrauen? Warum so traurig, Morni, in deinen alten Tagen? Sind alle Sayten verstummt auf *Torman's*[1] tonvoller Harfe.

Wohl ist Morni traurig und nicht ohn' Ursach'. Wohl wohnt Gram in seinem Angesicht und nicht vergebens. Finan, du hebst den Schild nicht mehr in der Schlacht! Lorma, du spannst den Bogen nicht mehr unter den Jungfrauen. Meine Kinder, ihr schlafet, Grab an Grabe; und eures Vaters Seele ist traurig. Sie ist traurig in der Mitte der Harfen, gleich einem Duftgewölk im sonnigen Thal, wenn die harrenden Fluren dem Regen entgegen zittern.

[144] Torman, nimm diesen Schild, den Vollmond; dies Schwert, den Lichtstrahl; den Speer, die thürmende Eiche; und diesen geschliffenen Helm, dem einstens Flammen entsprühten in der Feldschlacht. Es sind die Waffen, die einst *Ardan* trug. Ardan[,] der Vater des Morni. Einem Heerführer der Fremde nahm er sie an jenem glorreichen Tage, da er und Fingal das erstemal gegen den Feind den Speer erhoben. "Ruhmvoll, sagten die Väter zu ihnen, ruhmvoll, o ihr Jünglinge, euer erster Zug. Die ersten Thaten sind es, aus denen der Name des Helden hervor grünt."

Sie stürmten in den Krieg von *Clutha*; zween junge Aare, die zum erstenmal das Reh auf *Dora* jagen. Viel wackere Krieger wälzten vor *Trenmor* sich im Staube, und Ardan erbeutete von Du[145]*thoran* diese Waffen . . . Nicht länger werden deine Söhne sie führen, o Ardan. Zween Sprößlinge nur waren dir beschieden. Zween schlanke Bäume, hochaufgeschossen am Gestade des Alva. Des Einen bemoos'te Aeste sind entlaubt, des Andern grüne Jugend ist verdorrt, wie das geschnittne Gras dorrt in der Sonne. Im Grabe liegt der blühende Sohn, und der Vater beugt sich über seinem engen Hause. Der nächste Windstoß wird ihn umhauchen, und dein Geschlecht wird nicht mehr gefunden werden, o Ardan – Torman hänge diese Waffen auf in der Halle Arden. Der Schwächling wird sie sehen in den kommenden Tagen, und das Geschlecht bewundern, das vorüber ist. Er wird versuchen die schwere Wehr zu heben und wird nicht können. Mächtig, wird er sprechen, war das Geschlecht von Alva.

[146] Zween Barden brachten die Waffen gen *Dunalva*, wo sie ruhen sollten durch alle kommende Zeiten. Einer der Schilde ward aufgehängt, ein verfinsterter Vollmond; der andre ward in die Erde begraben, vergesellschaftet

---

1    Torman, der Barde des Morni.

von dem Eisen eines Speers. Nicht gesanglos gingen die Waffen der Helden zur Ruhe; nicht verkümmert ward ihnen das Lied des Friedens.

"Fahr' herunter Ardan! (so sangen die Barden) der du reitest auf den Wirbelwinden im Nebel, fahr herunter, und siehe deine Waffen. Lächle, lächle, durch deine Thränen, du Großer. Zwar ist untergegangen dein Geschlecht, allein den Ruhm deines Stahles hat der Deinen keiner beschmitzet. Wo die Schlacht am finstersten war, da glänzte dein Schild, in deiner Kinder Hand; aber nie hat der [147] Wehrlosen Blut deinen blauen Stahl geschwärzet." Oft zwar hat der Blitz der Schlacht den Fels gespalten; aber nie hat eines Feigen Hand ihn gehoben. Morni war ein Orkan, der die Eiche entwurzelt; eine Flamme die den Wald verzehrt war Finan.

Fahr herunter, Ardan, aus deinem Nebel! Beschirme treulich deinen Schild in Dunalva. Kein Feiger müsse ihn berühren; kein Grausamer ihn betasten. Feige und Grausame haben nie diesen Schild geführt. Helden haben es gethan; die Helden vom Geschlecht des Ardan – Mann mit der kleinen Seele, hinweg! Du hast kein Theil an dem Nachlaß der Helden. Entweiche zu deinem verborgnen Strom, wo nie das Rasseln des Speers erscholl, der Feldschlacht Donner nie ertönten. Dort [148] altre mit dem Wilde; ergraue mit dem Barte der Distel; unbesungen sey dein Name; unbesucht dein Grab; ungeehrt und ungepriesen deine Kinder. Einer nach dem andern sinken sie hin, an deinem dunkeln Maale; unbemerkt, wie die Steinwurz aufwuchs in der Felsenspalte. Sie schoßt, sie welkt, sie stirbt; kein Wandrer wird sagen: dort stand sie. – Aus der Wüsten naht auf einem Schlackensturm der Tod; sein Köcher ist gefüllt, gespannt sein Bogen. Indem er durch das Blachfeld streift, gewahrt er des Trägen in seinem Bette. Die Senne tönt; der Pfeil fliegt; er trifft, er tödtet; kein ehrenvolles Maal läßt er zurück in der Brust des Getroffnen, wie in dessen, den in der Feldschlacht der Stahl des Tapfern traf. Kein Maal wird ihm gethürmt; kein Lied ihm gesungen; keine Harfe gerührt an seinem Hügel. Wie der [149] eingefrorne Fisch im Eise des Lubar, so zappelt die kleine Seele jetzt, im Eingeweide kalter Nebel; jetzt ergreifen schneidende Winde sie, und schleudern sie umher zwischen schlackigen Wolken. Mit den tödtenden Dünsten schleicht sie daher, welche verhaucht aus faulen Sümpfen, den sichern Schläfer wehrlos würgen. – Zu wandeln mit den Edelgefallnen auf schönbesamten Fluren, zu schweben mit ihnen über den Gipfeln grünbewaldeter Hügel; nimmer wird den Namenlosen so Schönes gewährt!

Anders, o Ardan, waren deine Erzeugten; anders jene die deinen Schild erhoben im Gemeng' der Speere. – Bewahr' ihn treulich aus deiner Höhe, Bändiger der Stürme; schrecke zurück den Feigen, der in der Halle ihm nahet. – Ei[150]nes Tages jedoch wird die Halle nicht mehr seyn; gleich einem marklosen Baum wird sie in die Fluthen stürzen, und Dunalva's Zinnen werden zerbröckeln in des Stromes Bette. Der gestaute Strom wird austreten; durch Gemäuer und Getrümmer wird er irren. Hier hebt der Dornbusch sein blühendes

Haupt; dort grünt die Brombeerstaude hervor aus dem Schutte; Steinwurz und Ginster schütteln ihre Häupter im Athem der Nacht, und bereiten dem müden Reh ein duftendes Lager. – Der Strom schwillt. Er wäscht den Schutt weg. Ein Schild ragt hervor mit schwarzangelaufener Buckel. Vorübereilend bemerkt ihn der Weidmann, der über den Fluß sich schwingt. Welch eine dunkle Scheibe, spricht er, ist dies; dunkel, wie das dämmernde Rund, zwischen des Neumond's güldnen Hörnern. Er ent[151]fernt die Erde mit dem Speer; seine Seele fühlt sich verzückt in längstverschwundene Jahre. Die Halle erhebt sich aus ihrem Schutt; die Wohnung längstverschwundener Helden blühet auf aus ihrem grünen Grabe. – Es ist der Helden Wohnung, spricht der Jäger; die Halle von Königen, die da herrschten über die Geschlechter alter Jahre. – Wohl stehst du in der Helden Halle, Fremdling; nicht wage zu berühren diesen Schild, wofern du vom Geschlecht der Feigen bist. – Denn dieser Schild war Ardan's. – Ardan, fahr herab aus deinem Nebel; der du bändigest den rasselnden Wirbelwind, fahr herab, und schütze deine Waffen in Dunalva!"

Dies der Gesang der Barden während den Waffen des Morni ihre letzte Ehre widerfuhr. Dennoch blieb die Seele [152] des Heerführers traurig. Wie eine einzelne Welle plätschert am Gestade; wie der Wind ächzet im langen Graswuchs der Gräber, so schollen nun und dann die Seufzer seines Busens. Wie beschlossen den Gramvollen nach Selma zu führen. Unterwegs trafen wir zween Gräber, die aus der braunen Hayde ihre grünen Häupter friedlich empor hoben. Längshin fiel Morni zwischen den Hügeln. Unser keiner sprach zu ihm: steh' auf. Ringsumher lagerten wir uns auf dem Grabe, und vernahmen die jammervolle Geschichte seiner Kinder.

Ueber *Croma* dämmerte der Morgen. Das Horn meines Sohnes erscholl. Drey graue Doggen sprengten herbey, und lauschten gespitzten Ohres auf das Rasseln seines Köchers. In dem Nachen setzte er mit ihnen über die Enge, und verfolgte den [153] Tag über die Rehe auf der Insel. Als es dämmerte, sahen wir den Nachen wieder abstoßen. Der Wind wuchs. Die Wogen tobten. Itzt erschien der tanzende Nachen auf ihren weißen Spitzen; plötzlich verschwand er. Vergebens schauten wir nach ihm aus. Die Brandung deckte ihn oder das Dunkel.

– Jetzt ward mir bange um Finan. Doch ach, was konnte Morni thun, den das Alter lähmte. Kehret wieder, rief ich, meine entflohenen Jahre! . . . Sie kehrten nicht, die flüchtigen. Weit hin waren sie verschwunden und Morni's Stimme war schwach. – Lorma, die Jammervolle, schrie laut. Ihr Geschrey erschütterte meinen betagten Geist, wie der Wind das dürre Laub der Wüste schüttelt. – "Mein Bruder, rief sie, wo bist du? Bist [154] du verlohren im Sturm Bruder meiner Liebe!"

Sie flog ans Ufer. Ihre Blicke waren irr' und verwildert. Sie gewahrte einen schroffen Felsen, von dem die ebbende See zurück gewichen war. Ihn erklomm sie. Von seinem Gipfel herab schaute sie in die Tiefe; von seiner

Scheitel herab erscholl ihr Rufen um Finan. – Finan – Finan – Bruder meiner
Liebe, vernimmst du nicht die Stimme deiner Schwester?"

Auf der schäumenden Spitze der Wellen erschien ein dunkler Fleck. – "Ist's
der fluthende Tang . . . Bist du's mein Bruder?" – Er war's; er vernahm ihre
Stimme; matt schon und gedämpft erscholl die Seine. Furcht und Freude
schüttelten die Seele Lorma's . . . Zwey der grauen [155] Doggen hatten das
Gestade erschwommen; die dritte blieb in den brandenden Wogen. Jene hörten
die Stimme Finan's schwinden. Zurück sprange sie in die kochende Brandung.
Mit der dritten Welle brachten sie meinen Finan geschleppt. Aber so wie sie
das Gestad erreichten, entfloh der Einen Athem und Leben.

Lorma trug ihren Bruder an den Felsen. Hier, sprach er schwach, laß mich
eine Weile ruhen. Denn meine Kraft hat mich verlassen.

Sie hüllte ihn in ihr Gewand. Sie bereitete von den trockensten Binsen ihm
ein weiches Lager.

Er schläft. Schweigend neigt sie über den Schlafenden sich herüber. Sie
fleht [156] die Wellen, nicht zu rauschen, und die vorüberrudernden Robben
nicht zu plätschern. "Senket euren Fittig, ihr Winde des Berges; gleitet sanft,
ihr Ströme des Thals. Irret lautlos durch die Nacht der Wälder; und ihr, o hüp-
fende Rehe, schlüpfet leise durch das flüsternde Laub. – Laßt schlafen meinen
Bruder, den Theuren; denn seine Wimper[n] sind schwer. Süß, o Finan, sey auf
dem Felsen dein Schlaf! ruhig, o mein Bruder, auf dem harten Bette dein
Schlummer!

"Weh' mir, wie blaß ist meines Finan's Antlitz. Blasser ist nicht der Mond
in der Wolken grauem Schleier. – In der That, mich grauet, den Geliebten an-
zuschauen; denn sein Angesicht ist so anders. – Ihm träumet, meine ich, von
der furchtbaren Tiefe; denn seine Stirne ist finster. [157] Finster und umwölkt
ist meines Bruders Angesicht, wie das Angesicht der Kinder, die sich ängsten
im Traum; welche wähnen während ihres unruhigen Schlummers, daß ein
Wolf ihnen nahe – Zärtliche Mütter, weckt ihr eure träumenden Kleinen? Ver-
scheucht ihr den trüben Schlaf von ihnen, wenn die bangen Erscheinungen ihre
zarte Seele ängsten? – Wecket sie oder nicht! Ich will meinen Bruder nicht
wecken, bis der Tag graut; denn seine Kraft ist hin! sein Schlaf so schwer! . . .
Ueber diese lästigen Mücken . . . Wie soll ich den Stöhrerinnen wehren . . . Ich
will meines Bruders Angesicht bedecken mit dem meinen . . . Leise, leise will
ich es bedecken, damit ich deine Ruhe nicht störe, mein Theurer . . . Wehe mir
. . . Du bist kalt! eiskalt . . . Dein Athem steht . . . [158] Dein Herz starrt . . .
Todt ist mein Bruder . . . Todt . . . Todt . . ."

Ihr dumpfes Rufen drang in meine Ohren. Ich eilte, ihr zu nahen. Mittler-
weile wuchs die See und sie bemerkte es nicht. Sie wuchs und wuchs und
schon klatschte die hochgeschwollene Fluth ringsum den einsamen Felsen.
Jetzt erscholl ihr Geschrey. Verzweifelnd schlug sie ihre Schneebrust. Schau-
erlich erscholl das Heulen der getreuen Dogge. Mehr denn einmal dacht' ich,

zu Rettung meines Kindes mich in die gährende Fluth zu stürzen. Allein die Stimme in mir sprach: Du bist alt, Morni, und schwach; die Tage sind vorüber, wo du die Fluthen theilen konntest.

Jetzt hob die steigende Fluth meine Kinder vom Felsen herab; jetzt warf die [159] brandende Welle sie zurück an die zackigte Klippe. Lorma's Seite war zerrissen. Ihr Blut färbte die See. Schon wiegte ihre Seele sich mit Finan auf demselben Lüftchen.

Meine Kinder, ihr habt mich einsam zurückgelassen. Den holden Vaternamen werde ich nicht mehr hören. Eine Eiche bin ich, die der Blitz traf, und deren Aeste nimmer wieder grünen. – Der Spätherbst schwärzt das Blachfeld. Die Bäume stehn entblättert auf der Hayde. Trauert nicht ihr Glücklichen! Ihr werdet wieder ausgrünen mit dem Frühling; aus dem verdorrten Morni aber wird kein Sommerregen Ein grünes Blatt hervorlocken. Das Geschlecht von Alva ist verschwunden, wie ihrer Hallen blauer Rauch, nachdem die Schimmer der Eichen erloschen. – Wohl [160] hat Morni Recht zu trauern. – Morni dem Eine Nacht seine beyden Kinder nahm. – Dein Grab o Finan ist hie – und hie o Lorma das deine.

Er schwieg, in dumpfes Hinbrüten verlohren. Auch wir lagen schweigend um ihn her, gleich Geistern, wenn die Winde ruhen; gleich gefrornen Strömen, die da schlafen zwischen beschneiten Ufern und dem bleichen Mond ihre flimmernde Fläche bieten.

. . . Wer irret drüben auf den Bergen, unstättschweifend, wie das Reh, das in den Schlüften seine Gespielen verlor. Sein gelbes Haar fließt schwer im Winde. Seine Schritte sind jetzt langsamer, jetzt schneller. Vergeblich kämpft er mit dem herben Schmerz. Seine Thränen stürzen. Seine [161] Brust stöhnt, wie die Grotte die die See bespült, und in deren Mündungen die Winde seufzen. Es ist *Urran*, der Bogenkundige: die Liebe deiner Jugend, Lorma. Er war nach Dunalva gekommen in der Nacht der Stürme; die Halle war finster und still. Zwey blaue Sterne pflegten sonst zu funkeln. Sie waren untergegangen . . . Lorma's sternige Augen waren geschlossen.

"Lorma, wo ruhest du? Wo schlummerst du meine Traute? Hat die Nacht dich überrascht in der Waldung? Hat die Dunkelheit dich umfangen in der Wildniß? Tochter des Bogens, wo weilst du? O daß ich deine Ruhstatt wüßte, daß ich eilen könnte, dich zu beschirmen, du Verlaßne. – Ruhst du am Fuß des Felsen? Erwähltest du dein Lager dir auf dem Moos des Ge[162]stades? – Weh' mir, wenn dem also ist. – Der Thau wird dich durchnässen. Die Nacht wird dich erkälten. Sie ist so naß, die Nacht, so kalt. – Schlafe friedlich, wo du auch schläfst! O du, die einzig meine Seele bewohnt, träume süß, von deinem fernen Urran."

["]Stör't sie nicht[,] Geister der Nacht! Verwirret ihre Locken nicht, ihr Winde! Hauchet das Lächeln nicht hinweg, das ihre Lippen verschönert. Meine Traute ist ruhig in Mitten der Stürme; denn schlummernd bespricht ihre

Seele sich mit Urran. – Gleitet sachte vorüber, Bächlein des Reh-Thals! Schlüpfet leise, ihr Söhne des Gebürges, durch eure Büsche! Adler der Wild-niß, bleib' in der Ferne! Hüte dich, daß du den Traum meiner Trauten nicht störest; daß das Rauschen deiner Fittige [163] die Schlummernde nicht wecke! . . . Schlummre fort, Geliebte! Und müsse das Murmeln des Bachs; und müsse das Brausen der Waldnacht dich nicht schrecken! – Schlummre fort . . . und mit dem Morgen will ich kommen und dich wecken. Leise soll meine Stimme seyn; süß mein Geflüster wie das Sumsen der Bergbiene, die getragen vom Abendhauch nicht zu nahe reiset, . . . noch summs't sie; jetzt schweigt sie; die zartbeschwingte trinket des Thau's der Rosen, die in verborgnen Klüften wach-sen . . . Schlummre fort, o Lorma! Und wenn auch auf Urran's Wimper der Schlummer niedersinkt, so blühe auf in seinen Träumen, Holdselige, und lächle ihn an mit deinem süßesten Lächeln."

Er lagerte sich auf das Moos des Ufers. Halber Schlummer nur sank herab [164] auf seine Seele. Immer noch murmelte der Strom in seinen Ohren; jedoch leiser. Immer noch blinkte der Mond in seine halbgeschloßnen Augen; aber bleicher . . . Plötzlich schwebte Lorma vor ihm; sie war blaß, sie ächzte. So schwebt dem Monde gegenüber ein weißes Dunstgebild'; kränkelnd ist sein Licht, sein Ansehn traurig. Urran erkannte den Schatten der Geliebten. Auf-schauernd schweifte er wild durch die Berge. Die Stimme Morni's erreichte sein Ohr. Er erkannte die beiden grünen Maale; der Bogen entsank ihm; er fiel. Was soll ich Urran's Schmerz euch erzählen . . . Unser Schweigen war dumpf und lang. Zuletzt griff Morni's Barde zur Harfe. Trostlechzend neigten wir ihm entgegen. Leis' athmend lauschten wir auf das Lied des Grams.

[165] Am vollgeuferten Lubar lebte *Turloch*. Er war grau geworden, der edle Führer in seines Ruhms Thaten. In den Pfaden, die zu seiner Halle führ-ten, wuchs kein Gras. Warum, sprach er, soll der Wandrer sich durch sie gezö-gert finden? und ließ die Flügel ausheben aus seinem Thore . . . Gleich der Eiche seines Thals thürmte Turloch. Zwey zarte Aeste waren seinen Seiten entsprossen. Zwey junge Bäume sanftschimmernd im sonnbestrahlten Regen-schauer, waren Turlochs Kinder. Der *Migul* Schönheit priesen Helden; und an des *Althos* stattlichen Schritten weideten sich die Töchter des Thales. Stattlich, pflegte man zu sagen, wie der Sohn des Turloch; liebreizend, wie das Mäd-chen an Lubars rollenden Wassern.

Turloch's Jahre glitten sanft vorüber; sanft und leise, wie die Bäche seines Tha[166]les. Heiter war des Führers Antlitz, wie des garentwölkten Himmels; seine Blicke Sonnenstrahlen, die des Hügels Stirne vergolden.

Aber, ewig ändernd, wie des Himmels Angesicht, sind die Tage, die der Mensch auf seinen Bergen lebt. Hier wie dort, wechseln Sturm und Stille, Licht und Schatten.

Eines Morgens ging Migul aus zu jagen. Ihre weiße Hand spannte den Bo-gen; zween schimmlichte Doggen sprangen ihr nach durch den Thau. Wie der

Nebel flieht vor dem verfolgenden Winde; so floh das aufgestörte Wild vor der Jägerinn. Ihre Senne klang. Ihre Pfeile flogen. Getroffen von der Nimmer-irrenden, sanken die Söhne des Gebürges auf die [167] schwarze Hayde, das süße Leben verhauchend.

Die Jägerinn sitzt auf dem Felsen. Ein Gewitter thürmt sich, wie Nacht. Schon grollt in den Bergen der Donner. Der Regen stürzt. In geflügelter Eil fallen die Ströme von den Bergen. Lubar rollt im Schaume. Wie wirst du zu-rückgelangen über den wüthenden Strom, o heimverlangende Migul.

Althos sieht die Schwester nahen. Er kennt die Stelle, wo über der Tiefe zween herüberhangende Felsstücken einander fast berühren. Ein Eichenast krümmt sich über dem Schlund, der schon seit langen Jahren dem Jäger zur fährlichen Brücke diente. Althos stand über der Tiefe. Meine Schwester, sprach er, reiche mir deine Hand. [168] Sie naht ihm. Beide jetzt ruhen auf dem schwankenden Aste. Unfähig die gedoppelte Last zu tragen, biegt sich der mürbe Ast. Er biegt sich; er knistert; er kracht: er bricht. Mit den Trümmern des Astes stürzen Migul und Althos in den Abgrund.

Turloch fachte das Feuer an in seiner Halle. Meine Kinder, sprach er, werden naß seyn vom Gebürge.

Dem Fächelnden dringt ein Geschrey zu Ohren. Er springt auf. Er eilt hin-aus. Seine beiden Kinder sieht er, einen morschen Ast umarmend, mit dem wü-thenden Strome hinunter schießen.

Vergebens ist sein Rufen in der dunkeln Nacht. Das Wild nur vernimmt sein Geschrey, und fährt erschrocken auf vom [169] Lager. Der Morgen geht auf über dem Rufenden; die Nacht überrascht ihn an dem dunkeln Strome. Keine Spur ist von den Verunglückten zu entdecken. Einsam kehrt er in die öde Wohnung zurück. Die räumige Halle hallt nach unter des Verlaßnen Trit-ten. Mit dem erwachenden Tag erwachen seine Seufzer, und wenn die Kinder des Thals sich längst zur Ruhe begeben hatten, irrte er noch lange längst der gährenden Tiefe.

Jetzt erscholl der Schild der Schlacht. Turloch raffte sich auf aus seinen Thränen, und schiffete mit seinem Volk gen *Jalin*. Vorüberfahrend landeten sie auf *Ithulma*. – Zwey glänzende Lichtstrahlen blitzten auf dem dämmernden Felsen; gespannten Bogens verfolgten sie das Reh der Berge. Gramvoll wandte Turloch sein ver[170]finstertes Auge von dem Schimmer der Schönheit. Wie diese, ächzte er, schimmerten einstens meine Kinder. Also war deine Würde, Althos; also, o Migul, deine Schönheit.

Migul und Althos vernahmen die Stimme ihres Vaters auf dem Eilande, zu welchem sie, hangend an der Eiche, auf den Fittigen des Stromes waren getra-gen worden. Sie vernahmen sie, und sanken entzückt in seine Arme. Die Seele des Alten verjüngte sich, und am rollenden Lubar wohnte wieder die Freude.

Deine Kinder, o Morni, endete die hochbejahrte Stimme, sind verloren nur für heut und morgen. Nur vorausgezogen sind sie in das Land der Glücklichen

auf ihren eigenen Strömen. Zwischen den Hel[171]den der Vorzeit wirst du
einstens wiederfinden die Schönen. Sie wohnen in dem silbernen Gewölk,
durch dessen zarten Duft der Mond bleicher blinkt, und in dem Strom von Al-
va sein Angesicht bespiegelt. Möge dann Urran seines Grams vergessen, denn
droben wird er Lorma wiederfinden. Möge Morni seine Thränen trocknen,
denn droben wird er sie wiederfinden, die Kinder!

Der Schmerz der Leidtragenden ward milder. Urran glich dem Baum, der
auch nach beschwichtigtem Sturme leise noch den Wipfel regt. Morni's Brust
der Welle, die auch nach beruhigtem Meer noch zu Zeiten ächzend anschwillt.

## [219*] Berrathon [übersetzt von Friedrich Leopold Graf zu Stolberg] [1806].

Wend', o Strom,
Um die enge Ebne von Lutha
Deinen blauen Lauf;
Lass hangen über ihn hin
Die grünen Haine von ihren Hügeln herab;
Lass am Mittag die Sonne
Schauen auf ihn.
Auf ihrem Felsen ist dort
Die Distel, und schüttelt
Im Winde den Bart.
Die Blume senket
Ihr schweres Haupt,
Und nicket zu Zeiten in wehender Luft;
Sie scheinet zu sagen:
"Was weckst du mich, wehende Luft?
Ich bin mit Tropfen des Himmels bedeckt;
Schon nahet die Zeit
[220] Der Welkung! Schon naht
Der Wind, der mir bald die Blätter verstreut!
Es wird morgen kommen der Pilger,
Der in meiner Schöne mich sah,
Er wird kommen, dann sucht mich
Sein Aug' im Gefild',
Und findet mich nicht!" –
　　So suchet man einst
Vergebens die Stimme von Kona,
Wenn im Gefild
Sie erstummte.
Der Jäger wird kommen
In Stunde der Frühe,
Doch wird er nicht hören
Meiner Harfe Laut!

"Wo ist der Sohn
Des wagenlenkenden Fingal's?"
Ihm wird an der Wange
Beben die Thräne!
　　Tritt dann, o Malvina, hervor,
Mit allen deinen Tönen!
Leg Ossian dann
In die Ebne von Lutha;
[221] Lass steigen empor
Seines Grabes Hügel
Im holden Gefild!
　　Malvina! Wo bist du
Mit deinen Gesängen,
Mit deiner Tritte lieblichem Schall? –
Bist du nah, o du Sohn von Alpin?
Wo ist die Tochter von Toskar?
　　"Ich ging, o du Sohn von Fingal,
Die bemoosten Mauren Torlutha's entlang,
Dahin war der Rauch aus der Halle,
Und Stille war in den Bäumen des Hügels,
Verhallt war die Stimme der Jagd.
Ich sah die Töchter des Bogens,
Ich fragte nach Malvina,
Sie antworteten nicht,
Sie wandten das Antliz,
Und es wallete Dunkel
Ueber ihre Schöne dahin.
Sie glichen den Sternen,
Wenn an regnigem Hügel bey Nacht
Ein jeder mit mattem Blick
Durch den Nebel schaut."
　　[222] Sey sanft deine Ruh',
O du holder Strahl!
Wie gingest du unter so bald
An unseren Hügeln!
Doch herrlich war
Deines Scheidens Gang,
Wie auf blauer, zitternder Welle
Des Mondes Gang!
　　Aber du liessest uns
O erste der Mädchen von Lutha,
In Dunkel!

Wir sizen am Felsen,
Da ertönt kein Laut,
Da schimmert kein Licht
Als das Feuermeteor!
Bald gingest du unter,
Malvina, Tochter des herrlichen Toskar!
    Doch steigest du empor,
Wie des Aufgangs Strahl,
Zu den Geistern der Freunde,
Wo sie sizen in stürmischen Hallen,
Den Kammern des Donners!
Es schwebet über Kona Gewölk,
Mit hohem, blauen, gekräuselten Saum;
[223] Es regen sich drunter
Die Flügel der Wind',
Im Gewölk ist Fingal's Behausung.
Dort sizet in Dunkel der Held,
Mit luftigem Speer in der Hand,
Mit halb in Wolken gehülletem Schild,
Der gleicht dem getrübeten Mond,
Wenn er halb in der Woge noch weilt,
Und halb mit kränkelndem Blick
Auf's Gefilde schaut.
Seine Freunde sizen in Dunst
Um den König her,
Sie hören Ullin's Gesänge,
Der die halbunsichtbare Harfe rührt,
Und die schwache Stimm' erhebt.
Kleinere Helden erleuchten,
Mit tausend Meteoren,
Die luftige Halle.
    Es steiget Malvina empor,
Mit erröthender Wange,
Sie sieht ihrer Väter
Nicht gekanntes Antliz,
Und wendet die feuchten Augen hinweg.
    [224] "Bist kommen so bald"
Sprach Fingal, "o Tochter
Des herrlichen Toskar's?
Es wohnet der Gram
In den Hallen von Lutha,
Es härmet sich mein alter Sohn!

Ich höre das Lüftchen von Kona,
Das so oft dir die schweren Locken erhub!
Es kommt in die Halle,
Doch du bist nicht dort!
Es flüstert klagenden Laut
Zwischen den Waffen deiner Väter!
Geh mit säuselndem Flügel,
O Lüftchen, und seufze
Beym Grabe Malvina's!
Dort ragt es, unter dem Felsen,
An dem blauen Strom des Lutha empor.
Von dannen kehrten die Jungfraun
Zu ihrer Heimat zurück,
Nur du, o Lüftchen, klagest allda!"[1]
    Wer aber kommt dort,
Aus dunkelndem Westen,
Getragen auf Gewölk?
Da ist ein Lächeln
[225] Auf grauem, wässrigen Gesicht;
Seine Locken von Nebel liegen im Wind,
Er neiget sich vor auf luftigen Speer,
Es ist dein Vater, Malvina!
    "Wie scheinest du so bald
Auf unserm Gewölk',
O du holdes Licht von Lutha!
Du härmtest dich, Tochter,
Dir schwanden deine Freunde dahin!
In der Halle waren
Die Söhne der schwachen Leutlein!
Der Helden blieb keiner
Als Ossian, König der Lanzen, allein!"
    So gedenkst du des Ossian,
O wagenlenkender Toskar,
Des Konloch's Sohn?
Es waren der Schlachten
Unsrer Jugend viel,
Unsre Schwerder gingen
Selbander ins Feld!
Es sahen uns kommen,
Zween rollenden Felsen gleich,

---

1    [271*] Die Jungfraun hatten über Malvina's Grabhügel den Todtengesang gesungen.

Die Söhne des Fremdlings, und flohn;
[226] Sie riefen: Dort kommen die Krieger von Kona,
Deren Fuss in den Pfad der Fliehenden tritt!
　　Tritt näher, o Sohn
Von Alpin, zum Gesang
Des Greises! Mir sind
In der Seele die Thaten von andrer Zeit!
Die Erinnrung strahlt
An vergangne Tage
An die Tage des mächtigen Toskar,
Als unser Pfad
In der Tiefe war.
　　Tritt näher, o Sohn
Von Alpin, zum lezten Laut
Der Stimme von Kona!
　　Der König Morven's befahl, ich erhub so fort
Die Segel dem Wind, es stand mir zur Seite Toskar,
Das Haupt von Lutha; ich ward von der blauen Fluth
Erhoben; zum meerumfangnen Berrathon war
Gerichtet der Lauf, zu der ringsumstürmten Insel.
[227] Es wohnte die stattliche Kraft des Larthmor's dort,
Mit greisendem Haar; er hatte der Muscheln Mahl
Gespendet Fingaln dereinst, der zu Starno's Burg
Hinwallte, zur Zeit der Tage von Agandekka.
Da er alt nun war, erhub sich des Sohnes Stolz,
Des Uthal's Stolz; in lieblichen Locken ward
Er von tausend Mädchen geliebt. In Bande legt'
Er den Greis, und nahm Besiz von schallender Burg.
　　Der König härmte sich lang, in der Höle Graun,
An rauschendem Meer; vom Lichte des Tages nicht
Erhellt, und nicht in der Nacht von loderndem Brand.
Dort hauste der Sturm des Meers. Nur scheidenden Strahl
Des Mondes ward er gewahr, und den rothen Stern,
[228] Der auf westlicher Fluth erbebte; da kam zur Halle
Von Selma Snitho; er war von der Jugend an
Des Larthmor's Freund; er erzählte von Berrathon's Haupt,
Es erhob sich Fingal's Zorn; er ergrif dreymal
Den Speer, er beschloss zu strecken den Arm entgegen
Dem Uthal! Aber es stieg vor des Königs Sinn
Empor der eigenen Thaten Ruhm, und er sandte
Den Sohn und Toskar; gross, auf dem wogenden Meer,
War unsere Freud', und wir zückten die Schwerder halb

Aus der Scheide, denn wir hatten noch nie zuvor
Allein gekämpfet im Graun der Schlachten des Speers!
  Es senkte die Nacht sich izt auf den Ocean,
Die Winde schieden dahin auf der Flügel Schwung,
Der erblassende Mond war kalt; es huben hoch
Die funkelnden Stern' ihr Haupt, und wir glitten langsam
[229] Entlang des Gestad von Berrathon; weisse Wogen
Umtosen Klippen des Strands; da sagte Toskar:
  "Was schallet durch das Geräusch der Wogen? Es tönt
Zwar lieblich, doch voll von Trauer; es gleicht der Stimme
Von abgeschiedenen Barden – ha! ich erblick'
Ein Mädchen, sie sizt allein auf dem Felsen, senkt
Das Haupt auf den Arm von Schnee; in dem Winde fliegt
Ihr dunkles Haar. O du Sohn von Fingal, horch
Auf ihren Gesang! Es gleiten die Töne hin,
Wie der Lauf des glatten Stroms!" – Nun liefen wir ein
In die stille Bucht, und hörten das Kind der Nacht:
    Wie lange werdet ihr rollen um mich her
Blautosende Gewässer des Oceans?
Meine Wohnung war
Nicht immer in Hölen,
[230] Noch unter sausendem Baum!
In Torthoma's Halle ward verbreitet das Mahl,
Meiner Stimme Ton
Ergözte meinen Vater!
Jünglinge sahn mich wallen
In der Anmuth Schritt!
Sie preiseten da
Die dunkelgelockte Ninathoma!
    Damals war es, dass du kamst,
O Uthal, wie die Sonne des Himmels!
Die Seelen der Mädchen sind dein,
O du Sohn des herrlichen Larthmor!
Doch warum lässest du mich allein – ?
In Mitte der brüllenden Wogen?
War heimlich mir in schwarzem Herzen dein Tod?
Erhub meine weisse Hand das Schwerd?
Warum denn liessest du mich allein,
O König des hohen Finthormo!" –
    Mir stürzte die Thrän' herab bey des Mädchens Lied,
Gerüstet stand ich vor ihr, und sagte das Wort
[231] Des Friedens: "Liebliches Kind, die hier in der Kluft

Du wohnst, was schwellt dir die Brust mit seufzendem Harm? –
Soll Ossian heben das Schwerd vor dir, zur Tilgung
Von deinen Feinden? Steh auf, o Torthoma's Tochter,
Ich hörte deine Worte des Gram's! Das Geschlecht
Von Morven ist rings um dich her! Sie kränkten nie
Die Schwachen! Komm zu dem Schif mit dem dunklen Schooss,
Die du heller strahlst, als dort der sinkende Mond!
Wir richten den Lauf zu Berrathon's Felsen, hin
Zur schallenden Mau'r Finthormo's!" Sie kam heran
In ihrer Schöne, sie kam in der holden Anmuth
Des schwebenden Gangs, in schweigender Freude Glanz.
So fliehn vom Gefild' im Lenz die Schatten, es rollt
[232] In Schimmer der blaue Strom, und es neiget vor
Sich über den Lauf der Welle der grüne Baum.

    In Strahlen hub sich anizt der Morgen, wir kamen
Zu Rothma's Bucht; da rannte hervor durch den Wald
Ein Keuler, mein Speer durchstach ihm die Seit', er fiel
Ich freuete mich des Bluts, denn ich sah vorher
Aufsteigenden Ruhm![2] – Vom hohen Finthormo rauscht
Heran das Gefolge der Jagd von Uthal, wider
Den Keuler der Forst; es verbreitet rings umher
Sich über der Haide Flur. Im Stolze der Kraft
Kommt langsam Uthal einher, er hebt in der Hand
Der geschärften Lanzen zwo, an der Hüfte hängt
Des Helden Schwerd, drey Jünglinge tragen ihm nach
Geglätteter Bogen Glanz, es spielt vor ihm her
Fünf hüpfender Doggen Sprung; in ziemender Fern
[233] Gehn seine Helden ihm nach, bewundernd den Gang
Des Königes, stattlich war er, der Sohn von Larthmor,
Doch düster das Herz! So düster erscheint der Mond
Mit trübem Gesicht, wenn sturmankündend er blickt!

    Wir wallten einher auf der Haide Flur, entgegen
Dem Könige, dieser blieb in Mitte des Laufs
Still stehn, es sammlen sich rings die Helden um ihn.
Da trat vor uns hin ein Barde mit grauem Haar.
"Von wannen," so sprach der tönende Barde, sind
Der Fremdlinge Söhn'? Unglücklicher Kinder kommen
Nach Berrathon, hin zum Schwerd des herrlichen Uthal!
Er spendet nimmer das Mahl in der Halle! Blut
Der Fremdlinge fleusst in seinen Strömen! Wofern

---

2    [271*] Ossian sah die Erlegung des Ebers als eine günstige Vorbedeutung an.

[234] Von Selma's Mauren ihr kommt, von bemoosten Mauren
Des Fingal's, so wählt der Jünglinge drey, zu gehn
Zu eurem König, um ihm zu melden den Fall
Von seinem Volke! Vielleicht macht sich auf der Held,
Und schüttelt dahin sein Blut an des Uthal's Schwerd!
Es hebt sich alsdann der Ruhm von Finthormo, gleich
Aufstrebendem Baum, der hoch sich im Thal erhebt!"
    "Er hebt sich nimmer!" Ich sprach's im Stolze des Zorns,
O Bard', es würde Uthal vor Fingal's Blick
Erschaudern! Der Blick von Fingal ist Todesgluth!
Macht auf sich der Sohn von Komhal, so schwinden hin
Die Könige! Werden gerollt wie Nebel vom Hauch
Des Zürnenden! Sollen drey verkünden den Fall
[235] Des Volkes? Barde, wohlan, sie mögen's vielleicht
Verkünden Fingal'n, doch stürzt mit Ehre sein Volk!"
    Ich stand in dunkelndem Graun der Kraft, und bey mir
Zog Toskar das Schwerd; es kam, wie ein Strom, heran
Der Feind, und es stieg empor vermischtes Getös
Des Tods; es fasste den Mann der Mann, es erklang
Am Schilde der Schild, es schimmerte Stahl auf Stahl,
Der Wurfspiess zischt' in der Luft, an dem Panzer tönte
Der Speer; das Schwerd zerschellte, sausend im Schwung,
Die Tartsche. So kracht das Getös in altem Wald,
Wenn über ihm brüllt der Sturm, wenn von tausend Geistern
Der Arm die Bäume zerbricht in der Nacht; so scholl
[236] Der Waffen Getös! Es stürzte vor meinem Schwerd
Nun Uthal, es flohn die Söhne Berrathon's! Da
Erblickt' ich in seiner Schöne den Jüngling, da
Hing bebend an meinem Blick die Thrän', und ich sprach:
    "Du fielst, o du junger Baum! Du fielst mit dem Glanz
Der Schöne rings um dich her, auf deinem Gefild!
Die Flur ist entblösst! Es wehn von der Wüste her
Die Winde, da wallt kein Sausen in deinem Laub!
Bist lieblich im Tod, des herrlichen Larthmor's Sohn!"
    Es sass am Gestad Ninathoma, hörte Lärm
Der Schlacht, sie wandte der weinenden Augen Blick
Auf Lethmal den Greis, den Barden von Selma, der
Allein an dem Strand beym Kinde Torthoma's blieb.
    [237] Sohn der alten Zeiten,
Ich höre Todesgetös!
Es begegneten Uthaln
Deine Genossen,

Es liegt der Held!
O wär ich geblieben auf dem Felsen,
Von tosenden Wogen umfaht!
Es würde trauren meine Seele,
Doch würde sein Tod
Nicht erreichen mein Ohr!
Bist du gefallen
Auf deiner Haide,
Des hohen Finthormo Sohn?
Du liessest mich auf dem Felsen, doch war
Meine Seele voll von dir!
Sohn des hohen Finthormo,
Bist du gefallen
Auf deiner Haide?
     Sie erhub sich bleich in Thränen, sie sah den Schild
Des Uthal's, befleckt mit Blut, in Ossian's Hand!
Sie irrete wild umher auf der Haide, flog,
[238] Und fand ihn, sie fiel! Die Seel' entfuhr in dem Seufzer,
Ihr wallendes Haar bedeckte sein Angesicht.
Mir stürzten Thränen! Es stieg den Armen empor
Das Grab, und gehöret ward mein Klagegesang:
     Ruht, unseelige Kinder der Jugend!
Ruht am Geräusche
Des moosumgrüneten Stroms!
Es werden die Jungfraun auf der Jagd
Sehen euer Grab,
Und wenden weinende Augen hinweg!
Euer Ruhm wird seyn im Gesang!
Die Harfe wird tönen euer Lob!
Und hören werden's
Die Töchter von Selma!
Euer Name wird schallen in fernem Land!
Ruht, Kinder der Jugend!
Ruht am Geräusche
Des moosumgrüneten Stroms!
     Wir weilten am Strand zween Tag', es sammleten sich
Die Helden Berrathon's; hin zu den eignen Hallen
[239] Ward Larthmor geführt von uns, und gespendet ward
Der Muscheln Mahl, und es freute sich hoch der Greis!
Er schaute hinauf zu der Väter Rüstung, zu
Der Rüstung, die er zurück in der Halle liess,
Als Uthal's Stolz sich erhub! Wir glänzten in Ruhm

Vor Larthmorn, er pries die Häupter von Morven, wusste
Noch nicht, dass gefallen sey die stattliche Kraft
Von Uthal! Man hatt' ihm gesagt, geflüchtet wär'
In den Wald der Sohn, mit Thränen des Harms! So hatte
Man Larthmorn gesagt, doch lag in des Hügels Grab
Auf der Haide Flur von Rothma der Sohn, und schwieg!
    Wir huben die Segel auf an dem vierten Tag,
In dem Wehn des nordlichen Hauchs, und Larthmor kam
An den Strand, und seiner Barden Gesang erscholl.
[240] Der König freute sich sehr, da wandt' er den Blick
Auf die düstre Flur der Haide von Rothma, sah
Des Sohnes Grab. Die Erinnrung Uthal's erhub
Sich da; "Wer ist es," so fragt er, "von meinen Helden,
Der dort in dem Grabe liegt? Er war, wie es scheint,
Ein Haupt der Völker! Erscholl in der Burg sein Ruhm
Eh Uthal's Stolz sich erhub? Ach, Berrathon's Söhn',
Ihr schweiget? Liegt der König der Helden? – O
Es schmilzt mir das Herz um dich, mein Uthal! Wiewohl
Du wider den Vater die Hand erhubst! – O wär'
Ich geblieben dort in der Kluft! Und hätte ferner
Mein Sohn Finthormo bewohnt! Ich hätte vielleicht
Vernommen der Füsse Tritt, wenn er auf die Jagd
Des Keulers gangen! Gehört die Stimme des Sohns
[241] Im Winde der Kluft! Es hätte sich dann mein Herz
Gefreuet! Nun wohnt in den Hallen dunkles Graun!"
    So waren meine Thaten,
O Alpin's Sohn,
Als der Arm der Jugend noch stark mir war!
So waren die Thaten von Toskar,
Des wagenlenkenden Sohns von Konloch!
Doch Toskar schwebet
Auf fliegendem Gewölk!
Einsam bin ich in Lutha;
Meine Stimm' ist gleich
Dem lezten Rauschen des Windes,
Der die Wälder verlässt.
    Doch nicht lange wird Ossian
Einsam seyn!
Schon sieht er den Nebel,
Der empfahn soll seinen Geist!
Er sieht den Nebel,
Der bilden soll sein Gewand,

Wenn nun bald er auf seinen Hügeln erscheint!
Es werden mich sehn
[242] Die Söhne der Schwachen,
Anstaunen die Bildung
Der Häupter aus voriger Zeit!
Sie verkriechen in ihre Hölen sich flugs,
Und gaffen gen Himmel mit Furcht empor!
Denn in Wolken wird seyn mein Gang,
Und Dunkel wird mir rollen
Die Seiten hinab!
    Leite, Sohn von Alpin,
Zu seinen Hainen leite den Greis!
Es erheben sich die Winde,
Die dunkle Welle des Seees erbrausst.
Neiget nicht dort sich ein Baum
Von Mora, mit nacktem Geäst herab?
Er neigt sich, o Sohn von Alpin,
Im sausenden Wind!
Meine Harfe hangt an verwittertem Ast,
Ihre Saiten tönen
Klageton!
Berührt, o Harfe, dich der Wind?
Oder ist's ein vorübergleitender Geist?
Es ist die Hand von Malvina!
    Die Harfe! Bring mir die Harfe!
Sohn von Alpin!
[243] Es soll sich erheben ein andrer Gesang!
Meine Seele soll hinscheiden im Ton!
Es sollen ihn hören meine Väter
In ihrer luftigen Halle!
Dann neiget ihr trübes Antliz
Mit Freude sich vor aus ihrem Gewölk!
Ihre Händ' empfahen den Sohn!
    Die alte Eiche
Beuget sich über den Strom,
Uns seufzet mit allem ihrem Moose;
Es säuselt mir nah das gewelkte Farn,
Und mischet in seiner Wallung
Sich mit Ossian's Haar!
    Die Harfe! Lasst tönen die Harf'!
Erhebt den Gesang!
Seyd nah mit vollem Gefieder,

O ihr Winde! Tragt
Von hinnen den traurenden Ton
Zur luftigen Halle von Fingal!
Zur Halle von Fingal, dass er höre
Die Stimme seines Sohns,
Die Stimme dess, der den mächtigen pries!
    Der Sturm aus Norden
Eröfnet, o König, deine Thore!
[244] Ich sehe dich sizen auf Dunst,
In der vollen Rüstung getrübtem Glanz!
Deine Gestalt ist anizt nicht mehr
Das Schrecken der Tapfern!
Sie gleichet dem wässrigen Gewölk,
Wenn wir hinter ihm sehn
Die weinenden Augen der Sterne.
Dein Schild ist der alte Mond;
Dein Schwerd ein halbentzündeter Dunst!
Trüb' ist und kraftlos der Held,
Der einher sonst ging in herrlichem Glanz!
Doch wallet dein Schritt
Auf Winden der Einöd',
Und Stürm' erdunkeln in deiner Hand!
Du haschest in Zorn
Die Sonn', und verbirgst sie
In deinem Gewölk!
Den Söhnen der schwachen Leutlein wird bang,
Es giessen sich tausend
Schauernde Regen herab.
    Doch wallest in deiner Milde du hervor,
So begleitet deinen Lauf
Das Morgenlüftchen,
[245] In ihren blauen Gefilden
Lacht die Sonne!
Es windet in seinem Thale sich der graue Strom!
Es schütteln im Winde
Die grünenden Stauden ihr Haupt,
Hin zu der Wüste
Hüpfen die Rehe! –
    Da säuselt's in der Haide,
Die stürmenden Winde legen sich izt,
Ich höre die Stimme von Fingal,
Lang blieb sie von meinen Ohren entfernt!

Komm, Ossian, komm!
Es hat Fingal empfangen sein Lob!
Wir schieden hinweg
Wie Gluthen, die ihre Zeit
Flammten, es war unser Scheiden
Umfangen mit Ruhm!
Ob dunkel auch seyn und still
Die Ebnen unsrer Schlachten,
Ist dennoch unser Ruhm
In vier grauen Steinen!
Die Stimme von Ossian ward gehört!
Gestimmt ward die Harfe von Selma! –
[246] Komm, Ossian, komm!
So sagt' er, schwebe
Mit deinen Vätern auf Wolken! –
Ich komm'! Ich komme, du König der Männer!
Das Leben Ossian's neiget sich schon,
Ich beginne zu schwinden in Kona.
Es werden meine Tritte nicht mehr
In Selma gesehn!
Entschlummern werd' ich
Bey Mora's Stein!
Es werden mich nicht
Erwecken die Lüftchen,
Mir säuselnd in greisem Haar!
Von hinnen, auf deinen Fittichen, o Wind!
Du kannst nicht stören
Die Ruhe des Barden!
Zwar lang ist die Nacht,
Doch seine Augen sind schwer,
Von hinnen, du sausender Wind!
    Doch warum traurest du, Sohn von Fingal?
Was schwillt dir Gewölk um die Seele?
Es schieden die Häupter voriger Zeit.
Sie gingen dahin,
[247] Und ohn' ihren Ruhm!
Es werden Söhne künftiger Jahre
Gehen dahin,
Erheben wird sich ein andres Geschlecht!
Die Geschlechte der Menschen sind gleich
Den Wogen des Meers!
Sind gleich den Blättern des waldigen Morvens,

Sie scheiden dahin in rauschendem Wind,
Und andre Blätter
Erheben hoch ihr grünendes Haupt!
    Blieb deine Schönheit,
O Ryno? Bestand
Des wagenlenkenden Oskar's Kraft?
Es schied von hinnen ja Fingal selbst!
Die Hallen seiner Väter
Vergassen seine Tritte!
Sollt bleiben, o alter Barde, denn du,
Da die Mächtigen schwanden?
    Doch wird bleiben mein Ruhm,
Und wachsen, wie die Eiche von Morven,
Die breit ihr Haupt erhebet in Sturm,
Und im Laufe des Windes sich freut!

# [19] Temora. Siebenter Gesang[1]
## [übersetzt von Christian Wilhelm Ahlwardt] [1807].

Von dem See, dem dichtumwaldeten, Lego's,[2]
Steiget empor zu Zeiten blauer Nebel[3] der Wellen,
Wann sich schliessen die Thore der Nacht
Dem Adlerauge der Sonne des Himmels.
5.   Weit über Lara der Ströme[4]
Geusst sich finster eine Wolke dunkler Trübe.[5]
Wie ein grauer Schild durch's Gewoge der Wolken[6]
[20] Schwimmt dahin der Mond der Nacht.
Hiemit[7] bekleiden die Schemen der Vorwelt
10.  Ihr gediegnes Gebild[8] in der Mitte der Winde,
Wenn sie springen von Windstoss zu Windstoss
Ueber das düstere Antlitz der Sturmnacht.[9]

---

1   Zum Beweise, dass Macpherson oft sehr falsch übersetzte, sein Original nicht verstand, und aus seinem Gehirn allerley Zusätze machte, will ich die hauptsächlichsten Abweichungen seiner Uebersetzung in diesen Anmerkungen anführen, und zur Ersparung des Raums mich der Abkürzungen bedienen, indem ich Macpherson durch M., Macferlan durch Mcf., falsch durch f., unrichtig durch unr., wörtlich durch w., platt, durch pl., Ausgabe durch Ausg., Zusatz durch Z., Original durch Or. bezeichne.

2   v. I. Lego, ein See in Connaught, in welchen der Fluss Lara sich ergiesst. Er hat im Or. das Beywort *doir-choille*, w. *buschumwaldet*, oder *waldumbuscht*, wenn man diese Wörter wagen dürfte.

3   v. 2. w. Nebel, *die Seite blau*; M. *graubusige* Nebel.

4   v. 5. *Lara der Ströme*, soviel als L. grosser Strom, in den sich mehrere kleine Flüsse und Bäche ergiessen.

5   v. 6. Wolke d. T. – M. Dampf dunkel und tief.

6   v. 7. M. Der Mond gleich einem trüben Schilde schwimmt hin durch dessen (des Dampfs) Säume.

7   v. 9. *Hiemit*, m. diesem Nebel v. 2. Den Nebel des Lego hielt man für den Aufenthalt der Verstorbenen, so lange ihnen noch nicht *Fónn mairbh-ran nan teud*, das Getön des Todtengesanges der Saiten zu Theil geworden war. Erst nach diesem war es ihnen erlaubt *die luftigen Hallen der Väter* zu betreten. Die Geister der nächsten Verwandten des Todten mussten den Nebel über die Behausung v. 13. (das Grab) der Helden ausgiessen. Hier erweiset Conar, Trenmors Sohn, des ersten Königs von Irland, Fillan diesen Dienst, weil er im Kampfe für seine Abkömmlinge gefallen.

8   v. 10. *Gediegnes G.* – durch Hülfe dieses Nebels machen sie sich sichtbar. – M. f. *rasche Bewegungen* am Winde.

9   v. 12. M. über die düstere Nacht.

Am Lüftchen hin zur Behausung der Helden
Giessen sie aus den Nebel des Himmels,
15.     Den blauen Wohnsitz der Geister der Todten,
Bis sich hebt das Getön des Todtengesanges der Saiten.[10]
   Es braust auf dem Blachfeld der Waldung;
Es ist Conar, der König von Erin, er ists.
Er giesset den Nebel der Geister so dicht
20.     Auf Fillan am Lubar der Ströme.[11]
Traurig da sitzend im Gram
Senkte sich der Geist in den Nebel des Moors;[12]
[21] Ihn rollte zusammen ein Windstoss,
Aber es kehrte die holde Gestalt urplötzlich.
25.     Sie kehrte zurück, mit gesenktem, langsamen Blick,
Mit dem Nebelgelock, gleich dem Laufe der Wetter.[13]
   So dunkel ists!
Tief ruht das Heer im Schlaf, in der Zeit
Der braunen Umhüllung der Nacht.[14]
30.     Gesunken[15] ist das Feuer des Königs auf der Anhöh,
Gebeugt ruht er einsam auf dem Schild.[16]
Gefallen war Schlaf auf die Augen der Krieger.[17]
Es kam die Stimme Fillan's in sein Ohr:[18]
Dieser Schlaf dem Gatten von Clatho?
35.     Rastet mein Vater in tiefer Ruh'?[19]

---

10   v. 16. M. Ein Getön kam von der Wüste.

11   v. 20. M. auf Fillans Grab am *blauschlängelnden* Lubar.

12   v. 22. M. in der ersten Ausgabe: Düster und traurig sass der Geist, sich hinabbeu[21]gend in
seine *grauen Streifen des Dampfs.* In der letzten Ausgabe ist *"bending"* sich *hinabbeugend,*
*sich senkend,* weggelassen, und die Stelle noch mehr verballhornt.

13   v. 26. M. f. *"Mar shiubhal nan sian"* gehört zu *"Phill e"* v. 25. Sie (die Gestalt) kehrte gleich
dem Laufe der Wetter, d. i. *schnell wie der Wind* zurück. M. übersetzt: Sie kehrte zurück m.
g. l. Bl. und *dem düstern Geringel der Nebellocken.*

14   v. 29. M. in *den Saümen* der Nacht.

15   v. 30. *Gesunken* Gael. *dh'islich.* Der Druckfehler bey M. *dh'islch,* ist im Or. hier und v. 168.
unverändert geblieben. In dem Report S. 164, v. 37. steht richtig *dh'islich.*

16   v. 31. Mcf. *sgeith,* unr. durch Speer; v. 7. übersetzt er es richtig durch *Schild.* Dass es dies
letztere heissen müsse, beweist v. 39.

17   v. 32. M. f. Seine (Fingals Augen) waren *halbgeschlossen* in Schlaf.

18   v. 33. *in sein Ohr,* fehlt bey M.

19   v. 35. Im Original, das in der Uebersetzung ausgedrückt ist;
'm bheil *còmhnuidh* do m'athair an suain?
[22] 'm bheil *cuimhne* 's mi 'n truscan nan nial,
's mi maonar an àm na h-oiche?
Die Wörter *comhnuidh* und *cuimhne,* bey M. *coni* und *cuina,* haben in der Aussprache Aehn-
lichkeit, und werden nicht selten verwechselt. Vielleicht liest man den mittelsten Vers besser
so:

Denkt man an mich in der Wolken Umhüllung,[20]
[22] An mich hier einsam zur Zeit der Nacht?
Warum erscheinst du in Träumen mir?
Sprach Fingal, und erhob sich in Hast.[21]
40.   Vergessen mir mein Erzeugter
In seinem Feuerlauf' auf dem Felde der Krieger?
Nicht so in die Sele des Königs
Kommen die Thaten der Helden, die herrlich im Blut-Kampf,[22]
Nicht Blitze sind sie, die hinfliehen im Dunkel
45.   Der Nacht,[23] und nicht lassen die Spur.
Ich denk' an Fillan im tiefen Schlafe;
Mein Geist erhebt sich im Grimm.
   Aufmacht sich der König mit dem Speer in Hast,
Er schlug den Schild der hallenden Wölbung,
50.   Den Schild hochschwebend in Nacht,
Ein Werkzeug zu wecken zum Kampfe der Wunden.[24]
[23] Ueber den Abhang, den finstern, der Heide[25]
Am Wind' entfloh der Geister Schwarm;
Aus dem dunkelen Thale vieler Windungen,
55.   Erwachte[26] die Stimme des Todes.
   Er schlug den Schild zum zweyten Mahl;
Aufregte sich Krieg in den Träumen des Heers,
Kampf grauer Schwerter[27]
Schimmert' über die Selen der Helden;
60.   Häupter der Scharen,[28] hineilend zur Schlacht;

---

20   v. 36. 'm bheil *còmhnuidh* 's mi 'n truscan nan nial?
     und übersetzt:  Rastet er? und ich in der Wolken Umhüllung?
              Und ich hier einsam zur Zeit der Nacht?
21   v. 39. "*erhob sich in Hast*" fehlt bey M. in der letzten Ausgabe; die erste hatte es.
22   v. 43. Blutkampf, w. Kampf harter Streiche.
23   v. 44. "im Dunkel der Nacht" fehlt bey M.
24   v. 51. M. das grässliche Zeichen des Kriegs.
25   v. 52. Fehlt bey M. der zur Schadloshaltung aus v. 53. zwey gemacht hat:
     Geister flohen an jeder Seite,
     Und rollten ihre zusammengedrängte Gestalt am Wind hin.
26   v. 53. *Erwachte*. M. *dreymahl* erwachte. Ein alberner Zusatz.
     Hiemit nicht zufrieden fügt er diesem Verse noch folgendes hinzu:
     "Unberührt ertönen die Harfen der Barden
     Traurig über den Hügel."
     Hiebey ist in der ersten Ausgabe eine lange Note von 19 Zeilen, die ich nicht hersetzen will.
     Von allen diesem ist in dem Text kein Wort, selbst in M's Specimen nicht. In der letzten Aus-
     gabe ist die Note weggeblieben, aber nicht der Zusatz. Man sieht hieraus, welche Freyheiten
     M. sich bey seiner Uebersetzung erlaubte.
27   v. 58. M. f. der *weittaumelnde* Kampf.

Völker zurückfliehend; Thaten, gewaltige,
Halb im Dunkel im Blitze des Stahls.
  Als sich erhob das dritte Getön,[29]
Da entsprangen die Hirsche den Klüften der Carn,[30]
65.  Man hörte der Vögel Gekreisch in der Wildniss,
[24] So wie jeder am Windstoss hinschrie.
Halb richtete sich auf der Spross Albain's der Siege;[31]
Empor hoben sie jeder den grauen Speer;
Aber es rückkehrete Stille dem Heer;[32]
70.  Es war der Schild Morvens der Regenschauer.[33]
Es rückkehrte Schlaf auf die Augen der Männer,
Sehr düster und trübe war das Thal.
  Kein Schlaf war dir jetzt,[34]
Blauäugige Tochter von Conmor der Siege.
75.  Es hörte Sulmalla den Klang.
Aufstand sie in der Nacht des Grauns.[35]
Ihr Schritt ist zum König von Atha der Schwerdter.[36]
Nie erschüttert Gefahr ihm die trotzige Sele.
Traurig stand sie, die Augen gesenkt,
80.  Den Himmel umglühen die Sterne,
  Sie hörte das Hallen des Schildes der Wölbung.[37]
Fort eilete, – schnell stand sie wieder die Jungfrau.
Sie erhob die Stimm', – und senkte sie wieder.[38]
Sie sah ihn im Stahle der Härte,[39]
85.  Hellschimmernd im Glühen der Sterne.
Sie sah ihn im finstern Gelock;
[25] Es erhob sich am Windstoss des Himmels.
Sie wandte die Schritte vor Furcht.
"Warum aufwecken den König von Erin der Bolgen?

---

28    v. 60. M. *blaubeschildete Könige.*
29    v. 63. Bey M. steht im Gaelischen für *treas*, unr. *darra*, welches auch Laing glücklich so
      wieder abdrucken lassen. Im Englischen hat M. richtig "*the third sound*".
30    v. 64. Carn, grosse, zusammengetragene Steinhaufen. s. v. 314.
31    v. 67. *der Siege*, soviel als *des siegreichen*, fehlt bey M.
32    v. 69. M. Schweigen *rollte zurück* auf das Heer.
33    v. 70. M. *Sie kannten* den Schild.
34    v. 73. M. Kein Schlaf war dir *in der Dunkelheit. Z.*
35    v. 76. M. Sie stand auf *mitten in der Nacht.*
36    v. 77. Der *Schwerdter*, fehlt bey M.
37    v. 81. M. Noch einmahl ertönte der Schild.
38    v. 83. M. *Halb* erhob sich die Stimme; sie stockte.
39    v. 84. M. Sie sah ihn in Mitte der Waffen.

90.   Nicht der Traum seines Schlummers bist du,
      Tochter Inishuna's der Schwerdter!"[40]
         Wilder erwacht das Getön:
      Der Helm entstürzte der Jungfrau,
      Sein Rasseln verhallt der Felsen des Stroms.[41]
95.   Auffahrend vom Traume der Nacht[42]
      Regte sich Cathmor unter dem Baum.[43]
      Er sahe die Jungfrau, die sanfte,
      Am Felsen Lubars der Heide.[44]
      Ein röthlicher Stern durchblinkt' ihr
100.  Das Gewoge des schweren Gelocks.
         "Wer kommt durch die Nacht her zu Cathmor,
      In der düsteren Stunde des Traums?
      Ist dir Kunde des schmetternden Kampfs?[45]
      Wer bist du Sohn der Graunnacht?
105.  Stehst du vor den Augen des Königs,
      Ein nichtiger Schemen der Vorwelt?
      [26] Bist du ein Laut aus Wolken der Schauer,[46]
      Von Gefahren Erin's der Schwerter der Vorwelt?"[47]
         "Kein Wanderer der Dunkelheit bin ich,
110.  Noch die Stimm' ich aus Wolken des Grauns;
      Doch mein Wort tönt Gefahren von Erin.
      Höretest du die Wölbung des Klangs?[48]
      Kein Schemen ist's, Herscher von Atha der Ströme,
      Der hingeusst den Hall durch die Nacht.[49]
115.     Lass ihn giessen den Helden die Stimme!
      Harfengetön ist für Cathmor der Klang.
      Es ist Wonne, Sohn der Dunkelheit des Himmels,
      Sie erglüht mir die Sel' ohne Grausen.[50]
      Musik ist 's der Führer des schmetternden Kampfs,[51]

---

40   v. 91. *Der Schwerter*, fehlt bey M.
41   v. 94. M. *Laut wiederhallte* Lubar's *Fels, als über ihn* hinrollte der Stahl.
42   v. 95. Mcf. Semi-aperiens-oculos è somnio noctis. Ich bezweifle gar sehr die Richtigkeit der
      Uebersetzung.
43   v. 96. M. Erhob sich Cathmor *halb* u. seinem B.
44   v. 98. M. *Ueber sich*, auf dem Felsen.
45   103. M. Bringst du etwas vom Kriege?
46   107. M. Stimme aus dem Saum' einer Wolke.
47   108. *Erins der Schw. d. V.*, des einst so kriegerischen Erins. – M. Mich zu warnen vor Erins
      Gefahr.
48   112. M. hörtest du *jenen Klang*?
49   113. M. Kein *Schwacher* ist es, König von Atha, der seine Losung hinrollt durch die Nacht.
50   118. M. erglüht *alle meine Gedanken*.

120. Zur Nachtzeit am Hügel der Stürme,
Wann aufflammt die Sele der Starken,
Des Sprosses, dem harte Gefahr Wunsch.
Der Feigen Geschlecht[52] wohnet in Angst
Im Thal sanftsäuselnder Lüfte,
125. Wo Frühnebel sich lagern am Hügel[53]
Vom bläulichen Laufe des Bachs der Gefilde.
[27] Nicht feige, du Leiter der Helden,
Die Ahnen, von welchen ich spross.
Ihr Wohnsitz Dunkel der Wogen,[54]
130. Im Lande der Ferne beschwerteter Söhne des Kampfs.[55]
Aber nicht Freude meiner Sele, der sanften,[56]
Ist das langsame Todesgetön von dem Blachfeld.
Er kommt, er der nimmer dem Feind weicht:[57]
Erwecke den Barden der Friedensworte."
135. Dem Fels gleich, mit Strömen zur Seit' ihm
In der Öd' abschüssiger Berghöhn,
Stand Cathmor, der Heerfürst voll Kraft,
In Thränen.[58]
Gleich Lüftchen, ihm über die Sele voll Kummer[59]
140. Kam die Stimme, die sanfte, der Jungfrau,
Aufweckend Erinnrung des Landes der Berghöhn,[60]
Der friedlichen Heimath an Wassern der Thale,
[28] Vor jener Zeit, als er im Grimme kam,
Zur Hülfe Cathmors[61] der krummen Schwerdter.
145. "O Tochter der Fremden der Waffen![62]
(Sie wandt' ihr Haupt von dem Held weg).[63]

---

51  119. Führer d. schm. Kampfs. – M. *Könige.*
52  123. M. die Söhne mächtiger Thaten.
53  125. M. wo Nebel ihre *Morgensäume erheben.*
54  129. M. erste Ausgabe: sie hauseten im *Dunkel der Schlacht;* letzte Ausgabe: im *Gedränge der Schlacht.* Im Or. *dubhra nan tonn;* Mcf. richtig, *obscuritas undarum.* Tonn heisst *Woge,* und nie *Schlacht.*
55  130. M. *in ihren fernen Landen.* Das Uebrige hat M. ausgelassen.
56  131. M. Doch meine Sele freuet sich nicht *an der Losung des Todes.*
57  133. Er der nimmer weicht, – *Fingal.*
58  135. M. "Gleich einem *triefenden* Felsen in der Wüste stand C. in seinen Thränen." In der er-sten Ausgabe: "Gleich einem Fels mit seinen träufelnden Wassern stand C. in s. Thränen." Das nenn' ich eine getreue und poetische Uebersetzung!
59  139. *Voll Kummer,* fehlt bey M.
60  141. M. Erinnerung an ihr Land.
61  144. M. f. zu dem Kriege C. – Cobhar heisst *Hülfe,* nicht *Krieg.* Die Epithete, die oft schwer zu übersetzen sind, lässt M. gewöhnlich weg.
62  145. *Fremde der Waffen,* kriegerische Fremde. Auch hier lässt M. das Epithet aus.

Lang schauet mein Aug' in der harten Umhüllung.[64]
Den herrlichen Baum Innishuna's der Wellen.[65]
Mein Geist ist, sprach ich zu mir,
150.   Im Gewande düsterer Wetter.[66]
Warum soll flammen dieser Schimmer hier,
Bis ich rückkehr' in Frieden von der Heide?
Erbleichte mein Antlitz vor dir, o du Schneehand,
Als du erhobst mir zur Furcht den Gebieter?
155.   Die Zeit der Gefahr, o Mädchen des schweren Gelocks,
Ist die Zeit meiner Sele, des Wohnplatzes des Kampfs.[67]
Hoch schwillt sie empor wie ein Strom,
Und stürzt sich auf Gaill schmetternder Streiche.[68]
     An der Seite zerissener Felsen auf Lona,[69]
160.   Am Laufe sich schlängelnder Bäche,[70]
Grau in den Locken des Alters
Weilt Clonmal, der König der Harfen des Klangs;
[29] Ueber seinem Haupt ist ein Eichbaum des Gesauses,
Und das Laufen röthlich glänzender Rehe.[71]
165.   Getöse des Kampfs erreichet sein Ohr,
Versinkt er in finstre Gedanken.
Dort sey dein Wohnplatz, Sulmalla,
Bis zum Sinken des Tobens der Feldschlacht;[72]
Bis ich kehr' in der Flamme des Stahls,[73]
170.   Aus der Hülle des Dunkels der Berghöh,
Aus dem Nebel, der aufrollt von Lona[74]
Um den Wohnsitz meiner Geliebten."
     Ein Lichtstrahl fiel auf die Sele der Jungfrau;
Aufglühete sie vor dem König.

---

63   146. M. sie wandte sich *zitternd* hinweg.
64   147. *harte Umhüllung*, Panzer.
65   148. M. *Junge Fichte* Inishuna's.
66   150. M. umhüllt von einem Sturm.
67   156. *Der Wohnpl. d. Kampfs*, voll Kampflust. Fehlt bey M. der fast alle Verse verstümmelt
     hat.
68   157. *Gaill schmett. Str.*, Fingal und sein kriegrisches Heer der Caledonier. – M. *und rollt
     mich auf den Feind*.
69   159. M. unter *moosbedeckten* Felsen.
70   160. M. nahe seinem eignen blauen Strom.
71   164. M. und das *düstre Springen* der Rehe.
72   168. M. bis *unsre Schlacht aufhört*.
73   169. M. bis ich zurückkehre *in meinen Waffen*. Beyde Verse lassen sich nicht leicht platter
     übersetzen.
74   171. M. f. *aus den Säumen des Abendnebels*. – Was die vorigen Verse an Plattheit zu viel
     hatten, hat dieser an Schwulst. v. 170. ist gar nicht übersetzt.

175.    Sie wandt' ihr Antlitz zu Cathmor;
        Ihr sanftes Gelock ist im Kampf mit dem Windstoss.
        "Gerafft wird der Aar des erhabenen Himmels,
        Hinweg von des Waldthals mächtigem Luftstrom,[75]
        Wann vor sich er schauet die röthlichen Rehlein,
180.    Die Söhne der Rehe der Anhöhn,[76]
        Eher, als sich wendet Cathmor, der Feldschlacht,
        Von dem Kampf,[77] dem einst sich erhebt der Gesang.
        [30] Sähe ich dich, Krieger scharfer Waffen,
        Aus der Hülle des düsteren Dunkels,[78]
185.    Wenn sich hebet der Nebel um mein Lager
        Auf Lona vieler Ströme!
        Wann ferne meinem Auge du bist, o Held,
        Schlage die Wölbung des laut schallenden Klangs.[79]
        Dass Freude mir kehr' in die Sele, wenn Nebel sie einhüllt,
190.    Und ich mich lehn' an den Felsen, ich so allein.[80]
        Doch fielest du! In der Fremde bin ich!
        Dann komme von dir die Stimm' aus den Wolken
        Zu der Jungfrau Innishuna's hinsinkend in Schmerz.[81]
        Junger Zweig Lumons des Grases,[82]
195.    Was beugst du dich bey der Wetter Heransturz?[83]
        Oft rückkehrete Cathmor vom Felde der Schlacht,[84]
        Die über das Antlitz der Heide sich dunkel ergoss.
        Gleich Schlossen acht' ich des Speeres der Wunden;
        Sie springen hinweg von der Wölbung des Schilds.
200.    Ich erhebe mich, holdes Licht, aus dem Kampf,
        Wie Blitze der Nacht aus der Wolken Gewoge.
        Kehre nicht, milder Sonnenstrahl, aus dem Thale,
        Wann sich nah't das Geklirre der Schwerdter![85]
        [31] Mir könnten die Feind' entfliehen vor Furcht,[86]
[205.]  Wie einst sie entflohen den Ahnen der Bolgen.

---

75    178. M. von dem Strom seines *brüllenden* Windes.
76    180. M. die jungen Söhne der *springenden* Rehe.
77    182. M. Von dem Kampfe des Ruhms.
78    184. M. aus den *Säumen des Abendnebels.*
79    188. M. schlage Cathmor, schlage den Schild.
80    190. M. an den *mosigen* Felsen.
81    193. *hinsinkend i. Schm.*, hat M. ausgelassen; eben so v. 188. und 190. die letzten Worte.
82    194. *des Grases*, des grasreichen. M. des *grünhäuptigen* Lumons.
83    195. M. Warum bebst du im Sturm?
84    196. 7. M. Oft ist Cathmor zurückgekehrt aus *düsterrollenden Kriegen.*
85    203. M. Wenn das *Brüllen der Schlacht* beginnt.
86    204. M. Dann möchte der Feind entfliehen.

Kunde ward Sonmor von Clunar.[87]
Er fiel durch Cormac der scharfen Geschosse.
Drey Tage war finster der König
Um den Krieger, der hinsank im Kampfe des Thals.[88]
210.  Er sahe die zärtliche Gattin den Helden umwölkt;
Dies regte sie auf, zu bewandern die Heide.[89]
So ergriff in Stille den Bogen,
Um zu gehn mit dem Tapfern der Schilde.
Für sie ruht Dunkel auf Atha,
215.  Als hineilet zu Thaten der Held.[90]
Von hundert Bächen der Hügel,[91] zur Nacht
Geusst sich der Spross Alnecma's herab.
Er hörte den Aufruf-Schild des Gebieters:
Da erwacht' ihm die Sele zum Streit.
220.  Sein Schritt ging im Gerassel der Waffen
Nach Ullin dem Lande der Waldung.
Es schlug Sonmor zu Zeiten den Schild,
Der Führer der stürmischen Helden.[92]
      [32] Ihnen folgte Sulallin,[93]
225.  Im Gestürze der Regenschauer.[94]
Sie war ein Licht auf dem Hügel,
Gossen sie sich hinab in die grauen Thale;[95]
Stattlich sind ihr die Schritt' auf dem Blachfeld,
Hoben sie sich empor zum Antlitz der Berghöhn.
230.  Furcht war ihr, zu schauen den König,
Der zurück in Atha der waldigen Höhen[96] sie liess.
      Als sich erhob das Geprassel der Schlacht,
Und zusammen sie stürzten im Kampf;
Es flammete Sonmor wie Blitze des Himmels:[97]

---

87  206. Sonmor, Cathmor's Grossvater, Beherrscher von Atha. Clunar ward von Cormac, dem
      Könige von Irland, in einem Treffen getödtet.
88  209. M. pl. *über seines Bruders Fall.*
89  211. M. völlig f. *Und sah vorher seine Schritte zum Kriege.*
90  215. M. pl. *wenn er nicht da war.* Besser in der ersten Ausgabe: *when the warrior moved to
      his fields.*
91  216. M. hundert *Strömen.*
92  223. M. Der *Anführer des Kriegs.*
93  224. M. *Weit hinterher* folgte.
94  225. M. f. über die *strömigten Hügel.*
95  227. M. pl. Wann sie unten durch das Thal gingen.
96  231. Im Or. *Atha nam frith.* M. schreibt *fri'.* Da er nicht weiss, was er mit diesem Worte
      machen soll, so räth er hin und her. In der ersten Ausg. übersetzt er: in dem *wiederhallenden
      Atha*; in der letzten: in Atha der *Hindinnen.* Im Gaelischen hat er in allen Ausgaben *"fri'"* un-
      verändert gelassen.

235.  Da kam Sulallin, hehrer Schönheit,
      Ihr Haar wild flatternd im Windstoss.[98]
      Die Sel' ihr schluchzend für den Gebieter.[99]
      Rasch hemmt' er den Kampf, ob der Liebe der Helden.[100]
      Es entfloh der Feind beym Dunkel des Himmels.
240.  Clunar ruhet' ohne Blut,
      [33] Ohne Blut in der engen Behausung ohne Licht.[101]
         Nicht erhob sich der Zorn Sonmors der Waffen;
      Doch waren die Tag' ihm so dunkel, so langsam,
      Oft wallte Sulallin am bläulichen Strom hin,
245.  Ihr Aug' in stürzenden Thränen.
      Oft warf sie die Blick' so hold[102]
      Auf den Helden, den schweigenden, ernsten.[103]
      Bald wandte sie wieder ihr zärtliches Auge
      Hinweg[104] von dem Blicke des finsteren Kriegers.
250.  Schlachten erwachten wie Brausen der Wolken,
      Da entschwand von dem hohen Gemüth ihm der Unmuth;[105]
      Da sah er ihr Wandeln mit Wonne,[106]
      Und die Schneehand auf der Harfe des Klangs."[107]
         Im Stahl aufmachte sich Cathmor so rasch;
255.  [34] Er schlug den Schild der Wölbung, den hohen,
      Hoch an der Eiche der Stürme,
      Am Lubar vieler Ströme.[108]

---

97   234. M. Gleich Feuer des Himmels in den Wolken.
98   236. M. mit ihrem sich ausbreitendem Haar kam S.
99   237. M. denn sie zitterte für den König.
100  238. *Liebe der Helden*, Sulallin. – M. den *brausenden* Kampf, um die Liebe der Helden *zu
     retten*.
101  241. *Enge Behausung ohne Licht*, das Grab. M. "Clunar schlief ohne *sein* Blut; *das Blut,
     welches ausgegossen werden muss auf des Kriegers Grab.*" Es frägt sich, ob es eine plattere
     Paraphrase geben kann! Man glaubt, den vergessenen *Emanuel Sincerus* den Nepos commen-
     tiren zu hören. Der Scharfsinn der Kritiker, die das Englische für das Original halten, das der
     Epopeendichter M. nachher ins Gaelische übersetzt hat, ist in der That bewunderungswürdig!
102  246. M. pl. oft *blickte sie.*
103  247. M. Aber sie *bebte zurück vor seinen Augen.*
104  248. M. f. und wandte die einsamen Schritte hinweg.
105  251. M. und vertrieben den Nebel von seiner Sele.
106  252. M. Ihre Schritte *in der Halle.* – Ein Dichter kann nie zu deutlich seyn! Es ist immer gut,
     wenn man unter ein Gemälde schreibt: dies ist ein Schaaf, und dies ein Wolf.
107  253. M. und das *weisse Steigen* ihrer Hand auf der Harfe.
108  254. M. "In seinen Waffen schritt der Führer von Atha dorthin, wo sein Schild hoch [34] in
     Nacht hing; hoch an *einem mosigen Zweig.*" Das verzweifelte *chòsach* des Originals macht
     M. immer viel zu schaffen, so dass er im Blinden hin und her tappt und stets das Unrechte
     ergreift. Hier vergisst er gar die Eiche, *darach*, drüber, und macht einen *bemoseten Zweig*

Sieben Wölbungen waren am Schild,
Sieben Worte des Königs dem Heer;[109]

260.   Die strömten am Winde des Himmels
Zu den mächtigen Stämmen der Bolgen.
Auf der Wölbungen jed' ist ein Stern der Nacht;
Canmathon ungestumpftes Strahls,
Coldersa aus Gewölk sich erhebend;

265.   Uloicho in Nebelumhüllung.
Da funkelt Concathlin auf Felsen hinab,[110]
Reldura auf bläuliche Fluten des Wests,[111]
Halbbergend sein Licht in den Wellen.
Berthena, das Feuerauge der Heide,[112]

270.   Schaut nieder von Wäldern des Hügels
[35] Auf des Jägers langsamen Gang
Durchs Thal im regnigem Dunkel,[113]
Mit der Beute des Rothwilds hohes Sprungs.
Hoch strahlt in Mitte des Schilds[114]

275.   Die Flamme des wolkenlosen Tonthena,
Des Sterns, der schaute, die Nacht durch,
Auf Larthon (den Wandrer) des Weltmeers,[115]
Larthon der Führer der Bolgen,
Den ersten der Männer, der reiset' am Winde.

280.   Breit flattern die weisslichen Segel des Herrschers[116]
Nach Inisfail, häufiger Ströme.
Es goss sich die Nacht aufs Antlitz des Meers,
Und der Nebel düstrer Umhüllung.

---

daraus. Doch was hier zu wenig ist, ersetzt die pomphafte Uebersetzung des folgendes Verses
reichlich, wo er den bemoseten Zweig *"über Lubar's strömigtes Brüllen"* schweben lässt.

109   259. M. Sieben Stimmen des Königs, *welche seine Krieger von dem Winde empfingen, und
durch Zeichen allen ihren Stämmen verkündeten.*

110   266. Der *sanfte* Strahl Cathlins. Gaelisch heisst der Stern *Caoin-chathlinn*, und *Caoin*, sanft.

111   267. M. f. *Lächelnd* (erste Ausg. *lachend*) auf seine blauen Wellen versenkt R. halb sein
*westliches* Licht.

112   269. M. Berthins *rothes* Auge schauet durch einen Hain.

113   272. Bey M. fehlt: *durchs Thal.*

114   274. M. *in the mist.* Eben so in Laings Ausgabe. Zu Macphersons Ehre wollen wir annehmen,
dass dies keine Verbesserung der *letzten Hand*, sondern ein Druckfehler sey; denn die erste
Ausgabe hat richtig *"in the midst,"* in der Mitte.

115   277. w. *Larthon des Weltmeers.* Der Schwachen wegen, denen alles was über die landübliche
Wasserpoesie hinausgeht, leicht zu stark und unverdaulich ist, habe ich *den Wandrer* dazwi-
schen geschoben, welches mir die Manen des alten Barden verzeihen mögen. M. zeigt sich
hier wieder in seinem vollen Glanz, indem er übersetzt: *auf den Lauf des seegeschleuderten*
(sea-tossed) Larthon.

116   280. M. *Weissbusig* breiten sich die Segel.

Oft wechselten unstät Wind' an dem Himmel,
285.    Es sprangen die Schiffe von Woge zu Wog',[117]
Als sich erhob Tonthena der Fluten,[118]
Mit freundlichem Blick aus zerrissnem Gewölk.
[36] Wonne war Larthon der Strahl, Verkünder der Sieg' ihm
Sein Funkeln auf das Meer der Stürme.[119]
290.    Unter dem Speer Cathmor's der Schwerdter[120]
Erwachte die Stimme, die wecket die Barden.
Sie strömeten dunkel hinab von den Anhöhn,[121]
Mit zierlicher Harf' in jeglicher Hand.[122]
Mit hoher Wonne stand vor ihnen der König,[123]
295.    Dem Wanderer gleich in der Hitz' im Thal,[124]
Wann er hört aus der Ferne des Blachfelds
Liebliches Rauschen des Bachs der Gebirge,[125]
Des Bachs, der in Öden hervorspringt
Aus blaulichem Felsen des Rothwilds.

*Fonar.*

300.    Warum vernehm' ich die Stimme, die laute, des Königs,
[37] Zur Zeit des Schlafs,[126] in der Nacht der Schauer?
Erschien ein Geist der Verstorbnen,
Im Traume zu dir blau nieder sich beugend?[127]
Ist auf der Wolk' ihr kalter Sitz,[128]
305.    Und harren des Liedes sie von Fonar, des Gastmahls?[129]
Bewandern sie häufig das Blachfeld,

---

117    285. M. und *rollten ihn* von W. z. W.
118    286. M. Dann erhob sich der *"feuerharige Thonthena."* Wie prächtig!
119    289. *Meer der Stürme,* das von Stürmen empörte Meer. Den Unmündigen und Säuglingen
unsrer Literatur kann man nie zu deutlich seyn! M. tappt bey diesen Versen, die im Or. einige
Schwierigkeiten haben, wieder aufs Wilde herum. In der ersten Ausg.: Larthon *segnete den
wohlbekannten Strahl.* Nachher geändert; *freuete sich über den leitenden Strahl.* In der letz-
ten Ausgabe ist die alte Lesart wieder hergestellt. V. 298. heisst in der ersten Ausg.: *da er
schwach schimmerte auf die Tiefe*; geändert in "auf die *taumelnden Wasser.*" Die letzte Ausg.
hat wieder "*auf die Tiefe.*"
120    290. Im Or. unr. *colg sean,* alter Schwerdter. *Sean* ist eine Interpolation, um die Assonanz
mit *sian* v. 289. herauszubringen, oder ein Schreibfehler, durch das Endwort des vorherge-
henden Verses veranlasst. V. 384. steht richtig *Chathmoir nan colg,* ohne *sean.*
121    292. M. sie kamen *dunkelschlängelnd.*
122    293. M. jeder mit *dem Klang* seiner Harfe.
123    294. M. Vor ihnen frohlockte der König.
124    295. M. In dem Tage der Sonne.
125    296. M. Wenn er hört *fern rollend umher,* das Gemurmel *mosiger Ströme.*
126    301. M. pl. in der Zeit seiner Ruhe.
127    302. M. Beugten die trüben Gestalten deiner Väter sich herab in deinen Träumen?
128    303. M. Vielleicht stehen sie auf jener Wolke.
129    305. *Fonar des Gastmahls,* der Barde der bey den Gastmahlen zur Harfe sang.

Wo ihr Sam' erschwinget den Speer?[130]
Sollen erheben im Lied wir zuvor
Den Krieger, der nie mehr schwinget den Speer.
310.  Den Krieger, den Völkerverschlinger im Thal,[131]
Von Moma vieler Gebüsche?
*Cathmor.*
Nicht vergessen ist mir der Orkan der Schlacht,
Du Haupt der Barden der Vorwelt!
Steigen soll ihm ein Stein auf Lubar der Carn,[132]
315.  Für Foldath Behausung und für seinen Ruhm.
Nun geuss mir die Sel' in die Zeiten der Krieger,
In die Jahre zurück, als sie sich erhoben
Auf den Wogen Inishuna's der Schwerdter,
Nicht Freud' ist Cathmor allein
320.  [38] Die Erinnerung an Lumon, Inishuna's der Völker,[133]
Lumon, das Land der Gewässer,
Lieblicher Sitz schönbusiger Jungfrau.
*Fonar.*
Lumon der Ströme,
Du schimmerst mir über die Sele!
325.  Deine Sonne beglänzt dir die Seite
Ueber dem Felsen der hängenden Bäume.
Es weilt dir das röthliche Reh,
Dir der astige Hirsch in der Mitte der Büsche.[134]
Sie schaun auf der Heide
330.  Den Jagdhund eilendes Laufs.[135]
Langsam über die Ebne[136]
Sind die Schritte der Jungfrau,
Weisshändiger Jungfrau der Saiten,
Und des krummen Bogens im Blachfeld.[137]
335.  Sie heben die Augen, die blauen, die sanften,[138]

---

130  307. Bey M. ohne Frage.
131  310. M. der verzehrte die Schlacht.
132  314. *Stein*, Denkmahl. *Carn*, Grabhügel aus grossen, zusammengerollten Steinen, oft von
     einem Umfange von 60 Fuss. Dergleichen Steinhügel giebt es eine Menge in Schottland.
133  320. Lumon, ein Hügel auf der Insel Inishuna. Sie heisst Inishuna der Völker, oder die volk-
     reiche.
134  327. M. dem die Wörter "*dhearg bar mhòr*" vielleicht nicht recht verständlich waren, lässt sie
     aus, und übersetzt: *das dunkle Reh wird erblickt zwischen deinem Geniste.*
135  329. 330. M. f. Denn es sieht *zu Zeiten* den Jagdhund auf der halbbedeckten Heide.
136  331. M. über das Thal.
137  333. 334. Zieht M. zusammen: der weissarmigen Töchter des Bogens.
138  335. *die sanften*, fehlt bey M.

Aus dem gelben Gelock zum Hügel der Herrscher.
Nicht sind Larthons Schritt' auf der Berghöh,
Des Fürsten der Insel mit grünem Gezweig.[139]
[39] Er erhebt die düstere Eich' auf der Flut[140]
340.    In dem Busen von Cluba vieler Wogen,[141]
Die düstere Eiche, gefället auf Lumon,
Zu bewandern das Antlitz des Meers.[142]
Die Jungfraun wandten hinweg die sanften Augen.
Von dem König, er stürze herab.
345.    Nicht sahen noch je sie ein Schiff,
Den braunen Bereiter des Weltmeers.
        Es rief nun der König dem Winde,[143]
In der Mitte des Nebels der grauen Fluth.[144]
Schon erhob sich Inisfail so blau;[145]
350.    Da sank schnell nieder die Nacht der Schauer.[146]
Furcht packte Bolga's Spross urplötzlich;
Da klärt das Gewölk Tonthena der Wogen.[147]
Culbins Busen nahm das Schiff auf,
Dort wo ein Wald antwortet der Welle.[148]
355.    Hier stürzte sich schäumend[149] ein Strom
[40] Aus den Felsen Duthumas der Höhlen.[150]
In diesen erschienen die Geister so hell
In den Wechsel ihrer Gestalten.[151]
        Es kam ein Traum zu Larthon der Schiffe,
360.    Der Erscheinungen sieben entschwundner Geschlechtsreihn.[152]
Er hörte die Stimme gebrochen und dumpf,[153]

---

139   338. Inishuna, Gaelisch *Innis-uaine*, grüne Insel.
140   339. M. Er *besteigt die Woge in seiner* düstern Eiche.
141   340. [M.] In Cluba's felsiger Bay.
142   342. M. zu springen längs der See.
143   347. M. Nun *wagt er es* den Winden zu rufen.
144   348. M. und *sich zu mischen* in den Nebel des Oceans.
145   349. M. Das blaue Inisfail erhob sich *in Rauch*. Z.
146   350. M. aber die *dunkelumsäumte* Nacht kam herab.
147   352. M. Der *Feuerharige* Tonthena stieg empor. Z. – Rhode, dem der feuerharige T. nicht ge-
nügt, übertrumpft hier M. noch, und übersetzt "der *feuerlockige* Tonthena"; ja v. 263. (Rhode
248) giebt er dem Stern Canmathon gar – *lockige Strahlen!!* Ein *gerades Krummholz* wäre
nach dieser Analogie nicht zu tadeln.
148   354. M. mit Wortprunk: in dem Busen seiner wiederhallenden Wälder.
149   355. *Schäumend* fehlt bey M.
150   356. M. *schrecklicher* Höhle. Z.
151   358. M. f. mit ihren *halbvollendeten Gestalten*. Das Or. hat hier ein ziemlich seltenes Wort,
worüber denn M., wie gewöhnlich, stolpert.
152   360. w. *nicht lebender* G. – M. sieben Geister seiner Väter.

Er sah das Geschlecht von Atha der Schwerdter,[154]
Und die Sprösslinge, Führer der Bolgen.[155]
365.  Sie strömten ihre Heer' ins Feld,
Wie Nebel,[156] entrollend der Berghöh.
Wann grau er dahin eilt unter dem Windstoss[157]
Auf Atha vieler Gebüsche.
Es baute Larthon Samlas Halle
370.  Beym lieblichen Tone der Harfen des Klangs.
Erins Reh' entwichen seiner Spur,
Zu den bläulichen Hügeln der Ström' hin:[158]
Doch nimmer vergass er des grünenden Lumons,[159]
[41] Noch Flathals, der Schneehand, der Siege.[160]
375.  Oft lugte sie dem Bereiter der Wellen[161]
Vom Hügel der röthlichen Rehe.
Lumon der Ströme,
Du schimmerst mir über die Sele!
Es erwacht' im Osten der Strahl;[162]
380.  Hoch stiegen die nebligen Häupter der Berghöhn.
Man sah an den sandigen Strecken der Thäler[163]
Den schlängelnden Lauf der bläulichen Ströme.
Man hörte den Schild von Cathmor der Schwerdter;
Es erwachten die Sprösslinge Erins der Bolgen,
385.  Gleich schwellendem Meer, wenn wild sich empört

---

153  361. M. er hörte ihre *halbgebildeten Worte*.
154  362. M. und trübe sah' er *die Zeiten der Zukunft*.
155  364. M. die *Söhne künftiger Tage*.
156  366. M. wie *Nebelstreifen*.
157  367. M. welche Winde ausgiessen *im Herbst*. Z.
158  371. 372. M. f.  Den Rehen Erins *ging er nach*,
          an ihren *gewohnten* Strömen.
*Emanuel Sincerus* erscheint schon wieder! Aber das Or. hat auch hier wieder einige Schwie-
rigkeiten: daher anstatt Uebersetzung die Inhaltsanzeige.
159  373. M. des *grünhauptigen* L.
160  374. Flathal, Larthons Gattin. Sie übertraf alle Weiber an Schönheit, daher hat sie den Bey-
nahmen, *der Siege*. Wer dies zu kühn findet, der verwässere es sich so gut er kann und will.
161  375. *Lugen*, alt für *zusehen*. Das *Bereiten* des Originals habe ich hier und v. 346. gelassen. Es
ist ein Bild, das von Griechen und Römern oft gebraucht wird, z. B. Euripides Phoen. 217.
Hor. Od. 4, 4, 44. Eurus per Siculas equitavit undas. Wer es im Deutschen zu kühn findet, der
kann es hier und v. 346. mit *Befahren, Befahrer* vertauschen. M. verstand hier wieder den
Text nicht, und übersetzt: *Oft sprang er über seine Seen dorthin, wo* weisshändig Fl. schauete
vom Hügel der Rehe.
162  379. M. in der ersten und letzten Ausg. "*Der Morgen ergoss sich aus Osten.*" Die zweite
Ausgabe hat wörtlicher; *der Strahl erwachte im Osten*. M's bekannter Hang zum Wortprunk
hat die alte Lesart zurückgerufen.
163  381. M. Thäler zeigen an jeglicher Seite das graue Geschlängel ihrer Ströme.

Rauhtönend der Sturm am Antlitz des Himmels.[164]
[42] Er giesset die Wogen von Seite zu Seite,[165]
Sie senken die weisslichen Häupter betäubt,
Unkundig des Laufs auf dem Weltmeer.
390.    Trüb' und langsam nach Lona der Ströme
Ging Sulmalla der sanften Augen;
Ging, und sie wandte zurück in Schmerz, die Jungfrau,
Ihr blaues Auge mit heissem Geträufel.[166]
Als sie nun kam zu dem starrenden Felsen,
395.    Der düster über Lenas Thal sich wölbt,
Da schaute noch einmahl, der Sinne beraubt, sie[167]
[43] Auf Athas Gebieter, – sank sie nieder.[168]
        Auf, Sohn Alpins, mit Saitengetön!
Ist Freud' in der Harfe der Wolken?[169]
400.    Geuss sie Ossian's seufzender Sel' ein![170]
Ihm schwimmet in Nebel der Geist.
Ich höre dich, Barde, bey Nacht.
Hinweg mir mit leichtem Gesang![171]
Klaglieder sind Ossian Wonne[172]
405.    In finsteren Jahren des Alters![173]
        Grüner Dorn an dem Hügel der Geister,

---

164    384. M. *Mit einmahl erhoben sie sich umher* gleich einem geschwollenem Meer, [42] wenn
es zuerst *die Flügel des Windes fühlt.* M. verstand wieder das Or. nicht, und mischt daher
allerley von seiner Erfindung hinein. In den folgenden Versen ist es noch ärger.
165    387. hat m. gar nicht. In den folgenden Versen des Originals schleudert der brausende Sturm
die Wogen von einer Seite zur andern; sie senken in der Angst das Haupt, und wissen in der
Betäubung nicht, wohin sie ihren Lauf nehmen sollen. Nach meiner Meynung ist dies sehr er-
haben und schön. M. weiss dies besser. Einen bedeutenden Zug des Gemäldes v. 387. streicht
er weg, und lässt die unruhigen Wellen *ihr Haupt erheben.* Er übersetzt: die Wellen wissen
nicht, wohin sie sich wälzen sollen, *und erheben ihre unruhigen Häupter.* Ich dächte diese
einzige Stelle wäre hinlänglich, die Unmöglichkeit, dass M. der Verfasser dieser Gedichte
sey, zu beweisen. Zum schlechten Uebersetzer indess hat er, die Unkunde der Sprache, aus
welcher er übersetzte, ungerechnet, alle möglichen Anlagen. Ist der Ausdruck des Originals
erhaben, kraftvoll und gewählt, so übersetzt er mit der gemeinsten Plattheit und mir einer
Wortbrühe; ist der Ausdruck einfach und ungekünstelt, so bläbet der Uebersetzer beyde Bak-
ken auf, und brauset in Wortprunk. Belege finden sich auf allen Seiten.
166    393. M. ihr blaues Auge rollte in Thränen.
167    396. M. da schaute sie *mit berstender Sele.*
168    397. M. und sank mit einmahl hinter (den Felsen v. 394.)
169    399. M. Ist noch *etwas Freude* in der Harfe?
170    400. M. Dann giess sie in Ossians Sele.
171    403. M. *leichtzitternden* Ton.
172    404. M. Die *Wonne des Grams gehört* für Ossian.
173    405. in seinen *dunkelbraunen Jahren.* – Rhode hat gar *schwarzbraune* Jahre daraus ge-
macht!!

Du schüttelst dein Haupt in den Nachthauch!
Nicht tön't mir dein Sausen ins Ohr,
Noch Geister-Geflister im grauen Gezweig;[174]

410.  Doch häufig tapfrer Todten Schritt
Am Hauche des düsteren Bergpfads,[175]
Wann wandelt von Osten der Mond,
Gleich dunkelem Schild, an dem Himmel.
    Ullin, Carril und Rino,

415.  [44] Ihr Stimmen entschwundener Vorzeit!
Hört' ich euch doch im Dunkel von Selma!
Erwecket den Geist des Gesangs![176]
Nicht hör' ich euch, Kinder der Lieder!
Wo ruht ihr in Hallen der Wolken?

420.  Schlagt ihr sie die luftige Harfe,
Bekleidet mit Nebel der Frühe,
Dort wo prasselnd entsteiget die Sonne
Weisshäuptigen Wogen?[177]

---

174  409. M. f. und mit unnützem Wortprunk: *rauscht* keines Geistes *luftiger Saum (des Nebel-gewandes)* jetzt in deinen Blättern? – Rhode macht aus dem luftigen Saum einen – *windigen Gürtel*. Im Englischen steht *"windy skirt."* Bekanntlich heisst *skirt* nie *Gürtel*; man sehe Johnson.

175  411. hat M. nicht verstanden, er übersetzt: in den *dunkelwirbelnden Windstössen.*

176  416. M. in der ersten und letzten Ausg. "Lasst mich euch hören, *während es noch dunkel ist, um meine Sele zu ergötzen* und zu wecken. In der zweiten Ausg. heisst es richtiger: Lasst m. e. h. in der Dunkelheit Selmas, und erweckt die Sele des Gesanges.

177  423. M. *grünhäuptigen* Wogen.
    In der Ode v. 398-423. habe ich Ossians Sylbenmass auszudrücken gesucht. Bey der Kürze des Ausdrucks, und den grösstentheils einsylbigen Wörtern im Gaelischen, wo wir in der Regel zwey, oft vier und mehrere Sylben haben, und unter der Last des leidigen Artikels und der Hülfsverben seufzen, war nur rythmische Annäherung möglich, wenn ich nicht aus einem Verse zwey machen wollte, welches nie geschen ist. Auch die Wortstellung und die Eigenthümlichkeiten des Dichters habe ich, so viel es die Sprache erlaubte, beyzubehalten mich bemüht. Ueber das Gelingen erwarte ich jetzt das Urtheil der Kenner, die ich jedoch bitten muss, Shaw's Wörterbuch nicht als einer untrüglichen Richtschnur bey der Beurtheilung einer Uebersetzung aus dem Gaelischen zu vertrauen. Der erste Band der neuen Uebersetzung wird Ostern 1808. erscheinen. Ihm wird Sinclair's Abhandlung beygefügt werden. Der letzte Band wird den Report und den Anhang der Gaelischen Ausgabe enthalten.

B.  Die produktive Rezeption

1.  Freie Bearbeitungen ossianischer Gedichte

Johann Joachim Eschenburg:
Comala. Ein dramatisches Gedicht [1769].

d. 12. Aug. [1769]
dem Geburtsfeste der Erbprinzeßinn von Braunschweig
gewidmet.

Das Sujet dieses Drama ist aus einem der Fragmente alter celtischer Dichter
genommen, welche Macpherson seiner Ausgabe des Fingal beygefügt hat.
(*Fingal, an ancient epic Poem etc. Lond.* 1762. 4. pag. 87) Die Scene dessel-
ben ist in dem alten nördlichen Britannien, und der Zeitpunkt ungefähr zu An-
fange des dritten Jahrhunderts. Denn derjenige Feind, von welchem in diesem
Gedicht die Rede ist, und welcher an vielen Stellen der übrigen Gedichte Cara-
cul genannt wird, ist der Römische Kaiser *Caracalla*.

## Personen:

| | |
|---|---|
| *Comala.* | *Dersagrena.* |
| *Fingal.* | *Carril*, ein Barde. |
| *Hidallan.* | *Ullin*, desgleichen. |
| *Melilcoma.* | *Andere Barden und Gefolge.* |

## Erste Scene.

(Der Schauplatz ist eine einsame etwas waldichte Gegend. In der Tiefe des
Theaters ist seitwärts ein Fels, an den ein Fluß spült. An Einem von den [199]
Bäumen hängen zween Köcher und Bogen; an einem andern eine Harfe. Die
Sonne naht sich dem Untergange.)

> *Comala*, (in der Ferne sitzend am Felsen, und den Fluß
> hinabsehend) *Melilcoma, Dersagrena.*

### *Dersagrena.* (zu Melilcoma)
Die Sonne sinkt; geendigt ist die Jagd,
Und kein Geräusch hört diese Gegend mehr,
Als das Geräusch des Stroms. Nimm deine Harfe,

Du Tochter des Gesangs! Laß uns den Abend,
Begrüßet durch dein Lied, willkommner seyn!

*Melilc[oma].*
Umsonst! – Ich hieng mein schweigend Saitenspiel
An diesen Baum. So lange meine Freundinn
So trostlos ist, so voll von bangem Zweifel,
Erweckt kein Trieb zum Liede meine Brust,
Die leidende Comala! – Fingal ließ,
Gerufen zu der Schlacht, auf diesem Hügel
Sie heut' zurück. Denn, als sie miteinander
Das Wild verfolgten, kam die Nachricht schnell,
Vom Feinde sey dieß Feld am Strom bedeckt.
Und Fingal gieng. Wird, sprach er, nicht mein Leben
Des Feindes Raub, so kehr ich, eh der Tag
Der Erd' enteilt, hieher zu dir zurück.
Sie liebt ihn wie ihr Herz; von allen Helden,
Die um das Herz des schönen Mädchens warben,
[200] Fiel ihm das Loos, von ihr geliebt zu seyn.
Du weißt, wie sie Hidallans Herz verschmäht;
Doch Fingal liebt sie. Ach! und es enteilet
Der Tag der Erde schon: er kehrt nicht wieder!
In Gram versenkt sieht ihr getreuer Blick
Den Fluß hinab, an dem das Schlachtfeld gränzt,
Beschäftigt mit der Schlacht, und den Gedanken
Ihr Fingal sey vielleicht des Todes Beute!

*Comala.* (Sie steht auf, und nähert sich allmählig.)
Wo bleibst du? Fingal! – Um den Himmel her
Liegt schon die Nacht gelagert – ist die Schlacht
Noch nicht entschieden? – Freundinnen ich sahe
Von Blut gefärbt den Strom hernieder fließen;
War das sein Blut vielleicht? – Mein Ohr vernahm
Von fern her ein Geschrey; des Sterbenden
Geschrey ist so. War das vielleicht mein Fingal?
Er wars! gewiß er wars! denn um den Himmel
Liegt schon die Nacht gelagert. Er versprach
Mir seine Rückkehr, eh die Sonn entwich';
Und sie entweicht schon. Wer wird nun, Comala,
Durch seine Liebe deine Tage seegnen?
Durch seine Liebe dich beschützen, wenn
Hidallan dich mit wilder Glut bestürmt?

Ihn kann mein Herz nicht lieben. Seine Stirne
Spricht nicht die ofne, nie versteckte Seele,
[201] Die Fingals Stirne spricht. Hidallans Blick
Verwirrt mir oft ein sehr gefährlichs Herz.
Und thät' er mir den Schwur der ew'gen Treue
Noch tausendmal; ich würde – Ha! da kömmt er;
Gewiß des Schreckens Bote!

## Zweite Scene.

*Die Vorigen, Hidallan.*

*Hidallan.* (der langsam und tiefsin[n]ig sich nähert; für sich)
              Dichte Nebel!
Verbergt mir diesen Pfad, auf dem mein Freund
Ins Feld, zum Tode, gieng; denn nimmer kehrt
Sein Fuß hieher zurück; denn überwältigt,
Gefallen ist mein Freund!

*Comala.* (in einiger Entfernung vom Hidallan)
              Gefallen? – Wer? –
Hidallan, sage mir, wer fiel? – War nicht
Weiß seine Stirn', und glühend seine Wange,
Und lockenreich sein Haar? Glich er dem Donner
Nicht in der Schlacht?

*Hidallan.* (der noch immer tiefsinnig für sich umhergeht, und
              thut, als ob er niemanden sähe)
              Hier irr' ich; fänd' ich nur
Sie, die ihn liebt! – Am Felsen hingelehnt
Sitzt sie vielleicht, und weint schon banger Ahndung
Schmerzvolle Thränen! – Weinen wird sie, weinen,
[202] Wenn sie vernimmt, die Ahndung sey erfüllt,
Wenn sie vernimmt, ihr Fingal sey nicht mehr!

*Com[ala].*
Mein Fingal! – (sie sinkt zurück in die Arme ihrer Freundinnen)

*Hidallan.* (bey Seite)
Der Betrug gelang!

*Melilcoma.*
                        Hidallan,
Grausamer Bote, sprach dein Mund die Wahrheit?

*Hidallan.*

Ich sprach sie. Fingal fiel, der Völker Haupt,
Als er, umgeben von der dichten Schlacht,
Rings um sich würgte; schnell durchfuhr ein Säbel,
Das Haupt des Helden; schon sind alle Völker
Zerstreut auf diesen Hügeln, und der Sieg
Ist in der Hand des Königes der Welt.
Auch mich verscheucht die Furcht und die Verwirrung
Hieher; der Schmerz beym Tode meines Freundes
Ließ keinen Muth mir nach. Wie schmerzt um dich
Comala! – (Er nähert sich ihr)

*Comala.*
            Geh! – kaum kenn' ich selbst mich noch! –
Wie mir itzt ist, so sey dir, Fingals Mörder,
So sey dir, – Dich treff' überall Verwirrung!
Hab' wenig Schritte nur zum Grabe noch,
Und stirb gemartert! – Und wenn du nun stirbst,
Dann wein' um dich kein zärtlich liebend Mädchen,
Wie ich um Fingal weine! – Doch, Hidallan,
[203] Was eiltest du, Grausamer, seinen Tod
Mir anzusagen? meine Quaal zu sehn?
Itzt hätt ich mich mit Hofnungsvollen Träumen
Sonst noch getäuscht; noch immer voll Erwartung
Zum Schlachtfeld hingesehn, wo er erblich;
Erblich! und nicht den letzten heißen Kuß
Von mir empfieng auf seiner kalten Wange!
Säh' ich doch seinen Leichnam an dem Ufer;
Mit Thränen netzt' ich ihn!

*Hidallan.*
            Comala, nein,
Am Ufer liegt sein kalter Leichnam nicht.
Man ehrt ihn mehr. Es haben ihm die Helden
Ein Grab gehöhlt, ein Grabmaal ihm errichtet.
Doch fasse dich; er starb des Helden Tod.
Starb für sein Volk, den Säbel in der Faust.
Ich war ihm nah; vernimm die letzten Worte,

Die er mir stammelte, als seine Blicke
Schon dunkel wurden: "mein Hidallan geh,
Comala wisse meinen Tod durch dich;
Dein sey ihr Herz für diesen Dienst!" So sprach er,
Als er erbliech.

*Comala.*
Entferne dich, Verwegner!
Du marterst zehnfach mich. Hat Fingal so
Geredet, als er starb, so hat er sterbend mich
Gehaßt; so –

[204] *Melilc[oma].*
Freundinn, welchen Zug von Kriegern
Erblick ich dort?

*Comala.*
Weh mir! – Wer wird es anders
Als Fingals Mörder seyn? – Verberget mich! –
Doch nein! – Du Geist des Fingal, blick' herab,
Und stärke diesen Arm, daß er den Bogen
Auf deines Feindes Herz umsonst nicht lenke!

*Hidallan.* (für sich)
Er selbst! – Da muß ich fliehn. (er entfernt sich)

## Dritte Scene.

*Fingal* (begleitet von Kriegern und Barden) *Comala, Melilcoma, Dersagrena.*

*Comala.*
Nein – welch Gesicht! –
Ha! das ist Fingals Geist; der Helden Chor,
Die mit ihm starben, hat ihn rings umgeben.
Er kömmt, mich zu erschrecken – – zu beglücken!

*Fing[al].*
Ihr Barden, hebt das Lied des Sieges an!
Geflohn ist unser Feind, durch mich bekämpft.
Doch eine Stimme hört' ich; war's die Stimme
Der göttlichen Comala? – (erblickt sie) Sey willkommen!

Gesegnet sey dein Anblick mir! Versüßt
Sey mir durch dich des heißen Tages Müh!

### Com[ala].

Willkommner Geist! willkommner Sohn des Todes!
[205] O führe mich zur Höhle deiner Ruhe,
Verlaß mich nicht noch einmal. Wo du ruhst,
Dahin – (sie ergreift seine Hand) Wie wird mir! – Das ist seine Hand!
Die Hand des Siegers, schrecklich, wenn sie würgt,
Und sanft, wenn sie umarmt! – O komm, umarme
Mich wieder; denn du lebst – Hidallan log
Mir deinen Tod – Du lebst, mit Ruhm des Siegs
Auf neu geschmückt; Leb' jetzt mir und der Liebe!

### Fingal.

Dir und der Liebe will ich leben, bestes
Der Mädchen, denn bezwungen ist der Feind:
In Frieden geht die Sonne nun uns auf.
Dir und der Liebe will ich ewig leben.
Jetzt lasset den Gesang ertönen; feyert,
Ihr Barden, die ihr meinen Kampf gesehn,
Von ihm begeistert, feyert diesen Tag!

### Carril.

Hebt an das Fest, hebt an die Lieder
    Des Sieges und der Fröhlichkeit!
Begeisterung sink' auf euch nieder,
    Besingt das Glück der fernsten Zeit!

### Chor.

Wir hebens an, das Fest, die Lieder
    Des Sieges und der Fröhlichkeit.
Schon sinkt auf uns Begeistrung nieder,
    Und öfnet uns die fernste Zeit!

### [206] Melilcoma.

Mich sah in hohen Eichenhainen
Der stille Mond oft einsam gehn,
Dann pflegte sie mir zu erscheinen,
Die himmlische Begeisterung;
Von Ungeweihten nicht gesehn.
Dann ward ich ganz Gefühl,

Ergriff mein Saitenspiel,
Und Töne voller Zaubereyn
Erfüllten den erstaunten Hain.
   Auch itzt, ihr Barden, itzt empfindet
Mein Busen ihres Feuers Macht;
So hat es mich noch nie entzündet;
Nie mit so starken Regungen;
So glühend hab' ich nie gedacht.
Sey stark, wie sie, Gesang!
Denn meine Brust durchdrang
Mit göttlicher Begnadigung
Die himmlische Begeisterung!

### Carril.

*Recitativ* (nach einer feyerlichen Musik)
Ich fühle dich; du senkst dich mild herab,
Der Prophezeihung hohe Gabe!
Durch die ich oftmals schon den Völkern Hofnung gab,
Dem Krieger Muth, seit ich sie von der Gottheit habe.
[207] Ich fühle dich; und meinen Blick enthüllt,
Entrissen seinen Dunkelheiten,
Sich itzt ein handlungvolles Bild:
Das Bild der allerfernsten Zeiten.
Ich seh Brittannien, nicht mehr durch Zwist getrennt,
Ein Land voll stolzer Ruhe werden;
Ein Land worinn man dich, du bestes Glück der Erden!
Mit Ueberfluß vereint; dich, goldne Freyheit! kennt.
Von Fürsten, die ihr Volk, das Recht, und ihre Gränzen
Beschützen, ist die Reih – wie glänzend groß!
Doch einer Königstochter Loos
Seh ich vor allen andern glänzen.
Ihr Blick verspricht die stärksten Siege;
Ihr Herz dem, der Sie liebt, den segenreichsten Lohn.
Und sieh! es kömmt aus einem langen Kriege,
Fern aus Germanien des Fürsten Sohn;
Gleich, Fingal! dir, geschmückt mit Muth und Siege,
Ein Weiser und ein Held! – Sie wird Ihr Herz ihm geben
Und Ihre Hand; Er wird Ihr und der Liebe leben.

### Ullin.

Beglückt ist, tausendfach beglückt
Der Held, im Krieg genährt,

[208] Wenn Liebe seine Brust entzückt!
Er fühlt der Menschheit Werth.

*Melilcoma.*
Beglückt ist, tausendfach beglückt
Die Fürstinn die ein Held,
An seinen feur'gen Busen drückt,
Der noch vom Siege schwellt.

*Ullin.*
Ihm tönt des frommen Barden Lied,
Er wird des Volkes Lust,
Und jeder Jüngling der Ihn sieht,
Fühlt Ehrgeiz in der Brust.

*Melilcoma.*
Es wird der Tag, der Sie gebahr,
Dem Volke festlich seyn;
Ihm wird der jungen Mädgen Schaar
Frohlockend Blumen streun!

*Chor.*
Kehr' oft zurück, du Tag der Lieder,
Des Dankes und der Fröhlichkeit!
Kehr' oft mit neuem Segen wieder,
Und sey ein Fest der fernsten Zeit!

*Forgive the Muse that these vain honours piad;*
*A Muse as yet umheeded and unknown,*
*That dares to sacrifice to truth alone.*
*R. WEST.*

# [Friedrich Traugott Hase:] [Auszug aus:] Auszug aus Eduard Blondheims geheimen Tagebuche [1777].

## [50] den 1. November.

Ich habe in dem bremischen Magazine Proben von Oßians Gedichte gelesen. Ich bin ganz bezaubert von der ganz eignen, kühnen und einfachen Dichtungsart dieses Mannes.

### Oßian bey Hidallahs Grabe.

Klaget ihr Barden! – so sang der Held Oßian, so sang der Sohn des Gesangs an seinen Speer gelehnt, und sah hin auf Hidallahs [51] Grab, und der Wind lispelte klagend im Schilfgras: Ach er ist gefallen, der Sohn *Kornak*! er ist gefallen, der Fürst der Helden! – Furchtlos und kühn geht er daher, der hauerbewehrte Eber, und der muthige Bär, und der furchtsame Hirsch graset muthig auf der fetten Weide, denn Hidallahs Tochter schleudert nicht mehr die Donnerkeule der Jagd unter das Wild, und die wolfgrauen Hunde verkünden nicht mehr den kommenden Sohn Kornaks. Wie der Mond umgeben von Sternen, wandelt' er daher unter den Helden, wie Wodan, wann er zürnet, würgt' er in der Schlacht. Er sah die Tochter Ryno's, das Mädchen mit den schneeweisen Armen, groß war ihr himmelblaues Auge, und ihr Gesicht sanft, wie der Silbermond in einem Herbstabende, ihr Hauch war gleich dem Frühlingswinde, und ihre Stimme wie eine musikalische Saite, und ihr Busen weiß wie der gefallene Schnee auf der Haide; und er liebte das Mädchen. Nein, sprach Bruno, der Fürst von Inisfallin, ich liebe Daura; – aber ihr Herz hieng an Hidallahn – Weiche meinem Arme! sprach Bruno, weiche dem Arme des Fürsten der Helden! Neunmal erhub ich meinen Arm [52] zum Heldenkampf, und neunmal hab ich, bedeckt mit Blut des Besiegten, den Kampfplatz verlassen. Nein, sprach der Sohn Kornaks, ich weiche dir nicht! Durchbore diese Brust, dann sey Daura die Deine. Da rüstete sich Bruno zum Streit. Er war lang wie ein Fels, schrecklich wie ein Gewitter am Gipfel des Berges; sein Schwert wie ein Strahl aus der Wolke; sein Oden war ein Sturm, und seine Stimme durchhallte die Gefilde der Schlacht, wie der Donner die Thäler durchhallet. Er stand gelehnt an sein Schild, groß wie eine Gewitterwolke, und erwartete Hidallahn unerschüttert, wie eine tausendjährige Eiche, die den Sturm höhnet. Aber der Sohn Kornaks kam, zornig wie ein Bär, den die Jungen geraubt sind, stark wie ein Sturm, der Wälder zu Boden stürzt. Lange kämpften sie, und die Erde röthete sich vom Blute; endlich aber siegte Hidallahn und Daura ward die seine. Auch kamen die Tyrannen, die jenseits des Gebürgs herrschen, über den Fluß, zahlreich wie Wassertropfen, ungestüm wie ein Waldstrohm, der sich vom Gebürge herabstürzt; und wie ein Eber gepanzert. Da samlete Hidallahn seine Krie[53]ger um sich her, und warf sich den Unzählbaren entgegen. Seine Rüstung rasselte wie der Donner, sein Schwert war gleich dem Blitze. Glänzend zog er daher, wie ein feuriges Luftzeichen. Die Feinde stürzten um ihn her, wie das Laub im Herbste vom Sturm abfällt; Funken sprühte sein Stahl, und sein langer Speer durchbohrte die Felder. Er gieng daher über die Panzer der Eisengeharnischten, wie man über einen Strohm gehet, wann der Winter ihn panzert. Einen blutigen Tag hindurch hatte er gewürgt, und der aufgehende Vollmond grüßte ihn noch im rothen Felde. Da flohen die Feinde unter der Hülle der Nacht, denn ihrer war wenig worden, durch die Hand Hidallahs – – – – –

[Edmond de Harold:] Sulmora. Ein Gedicht [1778].

## Inhalt.

Die Tradition hat uns dise Geschichte folgender Gestalt überreichet, und sie stimmt in den meisten Um[290]ständen mit dem Gedichte sehr genau überein. "Ossian in seiner Zurückreise von Irrland, wo er eine Zeit lang seinen Schwiegervatter Branno besuchet hatte, landete an die neblichte Insel, wo er Bragela, die Wittib seines Freundes Cuthullin, in sehr Betrübten Umständen fand. Sulmora, ihre Tochter, war auserordentlich schön, und viele Fürsten kamen von verschiedenen Orten, um sie zu freien. Aber keiner von ihnen gefiel ihr. Endlich ward sie durch die hohen Verdienste des Flathals, Fürsten von Imor, dessen Sanftmuth, und reizende Gestalt ihre Liebe gewann, besieget. Man bestimmte einen Tag mit der Bewilligung ihrer Mutter Bragela, die Heirath nach dem Gebrauche diser Zeiten zu feiern. Da Turthor, Fürst von Urthor, (eine Landschaft in Lochlin) dies vernahm, reisete er mit einem zahlreichen Gefolge dahin, unter dem Vorwande, das Beilager desto mehr zu beehren, aber in der That, um sich in den Stand zu setzen, die schöne Sulmora mit Gewalt zu entführen, und sich ihrer Verachtung zu rächen. Dies bewerkstelligte er die Nacht vor ihrer Heirath, und auf jene der Ankunft von Ossian."

[291] Man kann aus dem Gedichte die übrigen Umstände erfahren. Der Dichter bricht am Ende von der Geschichte ab. Er beklagt sein eigenes Unglück. Er schliest mit einem Anrufe an einen Chuldee, oder einen der ersten kristlichen Missionarien, die zu disen Zeiten sich häufig in Nordschottland befanden. Diser ist der einzige Ort in allen den Gedichten Ossians, wo man eine deutliche Beschreibung eines höhern Wesens antrifft.

## Sulmora. Ein Gedicht.

Was brütet über den Gedanken von Ossian! Warum schweben die Thaten der Vorwelt über meiner störrischen Seele! Ihr wandert schweigend in Schatten. Ihr seid im traurigen Schoose der Nacht verloren. Liegt begraben in Nacht ihr Thaten der Vorwelt! Meine Seele ist dunkel, wie ihr!

Warum, o Tochter von Toscar, warum foderst du mein Lied! Soll ich dir die Thaten meiner Jugend besingen! Soll ich Thaten von Kriegern erzählen! Aber dich reizt die Stimme von Cona. Mein Lied geust Freude längs deiner

Seele. Du hörst mit Entzücken [292] den Klang meines Lobs. Horch denn du liebliches Mägdchen. Horch die Thaten von Oscars Vatter.

"In Larmors Bay hob ich meine Segel. Mein Lauf war nach der neblichten Insel. Ich durchstrich' die weißschaumenden Tiefe, von Ullins grasigten Ebnen. Ich schaute nach Morvens leitendem Stral. Ich sah' einen mächtigen Stern[1] stürzend durch die Lüfte, funkelnd und streuend seine feuerigen Haare herum. Schreckbar schritt er durch die blauen Gewölbe des Himmels. Die kleinern Sterne wurden in seinem Laufe verschlungen. Sein Pfad war mit rothstralenden Furchen bezeichnet. Er schien Verderben zu drohen. Meiner Seele ahndte nachkommendes Unglück. Mein Herz war gedruckt. Aber Ossian kannte keine Furcht.

Rauh über die Wogen stürzten die Winde von Lochlin. In wilder Verwirrung rollten die börstenden Wolken. Schreckbar und mit krachendem Getöse brüllte die heisere Stimme des Donners. Flammend durch den Busen des Wetters flohen spitzige Blitze. Durch die blendenden Stralen sah ich einen erzürnten Geist, [293] wild wüthend in dem Sturme. Grimmig schritt' er von Wolke zu Wolke. Mit seiner Rechten hob er das Meer. Mit seiner Linken verwirrte er das Antlitz des Himmels. Seine glühenden Augen streuen Schrecken herum. Unter seinen Schritten sanken die Tiefen. Wie er sich bewegte bebten die Felsen.

Es war Cuthullins Geist.

Ich erhob meine Stimme. "Sohn Semos" sagte ich, "warum schreckst du also deine Freunde? Was beunruhigt deine mächtige Seele? Ist dein Geschlecht mit Gefahren umgeben? Sprich. – Ossians Schwert könnte siegen. Der Sohn von Fingal deine Feinde zerstreuen.

Er ging ohne Antwort vorbei. Aber Freude schien über sein trübes Antlitz zu schimmern. Die Wuth der Winde verbrauste. Das Meer schien wie im Schlummer zu ruhen. Nacht herrschte umher.

"Heil dir o Nacht" sagte ich, "ich grüsse dein grenzloses Herrschen. Du gebietest unbezwungen und allein. Du bist schauervoll in deiner feierlichen Dunkelheit, wenn du die weiten Strecken des Oceans bedeckest, und seinem Brausen neue Schrecken beifügst. [294] Du bist fürchterlich in deiner Gröse, wenn der blau funkelnde Blitz den arbeitenden Busen einer Wolke zerreißt, und die ungeheuern Felsen entdeckt. Schreckbar ist deine Herankunft. Deine Schritte sind majestätisch und stattlich, wenn du langsam über die braune Heide daher gehst, und deinen dunkeln Schleier über die mit Wolken bekränzten Hügel, und wallenden Wälder ausbreitest. Dann zieht sich die Sonne vor deinem Antlitz zurück. Sie flieht zu ihrer westlichen Höhle. Dann zieren Miriaden von funkelnden Sternen dein wallendes Kleid. Dann versilbern des Mondes mildere Stralen seine weit ausgedehnten Säume. Schwach schimmern die Ströme

---

1    Vermuthlich ein Komet.

durch ihre gekrümmten Thäler. Ein gelberes Grün überschüttet die Hainen. Die rauhen Felsen gleisen zum Himmel. Der verirrte Jäger erfreuet sich beim Anblicke. Er eilt zu der Hütte seiner Ruhe.

Die neblichte Insel erschien und Dunscais erhabne Mauern. Der Rauch war verschwunden in der Halle. Man vernahm nicht die sanft zitternde Stimme der Harfe. Kein Sohn des Lieds erschien. Ich sah eine Gefährtin Bragelas. "Wo" fragte ich, "ist die [295] Tochter von Sorglan. Sie gab keine Antwort. Sie wandte sich um und weinte. Endlich kam Caril der Vorwelt heran. Wehmuth sas auf seiner gerunzelten Stirne. Seine Schritte waren kurz. Seine Stimme durch Seufzer gebrochen.

"Du kommst, o Krieger" sagte er, "du kommst Bragelas Schmerzen zu sehen. Aber du bist wie der Regen im Sommer, wenn er über die versengte Ebene herab steigt. Er belebt die verwelkte Blume. Der Baum hebt seine verdörrten Aeste zum Himmel. Das Geschlecht von Fingal beschützt die Schwachen. Die beleidigten finden Trost von deinem Schwerd. "Was verdunkelt die Seele von Caril? Was betrübt die reizende Bragela? Sonst war sie gewohnt meine Ankunft mit Freude, mit dem sanften Lächeln der Freundschaft zu grüssen."

"Freude" gab Caril zurück, "ist weit von Bragela geflohen. Schmerz wohnt in ihrem ächzenden Herzen. Sulmora ist von ihrem Busen gerissen. Turthor, Urthors blutiger Herrscher, segelte von Lochlin nach Dunscai. Freundschaft stralte in seinem Gesicht'. Aber seine Seele war grausam und düster. Er sagt, [296] er käme die Ehre des Speers zu erwerben. Die Hochzeit Sulmoras zu feiern. Sein Gefolge war gewaffnet und zahlreich. Drei Tage genoß er das Mahl. Er schlug sich am vierten mit Flathal. Aber wer konnte der Stärke von Flathal widerstehen. Turthor ward überwunden. Wuth rollte in seinem dunkelrothen Auge. Von Verzweiflung schwoll sein hochmüthiges Herz. Der Tod des Jünglings wuchs düster in seiner Seele. Aber er verbarg seine kochende Rache.

Einst suchte er die Liebe Sulmoras. Sie verwarf den grimmigen Herrscher. Rauh waren seine Worte. Seine wilden Blicke mißfielen ihrer Seele. Er sprach nur von Blut und von Waffen. Aber Flathal, der zierliche Führer von Imor, war der geheime Seufzer ihres Busens. Liebreich waren ihre heimlichen Worte. Sie hielten den nemlichen Pfad auf der Jagd. Wenn sie die Harfe beim Mahle ergriffen, stiegen die Geister der Hügel von ihren Wolken herab, den Klang ihrer Lieder zu horchen. Bragela bemerkte ihre Liebe. Sie segnete den Schimmer der Jugend. Sie versprach ihm die sanft erröthende Sulmora. Aber Turthor stürzte durch die Nacht. Er entführte die [297] weinende Schöne. Ich hörte ihr Jammern. Ich hörte ihr eitles Geschrei. Ich sah ihre verworrene Locken. Sie flohen nachläßig im Hauche. Ich rief ihren Flathal und Conloch. Sie stürzen voran, wie zwo schwarze Wolken mit tödlichem Donner beladen. Wenig sind ihre Krieger, und Flathal hat keinen Schild."

"Geh, sag Bragela" gab ich zurück, "Ossian wird Sulmora befreien, oder unter Turthors Arm erliegen."

Ihr Söhne des schallenden Morven, greift euere glänzenden Speere. Folgt
meinen Schritten zu der Schlacht. Schnell flogen wir längs dem brausenden
Caruth. Unter Cardufs neigender Stirne trafen wir die Führer. Schon wüthete
die Schlacht. – Aber warum soll ich der Malvina erzählen, wie zornige Krieger
sich schlugen! – Flathals Schwerd, seiner Hand ungetreu, zerbrach an Turthors
Helm. Er stand unbewaffnet und schildlos. Doch faßte er seine mächtige Seele.
Er sprang heran seinen Feind zu ergreifen. Aber er stürzte über den Leichnam
von Sargar. Gestreckt lag er am Boden. –

[298] Von Cardufs Gipfel blickte Sulmora seinen Fall. Sie glaubte ihr Ge-
liebter wäre tod. Sie wollte fliehen. Sie jammerte laut. Sie streckte wild ihre
Arme heraus. Hoch über ihrem pochenden Herze, hob sich ihre weiß schwel-
lende Brust, wie Schaum über Caruths strudelnden Wogen, wenn sie stürzend
von Klippe zu Klippe, brausen und wirbeln zum Ufer. Bleich sank sie an
Wermars Arm, wie die versengte Blume des Thals, wenn der brennende Hauch
ihr reizendes Haupt herab beugt, und sie ihrer lieblichen Farben beraubt. Ich
streckte meinen Schild über Flathal. Durch den Rand drang Turthors Speer.
Laut tönte das eherne Gewölbe. Er zog seine blitzende Klinge. Er stand ver-
sammelt in seinem Vermögen, wie ein gejagter Eber, das Schrecken der Wäl-
der. Er schaumt. Er zerknirscht seine blutigen Zähne. Sein rothwälzendes Aug
verachtet Gefahre. Unerschrocken schaut er die bellenden Hunde. Seine Wuth
wächst beim Anblick des Jägers. – Also stand die wilde Stärke von Turthor.
Wir stürzten zum Kampf. Er fiel in all seinem Blut. Ich gab Flathal seinen
Schild und sein Schwerd.

[299] Es wandt' sich die Schlacht. Conloch verfolgte die Feinde. Hoch
schwang sich Turmin über Caruths Strom. Conlochs Speer traf ihn in der Luft.
Er plunschte in die Wogen, wie der ungeheuere Meerfisch von Lochlin, wenn
er verwundet durch die Pfeile des Fischers, im Tode sich taumelnd herum
wällzt, und den Schaum des Meeres befärbt.

Laut hob ich meine Stimme. Ich befahl von der Schlacht abzulassen. Die
Krieger gehorchten. Wir eilten zu der Höhe von Carduf. Dort lag Sulmora in
Ohnmacht. Ihr Geist schien schon bei ihren Vättern zu ruhen. Längs Flathals
traurigen Wangen träufelten häufige Thränen herab. Sein lautes Jammern er-
reichte ihre Seele. Sie öffnete ihre halb erloschenen Augen. – "Bist du von
deiner Wolke gekommen, du liebreicher Stral von Imor! Angenehm ist deine
reizende Gestalt! O könnte ich wandern mit dir in den Winden, du sanfter Be-
wohner meiner Seele!"

Flathal hob das Mägdchen empor. Sie sank wieder an seine Brust. Sie glich
dem bleichen Monde des Himmels, wenn er nach dem nächtlichen Sturme die
wässerichten Wolken durchschaut, und die noch furcht[300]samen Thäler be-
leuchtet. Sie erholte sich bald. Ueber Flathals Antlitz schimmerte Freude. "Laß
uns hinweg gehen" sagte ich, "Wehmuth wohnt in dem Busen Bragelas. Wir
müssen die Betrübniß ihres Herzens vertreiben. Geh Wermar, du Sohn des Ge-

sangs, geh zu deinen fliehenden Freunden. Sag ihnen nach ihren sumpfigten Seen zu fliehen. Sie sind Feinde der Schönen. Mitleid ist fremd in ihren Herzen. Ihre Gedanken sind tödlich, wie der Nebel von Lano. Ihre Seelen rauh, wie die Felsen ihres Landes."

Schweigend, verworren schritt Wermar hinweg. – Es schmerzte mich sehr, den Bard zu bekümmern.

Wir kamen zu Dunscais Thürmen. Bragela sah unsere Ankunft. Der Schall unserer Tritte gefiel ihrem Ohre. Gros war die Freude ihrer Seele. Die Freude ihrer Seele war gros. Denn Sulmora war zurück gekommen, und Conloch empfing seinen Ruhm. Weit rauchte das Mahl. Die Freude der Muscheln goß sich herum. Tausend Fackeln glänzten in der Halle. Man spannte die sanft zitternde Harfe der Freude. Der muntere Klang erschallte umher.

[301] Ich sang von dem schwellenden Busen der Liebe. Ich erhob die Reize Sulmoras. Flathal du bliebst nicht vergessen, denn dein Lob war Sulmora gefällig. Caril tönte die Thaten Cuthullins, seine kriegerischen Thaten in Erin. Er sang von den hohen Thaten meines Oscars, wann Caros vor seiner Klinge entfloh. Aber er sah meine fliesenden Thränen. Er sah sie und änderte sein Lied.

Ach liebliches Mägdchen ich hör deine Seufzer. Du fühlest auch Ossians Weh. Er hat keinen Sohn, seine wankenden Schritte zu stützen. Keinen Freund, ihn ins Grab zu legen.

Ihr Jahre ich hör euern Ruf. Das Gedächtniß vergeht in meiner Seele. Ich hab meinen Ruhm überlebt.

O du, der du wohnst in der heimlichen Höhle, graulockigter Sohn des fremden Gebiets, du hast mir Trost versprochen. Deine Worte flammen durch meine Gedanken. Sie gefallen, und reißen meine Seele. Du sangst von einem mächtigen Geist, der ohne Anfang war, und nie ein Ende nimmt; dessen Gedanken Handlung, dessen Wille Geburt ist. Dessen Wort den [302] Himmel, die Erde, und die weite Tiefe erschuf. Du wähntest von wunderbaren künftigen Zeiten, wenn die erloschene Sonne wird fallen. Wenn die bleichen Sterne sollen vom Himmel herab stürzen, wenn die Himmel selber sollen vergehen. Du sprachst von Belohnung rühmlicher Thaten. Ach komm von deinem Felsen, du schauervoller Sänger. Komm zu meinen traurigen Hallen! Itzt ist meine Seele deinen Liedern geneigt. Mein Herz ist mit Jammer belastet.

## [7] Karl Friedrich Kretschmann: Fingal und Hloda. Nach Ossian [1780].

Schon glomm der junge Tag herauf,
Beschien den blauen Wellenlauf,
Und Schimmer war in Osten,
Als Fingal seine Halle ließ,
Die weißen Segel spannen hieß
Zur Fahrt nach Karrikthure,
Nach Inistorens Fürstenstadt,
Wo König Kathul Lager hat,
Sein Freund, Komala's Bruder.

Die weißen Segel schwollen auf,
Die Küste schwand in schnellerm Lauf;
Die Winde kamen brausend
Von dem Gebirge bis ins Meer,
Und trieben kühn uns vor sich her,
Bis endlich, wie dem Kampfe der Sieg,
Ganz Inistore den Wellen entstieg.

[8] Da sahn wir auf dem Thurme
Das Feuerzeichen naher Noth;
Den schwarzberußten Giebel
Färbten wirbelnde Flammen roth:
Das fuhr durch Fingals Freundes-Herz;
Er schlug sich vor die Brust; mit Schmerz
Und Grimm langt' er zum Speere;
Sah strebend nach der Insel hin,
Bald nach dem trägern Winde hin,
Der nun auf einmal spielend,
Des Königs Haar vom Rücken strich.
Er schwieg, er blickte; fürchterlich!

Da sank die Nacht hernieder,
Und nahm uns unsre Bahn;

Wir legten widerwillig
In Rotha's Busen an.
Wo sich die Wellen noch wälzen,
Lief mit dunklen Gehölzen
Ein rauschender Berg empor,
Und heegt' im obersten Haine
Den Kreis der mosichten Steine,
Die sich Geist Hloda zum Sitz erkohr.

[9] Ein grasicht Thal darneben
War mit gestürzten Bäumen bedeckt,
Vom mitternächtlichen Zürnen
Des Geists darniedergestreckt:
Ein Bach, mit seinem rischen
Gewässer schluchzte darzwischen;
Und einsame Lüftchen vom Meer
Bewegten der bärtigen Disteln Heer.

Hier häuften wir Rümpfe zusammen,
Und saßen zum hastigen Mahl,
Und freuten uns wärmender Flammen,
Bis frostig, still und fahl,
Der Mond vom duftigen Osten
Uns auf die spiegelnden Helme schien.
Die Feuer zerfielen in Brände,
Die Kohlen verblichen, wir selber
Sanken im Schlummer hin.

Nur Fingal, dem der Kummer
Um seinen Freund die Ruhe nahm,
Bestritt den süßen Schlummer,
Und wacht' um seinen Gram.
In vollem Waffengeschmeide
[10] Durchirrt' er Thal und Haide,
Den Berg hinauf, und sah
Nach Inistone hinüber,
Des Thurmes Flamme war trüber,
Doch war ihr Lodern noch da.

Mit einmal färbten am Monden
Sich beide Wangen wie Blut;
Die Stürme durchbrachen den Bergwald,

Und stürzten die Wipfel mit Wuth:
Geist Hloda mit seinem Schrecken
Kam über See daher
Zu seinem Kreis', und schäumte,
Und stand vor Fingal, und bäumte
Ihm seinen aus Duft geschaffnen Speer.

So stand er; es glühten dem Dräuer
Die schrecklichen Augen wie Feuer:
Er murrte; sein Laut erscholl
Wie fernes Donnergeroll,
Doch unerschrocken nahte
Der biederkühne Fingal sich,
Trat ihm mit festem Schritt entgegen,
Und rief: "Entferne dich!

[11] Fleuch, Sohn der Nacht! mit deinem
Gestürme, wie du kamst!
Geist! der du nur vergebens
Mich zu bekämpfen unternahmst!
Denn deine Waffen haben
Vor Fingals keine Macht:
Dein Speer ist Dampf, und Wolke
Dein Schild: fleuch, Sohn der Nacht,
Mit alle deinem Gestürme,
Das dich hieher gebracht!"

"Verderben! (kam die Antwort,
Wie dumpfes Wellengebrüll)
Verderben dem Verwegnen,
Der mich verdrängen will!
Mir krümmen sich Nationen,
Ich geb' und nehme den Sieg;
Ich blicke herab, und Völker
Verschlingt der Elemente Krieg:
Mein Odem würgt von ferne;
Mein Wagen sind flammende Sterne;
Wetter sind meine Bahn,
Und tobende Stürme mein Gespan!"

[12] "Doch jenseit über den Wolken
Sind lachende Gefilde meiner Ruh;

Da, Fingal, ist es hold, und Freude
Strömt den Bewohnern, meinen Freunden, zu." –
Drum bleib in deinem Eigen;
Nie mag ich deine Gefild' ersteigen,
(Sprach Fingal) und ich schwinge nach dir
Auch meine Lanze nicht
In deinem Wolkenrevier!
Nur, Hloda, fort von hier!

"Mit dir fort! (brüllte der Geist darwider)
Spann alle deine Segel an!
Ich trag' im Holen meiner Rechten
Den Sturm, und weis' ihm seine Bahn.
Vergebens suchst du Inistore
Von meiner Rache zu befreyn!
Hinweg mit dir! sonst wirst du selber
Die Asche meines Feuerzornes seyn!"

Da bäumt' er niederdonnernd
Den übermenschlichen Speer;
Ward immer größer, dunkler,
Und schwebte rauschender her
[13] Der König, die Hand am Griff,
Stand festen Fußes dem Dräuer;
Der laute Stahlblitz pfiff
Schnell durch das Ungeheuer;
Da heult' es laut und fürchterlich,
Verhüllt' in krause Wirbel sich,
Und Fingal sah es dampfend zergehn,
So wie die Knaben den Rauch verwehn.

Als es die Stürme von dannen trugen,
Zitterte Boden und See,
Wichen die Wellen zurück, und schlugen
Grimmiger in die Höh.
Wir all' entfuhren dem Schlummer,
Wir alle vermißten mit Kummer
Den trauten Fingal: da nahm
Ein jeder Waffen und Flammen;
Wir schlugen die Schilde zusammen,
Und suchten voller Gram
Den König, bis er wiederkam.

# [43] [Zusammenfassende Nacherzählung von:] [Wilhelm Heinrich Wachsmuth:] Inamorulla, oder Ossians Großmuth [1784].

## Ein Schauspiel in fünf Aufzügen nach Ossian.

Dessau, auf Kosten der Verlagskasse für Gelehrte
und Künstler. 1783. 5 Bog. in 8.

*Personen*:

*Malorchol*, König von Fuarfed.
*Fovargormo*, sein Sohn.
*Inamorulla*, seine Tochter.
*Tonthormod*, König von Sardronlo.
*Minona*, seine Schwester.
[44] *Arindal*, einer seiner Feldherren.
*Oßian*, Fingals Königs von Morven Sohn.
*Toscar*, sein Freund.
*Snivan*, Malorchols ältester Barde.
Ein *Barde* Tonthormods.
Gefolge von Kriegern x.

Der erste Stoff dieses Stücks ist aus Oßians Gedichten *Inamorulla* und *Croma* entlehnt. Feyerliche Handlung, erhabener Dialog, richtige, dem Original ange-meßene, Schilderung der Karaktere, geben diesem Schauspiel einen besondern Werth. Wenn es mit der gehörigen Pracht, die bey Vorstellung solcher Stücke durchaus nothwendig ist, auf die Bühne gebracht wird, so muß es sicher einen herrlichen Effekt machen. Die Handlung beginnt morgens, und endet des an-dern Tags mit Sonnenaufgang. Die Veränderungen des Theaters sind im Aus-zuge angegeben.

*Inhalt*:

*Tonthormod*, König von Sardronlo, ein junger, stattlicher, kraftvoller Prinz kam nach Fuarfed, sah *Malorchols* schönlockigte Tochter [45] und liebte sie. Alle Jünglinge von Fuarfed bestanden darauf, *Malorchol* sollte ihm seine

Tochter geben, aber der alte König wollte nicht, denn schon seit langer Zeit herrschte ein unversöhnlicher Haß zwischen seiner und *Tonthormods* Familie. Der junge Held ward es bald gewahr und entführte heimlich seine Geliebte. Der Alte forderte seine Tochter zurück, aber *Tonthormod* versammlete seine Krieger, fiel in Fuarfed ein, und schlug das gegen ihn ausgeschickte Heer. Der Rest der Flüchtigen kehrt zu *Malorchols* Hallen zurück und verlangt von neuem, er soll dem Sieger seine Tochter lassen. Er schlägt es ab, und nun gehen alle seine Jünglinge voll Unmuth zum Feinde über. In der ersten Hitze raft *Malorchol* seine Waffen vom Gewölbe; aber was konnte der von Alter entkräftete und blindgewordne Fürst wohl gegen einen so jungen raschen Krieger als *Tonthormod* war, ausrichten? – Noch saß er in seinem Gram versenkt, als *Fovargormo* vom Jagen zurückkam. Er hatte von ungefähr *Tonthormods* Schwester begegnet, und sie als Geißel für die seinige mit sich fortgeführt. Dringend fleht er seinen Vater, ihn mit dem Rest seiner Getreuen gegen den Feind zu senden. *Malorchol* bewilligt endlich seine Bitte, [46] und hier ist es, wo das Stück eigentlich seinen Anfang nimmt.

Aus einer mit Steinen verrammelten Felsenhöhle steigt *Minona*, *Tonthormods* Schwester hervor. Sie dankt dem Feldherrn *Arindal* für ihre Befreyung. – *Arindal*, erzählt ihr, das Schicksal des Krieges während ihrer Gefangenschaft. Ihr Bruder habe von seinen kraftlosen Gegnern wenig zu fürchten, er hätte sich also diesen Zeitpunkt zu nutz gemacht, um sie aus den Händen der Feinde zu erlösen. *Arindal* und *Minona* lieben einander schon seit langer Zeit, aber einst zürnte ihr Vater auf ihn, und da mußte sein Sohn ihm versprechen, daß er nie zugeben wollte, daß seine Schwester *Arindals* Gattin würde. *Minona* überredet daher ihren Geliebten, sie nicht sogleich wieder zu ihrem Bruder, sondern lieber an einen andern Ort zu bringen. – Da du mich nun einmal hast, sagt sie, so läßt er mich dir vielleicht – *Arindal* schlägt die einsame Wohnung eines Greises, den er kennt, zu ihrem Zufluchtsort vor, und beide eilen nun unverweilt dahin.

Das Theater verwandelt sich in eine gebüschigte Gegend, wo der blinde König *Malorchol* unter dem Schatten eines großen Baumes sizt. Sni[47]van bringt ihm die Nachricht, sein Sohn lebe, habe gefochten, wie ein Held, aber die Schlacht wäre dennoch verloren. – Der tapfere *Tonthormod*, sezt er hinzu, wäre immer ausgewichen, so oft der junge Prinz gegen ihn drängte, und dieses hätte er wohl vermuthlich gethan, um dem Bruder seiner Geliebten nicht zu schaden. – Indem erscheint *Fovargormo* und dringt mit neuen Bitten in seinen Vater, ihm nur noch einen Schritt zur Befreyung seiner Schwester zu erlauben. – "Laß mich ihn fodern, mein Vater! – zwar ist er mächtig und tapfer, aber dennoch – desto besser – O laß mich ihn fodern!" – *Malorchol* giebt abermals seinem Flehen nach, und der Jüngling nimmt Abschied. –

– Vielleicht seh ich dich nicht wieder, mein Vater! Aber sterb ich, so sterb ich mit Ruhm – wer unter *Tonthormod* dem Edlen fällt, dem ists kein Schimpf! –

Unter dem Seegen seines Vaters geht *Fovargormo* nun muthig dem Kampf entgegen. *Snivan* erzählt dem alten König, wie gütig und mild *Tonthormod* in der lezten Schlacht gegen *Malorchols* abgelebte Krieger gehandelt hätte – Der Alte erkundigt sich nach seiner Tochter; *Sni*[48]*van* bewundert ihre, in ihrer jetzigen Lage, gezeigte Standhaftigkeit. – Es kommen einige Greise von dem Gefolge des jungen Prinzen mit betrübter Miene zurück, und tragen mit leisen Schritten *Fovargormo*s Leichnam. *Snivan* giebt ihnen heimlich zu verstehen, daß sie noch für erst schweigen möchten. Indessen hört doch der alte König ihre leisen Tritte; er frägt ob es die Begleiter seines Sohnes sind? – Nun vermag *Snivan* nicht länger an sich zu halten, und meldet ihm, in allem Ausdruck des Schmerzes, den Tod seines Sohnes. *Malorchol* verlangt, daß man ihm die Todeswunde seines Sohnes zeigen soll, und da er sie mitten im Busen findet, wird er mit einem mal wieder heiter:

– mein Sohn hat seinen Ruhm erhalten. Er wandte sein Angesicht nicht vom Tode, er drängte ihm voll Muthes entgegen – *Fovargormo* war tapfer! – –

Er befiehlt, daß man seinen Sohn an dieser Stätte begraben, und die Barden ihm zu Ehren feyerliche Gesänge anstimmen sollen. Er selbst hält ihm eine kurze, kraftvolle und rührende Lobrede, womit sich der erste Akt schließt.

[49] In der ersten Scene des zweiten Akts sizt *Inamorulla* in einer andern gebüschigten Gegend, und beweint den Tod ihres Bruders, *Tonthormod* sucht sie auf alle nur mögliche Art zu trösten:

– Rannt er mir nicht selbst ins Eisen? – Du sahst ja dem Zweykampf zu von fern; sag mir, konnt ich ihn mehr schonen, als ich that. –

*Inamorulla* beruhigt sich zwar; aber bey dem Gedanken an die Gefahren ihres geliebten *Tonthormods*, überfallen Furcht und Schrecken sie von neuem. *Tonthormod* bittet sie nochmals, sich nicht dem Kummer Preiß zu geben.

– Sieh, auch ich könnte mich jezt grämen. Ist meine Schwester mir nicht auch entrissen? Wie soll ich sie befreyen? – So hat mich auch *Arindal* verlassen, mein tapferster Krieger! –

*Inamorulla*, Warum hast du ihn auch erzürnt? Hast ihm deine Schwester versagt, und er ist doch so tapfer.

*Tonthormod*, Hab ich dir nicht gesagt, daß mein Vater einst auf ihn zürnte? – Aber sie liebt ihn nun einmal, wie gern möcht' ich sie [50] ihm geben – und dennoch! möcht' ich auch gerne seine Befehle halten. –

Ein Krieger bringt die Nachricht, daß sich fremde Schiffe an den Küsten zeigten. Es ist *Oßian*, *Fingals* Sohn, der mit dem Kern von Morvens Kriegern, die Schmach des alten Königs von Fuarfed zu rächen kömmt. Vergebens will *Inamorulla* ihren Geliebten abhalten, sich mit diesen Fremden in neue Schlachten

einzulaßen; die Ehre mit *Fingals* Kriegern zu kämpfen, muntert ihn nur desto-
mehr zum Streit auf – *Oßian* und sein Freund *Toscar*, im Gefolge der ihrigen,
treten nun auf die Bühne, die die vorigen nur eben verlassen haben. Sie erneu-
ern ihren alten Waffenbund, einer dem andern ihre Schlachten kämpfen zu hel-
fen. Ein von *Tonthormod* abgeschickter Barde erscheint, und frägt: ob *Oßian*
im Frieden dies Eiland bestiegen, oder im Kriege für *Malorchol* fechten wolle;
zugleich laße ihn *Tonthormod* zu seinem Feste einladen. –

– Denn wählst du den Krieg, Morgen ist zu Schlachten noch Zeit genug –
Er wird dir im Felde begegnen.

*Oßian.* Barde! sag' dem edlen *Tonthormod*, ich sey gekommen, *Malor-
chols* Schlachten zu [51] fechten – wie könnt *Oßian* mit *Malorchols* Fein-
den feyern? –

*Malorchol*, unter dem Baume, an *Fovargormo's* Grab, wird vom *Snivan* be-
nachrichtiget, daß er *Minonen* überall gesucht, aber keine Spur von ihr hätte
ausfindig machen können; *Tonthormod* müße Sie wohl glücklich gerettet ha-
ben – Darüber kommen *Oßian*, *Toscar* und ihr Gefolge. *Malorchol* heißt sie
willkommen. *Oßian* entdeckt ihm die Ursache seines Hierseyns:

– *Fingal* sendet uns. Er hörte von deiner Gefahr, daß Feinde Fuarfed be-
wohnen, und daß du nicht, wie in vorigen Tagen, wider sie fechten könnest.

– Da dachte er an die vergangenen Tage, da du noch öfters der Gefährte
seiner Schlachten warest – und sandte uns, für dich unsre Schwerter auszu-
ziehn. –

*Oßian* wird das Grab gewahr. Er frägt, welchen Held diese vier noch unbe-
moosten Steine decken? – erfährt *Fovargormo's* Tod, und segnet seine Gebei-
ne. –

– Sanft sey die Ruhe des Helden! groß seine Freude bey den Vätern! – –
Er wendet sich zu den Umstehenden, die alle aufmerksam geworden sind:
[52] – Kommt, meine Freunde, über die Gefilde – *Tonthormod* zu finden!
Sollen wir *Inamorulla* in den Händen von *Fovargormo's* Mörder lassen? –
Er muß sie ihrem Vater zurückgeben. – –
Im dritten Akt sendet *Tonthormod* seinen Barden an *Ossian*, und läßt ihm
sagen, wenn er nur blos gekommen wäre, *Inamorulla* von ihm zu fordern, so
sollten die Völker keinen Theil daran nehmen; er sey bereit um ihren Besiz
allein mit ihm zu kämpfen. *Inamorulla* möge dann dem gehören, der siegt. –
Umsonst stellt seine Geliebte ihm die berühmte Tapferkeit *Ossians* vor:
– Wenn er dich tödtete? wie könnt ich denn noch leben? ohne dich? –
Der Kampf mit *Fingals* Sohn hat zu viel reizendes für ihn. Indessen befiehlt er
einem Barden, *Inamorullen* in irgend eine Höhle so lange zu verbergen, bis der
Sieg entschieden wäre. –

Das Theater verändert sich und stellt eine Höhle in einer gebüschigten
Gegend vor. *Arindal*, der hier seine *Minona* in Sicherheit gebracht hat, trägt
einem Greis, dem Bewohner dieser Höhle, auf, dem König von Sardronlo die

freudige Nachricht zu überbringen, daß seine Schwester aus Ma[53]lorchols Händen befreit sey. *Minona* ersucht den Greis zugleich, ihrem Bruder zuzureden, sich mit ihrem lieben *Arindal* wieder zu versöhnen. Indem hört man ein Geräusch. *Arindal* geht dem Schall entgegen, und erblickt *Tonthormods* Barden, der *Inamorullen* in der nämlichen Höhle verbergen will. Er erfährt von ihm, daß *Tonthormod* in eben diesem Augenblick mit *Ossian* um *Inamorullen* kämpfe, und daß der König noch immer sein Freund sey. *Inamorulla* bestätigt die Worte des Barden.

– Glaube mir, *Arindal*, er haßt dich nicht. Wie oft hat er nicht deine Tapferkeit gerühmt, und bedauert, daß sein Vater ihm das strenge Verbot gegeben, Dir seine Schwester nicht zu lassen. Und dennoch – glaub ich – wenn du sie ihm nur wiederbrächtest, er würde gern –

*Arindal*. Ich will sie ihm wiederbringen – Hier ist sie –

Er führt *Minonen* aus der Höhle, die *Inamorullen* entdeckt, daß *Arindal* sie befreit habe. Dieser entschließt sich nun, *Tonthormod* nachzugehen, und ihm im Kampf beyzustehen. Plötzlich erscheint *Toscar* mit Gefolge; er will *Inamorulla* mit sich fortführen, aber *Arindal* sezt sich da[54]gegen. Beide Helden kämpfen miteinander. Auf den zweiten und dritten Hieb spaltet *Toscar, Arindals* Schild. Dieser will zwar ohne Schild weiter fechten, wird aber von *Minona* zurückgehalten. *Arindal* frägt darauf, ob *Tonthormod* etwan vom *Ossian* getödtet worden? *Toscar* versichert ihm aber, daß *Ossian* nie einen bezwungnen Gegner zu tödten pflege. Das Glück des Kampfes, sagt er, habe für *Fingals* Sohn den Sieg entschieden, und er, den Auftrag, *Inamorulla* ihrem Vater wiederzubringen. – Sie muß sich also entschliessen mitzugehen, und *Arindal* und seine Geliebte begleiten sie, auf die Versicherung, daß *Malorchol*, froh seine Tochter wieder zu haben, nicht mehr auf sie zürnen würde. –

In der ersten Scene des vierten Akts sizt *Malorchol*, auf einen Stab gestüzt, unter dem Baum neben seines Sohnes Grab. Fuarfeds streitbare Jünglinge, die ihn vorher verlassen, und *Tonthormods* Siegesflug gefolgt hatten, treten ihn an, und legen eine nochmalige Fürbitte für diesen edlen und tapfern Prinzen ein. *Malorchol* macht ihnen Vorwürfe über ihr Betragen.

– Ist *Tonthormod* nicht euer Feind? – [55] war er nicht der Feind eurer Väter? – was kommt ihr eigentlich für ihn zu bitten? –

Einer von den Jünglingen antwortet: daß *Ossian* den *Tonthormod* in einem Zweikampf überwunden und ihm *Inamorullen* entrissen habe – Er wird bald hier seyn. – Sie vereinigen ihre Bitten, der König möchte doch diesem unglücklichen, von ihnen so geliebten Fürsten, seine Tochter lassen. *Malorchol* entgegnet, daß er sie schon einem weit Würdigeren bestimmt habe, mit dessen Wahl auch sie zufrieden seyn würden.

*Ossian* mit *Inamorulla, Toscar*, und *Tonthormod* mit Gefolge treten auf. *Ossian* überliefert die Tochter dem Vater. *Inamorulla* erblickt das Grab ihres Bruders und nähert sich demselben in allem Ausdruck des Schmerzes. – Ma-

*lorchol* tröstet sie; er wendet sich hierauf zum *Ossian* und übergiebt ihm seine Tochter als ein Geschenk zur Belohnung seines Siegs. Sie gehen alle ab. *Tonthormod* bleibt zurück. Die Jünglinge, die ihn lieben, erbieten sich seine Fesseln zu zerreissen; er soll sie anführen: – "Wir wollen dein zierlich geloktes Mädchen dir wiederschaffen, oder nicht leben! – komm!" – *Tonthor*[56]*mod* weigert sich, einen Helden zu bekriegen, der seiner so freundlich verschonte. – – Ich darf mein Wort nicht brechen. *Inamorulla* gehört ihm. Laßt mich, meine Lieben! – Geht zu *Malorchols* Feyer! – Es werden andre Schlachten kommen, die ich mit euch fechten werde, diesmal nicht. – –

*Arindal* kömmt mit *Minonen*; *Tonthormod* versöhnt sich mit ihm, und legt die Hand seiner Schwester in *Arindals* seine. Dieser will nun fort, *Ossian* bekämpfen, und seinem Freunde, seinem Könige, *Inamorullen* wiederbringen. Aber auch dieses will der großmüthige *Tonthormod* nicht geschehen lassen. Auf sein Bitten müssen sich alle zu *Malorchols* Fest begeben; sobald er allein ist, wirft er sich neben *Fovargormo's* Grab, und läßt seinen Schmerzen freyen Lauf.

*Inamorulla*, untröstlich über den Befehl ihres Vaters, tritt auf, und will ihren Geliebten beruhigen, indem sie versichert, daß sie ihn nie verlassen würde. – Aber auch hier siegt *Tonthormods* Edelmuth:

– *Inamorulla*! vergis meiner! ich bitte dich! – Sieh! in einem der nächsten Treffen fecht ich noch einmal mit Ruhm und suche mir [57] den Tod. – Weine dann mir noch eine Thräne, daß, wenn mein Geist um dich schwebt, ichs sehe, und mich erquicke. – –

Im Anfang des fünften Akts schläft *Ossian* in einem Saal, wo Waffen hängen. Ganz hinten, nur wenig sichtbar singt *Inamorulla* die Leiden ihrer Seele. – *Ossian* erwacht und belauscht ihren Gesang. Er springt auf und führt sie vor. – Kaum ist er gewiß, daß sie *Tonthormod* liebe, so reift der edelste Entschluß in seiner Heldenseele. Mit einer Miene, in der sich seine ganze Empfindung ausdrückt, ergreift er ihre Hand: –

– Schön bist du, blauaugigtes Mädchen! – schön, – wie da die aufgehende Sonne. Aber – dennoch – du liebst *Tonthormod*. – Ein Ruf tönet in *Ossians* Herze, keinem vernehmbar als mir. Er heißt mich Bedrängten in ihrer leidigen Stunde gefällig zu seyn. – Du sollst mir auf unbekannten Fluren nicht irren *Inamorulla*! –

Er geht ab, kömmt aber bald wieder zurück, und mit ihm *Tonthormod*, den er zu *Inamorulla* führt. –

– Hier, Held *Tonthormod* ist deine Ge[58]liebte – Nimm sie! – sie liebt dich, wie könnt' *Ossian* sie Dir nehmen? –

Die beiden Liebenden stehen voll stummen Erstaunens; endlich erwacht *Tonthormod* wie aus einer Betäubung. –

– Wie soll ich Dir danken, mein Freund! – wärst du nah an meinen Hallen, mein Fest sollte sich ergießen; in meinen Sälen müßtest du mir deine Waffen lassen; meinem kommenden Geschlechte zum Denkmal deines Ruhms.

– O sey mein Freund, *Fingals* Sohn! Nie will ich es vergessen, daß du mir einst mein Liebstes wiedergabst! –
Beide Helden schliessen nun mit einander auf Kindeskinder einen Waffenbund, und reichen sich die Hände. *Malorchol*, der schon von *Ossians* Entschlus gehört hat, kömmt, und frägt: warum er nicht sein Eidam werden will? Von *Tonthormod* will er nichts hören.
– Seine Väter waren Feinde unsrer Väter, wie könnt ich ihm meine Tochter geben? – Er ist mein Feind, – wie könnt *Inamorulla* ihn lieben?
*Ossian* sucht ihn zu besänftigen; *Tonthormod* vereinigt sein Bitten mit dem seinigen.
[59] – Vergiß den Streit deiner Väter, *Malorchol!* – Begegnen sich jezt unsre Väter friedlich in den Lüften, so laß uns auch des langen Streits vergessen. *Wir* haben uns nicht beleidigt, warum wollen *wir* uns zürnen? –
Endlich läßt sich *Malorchol* besänftigen, und vergißt den alten Haß. – Aber *Tonthormod*, bricht er aus, "wie kann ich dir *Inamorulla* geben, die dich nicht liebt?" – *Inamorulla* gesteht nun ihre Liebe.
*Malorchol.* So ists wahr, was man mir sagte? – O! warum verschwiegst du mir das? meine Tochter! ich wollt es nicht glauben; – du willst ihn also?
*Inamorulla.* Ja, mein Vater! – ich will ihn!
*Malorchol.* Nun – – so will ich ihn auch. –
*Ossian*, der seine Sendung vollbracht hat, will nun zum *Fingal* zurückkehren; aber auf das inständige Bitten des alten Königs und der beiden Liebenden, entschließt er sich, ihrem Vermählungsfeste beyzuwohnen. Er wendet sich noch zulezt mit folgenden Worten an *Malorchol*:
– Ja, König! – ich will bleiben – wo [60] der Friede die Menschen zum Lieben vereint und zur geselligen Freude, da bleibt *Ossian* gerne – O! daß wir immer so leben dürften! – O! daß wir uns nie haßten! –

# Ludwig Tieck:
# Iwona. Eine ossianische Skizze [ca. 1791].

## [1*] Vorerinnerung.

Ich habe gar nicht die Absicht, den folgenden Aufsatz für ein Gedicht auszu-geben, sondern ich sehe es selbst nur zu gut ein, daß er höchstens *Ideen* zu einem Gedicht enthält. Ich gab mir Mühe, Ossian so viel als möglich nachzu-ahmen, und darüber ist der Gang der Geschichte vielleicht dunkel geworden. Ich gestehe auch gern, daß das ganze mehr Konthur als ausführliche Zeich-nung sei. Die Verse, die eigentlich keine Verse sind, habe ich, soviel ich konn-te, nach der jedesmaligen Stimmung der Seele des redenden abwechseln laßen, und blos *mein* Gehör dabei um Rath gefragt; es ist daher leicht möglich, daß jedes andre Ohr keinen Rythmus darin findet. Bilder und einzelne Ausdrükke werden nur denen dunkel sein, die mit Ossian ganz u gar unbekannt sind.

Aber leider, zu meiner Schande gesteh' ich's, habe ich das Ganze so im Fluge zusammen setzen müßen, daß das Gedicht auch nicht einmal *diese* Apo-logie verdient.

## [2*] Iwona
## Eine ossianische Skizze.

*Ullin.*
Goldne Funken schmükken das blaue Schild des Himmels,
Geister fahren auf niederhangenden Wolken,
Der Mond tritt roth hinter grauen Hügeln hervor
Und blickt über *Malmors*Haide. –
  Es rauscht der Wald,
  Es murrt die See,
  Die Winde pfeifen
Durch's Moos am Abhang der Berge.
Es steigen auf in meiner Seele
Der Vorwelt blaue Gestalten.
Ich sehe *Tondal* kämpfen u siegen,
Ich sehe die Thränen *Iwonas* fallen,
[3*] Um den gesunkenen Held. –

Dumpfe Stimmen ertönen auf öder Haide,
Todesgestalten schweben, schauernde Schatten,
Über das Gefilde der Leichen.
Aus *Malmors* Thurm wimmern Geister
Und zu ihrer Stimme gesellt sich *Rynos*Stimme. —
– – "Sei' mir gegrüßt du liebliche einsame Stimme,
Lieblich wie der Sonnenschein im Winter,
Sei mir gegrüßt," *so rief die Stimme Iwonas*,
Sie trat in die Halle Ullins.
"Siehst du dort im blaßen Mondesschimmer,
[4*] Gras auf Gräbern beben?
Dort schläft *Tondal* u *Ryno*! –
Siehst du dort die goldne Wolke schweben,
Die des Mondes Angesicht vorüberfährt;
Auf ihr schwebt die Seele *Tondals*!
Hörst du des Sturms Gebrause?
*Ryno* wüthet im Winde,
*Ryno* rollet gewaltig die Wogen des Meers,
Und schlägt sie rasend gegen die hallenden Klippen. –
Ach *Ullin*! Thränen dämmern im Auge,
Sieh über die Haide hin, ob nicht in blutigen Feuerströmen
Der Geist des *Tondal* näher schwebe.
        *Ullin.*
O weine, du liebliche Tochter Kathuls,
[5*] Weine um den gefallnen Held,
Er ist der schönsten Thränen werth.
Du wandelst, wie ein Mondesstrahl
Durch Wolken fährt, gehst über das Gefilde
Der Leichen u seufzest bei den Gräbern,
Und deine Seufzer flüstern
In dem Gesäusel der Ulme,
Die jugendlich sich beuget über
Das Grab der Helden.
        *Iwona*[.]
"Nun, *Ullin*, komm! o, laß itzt dort
Auf Tondals Grab uns setzen,
Dort treten wir die Sonn'beglänzten Zeiten näher,
die ich an seiner Seite lebte –"
(*Sie sind zum Grabe gekommen*)
[6*] "Hier schläft er!
Ach und erwacht nimmer! – nimmer, *Ullin*!
Er wird nicht mehr den Bogen spannen,

Er wird nicht mehr den Tönen deiner Harfe lauschen,
Wenn du der Vorwelt Thaten singst!
Ach! er freut sich nicht des Frühlings mehr,
Hört nicht mehr das Geschwirr der Speere,
Nicht mehr seinen Ruhm, der sich unter
Die Gesänge der Tapfern mischte.
O *Ullin*, hier in feierlicher Nacht,
O Ullin, hier auf *Tondals* Grab,
Hier unter dem Geflüster seines Grases,
Hier, *Ullin*, schlage Laut die Harfe
Zu Tondals Ruhm, daß weit hin über
Die Haide *Malmors* deine Töne klingen."
    [7*] *Ullin*.
Harfe töne!
Harfe spreche
In der goldnen Saiten bebende Harmonie
Den Trauergesang!
Gib *Iwonas* Seele
Die Wonne Thränenvoller Wehmuth –
"O *Tondal*, du der Stolz von[1] *Malmors* Söhnen,
O *Tondal*, Freude deines Vaters *Torno*,
Du, *Iwonas* süße Augenfreude –
Du spanntest auf der Jagd den Bogen,
Du tödtetest den Eber,
Indeß dein Rothgelokter Bruder *Ryno*
Zum Kampfe gegen *Ringulph* eilte —["]
[8*] Bald trugen *Lagos* Wellen
Den Körper *Ringulphs*, denn der finstre *Ryno*
Trug ihn nicht freundschaftlich in seine enge Wohnung.
Dann eilt' er hin zu *Malmors* Höhen
Und gab dem lächelnden Bruder
Den Kuß des Verraths —
"Sei' mir gegrüßt im Siegsgepränge!"
Sprach *Tondals* Mund.
Doch *Ryno* band mit *Carber*, dem Verräther,
Den schöngelokten *Tondal*.
"Was begiengst du, Bruder? –
Bruder Ryno? —"
Er hörte nicht den Ruf,
Finster seine Stirn in Falten gelegt.

---

1    Am rechten Rand des Manuskripts steht: "*Gesang Ullins*".

Sträubend und kämpfend –
[9*] (Doch was vermocht' er gegen beide Frevler)
Warf man um ihn *Ringulphs* glänzende Rüstung,
Stieß ihn so als *Tornos* Feind
(ach es kannte nicht der Greis den zärtlichen Sohn!)
In *Malmors* finstern Thurm.
Dann sprach er zu *Torno* u *Iwona.*
Der Jüngling sei gefallen in der Schwerdter Sturm
Und *Ringulph* dulde seine Strafe in *Malmors* Höle —
   Seufzend,
   Thränenvergießend,
Klagt der goldgelokte Jüngling
[10*] Zwischen kalten Mauern
Sein Leiden. –
Deine Thränen,
Deine Seufzer,
Zärtliche Iwona. —
Doch verstumme Harfe,
Daß die Thränen,
Daß die Seufzer
Nicht von neuem wiederkehren. —
   Rauschet ihr bebenden Saiten,
Rauschet im zitternden Glanze
Des Mondbeglänzten Gefildes.
Rauschet wie Stürme von *Malmor,*
Brauset wie Ströme von Bergen,
Daß ihre Seufzer
Wieder zurück in den Busen sinken,
[11*] Wie die empörten Wogen
Sich niedersenken,
Wenn der Sturm vorbeigeflogen.
   *Ryno* warb um deine Liebe
   Doch du entflohst vor ihm
   Und weyhtest deine geheimen Thräume
   Dem Geiste *Tondals.*
   Kummer trübte meine Seele
   Ich verließ die Mauern *Malmors*
   Und wandelte mit Klag'gesängen
   Über Berg und Thal,
   Über Thal u Berg
   Und kam zu *Thuras* moosbewachsenen Eichen – –
Die Sonne stieg hinunter,

Der schöngelokte Abendstern
[12*] Schwamm in des Abends Purpurfluten
Und sank hinter Bergen hinab —
Die Eichen rauschten,
Die Ströme braußten
Am Abhang des klippigen Felsen
In wilde Strudel sich stürzend.
Aus der Ferne sausten
Sturmwinde über die Haide
Und aus den gebrochenen Wolken der Nacht
Heulten zwischen Sturm,
Zwischen Waldstroms Brausen
Die Geister der neulich erschlagenen.
Schauder jagten sich um mich herum,
Die Harfe sank aus meinen Händen –
Wie schlagen die rollenden Wogen gegen das Ufer? –
[13*] Wie schwillt die Flut
Gegen Felsen hinan?
Was wälzen dort die schäumenden Wogen,
Was schleudern sie ans Ufer? – –
Es war der Leichnahm *Ringulphs*!
Ich legte ihn in seine enge Wohnung
Und sang über seinem Grabe den Grabgesang —
Dann eilt' ich zurück —
"O, öfnet den düstern Thurm von *Malmor*!
Es ist *Tondal*, dessen Stimme gegen seine Mauern schlägt" —
Die Thüren geöfnet, –
Und Tondal matt u bleich,
Gleich aufschwebenden Wolken,
Tritt dem Sonnenschein entgegen.
[14*] Da stürzte *Ryno* auf ihn zu
Und bohrt den Dolch in seine Seite.
Purpurn floß der Strohm auf grünem Boden
Und bleich wie Schnee von Mittagsglut geschmolzen
Sinkt *Tondal* nieder.
Doch *Torno* faßt den blut'gen Dolch
Und stößt ihn unter Tausend Flüchen
In *Rynos* Brust.
Wie Berge fallen, deren Wurzeln
Der Waldstrohm losgewühlt,
Stürzt *Ryno* hin –
Weinend wirft sich *Torno*,

Weinend sinkt *Iwona*
Über die Leichen der Söhne,
Über den Leichnahm des Geliebten.
Das Auge *Tornos* bricht –
[15*] Er stirbt –
Und über ihn wird gelegt
Der graue Stein, seines Ruhms Verkünden.
    *Iwona*[.]
Ach sie starben, aber *Iwona* lebt noch!
Sammlet euch um mich, ihr feurigen Wolken
Und tragt meinen Geist zum Geiste *Tondals*,
Daß wir auf Mondesstrahlen fahren
Und dem Abendstern entgegenschweben —
Ach, ich sehe dich! –
Du strekst gegen mich aus die Nebelarme,
Du beugst dich zu mir –
Aber Stürme rollen dich zusammen
Und wehen dich gegen die Stirn des Felsen.
O *Tondal*! – *Tondal*! –
    *Ullin*[.]
Sie sinkt! —
[16*] Die Wange erblaßt,
Des Auges Feuer erlischt —
Sie stirbt —
Meteore schweben um das Mädchen,
Mondesstrahlen fahren nieder
Und erheben auf dem goldnen Fittig
Ihre Seele —.
Ha! dort schwebt sie auf den krausen Silberwolken,
Schwebt entgegen dem Gebilde *Tondals* —.
Ach! auch du bist todt,
Alle meine Freunde gehen von mir
Zu den luft'gen Hallen. Ach! wie lange
Wird der schwache *Ullin* noch hier verweilen? – –

# [Ludwig Tieck:] [Auszüge aus:] Ottokar Sturm: Die eiserne Maske. Eine schottische Geschichte [1792].

## [Ullins und Linufs Gesang]

[119] [...]

ULLIN. Ertöne, Wechselgesang!
wir wollen kämpfen um unsern Ruhm,
wie leise Lüftchen um die Blume kämpfen,
die im Thale lieblich blüht.

LINUF. Verkünde rauschende Harfe
den Ruhm verfloßner Zeiten!
steigt auf im Strom des Gesanges,
ihr blauen Gestalten der Vorwelt!

ULLIN. Herauf im Harfengetön!
herauf ferne Vergangenheit!
komme wie ein leises Wehen,
wie Abendschein in unsre Seele.

LINUF. *Daura* sitzt in ihrer Halle,
um ihr sitzen funfzig Barden,
alle schlagen laut die Harfe,
ihren Kummer zu verjagen.

ULLIN. "Schweige Harfengesang!"
spricht sie unter Seufzern:
"ach warum tönst du meinem *Annir* nicht entgegen?
warum tönst du nicht dem siegenden Held?
ach, wenn er nicht kehrte aus der Schlacht!
wenn er schon auf Wolken schwebte!["]

[120] LINUF. "Horch! da tönt es aus der Ferne!
horch! Getümmel! Waffengetön!
bringt ihm Siegsgesang entgegen! –
Warum vor ihm her kein Harfenton?
sind alle Barden in der Schlacht gefallen?"

ULLIN. Sie erhob sich schnell, –
    da trat *Cormac* ihr mit frechem Schritt
    entgegen, hundert Krieger folgten ihm.
    "Was will *Cormac* in der Halle?"
    sagt *Daura*, "*Annir* ist nicht hier,
    er zog zu fernen Schlachten,
    harre seiner Rükkehr."

LINUF. "Folge mir!" ruft *Cormac's* Stimme,
    "folge mir durch öde Haide,
    durch dunkle Wälder, durch Thal und Forst,
    bis zu meiner sichern Halle. –
    Ich liebe dich!"

ULLIN. *Daura* will fliehen! –
    da glänzen hundert Schwerdter,
    *Cormac* reißt sie wütend rückwärts,
    funfzig Schwerdter schiessen, Blitzen
    gleich von aller Barden Seite.
    Waffengetön! Klagenton!
    alle Harfen zerbrechen klingend.
    Schilde klappern, Helme zerspringen unter'm Schwerdtschlag,
    Panzer rasseln.
    [121] Sterbegewimmer, Wuthgebrüll –
    die fernen Hügel ertönen laut,
    die Halle braußt, so wie der Fels erhallt,
    wenn reissende Stürme daher
    empörte Wogen schleudern.

LINUF. Die Barden sind dahin gestürzt,
    und Blut fließt durch die Halle.
    *Cormac* faßt *Daura's* bebende Hand,
    und reißt sie über Leichen dahin,
    seine Krieger folgen ihm,
    folgen ihm über Haiden, durch Wälder,
    bis zum fernen einsamen Hügel.

ULLIN. Die Nacht steigt schwarz in Osten auf,
    in Westen sinkt der Tag hinab,
    goldne Funken glänzen
    am blauen Schild des Himmels.
    *Daura* sinkt ermüdet nieder,
    *Cormac* auf den Speer gelehnt,

steht und schaut gedankenvoll
in die hellen und düstern Tage,
die seiner harrten.

LINUF. Bäche fliehn murmelnd dahin,
Winde rauschen durch Wälder,
Stürme brausen im Klippengewinde,
Wolken jagen sich am Himmel,
Zwischen ihnen funkeln Sterne.

[122] ULLIN. Horch! Töne wie Wogen am einsamen Fels,
wie Stürme durch schwarze verdorrete Wälder!
es schießt ein Flammenglanz daher
und röthet die schweigende Haide,
er fährt auf dem Fittig des Windes einher,
die Wälder erglühen in flammender Glut
und liegen dann wieder in Finsterniß da.
Um *Cormac* wogt das Flammengebild.

LINUF. Und "*Cormac!*" tönt's, wie Abendwinde
durch feuchtes Schilfrohr flüstern,
und: "*Cormac!*" tönt's lauter, wie ferner Sturm
in Fichtenwipfeln murt. –
Es beugt sich aus wogendem Feuergeström
ein bebendes Bildniß hervor,
es flimmern die Stern' durch die bleiche Gestalt,
sie streckt über *Cormac* den Nebelarm,
und ruft wie Donner am fernen Gebirg:

ULLIN. "*Cormac!* Mein Sohn!"
*Cormac* sieht den schwankenden Schatten:
"Was verkündet *Trenmor* seinem Sohne?
Warum schwebst du furchtbar über die Haide?
Siehst du schwarzen Tod in künftgen Tagen?
Soll dein Sohn im Schlachtgetümmel fallen,
meine Hallen zusammenstürzen,
und Moos an ihren Mauern flüstern?

[123] LINUF. Da brüllt es dumpf wie Sturmgeheul
durch enge Felsenklüfte:
"Ich sehe schwarzen Tod!
fallen wird mein Sohn im Schlachtgetümmel!
fallen seine tapfre Schaar!

meine Hallen werden stürzen,
Moos um meine Wände zittern!"

ULLIN. Er beugt sich bebend zu *Cormac* herab.
Doch Morgenwinde wehen
und rollen zusammen die Nebelgestalt.
        Der rothe Morgen glänzt
auf fernen grünen Hügeln.
Die Sterne baden sich im Morgenroth
und schwimmen in der goldnen Fluth hinweg.
Da nimmt *Cormac* den gewölbten Schild,
und schlägt mit dem glänzendem Schwerdt
die braune Wölbung.
Da tönen ringsum Berg und Thal,
das Wild entflieht von seinen Bächen,
die fernen Felsen seufzen wieder,
und plötzlich stehn die Krieger *Cormac's* da,
es glänzt ein Schwerdt in jeglicher Hand.

LINUF. "Und soll ich im Schlachtengetümmel sinken,
sollen stürzen meine Hallen,
nun auf dann! auf zur blutgen Schlacht!
[124] singt, Barden, laute Kriegsgesänge,
schlagt wüthend eure rauschenden Harfen,
bis tönend alle Saiten reissen!
denn mit der Sonne steigt von jenem Berg
der Feind in's Thal! –

ULLIN. *Annir* stieg gewappnet, gleich dem Blitz
von einer Wetterwoke, mit seinen Kriegern
in das weite Thal hinab. –
"Ha! dort steht der Räuber *Daura's*!"
und stürzt sich in die Schaar der Feinde.
Doch *Cormac* weicht zurück. –
Schlachtgesang! Waffengeräusch!
Schilde tönen laut an Schilde,
Helme springen gebrochen von den Häuptern,
wie Sturm und Hagel unter Wettern,
so wüthen Krieger gegen Krieger;
wie aus dem Felsen plötzlich oft
ein Waldstrom brausend birst,
so bricht der laute Schlachtgesang
unter Panzergerassel hervor,

und versinkt wieder im Sturmgeheul
des hallenden Kampfs.

LINUF. Die Feinde *Annir's* sinken auf bethauter Haide,
   sie fliehen zu fernen Wäldern; –
   *Daura* will zu *Annir* eilen,
   [125] aber Cormac faßt sie bei den blonden Locken,
   und bohrt verzweiflungsvoll den Stahl in ihre Brust.
   Dann stürzt er brüllend gegen *Annir*
   und sinkt unter seinem Schwerdt.

ULLIN. "Wo ist *Daura*? *Daura*!" so ruft *Annir*,
   daß durch den Wald der laute Ruf ertönt.
   – Er sieht sie auf dem Boden liegen,
   sie reicht ihm seufzend die blutgefärbte Hand,
   und lächelt einmal noch – und stirbt!

LINUF. *Annir* weint um seine Liebe,
   wirft sich neben ihrem Leichnam. –
   Dann wird ihr ein Grab gehäuft,
   Steine nennen sie der Nachwelt,
   Moos auf ihrem Grabe flüsternd
   klagt im leisen Abendwinde. –
   Der Geier auf ihrem Grabe
   am Mittag, weiß nicht, über wen
   die Ulme rauscht, – sie ist vergessen
   und lebt nur im Gesang der Barden.

BEIDE HARFNER. Alle werden einst vergessen,
      Bardengesänge werden verstummen,
      einsam und öde die Hallen liegen,
      Jäger werden wohnen, wo izt
      das frohe Mahl im Kreise geht;
      [126] unsre Gräber werden einsam stehn,
      der Stein auf ihnen wird verwittern,
      und keiner unsern Namen nennen.
   Das Leben verweht, wie die Distel
   am Abhang des Berges verweht,
   es sinkt wie ein Luftgebild unter,
   es rauscht wie die Woge dahin.
      Alles sinkt in Nacht dahin,
      alles wird vergessen werden,

nur die Thaten leben ewig,
nur der Ruhm ist unvergänglich.

[...]

## [Ullins Gesang]

[474] [...]

Einst deckt mich das Grab,
die silberne Harfe hängt
dann an des schallenden Saales
hoher Wand, die ihre Töne
einst wiederklang.

Auf den Steinen meines Grabes
sizt dann ein Knabe, und singt
die Lieder, die von Malwina
meine Harfe rauschte.

Er singt, und weint, und spricht:
hier ruht der biedre Ullin,
der Barden erster,
der Malwina geliebt,
die Königin der Mädchen.

Dann wallt mein Schatten
über der nahen Tannen
Wipfel empor, der Knabe
siehts, und schauert. Als
Jüngling singt er dann Lieder,
wie Ullin sie nicht sang,
[475] sie selbst Malwina nicht sang,
denn Ullins Geist umweht ihn.

Ja! er wird seine Selina singen,
glücklicher, als Ullin,
denn mich hört Malwina nicht,
sie flieht meine Töne,
verachtet meinen Gesang.

Ullin ist unglücklich,
wenn auch der Enkel

seine Lieder singt,
wenn auch der Enkel
seinen Namen nennt,
und einst in bejahrten Zweigen
der jungen Eichen, die sein Grab
umkränzen, sein Lied noch rauscht;
liebt ihn Malwina doch nicht,
flieht doch die Holde ihn,
die weißfüßige Jägerin.

Malwina, laß die Krone,
laß den hellen Königssaal,
komm in mein kleines Haus,
das Zufriedenheit baute,
und Mäßigkeit erhielt.

Ich bin so glücklich,
wenn ich dein gedenke,
braunlockige Jägerin,
und unberührt tönet
die Harfe von Freude.

Komm in mein kleines Haus,
hier sind rothwangige Aepfel
[476] und Nüsse, braun wie dein Haar,
Wein aus der Väter Burg
liegt ungeprüft noch da;
Wild umlagert die friedliche Hütte,
leichte Rehe und gekrönte Hirsche,
sie horchen den Tönen meiner Harfe,
und nehmen Laub aus meiner Hand.
Hier ist eine Harfe,
meiner Einsamkeit Genossin.
Komm, braunlockige Malwina,
bring Pfeil und Bogen mit,
und sey mein, Malwina,
nur du fehlst mir,
strahlenäugiges Mädchen.

[...]

Ludwig Tieck:
# Ein Gesang des Barden *Congal*[1] [ca. 1792/1793].

[20] Lieblich sinkt der Abendthau auf dürre Fluren,
Purpurn säumt im Westen sich der blaue Himmel,
Summend kehrt die Biene zu den grünen Hügeln,
Fliegen schwärmen in dem rothen Strahl des Abends.
Goldne Wellen schlagen an bemooste Felsen,
Einsam weht der Wind auf stillen Haiden, wehet
Vor sich her den weißen Bart der Distel, schüttelt
Hellen Thau von den gebeugten Blumen.
[21] Freundlicher Mond!
Steigst du mit holdem Lächeln jenseit des Berges herüber?
Blickest hinab auf *Loda's*[2] furchtbaren Kreis der Steine?
[22] Die blauen Ströme wallen in Gold dahin,
Wolken verhüllen auf kurze Zeit dein Antlitz,
Berge und Hügel kleiden sich in Schatten[,]
Der Schatten flieht[,] sie liegen im hellen Glanze da.
In meiner Seele erheben sich der Vorwelt blaue Gestalten,
Ich sehe den finstern *Duchomar*.[3]
[23] Wie er runzelt die furchtbare Stirn,
Auf den dunkelbraunen Schild sich stemmt,
Den Gesängen der Barden horchend,
Die Rabenscharen hinter ihm im Winde flatternd: –
*Cormul*,[4] Mädchen mit den blauen Augen

---

1   *Congal*, war der Sohn des Cathmol und ein alter Barde, der zu den Zeiten des irrländischen Königs *Cormac-Mac-Conar*, und also einige Zeit vor *Oßian* lebte. Seine Gedichte sind, einzelne Fragmente ausgenommen, verloren gegangen. Man wird es verzeihen, daß ich meinem schwachen Versuch einen so ehrwürdigen Mann vorgesetzt habe. (Alle Namen der übrigen Personen in diesem Gedichte sind fingirt.) Congal wird in *Oßian* im dritten Buche seines Gedichtes *Temora*, erwähnt.

2   *Loda*. Der Geist *Loda* wird sehr häufig in *Oßians* Gedichten erwähnt, allein sein Wesen bleibt für uns dennoch sehr dunkel. Er bewohnte den Berg *Loda* wo er seinen Kreis von Steinen hatte, denen sich niemand gern nahte; es scheint, als wenn einige Fürsten und einige Völker diesen Geist verehrt hätten, andre nicht. Die weitläufigste Beschreibung dieses Geistes kömmt [22] in *Oßians* Gedicht *Carricthura* vor.

3   *Duchomar*, ein Mann mit einer finstern Stirn.

4   *Cormul*, blaue Augen.

Ich gedenke deiner – – Ha!
Wie kämpften *Duchomar* und *Cormac*,
Ferne Hügel bebten,
Wie Blitze schwangen sie ihre Schwerdter,
[24] Die Rüstung tönte wie Donner,
Der durch den Eichenwald fährt. –
    Aber voller Tükke band dich *Cormac*
Führte dich durch finstre Felsenhöhn,
Kerkerte dich im Felsenthale *Loda's*,
In den schauervollen Kreis der Steine. –
    Sterne glänzen am Himmel,
Flimmern durch grünende Bäume,
Tanzen auf sprudelnden Quellen,
Schimmern durch schwebend Gewölk.
    Fern vom Berg braußt die Waldung,
Wellen umrauschen den Felsen,
[25] Ströme entstürzen dem Berge,
Schlummer dem Himmel entsteigt.
    Ungespannt liegt neben mir der Bogen,
Vor mir in der Halle hängt die Harfe; –
Aufwärts blikke ich zum Abendsterne,
Schlaf verdunkelt meine Augen. – welch Getön?
Flüstert der Wind durch die Saiten der Harfe?
Schweben um mich Bardengeister der Vorzeit[,]
Die mit luftiger Hand die Saiten rühren? –
    [26] Jammertöne
Beben die Saiten der Harfe!
Horch! Nun rauscht es über die Wölbung des Schildes! –
Und ein lauter Klang springt durch die Halle! –
Da weht vom Berge *Loda* her ein Wind,
Er wirbelt von sich eine rothe Glut,
Es glänzt um mich ein rother Feuerstrom
Und in ihm wallt die Bildung *Duchomar's*.
    [27] *Congal.*
Was willst du in meiner Halle?
Zürnender Geist meines Freundes?
Warum schlägst du Jammertöne aus der Harfe?
Luftig ist deine Gestalt,
Die Sterne beben durch deine Bildung,
Roth ist dein Auge von Thränen,
Deine Kleidung eine Nebelwolke!
Düster blickst du hinab[,]

Düster wie eine tiefe Felsenhöle.
Da sprach der Geist, und seine Stimme glich
[28] Dem Wind der durch das Schilfrohr tönt
Wenn er dahin durch *Lago's*[5] Sümpfe bläst.
  *Duchomar.*
O *Congal!*
Ich wohne izt im *engen Hause*;[6]
[29] Vier *Steine*[7] stehn mit moosgen Häuptern auf mein Grab –
Ich sank; doch über meinem Grabe
Schwebte keines Barden *Gesang*;[8] –
[30] Unbekannt bin ich der Nachwelt.
Kein Wandrer wird einst fragen: Wer ist hier begraben?
O *Congal!* denke deines todten Freundes,
Mache mir ein Lied. –
  Er reichte mir die düstre Hand, –
Aber ein Wind erhob sich
Und rollte das Gebild zusammen.
Ich blickte ihm nach, er sank
Hinter den Berg hinab,
Wie ein fliegender Stern. –
Da bebte der rothe Morgen
Auf ferner See herbei,
Der Morgenstern verhüllte sich
[31] In den ersten Strahlen der aufgehenden Sonne.
In Licht rollten die Ströme dahin.
Da nahm ich meine tönende Harfe,
Bestieg den Berg des *Loda*,
Und sang dem Geiste *Duchomars*
Auf seinen Hügel sitzend den Grabgesang.
  *******
Starck warst du *Duchomar*,
Furchtbar deine Rechte,
Dein Schwerdt des Himmels Blitzstrahl,
Dein Bogen irrte nie: –

---

5 *Lago*, ein Sumpf oder See, aus dem sich ungesunde und tödtende Dämpfe erheben, Oßian
  braucht ihn sehr oft zu Bildern.
6 *Engen Hause.* Eine gebräuchliche Umschreibung des Grabes im *Oßian.*
7 *Steine*, es war gewöhnlich nach allen vier Weltgegenden einen Stein auf den Gräbern zu set-
  zen.
8 *Gesang.* Die alten Schotten glaubten, der Geist eines Helden könne nicht eher unter den
  Größten seiner Vorfahren aufgenommen werden, als bis ein Barde über sein Grab ein Klage-
  lied gesungen hätte.

Nun bist du todt und schläfst im engen Hause,
[32] Mit drei Schritten umgehe ich dein Grab,
Du, der du einst so groß warst,
Tükkisch verschloß dich *Cormac*
Im engen Felsenthale,
Von Felsen hallte deine Stimme wieder
Und sprang von Klippe zu Klippe. – –
Als der *rothhaarige*[9] *Cormac*
[33] Durch eine verborgne Felsenkluft
Hieher dich schleppte; –
Rückwärts ging er mit Lachen,
Und verriegelte hinter sich den Weg durch die Felsen; –
Auf ewig war dir der Rückweg verschloßen.
Da blicktest du um dich, Armer,
Und deine Klage hallte an den Felsen.
    *Duchomar.*
Wohin? Wohin?
Wankende Felsen,
[34] Hangende Klippen,
Stürzt über mich! –
    Düster ist alles um mich her,
Wolken umhüllen den Himmel; –
Über mir thürmen Felsen sich,
Klippen auf Klippen gewälzt!
Vom Berge rauscht der finstre Eichenwald.
Durch die Felsenritzen winselt der Wind,
Hinter der Felsenmauer bellen Hunde aus der Ferne.
Vielleicht jagst du auf den Hügeln *Cromla's,*
*Cormul, Toscars* blauäugige Tochter: –
[35] Der Sturm braußt durch den Wald[,]
Die Tannen rauschen von Klippen,
Beugen sich in das düstre Thal
Und schütteln ihr finstres Haupt.
Der Waldstrom donnert vom Felsen,
Braußt von Klippen auf Klippen
Und zerspringt, vom Felsen stäubend. –
Ebnet euch, schroffe Felsenwände!
Daß ich euren Gipfel ersteige,

---

9   *Rothhaarige*, auch die Schotten hatten ein Vorurtheil gegen rothhaarige Menschen. *Cairbar,*
   welcher hinterlistigerweise *Oscar* den Sohn *Oßians* umbrachte, wird von *Oßian* immer: der
   [33] rothhaarige genannt. (Siehe das erste Buch der *Temora.*)

[36] Und den *Sonnenschein*[10] der Hügel *Cromla* finde.
Wenn ich den Fels erklettre,
Er wirft mich zurück!
Felsenklüfte drohen mir mit offnem Schlund,
Donner rollen das Thal hinab –
Dornen ranken sich den Fels hinauf;
[37] Aus tiefer Ferne hör' ich Meeres Brausen.
Schweige Sturmwind!
Daß durch die Wüstniß meine Stimme töne!
Und mein Freund am fernen Hügel sie vernehme. –
Dämmrung schwebt vom Himmel[,]
In Nebel kleiden sich die Felsenwände,
Im Dorngebüsche schwirren klagende Vögel. –
Also klagte der finstre *Duchomar*,
[38] Er kletterte hinauf die moosgen Felsen,
Aber er stürzte zurück
Und seine Rüstung tönte laut. –
Da brauste in ihm heißer Zorn,
Er zog sein glänzendes Schwerdt,
Und schlug verzweiflungsvoll das Haupt der Hügel.
Er raste durch das Felsenthal,
Laut tönte das Klirren seines Schwerdtes.
    Die schwarze Nacht sank herab,
Der Mond kletterte über die glänzenden Felsen,
Da standen im Silberglanz die weißen Klippen,
[39] Der Strom rollte brausend herab,
Ein lauter Wind wehte vom Gipfel *Loda's*,
Ein dumpfes Brüllen folgte dem Rauschen des Windes.
Er trug auf seinen Schwingen den furchtbaren Geist *Loda's*;
Langsam wogte das Gebild zu *Duchomar*,
Und hing schrekkenvoll zwischen den Häuptern zweier Klippen,
Dumpf wie Windesheulen durch Felsenklüfte
Tönte das Geheule des Loda: –
[40] Wer wagt's in der Nacht den Kreis meines Stein's zu betreten?
Zurück[,] Unglücklicher!
Zurück von diesem schaudervollen Ort!
Das Schrekken hängt von jeder Klippe,
Das Grausen lagert sich in dieses Felsenthal –
Zurück aus meiner Wohnung! –

---

10   *Sonnenschein*, eine geläufige Benennung der Geliebten. Im *Fingal* nennt *Cuchullin*, *Bragela*,
     seine Geliebte, immer den Sonnenschein von *Dunscaich*.

*Duchomar.*

Entfliehe von hier, Geist *Loda*!
Ruf' deine dienstbaren Winde
Und fahre auf ihren Schwingen
Durch sausende Lüfte dahin!
    [41] *Loda.*
Bebe, schwacher Sterblicher! –
Zittre und fliehe!
Du kennst meine Macht! –
Mein Fußtritt entwurzelt Felsen,
Mein Athem schüttelt Krieg herab,
Vor meinem Hauch sinken Völker dahin:
Ich halte den Wirbelwind in der Hölung meiner Hand,
Berge zittern[,] wenn ich über sie dahin fahre,
Zittre schwacher sterblicher Mensch und fliehe!
    [42] *Duchomar.*
Ich fliehe nicht! Ich fürchte keinen Menschen!
Und sollte dich fürchten, dich schwaches Luftgebild?
Der Wind rollt seine Gestalt zusammen,
Sturmwinde verwehen dich Nebelgestalt: –
Ruf' deine Winde und fliehe!
    Da erhob die schwarze Gestalt den schattigen Speer,
Aber *Duchomar* zog sein Schwerdt,
Der Stahl wand sich dahin durch das düstre Luftgebild,
Es sank zusammen hinter Felsen
[43] Wie des Abends feuchter Nebel:
Ein dumpfes Heulen dröhnt die Felsen hinab,
Der Widerhall stößt sich an jede Klippe und verhallt
Im Rauschen des fernen Eichenwaldes. –
    Düster hebt sich der Morgen,
Thau sinkt aus den schwarzen Wolken,
Am Felsen triefen die Dorngebüsche,
Stärker rauschet der Strom. –
    Vom sumpfigen *Lago* heben sich schwarze Wolken,
Mit Tod gefüllt.
[44] Sie schweben daher wie Geister der Nacht,[11]
Und wälzen sich wogend übereinander.
Da hängen sie an tausend grauen Klippen,
Und schaudernd bebt die Luft. –

---

11   *Geister der Nacht. Oßian* unterscheidet durch diese Benennung immer sehr sorgfältig gute
und böse Geister. Geister von schlechten Menschen erscheinen stets nur in finstren Nächten,
gute Geister aber auch bei Tage.

[45] Nun hebt sich Loda's Geist, er fährt daher auf Sturmwind,
Den kühnen Sterblichen zu strafen, der es wagte
Mit scharfem Schwerdt zu verwunden. –
    Es braußt der Sturm, der Eichenwald
Wogt hin und her, die alten Eichen brechen,
Und lautes Krachen schmettert durch die Lüfte,
Donner rollen hinauf und hinab;
Lautes Brausen wälzet sich durchs Thal hinunter
[46] Und hallend über Felsen dahin: –
Da säumet sich mit Gold das Kleid des Himmels,
Es spiegelt sich der Blitz an nasser Felsenmauer. –
Der Hagel geißelt raßelnd die Felsen,
Und fegt das Buschwerk in das Thal hinab; –
Blitze drängen sich an Blitze,
Ein Donner tritt dem andren auf die Fersen.
Hoch in den Lüften steht der Geist des Loda,
Und freut sich des Gewirres.
[47] Es braußt der Waldstrom aus den Felsenklüften,
Schießt im Strudel dahin,
Und reißt Berge mit sich. –
Des Himmels Blitzstrahl schlägt die Häupter von den Klippen,
Wirft sie mit lautem Krachen gegen Felsenwände,
Zurück springt dann die Klippe,
Wirft sich donnernd in das Thal: –
Du reitest durch die Wolken hin auf deinen Winden
Geist *Loda's*! schüttelst Donner aus der Hand
Und zischend fahren Blitze aus den Augen. –
[48] Nun schlägt zusammen über *Duchomar* das Schrekken,
Ein Blitz fährt izt durch seine Brust, er sinkt, –
Der gräßlichste Donnerschlag – die Felsen wanken umher –
Tod[t] liegt *Duchomar* da. –
Zurück rollt *Loda* über seine Berge,
Die Donner rollen hinter Hügeln hinab,
Zerrißen flattern die Wolken hinweg,
Der blaue Himmel gießt sich über Felsen,
[49] Der Sonnenschein fliegt dahin, er glänzt
In Regentropfen[,] die vom Felsen triefen,
Das Laub der Bäume richtet sich empor,
Verirrte Vögel sammeln sich aus dem Gesträuche,
Die Winde schweigen. –
    Horch, da tönt vom Felsen oben *Cormuls* Stimme,
Sie verfolgt das schnelle Reh, die Hunde

Verfolgen durch das Buschwerk fliehend Wild. –
[50] Da steht die Jägerinn still am schroffen Abschuß,
Ihr Auge springt von Klippen hin auf Klippen,
Und wirft sich schwindelnd ins Thal hinab,
Sie hört von unten auf des schäumenden Stroms Brausen:
Was liegt so schwarz dort unten zwischen abgerißnen Klippen?
Ach! du bist es, Geliebter! *Duchomar!*
Ich kenne deinen goldnen *Stern*[12] dort zwischen schwarzen Federn!
[51] Ach, du bist todt, dein Hügel wird dich nicht mehr sehen,
Dein *Schild*[13] ist blutig in der Halle,
Es heult dein treuer *Hund*,[14]
Dein Geist fliegt ihm vorüber. –
[52] Sie stürzt von der Klippe ins Thal sich hinab. –
Zwei Gräber werden aufgehäuft,
Bemooste Steine nennen sie der Nachwelt.
Oft wandeln ihre Geister traulich kosend über Hügel
Beim Mondenschein und schweben durch den goldnen Nebel,
Oft wandeln sie im Winde, dann vernimmt der Barde
Von fernher süße Töne[,] die der Wind verweht. –
    Ha! dort schwebst du schöne *Cormul!*
[53] Schwebst vom bunten Regenbogen nieder,
Sonnbeglänzter Nebel ist dein Gewand,
Du fliegst über Hügel dahin,
Und hinter dir fliegt ein weißer Lichtstrahl.
    *******
Nun hab' ich dir dein Klagelied gesunken, *Duchomar,*
Komm' nun zu meiner Halle nimmer wieder. –
    So sang' ich auf dem Grabe des Helden,
Es flüstert um mich das Moos am Felsen,
[54] Das Gras des Grabes lispelt,
Es rauschen Birken über mir. –
Durch meine Seele beben heil'ge Schauer,
Die Harfe tönet leise Töne nach. –
Zwei Birken heben sich aus ihren Gräbern,
Mit Lieb' umarmet sich der Bäume Wipfel.
Ein zarter Zweig umschlingt den andren: –
So grünen beide Bäume auf den Gräbern.

---

12  *Stern.* Einige Helden zeichneten sich um sich kennbar [51] zu machen, durch etwas an ihrer
    Rüstung aus. (Siehe *Temora.*)
13  *Schild.* Ein gemeiner Glaube war, daß wenn ein Held falle, so werde der Schild blutig, der in
    seiner Halle hinge.
14  *Hund.* Man glaubte, die Hunde könnten die Geister der Verstorbenen sehen, wenn sie auf ih-
    ren Hügeln flögen.

## [3] Karoline von Günderrode: Darthula nach Ossian [1804].

Nathos schiffet durch den Strom der Woogen
Ardan, Althos, seine Brüder mit,
Erins König, Cairbars Zorn zu meiden
In geheimnißvolle Schatten kleiden
Dunkle Wolken ihren fliehnden Schritt.

Wer? o Nathos! ist an deiner Seite!
Traurig seufzt im Wind ihr braunes Haar
Lieblich ist sie, wie der Geist der Lüfte,
Eingehüllt in leichte Nebeldüfte;
Schön vor allen Collas Tochter war.

Ach Darthula! deine irren Segel
Eilen nicht dem wald'gen Etha zu.
Seine Berge heben nicht die Rükken
Und die Seeumwogten Küsten bükken
Turas Felsen schon dem Meere zu.

Wo verweiltet ihr des Südes Winde?
Schwelltet Nathos weiße Segel nicht?
Trugt ihn nicht zum heimathlichen Strande?
Lange blieb er in dem fremden Lande
Und der Tag der Rückkehr glänzt ihm nicht.

[4] Schön, o König Ethas! warst du in der Fremde;
Wie des Morgens Strahl dein Angesicht.
Deine Lokken, gleich dem Raben, düster
Deine Stimme, wie des Schilfs Geflüster
Wenn der Mittagswind sich leise wiegt.

Deine Seele glich der Sonne Scheiden,
Doch im Kampfe warst du fürchterlich.
Brausend wie die ungestümen Woogen
Wenn vom Nord die stürm'schen Winde zogen
Stürztest du auf Cairbars Krieger dich.

Auf Selamas grau bemoosten Mauern
Sah dich Collas Tochter, und sie sprach:
Warum eilst du so zum Kampf der Speere!
Zahlreich sind des düstern Cairbars Heere.
Ach! und meiner Liebe Furcht ist wach.

Freuen wollt ich dein mich, deiner Siege
Aber Cairbars Liebe läßt mich nicht.
So sprachst du. Jetzt haben dich die Woogen
Mädchen! und die Stürme dich betrogen,
Nacht umringt dein schönes Angesicht.

Aber schweiget noch ein wenig Winde!
Ueberbraust Darthulas Stimme nicht!
Fürst von Etha! sind dies Usnoths Hallen?
Jene Ströme die von Felsen fallen
Sind es Ethas blaue Ströme nicht?

[5] Hier empöret Erin seine Berge,
Ethas Felsenströme brüllen nicht.
Dennoch ruh hier an des Ufers Hügel
Denn mein Schwerd umgiebt wie Blitzes Flügel
Dich du Liebliche, du schönes Licht.

Nathos: sagt das braun gelockte Mädchen,
Niemand hat Darthula außer dich,
Denn die Freunde sind mir früh gefallen,
Las um sie noch meine Klage schallen
Hör der Trauer Stimme, höre mich.

Abend ward einst, in der Wehmuth Schatten
Bargen meines Landes Eb'nen sich,
Ueber hoher Wälder Wipfel schritten,
Einzle Lüfte, die aus Wolken glitten,
Da umgaben Trauerschatten mich.

Die Gestalten meiner Freunde gingen,
Traurig, Geistern gleich, an mir dahin.
Da kam Colla mit gesenktem Schwerdte
Seinen Blick geheftet an die Erde,
Brennend glühte noch die Schlacht darin.

"Collas letzte einzige Hoffnung sprach er;
Braungeloktes Mädchen! Truthil fiel.
Siegreich kehrt dir nicht der Bruder wieder,
Zu Selama naht Erins Gebieter,
Mit ihm Tausende im Schlachtgewühl."

[6] Ist des Kampfes Sohn gefallen? seufzt' ich!
Hat der lange Schlaf sein Aug verhüllt?
O! so schütze mich der Jagden Bogen
Glücklich oftmahls meine Pfeile flogen,
Tödlich für das dunkelbraune Wild.

Freud umstrahlt den Greisen. Ja Darthula!
Deine Seele brennt in Truthils Glut,
Geh, ergreif das Schwerdt vergangner Schlachten!
Also Colla: seine Worte fachten,
Höher noch in mir des Kampfes Muth.

Wehmuthsvoll vergieng die Nacht, am Morgen
Schimmerte im Stahl der Schlachten ich. –
Cairbar saß zum Mahl in Lonas Wüste,
Als Selamas Waffengang ihn grüßte,
Seine Führer rief er da zum Krieg.

Warum soll ich Nathos! dir erzählen
von des Kampfes schwankendem Geschick?
Ach! umsonst bedeckt von meinem Schilde,
Sank der Vater mir im Schlachtgefilde,
Und in heißen Thränen schwamm mein Blick.

Treulos zeigte da des Mädchens Busen,
Cairbar mein zerrissenes Gewand,
Freundlich naht er, sprach der Liebe Worte,
Führte mich zu meiner Väter Pforte,
Aber Trauer meine Stirn umwand.

[7] Da erschienst du Nathos! meinen Augen,
Freundlich wie ein Abendlich Gestirn.
Cairbar schwand vor deines Stahles Sprühen
Wie der Nachtgeist vor des Morgens Glühen,
Doch es wölbte Trauer deine Stirn?

Meine Seele glänzte in Gefahren
Eh' ich dich, du schönes Licht! gesehn.
Aber unsre Segel sind betrogen,
Wolken, kommen gegen dich gezogen.
Und du wirst in ihrer Nacht vergehn.

Oscar weilest noch an Selmas Küste!
Oscar schiffe durch das dunkle Meer!
O daß Winde deine Segel schwellten!
Zittern würden dann Temoras Helden.
Friede wäre um Darthula her.

Wo wird Nathos deinen Frieden finden?
Wo Darthula? wo ist für dich Ruh?
Geister der Gefallnen! sprach Darthula;
Truthil! Colla! Führer von Selama!
Winkt ihr mir aus euren Wolken zu!

Nathos! reiche mir das Schwerdt der Tapfern,
Vater! ich will deiner würdig seyn,
In des Stahles Treffen werd' ich gehen,
Nimmer Cairbars düstre Hallen sehen,
Nein! ihr Geister meiner Liebe! nein!

[8] Freude glänzt in Nathos bei den Worten,
Die das schöngelokte Mädchen sprach:
Cairbar, meine Stärke kehret wieder!
Komm mit Tausenden, Erins Gebieter!
Komm zum Kampfe! meine Kraft ist wach!

Ja er kömmt mit Tausenden! rief Ardan;
Schreckbar tönet ihrer Schwerdter Schall. –
"Laß zehntausend Schwerdter sich empören:
Usnoth soll von Nathos Flucht nicht hören,
Ardan! sag ihm; rühmlich war mein Fall.

Winde, warum brausen eure Flügel?
Woogen! warum rauscht ihr so dahin?
Wellen! Stürme! denkt ihr mich zu halten?
Nein, ihr könnts nicht, stürmische Gewalten
Meine Seele läßt mich nicht entfliehn.

Wenn des Herbstes Schatten wiederkehren,
Mädchen! und du bist in Sicherheit,
Dann versammle um dich Ethas Schönen,
Las für Nathos deine Harfe tönen,
Meinem Ruhme sey dein Lied geweiht.["] –

Nathos blieb gestüzt auf seinem Speere;
Schaurig pfiff der Nachtwind um ihn her
Aber bei des Morgens erstem Strahle,
Drang er vorwärts mit gezücktem Stahle,
Mit dem Führer eilt Darthula her.

[9] Komm zum Zweikampf! ruft er Fürst Temoras!
Für Selamas Mädchen! – Cairbar spricht:
Stolzer, du entflohst mir mit der Schönen
Wähnst du, Cairbar kämpft mit Usnoths Söhnen?
Nein, er kämpft mit Unberühmten nicht.

In des königlichen Nathos Augen
Glänzen Thränen; und er wendet sich
Zu den Brüdern, ihre Speere fliegen
Rache dürstend, und gewiß zu siegen
Erins Reihn verwirren schwankend sich.

Da ergrimmet Cairbars finstre Seele,
Und er winket, tausend Speere fliehn,
Usnoths Söhne sinken wie drei Eichen,
Die zur Erde ihre Wipfel neigen,
Wenn des Nordens Stürme sie umziehn.

Gestern sah sie noch der Wandrer blühen
Ihre stolze Schönheit freute ihn,
Heute beugte sie der Sturm der Wüste,
Sie, die gestern noch die Sonne grüßte,
Sprachlos starret Collas Tochter hin.

Höhnend naht ihr Cairbar, Mädchen sahst du
Nathos Land, in fernes Blau gehüllt?
Oder Fingals dunkelbraune Hügel?
Ha! entrannst du auch des Sturmes Flügel,
Ueber Selma hätte meine Schlacht gebrüllt.

[10] Cairbar sprachs. Da rauscht ein Pfeil, getroffen
Sinkt sie, und ihr Schild stürzt vor sie hin.
Wie des Schnees Säule sank sie nieder,
Ueber Ethas schlummernden Gebieter,
Spreiten sich die dunklen Lokken hin.

Da versammelten die hundert Barden
Cairbars, um Darthulas Grabmal sich[.]
Ihre Harfen rauschten um den Hügel,
Und es schwang sich des Gesanges Flügel,
Für der Mädchen Erins Schönste! dich!

Trauer schreitet an Selamas Strömen,
Schweigen wohnet in den Hallen nun.
Collas Tochter sank zum Schlafe nieder
O! wann grüßest du den Morgen wieder?
Schöngelockte! wirst du lange ruhn?

Weit entfernet ist dein Morgen, nimmer!
Stehst du mehr in deiner Schönheit auf,
Ach! die Sonne tritt nicht an dein Bette,
Spricht, erwach aus deiner Ruhestätte!
Collas schöne Tochter! steig herauf!

Junges Grün entkeimet schon dem Hügel,
Frühlingslüfte fliegen drüber her.
Sonne birg in Wolken deinen Schimmer!
Denn sie schläft, der Frauen Erste! nimmer
Kehret sie in ihrer Schönheit mehr.

## [454] Achim von Arnim: Das Lied von der Jugend [1809].

O Jugend, wie gleichst du dem schimmernden Traume des Jägers,
Den wärmende Sonne entschläfert am Hügel;
Da weckt ihn der Sturm und die jagenden Schlossen,
[455] Da fühlt er sich beben, er sieht sich allein;
Da beugen sich Blumen ins wallende Grün,
Da stürzen die schwebenden Wolken hernieder,
Da weichet die Röthe vom rastlosen Himmel,
Da stehet er frierend und wischt sich die Augen
Und schauet hinüber zum Aufgang der Sonne. –
Die ging ihm schon unter, verflogener Traum!
O kehre mir wieder, O Jugend im Traum nur!
O klinget mir wieder ihr Waffen im Ohre!
Wann ziehe ich weiter im strahlenden Stahle?
Dann trete ich nieder die trotzenden Feinde!
Es gehet der Seele die Sonn des Gesanges
Wohl auf und wohl unter, ich fühle die Wonne,
Die Schmerzen entstrahlender, blendender Zeit.
    Ich schau die gethürmten Schlösser der Väter,
Die schattigen Eichen dort hinter dem Walle,
Am Thore die Ströme erschwellen, umrauschen,
Die Vögel in Lüften, sie ziehen schon wieder,
Es hallen die Tritte der Meinen im Hause,
Sie sammeln sich rings an der gastlichen Schwelle,
Steht Fingal nicht mitten gelehnt auf dem Schilde?
Sein Speer ist gestützet dem Walle entgegen,
Er horchet Gesängen der wandernden Sänger,
Gethanene Thaten, als Jugend sein Arm.
    Sein Oskar, heim kehrend vom Jagen, auch horchet
Dem Loblied des Helden und sieht ihn mit Staunen,
Wie Großes der that, den er täglich so schauet,
Da reisset er heftig sein Schild von dem Walle,
Daß schreckend emporspringt sein Leibhund und anschlägt,
Der müde vom Jagen ihm lag zu den Füssen;

Die Spitze des Speeres erblinket geduldlos,
Der Degenknopf blitzt in den mächtigen Händen
[456] Mit leichtem Erzittern, voll Thränen das Auge
Die Röthe der Jugend in pochenden Wangen,
So spricht er zu Fingal und kniet vor ihm nieder:
    O Fingal, du König der Helden und Ossian,
Nächster im Kriege, ihr fochtet in Jugend,
Ihr lebet im Sange die ewigen Tage,
Doch Oskar erscheinet, verschwindet wie Nebel,
Kein Sänger mich kennet, kein Mädchen mich nennet,
Kein Jäger einst suchet mein Grab auf der Heide;
O lasset mich fechten in Inisthona,
Und sollte ich fallen in Inisthona,
Ihr hört nicht mein Fallen im Lande so ferne,
Die Tochter der Fremde soll sehen mein Grab,
Und klagen die Jugend, die fern aus der Fremde,
Ihr nahte in Thaten, des Todes erfreut;
Dann kommt einst ein Sänger zu dir aus der Fremde,
Und rufet beim Feste: O höret die Thaten,
Von Oskar aus fernem umflutheten Land.
    Mein Oskar, erwiedert der König der Helden,
Du Erbe des Ruhmes lautschallender Hallen,
Auch Du sollst nun fechten, weil Fechten dein Sinn,
Bereite den Schooß dir des dunkelen Schiffes,
Der Ferne gebär es der Unseren Ruhm;
So stehe denn auf und so beug dich vor keinem;
Auf führe die Helden nach Inisthona,
Doch denke des Ruhmes von Vater zu Vater,
Des ewigen Glanzes in unserm Geschlechte,
Daß Kinder der Ferne, nicht spotten und sagen,
Die Kinder des Fingal, die sind nicht von ihm.
Sey kriegend ein Sturmwind, im Frieden wie Sonne,
Sag Annir dem König von Inisthona,
Ich denke mit Liebe der Jugend, wir stritten
[457] Zusammen in Tagen von Agandeka.
    Es eilet so ruhlos die Jugend zu Thaten,
Als wollte einfrieren das wegsame Meer,
Bald zogen die Segel glückahnend zur Ferne,
Es wispern die Winde durch Leinen des Mastes,
Es rauschen die Fluthen am grimmigen Kiele,
Es zeichnet die Bahn sich weit hinter dem Schiffe,
Bald schaut er die Klippe, gepeitscht vom Meere,

Erkennet am wallenden Lustwald das Land.
Er wendet zum stilleren Busen des Meeres,
Er tritt auf den schwankenden Boden des Ruhmes
Und ziehet das Schiff zu dem trockenen Lande,
Dann bringt er das Schwerdt des vielherrlichen Vaters
Zu Annir, der saß auf dem eisernen Thron.
    Der Held in dem Grauhaar rief auf als er sahe
Von Fingal das blinkende, schmetternde Schwerdt.
Er dachte der Schlachten, der Jugend mit Thränen,
Sie stritten zusammen im Glanz Agandekens,
Sie stritten der Lieblichen Erbe zu schützen.
    Die Helden rings standen, als ob in den Wettern
Wetteifern zwey Geister beym kreuzenden Lichte,
Dann sagte der König: Veraltet mir ruhet
So nutzlos das Schwerdt schon und rostet im Saale,
Das oftmals geblinket durch kreuzende Speere;
Verwittert, verbleichet ich gleiche der Eiche,
Verdorrend auf Felsen, die Wurzeln zerhauen.
Ich habe nicht Söhne mit Dir sich zu freuen,
Umher dich zu führen in Hallen der Väter!
Ach Argon und Ruro, ihr ruhet verblichen,
Wie kann ich euch rächen, die heimlich ermordet;
Die Tochter im Hause des feindlichen Mörders,
Sie sehnt sich zu sehen mein Grab bey dem Euren!
[458] Ihr Gatte, ihr Cormalo schüttelt zehntausend
Der Speere entgegen wie Wolken des Todes,
Mein Schwerdt ist verrostet! Auf nun zum Feste
Du Erbe des Ruhmes, dann will ich erzählen.
    Drey Tage vergingen in Festen, am vierten,
Da hörte der König den Namen des Gastes,
Sie lebten gar herrlich, sie jagten die Eber,
Sie weilten bey Steinen, die groß und bemooset;
Die Quellen da rieseln, da weinte der König,
Er hebet die Augen, sie leuchten wie Sterne
Durch finstere Wolken; so bricht er die Stille:
    "Hier ruhet, was blieben von Kindern der Jugend;
*Der* Stein ist das Grabmahl von Ruro, *die* Esche
Umwurzelt nun Argon im Grabe. – Ach hört ihr
Im klemmenden Hause, auch sprecht ihr im Laube
Wie rauschende Winde, ihr rauschet so traurig" –
Die Winde durchstreifen die Loden von Oskar,
Wie Winters sie eisen die stürmischen Seen,

Die eilenden Wellen erstarren im Laufe.
Er fragte: "Wie fielen die Söhne der Jugend,
Daß Eber des Forstes die Gräber umstreifen,
Und stören ihr Ruhbett; hier müssen sie's leiden!
Doch droben da jagen die Geister der Helden
Die flüchtigen Wolken, umgarnen mit Bogen
Der Lüfte vielfarbig das ruchlose Wild.
O tröste dich König, es leben die Starken,
Wir hören die eilenden Sohlen im Winde,
Wir hören die bellenden Hunde in Nächten,
Sie lieben noch immer das Jagen der Jugend,
Besteigen mit Freuden schnellfüßige Stürme.["]
    Der König erwiedert, nachdem er gestillet
Die stickenden Thränen, den nagenden Kummer:
[459] Zehntausend der Speere beherrschte Cormalo,
Er hauset beym Wasser, das hauchet den Tod,
Gekommen zu meiner hellschallenden Halle
Er focht um die Ehre des Sieges mit Speeren,
Die Jugend war herrlich, doch konnte sich keiner
Mehr messen mit ihm, sie gaben den Kranz ihm
Die Tochter ihm Liebe. Da kamen die Söhne
Vom Jagen zurücke, kam Argon und Ruro
Verbissene Schmerzen des Stolzes im Auge,
Sie sahen den Kranz auf dem Haupte des Fremdlings,
Die Helden, die Ihren bezwungen im Lustkampf.
Drey Tage sie festen, am vierten focht Argon
Mit Cormalo freudig, wer konnt ihn bestehen!
Besieget ward Cormalo von ihm, auch von Ruro;
Da schwoll ihm sein Herz gar von gräulichem Ärger,
Er trachtet zu sehen das Blut von den Söhnen,
Verschliesset im Herzen die kochende Wuth.
Sie gingen in Eintracht zu jagen am Hügel
Die bräunliche Hirschin, die häufig hier trank;
Da flogen die Pfeile von Cormalo heimlich,
So heimlich, so schrecklich, es fielen die Söhne
Im Blut, gezeuget im Blute des tobenden Krieges,
Die Sonne ging auf und ging unter in Blut;
Gleich eilet der Frevler zur Tochter nach Hause,
Sie strählte die langen, die goldenen Haare,
Er greifet die Flechten und zieht sie mit sich.
Ich blieb da allein, nichts ahndend von allem,
Erwartend die Jäger. Der Tag war versunken,

Ein neuer erschien, nicht Argon, nicht Ruro;
Am Dritten da sah ich den spürenden Leibhund,
Er kam in die Halle und heulte und schien mich
Zu locken zur Stelle des Falles; ich folgte,
[460] Und fand sie – begrub sie an selbiger Stelle,
Die stattlichen Leiber, mit eigenen Händen.
Hier wohn ich immer, wenn's Jagen geschlossen,
Ich leg mich hinüber auf kühlenden Boden,
Den Augen entströmt wie gebrochenen Ästen
Der Frühlingssaft, wehe mein Herz ist gebrochen.
    "Ihr Geister auf Wolken, rief Oskar und eilte
O ruft mir zur Seite die Heldenvertrauten,
Noch heute wir eilen zum tödtlichen Wasser,
Ich räche euch heilig ihr herrlichen Brüder,
Nicht länger soll Cormalo lebend sich freuen;
Auf dring in die Spitze des Schwerdtes O Tod!["]
    Es schwellen die Segel, er eilt mit den Seinen,
Es hob sich der bleiche, der kühlende Mond,
Es schläfert der Jugend, die bläulichen Helme
Schimmerten helle, es sinken die Feurigen
Die Augen der Helden, die Sterne verschwinden.
Nur Oskar der Führer, er schläft nicht, er steuert,
Und stehet am Ruder und schauet zur Ferne,
Und schauet die wolkigen Küsten des Feindes.
Es naht sich ein Windstoß, weitspannend die Schwingen,
Der stärkste der Geister, er schüttelt sein duftig
Gehaar und den Speer und Augen sie funkeln,
Wie glühendes Eisen, die Stimme ein Donner,
Verhallend so spricht er: O Oskar zurück!
Doch Oskar streckt vorwärts den Speer und erhebet
Die Stimme zur Höhe und redet entgeistert:
Entfliehe du Nachtbild mit Stürmen, den Deinen,
Wie wagst du mit dunkelen Waffen zu nahen,
Wie welk ist dein Schild und dein Schwerdt nur ein Schilfhalm,
Ein Stoßwind sie rollet zusammen wie Wolken;
Dein Nachtwerk verderbet sich selber, du Nachtbild.
    [461] "Du dürftest mir dräuen, erwiedert die Stimme,
Es neigen die Völker die Stirne vor meiner,
Ein Schütteln der Braunen erwecket, versenket
Die zweifelnden Schlachten, die rüstigsten Jagden.
Ich komme aus grauer, verahndeter Ferne,
Entschleudre im Winde die Blitze des Todes,

Die Stürme im Blicke, die Blitze in Händen,
Doch über den Wolken ist milde mein Wohnen,
Auf blauem Gefild sind Gefährten der Ruh,["]
　So wohn dort in Freuden, befiehlt ihm da Oskar,
Vergesse dort Fingals stets ruhlosen Sohn,
Noch nimmer ich streckte zu dir in die Wolken
Den blinkenden Speer! Was runzelst du heftig
Die Stirne, noch nimmer ich flohe den Starken.
　Der Geist ihn nun warnte: Entfliehe dem Lande
Empfange die Winde mit wendendem Steuer,
Und daß du mich kennest, die unstäte Göttin,
Die alle verehren, die je sie verloren,
Und daß du mir trauest, ihr nennet mich Jugend,
Dem Schooß mir entsteigen die Augen der Kinder,
Mein Athem sie nähret, sie ziehn ihn zum Herzen,
Ich bilde in ihnen und breite wie Äste
Neugierige Hände zur Kühnheit der Helden,
Ich schütze die Kühnheit, mein Liebling ist Cormalo;
Mein Oskar, ich lieb dich, entfliehe dem Lande,
Das sorgsam getrennet vom tobenden Meere,
Die unstäte Sonne sich schneller nicht decket,
Als fliehet die Jugend, als fliehet ihr Glück.
　Er rufet: Ich schiffe zu Thaten der Zukunft,
Entfliehe O Jugend, nie altert der Ruhm,
Und Oskar legt vorwärts die Klinge des Schwerdtes,
Er fühlet die dunkelen Speere des Geistes,
[462] Er schneidet sich strahlende Wege durchs Dunkel.
Der Geist auf den Wolken gestaltlos entfliehet,
Wie Säulen des Rauchs vom verlöschenden Feuer,
Zertheilend sie jaget der Finger des Knaben,
Doch rühret ihn fern noch die drohende Stimme,
Ein rollender Felsen. Die Krieger erwachten,
Sie fragten der Ursach des mächtgen Getönes;
Er zeigte der Sonne hochprächtigen Wagen
Die tausend der Wellen auf glänzendem Rücken
Sie trugen mit Jubel, und trugen den Helden
Zur nahenden Küste des schimmernden Ruhms.
　Es ahnden die sausenden Wälder die Stürme,
Sie sammeln dann dichter die wankenden Häupter,
So weckte der zornige Nachtgeist die Feinde;
Bald höret auch Cormalo hallen das Schlachthorn
Von Oskar, und sammelt die Kinder des Sees

Am tödlichen Wasser, das schrecklich erdampfet
Im lieblichen Sommer, als frör es im Winter.
Und Oskar verkündet die blutige Rache
Für Argon und Ruro und fordert die Schwester.
Kaum ist es gesprochen, so stürzen beym Namen
Mit eilenden Schritten zusammen die Heere;
Als wär es ein Küssen, so eng sie sich drängen,
Wie leuchtendes Feuer, so funkeln die Waffen,
Als säten sie Menschen, so fallen die Helden,
Sie streiten wie Stürme in rollenden Wogen,
Da trennt sie der tobende Oskar, der suchet den König
Sucht Cormalo, findet ihn balde, der muthig voran,
Und staunend dem Kampfe entsinken die Hände
Den rasenden Völkern, sie warten des Ausgangs.
Es sprangen die Helme, es borsten die Schienen,
Da lief in das Schwerdt des Oskar verblendet
[463] Sich Cormalo, blind in der frevelnden Seele.
Es legen die Seinen vor Oskar die Waffen
Hernieder und bringen die klagende Königin.
    Mit herrlichen Schiffen, mit röthlichen Segeln
So kehret daheim nun der siegende Oskar,
Er bringet zu Annirs lautschallenden Hallen
Die Tochter, die einzge; sie deckte die Augen.
Das Antlitz des Alten war glänzend vor Freude
Er führet die Tochter, er führet die Sieger,
Läßt tragen die Beute zum Grabe der Söhne.
Da klagte in Thränen die Tochter, die Wittwe:
O höret ihr Winde, ich höre euch Quellen,
Die heimlich hier fließen, aus Gräbern der Brüder.
So sehet die Thränen, die strömend sich drängen;
Ihr Brüder, so herrlich, du Argon und Ruro
Ihr waret ja alle, mir alle so lieb.
Doch Cormalo liebt ich vor allen so innig;
Was hast du erschlagen die herrlichen Brüder
Was hast du erschlagen, du Fremdling, den Liebling? –
So jammert sie lange, so starb sie in Thränen
Und löschte die Flamme der ewigen Rache.
Und als sie da ruhet erbleichet am Grabe,
Da schauet erst Oskar die lichtenden Wangen,
Nun sieht er sie liebend und sieht sie nicht wieder,
Und sehnt sich die herrlichen Thaten zu löschen
Mit schmerzlichen Thränen, und scheuet den Glückwunsch.

Er kehrt wohl zurück zu mir und zu Fingal,
Wir freuten des Sieges uns immer allein,
Die Dämpfe des tödtlichen Wassers ihn hatten
Im Keime ersticket, die Jugend zerknickt;
So saß er am Ufer und starrte hinunter,
Die Wellen sie kamen, die Wellen sie gingen,
Oft rief er: Ich sehe ein Eyland da ferne,
[464] Da springen die Brunnen der Jugend so helle,
Ein einziger Tropfen vom leuchtenden Springe
Giebt Jugendgenesen, wie Frühling die Blätter.
    Und einstens ganz heimlich, da stößt er sein Schifflein
Vom Lande ins Wasser, ich sah ihn erst fern,
Am Himmel ich sahe mit dampfenden Waffen,
Mit funkelnden Augen den Nachtgeist der Jugend,
Die Stimme ein Donner, der ferne verhallet,
Vom Sturme gezogen ihr Mantel tropft flatternd
Vom fließenden Regen und Oskar sog sehnlich
Die Tropfen mit durstendem Munde in sich,
Und streckte die Hände so sehnlich, so zart,
Wie Säuglinge thun zu der nahenden Mutter,
Und rief sie, und nannte sie Quelle der Jugend,
Sie reicht ihm die blitzende zuckende Hand.
    Die Winde sie stürmten mit Wuth an den Felsen,
Ich hörte am Ufer viel Stimmen auf Wolken,
Am Morgen ich sahe sein Schiff ach verkehret,
Auf Klippen zerspalten, da lags wie sein Schild.
Wo Oskar geblieben, kein Stein mir verkündet,
Auf Hayden kein Jäger kann suchen sein Grabmahl.
Doch Fingal er sagte: Die Quelle der Jugend,
Er hat sie getrunken in hellem Gesang.
    Entweichet, entfliehet ihr drückenden Wolken,
Nicht Schmerzen allein nur, auch Freuden sie dauern,
Oft denk ich des Tages, des Tages der Heimkehr
Des stattlichen Oskar von Inisthona,
Des kommenden Frühlings von Inisthona.
Wie groß war die Freude; der erste ich sahe
Die Segel des Oskar, wie leuchtende Wolken
Dem irrenden Wandrer erscheinen im Morgen.
Wir führten ihn singend durch Hallen des Schlosses,
Sie tönten von hohen Gesängen der Tochter.
[465] Sie tönen wie Harfen des Abends hernieder,
Es winket das Licht noch an rauschenden Buchen,

Durch Eichen es strahlet, es ziehet auf Strömen;
Jetzt singe, o Tochter, die lieblichen Lieder,
Daß Schlaf mich umnachte inmitten der Freude,
Daß Jugend mir kehre zurück im Gesange!
Wie lieblich es säuselt von Tönen der Tochter,
Es tönet der Schild, den Oskar erkämpfte,
Die herrliche Sonne sich schauet darin!
Auch mich trieb die Jugend in tobende Schlachten,
O stört nicht ihr lärmenden Freunde den Seher
Wie unstäte Sonne, so wandelt die Vorzeit
Bald auf und bald unter, wie Frühling im Grünen;
Du weckest mich Frühling mit Tropfen des Himmels,
Doch nahen die Stürme, die bald mich entblättern,
Es kommet der Wandrer, er sah mich erblühen,
Er sieht mich verwelken. Nun seh ich dich Fingal
In hangenden Wolken, die Augen sind Sterne,
Dein Schild ist ein Vollmond, dein Schwerdt ist ein Rothstreif:
Dein Oskar der jaget ganz nahe bei dir,
Er stehet in ewiger Jugend bei dir.
Im grünenden Thale vom Strome durchwunden
Da sonnen sich Hirsche, es flattern die Adler,
Die Knospen sich öffnen, welch Murmeln ist droben,
Es sinken die Winde, du rufest mich Fingal,
Komm Ossian ziehe hinauf. "Wie hebt sich der Müde zu dir?
Wir gehen, so sprichst du, auf eilenden Strahlen,
Die Jugend ist einmal und schnelle und kurz,
Von unseren Schlachten der Boden wird schwarz,
Wird finster und schweigend und quellig und kalt:
Ein Grabstein, der giebt dir die Ruhe, komm Ossian,
Komm Ossian, komme, gern hören wir Sang."
[466] Ich komme, ich komme, bald sehet ihr nimmer
Den Fußtritt im Sande, die Harfe im Schwunge,
Dann säuseln mir Winde am Morgen im Grauhaar
Und wecken nicht wieder den Barden der Lieder.
Geschlechter sich heben, wie Wellen im Meere,
Es bringet viel frische Geschlechter der Morgen,
Am Ufer zerschellen sie Abends ermüdet,
Ich sehe die wogenden Bäume des Ufers,
Es sinket ein Kranz auf das sinkende Haupt:
O Jugend wie gleichst du den Träumen des Alters.

# Matthäus von Collin: [Auszug aus:] Calthon und Colmal [1813].

[237] Dritter Aufzug.

### Erste Scene.

Hohe Berggegend. Im Hintergrunde die Ruinen von Rathmors Feste. *Dunthalmo* liegt schlafend über einige Felstrümmer gestreckt. An seiner Seite sind viele Waffen aufgeschichtet. *Die Barden* sitzen in den Ruinen zerstreut, gegen Morgen zugekehrt. – Sonnenaufgang.

CHOR DER BARDEN.
Des Morgens Thore thun sich auf!
Schaut hin, die Sonne kommt herauf.
Der Wald ertönt, und wankt, und bebt,
Vom frühen Hauch des Tags belebt.

CONNIL.
Du rollst, in Stärke glühend,
O Sonne, hell herauf,
In hehrer Jugend blühend
Beginnest du den Lauf.
[238] Erröthend, leicht umwallen
Der Wolke Schleyer dich,
Des Hains Gesänge schallen –
Sie grüßen, grüßen dich.

CHOR DER BARDEN.
Furchtbar am Himmel ist dein Schritt.
Einsam durcheilst du dein Gebieth.
Das Haupt verhüllend, schauen bang
Die Sterne deinen Strahlengang.

CONNIL.
Auch du wirst einst vergehen,
Am Himmel, schönes Licht!

Des Morgens Lüfte wehen –
Doch bringen sie dich nicht.

CHOR DER BARDEN.

Bleich schaut der Mensch zum Himmel auf –
Du wandelst nimmermehr herauf!

DUNTHALMO.
(*fährt bebend aus dem Schlafe empor, und zieht sein Schwert.*)
Glaubst du, es schrecke mich dein Klaggeheul,
Sohn Rathmors? Kraftlos bist du nun, ich seh
Dein Dunstbild furchtlos. Nimmer schreckst du mich. –
Doch wie so blank mein Schwert? – Wie denn? – nicht roth?
Nicht mehr von Blut befleckt? – So blank und helle?

[239] CHOR DER BARDEN.
Was ist dem König?

DUNTHALMO.
Wer ruft? – Horch, horch, es ruft mir eine Stimme!

CONNIL.
Wir sind's, Gebiether.

DUNTHALMO.
Tadeln sollt ihr nicht,
Was ich gethan. Er liegt im Grabe, sag' ich.

CONNIL.
Wer liegt im Grabe?

DUNTHALMO.
Frage nicht! – Doch wie?
Wo bin ich? träumt' ich wohl? – Nichts ist gethan!
Im Schlafe mord' ich, wachend bin ich feige.

CONNIL.
Gebiether!

DUNTHALMO.
Nimmermehr! – vergebens streb' ich,
Ihn hier zu tödten, wo mich jeder Stein

An seinen Vater mahnt, und meine That.
Unschlüssig immer, und in Zweifel wankend,
Verschob ich es. Nun ist's zu spät, ich fühl' es. –
Ist er entflohen? sprich. – Er ist es? – rede!

CONNIL.
Mein König, fest gebunden lieget Calthon,
[240] Und wohl verwahrt, in deiner Krieger Mitte.
Im Thale, wo du sie verließest, liegt der Arme.

DUNTHALMO.
O läg' er tiefer noch, mir wäre wohl.

CHOR DER BARDEN.
Wer wankt so bleich
Dort um den Teich?
Unstät, o Sulma, ist dein Schritt.
Aus düstern Locken schaust du wild
Hinaus ins thauende Gefild.
Unstät, o Sulma, ist dein Schritt.

DUNTHALMO.
Was rufet ihr?

CONNIL.
Es nahet Sulma, König.

SULMA.
(kommt hinter den Ruinen hervor, setzt sich traurig auf eine Trümmer,
und singt:)
Ein Mädchen suchte still und froh
Den Jüngling auf der Haide,
Wo er einst nimmer vor ihr floh:
Wie ward sie dann des Lebens froh,
So voll holdsel'ger Freude.

Nun schwebet, wo der Donner hallt,
Auf Wolken seine Luftgestalt,
Wie kam sie da zu Leide!
[241] Oftmahls gerufen, nah't er nicht!
Ihr Aug' in Wehmuths-Thränen bricht,
Sie sinket auf der Haide.

DUNTHALMO.
Warum erschütterst du die Seele mir?
Du bist so traurig, meine Tochter. – Wie?

SULMA.
Mein Vater!

DUNTHALMO.
Schweig! nun gilt es Muth zu zeigen.
Bald kommt der Feind, es rühret sich die Schlacht: –
Ein gutes Schwert ist nöthig, meine Tochter.

CHOR DER BARDEN.
Horch! horch! Es wälzet sich vom Thal
Herauf ein dumpfer Hall.

DUNTHALMO.
(*fährt auf*)
Die Feinde sind's!

CHOR DER BARDEN.
(*Sie steigen von den Ruinen herab.*)
Weh uns, der König bebt,
Er wankt, da er den Speer erhebt.

DUNTHALMO. CONNIL. SULMA.
(*schauen in die Ferne.*)
Seht, sie strömen wie ein Meer,
Brausend, ungestüm einher.

[242] CHOR DER BARDEN.
Zum Kampf!

DUNTHALMO.
(*in heftiger Bewegung.*)
Zum Kampf!
Es mag die Schlacht beginnen.
Hinweg, hinweg im schnellen Lauf,
Und ruft die Krieger mir herauf.
Es mag die Schlacht beginnen.

CHOR DER BARDEN.
Sie rücken näher schon heran.

SULMA.
Seht, näher rücken sie heran!

DUNTHALMO.
Wie doch, Dunthalmo? wie so bang?

CONNIL und SULMA.
Furchtbar ist dieses Feindes Gang.

CHOR DER BARDEN.
Hinab, hinab, ins Thal.

DUNTHALMO. CONNIL. SULMA.
Hinab, hinab, wo unsre Krieger weilen
Eh noch die Feinde uns ereilen.

ALLE.
(*indem sie eilig sich zur rechten Seite ins Thal wenden.*)
Hinab, hinab ins Thal.

[243] *Ossian*, dessen *Krieger* und *Barden*. Sie kommen von der linken Seite aus dem Thale herauf, und eilen schnell die Ruinen vorüber ins andere Thal hinab, wohin sich Dunthalmo flüchtete. *Colmal* wird auf einem Schilde getragen, und bey den Ruinen niedergelassen.

CHOR DER BARDEN.
Sie fliehen feig dahin!
Wohl mögt ihr ohne Grauen
Nicht unser Antlitz schauen;
Ihr sollt uns nicht entfliehn!

OSSIAN.
(*naht sich Colmaln mit Theilnahme.*)
Mich ruft die Schlacht. Leb wohl, bald kehr' ich wieder.
(*Ab.*)

*Colmal* sitzt lange stumm, vor sich hingebeugt. Die Musik geht nach und nach aus dem strepitosen in sanfte Melodie über.

COLMAL.

Im wilden Kampf begegnen sich die Krieger,
Schon tönt die Schlacht – zu spät! – Da sie mich her
Auf ihrem Schilde tragen, war's ein Geist,
[244] Der schöngebildet durch die Wolken ging?
War es ein Geist? Erkannt' ich ihn? – Weh mir!
Ach Calthon fiel, ihr bringet ihn nicht wieder. –
Siehst du auf mich, Geliebter, von der Wolke?
O nimm mich auf! ruf' mich zu dir, ich flehe!
(*Geschrey und Waffengetöse der Krieger aus der Ferne.*)


COLMAL.
(*sie erblickt die aufgeschichteten Waffen.*)
Doch sieh, hier liegen Schilde aufgehäuft,
Und Helm' und Speere – Schön sind diese Waffen!
Seyd mir gegrüßt, o bald ist es vorüber.


DUNTHALMOS KRIEGER.
(*aus der Ferne.*)
Weh!


COLMAL.
(*setzt den Helm auf, und drückt den Schild fest an sich.*)
Hinweg zur Schlacht! Verhüllet mich ihr Waffen,
Daß, mir entgegenkommend, nicht der Krieger
Das Mädchen schnell erkenne, berget mich!
Fällt dann der Streich des Todes, fliegt der Speer,
Der mich dir wiedergibt, mein Calthon, wohl,
Zur Erde sinken will ich froh, und sterben.
(*Flehend, dann mit steigendem Feuer.*)
O neigt von eurer Wolk' herab;
Neigt euch herab, ihr Geister.
Bald tönt Gesang, es steigt ein Grab,
[245] Neigt euch herab, ihr Geister!
O hemmet, hemmt der Stürme Lauf,
Es schwebt ein Mädchen zu euch auf. –
Neigt euch herab, ihr Geister!
(*Sie stürzt eilend fort. Die Schlacht hallt dumpf herauf,
das Geschrey der Krieger tönt näher und näher.*)

OSSIAN mit VIELEN KRIEGERN.
(*Die Musik geht während dieser Scene ununterbrochen fort.*)

OSSIAN.
Dort um den Hügel wendet euch, und eilt.
Von allen Seiten fass' ich sie, er soll
Mir nicht entrinnen.

DIE KRIEGER.
Wohl, wir eilen, König.
(*Ab.*)

OSSIAN.
(*Man hört den Klang von Dunthalmos Schilde. – Zu den Kriegern,
die bey ihm zurückgeblieben.*)
Hört ihr des Schildes Klang? Er ruft die Krieger
Zusammen, sich zurückzuziehn. So soll's
Nicht werden, nein, so nicht, fort, fort –
(*Will sich entfernen.*)

[246] Mehrere *Krieger* Ossians kommen schnell zwischen den Bergen hervor.

EIN KRIEGER.
Gebiether!

OSSIAN.
Sprich.

DER KRIEGER.
Calthon lebet.

OSSIAN.
Wie, er lebet, sagst du?

DER KRIEGER.
Wir lösten seine Fesseln, und er führt
Die Reihen deiner Krieger in die Feinde.

OSSIAN.
Wohl mir! schön strahlet uns der Tag. – Hinweg! –
Doch wo ist Colmal? Weh! entführte sie
Der Vater?

*(geht in die Ruinen, und ruft mit lauter Stimme:)*
Colmal! Colmal! – Auf, und eilt,
In den Ruinen ist sie nicht verborgen.
Fort, fort! durchsucht den Wald, das Feld – Sollst du
Dich deiner Liebe nicht mehr freuen, Mädchen? –
O eilt, und sucht, ich führ' die Schlacht zu Ende.
*(Alle ab von verschiedenen Seiten.)*

[247] Zweyte Scene.

Waldgegend.
*Sulma* mit zerstreuten Haaren, bebend, und im Fliehen zurückschauend.

SULMA.
Wohin entflieh' ich? wo verberg' ich mich,
Daß tödtend nicht der Krieger Pfeil mich treffe?
Ringsum zerstreuet sich die Schlacht. Es fliegt
Der Speer mit Sausen durch die Lüfte hin.
Der Schlacht Getöse füllet mich mit Furcht.
    Doch welch Geräusch! Wer kommt daher
    Mit vorgehalt'nem Schild' und Speer,
    Das Haupt gebückt.
    Den Helm tief in das Aug' gedrückt?
    Wohin verberg' ich mich, wohin?
    Er ist zu nah', ich kann nicht mehr entfliehn.
    *(Sie verbirgt sich hinter den Gebüschen.)*

COLMAL.
*(kommt langsam zwischen den Bäumen hervor.*
*Sie hält den Schild vor sich, daß ihre Kleidung nicht bemerkt wird.)*
    O nicht mit eitler Hoffnung tröste dich
    Mein Herz. – Er ist dahin!
    [248] Sah ich ihn nicht vorüberziehn,
    Aufthürmend in der Wolke sich?

SULMA.
Horch!

COLMAL.
Der, kämpfend, kühn im Felde schritt,
Mit stolzem Herrschertritt,
Es war ein trügendes Gesicht:

Er war es nicht. –
Vielleicht sein Geist,
Der, eine rächende Gestalt,
Verderbend in den Schlachten wallt.

SULMA.
Es ist die Schwester! Colmal!

COLMAL.
Weh mir, ich bin erkannt!

SULMA.
Was suchst du hier im Kampfgefild,
Gerüstet kühn mit Speer und Schild?
Was suchst du hier?
O halte dich nicht weggewandt!
Ich bin es, ich.
Sieh, bittend nah' ich dir.

COLMAL.
Schnell, wie den Rosenglanz
Um leichter Wolke Saum,
[249] O schnell sah' ich den Traum
Der Freude mir verschweben!
Entblättert meiner Liebe Kranz! –
Nicht länger will ich leben.

SULMA.
Wie? sterben willst du? Calthon lebt.

COLMAL.
Er lebt!

SULMA.
Er ist befreyt.

COLMAL.
Er lebt!

ENTFERNTE STIMMEN.
Wo ist sie? – Colmal! Colmal!
Wo birgt das Mädchen sich?

SULMA.

O Schwester, fasse dich!

ENTFERNTE STIMMEN.

Wir hörten ihre Stimme.

Wo ist sie?

Wo birgt das Mädchen sich?

COLMAL.

Er sank zur Grube nicht! –

Der, kämpfend, kühn im Felde schritt,

Er war's,

Kein trügendes Gesicht!

[250] OSSIANS KRIEGER.

(*indem sie zwischen den Bäumen hervorkommen.*)

Wir hörten ihre Stimme.

Colmal!

Wo birgt das Mädchen sich?

SULMA.

Wem rufet ihr?

OSSIANS KRIEGER.

(*zu Colmaln.*)

Uns sendet Ossian.

Dich suchend, irrten wir –

Laut rufend – durch der Wälder Grün,

Laut rufend, an den Bergen hin.

COLMAL.

O fort zu ihm!

DIE KRIEGER.

Auf, laßt uns eilen.

COLMAL.

Könnt' ich mit raschem Flug die Lüfte theilen

Denn Freudetrunken ist mein Sinn.

Ein neues Leben will mir tagen,

Und neues Glück will mir entblühn!

In Wonne bebt die Brust, verschwunden sind
die Klagen.

ALLE.

Fort! durch die Wälder laßt uns ziehn.

[251] Dritte Scene.

Der Platz vor Rathmors zerstörter Feste. Man hört das Getöse der Schlacht.
Ein Theil von Dunthalmo's Kriegern fliehet in großer Verwirrung.

DUNTHALMOS KRIEGER.

Entflieht! entflieht!
Sie stürmen schon im vollen Lauf
Den Berg herauf.
Entflieht!

OSSIANS BARDEN.
(*aus der Ferne.*)

Vergebens strebt,
Wer gegen uns sich kühn erhebt.

NEUER HAUFE VON DUNTHALMO'S KRIEGERN.

O furchtbar wälzt der Barden Chor
Durch's Schlachtgetöse sich hervor.

CALTHON.
(*näher.*)

Schaut fest dem Tod in's Angesicht:
Der Helden Söhne schreckt er nicht.

[252] ANDERE KRIEGER DUNTHALMO'S
(*von Ossians Kriegern verfolgt, die Calthon anführt.*)

Weh uns!

CALTHON.

Umringet sie!

DUNTHALMO'S KRIEGER.

O schonet!
Denn Speer und Schilde werfen wir
Zur Erde hier.

CALTHON.

Zertrümmert ist Dunthalmo's Macht.
O sprecht, wo weilt,
Wo weilt er in der Schlacht?
Daß ihn mein Speer ereilt!
Wenn ich ihn kämpfend finde,
Daß ich das Schwert entwinde
Aus seiner mörderischen Hand.
Und ihn zur Knechtschaft binde.

OSSIANS KRIEGER.

Wir sah'n ihn nicht.

CALTHON.

Hinweg!

(*Ab mit mehreren Kriegern.*)

OSSIAN und DUNTHALMO.
(*noch ungesehen.*)
Vertheid'ge dich!

[253] OSSIANS KRIEGER.
(*Während dieses Gesanges erscheinen* OSSIAN *und* DUNTHALMO *kämpfend.*
*Ihnen folgen die* BARDEN.)
O seht den König im Gefechte.
Wie glänzt so schön sein Schwert,
Wenn es in hochgeschwungner Rechte
Zum Schlage niederfährt.
(*Ossian schlägt Dunthalmo das Schwert aus der Hand und*
*drückt ihn zur Erde nieder.*)

DUNTHALMO.

Weh mir!

OSSIAN.

Geh hin!
Nur Colmaln dankest du das Leben:
Doch sollst du nimmer dich erheben
In deinem Stolz.

DUNTHALMO.

O könnt' ich schnell vergehen!

OSSIAN.

Den Stein des Sieges werden wir erhöhen,
Du sollst ihn sehn, schamroth, von deiner Feste.
In grimmer Wuth ohnmächtig sollst du glühen,
Nicht Freude mehr soll dir im Leben blühen.

DUNTHALMO.

Ha!

[254] OSSIANS BARDEN.

Unselig wer den Kampf besteht
Mit Ossian.
Sein Ruhm ist früh verweht.

DUNTHALMO.

Warum sank ich im Feld nicht nieder!

CHOR DER BARDEN.

Sein Ruhm ist früh verweht,
Es nennt ihn Niemand wieder.

DUNTHALMO.

Fort!

*(Ab.)*

DIE KRIEGER OSSIANS.

Auf!
Laßt uns den Stein erhöhen.
*(Die Barden bilden einen Kreis, und graben Dunthalmo's Schwert in die Erde.)*

RYNO, ULLO, MORLATH.

Tief in der Erde Grund
Verget das Schwert,
Verget es tief in der Erde Grund
Dunthalmos Schwert;
Daß der Könige Kampf es zeug',
Und Ossians Sieg,
Den Tagen der Zukunft.

[255] CHOR DER BARDEN.

Verget es tief.

COLMAL, SULMA, DIE KRIEGER.
(*aus der Ferne.*)
O eilet, eilt den Berg hinan! –
Dort stehen sie um Rathmors Grab,
Versammelt dort um Ossian:
Es dringt ihr Lied zu uns herab.


RYNO, ULLO, MORLATH.
(*Während dieses Gesanges, in welchen manchmahl der ganze Chor
der Barden einfällt, wälzen die Krieger und Barden ein ungeheures
Felsstück aus seiner Stelle, und richten es an dem Orte auf,
wo sie Dunthalmo's Schwert vergruben.*)
Und über Dunthalmo's Schwert
Thürmet ihn auf, den moosigen Stein,
Den Stein des Siegs in blutiger Schlacht:
Ein Zeuge kommenden Tagen.


CALTHON.
(*kommt mit den Kriegern zurück.*)
Mit raschem ungestümen Lauf
Eilt' ich durch's weite Feld,
Eilt' ich den steilen Berg herauf:
Ich fand ihn nicht!
Ich fand Dunthalmo nicht!
[256] Es wühlt unendlicher Verdruß
Im Busen tief und wild.


CALTHONS KRIEGER.
Gebiether, sieh! weß ist der Schild,
Der hier am Boden liegt?


CHOR DER BARDEN.
Der König hat im Streit gesiegt.
Dunthalmo fiel.
Er fiel der Held
Zur Erde hin auf seinen Schild.


COLMAL, SULMA und DIE KRIEGER.
(*aus der Ferne.*)
O eilet, eilt den Berg hinan.

CALTHON.
Heil dir, der Ruhm im Kampf gewann!

CHOR DER BARDEN und DIE KRIEGER.
Heil Ossian!

OSSIAN.
Der Männer viele sanken hin;
O nehmt sie freudig auf,
In eure Wolke, Geister.
Schön sey des Kriegers Luftgestalt,
Wenn er im Mondesschimmer wallt.

COLMAL.
(*noch ungesehen.*)
Calthon!

[257] CALTHON.
Wer ruft?

COLMAL.
Calthon!

CALTHON.
Sie ist's! Geliebte!
(*Sie stürzen sich in die Arme. Sulma umfängt sie gerührt.*)

ALLGEMEINER CHOR.
Der Männer viele sanken hin,
O nehmt sie auf!
O nehmt sie freundlich, freundlich auf,
In eure Wolke, Geister!

# Christian Karl Buri:
# Fingal und Agandekka. (Frei nach Ossian.) [1817].

"Eil' zu Ardven's seeumfloßnem Felsen,
(Sprach zum Barden Starno's falscher Mund)
Melde Morven's Herrscher mein Verlangen,
Ihm zu weihn der Tochter Liebreizprangen.
Mache meiner Freundschaft Plan ihm kund!

Er, der schönste seiner tausend Starken,
Wähle sich der Jungfraun Lieblichste.
Ihre Arme sind wie Schaum der Wellen,
Und ihr Busen glänzt im Jugendschwellen,
Aehnlich Lochlin's neugefallnem Schnee.

Sanft, an Großmuth reich, ist ihre Seele.
Fingal – seine Tapfersten um sich –
Komme zu der Perle meiner Hallen,
Sicher, ihrem Herzen zu gefallen,
Er, deß Schönheit keinem Manne wich." –

[87] Snivan überbringt des Königs Rede.
Fingal, stattlich in der Locken Flug,
Hört die Kunde mit geheimer Wonne;
Und im Strahl der nächsten Morgensonne
Theilt die Wogen schön des Schiffes Pflug.

Flammend flog sein liebender Gedanke
Weit voraus zur Herzenskönigin.
"Hoch willkommen, (schallen an der Pforte
Ihm entgegen Starno's Heuchelworte)
König du, und welche mit dir ziehn!

Helden, theilt mit mir des Mahles Freuden,
Theilt der Eber Jagd, drei Tage lang;
Daß zum Mädchen der Verborgnen Halle
Eurer Sitt' und Thaten Ruhm erschalle,
Ausgebreitet durch der Barden Sang." –

Und gefeiert wird das Mahl der Muscheln.
Starno's falsche Seele brütet Mord.
Fingals Großmuth, die ihm einst das Leben,
Freiheit, Frieden, Thron zurückgegeben,
Riß ihn – statt zum Dank – zum Todhaß fort.

[88] Fröhlichkeit hebt tausend Stimmen; Harfen
Tönen in der Barden Tischgesang,
Meldend bald der Vorzeit Heldenschlachten,
Bald wie Helden-Jungfraun züchtig lachten,
Und ihr Busen schwoll von Liebesdrang.

Cona's Sänger Ullin, Fingals Barde,
Rühmet Agandekka's Schönheit, rühmt
Morven's König in vereinten Liedern,
Die sich sanft verschlingen, sanft erwiedern,
Wechselnd, wie's dem Gegenstande ziemt.

Starno's Tochter lauscht in ihrer Halle.
Leisen Tritts naht sie dem Gästesaal –
Schwebt hinein, mit Liebreiz ausgeschmücket
Gleich dem Vollmond, der aus Osten blicket.
Auf dem Fremden weilt geheim ihr Strahl.

Fingal war der Brust verstohlner Seufzer –
Fingal ihrer Seele mildes Licht.
Wie ihr Blick dem seinigen begegnet,
Wie ihr pochend Herz den Helden segnet,
Sängen tausend Barden Zungen nicht! –

[89] Jetzt am dunklen Rand des Walds der Eber
Glänzt des dritten Tages Morgensonn'.
Starno, neben ihm der Fürst der Schilde,
Ziehn mit Jägerspeeren durch's Gefilde;
Zwanzig Eber fället Comhal's Sohn.

Da begegnet ihm in Waldes Dunkel
Lochlin's Fürstin, thränumflort den Blick.
"Agandekka, warum zährentrübe?" –
"Ach! (beginnt sie mit dem Laut der Liebe)
Fingal, beb' aus diesem Wald zurück!

Meines Vaters rauhem Stolz mißtraue.
Meuchelmörder, von ihm aufgestellt,
Lauern in des Dickichts finstrer Höhle.
Jüngling mit der argwohnlosen Seele,
Fleuch den Wald des Todes, hoher Held!

Aber, Morven's König! dann verlasse
Agandekka nicht! Errette sie
Vor des Vaterzornes grimm'gen Blitzen,
Und vergiß es nicht, sie zu beschützen,
Die dir der Gefahren Kunde lieh!" –

[90] Schnell verschwand sie, scheu vor Späherblicken.
Fingal, seine Helden um ihn her,
Schreitet furchtlos durch der Waldung Engen,
Wo ihn plötzlich Mö[r]derrotten drängen;
Doch sie bluten unter seinem Speer.

Ruhig kehrt' er dann zu Starno's Hallen,
Fand sie durch die Kunde schon empört.
Eilend sammeln sich der Jagd Genossen.
Starno's Auge, dräuend, nachtumflossen,
Schaut umher; wie Blitz aus Wolken fährt.

"Bringet Agandekka! (herrscht er) Gebet
Ihrem lieben trauten Freund sie hin,
Morven's König, daß er sie belohne,
daß sie trage Selma's stolze Krone!
Wahrheit spähte ja die Laurerin!" –

Sie erscheint, im blauen Auge Zähren;
Seufzen schwellt den Schnee des Busens an.
Plötzlich, von des Vaters Stahl durchzücket,
Sinkt sie, ihr erlöschend Auge blicket
Zärtlich nach dem vielgeliebten Mann.

[91] Fingal und die Helden zücken Schwerter,
Laut erbrüllt die düstre Racheschlacht.
Starno weicht, der finstere Verbrecher;
Seine Schaar erliegt dem Arm der Rächer,
Flieht wie Nebel, wann der Sturm erwacht.

Fingal's süße trauervolle Beute,
Mädchen sanfter Seele! ruhst im Schiff.
Mit dem Morgen wird die Fahrt begonnen:
Und dein Grabmal, hebt sich, thränumronnen,
Dort an Ardven's meerumbrüllten Riff.

## [210] Joseph Freyherr von Auffenberg: Das Mädchen von Selma. Nach Ossian [1824].

Sturm durchbrauset die Nacht, es klagen die Eichen von Selma:
Todesschatten ersteh'n – sich sammelnd in neblige Bilder,
Furchtbar kämpfet das Meer mit den Felsen des hohen Uthorno.
Weiche zurück – o Kraft der schiffzerschmetternden Woge!
Stolz auf dem Felsen Uthorno's steht Cormac, der leuchtende Kämpfer,
Und an die eherne Brust drückt er das Mädchen von Selma.
Trennen muß sich der Held von der sternenaugigen Crona
Denn ihn rufet zum Kampf der lanzenberühmte Conamor.
Hoher Preis wird dem Sieger – für Crona donnert das Schlachthorn.
[211] Einsam bestieg sie voll Schmerz den Felsen des hohen Uthorno:
Thränen entsanken dem Aug, sie galten dem rüstigen Cormac.
Sieh! da steht er vor ihr in des Kampfes stolzer Erwartung,
Zorn umwölkt ihm die Stirn: es zucket die Hand an dem Schwerdtgriff.
Neben ihm wanket der Speer, und feucht vom brausenden Nachtwind
Glänzt wie ein trübes Gestirn sein Schild – der Schaarendurchbrecher!
So ihn zu sehn ist Lust für Crona; er schlinget die Arme
Kühn um die hohe Gestalt. Zu Zeugen der ewigen Liebe
Fordert die Stern' er auf, und die Geister des strömigen Selma.
Langsam erhebt sich der Tag. Wie zwei fest verschlungene Eichen
Stehn sie im Sturme; da tönt am Ufer die Stimme Conamor's:
"Sprich! wo weilst du o Kämpfer aus Fingals erhabenem Stamme?
Aufwärts steiget der Tag, es harren die Vätergestalten,
Hoch in der nebligen Wolke betrachtend die Thaten der Enkel.
[212] Rüste dich Kämpfer zum Streit für die sternenäugige Crona!
Wie mein Schild jetzt erglänzt, so flammet mein Herz voll Begierde
Dir zu entringen den Preis, die Hand des strahlenden Mädchens.
Sieh! es naht sich der Held, der mächtige König von Selma:
Richten wird er den Kampf, und die Tochter dem Sieger verleihen!
Rüste dich Cormac zum Streit für die sternenäugige Crona!!
Und sie vernehmen den Ton. Der Trennung heilige Küße
Brennen in schwindender Gluth auf Crona's rosigen Wangen.
Jetzo sind sie erglüht, und Cormac stürzet zum Kampfe.

Sieh! an dem Ufer voll Kraft seines thatenerprobten Gemüthes
Stehet Conamor: er hört den Sturm vom Felsen Uthornos
Niederbrausen, er sieht seines Feindes riesige Bildung;
Schrecklich entbrennet der Zorn. Den Todeskuß theilen die Schwerter.
Aufwärts zu Odin fleht für den Theuern das Mädchen von Selma.
[213] Höre sie Vater der Helden! für Cormac fleht die Geliebte!
Sende die Augen herab! erhöre das Mädchen von Selma!!
Flamm' auf Flamme erglühn die heißgeschwungenen Schwerter,
Zweifelnd stehet der König des heldenkräftigen Selma!
Donnernd begegnet sich schon die Macht der feindlichen Schilde,
Ihrer Enkel Haupt umschweben die Vätergestalten.
Langsam naht sich der mit der Wage des ehernen Kampfes,
Und ein Platz wird bereitet in Loda dem sinkenden Helden.
Jammerton schallt von der Höhe, wo Crona, die Herrliche, betet!
Odin!! das Loos ist – gefallen, und – Cormac, wälzt sich im Blute!
Sieger Conamor! Wende dein Aug' zu dem Felsen des Ufers!
Nimm deinen Preis! Ihr Götter!! vom Felsen stürzet sich Crona,
Und in dem schäumenden Meere begräbt sie die Schmerzen der Liebe.
Einsam stehet Conamor. Der Vater beweinet die Heldin;
Oft noch in späterer Zeit sang auf der Höhe Uthorno's
Mancher Bard' ein Lied – zum Lobe der strahlenden Crona.
[214] Ewiger Ruhm belohnt die Schmerzen leidender Liebe.
Hoch auf dem Felsen blühn jetzt zwey festverschlungene Eichen,
Und zwey Geister umschlingen sich in der verschwisterten Krone.

## 2. *Ossian*-Dichtungen

# [1*] Michael Denis:
# An Ossians Geist [1772].

Im schweigenden Thale des Mondes
Umkränzet von heiligen Eichen
Da walten die Geister der Barden,
    Wenn Schlummer unrühmliche Menschen begräbt.

Sie schweben auf Silbergewölken
Den thauigten Abhang herunter,
Und wandeln am Rande der Quelle,
    Die mitten im Thale durch Blumen sich schleicht.

[2] Dann heben sich Lieder der Vorzeit,
Und Harfen begleiten die Lieder,
Und sanftester Nachhall entzücket
    Die lauschenden Wälder und Fluren umher.

Da war es, Erzeugter von Fingal!
Dass Sined in Mitte der Barden
Von ferne dein Antlitz entdeckte,
    Dein Silbergelocke vom Monde bestralt.

Du sangest in Saiten von Selma
Die Thaten des grossen Erzeugers,[1]
Den blühenden Oscar, den Kummer
    Der treuen Bragela des Gatten beraubt;

Den Jammer Temoras, die Preise
Der zärtlichen Evirallina,
Den besseren Bruder Cairbars,
    Die Wunde Darthulas, die Stärke von Gaul.

---

[1]   Hier zählt der Barde die Hauptgegenstände der ossianischen Gedichte her.

Wie war mir! Von welchen Gefühlen
Erbebte mein Busen! Wie brannte
Die Wange! Wie schwellten die Zähren
    Der süssesten Wehmuth mein starrendes Aug!

[3] Noch Knabe vergass ich des Spieles
Bey Füssen der Barden, und horchte;
Doch niemal, o Kehle von Morven!
    Empfand ich so feurig, wie diessmal bey dir.

Da schwur ich (das schweigende Mondthal,
Die Wipfel der heiligen Eichen,
Die moosigte Trümmer, auf welche
    Die Linke sich stützte, vernahmen den Schwur)

Da schwur ich, dich Lehrer zu nennen,
Die Saiten der Donau nach deinem
Gesange zu stimmen, zum Herze,
    Zum Herze die Wege zu suchen, wie du;

Die Zeiten der Ahnen, die Zeiten
Der Vaterlandliebe, der Tugend,
Des Muthes, der Ruhmgier und Einfalt
    Im Liede zurücke zu führen, wie du.

Du hörtest mich schwören, und blicktest
Mit Lächeln auf deinen Geschwornen,
Und schienst mir die Harfe zu reichen,
    Und leise zu sagen: Versuche den Griff!

Seit diesem Gedichte bewohn' ich
Die Vorwelt, und lerne die Weisen
[4] Der Barden, und rette der Töne
    Zurück in mein Alter, so viel ich vermag.

Zwar haben mich viele verlassen,
Die vormal mir horchten. Sie klagen:
Die Steige, die Sined itzt wandelt,
    Ermüden, wer wollte sie wandeln mit ihm!

Doch Seelen dem Liede geschaffen,
Empfindende Seelen, wie deine,
Mein Lehrer! und sind sie schon wenig,
    Die schliessen bey meinen Gesängen sich auf.

Dess bin ich zufrieden. Ein Seufzer
Von fühlenden Busen gelocket
Ist Bardenlohn, ist mir erwünschter,
    Als lobender Mengen verwirrtes Geschrey.

Und, Vater von Oscar! dein Folger
Bey kommenden Altern zu heissen!
Ha! dieser Gedanke gesellt mich
    Im schweigenden Thale des Mondes zu dir!

# Friedrich [gen. Maler] Müller:
## An ossian. ode [ca. 1776-1777].

dich seh ich ossian
könig der gesängen
um dich her die gewaltige
Sohne des krieges
die du der Ewigkeit geweyht
auch Evarralina
auch das zartlockigte Fräulein
Steht neben dir
Mischt tränen in den todt deines oscars
Sanft wie der abendthau
sich in die goldne Strahlen
der sinkenden Sonne hinabträgt
träuflen deine Seuftzer
in meinen busen
auch mit gebogner lantze
Steht dein Fingal
um Ihn nebel der mitternacht
unter seinen Füßen der mondwolke glantz.

[92] Mathias Herrmann Dühn[1]: Ueber Ossian.
An Herrn von Dalberg [1779].


O Ossian! großer unsterblicher Barde!
Du, der ächten Begeisterung Liebling!
Wessen Herz, unverdorbner Empfindung fähig,
Schlägt nicht laut, pochend bei dir?

Natur und Wahrheitvoll, fließt, erhabner Sänger!
Dein Lied, aus mächtiger Seele dahin.
Wie von waldigten Hügeln, die silberne Quelle,
Ins blumigte Thal sich gießt.

Große wichtige Thaten! ernste Gegenständ'
Besingt nur deine erhabne Muse;
Oder klaget im hohen Elegien Ton,
Um Oskar und Bosmina.

[93] Ernst und männlich, voll Majestät ist dein Ausdruck,
Passend, und würdig der großen Vorfäll';
Nie sinkt deine Mus' zum leichten Tändelnden,
Zum Komischen nie herab.

Aber reizend schöne feyerliche Bilder,
Der immer gefälligen Mutter Natur,
Liebet sie; nicht minder des fühlenden Herzens
Treusanfteste Zärtlichkeit.

---

1    [97] Von diesem *Mathias Herrmann Dühn*, aus Hamburg gebürtig, der gegenwärtig als Schreinergeselle hier in Mannheim in Arbeit steht, sehe man nach: des Herrn Kirchenrath *Miegs* Vorlesung bei der öffentlichen Sizzung der kuhrpfalz. deutschen Gesellschaft, *von dem Einflusse des Sprachstudiums in die Erweckung der Genien und in die Beförderung der Vaterlandsliebe.* Rheinische Beiträge vom Jahr 1779. achtes Heft, S 131.

Dein ist, der Empfindung feyerlichst' Erhabenheit;
Dein auch die sanftere: stets weckest du,
Menschenlieb; – Grosmuth der Tugend heiligs Gefühl
Im Herzen deiner Leser.

Drum bist einsam wandelnd, oft mein Gesellschafter
Du! führest mich dann zur Begeistrung Höh,
[94] Oder entlockst mitleid'ge Thränen dem Aug mir,
Wenn's Herz in Wehmuth zerfließt.

Weit öftrer, wandl' ich, in Gedanken mit dir
Am Meerstrand, und durch einsame Thäler,
Durch dunkle Wälder, am schallenden Felsenstrom,
Ueber umnebelte Berg.

Dann fährt ein heiliger Schauder durch meine Gebein!
Wenn sich hier, bald rothflammende Eichen,
Bald dort, mit Moosüberwachsene Helden-Gräber
Meiner Einbildung zeigen.

Oder wohl gar, schreckbare Nachtgeister, gehüllt
In schwarz dämmernde Mitternachts-Wolken,
[95] Niedersteigend zur Hall' ihrer Freund! meiner Seel,
Schau'rvoll vorüberschweben!

Hinphantasirend in Fingals Wolken-Pallast,
Unter der Vorwelt, Barden und Helden,
Schmeckt dann überirrd'sche Wonne mein Geist: süß nur,
Dem toleranten Erdsohn.

Oft auch denkt das deutsche Herz, des deutschen Jünglings,
Bey dir, O Ossian! jener Zeiten,
(Und seegnet sie) in denen unsre Vorfahren
Alte, redliche Deutsche,

Früh, wenn's Morgenroth auf ihrer Stirne glühte,
Und spät, wenn der Mond silberfarb'nes Licht
Durch heilige Eichen warf; ihren Wodan, stets
Froh ihre Lieder sangen.

[96] So, unsterblicher Barde! ergötzest du mich
So jeden, der liebt die schöne Natur,
Der Freud' an ernsten, festlich-hohen Gedanken
Hat; fähig ist zu fühlen

Die Wonne der Wehmuth, wenn im rauschenden Hain,
Denkend er irrt, und in höh're Sphären
Mit muth'gem Flug sich schwingt, daß der Entzückung Schauer
Durch jede Nerve ihm bebt.

Pyramiden sinken einst, der Wandrer findet
Trümmern nur noch: aber unvergänglich
Hast Ossian du! gebaut dein heilig Denkmal,
Durch unsterbliche Werke.

Wenn Empfindung zu voll das Herz ist: spricht lallend
Die Zung' nur: drum nimm gütig du das auf,
[97] Was kunstlos entsprang aus der Seel' eines Jünglings
Der itzt unendlich mehr liebt

Deine Gedicht', da ihren Besitz er verdankt
Einem Edeln, dessen Herz so gütig
Und menschenfreundlich; dessen Geist so groß und schön,
Dessen Nahm' – *von Dalberg* ist.

# Novalis [Friedrich von Hardenberg]: An Ossian. Fragment [1789].

[434] Heil dir, Ossian!
Heil dir Sänger von Colma!
Siehe mir bebt in weinender Entzückung
Der Tränen freudigste
[435] An der seidenen Jugendwimper.
Ich sah deine Seele,
Sah sie heiter und hehr,
Heilig wie die Gestirnnacht
Und mir schauerte
Vor hoher Begeisterung.
Regellos wie die Töne des Sturms
Stömet dir die Hymne,
Die der sterblichen Jugend entfloß;
Dir silberlockiger Natur Greis
War' sie melodisch,
Nicht wie des Thebaners Weisen
Oder des Römers sanftere Odenflüge
Wie deine Gesänge;
Du sangst sie der Unschuld und Liebe,
Dem Freundschaftsbund, dem Heldenmahle,
Dem blutigen Kampfsturm,
So ging ich umkränzt von Edleren
Prunklos durch die Reihen der Unsterblichkeit,
Neigte mich zu Deinen Füßen
Und opferte Dir den ersungnen Eichenzweig.
Wenn oft in der Gebirgsnacht
In kühlen Klüften ich lauschte
Und Wünsche der Väterzeit
Mir die Rosenwangen nezten,
Dann lispelte es schaurig
Oft, und ich fühlte geistiges Wehn.
Warst du es Ossian oder
Verscheuchst du den Cheruskerenkel,

Weilst nur in Schottlands Höhlennacht
An deinem Grabe. Nicht mehr
Beschirmt Ruhm und Erinnerung
Den einsamen Felsstein,
Den ein frommer Enkel
Am weinenden Abend über dein Gebein
Zitternd wälzte.

# [131] Karl Lappe: Ossian [1798].

Wer du auf deiner Wolke,
Du flatternd Luftgebild?
Mit dem Gewand aus Nebel,
Mit Meteoren-Säbel,
Mit dunstgewebtem Schild.
Wer du auf deiner Wolke,
Du flatternd Luftgebild?

Du Reiter auf dem Sturme,
Was störst du meinen Traum!
Wie sanft auf Blumensprossen,
Vom Thau der Nacht umflossen,
Lag ich am Hügelsaum!
Du Reiter auf dem Sturme,
Was störst du meinen Traum!

Viel wandernde Gestalten
Durchstreifen diese Nacht,
Wie über Morven's Hügel
Auf raschem Nordwindsflügel
Gefallene der Schlacht.
Viel wandernde Gestalten
Durchstreifen diese Nacht.

[132] Sie neigen aus der Wolke
Das Antlitz trüb' und wild.
Sie spannen luftge Bogen,
Sie wälzen schwarze Wogen,
Sie schreiten durch's Gefild.
Wer du auf deiner Wolke,
Du flatternd Luftgebild?

"Du Sohn der kleinen Leute,
Der schwachen Männer Kind,
Was schaust du zu der Wolke,
Nach jenem Heldenvolke,

Das reitet auf dem Wind?
Du Sohn der kleinen Leute,
Was fragst du, wer sie sind?

In jenem Nebelschleier
Wallt Morni's mächtger Sohn.
Mein Oskar spannt den Bogen,
Und Swaran wälzt die Wogen.
Mich freut der Harfe Ton.
Dort glänzt im Luftbildfeuer
Des edlen Fingal's Thron.

[133] Kreuch du in deine Höhle,
Du Mann mit schwachem Arm!
In Sturm und Nebel walten
Die dämmernden Gestalten
Von, Morven's Heldenschwarm.
Kreuch du in deine Höhle,
Du Mann mit schwachem Arm!"

Ich bin aus Hermann's Samen!
Wir schlugen Varus Macht!
Es wallten stolz die Fahnen
Der siegenden Germanen,
Und Roma sank in Nacht.
Ich bin aus Heldensamen,
Wir sind ein Volk der Schlacht!

Erschreckt der Feigen Söhne!
Uns nennt der Bardensang.
Stimm', Ossian, uns zu preisen,
In deine schönsten Weisen
Der goldnen Harfe Klang!
Wir lieben deine Töne;
Auf, hebe den Gesang!

[134] Er faltet seine Wolke
Mit finsterm Blick, und flieht.
Er hebet Schwert und Lanze
Im halb erloschnen Glanze,
Als er vorüber zieht.
Er wallt zu seinem Volke,
Und summt ein trotzig Lied.

# [40] [Johann Gottlieb Rhode?:] Ossian[1] [1799].

### 1.

Es füllet der Sturm den Wald und die Flur,
Es kracht in Orkanen der Eichenhorst,
Und Meere rauschen aus Wolken herab!
Es wallt auf Gebirgen und Feldern die Fluth,
Der Giesbach stürzt sich wild brausend ins Thal;
Es folgt ihm aus schwindelnder Höhe herab,
[41] Zerschmetternd, die Tanne, das Felsenstück!
Blauflammende Blitze durchzischen die Nacht,
In Donner zerberstet das finstre Gewölk!
Es donnert die Donner ein Echo nach! –
Der Wandrer steht bebend am Wege still;
Es ergreift ihn die Schönheit der wilden Natur.
    So greift in mein Innerstes mächtig ein
    Die Kühnheit der Dichtungen Ossians.

### 2.

Die Nachtigall kündigt den Morgen an.
Das Frühroth begrüßt sich im spiegelnden See;
Der Nebel wallt von den Saaten hinweg;
Es entfaltet zur Blume die Knospe sich.
Auf Tannenspitzen glänzt purpurner Thau,
Es weht über Veilchen der Frühlingswind hin.
Gesprächig säuselt die Pappel im Hain,
Der Schleedorn steht flockig im Mayenschnee da.
Es athmet das junge Thal Blüthenduft,
Und murmelnd schlingt sich durch Blumen der Bach.
Der Jüngling weilet hier einsam und still,
Es durchdringt ihn die Schönheit der sanften Natur.
    So durchdringt mit Weisheit im Herzen mich
    Die Zartheit der Dichtungen Ossians.

---

[1] Ich bitte den unbekannten Einsender um ein Zeichen, wodurch ein Brief in seine Hände gelangen könne. B[öttiger].

O würde *mir* doch nur Kalypsen's Wundergabe,
Daß ewig ich, mit jugendlichem Herzen,
*So* deiner Lieder hohen Zauber fühlte,
Mein Ossian!

## [15ᵛ] Achim von Arnim: Ossian [ca. 1803-1804].

Wo die Zweige des Baum beinahe die Erde berühren,
Wahrlich da tanzeten nie Mädchen und Jünglinge umher,
Wo sich Lieder herab zur sterbigen Erde hindrängen,
Wahrlich da lebte nicht Kunst, die zum Himmel sie führt.

# [81] Julius Curtius: Ossian [1825].

Hört mein Lied
Der Helden aus alter Zeit:

Der Sturm tanzt auf dem Meer,
Und schlägt die Wogen
An das Felsengestade.
Unter Geklipp
Des tönenden Felsen
Sitzt der Barde:
Nebelgebilde
Ziehn durch die ehernen
[82] Saiten der Harfe:
Hört sein Lied,
Das Lied der Helden aus alter Zeit:

Auf der Haide zerstreut
Liegen die Steine
Alter Mäler,
Liegen die Steine
Der Stimme von Kona.
Ein feuchter Wind,
Der fernher über die See fliegt,
Beugt die Spitzen des Grases,
Und netzet das Moos,
Und flüstert wie Trauergesänge;
Der Wandrer schauert zusammen,
Es dünken ihn Geister
Verstorbener Helden:

Was blinkt aus der Ferne,
Und zieht heran
Aus dem dunkelen Hause des Donners,
Wie ein blinkendes Segel
Auf tosender Flut,
Geschaukelt von Wogen und Winden?

Ich sehe den Barden
Im weißen Barte,
Ich sehe die Tochter Toskars
Mit der lustigen Harfe.

Was ziehst du umher,
Du Sohn des gewaltigen Fingal,
Und leihst dem Sturme die Stimme?
Warum weilst du nicht heim
[83] In der Halle Kruthlodas
Zur Seite des Helden,
Malvina, Jägerin von Lutha?
Finsterer Nebel hüllt die Felsen,
Und die schimmernde Birke
Gießt Thränen in meine Locken.
Ernsten Blicks
Weilen die luftigen Bilder,
Nehmen die Hand von den Saiten
Und hören die Lieder
Des trauernden Fremdlings.

Ueber die Felsen
Klettert ein Wandrer
Und blickt hinaus in den finsteren Westen.
Reisig trägt er herbei
Aus dem Thale von Kona,
Und ein flackerndes Feuer
Glüht um die Mäler der Vorzeit.
Weile, du Sohn der Jagd,
Du Sohn des verschwundenen
Heldenstammes.

Wer schläft dort im schattigen Dunkel,
Wen nennen die Lieder der Barden?

An dem schwarzen Felsen
Ragt eine Eiche,
Ihre Mütter sahen die Helden Kruthlodas;
Sie schüttelt die Blätter
Ueber drei moosige Steine.
Der Hauch des Westwinds
Zieht feucht über die rollende See

[84] Und thaut, ein Nebel,
Thränen in den Rasen des Hügels! –

"Dort wälzt der schwärzliche Strom
Seine schäumenden Wogen,
Klettert über die Steine
Im Felsenthal
Und donnert hinab in die stürmende See.
Dort wo der Fels
Den verwitterten Scheitel
Den Winden bietet,
Wo von dem grauen Gemäuer,
Der Wohnung des Nebels,
Der Adler in den Wogen
Den Raub erspähet,
Schlug Ossian einst,
Der Sohn der Schwerdter,
Der Sohn der Lieder,
Die donnernde Harfe;
Hauchte Malvina einst
Toskars weißbusige Tochter
Trauergesäng' in die Saiten.
Sie dachten der Tage der Jugend,
Des tönenden Schilds und des Muschelmals
In der Halle von Selma.
In dunkeler Wolke kam
Mit dem runden sonnigen Schilde der Väter
Fingal, der König von Morven,
Und um ihn her
Saßen die Helden des Stammes,
In Nebelgewanden
[85] Und hörten ihren Ruhm
Aus den Tagen der Vorzeit.
Und die Sonne tauchte hinunter,
Und ihr letzter Strahl
Röthete die Tochter Toskars, –
Und der Mond stieg empor,
Und sein falbes Licht
Schimmerte weiß
In den Silberlocken
Des greisigen Sängers: –

'Wo bist du, Malvina!
Führe mich heim,
Du, Liebe meines Oskars.
Ich höre den Nachthauch
In dem Wogen der Eiche.
Komm, du Tochter des Gesanges,
Laß uns heimwallen
In den weiten Mauern
Der entschwundenen Väter!
Wo bist du, schönes Mädchen,
Der Welleninsel Lutha,
Die die blauen Wogen
Deines Stroms durchziehen?'

'Höre mich, du trauernder Sänger,
Höre mich, letzter der edelen Helden,
Höre den Sohn Alpins, des Sängers der Väter:
Ueber die Ebne wandelt' ich düster,
Den Bogen in der Hand,
Und spähte die Fährte der Hindin.
Plötzlich mit klagendem Laut
[86] Kehrten die Rüden,
Und im Nebelkleide
Schwebte auf luftiger Wolke heran
Die Jägerin von Lutha:
Sage dem Sänger am Felsen:
Malvina zieht in die Halle Lodas,
In die Arme ihrer Liebe.
Sie wandte das thränende Antlitz
Und schwand in der Wolke;
Langsam und freundlich,
Wie der farbige Bogen.
An dem Felsen von Kona
Trauern die Mädchen auf ihrem Grabe.
Komm, greisiger Vater,
Ich führe dich heim in die Mauern von Selma.'

Neunmal erhellte sich der Osten,
Die Sonne verbarg sich hinter weinenden Wolken;
Neun Tage tönten Ossians Trauergesänge
An dem Felsen von Kona;
Am zehnten häuften sie die Rasenhügel

Und setzten die Steine zum Mal
Dem König der Schwerdter, dem Sohne der Lieder
An dem Felsen von Kona.
Das ist das Grab
An dem dunkelen Felsen,
Wo die Eiche ragt:
Ihre Mütter sahen die Helden Kruthlodas,
Sie schüttelt die Blätter
Ueber die moosigen Steine.
Der Hauch des Westwinds
Zieht feucht über die rollende See
[87] Und thaut, ein Nebel,
Thränen in den Rasen des Hügels.

Oft ziehn in Sturm und Gewitternacht
Die Geister der Todten
Durch die Wipfel der Eiche,
Und schweben hinauf und nieder
Um die Nebelfelsen
Der umwogten Insel,
Und ihre Gesänge
In dem Säuseln des Grases,
In dem Rauschen des Stroms,
Hört der Wand'rer auf der Haide." –

Dank dir, Sohn des felsigen Eilands,
Sieh, dein Feuer verlosch,
Der Mond ist hoch am Himmel gezogen,
Die Nacht ruft dich zur Heimkehr.
Laß mich allein hier weilen
Und grüßen die Geister der Helden
Am moosigen Hügel. –

Hörtest du deinen Ruhm,
Du Sieger von Berrathon;
Hörtest du ihn, Sänger Oinas?
Dein Name lebt
Im Munde der Völker:
Mein Sang tönt dir
Und deiner schimmernden Leiterin
    Malvina!

Und die Blicke des Barden wurden sanfter,
Und heiter das Auge der Liebe Oskars.
Langsam schwanden sie; freundlich, –
[88] Ich sah's – zur Muschelhalle Kruthlodas.
Sie winkte mir Dank,
Dem Sänger ihres Ruhms.

Du warst der letzte der Könige Morvens,
Dein Lied beschloß eure Bardengesänge.
Aus fernem Lande
Schiffte der Fremdling mit weißem Segel
Und sang dir Ruhe
Zur Halle Lodas.
Ich spanne die schimmernden Segel
Zur Heimath,
Hundert Barden
Schlagen die Harfen
An den Ufern meiner Heimathsströme.
Wenn dort bei den Gräbern der Väter,
An dem Male des Bruders,
Sich einst ein rasiger Hügel erhebt,
Und durch die Blumen des Grabes
Der Nachtwind fächelt,
Und dem Wächter den Namen
Meiner Liebe singt,
Wenn dann ich, droben
In luftigen Wolken,
Ueber dem Anger schwebe,
Und dem Gefilde meiner Jugend,
Dann kommt auch zu mir ein Sänger meines Volkes,
Einer der hundert Barden,
Und singt mir Ruhe
Zur Halle der Väter.

# [151] [Ferdinand Freiligrath:] Ossian [1830].

Es steht auf fels'gem Meeresstrand
Ein hoher, blinder Greis.
Die Harfe hält er in der Hand;
Sein Haar ist silberweiß.
Er steht auf grünem Uferhang,
Am Fuße grauer Klippen,
Und Schlachtenlied und Skaldensang
Entströmet seinen Lippen.

Er singt von Morvens Eichenthal,
Und seiner Haiden Duft;
Von Selma's altem Heldensaal,
Und Gormal's jäher Kluft.
[152] Er singt von Erins grüner Au,
Und seiner Buchten Spiegel;
Er singt der Meereswellen Blau,
Und Cromla's wald'gen Hügel.

Er singt den sturmdurchtobten Forst,
Der Haide welk Gestripp,
Des Adlers wolkennahen Horst,
Der Brandung Felsgeklipp.
Er singt der Sonne letzten Strahl
Auf laub'gem Waldeskegel,
Gefall'ner Helden graues Mal,
Und weiße Schiffessegel.

Er singt den wilden Ocean,
Wenn er sich thürmend bäumt;
Er singt den schwachen, kühnen Kahn,
Den weiß die Fluth umschäumt.
Er singt des Stromes Wellenschooß,
Des Waldbachs lautes Rauschen;
Singt grauer Eichen flüsternd Moos,
Und scheuer Rehe Lauschen.

Er singt des Donners dumpfen Schall,
Wenn er das Thal durchdröhnt,
Wenn ihm der Felsen Wiederhall
Durch Lena's Haide tönt;
Er singt der Nebel feuchten Kranz,
Wenn sie sich wirbelnd kräuseln;
Er singt der Frühlingswinde Tanz,
Wenn sie die Flur durchsäuseln.

Er singt voll Muth und Kampfeslust
Die Helden allzumal,
Auf hohem Haupt den Helm, die Brust
Umhüllt vom blauen Stahl.
Er singt die Helden auf der Jagd
Mit Pfeil und krummem Bogen;
Er singt sie in der Männerschlacht,
Und auf des Meeres Wogen.

Er singt des Vaters Kampfesgluth,
Singt Fingal's gutes Schwert;
Wie es vergießt des Starken Blut,
Doch mild den Schwachen ehrt.
Er singt, wie bang vor Fingals Kraft
Das Banner Lochlin's zittert,
Wie Swaran's ficht'ner Lanzenschaft
An Fingal's Schild zersplittert.

Er singet Morin's graues Haar,
Gaul's wilde Schlachtenlust,
Cuthullin's blaues Augenpaar,
Und Cathba's weiße Brust.
Er singt Duchomar's finstre Brau',
Und Oskar's schnelle Hüfte,
Wie er durchschießt der Haide Grau,
Rasch, wie ein Hauch der Lüfte.

Er singt, wie sie mit Schwert und Schild
In's Schlachtgetümmel ziehn;
Von Thatendurst, und Kampflust wild,
Auf brauner Wange glühn;
Wie ihrer Streiter lange Reih'n,
Geschaart in finstre Gassen,

Sich mit erhob'nem Arm bedräun,
Gleich schwarzen Wolkenmassen.

Er singt die Helden nach der Schlacht
In Selmas grauem Saal.
Da sitzen sie bis in die Nacht
Beim frohen Muschelmahl.
Da lauschen sie in süßer Ruh –
Gestillt ist ja ihr Sehnen
Nach Kampf – dem Lied der Barden zu,
Und Ullin's Harfentönen.

Und auch der Helden Liebesspiel
Singt er, so heiß, so warm.
Er singt der holden Mädchen viel
Mit weißem, weichem Arm.
Er singt ihr braunes Feueraug',
Singt, wie ihr Haar sich kräuselt,
Wenn es des Abendwindes Hauch
Mit leisem Kuß durchsäuselt.

Er singet ihren rothen Mund,
Und ihre weiche Hand;
Und ihre vollen Brüste, rund,
Wie an des Meeres Strand
Zwei Hügel; weiß, wie Schneees Flaum
Auf Gormal's Bergeshöhen;
Weiß, wie der Wellen Silberschaum
Auf rohrumrauschten Seeen.

Doch was er singt, es ist entflohn,
Wie Spreu im Wind entfleucht.
Allein steht Fingal's grauer Sohn,
Von tiefem Schmerz gebeugt.
[153] Erloschen ist der Augen Licht;
Was glühend er gesungen,
Das schauen seine Augen nicht,
Weckt nur Erinnerungen.

Vier Steine stehn am Bergessee,
Vom nahen Wald umrauscht,
Auf Fingal's Grab; das braune Reh

Huscht drüberhin, und lauscht.
Die Helden, die ihn einst umringt,
Sie alle sind gefallen.
Er steht allein, der sie besingt,
Der Letzte noch von allen.

Auch Oskar, jugendlich umwallt
Von blonden Locken, fiel;
Sein letzter Schmerzensruf verhallt'
Im wirren Schlachtgewühl.
Horch, wie des Greises Harfe gellt;
Verstummt sind seine Lieder,
Und von der grauen Wimper fällt
Heiß eine Thräne nieder.

# Gila Prast: [Auszug aus:] Ossian [1996].

## [135*] Ossian I

[137] das Tor in der Ruhe über
kämpft Ossian die Erde ein solches
gesehen früh heiter gelassen
Ossian Beinkleid geschwungener
Meistersinger traurig im Abhang
leuchtet Opfer dem Gott als
Ossian erschien Dämon herstellt
Gericht Eidechse Hineinzauber
Ossian an nimmt Gefallen und
Mörder Verlobung und die Felder
und die Blumen treiben
Brokat vom letzten Winter Ossian
umfassen aus dem Steigen klirren
Zubehör merkwürdig macht das
Kind den Zettel stammt Wechsel
Ossian schlimmstes Zugegen ist
nicht Kind schütteres Haar Ossian
Seele schütteres Haar als der Wechsel
Ossian ausreicht Kammer das Wild hold
Ossian kräftig Samt Winterkehre Ossian
schließend im Knopf frühe Wanderschaft vorder
Meister kennt er als Ossian erschien hoch
gewachsen Sicht großer Glocke helles
Fieder loben die Väter gekommen die
Meister als Ossian erschien das
Strombett in der Krone Hermelin
Sternensaat aufstellt Gelübde Fabel
fürchtet Segen spät Ossian Schlaf
darbringt seine Schwester stürzt Erde
im Gruß Ossian rechtens Häupter
der Ring im Gesicht Lanze der
[138] Herde das Choren Ossian Füllen auf
dem Wege trifft gibt solches Großes
im Schicksal solch Ossian Stimme stumme

Stimme Tod scheint Wälder als Ossian
erschien Hermelin hört weit Losung
jedesmal Ossian nacktes Mal Gunst viele
Herden entfernt Mädchen langes Leuchten
Ossian im Gebet aufflammend Schluchzen
wegen wirken auf den Knien Hermelin
Schluchzen Ozean lange Flut in den
Rippen Wasser Ossian einer Krone führender
stummer Reiter in der Fahne zwei Segel
zum Kreuz Geschrei Ossian dunkles Gemälde
Freier Steigbügel Haut reißen zittert
erlösen als Ossian erschien und ehrt
Hermelin zwei dunkel Schleppen Grotte
wurde Chor Hesperiden durch wachend den
Bronzespiegel einer Liebe den Spiegel
nicht Ossian Hermelin Zeugen rund
Durchgang Endliegen Löwe Gesang in der
Helle gießen letzte Sprache Ossian als
Ossian erschien Er haben der Gewässer
landen Feuer der Sprühe vorwärts es war das
letzte mal gelesen in der Hügelkette viele
sterben auf dem Gesicht der Engel Ossian
als Ossian erschien als junges Gesicht lose
umhangen sieben tote Gefährten Ossian
Verbeugung aufrecht hören Schlagende
zeichnen Angst aus dem Herz als Ossian
dunkel Gewand im Morgen umhängend
angenehmer Wache beizeiten zu Tage wenn
[139] Siege Schönheit einer Wolke
Schlachtfeld Zürnen Gott Ossian Bruder
rinnender Leichnam stürzt Sonne
Stimmen und alt geführt tragen Ossian
Gefährten Ansicht verlorener Bahre
hört der Stich in der Leber wenn
über dem Tor Medaillon der Mantel
ankündigend großartig viel Silber in
stehend Geheiß Meerschaum geboren
so schnell vorbei Hitze schlank wo
Ossian wenig Hände Schmuck in den letzten
Tagen auf dem Balkon einer Erde
fürchterliches Beben flickt
Spiegel und Urne Hingabe vollenden

Trauer weben die Herzen als Ossian
erschien und eine Dauer worüber Ossian
spricht Meereswind so erscheinen sieben
Engel zum letzten mal sein Krieger als
Ossian erschien mehr nicht getragen
Hermelin als Ossian erschien Schaft im
Blut rollt behend die Pferde Schutz
Hermelin Zeit Elfenbein Ossian versunken
Laut schlägt hinüber Stummheit Tücher den
König grell Durchsicht schafft unglaublich
Leuchter einer Tafel Anblick Spiel
geflossen der tote Gefährte zum letzten mal
Hermelin blaue Gefäße Diadem Ossian und
der große Gott wenn Ossian emporsteigend
Reiter zählt stumm den Tor wenn Ossian
im blauen Gefäß einer Geste Bindung
küßt und sucht wer geboren auf
[140] dem Rücken der Sonne als Ossian
erschien beim näher Strömen Gleichklang
Wechsel anrückt der Feinde Fahne im freien
Feld Ossians verstummender Reiter die
Sonne den Rücken bricht heraustritt
wagen halbes Gesicht weiß reißen Hahn
langsam vor leuchtet das Halsband
berühmt Ossian furchtbar die stummen Augen
der Marter einziges Bild wenn Sterben
Ossian Flügel der Fels wütend Oberhaupt
verfehlt weit Ossian Wüste zum letzten
mal in die Wüste dringt Wasser einer
vollen Herde Gold gestreckter Ritt
hitziger Pferde den Felsen er wälzt
Hermelin geschmückter Stier zwei
geschmückte Stiere Artemis wacht
er regnet nachts der Höcker beim
Eintritt lange Arkaden Ossian und er
reitet im weißen Gewand durch den Fluß
den Fluß seiner Väter entgegenzunehmen
Pergament Bronzesaal der Säulen Versteck
einer kühlen und hohen Geborenheit
mehren den Felderfluß ansteckender
und es geht so Ossian am Morgen
die Kathedrale betritt als Ossian

erschien Hermelin am Krönungstag
Geschwister anhaltender Bote setzend den
Gleichsinn schlagend Unternehmung Furten
wo Hinsetzen bittert Seele Glas
Verzicht Strom aufwärts gerufen Ossian
Echo einer Truhe Mittag stehen Ehrfurcht
[141] Hermelin Jagd und Fehler stumm einer
Anlage trinken endlich Trampeln weißes
Gewächs einer Schale Grundstein lautet
herbei Ossian wenn er rüstet zu ziehen
mit dem Heer in der Folge Quellen Lungen
offen als Ossian erschien gegen die Sonne
Rüstung alter Mann Schilf fertigt
Ablösung Folgschaft heiter Haufen Rauch
wenn Anblick vorbei ist vor ihm Lilien
umstand erhellendes Gleichnis Gold
auftauchend Gewitter tilgt rundes
Gestein Ossian Gruß die Hallen sind offen
an einem Tag Asche Sintflut Beteuern Ossian
früh schon Ossian spricht nicht
Nacken herrschen anfängt Kojote richtet wo
die Sonne ausgestorben Land Zierde
Meister Erlegung der Drache Umarmung
von der Sonne Koren nächster Nähe
nimmt Ossian als Ossian erschien mitten
goldener verstanden bäumt auf Schlimmes
Meldung steht stumm Rauschen als Ossian
erschien höllisch freien Einfall Hermelin
als Ossian erschien Lob teuer Ossian die
Flotte zündet fällig groß Größe ruhig
einer Lage Ossian Hermelin Siegel
Mähne Staub Penthesilea Schöne wo
es hinkäme als Ossian erschien bemächtigt
des Adlers Haut müde Bäume klamm
die Schwaden geronnener Schnecken
sich legend geschoren rasen wahnsinnig
Ermahnung neigt aus zu kosten
[142] Segen bindet spät kümmerlichen Reiz
der Rappe gebrechlich als Ossian erschien
lebendig findet auf dort Wahren
Schliche im Schmerz Lumpen stellt
den Pranger Tagesbogen luftiger Einschnitt

Messing nach Hause im Leibe Kriegslist
Zorn aufsteigt als Ossian erschien gültig
spricht kühn stolzer Besitz Gesang in der
Höhe des Sommers Ossian in den Armen sein Kind
in den Ozean setzt seines Vaters hastigen Samen
Ossian die Flüsse zählt die Erde klafft
Sturz grausam zuerst die Seele schwört Tode
herausgeführt wehrt als Ossian die Sonne sah
als Ossian erschien Hermelin Ruhe herrlich
Hermelin schwemmt über die Berge blauen Samt
leichten pochenden Alabaster
Schwäne schwer und Warten und
Weg säumt Schrecklichstes Bruder
stets zur Stunde sühnt Fluß früh treiben
Häupter wohin aufgefunden Verzweiflung
kränkt wenn kräftig wirrt linker Brust
Ader fünf Gemälde winden denklich
der Mantel laicht Wehen brennende Tücher
weigern und Bunde schenken klar
wo bleibt die Mutter des Königs
ölen Orden der Schlaf Arnika Urkunde
Stierkälber zur vorgerückten Stunde
göttlicher Neigung wo bleibt
die Mutter des Königs die Schächer
Umlauf es stehen die Pferde bereit
in der Andacht Ossian er trägt
[143] des Anführers Locken des Königs Bleibe
deutlich zur Weihnacht Angst in der
vorderen Reihe fallen die Krieger
Hermelin Enthauptung der Engel Stätte
wendet drei Jahre Sommer rote Mützen
gedrehtes Licht Damast in der Nähe
der Wälder bitterer Vogel als Ossian
erscheint einsalbt schwarzen Rock
fremd und anrüchig und gemein zu schmieden
der Tage vorbei wie die Erde und Würde
schnell geheuer einen Zeus
dem sich schickt der Haß
ergeben Stellung vornehmer Leibesfrucht
Scheu der Götter Gleichmaß und Nebenstimme
mitgegeben Geheimnis räudig lassen
den Bogen Unruhe im Heer Blei

wiegende Gärten bleichen ungeheurer
Last Folgen das Flüstern Altar
auf freiem Felde daß er der Geliebte
sei zu tragen den Namen den Ring
die Tageszeit Anhöhe Furcht
eingenommen den Platz stilles Ragen
raunen trocken Ohnmacht vier Pagen
die Fackel fahl das Gelübde Ossian
die Klinge am Ufer Heerden Tode
vormals Schönheit Ossian erblickt
golden waschen die Gewässer
der Gabe Überdruß morgendlich wacht
elend am Anfang der Tage unterwegs
verklebtes Haar weit im Fluß
der Striemen Stirn über Nacht
[144] die Götter küßt in Litze Ornament Augen
tritt Spiegel dem Gast und Nachricht
gelesen den Göttern gleich erwogen
Tempel winden Wellen das Laub
die Weigerung einer langen Stele
das Land in den letzten Jahren
der Seele Unterschrift heißen hin Leben
plötzlich feierlich Kinder schlangen
selten will unbekannt und
nicht halten das Gleiche sonst alt
und werben Niederlage Tausch Gott
in der Eifersucht als Ossian erschien
einer Berechnung Suche irrer Beweis
verleugnet kommen kann weit
Gelächter lockendes Geständnis
Hermes bleibend wider den Rat freilich
denkbar lenkt reden zu dürfen
der Reue langen Weile entschieden
im Mord einhauchen lahm schreit Sintflut
als Ossian erschien zu gehen reich im
Wunsch zwei Segel des Kummers Schlamm
schreibende Worte was geschehen vermag
entlang einsam entweichen klopfender
Tänzer das Recht wieder und wieder und
Weisung Erbe im Leiden Betrug Hersage
unterwerfen Niedriges ruht Fallen
der Traum quält nicht Schnee noch Atem

bitter dennoch geboren Ossian
ausreichend Haus mehrere Schiffe
hintereinander bewerkstelligen groß
wird in der Weber Hände ziehen
[145] Schiffahrt wenn der Anfang Brust
hält Gleichnis schlingt eine gewaltige
Stunde dennoch als Ossian erschien
Gewinde nicht ankommen hört Hüfte
Staub zum letzten weitausholendes Tier
geflochten sind Hörner aufsteigen
drängt lassen geworden Gang
aussterben bückendes Wort auf dem
Eise Ossian der Gäste Krone furchtsam
spannt stiller Feind nicht das Tor
schelten und es gibt nicht
Eingang Geschrei abwendet Zögern
matt greift Sternenbanner Anklang
Gerippe Stürme staunen Zitrone
die Ufer loben heiter Gesinnung wartet
der Reiter anders Sandsturm schreckt
Gefäße zweites Entflammen geschnittene
Kenntnis gibt es Willfahrt Strahlen
wenn hinaustritt ehemals Leben die
letzte ertrunkene Schlange
Glück er reitet einer Unruhe Anbruch
zurück woher wenn nicht und
aufhört großer Gott der Rest Wasser
in der Segelung Nacht so will wo
bleiben wehe zuströmt Gleiches
zuwieder so ist er heimgekehrt
von ewig die Gräber liegen so
in den Sternen soll Finden aus
kratzen Wunde nieder entlang schreitet
Verdacht und das Ziel so sieht es
das Gesetz erscheint Rose gefällt
[146] in der Mitte das Herz Nachricht
zuweht Winken und langen Schlaf Tochter
ins Tränken erschüttert ausgeästeter
Untertan langes Geröll sammelt Leid
schädigender Ruf und der Finsternis
wertloses Nachtgewand unverhofft zu
Raten der König erschossen wohnt kalter

Aprilwind der Schwelle Gären Syrien
Gewicht kalter Dämmerung labend Zorn
trefflich Holunder wächst so wird
Belastung blind in der Wahl hören
die Pagen Kerzen Überschwang Leuchten
Ossian und Beides wieder
es sehen Gesten die Erinnerung sich
sonnt und die Freude gemeinhin richtet
Todesgott süßen Wein in der Lichtung
unheilbare Wunde hinabzuholen
für ihn zu sterben nirgends
Scheidung überzeugende Macht am
Himmel der Schütze acht gibt Wandel
drei fließen herab unausweichlich
Ossian reitet zu haupten den
letzten Enkel er bindet den Schädel
immerfort das Scheit Fluren
danach eine Kehle in den Bergen
der Erdstoß im letzten Kranken
die Gefahr fest der Schwefel Ossian
in der Reihenfolge verflucht
der Einbruch Einzug hält Eisfuchs
Ossian Schwester einfarbig sich
entzündend unwiederbringlich gerissener
[147] Bote durstig der Reiz der Wanderer
in der Tollgerste zimmert das Loch
entsprossen letzter Enkel gleich
Gestalt in die Fährte lockt Ossian
der Schikane gleichmäßiger Wunsch
heiserer Brautschleier sich wirft in die
Nahrung meißelt wagemutig Leben
zu lassen zu errichten Verschwendung
einer Steigerung Ossian solche die
Berührbaren zu liebender eingerollt
beim Anblick der Väter Ossian weicher
Gruß niedergefahrene Stille in den Leibern
eine Trauer trägt dort keine Fragen
hallt angenehm es war eine große Menge
im Weizen was da ist am Ende
alles eingenommen dem Orakel Tod
des schönsten Mannes Einhalt Berühmtester
Unglück Schaum Vorzeit verfolgt eher

außerdem Wissen und täuscht wenn sein
Geistlicher Wirklichkeit schwindet
erscheint Ossian stürzen blaue Himmel
des Wilden Rücktritt wider den Tag
wütet Order der König es schlingen
Pagen hat gegeben goldene Elefanten
ungehorsam im Gruß erscheint Ossian
entführt Ehre und Lieder tote Gefährten
Griff und Streitwagen unablässig schöner
Ossian erscheint unerträglich wuchernd
zu Hilfe Mutmaßungen die Mutter des Königs
es gehen zu Grunde Spätgeborene der
Sperber Mauern zünden weit das
[148] Entsetzen einer Entschuldigung
währt Sturz unaufhaltsam Gereichen
der Blitz vom Felde rückt nicht zu sagen
ein Geschehen Horden Luft Diamanten
auch etlicher Begierde der Seher
Aurore Schwingen leeres verläßt der
Grat sich spreizt drei Tage alles beim Alten
Feuersbrunst eilige Vaterschaft einer
solchen stirbt Wunder Umhang und
frohgemutet einer Summe Kerbe träge
hin starren Eisvögel ungeheure Last
von Zeugung ein Fremder sich bringt
gierige Ohnmacht nicht vollendet
Auszug einer Anmerkung Angst
als Ossian erscheint so werden
wenn in die Tiefe stürzt
ergreifen und pflegen und der Arbeit
Waffen werken heilt Fluch zu
führen verstehen das göttliche Kind
unter dem Herzen der Rabe das Meer
fesselt tragen Liebe Geschenk
Pfeile der Geliebte des Bruders
das Königsgeschlecht einzig Licht
und Zepter schlau herrlich gewandt in
die Wiege zurück der junge Gott
Land und Meer die Seelen der Toten
herbstlich späte Verirrung
ruhigt Reinigung wisse es
einzurichten Anklage anheuern

und zeigen den Berg erloschene Bande
Halfter zu Neige kosten ungebundener
[149] Verpflichtung nützlich so kommt
der Guß so zugrunde gegangen
das Mißfallen läutern erhängt
in nichts anderem als Berechnung
schluckender Laokoon stimmende
Geborgenheit ehrenhaft gewalttätig
und blinde Einheit von dannen zogen
es waren wer sind sie Versprechen
und das Schwanken erlangt im Sturm
Kreise gesprochen frei steht es
zu folgen das Wagnis Ossian
beauftragt den Reiter Ossian
mehrere gemeinsam Hügelkette edles
Metall Gnadenbeweis erstaunlicher
Stand da ist verzehrende Macht
ungeduldige Gründung aufnehmendes
Unflat gebüßt mit dem eigenem [sic!] Leben
dann fallen aus der Erde die Feuer
Trübsal wäre in der Hand Ossian eine
lärmende Asche tolle Freunde im Blut
Lorbeer wiederhallt im Glück Stund
zogen Eifersüchtige zu mildern
königliches Geheiß Gleichmut Strömung
innehält ferne Balken fassen Agave
Zeit günstig entgegengeschlagen
leichtern kränklich wildes Geräusch
bergig und Strafe ein Hieb stumm
Vögel verehrt furchtbar
der Wahnsinn Argwohn stellt
in den Abend zuerst kunstvoll
umtoben Tränen Ossian erscheint
[150] dem Dämon entsteigender Sonnenstrahl
viel dem Auflauern wertvoller Arbeit
es wurde gesagt hinabgeschwängert
vergegenwärtigt eine leichte Brücke.

# 3. *Ossian*-Intertextualität vom 18. Jahrhundert bis zur Weimarer Republik

## 3.1 Im Umkreis der Aufklärung

## [58] Friedrich Gottlieb Klopstock: Selmar und Selma [1766].

Meine Selma, wenn aber der Tod uns Liebende trennt?
    Wenn dein Geschick dich zuerst zu den Unsterblichen ruft?
Ach, so werd' ich um dich mein ganzes Leben durchweinen,
    Jeden nächtlichen Tag, jede noch trübere Nacht!
Jede Stunde, die sonst in deiner Umarmung vorbeyfloß,
    Jede Minute, die uns, innig genossen, entfloh!
Ach, so vergehen mir dann die übrigen Jahre voll Schwermuth,
    Wie der vergangenen keins ohne Lieb' uns entfloh.
Ach mein Selmar, wenn künftig der Tod uns Liebende trennet,
    Wenn dein Geschick dich zuerst zu den Unsterblichen ruft;
Dann, dann wein' ich um dich mein ganzes übriges Leben,
    Jeden schleichenden Tag, jede schreckliche Nacht!
Jede Stunde, die sonst, mit deinem Lächeln erheitert,
    Unter dem süßen Gespräch zärtlicher Thränen entfloh!
Ach so vergehen mir dann die übrigen Tage voll Schwermuth,
    Wie, der Liebe leer, keiner vordem uns entfloh.
Meine Selma, du wolltest nach mir nur Tage noch leben?
    Und ich brächte nach dir Jahre voll Traurigkeit zu?
Selma, Selma, nur wenig bewölkte trübe Minuten,
    Bring' ich, seh' ich dich todt, neben dir seelenlos zu!
Nehme noch Einmal die Hand der Schlummernden, küsse dein Auge
    Einmal noch, in die Nacht sink' ich, und sterbe bey dir.
[59] Selmar, ich sterbe nach dir! den Schmerz soll Selmar nicht fühlen,
    Daß er sterbend mich sieht. Selmar, ich sterbe nach dir!
Bringe dann auch nur wenig bewölkte trübe Minuten,
    Seh' ich, Selmar, dich todt, neben dir seelenlos zu!
Blicke noch Einmal dich an, und seufze noch Einmal: Mein Selmar!
    Sink an die ruhende Brust, zittr' und sterbe bey dir!
Selma, du stürbest nach mir? den Schmerz soll Selma nicht fühlen,
    Daß sie sterbend mich sieht. Selma, du stirbst nicht nach mir!
Selmar, ich sterbe nach dir! Das ist es, was ich vom Schicksal
    Lang mit Thränen erbat. Selmar, ich sterbe nach dir!

Ach wie liebest du mich! Sieh diese weinenden Augen!
Fühle dieß bebende Herz! Selma, wie liebest du mich!
Meine Selma, du stürbest nach mir? du fühltest die Schmerzen,
Daß du sterbend mich sähst? Selma, wie liebest du mich!
Ach wenn eine Sprache doch wäre, dir alles zu sagen.
Was mein liebendes Herz, meine Selma, dir fühlt!
Würde dieß Aug' und sein Blick, und seine Zähren voll Liebe,
Und dieß Ach des Gefühls, das dir gebrochen entfloh,
Doch zu einer Sprache der Götter, dir alles zu sagen,
Was mein liebendes Herz, meine Selma, dir fühlt.
Ach, wenn doch kein Grab nicht wäre, das Liebende deckte,
Die einander so treu, so voll Zärtlichkeit sind!
Aber weil ihr denn seyd, ihr immer offenen Gräber;
Nehmet zum wenigsten doch nehmet auf Einmal uns auf!
Hörest du mich, der zur Liebe mich schuf? Ach wenn du mich hörest;
Laß mit eben dem Hauch Selma sterben, und mich!
Selmar, ich sterbe mit dir! Ich bete mit dir von dem Himmel
Diese Wohlthat herab. Selmar, ich sterbe mit dir!

Friedrich Gottlieb Klopstock:
[Auszug aus:] Wingolf [1767].

```
∪-∪-∪,-∪∪-∪∪
∪-∪-∪,-∪∪-∪∪
∪-∪-∪-∪-∪
-∪∪-∪∪-∪-∪
```

### Erstes Lied.

Wie Gna im Fluge, jugendlich ungestüm,
Und stolz, als reichten mir aus Iduna's Gold
Die Götter, sing' ich meine Freunde
Feyrend in kühnerem Bardenliede.

Willst du zu Strophen werden, o Haingesang?
Willst du gesetzlos, Ossians Schwunge gleich,
Gleich Ullers Tanz auf Meerkrystalle,
Frey aus der Seele des Dichters schweben?

Die Wasser Hebrus wälzten mit Adlereil
Des Zelten Leyer, welche die Wälder zwang,
Daß sie ihr folgten, die den Felsen
Taumeln, und wandeln aus Wolken lehrte.

So floß der Hebrus. Schattenbesänftiger,
Mit fortgerissen folgte dein fliehend Haupt
Voll Bluts, mit todter Stirn, der Leyer
Hoch im Getöse gestürzter Wogen.

[11] So floß der Waldstrom hin nach dem Ozean!
So fließt mein Lied auch, stark, und gedankenvoll.
Deß spott' ich, der's mit Klüglingsblicken
Höret, und kalt von der Glosse triefet.

[...]

# [Friedrich Gottlieb Klopstock:]
## Gerechter Anspruch [1771].

Sie, deren Enkel jetzt auf Schottlands Bergen wohnen,
Die von den Römern nicht provinzten Kaledonen
Sind deutschen Stamms. Daher gehört auch uns mit an
Der Bard' und Krieger Ossian,
Und mehr noch, als den Engelländern an,
Weil ihn, da er
Aus seiner Hall' ins Freye kam,
Deutschland mit mehr
Verehrung, und mit wärmerem Gefühl aufnahm.

# Heinrich Wilhelm von Gerstenberg:
## [Auszüge aus:] Minona oder die Angelsachsen.
## Ein Melodrama [1785/1815].

### Zweiter Akt.

#### I. Scene Äziens Zimmer.

[103] [...]

### 3.

RYNO.

Edelstan, Frothals Erstgeborner, du wirst dich schwerlich meiner erinnern –

EDELSTAN.

Ich wüsste nicht, Alter. Du scheinst aus der Ferne zu kommen –

RYNO.

Meine alten Glieder fühlen's – Ich darf hier wohl ein wenig ausruhen? *Setzen sich.* – Nicht, als ob mich meine Füsse nicht noch ein Stück Weges forttragen könnten – [104] aber eure römischen Wachen haben mich da querfeldein herumgezerrt von einer Besatzung zur andern – war des Fragens kein Ende.

EDELSTAN.

Du kommst von der Gränze?

RYNO.

Die Begierde, den Fürsten von Siltringa, Bosminens Enkel, hier in Brittannien wiederzusehn, hat mich einmal einen frischen kühnen Schritt von den Gebirgen her unternehmen heissen –

EDELSTAN.

Wie? ich scheine dir wirklich sehr genau bekannt zu seyn. Der buchstäbliche Name meiner Heimath. Bist du ein Pikte?

RYNO.

Kein eigentlicher Pikt' aus den Thälern, sondern aus den innern Gebirgen von
Morven, ehemals Ferchio's Gefährt' in jener [105] berühmten Schlacht deines
Vaters Frothal zu Inisthona, ein Barde Ossians, heisse Ryno.

EDELSTAN.

Ryno? – ein Gefährte Ferchio's? – ein Barde Ossians? – Welche Thaten,
welche andre Zeiten, andre Farben der Dinge, rufst du in mein Gedächtniss zu-
rück? – Ryno? – Wie? eben der lebhafte unschätzbare Alte, in dessen grauem
Barte ich einst so gern Knötchen machte, da ich noch ein Knabe war? der mich
jene unvergesslichen Gesänge von den Schlachten Lochlin's lehrte, wie Os-
sian, die Stimme Selma's, seinen geliebtern Oscar, den Mann aus andern Zei-
ten, nach Angeley – in der Sprache Morvens wie tönender! nach Inisthona – zu
Hülfe sandte dem Vater meiner Väter, dem trauernden Annir –

RYNO.

Wie der blutige Cormalo dem Arm des [106] Starken aus Morven erlag, "dass
die Söhne der vergifteten Lano, wo die Wolke des Tages rastet, gleich dunkel-
braunen Hindinnen dahinflohen, unfähig, den Gram ihres Stolzes zu rächen;"
wie Fingals holde Tochter, Bosmina mit den schwarzrollenden Augen, Runa's
tönende Halle betrat, ein wiederkehrender Stern dem Abend der Tage Annirs:
– Bosmina später vermählt dem gewaltigen Ina, der einzigen übriggebliebenen
Stütze des jammernden Annir, da Ruro fiel! da Argon fiel! dem hinterlassnen
Säuglinge Ruro's, die Mutter des königlichen Frothal, der erhabne Stamm dei-
nes so herrlich wieder aufblühenden Geschlechts . . . in dir, in dir! o mein
Edelstan –

EDELSTAN.

Du bist's, Ryno, du bist's. *Fällt ihm um den Hals.* Ehrwürdiger Mann! ein
Jahrhundert belastete schon damals deine nervigten Schultern –

[107] RYNO.

Und das Gewicht einiger Jahre mehr hat mich noch nicht erdrückt, wie du
siehst. Gesegnet sei mir der Tag, da ich den Enkel Ina's und Bosminens, die
Freude meines Alters, noch einmal in meine Arme schliesse. Gesegneter, wenn
ich mich dir ein Bote des Friedens genaht hätte, würdig erfunden, den getrenn-
ten Stamm einer Eiche wieder aufzurichten, dass er noch einmal umherschaue,
wie er vormals stand, sein tausendastiges Haupt weit umher verbreitend von
Selma's Halle bis zur Halle Runa's, von Inisthona's wogigem Strande bis über
Morven's fernher rauschende Thale! O mein Sohn! mein Sohn! es war eine ra-
sche That, da du das Schwert deiner Väter wider den Enkel Fingals, das finstre

Auge Morvens, zu ziehen beschlossest! Nie hat eine Wunde tiefer geblutet!
Wie konnte Edelstan –

EDELSTAN.

Streckte nicht Trenmor seinen herrsch[108]süchtigen Arm über das Land mei-
ner Väter aus? hatte sich aus Oscar's Hochthat, aus Bosminens liebevollesten
Banden, ein Netz von durchsichtigen Ansprüchen zusammen gestrickt, und
zog mit dem Winde seiner Küste luftig daher, als käm' er, sein Garn über das
schüchterne Gevögel eines Sumpfes auszubreiten! – Wie Fingal sein Schwert
wider Lochlin zog, da Cuchullin unter Swaran's Zehntausenden schwankte: so
hat der schwächere Edelstan auch hier in Brittannien gefochten wider die
Mächtigen aus Morven, in offner Fehde, in unbescholtnem Bunde mit andern
Stämmen –

RYNO.

Es traf, dein zu rasch gezücktes Schwert, wo es nicht hinzielte. Zittre, mehr zu
hören – *Sich umsehend.* Aber wo bin ich hier? Wie das glänzt von gediegenem
Golde! von köstlichem Gestein! von Perlen andrer Meere! vom Schmuck and-
rer Länder! – Prächtig, sehr prächtig!

[109] EDELSTAN.

Scheue dich nicht, theurer Ryno, dein ganzes Herz in meinen Busen zu ergies-
sen. Ich habe keine theilnehmendere Freundin, als diese Äzia Septimilla, diese
beste unter den Römerinnen –

RYNO.

Eine Römerin? So bin ich vollkommen beruhigt – Trenmor hat eine Schwe-
ster –

ÄZIA.

Gieb Acht, ob nicht die Harfenspielerin wieder auftritt, von der wir vorhin
sprachen.

EDELSTAN.

Die Harfenspielerin? was die?

RYNO.

Eine Harfenspielerin? Nun ja, sie spielt die Harfe nicht schlecht: wir hielten
sie, seit Ossian, der Harfe aus andern Zeiten, immer für die gesangreichste der
Harfen Selma's. Hast du etwa schon von ihr gehört, Edelstan?

[110] EDELSTAN.

Das erste Wort, das mir je von ihr zu Ohren kam, habe ich aus dem Munde dieser meiner Freundin –

RYNO.

Nun, so lass dir denn itzt zu Ohren kommen, dass du Worte ihres eigensten Mundes gehört hast –

ÄZIA, *erblassend.*

O weh! meine Ahnungen –

EDELSTAN.

Welches eigensten Mundes, wovon red'st du?

RYNO.

Ich sage dir, Fürst von Inisthona, du hast den Schimmer gesehen in der Nacht, ihr leuchtendes Auge. Ich rede von Minonen, Trenmor's Schwester; mit einem Worte, von deiner Erretterin aus Morvens Höhlen –

[111] EDELSTAN, *springt hastig auf.*

Trenmor's Schwester, meine Erretterin? –

ÄZIA.

Minona! –

EDELSTAN.

Aber lässt sich das denken? Eine Schwester Trenmors meine Erretterin aus den Ketten eben dieses Trenmors? Unglaublich, Ryno, ganz unglaublich!

RYNO.

Was die Rache des Bruders dem Tode weihete, das gab die versöhnlichere Schwester der Stimme der Natur zurück, die in ihrer verwandten Seele – näher der deinigen verwandt – laut für dein Leben sprach.

ÄZIA, *sich erholend.*

In ihrer verwandten Seele! Ja so! In der Seele einer Angehörigen, einer Bluts-freundin, wird eine That wie die, von aller körperlicheren Anhänglichkeit so ganz [112] unbefleckt, eine so wahrhaftig schwesterliche That, allerdings be-greiflicher, als in der Seele einer Liebenden. Wahre Liebe trennt sich nicht, Edelstan, – *Legt ihre Hand auf seine Schulter* – glaube mir, wahre Liebe entlässt den geliebten Gegenstand nicht so auf ewig, wie dich Minona ihrer Gegenwart entliess, um dich erst jenseit des Grabes wieder zu sehn. Und nun

wissen wir auf einmal, auf welche Sendung von oben herab die angenehme Schwärmerin in ihrer verstiegenen Dichtersprache anspielte. Getrieben durch einen innern Zug des gemeinschaftlichen Bluts, das in euren Adern wallt, durch den Ruf der Natur, der, wie von oben herab, zu ihrem schwesterlichen Herzen redte, eine Stimme der Versöhnung zwischen den Abkömmlingen eines gemeinschaftlichen Stamms, eine Stimme, die für sich selbst gar keine Ansprüche zu machen, die bloss die Sprache der Menschlichkeit und der Blutsfreundschaft zu reden begehrt: so klingt's freilich ganz anders! und ein [113] gut Theil natürlicher! Gar ein herrliches Mädchen übrigens, diese Minona, die ich von Stund' an für meine eigne Schwester erkenne, wie sie die deinige ist, Bester – Ich wünsche dir Glück, Edelstan, zu einer wiedergefundnen Blutsfreundin, herzlich Glück, herzlicher, als diese *wortarmen* Lippen dir's sagen können!
[...]

## Dritter Akt.

[161] II. Die Scene, wie zu Ende des zweiten Akts.

### 2.

MINONA, *tritt auf mit ihrer Harfe.*

Ich darf mich, bei allen diesen Zweifeln und Entwürfen, seitdem ich – wer kann mir das Wunder erklären? – durch eine über mich waltende unsichtbare Macht meinem unterirdischen Kerker entronnen bin, meinen Betrachtungen über das Sonderbare der Lage nicht zu sehr überlassen; ich würde den Muth verlieren, wenn ich mich gar zu ängstlich um die Folgen bekümmern, oder diesen Augenblick schon einen Entschluss fassen wollte, ob ich bleiben oder fliehen soll. Hätte ich meine Harfe nicht, meine Gedanken zu zerstreuen und mich mit der Aussicht in eine, mir so augenscheinlich von oben herab verheissene, obgleich meinem eignen schwachen Begriffe noch immer verborgne [162] bessere Zukunft aufzurichten, ich weiss nicht, was ich hier mit mir anfangen sollte. Diese Öffnung, die da in die Tiefe hinabführt, ist die nicht der Eingang zu der Höhle, in der ich so manche schreckenvolle Mitternachtsstunde durchgewacht habe? Sie ist's; ich erkenne sie wieder an der einsamen, traulichen, noch in dem letzten Restchen ihres Dochtes unversehrt gebliebenen Lampe – ein sprechendes Bild deiner Selbst, o Minona! – dieser geselligen, mit mir ausharrenden, Lampe, die jenen crystallenen Abgrund mit tausendfarbigen Lichtern erhellte; selbst an ihren Trümmern, selbst an ihrem gähnenden Schlunde erkenne ich meine, nun nicht mehr schreckenvolle, Kerkerhöhle. Alles übrige, was ich um mich her sehe, diese auseinander gesprengten und wieder auf ein-

ander gethürmten Ruinen, ich selbst, die einzige Bewohnerin dieser schauer-
lich grossen Einöde, wie verändert! wie so ganz anders! Sogar meine Harfe ist
nicht mehr dieselbe. [163] Mehr als einmal habe ich mit Verwunderung be-
merkt, dass sich in dieser Wohnung des Wiederhalls, Töne, wie aus einer an-
dern Welt, mit ihren Harfentönen vermählten, fremdartige, himmlische Töne,
als ob ihr seit meinem Aufenthalte auf dieser unerklärbaren Insel eine anzie-
hende Kraft eingehaucht wäre für jene höhere Instrumentalmusik unsers geis-
terkundigen Ossian, die ich keinesweges gehofft hatte, schon auf dieser Erde
zu erleben. Hätte der Oberdruide vorausgesehen, dass sie mir einen solchen
Wohllaut herbeizaubern würde, wie ich ihn damals erfuhr, als die Pforten des
Abgrundes sich vor mir öffneten, und eine Fluth von wunderbaren Tönen sich
plötzlich wie ein Meer über mich ergoss: schwerlich hätte er sie mir, gleichsam
um meiner zu spotten – o des Schalkhaften! – unter die Erde nachgeschickt.
Immer liegt mir seitdem die Wahrheit unsers hochländischen Sprüchworts im
Sinne, dass zwischen Himmel und Erde [164] oft Dinge vorgehen, die selbst
der Oberdruide sich nicht träumen lässt. – *Man hört Musik in der Ferne.* – Was
höre ich? – Geistermusik? Ist mir doch, als ob ich in diesen Zauberklängen, je-
nen so ähnlich, die mein eignes einsames Saitenspiel schon einmal begleitet
haben, einen sprechenden Aufruf vernähme, meine irdische Harfe mit anklin-
gen zu lassen. O wie mich der Gedanke über mich selbst erhebt! wie in diesem
freundlichen Einklange der unsichtbaren Welt mit der sichtbaren neue nie ge-
fühlte Begeisterung meine ganze Seele durchströmt! Ach, wenn itzt auch Er
hier wäre, den ich wachend und träumend denke, – wie würde er mein Entzük-
ken mit mir theilen! wie würden in dieser seligen Wirklichkeit alle meine
goldnen Träume auf einmal in Erfüllung gegangen seyn!
[...]
[170] [...]

4.

MINONA, *zurückkommend.*


[...] *Sie setzt sich am Eingange der Höhle auf einen herabgefallenen Felsen-
trumm, und spielt eine Ariette auf der Harfe, die* [171] *alsdann mit Violine,
Viole und obligatem Violoncell variirt wird.* – Wie sehr – ich kann es mir nicht
oft genug wiederholen – wie sehr hatten meine Verfolger sich in ihrer Erwar-
tung getäuscht! Vergebens hatten sie sich ihrer Macht gefreut, diese irdische
Hülle zerstören zu können, wenn sie mir schon hier, wider ihre Absicht, einen
Zufluchtsort bereiteten, von Geistern bewohnt, unter deren mir so thätig be-
währtem Schutze mir meine Feinde kein Haar krümmen sollen; von theilneh-
menden, freundlichen Geistern, deren süsstönendes Saitenspiel mir auch schon
hier, einen Vorgeschmack meines bevorstehenden Genusses jenseit des Grabes
gewährt! wo der erste Blick, den ich aus meiner Todtenurne zum Himmel er-
hebe, der Anblick meiner verklärten Väter seyn wird, vor deren freundlich

nach mir ausgestreckten Armen ich ehrfurchtsvoll niederkniee, den Segen ihrer väterlich-liebevollen Anerkennung zu empfangen! – wo, mich schwesterlich be[172]willkommend, Malvina, Bosmina, Comala, Guthona, die holdseligen, von ihrem und meinem Ossian so edel besungenen, Töchter der Vorzeit alle, in der Begeisterung seines erhabenen Gesanges zu seinen Füssen hingelagert und horchend, beisammen sässen, und ich, seine neu angelangte und auch von ihm mit ermunternder Milde aufgenommene Zuhörerin, in Wonnethränen der namenlosesten Gefühle überflösse! – Wie? wenn es diese weiblich zartfühlenden, mich auf die höhern Freuden meiner Zukunft schon hienieden vorbereitenden, Edlen gewesen wären, die selbst, obgleich ungesehen, mich gewürdigt hätten, ihren überirdischen Wohllaut mit meinen irdischen Klängen zu verschwistern? – Ach, wie weit anschaulicher kann ich mir itzt diesen grossen Gedanken ausbilden, als nur noch vor wenig Stunden in der traurigen Abgeschiedenheit meiner nur gar zu lautleeren Gefängnisshöhle! und mit welcher ganz andern Freudigkeit kann ich mir itzt unter [173] diesem lichthellen freien Gewölbe des Himmels das herzerhebende Lied meines alten wackern Ryno wiederholen, das selbst in dem Abgrunde dieses schaudervollen Kerkers, so manche meiner ängstlich durchdachten Nächte bei dem matten Scheine meiner einsamen Lampe zugleich erheitert und beruhigt hat! *Mit voller Begleitung.*

O du, die sich in mir ein Leben begreift,
   Und staunt, dass sie ist, und sich ahndet,
Du ahndest Unsterblichkeit, Seele! dein Traum
   Ist Lispel geheimern Erwachens.
     Nicht wirst du, mein Geist,
     Ein Hauch, der verweht,
   Dess leb' ich und sterb' ich, verwehen!

Wenn Erden zertrümmern und Sonnen verglühn,
   Und Staub sich versammelt zu Staube,
Unsterbliche! schwingst du dich über das Grab;
   Was Nacht war, wird Tag und Erwachen!
     Was Nacht war, wird Tag!
     Dem Schlummer vermählt,
   Sich Nacht, das Erwachen dem Tage.

[174] Sieh auf! es entschweben die Wogen des Lichts
   In ihrem beflügelten Zuge
Dem spähenden Blick ins Verborgne hinab,
   Von Wogen der Meere verschlungen.
     Am Morgen der Nacht
     Steigt purpurner auf
   Zur Feste die Fürstin des Tages.

*Hierauf folgt ein lebhaftes Rondo mit obligater Begleitung, wie zu Anfange.*
[...]

# Fünfter Akt.

Scene ein freier Platz am Ufer des Meers. In der Mitte des Platzes ein
viereckigter Opferaltar, den ein zwiefacher Steinkreis umgiebt, ein äusserer
aus neun, und ein innerer aus sieben Steinen bestehend.

### [337] 4.

DIE VORIGEN. EDELSTAN. TRENMOR mit den Druiden, ohne die
Opfergefangenen und ohne Wache. MINONA. RYNO.

#### TRENMOR.

Auch dir, auch dir also, o Edelstan! habe ich die süsse Empfindung, meine
theure, so hoch beleidigte und schon für verloren geachtete, Schwester mir
wiedergegeben zu sehen – auch dir die erfreuliche Hoffnung zu verdanken,
dass durch deine Verbindung mit Minonen alle Fehde zwischen dir und mir
nun auf immer ausgeglichen seyn werde! Welch ein Mensch bist du! und wie
sehr beschämst du uns alle!

#### EDELSTAN.

Den Bruder einer solchen Schwester, so weit es von mir abhing, gerettet zu se-
hen, ist ein zu natürlicher Wunsch – vollends da ich das Glück habe, nun diese
[338] Zierde des weiblichen Geschlechts meine künftige Gattin nennen zu dür-
fen – als dass ich mir dafür eine besondere Lobeserhebung zueignen könnte. –
Auf eure Einwilligung, meine erlauchten Freunde und Bundesgenossen – *Zu
Horst und Swaran* – wird es nun ankommen, wie es mit dem Ganzen unserer
Ansprüche gehalten werden soll. Die meinigen, so weit sie die mir wiederfah-
rene Kränkung insbesondere angehen, nehme ich, zur Ehre und zum ewigen
Andenken dieses wunderbaren Tages, zurück.

#### HORST.

Aller Groll zwischen uns Sachsen und dem Könige von Morven sei von heute
an der Vergessenheit übergeben –

#### SWARAN.

Und zwischen Lochlin und dem Hause Selma – *Blitz und ein einzelner Don-
nerschlag.*

#### OBERDRUIDE, *zu den andern Druiden.*

Lasst, ihr Culdiche, eure Herzen hüpfen [339] in den Höhlen eurer Brüste, wie
die jungen Lämmer hüpfen, wenn der anbrechende Morgen sie aus den Gefah-
ren ihrer nächtlichen Hürden hervorruft! – Dieser Blitz, dieser einzelne feierli-
che Donnerschlag, ihr Culdiche, ist das himmlische Jawort, das Brumo über

den erneuerten und durch ein frohes Ehrgelübde versiegelten Bund zwischen Morven und Inisthona ausspricht. Und nun, ihr Culdiche, wer hier unter uns das Wunder dieses Glückwechsels zu schätzen weiss, schlage sich dankvoll auf die Brust, und rufe: Brumo!

ALLE DRUIDEN.

Brumo! Brumo! Brumo! *Man sieht das Meteor des heutigen Londons unter fortdaurendem Wetterleuchten, und hört Geistergesänge in der Ferne.*

RYNO, *mit Erstaunen empoblickend.*

Ist das auch der Gott Brumo, den wir dort fernher in vielstimmigen Gesängen sich nähern hören? Mich dünkt, diese Gesänge haben etwas von dem Ossianischen Anklange, [340] so weit ich es in der Ferne beurtheilen kann. – *Zu Edelstan.* – Du zweifeltest, ob nicht das, was ich dir vorher von dem Aufenthalte der Geister auf dieser Insel erzählte, vielleicht nur eine Sage sei. Vernimm ihre Stimme nun selbst, und gestehe, dass wir über Dinge, die ausser dem Gesichtskreise des allgemeinen Menschensinns liegen, nur wähnen, nur muthmassen, nur meinen können.

HORST, *zu Swaran.*

Einen purpurrothen Streif mit himmelhohen Zinken, Zacken, Thurmspitzen, Zinnen, und pallastähnlichen Dunstgebäuden, wie dort einer am Horizonte zum Vorschein kömmt, habe ich oft beim Aufgange der Sonne gesehen, aber nie, wie diessmal, bei ihrem Niedergange.

SWARAN.

Und diese meilenlange Strecke von hochmastigen Schiffen, die wir da zwischen, hinter, und vor den Pallästen in [341] der Luft erblicken mit ihren unzähligen Flaggen, Wimpeln und Windfahnen, vor denen man nicht recht sieht, ob sie auf dem Gürtel eines prächtigen Stromes, oder auf der Bläue des Himmels wogen – bei Wodan! es ist wunderbar! – und was sagst du, Horst, zu dem Gesinge, das über dem Luftzeichen im Anzuge ist?

EINE GEISTERSTIMME, *ohne Begleitung.*

In Morvens Höhlen gesellte sich einst
Die Knospe des Lichts dem Stern aus der Nacht;
Und sieh, im Gebilde der Zukunft strahlt
Des Keimes Frucht durch die Hülle der Zeit,
Verklärteren Blicks, und doch ein Räthsel dir selbst,
Erkenne dort im Bilde der Zukunft dich;
Dir senkt sich's herab aus der Quelle des Lichts;
Was hier im Werden noch keimt, hat dort die Zeit gereift.
Gediegener Weisheit Abglanz sei's, Inisthona, dir,
Was leeren täuschenden Schein die Menge nennt;

[342] Bewundre da, wo sie nur Luftgebilde bestaunt,
Des weiseren Enkels Schöpfungen du.

EDELSTAN, *Minonens Hand ergreifend.*

O Minona! was hab' ich gehört! was hab' ich gesehn! O meine Minona! wer *bin* ich? wie soll ich *mich*, wie *dich* begreifen? Und auch du verstummst? o Minona! auch du?

MINONA.

Ich kann nur anbeten, und schweigen –

TRENMOR, *zu den Druiden.*

Wer unter euch weiss mir den Sinn dieser Wolkengesänge zu erklären? Meinen tonkundigsten und geschicktesten Tanzbären, den ich selbst nach der Hornpfeife abgerichtet habe, schenke ich den unter euch, der mir Menschenverstand in diese Wolkengesänge zu deuten weiss.

OBERDRUIDE.

Erst müsste ich doch, was wahrscheinlich auch deiner Hoheit noch nicht recht [343] einleuchtet, die Echtheit der Geister selbst anerkennen, die schon seit Jahrhunderten auf dieser Insel herumspuken. Mich soll das Spiel, das sie mit ihren Anbetern aus der Ossianischen Schule treiben, nicht irre machen. Brumo's Geister pflegen nicht in dieser weibisch weichen, mir eben so unverständlichen als unausstehlichen, Ossianssprache zu den Menschenkindern zu reden. Nie donnern sie, wenn sie sich hören lassen, ihre zermalmenden Drohworte aus der obern Luft *herab*, sondern sie brüllen sie erderschütternd aus dem Eingeweide der Erde *herauf.*

RYNO.

Da du selbst zugiebst, dass die Sprache, in der die Geister dieser Insel herabreden, und die du doch auch für Ossianisch erkennst, dir nur wenig geläufig ist, so wirst du mir wohl erlauben, wenn ich, der ich den Vortheil in meiner Jugend gehabt habe, Ossians Sprache aus seinem eignen liederreichen Munde verstehen zu [344] lernen, dir meine Gedanken eröffne, was uns die Geister haben weissagen wollen, ohne darum eben Anspruch auf den versprochenen Tanzbären zu machen. *Der Stern aus der Nacht* ist der Fürst von Inisthona, der nebst *Morvens Höhlen* namentlich in der Weissagung vorkam; und *die Knospe des Lichts* ist die Schwester unsers Königs, die diesen schönen Namen mit vollem Rechte verdient, und auf deren nähere Verbindung mit einem edlen und verwandten Stamme ein grosses Schicksal gewartet zu haben scheint. Der Grund, den diess würdige Paar, gemeinschaftlich mit den übrigen Edlen ihres Bundes, durch gute Gesetze, fremde und eigne Erfahrungen, und fortschreitende Thätigkeit zu der gänzlichen Umschaffung des brittischen Eilands legt, hat – in einer Reihe von zukünftigen Jahrhunderten vielleicht, vielleicht auch von Jahrtausenden – Meisterwerke hervorgebracht, für die wir itzt keinen Mass[345]stab haben, und die uns daher auch in dem, was wir davon *Bildweise sehen*, ein Räthsel seyn müssen. So ungefähr erkläre ich mir den Inhalt des Gesanges: aber damit verlange ich nicht zu leugnen, dass dieser Inhalt noch etwas ganz anders bedeuten könne.

CHOR DER GEISTER.
Des Sehers Blick durchdringt die Hülle der Zeit;
Ein Gott ist's, der aus seiner Stimme sprach:
Weissagend entfaltet sich ihm die Knospe des Lichts;
Weissagend geht ihm auf der Stern aus der Nacht.

TRENMOR, *nach einer langen allgemeinen Pause zu Edelstan.*
Um mich über die künftige Erfüllung dieser Geisterverkündigung freuen zu können, die sonst allerdings auch für uns Urahnen eine gar angenehme Seite hat, müsste doch noch die Erfüllung eines anderen Wunsches vorhergehen, ohne die ich das Glück dieses Tages nicht für voll[346]endet halten kann. Was übrigens in deinem und Minonens Herzen bei diesen ausserordentlichen Luftbegebenheiten vorgehen müsse, brauche ich euch nicht zu fragen; die Sprache eurer erstaunten Blicke, eurer bewegten Gesichtszüge ist beredt genug.

EDELSTAN.
Kann ich zur Erfüllung des Wunsches, der dir auf dem Herzen liegt, etwas beitragen, mein Trenmor?

TRENMOR.
*Beitragen?* Du bist der einzige, der ihn *erfüllen* kann –

EDELSTAN.
Rede, mein Bruder; ich bitte dich, rede.

TRENMOR, *nach einer Pause.*
Brumo! – *Indem er die Hände emporstreckt.* – gieb meinen Worten den Nachdruck deines Hammerschlags! den Schwung deiner siebenmal sieben Rosse! – *Nach einer abermaligen Pause.* – Edelstan! du bist leider! der [347] unlauteren Opferer einer! Es ist mir aber schlechterdings unmöglich, in dem Manne, dessen persönliche Rechtschaffenheit ich hochschätze, nicht zugleich den Irrgläubigen höchst anstössig zu finden, den *Brumo* von sich ausstösst. Unsere bisherigen Bekenntnisse scheinen sich zwar auf den ersten Anblick ziemlich ähnlich zu seyn. Der Gott unserer Opfer ist unter zweierlei Namen nur Einer; du, ein Diener Loda's, ich der Knecht der Knechte Brumo's. Gleichwohl aber weichen

unsere Gebräuche in verschiedenen unverkennbar wesentlichen Satzungen von einander ab. Wir stimmen beiderseits in der Sache selbst überein; wissen, dass wir unseren Göttern nichts angenehmeres opfern können, als Menschenblut. Doch brauche ich dir nicht erst zu sagen, durch welch grundverderbliches Missverhältniss in den Wurzel-Zahlen, und selbst in der äusseren Gestalt der Opfer, Inisthona von Morven abweicht. Inisthona hat (ich gesteh's mit Vergnügen) [348] sowohl als Morven grosse Verdienste um die Menschheit, jedes in seiner Art. Was sind aber die grössten und anerkanntesten Verdienste, die sich der Mensch durch Wort oder That, nach allen vier Windstrichen der Erde hin, um die Menschheit erwerben kann, was, frage ich, sind sie im Grunde, wenn ihnen nicht die reine Lehre der Menschenopfer ihre innere Ründung und Würdigung giebt? Erwäge das, beherzige das, und um beides mit einem Worte auszudrücken, fühl' es, fühl' es, ich beschwöre dich, mein als Mensch und als Fürst schon itzt so verdienstvoller Freund! und vereinige dich endlich einmal in der höchsten Angelegenheit, die den Menschen diesseit des Grabes mit dem Menschen verknüpfen kann, vereinige dich in dem einzig wahren Dienste der Menschenopfer mit Minonens Bruder – du bemerkst, Edelstan, welche überwiegende Gründe ich dir ans Herz lege – und ich theile nicht bloss meine brüderliche Zunei[349]gung mit dir und ihr, nein, bei Brumo! Edelstan, ich theile – ja, so wahr Brumo lebt! ich könnte mich entschliessen – wenn's auch mein ganzes Königreich beträfe, und es Brumo's Wille wäre – mein Königreich wollt' ich mit dir theilen, Edelstan!

ALLE DRUIDEN.

Heil dem König Morvens!

OBERDRUIDE.

Dem Könige, welchem Königreiche Staub sind! der ein Gott ist unter den Göttern der Erde! ein Brumo unter den Sterblichen!

ALLE DRUIDEN.

Heil, Heil dem Könige Morvens!

OBERDRUIDE.

Und, o Brumo! lass deine Sichel tief eindringen in das Herz der Irrenden!

ALLE DRUIDEN.

Heil, Heil dem Könige von Morven!

[350] EDELSTAN, *tritt mit dem Anstande der höchsten Würde zurück.*
Ich will nicht sagen, Trenmor, wie klein du mir in diesem Augenblicke erscheinst. Du hast's gut gemeint: allein, o wie sehr mich verkannt! Wisse, Kö-

nig von Morven, meine Seele verabscheut den Gedanken an alle die gefabelten Götzen, die nur in den Fieberträumen menschenfeindlicher Pfaffen ihre Wirklichkeit haben, den an Loda, dessen Diener du mich schmähst, wie den an Brumo, vor dessen Altären du dich hier zur Schande der Menschheit mit Menschenblute besudelst. Es wäre Entweihung, dir vor diesen verfluchten Blutsteinen den Gott zu predigen, den weisere Nazionen schon seit Jahrhunderten anbeteten, dessen Licht deinen Vätern, dem unsterblichen Fingal, dem unsterblicheren Ossian, fernher aufdämmerte, den Gott, dessen Abglanz meine ganze Seele mit allgegenwärtiger Klarheit erfüllt. O dass der rege Sinn meiner Seele, [351] der mich über die Schranken meiner Ohnmacht erhebt, der mich mit fühlbarem Zucken einer allmächtigen Hand ergreift, o dass er in Kraft der Vernichtung überginge! dass ich deine Blutaltäre mit diesem wegwerfenden Stosse –

*Indem er mit dem Fusse auf den vordersten Stein stösst, versinkt die Opferstätte unter Donner und Blitz; eine Flamme steigt aus der Erde; man hört Stimmen in der Tiefe.*

DRUIDEN *schlagen sich voll Verzweiflung an die Brust, und rufen ängstlich:* Geister unserer Väter! Geister der Culdiche! die ihr in diesen geweihten Gräbern eure dumpfen – ach schauerlich! schauerlich! – eure *dumpfen Schatten-Stimmen* erhebt: erbarmt euch unser! Erbarmung! Brumo! Erbarmung!

GEISTER DER DRUIDEN, *mit Begleitung.*
Wer schreckt die Geister der Todten auf?
Den Schlaf der Culdi's aus der alten Nacht?
[352] Wess ist das Schrecken, das wandelt durch die Gruft?
Das der Todten Gebein zermalmt?
Das rollt durch den schlafenden Staub?

DRUIDEN.
Erbarmung! das der Todten Gebein zermalmt! das rollt durch den schlafenden Staub!

GEISTER DER DRUIDEN, *mit Begleitung.*
Sind's der Geopferten Heere, der Sand am Meer?
Wapnet sich wider die Todten der Tod?
Kämpft in den Gräbern noch mit Gebeinen Gebein?
Heben die Leichname sich, die Rächer ihres Bluts,
Dass in die Grüfte versinkt Blutschwell' und Altar?

DRUIDE.
Erbarmung! Steigen die Leichname dort zu uns die Rächer herauf? Erbarmung! Sinkt darum zur Gruft hinab Blutschwell' und Altar?

[353] OSSIANS GEISTER, *mit Begleitung.*

EINE STIMME.

Freudig heran in seinem hehren Kreise
Naht sich der Quelle des Lichtes der Stern aus der Nacht.

MEHRERE STIMMEN.

In ihren Angeln dröhnt die Bluterde! Dröhnt's
In ihrer Achse nach von Pol zu Pol!
Tiefächzend dem Stoss des Sterns aus der Nacht!

EINE STIMME.

Dunkel brütet noch hier, doch von oben herab
Entwand sichs langsam, eine Welt von Glanz!

MEHRERE STIMMEN.

Selbst im Straucheln aufwärtsklimmend, erspäht
Den fernher schimmernden Quell der Forscher, und schöpft
Am Ziel aus dem Strome des Lichts den Labetrunk.

EINE STIMME.

Aus diesem Borne geschöpft, du schönste Perle des Meers!
Dann trinkest auch du des reineren Lichts,

[354] MEHRERE STIMMEN.

Und reineres, reineres geht von dir aus,
Bis, ungetrübt von der Schlacken fremdem Gemisch,
Des Urlichts Reine durch dich den fernsten Zonen strahlt;

ALLE STIMMEN.

Bis der Erde Sohn, ein niederer Gott,
Zurückstrahlt Ihn, den Hocherhabenen,
Dem Himmel und Erde sich neigt!

*Ende des fünften und letzten Akts.*

# [Wilhelm Friedrich von Meyern:] [Auszüge aus:] Dya-Na-Sore, oder die Wanderer [1787-1791].

## Erster Theil.

[28] [...]

Ruhig und heiter war der Himmel, er spielte auf der einen Fläche des Teiches in schwankender Abendluft, leise neigten sich die Büsche, und dämmernd im Wiederschein verloren sich am Hügel die Schatten. In 1000 Bildern drang das Gefühl vergangener Zeiten auf sie ein. Wolken und Wasser, Thäler und Höhen, von allen kehrte zurük trübe Gestalt ehemaliger Freuden, und schwebte furchtbar wie ein warnender Genius vor ihren Augen.

Ihre Schwester kam ihnen entgegen, sie faste thränend ihre Hände und führte sie an [29] den Ort, wo im Garten das Abschiedsmahl bereitet war. Blumen von ernster Farbe, Blumen des öden Schattens und der Einsamkeit bedekten die Tafel. Ein süsser Duft und feierliche Stille unter den Bäumen, die einst ihr Vater pflanzte, empfingen sie. Offen vor ihnen lag das Thal, zu ihren Füssen rollte die Flut, Felsen glänzten von ferne, und die Sonne war im sinken.

[...]

[31] [...]

"Meine Söhne, sagte der Alte, seht meine grauen Haare, und glaubt mir. Der Gram ist eine Wohlthat und hat seine Freuden wie iedes Ding dieser Erde. Und wenn er weiter nichts thäte, als durch die Abwesenheit selbst die Freude uns kennen zu lernen, so wäre dies genug zu seiner Unentberlichkeit. Wenn der Mensch müde am frühen Ziele liegt, so erwartet es ihn zum neuen Lauf. Auch dieser Abend der Trennung wird einst das Andenken der Wonne werden. Der süsse Schauer der Melankolie wird in seinem Bilde mit stiller Lust auf eure Seelen zurükkehren, das Unglük selbst ist kein Uibel, wenn das Bewustsein eigener Schuld es nicht vergiftet. Sehet den [32] Mann in Leiden. Ist er nicht höher als gemeine Menschheit. Erwacht nicht das verstekte Bewustsein eigenen Vermögens, der Triumph seiner edelsten Kräfte in ihm? –

In diesem Augenblike der Trennung – ist dies geheime Winken eurer Fantasie, eurer Herzen und eurer Wünsche, dies Drängen und Pochen eures Innern nicht unendlich höher und edler, als all das laue Dahinschlendern in den Tagen ruhigen Müssiggangs, wenn keine Furcht oder Gedanke erschüttert, keine Sehnsucht, keine Hofnung das müde Einerlei der Stunden beschleuniget? – Würden wir die Freude schäzen, wenn ihre Entfernung nicht den Werth der

Rükkehr erhübe? – Mancher unvermerkte Augenblik wird erst wichtig, wenn er am Rande des ewigen Abgrundes erscheinet, und verschwindet. – Uiberhaupt kleidet der Verlust iede Sache in das verschönernde Gewand unserer Einbildung. Das Schlimme vergist sich. Das Gute erhält sich. Die Entfernung mehrt [33] seinen Reiz und die unzufriedene Seele sucht bei dem Vergangenen den Trost, den sie nie im gegenwärtigen findet. Das Gute selbst bleibt eine Last für unsere Schwäche. Es widerspricht meistens einem unserer Wünsche, und das ist genug, um dem Verflossenen den Vorrang zu geben, das nach dem Willen der Fantasie sich modelt, und iede Gestalt annimmt, in der unsere kurzsichtige Seele das Ideal ihrer Freuden entdekt. Darum ist die Iugend immer die Zeit, auf die all unsere nachfolgende Glükseeligkeit sich bezieht, darum werdet ihr in eurem Alter mit dem Schmerz einer verlornen Liebe an sie zurükdenken, weil sie euch entfernt ist, weil sie euren ersten Hang nach Freude, ehe ihr grübeltet, was Freude wäre, befriedigte; weil der Mensch ein Thor ist, der sich quält mit dem, was er besizt, und nur glüklich ist mit dem, was er zu besizen glaubt. Die Täuschung sizt am Eintritt des Lebens. Wenn aber die Warheit kommt und das Alter, so verschwindet die Ver[34]blendung und das Glük entfernet sich mit der Iugend.

Die wahre Weisheit des Lebens ist, Leiden mit Wonne zu mischen."

"Glaubt nicht, dass ich euch etwa die Freude verdächtig machen will. Sie bleibt das erste Geschenk der Gottheit. Aber ob uns hienieden mehr als ihr Traum, um unsern Wunsch zu erregen, unsere Kraft nach ihr zu spannen, bestimmt sei – das bleibt immer noch die Frage. Hütet euch vor der Versicherung der Lustigmacher, und glaubt nicht iedem Wizling, der sich ihres Aufenthalts rühmt.

[...]

[65] [...]

"Im Dunkel des Hains überrascht ihn das Andenken seiner Ahnen, er fühlt ihre Thaten, ahndet was sie waren, und vergist bei ihren Tugenden das Verderben seiner Zeit. – So wird alles Reichtum für ihn, alles Erinnerung, alles tausendfacher Genus dessen, was er weis, was er hörte und was er sieht. Er schöpft aus seinem Gedächtnis, wie aus einer nie versiegenden Quelle, freut sich des Verborgenen in der Fülle seines Wissens. [...]

[73] [...] Ieder Abend sah sie unter den Ruinen. Sie rangen und liefen zur Wette. Dann wandelten sie ruhig am Rande des Sees hin, zu empfangen [74] den lezten Strahl im Dunkel der Gänge, wenn er sich röthete an den Spizen der Säulen. Das stille Dämmern um Gräber wiegte ihre Seelen in iene sanfte Trauer, die den Gedanken der Vorzeit den Träumen glüklicher Iahre, und den Idealen heroischer Tugend so gerne nachhängt.

"Nie fühlt sich der Schauer fremder Erhabenheit, vergangener Thaten, verflossner Tage mehr, als im Schweigen des Zwielichts. Dieses Simbol ersterbender Gröse führt uns so leicht und so willig in das romantische Land der reichen Fantasie. Helden erscheinen uns nie gröser, ihre Beispiele nie rührender, als wenn des Lichtes endlicher Strahl den Tag zur Ruhe leitet. Darum sahen die Menschen Geister der Nacht, sahen die Schatten ihrer Vorfahren über der Haide, sahen die Erschlagenen wandeln, und das Bild der Toden gattete sich mit dem Schimmer des Mondes. Gefühl ist dem Menschen Wahrheit. Gefühl führt ihn auf irrer Bahn; aber es erhebt [75] ihn zuweilen zu den Göttern. [...]"

[...]

[239] Hier siz ich indess, in diesem Kerker eines ewigen gleichen Daseins, wo kein Ruf zu Thaten mich wekt, wo der Tag vergehet ohne dass ich mir am Abende sagen kann, gelebt zu haben. Wo dieser wenigen Schritte Raum, dieser Hain, dieses Haus, alles – alles ist – was mein trübes Schiksal, mir zur Erinnerung der verlornen Glükseligkeit übrig gelassen hat. O dass ich diesem Andenken entgehen, mich iedem allzutreuen Bilde vergangener Tage entziehen könnte. Aber ieder Stern, ieder einsame Mondstral, iedes Wehen der Abendluft, iedes Rauschen der Blätter, und mehr als alles dieses, dieser Ring hier – hier sieh ihn, dieses theure Pfand eines Freundes, dessen Bild nur allzu treu in mir lebt, sind Dolche, die in meinem Innersten wühlen. Die Welt ist für mich ein [240] trauriger Sammelplaz melankolischer Erinnerungen – ein Wohnort des Grams.

Melankolie – gute Gefährtin meines Lebens, wenn du mich einst auf richtigen Wege der Ehre, meinem Tode so gleichgültig entgegen führest, als iezt dem Abend iedes Tages und iedem Schritte des Daseins, so werd ich sterben wie ein Mann, ohne Wunsch der Verlängerung.

[...]

## Zweiter Theil.

[88] [...]
Die Vorempfindung belohnter Tugend, der Wunsch der mit der Gewisheit kommender Thaten sich schmeichelt, wo erscheinen sie rührender und allmächtiger, als im Umgang inniger, der stillen Natur? – O ihr Nebel, ihr Berge, ihr fliesenden Ströme, du Sonne und all ihr Sterne, in ieden von euch allen sehen wir den lebenden Zeugen unseren Handlungen. Eure Gröse ist unser Beispiel zur thätigen Kraft und iede Seele fühlt in eurer Schönheit das Bild dessen was sie seyn soll. Am Ufer soll nach unserm Tode der Lobgesang unseres Daseyns wiederhallen, auf der Haide soll das graue Denkmal unseres Lebens sich ver[89]ewigen, der Fels soll unsern Namen führen, der Windhauch im Walde soll den vorübergehenden Wandel unseres Geistes enthalten und so wie wir in ieden Gegenstand die Erinnerung entfernter Zeiten legen so soll auch einst unser Andenken in iedem Baum und iedem Stein noch leben. So macht der Mensch die Natur zur Vertrauten seiner Träume, so lernt er Tugend aus dem

Gefühl der Schönheit und schöpft den innigen Gedanken seiner Verewigung aus der bleibenden Dauer all dieser Gegenstände an denen Iahrtausende ohne Spuren vorübergingen. Der Blik in kommende Tage ist die schönste Gabe der Menschheit, und der verächtliche Neid unserer Zeitgenossen, ihr Toben und Unsinn, die Kränkungen verderbter Menschheit, die Leiden entarteter Geschlechter sind nichts, wenn der sanfte Flug des Geistes in ienen dämmernden Fernen die Züge seiner bleibenden Thaten erkennt und unter den Gränzen der Nachwelt die Widerwärtigkeiten des Daseyns vergist. Dann wird die Nacht sein liebster Gefärte. Ruhe findet er dann unter einem Him[90]mel voll leuchtender Sterne, wo er sich ungestört den Entwürfen einer schönen Einbildung überläst, und Zufriedenheit auf ieder Stelle, wo die Stille die ihn umgibt Zuversicht über die Zweifel seiner Erwartung verbreitet. In einer bessern Welt erwacht glaubt er die Bilder des Lebens in ihrer Dauer zu sehen. Das Gefühl drängt sich zum Herzen. Der Mensch wird sein eigner Vertrauter und was er unter dem Geräusche des Tages nur dachte wird Vorsaz und Schlus unter der Stille des Dunkels.

[...]
[240] [...]
O wie ganz anders hier wo man nach einen unruhvollen Tag am kühlen Abend das Grab eines bessern Mannes besuchte.

Wo man im Rauschen der Bäume, im Wind der vom Berge her durch Schilf und Weiher Eschen fuhr, in der stillen monderhelten Einsamkeit eines Waldthals sich und sein Schiksal durch die Hofnung künftiger Gröse, durch die Hofnung eines ähnlich besuchten Grabes zur Geduld verwies.

[241] Wo am Hügel der Felsen, wo am Abhang des Waldes, in einer einsamen Hütte zwischen Gesträuch und wankenden Blumen ieder die Thaten voriger Zeit vom Dichter dergestalt las und fühlte, sich selbst im lauten Selbstgespräch ähnliche Unternehmungen als kommend vorstellte. – Muste der Geist da nicht selbst in der Musse Beschäftigung finden, und die Seele gewohnt werden, sich, als eine Auserwählte der Zeit, in iedem Augenblik für den grosen Erfolg bereit zu halten mit dem die Entwiklung der Heldenszene ihren Anfang nehmen sollte?

Wie glüklich waren sie – wie höchst glüklich, – und nur Terglud – Terglud.

Er wandelte am Strande des Meeres. Die Nacht war so schön. Die Burg lag vor ihm mit ihren Wäldern am Hügel, die Trümmer veralteter Tempel stiegen zwischen Felsen hervor, die See war eben und still.

[242] Er unruhig und eng.

"Es ist nichts für mich. Es kann nichts für mich seyn."

Zukunft und Erwartung lagen trüb vor ihm, elend und klein, verächtlich wie die Träume eines Thoren.

"Hier sein! hier mein Leben verharren! sie wissen nicht welche Qual sie mir auflegten."

Wer sollte glauben? Ein Mann der die Menschen nicht liebte, der kein Wohllüstling war und die Freuden der Gesellschaft verachtete, konnte doch ohne das Geräusch der Welt nicht leben, fand in einsamer Stille und eignen Umgang weder Behagen noch Fülle. Er muste Menschen um sich haben. Seine Seele verstand es nicht sich Freuden zu erschaffen. Die Reize der schönen Natur, die Illusionen des Lebens hatten keinen Eingang für ihn.

[243] Er bestieg die Spizen der Felsen. Er sah hinaus in die leuchtende See. Das eintönige Schlagen ihrer Wellen machte mit Ungestümm seine Empfindungen los. Sein Ohr glaubte zu hören, sein Auge glaubte entfernte Schiffe zu sehen, der Augenblik der Thätigkeit schien da. – Oft wars ihm als sollte er hinab. Nur in den Fluthen war Ruhe. Sich wiegen auf stürmender See, hineilen wo er glaubte seine Gefährten schon im Getümmel einer Schlacht zu finden – ach es dauerte alles so lange. Er erwachte von seinen Traum. Er sah um sich alles oed.

Was iezt geschahe, was iezt geschehen könnte durch ihn, lag mit brennender Ungeduld in seinem Herzen. Tief fühlte er den Iammer verschwindender Zeiten. Erwartung war seine Pein. Ruhe bei stiller Vorbereitung war nicht in seinem Karakter. Ein edler Mann. Aber stille Lenkung ermüdete ihn, und der Raum von Beginnen zum Ausführen war ihm unüberstehlich.

[...]

## Dritter Theil.

[260] [...]

"Lange habe ich, sprach Mioldaa, in meiner Seele geforscht, welche Leidenschaft ich in der Erziehung eines Iünglings zum Hauptton seiner übrigen machen solte. Ehrgeiz – erwärmt, aber er macht hart. Vaterlandsliebe – fordert die Erweiterung reiferer Iahre. Liebe – macht schwach. Das Bild fremder Tugend – wirkt oft [261] durch Uiberspannung, aber ist ungewis in ihrer Dauer – Was kont' ich wählen als Freundschaft? Der Keim liegt in iedem Herzen: – die Gesinnungen der Ehre auf seine Entwiklung geleitet, iedes höhere Ziel unter die Achtung, die man wechselseitig fordert, verstekt, den Stolz in die Unterstüzung, die man sich leistet, geleget, und endlich Thaten, Vaterland und Nachruhm zur Aussicht gemacht, worin in der Ferne der Freund dem Freunde erscheint; so ist alles erreicht. Kraft paart sich mit Gefälligkeit. Tapferkeit mit Wohlwollen. Das Leben wird Harmonie. Die unerschütterte Seele des Kriegers bleibt weich für iedes feine Gefül, ist stark ohne hart, fest ohne verschlossen zu seyn, weil sie durch das Bewustseyn eines ihr verwanten Wesens, ihre Glükseligkeit ausser sich, und in sich nur die Mittel sich ihrer werth zu machen sucht. So bleibt der Mensch mitten im Getümmel einer Schlacht Mensch. Der Held weint am Grabe seiner Feinde, bekant mit fremder Empfindung, und gerürt durch den Verlust, den er selbst fürchtete."

[...]

[313] [...]

"Ich ward in eine entfernte Gegend verschikt. Die Feinde waren gewichen. Ich muste zur Sicherheit bleiben. Diese plözliche Ruhe, die Abgeschiedenheit eines Thales, das auf so manchem einsamen Pfade im Dunkel seiner [314] Haine, im Rauschen seines Flusses, an den stillen Wald bewachsenen Höhen seiner grauen Felsen, mit den Bildern einer frühern Iugend sich gattete, neigte meinen bisherigen Unmuth zu den sanften Empfindungen trauriger Erinnerung zurük. Hier feierte ich einsam und unbeobachtet so manchen hehren ernsthaft grossen Abend, wenn ich über eine Brüke im Spiegel des Wassers den schwindenden Farben des Abendhimmels nachsah, wenn der Nachtwind im Säuseln des Laubes vorüberging, und ich das Schlagen meines Herzens an einem Baum, den ich umfast hielte, für seinen Gegenschlag hielt: Wenn ich zwischen dem eilenden Gewölke den einzeln erscheinenden Sternen nachfolgte, oder um Mitternacht von einem Hügel hinaus sah, als ob ich kommende Schatten erspähen wolte. Ihr werdet erstaunen, Freunde, wie einer, den ihr oft so arm am Reichthum der Natur stehen saht, einst so innig mit den romantischen Dichtungen seines Gefüls sich beschäftigen konte. Aber bedenkt, welche Verwüstung acht Iahre mühsamer Geschäfte, fehl geschlagener Hofnungen und heftiger Erschütte[315]rung in unserm Geiste machen müssen; bedenkt, dass mit dem Alter die Unzulänglichkeit aller nicht wirklichen Thaten eben so sehr wächst, als die glükliche Gabe der Selbstbeschäftigung mit erträumten Bildern – abnimt. O der Ernst zunehmender Iahre ist ein sehr kleiner Ersaz für die verlorne Reizbarkeit der Iugend. Der Mann wird arm, wo der Iüngling reich war. Und hätte er nicht den Trost, in seinen Thaten für andere zu wirken, was wäre er. – Einst wandele ich am Abend den Strom hinauf, finde einen Nachen, rudere mich fort, folge einem stillen Seitenarm der zwischen gewölbten Bäumen sich kühl und schaurig in das Dunkle seiner eigenen Schatten verliert. Der leise Laut, der bei Nacht dann und wann aus einer fernen Gegend herschallt, der Kreis, den das Wasser zuweilen an einer vorspringenden Eke macht, mein Ruderschlag erhöhten das Gefül dieser Stille mehr als sie es unterbrachen. Mein Geist hatte sich im Nachdenken auf sich selbst zurükgezogen. Das Bild der Verlassenen war um mich. [...]"

[...]

## 3.2  Im Umkreis des Sturm und Drang

[IV*] Matthias Claudius: Ich wüßte nicht warum? [1771].

*Ich wüßte nicht warum?*
Den griechischen Gesang nachahmen? –
Was er auch immer mir gefällt,
Nachahmen nicht; die Griechen kamen
Auch nur mit *einer* Nase zur Welt.
Was kümmert mich ihre Cultur?
Ich laße die Henn' und das Ey,
Verlaß mich auf Mutter Natur.
Ihr abgebrochner roher Schrey
Trift tiefer als die feinste Melodey,
Und fehlt nie seinen Mann;
Des zeugt mein Vetter *Ossian*.

# Johann Wolfgang Goethe: [Auszug aus:] Götz von Berlichingen mit der eisernen Hand [1773].

## Fünfter Act.

[167] Gärtchen am Thurn.
*Maria. Lerse.*
*Maria.* Geh hinein und sieh wie's steht.
*Lerse ab.*

*Elisabeth. Wächter.*
*Elisabeth.* Gott vergelt' euch die Lieb' und Treu' an meinem Herrn. (*Wächter ab.*) Maria, was bringst du?
*Maria.* Meines Bruders Sicherheit. Ach, aber mein Herz ist zerrissen. Weislingen ist todt, vergiftet von seinem Weibe. Mein Mann ist in Gefahr. Die Fürsten werden ihm zu mächtig, man sagt er sei eingeschlossen und belagert.
*Elisabeth.* Glaubt dem Gerüchte nicht. Und laßt Götzen nichts merken.
*Maria.* Wie steht's um ihn?
*Elisabeth.* Ich fürchtete, er würde deine Rückkunft nicht erleben. Die Hand des Herrn liegt schwer auf ihm. Und Georg ist todt.
*Maria.* Georg! der goldne Junge!
*Elisabeth.* Als die Nichtswürdigen Miltenberg verbrannten, sandte ihn sein Herr ihnen Einhalt zu thun. Da fiel ein Trupp Bündischer auf sie los. – Georg! hätten sie sich alle gehalten wie er, sie hätten alle das gute Gewissen haben müssen. Viel wurden erstochen, und Georg mit: er starb einen Reiterstod.
[168] *Maria.* Weiß es Götz?
*Elisabeth.* Wir verbergen's vor ihm. Er fragt mich zehnmal des Tags, und schickt mich zehnmal des Tags zu forschen was Georg macht. Ich fürchte seinem Herzen diesen letzten Stoß zu geben.
*Maria.* O Gott, was sind die Hoffnungen dieser Erden!

*Götz. Lerse. Wächter.*
*Götz.* Allmächtiger Gott! Wie wohl ist's einem unter deinem Himmel! Wie frei! – Die Bäume treiben Knospen und alle Welt hofft. Lebt wohl, meine Lieben; meine Wurzeln sind abgehauen, meine Kraft sinkt nach dem Grabe.
*Elisabeth.* Darf ich Lersen nach deinem Sohn in's Kloster schicken, daß du ihn noch einmal siehst und segnest?

*Götz.* Laß ihn, er ist heiliger als ich, er braucht meinen Segen nicht. – An unsrem Hochzeittag, Elisabeth, ahnte mir's nicht daß ich *so* sterben würde. – Mein alter Vater segnete uns, und eine Nachkommenschaft von edeln tapfern Söhnen quoll aus seinem Gebet. – Du hast ihn nicht erhört und ich bin der Letzte. – Lerse, dein Angesicht freut mich in der Stunde des Todes mehr als im muthigsten Gefecht. Damals führte mein Geist den eurigen; jetzt hältst du mich aufrecht. Ach daß ich Georgen noch einmal sähe, mich an seinem Blick wärmte! – [169] Ihr seht zur Erden und weint – Er ist todt – Georg ist todt. – Stirb, Götz – Du hast dich selbst überlebt, die Edeln überlebt. – Wie starb er? – Ach fingen sie ihn unter den Mordbrennern, und er ist hingerichtet?

*Elisabeth.* Nein, er wurde bei Miltenberg erstochen. Er wehrte sich wie ein Löw um seine Freiheit.

*Götz.* Gott sei Dank! – Er war der beste Junge unter der Sonne und tapfer. – Löse meine Seele nun. – Arme Frau! Ich lasse dich in einer verderbten Welt. Lerse, verlaß sie nicht. – Schließt eure Herzen sorgfältiger als eure Thore. Es kommen die Zeiten des Betrugs, es ist ihm Freiheit gegeben. Die Nichtswürdigen werden regieren mit List, und der Edle wird in ihre Netze fallen. Maria, gebe dir Gott deinen Mann wieder. Möge er nicht so tief fallen, als er hoch gestiegen ist! Selbitz starb, und der gute Kaiser, und mein Georg. – Gebt mir einen Trunk Wasser. – Himmlische Luft – Freiheit! Freiheit! (*Er stirbt.*)

*Elisabeth.* Nur droben, droben bei dir. Die Welt ist ein Gefängniß.

*Maria.* Edler Mann! Edler Mann! Wehe dem Jahrhundert, da dich von sich stieß!

*Lerse.* Wehe der Nachkommenschaft, die dich verkennt!

# [76] Johann Wolfgang Goethe: Prometheus [1773].

Bedecke deinen Himmel, Zeus,
Mit Wolkendunst,
Und übe, dem Knaben gleich,
Der Disteln köpft,
An Eichen dich und Bergeshöhn;
Mußt mir meine Erde
Doch lassen stehn,
Und meinen Herd,
Um dessen Gluth
Du mich beneidest.

Ich kenne nichts Ärmeres
Unter der Sonn', als euch, Götter!
Ihr nähret kümmerlich
Von Opfersteuern
Und Gebetshauch
Eure Majestät,
Und darbtet, wären
Nicht Kinder und Bettler
Hoffnungsvolle Thoren.

Da ich ein Kind war,
Nicht wußte wo aus noch ein,
Kehrt' ich mein verirrtes Auge
[77] Zur Sonne, als wenn drüber wär'
Ein Ohr, zu hören meine Klage,
Ein Herz, wie mein's,
Sich des Bedrängten zu erbarmen.

Wer half mir
Wider der Titanen Übermuth?
Wer rettete vom Tode mich,
Von Sklaverei?
Hast du nicht alles selbst vollendet,
Heilig glühend Herz?

Und glühtest jung und gut,
Betrogen, Rettungsdank
Dem Schlafenden da droben?

Ich dich ehren? Wofür?
Hast du die Schmerzen gelindert
Je des Beladenen?
Hast du die Thränen gestillet
Je des Geängsteten?
Hat nicht mich zum Manne geschmiedet
Die allmächtige Zeit
Und das ewige Schicksal,
Meine Herrn und deine?

Wähntest du etwa,
Ich sollte das Leben hassen,
In Wüsten fliehen,
Weil nicht alle
Blüthenträume reiften?

[78] Hier sitz' ich, forme Menschen
Nach meinem Bilde,
Ein Geschlecht, das mir gleich sei,
Zu leiden, zu weinen,
Zu genießen und zu freuen sich,
Und dein nicht zu achten,
Wie ich!

# Johann Wolfgang Goethe: [Auszüge aus:]
# Die Leiden des jungen Werthers [1774].

[250] [...]

am 10. Juli [1771].

Die alberne Figur, die ich mache, wenn in Gesellschaft von ihr gesprochen wird, solltest du sehen. Wenn man mich nun gar fragt, wie sie mir gefällt – Gefällt! das Wort haß ich in Tod. Was muß das für ein Kerl seyn, dem Lotte gefällt, dem sie nicht alle Sinnen, alle Empfindungen ausfüllt. Gefällt! Neulich fragte mich einer, wie mir Ossian gefiele.

[...]

[292] [...]

am 12. Oktober [1772].

Ossian hat in meinem Herzen den Homer verdrängt. Welch eine Welt, in die der Herrliche mich führt. Zu wandern über die Haide, umsaust vom Sturmwinde, der in dampfenden Nebeln, die Geister der Väter im dämmernden Lichte des Mondes hinführt. Zu hören vom Gebürge her, im Gebrülle des Waldstroms, halb verwehtes Aechzen der Geister aus ihren Hölen, und die Wehklagen des zu Tode gejammerten Mädgens, um die vier moosbedeckten, grasbewachsnen Steine des edelgefallnen ihres Geliebten. Wenn ich ihn denn finde, den wandelnden grauen Barden, der auf der weiten Haide die Fustapfen seiner Väter sucht und ach! ihre Grabsteine findet. Und dann jammernd nach dem lieben Sterne des Abends hinblickt, der sich in's rollende Meer verbirgt, und die Zeiten der Vergangenheit in des Helden Seele lebendig [293] werden, da noch der freundliche Stral den Gefahren der Tapfern leuchtete, und der Mond ihr bekränztes, siegrückkehrendes Schiff beschien. Wenn ich so den tiefen Kummer auf seiner Stirne lese, so den lezten verlaßnen Herrlichen in aller Ermattung dem Grabe zu wanken sehe, wie er immer neue schmerzlich glühende Freuden in der kraftlosen Gegenwart der Schatten seiner Abgeschiedenen einsaugt, und nach der kalten Erde, dem hohen wehenden Grase niedersieht, und ausruft: Der Wanderer wird kommen, kommen, der mich kannte in meiner Schönheit, und fragen, wo ist der Sänger, Fingals treflicher Sohn? Sein Fustritt geht über mein Grab hin, und er fragt vergebens nach mir auf der Erde. O Freund! ich möchte gleich einem edlen Waffenträger das Schwerdt ziehen und meinen Fürsten von der zückenden Quaal des langsam absterbenden Lebens auf einmal befreyen, und dem befreyten Halbgott meine Seele nachsenden.

[...]

[302] [...]

am 8. Dez.

Lieber Wilhelm, ich bin in einem Zustande, in dem jene Unglücklichen müssen gewesen seyn, von denen man glaubte, sie würden [303] von einem bösen Geiste umher getrieben. Manchmal ergreift mich's, es ist nicht Angst, nicht Begier! es ist ein inneres unbekanntes Toben, das meine Brust zu zerreissen droht, das mir die Gurgel zupreßt! Wehe! Wehe! Und dann schweif ich umher in den furchtbaren nächtlichen Scenen dieser menschenfeindlichen Jahrszeit.

Gestern Nacht mußt ich hinaus. Ich hatte noch Abends gehört, der Fluß sey übergetreten und die Bäche all, und von Wahlheim herunter all mein liebes Thal überschwemmt. Nachts nach eilf rannt ich hinaus. Ein fürchterliches Schauspiel. Vom Fels herunter die wühlenden Fluthen in dem Mondlichte wirbeln zu sehn, über Aecker und Wiesen und Hecken und alles, und das weite Thal hinauf und hinab eine stürmende See im Sausen des Windes. Und wenn denn der Mond wieder hervortrat und über der schwarzen Wolke ruhte, und vor mir hinaus die Fluth in fürchterlich herrlichen Wiederschein rollte und klang, da überfiel mich ein Schauer, und wieder ein Sehnen! Ach! Mit offenen Armen stand ich gegen den Abgrund, und athmete hinab! hinab, und verlohr mich in der Wonne, all meine Quaalen, all mein Leiden da hinab zu stürmen, dahin zu brausen wie die Wellen. Oh! Und den Fuß vom Boden zu heben, vermochtest du nicht und alle Quaalen zu enden! – Meine Uhr ist noch nicht ausgelaufen – ich fühl's! O Wilhelm, wie gern hätt ich all mein Menschseyn drum gegeben, mit jenem Sturmwinde die Wolken zu zerreissen, die Fluthen zu fassen. Ha! Und wird nicht vielleicht dem Eingekerkerten einmal diese Wonne zu Theil! –

Und wie ich wehmütig hinab sah auf ein Pläzgen, wo ich mit Lotten unter einer Weide geruht, auf einem heissen Spaziergange, das war auch überschwemmt, und kaum daß ich die Weide erkannte! Wilhelm. Und ihre Wiesen, dacht ich, und all die Gegend um ihr Jagdhaus, wie jezt vom reissenden Strome verstört unsere Lauben, dacht ich. Und der Vergangenheit Sonnenstrahl blickte herein – wie einem Gefangenen ein Traum von Heerden, Wiesen und Ehrenämtern. Ich stand! – Ich schelte mich nicht, denn ich habe Muth zu sterben – Ich hätte – Nun siz ich hier wie ein altes Weib, [304] das ihr Holz an Zäunen stoppelt, und ihr Brod an den Thüren, um ihr hinsterbendes freudloses Daseyn noch einen Augenblick zu verlängern und zu erleichtern.

[...]

# Johann Wolfgang Goethe: [Auszüge aus:] Die Leiden des jungen Werther [1774/1787].

[133] [...]

Am 26. November [1772].

Manchmal sag' ich mir: Dein Schicksal ist einzig; preise die Übrigen glücklich – so ist noch keiner gequält worden. Dann lese ich einen Dichter der Vorzeit, und es ist mir, als säh' ich in mein eignes Herz. Ich habe so viel auszustehen! Ach sind denn Menschen vor mir schon so elend gewesen?

[164] [...]

So war es halb Sieben geworden, als sie Werthern die Treppe herauf kommen hörte und seinen Tritt, seine Stimme, die nach ihr fragte, bald erkannte. Wie schlug ihr Herz, und wir dürfen fast sagen zum erstenmal, bei seiner Ankunft. Sie hätte sich gern vor ihm verläugnen lassen, und als er herein trat, rief sie ihm mit einer Art von leidenschaftlicher Verwirrung entgegen: Sie haben nicht Wort gehalten. – Ich habe nichts versprochen, war seine Antwort. – So hätten Sie wenigstens meiner Bitte Statt geben sollen, versetzte sie, ich bat Sie um unser beider Ruhe.

Sie wußte nicht recht was sie sagte, eben so wenig was sie that, als sie nach einigen Freundinnen schickte, um nicht mit Werthern allein zu sein. Er legte einige Bücher hin, die er gebracht hatte, fragte nach andern, und sie wünschte, bald daß ihre Freundinnen kommen, bald daß sie wegbleiben möchten. Das Mädchen kam zurück und brachte die Nachricht, daß sich beide entschuldigen ließen.

Sie wollte das Mädchen mit ihrer Arbeit in das Nebenzimmer sitzen lassen; dann besann sie sich wieder [165] anders. Werther ging in der Stube auf und ab, sie trat an's Clavier und fing eine Menuett an, sie wollte nicht fließen. Sie nahm sich zusammen und setzte sich gelassen zu Werthern, der seinen gewöhnlichen Platz auf dem Canapee eingenommen hatte.

Haben Sie nichts zu lesen? sagte sie. – Er hatte nichts. – Da drin in meiner Schublade, fing sie an, liegt Ihre Übersetzung einiger Gesänge Ossians; ich habe sie noch nicht gelesen, denn ich hoffte immer, sie von Ihnen zu hören; aber zeither hat sich's nicht finden, nicht machen wollen. – Er lächelte, holte die

Lieder, ein Schauer überfiel ihn, als er sie in die Hände nahm, und die Augen standen ihm voll Thränen, als er hinein sah. Er setzte sich nieder und las.

"Stern der dämmernden Nacht, schön funkelst du in Westen, hebst dein strahlend Haupt aus deiner Wolke, wandelst stattlich deinen Hügel hin. Wornach blickst du auf die Heide? Die stürmenden Winde haben sich gelegt; von ferne kommt des Gießbachs Murmeln; rauschende Wellen spielen am Felsen ferne; das Gesumme der Abendfliegen schwärmet über's Feld. Wornach siehst du, schönes Licht? Aber du lächelst und gehst, freudig umgeben dich die Wellen, und baden dein liebliches Haar. Lebe wohl, ruhiger Strahl. Erscheine, du herrliches Licht von Ossians Seele!

[166] Und es erscheint in seiner Kraft. Ich sehe meine geschiedenen Freunde, sie sammeln sich auf Lora, wie in den Tagen, die vorüber sind. – Fingal kommt wie eine feuchte Nebelsäule; um ihn sind seine Helden, und, siehe! die Barden des Gesanges: Grauer Ullin! stattlicher Ryno! Alpin, lieblicher Sänger! und du, sanft klagende Minona! – Wie verändert seid ihr, meine Freunde, seit den festlichen Tagen auf Selma, da wir buhlten um die Ehre des Gesanges, wie Frühlingslüfte den Hügel hin wechselnd beugen das schwach lispelnde Gras.

Da trat Minona hervor in ihrer Schönheit, mit niedergeschlagenem Blick und thränenvollem Auge, schwer floß ihr Haar im unstäten Winde, der von dem Hügel herstieß. – Düster ward's in der Seele der Helden, als sie die liebliche Stimme erhob, denn oft hatten sie das Grab Salgars gesehen, oft die finstere Wohnung der weißen Colma. Colma, verlassen auf dem Hügel, mit der harmonischen Stimme; Salgar versprach zu kommen; aber ringsum zog sich die Nacht. Höret Colma's Stimme, da sie auf dem Hügel allein saß.

*Colma.*

Es ist Nacht! – ich bin allein, verloren auf dem stürmischen Hügel. Der Wind saus't im Gebirge. Der Strom heult den Felsen hinab. Keine Hütte schützt mich vor dem Regen, mich Verlass'ne auf dem stürmischen Hügel.

[167] Tritt, o Mond, aus deinen Wolken! erscheinet Sterne der Nacht! Leite mich irgend ein Strahl zu dem Orte, wo meine Liebe ruht von den Beschwerden der Jagd, sein Bogen neben ihm abgespannt, seine Hunde schnobend um ihn! Aber hier muß ich sitzen allein auf dem Felsen des verwachsenen Stroms. Der Strom und der Sturm saus't, ich höre nicht die Stimme meines Geliebten.

Warum zaudert mein Salgar? Hat er sein Wort vergessen? – Da ist der Fels und der Baum und hier der rauschende Strom! Mit einbrechender Nacht versprachst du hier zu sein; ach! wohin hat sich mein Salgar verirrt? Mit dir wollt' ich fliehen, verlassen Vater und Bruder! die Stolzen! Lange sind unsere Geschlechter Feinde, aber wir sind keine Feinde, o Salgar!

Schweig' eine Weile, o Wind! still eine kleine Weile, o Strom! daß meine Stimme klinge durch's Thal, daß mein Wanderer mich höre. Salgar! ich bin's, die ruft! Hier ist der Baum und der Fels! Salgar! mein Lieber! hier bin ich; warum zauderst du zu kommen?

Sieh, der Mond erscheint, die Fluth glänzt im Thale, die Felsen stehen grau den Hügel hinauf; aber ich seh' ihn nicht auf der Höhe, seine Hunde vor ihm her verkündigen nicht seine Ankunft. Hier muß ich sitzen allein.

Aber wer sind, die dort unten liegen auf der [168] Heide? – Mein Geliebter? Mein Bruder? – Redet, o meine Freunde! Sie antworten nicht. Wie geängstet ist meine Seele! – Ach sie sind todt! Ihre Schwerter roth vom Gefechte! O mein Bruder, mein Bruder! warum hast du meinen Salgar erschlagen? O mein Salgar! warum hast du meinen Bruder erschlagen? Ihr wart mir beide so lieb! O du warst schön an dem Hügel unter Tausenden! Er war schrecklich in der Schlacht. Antwortet mir! hört meine Stimme, meine Geliebten! Aber ach! sie sind stumm! stumm auf ewig! kalt, wie die Erde, ist ihr Busen!

O von dem Felsen des Hügels, von dem Gipfel des stürmenden Berges, redet, Geister der Todten! redet! mir soll es nicht grausen! – Wohin seid ihr zur Ruhe gegangen? in welcher Gruft des Gebirges soll ich euch finden! – Keine schwache Stimme vernehme ich im Winde, keine wehende Antwort im Sturme des Hügels.

Ich sitze in meinem Jammer, ich harre auf den Morgen in meinen Thränen. Wühlet das Grab, ihr Freunde der Todten, aber schließt es nicht, bis ich komme. Mein Leben schwindet wie ein Traum, wie sollt' ich zurückbleiben. Hier will ich wohnen mit meinen Freunden an dem Strome des klingenden Felsens – Wenn's Nacht wird auf dem Hügel und Wind kommt über die Heide, soll mein Geist im Winde stehn und trauern den Tod meiner Freunde. Der Jäger hört mich aus seiner Laube, fürchtet meine [169] Stimme und liebt sie; denn süß soll meine Stimme sein um meine Freunde, sie waren mir beide so lieb!

Das war dein Gesang, o Minona, Tormans sanft eröthende Tochter. Unsere Thränen flossen um Colma, und unsere Seele ward düster.

Ullin trat auf mit der Harfe und gab uns Alpins Gesang – Alpins Stimme war freundlich, Ryno's Seele ein Feuerstrahl. Aber schon ruhten sie im engen Hause und ihre Stimme war verhallet in Selma. Einst kehrte Ullin zurück von der Jagd, ehe die Helden noch fielen. Er hörte ihren Wettegesang auf dem Hügel. Ihr Lied war sanft, aber traurig. Sie klagten Morars Fall, des ersten der Helden. Seine Seele war wie Fingals Seele, sein Schwert wie das Schwert Oskars – Aber er fiel, und sein Vater jammerte, und seiner Schwester Augen waren voll Thränen, Minona's Augen waren voll Thränen, der Schwester des herrlichen Morars. Sie trat zurück vor Ullins Gesang, wie der Mond in Westen, der den Sturmregen voraus sieht und sein schönes Haupt in eine Wolke verbirgt. – Ich schlug die Harfe mit Ullin zum Gesange des Jammers.

*Ryno.*

Vorbei sind Wind und Regen, der Mittag ist so heiter, die Wolken theilen sich.
Fliehend bescheint den Hügel die unbeständige Sonne. Röthlich fließt der
Strom des Bergs im Thale hin. Süß ist dein Mur[170]meln, Strom; doch süßer
die Stimme, die ich höre. Es ist Alpins Stimme, er bejammert den Todten. Sein
Haupt ist vor Alter gebeugt, und roth sein thränendes Auge. Alpin, trefflicher
Sänger! warum allein auf dem schweigenden Hügel? warum jammerst du, wie
ein Windstoß im Walde, wie eine Welle am fernen Gestade?

*Alpin.*

Meine Thränen, Ryno, sind für den Todten, meine Stimme für die Bewohner
des Grabs. Schlank bist du auf dem Hügel, schön unter den Söhnen der Heide.
Aber du wirst fallen wie Morar, und auf deinem Grabe der Trauernde sitzen.
Die Hügel werden dich vergessen, dein Bogen in der Halle liegen ungespannt.

Du warst schnell, o Morar, wie ein Reh auf dem Hügel, schrecklich wie die
Nachtfeuer am Himmel. Dein Grimm war ein Sturm, dein Schwert in der
Schlacht wie Wetterleuchten über der Heide. Deine Stimme glich dem Wald-
strome nach dem Regen, dem Donner auf fernen Hügeln. Manche fielen vor
deinem Arm, die Flamme deines Grimmes verzehrte sie. Aber wenn du wie-
derkehrtest vom Kriege, wie friedlich war deine Stirne! dein Angesicht war
gleich der Sonne nach dem Gewitter, gleich dem Monde in der schweigenden
Nacht, ruhig deine Brust wie der See, wenn sich des Windes Brausen gelegt
hat.

Eng ist nun deine Wohnung! finster deine Stätte! mit drei Schritten mess'
ich dein Grab, o du! der du [171] ehe so groß warst! vier Steine mit moosigen
Häuptern sind dein einziges Gedächtniß, ein entblätterter Baum, langes Gras,
das im Winde wispelt, deutet dem Auge des Jägers das Grab des mächtigen
Morars. Keine Mutter hast du, dich zu beweinen, kein Mädchen mit Thränen
der Liebe. Todt ist, die dich gebar, gefallen die Tochter von Morglan.

Wer auf seinem Stabe ist das? Wer ist es, dessen Haupt weiß ist vor Alter,
dessen Augen roth sind von Thränen? Es ist dein Vater, o Morar! der Vater
keines Sohnes außer dir. Er hörte von deinem Ruf in der Schlacht, er hörte von
zerstobenen Feinden; er hörte Morars Ruhm! Ach! nichts von seiner Wunde?
Weine, Vater Morars! weine! aber dein Sohn hört dich nicht. Tief ist der
Schlaf der Todten, niedrig ihr Kissen von Staube. Nimmer achtet er auf die
Stimme, nie erwacht er auf deinen Ruf. O wann wird es Morgen im Grabe, zu
bieten dem Schlummerer: Erwache!

Lebe wohl! edelster der Menschen, du Eroberer im Felde! Aber nimmer
wird dich das Feld sehen! nimmer der düstere Wald leuchten vom Glanze dei-
nes Stahls. Du hinterließest keinen Sohn, aber der Gesang soll deinen Namen

erhalten, künftige Zeiten sollen von dir hören, hören von dem gefallenen Morar.

Laut war die Trauer der Helden, am lautesten Armins berstender Seufzer. Ihn erinnerte es an den Tod seines Sohnes, er fiel in den Tagen der [172] Jugend. Carmor saß nah bei dem Helden, der Fürst des hallenden Galmal. Warum schluchzet der Seufzer Armins? sprach er, was ist hier zu weinen? Klingt nicht Lied und Gesang, die Seele zu schmelzen und zu ergetzen? sie sind wie sanfter Nebel, der steigend vom See auf's Thal sprüht, und die blühenden Blumen füllet das Naß; aber die Sonne kommt wieder in ihrer Kraft und der Nebel ist gegangen. Warum bist du so jammervoll, Armin, Herrscher des seeumflossenen Gorma?

Jammervoll! Wohl das bin ich, und nicht gering die Ursache meines Wehs. – Carmor, du verlorst keinen Sohn, verlorst keine blühende Tochter; Colgar, der Tapfere, lebt, und Annira, die schönste der Mädchen. Die Zweige deines Hauses blühen, o Carmor; aber Armin ist der letzte seines Stammes. Finster ist dein Bett, o Daura! dumpf ist dein Schlaf in dem Grabe – Wann erwachst du mit deinen Gesängen, mit deiner melodischen Stimme? Auf! ihr Winde des Herbstes! auf! stürmt über die finstere Heide! Waldströme, braus't! heult, Stürme, im Gipfel der Eichen! Wandle durch gebrochene Wolken, o Mond, zeige wechselnd dein bleiches Gesicht! Erinnre mich der schrecklichen Nacht, da meine Kinder umkamen, da Arindal, der Mächtige, fiel, Daura, die Liebe, verging.

Daura, meine Tochter, du warst schön! schön wie der Mond auf den Hügeln von Fura, weiß wie der gefallene Schnee, süß wie die athmende Luft! Arindal, [173] dein Bogen war stark, dein Speer schnell auf dem Felde, dein Blick wie Nebel auf der Welle, dein Schild eine Feuerwolke im Sturme!

Armar, berühmt im Kriege, kam und warb um Daura's Liebe; sie widerstand nicht lange. Schön waren die Hoffnungen ihrer Freunde.

Erath, der Sohn Odgals, grollte, denn sein Bruder lag erschlagen von Armar. Er kam in einen Schiffer verkleidet. Schön war sein Nachen auf der Welle, weiß seine Locken vor Alter, ruhig sein ernstes Gesicht. Schönste der Mädchen, sagte er, liebliche Tochter von Armin, dort am Felsen, nicht fern in der See, wo die rothe Frucht vom Baume herblinkt, dort wartet Armar auf Daura; ich komme, seine Liebe zu führen über die rollende See.

Sie folgt' ihm und rief nach Armar; nichts antwortete als die Stimme des Felsens. Armar! mein Lieber! mein Lieber! warum ängstest du mich so? Höre, Sohn Arnarths! höre! Daura ist's, die dich ruft!

Erath, der Verräther, floh lachend zum Lande. Sie erhob ihre Stimme, rief nach ihrem Vater und Bruder: Arindal! Armin! Ist keiner, seine Daura zu retten?

Ihre Stimme kam über die See. Arindal, mein Sohn, stieg vom Hügel herab, rauh in der Beute der Jagd, seine Pfeile rasselten an seiner Seite, seinen Bogen trug er in der Hand, fünf schwarzgraue Doggen [174] waren um ihn. Er sah den kühnen Erath am Ufer, faßte und band ihn an die Eiche, fest umflocht er seine Hüften, der Gefesselte füllt mit Ächzen die Winde.

Arindal betritt die Wellen in seinem Boote, Daura herüber zu bringen. Armar kam in seinem Grimme, drückt' ab den grau befiederten Pfeil, er klang, er sank in dein Herz, o Arindal, mein Sohn! Statt Eraths, des Verräthers, kamst du um, das Boot erreichte den Felsen, er sank dran nieder und starb. Zu deinen Füßen floß deines Bruders Blut, welch war dein Jammer, o Daura!

Die Wellen zerschmettern das Boot. Armar stürzt sich in die See, seine Daura zu retten oder zu sterben. Schnell stürmt ein Stoß vom Hügel in die Wellen, er sank und hob sich nicht wieder.

Allein auf dem seebespülten Felsen hörte ich die Klagen meiner Tochter. Viel und laut war ihr Schreien, doch konnte sie ihr Vater nicht retten. Die ganze Nacht stand ich am Ufer, ich sah sie im schwachen Strahle des Mondes, die ganze Nacht hörte ich ihr Schreien, laut war der Wind, und der Regen schlug scharf nach der Seite des Berges. Ihre Stimme ward schwach, ehe der Morgen erschien, sie starb weg wie die Abendluft zwischen dem Grase der Felsen. Beladen mit Jammer starb sie und ließ Armin allein! Dahin ist meine Stärke im Kriege, gefallen mein Stolz unter den Mädchen.

[175] Wenn die Stürme des Berges kommen, wenn der Nord die Wellen hoch hebt, sitze ich am schallenden Ufer, schaue nach dem schrecklichen Felsen. Oft im sinkenden Monde sehe ich die Geister meiner Kinder, halb dämmernd wandeln sie zusammen in trauriger Eintracht."

Ein Strom von Thränen, der aus Lottens Augen brach und ihrem gepreßten Herzen Luft machte, hemmte Werthers Gesang. Er warf das Papier hin, faßte ihre Hand und weinte die bittersten Thränen. Lotte ruhte auf der andern und verbarg ihre Augen in's Schnupftuch. Die Bewegung beider war fürchterlich. Sie fühlten ihr eigenes Elend in dem Schicksale der Edlen, fühlten es zusammen und ihre Thränen vereinigten sie. Die Lippen und Augen Werthers glühten an Lottens Arme; ein Schauer überfiel sie; sie wollte sich entfernen und Schmerz und Antheil lagen betäubend wie Blei auf ihr. Sie athmete sich zu erholen, und bat ihn schluchzend fortzufahren, bat mit der ganzen Stimme des Himmels! Werther zitterte, sein Herz wollte bersten, er hob das Blatt auf und las halb gebrochen.

"Warum weckst du mich, Frühlingsluft? Du buhlst und sprichst: Ich bethaue mit Tropfen des Himmels! Aber die Zeit meines Welkens ist nahe, nahe der Sturm, der meine Blätter herabstört! Morgen [176] wird der Wanderer kommen, kommen der mich sah in meiner Schönheit, ringsum wird sein Auge im Felde mich suchen, und wird mich nicht finden." –

Die ganze Gewalt dieser Worte fiel über den Unglücklichen. Er warf sich vor Lotten nieder in der vollen Verzweifelung, faßte ihre Hände, drückte sie in seine Augen, wider seine Stirn, und ihr schien eine Ahnung seines schrecklichen Vorhabens durch die Seele zu fliegen. Ihre Sinne verwirrten sich, sie drückte seine Hände, drückte sie wider ihre Brust, neigte sich mit einer wehmüthigen Bewegung zu ihm, und ihre glühenden Wangen berührten sich. Die Welt verging ihnen. Er schlang seine Arme um sie her, preßte sie an seine Brust und deckte ihre zitternden, stammelnden Lippen mit wüthenden Küssen. – Werther! rief sie mit erstickter Stimme, sich abwendend, Werther! – und drückte mit schwacher Hand seine Brust von der ihrigen; – Werther! rief sie mit dem gefaßten Tone des edelsten Gefühles. – Er widerstand nicht, ließ sie aus seinen Armen und warf sich unsinnig vor sie hin. Sie riß sich auf und in ängstlicher Verwirrung, bebend zwischen Liebe und Zorn, sagte sie: Das ist das letztemal! Werther! Sie sehn mich nicht wieder. – Und mit dem vollsten Blick der Liebe auf den Elenden eilte sie in's Nebenzimmer und schloß hinter sich zu. Werther streckte ihr die Arme nach, getraute [177] sich nicht sie zu halten. Er lag an der Erde, den Kopf auf dem Canapee, und in dieser Stellung blieb er über eine halbe Stunde, bis ihn ein Geräusch zu sich selbst rief. Es war das Mädchen, das den Tisch decken wollte. Er ging im Zimmer auf und ab, und da er sich wieder allein sah, ging er zur Thüre des Kabinetts und rief mit leiser Stimme: Lotte! Lotte! nur noch Ein Wort! ein Lebe wohl! – Sie schwieg. Er harrte und bat und harrte; dann riß er sich weg und rief: Lebe wohl, Lotte! auf ewig lebe wohl!

[...]

# Johann Wolfgang Goethe:
# Wonne der Wehmuth [1775/1789].

Trocknet nicht, trocknet nicht,
Thränen der ewigen Liebe!
Ach nur dem halbgetrockneten Auge
Wie öde, wie todt die Welt ihm erscheint!
Trocknet nicht, trocknet nicht,
Thränen unglücklicher Liebe!

## [764] Friedrich Leopold Graf zu Stolberg: Hellebeck, Eine Seeländische Gegend [1776].

### An E. F... v. S... und seine Emilia.

Die mich oft auf wehenden Flügeln des rosigen Morgens,
Oft in thauenden Düften der Abendkühle besuchte,
Die mir begegnet auf hangenden Pfaden der heiligen Alpen,
Und auf grünlichen Wellen des Sees im tanzenden Nachen
Mich ergriff, daß ich dem Sohne der Felsenkluft zurief:
"Warum stürzest du, Jüngling, herab die donnernden Fluten
In den stilleren See? Noch bist du frey, wie die Götter!
Wie die Götter, noch stark! dort unten harret der Knechtschaft
Ruhe dein! Enteile nicht, Jüngling, dem näheren Himmel!"[1]
O Begeistrung, wo warst du, da ich, mit flehender Stimme,
Dich in mitternächtlicher Stunde, vom Monde beschienen,
[764] Einsamwallend am Ufer des wogenrauschenden Meeres,
In der Fluten Geräusch, im Schimmer der Sterne dich suchte? –
Sanft umsäuselten mich und hehr die nächtlichen Schauer;
Sinkendes Abendroth weilte noch über Schwedens Gebirge,
Und es tanzten die röthlichen Gipfel auf Wogen des Nordmeers.
Heller stralte der Sund, vom steigenden Monde beschienen;
Lieblich glitten auf beyden Meeren, mit schwellendem Segel,
Schiffe, mit ruhenden Blizen gerüstet, und hüpfende Nachen,
Hier im Mondschein, dort im sterbenden Schimmer des Abends.
Ueber mich wehten auf hohem Gestade die heiligen Buchen,
Deren kein nordischer Sturm, kein Sturm von Osten geschonet.
Blizzerschmetterten Wipfeln entsauset festliches Rauschen,
Das mit Erinnrung und Ahndung den ernsten Waller erfüllet.
Ach! mir lispelte freundlich die Stimme der jungen Erinnrung;
Denn hier sah ich vor wenigen Stunden, mit euch, ihr Geliebten!
Sinken die Sonn' in Wogen des unermeßlichen Meeres.
Siehe hier den Stein, an welchem *Emilia* hinsank,
Stillerröthend vom Schimmer des Abends und sanften Gefühlen;
Und wir sanken zu ihren Füssen – von Seligkeit trunken

---

[1] S. den Felsenstrom im Vossischen Musenalmanach dieses Jahres. S. 211.

Irrte dein Blick, o Freund! Von ihren Augen zur Sonne,
Von der Sonne zu ihren Augen! Dir stralte sie minder
Schön in Wogen des Meers, als in *Emiliens* Thränen.
      Siehe, nun war die Sonne gesunken! Nun sausten die Wipfel
Lauter, und lauter rauschten am Ufer die purpurnen Fluten!
Nun umschwebten uns Bilder der Vorzeit; die Leyer von *Selma*
Tönet' um uns, um uns die liebliche Stimme von *Kona*.
Da erhuben wir uns auf *Lochlin's* hohem Gestade,
[765] Sahen jenseit des Meers, am Fusse des Felsengebirges,
*Starno's* unwirthbaren Wohnplaz. Dort landete *Fingal*; dort sah er
*Agandekka*; dort liebten sich *Fingal* und *Agandekka*.
Ach! gleich einem Sterne, der finstre Wolken durchschimmert,
Sah er das Fräulein zuerst. In ihrem wallenden Busen
Stieg das Bild des Helden empor, wie die steigende Sonne.
*Starno* lauerte mit Ränken auf ihn; da bebte des Fräuleins
Heimliche Thräne; da schlich sie zu ihm in schweigender Stunde:
"Sohn der hallenden *Selma*! dich will mein Vater ermorden!
Fleuch! dein Harren im Walde versteckt die Söhne des Todes.
Fleuch, und rette mich, Held, aus der Hand des zürnenden Vaters!" –
Unbekümmert ging er zur Jagd; die Söhne des Todes
Fielen durch ihn, und *Gormal* erscholl von der fallenden Rüstung.
*Starno* blickte finster umher: "Auf, rufet das Mägdlein,
Daß ihr reiche die blutige Hand der König von *Morven*!"
Bleich erschien, mit fliegendem Haar, das liebliche Mägdlein;
Seufzend hob sich ihr Busen, wie Schaum des strömenden *Lubor*;
Stille Thränen entstürzten den niederblickenden Augen;
*Starno* wandte sein Haupt, und durchstach sie – *Agandekka*
Fiel, wie rollender Schnee, der *Ronan's* Felsen entgleitet,
Schweigend lauschen die Haine der Stimme des hallenden Thales.
*Fingal* blickt' auf die Helden umher. Da flohen und sanken
*Lochlin's* Krieger. Er brachte das Fräulein mit sinkenden Locken
Auf sein Schiff, und suchte die grünende Küste von *Morven*.
[766] Dort erhebt sich ihr Grab auf einem einsamen Hügel.
*Agandekka's* Wohnung umrauschen die Wogen des Weltmeers.
Oft umtönte den Hügel die liebliche Stimme von *Kona*,
*Ossian's* Leyer, mit ihr die Stimme der sanften *Malvina*.[2]
      So umwallten uns manche Gesichte der grauenden Vorzeit.
Sie entschwebten dem Wogengeräusch des heiligen Meeres,
Dem Gesäusel der Buchen, dem rothen und thauenden Himmel.

---

[2]    S. Fingal. III. Buch.

Lange wallten wir noch am hohen Ufer, und sahen
Unter uns drey ruhige Hütten, an's steile Gestade
Angelehnt, und freundlich genezt von der schmeichelnden Welle.
Lämmer weideten zwischen den Hütten im wankenden Grase
Und am kühlenden Born mit sprudelndem Silbergestäube.
Weiden und blühender Flieder umschatten die mittelste Hütte.
Lächelnd weilte beym lieblichen Anblick *Emiliens* Auge.
"Fromm sind deine Bewohner, du moosige Hütte!" Sie sprach es,
Und es suchet' ihr Blick den Pfad zur moosigen Hütte.
Süsse Schauer ergriffen dich, Freundin! O, laß dir erzählen,
Welche Schauer es waren, und wer die Schauer dir sandte!
Fromme Seelen, das wustest du nicht! umschwebten dich leise,
Wehten dir Empfindungen zu, und lispelten freundlich.
Diese Bäume waren noch nicht; auf eben der Stätte
Waren Hütten gebaut und waren Hütten gesunken,
Und, in ähnlicher Wohnung, von ähnlichen Bäumen umschattet,
Lebte *Sveno* hier, mit seinem Weibe *Gotilde*,
Seinen mutigen Söhnen und zartaufblühenden Töchtern.
[767] Aecker hatten sie nicht; sie lebten von Früchten des Gartens,
Von der einzigen Kuh, dem Neze der schwankenden Angel.
Oftmals sassen sie hier, gekühlt von freundlichen Lüften,
Wenn die Abendsonne das flutende Weltmeer erhellte,
Bis sich über den Sund die östlichen Schimmer des Mondes
Zitternd erhuben, und heimzukehren die Glücklichen lockten.
Kummer kannten sie nicht, nur Sorgen der zärtlichen Liebe.
Einfalt deckte den frohen Tisch, ihn würzte die Freyheit,
Und es sorgte kein Tag für seine jüngeren Brüder.
Vater! es bauet der Mensch sein Haus; es nistet die Schwalbe
Im Gesimse; du nährest die Schwalbe! du nährest den Menschen!
Frühe fuhr täglich *Sveno* ins Meer mit täuschendem Neze,
Oft die Söhne mit ihm, oft Weib und Töchter und Söhne.
Also fuhren sie einst zusammen, und freuten sich herzlich
Ueber den Mond und den Morgenstern und den kommenden Morgen.
"*Sveno*, wie gleitet der Nachen so sanft!" – "So führt uns, *Gotilde*,
Gott durch's Leben, hinüber in's Land der ewigen Ruhe!" –
Freudig sagt es der Mann, und thränend erwiedert *Gotilde*:
"Wer von uns wird zuerst, o *Sveno*, den andern verlassen?
Wer von uns zulezt die Kinder als Waisen verlassen?" –
"Wie Gott will! – Nun rudert, ihr Knaben! es schwellen die Fluten."
Vater und Knaben ruderten rasch; es lächelte weinend,
Auf die augenverbergende Hand gestüzt, *Gotilde*.
Gott sah ihre Thränen, und rief dem Winde. Schon rauschte

Höher die Flut; schon brauste der Sturm; schon tobte die Windsbraut,
Daß das Segel zerriß, eh sie's zu senken vermochten.
Vater und Knaben ruderten rasch. Nun weinte die Mutter
Laut empor; es weinten wie sie die zagenden Töchter,
Bis die Welle sich thürmender hob, den Nachen am Felsen
Warf, und Vater und Mutter und Kinder auf einmal hinabschlang –
[768] Engel schwebten über der Flut; so schwebet der Bogen
Gottes über der stäubenden Flut des stürzenden Stromes.
Ach! nun schweben mit ihnen die Seelen im stralenden Fluge
Alle zugleich hinüber in's Land der ewigen Ruhe.
Ihre Leichen trennte das Meer nicht, und wiegte sie sorgsam
An's Gestad, und weinend begrub sie, unter der Buchen
Auf dem Hügel, der Nachbar, wo uns, im Hauche des Abends,
Heitre Gedanken von Tod und Auferstehung umschwebten.
    Sonne, du steigst, und sinkest, um wieder zu steigen! Einst wirst du
Sinken in ewige Nacht! – Dann fragen sich wundernd die Sterne:
"Warum säumt die leuchtende Schwester im purpurnen Lager?
Weilt sie im kühlenden Bade des Meers?" – Im Bade des Meeres
Weilt sie nicht, und nicht in ihrem purpurnen Lager.
Sterne, sie starb! – Einst sterbt ihr, wie sie, ihr Söhne des Lichtes! –
Ach! die goldene Saat von Sonnen und Sternen und Monden
Rauschet entgegen der Sichel des Todes, und neue Gefilde
Keimen empor, dereinst mit neuen Saaten gekrönet,
Bis auch diese das rollende Jahr des Himmels gereifet! –
Laß sie rollen, die Jahre des Himmels! Mit Saaten der Schöpfung
Und mit Erndten der Schöpfung ein jedes bereichert! Wir werden
Säen sehn und erndten, geschmückt mit ewiger Jugend!
    Solche Gedanken führten uns heim. Wir freuten uns innig
Unsers unsterblichen Lebens und unsrer ewigen Freundschaft.
    Freunde! die Göttin verläst mich, sonst säng' ich die lieblichen Haine,
[769] Sie, mit Bächen gewässert, geschmückt mit Hügeln und Thälern,
Und die zwanzig Seen mit Eichen und Buchen umkränzet.
    Ach Begeistrung! Melodisch erscholl der Flug deiner Ankunft,
Nun enteilest du mir im schwebenden Saitengelispel.
Kehre wieder und bald aus deiner tönenden Halle!

# [Johann Heinrich Jung-Stilling:]
## [Auszüge aus:] Henrich Stillings Jugend.
## Eine wahrhafte Geschichte [1777].

[30] [...]
    Vor und nach verfiel Dortchen in eine sanfte Schwermuth. Sie hatte an nichts in der Welt Vergnügen mehr, aber auch an keinem Theile Verdruß. Sie genoß beständig die Wonne der Wehmuth, und ihr zartes Herz schien sich ganz in Thränen zu verwandeln, in Thränen ohne Harm und Kummer. Gieng die Sonne schön auf, so weinte sie, und betrachtete sie tiefsinnig; sprach auch wohl zuweilen: Wie schön muß der seyn, der sie gemacht hat! Gieng sie unter, so weinte sie. Da gehet der tröstliche Freund wieder von uns, sagte sie dann oft, und sehnte sich weit weg in den Wald, zur Zeit der Dämmerung. Nichts aber war ihr rührender, als der Mond; sie fühlte dann was unaussprechliches, und ging ganze Abende unten an dem Geisenberg. Wilhelm begleitete sie fast immer und redete sehr freundlich mit ihr. Sie hatten beide etwas ähnliches in ihrem Charakter. Sie hätten die ganze Welt voll Menschen missen können, nur eins das andere nicht; dennoch empfanden sie jedes Elend und jeden Druck des Nebenmenschen.
    [...]
[36] [...]
    Nun begann die Sonne unterzugehen, und Dortchen mit ihrem Wilhelm hatten recht die Wonne der Wehmuth gefühlt. Wie sie den Wald hinab gingen, durchdrang ein tödlicher Schauer Dortchens ganzen Leib. Sie zitterte von einer kalten Empfindung, und es ward ihr sauer Stillings Haus zu erreichen. Sie verfiel in ein hitziges Fieber. Wilhelm war Tag und Nacht bey ihr. Nach vierzehn Tagen sagte sie des Nachts um zwölf Uhr zu Wilhelmen: Komm, lege dich zu Bette. Er zog sich aus, und legte sich zu ihr. Sie faßte ihn in ihren rechten Arm, er lag mit seinem Kopf an ihre Brust. Auf einmal wurde er gewahr, daß das Pochen ihres Pulses nachließ, und dann wieder ein paarmal klopfte. Er erstarrte und rief seelzagend! Mariechen! Mariechen! Alles wurde wacker und lief herzu. Da lag Wilhelm und empfieng Dortchens letzten Athemzug in seinen Mund. Sie war nun todt. Wilhelm war betäubt, und seine Seele wünschte nicht wieder zu sich selbst zu kommen; doch endlich stieg er aus dem Bette, weinte und klagte laut. [...]

## [Johann Heinrich Jung-Stilling:]
## [Auszug aus:] Henrich Stillings Jünglings-Jahre.
## Eine wahrhafte Geschichte [1778].

[24] [...]
Schwerlich ist die *Ilias* seit der Zeit, daß sie in der Welt gewesen, mit
mehrerem Entzücken und Empfindung gelesen worden. *Hector* war sein Mann,
*Achill* aber nicht, *Agamemnon* noch weniger; mit einem Wort: er hielt es
durchgehends mit den *Trojanern*, ob er gleich den *Paris* mit seiner *Helenen*
kaum des Andenkens würdigte; besonders weil er immer zu Haus blieb, da er
doch die Ursache des Kriegs war. Das ist doch ein unerträglicher schlechter
Kerl! dachte er oft bey sich selber. Niemand dauerte ihn mehr als der alte
*Priam*. Die Bilder und Schilderungen des *Homers* waren so sehr nach seinem
Geschmack, daß er sich nicht enthalten konnte, laut zu jauchzen, wenn er ein
so recht lebhaftes fand, [25] das der Sache angemessen war; damals wär die
rechte Zeit gewesen, den *Ossian* zu lesen.

Diese hohe Empfindung hatte aber auch noch Nebenursachen; die ganze
Gegend trug dazu bey. Man denke sich einen bis zur höchsten Stufe des En-
thusiasmus empfindsamen Geist, dessen Geschmack natürlich, und noch nach
keiner Mode gestimmt war, sondern der nichts als wahre Natur empfunden,
gesehen und studirt hatte, der ohne Sorge und Gram höchst zufrieden mit sei-
nem Zustand lebte, und allem Vergnügen offen stunde; ein solcher Geist liest
den *Homer* in der schönsten und natürlichsten Gegend von der Welt, und zwar
des Morgens in der Frühstunde. Man stelle sich die Lage dieses Orts vor; er
saß auf der Schule an zweyen Fenstern, die nach Osten gekehret waren; diese
Schule stand an der Mittagsseite, am Abhang des höchsten Hügels, um diesel-
be her waren alte Birken mit schneeweißen Stämmen auf einem grünen Rasen
gepflanzt, deren dunkelgrüne Blätter beständig fort im ewigen Winde flisper-
ten. Gegen Sonnenaufgang war ein prächtiges Wiesenthal, das sich an buschig-
te Hügel und Gebirge an[26]schloß. Gegen Mittag lag, etwas niedriger, das
Dorf, hinter demselben eine Wiese, und dann stieg unvermerkt eine Flur von
Feldern auf, die ein Wald begränzte. Gegen Abend in der Nähe war der hohe
*Giller* mit seinen tausend Eichen. Hier las *Stilling* den *Homer* im May und Ju-
nius, wenn ohne das die ganze halbe Welt schön ist, und in der Kraft ihres Er-
halters jauchzet.

[...]

# [Johann Heinrich Jung-Stilling:]
# [Auszug aus:] Henrich Stillings Wanderschaft.
## Eine wahrhafte Geschichte [1778].

[158] [...]

Herr *Göthe* gab ihm in Ansehung der schönen Wissenschaften einen andern Schwung. Er machte ihn mit *Ossian*, *Shakespeare*, *Fielding* und *Sterne* bekannt; und so gerieth *Stilling* aus der Natur ohne Umwege wieder in die Natur. Es war auch eine Gesellschaft junger Leute zu *Strasburg*, die sich die Gesellschaft der schönen Wissenschaften nannte, dazu wurde er eingeladen, und zum Mitglied angenommen; auch hier lernte er die schönsten Bücher, und den jetzigen Zustand der schönen Litteratur in der Welt kennen.

Diesen Winter kam Herr *Herder* nach *Strasburg*. *Stilling* wurde durch *Göthe* und *Troost* mit ihm bekannt[.] Niemahlen hat er in seinem Leben mehr einen Menschen bewundert, als diesen Mann. "*Herder* hat nur einen Gedanken, und dieser ist eine ganze Welt." Dieser machte *Stilling* einen Umriß von allem in einem, ich kanns nicht anders nennen; und wenn jemahls ein Geist einen Stoß bekommen hat zu einer ewigen Bewegung, so bekam ihn *Stilling* von [159] *Herdern*, und das darum, weil er mit diesem herrlichen Genie, in Ansehung des Naturells mehr harmonirte als mit *Göthe*.

[...]

Ludwig Theoboul Kosegarten:
## Das Hünengrab [1778/1824].

Die Nacht ist heilig und hehr.
  Dämmernd und schaurig ist die monderhellte Nacht.
  Streifende Lichter durchschimmern den Wald.
    Die Saat, schwer von Thau, wogt silbern die Breiten entlang.

Wie die Unken läuten im Sumpf!
  Wie die Nachtigallen den Busch durchflöten!
  Wohlgerüche durchwehn die Luft.
    Die Maynacht ist duftig und thauig und hehr.

[108] Schweigt Nachtigallen! Unken schweigt!
  Schauererinn'rung umflüstert mich.
    Zwischen den vier moosbewachsenen Steinen
    Unter den drei rauschenden Eichen sitz' ich hier.

Ueber den vier moosbewachsenen Steinen,
    Unter den drei rauschenden Eichen, Fried' und Ruh!
    Die ihr schlummert drunten, schlummert sanft,
      Die ihr fielet in der Freiheit ehrendem Kampf.

Die Schlucht brüllte,
    Der Wald brauste,
      Das Meer rauschete dumpf auf,
        Als die Tapferen fielen.

Sie fielen. Die Feinde frohlockten.
    Die Barden erhoben den Klaggesang.
      Mütter weinten und Bräute.
        Gethürmt ward dann das ehrekrönende Maal.

[109] Schlaft dann, ihr Edelgefallnen,
   Schlaft sanft im Ringe der Steine!
     Schlaft sanft . . . oder steigt herauf
       Mit der narbenstarrenden Brust, mit den weitaufgaffenden Wunden!

Steigt herauf, und reicht mir die Hand
   Voll Schwielen für die Freiheit, die ich liebe, wie ihr,
     Ich, eurer Enkel einer,
      Der Späteren, der Schwächeren einer!

Die Heroenzeit ist vorüber,
   Vertreten die Spur der Ahnentugend,
     Verstürmt sind der Freiheit Donnerrufe,
      Verbrüllt die Schlachten für das Vaterland.

Knechtschaft umklirrt
   Die Söhne der Freien.
     Den Rücken der Heldensöhne
      Kerbt des Despoten Geißel.

[110] Und verschwand mit der Freiheit heiligem Tag
   Nicht zugleich auch die Tugend der Freien?
     Die Wahrheit, die Treue, der kindliche Sinn?
      Der Trotz, der dem Dränger steuert.

Der Haß, der das Schlechte verfolgt,
   Der Zorn, der den Rohen verzehrt,
     Der Hochsinn, welchem der Tod
      Erwählungswürdiger dünkt, denn die Schande?

Schöne Sitte der Väter,
   Der Ahnen Tugenden, wo seyd ihr. . .
     Begraben unter dem tausendjährigen Stein!
      Vielleicht Mährlein eines schwätzenden Lauts.

Entflammt mich, Tage, die waren!
   Begeistert mich, Tugenden alter Zeit,
     Lasset mich geloben der Ahnensitte
      Unverbrüchliche Treue!

[111] Bei der Eich' auf dem Hügel, auf dem Denkstein
Bei der Asch' in den Urnen des Hügels,
   Gelob' ich der Ahnentugend
    Unverbrüchliche Treue.

Dir, o Wahrheit und Einfalt,
   Gerechtigkeit, dir, und Geradheit,
    Heilige Schaam und Aufrichtigkeit, dir
     Unverbrüchliche Treue!

Haß dagegen der Rohheit!
   Und der Frechheit, und der Feigheit, und der Falschheit!
    Feurigen, lodernden, ewigen Haß
     Dem Schalksinn, der Unsitt' und der Unschaam. . .

[112] Wie das Moos duftet! Wie die Eiche rauscht!
   Wie die Unken läuten! Und die Nachtigallen flöten!
    Aus hellsilbernen Wolken blickt leuchtend der Mond,
     Und die thautrunkene Saat wogt schimmernd die Breiten entlang!

# Friedrich Leopold Graf zu Stolberg:
# [Auszug aus:] Die Zukunft [ca. 1779-1782].

[107] [...]
Fleug von Gipfel zu Gipfel, Gesang! in den Thalen der Vorzeit
Schweben Erscheinungen, rufe sie auf mit tönendem Zauber!
Sonne durchstrale die Nebel des nordischen Eilands! ich sehe
Schon die moosigen Thüren von Selma, blühende Helden
Zogen aus und ein durch Selma's wölbende Hallen.
Oftmal kehrte, schön wie der Tag, in blendenden Stralen
Fingal siegend zurück; mit dunkelwallenden Locken
Eilten, mit klopfenden Busen und sternigten Augen die Bräute
Seinen Kriegern entgegen, sie kränzten die Scheitel des Königs,
Kränzten Ossians Speer, und kränzten Ossians Leyer.
Everallin eilte mit ihrem säugenden Oskar
Ihrem Helden entgegen, es flossen Ossians Thränen
Auf den Schwanenbusen und auf das säugende Knäblein.
Oskar wuchs empor wie die Eschen am schlängelnden Cona,
Leicht und schön und stolz wie ein Hirsch, ihn liebte Malvina,
Ach Malvina die schöne [Tochter] des kriegrischen Toskar!
Oskar fiel und Fingal fiel, es fielen die Edlen
Alle! Zitternd trauret in Selma's hallender Wölbung
[108] Ossian blind und grau, es weint die schöne Malvina
Nur mit ihm, sie erschüttert mit ihm die klagenden Saiten!
Lieblich schallen die Heldengesänge des bebenden Greises
In der Stimme Malvina's am Schilfgesäusel des Cona!
Oftmal schweben, in Nebel gehüllt, die Ahnen des Sängers
Um die graue Scheitel, auch senkt auf Stralen des Mondes
Oskar's Seele sich oft auf die schimmernde Lippe Malvina's.
[...]

[Friedrich Leopold Graf zu Stolberg?:]
Selmar und Selma.
An Christian Grafen zu Stolberg [1782].


Kunde der Vorzeit, du hebst dich in mir, wie der rollende Mond, ernst,
wann er, Sturm weissagend, trübe Wolken durchschimmert.
Auf, und tön' im Gesang! denn um mich schweben der Helden
Geister, einsam und ernst, durch die blauen Pfade des Himmels.
Dieser Felsen ist heilig; heilig die Woge des Meeres,
welche schäumend ihr Haupt, an seinen Gestaden emporhebt;
denn hier sank ein Held! dort sank sein blühendes Weib hin,
blühend und schön, wie die Knospe, die kaum ihr Antliz enthüllt hat!
Sohn des Liedes, vernim den Gesang, wie sie fielen, die Edlen!
    Einsam sassen am moosigen Felsen Selmar und Selma
lauschend den Wogen des Meers, wie im Strale der sinkenden Sonne
fernher kommend am fremden Gestad sich die Stürmenden brachen!
und sie jauchzten im süssen Gefühle der schaumenden Wogen!
Ihnen flohen vorbei, im Stralengewande der Wonne,
Jahre, die ihrer noch harrten, wenn einst, vom rümlichen Alter
sanft ergriffen, ihnen doch stets die Fackel der Liebe
leuchten, und um sie der frohe Reigen der Enkel erschallen
[390] würd', und Thaten der Vorwelt in frohen Reigen der Enkel!
Hold wird dann, sprach Selma, der Tod aus dämmernden Wolken
uns, durch ewige Liebe vereint, hinübergeleiten
und in der Väter Hallen uns ungeschieden versammeln.
Schlummernd lag an Selmas Busen ein lieblicher Knabe.
Leise wiegt' er sein Haupt an der Mutter wallenden Busen,
sanft umflattert vom kühlenden West im Hauche des Abends.
Selma schaute mit Thränen ihn an; es lächelte Selmar
auf den Knaben herab, und umarmte die liebende Mutter.
    Fern am sinkenden Himmel erhoben sich Segel, und Selmars
forschender Blick erkannt' in den Segeln das Zeichen von Lochlin.
Von den Inseln des Meers kamen gerüstet die Krieger,
Gold und Gefangne zu rauben an Erins blühenden Ufern.
Zweimal tausend kamen in zwanzig geflügelten Schiffen.
Auf stand Selmar vom Felsensiz. "Es kommen aus Lochlin
Krieger. Ich will ihnen begegnen auf rollenden Wogen!"

Aber Selma weint' auf die Brust des lallenden Säuglings.
  Selmar stieg den Felsen hinan. Die sinkende Sonne
schoß den lezten Stral hinauf zum Schilde des Helden.
Laut erscholl der tönende Schild vom schlagenden Schwerte;
und es sammelten sich, wie die Wolken der Mitternacht, eilend
Selmars Helden um ihn, dem Rufe des Schildes gehorsam,
sahen die Segel von Lochlin, und eilten die Schiffe zu rüsten;
ihrer mit kommender Sonn' auf rollenden Wogen zu harren.
  Trauernd stieg vom Felsen Selma hinunter: Ihr Säugling
Weint' am Busen der Mutter. Des hallenden Schildes Getöse
[391] hatte vom Knaben den Schlummer verscheucht. Mit thränenden Blicken,
stil umringt von ihren Gespielen, betrat sie der Schilde
Saal, und bang umschwebt' ihr Herz die Ahndung der Zukunft.
Niemals hatte Selmars Weib getrauert, wann Schlachten
ihm geboten. Sie wust' es, er würde mit Sieg und mit Beute
wiederkehren zum jauchzenden Mahle des Festes. Vergebens
sang ihr Freund und Selmars Geliebter, Ullin der Barde,
Selmars Thaten, unzählbar wie Wogen, Siege des Helden
und Alvaters mächtigen Arm in die silbernen Saiten.
Ach! sie horcht' ihm thränend, und sank zur Seite des Barden.
Und der Sohn des Gesanges verstummt', ließ sinken die Telin.
Froh kam Selmar heim, und sah die Thränen in Selmas
stralenden Blicken, und eilt', und umarmte die trauernde Gattin:
"Kom, mein Weib, und jauchze mit mir des nahenden Sieges!
Ehe die Sonne sich senkt, sind Lochlins Krieger entflohen!"
Aber sie schwieg, und drückt' ihm die Hand, und enteilte der Halle.
  Haralds Skalde trat in den Saal: "Fürst Erins, mich sendet
Harald, König der Schlachten. Ihm Gaben zu bringen gebeut er,
Oder dich niederzubeugen vor ihm! "Auf der Spize des Schwertes
Mag er heischen den Raub, wenn ich gefallen bin.["] "Um mich
Meine Krieger!" erwiederte Selmar! "Willst du am Ufer
seiner harren, oder auf Wogen des Meers ihm begegnen?" –
"Ich begegn' ihm mit kommender Sonn' auf den Wogen des Meeres." –
Schweigend vernahm es der Skald', und brachte dem Herscher die Botschaft.
[392] Und die Krieger jauchzten die Nacht bei der Flamme der Eichen!
Hüter wachten am Ufer und täuschten die Ränke von Lochlin,
Selmar jauchzte nicht beim Mahle der hallenden Muschel.
Ernst erfüllte sein Herz. Wie Wogen des Meeres sich drängen,
also drängten sich grosse Gedanken im Herzen des Helden.
Unbemerkt ging er dann zu Selmas schweigender Schwelle,
tröstete sanft ihr Herz mit süssen Gesprächen der Liebe,
mit Gesprächen vom Sieg und vom ewigschimmernden Nachruhm.

Und die Nacht verschwand. Die Krieger brachen vom Mahl auf,
rüsteten sich, und Getös erfüllte die Halle der Schilde.
Schön wie der Mond, wann er zwischen den staunenden Sternen einhertritt,
trat izt Selmar zu ihnen, mit stralendem Erze gepanzert.
Neben ihm ging, in Thränen gebadet, mit wehenden Locken,
seiner Jugend Weib! Ernst stralten die Blicke des Helden;
Aber Liebe las sein Weib in jeglichem Schimmer.
Und er deckte mit ehernem Helm die nächtlichen Locken,
gürtete sich mit dem Schwert, das er einst in den Schlachten der Römer
dicht bei dem sinkenden Adler dem blutenden Feldherrn entrissen.
Also stand er, fürchterlich groß, in der Mitte der Krieger!
Und noch einmal umarmt' er die weinende Gattin. Sie schieden.
  Lochlins Söhne bebten, als im Schalle der Schilde,
als im Jubel der Siegesgesänge die schäumenden Wellen
vor den Kriegern sich bogen. Dunkel erhob sich die Sonne;
und die Schlacht began. An Pfeil klang Pfeil; an den Masten
schollen die Speere von Erz, und zerrissen die schwellenden Segel.
[393] Zwischen ihnen wallte der Tod, und mähte die Krieger.
Niederströmte der Helden Blut auf die schäumenden Wogen;
aber sie jauchzten entgegen dem Tod' auf der Spize der Speere;
naheten näher. Die Sonne stieg, und strömender rann jezt
Heldenblut. Die Speere klangen; es schollen die Schilde;
Streitaxt blitzt und Schwert im Strale der steigenden Sonne.
  Selmar tobte voran, im ersten Getümmel des Kampfes.
Vor ihm sanken die Krieger aus Lochlin, flammendes Wetter
waren die Schläge des Hammers, der Schwung des würgenden Speeres.
Rings um schaut er; so schauet vom hohen Himmel der Adler;
schaut und zielt mit dem siegenden Speer', und würgte von ferne;
stets gedacht' er des blühenden Weibs in den Hallen von Thura.
Ueber ihm sammelten sich auf dunklen Wolken der Väter
Geister, und staunten. Vor ihm erblichen die Krieger aus Lochlin.
Eiwind fiel, und Regner und Sveno! Nun lagen der Feldherrn
Schiffe neben einander, und wütender würgten die Helden.
  Selmar sprang in Lochlins Schif. Mit flammenden Blicken
forscht' er vergebens nach Harald. Den Feigen schreckte des Schwertes
Klang. Er zielte mit schnellem Geschoß ins Gedränge der Krieger,
stürzte der Helden viel mit Tod vergeudenden Pfeilen.
Rolf war grau geworden in Schlachten. An Gormals Gebirge
Wohnte sein Weib. Zwölf Söhne kämpften auf Wogen des Meeres.
Selmar bebte nicht vor der ehernen Keule des Helden.
Laut scholl wieder der Schlag auf den hallenden Schild. Zurück wich
[394] Rolf, und empfing im offenen Busen die Lanze des Königs
Haralds Krieger seufzten; es seufzten die Helden aus Erin.

Traurend reicht ihm Selmar die Hand; und gebot den Genossen,
ihm ein Grab zu thürmen an Erins blühenden Ufern.
    Endlich erblickt er am Rande des Schiffes den lauschenden Feldherrn.
Stürzt durch die feindlichen Reihen. Es wichen ringsum die Krieger.
Dreimal spante der Weichling den Bogen, und drei der Genossen
Selmars sanken hinab. Da traf ihn die Lanze des Helden.
Niederstürzt er vom Rande des Schiffes in die schäumenden Fluten.
Lochlins Segel entflohen, von wilden Stürmen zerstreuet,
und an fremden Gestaden zerschellten sie Wogen des Meeres.
Eins nur blieb. Dort kämpfte mit Lochlins Helden der Herscher.
Ryno sank, und Hotbrod, und Dan, und Viggo und Gewar,
und noch würgt' im Getümmel die Schlacht auf den bebenden Schiffen.
Blutbedeckt stand Selmar zwischen den Leichen und mähte
Mit dem Speere den Kampf. Nun waren die Helden gesunken,
Hother nahte sich ihm, ließ niedertönen die Waffen,
Selmar senkte sein Schwert, und gebot den Kriegern zu ruhen.
    Selma, wie ward dir, als du, vom Scheitel des moosigen Felsens
deinen Selmar erblicktest, in seinen stralenden Waffen!
Siehe, sie kehrten zurück mit Sieg und mit Jubelgesängen!
Schon vernahm sie Selmars Gesang, und erblickte die Arme
ausgebreitet nach ihr, als still der Verräther hinzutrat
und im Rücken den Dolch ihm barg. Er sank und nannte
Selma. Zürnend entstieg sein Geist zu den Wolken der Väter.
Sprachlos sank sie mit starrendem Blick' am Rücken des Felsens.
Und der Barden Gesang verstummt'. Es landeten traurend
[395] Erins Krieger, und führten gefesselt den Mörder des Helden;
und sie legten den Leichnam nieder am Fuse des Felsens.
    Ach, sie sah ihn, die Lippen erblaßt, die Augen geschlossen,
sank dann nieder auf ihn, und küßte die starrenden Lippen!
Ihre Gespielinnen hoben sie auf, sie von dannen zu führen.
    Hother trat hervor. Es klirrten um ihn die Fesseln.
"Weine nur! denn an Lochlins Ufern werden die Mütter,
werden ihm fluchen die Bräut' und meinen Namen besingen."
Sprach's, und nahte dem Leichnam, und faßte das blutende Schwert, bargs
Selma tief in der Brust! "Ha, nun ist Lochlin gerächet?"
rief er und stürzte sich nieder vom Scheitel des thürmenden Felsen.
Sterbend sank sie herab auf den blutenden Leichnam des Gatten;
Und ihr Geist floh seufzend empor aus der Hülle des Staubes.
Jauchzend schwang sich ihr Selmar entgegen auf Stralen des Lichtes,
führte sein göttliches Weib hinan zu den Hallen der Väter!
    Ihre Genossen thürmten ihr Grab am Gestade des Meeres.
Sanftes Entzücken, und Ruh schwebt dort im Gesange der Wogen,
Wann im mondlichen Stral sie ihren Geliebten erscheinen!

# Karl Philipp Moritz: [Auszüge aus:]
# Anton Reiser. Ein psychologischer Roman [1785-1790].

[22] [...]

Von dem Hause, wo Antons Vater logirte, bis nach dem Gesundbrunnen und der Allee dabei, war ein ziemlich weiter Weg. Anton schleppte sich demohngeachtet mit seinem schmerzenden Fuße, das Buch unterm Arm, hinaus, und setzte sich auf eine Bank in der Allee, wo er im Lesen nach und nach seinen Schmerz vergaß, und bald nicht nur auf der Bank in P. sondern auf irgend einer Insel mit hohen Schlössern und Thürmen, oder mitten im wilden Kriegsgetümmel sich befand.

Mit einer Art von wehmüthiger Freude las er nun, wenn Helden fielen, es schmerzte ihn zwar, aber doch däuchte ihm, sie mußten fallen.

Dieß mochte auch wohl einen großen Einfluß auf seine kindischen Spiele haben. Ein Fleck voll hochgewachsener Nesseln und Disteln waren ihm so viele feindliche Köpfe, unter denen er manchmal grausam wüthete, und sie mit seinem Stabe einen nach dem andern herunter hieb.

Wenn er auf der Wiese ging, so machte er eine Scheidung, [23] und ließ in seinen Gedanken zwey Heere gelber oder weißer Blumen gegeneinander anrücken. Den größten unter ihnen gab er Namen von seinen Helden, und eine benannte er auch wohl von sich selber. Dann stellte er eine Art von blinden Fatum vor, und mit zugemachten Augen hieb er mit seinem Stabe, wohin er traf.

Wenn er dann seine Augen wieder öffnete, so sah er die schreckliche Zerstörung, hier lag ein Held und dort einer auf den Boden hingestreckt, und oft erblickte er mit einer sonderbaren wehmüthigen und doch angenehmen Empfindung sich selbst unter den Gefallenen.

Er betrauerte dann eine Weile seine Helden, und verließ das fürchterliche Schlachtfeld. Zu Hause, nicht weit von der Wohnung seiner Eltern, war ein Kirchhof, auf welchem er eine ganze Generation von Blumen und Pflanzen mit eisernem Scepter beherrschte, und keinen Tag hingehen ließ, wo er nicht mit ihnen eine Art von Musterung hielt.

[...]

[95] [...]

Nun war die Einrichtung in dem Institut, wo Anton unterrichtet wurde, daß die erwachsenen Leute, welche zu Schulmeistern gebildet wurden, sich des Sonntags in alle Kirchen vertheilen, und die Predigten nachschreiben mußten, die sie dann dem Inspektor zur Durchsicht brachten. – Anton fand also jetzt noch einmal so viel Vergnügen am Predigtnachschreiben, da er sahe, daß er auf die Art mit seinen Lehrern einerlei Beschäftigung trieb, und diese, denen er nun [96] die Predigten zeigte, bewiesen ihm immer mehr Achtung, und begegneten ihm beinahe, wie ihres Gleichen.

Er bekam am Ende einen dicken Band nachgeschriebener Predigten zusammen, die er nun als einen großen Schatz betrachtete, und worunter ihm insbesondre zwei wahre Kleinodien zu seyn schienen: die eine war von dem Pastor U..., der mit dem Pastor P... wegen der Geschwindigkeit im Sprechen die meiste Aehnlichkeit hatte, in der A.. Kirche gehalten, und handelte vom jüngsten Gericht. – Mit wahrem Entzücken haranguirte Anton diese Predigt oft seiner Mutter wieder vor, worinn die Zerstörung der Elemente, das Krachen des Weltbaues, das Zittern und Zagen des Sünders, das fröhliche Erwachen der Frommen, in einem Kontrast dargestellt wurde, der die Phantasie bis auf den höchsten Grad erhitzte – und dieß war eben Antons Sache. Er liebte die kalten Vernunftpredigten nicht. Die zweite Predigt, welche er unter allen vorzüglich schätzte, war eine Abschiedspredigt des Pastor L..., die er in der C... Kirche hielt, und worinn derselbe fast vom Anfange bis zu Ende durch Thränen und Schluchzen unterbrochen wurde, so beliebt war er bei seiner Gemeine. Das rührende Pathos, womit diese Rede wirklich gehalten wurde, machte auf Antons Herz einen unauslöschlichen Eindruck, und er wünschte sich keine größre Glückseligkeit, als einmal auch vor einer solchen Menge von Menschen, die alle mit ihm weinten, eine solche Abschiedsrede halten zu können.

Bei so etwas war er in seinem Elemente, und fand ein unaussprechliches Vergnügen an der wehmüthigen Empfindung, worinn er dadurch versetzt wurde. Niemand hat wohl mehr die Wonne der Thränen (*the joy of grief*) empfunden, als er bei solchen Gelegenheiten. Eine solche Erschütterung der Seele durch eine solche Predigt war ihm mehr werth, als aller andre Lebensgenuß, er hätte Schlaf und Nahrung darum gegeben.
[...]
[190] [...]
Die Aussicht auf die Komödie am Abend tröstete ihn, wenn er am Morgen zu einem traurigen Tage erwachte, wie er denn nie anders erwachte – Denn die Verachtung und der Spott seiner Mitschüler, und das dadurch erregte Gefühl seiner eignen Unwürdigkeit, welches er allenthalben mit sich umhertrug, dauerte noch immer fort, und verbitterte ihm sein Leben – Und alles was er that, um sich hievon loszureißen, war im Grunde eine bloße Betäubung seines innern Schmerzes, und keine Heilung desselben – sie erwachte mit jedem Tage wieder, und während daß seine [191] Phantasie ihm manche Stunde lang ein täuschendes Blendwerk vormahlte, verwünschte er doch im Grunde sein Daseyn. –

Die häufigen Thränen, welche er oft beim Buche und im Schauspielhause vergoß, flossen im Grunde eben sowohl über sein eignes Schicksal, als über das Schicksal der Personen, an denen er Theil nahm, er fand sich immer auf eine nähere oder entferntere Weise in dem unschuldig Unterdrückten, in dem Unzufriednen, mit sich und der Welt, in dem Schwermuthsvollen und dem Selbsthasser wieder. – Die drückende Hitze im Sommer trieb ihn oft aus seiner Stube in die Küche, oder in den Hof hinunter, wo er sich auf einen Holzhaufen setzte und las, und oft sein Gesicht verbergen mußte, wenn etwa jemand hereintrat, und er mit rothgeweinten Augen da saß. –

Das war wieder *the Joy of Grief*, die Wonne der Thränen, die ihm von Kindheit auf im vollen Maße zu Theil ward, wenn er auch alle übrigen Freuden des Lebens entbehren mußte.
   [...]
[288] [...]
Ein andermal arbeitete Reiser wieder ein Gedicht über die Zufriedenheit – gleichsam zu seiner eigenen Belehrung, oder zur eignen Richtschnur seines Lebens, aus – nachdem er nun aber alle Beruhigungsgründe bei den Widerwärtigkeiten des Lebens durchgegangen war, und sich gleichsam in eine sanfte Stille eingewiegt hatte, so erwachte doch am Ende wieder seine schwarze Melancholie – und er beschloß die Reihe der sanften Empfindungen, welche in diesem Gedicht ausgedrückt waren, doch am Ende mit folgenden Ausdrücken der Verzweiflung:

Doch machen ungemeßne Leiden
Dir hier dein Leben selbst zur Quaal –

Und findest du dann keinen Retter
Und keinen Endger deiner Noth –
Sieh auf! – er kömmt im Donnerwetter –
O grüße, grüße deinen Tod!

[289] Indem er einem solchen Gedanken nachhing, empfand er oft eine Art qualenvoller Wonne, wenn es dergleichen geben kann. –

Dieß Gedicht war gleichsam ein Gemählde aller seiner Empfindungen, die, wenn sie auch sanft und ruhig anhuben, sich doch gemeiniglich auf die Weise zu endigen pflegten. – Zu diesem Gange der Empfindungen war nun einmal, durch alle die unzähligen Kränkungen und Demüthigungen, die er von Jugend auf erlitten hatte, sein Gemüth gestimmt – bei der heitersten lachendsten Aussicht zog sich das schwarze Melancholische immer wieder wie eine Wolke vor seine Seele. –

Sobald sich auch sein Ausdruck dahin lenkte, wurde er natürlich und wahr. – Wie er denn einmal den Auftrag erhielt, für jemanden *verliebte Klagen* zu dichten. – Eine Situation, in welche er sich mit aller Anstrengung nicht versetzen konnte, denn weil er gar nicht glaubte, daß er von einem Frauenzimmer je geliebt werden könnte – indem er sein ganzes Aeußre einmal für so wenig empfelend hielt, daß er gänzlich Verzicht darauf gethan hatte, je zu gefallen: so konnte er sich nie in die Lage eines solchen setzen, der darüber klagt, daß er nicht geliebt wird – was er also hievon wußte, das dachte er sich bloß, ohne es je empfinden zu können. – Demohngeachtet geriethen ihm die *verliebten Klagen*, die er entwarf, nicht ganz übel, weil er das kurz darin zusammendrängte, was er aus Romanen und Philipp Reisers Unterredungen wußte. – Zuletzt aber dachte er sich nun den Liebhaber in einem Zustande, wo er vom Ueberrest seiner Leiden niedergedrückt der Verzweiflung nahe ist, und ohne nur ferner auf die Ursach der Verzweiflung Rücksicht zu nehmen, dachte er sich nun den Verzweiflungsvollen, und konnte sich wieder in seine Stelle versetzen. – Der letzte Vers dieser verliebten Klagen schien ihm daher auch unter den Händen zu gerathen. –

Im tiefsten, schwarzen Hain,
Wohin kein Wandrer kam,
[290] Wo Todes Vögel schrein –
Am ausgehöhlten Stamm
Der Eiche will ich trostlos weinen,
So lange Stern' am Himmel scheinen,
Bis unter meiner Klagen Laut
Der Morgen thaut. – –

Zuweilen fing ihm nun auch sogar das zärtliche an zu gelingen, wenn es mit einer gewissen sanften Schwermuth vergesellschaftet war – so machte er z. B. für jemanden ein Abschiedsgedicht an dessen Geliebte – das sich, nach einer bittern Klage über die Trennung, schloß:

Den Abschied? – O ich kann nur weinen –
Mein Herz ist schwer und thränenvoll –
Dir müssen heitre Tage scheinen –
Geliebte – o leb wohl, leb wohl!

Und in seiner Rede an der Königin Geburtstage war folgende Stelle, die ich vorher nicht mit ausgezogen habe, eigentlich diejenige, wobei er am meisten und am wahrsten empfunden hatte –

– – Sie lächelt – und die Frölichen jauchzen –
Und die Traurigen trocknen vom nassen Auge die Zähre,
Heitern den trüben Blick auf zur Freud' und lächeln, und segnen
Auch dem Tag entgegen, der ihnen Charlotten zum Trost gab. –

Auch er rechnete sich in Gedanken mit unter diese Zahl der Traurigen, die den trüben Blick zur Freude aufheitern. – Und er fand weit mehr Süßigkeit darin, sich unter die Zahl der Traurigen, als unter der Zahl der Frölichen zu denken. – Dieß war wiederum *the Joy of grief* (die Wonne der Thränen) wohin von Kindheit an sein Herz hing. – [...]

# [Johann Heinrich Jung-Stilling:]
## [Auszug aus:] Henrich Stillings häusliches Leben.
## Eine wahrhafte Geschichte [1789].

[189] Nach *Christinens* Tod suchte nun *Stilling* seine einsame Lebensart zweckmäßig einzurichten: er reiste nach *Zweybrücken*, wo er sehr gute und treue Freunde hatte; dort überlegte er mit ihnen, wo er seine Kinder am besten in eine Pension unterbringen könnte, damit sie ordentlich erzogen werden möchten; nun fand sich in *Zweybrücken* eine, dem Ansehen nach, sehr gute Gelegenheit, er machte also die Sache richtig, reiste dann zurück und holte sie ab; die Tochter war jetzt im neunten, der Sohn aber sieben Jahr alt.

Als er aber seine Kinder weggebracht hatte, und nun wieder in seine einsame und öde Wohnung kam, so fiel alles Leiden mit unaussprechlich wehmüthiger Empfindung auf ihn zurück, er verhüllte sein Angesicht, weinte und schluchzte, so daß er sich kaum trösten konnte. Seine Haushaltung hatte er aufgegeben, die Magd weggeschickt, und die Leute, bey denen er wohnte, brachten ihm das Essen auf sein Zimmer; er war also in der Wildfremde ganz allein. Fast reuete es ihn, daß [190] er seine Kinder und die Magd weggethan hatte, allein es war nicht anders möglich: seine Kinder musten Erziehung haben, dazu aber beschäftigte ihn sein Beruf zu sehr, und dann durfte er auch keiner Magd seine Haushaltung anvertrauen; so wie es jetzt war, war die Einrichtung freylich am besten, aber für ihn unerträglich, er war gewohnt, an der Hand einer treuen Freundin zu wandeln, und die hatte er nun nicht mehr; sein Leiden war unaussprechlich; zuweilen tröstete ihn sein Vater *Wilhelm Stilling* in einem Brief, und stellte ihm seine ersten Jugend-Jahre vor, wo er sich erinnern würde, wie lange und schwer er den Verlust seines seeligen *Dortchens* betrauert habe, doch habe die Zeit nach und nach die Wunde geheilet; es werde ihm auch so gehen; allein das half wenig, *Stilling* war jetzt einmal im Kummer, und sahe keinen Ausweg, wo er sich herauswinden könnte.

Dazu kam noch die traurige späte Herbstzeit, welche ohnehin vielen Einfluß auf seine Seelenstimmung hatte; wenn er zum Fenster hinaus in die entblätterte Natur blickte, so wars ihm, als wenn er ganz einsam unter [191] Leichen wandelte, und nichts als Tod und Verwesung um sich her sähe, mit einem Wort: seine Wehmuth war nicht zu beschreiben.

Nach vier Wochen, mitten im November, an einem Sonnabend Nachmittag, stieg diese wehmüthige Empfindung aufs höchste, er lief aus und ein, und fand nirgends Ruhe; auf einmal gerieth er ins Beten, er verschloß sich also auf sein Zimmer, und betete mit der innigsten Inbrunst, und mit unaussprechlichem Vertrauen zu seinem himmlischen Vater; er konnte nicht zum Aufhören kommen. Wenn er auf dem Catheder war, so flehete sein Herz immer fort, und so wie er wieder in seine Schlafkammer kam, so lag er wieder da, rief und betete laut. Des Abends um sechs Uhr, als er sein letztes Collegium gelesen hatte, und nun eben in seine Stube getreten war, kam die Hausmagd und sagte ihm, es sey so eben ein junger Mann da gewesen, der nach ihm gefragt habe. Gleich darauf trat dieser hinein; mit einer freundlichen einnehmenden Miene sagte er: "Herr Professor! ich bin von R . . . und habe die Adjunction auf eine Cameral-Bedienung; der Churfürst[192]lichen Verordnung zufolge muß ich also wenigstens ein halb Jahr hier studiren, so schwer mir das auch fällt, denn ich habe zwar keine Kinder, aber doch eine Frau, so freue ich mich doch, mit *Stilling* in Bekanntschaft zu kommen. Nun habe ich eine Bitte an Sie: ich habe mit Bedauren gehört, daß ihre Frau Gemahlin gestorben ist, und daß Sie nun so einsam und traurig sind, wie wärs, wenn Sie mir und meiner Frau erlaubten, bey ihnen zu wohnen und mit ihnen an einen Tisch zu gehen? Wir hätten dann den Vortheil ihres Umgangs, und Sie hätten Gesellschaft und Unterhaltung. Ich darf mir schmeicheln, daß meine Frau ihren Beifall haben wird, denn sie ist edel und gutherzig."

Bey diesen Worten thaute *Stillings* Seele auf, und es war ihm, als wenn ihm jemand die Last seines Kummers auf einmal von den Schultern gehoben hätte, er konnte kaum seine hohe Freude verbergen. Er ging also mit Herrn *Kühlenbach* ins Wirthshaus, um seiner Gattin aufzuwarten, die nun mit Freuden die willige Aufnahme erfuhr. Des an[193]dern Tages zog dieses edle brave Paar in *Stillings* Wohnung ein.

Nun ging alles wieder seinen ungehinderten muntern Gang fort; *Stilling* war zwar noch immer wehmüthig, allein es war Wonne der Wehmuth, in welcher er sich wohl befand. Jetzt kam er nun auch so weit, daß er im Stande war, seine Lehrbücher der Reihe nach herauszugeben; die Honorarien, welche er dafür empfangen hatte, machten ihm Muth zur Tilgung seiner Schulden, denn er sahe ein unabsehbares Feld vor sich, in welchem er lebenslang als Schriftsteller arbeiten, und also jährlich sein Einkommen auf wenigstens 1500 Gulden bringen konnte. Jetzt verauctionirte er auch seinen unnöthigen Hausrath, und behielt nichts mehr, als was er selbst nöthig brauchte, und mit dem daraus gelösten Gelde bezahlte er die dringendsten Schulden.

[...]

## 3.3 Im Umkreis der Kunstperiode

## [25] Friedrich Hölderlin:
## Auf einer Haide geschrieben [1787].

Wohl mir! dass ich den Schwarm der Thoren nimmer erblike,
Dass jezt unumwölkter der Blik zu den Lüften emporschaut,
Freier atmet die Brust, dann in den Mauren des Elends,
Und den Winkeln des Trugs. O! schöne seelige Stunde!
Wie getrennte Geliebte nach langentbehrter Umarmung
In die Arme sich stürzen, so eilt' ich herauf auf die Haide.
Mir ein Fest zu bereiten auf meiner einsamen Haide,
Und ich habe sie wieder gefunden, die stille Freuden
Alle wieder gefunden, und meine schattigten Eichen
Stehn noch eben so königlich da, umdämmern die Haide
Noch in alten statlichen Reih'n die schattigten Eichen.
Jedesmal wandelt an meinen tausendjährigen Eichen
Mit entblösstem Haupt der Jäger vorüber, denn also
Heischet die ländliche Sage, denn unter den statlichen Reihen
Schlummern schon lange, gefallene Helden der eisernen Vorzeit.
Aber horch! was rauschet herauf im schwarzen Gebüsche?
Bleibe ferne! Störer des Sängers! – aber siehe,
Siehe! – wie herrlich! wie gross! ein hochgeweihetes Hirschheer
Wandelt langsam vorüber – hinab nach der Quelle des Thales. –
[26] O! jezt kenn ich mich wieder, der menschenhassende Trübsinn
Ist so ganz, so ganz aus meinem Herzen verschwunden.
Wär' ich doch ewig fern von diesen Mauren des Elends,
Diesen Mauren des Trugs! – Es blinken der Riesenpalläste
Schimmernde Dächer herauf, und die Spizen der alternden Türme
Wo so einzeln stehn die Buchen und Eichen; Es tönet
Dumpf vom Tale herauf das höfische Waagengerassel
Und der Huf der prangenden Rosse – – Höflinge! bleibet,
Bleibet immerhin in eurem Waagengerassel,
Bükt euch tief auf den Narrenbühnen der Riesenpalläste,
Bleibet immerhin! – Und ihr, ihr edlere, kommet!
Edle Greise und Männer, und edle Jünglinge, kommet!
Lasst uns Hütten baun – des ächten germanischen Mannsins
Und der Freundschaft Hütten auf meiner einsamen Haide.

# Novalis [Friedrich von Hardenberg]: Bei dem Falkenstein, einem alten Ritterschloß am Harze [1788].

[441] Geist der Vorzeit, der mich mit süßen Bildern erfüllte,
Wenn ich Sagen las von hehren, silbernen Zeiten,
Wo voll höherem Sinn Tuiskons Enkel begeistert
Lauschten der Stimme des Vaterlandes, die herrlichem Tode
Sie entgegenriß, von unsterblichen Lorbeern umschattet,
Höre den Jüngling, der dich mit flammender Wange und Stirne
Ruft, daß du mit Begeist'rung, der hohen, entzückenden Göttin,
Auf den Flügeln des Wests von heiligen Schauern umringet
Her zu mir fleuchst, daß Eichen und himmelanstrebende Klippen
Beben, und wie der Unsterblichen eine die Seele sich aufschwingt
Mit den Flügeln des Schwans, im Schwung wie ein Läufer des Eises,
[442] Zu der Versammlung der Väter, der Greise mit schneeigem Haupthaar
Und mit langer Erfahrung getränkt, wie mit himmlischem Tranke,
Fröhlicher würd' ich alsdann zurück zur Erde mich schwingen,
Wenn ich die Greise gesehn, die in diesen Trümmern gehauset.

# [Ludwig Tieck (und Friedrich Eberhard Rambach):]
## [Auszüge aus:] Ottokar Sturm: Die eiserne Maske.
## Eine schottische Geschichte [1792].

[38] [...]

Schon eilte die schöne Mutter des Tages zur Ruh, und winkte ihrem jungen Sohn, den sie auf einer breiten Woge in Schlummer wiegt, ihr zu folgen, die Nacht lagerte sich in die weiten Thäler, und breite Eichen und starre Tannen schüttelten ein dichteres Gewebe von Schatten herab. Auf der höchsten kahlen Koppe eines Felsen stand noch einen Augenblick weilend der Tag, dann flog er, folgsam dem Winke seiner Mutter ihrem Flutenbette zu. Ein leichter Nebelschleier hüllte die ganze Flur, die Hitze des Tages dampfte aus jedem Baum, aus jedem Gebüsch auf. Es begann die stille Feier der mit heiligem Schweigen herannahenden Gottheit, jede Pflanze und jeder Halm streute ihr seine Wohlgerüche hin, es erwachten zum Lobgesang die geflügelten Sänger. Der vollwangige Sohn der Nacht mit gefälligem verschwiegenen Antlitz prangte heran, das Sternengefolge reihte sich aus seinem blauen Pfad, die Wolken traten vor seiner Gegenwart zurück, und tanzten frohlockend, daß ihr dunkler Saum die göttlichen Strahlen trank. Sein Licht vergoldete die Wipfel der Eichen und [39] schwarzen Fichten, es floß zitternd und unstet durch die Zweige herab auf die emporduftenden Blumen.

Dieß ist die schöne Stunde der Lieder, dachte Ullin, dieß der Begeistrung feierlicher Augenblick, jetzt schweben der Ahnherrn Geister auf der dampfenden Haide, und harren meines Gesangs und ihres Lobes. Auf jener goldnen braungestreiften Wolke, die ein kühler Wind vor dem Mond vorüberjagt, sitzt mein guter Geist und winkt mich und meine Harfe herab ins Thal.

Am beschatteten Abhang, wo der junge Bergstrom sich über nakte Eichenwurzeln ins Thal wirft, da wollt' er ruhen und singen, da glaubte er die Ruhe wieder zu finden, und die Zufriedenheit mit sich selbst und allem um sich her, die er in der Bogenhalle bey den rauhen Vätern verlohren hatte.

Er gieng, und fand. Leichter ward sein Herz, als der Hall seines Fußtritts nicht mehr von Bogengewölben zurückgeworfen ward, und frei und sorglos seine Brust, als er in den Sterngewölbten Tempel trat. Ohnfern von Toskars Burg goß sich von einer Höhe aus dichtem Tannendunkel mit leisem Getös' ein geschwätziger Bach ins feuchte Weidenbewachsne Thal. Zur Laube hatte Carno und Malwina die braunen [40] Aeste gewölbt, und vom schwellenden

Rasen die gelben Nadeln sorgsam aufgelesen, daß sie seine keimenden Halme nicht erstickten. Hier saß er mit Malwina, hier gossen sich ihre und des Trauten Wünsche in Ullins Herz. Die frohen Augenblicke, welche er hier genossen, hatten Ullin diesen Ort geweiht, er war auch, wenn er einsam seyn wollte, sein liebster Aufenthalt. Ihm eilte er zu.

Mein Liebling ist der Höhe Sohn,
    er jagt die schnellen Hirsche,
die grauen Hund' umschnauben ihn,
    sein Bogen schwirrt im Winde.

Wo ruhest du am Felsenquell,
    o Liebling, Sohn der Höhe,
wo weilest du am Murmelbach,
    daß dich Malwina finde.

Im Winde wankt das leichte Schiff,
    der Nebel hüllt die Hügel,
ich nahe ungesehen dir,
    belausche dich vom Felsen.

Bei Branno's Eich', wo ich zuerst
    dich sah in deiner Anmuth,
du kehrtest schlank vom Jagen heim,
    der schönste deiner Freunde.

[41] Dieß Lied, mit dem hellen Silberton einer weiblichen Kehle, mit dem Gefühl eines weiblichen Herzens gesungen, kam Ullin aus seinem Lieblingsorte entgegen. Oft unterbrach sich die Sängerin, bald fehlten ihr die Töne, bald die Worte; bald gab ihr Herz ihr von beiden zu viel. Malwina war die Sängerin, sie sang das Lied von *Silrik* und *Vinwela*, welches Ullin vor kurzem ihr und Carno gesungen hatte. Jedes Gefühl, welches Ullin so schön in Wort' und Töne gegossen hatte, hatte sich ihrem Herzen so tief eingeprägt, daß sie kühn von ihrem Gedächtniß Ullins Tön' und Worte forderte. Sie hätte ein schönes Lied gesungen, schöner als Ullin, wenn sie ihr eignes hätte singen wollen; jetzt lag ihr Gefühl mit ihrem Gedächtniß in beständigem Streit, und so mischte sich manches in das Lied, woran Ullin nicht gedacht hatte; dieß Gefühl schob auch ihren Namen statt des Namens Vinwela unter, das Mädchen fühlte die Gleichartigkeit ihrer Empfindungen, und glaubte sich unbelauscht. Ullin antwortete ihr:

Wes ist der Ton wie Sommerluft,
    die Stimme, die mir tönet?
ich ruhe nicht am schwanken Schilf,
    nicht an der Felsenquelle.

[42] Kein Hund begleitet meine Spur,
   ich suche nicht die Höhen,
Vinwela, weit, ach! weit von dir
   eil' ich in Fingals Schlachten.

Nie seh' ich auf der Höhe dich,
   nie an dem Strom des Thales,
dich strahlend wie der Himmelsreif,
   wie Mondglanz auf der Welle.

Malwina sprang der bekannten Stimme freudig entgegen:
   Ullin, mein trauter Freund, du hier? Hast du deine Malwina belauscht, auf einem kleinen Diebstahl ertappt? Verzeih, daß ich deine süßen Melodieen so nachlalle, oder singe künftig nicht Lieder, die auch den verschwiegensten Gefühlen meines Herzens entsprechen; singe nicht Lieder, wie sie Malwina singen würde, wenn ein guter Gott ihr die holde Gabe des Gesanges wie dir verliehen hätte.
   "Ich dich belauscht, Malwina? Belauschest du den Finken, der unbekümmert, ob du am Stamme ruhst, ob er dir einen lächelnden Traum verscheucht, oder erquickenden Schlaf herbeilockt, auf dem Aste ruhig sein Lied fortschlägt? Und was sollt' ich erlauschen? ich bin ja nicht mißtrauisch, ich weiß, daß in diesem Herzen kein Geheimniß für Ullin verborgen liegt."
   [43] Nein, gewiß keins.
   "Und diese Ueberzeugung macht mich so glücklich. Ich kenne deinen ersten und deinen letzten Gedanken, den einzigen, um den sich deine Seele mit zärtlicher Sorgfalt, wie eine Finkenmutter um das Nest zwitschernder Jungen dreht. Hieher kam ich, um mit Liedern das feierliche Herannahen der stillen Nacht zu begrüßen, verbannen wollt' ich aus meiner Seele den Unmuth, der mich aus der Burg trieb.["]
   Unmuth? sag' Ullin, über wen? wer konte dieß sanfte Herz empören?
   "Ich fand da einen Mann aus einem fernen Reiche weit übers Meer her, welchen die Götter in einer Stunde des Wohlwollens mit einem göttlichen Kunstwerk beschenkten. Bebenden Saiten entlockt es Lieder voll Gefühl, es wiegt dadurch die Seele in ein liebliches Vergessen einer harmvollen Gegenwart, und rückt ihr wie im Traum die heitre Zukunft vor die Augen, oder erhebt sie zu Wunderthaten, die des schönsten Bardengesanges würdig wären. Dabei ist es lieblich anzuschauen, sein Anblick entzückt das Auge, wie sein Ton das Ohr ergötzt und das Herz erquickt. Viele Länder war er durchstreift, hatte stolz auf den Besitz dieses Kleinods sich gegen Könige gestellt, und zum Tausch dar[44]gebotene Königreiche ausgeschlagen; jetzt hört' ich ihn es dem anbieten, der die mehrsten Schlachten mitgestritten, die mehrsten Zweikämpfe ausgefochten, Helme gespalten, Schilde zerschmettert, und Harnische durchbohrt hätte. Er fragte nicht, ob er ein Ohr für diese Töne, ein Herz für diese Weisen, ein Auge für diesen Liebreiz habe; die Stärke des Arms sollte ent-

scheiden, gegen Leichen wollt' er ein Kleinod vertauschen, welches ihm einst für ein Königreich nicht feil war. So sagte der Künstler und maß wohlgefällig Ryno's Arm. Soll ich da nicht unwillig seyn?"

Ja, Ullin, auch wenn du unwillig bist, liebe ich dich, Weisheit im Unwillen ist die schönste Zier des Mannes. – Jener Künstler ist ein Thor. – Weilt er noch? Rede du ihm mit deiner Weisheit zu, ich will ihn mit all meiner Innigkeit darum bitten. Vielleicht schenkt er es mir, wenn du mich dieses Kleinods werth hältst.

"Vergebens, Malwina, dem tapfersten sprach er es zu."

O, warum nicht auch dem menschlichsten? – mein Carno ist auch tapfer, sehr tapfer, er ist der kühnste Jüngling in ganz Schottland. – Ryno, sagtest du, hätte er angeblickt?

[45] "Warum nicht auch dem menschlichsten? Laß ihn mich recht oft wiederholen, den schönen Wiederhall des schuldlosen Herzens. Ich will dir nichts verhehlen, Malwina, du bist dieß Kleinod, dein Vater sprach dich dem tapfersten Sohne Tondals zu. Toskar sah bedeutend auf Ryno, dessen hagre Wange zum erstenmale aufglühte. Schaam und Freude stritten, wem diese Röthe, die Toskars Zutraun ihm abschreckte, gehöre."

Ich bin jenes Kunstwerk deines Wundermeisters aus der Fremde? Nein, Ullin, das hab' ich nicht erwartet, unter diesem Schleier hätte ich mich nicht gesucht, in diesem Bilde mich ewig verkannt. Bin ich denn meines Vaters Eigenthum, wie jene Kunstharfe ihres Erfinders Eigenthum ist? Diese kann der Künstler verschenken, und es ist ihr gleichgültig, wem er sie schenkt, wem sie ihre süßen Lieder vortönt. Nicht so mein Vater mich, ich muß meine Hand darreichen, wenn er sie verschenken will, mein Herz muß wissen, wer sie empfängt, wenn sie dem Empfänger von Werth seyn soll. Er wird mich fragen, wem ich dieß mein Eigenthum darbieten will, er muß mich fragen, und thät er es nicht, ich wollte die Stimme des Bluts in ihm aufschreien, er hat ein Herz für meine Töne. Sorge nicht, zärt[46]licher Freund, was dich bekümmert, macht mir Freude, und wenn ich auch nicht den Adlerblick deines Verstandes habe, so hat doch das weibliche Herz immer sicherere Ahndungen von Zukunft.

"Aber dem tapfersten? die Muskelkraft des Arms allein soll Ansprüche auf dieß Herz geben."

Ganz recht, dem tapfersten, nicht dem menschlichsten. Ist Ryno nicht eben so menschlich als Carno? Beseelte der Unholde Geist, der im Schwefeldampf durch Sturm und Ungewitter daherfährt, nicht auch einst einen Menschen? Nein, nein, dem tapfersten, nun ist mir Carno gewiß, denn er soll ja nur mit Ryno kämpfen, – ob er gleich mit allen Jünglingen unsrer Thäler und der Fremde über dem Meere stritte – und was ist Rynos Tapferkeit gegen die seine? der Feige nur versteckt sich hinter die Felsen der List, von welchen er endlich selbst herabstürzt; – Dieß thut Ryno. Ja, dem tapfersten, ich freue mich dieses Ausspruchs. Tapferkeit heischt Ehrfurcht für den Mann, sie ist das Sie-

gel der nähern Verwandtschaft mit der Gottheit, ihr Abglanz umfließt ihn wie
ein Nebelwand den hehren still einherschreitenden Geist des Ahnherrn und
flößt den Schauer der Anbetung ein. Sie macht, daß im Mann das Mädchen
einen Gott zu umarmen [47] wähnt, sie ist der Liebe höchster Lohn, ihr feste-
ster Schild, sie ist das einzige, was das Weib nicht vergelten kann.

"Für nichts rechnest du also das blöde Verweilen edler Schüchternheit, das
leise Zittern der Züchtigkeit, die glühende Flugröthe der Schamhaftigkeit?"

Rechnest du denn den Frevler, der die schönste Eiche im heiligen Haine
fällt, den wankenden Fußtritt, womit er der Frevelthat naht, die zuckenden Zü-
ge, die er oft über den Nacken wendet, wenn er einen lauschenden Blick scheu
durch die Nacht, in die er sich verhüllte, blitzt; rechnest du ihm das Zurück-
beben vor dem Hall seiner eignen Axt auch für etwas an? Sieh, Ullin, mir ists,
als begieng ein Mädchen eine solche Frevelthat, wenn sie der Welt einen Mann
in ihre Arme entführt, eine Frevelthat, die sie nur durch eine Reihe rüstiger
Söhne wieder gut macht. Ich habe an Carno eine solche Frevelthat begangen,
Fluch mir, wenn ich sie an einem andern noch einmal begehe, wenn ich in den
Armen eines andern sie büßen soll.

"Ich fasse dich nicht, Malwina."

Das wäre das erstemal, daß Ullin mich nicht verstände. Ich schwärme, ich
denke an Carno, und da muß ich schwärmen. Wenn meine Gedanken vor ihm
stehen, so werden es Gedanken [48] der heiligen Anbetung; in ihm verehre ich
das ganze Männergeschlecht. Da glaub' ich freilich, daß meine Gefühle dir
vorausfliegen, daß du langsam hinter ihnen herschleichst, und sie vergebens zu
erreichen dich mühst. – Aber laß sie, es sind ja nur die Gedanken eines flat-
ternden Mädchens, laß all' dieses Bangen vor der Zukunft, wir wollen erwar-
ten, daß sie Gegenwart wird. – Da hast du deine Harfe, setz dich zu mir, be-
ginne deine stille Nachfeier, oder – wenn dir die Wünsche und Launen eines
Mädchens durch mein Geschwätz nicht verächtlich geworden sind, – sing mir
das Lied von Silrik und Vinwela. Du sollst es mir recht oft singen, es tönt mir
wie ein Lied der Weissagung, ich will es lernen von dir. – Setz dich, hier ist
die Harfe. Aus meiner Hand nimst du sie doch zum Gesang?

Sie setzten sich, Ullin durchlief prüfend die Harfe, stimte sie und sagte:

"Es ist die schönste Feier der Nacht, wenn durch ihr Schweigen ein Lied
der Vorzeit tönt; ich will dir Silrik und Vinwela singen."

Er sang. Aufmerksam trank Malwina's Ohr jeden Ton, gefühlvoll erwieder-
te ihr Herz jedes Beben der Saite.

[...]

[536] Achtes Kapitel.

Mit schwankenden Schritten folgte Ryno dem Diener, der ihn auf seine Halle
führte. Dieser stellte die Fackel in eine Ecke der Halle, und entfernte sich dann
so schnell, als wäre Ryno ein schrecklicher Drache, der mit rasselnden Flügeln
hinter ihm her jagte, um ihn mit seinen Basiliskenaugen anzublicken, oder ihm
seinen giftigen Hauch ins Angesicht zu blasen. – Ryno saß stumm da, die Ar-
me in einander geschlungen. Die Fackel loderte wehend empor, und goß einen
zitternden Lichtglanz über die Mauern hin. Seine Augen schlossen sich dem
irren Schein, der um ihn her flog, oft schnell wie ein Bliz aufschoß, öfter noch
langsam wie ein weites Lichtgewölk sich auseinander faltete. Da fuhren ihm
Schreckgestalten aus der Finsterniß entgegen, wie mit Schlangenkörpern wan-
den sie sich zu ihm hinan, der Schauder faßte ihm mit eiskalter Leichnamshand
in den Nacken, und Ryno öffnete schnell wieder die Augenlieder. Er starrte in
die Flamme der Fackel, sein Blick verfolgte ängstlich jeden Funken, der sich
von ihr losriß und wie ein flammender Stern durch das matterleuchtete Dunkel
[537] schwamm, denn er sah in der lodernden Flamme ein Bild des Lebens, er
glaubte nicht allein zu seyn. – Jezt traten die Bilder der Vergangenheit ernst
auf ihn zu, er dachte sich, und schauderte bei dem Gedanken, daß er *Ryno* sey.
    "Ich bin abscheulich!" sagte er leise, denn er fürchtete einem lauschenden
Ohr zu gestehen, was das schrecklichste Gefühl seines Unwerths ihm kaum ab-
zuzwingen vermochte. "Ich bin abscheulich!" klangs in seinem Innersten wie-
der, "ausgestoßen bin ich von allem, was athmet, fühlt und weint und tröstet,
allein steh' ich da, wie ein schrecklicher Gott, von allen gefürchtet, von keinem
geliebt. Die Nachwelt wird meinen Namen nie bei Freudenmahlen in den
Muschelklang rufen, er wird ein Losungswort für Mörder seyn, wenn sie
schreckliche, blutende Rache schwören. Warnend wird der Greis meine Thaten
lauschenden Kindern erzählen, er wird fluchen bei meinem Namen, und schau-
dern und zittern wird der Knabe, wie ich bebte, wenn mein Vater von den Un-
geheuren der Bosheit sprach! Hu! mein Bild ist schrecklich! – wer bin ich, und
wer könnt' ich seyn? könnt' ich seyn? das ist die Frage eines Dummkopfs.
Wenn Kräfte wie die meinigen gähren, so kann er nicht anders aufbrausen, als
er wirklich aufkocht. Das [538] Schicksal wollte, daß ich Ryno sey, mein Stre-
ben wär fruchtlos gewesen, meine Kraft an seinen Wehren zerbrochen. Ich
sollte so verhaßt und abscheulich seyn, als ich bin, und wohl mir, daß ichs bin.
Die Götter lenken, alles zum besten. Ich bin so gewiß recht glücklich. – –
Glücklich?"
    Er erschrack vor diesem Worte, und schwieg.
    Wie in der Nacht schwere Gewitterwolken langsam und schauernd dem
Monde vorüberschweben, wie eine der andern die dunkle Hand bietet, wie ein
Gewand an das andre furchtbar wallt, so zogen langsam und fürchterlich vor
Rynos Seele alle seine Thaten vorüber. Er fuhr zurück. Alles um ihn war öde,

er stand auf dem schmalen Rand eines schroffen Felsen, wie die Nacht lag die Gegenwart um ihn, wie brausende Stürme durch den Eichenforst rauschen, so rauschte ihm die Vergangenheit furchtbar nach, die Zukunft lag vor ihm, wie ein Abgrund voll schwarzer Nacht, aus dem ihm Schlangen entgegenzischten und Wölfe entgegenheulten: sey unser!

Dieß Gefühl war Ryno um so schrecklicher, da er es noch nie empfunden hatte, sein Haupt sank auf seine Brust zurück, ihm war, als stehe er wie ein müder und durstender Wandrer vor einer dürren Haide, er warf seinen trostlosen [539] Blick in die wüste Unendlichkeit hinaus, und zog ihn langsam zurück, ohne nur *einen* Rasenplaz, *eine* Quelle, *eine* Blume, die ihm irgendwo blühte, entdeckt zu haben. Seine Seele stand vor dem furchtbaren Pfade der Verzweiflung. Warum, dachte er, *ich*, gerade *ich*, der Ryno, mit dem ich so vertraut bin, warum dieser grade der *Bösewicht* Ryno? warum zuckte diese Hand gerade den Dolch auf Toskars Brust? – Warum heißt der Frevler nicht Carno?

Warum? rief er lauter, und lachte und erschrak. Warum zitterten die Lippen noch einmal; warum? ertönte es dumpf im Innern seiner Seele, die Gedanken flohen, alles verdorrte um ihn her, alles verlohr Farbe und Umriß, sein Geist versank in einen Moor von dunkeln Gefühlen. Ohne Bewußtseyn saß er da, und starrte vor sich hin, mühsam wand seine Seele aus diesem Pfade voll Unsicherheit und Untiefen sich auf die feste Bahn der Gedanken zurück.

Plözlich gukten die Muskeln seines Auges, ein krampfhaftes Beben wie ein Lächeln spielte um seine Lippen, sein Kopf erhob sich, er wagte es, die Augen aufzuschlagen und umher zu blicken. Seine Lippen bebten noch einmal, und zogen sich dann plözlich in ein grinsendes fürchterliches Lächeln. Er fühlte sich auf einmal so [540] unaussprechlich glücklich, eine schauerliche Wonne strömte durch sein ganzes Wesen, er sahe dem Gedanken: auch zu verabscheungswürdigen Thaten, gehört Kraft, und – du bist der Bösewichter erster, – so froh ins Auge, daß plözliche Dunkelheit und Nacht aus seiner Seele schwanden. Er hatte sich einen Unhold geglaubt, und jezt sah er auch an diesem Unholde noch einen verborgenen Reiz. Die ganze Bürde seiner Verbrechen schien ihm so leicht, er hielt sich für einen Gott, daß er ihre Felsenlast ohne Keuchen zu tragen vermögte, er fühlte sie so groß in dem Gefühl, er wisse es, daß er ein Bösewicht sey, und dieses Bewußtseyn könne ihn nicht niederbeugen.

Er warf den dreisten Blick weiter, und fand das Ziel seines ganzen Strebens, Liebe und Malwina.

"Wär' es nur gelungen," sprach er, "ich wäre noch jezt der geachtete Ryno, der ich sonst war, keiner würde es wagen, meinen Sieg zu beschimpfen. Wenn der Sieger auf dem hingeschmetterten knieet, wer darf fragen, durch welche Ränke er ihn niederwarf? – Nur das Mißlingen entehrt, – Kraftlosigkeit, Feigheit, oder Unwürdigkeit des Preises schänden den Kämpfer. Was war der Lohn meines Stre[541]bens? – was trieb die aufsiedende Kraft über ihre Schranken?"

"Liebe! Liebe! du warst es, du Frühlings-Geist, der alles, was athmet durchweht! der du alle Blüthen schöner und großer Thaten aus den Stämmen rufst, und du solltest Verbrecher bilden? – Liebe ist der Segen der Götter, ihren Lieblingen legen sie dieß Gefühl heiß und glühend an die Brust. Reifen Trauben am Dornstrauch? blühen Rosen am Distelbusch? – der edle Stamm trägt edle Frucht, die Liebe macht groß, anstaunenswürdig, nicht abscheulich. Und wenn – – ha! Malwina war der Preis meines Kampfs, unzertrennliche Ketten rissen mich zu ihr hin, die Allgewalt der Liebe war es, die mich mit Riesenkräften zog, – was kann der Pfeil dafür, den eine starke Hand von der Sehne schnellt, wenn er im Fluge zum Ziel unterwegs eine Fliege tödtet?"

Ein heller emporschiessender Schein rief ihn aus seinem täuschenden Träumen, die Flamme der Fackel loderte hoch auf, und warf ein schimmerndes Strahlengewebe gegen die Decke, um dann zu erlöschen, sie sank zusammen, und ließ eine rothglühende Kohle zurück. Dämmerung zitterte um Ryno her, die Nacht umgab ihn und alle Schrecken seiner Seele kehrten wieder, all sein [542] Frohsinn war plözlich verschwunden, er bebte von neuem.

Seine Blicke starrten jezt auf die glimmende Kohle, die nach und nach verglühte. Jezt verlief sich der lezte Funken in der weißen Asche, schwarze Nacht lag um Ryno.

Der Gedanke des Todes trat mit allen seinen Schrecken vor seine Seele.

"Was? todt? Dieser Gedanke wagts, von mir gedacht zu werden? Er zittert nicht vor mir, dem schrecklichen zurück? – Ich zittre? und dennoch steht er da, und bietet mir die Hand zum grausen Bunde der Freundschaft und Vertraulichkeit! Ja, ja, es ist wahrhaftig so – er wankt nicht zurück, er steht und droht, und ich bebe vor seiner Allkraft."

Eine schreckliche Pause der Todesempfindung, dann brach er wieder aus, von Schaudern geschüttelt, mit dumpfen Thränenschwangeren Ton.

"Ryno! Ryno! – sterben – verwesen – sterben! Statt dieser Vertraulichkeit mit jedem deiner Glieder, statt dieser Fülle der Gesundheit, statt dieser Kraft, die deine Muskeln schwellt, – da liegen in den Armen der Verwesung und des Moders! – O schreckliches Ziel, das unser am Ende unsrer Reise harrt! – [543] Nicht seyn! nicht fühlen! – Alles entbehren, selbst des Gefühls, daß man unglücklich ist! – Hier tritt der Gedanke blaß zurück, die Hoffnung stüzt verzweifelnd rückwärts, alle Seelenkräfte erlahmen vor diesem fürchterlichen Thor der Ungewißheit. – Unter der Erde liegen, über mir den Tritt des fluchenden Wandrers, der die feuchte Erde noch fester auf mich stampfet! – Auf mich? – Ich bin denn aus dem Gebiet des Seyns verlohren, liege da, ein Greuel der Ahndung jedes Sterblichen, nicht edler, als die Baumwurzel, die neben mir fault. – Warum war ich gebohren? nicht gebohren seyn ist kein Verlust, aber wieder aus dem Leben in das Gebiet der Träume wandeln, ist schrecklich. O warum ward ich gebohren? noch einmal brüll' ich es laut dem Schicksal ins Ohr, warum ward ich gebohren? – um zu sterben! Ja! um zu sterben, um meinetwillen zerbricht die Natur ihre Gesetze nicht. – Nun, – gut, wenn ich dann sterben soll, so gehe alles unter, damit nichts glücklich sey, weil Ryno es nicht ist."

Er schwieg. Da schwammen leise Harfentöne aus der Ferne seinem Ohr näher. Sie tönten von Malwinas Händen auf, die im Hochgefühl ihres Glückes, an Carnos Brust gelehnt, die Lie[544]der spielte, die sie einst in Tagen der Freude und des Harms von Ullin lernte. Gleich Freunden riefen diese Töne in Rynos Brust alle Erinnerungen aus seiner Kindheit zurück, er fühlte es, und – knirschte. – Andre sind so glücklich, dachte er izt, und *du* – aber doch schmiegte sich seine Seele ängstlich um jeden Ton, es war Leben, was ihm entgegentönte; – Die Töne versanken, wie der Mond hinter einem schwarzen Tannenhain untergeht, sie erloschen, wie ein fernes Licht in der Sturmnacht dem Wandrer auf sumpfiger Haide erlischt.

Da murrte es dumpf vom Gebürge her, es braus'te durch den Eichenwald, ein Donner rollte durch den gewölbten Himmel, ein schwacher Bliz umflatterte den schwarzen Saum des Horizonts. – Ryno gieng an das Fenster, und blickte starrend in die Gegend hinaus, durch die der flatternde Glanz zitterte. Tannen und Eichen traten fürchterlich wie schwarze Gespenster aus der Erde hervor, die ihre zackigen Arme gegen ihn hinstreckten, die Wetterwolken schienen ihm Ungeheuer, die ihn im Vorüberfliegen anklaften, und von ihren Rabenschwingen Flüche auf ihn herabschütteten, – er fuhr zurück, und ein Donner schwang sich majestätisch durch die ernstbrausenden Eichenwipfel.

[545] "Rolle, Donner!" rief Ryno, daß die Erde unter deinen Schlägen seufze, daß diese fürchterliche Einsamkeit mich nicht zum Kinde mache, diese grauenvolle Oede, die mein Haar empor sträubt, und kalte Thränen des Entsetzens in meine Wimpern jagt. Zerschmettre alles in Staub, wandle mich plözlich, ohne daß ich es wisse, in Nichts, begrabe mich und alles in einen Trümmer, daß die Glücklichen sich nicht ihres Glückes erfreuen können!"

Ein Blitz schoß durch das Gemach, und jagte Rynos Schatten fürchterlich verzerrt die Wand hinab. – "Was war das?" rief Ryno. – "Ein Schatten? *mein* Schatten? und vor ihm beb' ich? Ryno! Mann! schäme dich, der du, ohne zu wanken, von Carnos Thurm in das Gebiet des Todes hinunter schauen konntest." – Ein zweiter Bliz, und, an jedem Gliede verzerrt, flog der Schatten noch einmal vorüber, als wenn er erschrocken vor Ryno hinwegflöhe.

Ryno war sich selbst schrecklich geworden, er sah den Schatten bebend nach, er empfand jezt das fürchterliche Gefühl, einsam da zu stehen, eine Beute der Qualen seiner Seele, um ihn her kein Ton, der das Grausen vertönte, keine Gestalt, die die fürchterlichen Bilder des Todes verscheuchte. Diese feierlich gräßliche Stille konnte [546] Ryno nicht dulden. Er wollte irgend eins der bekanntesten Harfnerlieder singen, um in dieser grausenvolle Wüste sich nicht allein zu scheinen, um Töne zu hören, die ihn den Tod vergessen ließen, die ihn taub machen für das ächzende Geschrei der Eule, die von einem verdorrten Baume vor seinem Fenster ein Todtenlied krächzte; aber sein Gedächtniß versagte ihm den Dienst, er suchte in dem Vorrath seiner Erinnerung, aber vergebens. Jedes angenehme Andenken war in seiner Seele untergegangen, es war ihm unmöglich, sich izt der Weise eines Liedes zu erinnern, nur Eulengeschrei und Wolfsgeheul tönte in seiner Einbildungskraft.

Unglücklicher Ryno! – rief er vom Schmerz überwältigt.

Unglücklicher Ryno! hallte es durch die Gemächer, und flog wie das Rauschen eines Gespenstes die Decke hinab. Ryno! hallte es aus den fernsten Gewölben krächzend und gebrochen zurück, und ein Schauder flog über Ryno dahin. Sein eigner Ton, seine eigne Stimme war ihm fremd und schrecklich geworden. Auch dieser Weg, auf welchem ihm oft die Blume des Trostes duftete, war ihm versperrt, wie ein schrecklicher Geist stellte sich der Schauder davor, Ryno durfte auch nicht reden, wenn er nicht vor sich selbst er[547]zittern wollte. Stumm saß er da, wagte es nicht, die Augen aufzuschlagen, und noch weniger sie zu schließen, kaum getraute er sich zu athmen, er fühlte es, daß kalte Schweißtropfen auf seiner Stirn standen, und hatte nicht das Herz, sie abzutrocknen, denn seine Hand war ihm schrecklich, sie schien ihm schon izt die Hand eines Todtengerippes, er verachtete, verabscheute und fürchtete sich selbst.

Tod war das einzige Gefühl, welches mit Ryno jezt tobte und spielte, dieß der einzige Gedanke, der ihn wie ein gewappneter Riese mit allen Seelenkräften gefangen hielt. Er rang gegen die Stärke seines Feindes, wand sich unter den Qualen des Lebens, welches lachend ihm seinen Wermuth bot, aber er zitterte vor dem Gedanken, zu sterben. Er wollte lieber geneckt seyn von der schadenfrohen Gottheit, als sich dem Riesen in die Arme stürzen, dessen kleinste Fiber ihn zermalmt hätte.

Donner rollten furchtbarer, Blitze durchkreuzten leuchtender die schwarzen Wolken, die Stürme jagten sich lauter durch die Tannenwälder. "Nein! ich will leben!" rief Ryno, dessen Muth das Geräusch der empörten Natur wieder aufgerichtet hatte. – "Leben und glücklich seyn, wie Malwina und Carno es ist. Ja, warlich, ich [548] will es, und – müßt ich auch werden, wie sie sind." Thränen stürzten häufig aus seinen Augen, ein Fieberfrost lief zitternd über seinen ganzen Leib. "O ich will vor meinem Bruder hinstürzen, er soll mein Freund, mein Bruder werden, er soll Ryno sich ähnlich machen, Tondal soll mich wieder lieben, ich will mich nicht mehr über Unglück freuen, ich will glücklich und tugendhaft seyn."

Eine lange Pause, welche er endlich durch ein schallendes Gelächter unterbrach.

"Tugendhaft?" rief er, "Ryno! Aberwitziger! – das Kind zittert vor der Strafe, und gelobt Besserung, der Mann verachtet sie. Entschluß und That kosteten ihn mehr, als ihr Schmerz. – Ha! Tugend und Biederkeit! diese Schmuckbilder

entnervter, kraftloser Heuchler soll ich ehren? – ehren, was ich verlachte? –
und Todesangst soll das vermögen? welcher Geist denkt die Marter, die mich
zwingt, nicht mehr Ryno zu seyn? – und wenn ich mich unterwürfe, wenn ich
feige nachgäbe, würden sie mir glauben? würden sie Ryno vertrauen? – Nein,
Mißtrauen und Haß, das fühl' ich, schlagen so tiefe Wurzeln, daß sie nur mit
dem Herzen zugleich aus der Brust gerissen werden können, – sie würden
mich hassen, [549] verachten, und, bei den Göttern, das sollen sie nicht. – Es
giebt noch andre Burgen, noch andre Mädchen, was Vater, Bruder und Vater-
land? Malwina ist nicht die einzige ihres Geschlechts. Nein, die Brücke ist
hinter mir abgehoben, ich kann nur vorwärts eilen, und das will ich, ich will
glücklich seyn, ohne irgend einem den Stolz zu gönnen, zu sehen, daß Ryno
sich ändern könne. Niemand soll sehn, daß ich mir selbst mißfiel, niemand soll
Ryno einen *gemeinen* Menschen schelten. Selbstgefühl! halte mein Herz auf-
recht, ich will fortfahren, wie ich begann, ich will in den Armen der Wollust
schwelgen, Jahre an dem Busen der Freude vorüberrauschen lassen, den mor-
den, der mich in dem Genuß meines Glückes stören will. Ryno soll sich selbst
nicht verleugnen. So will ich mir treu bleiben, und glücklich seyn. – Ich fordre
das Schicksal und die Götter auf, mich unglücklich zu machen, sie können es
nicht, in meiner Hand steht mein Glück und Unglück, ich selbst bin mir alles!"
    "Alles?" – fuhr er nach einer Pause fort, – "Alles? ach nein! nein, das bist
du nicht, du wirst einsam durch die Welt wandeln, du, weder Mensch noch
Thier, der einzige deiner Art! – Kein Freundeskuß, kein Freundeshandschlag
[550] wird dir entgegen kommen, du wirst dich in keiner andern Seele mit
Wohlgefallen spiegeln, du bist der einzige deiner Art! – du wirst niemand lie-
ben, und von niemand geliebt werden, du hassest die Welt, und sie verabscheut
dich, alle deine Wünsche werden nach dem Schatten eines Zieles laufen, alle
deine Kräfte im unnützen Kampfe ringen. Du stehst vor einem breiten Strom,
vor deinen Augen eine angenehme Insel, die Sonne geht hinter dir unter, und
streut Gold auf alle Blumen des Eilandes, du wünschest dich hinüber, aber nur
dein verlängerter Schatten reicht über den Strom, du kommst nie hinüber. Ist
die Sonne untergegangen, dann kommt die Nacht, die ewige Nacht!"
    "O ihr Götter! laßt mich ein Wesen meiner Art finden, das mich verstehe,
mich liebe, und ich lache Eurer, und Eurer Strafe, und ich bin unter Qualen,
die euch vernichten könnten, noch glücklich." –
    "O Dunkan! Dunkan! wie konntest du mich verlassen? – Wo bist du? stän-
dest du noch zu meiner Seite, wir wollten beide der Menschheit den Rücken
kehren, den schauerlichen Bund unsrer Seelen fürchterlich halten, gleich gräß-
lichen Unholden wollten wir über Leichname stolz [551] unsre Bahn fortwan-
deln, Blut sollte unsre Fersen waschen. Schädel sollten unsre Trinkmuscheln,
und Sterbegewinsel unsre Tafelfreuden, und Krämpfe und Zuckungen langsam
erwürgter unsre Ergötzlichkeit seyn, wenn die Langeweile uns in ihre bleier-
nen Banden legen wollte. – Ja, das sollten sie, aber – – ha! was schwärme ich?

ich bin ja allein, Dunkan war ein Mensch wie alle andre, nicht werth des leisesten Freundschaftsdruckes dieser Hand. Er ward bundbrüchig, Eigennuz band ihn an mich, nicht Gleichheit. – Oder thu' ich dir unrecht, hält dich die Verwesung in ihrer dumpfen Halle? – bist du todt? – – todt? – dann will ich dir in das Grab dein Versprechen nachschreien, dich an deine Verheißung gebietrisch erinnern. O Dunkan! Dunkan! komm! Ryno der schreckliche Ryno ladet dich ein!"

Ich komme! schallte es aus tiefer Ferne entsetzlich durch alle Gemächer. "Ich komme!" sagte Ryno leise nach, und fühlte, wie sein Haar sich aufrichtete. "Du kommst? Warum denn dieser bange, wimmernde Ton?"

Es braus'te wie Windesfittig durch die Halle, wie Gewänder rauschte es die Mauern hinab, es flüsterte über Rynos Haupt. Plötzlich sank das [552] Rauschen hinter den Mauern hinab, und eine Todtenstille folgte.

Es flimmerte durch die Ritzen der Thür wie ein Sternenstreif, wie ein einzelner Strahl des Mondes, der aus dem Wolkenschleier durch die grüne Nacht des Waldes schießt; – dumpf dröhnten langsam gezogene Schritte, und leise kreischend schlich der Riegel in seine Krampen.

Die Thür öfnete sich langsam beim Schein eines Blizstrahls, und Dunkan stand in der Thür, er winkte Ryno mit stummer Gebehrde. – Ryno erhob sich, und wollte auf die Gestalt zustürzen, aber Schauder lagerten sich zwischen ihn und das bleiche, bebende Bild, mit eiskalten Armen riß es ihn zurück. Er stand in der Ferne, starrte mit aufgerissenen Augen auf Dunkan hin, und rief: "Dunkan! Dunkan! bist du es? sprich, rede! – sprich zu deinem Ryno! – – Ewig verflucht seyst du dieses Stillschweigens wegen, womit du deinen Ryno ängstigst. – Sprich! – Welch ein matter Schimmer fließt aus deiner Gestalt! – Wie? Wunden in der Brust? – Ha! entsetzlich! du bist Dunkans Geist!"

Er stürzte zurück, und verhüllte sein Haupt. Sonderbar schrecklich war ihm das Gefühl, daß er jezt vor Dunkan zittre, mit dem er sonst so brüderlich vertraut gewesen war. Schüchtern [553] schlug er endlich die Augen wieder auf, zu sehen, ob der Schrecken noch in der geöfneten Thür stehe, und er stand noch da. Dunkans Augen rollten wie dämmernde Sterne gräßlich in den tiefen Hölen umher, seine Züge waren zornig, er wallte hin und her, wie vom Winde getrieben, und unabläßig winkte seine Rechte.

Rynos Seele kämpfte einen entsezlichen Kampf. In einem Augenblick schien ihm diese Erscheinung sein alter Freund Dunkan zu seyn, und schon sezte er den Fuß vorwärts, ihm zu folgen; dann wagte er es, ihn genauer anzublicken, und plözlich ward ihm das Bild fremd und noch schrecklicher. Schnell und zitternd zog er dann seinen Fuß zurück, als hätte ihn eine Schlange gestochen. Dunkan winkte noch immer. Wie eine Welle hob sich Rynos Brust und sank wieder, wie Wasserfälle braus'te es um ihn her, Feuer tanzten vor seinen Augen mit rother Gluth, und es war ihm, als zischten Drachen hinter ihm her, die klingend mit den grauen Schuppenflügeln rauschten, und die flammenden Schweife über die Decke herspreizten.

Ich folge dir! rief er im Wahnsinn.

Er schritt vorwärts, der Geist wallte voran, gleich einer furchtbaren Gewitterwolke, die vor einem Sturme hergeht. Beide giengen durch die [554] Hallen, die Stiegen der Burg hinab. Das Schweigen gieng vor ihnen her, der Schreck schlich ihnen mit leisen Schritten nach. Die Wände glühten in einer blaßen, schimmernden Gluth, wenn Dunkans Geist vorüber schlüpfte, und Ryno folgte ihm, ohne zu wissen, was er that.

Horch! – so tönte es aus einem Zimmer, wo Ryno vorübergieng, – horch, was schleicht da vor der Thür vorüber? mich schaudert, mein Carno! – Es war die Stimme Malwinas, die sich fester und inniger an ihren Liebling schloß. Ryno hörte die Stimme, sie war ihm, was dem zerschmetterten, der langsam auf dem Rade sein Leben verstöhnt, in der Nacht der ferne Ton einer Hirtenflöte ist. Er drängte sich an die Thür, aus welcher dieser sanfte Laut hervorgebrochen war, er hoffte Schutz, oder zum wenigsten einen Genossen seines kalten Entsetzens, der seine haarsträubenden Erwartungen theilte. – Mit Kampf schlich er weiter.

Vor dem Thor der Burg kam ihm sein liebster Jagdhund entgegen, aber kaum war er seinem Herrn nahe, als er schnell mit heulendem Gewinsel entfloh, als hätte er Moder und Leichenduft gewittert. – Ryno wünschte ein Wesen bei sich zu haben, seine Blicke eilten ihm ängstlich nach [555] aber sie verirrten sich in der Dunkelheit der Nacht, und kehrten von allmächtigem Zauber zurückgerissen, auf den vor ihm schwebenden gräßlichen Schimmer zurück.

Die Nacht wehte Ryno mit Regengestöber entgegen, Donner rollten leise hinter den fernen Gebürgen, Blitze schossen durch die düstere Pfade mit bleichem Schimmer. Ryno folgte dem leitenden Geiste über die Fluren, die ihm so bekannt waren, die er so oft beym Jagen durchirrt hatte. Wie Gefecht tönte es um sein Ohr, wie Schild an Schild, und Schwerdt an Schwerdt geschlagen, so umklirrte es ihn, und betäubte seine Seele. Vor seinen Augen schwammen Dunstgebilde von Kriegern auf Wolkenrossen wie Nebel vorüber, sie schwangen strahlende Schwerdter, schüttelten die lichten Helmbüsche, und blickten verächtlich auf ihn, der durch sie hinwankte wie ein ehrloser Flüchtling. – Er bückte sich vor ihrem Zorn, zuckte unwillkührlich unter den Luftstreichen, und knirschte.

Jezt stand er auf der Spitze des Felsen, der die ganze umliegende Gegend übersah, er blickte nach der Burg zurück, und sah in der schwarzen Steinmasse nur noch ein Fenster erleuchtet, er glaubte in dem Schein aus der Ferne Malwi-[556]nas Gestalt zu entdecken, und erwachte aus seiner Betäubung, um in eine noch tiefere zu versinken.

Ein neues empörendes Bild blühte vor seinen glühenden Sinnen auf. Noch lag schwarz und düster, wie Felsen, die Burg Toskars da, im Augenblicke rollte sich die dunkle Hülle wie ein Gewölk auf, und eine glänzende Königsveste trat aus der Nacht hervor. Wie eine Sonnenbeglänzte Eiskoppe stand sie da in tausendfarbigem Schimmer, um sie her ein anmuthiger Hain, in dessen Thauperlen der Morgen sich spiegelte. Sonnen rollten auf den Thurmspitzen ihre Strahlen schießende Scheibe, Sterne schossen vom Gebälk und den Zinnen herab ihren zuckenden Schein, ihr Schimmer floß in sanften Wellenbiegungen um das Gesims' und um die Bogenfenster her. Drommeten und Hörner tönten aus der Burg, Pauken wirbelten ihren Donner in ihre Stimmen, und sanfte Flöten unterbrachen mit bescheidnem Ton das Prunkgetöse. In schimmernden Gewändern wandelten Diener über den langen Altan, und breiteten weiche Teppiche hin, Mädchen bestreuten sie tanzend mit Blumen, und lauter tönten Hörner und Trommeten, lauter rollten die Donner der Pauken, und sanfter lispelten die Flöten drein.

[557] In ein goldnes Feiergewand gekleidet, mit dem Purpurmantel umhangen, die Krone auf dem Haupte, trat Carno gebieterisch mit sanfter Würde daher, an der zitternden Hand der Königin Malwina. Silbern floß ein langer Bart ihm über die Brust, glänzendweiß lagen die Haare um seine Schläfe, und wiegten sich in kleinen Locken, Bläße war über sein Angesicht hingebreitet, das Feuer der Augen flammte zum leztenmale auf. Ein Sohn stand zur Rechten des Königs, blühende Kinder im Kreise um ihn her, unten auf den breiten Stufen der Burg lag ein glückliches Volk, welches zitterte, den lezten Segensblick des besten Königs zu sehn.

Ryno wandte den Blick knirschend von dem Schauspiel, aber Dunkans Geist hob die Hand gebietrisch auf, und gehorsam folgten ihr Rynos Blicke.

Carno nahm die Krone vom Haupt, und sezte sie seinem Sohn auf, dann sank er in Malwinas Arme, ihr Kuß schloß sein Auge, und fing seinen lezten Seufzer auf. – Das Volk um die Burg her schluchzte in Wehklagen. – Das Gesicht verschwand.

Ryno zitterte. "Dieß sein Tod? – und der meine?["]

[558] Weh! Weh! du gehst in den Tod! so rief eine Stimme dumpf aus der Tiefe des Thals hervor, und, wie Gespenster stiegen ihm Quaal und Seelenangst entgegen. Schon wollte er seinen Fuß zur schnellen Flucht wenden, als Dunkans Geist zusammenschauerte und versank. Ryno that unwillkührlich einen Schritt vorwärts, und stürzte zerschmettert von dem Gipfel des Felsens in das tiefe Thal hinab. – – – – Noch ein banges Wimmern von unten empor, dann gräßliche Todtenstille.

# Friedrich Hölderlin: [Auszug aus:]
# Hyperion oder der Eremit in Griechenland [1792-1799].

[171] [...]

## Hyperion an Bellarmin

Ich will Dir immer mehr von meiner Seeligkeit erzählen.

Ich will die Brust an den Freuden der Vergangenheit [172] versuchen, bis sie wie Stahl wird, ich will mich üben an ihnen, bis ich unüberwindlich bin.

Ha! fallen sie doch, wie ein Schwerdtschlag, oft mir auf die Seele, aber ich spiele mit dem Schwerdte, bis ich es gewohnt bin, ich halte die Hand in's Feuer, bis ich es vertrage, wie Wasser.

Ich will nicht zagen; ja! ich will stark seyn! ich will mir nichts verhehlen, will von allen Seeligkeiten mir die seeligste aus dem Grabe beschwören.

Es ist unglaublich, dass der Mensch sich vor dem Schönsten fürchten soll; aber es ist so.

O bin ich doch hundertmal vor diesen Augenbliken, dieser tödtenden Wonne meiner Erinnerungen geflohen und habe mein Auge hinweggewandt, wie ein Kind vor Blizen! und dennoch wächst im üppigen Garten der Welt nichts lieblichers, wie meine Freuden, dennoch gedeiht im Himmel und auf Erden nichts edleres, wie meine Freuden.

Aber nur dir, mein *Bellarmin*, nur einer reinen, freien Seele, wie die Deine ist, erzähl' ich's. So freigebig, wie die Sonne mit ihren Strahlen, will ich nicht seyn; meine Perlen will ich vor die alberne Menge nicht werfen.

Ich kannte, seit dem lezten Seelengespräche, mit jedem Tage mich weniger. Ich fühlt', es war ein heilig Geheimniss zwischen mir und Diotima.

Ich staunte, träumte. Als wär' um Mitternacht ein seeliger Geist mir erschienen und hätte mich erkoren, mit ihm umzugehn, so war es mir in der Seele.

O es ist ein seltsames Gemische von Seeligkeit und Schwermuth, wenn es so sich offenbart, dass wir auf immer heraus sind aus dem gewöhnlichen Daseyn.

[173] Es war mir seitdem nimmer gelungen, Diotima allein zu sehn. Immer musst' ein Dritter uns stören, trennen, und die Welt lag zwischen ihr und mir, wie eine unendliche Leere. Sechs todesbange Tage giengen so vorüber, ohne

dass ich etwas wusste von Diotima. Es war, als lähmten die andern, die um uns waren, mir die Sinne, als tödteten sie mein ganzes äusseres Leben, damit auf keinem Wege die verschlossene Seele sich hinüber helfen möchte zu ihr.

Wollt' ich mit dem Auge sie suchen, so wurd' es Nacht vor mir, wollt' ich mich mit einem Wörtchen an sie wenden, so erstikt' es in der Kehle.

Ach! mir wollte das heilige namenlose Verlangen oft die Brust zerreissen, und die mächtige Liebe zürnt' oft, wie ein gefangener Titan, in mir. So tief, so innigst unversöhnlich hatte mein Geist noch nie sich gegen die Ketten gesträubt, die das Schiksaal ihm schmiedet, gegen das eiserne unerbittliche Gesez, geschieden zu seyn, nicht Eine Seele zu seyn mit seiner liebenswürdigen Hälfte.

Die sternenhelle Nacht war nun mein Element geworden. Dann, wann es stille war, wie in den Tiefen der Erde, wo geheimnissvoll das Gold wächst, dann hob das schönere Leben meiner Liebe sich an.

Da übte das Herz sein Recht, zu dichten, aus. Da sagt' es mir, wie Hyperions Geist im Vorelysium mit seiner holden Diotima gespielt, eh' er herabgekommen zur Erde, in göttlicher Kindheit bei dem Wohlgetöne des Quells, und unter Zweigen, wie wir die Zweige der Erde sehn, wenn sie verschönert aus dem güldenen Strome blinken.

[174] Und, wie die Vergangenheit, öffnete sich die Pforte der Zukunft in mir.

Da flogen wir, Diotima und ich, da wanderten wir, wie Schwalben, von einem Frühling der Welt zum andern, durch der Sonne weites Gebiet und darüber hinaus, zu den andern Inseln des Himmels, an des Sirius goldne Küsten, in die Geisterthale des Arkturs –

O es ist doch wohl wünschenswerth, so aus Einem Kelche mit der Geliebten die Wonne der Welt zu trinken!

Berauscht vom seeligen Wiegenliede, das ich mir sang, schlief ich ein, mitten unter den herrlichen Phantomen. Wie aber am Strahle des Morgenlichts das Leben der Erde sich wieder entzündete, sah ich empor und suchte die Träume der Nacht. Sie waren, wie die schönen Sterne, verschwunden, und nur die Wonne der Wehmuth zeugt' in meiner Seele von ihnen.

Ich trauerte; aber ich glaube, dass man unter den Seeligen auch so trauert. Sie war die Botin der Freude, diese Trauer, sie war die grauende Dämmerung, woran die unzähligen Rosen des Morgenroths sprossen. –

Der glühende Sommertag hatte jezt alles in die dunkeln Schatten gescheucht. Auch um Diotima's Haus war alles still und leer, und die neidischen Vorhänge standen mir an allen Fenstern im Wege.

Ich lebt' in Gedanken an sie. Wo bist du, dacht' ich, wo findet mein einsamer Geist dich, süsses Mädchen? Siehest du vor dich hin und sinnest? Hast du die Arbeit auf die Seite gelegt und stüzest den Arm aufs Knie und auf das Händchen das Haupt und giebst den lieblichen Gedanken dich hin?

[175] Dass ja nichts meine Friedliche störe, wenn sie mit süssen Phantasien ihr Herz erfrischt, dass ja nichts diese Traube betaste und den erquikenden Thau von den zarten Beeren ihr streife!

So träumt' ich. Aber indess die Gedanken zwischen den Wänden des Hauses nach ihr spähten, suchten die Füsse sie anderswo, und eh' ich es gewahr ward, gieng ich unter den Bogengängen des heiligen Walds, hinter Diotima's Garten, wo ich sie zum erstenmale hatte gesehn. Was war das? Ich war ja indessen so oft mit diesen Bäumen umgegangen, war vertrauter mit ihnen, ruhiger unter ihnen geworden; jezt ergriff mich eine Gewalt, als trät' ich in Dianens Schatten, um zu sterben vor der gegenwärtigen Gottheit.

Indessen gieng ich weiter. Mit jedem Schritte wurd' es wunderbarer in mir. Ich hätte fliegen mögen, so trieb mein Herz mich vorwärts; aber es war, als hätt' ich Blei an den Sohlen. Die Seele war vorausgeeilt, und hatte die irrdischen Glieder verlassen. Ich hörte nicht mehr, und vor dem Auge dämmerten und schwankten alle Gestalten. Der Geist war schon bei Diotima; im Morgenlichte spielte der Gipfel des Baums, indess die untern Zweige noch die kalte Dämmerung fühlten.

Ach! mein Hyperion? rief jezt mir eine Stimme entgegen; ich stürzt' hinzu; "meine Diotima! o meine Diotima!" weiter hatt' ich kein Wort und keinen Othem, kein Bewusstseyn.

Schwinde, schwinde, sterbliches Leben, dürftig Geschäft, wo der einsame Geist die Pfennige, die er gesammelt, hin und her betrachtet und zählt! wir sind zur Freude der Gottheit alle berufen!

[176] Es ist hier eine Lüke in meinem Dasein. Ich starb, und wie ich erwachte, lag ich am Herzen des himmlischen Mädchens.

[...]

# Johann Wolfgang Goethe: [Auszug aus:] Wilhelm Meisters Lehrjahre [1795-1796].

## [217] Dreizehntes Capitel.

In der verdrießlichen Unruhe, in der er sich befand, fiel ihm ein, den Alten aufzusuchen, durch dessen Harfe er die bösen Geister zu verscheuchen hoffte. Man wies ihn, als er nach dem Manne fragte, an ein schlechtes Wirthshaus in einem entfernten Winkel des Städtchens, und in demselben die Treppe hinauf bis auf den Boden, wo ihm der süße Harfenklang aus einer Kammer entgegen schallte. Es waren herzrührende klagende Töne, von einem traurigen ängstlichen Gesange begleitet. Wilhelm schlich an die Thüre, und da der gute Alte eine Art von Phantasie vortrug, und wenige Strophen theils singend theils recitirend immer wiederholte, konnte der Horcher, nach einer kurzen Aufmerksamkeit, ungefähr Folgendes verstehen:

Wer nie sein Brod mit Thränen aß,
Wer nie die kummervollen Nächte
Auf seinem Bette weinend saß,
Der kennt euch nicht, ihr himmlischen Mächte.
[218] Ihr führt in's Leben uns hinein,
Ihr laßt den Armen schuldig werden,
Dann überlaßt ihr ihn der Pein;
Denn alle Schuld rächt sich auf Erden.

Die wehmüthige herzliche Klage drang tief in die Seele des Hörers. Es schien ihm, als ob der Alte manchmal von Thränen gehindert würde fortzufahren; dann klangen die Saiten allein, bis sich wieder die Stimme leise in gebrochenen Lauten darein mischte. Wilhelm stand an dem Pfosten, seine Seele war tief gerührt, die Trauer des Unbekannten schloß sein beklommenes Herz auf; er widerstand nicht dem Mitgefühl, und konnte und wollte die Thränen nicht zurückhalten, die des Alten herzliche Klage endlich auch aus seinen Augen hervorlockte. Alle Schmerzen, die seine Seele drückten, lös'ten sich zu gleicher Zeit auf, er überließ sich ihnen ganz, stieß die Kammerthüre auf, und stand vor dem Alten, der ein schlechtes Bette, den einzigen Hausrath dieser armseligen Wohnung, zu seinem Sitze zu nehmen genöthigt gewesen.

Was hast du mir für Empfindungen rege gemacht, guter Alter! rief er aus: alles, was in meinem Herzen stockte, hast du los gelös't; laß dich nicht stören, sondern fahre fort, indem du deine Leiden linderst, einen Freund glücklich zu machen. Der Alte wollte aufstehen und etwas reden, Wilhelm verhinderte ihn daran; denn er hatte zu Mittage bemerkt, daß der [219] Mann ungern sprach; er setzte sich vielmehr zu ihm auf den Strohsack nieder.

Der Alte trocknete seine Thränen, und fragte mit einem freundlichen Lächeln: Wie kommen Sie hierher? Ich wollte Ihnen diesen Abend wieder aufwarten.

Wir sind hier ruhiger, versetzte Wilhelm, singe mir, was du willst, was zu deiner Lage paßt, und thue nur, als ob ich gar nicht hier wäre. Es scheint mir, als ob du heute nicht irren könntest. Ich finde dich sehr glücklich, daß du dich in der Einsamkeit so angenehm beschäftigen und unterhalten kannst, und, da du überall ein Fremdling bist, in deinem Herzen die angenehmste Bekanntschaft findest.

Der Alte blickte auf seine Saiten, und nachdem er sanft präludirt hatte, stimmte er an und sang:

Wer sich der Einsamkeit ergibt,
Ach! der ist bald allein;
Ein jeder lebt, ein jeder liebt,
Und läßt ihn seiner Pein.

Ja! laßt mich meiner Qual!
Und kann ich nur einmal
Recht einsam sein,
Dann bin ich nicht allein.

Es schleicht ein Liebender lauschend sacht,
Ob seine Freundin allein?
So überschleicht bei Tag und Nacht
Mich Einsamen die Pein,

[220] Mich Einsamen die Qual.
Ach werd' ich erst einmal
Einsam im Grabe sein,
Da läßt sie mich allein!

Wir würden zu weitläufig werden, und doch die Anmuth der seltsamen Unterredung nicht ausdrücken können, die unser Freund mit dem abenteuerlichen Fremden hielt. Auf alles, was der Jüngling zu ihm sagte, antwortete der Alte mit der reinsten Übereinstimmung durch Anklänge, die alle verwandten Empfindungen rege machten und der Einbildungskraft ein weites Feld eröffneten.

Wer einer Versammlung frommer Menschen, die sich, abgesondert von der Kirche, reiner, herzlicher und geistreicher zu erbauen glauben, beigewohnt hat, wird sich auch einen Begriff von der gegenwärtigen Scene machen können; er wird sich erinnern, wie der Liturg seinen Worten den Vers eines Gesanges anzupassen weiß, der die Seele dahin erhebt, wohin der Redner wünscht, daß sie ihren Flug nehmen möge, wie bald darauf ein anderer aus der Gemeinde, in

einer andern Melodie, den Vers eines andern Liedes hinzufügt, und an diesen
wieder ein dritter einen dritten anknüpft, wodurch die verwandten Ideen der
Lieder, aus denen sie entlehnt sind, zwar erregt werden, jede Stelle aber durch
die neue Verbindung neu und individuell wird, als wenn sie in dem Augen-
blicke erfunden worden wäre; wodurch denn aus einem be[221]kannten Kreise
von Ideen, aus bekannten Liedern und Sprüchen, für diese besondere Gesell-
schaft, für diesen Augenblick ein eigenes Ganzes entsteht, durch dessen Genuß
sie belebt, gestärkt und erquickt wird. So erbaute der Alte seinen Gast, indem
er, durch bekannte und unbekannte Lieder und Stellen, nahe und ferne Gefüh-
le, wachende und schlummernde, angenehme und schmerzliche Empfindungen
in eine Circulation brachte, von der in dem gegenwärtigen Zustande unsers
Freundes das beste zu hoffen war.

# Ludwig Tieck: [Auszüge aus:]
# William Lovell [1795-1796].

## Erster Band.

### 8. Amalie Wilmont an ihren Bruder Karl Wilmont.

[44] [...]
London kömmt mir, ohngeachtet der vielen Menschen, sehr einsam vor, meine Zimmer sind mir ganz fremd geworden, alles ist so eng und düster, man sieht kein Feld, keinen Baum, – wenn ich dagegen an den reizenden Wald denke, an den kleinen Wasserfall neben der Wiese, an den grünen Hügel, von wo man die romantische Aussicht über den Fluß und die Felsenwände hat; – wie schön war es doch, wenn die Sonne hinter den Felsen untergieng und der krummgewordene Strom in einen rothen Glanz erglühte, – und dann jene Allee, wo die Nachtigall am Morgen im Lindenbaume sang, wo *Lovell* mir oft den Oßian vorlas, – ich war nur so kurze Zeit von hier entfernt, aber ich habe mich schon ganz verwöhnt.
[...]

### 10. William Lovell an Eduard Burton.

[53] [...] Den Abend vor meiner Abreise von Bonstreet ging ich noch einmahl durch die mir so bekannten Gärten, ich nahm von jedem Orte Abschied, der mir durch die Zeit, oder irgend eine Erinnerung werth geworden war, von der Linde, in die Amalie ihren Nahmen geschnitten hat und ich den meinigen so dicht daneben eingrub, daß auch nicht der kleinste Zug eines feindlichen andern Nahmens Raum zwischen uns findet. Ich stand lange und betrachtete die Charaktere, – dann zu der Allee, wo wir so oft den Oßian lasen, – ach Eduard, manche Stellen daraus werd' ich nie, nie vergessen, die Seele des großen Barden sprach oft so innig mit der meinigen und eine wehmüthige Freude zuckte durch alle Nerven, wie der erinnernde Anhauch einer frühern Bekanntschaft. – [54] Aus den Wipfeln fiel eine schwere Ahndung auf mich herab, daß ich nie dort wieder wandeln würde, oder im Verluste aller dieser großen Gefühle, die den Geist in die Unendlichkeit drängen und uns aus unsrer eigenen Natur herausheben.

Wenn ich nun einst wiederkehrte, den Busen mit den schönsten Gefühlen angefüllt, mein Geist genährt mit den Erfahrungen der Vorwelt und eigenen Beobachtungen, – wenn ich nun bemüht gewesen wäre, die Schönheiten der ganzen Natur in mich zu saugen, – um dann ein fades, alltägliches Leben zu führen, von der Langenweile gequält, von allen meinen großen Ahndungen verlassen: – wie ein Gefangener der seinen Ketten entspringt, im hohen Taumel durch den sonnbeglänzten Wald schwärmt, – und dann zurückgeführt, von neuem an die kalte gefühllose Mauer geschmiedet wird. –

[...]

## Dritter Band.

### 5. William Lovell an Rosa.

[21] [...]
Verkleidet bin ich schon einigemal im Garten hier in Bonstreet auf und abgegangen. Hier hatten alle Empfindungen, alle Erinnerungen in den grünen Lauben, auf den schönen Rasenstellen, unter den dichten Zweigen der Alleen geschlafen; sie wachten auf, als mein [22] Fuß den Garten betrat, und kamen mir alle stürmend entgegen. Alle haben mich begrüßt, und jeder Baum scheint mich zu fragen: wo ich so lange geblieben sey? Ach Rosa! die Tränen stiegen mir in die Augen, und ich konnte keine Antwort geben.

Die hohen Bäume in der Allee rauschen noch in gebrochenen Tönen einige Stellen des Ossian, den ich ihr immer am Morgen vorlas; dieselbe Sehnsucht ergriff mich wieder, als ich oben auf dem Hügel dem Flusse nachsahe, der sich zwischen dem Felsenufer hindurch windet; alles ist mir noch befreundet, nur ich mache allen Gegenständen ein fremdes Gesicht. – Ach! ich bin ein Träumer, – ich möchte sagen: Die leblose Natur hat inniger an mir gehangen, als je die Menschen. –

[...]

### 18. Eduard Burton an Mortimer.

[68] [...]
Um Mitternacht eröffnete ich Lovell's verschlossenes Zimmer. Es war alles still im Hause, die Bedienten schliefen, ich hatte die Schlüssel zu mir gesteckt, und eine Laterne angezündet. Ich sagte ihm er solle mir folgen, weil er in meinem Hause nicht mehr sicher sey. Er antwortete nichts, sondern betrachtete mich mit einem düstern Blicke und stand auf.

Wir gingen über die schallenden Gänge, und ich sah mich zuweilen nach ihm um; ein bleicher Schein meines Lichtes fiel auf sein Gesicht, und entstellte es auf eine wunderbare Weise. – Ich schloß das Haus auf, und wieder hinter mir zu. Der Himmel war dick und schwarz rund umher bezogen.

Wie im Traume ging ich mit ihm fort, keiner von uns ließ einen Laut vernehmen, wie zwey Gespenster schlichen wir durch den Garten. – Es war mir wunderbar, als wir den Lauben und den Bänken vorübergingen, wo ich so oft mit [69] ihm gesessen hatte; die Bäume neigten sich wehmütig, als wir unter ihren Wipfeln hinweggingen. – Arm in Arm war ich sonst hier mit Lovell auf und abgegangen, hier hatte sich uns mit Entzücken die Welt Ossians und Shakspears aufgeschlossen, hier hatte ich ihn am Morgen zuerst gesucht, und noch der Abend traf uns in tiefen Gebüschen, wenn die übrigen schon längst zu den Zimmern zurückgekehrt waren, – hier hatte er mir sein ganzes Herz enthüllt, und ich ihm das meinige; – o! und nun gingen wir mit dicht verschleierten Seelen nebeneinander; kein Mund öffnete sich, keine Hand streckte sich nach einem Drucke aus.

[...]

# [Wilhelm Heinrich Wackenroder:] [Auszug aus:] Herzensergießungen eines kunstliebenden Klosterbruders [1797].

## [18] Der merkwürdige Tod des zu seiner Zeit weitberühmten alten Malers Francesco Francia, des ersten aus der Lombardischen Schule

So wie die Epoche des Wiederauflebens der Wissenschaften und der Gelehrsamkeit die vielumfassendsten, als Menschen merkwürdigsten, und am Geiste kräftigsten gelehrten Männer hervorbrachte; so ward auch die Periode, da die Kunst der Malerei aus ihrer lange ruhenden Asche, wie ein Phönix, hervorging, durch die erhabensten und edelsten Männer in der Kunst bezeichnet. Sie ist als das wahre Heldenalter der Kunst anzusehen, und man möchte (wie Ossian) seufzen, daß die Kraft und Größe dieser Heldenzeit nun von der Erde entflohen ist. Viele standen an vielen Orten auf, und erhoben sich ganz durch eigene Stärke: ihr Leben und ihre Arbeiten hatten Gewicht, und waren der Mühe wert, in ausführlichen Chroniken, wie wir sie noch von den Händen damaliger Verehrer der Kunst besitzen, der Nachwelt aufbewahrt zu werden; und ihr Geist war so ehrwürdig, als es uns noch ihre bärtigen Häupter sind, die wir in den schätzbaren Sammlungen ihrer Bildnisse mit Ehrfurcht betrachten. Es geschahen unter ihnen ungewöhnliche, und vielen jetzt unglaubliche Dinge, weil der Enthusiasmus, der itzt nur in wenigen einzelnen Herzen, wie ein schwaches Lämpchen flimmert, in jener goldenen Zeit alle Welt entflammte. Die entartete Nachkommenschaft bezweifelt oder belacht so manche bewährte Geschichte aus diesen Zeiten als Mär[19]chen, weil der göttliche Funken ganz aus ihrer Seele gewichen ist.

[...]

# Novalis [Friedrich von Hardenberg]: [Auszug aus:] Hymnen an die Nacht [1800].

[280] [...]

## 3

Einst da ich bittre Tränen vergoß, da in Schmerz aufgelöst meine Hoffnung zerrann, und ich einsam stand am dürren Hügel, der in engen dunkeln Raum die Gestalt meines Lebens barg – einsam, wie noch kein Einsamer war, von unsäglicher Angst getrieben – kraftlos, nur ein Gedanken des Elends noch. – Wie ich da nach Hülfe umherschaute, vorwärts nicht konnte und rückwärts nicht, und am fliehenden, verlöschten Leben mit unendlicher Sehnsucht hing: – da kam aus blauen Fernen – von den Höhen meiner alten Seligkeit ein Dämmerungsschauer – und mit einem Male riß das Band der Geburt – des Lichtes Fessel. Hin floh die irdische Herrlichkeit und meine Trauer mit ihr – zusammenfloß die Wehmut in eine neue, unergründliche Welt – du Nachtbegeiste-[281]rung, Schlummer des Himmels kamst über mich – die Gegend hob sich sacht empor; über der Gegend schwebte mein entbundner, neugeborner Geist. Zur Staubwolke wurde der Hügel – durch die Wolke sah ich die verklärten Züge der Geliebten. In Ihren Augen ruhte die Ewigkeit – ich faßte Ihre Hände, und die Tränen wurden ein funkelndes, unzerreißliches Band. Jahrtausende zogen abwärts in die Ferne, wie Ungewitter. An ihrem Halse weint' ich dem neuen Leben entzückende Tränen. – Es war der erste, einzige Traum – und erst seitdem fühl' ich ewigen, unwandelbaren Glauben an den Himmel der Nacht und sein Licht, die Geliebte.

[...]

# [57] Friedrich Hölderlin: Der blinde Sänger [1801].

’Ελυσεν αἰνον ἀχος ἀπ’ ὀμματων ’Αρης
*Sophokles*

Wo bist du, Jugendliches! das immer mich
    Zur Stunde wekt des Morgens, wo bist du, Licht?
        Das Herz ist wach, doch bannt und hält in
            Heiligem Zauber die Nacht mich immer.

Sonst lauscht' ich um die Dämmerung gern, sonst harrt'
    Ich gerne dein am Hügel, und nie umsonst!
        Nie täuschten mich, du Holdes, deine
            Boten, die Lüfte, denn immer kamst du,

Kamst allbeseeligend den gewohnten Pfad
    Herein in deiner Schöne, wo bist du, Licht!
        Das Herz ist wieder wach, doch bannt und
            Hemmt die unendliche Nacht mich immer.

Mir grünten sonst die Lauben; es leuchteten
    Die Blumen, wie die eigenen Augen, mir;
        Nicht ferne war das Angesicht der
            Meinen und leuchtete mir und droben

Und um die Wälder sah ich die Fittige
    Des Himmels wandern, da ich ein Jüngling war;
        Nun siz ich still allein, von einer
            Stunde zur anderen und Gestalten

Aus Lieb und Laid der helleren Tage schafft
    Zur eignen Freude nun mein Gedanke sich,
        Und ferne lausch' ich hin, ob nicht ein
            Freundlicher Retter vieleicht mir komme.

[58] Dann hör' ich oft die Stimme des Donnerers
Am Mittag, wenn der eherne nahe kommt,
Wenn ihm das Haus bebt und der Boden
Unter ihm dröhnt und der Berg es nachhallt.

Den Retter hör' ich dann in der Nacht, ich hör'
Ihn tödtend, den Befreier, belebend ihn,
Den Donnerer vom Untergang zum
Orient eilen, und ihm nach tönt ihr,

Ihm nach, ihr meine Saiten! es lebt mit ihm
Mein Lied, und wie die Quelle dem Strome folgt,
Wohin er denkt, so muss ich fort und
Folge dem Sicheren auf der Irrbahn.

Wohin? wohin? ich höre dich da und dort
Du Herrlicher! und rings um die Erde tönts.
Wo endest du? und was, was ist es
Über den Wolken und o wie wird mir?

Tag! Tag! Du über stürzenden Wolken! sei
Willkommen mir! es blühet mein Auge dir.
O Jugendlicht! o Glük! das alte
Wieder! doch geistiger rinnst du nieder

Du goldner Quell aus heiligem Kelch! und du,
Du grüner Boden, friedliche Wieg'! und du,
Haus meiner Väter! und ihr Lieben,
Dir mir begegneten einst, o nahet,

[59] O kommt, dass euer, euer die Freude sei,
Ihr alle, dass euch seegne der Sehende!
O nimmt, dass ichs ertrage, mir das
Leben, dass Göttliche mir vom Herzen.

## [361] Friedrich Hölderlin: Friedensfeier [1801-1803].

Ich bitte dieses Blatt nur guthmüthig zu lesen. So wird es sicher nicht unfaß-
lich, noch weniger anstößig seyn. Sollten aber dennoch einige eine solche
Sprache zu wenig konventionell finden, so muß ich ihnen gestehen: ich kann
nicht anders. An einem schönen Tage läßt sich ja fast jede Sangart hören, und
die Natur, wovon es her ist, nimmts auch wieder.

Der Verfasser gedenkt dem Publikum eine ganze Sammlung von derglei-
chen Blättern vorzulegen, und dieses soll irgend eine Probe seyn davon.

> Der himmlischen, still wiederklingenden,
> Der ruhigwandelnden Töne voll,
> Und gelüftet ist der altgebaute,
> Seliggewohnte Saal; um grüne Teppiche duftet
> Die Freudenwolk' und weithinglänzend stehn,
> Gereiftester Früchte voll und goldbekränzter Kelche,
> Wohlangeordnet, eine prächtige Reihe,
> Zur Seite da und dort aufsteigend über dem
> Geebneten Boden die Tische.
> Denn ferne kommend haben
> [362] Hieher, zur Abendstunde,
> Sich liebende Gäste beschieden.

> Und dämmernden Auges denk' ich schon,
> Vom ernsten Tagwerk lächelnd,
> Ihn selbst zu sehn, den Fürsten des Fests.
> Doch wenn du schon dein Ausland gern verläugnest,
> Und als vom langen Heldenzuge müd,
> Dein Auge senkst, vergessen, leichtbeschattet,
> Und Freundesgestalt annimmst, du Allbekannter, doch
> Beugt fast die Knie das Hohe. Nichts vor dir,
> Nur Eines weiß ich, Sterbliches bist du nicht.
> Ein Weiser mag mir manches erhellen; wo aber
> Ein Gott noch auch erscheint,
> Da ist doch andere Klarheit.

Von heute aber nicht, nicht unverkündet ist er;
Und einer, der nicht Fluth noch Flamme gescheuet,
Erstaunet, da es stille worden, umsonst nicht, jezt,
Da Herrschaft nirgend ist zu sehn bei Geistern und Menschen.
Das ist, sie hören das Werk,
Längst vorbereitend, von Morgen nach Abend, jezt erst,
Denn unermeßlich braußt, in der Tiefe verhallend,
Des Donnerers Echo, das tausendjährige Wetter,
Zu schlafen, übertönt von Friedenslauten, hinunter.
Ihr aber, theuergewordne, o ihr Tage der Unschuld,
Ihr bringt auch heute das Fest, ihr Lieben! und es blüht
Rings abendlich der Geist in dieser Stille;
Und rathen muß ich, und wäre silbergrau
Die Loke, o ihr Freunde!
Für Kränze zu sorgen und Mahl, jezt ewigen Jünglingen ähnlich.

Und manchen möcht' ich laden, aber o du,
Der freundlichernst den Menschen zugethan,
Dort unter syrischer Palme,
Wo nahe lag die Stadt, am Brunnen gerne war;
[365] Das Kornfeld rauschte rings, still athmete die Kühlung
Vom Schatten des geweiheten Gebirges,
Und die lieben Freunde, das treue Gewölk,
Umschatteten dich auch, damit der heiligkühne
Durch Wildniß mild dein Stral zu Menschen kam, o Jüngling!
Ach! aber dunkler umschattete, mitten im Wort, dich
Furchtbarentscheidend ein tödtlich Verhängniß. So ist schnell
Vergänglich alles Himmlische; aber umsonst nicht;

Denn schonend rührt des Maases allzeit kundig
Nur einen Augenblik die Wohnungen der Menschen
Ein Gott an, unversehn, und keiner weiß es, wenn?
Auch darf alsdann das Freche drüber gehn,
Und kommen muß zum heiligen Ort das Wilde
Von Enden fern, übt rauhbetastend den Wahn,
Und trift daran ein Schiksaal, aber Dank,
Nie folgt der gleich hernach dem gottgegebnen Geschenke;
Tiefprüfend ist es zu fassen.
Auch wär' uns, sparte der Gebende nicht
Schon längst vom Seegen des Heerds
Uns Gipfel und Boden entzündet.

Des Göttlichen aber empfiengen wir
Doch viel. Es ward die Flamm' uns
In die Hände gegeben, und Ufer und Meersfluth.
Viel mehr, denn menschlicher Weise
Sind jene mit uns, die fremden Kräfte, vertrauet.
Und es lehret Gestirn dich, das
Vor Augen dir ist, doch nimmer kannst du ihm gleichen.
Vom Alllebendigen aber, von dem
Viel Freuden sind und Gesänge,
Ist einer ein Sohn, ein Ruhigmächtiger ist er,
Und nun erkennen wir ihn,
Nun, da wir kennen den Vater
Und Feiertage zu halten
Der hohe, der Geist
Der Welt sich zu Menschen geneigt hat.

[364] Denn längst war der zum Herrn der Zeit zu groß
Und weit aus reichte sein Feld, wann hats ihn aber erschöpfet?
Einmal mag aber ein Gott auch Tagewerk erwählen,
Gleich Sterblichen und theilen alles Schiksaal.
Schiksaalgesez ist diß, daß Alle sich erfahren,
Daß, wenn die Stille kehrt, auch eine Sprache sei.
Wo aber wirkt der Geist, sind wir auch mit, und streiten,
Was wohl das Beste sei. So dünkt mir jezt das Beste,
Wenn nun vollendet sein Bild und fertig ist der Meister,
Und selbst verklärt davon aus seiner Werkstatt tritt,
Der stille Gott der Zeit und der Liebe Gesez,
das schönausgleichende gilt von hier an bis zum Himmel.

Viel hat von Morgen an,
Seit ein Gespräch wir sind und hören voneinander,
Erfahren der Mensch; bald sind wir aber Gesang.
Und das Zeitbild, das der große Geist entfaltet,
Ein Zeichen liegts vor uns, daß zwischen ihm und andern
Ein Bündniß zwischen ihm und andern Mächten ist.
Nicht er allein, die Unerzeugten, Ew'gen
Sind kennbar alle daran, gleichwie auch an den Pflanzen
Die Mutter Erde sich und Licht und Luft sich kennet.
Zulezt ist aber doch, ihr heiligen Mächte, für euch
Das Liebeszeichen, das Zeugniß
Daß ihrs noch seiet, der Festtag,

Der Allversammelnde, wo Himmlische nicht
Im Wunder offenbar, noch ungesehn im Wetter,
Wo aber bei Gesang gastfreundlich untereinander
In Chören gegenwärtig, eine heilige Zahl
Die Seeligen in jeglicher Weise
Beisammen sind, und ihr Geliebtestes auch,
An dem sie hängen, nicht fehlt; denn darum rief ich
Zum Gastmahl, das bereitet ist,
Dich, Unvergeßlicher, dich, zum Abend der Zeit,
O Jüngling, dich zum Fürsten des Festes; und eher legt
Sich schlafen unser Geschlecht nicht,
[365] Bis ihr Verheißenen all,
All ihr Unsterblichen, uns
Von eurem Himmel zu sagen.
Da seid in unserem Hauße.


Leichtathmende Lüfte
Verkünden euch schon,
Euch kündet das rauschende Thal
Und der Boden, der vom Wetter noch dröhnet,
Doch Hoffnung röthet die Wangen,
Und vor der Thüre des Haußes
Sizt Mutter und Kind,
Und schauet den Frieden
Und wenige scheinen zu sterben
Es hält ein Ahnen die Seele,
Vom goldnen Lichte gesendet,
Hält ein Versprechen die Ältesten auf.


Wohl sind die Würze des Lebens,
Von oben bereitet und auch
Hinausgeführet, die Mühen.
Denn Alles gefällt jezt,
Einfältiges aber
Am meisten, denn die langgesuchte,
Die goldne Frucht,
Uraltem Stamm
In schütternden Stürmen entfallen,
Dann aber, als liebstes Gut, vom heiligen Schiksaal selbst,
Mit zärtlichen Waffen umschüzt,
Die Gestalt der Himmlischen ist es.

Wie die Löwin, hast du geklagt,
O Mutter, da du sie,
Natur, die Kinder verloren.
Denn es stahl sie, Allzuliebende, dir
Dein Feind, da du ihn fast
[366] Wie die eigenen Söhne genommen,
Und Satyren die Götter gesellt hast.
So hast du manches gebaut,
Und manches begraben,
Denn es haßt dich, was
Du, vor der Zeit
Allkräftige, zum Lichte gezogen.
Nun kennest, nun lässest du diß;
Denn gerne fühllos ruht,
Bis daß es reift, furchtsamgeschäfftiges drunten.

# Ludwig Uhland: An einen Freund [1803].

[372] Einer Freundin weiht' ich meine Liebe,
Laß auch du sie deine Freundin sein:
Braun ihr Haar, ihr Auge tränentrübe,
Wie durch Regen blickt der Sonne Schein;
Ihre Losung: fühle weich und weine!
Freund! die Wehmut ist es, die ich meine.

Seelen liebet sie, wo stille Tugend
Wohnet und ein kindliches Gefühl;
Ossianen, in der Völker Jugend,
[373] Weihte sie das zarte Saitenspiel;
Würden Helden sie und Fürsten ehren,
Seltner flössen Blut und Jammerzähren.

Freunde bei dem Klange der Pokale
Heißt sie eingedenk der Trennung sein;
Liebenden in Lunas Dämmerstrahle
Zeigt sie Totenkranz und Leichenstein:
Teurer werden ihnen dann die Stunden,
Fester halten sie sich dann umwunden.

Geh in Haine, wo die Blätter fallen,
Sinnend findst du sie an düstrem Ort;
Irr' in einsamen, zerstörten Hallen,
Mir der Vorwelt Geistern spricht sie dort;
Walle zu den Gräbern, ach! der Deinen,
Mit dir wird sie wallen, mit dir weinen.

Als das Schicksal mich von euch getrieben,
Oder Mißmut quälte da mein Herz,
Doch die Wehmut kam zu mir, ihr Lieben,
Kam mit ihrem linden, süßen Schmerz.
Jetzt ist sie am Tage mein Geleite,
Steht mir nächtlich zu des Lagers Seite.

Einsam wandl' ich in der Dämmrung Stille
An des sanften Stromes Ufer hin;
Eine Pappel träufelt ihre Hülle
In die Wasser, die zu euch entfliehn;
Ach! mit Tränen seh' ich sie entfließen,
Möchtet ihr mit Tränen sie begrüßen!

# Ludwig Uhland: Mailied [1804].

[377] Die Blütenbäume wehen
Von Maienlicht beglänzt;
Die vollen Becher gehen
Im Kreise laubumkränzt.
Doch sieh! es sinkt die Sonne,
Die laute Freude flieht;
Es folgt dem Schall der Wonne
Des Sängers Wehmutlied:

[378] Einst werden stehn die Becher
Im Garten, voll von Duft:
Doch wenig sind der Zecher,
Die andern deckt die Gruft.
Die Becher werden blinken:
Ach! Einer nur erscheint;
Er faßt den Kelch zu trinken,
Blickt himmelan und weint.

Doch in der Trauer Trübe
Wird er dem Tod geweiht;
Er fühlt das Band der Liebe,
Das Welt an Welten reiht.
Die ihr an Gräbern weintet,
Ihr kennt der Trauer Wert,
Die Hohes uns befreundet
Und Irdisches verklärt.

In Selmas Halle klagte
Der blinde Bard' allein.
Doch seinem Geiste tagte
Gesunkner Sonnen Schein.
Es tönt der Schilde Rauschen
Die öde Wand entlang,
Er hört in stillem Lauschen
Der Geisterstimmen Klang.

Und seine Seel' erbebet,
Sein Auge glänzt empor:
In Mondgewölben schwebet
Der Freunde blauer Chor;
Die Wolkenharfen schüttern,
Die Lieder heben an;
Der Gattin Arme zittern:
Willkommen, Ossian!

# [Friedrich de la Motte Fouqué:] [Auszüge aus:] Historie vom edlen Ritter Galmy und einer schönen Herzogin aus Bretagne [1806].

## Zweiter Theil.

Halle in Galmys väterlicher Burg.
*Galmys Vater* mit andern *alten Rittern.*

[13] [...]
*Galmys Vater.*
Geselle, mein Weib ist wohl betagt,
Und steht auch fast auf den letzten Stufen.
Die möchte nun gern den trauten Sohn
Vor ihrem Ende noch küssen und herzen,
Und fodert nur das als ihrer Schmerzen,
Als ihres Lebens fröhlichsten Lohn.
Die Weiber haben nur, was sie halten,
Sie freu'n sich gern an den schönen Gestalten,
Und greifen nur dann des Ruhmes Strahlen,
Wenn ihnen des ergötzlichen Lichts
Abbilder die Wände des Zimmers mahlen.
Sonst bringt ihnen ja das Treiben nichts.
Ihr hieß ich vor meinem Scheiden hinkommen,
Denn mir wohl möcht' es nicht minder frommen,
Wenn ich in uralter Helden Rund,
In Fingals herrlichem Schottenbund
Jenseit des Grabes ihn hieße willkommen.
[14] Meint Ihr's nicht auch? (Laßt schwatzen die Pfaffen!)
Was Fingal Rühmliches dacht' und that
In Schlachten sowohl, als beim Fürstenrath,
Muß immer ihm Platz bei Christo schaffen.
*Ein Ritter.*
Nun freilich! Vor dem auch, was neuerdings Laffen
Sangen von ihm, verschließt man die Ohren.
Nach ihnen wär' er wohl nie geboren
Zum Helden, in Ewigkeit gar verloren.

*Ein Andrer.*

Der Pöbel muß ja von Kön'gen schwatzen.
Wir halten uns an die ächten Lieder,
Denn all das Gezwitschre der neuen Spatzen
Ist jedem braven Schotten zuwider.

*Galmys Vater.*

Wie Fingal die Feinde wacker schlug,
Gleich wacker sich zeigte beim vollen Krug,
Gleich wacker, die schönen Dirnen zu lieben,
So bring' ich ihm wacker diesen Trunk!

*Alle.*

So ist uns in Waffen und Liederschwung
Held Fingal stets zu eigen geblieben!

[15] *Knappe.*

Ein fremder Ritter, adlich und bieder,
Fodert das Gastrecht in Euerm Schloß.

*Galmys Vater.*

Das Thor ist doch auf! Die Zugbrücke nieder?

*Knappe.*

Ja wohl! Und zu Stalle sogleich sein Roß.

*Galmys Vater.*

Mehr Wein! Und vom Besten im Felsenkeller.

*Galmy* (auftretend).

Herr, nehmt mich von meinem weiten Lauf,
Ich bitt' Euch, traut und väterlich auf.

*Galmys Vater.*

Du bist (ich ahn' es! Mein Blut läuft schneller!)
Du bist mein Sohn viel stattlicher Held.

*Galmy* (knieend).

Ja, Vater, er bittet um Euern Seegen.

*Galmys Vater.*

Der hat auf dir, mein Knabe, gelegen
Bei Hof, im Ritterspiel und im Feld.
Nicht wahr, es ist rühmlich um dich bestellt?

*Galmy.*

Ja, Vater.

[16] *Galmys Vater.*

Mit Kerzen den Saal erhellt!
Und Brüder, frisch auf! Zu Fingals Ehren
Und dieses Schotten, die Becher zu leeren.

[40] Nacht.
In den schottischen Hochlanden.

*Galmy* allein.
Fern ab die Jagd! Verhallt ihr freud'ger Laut.
Von den Gefährten, weit steh' ich allein
Im mitternächt'gen Dunkel. Ist's doch fast,
Als ging' ich dicht am schroffen Abgrund hin,
Denn tief herauf kommt ein Geroll, ein Flüstern,
Wie tönend von Gewässern dort im Thal.
Ein Tritt vielleicht, ein einz'ger zu weit links,
Und nieder tauml' ich, wo der Geier kaum
Hineinschwebt, um dem bleichenden Gebein
Noch Atzung abzufodern. Hört Ihr mich,
Bewohner dieser Oede? Hört Ihr mich?
Ein Landsmann ruft! Ein Schotte! Wie so still,
Wie so verschollen! Wie so ausgestorben!
Bin ich mit Felsenwänden ganz allein,
Und mit dem Echo, das, von schroffen Klippen
Zurückschallend, mir die Einsamkeit
Noch schauriger und spottender verkündet?
Nein! Nicht allein! Das sind die Felsen ja,
Die ehmals wohlbekannten, feste Zeugen
[41] Von mancher Lust, von mancher Jägerthat,
Von manchem ahnungsvollen Jugendtraum.
Das sind die Nebel, das die tiefe Nächte
In deren Schooß ich ehmals oft ergoß,
Was mir den Busen schwellte! Das der Klang,
Der Felsensohn, mein traulicher Gesell,
Nachrufend meine Sehnsucht, meine Liebe!
Nicht länger fremd mir, trauliche Bekannte!
Bretagne, süßer Garten, eingehüllt
In diese Wolken, schwebtest Du vor mir
Noch eh' ich deinen reichen Strand gesehn.
Leicht zaubr' ich Dich vor meinen trunknen Geist,
Wenn Schottlands Alpen ich mit Klängen grüße,
Mit Klängen, die schon von des Knaben Lippen
Prophetisch, unbewußt dem Sänger, tönten.
(Er singt.)
    Es kommt feierlich Rauschen
    Vom Gebürge durch das Thal,
    Die flücht'ge Thiere lauschen

Aus Forst und Höhle zumahl.
　　Ein Knab', im Walde verloren,
Hört wohl den schaurigen Laut.
Er ist in den Bergen geboren,
Dem Sturme vorlängst vertraut.
　　[42] Er steht im prasselnden Haine,
Er steht im Wetterschein,
Er sieht die rollenden Steine,
Und fragt: was soll das sein?
　　Was bringst du Schönes getragen,
Du tiefe Mitternacht?
Was führst auf donnerndem Wagen?
Hast oft mich wohl bedacht.
　　Mit Tönen und mit Gestalten,
Wenn du in Wettern klingst;
Sag', ob du auch heut von alten
Geschichten was wieder bringst?
Horch, rief nicht eine Stimme durch die Nacht?

*Stimme.*

　　Von alten Heldengeschichten
Von herrlichem Waffenklang
Will ich dir manches berichten,
Nur wird' im Freien nicht bang.

*Galmy.*

　　Ich bin aus rühmlichen Stamme,
Kein banger, zitternder Wurm.
Sprich weiter, himmlische Flamme,
Sprich weiter, herrlicher Sturm!

[43] *Beide.*

　　Der Knabe versteht das Klingen,
Ist recht im Wetter daheim,
Und all das tosende Ringen
Wird ihm zum fröhlichen Reim.

*Stimme.*

　　O altes Lied, wer stimmt aus frischem Herzen,
Aus freier Brust in dunkler Nacht Dich an?

*Galmy.*

　　Ein Jäger, zwar verirrt, und doch zu Haus
In den Gebürgen, seinem Vaterland.

*Andre Stimme.*

　　Wer Ihr auch seid, folgt diesem Fackellicht,
Das wirthlich Euern Schritt zum Heerde leitet.

*Galmy.*
Schon klimm' ich aufwärts das Gestein. Ein Pfad,
Vom Strahl erhellt, mit Sträuchen grün umfangen,
Beut sich dem halberschöpften Jäger dar.
Sieh! Eine offne Hüttenthür! Das Feuer
Flammt gastlich. Traute Wohnung, recht bekannt,
Altväterlich und fromm läd'st du mich ein.
[44] Ein Sänger rührt die Saiten. Diese Stimme
War's, Die vorhin begleitend mir erscholl.
Und freundlich grüßend zeigt der Hausherr sich.
*Bergschotte.*
Willkommen Jäger!
*Galmy.*
                    Landsmann, Gott zum Gruß.
*Bergschotte.*
Reicht mir die Hand. Ich helf' Euch noch den Absatz
Herauf. Er ist vom Regenschauer glatt.
*Galmy.*
Hülfreich streckt Ihr die lichte Fackel aus,
Den sichern Stern in schauerlicher Nacht.
*Bergschotte.*
Wenn Ihr die Fackel einen Stern benennt,
So habt Ihr wohl nicht Unrecht, weil der Klang
In ihrem Scheine wohnt. (Denn Sterne klingen,
Sagt man, hindurch das weite Himmelsdach.)
Horcht! Unter meinem Dach herbergt Musik,
Und flammt der Fackel und des Heerdes Licht
Noch heller an, den Gast zur Schwelle lockend.
Von uns'ren Sängern Einer haus't bei mir
[45] Seit dreien Tagen, und als Ihr am Abhang
Das alte Liedlein sangt, vernahm er Euch.
*Galmy.*
Ein günstiges Zeichen, wenn des Sängers Mund
Den Singenden zum trauten Mahle ruft.
*Sänger.*
Ein günstig Zeichen, wenn aus dunkler Nacht
Des Liedes Ton, der Sage Schein erwacht.
*Galmy.*
Bin ich es werth, so spendet mir zum Gruß
Ein Lied zuerst. Des müden Wandrers Fuß
Ist wohl zu rechter Heimath angekommen,
Wo Licht und Klang wetteifernd sich entglommen.

*Bergschotte.*
Und wo des Bechers Licht zurückestrahlt,
Was Flamm' und Lied auf Wänd' und Herzen mahlt.
Erst, Sänger, thut dem edlen Gast Bescheid,
Und schenkt uns dann ein Lied aus alter Zeit.
*Sänger.*
Caithneß, du vielgepries'nes Land,
    Du nordische Grafschaft groß,
Du hegst was Herrliches, weit bekannt,
    Von Alters in deinem Schooß.
[46] Wohl zogen mancherlei Kämpen hin,
    Zu hohlen sich den Schatz,
Doch alle floh'n mit scheuem Sinn,
    Ließen unversucht den Platz.
Es stehn drei Eichen auf schroffen Berg,
    Sonst ist er von Bäumen leer,
Und Irrlicht schleicht, ein Flammenzwerg,
    Wachthaltend rund umher.
Es liegen Steine nach Gräberart,
    Ein Stein bei jeglichem Baum,
Und Lüfte, rauschend im Distelbart,
    Umwehn den heimlichen Raum.
Da stand eine Burg in ihrer Pracht
    D'rin sich die Heiden gefreut,
Nun liegen die Trümmer der alten Macht
    Rings um den Fels verstreut.
Wohlauf! Wohlauf, viel wackrer Held!
    Wer zieht da wieder hinan?
Gewiß, daß ihm der Schatz gefällt,
    Sonst mied' er solche Bahn.
Es ist zum Heben die rechte Zeit:
    Kein Mensch mehr auf der Flur,
Die Nacht in ihrem Laufe weit,
    In Wolken der Geister Spur.
    [...]

Friedrich Schlegel:
## Gesang [der Erinnerung] [1807].

Uralte Riesenzeiten,
Der Helden Wunderstreiten,
Schlang all' die Öd' hinab.
Verschollen ist die Klage,
Verstummt die graue Sage,
Es deckt uns all' ein Grab.

Vom Winterschlaf umwunden,
Viel tausend Jahr gebunden,
Dämmert der Mensch so fort.
Gebannt in engem Kreise,
Mühsam die ird'sche Reise,
Erstirbt zuletzt das Wort.

Wenn Morgenrot erscheinet,
Nacht uns der Braut vereinet,
Neu grünt der alte Bund;
In heil'ge Flut versenket,
Der Geist der Wunder denket,
Öffnet sich bald der Mund.

In Frühlings Gluth und Schatten,
Wo Lieb' und Tod sich gatten,
Erwacht die kühne Lust;
Da brechen hohe Lieder,
Die alten Quellen wieder,
Aus der befreiten Brust.

[290] Nun öffnen sich die Zeichen;
Es mag das Licht erreichen,
Den keine Fessel hält.

Die Erde blüh't verwandelt,
Der trunkne Dichter wandelt,
In seel'ger Geisterwelt.

Erstaunt ob dem Gesange,
Horchet dem Fremdlingsklange,
Vergessend Leid und Schmach,
Nun frei der Mensch von Schmerzen,
Und zieh't in tiefem Herzen
Dem mag'schen Strome nach.

[355] Doch bald ist der verklungen,
Wie brausend er geschwungen,
Und wieder stumm das Grab.
Es flammt das Lied vergebens,
Der wüste Sturm des Lebens
Reißt es in Oed' herab.

Das sind die alten Klänge,
Helden- und Klaggesänge
Aus ferner Riesenzeit.
Dem Liede muß gelingen,
Sie wieder uns zu bringen,
Der Retter ist nicht weit.
Der Frühling wird erstehen,
Es muß noch einst geschehen,
Was alle prophezei't.

# [65*] Achim von Arnim:
# Elegie aus einem Reisetagebuche in Schottland [1808].

(Der Verfasser bittet, diese Verse nicht für Hexameter
und Pentameter zu halten.)

Genua seh ich im Geist, so oft die unendlichen Wellen
Halten den Himmel im Arm, halten die taumelnde Welt;
Seh ich die klingenden Höhlen des nordischen Mohren-Basaltes,
Seh ich die Erde gestützt auf den Armen der Höll;
Dann, dann sehne ich mich in deine schimmernde Arme,
Weisser Cararischer Stein, kühlend die schwühlige Luft,
Denk ich der Treppen und Hallen von schreienden Menschen durchlaufen,
Keiner staunet euch an, jedem seyd ihr vertraut.
Fingal! Fingal! klinget so hell, mir wird doch so trübe,
Frierend wähn ich mich alt, Jugend verlorene Zeit!
Dreht sich die Achse der Welt? Wie führt mich Petrarca zu Fingal,
War es doch gestern, ich mein, daß ich nach Genua kam.
Ja dort sah ich zuerst das Meer, des nunmehr mir grauet,
Weil es vom Vaterland mich, von den Freunden mich trennt.
Damals von der Bochetta herab in des Frühroths Gewühle,
Lag noch die Hoffnung darauf, weichlich im schwebenden Bett,
Nicht am Anker gelehnt, nein sorgenlos schlummernd sie dreht sich,
Daß die Schifflein so weiß, flogen wie Federn davon;
Lässig band sich vor mir die Göttin das goldene Strumpfband,
[66*] Zweifelnd daß frühe so hoch steige der lüsterne Mensch.
Und so stehend und ziehend am Strumpfe sie bebte und schwebte
Wie ein Flämmelein hin über die spiegelnde Welt.
Fiametta! ich rief, mir schaudert, sie faßte mich selber,
Ja ein Mädchen mich faßt, lächelnd ins Auge mir sieht.
Hier! hier! sagt sie und peitschte den buntgepuschelten Esel,
Daß aus dem ledernen Sack, schwitzte der röthliche Wein:
Lieber, was willst du? sie fragt, du riefest mich eben bey Namen:
Wenn sie nicht Blicke versteht, Worte die weiß ich noch nicht.
Der Beschämung sich freuend sie strich mir die triefenden Haare,
Thau und Mühe zugleich hatten die Stirne umhüllt.
Wie ein Bursche der Schweiz ich schien ihr nieder zu wandeln,

Um zu suchen mein Glück und sie wollte mir wohl,
Als sie den Stein erblicket, den sorglich in zärtlicher Liebe
Auf den Händen ich trug, daß der Anbruch nicht leid,
Ey da lachte sie laut und riß mir den Stein aus den Händen,
Warf ihn über den Weg, daß er zum Meer hinroll,
Und dann spielte sie Ball sich freuend meiner Verwirrung
Mit der Granate die schnell kehrte zu ihr aus der Luft.
Nicht der schrecklichen eine, die rings viel Häuser zerschmettert,
Doch die feurige Frucht, mystisch als Apfel bekannt.
Sie verstand mich doch wohl? O Einverständniß der Völker,
Das aus Babylons Bau blieb der zerstreuten Welt,
Suchte doch jeder den Sack beym brennenden Thurme und fragte,
Also blieb auch dies Wort, Sack den Sprachen gesammt,
Also auch Zeichen der Lieb' im Blick, in guter Geberde,
[67] Scheidend sie winkten sich noch, fernhin trieb sie die Macht. –
Folgend dem trabenden Esel, sie blickte sich um so gelenkig;
Die Granate entfiel und ich grif sie geschickt.
Kühle vieliebliche Frucht, einst Göttern und Menschen verderblich,
Wohl du fielest auch mir, zaudr' ich, wo ich gehofft?
Doch ich zögerte noch, gedenkend an Helena traurend,
An Proserpina dann, beyde erschienen mir eins
Mit der Eva, da wollt ich sie stille verscharren der Zukunft,
Daß nur das Heute was mein, bleibe vom Frevel befreyt,
Daß ich dem Zufall vermach zu treiben die Kerne in Aeste,
Daß ich dem Zufall befehl, daß er die Blüthe verweht;
Aber ich mocht nicht wühlen im Boden voll zierlicher Kräuter,
Jegliches Moos noch zart, drängte sich üppig zum Tag.
Zweifelnd ging ich so hin, nicht sehend stand ich am Meere,
Fern mich weckte ihr Ruf, daß ich nicht stürze hinein:
Nein zu seicht ist die Küste, sie würde nicht bergen das Uebel,
Nur die Tiefe des Meers birgt ein unendlich Geschick.
Also kam ich zum Meer und sahe die Fischer am Fischzug
Springend durch kommende Well, ziehend ein bräunliches Netz,
Roth die Mützen erschienen wie Kämme von tauchenden Hähnen,
Bräunliche Mäntler umher, schrieen als jagten sie die.
Andere stießen halbnackt ins Meer die schwarze Feluke,
Trugen die Leute hinein, die zur Fahrt schon bereit.
Auch mich trugen sie hin, ich dacht nur des Apfels des Bösen
Und des unendlichen Meers, das mich zum erstenmal trug,
Wie sie enthoben das Schiff begann in dem Schwanken und Schweben,
Daß mir das Herz in der Brust recht wie von Heimweh zerfloß,
Durch die fließenden Felsen erscholl ein liebliches Singen,

Und ich verstopfte das Ohr, bin vor Sirenen gewarnt.
Bald belehrte ich mich, es sang ein Weib in dem Kahne,
Das im Mantel gehüllt deckte vier Knaben zugleich,
Wechselnd die Händ bewegt sie wie Flügel der Windmühl
Und als Zigeunerin singt, wie sie Maria begrüst.
Sagt die Geschicke ihr wahr des heiligen Kinds, das sie anblickt,
Wie es im Krippelein lag, Oechslein und Eslein es sah'n,
Sahn wie der himmlische Stern wie Hirten und heilige König,
Alles das sah sie sogleich an den Augen des Herrn,
Auch das bittere Leiden, den Tod des Weltenerlösers;
Hebt er den Stein von der Gruft, von der Erde den Leib.
Alles Verderben mir schwand, ich sahe das Böse versöhnet,
Statt zur Tiefe des Meers, warf ich den Kindern die Frucht:
Engel versöhnt ihr das Herz, das tief arbeitende Böse,
O so versöhnt auch die Frucht und vernichtet sie so!
Dankend die Mutter sie nahm, hellsingend sie öffnet die Schale,
Nahm mit der Nadel heraus jeglichen einzelnen Kern;
Wie im Neste die Vöglein, also im Mantel die Kindlein
Sperren die Schnäblein schon auf, eh ihr Futter noch da.
Also sie warten der Kerne mit offenem Munde zur Mutter,
Und die Mutter vertheilt gleich die kühlende Frucht.
Wälze dich schäumendes Meer, ich habe die Frucht dir entzogen,
Nichts vermagst du allhier, schaue die Engel bey mir,
Stürze die Wellen auf Wellen, erheb dich höher und höher,
Du erreichst uns nicht, höher treibst du uns nur,
Schon vorbey dem brandenden Leuchtthurm schützt uns George,
Der im sicheren Port zähmet den Drachen sogleich.
Wie von Neugier ergriffen, so heben sich übereinander
Grüßend der Strassen so viel, drüber hebt sich Gebirg,
Höher noch Heldengebirg, da wachet der Festungen Reihe,
Schützet uns gegen den Nord und wir schweben im Süd.
Ey wie ists, ich glaubte zu schauen und werde beschauet,
[68] Amphitheater erscheint, hier die Erde gesammt:
Spiel ich ein Schauspiel euch ihr bunten Türken und Mohren,
Daß ihr so laufet und schreit an dem Circus umher?
Kommen von Troja wir heim, am Ufer die Frauen und Kinder,
Kennen den Vater nicht mehr, freuen sich seiner denn doch?
Also befreundet ich wandle auf schwankendem Boden und zweifle,
Aber sie kennen mich bald, bald erkenne ich sie.
Fingal! Fingal! riefs schon, muß ich erwachen in Schottland,
Bin ich noch immer kein Held, bin ich noch immer im Traum?
Muß ich kehren zur Erdhütt, keinen der Schnarcher versteh ich,

Muß mir schlachten ein Lamm, rösten das lebende Stück,
Mehl von Haber so rauch mir backen zum Brodte im Pfännchen
Und des wilden Getränks nehmen vieltüchtige Schluck:
Wandrer Mond du schreitest die stumpfen Berge hinunter,
Nimmer du brauchest ein Haus, dich zu stärken mit Wein,
Alle die Wolken sie tränken dich froh mit schimmernden Säften,
Ja dein Ueberfluß fällt, thauend zur Erde herab.
Nimmer du achtest der gleichenden Berge und Gräser und Seen
Denn im wechselnden Schein, du dich selber erfreust;
Siehe meine Leiden o Mond durch deine gerundete Scheibe,
Schmutzig ist Speise und Trank, was ich mir wünsche das fehlt.

# Friedrich Krug von Nidda: [Auszug aus:] Drey Tage am Gestad der Weichsel und des Dnieper. im Frühling 1812 und 1813. An einen Freund [1815].

[77] [...] Bald hatten wir das Städtchen *Janowitz* erreicht, und eilten nun auf seine Burgruine, die noch als Trümmer sehenswerth ist. Welch einst gewaltiges Riesenhaus, jetzt wie so tief zerstört und gebrochen! Die starken Treppenthürme abgemäht, Gewölb und Pfeiler eingesunken! Aus zerrissenen Fensterbogen sucht das Auge ein untergegangenes Geschlecht. Um Kapitäler marmorner Säulen, um ausgeloschne Deckenbilder, kriecht und wuchert jetzt Wintergrün, breiten sich üppigschwellende Moose. Steinmörtel lößte sich unter uns ab, und rollte nach der Weichsel hinunter, und wo einst ein mächtiger Kronstarost sein Kampfroß bändigte, heult jetzt der Wolf; wo Reisige schlugen, nisten nun Eulen. Da dachte ich der hohen Stelle Ossians:

> "Menschen
> Kommen ein Strom; sie verrauschen, und andre folgen,
> [79] Zeichnen die Fluren mit mächtigen Namen wie sie vorbeigehn.
> Herrschen auf Haiden durch düstre Jahre – der bläulichen Ströme
> Mancher brauset ihr Lob."

Ernst sprach sie uns hier an die Nichtigkeit der oft gefeierten Menschengröße, wo Humanität und Liebe fehlt. Ein sprechender Luftstrom umwehte uns; schimmernd geballte Wolkenheerden trieben über die Burgzinne hin, und ließen große Thränentropfen fallen; mir ward, als hörte ich schon die nahe Zukunft stürmisch hereinziehn, den Weltenrichtenden Thron besteigen, und Alles, was nicht im Licht gereift, in die unendliche Grabnacht fallen. – Das stillbesonnte Städtchen *Casimirs*, dicht am entgegenden Stromgebäude, ein nah dabei romantisch aufgethürmter, mit schimmernder Warte gekrönter Berg, weckte uns jetzt aus so ernsten Träumen; der Wunsch, dies Jenseits näher zu beschauen, ward zu groß, die Flut der Weichsel lud so freundlich ein – schnell eilten wir die Bergwand hinab, miethe[80]ten am Ufer einen Nachen, und folgten nun den Wallungen des Stroms. [...]

# [58] Ernst von Houwald: [Auszüge aus:] Wahnsinn und Tod. Ein Bruchstück aus meinen musikalischen Wanderungen [1817].

Du willst also nicht geduldig warten, bis ich dir die Geschichte meiner Wanderung selbst vollständig vorlegen werde? Dir wird also die Zeit zu lang, und du willst nicht aufhören mich zu mahnen, bis ich dir doch wenigstens eine Frucht aus meiner Reisemappe aufgetischt habe? Nun wohlan, du sollst deinen Willen haben! Doch wie das Kind wehmüthig freundlich sein Schränkchen öffnet, um den begehrenden Gespielen mit Lieblingssachen zu bescheiden, so öffne ich dir meine Mappe; sie sollte lange noch verschlossen bleiben, und lange noch die Erinnerung mir daraus vorerzählen. Ach! zwischen den Augenblicken des Selbsterlebens und des Niederschreibens, da liegt eine goldne Zeit, und wir glauben die Bilder, die unser Gemüth von den Scenen des Lebens auffaßte, verschenkt zu haben, sobald sie in schwarzen Zügen vor uns auf dem Papiere stehen!

Nimm sie denn hin! ich wähle eine Scene, die mir ewig unvergeßlich bleiben wird, und für sich ein eigenes Ganzes ausmacht.

Du kanntest meinen unbesiegbaren Wunsch von früher Kindheit an, die Welt zu durchreisen und weißt, wie er mächtig mit [59] mir heranwuchs. Es war mir nicht sowohl darum zu thun, die lebenden Generationen der verweichlichten Völker kennen zu lernen, als die halbverlöschten Riesenspuren mächtigerer Geschlechter, die nicht mehr sind, aufzusuchen, und meine Seele dann wieder zu erfreuen und zu stärken durch den Anblick der mitten in allem Wechsel dennoch immer schön bleibenden Natur, die meine Freundin allenthalben seyn sollte, wie sie die Freundin der längst vergangenen großen Menschen gewesen war, ein freundliches Band auf diese Weise zwischen mir und der Vorwelt knüpfend. Aber auch noch eine zweite Freundin sollte mich auf meinen Reisen begleiten, ja gewissermaßen mir den Weg bahnen, und das war die Musik. Ich gedachte nicht allein mir durch diese allgemeine verständliche Sprache einen leichtern Eingang zu verschaffen, sondern auch, da die alte Gastfreiheit den Gastwirthen Platz gemacht hat, meine Reisekasse nöthigenfalls durch sie zu füllen. Während der Zeit meiner Universitätsjahre hatte ich oft und viel von meinem Reiseplan gesprochen. Man fand ihn allgemein höchst interessant, und so ging denn auch mein zweiter Lieblingswunsch in Erfüllung und mehrere meiner musikalischen Freunde verbanden sich mit mir zu

dieser Wanderung. Wir waren unserer fünfe an der Zahl, und wahrlich kein üb-
les Quintett, denn jeder war auf seinem Instrumente Meister.

Um dir das Bild lebendiger zu zeichnen, will ich dir die Freunde nennen.
Zum Theil sind sie schon nicht mehr! Doch wenn ich ihre Namen hier ausspre-
che, wird mir, als ständen sie wieder vor mir und grüßten mich, und als flössen
unsere verwandten Seelen noch einmal in unserer Töne Harmonie zusammen.
Ach! und wie Ossian, rufe ich sehnsuchtsvoll aus:

"Seyd mir gegrüßt, ihr Geister meiner Freunde!
Die ihr auf sturmbewegten Wolken wohnt.
[60] O! daß ihr kämt, zu meiner öden Halle,
Wenn still die Nacht mich Einsamen umfängt! –
Und horch! ihr kommt! – ihr naht! auf meiner Harfe,
Wenn sie verlassen an der Mauer hängt,
Vernehm' ich oftmals eure leichte Hand,
Und euren Gruß, wie ferne Bienentöne!"

[...]
[61] [...] Wir hatten in den ersten Tagen unseres Aufenthalts zu Neapel
einige Abende, die hier besonders herrlich über Land und Meer aufsteigen, mit
unseren Blasinstrumenten am Hafen auf dem Molo zugebracht, und darin
einen vorzüglichen großen Genuß gefunden, vollstimmige Phantasien aufzu-
führen. Einer von uns trug nämlich ein aus dem Stegreif erfundenes Stück vor,
indeß ihm die übrigen dazu accompagniren mußten. Da wir nun alle auf unsern
Instrumenten wohl geübt waren, so hörte man größtentheils treffliche Phanta-
sien und die Begleitung war bisweilen so überraschend schön, daß der die
Melodie führende oft innig ergriffen wurde, wenn statt der düster geträumten
Dissonanz die Freunde zur Consonanz es stimmten, und so aus den Phantasien
aller dennoch die herrlichsten Harmonien zusammen flossen. Das menschliche
Getöse im Harfen wurde dann oft stiller und stiller, man horchte auf unsere
Musik, und nur die Wellen des alten Meeres gingen leise rauschend ab und zu.
Jedesmal [62] wenn wir uns Abends hier versammelten, hatten wir auf der
äußersten Spitze des Molo einen Mann wahrgenommen, der meine ganze
Aufmerksamkeit fesselte. Er stand einmal wie immer ohne alle Kopfbedek-
kung auf seine Harfe gestützt und schaute starr ins weite Meer hinaus; er trug
einen dunkelbraunen Mantel auf abenteuerliche Weise umgeschlagen und war
mit einem kurzen breiten Schwerte umgürtet. Sobald aber unsere Musik be-
gann, wurde er unruhig, ging ernst und finster an uns vorüber und kehrte erst
dann auf seinen Standpunkt zurück, wenn wir den Molo verließen. Zu dieser
sonderbaren Erscheinung zog mich ein unwiderstehliches Gefühl hin und ich
beschloß, diesen Harfner näher kennen zu lernen. Am nächsten Abend schlich
ich mich einsam nach dem Hafen. Es war schon spät als ich dort ankam und
der Lärmen im Hafen stiller geworden. Da vernahm ich vom Molo her die
Klänge einer Harfe und eine schöne Tenorstimme, die dazu sang. Es war mein

Harfner. Ich fragte einen wohlgekleideten Mann, der ihm zuzuhören schien, wer denn jener Sänger dort sey? – erhielt aber die unbefriedigende Antwort: daß ihn eigentlich niemand hier kenne, man auch nicht wisse wo er hergekommen wäre, daß man ihn aber fast alle Abend, wenn das Volk sich verlaufen hätte, hier bis spät in die Nacht könne singen hören, wo ihn denn ein Mädchen nach Hause zu begleiten pflege, und daß er allgemein unter dem Namen des wahnsinnigen Harfners bekannt sey: jedoch rathe er mir, ihm zuzuhören, denn ich würde wohl selten ein so herrliches Spiel vernommen haben. Ich trat näher hinzu und hörte, wie er in englischer Sprache ein Lied von Ossian sang. Er trug es mit seiner melodischen Stimme recitativartig vor, nur manchen Stellen gab er Liedesmelodien und mit großer Sicherheit griff er dazu in die Harfe. Indeß ich nun in geringer Entfernung von ihm saß und lauschte, ging der Mond eben auf, und wie er seinen Schimmer über den Harfner ergoß und der Nachtwind, der über den Hafen [63] hinzog, mit seinem Gewande und seinen langen Haaren spielte, so war mir's, als sähe ich wirklich Ossian vor mir stehen auf seinem Felsen am Meere, zu den Geistern seine Stimme erhebend, die auf den Wolken ihm vorüber zogen. Mich faßte ein unnennbares Gefühl, und still entzückt hörte ich dem herrlichen Gesange zu.
[...]
[64] [...] Die Freunde wußten sich mein verändertes Betragen und meine einsamen abendlichen Gänge nicht zu erklären und nannten mich scherzhafterweise den unglücklichen Schäfer. Ja Meßling schüttelte mich eines Tages aus tiefen Gedanken auf und sagte: "Ich begreife doch nicht, warum der Minnesänger, wenn eine Festung sich ihm nicht ergeben will, das schwere Geschütz, seine Laute, nicht spielen läßt?" Diese Worte waren zur rechten Zeit gesprochen; ein Gedanke fuhr mir durch die Seele; ich sprang auf und umarmte Meßling, der sich über meine Hast des Lachens nicht erwehren konnte, und als der Abend kam, ergriff ich meine Laute und eilte unter manchen leichtfertigen Glückwünschen der Freunde nach dem Molo. Ich fand den Harfner schon dort; er stand an der äußersten Spitze schweigend auf seine Harfe gelehnt und schaute über das Meer in die Nacht. Da ich außer einigen kleinen italienischen Gesängen größtentheils nur Ossianische Lieder von ihm gehört hatte, und das Bild dieses einzigen Barden, durch die Erscheinung des Harfners, den ich im Dämmerlicht der Nacht wie einen großen Schatten der Vorwelt vor mir stehen sah, leben[65]diger als je in meiner Seele geworden war, so trieb mich mein Gefühl unwiderstehlich, einen Gesang von Ossian anzustimmen, deren ich viele in deutscher, früher von mir entworfener Uebersetzung auswendig konnte, und wenn ich gleich dem Harfner dadurch nicht verständlich zu werden hoffen durfte, so sollten ihm doch, meinte ich, die Töne zum Herzen dringen. Ich begann also in stiller Begeisterung die Worte von Konlaths Geist, womit der Gesang Konlath und Kuthona anfängt:

"Schläft Konas süße Stimme im Gesäusel
Des Abendwinds? – ruht Ossian in der Halle,
Und läßt die Freunde ohne Ruhmgesang?
Das Meer umwogt Ithonas dunkle Haine,
Doch unsre Gräber kennt der Fremdling nicht!
Wie lange soll noch deine Harfe schweigen
Zu unserm Ruhm? – O Morvens Sohn?"

Ich schwieg einen Augenblick nach diesen auffordernden Worten, die ich freilich nicht verstanden glauben konnte. Allein der Harfner griff alsbald gewaltige Accorde, und obgleich in englischer Sprache, so antwortete er mir dennoch wirklich mit eben den Worten, die Ossian dem Geiste Konlaths auf seine Aufforderung entgegnete, und deren Anfang in der Uebersetzung etwa folgendergestalt lautet:

"O könnte dich mein dunkles Auge schauen,
Der du auf schimmernden Gebälken ziehst!
Wie träum' ich dich? – Gleichst du des Lona Nebel?
Gleichst du dem halbverloschnen Feuergebild?
Was ist der Saum an deinem Wolkenkleid?
Wie spannst du deinen luft'gen Nebelbogen?
Doch sieh, ein Schatten fleuchst du hin im Winde! –
[66] O komm zu mir herab, vertraute Harfe,
Und laß mich deine Töne hören!" u. s. w.

Seine passende Antwort ließ mich still erfreut ahnen, er habe mich verstanden und als er den Gesang vollendet hatte, wiederholte ich auf meiner Laute leise seine letzten Harfengänge. Da trat er auf mich zu, sah mich lange mild an und fragte mich mit sanfter Stimme in deutscher Sprache: "Hat dich eine deutsche Mutter geboren?" ich bejahte es freudig. "Mich auch!" sagte er und schlug die Augen empor. "Singe mir ein deutsches Lied, in dieser fremden Welt klingts wie ein Wiegenlied aus der Kindheit!"

Er setzte sich hierauf still zu mir hin; ich erfüllte mit Freuden sein Verlangen, und da der Mond über den Vesuv eben aufstieg, so wählte ich folgendes Lied:

Freundlich von des Berges Höhen,
Strahlst du Freundin stiller Nacht.
Sanft und leise ist dein Gehen
Und dein Kleid ist Feuertracht.
    Freundlich schein' ich, doch im Herzen
    Blutend trag' ich heiße Schmerzen
Von der Liebe angefacht!

Wie des Stromes Silberwellen,
Dort mit deinem Bild entfliehn!
Wie aus jenen Wasserfällen
Tausend goldne Funken sprühn!
  In der Bäche blaue Fluthen
  Will ich kühlen meine Gluthen,
  Die doch ewig würden glühn.

[67] Wie der Schwan, wenn sanft sein Flügel
Unterm Hauch des Westes schwillt,
Ruhst du auf des Meeresspiegel,
Siehst dich dort so hold und mild.
  Ach auch hier such' mit getrübten
  Blicken ich den Vielgeliebten,
  Finde nur mein eigen Bild.

Trösterin in ernsten Stunden,
Weile noch! was eilst du schon?
Eh du deinen Freund gefunden,
Gehst du leisen Tritts davon?
  Suchensmüde sink' ich nieder –
  Treulich komm' ich morgen wieder,
  Finde nie Endymion!

"Treulich komm ich morgen wieder!" sagte der Harfner, als ich geendigt hatte.
"Der Mond ist aufgegangen – gute Nacht!" mit diesen Worten verließ er mich
ernst freundlich und ging mit dem Mädchen, das auf ihn wartete, nach Hause.
Ich eilte stillerfreut in meine Wohnung; hatte ich doch einen Weg gefunden
mich diesem verschlossenen, vielleicht tief verwundeten Herzen zu nähern.
  [...]
[69] So vergingen mir viele Abende, ich werde sie nicht vergessen. Das durch
treue Liebe verworrene Gemüth schloß sich immer reicher mir auf, sein Ver-
trauen und Neigung schien ich gewonnen zu haben, und ich faßte wohl oft den
kühnen Gedanken, ihn mit Hülfe meiner Freunde völlig heilen zu wollen. Aber
die Reise war nun einmal unser Hauptzweck, und so wurde denn meine Auf-
merksamkeit bald auf etwas anders gerichtet. Es waren nämlich in den Hafen
von Neapel englische Schiffe eingelaufen, und ich erfuhr, daß eines von ihnen
geradezu von hier nach Glasgow in Schottland segeln würde. Ich hatte oft mit
meinen Freunden davon gesprochen, welchen unnennbaren Eindruck es auf
das Gemüth machen müßte, wenn man plötzlich hier aus dem warmen schönen
Lande des Gesanges in jene rauhen Thäler versetzt würde, wo Ossians Helden-
lieder noch nachhallen; aus den Citronenwäldern Italiens in die Eichenhaine
Schottlands, von den klassischen Denkmälern der Größe und Kunst zu den
bemoosten Steinen, den graugewordenen Wächtern der Heldengräber; aus der
warmen Luft und dem azurblauen Himmel in die Stürme und Nebel, die wie
Riesengeister sich um die Häupter der Berge sammeln. Weil nun die Idee zu

dieser Reise zuerst von mir ausgegangen war, und ich meine Begleiter eigentlich dazu angeworben hatte, so war mir von ihnen einstimmig das Recht zugestanden worden, den Reiseplan entwerfen zu dürfen. Ich hielt diesen oft geheim, überraschte sie dann wohl, wenn ich ihre stillen Wünsche zu befriedigen wußte und eilte auch dießmal mit Anbruch des Tages zu dem Schiffskapitän, mit welchem ich denn bald einig wurde, daß er uns nach Schottland mitnehmen wollte. Welcher allgemeine Jubel erhob sich, als ich in unsere Wohnung eintrat, und den Freunden die morgende Abreise nach Schottland ankündigte. Unser weniges Reisegeräth wurde eiligst zusammen gepackt und auf das Schiff geschafft und die Zeit, die uns bis zur morgenden Abfahrt noch übrig blieb, wendete jeder an, um von seinen gemachten Be[70]kanntschaften Abschied zu nehmen. [...]

[73] [...] Das Schiffsvolk hatte seine Freude an uns und mehreremale versicherte der Schiffskapitän, daß wir ihn durch unsere Musik reichlich genug schon für die Fahrt belohnten. Unser Freund Weiße konnte aber an diesen musikalischen Unterhaltungen noch keinen Antheil nehmen, denn die Seekrankheit hatte ihn um so mächtiger überfallen, als seine Gesundheit beim Beginnen der Seereise noch nicht völlig wieder hergestellt war; die Flöte mußte deßhalb ganz ruhen, die er nun schon Monate lang nicht angerührt hatte. Dagegen aber unterließ der Harfner nicht, [74] allabendlich den Aufgang des Mondes abzuwarten und mit trefflichen Gesängen oft die Stille der Nacht zu beleben; diejenigen Nächte aber wo der Mond nicht schien, durchwachte er gewöhnlich ganz. Sowohl meine Freunde als alle übrigen Personen auf dem Schiffe hatten ihn sehr lieb gewonnen, und wir weideten uns oft an den Funken von Geist und Gefühl, die durch die Nacht seines Wahnsinns blitzten, und im Verein mit seiner schönen Gestalt und seinem lieblichen romantischen Wesen den Harfner zu einer höchst interessanten Erscheinung machten. Uebrigens mußte man für ihn sorgen wie für ein Kind; er forderte nicht das Geringste, sondern nahm alles freundlich an, was man ihm bot.

Eines Abends hatte er wieder mit dem geträumten Flammenherzen seine gewöhnliche Nachtwache begonnen, als ein Sturm sich zu erheben anfing. Der Harfner verweilte dennoch auf dem Verdeck und legte sich erst spät zur Ruhe, als der Mond aufgegangen war.

Uns übrigen aber weckte nach Mitternacht der immer heftiger werdende Sturm, und nicht ohne Bangigkeit versammelten wir uns in der Kajüte des Kapitäns. Indeß uns nun dieser zu beruhigen suchte, indem er versicherte, der Sturm, der nur durch ein vorüberziehendes Gewitter veranlaßt worden sey, werde nicht lange anhalten, vernahmen wir durch langes Getöse ein lautes heftiges Rufen auf dem Verdeck, und als wir dorthin eilten, erblickten wir bei der Morgendämmerung den Harfner, wie er mit bloßem Schwerte um sich schlug, als kämpfe er hartnäckig mit jemanden, und hörten ihn oft und laut dabei die

bekannten Worte wiederholen, die Fingal bei seinem nächtlichen Kampfe mit
dem Geist von Loda ausrief:

Entfliehe, du gewaltiger Sohn der Nacht!
Entflieh! und rufe deinen Winden!
Was nahst du mir in deinen Schattenwaffen,
[75] Du fürchterlicher Geist von Loda?
Scheu ich denn deine schreckliche Gestalt?
Dein Schild ist ein Gewebe dünner Wolken!
Dein Schwert ein eitles Luftgebild!
Der Sturm rollt es zusammen und dich selbst.
Entfleuch vor meinem Antlitz, Sohn der Nacht!
Auf deinen Winden und entfleuch.

Die Scene dieses ernstlich gemeinten Geisterkampfes hatte etwas höchst Er-
greifendes. Der Geist des Sturmes schien wirklich mächtig auf den Kämpfer
einzudringen, denn er hatte ihn beim Mantel und Haar gefaßt, so daß sich der
Harfner kaum auf dem Verdeck zu halten vermochte. Desto aufgebrachter aber
wurde er, desto wüthender schlug er um sich, bis ich ihm endlich zurief, er sol-
le einhalten und schauen, wie die bekämpften Geister vor ihm und dem an-
brechenden Tage flöhen! Wirklich legte sich auch der Sturm in etwas und der
Harfner ließ sich von mir wieder in seine Kammer führen, wo er sich erschöpft
zur Ruhe legte.
[...]
[98] [...]
Der Abend war schon angebrochen, als wir endlich an den großen Schloß-
garten kamen, der sich bis an den See hin erstreckte. Durch einen langen
dunklen Baumgang gelangten wir an einen Pavillon, dessen Fenster schwach
erleuchtet waren. Die Thüre stand halb offen und wir traten leise hinein. Der
Saal war schwarz ausgehangen, in der Mitte stand ein offener Sarg; eine große
silberne Ampel brannte zu dessen Häupten und goß ihren Schein über eine
weibliche Gestalt aus, deren schönes jugendliches Antlitz der Tod mit seinem
Schnee überzogen hatte.
Im Hintergrunde des Saals saß ein schwarz gekleideter Mann, den Kopf auf
die Brust gesenkt. Wir standen lange im innersten bewegt, denn wir wußten
wohl, daß Fiona hier vor uns schlief. Endlich sagte Müller leise zu mir: "Nimm
doch deine Laute zur Hand!" Ich folgte, setzte mich still neben den Sarg und
recitirte die schönen, hier so passenden Ossian'schen Worte:

"Wann wirst in deiner Schöne du erwachen?
Du lieblichstes der Mädchen dieser Flur!
Des Grabes Schlaf ist tief! Dein Morgen fern!
Die Sonne tritt zu deinem Lager hin,
Und ruft: wach auf! erwache doch Fiona!
Am grünen Hügel säuselt Frühlingsluft –

Es nicken Blumen mit den duft'gen Häuptern –
Es wogt der Wald mit zartem Knospenlaub!
Zurück, o Sonne! Still, o Frühlingsruf!
Fiona schläft – und nimmer kehrt sie wieder!"

Indeß ich sang, hatten meine Freunde sich in den dunklen Baumgang zurück-
gezogen und antworteten mir mit ihren Instrumenten, wie das Echo in Harmo-
nie. Der schwarzgekleidete Mann [99] war aufgestanden und näherte sich mir
ernst: "Was zieht euch her in dieses Trauerhaus?" fragte er sanft, "wir sind so
arm an Freude, daß wir jeden warnen sollten, der sich uns naht!" –
    "Wir kennen euren Kummer," entgegnete ich; "in jenem verlassenen
Schlosse dort überm See haben wir übernachtet, allein wir gedachten euch zum
Troste eure alte Freundin, die Musik, herzuführen." – "Nun, dann seyd mir
herzlich willkommen!" sagte er und reichte mir und meinen Freunden, die her-
zugetreten waren, die Hand; "ich frage euch nicht, wer ihr seyd, denn einem
zerrissenen Herzen ist jeder Theilnehmende verwandt!" Es war der junge Graf
Eduard. Er führte uns, nachdem er die Thüre des Saals verschlossen, in den
Garten zu einer Laube, die auf einem Felsen dicht am Ufer des Sees stand. Der
Mond war aufgegangen und spiegelte sich in den Fluthen zu unsern Füßen,
und ferne Blitze spielten wie feurige Schlangen am Horizont. Der junge Graf
ließ seinen Vater herbeirufen und einige Erfrischungen in die Laube bringen,
indeß wir ein ernstes Adagio anstimmten, das über den See hinfloß und die al-
ten lange schweigenden Stimmen des Felsenufers wieder erweckte. [...]

# Friedrich de la Motte Fouqué: [Auszüge aus:] Die vier Brüder von der Weserburg. Eine altdeutsche Geschichte [1820].

[26] [...]

"Mitten im Meere" sprach er [Wildrik] "liegt ein schönes Land; das nennen sie die Insel Brittania. An deren nordlichem Ende giebt es hohe, gewaltige Berge, und wohnt in den Thälern ein muthig edles, sangbegabtes Volk.

Aribert hieß ein Held unsres Stammes aus alten Ta[27]gen. Der hatte als ein tapfrer Seekönig an der Gallischen Küste gestreift, und Ruhm und Gut in reichem Maaße gewonnen. Die Leute dort aber waren ihm, seinem Bedünken nach, zu lässig und zaghaft im Widerstande gewesen, und darum fuhr er weiter nördlich hinauf, zuversichtlich hoffend, bessere Gegner zu finden, wo es höhere Berge gebe und eisigere Lüfte und kühneren Sturm.

Es war eine mondhelle Nacht; da stiegen Kaledoniens waldige Klippenufer vor ihm aus dem Gerolle der Fluthen empor. Er wollte in sein Horn stossen, und sich anmelden, daß er komme als ein rüstiger, kampfsuchender Feind. Aber ein gewaltiger Harfenklang scholl ihm über die Wogen entgegen, und das Tönen einer herrlichen Mannesstimme hallte drein. Da ließ er sein Blasen, um die anmuthigen Liebesgrüsse nicht zu verstören, und blieb stillschweigend am Steuer stehn, und auch alle seine Mannen blieben still. Sie legten ganz nahe an, im Schatten einer waldigen Bucht, und zu dem hohen Strande hinaufblickend, sahen sie, daß der Sänger ein blinder Held war von beinahe riesiger Größe; und beben ihm stand ein zartes, wunderschönes Frauenbild: die schien aus tiefer Seele betrübt, und hauchte bisweilen einige Liebesworte mit in das Saitenspiel. Aribert verstand die Galensprache dieser Gegenden, und hörte, daß sie etwa folgendes sangen. Erst sang der blinde Held:

"Wie rauschte jetzt kühner die Fluth?
Und wie rasselte Waffenfall drein?
[28] War's doch festlich und kühn zu hören,
Als schäumte von Feldern des Sieg's
Fingal's leuchtendes Schiff heran! –
Doch es schlafen, träumen die Söhne
Der jüngeren, schwächeren Zeit,
Und was jetzt in Ossians Ohr drang,
War Geistergetose der Nacht."

Die Schöne sang:

"Kein Geistergetose der Nacht!
Es zeige denn sichtbar sich heut,
Nicht nur am wolkigen Himmel,
Nein, auch auf Strand und Meerfluth
Die Bildung der Helden, von ehmals,
In strahlender Waffen Pracht.
Mond spielt auf dem Schild eines Helden, –
Nun schwang sich der aus dem Schiff,
Und steigt zu uns auf im Dunkel
Der Zweige, die flüsternd sich senken,
Ihn grüssen, den Schwinger des Schildes,
Wie er naht in stattlicher Pracht!"

Der blinde Held sang:

"Wer Du, Ungesehener, seist,
Du, mich antönend im Klange
Schön aufhallender Heldenwaffen,
In Worten flüsternder Botschaft
Aus Malwina's meldendem Lied, –
[29] Kling' mir nun Deine Sprach' in's Ohr:
Bist ein mächtiger Nachtgeist Du?
Oder gehst als ein Lebender noch
Frisch Du mit in der Lebenden Schaaren?["]

Aribert sang zurück:

"Leben noch sprüht in den Adern mir,
Leben in kühner, freudiger Brust;
Auf Sassenlandes Berghöhn
Prangt mir rühmlich der Väter Burg."

Da winkte der uralte blinde Sänger Ossian den Sassenhelden, daß er sich neben
ihn niedersetze auf die Steinbank, und die schöne Malwina brachte eine Mu-
schel in Silber gefaßt, voll klaren, begeisternden Trankes; die mußte der Frem-
de leeren. Und der Heldensänger gab ihm Bericht, wie ein allzukühner Jüng-
ling – Hidallan war er geheissen – um die Wittib seines Sohnes werbe, die
schöne Malwina; aber die gehöre dem Andenken des herrlichen Todten an und
lebe, nur noch in jener großen, jetzt unwiderbringlich versunkenen Heldenzeit.
Hidallan, zu wüstem Zorn entbrannt, habe geschworen, Malwina gewaltsam
heimzuführen in seine Hallen. Da sei denn er sammt der holden Tochter hin-
ausgewandelt an das nächtige Meeresufer, um mit Gesang und Harfenlaut die
Heldenschatten aus ihren Wolken herniederzubeschwören, ob sie den übermü-
thigen Verfolger abwehren möchten, eine leuchtende Schildburg erbauend um
die verfolgte Wittib und ihren [30] blinden Beschützer her. – "Doch" – sang er,
und schlug wehmüthigen Klanges in die Saiten:

"Doch fern in der wolkigen Halle
Mit seinen gestorbenen Helden
Sitzt Fingal, niederer Welt
Und ihrer Nöthen bewußtlos.
Vergebens, o Ossian, ringt
Dein Lied an der Halle Pforten,
Strebt, Eingang suchend, am Schloß, –
Sturm und Nebel, die lauern am Thor,
Gewaltige Pfortenwächter, –
Die wehren Dich ab, Dich Fremdling, –
O wende, wende Dich, Lied!
Nie dringest zum König Du ein,
Und zum dichtlockigen Oscar nie!
Hülflos bleiben am Felsenstrand
Die Wittib und der Blinde!["]

Da hat sich Aribert erboten, die Zweie zu verfechten, und, an den Schild schla-
gend, sein Gefolg aus dem Schiffe zu sich heranberufen, denn man hörte schon
wie Hidallan von der andern Seite felsaufgewandelt kam mit wildem Gesange,
viele Bewaffnete hinter ihm drein. Doch Aribert rief ihn zum einzelnen Ent-
scheidungskampfe vor; das nahm der kühne Jüngling an. Beider Kriegsmannen
standen in zwei großen Halbkreisen zuschauend umher. Der alte Held Ossian
aber rief herrliche Schlachtenklänge aus seinen Harfensaiten, und [31] Mal-
wina sang ihm dazu in seine Blindheit die Geschichte hinein, wie die beiden
Helden mitsammen rangen. Ihr Lied hat also geklungen:

"Hoch bäumen die Speere sich auf
Der streng' sich umwandelnden Krieger;
Jeder zielend zum tödtlichen Wurf,
Jeder im Auge tödtliche Gluth. –
Der Speer flog hin – Aribert's Speer! –
Wehe! – Haftet unschädlich dort
Sein mächtiges Eisen im Baume!
Zielend wandelt Hidallan fürder, –
Wehe, sein Wurf! O wankend sinkt
In's Knie der Sassenjüngling! –
Zornstark reißt er sich wieder empor,
Sprühend kühn durch Rasen und Laub
Umher aus der Wunde sein Blut!
Blank leuchten die Schwerdter auf,
Wild rasseln die Helden zusammen
In siegentscheidenden Mordkampf, –
Weh'! Du Sassenjüngling, blutig,
Blut'ger immer ja wird Dein Harnisch,
Aus Deiner Seitenwunde
Stets reicher strömendem Quell! –
Wehe! Sinkest wieder in's Knie,
Sinkest, – nein! Fest rammt Dein Knie
Sich ein in den moosigen Grund.

[32] Drängst ihn, wilder Hidallan?
Dräng' nur! Zwingst ihn ja doch nicht nieder:
Blitze sendet Dir rings entgegen
Sein mondleuchtend Heldenschwerdt; –
Blitze! – Ha, wie traf es scharf,
Traf Hidallans trotzige Stirn! –
Nun heißt es Sinken und Sterben, –
Hidallan sinkt und stirbt. –
Auf sich stemmet sieggestärkt
Der fremde, herrliche Held, –
Naht sich, – töne Du, Ossian's Harfe,
Töne feiernden Schwunges drein,
Derweil die leuchtende Schaale,
Des würzigen Trankes voll,
Bringt ihrem Kämpfer Malwina!"

Da ist Aribert wieder ganz frisch und rüstig geworden vor Frauengruß und ed-
lem Trank, und sie haben mitsammen den Hidallan begraben, und ihm Steine
auf seinen Hügel gesetzt, daß man sie noch bis diese Stunde sehn kann, bis
fernhinaus auf die See. Der greise Ossian sang dazu:

["]Hab' Deinen Ruhm, o Held,
Mit Sang von Gegners Lippen! –
Nicht soll das Lied Dich schelten,
Daß hell Malwina's Liebreiz
Dir flammte durch's jugendlich kühne Herz;
Was Hidallan gefrevelt hat,
[33] Ward im rühmlichen Heldenzweikampf
Ausgelöscht mit Hidallan's Blut. –
Hab' Deinen Ruhm, o Held,
Mit Sang von Gegners Lippen,
Derweil Du im blassen Mondstrahl
Aufsteigest zu Deiner Väter
Gewaltigen Nebelburg!"

Darauf wandte sich Aribert wieder nach seinen Schiffen zurück. Als ihn Os-
sian und Malwina zu ihrer Halle einluden, wagte er es, des greisen Sangeshel-
den Harfe in seine Arme zu nehmen. Er griff einige wehmuthsvolle Klänge,
und sang leise dazu:

"Jünglingsherzen sind Hekla'sberge,
Glühell leuchtet der Schönheit Licht. –
Held Oscar aus dem wolkig
Prächtigen Burg, schau nieder Du,
Mild auf Hidallan's Hügel,
Milder noch auf des Fremdling's Bahn,
Der – glimmenden Brand im Herzen –
Durch ferne Wasser hinauszeucht, –

Jünglingsherzen sind Hekla'sberge,
Glühell leuchtet der Schönheit Licht!"

Da hielten sie ihn nicht länger, und er bestieg sein Schiff, und seegelte weit abwärts von den kaledonischen Küsten, die er seitdem nie wieder sah. Held Ossian aber sang [34] ihm nach, daß er's noch fern auf das Meer hinaushören konnte:

"Seegen dem Helden, der weiß zu stehn,
Im blutigen Speer – und Schwerdtkampf!
Seegen dem Helden, der weiß zu fliehn,
Wo das eigene starke Herz
Erglühend ihm zuruft: fleuch! –["]

## Drittes Kapitel.

Asamund's Blicke ruhten voll wehmüthigen Ernstes auf seinem Bruder Wildrik. Endlich sang er ihm leise die Schlußworte seiner Kunde nach:

"Seegen dem Manne, der weiß zu fliehn,
Wo das eigene starke Herz
Erglühend ihm zuruft: fleuch!"

"Da meinst Du wohl Dich selbst damit?" lachte der fröhliche Wildrik. "Ich wenigstens wüßte nicht eben, wovor ich zu flüchten hätte. Aber freilich, wer fast alle Abende auf seinem Roß durch die Weser schwimmt, nur einzig weil ein Lichtschimmer jenseit durch die beeisten Buchenäste flimmert –"

Asamund winkte ihm mit unwilligem Erröthen; da hielt der kecke Jüngling inne, und sprach, seine Worte geschickt wider sich selbst wendend:

"Der bin ich freilich, weil mir die Hoffnung aufgeht, es möchte mir dort endlich einmal ein spuckendes Wesen begegnen, und ich sage Dir, Asamund, wenn ich mich je verlieben [35] soll, so muß es in eine Elfe sein, oder sonst in eine Herrin, wo hübsch was Unheimliches, was Gespenstisches dran zu finden ist. Gewöhnliche Erdenmädchen thun mir's nicht an. Das sind ganz artige Blumen, aber sie langweilen mich ein bischen."

"Hüte Dich, Wildrik!["] sagte Asamund sehr ernsthaft, und schaute nachdenklich in seinen Becher hinein, als sehe er aus dem Funkeln des edlen Weines warnende Zukunftgestalten emporsteigen. – Es entstand eine kurze Stille, und die andern Dreie konnten ihren Blick nicht gleich wieder von dem seltsamen Asamund abwenden. –

Da sprach Herland, wie um sich gewaltsam loszureissen, mit unwilliger Miene: "Eins, Freund Wildrik, will mir an Deinem Harfner Ossian nicht gefallen, der sonst ein gar herrlicher Ehrenmann gewesen sein mag. Was hat er doch nur immer zu klagen um die versunkene Vorwelt, und um die Schwäche der jüngeren Zeit! Ei, wir sind wohl um ein recht gutes Theil jünger noch, als seine jüngere Zeit, und sind doch wahrhaftig gar nicht schwach! Bären und Feinde zwingen wir gleich den Besten, und Eichbäume und hundertjährige Tannen hat vermuthlich der große Fingal so gut in ihren Wurzeln stille stehn lassen, als Unsereiner."

"Es ist nun einmal Sängerart", sprach der sich ermunternde Asamund, "mit absonderlicher Liebe und Lust nach der [36] Vorwelt hinzublicken, und wie es auch Greisenart sein mag, kann ich mir schon ganz natürlich vorstellen."

"Mag aber die Art gehören, wem sie will," rief Herland ungeduldig dazwischen, "sie taugt ganz und gar nichts! von Grund aus nichts!"

Und dabei schlug er mit geballter Faust auf den Steintisch, daß die Becher zusammenklirrten, und einer davon, umstürzend, mit lautgellendem Klange gegen das erzene Eberbild schlug.

"Wohlgemahnt!" sagte Herland. "Es ist nun an der Zeit, dem Gelübdesbilde sein Recht zu thun, und durch kühner Verheissungen Unablöslichkeit kund zu geben, daß die Enkel nicht schwächer als ihre Väter sind."

[...]

[365] [...] ein Wächterruf von den Zinnen der Burg meldete einen edlen Gast, welcher gleich darauf in die Halle geschritten kam: ein Sänger von hoher, herrlicher Gestalt, auf sehr fremdartige Weise glänzend gewaffnet und geschmückt. Er grüßte ehrerbietig nach Arthur und Ginevra, freundlich nach den Gästen umher. Dann stellte er seine Harfe vor sich hin, griff mit feierlichen Gängen in die Saiten, und sang dazu folgendes Lied:

"Den Helden am feiernden Mahl!
Der Schönen, die – leuchtendes Sternbild! –
Bestrahlet mit freundlichen Lichtern
Der Krieger dunklere Pracht! –
Gruß Euch Allen voraus der Gesang!
Und klanghell rauschet der Saiten
Silbernes Fluthen hinein! –
Frauenseelen erschliessen sich hold
[366] Wo niederschwebet Gesang,
Wie Blumen vor thauender Wolke. –
Männerseelen erheben sich stolz,
Wo kühn aufrauschet Gesang,
Wie Meer sich hebet vor Sturmwinds
Nahendem Kampfesgeroll. –
Auf nun schlossen sich Seelen dem Lied?
Rausche denn, Kunde, dahin! –
Selma's Harfen sind stumm,
Held Fingals Waffen verschollen,
Ossians Saiten und Schwerdtklang stumm!
Nur in den sinkenden Hallen
Winkte noch – einzelnes Lichtlein

Unter dem Trümmergeroll! –
Winke noch sternenauf
Ein zartes Reis: Ewirallin,
Der Jungfrau'n Schönste, die Letzte
Von Fingals Heldengeschlecht.
Einsam unter den Selma'strümmern,
Still in zierlicher Grotte,
Wohnte sinnig das Waisenkind,
Vorweltslieder zur Harfe tönend,
Vorweltsthaten in Teppiche webend,
Den umwohnenden Menschen,
Ein Heiligthum die Maid. –
Einsam ganz, Ewirallin? –
[367] Einsam freilich, so fern die Erde
Streckt den Boden, die Fluth das Meer! –
Doch aus nächtigen Wolken
Schwebten nieder zu ihrem Traum
Die hochherrlichen Väter,
Ach, und noch Ein süsses Gebild! –
Du, in Locken der Jugend
Früh gefallen, o Färgus,
Vor dem sassischen Klingenblitz!
Du bewohntest die Seele
Des blauäugigen Mägdleins,
Zogst hinaus in die Heldenschlacht,
Sassenbrittischer Beute Glanz
Heim als Sieger zu führen,
Neu zu wölben die Hallen
Der hochherrlichen Selmaburg,
Ewirallin zum Königssitz.
Blutig liegst auf dem Schlachtfeld nun,
Eingegraben unter drei Steinen;
Doch Dein Geist befähret die Lüfte,
Neigt in mondlicher Dämm'rung
Sich mit zärtlichem Grüssen
Nieder, nieder aus Fingals Schaaren,
Wenn Ewirallins Harfe
Dir Deines rühmlichen Falles
Heldenfeier entgegen
Tönt durch die neblige Luft. –
[368] Tönt? – Nein, tönte! – Sie ist verstummt;
Schweigen wohnte in Selma.
Umsonst von mondlicher Wolke,
Du Geist des muthigen Färgus,
Spähst Du hin durch die Trümmer, –
Ewirallin ist fern! –
Zürnst Du? Ballest die Wolken im Grimm?
Mond umschleiert im Schrecken
Sich die bleichende Wange,
Furchtsam rauschet der Felsenstrom,
Es drängt um den Hirten der Haide

Sich ängstlich die wollige Schaar,
Selbst Jäger schliesset die Hütte,
Verbirgt das muthige Haupt. –
Zürnst umsonst, Du hoher Färgus,
Triffst den höhnenden Räuber
Ewirallins ja nicht! –
Der kam, der finstergelockte
Kardal, in Mitten des Tages,
Wann Heldenschatten wohl stumm
Die stille Haide durchwandeln,
Doch unsichtbar dem sterblichen Aug',
Weil die blendende Sonne
Sie hüllet mit Strahlengewand.
Da scheute nicht, mächtiger Färgus,
Kardal, der Freche, Dich mehr,
[369] Kam heran im höhnenden Trotz,
Trat vor Burg Selma's offnes,
Hallendes Thor, – o wahrlich,
Nimmer hätt' er genaht ihm,
Um die Stunde der heiligen Nacht! –
Trat vor Burg Selma's offnes,
Hallendes Thor, – da sonnte
Draussen am Licht sich die Blume
Da stahl er die sträubende Blume
Ewirallin hinweg! –
Auf seiner Burg nur am Strande
Des waldumschatteten Karmun,
Weile sie trüb' in den hellen Gemächern
Sehnet nach Selma sich heim,
Wo Färgus liebender Schatten
In Träumen ihr lächelnd erschien,
Auch wohl oft in der Nebelnacht
Winkend hernieder ihr schaute
Der Wachenden, der ein Entzücken,
Von süssem Schauder umzittert
Die sehnende Seele durchfloß.
Von Kardals Hallen sich wendet
Ab der zürnende Geist, –
In Feindes entweihender Burg
Nur schwach, wie Hauche des Windes! –
[370] Oder kommt er in Träumen auch,
Kommt er dunkel und klagend,
Zeigt die blutige Wunde,
Die neu ihm entsprudelt der Brust. –
Jüngst im Wald mein irrender Fuß
Erging sich an Kardal's Burg.
Da hört' ich den Sang der Maid.
Aus glänzenden Kammern den Klagsang.
Und nächtig hernieder dann schwebte
Mir Färgus trübes Gebild,
Um Rache mich rufend, um Rettung

Seiner schmachtenden Blume mich.
Und: "Karidol!" tönten die Seufzer
Verschwindender Heldengestalt.
Da zog' ich über den Strom,
Ueber trennende Berghöh'n fort,
Da steh' ich in Karidols Hallen,
Und frage singend, und singe
Fragend: wer von den Helden
Steht hier auf, um die Blume
Heimzutragen gen Selma?
Heim in die herrlichen Trümmer,
Daß aufblühe sie liebesklar,
Und in zärtlicher Freude sich
Wieder von mondlicher Wolke
Zu ihr neige des Helden Geist!"

So wie die Harfenlaute verstummten, fuhr Herland rasch von seinem Sitz em-
por. "Mir die Fahrt, o mein König!" rief er aus. "Sprachet Ihr doch vorhin, an
Eurer Tafelrunde gelte keine Feindschaft der wüsten, dunkeltosenden Welt!
Und überhaupt ist es ja wohl in Euerm Karidol so, für Jedermann, den Ihr be-
ehrtet mit dem Namen Eures Gastes! Thut denn einmal, als gehöre ich zu
Euern Rittern! Sendet mich aus, heimzuführen die schöne Ewirallin in ihr ge-
liebtes, zertrümmertes Selma! Wollt ihr, o königlicher Held?" –

Greis Arthur blickte eine Zeitlang sinnend vor sich nieder. Dann sprach er:

"Die Fahrt geht wider Euern und meinen Feind, wider den frechen Pikten-
fürsten Kardal; da könnte wohl Angelsachs mit gleichem Rechte wie Britte
sich melden zu der That. Aber seht Ihr die finstern Angesichter meiner britti-
schen Helden? Die möchten sich das Wagestück nicht gern vorweg nehmen
lassen! – Nun dann: reitet in der nächsten Morgenfrühe, Ihr Beide, Herland
und Lanzelot, als hülfebringende Ritter aus Karidol! Wir halten derweil *zwei*
Kränze bereit, denn ich denke zuversichtlich, Jeder von Euch kommt, eines
solchen würdig, zurück!"

[...]

## [397] Siebentes Kapitel.

Die Trümmerhallen von Selma leuchteten im abendröthlichen Glanze über die
hochgelegene Haide dahin, als Ewirallin, von den zwei Rittern geleitet, ihrem
wunderbaren Wohnsitze wieder nahete. Hirten, denen sie hin und wieder be-
gegnete, sangen sie an mit freundlich grüssenden Liedern, deren Inhalt war,
nun freue sich der Geist des mächtigen Färgus, und schmücke schon die
Mondscheinwolke, um niederzuschweben zu seiner Geliebten in den Stunden
der heiligen Nacht; nicht mehr werde er nun im zornigen Sturm über die Haide
ziehn, daß die Heerden sich ängstlich zusammendrängten im Pferch, und der

muthige Hund ängstlich winsle, und tief in die Decke der Hirt verhülle sein Haupt. Nun wohne Färgus Licht in Selma! Nun schweb' er mildfreundlich zur Burg! Und wo die Mondscheinwolke, sein Wagen, geschattet hab' auf das Feld, da sehe man Blumen am andern Morgen, und Kräuter, heilsam der Heerde, blüh'n! –

Unter den friedlichen, mild verhallenden Klängen zogen die Dreie über den Schutt der gesunkenen Mauern in den weiten, von tausendjährigen Eichen umschatteten Burghof ein. Niemand sprach. Auf Ewirallins Wink sassen die Ritter ab, und huben sie vom Sattel. Dann ließen sie die Rosse frei zur Weide geh'n in die zwischen den Trümmern hochaufgeschossenen Gräser, und wandelten mit ihrer holden Schutzbefohlnen nach den Hallen der Burg. Die hatten ihr riesiges [398] Gewölbe hoch ineinander geschlungen, noch über die Wipfel der Eichen hinaus, obgleich ihnen die Grundsteine tief eingesunken waren, daß man keine Spur von Treppe und Estrich mehr sah. Vielmehr deckte den ganzen inneren Boden ein stiller, spiegelklarer See, die ungeheure Wölbung im prachtvollen, schwindelerweckenden Bilde wieder zurückstrahlend, daß es war, als strecke sich eine tiefgemauerte Wiege dem hohen Bogengeflecht von unten entgegen. Ewirallin, den Rittern winkend, daß sie zurückbleiben möchten, schwebte leicht auf einzelnen, über den See hervorragenden Steinen in das Inn're der Hallen, und verschwand in ihrer Dämmerung.

Da wurden auf den Walltrümmern Leute sichtbar: Hirten des Landes. Sie grüßten nach den Rittern herüber, und als Herland ihnen entgegen ging, reichten sie ihm Speise und Meth für sich und seine Genossen. "Vergönnt aber zugleich," – sprachen sie – "daß wir dem Baue nahen. Wir haben etwas Gutes für die schöne Ewirallin mitgebracht. Das war so täglich unsre Sitte, ehe der schlimme Räuber sie uns entführte, und nun soll die holde Pflicht auf's neue beginnen." – Herland führte sie nach der Halle. Da stellten sie in deren Eingang Speise hin und Trank, und zugleich auch Krüge mit hohen, wunderschönen Blumen. Sie sangen dazu folgendes Lied:

"Hallenbewohnerin Du,
Süßleuchtender Strahl in Trümmern,
Dich grüßet der Treuen Gesang,
[399] Dein warten freundliche Blumen,
Dein wartet ländliches Mahl!
Im Schweigen der Ehrfurcht ziehn wir
Wieder von hinnen alsbald.
Dann schweb' hernieder, und koste
Des Mahls, und lächle den Blumen,
Hallenbewohnerin Du,
Süßleuchtender Strahl in Trümmern!"

Ewirallin erschien in der fernsten Wölbung, dankte mit freundlichem Neigen, und verschwand. Die Hirten sanken vor ihr in's Knie. Dann gingen sie leisen Trittes davon.

Lanzelot und Herland hielten das Mahl in einiger Entfernung von der Halle, doch immer als getreue Wächter mit ihren Augen den Eingang hütend. Aber das ward ihnen bald wundersam schwer. Eine räthselhafte Müdigkeit sank auf ihre Sinne. "Der Meth der frommen Hirten" – dachte Jeder bei sich – "konnte ja doch kein Schlaftrunk gewesen sein!" Auch war das Gefühl von weit anderer, ganz unerhörter Art. Aus den tiefgrauen Abendwolken schien der Schlummer niederzurieseln, wie ein fast sichtbarer Thau, – die Gräser lispelten so wunderlich drein, – die Eichen hoben und senkten ihre Zweige, wie vor dem langsamen Ueberhinziehn eines mächtigen Sturmgewölkes, aber dazu rauschten die Blätter nur ganz lieblich und mild, – über den fernen Bergreihen stieg feierlich der volle Mond empor, –

"Du, wache doch!" rief Herland seinen Genossen an. [400] "Wir sind ja hier auf der Wacht, und die Augen sinken Dir zu!"

"Geht's *Dir* denn viel besser?" entgegnete der schon halbträumende Lanzelot. "Wohl rissest Du Dich noch heftig empor, – aber siehe, – da dämmerst Du ja schon wieder, den Mondesschatten vergleichbar, auf den Rasen zurück!"

Herland rüttelte sich zusammen, und sah angestrengten Blickes umher. – "Mein Wachtgenoß," – sprach er – "ich glaube, – und wahrlich, ich träume jetzt nicht, – ich glaube, wir sind abgelöset von unserm Dienst. Denn sieh nur, – die Mondscheinwolke, –"

"O laß!" rief der Andre. "O laß! Nun träumst Du ja doch. Was faselst Du von Ablösung und von der Mondscheinwolke?"

Aber emporschauend, ward er plötzlich still. Da schwebte in der wachsenden Nebelumschleierung hernieder ein dichteres, mondumgoldetes Gewölk, – da ward eine Schattengestalt sichtbar darauf, die hielt etwas wie einen großen, duftigen Schild, und blickte drüber hervor mit mondlich funkelnden Augen, und bäumte in ihrer Rechten einen hohen, schattigen Speer. "Es ist ja doch nur eine Wolke, oder ein Traum!" wollte Herland sagen. Doch seine Lippen blieben ihm regungslos stumm. Ein leises Summen, wie Hauch des Nachtwindes, aber auch wie von vornehmlichen Worten fast, tönte von der Wolke hernieder, – der Schlaf drückte beider Helden Augen unbesiegbar zu.

[401] Sie träumten von seltsamen Dingen: von dem schattigen Krieger, wie er in der Trümmerhalle die schlummernde Ewirallin umschwebe, wie er sich neige zu ihr, und einen leisen Kuß hinhauche über ihre Stirn, – dann schlage sie die schönen Augen empor, und lächle mit süssem Grauen zu ihm auf, – er töne ein freudiges Lied an, – aber da rausche ein Windzug durch die Halle, und verwehe die Schattengestalt, und Ewirallin sinke weinend in ihren Schlummer zurück. Der Kriegsmann aber stemme sich wieder fest in seiner dunkeln Gestalt, und schwinge den nebligen Speer gegen die Windsbraut im Zorn, – da

seufze der See in der Halle mit ängstlichem Rauschen, – da wache die Jung-
frau wieder, und fasse die Harfe, und singe den zürnenden Helden mit einem
leisen Liede zur Ruh. Sanft neige sich der Held, und lagre sich zu ihren Füs-
sen, und sende die Mondscheinblicke wehmüthig nach ihr empor, – da leuchte
draussen die Dämmerung auf, – da wanke der schattige Held, und schwinge
sich eilig zur Halle hinaus, und zwischen den beiden Rittern dahin, – die hör-
ten im halben Erwachen ihn diese Worte summen:

"Hinaus mit Euch in die Welt!
Die Kampfeswelt! – Früh kommt ja
Die Zeit, wo auch Ihr als Schatten,
Machtlos, vergeblich sehnend
Nach frisch lebendiger Kraft Euch,
Durchstreifet die neblige Bahn!"

[402] Sie ermunterten sich vollends.
Da stand Ewirallin in der Wölbung des Hallenthores, und sang ihnen zu:

"Zeuch von hinnen, Du edle Wacht!
Ich hab' meinen treuen Wächter,
Verlasse nimmer die Halle,
Bis auf zum bleichen Geliebten
Die Mondscheinwolke mich trägt!
Dann durchwallen die Haide wir,
Süß gesellet, – so süß, ach, nicht,
Als einst im fröhlichen Leben! –
Zeuch von hinnen, Du edle Wacht,
Kehr' in das Leben zurück!"

Die beiden Ritter sattelten und zäumten ihre Rosse; das kleine Pferd, welches
Ewirallin getragen hatte, liessen sie in die Haide hinauslaufen, und es rannte
verwildert und mit ganz wunderlichen Geberden von dannen. Späte Romanzen
haben noch davon gesungen, wie es als ein verzaubertes Wesen nicht altre,
sondern oft noch um die Trümmer von Selma trabe, mit den nächtlichen
Mondscheingewölken wach, am Tage aber wie ganz verschwunden und ver-
schollen von der Erde. –
Herland und Lanzelot, sich in die Sättel schwingend, neigten noch einmal
vor der abschiedgrüssenden Ewirallin die behelmten Häupter tief; dann spreng-
ten sie in die morgenleuchtende Gegend hinaus. [...]

# Achim von Arnim: [Auszug aus:]
# [Das Städtchen Salamander] [ca. 1824].

[...] Noch länger verweilte der Lord bey dem Töpfer, der eine zerbrechliche
Ware um den Vorzug der Einwohnerschaft vor den fremden Töpfern zu benut-
zen schon heute aus legte. Er suchte dem Manne mit der blauen Schürze durch
Zeichnung im Laden darzu thun, wie er die Töpfe geformt wünsche, daß sie
den alten hetrurischen gleich kämen. Der Mann war aber nicht gelehrig, er
bewies ihm daß solche Töpfe zu gar nichts zu gebrauchen und dabey sehr
zerbrechlich wären, auch von niemand gekauft würden; er habe solch Zeug
bey Wedgwood in England genug gemacht, aber er wisse nicht, wozu es tauge,
er habe es auch [n.S.] dort bey niemand in Gebrauch gesehen. Der Lord, als er
vernommen, daß der Mann in England gewesen, setzte das Gespräch auf Eng-
lisch fort und als der Töpfer hörte, daß er Englisch rede bat er ein Paar Freunde
herunter zu kommen, die zum Markte sich wollten hören lassen, der Eine sey
der gelehrte Professor Lodbrag aus Island und der andre ein irländischer
Barde, der bey der Insurrection in fremde Kriegsdienste geraten und durch den
Professor zur Desertion verleitet, glücklich entkommen sey und nun für Geld
in seiner Sprache sich hören lasse. Er kann einige Worte Englisch und da
haben ihn die Leute zu mir hergewiesen, denn ich heiße hier der Engländer, so
daß mein Name den Leuten unbekannt geworden ist. – Ein riesenhafter ält-
licher Mann stolperte die steile Treppe hinunter, gekleidet in alter Wachsleine-
wand, auf der die mit Roth geschriebenen Adressen, wie sie um Kasten
geschlagen war, noch deutlich [n.S.] zu lesen, eine lackirte Blechmütze an der
ein Tintfaß und Feder befestigt war, deckte den Kopf sehr zweckmässig und
ein sehr langer Stock bewehrte die rechte Hand. Vor dem Lord ließ er sich an
seinem Stabe wie ein Affe zur Erde nieder und fuhr daran nach vollendetem
Kratzfuß wieder empor, berichtete in schlechtem Englisch, sein Begleiter der
blauäugige Ossian stamme ab von uralten irländischen Barden, wisse die ech-
ten alten Gesänge, welche von Macpherson gänzlich verdorben wären, sie wä-
ren wunderschön nur könne er bis jezt kein Wort davon verstehen, denn er
lerne langsam, behalte aber dann auch alles für die Ewigkeit. Der Lord hörte
wenig auf seine Rede, denn seine ganze Seele fühlte sich von dem Irländer an-
gezogen, so frey und herrlich stand er da wie der Mensch unter Tieren. Der
Hintergrund seiner Augen schien wie ein verfinsterter Himmel große Ereignis-
se [n.S.] der Welt zu verbergen, aber der Leichtsinn jugendlicher Kraft spielte

ihm um den trotzig aufgeworfenen Mund, in den Grübchen seiner Wangen und seines Kinns. Er schien mit innigem Vergnügen die ungelenken Bewegungen des Professors zu beobachten, und hatte doch sichtbar zu ihm eine Vorliebe wie ein edler eingefangener Löwe, der zur Schau umhergeführt wird immer noch lieber nach seinem Wärter sieht, so oft ihn dieser quält, als nach den wechselnden unbekannten Gestalten der Zuschauer. Aber unerwartet weckte ihn der Lord aus seiner Beschauung mit dem so lange nicht gehörten Rufe seines geliebten Vaterlandes, er redete ihn auf Ersisch an, erkundigte sich nach seinen Schicksalen und erfuhr Wunderdinge, als der junge Mensch sich von der ersten Überraschung erholt hatte. Gleich freudiges Erstaunen zog die buschigen Augenbrauen des Professors in die Höhe, den Mund nach den Ohren und diese Ohren wackelten in Hoffnung etwas von der Unterhaltung auffassen zu können. Aber vergebens, die wenigen Worte, die er erlernt hatte, mochten wohl in schneller Unterhaltung anders klingen, [n.S.] er verstand nicht ein Wort. Nach einiger Zeit unterbrach er die Unterhaltung indem er mit biedern deutschen Worten dem Lord seine rechte Hand darbot und ihn aufforderte die Ehre mit ihm zu theilen, das erste deutsch ersische Wörterbuch und den ersten echten Ossian herauszugeben. Der Lord, der von dem Fremden über den Mann näher unterrichtet war, machte es sich zur Bedingung, daß er auch die Hälfte Ehre seiner Theorie vom Kochen und Waschen mitgeniessen wolle, weil er doch bey diesem Werke alle Arbeit allein tragen müsse. Ungern entschloß sich Lodbrag dazu, er behauptete, daß er viele Jahre an jenen Theorieen gearbeitet habe und das hatte seine Richtigkeit, denn seit vielen Jahren zog er so als gelehrter Bettler umher, wusch seine Wäsche selbst und muste seine Speisen selbst bereiten, wollte er etwas Gutes geniessen. Seine neuerfundenen Gerichte, bey denen er seine Vorlesungen auf allgemeine Unkosten hielt, blieben ihm meist unangerührt [n.S.] zum eignen Genusse übrig, aber wir werden sehen, dass einzelne Schmecker von Urtheil grosse Erfindung darin anerkennen musten. Zwischen dem Lord und Ossian schien heimlich noch mehr verabredet zu seyn.

[...]

# Heinrich Heine: [Auszug aus:] Die Harzreise [1826].

[64] [...]
In diesem verworrenen Treiben, wo die Teller tanzen und die Gläser flie-
gen lernten, saßen mir gegenüber zwei Jünglinge, schön und blaß wie Marmor-
bilder, der eine mehr dem Adonis, der andere mehr dem Apollo ähnlich. Kaum
bemerkbar war der leichte Rosenhauch, den der Wein über ihre Wangen hin-
warf. Mit unendlicher Liebe sahen sie sich einander an, als wenn einer lesen
könnte in den Augen des andern, und in diesen Augen strahlte es, als wären
einige Lichttropfen hinein gefallen aus jener Schale voll lodernder Liebe, die
ein frommer Engel dort oben von einem Stern zum andern hinüber trägt. Sie
sprachen leise, mit sehnsuchtbebender Stimme, und es waren traurige Ge-
schichten, aus denen ein wunderschmerzlicher Ton hervor klang. "Die Lore ist
jetzt auch tot!" sagte der eine und seufzte, und nach einer Pause erzählte er von
einem Halleschen Mädchen, das in einen Studenten verliebt war, und als dieser
Halle verließ, mit niemand mehr sprach, und wenig aß, und Tag und Nacht
weinte, und immer den Kanarienvogel betrachtete, den der Geliebte ihr einst
geschenkt hatte. "Der Vogel starb, und bald darauf ist auch die Lore gestor-
ben!" so schloß die Erzählung, und beide Jünglinge schwiegen wieder und
seufzten, [65] als wollte ihnen das Herz zerspringen. Endlich sprach der ande-
re: "Meine Seele ist traurig! Komm mit hinaus in die dunkle Nacht! Einatmen
will ich den Hauch der Wolken und die Strahlen des Mondes. Genosse meiner
Wehmut! ich liebe Dich, Deine Worte tönen wie Rohrgeflüster, wie gleitende
Ströme, sie tönen wider in meiner Brust, aber meine Seele ist traurig!"
Nun erhoben sich die beiden Jünglinge, einer schlang den Arm um den
Nacken des andern, und sie verließen das tosende Zimmer. Ich folgte ihnen
nach und sah, wie sie in eine dunkle Kammer traten, wie der eine, statt des
Fensters, einen großen Kleiderschrank öffnete, wie beide vor demselben, mit
sehnsüchtig ausgestreckten Armen, stehen blieben und wechselweise sprachen.
"Ihr Lüfte der dämmernden Nacht!" rief der erste, "wie erquickend kühlt Ihr
meine Wangen! Wie lieblich spielt Ihr mit meinen flatternden Locken! Ich steh
auf des Berges wolkigem Gipfel, unter mir liegen die schlafenden Städte der
Menschen, und blinken die blauen Gewässer. Horch! dort unten im Tale rau-
schen die Tannen! Dort über die Hügel ziehen, in Nebelgestalten, die Geister
der Väter. O, könnt ich mit Euch jagen, auf dem Wolkenroß, durch die stürmi-
sche Nacht, über die rollende See, zu den Sternen hinauf! Aber ach! ich bin be-
laden mit Leid und meine Seele ist traurig!" – Der andere Jüngling hatte eben-

falls seine Arme sehnsuchtsvoll nach dem Kleiderschrank ausgestreckt, Tränen stürzten aus seinen Augen, und zu einer gelbledernen Hose, die er für den Mond hielt, sprach er mit wehmütiger Stimme: "Schön bist du, Tochter des Himmels! Holdselig ist deines Antlitzes Ruhe! Du wandelst einher in Lieblichkeit! Die Sterne folgen deinen blauen Pfaden im Osten. Bei deinem Anblick erfreuen sich die Wolken, und es lichten sich ihre düstern Ge[66]stalten. Wer gleicht dir am Himmel, Erzeugte der Nacht? Beschämt in deiner Gegenwart sind die Sterne, und wenden ab die grünfunkelnden Augen. Wohin, wenn des Morgens dein Antlitz erbleicht, entfliehst du von deinem Pfade? Hast du gleich mir deine Halle? Wohnst du im Schatten der Wehmut? Sind deine Schwestern vom Himmel gefallen? Sie, die freudig mit dir die Nacht durchwallten, sind sie nicht mehr? Ja, sie fielen herab, o schönes Licht, und du verbirgst dich oft, sie zu betrauern. Doch einst wird kommen die Nacht, und du, auch du bist vergangen, und hast deine blauen Pfade dort oben verlassen. Dann erheben die Sterne ihre grünen Häupter, die einst deine Gegenwart beschämt, sie werden sich freuen. Doch jetzt bist du gekleidet in deiner Strahlenpracht und schaust herab aus den Toren des Himmels. Zerreißt die Wolken, o Winde, damit die Erzeugte der Nacht hervor zu leuchten vermag, und die buschigen Berge erglänzen und das Meer seine schäumenden Wogen rolle in Licht!"

Ein wohlbekannter, nicht sehr magerer Freund, der mehr getrunken als gegessen hatte, obgleich er auch heute Abend, wie gewöhnlich, eine Portion Rindfleisch verschlungen, wovon sechs Gardeleutnants und ein unschuldiges Kind satt geworden wären, dieser kam jetzt in allzugutem Humor, d. h. ganz en Schwein, vorbeigerannt, schob die beiden elegischen Freunde etwas unsanft in den Schrank hinein, polterte nach der Haustüre, und wirtschaftete draußen ganz mörderlich. Der Lärm im Saal wurde auch immer verworrener und dumpfer. Die beiden Jünglinge im Schranke jammerten und wimmerten, sie lägen zerschmettert am Fuße des Berges; aus dem Hals strömte ihnen der edle Rotwein, sie überschwemmten sich wechselseitig, und der eine sprach zum andern: "Lebe wohl! Ich fühle, daß ich ver[67]blute. Warum weckst du mich, Frühlingsluft? Du buhlst und sprichst: ich betaue dich mit Tropfen des Himmels. Doch die Zeit meines Welkens ist nahe, nahe der Sturm, der meine Blätter herabstört! Morgen wird der Wanderer kommen, kommen der mich sah in meiner Schönheit, ringsum wird sein Auge im Felde mich suchen, und wird mich nicht finden. —" Aber alles übertobte die wohlbekannte Baßstimme, die draußen vor der Türe, unter Fluchen und Jauchzen, sich gottlästerlich beklagte: daß auf der ganzen dunkeln Weenderstraße keine einzige Laterne brenne, und man nicht einmal sehen könne, bei wem man die Fensterscheiben eingeschmissen habe.

[...]

# Heinrich Stieglitz: [Auszug aus:] Gebirgswanderungen [1836].

[273] Erst eine Strecke auf dem planen Bergkamm, immer oben am Rande der links abstürzenden Schluchten. Dann über und durch die verstreuten Sandblöcke des *hohen Rades*. Immer finsterner bricht die Nacht herein, immer feuchtender der Nebel. Weither von drüben tönen verhallende Heerdenglocken und einzelne Hütherstimmen. Nun abwärts das zerbröckelte Gestein, hier noch so bequem gelagert, daß es dem tastenden Auge des Fußes möglich ist, auch im Finstern ohne langes Suchen immer wieder seinen Treffer zu finden. [...]

So gings über die *große Sturmhaube* weg – hier [274] wieder ein bischen lichter – das *kleine Rad* aufwärts, dann am *Mannstein* vorbei, der rechts sich in den eben ihm dichter zuziehenden Nebel hüllt, über den *Mädelkamp*, vorüber die *Mädelsteine*, wo ein Schwarm Schneelerchen von unserm Tappen aufgescheucht schwirrend aus dem Knieholzgebüsch emporfliegt, während einzelne hier oben nicht mehr gedeihende und im Aufstreben verdorrte Fichtenstämme einsam hervorragen. Liebig wird stummer und stummer und hält sich lautlos wie ein Schatten hart an meine Schritte; kein Wort mehr weder von Rübezahl noch von sonstigen das Gebirg betreffenden Berichten; weder fern noch nahe irgend eine Spur von Leben außer unsern eignen Tritten; nur der Sturm saust manchmal in abgebrochenen Stößen heulend über unsern Häuptern hin und weckt ein Ahnen lichter Fernen mitten in der finsternißumhüllten Oede.

---

Alter Ossian, wie oftmals hab' ich Dein gedacht auf diesen Nacht- und Nebelpfaden, und Deinen stillen, feierlichen Naturgottesdienst – nicht in gezimmerten Bethäusern, nein, in dem großen allgemeinen Urtempel – tief in der Seele mitgefeiert.

Auch wenn die Sonne kämpft mit diesen Nebeln, denk' ich Dein und sinne Deinem wundersamen Worte nach: "Vielleicht, o Sonne, bist auch Du nur einen Zeitlauf, und es enden Deine Jahre; vielleicht sollt einst Du schlafen in den Wolken, unbekümmert um des Morgens Ruf."

Ein tiefes Räthsel, dieses Wort, von keinem unsrer Philosophen noch gelöst. Du aber, hehrer Barde, schlichtest die verhängnißvolle Frage mit großartiger Resignation der zeitgestählten Brust; denn Dein größter Schmerz ist durchgekämpft und überwunden, weil Du ihn siegend in Dich aufgenommen.

Ein geheimnißvolles Walten ist in Dir, Dein Gesang ein [275] tiefsinniger Choral der Weltenorgel; mit all seinen Schatten zieht er ein verklärend Licht durch Nacht und Nebel.

Manchmal muthet er mich an wie fernes Donnern im Gebirg; ich schreite ruhig vorwärts, und das Gewitter rollt majestätisch an mir vorüber.

Wenn Dein Seelenblick, auf dunkelm Grunde leuchtend, hinüberschweift in graue Vorzeit und der Tage gedenkt, die nicht mehr sind, und aus ihnen hervor die herrlichen Gestalten weckt, wie lebendig wachsen sie herüber in unser Herz!

Du lässest sie um Dich her sich schaaren und giebst jedem seine Stelle, seine Stimme; Alle aber, Könige und Helden, Kampfverbrüderte und Haßentzweite, Alle erkennen Dich als ihren Herrn und Meister.

Und Du blickst sie gelassen an mit dem königlichen Blick glorreicher Schwermuth, und die Barden singen Deine Lieder, den Gesang der Vorzeit und der Gegenwart, und Dein Auge lächelt durch die Thränenwolken, und der Friedensbogen der Versöhnung wölbt sich am entwölkten Himmel.

Stolzer Dulder mit der Brust voll Schicksalsnarben, wo war je ein Schmerz berechtigter als Deiner? Aber Deine Klage ist der sanfte Laut des in sich selbst versöhnten Herzens.

Nicht der Hülferuf des Verzagenden, nicht der Schrei der geängsteten Kreatur dringt peinweckend aus Dir hervor; und wenn Dir an dem Grabe Deiner Lieben alte Herzenswunden bluten, jeder Tropfen Deines Herzbluts wird zum Segensthau der Liebe.

Heiliger Ossian, gotterfüllter Sängerfürst der Haide, keiner, der verloren, wird ohne Inbrunst und Andacht Dein geweihtes Andenken umfassen.

## 3.4 Im 20. Jahrhundert

# Hermann Hesse: [Auszug aus:]
# Unterm Rad. Erzählung [1906].

[450] [...]
Oft kam er abends todunglücklich zu Hans, entführte ihn seiner Arbeit und forderte ihn auf, mit ihm ins Dorment hinauszugehen. Dort in der kalten Halle oder im hohen, dämmernden Oratorium gingen sie nebeneinander auf und ab oder setzten sich fröstelnd in ein Fenster. Heilner gab dann allerlei jammervolle Klagen von sich nach Art von lyrischen und Heine-lesenden Jünglingen, und war in die Wolken einer etwas kindischen Traurigkeit gehüllt, welche Hans zwar nicht recht verstehen konnte, die ihm aber doch Eindruck machte und ihn sogar zuweilen ansteckte. Der empfindliche Schöngeist war namentlich bei trübem Wetter seinen Anfällen ausgesetzt, und meistens erreichte der Jammer und das Gestöhne seinen Höhepunkt an Abenden, wo spätherbstliche Regenwolken den Himmel verdüsterten und hinter ihnen, durch trübe Flöre und Ritzen schauend, der Mond seine Bahn beschrieb. Dann schwelgte er in ossianischen Stimmungen und zerfloß in nebelhafter Wehmut, die sich in Seufzern, Reden und Versen über den unschuldigen Hans ergoß.

Von diesen Leidensszenen bedrückt und gepeinigt, stürzte sich dieser in den ihm übrigbleibenden Stunden mit hastigem Eifer in die Arbeit, die ihm doch immer schwerer fiel. Daß das alte Kopfweh wiederkam, wunderte ihn nicht weiter; aber daß er immer häufiger tatlose, müde Stunden hatte und sich stacheln mußte, um nur das Notwendige zu leisten, das machte ihm schwere Sorge. Zwar fühlte er dunkel, daß die Freundschaft mit dem Sonderling ihn erschöpfte und irgendeinen bisher unberührten Teil seines Wesens krank machte, aber je [451] düsterer und weinerlicher jener war, desto mehr tat er ihm leid und desto zärtlicher und stolzer machte ihn das Bewußtsein, dem Freunde unentbehrlich zu sein.

Zudem spürte er wohl, daß dieses kränkliche Wehmutwesen nur ein Ausstoßen überflüssiger und ungesunder Triebe war und eigentlich nicht in Heilners Wesen gehörte, den er treu und aufrichtig bewunderte. Wenn der Freund seine Verse vorlas oder von seinen Dichteridealen redete oder Monologe aus Schiller und Shakespeare mit Leidenschaft und großem Gebärdenspiel vortrug, war es für Hans, als wandle jener kraft einer ihm selber mangelnden Zaubergabe in den Lüften, bewege sich in einer göttlichen Freiheit und feurigen Leidenschaft und entschwebe ihm und seinesgleichen auf geflügelten Sohlen wie ein

homerischer Himmelsbote. Bis dahin war ihm die Welt der Dichter wenig be-
kannt und unwichtig gewesen, nun spürte er zum erstenmal widerstandslos die
trügerische Gewalt schönfließender Worte, täuschender Bilder und schmeich-
lerischer Reime, und seine Verehrung für diese ihm neuerschlossene Welt war
mit der Bewunderung des Freundes zu einem einzigen Gefühl ineinanderge-
wachsen.

Unterdessen kamen stürmische, dunkle Novembertage, an denen man nur
wenige Stunden ohne Lampe arbeiten konnte, und schwarze Nächte, in denen
der Sturm große rollende Wolkenberge durch die finstern Höhen trieb und
stöhnend und zankend um die alten festen Klostergebäude stieß. Die Bäume
waren nun völlig entlaubt; nur die mächtigen, knorrig verästeten Eichen, die
Könige jener baumreichen Landschaft, rauschten noch mit welken Laubkronen
lauter und mürrischer als alle anderen Bäume. Heilner war ganz trübsinnig und
liebte es neuerdings, statt bei Hans zu sitzen, allein in einem entlegenen
Übungszimmer auf der Geige zu stürmen oder mit den Kameraden Händel an-
zufangen.

[...]

# Joseph Roth: [Auszüge aus:]
# Radetzkymarsch. Roman [1932].

[189] [...]

Der Leutnant ging in sein Zimmer, öffnete den Schrank und legte in die oberste Lade das Stückchen Wurzel gegen Fieber, neben die Briefe Katharinas und den Säbel Max Demants. Er zog die Taschenuhr des Doktors. Er glaubte, den dünnen Sekundenzeiger hurtiger als je einen andern über das winzige Rund kreisen zu sehn und heftiger das klingende Ticken zu vernehmen. Die Zeiger hatten kein Ziel, das Ticken hatte keinen Sinn. Bald werde ich auch Papas Taschenuhr ticken hören, er wird sie mir vermachen. In meiner Stube wird das Porträt des Helden von Solferino hängen und der Säbel Max Demants und ein Erbstück von Papa. Mit mir wird alles begraben. Ich bin der letzte Trotta!

Er war jung genug, um süße Wollust aus seiner Trauer zu schöpfen und aus der Sicherheit, der Letzte zu sein, eine schmerzliche Würde. [...]

[195] [...]

Der Bezirkshauptmann rückte wieder näher an den Tisch und fragte: "Und warum – Pardon! – wäre es genauso überflüssig, dem Vaterland zu dienen wie Gold zu machen?"

"Weil das Vaterland nicht mehr da ist."

"Ich verstehe nicht!" sagte Herr von Trotta.

"Ich hab' mir's gedacht, daß Sie mich nicht verstehen!" sagte Chojnicki. "Wir alle leben nicht mehr!"

Es war sehr still. Der letzte Dämmer des Tages war längst erloschen. [...] Mit großer Anstrengung brachte Herr von Trotta noch die Frage zustande: "Ich verstehe nicht! Wie sollte die Monarchie nicht mehr dasein?"

"Natürlich!" erwiderte Chojnicki, "wörtlich genommen, besteht sie noch. Wir haben noch eine Armee" – der Graf wies auf den Leutnant – "und Beamte" – der Graf zeigte auf den Bezirkshauptmann. "Aber sie zerfällt bei lebendigem Leibe. Sie zerfällt, sie ist schon verfallen! Ein Greis, dem Tode geweiht, von jedem Schnupfen gefähr[196]det, hält den alten Thron, einfach durch das Wunder, daß er auf ihm noch sitzen kann. Wie lange noch, wie lange noch? Die Zeit will uns nicht mehr! [...]"

[393] [...]

Lange Zeit war seit der Todesnachricht vergangen, die Jahreszeiten hatten einander abgewechselt, nach den alten, unbeirrbaren Gesetzen der Natur, aber

den Menschen unter dem roten Schleier des Krieges dennoch kaum fühlbar –
und dem Bezirkshauptmann von allen Menschen am allerwenigsten. Sein Kopf
zitterte noch ständig wie eine große, aber leichte Frucht an einem allzu dünnen
Stengel. Der Leutnant Trotta war schon längst vermodert oder von den Raben
zerfressen, die damals über den tödlichen Bahndämmen kreisten, aber dem al-
ten Herrn von Trotta war es immer noch, als hätte er gestern erst die Todes-
nachricht erhalten. Und der Brief Major [394] Zoglauers, der ebenfalls schon
gestorben war, lag in der Brusttasche des Bezirkshauptmanns, jeden Tag wur-
de er aufs neue gelesen und in seiner fürchterlichen Frische erhalten, wie ein
Grabhügel erhalten wird von sorgenden Händen. Was gingen den alten Herrn
von Trotta die hunderttausend neuen Toten an, die seinem Sohn inzwischen
gefolgt waren? Was gingen ihn die hastigen und verworrenen Verordnungen
seiner vorgesetzten Behörde an, die Woche für Woche erfolgten? Und was
ging ihn der Untergang der Welt an, den er jetzt noch deutlicher kommen sah
als einstmals der prophetische Chojnicki? Sein Sohn war tot. Sein Amt war be-
endet. Seine Welt war untergegangen.

# C. Die analytisch-produktive Rezeption: Ästhetik, Moraltheorie und geschichtliche Verortung

## 1. Im Umkreis der Aufklärung

Rudolf Erich Raspe: Nachricht von den Gedichten des Oßian, eines alten schottischen Barden; nebst einigen Anmerkungen über das Alterthum derselben [1763].

Die Gedichte des Oßian, eines alten schottischen Barden, welche der Herr James Macpherson aus der celtischen oder galischen Sprache, die noch heutiges Tages in den Hochländern und den westlichen Inseln von Schottland rein und unverfälscht gesprochen wird, in das Englische übersetzet und heraus gegeben hat,[1] sind auf so verschiedene Art merkwürdig, daß sie nicht nur in Großbritannien, sondern auch in der ganzen gelehrten Welt viel Aufsehens gemacht haben.

Sie sind, als blosse Alterthümer betrachtet, in der Geschichte und Sprachkunde der alten nordischen Völker von der größten Wichtigkeit, und ohne Zweifel das älteste, schätzbarste [1458] und verehrungswürdigste Denkmahl der alten celtischen Gelehrsamkeit: denn Oßian, Fingals Sohn, der Verfasser derselben, hat nach den von dem Herrn Macpherson angeführten Gründen[2] wahrscheinlicher Weise im dritten Jahrhundert gelebt, zu einer Zeit, da man von den Schotten mit Recht sagen konnte: *triumphati magis quam victi*, da die Sitten und Gebräuche dieses celtischen Stammes[3] noch durch keine römische oder fremde Herrschaft verändert, ihre Tapferkeit und Muth durch kein fremdes Joch geschwächt, und ihre Sprache durch den Umgang mit Ausländern noch nicht verfälschet worden.

Allein, wird man fragen: wie ist es möglich, daß diese Gedichte, da die [1459] alten Barden und Celten nicht schreiben können, so viele Jahrhunderte durch eine blosse mündliche Ueberlieferung haben erhalten, und da die Wissenschaften schon so lange in Großbritannien geblühet, dennoch bis jetzt in Dunkelheit und in Vergessenheit haben bleiben können?

---

[1]  Unter dem Titel: *Fingal an ancient epic Poem in six bocks; [sic!] with several other Poems, composed by Ossian, the Son of Fingal; translated from the Galic language by J. Macpherson, London 1762.*
    *Temora an anc. epic Poem in eight bocks &c. transl. by the Same, ib. 1763.*

[2]  In *a dissertation concerning the antiquity &c. of Ossians Poems pag. 7. 8. 9.* welche dem Fingal vorgedruckt ist.

[3]  *Pelloutier Hist. des Celtes. D. Blair's Dissertation on the antiquity of Ossians Poems.*

Diese Fragen scheinen dem Alterthum dieser Gedichte sehr gefährlich. Sie sind es jedoch nicht, weil sich bey den alten Celten und ihren Nachkommen, den Hochländern, Irländern und Einwohnern von Wallis, noch bis auf den heutigen Tag[4] ein ganzer Stand der Nation, ich meyne die Barden, mit Auswendiglernung und Absingung der alten Gedichte beschäftiget, und die mehresten Geschlechter in Hochland und Irland, bey denen diese Barden in Dienste stehen, ihren Ursprung in eben diesen Gedichten Oßians zu finden glauben.[5] Hierzu komt ferner, daß eine Nation, als die Hochländer, welche ausser der Jagd und Kriege keine Beschäftigung kennet und gekant hat, der es an den bey andern Völkern so häufigen Zerstreuungen und Vergnügungen gefehlet, und welche fast bis [1460] auf unsere Zeiten die Unschuld und Einfalt der ersten Jahrhunderte der Welt beybehalten hat, diese Gedichte des Oßian, welche ihrer Eitelkeit und Lieblingsleidenschaften so sehr schmeicheln, nicht nur sehr gern hat hören, sondern auch sehr leicht hat lernen und behalten müssen; um desto mehr, da Poesien, welche gesungen werden, dergleichen die Bardenlieder sind, sehr leicht hängen bleiben, und nach Herrn Macphersons Berichte[6] dieses einen besondern Vorzug der galischen oder celtischen Sprache und dieser Gedichte ausmacht, daß darin jedes Wort und jeder Vers mit dem vorhergehenden und nachfolgenden so genau zusammen hängt, daß die natürliche Wendung der Stimme und Abfall des Tons nicht die mindeste Abänderung in dem Gedichte leidet, und ein Wort stets der Verräther des andern ist. Sind nicht *Homers* Gedichte, an deren Aufrichtigkeit doch keiner zweifelt, durch die Rhapsodisten auf gleiche Art stückweise erhalten worden?[7] Hatten nicht die Teutschen noch im achten Jahrhundert ihre durch die Ueberlieferung beybehaltenen Bardenlieder?[8] [1461] und warum solten denn die Hochländer die ihrigen vergessen haben, da sie, wie die alten Teutschen, bis ins achte Jahrhundert, noch bis auf den letzten Krieg und bis auf die Schlacht von Culloden, ein freyes unvermischtes und unbesiegtes Volk geblieben?

Herr Macpherson versichert an mehr als einem Orte seiner, diesen Gedichten vorgesetzten Vorreden und Abhandlungen, er habe sie in Hochland und den westlichen Inseln stückweise gesamlet; sie wären daselbst und in Irland so allgemein und so bekant, daß man sie seit langen und fast undenklichen Jahren auswendig wisse, und noch bis jetzo bey verschiedenen Gelegenheiten

---

4   Schottländische Briefe 2. Theil p. 112. 13. 14. *Buchanan. rer. Scotic. II. c. 2. 23*[.] *Waræus in Hibernia p. 34.*

5   *Macphersons Dissert. on the antiquity of Ossians Poems p. 11.*

6   In eben angeführter *Dissertation pag. 12.*

7   Josephus sagt sogar *in fin. lib. I. contra Apionem,* Homer habe seine Werke niemals zu Papier gebracht. Daß sie durch die Rhapsodisten stückweise auswendig gelernet und abgesungen, hernachmals aber stückweise durch den Lycurgus, Pisistrathus, Solon u. a. gesamlet und zusammen gesetzet worden, ist unleugbar.

8   *Eginhardus de vita Caroli M. c. 29.* sagt von Carl dem Grossen: *Item barbara & antiquissima carmina, quibus veterum Regum actus & bella canebantur, scripsit, memoriæque mandavit.*

singe;[9] und hierin hat er nicht den mindesten Widerspruch gefunden, weder bey den Engländern noch Irländern, noch seinen eigenen Landsleuten, vielmehr hat ihm der berühmteste und erleuchteste Hochländer unserer Zeiten, der Graf Bute, mit seinem Schutz und Beyfall beehret,[10] und beeifern sich die Großbritannischen Reiche nicht, zu beweisen, daß Oßians Gedichte untergeschoben, sondern um den Vorzug, zu welcher von ihnen dieser erhabene Barde ge[1462]höre, ob er ein Schottländer oder ein Irländer sey?[11]

Würde er sich dagegen nicht dem Widerspruch seines ganzen Vaterlandes und der bittersten Verspottung der antischottischen Engländer blos gestellet haben, wenn seine Aufrichtigkeit und das Alterthum des Oßian den mindesten Zweifel litte?

Daß indeß diese herrlichen Ueberbleibsel des Alterthums so lange in den Gebürgen und Hütten der Hochländer unerkant verborgen geblieben, ist allerdings zu bewundern, jedoch ganz begreiflich, wie es zugegangen. Die gebürgigten Theile von Schottland und die westlichen Inseln sind bis auf die letzte Revolution den Engländern und Ausländern fast ganz unbekant gewesen. Nur seit der Zeit ist zwischen den bis dahin unbesiegten und bis jetzt noch stets kriegerischen Einwohnern derselben und den Engländern erst einiges Verkehr entstanden; nur seit dieser glücklichen Unterwerfung derselben sind in dem Lande Brücken, Wege und Landstrassen angelegt[12] und zum Besten und der Bequemlichkeit der Einwohner englische Schulen errichtet, und einige Bücher im Hochlän[1463]dischen gedruckt worden.[13] Wie hätten also die Engländer diese Gedichte eher entdecken und bekannt machen können? Kaum haben sie die Sprache des Landes dem Namen nach gekant. Daß sie ganz vom Englischen abwiche, wusten sie: allein, wenig mehr. Selbst Lloyd, der größte

---

9   *Buchananus I. c. I. c. 33. Musica maxime delectantur – – – Accinunt autem carmen non inconcinne factum, quod fere laudes fortium virorum contineat; nec aliud fere argumentum Bardi eorum tractans. Id. Ib. II. 23. (Bardi) carmina non inculta fundunt, quæ Rhapsodi proceribus aut vulgo audiendi cupido recitant aut ad musicos organorum motus canunt.*

10   *Vid. Dedicacion [sic!] of Temora.*

11   *Vid. Preface of Temora* und *(D. Blair's) critical dissertation on the compositions of Ossian. London 1763.*

12   Schottländische Briefe.

13   Ein Verzeichniß derselben habe ich dem Hrn. Alexander Mac-Aulai zu verdanken. Dieses ist ein gelehrter und gebohrner Hochländer, der in eben geendigtem Kriege bey dem Großbritannischen Heere, und namentlich bey dem Regiment Bergschotten, des Obrist Campbel als Prediger stand, gegenwärtig aber sich in Edinburg aufhält. Ich theile das ganze Verzeichniß mit.
1) *The english and galik Vocabulary for the use of Schools, by Alexander Mac-Donald.*
2) *The new Testament translated into Galik; printed for Mac-Lean in Glasgow.*
3) *The shorter Catechism of the general assembly of the Church of Scotland, translated into Galik.*
4. 5) *The Grammars of Father O Molloy and O Begly* werden in den schottischen Klöstern zu Dovay und Paris von den Mißionarien, die nach Schottland gehen, gebrauchet.

Sprachkundige von England,[14] vermischet sie mit der Irländischen und Walischen Sprache, welches blos verdorbene und ausgeartete Dialecte derselben seyn sollen.[15] Der berüchtigte Toland hat zwar in seiner Geschichte der Druiden[16] der schottischen Barden und ihrer noch übrig gebliebenen Lieder mit vielem Ruhm Erwähnung gethan, indem er sie selbst den römischen und griechischen Dichtern vorzieht: er hat aber nichts davon heraus gegeben. Von den Eingebohrnen des Landes ließ sich aus einer andern Ursache eben so wenig erwarten. Sie waren ohne [1464] Gelehrsamkeit bis jetzt in ihren Gebürgen und Hütten vergnügt, und haben dem Anschein nach weder Lust noch Gelegenheit gehabt, ausser ihrem Vaterlande durch ihre eigene Litteratur berühmt zu werden. Getrauete sich ja einmal einer oder der andere aus seinen Gebürgen, so war er ein Geistlicher, oder ein Soldat, oder ein Kaufmann, die im Kloster oder in der Fremde ihr Vaterland gar leicht vergassen, oder doch andere Wege zum Glück und Ruhme wusten, als die oft undankbare Gelehrsamkeit. Und gesetzt, es hätte viele hochländische Gelehrte gegeben, die den Werth ihres Oßians erkant, wie denn Buchanan[17] es zu thun im Stande gewesen, so haben doch die nordischen Nationen erst seit sehr kurzer Zeit angefangen, ihre eigene Litteratur zu schätzen. Wie die Gelehrsamkeit in Europa wiederum zu blühen anfieng, so holte man Witz und [1465] Gelehrsamkeit aus Italien und Frankreich. Man lernte Griechisch und Lateinisch, und schämte sich mit unerhörtem Unverstande seiner Landsleute, die von den Griechen und Römern Barbaren genat wurden. Der Gelehrte suchte seine Muttersprache und seine Landesgebräuche zu vergessen, mit fremder Gelehrsamkeit und stolzer Verachtung seines Vaterlandes kam er zurück. In Rom und Athen war er zu Hause, in seinem Vaterlande ein Fremdling: und man führete sogar, gleichsam als wäre Rom noch die Beherrscherin der Welt gewesen, fast in ganz Europa die römischen Rechte ein, die sich doch gemeiniglich zu den neueren Regierungsformen eben so wenig schicken wolten, als die alten Sprachen zu den Dialecten neuerer Völker. Hier hätte ein zweyter Cato mit Recht ausrufen mögen: *Græcas & Romanas urbes non fero Quirites.* Allein, es war nun einmal nicht anders. Rom und Griechenland triumphirte noch, nachdem es längst aufgehöret zu seyn; und die Grammatici brachten durch ihre Vorurtheile zuwege, was Rom und Griechenland mit allem Muthe und Klugheit nie hatte zu Stande bringen können, nemlich saß ganz Europa griechisch und römisch ward; und hat man es bey der Denkungsart der neuern Gelehrten nur blos allein dem gemeinen Manne zu verdanken, daß wir Teutschen noch Teutsch können, und die

---

14 *In Glossario.*
15 Dieses hat der Herr Mac-Aulai nicht nur mir, sondern auch dem größten Sprachkenner, dem Herrn Consist. Rath Grupen, mündlich versichert.
16 *Collection of several pieces of Mr. John Toland with some memoirs of his Life and writings, Lond. 1726. Tomo I.*
17 Locis supra citatis.

europäischen Sprachen nicht ganz [1466] verdrungen worden. Ich will mich hiebey blos allein auf Schottland einschränken. Wie verächtlich spricht der gelehrte Buchanan[18] von der Sprache seiner Landsleute? "Was mich betrift, sagt er, so wolte ich lieber das alte und läppische Gestammel der alten Großbritannier ganz und gar nicht wissen, als das wenige Latein, so ich in meiner Kindheit mit vieler Mühe gelernet, vergessen. Aus eben der Ursache werde ich mit gleichem Kaltsinn die alte Sprache der Schotten aussterben, und statt der barbarischen und harten Töne unserer Muttersprache die Anmuth lateinischer Wörter Platz nehmen sehen; und muß doch bey den unvermeidlichen Abänderungen und Wanderungen der Sprachen eine der andern nothwendig weichen, so haben wir wol Ursache, von unserm plumpen Baurenstande und Barbarey zum Schmuck und Anstande überzugehen, und gutwillig und gescheut abzulegen, was uns durch ein Unstern unserer Geburt anklebet. Vermag Fleiß und Mühe etwas, so müssen wir ihn hauptsächlich dazu anwenden, daß wir die griechische und lateinische Sprache, welche der beste Theil der Welt als öffentliche Sprachen angenommen hat, nach allem unserm Vermögen treiben und ausschmücken, und wo uns von der alten Barbarey unserer Muttersprache noch etwas anhänget, solches nach bestem Vermögen ausmerzen." Kurz vorher[19] drückt er sich sogar [1467] über die lateinische und alte britannische Sprache also aus: "*Si quis ita Musis iratis est natus, ut inventis frugibus, glandibus tamen vesci malit, jubeamus miserum esse, libenter quatenus id facit.*" Bey dieser Denkungsart der Gelehrten, die bey allen nordischen Völkern leider fast bis jetzo die herrschende gewesen, ist es denn nun kein Wunder, daß so manches trefliches Monument der nordischen Litteratur in Dunkelheit geblieben, über die man erstaunet, nachdem man sie endlich entdeckt, und Geschmack an sich selbst gefunden.

Die glückliche Entdeckung dieser Gedichte war also unsern Zeiten aufbehalten. Ihr Werth und ihr Nuzzen ist zum Theil schon mit ihrem Alter erwiesen. Dieser könte nun zwar ohne eigenes Verdienst des Dichters sehr groß seyn, indem auch ein Freund der Geschichte und der Alterthümer in sehr trüben Quellen Perlen zu finden weiß: allein, er wird durch die ganz ausnehmenden Eigenschaften des Verfassers noch ungemein erhöhet: denn Oßian ist nach dem Ausspruche vieler grossen Kenner ein Genie vom ersten Range. Der D. Blair, ein grosser und einsichtsvoller Kunstrichter zu Edinburg hat sogar in einer besondern [1468] Abhandlung[20] ihn neben dem Homer zu setzen kein Bedenken getragen. Mit Recht kan man ihn ein Original nennen, er ist durchgehends neu. Ohne die Maschinen, Gottheiten und Vergleichungen der römischen und griechischen Dichter weiß er sich durch genaue Schilderungen der Wahrheit und Natur, in so weit er sie in dem rauhen Hochlande kennen konte,

---

18   Rer. Scoticar. lib. I. c. 8.
19   Ibid. in fine cap. 7.
20   *A critical dissertation on the compositions of Ossian, London 1763.*

zu derjenigen Höhe und Würde zu erheben, die zu einem Heldengedichte erfordert wird. Durchgehends herrschet in ihm eine edle Einfalt. Er ist sparsam in Worten und reich an Bildern und figürlichen Ausdrücken, vielleicht weil seine Sprache zu arm war, jeden Begrif mit einem eigenen Worte auszudrukken.[21] Die Plane seiner Gedichte sind sehr ungekünstelt und einfach; die Charactere seiner Helden seinen Zeiten gemäß und gut ausgedruckt. Er selbst äussert bey allen Gelegenheiten sehr edle Gesinnungen, und weiß sich durch alles dies aus dem Staube vergessener und oft verachteter Barden neben die größten Dichter zu schwingen, ja, was noch mehr ist, die Bewunderung unserer sehr ekelen Zeiten zu erwerben. Solte wol ein neuerer Dichter, der dies zu thun vermag, Selbstverleugnung genug haben kön[1469]nen zu schweigen, wenn er selbst Verfasser dieser Gedichte wäre?

Zur Probe dessen, was ich bisher zum Ruhme des Oßian gesagt, will ich eines seiner Hauptgedichte, den Fingal, auszugsweise in diesen Blättern nach der englischen Uebersetzung mittheilen, und ich hoffe, daß dies das leichteste Mittel seyn soll, den Dichter selbst einigermaßen kennen zu lernen. Ich liefere aber nur *disjecta membra Hippolyti*. Ich habe dem Beyspiele des englischen Herausgebers gefolgt, und eine sogenante poetische Prosa gewählet. Eine Bitte [1470] habe ich aber zuvörderst noch zu thun, und das ist diese: meinen Barden zu lesen und zu beurtheilen, als Rollin[22] den Homer zu beurtheilen und zu lesen empfiehlet. Man versetze sich in Gedanken in die Wüsten von Hochland, und in die ersten Jahrhunderte der Welt, so ist man in dem rechten Gesichtspuncte, woraus er sich beurtheilen läßt. Geschiehet dies, so darf ich hoffen, daß er den Beyfall, den er in England und Frankreich gefunden, auch hier finden werde.

---

21 Eben dies unterscheidet die orientalischen und ältesten Gedichte von den neuern, und eben dieses ist die Ursache, daß sich zwischen den Werken des Oßians und den erhabensten hebräischen Gedichten eine so starke Aehnlichkeit findet. Des D. Blair's Anmerkungen hierüber sind vortreflich. Die nördlichen Americaner, deren Sprachen gewiß noch nicht sehr reich sind, drücken sich, zu Bestärkung dieses Satzes, gleichfals sehr figürlich aus.

22 *Maniere d'enseigner & d'etudier T. I.*

# [III*] [Albrecht Wittenberg:] Vorrede des deutschen Uebersetzers [zu *Fingal, ein Helden-Gedicht*] [1764].

Die Gedichte des Ossian,[1] eines alten schottischen Barden, sind auch unter uns bereits bekannt genug; so, daß man nicht nöthig hat, ihre Vortreflichkeit dem Leser weitläuftig anzupreisen. Man findet einen Auszug des vornehmsten Gedichts, *Fingal*, im Hanöverschen Magazin,[2] und in den meisten Französischen Monatsschriften wird ihrer mit den größten Lobeserhebungen erwähnet. In England sind sie gleichfalls mit dem größtem Beyfall aufgenommen, und so gar auf eine übertriebene Art gelobet worden. Man hat sie mit dem Homer und Virgil nicht allein verglichen, sondern sie ihnen sogar vorgezogen. So sehr man sie aber auf der einen Seite gelobet, so scharf sind sie an der andern getadelt worden. Man gestehet zwar ein, daß große Schönheiten darinnen angetroffen werden, man behauptet aber auch, daß die [IV*] Charactere schlecht gezeichnet sind, die Bilder nicht Mannigfaltigkeit genug haben, und der Ausdruck nicht selten einen unerträglichen Schwulst verräth. Ja, einige sind gar so weit gegangen, daß, wenn sie diese Gedichte nicht für gänzlich untergeschoben halten, sie dennoch glauben, der englische Uebersetzer, Herr Mac-pherson, habe solche Veränderungen damit vorgenommen, *daß sie gewissermaßen ihm eigen geworden sind.*

Will man ein Werk von dieser Art unpartheyisch beurtheilen, so muß man sich in die Zeiten setzen, in welchen es verfertiget worden. Man würde, wenn man es nach den jetzigen Sitten beurtheilen wollte, eben so sehr ausgezischt zu werden verdienen, als Perrault, der den Homer nach den Sitten und Gebräuchen des siebenzehnten Jahrhunderts beurtheilte. Die Begebenheit, die der Gegenstand des Gedichts ist, war, als Ossian sie besang, zu neu, als daß er durch Erdichtungen einige Veränderungen damit vornehmen konnte, und wir halten sie, fast allen ihren Umständen nach, für wahr. Wenn man also dem Ossian das Verdienst der Erfindung absprechen muß; so kann man doch nicht leug[V*]-nen, daß er einen Gegenstand gewählt habe, bey welchem die Erdichtungen überflüßig sind. Man wirft dem Ossian vor, er habe die Regeln der Wahrscheinlichkeit bisweilen nicht beobachtet; aber wird nicht die Wahrheit selbst öfters unwahrscheinlich, wenn man sie nach unsern Sitten und Gewohnheiten beurtheilt? Ja, sagt man, die Charactere sind schlecht gezeichnet, und es ist

---

1    Die erste Ausgabe dieser Gedichte ist von 1762.
2    Im 92sten und den folgenden Stücken des 1762sten Jahrs.

nicht Mannigfaltigkeit genug darinnen. Einerley Bilder und Gleichnisse kommen gar zu oft vor. Wir könnten dieß letztere, ohne Ossians Ruhm zu schmälern, zugeben. Wie oft werden nicht selbst im Homer die Gleichnisse, die Beywörter und dergleichen, wiederholet? Aber man muß gleichwol gestehen, daß er von allem, was ihm die Natur in diesen nördlichen Gegenden anbot, Gebrauch gemacht habe. Die Jagd und der Krieg waren damahls der Schotten vornehmste Beschäftigung. Sie konnten nur die Wälder, weitläuftige Heyden, unfruchtbare Berge, eine rauhe Witterung, und ein stürmisches Meer voller Klippen.

Was man aber gegen die Charactere einwendet, ist, wie ich glaube, gänzlich unge[VI*]gründet. Ja ich möchte fast sagen, daß Ossian in diesem Stücke weniger tadelnswürdig ist, als Virgil selbst. Der Character des Fingal ist ausserordentlich wohl gezeichnet. Er glänzet unter den übrigen Helden hervor, wie der Mond unter den Sternen; er verdunkelt alle untergeordnete Charactere, und man muß ihm nothwendig die vornehmste Aufmerksamkeit widmen. Swaran, der König von Lochlin, ist vollkommen das Gegentheil des Fingals, ausgenommen, was den Muth und die Tapferkeit anbetrift. Fingal ist sanftmüthig und bescheiden; Swaran stolz und übermüthig; der Schotte ist voller Empfindung; der Däne ist wild; Fingal scheint, wie die alles belebende Sonne, und Swaran gleicht einem schädlichen Cometen. Cuchullin gleicht zwar dem Fingal an Großmuth und Tapferkeit, aber er wird uns doch von einer Seite abgemahlt, wodurch er sich von dem Character dieses Helden gänzlich unterscheidet. Seine eifersüchtige Empfindlichkeit, seine Bescheidenheit und Verzweifelung sind die unterscheidenden Kennzeichen seines Characters. Die Charactere des Connal und Calmar machen den schönsten Contrast. Der erste ist gesetzt und vorsichtig; der zweyte heftig und verwe[VII*]gen. Connan, der dem Cuchullin Vorwürfe macht, ist dem Thersites des Homers ungemein ähnlich; aber weder im Homer, noch im Virgil, findet man einen Character, der dem Character des ehrwürdigen Ossian nahe kömmt, der seinem Vater an Tugend und Tapferkeit der nächste ist, und dessen erhabenes Genie die andern alle übertrift. Die Mannigfaltigkeit der Charactere ist freylich nicht so groß, als in der Iliade und Odyssee; aber man muß zugleich dabey bedenken, daß dieses Werk mit jenen, in Ansehung der Weitläuftigkeit, in gar keine Vergleichung kömmt.

Der zweyte Einwurf, daß diese Gedichte vielleicht untergeschoben, oder wenigstens solche Veränderungen damit vorgenommen sind, daß man sie nicht mehr für Ossians Gedichte halten könne, ist von dem Herrn Macpherson selbst hinlänglich beantwortet worden, und wir verweisen den geneigten Leser auf die folgende Abhandlung. Nur eine Anecdote müssen wir bekannt machen, die allein zur Beantwortung dieses Einwurfs hinlänglich ist. Ein glaubwürdiger Freund, der sich während des letzten Krieges bey der alliirten Armee aufgehalten, hat uns erzählt, es habe ihn ein vor[VIII*]nehmer englischer Officier versichert, daß die unter seinem Befehl stehenden Bergschotten ihm oft ganze

Stellen aus dem Fingal und den kleinern Gedichten vorgesagt, und daß die Ausgabe des Herrn Macphersons völlig damit übereinstimmte. Man möchte vielleicht noch einwenden, daß die erhabnen Begriffe, die wir in diesem Gedichte antreffen, sich mit der rauhen und wilden Lebensart der alten Schotten unmöglich zusammen reimen lassen. Aber diese Einwendung wird wegfallen, wenn man bedenkt, daß diese Nation bey weitem nicht so rauh und ungeschliffen gewesen, als man sich selbige gemeiniglich vorstellt. Die alten Schotten waren ohne Zweifel, ihrem ersten Ursprunge nach, Celten. Ihre Aehnlichkeit mit den Celtischen Nationen, in Ansehung der Sprache, der Sitten und der Religion, dient hierinn zu einem unumstößlichen Beweise. Die Celten waren ein großes und mächtiges Volk, sie waren von den Gothen und Teutonen gänzlich unterschieden, und beherrschten einst fast alle westlichen Theile von Europa. Ihr vornehmster Sitz scheint in Gallien gewesen zu seyn. Wann die alten Schriftsteller der Celten und Gallier erwähnen; so gedenken sie auch fast allezeit ihrer [IX*] Druiden und Barden. Die Druiden waren ihre Philosophen und Priester, die Barden ihre Dichter, deren Pflicht es war, ihre heroischen Thaten der Nachwelt bekannt zu machen. Diese beyden Stände waren von undenklichen Jahren her die Vornehmsten in ihrem Staate. Man muß also nicht glauben, daß die Celten ein völlig rohes und ungeschliffenes Volk gewesen. Ammianus Marcellinus giebt ihnen das Zeugniß, daß die vornehmsten Künste und Wissenschaften unter ihnen bekannt gewesen, worzu die Barden, welche die tapfern Thaten ihrer Helden in heroischen Versen besingen mußten, und die Druiden Anlaß gaben, die, nach Art der Pythagoräer, in einer Gesellschaft beysammen lebten, über die erhabensten Gegenstände philosophirten, und die Unsterblichkeit der Seele behaupteten. In dieser Schule hatte Ossian die erhabnen Begriffe gesammelt, womit seine Gedichte vorzüglich prangen.

Hier könnte ich meine Vorrede schliessen, und mich der Gewogenheit des Lesers empfehlen. Allein man erlaube mir, noch ein paar Worte von meiner Uebersetzung zu sagen. Ich habe mir dabey alle Mühe gegeben, bey [X*] den Worten zu bleiben, und, so viel möglich, eine buchstäbliche Uebersetzung zu liefern. Es würde mir leicht gewesen seyn, Ossians Gedichte etwas mehr nach unserm Geschmack einzurichten. Aber er würde dabey mehr verloren, als gewonnen haben, und meine Absicht war, dem Leser den Ossian selbst, mit allen seinen Schönheiten und Fehlern, zu liefern. Der *zweyte Band*, den ich nächstens zu liefern denke, wird das Gedichte *Temora*, in acht Büchern, nebst einigen kleinen Gedichten, unter welchen einige, und besonders Carthon, den man in diesem Bande ließt, den Fingal an Schönheit noch übertreffen, und der *dritte* die übrigen Fragmente, und des *Dr. Blairs* kritische Abhandlung über Ossians Gedichte, enthalten.

# [129] [Albrecht von Haller:] [Rezension zu: Fingal an Antient epic poem] [1765].

Wir haben schon lange in den Wochenschriften dieses Werk angesagt gelesen, da es aber zu unsern Händen endlich gekommen ist, so glauben wir, es wäre eine Ungerechtigkeit, es nicht selbst anzuzeigen, und ihm seinen verdienten Ruhm zu geben. Wir sprechen von *Fingal an Antient epic poem with other Poesies by Ossian son of Fingal translated from the Gallic language by James Macpherson*, bey Beckat und Desendt 1763 in Quart auf 334 Seiten. Wir müssen zuerst den Verdacht ablehnen, den wir in Französischen Monatschriften gelesen haben, die diese Gedichte für eine Arbeit des Herausgebers, und folglich für untergeschoben angeben. Wir finden an hundert Orten Beweise, die diesen Argwohn widerlegen, der übrigens in keinem Englischen Journal uns vorgekommen ist. Der Herausgeber beruft sich auf die in Händen habende Handschrift, die er habe herausgeben wollen. An vielen Orten sagt er, dieses und jenes Gedicht werde noch in Schottland zur Harfe gesungen: das eine seye im Lyrischen Silbenmaasse aufgesetzt, auch seye seit mehr als bey Menschen-Alter auf diese Gedichte sehr oft angespielt worden. [130] Der Ungenannte, der über diese Gedichte Vorlesungen gehalten hat, zeigt nicht den geringsten Verdacht, und findet diese Gedichte den Zeiten angemessen, in welchen sie aufgesetzt seyn sollen. Wir haben selbst das *Costume* eines nördlichen Landes, und eines noch in der Barbarey lebenden Volks in allem beybehalten gefunden, es müßte dann des Cuchullims mit kostbaren Steinen gezierter Wagen, eine sonst alte Brittische Erfindung, etwas zu kostbar seyn. Die Sitten und die Religion sind auch so uralt, daß es zwar unerwartet ist, im dritten Jahrhunderte ein so beträchtliches Gedicht zu finden, aber noch weit wunderbarer uns vorkäme, wenn ein heutiger Britte die Sitten der alten Welt so genau abzuschildern wüßte. Denn wir finden in diesen Gedichten eine Schreibart, die aus den biblischen Schriften, aus dem Homer, und aus den Reden der Irokesen zusammengesetzt ist, und dennoch ihr eigenes hat. Minder geschwätzig als der Griechische Barde, ernsthaft und traurig wie der Irokese, voller Bilder und Gleichnisse wie die Schriftsteller des alten Testaments, mahlt uns Ossian, uralte Menschen ohne Schriften und Wissenschaften, und ohne Künste, blosse Jäger und Krieger, die aber ein unendlich zärtliches Gefühl von der Ehre, und zum einzigen Zwecke ihrer Thaten haben, das Lob der Nachwelt zu verdienen. Das blinde Alter des Verfassers dämpft den Ton seiner Muse, und überstreuet alles mit einer gelinden Schwermuht, so wie auch fast alle Begebenheiten traurig sind. Freylich sind die Gleichnisse zu häufig, und die Schreibart etwas zu Monotonisch; aber sie ist dennoch voll Feuer, Empfindung und Leben, ohne Witz und ohne Epigramma. Die Sitten sind sonst vollkommen, und Fingal ein Muster eines großmüthigen Retters der Unterdrückten; durch und durch sind auch Ossians Helden weit freygebiger, bescheidener, und gütiger als Homers seine blos durch die Stärke sich erheben[131]den Räuber. Das vornehmste Gedichte beschreibt einen Sieg des Fingals, der noch wider den Caracalla Krieg geführt hat, und das Gedicht soll gegen das Ende des dritten Jahrhunderts von dem nunmehro alten Sohne des Helden, dem Sänger Ossian, der selbst ein Held war, gedichtet worden seyn. Fingal war ein Celte, der in den westlichen Hochländern herrschte, da schon damals die nehmliche Sprache, und das nehmliche Volk wohnte, das auch Irrland besaß. Das Gedicht selbst ist kurz, und hat eine vollkommene Einheit so gar in der Zeit, da es nur sechs Tage dauret. Es endigt sich durch Fingals Großmuth sehr angenehm. Angenehm ist auch es, wie der Held jüngern Helden die Gelegenheit gönnt, selbst auch Ruhm zu verdienen, und aus der Schlacht tritt, hernach aber zu rechter Zeit wieder kömmt, und seine nothleidenden Freunde rettet. Die übrigen Gedichte sind kürzer, und mehrentheils Erzählungen des Todes zweyer Verliebten. Das tadelhafteste möchte wohl der Streit des Fingals mit dem Schutzgeist der Mitternacht (*Loda*) seyn, den Fingal mit seinem Schwerdte entzwey gehauen haben soll. Hingegen kömmt der Widerwille Gauls, die Feinde im Schlafe zu überfallen, vollkommen mit den Begriffen der Nordländer überein. Nacht und Tag wolte auch den damaligen Thronfolger Christiern nicht ungewarnet überfallen, und ließ alle Trompeten blasen, wie hier Ossian an seinen Schild stieß. Gaul hielt den tödlichen Streich seines Freundes auf, und rettete dem Lathmen das Leben, der auch diese Großmuth als ein Held erkannte.

Die *Critical dissertation on the poems of Ossian son of Fingal* müssen wir bey unserer Kürze übergehen. Der Ungenannte vergleicht die Schönheiten dieser Gedichte mit dem Homer, dem Virgil, den biblischen Büchern, und auch mit andern alten nordlichen Liedern, die Ossian dennoch weit übertrifft.

[Christian Felix Weiße:] [Rezension zu:]
The Works of Ossian the Son of Fingal [1766].

*The Works of Ossian the Son of Fingal, in Two Vols. Translated from the Galic Language. By James Macpherson. Vol. I. containing Fingal, an Ancient Epic Poem, in six Books; and several other Poems. (pag. 375.) Vol. II. containing Temora; an ancient Epic Poem, in eight Books; and several other Poems. The third Edition. To which is subjoined a critical Dissertation on the Poems of Ossian. By Hugh Blair, D.D. (pag. 460.) London. Becket and Dehondt 1765.*

Wir haben die Gedichte des Ossian, eines alten schottischen Barden, der gegen das Ende des [246] dritten und Anfange des vierten Jahrhunderts nach Christi Geburt mag gelebet haben, in ihrer ersten Erscheinung in der Bibliothek der schönen Wissensch. blos angezeiget. Die guten Uebersetzungen die vom Fingal und andern Fragmenten derselben in Hamburg veranstaltet worden, schienen es uns überflüßig zu machen, mehr von diesen seltsamen Phenomenen so wohl in der Geschichte der Welt, als vornehmlich des menschlichen Witzes zu reden, ihre Schönheiten bekannter und die Leser darauf aufmerksam zu machen, zumal da viele so wohl der ausländischen als innländischen Tagebücher davon voll waren, und wir glaubten, daß sich ihr innerer Werth von selbst anpreisen würde: allein da so wohl in England als Frankreich verschiedne Gelehrte diese Gedichte für untergeschoben halten wollen, und wir noch im vorigen Jahre im *Journal des Scavans* einen weitläuftigen Aufsatz von einem irrländischen Gelehrten gelesen, worinnen er dieses zu erhärten gesuchet, so scheint es uns der Mühe werth zu seyn, auch einiges aus der sehr wohlgeschriebenen kritischen Abhandlung des Hrn. Blair, D. der Gottesgelahrtheit und Prof. der Redekunst und schönen Wissenschaften auf der Universität Edinburg, die dieser neuen Ausgabe beygedruckt worden, für ihre Richtigkeit anzuführen. Der Verf. der sie kurz nach der ersten Erscheinung des Fingal als Vorlesungen auf der Universität gehalten, erweiterte sie auf das Verlangen seiner Zuhörer, und gab sie einzeln in Druck; er suchet aus der innerlichen Beschaffenheit dieser Gedichte offenbar zu beweisen, daß sie zu einem sehr entfernten Zeit[247]perioden gehören müssen, ohne die Zeit selber zu bestimmen, und wir sollten uns wundern, wenn noch jemanden einiger Zweifel darüber zurück bliebe.

Unter den übergeblibnen Denkmälern von den alten Zustande der Völker sind wenige wichtiger als ihre Gedichte und Gesänge. Die Geschichte von entferntern und finstern Zeitaltern ist meistens in Fabeln eingehüllt: aber in jenen finden wir die Geschichte der menschlichen Einbildung und Leidenschaft: sie machen uns mit den Begriffen und Empfindungen unsrer Nebenmenschen in diesem verstellungslosen Zeitalter, mit ihren Beschäftigungen und Freuden bekannt: einem Kenner von Geschmacke aber versprechen sie die höchsten poetischen Schönheiten, die wenn sie auch nicht die Regelmäßigkeit und Politur der unsrigen haben, destomehr von jenem enthusiastischen Feuer überfließen, das die Seele der Poesie ist. Wir nennen den Zustand dieser Zeiten barbarisch, und doch ist er dem dichterischen Geiste höchst günstig. Die menschliche Natur schießt in ihm wilder und freyer auf, und wenn sie auch zu andern Dingen ungeschickter ist, so befördert sie doch die höchsten Aeußerungen der Phantasie und Leidenschaft.

In der Kindheit der Gesellschaften leben die Menschen zerstreut, mitten in der Einsamkeit ländlicher Scenen, wo die Schönheiten der Natur noch ihre vornehmste Unterhaltung ist. Alles ist ihnen noch neu und fremd: sie haben noch nicht gelernet, ihre Leidenschaften zu unterdrücken oder zu beschönigen, und je stärker ihr Gefühl ist, destomehr nimmt ihre Sprache einen gewissen poetischen Schlag an. [248] Da sie geneigt sind alles zu übertreiben, so bedienen sie sich immer der stärksten Farben, welches ihre Sprache malerisch und bilderreich machet. Denn die figürliche Sprache entspringt vornehmlich aus zwo Quellen: aus dem Mangel der eigentlichen Benennungen für die vorkommenden Gegenstände, und aus dem Einflusse der Einbildungskraft und Leidenschaft auf die Gestalt des Ausdrucks. Niemals findet man daher die Figuren der Beschreibung, Metapher und Vergleichung häufiger, als in diesen rohen Zeiten, und heut zu Tage noch wird ein amerikanischer Befehlshaber an der Spitze seines Heers sich in einem weit kühnern metaphorischen Styl ausdrükken, als ein Europäer es kaum in einem epischen Gedichte wagen dürfte.

In dem Fortgange der Gesellschaft gewinnet das Genie und die Sitten der Menschen mehr Richtigkeit, als Feuer und Hoheit: der Verstand wird zum Nachtheile der Einbildungskraft aufgeheitert: wenig Dinge sind ihm mehr neu und wunderbar. Die menschliche Natur handelt nach Methode und Regeln. Die Sprache geht von der Hitze und dem Enthusiasmus zur Richtigkeit und Precision über, und der Fortgang der Welt gleicht dem Fortgange des menschlichen Alters.

Die Poesie ist in Absicht auf die Beschaffenheit des Ausdrucks, in der Sprache älter, als die Prose. Man findet, daß die Musik oder der Gesang unter den barbarischen Völkern mit der Gesellschaft fast ein gleiches Zeitalter habe. Die ersten Gegenstände, die den Menschen in diesem ersten rohen Zustande [249] eingeben konnten, ihre Gedanken in Zusammensetzungen von einiger Länge zu äußern, waren solche, die natürlicher Weise den Ton der Poesie annahmen: Lobgesänge auf die Götter, ihre Vorfahren und Erzählungen ihrer eignen Kriegsthaten oder Klagen über ihr Unglück. Ehe noch das Schreiben erfunden ward, konnten blos Gesänge, weil sie im Gedächtnisse am ersten hängen bleiben, von einem Geschlechte aufs andre fortgepflanzet werden. Daher werden wir sicher unter den Alterthümern aller Völker Gedichte finden, und es ist sehr wahrscheinlich, daß sie wegen der Gleichheit der Sitten, Gegenstände und Leidenschaften alle unter einander eine gewisse Aehnlichkeit haben. Was wir also bisher gewohnt gewesen, blos als den Charakter der orientalischen Poesie anzusehen, weil einige der frühesten Gedichte davon auf uns gekommen, ist wahrscheinlicher Weise eben so gut der occidentalische, und mehr eines Zeitalters, als eines Landes. Die Werke des Ossian sind merkwürdiger Beweis davon.

Die Gothen, deren Unwissenheit in den schönen Künsten doch zum Geschmacke geworden, hatten ihre Dichter und Gesänge. Ihre Dichter hießen *Scalders*, und ihre Gesänge *Vyses*. *Olaus Wormius* hat uns in seinem Buche *de Litteratura Runica*, ein merkwürdiges Stück aufbehalten. Es ist ein Epicedium oder Leichengesang von einem gewissen Regner Lodbrog: dieser war ein König von Dännemark im 13ten Jahrhunderte, sehr berühmt wegen seiner Heldenthaten, und zu gleicher Zeit ein großer Scalder oder Dichter. Er fiel in die Hand [250] seines Feindes, der ihn ins Gefängniß warf, und verdammte, daß er von Schlangen sollte getödtet werden. In dieser Verfassung tröstete er sich mit der Erinnerung seiner Thaten. Das Gedicht ist in 29 Strophen, jede von 10 Zeilen abgetheilet, und jede Strophe fängt mit dem Refrain an: *Pugnavimus ensibus*: wir wollen von den letzten 8 Strophen einen kleinen Versuch einer Uebersetzung wagen.

Was ist für einen tapfern Mann
Gewisser, als der Tod,
Und wenn man gleich der Schwerdter Sturm
Sich kühn entgegen stellt?

Nur der beklagt dies Leben oft,
Der nicht sein Weh gekannt:
Den räuberischen Adler lockt
Der Furchtsame ins Feld.

Der Feig ist stets, wohin er kömmt,
Sich unnütz und zur Last:
Der tapfre Jüngling aber tritt
In Sturm der Schlacht hervor.

Der eine sucht den andern auf,
Der Mann scheut nicht den Mann:
Des tapfern Mannes höchster Ruhm
War dieses allezeit;

Und wer der Jungfraun Liebe sucht
Muß kühn im Streite seyn. –
Mir scheint es sicher und gewiß,
Daß uns das Schicksal führt:

Was dieses uns einmal bestimmt
Dem weicht man selten aus.
Sah ich mein Leben wohl voraus
In Ellas Händen da,

[251] Als ich halbtodt mein Blut verbarg,
Ins Meer die Schiffe stieß,
Und wir den Geyern erst ein Mahl
Vom Feind bereiteten?

Dies macht mich allzeit lächeln: denn
Ich weis, dort sind für uns
In unsers Vaters Balders (Odins) Haus
Schon Sitze zugeschickt:

Hier trinken wir in kurzer Zeit
Aus Feinde Schädeln Bier:
Denn in des großen Odins Haus
Zagt nie ein tapfrer Mann:

Er zagt nicht zitternd vor dem Tod.
Auch ich, ich nahe mich
Mit der Verzweiflung Stimme nicht
Dem Hause des Odin.

Aslaugens Söhne, wüßten die
Mein ganzes Elend itzt,
Den ein vergiftet Schlangenheer
Aufs schrecklichste zernagt:

Wie würden sie die Schwerdter ziehn! –
Denn meinen Söhnen gab
Ich eine Mutter, die ihr Herz
Mit tapfern Muth erfüllt:

Der Vipern Biß droht grausam mir
Den nahen Untergang:
Denn mitten in dem Herzen wohnt
Mir eine Schlange schon.

Doch hoff ich meiner Söhne Schwerdt
Färbt einst nach Ellas Blut:
Von Zorn wird ihre Wange glühn
Und sie nicht ruhig seyn.

[252] In funfzig Schlachten focht ich kühn
Und freute mich des Kriegs;
Als Jüngling lernt ich schon, wie man
Das Schwerdt mit Blute färbt.

Da dacht ich: größer als wie Du
Wird nie ein König seyn: —
Mich rufen Todesgöttinnen:
Ich klage nicht den Tod.

Hier endiget sich mein Gesang:
Die Todesgöttinnen,
Die Odin mir aus seinem Haus
Geschicket, rufen mich:

Dort sitz ich frölich, hoch erhöht
Und trink mit ihnen Bier:
Des Lebensstunden sind entflohn
Und sterbend lach ich noch.

Diese Poesie ist so beschaffen, wie man sie von einer barbarischen Nation er-
warten kann, wild, rauh und unregelmäßig, aber stark und geistvoll: und wie
uns Olaus versichert, im Original voller Figuren und Metaphern. Doch wenn
man die Werke des Ossian aufschlägt, so findet man zwar auch das Feuer und
den Enthusiasmus des ersten Zeitalters, aber mit einem bewundernswürdigen
Grade der Regelmäßigkeit und Kunst verbunden. Man findet Zärtlichkeit und
selbst Delikatesse in den Empfindungen, das zärtlichste Gefühl, durch die
Ideen des wahren Heroismus veredelt. Der Verf. giebt davon folgende Ursa-
chen an:
Die alten Schotten waren ihrem Ursprunge nach Celten, die von den Go-
then und Teutonen weit ver[253]schieden waren, und deren Herrschaft sich
vormals über den ganzen westlichen Theil von Europa erstreckte. Diese hatten
ihre Druiden und Barden: die Druiden waren ihre Philosophen und Priester, die
Barden besangen ihre Heldenthaten. Wir dürfen sie uns also nicht als eine
grobe und wilde Nation vorstellen: sie besaßen schon seit undenklicher Zeit
ein gebildetes System von Disciplin und Sitten. – Den historischen Beweisen,
die der Verf. anführet, können wir nicht folgen, genug die Celten hatten für
ihre Poesie und Barden eine solche Liebe, daß ungeachtet der gänzlichen Aen-
derung ihrer Regierungsform und Sitten, und nachdem die Druiden schon
lange untergegangen waren, die Barden noch unter ihnen blühten. Jeder *Re-
gulus* oder Befehlshaber hatte seinen eignen Barden, der einen angesehnen Po-
sten am Hofe begleitete, und dem Ländereyen angewiesen waren, die selbst
auf seine Familie vererbten: sie waren oft zwischen streitenden Partheyen die
Abgesandten, und ihre Personen als heilig betrachtet. Aus diesem Grunde darf
man sich weniger verwundern, wenn man unter ihnen weit feinere poetische

Empfindungen antrift, als man von Leuten erwartet, die man Barbaren zu nennen pflegt; obgleich dieses eine sehr zweideutige Benennung ist, denn wenn sie auch feinere Sitten ausschließt, so verträgt sie sich doch mit großen und zärtlichen Empfindungen. Der Verf. beruft sich auf die alten Liebesgesänge der Lappländer, die Scheffer angeführt, Addison so schön im Zuschauer übersetzt, und wovon unser verstorbener Kleist eins so reizend nachgeahmet hat. In Ab[254]sicht auf den Heroismus war eins der größten Geschäffte der celtischen Barden, die Charaktere ihrer Helden zu schildern, und ihr Lob zu singen, wie Lucan sagt:

*Vos quoque qui fortes animos, belloque peremtos,*
*Laudibus in longum vates diffunditis aevum*
*Plurima securi fudistis carmina Bardi.*

Wenn man aber eine Ordnung von Menschen betrachtet, die sich seit undenklichen Zeiten mit der Dichtkunst beschäfftiget, die ihre ganze Einbildungskraft mit Ideen von Heldentugend erfüllt, alle Gedichte und Lobgesänge ihrer Vorfahren heilig hielten, und wo es immer einer dem andern in der Erhebung seines Helden zuvor zu thun suchte, so ist es natürlich, daß ein Held in ihren Gesängen mit den glänzendsten Eigenschaften erscheinen mußte. Einige, die den Fingal unterscheiden, als Mäßigkeit, Gnade und Menschenliebe scheinen dem ersten Begriffe einer barbarischen Nation zu widersprechen: aber so bald nur solche Ideen in den Seelen der Dichter aufzugehen angefangen, so werden sie zum Lobe ihrer Helden solche bald ergriffen haben, indem sich die menschliche Seele leicht der ursprünglichen Vorstellung einer menschlichen Vollkommenheit öffnet. –
Nach diesen allgemeinen Anmerkungen über die celtische Poesie und Barden überhaupt, betrachtet der Verf. die besondern Vortheile, die Ossian besaß, insbesondre. Man sieht deutlich, daß er zu einer Zeit lebte, die alle der vorgedachten Vortheile genoß. [255] Ossian sagt von sich selbst, daß er in einer Art von sehr klassischen Zeitalter lebe, wo er durch die Merkwürdigkeiten der vorhergehenden Zeiten erleuchtet wäre, die die Gesänge der alten Barden enthielten, und gedenket eines Perioden der Finsterniß und Unwissenheit, die über die Gränzen der Ueberlieferung hinaus war. Er scheint von Natur ein besonders empfindliches Herz und einen Hang zu der zärtlichen Melancholie gehabt zu haben, die nicht selten eine Begleiterinn eines großen Genies ist. Er war nicht nur von Profeßion ein Barde, und in allen poetischen Künsten erzogen, sondern auch der Sohn eines der größten Helden und Prinzen seiner Zeit. Denn Fingal regierte über ein sehr angesehenes Gebiete: er hatte sich von den Spolien der römischen Provinz bereichert, und durch seine Thaten und Siege groß gemacht. Die Sitten von Ossians Zeitalter, so viel aus seinen Schriften abzunehmen ist, waren dem poetischen Genie höchst günstig. Beyde Fehler, die nach Longin den Geist entnerven, Geiz und Weichlichkeit waren unbekannt.

Der menschlichen Sorgen gab es wenig: die Jagd und der Krieg waren ihre Lieblingsgeschäffte, und ihre vornehmste Belustigung der Gesang der Barden und "das Fest der Muschelschaalen," der höchste Gegenstand heroischer Seelen war "ihren Ruhm zu empfangen," das ist, der Gesänge der Barden würdig zu seyn und "ihre Namen auf den vier grauen Steinen zu haben." Unbeklagt von einem Barden zu sterben, wurde für ein so großes Unglück gehalten, als ihre Geister in einem andern Zustande zu beunruhigen. "Sie wan[256]dern in dicken Nebeln an dem mit Schilfe bewachsenen See: aber niemals werden sie sich ohne den Gesang zu der Wohnung der Winde erheben." Nach dem Tode erwarteten sie eben solche Beschäftigungen wie auf der Erde: mit ihren Freunden auf den Wolken zu fliehen, geistige Thiere zu verfolgen, und von den Lippen der Barden ihr Lob zu hören. War es Wunder, wenn in diesen Zeiten, in einem Lande, wo diese Poesie so geehret wurde, ein Homer entstand?

Die Gedichte des Ossian tragen so sehr den Charakter des Alterthums, daß wenn sich auch weiter kein Beweis dafür anführen ließ, jeder Leser von Kenntniß und Geschmack, sie in eine sehr entfernte Zeit setzen müßte. Es giebt vier große Scenen, durch welche die Menschen im Fortgange der Gesellschaft hindurch gehen. Die erste und frühste ist das Leben der Jäger: ihr folgt die Viehzucht, nach dem die Ideen des Eigenthums Wurzel zu schlagen angefangen: das nächste ist der Ackerbau, und das letzte die Handlung. Durch Ossians Gedichte sehen wir uns deutlich in den ersten dieser Perioden versetzt. – Der Verf. sucht dieses durch Beyspiele darzuthun: er zeiget in der Folge, daß der Zirkel der Begriffe über die Gränzen, die sich für ein solches Zeitalter schikken, nicht hinausgeht, und die Charakter keine größere Verschiedenheit haben, als man natürlicher Weise davon erwarten kann, indem Muth und körperliche Stärke die Haupteigenschaften der Bewunderung sind. – In Absicht auf die Zusammensetzung findet sich eben dieses Zeichen des höchsten Al[257]terthums. Keine künstlichen Uebergänge, keine volle und ausgedehnte Verbindung der Theile: überall ein reißender und heftiger Styl: in der Sprache, jener bilderreicher Schlag, der theils einer blühenden und rohen Einbildungskraft, theils der Unfruchtbarkeit der Sprache, und dem Mangel des eigenthümlichen Ausdrucks zuzuschreiben ist. Endlich, welches ein entscheidender Charakter des Alterthums ist, finden sich wenig allgemeine Ausdrücke oder abstrakte Ideen, oder Personifikationen, als des Ruhms, der Zeit, des Schreckens, oder der Tugend die den neuern Dichtern so sehr eigen sind. Einen andern Grund von dem hohen Alterthume dieser Gedichte findet D. Blair darinnen, daß, wenn sie untergeschoben wären, solches bey den Hochländern vor ungefähr 200 bis 300 Jahren hätte geschehen müssen, welches sowohl die Handschriften als das Zeugniß vieler lebenden Zeugen in Absicht auf die unwidersprechliche Ueberlieferung dieser Gedichte deutlich zu erkennen geben: dies ist aber eine Voraussetzung, die alle Gränzen der Glaubwürdigkeit übersteiget, da mehr als zu bekannt ist, daß die Hochländer zu diesen Zeiten in einem Stande der gröbsten

Unwissenheit und Barbarey lebten. Ueberdies sind zween Umstände übrig, die sich dieser Hypothese mit noch größerm Gewichte widersetzen. 1) Die gänzliche Abwesenheit solcher Ideen, die mit der Religion in einiger Verbindung stehen; 2) das gänzliche Stillschweigen, welches darinnen in Ansehung der großen Clans oder Familien herrschet, die itzt in den Hochländern blühen. Der Verf. zeigt auch in der weitern Ausführung dieser [258] beyden Punkte, daß diese Gedichte wahrhaftig ehrwürdige Denkmäler eines sehr entfernten Alterthums seyn müssen, und machet darauf einige Anmerkungen über den allgemeinen Geist und Ton, der darinnen herrschet.

Zärtlichkeit und Hoheit charakterisiren die Poesie des Ossian vorzüglich: sie athmet nichts lustiges und freudiges: sondern eine Mine der Feyerlichkeit und des Ernstes findet sich über das Ganze ausgebreitet: stets erhebt sie sich in das höhere Gebiete des Großen und Pathetischen. Alle Begebenheiten darinnen sind ernsthaft, und die Scenen wild und romantisch. Die ausgebreitete Heyde an dem Ufer der See, das Gebürge mit Nebeln beschattet: der Fluß, der ein einsames Thal durchstreichet: die zerstreuten Eichen und die Gräber der Helden mit Moos bewachsen: alles erzeugt in der Seele eine feyerliche Aufmerksamkeit. Seine Poesie verdient *die Poesie des Herzens* genannt zu werden. Es redet ein Herz, von edlen Empfindungen und erhabenen und edlen Leidenschaften durchdrungen: ein Herz, das glüht und die Einbildungskraft anstecket: ein Herz, das voll ist und sich selbst ergießt. Ossian schrieb nicht wie die neuern Dichtern, den Lesern und Kunstrichtern zu gefallen. Er sang aus Liebe für den Gesang, seine Freude war, sich der Helden seiner Zeit zu erinnern, die rührenden Vorfälle seines Lebens zurück zu rufen: sich mit seinen vorigen Kriegen, Liebeshändeln und Freundschaften zu unterhalten, bis, wie er sich selbst ausdrücket, eine Stimme zum Ossian kömmt und seine Seele erwecket. "Es ist die [259] Stimme der Jahre, die vorüber gegangen sind: sie rollen vor mir vorbey mit allen ihren Thaten." Unter dieser wahren poetischen Begeisterung dürfen wir uns nicht wundern die mächtige und immer gefällige Stimme der Natur zu hören. – Der Verf. erinnert noch den Leser, daß, wenn er den Ossian fühlen will, er ihn nicht geschwind überhin, und mehr als einmal lesen müsse: er ist so kurz und so von Bildern voll, daß das Gemüth sich anstrengen muß, ihn überall zu begleiten.

Da Homer unter den größten Dichtern der einzige ist, dessen Sitten und Zeiten Ossians seinen am nächsten kommen, so stellt D. Blair eine Vergleichung zwischen beyden an. Denn ob jener gleich mehr als tausend Jahr vor diesen celtischen Barden gelebt, so ist es doch nicht so wohl von den Jahren der Welt, als vielmehr von dem Zustande der Gesellschaft, daß man von ihrer Aehnlichkeit urtheilen muß. Der griechische Dichter hat in verschiednen Punkten einen offenbaren Vorzug. Homer führet eine weit größere Abwechselung von Begebenheiten ein: er hat einen weit größern Umfang von Begriffen, seine Charaktere haben mehr Verschiedenheit, und er besitzt eine weit tiefere Kennt-

niß der menschlichen Natur. Denn Homer lebte in einem Lande, wo die Ge-
sellschaft schon einen weit größern Grad der Vollkommenheit erreicht hatte,
Städte gebaut, Gesetze geordnet waren, und Ordnung, Zucht und Künste an zu
blühen fiengen. – Ob gleich Ossians Ideen und Gegenstände weit weniger Ver-
schiedenheit als Homers seine haben, so wa[260]ren sie doch von einer zur
Poesie höchstgeschickten Art: die Herzhaftigkeit und der Edelmuth der Hel-
den, die Zärtlichkeit der Liebhaber, die Liebe der Freunde, der Aeltern und
Kinder. In einem rauhen Zeitalter und Lande, obgleich der Begebenheiten we-
nige sind, brütet das unzerstreute Gemüthe mehr über ihnen: sie greifen die
Einbildungskraft mehr an, und befeuern die Leidenschaften weit stärker: mit-
hin werden sie für ein poetisches Genie glücklichere Materialien, als eben
diese Begebenheiten, wenn sie in den weiten Zirkel einer mehr abwechselnden
Handlung und eines verfeinerten Lebens zerstreuet liegen.

Homer ist ein weit munterer und heiterer Dichter als Ossian: überall ent-
deckt sich die griechische Lebhaftigkeit, da Ossian immer einförmig stets die
Ernsthaftigkeit und Feyerlichkeit eines celtischen Helden beybehält. – Bey al-
len Gelegenheiten ist er mit seinen Worten sparsam, niemals giebt er mehr als
ein Bild oder eine Beschreibung: Homer füllt sie mit einer großen Verschie-
denheit von Umständen aus. Bey seiner Lebhaftigkeit hat er etwas von der
griechischen Schwatzhaftigkeit. Beyde sind vorzüglich erhaben: aber die Art
der Erhabenheit ist verschieden. Homers seine äußert sich immer mit mehr
Ungestüm und Feuer, Ossians mit einer feyerlichern und ehrwürdigern Größe.
Homer ist erhabner in Thaten und Schlachten, Ossian in Beschreibungen und
Empfindungen. Ein bewundernswürdiger Umstand ist, daß in Absicht auf die
Menschenliebe, Großmuth und ein tugendhaftes Gefühl von jeder Art, dieser
rohe celtische Barde einen so hohen Antheil besitzt, daß [261] nicht nur die
Helden des Homer, sondern auch des feinen und zärtlichen Virgil seine weit
von des Ossian seinen zurückgelassen worden. Nach diesen allgemeinen Beob-
achtungen über das Genie und den Geist des Dichters stellt D. Blair eine nähe-
re Prüfung seiner Werke an, von denen wir im künftigen Stücke vollends den
Auszug zu liefern gedenken.

[13] D. Blair, von dessen allgemeinen Anmerkungen über die Gedichte des
Ossian wir im letztern Stücke einen Auszug geliefert haben, beleuchtet sie in
der Folge noch näher, und diese Erscheinung ist es schon werth, daß wir seine
fernern Beobachtungen darüber dem Leser mittheilen. Fingal ist das erste
große Gedichte in dieser Sammlung. Selbst nach den Regeln des Aristoteles
hat es die wesentlichsten Eigenschaften eines epischen Gedichts. Unsere Ver-
wunderung, daß er, den [sic!] diese Regeln gänzlich unbekannt gewesen, sie so
genau beobachtet, wird aufhören, wenn wir betrachten, aus was für einer Quel-
le er sie genommen. Aristoteles zog sie aus dem Homer. Homer und Ossian
aus der Natur. Die Hauptregeln, die Aristoteles angiebt, sind: daß die Hand-
lung, die zum Grunde des Gedichts gelegt wird, eine einzige, vollständige und

große Handlung; daß sie erdichtet und nicht blos historisch seyn solle; daß sie durch Charaktere und Sitten belebt und durch das Wunderbare erhöhet werde.

Die Einheit der Handlung ist aufs genauste im Fingal beobachtet: es ist das Unternehmen, Irrland von dem Einfalle des Swaran zu befreyen. Alle Vorfälle beziehen sich auf diesen einzigen Zweck; [14] wir finden ferner, nach der Foderung dieses Kunstrichters, einen Anfang Mittel und Ende: einen Nodum oder Knoten. Schwürigkeiten entstehen durch Cuchullins Uebereilung und schlechten Fortgang: sie werden nach und nach überstiegen, und das Werk wird endlich zu dem glücklichen Schlusse geführt, der dem epischen Gedichte so wesentlich ist. Eben diese Einheit wird auch in Ansehung der Zeit und des Orts beobachtet. Der Herbst ist die Zeit der Handlung, und vom Anfange bis ans Ende ist ihr Auftritt auf der Heyde von Lena, längst an dem Ufer der See. Durchs Ganze herrschet diese Größe von Empfindungen, Ausdrucke und Bildern, und die Erzählung ist mit viel Kunst durchgeführt. Er rufet keine Muse an: denn er kennt keine: er entdeckt den Innhalt seines Gesanges nicht durch einen förmlichen Satz, sondern dieser entwickelt sich leicht und natürlich von selbsten: in der Vergrößerung seines Helden zeiget er so viele Kunst als Homer in dem Charaktere des Achilles. – Die Geschichte in der Iliade kann nicht simpler seyn, als die in dem Fingal. Swaran thut in Irrland einen Einfall: Cuchullin, der Vormund des jungen Königs, rufet den Fingal zu Hülfe, der auf der gegenüberliegenden Küste von Schottland regieret. Ehe dieser noch ankömmt, greift er aus einem übereilten Rathschlage den Swaran an, wird geschlagen, und zieht sich muthlos zurücke. Unter diesen Umständen kömmt Fingal an. Die Schlacht ist einige Zeit lang zweifelhaft; endlich aber überwindet er den Swaran. [15] Die Erinnerung, daß dieser der Bruder der Agandecca ist, die vormals sein Leben gerettet, machet, daß er ihn mit Ehren losläßt. Der Beschluß ist, die Aussöhnung der streitenden Helden, die Beruhigung Cuchullins und die allgemeine Glückseligkeit, die die Handlung krönet. "So legten sie die Nacht im Gesange zurück und brachten den Morgen mit Freuden heran. Fingal erhob sich auf der Heyde: und schüttelte seinen glänzenden Speer in seiner Hand. Zuerst gieng er nach der Ebnen von Lena, und wir folgten wie eine Reihe von Feuer. Breitet die Seegel aus, sagte der König von Morven und fasset die Winde, die von Lena herströmen. Wir erhoben uns auf der Welle mit Gesängen und stürzten mit Freuden durch den Schaum des Oceans."

Die natürliche Vorstellung der menschlichen Charaktere in einem epischen Gedichte trägt vieles zu seinem Verdienste bey, und hierinnen übertrifft Homer alle heroische Dichter, und wenn Ossian ihm hierinnen weichen muß, so ist er doch nicht unter dem Virgil: es findet sich keine todte Einförmigkeit der Charaktere, sondern die Hauptcharaktere sind nicht nur deutlich bezeichnet, sondern sie stechen auch wohl gegeneinander ab, wie der V. dieser Abhandlung der Länge nach zeiget. In dem Charakter und der Beschreibung des Fingal triumphiret Ossian über alle seine Nebenbuhler: er sammlet darinnen alle Eigen-

schaften, die die menschliche Natur veredeln, was den Helden bewunderns-
und den Mann liebenswürdig machen kann: er ist nicht [16] nur im Kriege un-
überwindlich, sondern er machet sein Volk durch seine Weisheit in Tagen des
Friedens glücklich. – Er ist ein allgemeiner Beschützer der Unglücklichen.
"Niemand gieng jemals traurig vom Fingal." – "O Oscar beuge den Starken in
Waffen: aber schone der schwachen Hand. Sey du ein Strom von vielen Flu-
then wider die Feinde deines Volks: aber gleich dem Weste, der das Gras be-
weget, gegen die, die deine Hülfe verlangen. So lebte Trenmor: ein solcher war
Trathal: und ein solcher ist Fingal gewesen. Mein Arm war die Stütze des Be-
leidigten: der Schwache ruhte hinter dem Blitze meines Stahls." Unser Kunst-
richter zeiget hier weitläuftig das große Verdienst des Dichters, einen solchen
vollkommnen Charakter, der sonst im Heldengedichte, wie des Virgil Aeneas,
keine sonderliche Figur machet, unterhaltend und rührend zu machen.

Außer menschlichen Personen werden oft Gottheiten oder Geister in der
epischen Poesie eingeführet, die die Maschinen ausmachen, und es kann nicht
geläugnet werden, daß das Wunderbare viel Reiz für uns hat. Es nähret die
Einbildungskraft und giebt oft zu großen und erhabenen Handlungen Anlaß.
Doch ist dieses schwer: so bald ein Dichter die Wahrscheinlichkeit überschrei-
tet, verfällt er ins Romanhafte und Kindische: es steht auch nicht bey ihm, sich
selbst ein System von Wunderbaren auszusinnen, es mag zusammen hängen,
wie es wolle: er thut also wohl, wenn er hierinnen [17] seine Religion, oder die
aberglaubische Leichtgläubigkeit des Volks, unter dem er lebt, zu Hülfe
nimmt. Ossian ist auch hierinnen glücklich und wählet mit dem Homer einen
gleichen Weg. So wie dieser die überlieferte Geschichte, auf die er die Iliade
baute, mit Göttern durchwebet fand; so fand dieser die Erzählung seines Lan-
des voll von Geistern und Gespenstern. Wahrscheinlicher Weise glaubte er sie
selbst, er bediente sich ihrer sehr glücklich, und sie geben seinem Gedichte das
Feyerliche und Wunderbare, zu denen sein Genie einen so großen Hang hatte.

Ossians Mythologie ist ihm ganz eigen, und sie machet keine geringe Figur
in seinen Gedichten. Meistens sind es Geister der Verstorbenen: er läßt sie
nicht ganz immateriell erscheinen, sondern als dünne luftige Gestalten, ihre
Stimme ist schwach, ihr Arm ist ohnmächtig, sie haben eine mehr als mensch-
liche Kenntniß. In einem abgesonderten Zustande haben sie noch eben die Ge-
sinnungen, die sie in diesem Leben hatten. Sie fahren auf den Winden, spannen
ihre luftigen Bogen und verfolgen Thiere von Wolken. Die Geister der Barden
singen immer fort, und die Geister der Helden erscheinen immer noch auf den
Feldern ihres erlangten Ruhms: kurz, sie sind den Geistern des Homers im
eilften Buche der Odyssee völlig ähnlich. In Beschreibung derselben ist Os-
sians Einbildungskraft außerordentlich fruchtbar. Im Anfange des 2ten Buchs
Fingal, erscheint Crugals Geist. "Ein schwarzrother Strahl von Feuer kömmt
von dem [18] Hügel herab. Crugal sitzt auf dem Strahl, er, der letztens im
Schlachtfelde der Helden kämpfend von der Hand Swarans fiel. Sein Gesicht

ist wie der Strahl des untergehenden Monden. Seine Kleider von Wolken des
Berges, seine Augen wie zwo sterbende Flammen. Schwarz ist die Wunde sei-
ner Brust – düstern blinken die Sterne durch seine Gestalt, und seine Stimme
war wie das Getös eines entfernten Stroms. Finster und in Thränen stand er
und streckte seine bleiche Hand über den Helden aus. Schmachtend erhob er
seine schwache Stimme, wie der Wind des rohrichten Lego. – Mein Geist,
o Connal ist auf den Gebürgen meines Vaterlands, mein Leib aber auf dem
Sande von Ullin. Du wirst niemals mit dem Crugal reden, oder seine einsamen
Fußstapfen auf der Heide finden. Ich bin Licht wie der Blitz von Cromla, und
bewege mich, wie der Schatten des Nebels. Connal, Sohn Colgars! ich sehe die
finstre Wolke des Todes. Sie hauchet über den Ebnen von Lena. Die Söhne des
grünen Erin werden fallen. Begieb dich weg vom Felde der Geister. – Wie der
verfinsterte Mond zog er sich mitten in den zischenden Blitz zurück." Der
Verf. führet noch viele dergleichen Erscheinungen an und zeiget, wie schick-
lich sie auch angebracht sind. Ein großer Vortheil bey Ossians Mythologie ist,
daß sie sich nicht auf einen gewissen Ort oder Zeit einschränkt, sondern dem
menschlichen Aberglauben bey allen Völkern und zu allen Zeiten so natürlich
ist.

[19] Neben den Geistern der Verstorbenen hat er noch andere Arten von
Maschinen, Geister von einer höhern Natur, die Macht haben die Tiefen in
Bewegung zu setzen, Winde und Stürme hervor zu rufen und sie auf das Land
des Fremdlings auszuschütten, Wälder umzustürzen, und den Tod unter die
Völker zu schicken. Es giebt auch Blutregen und andere Anzeigen; und wenn
ein Unglück in einer Entfernung vorgeht, so läßt sich der Klang des Todes auf
Ossians Harfe hören. Der Autor zeiget einige der erhabensten Stellen von die-
ser Art an. Ungeachtet der poetischen Vortheile aber, die er in Ossians Ma-
schinen findet, so glaubt er doch mit Recht, daß man noch etwas weit schöners
und vollkommners hätte erwarten können, wenn der Dichter einige Kenntniß
von dem höchsten Wesen gehabt hätte.

Er geht zum 2ten epischen Gedichte des Ossian Temora über, das nicht ge-
ringere Verdienste hat, und er deswegen insbesondere vornimmt, ob gleich
auch hier verschiedene der vorhergehenden Anmerkungen statt finden. Die
Scene von Temora ist, wie im Fingal, in Irrland, die Handlung aber später. Es
machet sich darinnen ein Held auf, einen blutigen Usurpateur vom Throne zu
stoßen, und der Nachkommenschaft des rechtmäßigen Prinzen den Besitz des
Reichs zu versichern: ein Unternehmen, das des Heldenmuths und der Gerech-
tigkeit des Fingal würdig ist. Die Handlung ist einfach und vollständig. Das
Gedichte hebt mit der Descente des Fingal auf der Küste, und mit [20] der
Berathschlagung der feindlichen Feldherren an. Der Mord des jungen Prinzen
Cormac, als die Ursache des Kriegs, die vor der epischen Handlung hergeht,
wird mit großer Schicklichkeit im ersten Buche als eine Episode eingeschaltet.
In der Folge werden drey Schlachten beschrieben, immer eine wichtiger als die

andere: der Ausgang ist zweifelhaft und Fingal wird, durch die Verwundung seines großen Feldherrn Gaul und den Tod seines Sohns Fillan, in die äußerste Verlegenheit gesetzt; er übernimmt endlich das Commando selbst, und nachdem er den Irrländischen König in einem Zweykampfe erschlagen, setzt er den rechtmäßigen Erben auf den Thron.

Temora hat vielleicht weniger Feuer, als Fingal, aber hingegen mehr Abwechslung, Zärtlichkeit und Pracht. – In den Gedichten des Autors sind die Schrecken des Kriegs durch untermischte Scenen von Liebe und Freundschaft versüßet. Im Fingal werden diese meistens als Episoden eingeschoben: in Temora aber sind sie mit dem Hauptinhalte in der Begebenheit des Cathmor und der Sulmalla verbunden. Diese machet eine der größten Schönheiten dieses Gedichts aus.

Außer den Charakteren, die schon im Fingal vorkommen, erscheinen auch hier verschiedne neue, und obgleich, da sie alle Krieger sind, Heldenmuth der vornehmste Zug darinnen ist, so sind sie dem ungeachtet auf eine sehr merkliche Art gezeichnet. Foldath z. E. der Feldherr des Cathmor, ist kühn, unternehmend: aber stolz, grausam, unempfind[21]lich: sein Gegenbild ist der sanftmüthige und weise Hidalla. Der Charakter des Foldath erhebt des Cathmor seinen, des obersten Feldherrn, der von den menschlichsten Tugenden geziert ist, und so liebenswürdig abgeschildert wird, daß das Interesse zwischen ihm und dem Helden getheilet ist, ob gleich der Dichter es so künstlich einzuleiten gewußt, daß Cathmor selbst des Fingals Vorzug erkennet. Die Lieblingsfigur und die ausgeführteste ist Fillan, des Fingals jüngster Sohn. Sein Charakter ist von der Art, für die Ossian eine vorzügliche Zärtlichkeit bezeuget: ein hitziger junger Krieger, der von allen dem ungedultigen Enthusiasmus nach Kriegsruhme brennt, der der damaligen Zeit eigen war. D. Blair zeiget weitläuftig, wie ihn der Dichter behandelt hat, und wir wollen nur einige Züge daraus anführen. Als Fingal nach der Gewohnheit einen von seinen Feldherrn ernennt, der das Heer anführen soll, und jeder hervor tritt, um einen Anspruch auf diese Ehre zu erwarten, zeiget sich Fillan in folgender mahlerischen Stellung. "Auf seinen Speer gelehnt, stund der Sohn der Clatho, und seine Blicke wanderten auf und ab. Dreymal erhob er seine Augen gegen Fingal: dreymal verließ ihn die Stimme, als er sprach: – Fillan konnte sich keiner Schlachten rühmen – auf einmal schritt er hinweg. Da stund er über einem entfernten Strom gebeugt: die Thräne hieng in seinen Augen. Bisweilen schlug er mit seinen umgekehrten Speer das Haupt der Distel." Und wie schön ist die Beschreibung von Fingals väter-[22]licher Empfindung bey dieser Gelegenheit. "Und er stand nicht unbemerkt vom Fingal. Von der Seite sah er seinen Sohn. Er sah ihn mit ausbrechender Freude. Er verbarg die dicke Thräne in seinen Augen, und kehrte sich mitten in seiner vollen Seele weg." An dem größten und letzten Tage des Fillan, an welchem der Vater ihm das Heer in die Schlacht zu führen übergiebt, empfiehlt Fingal seinen Sohn den Truppen auf folgende edle und rührende Art. "Ein jun-

ger Strahl geht vor euch her: wenig sind seiner Schritte im Kriege: ihrer sind
wenig: aber er ist tapfer: vertheidiget meinen schwarzhaarichten Sohn, bringt
ihn mit Freuden zurück: künftig mag er alleine stehen. Seine Gestalt ist wie
seiner Väter ihre: seine Seele ist eine Flamme von ihrem Feuer." Als die
Schlacht angeht: verschwendet der Dichter alle Kräfte, die Thaten des jungen
Helden zu beschreiben: er tödtet mit eigner Hand den feindlichen Feldherrn
Foldath. In dem was folgt, da der Tod des Fillan näher rückt, übertrifft sich
der Dichter selbst. Nachdem Foldath erschlagen und das feindliche Heer auf
der Flucht ist, bleibt für den Feind keine Hoffnung übrig als in dem großen
Cathmor, der in dieser äußersten Noth vom Hügel herabsteiget, wo er nach
damaliger Gewohnheit der Schlacht zugesehen. Wie wird aber dieser kritische
Augenblick von dem Dichter aufgeführt. "Weit ausgebreitet über den wieder-
hallenden Lubar rollt die Flucht des Bolga dahin. Fillan hieng vorwärts nach
ihren Schritten und [23] bestreute die Heyde mit Todten. Fingal freute sich
über seinen Sohn. – Cathmor mit dem blauen Schilde erhob sich. – Sohn des
Alpin, bringe die Harfe! Gieb Fillans Lob den Winden: erhebe seinen Ruhm
hoch in meiner Halle, weil er noch im Kriege scheint. Verlasse blauäugichte
Clatho! verlaß deine Halle! sieh diesen frühen Strahl von dir. Der Feind ver-
welket in seinem Laufe. Sieh aber nicht weiter – es ist finster – leicht – zitternd
von der Harfe, rühret, ihr Jungfrauen, rühret den Saitenklang." Die plötzliche
Unterbrechung bey der Erzählung, daß sich Cathmor vom Hügel erhebt: das
jählinge Ausbrechen in das Lob des Fillan und die passionirte Apostrophe an
dessen Mutter Clatho, sind wunderbare poetische Kunstgriffe uns für die Ge-
fahr des Fillan zu interessiren. – Der Fall dieses jungen Helden aber könnte
nicht rührender und affektvoller seyn. Unsere Aufmerksamkeit geht natürlicher
Weise auf den Fingal. Er sieht den Cathmor vom Berge herabsteigen und die
Gefahr seines Sohns: aber was soll er thun? "Soll Fingal sich zu seiner Hülfe
erheben und das Schwerd des Luno ergreifen? Was würde aus deinem Ruhm
werden? Sohn der Clatho mit dem weissen Busen! kehre deine Augen nicht
vom Fingal, Tochter der Inistore! ich würde nicht deinen frühzeitigen Strahl
auslöschen. – Keine Wolke von mir, mein Sohn soll sich über deine Seele von
Feuer erheben." In diesem Streite zwischen Ruhm und Liebe für seinen Sohn,
schickt er den Ossian mit dieser zärtli[24]chen Anrede ab: "Vater des Oscar!
(ein Titel, der dieser Gelegenheit am höchsten angemessen ist.) Vater des Os-
car! schwinge den Speer: vertheidige den Jüngling in Waffen. Aber verbirg
deine Schritte vor Fillans Augen: er muß nicht wissen, daß ich seinem Stahle
mißtraue." Ossian kömmt zu spät an: der Dichter unterdrückt die Umstände
des Kampfes mit dem Cathmor und zeigt uns blos den sterbenden Helden. Wir
sehen ihn mit eben dem Heldenmuthe erblassen und blos seufzen, daß er so
frühzeitig vom Felde des Ruhmes abgemähet wird. "Ossian lege mich in die-
sen hohlen Felsen. Erhebe keinen Stein über mir, damit nicht jemand nach
meinem Ruhme frage. Ich bin gefallen in dem ersten meiner Feldzüge; gefal-

len ohne Ruhm. Laß deine Stimme allein meiner fliehenden Seele zujauchzen. Warum soll der Barde wissen, wo der früh gefallne Fillan liegt?" Man vergleiche dieß mit der Geschichte des Pallas im Virgil.

D. Blair kömmt nun zu Ossians kleinern Gedichten und zeigt auch darinnen die vorzüglichen Schönheiten: wir wollen aber noch etwas von seinen Anmerkungen hinzufügen, die er über Ossians Schreibart, unter den allgemeinen Abtheilungen der Beschreibung, Reichthum an Bildern, und Empfindungen beybringt.

Ein Dichter von einem Originalgenie zeigt sich hauptsächlich durch Geschicklichkeit seiner Beschreibungen: er verführet uns, daß wir die Sachen selbst vor Augen zu sehen glauben: er faßt allezeit [25] die unterscheidende Züge, giebt den Sachen die Farben des Lebens und der Wahrheit und setzet sie in das gehörige Licht. Ossian besitzt dieß Talent im höchsten Grade: einige Proben mögen davon zum Beweise dienen. Z. E. Die Ruinen von Balclutha. "Ich habe die Mauren von Balclutha gesehen, aber sie waren Oeden. Das Feuer ist in den Hallen ertönet und die Stimme des Volks wird nicht mehr gehöret. Der Strom von Clutha war von seiner Stelle durch den Fall der Mauern verdrungen: die Distel schüttelte ihr einsames Haupt: das Moos pfiff in den Wind: der Fuchs sah zum Fenstern heraus: das wilde Graß webelte um seinem Haupte. Verwüstet ist die Wohnung der Moina: Stillschweigen ist in dem Hause ihrer Väter." Nichts kann ebenfalls natürlicher und lebhafter seyn, als die Art, wie Carthon in der Folge beschreibt, wie ihm, bey der Einäscherung seiner Stadt, als ein Kind zu Muthe gewesen. "Hab ich nicht das gefallne Balclutha gesehen? und werde ich mit Comhals Sohne schmausen? Comhal! der sein Feuer in die Halle meines Vaters warf! ich war jung und wußte nicht die Ursache, warum die Jungfrauen weinten. Die Säulen von Rauche gefielen meinem Auge, als sie über meine Mauern empor stiegen: oft sah ich mit Freuden zurück, als meine Freunde über den Hügel flohen. Aber, als meine Jünglingsjahre herankamen, sah ich das Moos meiner gefallnen Mauern: meine Seufzer stiegen auf mit dem Morgen, und meine Thränen sanken [26] mit der Nacht nieder. Soll ich nicht fechten, sagte ich zu meiner Seele, wider die Kinder meiner Feinde? Und ich will fechten, o Barde! ich fühle die Stärke meiner Seele." – Ossian ist allezeit in seinen Beschreibungen kurz, welches ihre Stärke und Schönheit vermehrt. – Keine weitläuftige Beschreibung würde uns einen vollkommnern Begriff von einem alten braven Soldaten geben, als folgende wenige Worte: "sein Schild ist von den Streichen der Schlacht bezeichnet; sein rothes Auge verachtet Gefahr. Als Oscar alleine gelassen, von Feinden umgeben wurde, stund er, und wuchs an seiner Stelle, wie die Fluth in einem engen Thale." Was für ein glückliches Bild eines unerschrocknen Mannes, der bey der Erscheinung der Gefahr größer zu werden scheint: wie ein Strom, der durch die Einschränkung eines engen Thals aufschwillt. Ob gleich Ossians Genie hauptsächlich sich gegen das Erhabne und Pathetische neiget, so erkennet man doch auch die Meisterhand in zärtlichen und anmuthigen Gegenständen. Wie schön ist z. E. die Beschreibung der Agandecca. "Die Tochter des Schnees horchte darauf und verließ die Halle ihres Seufzers. Sie kam in aller ihrer Schönheit, wie der Mond aus der Wolke des Osten. Liebreiz umgab sie wie das Licht. Ihre Tritte glichen der Musik der Gesänge. Sie sah den Jüngling und liebte ihn. Er war der verstohlne Seufzer ihrer Seele. Ihr blaues Auge rollte nach ihm insgeheim. Und sie segnete den Gebieter von Morven." Die Simpli-[27]cität des Ossian vermehret seine Schönheit: hier ist keine gesuchte Zierrath, kein erzwungener Witz.

Unter allem Schmucke der beschreibenden Poesie, haben die Gleichnisse einen besondern Glanz und enthalten hauptsächlich dasjenige, was wir das Mahlerische in der Poesie nennen. Ein poetisches Gleichniß setzet allezeit zwey Objekte voraus, die in der Einbildung ein gewisses Verhältniß haben, es mag nun die Gleichheit in der Wirkung, oder in einer unterscheidenden Eigenschaft liegen. Sehr oft werden zwey Objekte in ein Gleichniß gebracht, die im eigentlichsten Verstande keine Aehnlichkeit mit einander haben, als in so fern sie in der Seele gewisse übereinstimmende Ideen hervorbringen, so daß die Erinnerung des einen den Eindruck des andern belebt und erhöhet. Eine Probe wird aus dem Ossian gegeben, wo das Vergnügen, mit dem ein alter Mann auf die Tage seiner Jugend zurücke sieht, mit der Schönheit eines feinen Abends verglichen wird: die ganze Aehnlichkeit liegt in der Wirkung einer stillen und ruhigen Freude. "Willst du nicht hören, Sohn des Felsen, auf den Gesang des Ossian? Meine Seele ist voll von den vorigen Zeiten; die Freude meiner Jugend kehret zurück. So erscheint die Sonne in Westen, wenn die Schritte ihrer Pracht hinter einem Sturm sich hervor bewegen. Die grünen Hügel erheben ihre bethauten Häupter. Die blauen Ströme freuen sich in dem Thale. Der betagte Held kömmt an seinem Stabe hervor, und sein graues Haar blitzet im Sonnenstrahl." Welch [28] eine feine Gruppe von Objekten. Die Hauptregel in Absicht auf die poetischen Gleichnisse ist, daß sie am gehörigen Orte stehen, wenn die Seele sie zu empfinden geschickt ist, nicht in der Mitte einer stürmischen Leidenschaft. – Jedes Land hat gewisse Scenen, die ihm eigen sind: aus dieser Ursache sollte man allezeit mit der natürlichen Geschichte eines Landes bekannt seyn, wo die Handlung des Gedichts vorgeht. Die Aufstellung fremder Bilder verräth mithin allezeit einen Dichter, der nicht die Natur, sondern andre Schriftsteller kopiret hat: daher sind die Löwen, Adler, Tieger und Schlangen in den meisten neuern Dichtern sehr lächerlich. Ossian ist hierinnen sehr correct. Seine ganze Bildnißmalerey ist aus der Natur genommen die er vor sich hatte: wir sehen überall die Nebel, Wolken und Stürme einer nördlichen Gegend. D. Blair stellet hier wieder eine Vergleichung mit dem Homer und Ossian in Absicht auf die Einführung ihrer Gleichnisse vor. Kein Dichter ist reicher an Gleichnissen und bisweilen vielleicht zu voll davon. Sonne, Mond, Sterne, Wolken, Meteorn, Donner und Bliz, Seen, Flüsse, Stürme, Eis, Regen,

Schnee, Thau, Nebel, Feuer und Rauch, Bäume und Wälder, Heyden, Gras und Blumen, Felsen und Berge, Musik und Lieder, Licht und Finsterniß, Geister und Gespenster machen den Zirkel aus, in dem Ossians Gleichnisse sich umher drehen: einige sind auch von Thieren hergenommen, aber wenige, vermuthlich weil die Thierwelt nicht sehr zahlreich daselbst war: dieß machet eine [29] kleine Einförmigkeit: aber wenn das Objekt, von dem das Gleichniß genommen ist, auch in der Substanz immer dasselbige ist, so ist doch, durch die Abänderung der Erscheinung, und der Vorstellung von einer andern Seite, immer das Bild wieder neu: und darinnen liegt Ossians größte Kunst. Wir wollen davon nur zur Probe den Mond anführen, der sehr häufig vorkömmt, da er in einer nördlichen Gegend wegen der langen Nächte ein weit größerer Gegenstand der Aufmerksamkeit, als beym Homer, ist. Wie verschieden hat der Dichter nicht seine Erscheinungen genützt. Der Schild eines Kriegers ist "wie der verfinsterte Mond, wenn er einen grauen Zirkel durch die Wolken macht." Das Gesicht eines Geists ist, blaß und bleich wie "der Strahl des untergehenden Monden," und wieder eine andere dünne und undeutliche Erscheinung eines Geists ist "wie der Neumond, den man durch einen ausgebreiteten Nebel sieht, wenn die Wolke ihren flockichten Schnee herabschüttet, und die Welt schweigend und finster ist" oder in einer andern Gestalt ist er "wie der wäßrichte Strahl des Monden, wenn er zwischen zwo Wolken herabfähret und der mitternächtliche Regen auf dem Felde ist." Einen gegenseitigen Gebrauch des Monden sieht man in der Beschreibung der Agandecca. "Sie kam in aller ihrer Schönheit, wie der Mond aus der Wolke von Osten. Eine betrogene Hoffnung ist Freude, die sich auf ihrem Gesichte erhebt, und der Kummer, der wiederkehrt, gleich einer dün[30]nen Wolke über den Mond." Aber wenn Swaran, nach seiner Niederlage, durch Fingals Großmuth erfreuet wird, heißt es: "Sein Gesicht glänzte, wie der volle Mond am Himmel, wenn die Wolken sich verziehen, und ihn still und breit mitten am Horizonte lassen." "Venvela ist prächtig wie der Mond, wenn er über der westlichen Wolke zittert: aber die Seele des strafbaren Uthal ist, wie das verfinsterte Gesicht des Monden, wenn es Sturm verkündiget." In einer ganz ungewöhnlichen Anspielung, die voller Einbildungskraft ist, wird von Cormar gesagt, der in früher Jugend sterben sollte: "Nicht lange wirst du den Speer erheben, sanft scheinender Strahl der Jugend! Der Tod steht finster hinter dir, wie die finstere Hälfte des Monden hinter seinem zunehmenden Lichte."

Unser Kunstrichter vergleichet nunmehr des Ossians und Homers Beschreibungen und Gleichnisse. Wir müssen uns mit ein paar begnügen lassen. Folgende Beschreibung aus dem Homer ist unstreitig eine der schönsten, und wir finden sie bey ihm zweymal mit denselben Worten wiederhohlt. "Als nun die streitenden Heere im Schlachtfelde handgemein wurden, dann trafen Schilde und Schwerter, und die Stärke gewaffneter Männer auf einander. Die erhabnen Schilder wurden, einer gegen den ander[n] gestoßen. Der allgemeine Tumult

gieng an. Hier vermischte sich das Triumphsgeschrey und das sterbende Aech-
zen der Sieger und Besiegten. Die Erde strömte von Blute. So wie Winterströ-
[31]me, die von Bergen herabfließen, ihre gewaltigen Wasser in ein enges Thal
ergießen. Aus tausend Quellen strömen sie hervor und vereinigen sich in dem
hohlen Canal. Der entfernte Hirt hört ihr Gebrüll auf dem Gebürge von ferne.
So war das Schrecken und Geschrey der kämpfenden Heere." An einer andern
Stelle häuft dieser Dichter, wie Ossian Gleichnisse mit Gleichnissen, um die
Größe seiner Idee, mit der seine Einbildungskraft zu arbeiten scheint, auszu-
drücken. "Mit einem mächtigen Geschreye greift der Feind an. Nicht so laut
brüllt die Welle des Ocean, wenn sie durch die ganze Kraft des Nordwinds wi-
der das Ufer geschlagen wird: nicht so laut tönt, in den Wäldern der Berge, das
Geräusch der Flamme, wenn sie in ihrer Wuth sich erhebt, den Wald zu ver-
zehren: nicht so laut der Wind unter den hohen Eichen, wenn der Zorn des
Sturms wütet: als das Geschrey der Griechen und Trojaner war, als sie brüllend
schrecklich auf einander stießen." Ossian bedient sich bey gleichen Beschrei-
bungen fast ähnlicher Bilder: er ist kürzer, aber voll von einer glühenden Ge-
schwindigkeit, die unserm Dichter charakterisiret. "So wie finstre Stürme des
Herbsts sich von zween widerschallenden Bergen herab stürzen, so näherten
sich die Helden einander. Wie zween schwarze Ströme von hohen Felsen ein-
ander begegnen, sich vermischen, und auf der Ebne brausen: so laut, wild und
finster im Kampfe stießen Lochlin und Inisfail aufeinander. Ein Führer ver-
mischte [32] seine Streiche mit Führer, und Mann mit Mann. Der klingende
Stahl klang auf Stahl. Helme wurden tief herab gespalten: Blut sprützte heraus
und rauchte umher. – Wie das stürmische Geräusch des Ocean, wenn die Wel-
len hoch einher rollen: wie die schrecklichsten Donnerschläge des Himmels, so
tönt das Stürmen der Schlacht. – Wie tausend Wellen an Felsen schlagen, so
kam Swarans Heer herbey: wie ein Felsen auf tausend Wellen trifft, so traf
Inisfail auf Swaran. Der Tod erhob all seine Stimmen umher und vermischte
sich mit dem Klange der Schilder. – Das Feld tönt wieder von Flügel zu Flü-
gel, wie hundert Hammer, die sich wechselsweise über den rothen Sohn des
Ofens erheben. – Wie hundert Winde auf Morven: wie die Ströme von hundert
Bergen: wie Wolken über einander am Himmel daher fliegen: oder, wie der
finstre Ocean das Ufer der Wüste bestürmt: so brüllend, so ungeheuer, so
schrecklich stießen auf Lenas wiedertönender Heyde die Heere auf einander."
Was folget, übertrifft jedes Gleichniß, das Homer bey dieser Gelegenheit ge-
braucht hat. "Das Aechzen des Volks verbreitete sich über die Gebürge; es war
wie der Donner der Nacht, wenn die Wolke über den Cona berstet und tausend
Geister auf einmal in den Wolken schreyen." Homers Vergleichung betreffen
hauptsächlich kriegerische Gegenstände: in Ossian ist eine größere Abwechs-
lung von Gegenständen mit Gleichnissen erläutert: besonders die [33] Gesänge
der Barden, die Schönheit der Mädchen, die verschiednen Alter des Lebens,
der Kummer, u. s. w. die ihm zu den schönsten Bildern Anlaß geben.

Außer ordentlichen Vergleichungen ist Ossians Poesie voll der schönsten Metaphern: eben dieses kann man von seinen Hyperbeln sagen, die bey genauer Betrachtung niemals übertrieben sind. Eine der stärksten ist gleich zu Anfange des Fingal, wo die Landung der Feinde dem Cuchullin angekündiget wird. Personificationen findet man wenig und allegorische Personen gar nicht. Von Apostrophen, an abwesende oder todte, welches zu jeder Zeit die Sprache der Leidenschaft gewesen, ist er voll. Seine Reden an die Sonne, den Mond und den Abendstern sind der Aufmerksamkeit jedes Lesers vom Geschmacke werth.

Der V. kömmt endlich auf Ossians Empfindungen. Keine Empfindungen sind schön, wenn sie nicht am rechten Orte stehen, und hierinnen ist Ossian höchst correkt. Man findet in seinen Gedichten eine Menge von verschiednem Alter, Geschlechte und Stande, und sie sprechen alle mit so viel Richtigkeit, und ihre Empfindung[en] sind ihnen so angemessen, daß man bey einem so rohen Zeitalter erstaunen muß. Sie müssen erhaben und pathetisch seyn, und keine Art von Poesie ist darzu geschickter. In ausgebildetern Zeiten finden wir Genauigkeit und Richtigkeit, künstlich in einander verwebte Erzählungen und ein genaues Verhältniß der Theile zum Ganzen; aber mitten unter den wilden Scenen der Natur, mitten unter Felsen, [34] Strömen, Wirbelwinden und Schlachten wohnet das Erhabne. Es ist der Donner und Blitz des Genies: daß Kind der Natur, nicht der Kunst: es verabsäumet die geringern Schönheiten und besteht vollkommen mit einer gewissen edlen Unordnung: es gesellet sich gern zu dem ernsten und feyerlichen Geiste, der unserm Dichter eigen ist.

Das Erhabene in Absicht auf die Empfindung, ist größtentheils mit der Großmuth, dem Heldenmuthe und Edelmuthe verbunden. Was nur die menschliche Natur in ihrer höchsten Größe entdeckt, was eine Seele zeigt, die über alle Freuden, Gefahren und Tod erhaben ist, machet dasjenige aus, was man das moralische und empfindungsvolle Erhabne nennet. Auch hierinnen thut es dem Ossian keiner zuvor. Kein Dichter stimmt einen höhern Ton von tugendhafter und edler Empfindung durch alle seine Werke. Besonders in allen Aeußerungen des Fingal ist eine Größe und Hoheit, die die Seele mit den höchsten Ideen der menschlichen Vollkommenheit erfüllet. Wo er erscheint, sehn wir den Helden. Die Gegenstände, denen er nachjagt, sind allezeit groß: den Stolzen zu demüthigen, den Verfolgten zu beschützen, seine Freunde zu vertheidigen, und seine Feinde mehr durch Großmuth als durch Gewalt zu besiegen. Eben dieser Geist beseelt auch die übrigen Helden.

Aber Ossian ist auch voll von den zärtlichsten und sanftesten Auftritten. Der Hauptcharakter seiner Poesie ist der heroische und elegische Ton vermischt. Die Verwunderung vom Mitleiden ge[35]dämpft. Immer verliebt in "die Freude des Schmerzens" wie er es ausdrückt, verweilt er gar zu gern bey rührenden Scenen. Seine große Kunst liegt blos darinnen, daß er den natürlichen Bewegungen des Herzens ihren Lauf läßt. Wir finden keine übertriebne

Deklamation, keine erkünstelten Schilderungen des Kummers, noch Beschrei-
bungen statt der Leidenschaft. Ossian fühlet selbst, und das Herz, wenn es
seine eigne Sprache redet, ermangelt niemals durch eine mächtige Sympathie
das Herz wieder zu rühren. Ein Beyspiel mögen die Klagen der Oithona nach
ihrem Unglücke seyn? Gaul der Sohn Morni, ihr Liebhaber, der nicht weiß,
was sie gelitten hat, kömmt, sie in Freiheit zu setzen. Ihre Zusammenkunft ist
äußerst zärtlich. Er schlägt vor, ihren Feind zum Zweykampfe auszufodern,
und trägt ihr auf, was sie thun soll, im Fall er selber bliebe. "Und soll die
Tochter von Nuath leben, erwiedert sie, mit einem hervorbrechenden Seufzer?
Soll ich in Tromathon leben und der Sohn Morni im Staube? Mein Herz ist
nicht von diesem Felsen? und meine Seele nicht sorglos, wie diese See, die
ihre blauen Wellen jedem Winde überläßt, und unter dem Sturme wegrollt. Der
Blitz, der dich niederstürzen wird, soll auch die Zweige der Oithona auf die
Erde streuen. Wir wollen zusammen verwelken, Sohn des auf Wagen getrage-
nen Morni! Das enge Haus ist mir angenehm, und der graue Stein des Todten:
denn niemals will ich wieder deine Felsen verlassen, [36] mit See umgebener
Tromathan! – Feldherr des Strumon, warum kamst du über die Wellen zu des
Nuaths trauriger Tochter? Warum vergieng ich nicht insgeheim wie die Blume
des Felsen, die ihr schönes Haupt ungesehn erhebt, und ihre verwelkten Blätter
in den Sturm verstreut? Warum kamst du, o Gaul! meinen entfliehenden Seuf-
zer zu hören? – O hätte ich doch zu Durranna gewohnt, in den prächtigen
Strahlen meines Ruhms! denn wären meine Jahre mit Freuden herangekom-
men, und die Jungfrauen würden meine Schritte segnen. Aber ich falle in der
Jugend, und mein Vater wird in seiner Halle erröthen."
Außer den vielen weitläuftigen pathetischen Auftritten, durchdringt Ossian
oft unser Herz durch einen einzelnen unerwarteten Zug. – In der vortrefflichen
Unterredung des Hektors mit der Andromache im 6. B. der Il. hat man bemer-
ket, wie viel der Umstand des Kindes auf seiner Wärterinn Armen zum Rüh-
renden dieser Scene beyträgt. In folgender Stelle, den Tod des Cuchullin be-
treffend, finden wir einen Umstand, der die Einbildungskraft noch heftiger
rühren muß. "Und ist der Sohn des Semo gefallen? sagte Carril mit einem
Seufzer! Traurig sind Turas Mauern, und Kummer wohnet zu Dunscaich. Dei-
ne Gattinn ist in ihrer Jugend alleine gelassen. Er wird kommen nach Bragela,
und sie fragen, warum sie weinet. Er wird seine Augen nach der Mauer erhe-
ben und seines Vaters Schwert [37] sehen. Wessen Schwert ist das? wird er
sagen; und die Seele seiner Mutter ist traurig.["]
Der Contrast, den Ossian häufig zwischen seinem vorigen und itzigen Zu-
stand machet, verbreitet über seine Gedichte eine gewisse Feyerlichkeit, die
auf jedes Herz einen Eindruck machet. Man lese den Beschluß der Gesänge
von Selma. Nichts kann poetischer und zärtlicher und eine rührendere Vor-
stellung von dem ehrwürdigen Barden hinterlassen. "Dieß waren die Worte der
Barden in den Tagen des Gesanges; wenn der König die Musik der Harfen und

die Erzählungen andrer Zeiten hörte. Die Heerführer sammelten sich von allen ihren Hügeln und hörten den liebreizenden Klang. Sie erhoben die Stimme des Cona; den ersten unter tausend Barden. Aber das Alter ist nun auf meiner Zunge, und meine Seele wird schwach. Ich höre bisweilen die Geister der Barden, und lerne ihre süßen Gesänge. Aber das Gedächtniß verliehrt sich in meinem Gemüthe: ich höre den Ruf der Jahre: Sie sagen so, wie sie vorüber gehen: Warum singt Ossian? bald wird er in dem engen Hause liegen, und kein Barde soll seinen Ruhm hören. Rollet fort, ihr schwarzbraunen Jahre! denn ihr bringt keine Freude in euerm Laufe mit. Oeffnet dem Ossian das Grab, denn seine Stärke hat ihn verlassen. Die Söhne des Gesangs sind zur Ruhe gegangen. Meine Stimme bleibt zurück, wie ein Windstoß, der einsam auf einem Felsen mit See umgeben, brauset, nachdem sich die Winde ge[38]legt. Das schwarze Moos pfeifet hier, und die entfernten Schiffer sehn die wallenden Bäume."

Ueberhaupt, wenn stark zu fühlen und natürlich zu beschreiben, die zwo Hauptingredienzien eines poetischen Genies sind: so muß man gestehen, daß Ossian dieses im hohen Grade besitzt. Die Frage ist nicht, ob Fehler in seinen Gedichten sind: ob diese oder jene Stelle nicht mit mehr Kunst und Witz durch einen Schriftsteller glücklicherer Zeiten hätte können bearbeitet werden. Tausend solche kalte, elende kritische Grübeleyen entscheiden nichts in Ansehung seines wahren Verdienstes. Sondern, hat er den Geist, das Feuer, die Begeistrung eines Dichters? Spricht er die Sprache der Natur? Erhebt er durch seine Empfindungen? Interessiret er durch seine Beschreibungen? Mahlet er so wohl für das Herz, als für die Einbildungskraft? Macht er, daß seine Leser glühen, und zittern, und weinen? Dieß sind die großen Kennzeichen einer wahren Poesie. Wenig Schönheiten von dieser hohen Art übersteigen ganze Bände einer fehlerlosen Mittelmäßigkeit.

Zum Beschlusse hat D. Blair in einem Anhange die wichtigsten Zeugnisse der angesehensten und glaubwürdigsten Männer unter seinen Landsleuten für die avthentische Richtigkeit dieser Gedichte angeführt. Wir haben immer den größten Beweis in ihrem Charakter selbst gefunden, und sind überzeugt, daß man ohne blinde Partheylichkeit schwerlich das Gegentheil behaupten könne.

[Albrecht von Haller:] [Rezension zu:
Works of Ossian the son of Fingal] [1767].

Wir haben eine neuere, dritte, und weit vollständigere Auflage der *Works of
Ossian the son of Fingal translated by James Macpherson* noch anzusagen, die
Ao 1765. bey Becket und De Hondt herausgekommen ist. In der Vorrede die-
ser Auflage finden wir verschiedenes, das zur Geschichte der Caledonier
gehört. Der Druiden Macht gieng im zweyten Jahrhunderte zu Grunde. Denn
Oßian gedenkt ihrer und überhaupt der Religion gar wenig, aber völlig nicht.
Noch zu Oßians Zeiten kamen Christliche Priester nach Schottland, u. ver-
muthlich flüchteten wegen Verfolgung viele Christen nach Britannien, und
unter den Schutz des wilden Constantins: an einige dieser Priester richtet
Oßian sein Gedichte. Oscar Oßians Sohn hat wider den Carausius am Ufer des
Caruns einen Sieg erhalten, so wie Fingal wider den Caracalla. Hierdurch wird
die Zeit bestimmt, worinn sie beyde gelebt haben. Fingal soll im Jahre 283.
und Oßian Ao. 296 gestorben seyn. Die Gedichte dieses letztern erhielten sich
bey den Barden, die ein eigenes Amt bey den Großen von Schottland aus-
machten. Lange glaubte Hrn. Macpherson selber nicht, daß diese mündlich
oder schriftlich erhaltenen Gedichte sich übersetzen liessen. Er unternahm aber
selbst eine Reise in die Hochländer, und in die westlichen Inseln, und fand
noch eine beträchtliche Nachlese von Werken des Oßians. Wir wollen von der
Dichtkunst dieses Helden nicht wiederholen, was wir 1765. S. 129. ange-
[1133]merkt haben, aber von den Sitten der damahligen Schotten wollen wir
einen kurzen Auszug mittheilen, wie sie von diesem Dichter beschrieben wer-
den. Sie lebten zerstreut, Fingal wird oft ein König der Wüste genennt, sein
Volk aber wird von hundert Strömen zusammen gerufen, und dessen Nahrung
kam von der Jagd, welches allemahl eine sehr schlechte Bevölkerung anzeigt.
Sie hatten Pferde, man gedenkt aber keiner Schaafe, und ein einzigmal eines
Ochsen. Vom Pfluge ist nicht zu gedenken. Die Großen hatten Schlösser, und
in denselben grosse Säle, wo man sich beym Feuer versammlete, aus Muscheln
trank, und von den Barden die Thaten der Helden in der Harfe besingen hörte.
Wir finden nichts vom Tanze. Sonst war die Jagd und der Krieg der Männer
Geschäfte. Sie kannten die Waffen Harnische, Schwerdter und Speere. Ihre
Kriege entstunden wegen entführter Schönen, auch oft aus blosser Begierde
sich einen Nahmen zu machen, selten aber zur Bezwingung fremder Länder.
Swaran foderte vom Cuchullin zur Erkaufung des Friedens seine Frau, seinen

Hund und ein Stück Landes. Sie glaubten ihre Ehre sey blos auf den kriegeri-
schen Ruhm eingeschränkt, fürchteten sich vor dem Tode, wann er sie eher
überfallen wolte, als sie sich durch Heldenthaten berühmt gemacht hätten, und
hofften nach dem Tode eine Art einer Glückseligkeit von den Liedern der Bar-
den. Diese dachten sie auf den Wolken anzuhören, auf denen sie herumfahren,
zuweilen den Lebenden erscheinen, und auch wohl Stürme erregen sollten. Ihr
Heldenmuth gieng aufs alleräusserste: einer, zwey oder drey, widerstunden
ganzen Heeren, oder wagten sich in die Hallen ihrer Feinde, und starben gerne,
wenn sie dabey Ruhm erwerben konnten. Lamor tödtete seinen Sohn, weil ihn
Fingal von seinem Heere verjagt hatte. Die Helden waren gegen ihre Feinde
sehr großmüthig, [1134] weinten ohne Scheu, trösteten sie in ihrem Unglücke,
und ersparten ihnen selbst die Beschämung: doch gab es auch schon damahls
Ungerechte und Mörder. Schwarze Haare und blaue Augen hielt man für
schön, rothe Haare aber waren verhaßt. Das Frauenzimmer wohnte von den
Männern abgesondert, gieng aber auch auf die Jagd mit: die Liebe hatte sehr
viele Macht auf diese Halbwilden, sie war zärtlich, und sehr oft starb die Schö-
ne bey dem Grabe ihres Geliebten. Sie kanten die Eh und hatten nur eine Frau,
zuweilen aber ließ sich auch eine Verheyrathete entführen, eine That die Fin-
gal mißbilligte. Die Nation glaubte an Vorboten des Todes, zumal wenn man
jemand seiner Ahnen sah. Gaul, einer der vornehmsten Helden Fingals, und
Fingal selbst, verstund die Kräfte der Kräuter, und heilte die Wunden. Nach
dem Tode des Fingals nahm der Heldenmuth bey den Schotten ab, und Oßian
heißt das neue Geschlecht seiner Landsleute, die Söhne kleiner Männer. Schon
nahm die Pracht zu, und die Hallen wurden durch Wachslichter erleuchtet, die
man bey den Britten erbeutete. In einigen Anmerkungen behauptet Hr. M.
Jerne sey nicht Irrland, sondern Schottland jenseit des Foeth's. Er warnet vor
den Gedichten der Irrländer, die voller Schwulst und Unsinn seyen. Er findet,
Oßian habe selbst den Schwall der Verse vortreflich nach den Bildern abge-
wechselt, die sie abmahlen sollten[.] Er beantwortet einige Vorwürfe des D.
Warner's, der Fingals Gedichte den Irrländern zuschreibt. Dieser erste Band ist
378 S. in groß Octav stark, ohne einen Vorbericht von 24 S.

[1137] Der zweyte Band der *Works of Ossian* ist für uns ganz neu, und die
in demselben enthaltene Gedichte befinden sich nicht in der Auflage, die wir
Ao. 1765. angesagt haben. Es war auch das beträchtliche Heldengedicht Temo-
ra damahls noch nicht in des Herausgebers Händen. In der Vorrede beschreibt
Herr Macpherson die älteste Geschichte von Irrland. Diese Insel wurde von
zwey Orten aus bevölkert. Die Nordliche Gegend, und zumahl Ulster, hatten
die Galen (Wahlen) in, woher Celten, oder Caledonier (von Carl ein Celte, und
der Hügel)[.] Sie waren dahin aus Nordschottland gekommen. Die südliche
Gegend bewohnten die Belgen aus dem westlichen und südwestlichen Südbri-
tannien. Zwischen diesen zwey Völkern war eine große Eifersucht. Conar
Trathals, des Großvaters unsers Fingals, Bruder, wurde von den Galen zum

Oberhaupte erwählt; diese [1138] Ehre blieb auch, unter vielen blutigen Krie-
gen, bey dem Sohnssohne seines Sohnssohnes Cormac. Diesen ermordete
Cairbar, ein Haupt der Belgen, und ein guter Theil der Irren fiel ihm zu. Wider
diesen Mörder kam Fingal den Galen zu Hülfe, und da Cathmor, Cairbar's bes-
serer Bruder, demselben in der Oberherrschaft von Irrland nachfolgen wolte,
so überwand Fingal die Belgen in drey Schlachten, die den Inhalt dieses Ge-
dichts ausmachten, und der letzte von Conars Stamme bestieg den grünen
Thron von Irrland. Nach Fingaln bleibt Irrlands Geschichte für etliche Jahrhun-
derte dunkel, denn Keating und O Flaherty verdienen keinen Glauben. Hr. M.
erzählt hiernächst den Fall und die Ausrottung der Barden, die endlich zu
Bettlern wurden. Temora enthält das Wesentliche dieses Theiles der Geschich-
te von Irrland. Hr. M. behauptet, das Gallische werde von den Bergschotten in
seiner Reinigkeit gesprochen, und behalte auch bey den Irren selbst den Haupt-
nahmen Caelic, da sie hingegen ihre eigene Sprache Caelic Eirinach, oder die
irrisch-gallische Sprache nennen. Fion Cael oder Fingal wird von den ältesten
Barden für einen Bürger von Alpin (*Albion*) angesehn, und erst in spätern Zei-
ten unterstund man sich ihn für einen Milesischen Fürsten auszugeben. Im Ge-
dichte Temora sind die alten Heldensitten eben so wie in Fingals Kriege mit
dem Nordischen Swaran abgemahlt. Oscar Oßians Sohn läßt sich auf eine Ga-
sterey vom mörderischen Cairbar einladen, kömmt, und verliehrt darüber, zwar
mit seinem Feinde, das Leben. Fingal findet es seiner Größe nicht gemäß,
gleich anfangs selbst das Heer anzuführen: er läßt dieses Amt zuerst dem Gaul,
und in einer zweyten Schlacht seinem Sohn Fillan, da er glaubt, dieser seye
dem Cathmor nicht gewachsen, und desselben Tod erwartet, so fürchtet er
doch dem Ruhme seines Sohns zu schaden, und [1139] verbirgt sich, um sei-
nen Tod nicht zu sehen. Erst nach demselben kömmt er wie Achilles, und rächt
ihn am Cathmor. Wir sehn hier die Quelle der Gesinnungen Edwards des III.
da er den schwarzen Prinzen zu Creßy ohne Hülfe ließ, und vollkommen dem
Fingal gleich, auf einem Hügel der Schlacht zusah. Unendlich aber erhebt sich
der Charakter der Galen über Homers Helden. Oßian läßt dem Mörder seines
Sohnes das Grablied absingen, ohne welches man damahls glaubte, daß die
abgeschiedene Seele nicht glücklich seyn könnte. Fingal will den Cathmor
nicht tödten, und erbietet sich ihn selber zu heilen, da er die Kräfte der Kräuter
kenne. Cathmors Liebe für die schöne Sulmalla, die er doch nicht sprechen
will, so lange die Gefahr währt, ist ebenfalls von feinern Empfindungen. Eben
so angenehm ist Fingals Anrede an seine Unterthanen, die zur Schlacht gehn,
und seine feyerliche Niederlegung der Waffen, die er nach der Erlegung des
Cathmor's nicht mehr zu brauchen gedenkt. Ein Theil des Gedichts ist in Rei-
men verfaßt, die übrigen kleinern Gedichte sind in der Manier der ähnlichen
kleinern Heldengedichte des ersten Bandes. Cathloda ist in 3 Gesänge abge-
theilt. Hr. M. merkt bey demselben an, daß Trenmor, Fingals Ahnvater, das er-
ste Oberhaupt der Galen gewesen, eine Ehre die er durch seine Tapferkeit und

durch sein Glück erworben hatte. Endlich erfüllt er hier das Verlangen vieler Kenner, indem er die Urkunden des VII. Buchs des Gedichtes Temora abdruk-ken läßt. Die Sprache kömmt uns fremd vor, und zum Theil wüßten wir nicht wie man *n flri, n frult, n cara, m fleagt,* aussprechen sollten. Die Anzahl der Silben scheint von achten zu seyn, doch giebt es auch kürzere Verse. Nach den Gedichten folgen des Professors zu Edimburg Hrn. Blairs Anmerkungen über die Schönheiten in Oßians Gedichten. Er vergleicht [1140] dessen Manier mir der Manier des Homers. Oßian lebte unter einem harten Himmelsstriche, wo die Natur nicht die halbe Schönheit der Griechischen hat, ohne Fruchtbäume, Schaafe, und fast ohne Künste. Homer hatte alle diese Vorzüge, und die Bild-schnitzerey, die Feyerlichkeiten der Religion, viele andere Erfindungen und Künste waren auch schon bekannt. Es ist also leicht zu erachten, daß Oßian, der allzureich an Gleichnissen ist, etwas monotonisch in denselben, und in sei-nen Beschreibungen der Gegenden seyn müsse. Aber Oßians Seele fühlte un-endlich mehr, seine Sittenlehre war besser, er kennte das menschliche Herz in seinen feinern Bewegungen, und was man von einem Hochländer nicht erwar-ten solte, er war in der Liebe unendlich zärtlicher, und mehr vom Frauenzim-mer eingenommen, als der Grieche. Die Gedanken sind durch und durch na-türlich, doch zeigt Hr. B. selber einen an, der ziemlich dem Concetti sich nä-hert, wann er von zwey neben einander begrabnen Verliebten sagt, zwey Bäume seyen von denselben entsprossen, deren Zweige sich zu vereinigen ge-trachtet hätten. Der Anhang ist sehr beträchtlich. Hr. Blair mag indessen ver-nommen haben, was man in Engelland, und zumahl in Frankreich, wieder den echten Irrischen Ursprung der Gedichte Oßians für Zweifel erregt hatte. Er hätte sie, sagt er, nicht erwartet, da in Schottland niemand an der ursprünglich gallischen Echtigkeit dieser Gedichte gezweifelt habe. Man hatte Handschrif-ten von denselben in Menge, und Hr. M[.] hat die vornehmsten gesammlet. Man nennt eine Anzahl Prediger, Officier und andere Zeugen, die viele von diesen Gedichten längst gehört: andre die den Hrn. M[.] in seiner zur Samm-lung der Gedichte unternommenen Reise begleitet, andre die die Uebersetzung mit den galischen Urkunden verglichen, und sie getreu befunden haben. Diese Auflage hat mit dem Vorberichte 503 S. in gr. Octav.

# [Heinrich Wilhelm von Gerstenberg:] [Auszug aus:] [Rezension zu: Johann Jacob Bodmer:] Politische Schauspiele [1768].

[122] [...]

Italus. Das Sujet ist eine Erfindung des Verfassers. Italus, Flavius Sohn, Herrmanns und Westmars Neffe, der bey den Römern erzogen worden, baut seinen Cheruskern eine neue Stadt auf römische Art. Die Patrioten unter den Cheruskern wollen dieß[,] nach Rousseaus Grundsätzen, nicht zugeben; es geschieht ein Auflauf, und die Stadt wird zerstöhrt. Der Herr Verf. hat diesen Stoff zu mager für ein Trauerspiel gefunden; er verlängert ihn durch eine unpolitische Episode, eine Liebesgeschichte. In der letzern hat er Oßians Sprache, und in der Hauptfabel die alte nordische Mythologie, die gewissermassen auch die alte deutsche ist, zu nutzen gesucht: man sieht aber, daß auch hier viel zu verderben war. Nur eine Oßianische Probe erlaube man uns anzuführen. S. 189. "*Siqued.* Zu wem rollet dein blaues Auge, und wohin sendest du die stillen Blicke deiner Gedanken? *Suanhvita.* Laß nicht deine Augenbrauen sich in schwarze Dunkelheit hüllen, Vater der Suanhvita; sie sind mir fürchterlicher, als die Irrwischlichter, die des Nachts sich an die Fußtritte des Wanderers anhängen; so mit Schrecknissen bedecket hab ich sie nicht gesehen, ehe Alboin römischen Reichthum in die Wälder der Cherusken gebracht hat." – Es ist was Besonders an diesem Dichter, daß ihm gemeiniglich, was er nur berührt, selbst wenn es an sich gut ist, nicht allein schlecht geräth, sondern auf eine komische Weise schlecht [123] geräth. Ueberhaupt aber möchten wir uns, nicht von ihm nur, die Nachahmungen nach Oßian lieber gar verbitten, und vornämlich im Drama, wo sie der Entwickelung der Leidenschaften und Charactere sehr nachtheilig seyn können. Sonst läugnen wir nicht, daß der Verf. hier eine glückliche Idee gehabt: nur hat er sie, wie es uns vorkömmt, nicht recht auszuführen verstanden. Nichts, sagt Alembert, zeigt den Mangel des Genies deutlicher an, als wenn man auf halbem Wege stehen bleibt; man beweist damit, daß man das Ziel gesehen habe, aber es nicht erreichen konnte.

[...]

# Gotthold Ephraim Lessing:
# [Auszug aus:] Collectanea [1768-1775].

## [223] Fingal

Ein recht erztfranzösisches Urtheil von ihm s. *Journal Encycl.* 1762. *Janv.* –
*que tout son merite consiste à peu pres dans son antiquité. Une traduction
françoise de cet ouvrage seroit certainement insupportable.* Desto schlimmer
für die Franzosen.

Christian Heinrich Schmid:
[Auszug aus:] Oßian [1769].

Ein eben so grosses Verdienst, als sich der Uebersetzer des *Homer* erwerben
würde, hat sich der Pater *Dennis* erworben, da er uns eine so vortrefliche
Uebersetzung von *Oßians* Werken zu liefern angefangen, und dadurch, daß er
eine *poetische* Uebersetzung derselben unternommen, hat er eine Stelle unter
unsern besten Dichtern verdient. Alle Schwierigkeiten, die ein Uebersetzer
Homers erfahren würde, alle Schwierigkeiten, die jeder *poetischer* Uebersetzer
erfährt, vereinigten sich bey dieser Uebersetzung, Herr *Dennis* hat sie glück-
lich überstanden, und Oßian, der mit Homer und Shakespear das grosse Trium-
virat der größten Genies ausmacht, ist dadurch *unser* geworden. Der ehrwür-
dige Barde wird auch nur unter uns unsterblich werden, und seine vortreflichen
Heldengesänge, die so sehr mit der deutschen Denkungsart, und dem deut-
schen Geschmack übereinstimmen, werden uns vielleicht Dichter erwecken,
die seine erhabne Simplicität, seine rührende Zärtlichkeit nachzuahmen
suchen. Die Abweichungen von den Aristotelischen Regeln der Epopee wird
manche Leser befremden, aber ich wünschte, daß sie es lieber gar [219] nicht
für epische, sondern für lyrische Heldenlieder hielten. Es ist abgeschmackt
Oßians Gesänge auf die Thaten seines Vaters, und seine Kinder nach den
epischen Regeln zu richten, so gern dies auch Home, Blair, und Cesarotti thun.
Eben deswegen wünschte ich auch lieber das Ganze im recitativischen Sylben-
benmaaß, als in Hexametern zu lesen, so wohlklingend sie auch meistens sind,
damit es desto weniger das epische Ansehen hätte. Indessen ist der Uebersetzer
zu loben, daß er doch zuweilen lyrische Versarten eingestreut hat. Plan, Ge-
schichte, Sitten, Mythologie (die hier nicht Maschine, sondern blos Costume
ist) die häufigen und oft orientalischen Gleichnisse, das Originelle des ganzen
Tons wird jedem Leser anfangs sehr fremd scheinen, aber so bald er damit
vertraut ist, wird er Oßians Genie bewundern müssen. In poetischen Ueberset-
zungen kann es nicht fehlen, daß nicht das ganze Kolorit etwas verändert wer-
den sollte; allein in diesem Oßian ist es doch vielleicht immer noch weniger
verändert, als in Popens Homer. Zuweilen haben sich einige Provincialaus-
drücke, einige Rauhigkeiten eingeschlichen, die man aber der Uebersetzung
doch der *Wittebergischen* prosaischen vorziehe. Die Anmerkungen von *Cesa-
rotti*, die Dennis in seine Uebersetzung mit aufgenommen hat, sind so pedan-
tisch, daß man sie einmüthig wegwünscht. Der *erste Theil* enthält *Macpher-*

*sons* erste Abhandlung von dem Alter des Gedichts Oßians, den *Fingal*,
Comala ein dramatisches Gedicht, von dem Herder mit urtheilt: Was geht über
dieses Gedicht an Wahrheit und Einfalt, an Süßigkeit und Hoheit, an Stärke
und Zartheit der Gedanken, der Empfindungen, des [220] Ausdrucks, an Inhalt
und Einkleidung! (Und eben deswegen wünschte ich, daß es dem Uebersetzer
weniger verunglückt wäre) *Krieg mit Karos*, worunter Oßians Krieg mit Psev-
docusar Karaus verstanden seyn sollte, der Tod Hidallans ist eine traurige Epi-
sode; den Krieg führte Oscar, Oßians Sohn; *Krieg von Inisthona* oder Oscars
Sieg wider Kormoln, einige Episoden davon sind verlohren gegangen, Carthon
hat einen sehr tragischen Ausgang, Carthon wird von seinem Vater unerkann-
ter Weise ermordet, hat auch viel lyrische Stellen, *Lathmon*, worinnen Oßian
seine eignen Thaten besingt. Der zweite Theil, der schon erschienen ist, den
ich aber noch nicht gesehen habe, wird *Temora* und Mackphersons zweite Ab-
handlung enthalten. Die übrigen Gedichte kommen in dem dritten, nebst *Blairs*
Abhandlung. Ich wünschte, daß der Uebersetzer auch die wider Mackpherson
herausgekommene Werke im *Journal des savans*, *Werners* Buch und den
*Fingal reclaim'd* hinzufügte. Auch eines andern Mackphersons Werk über die
Celten sollte hier zu Rathe gezogen werden.

　[...]

# [865] Johann Georg Sulzer: Oßian [1774].

Ein alter brittischer Barde, dessen Gesänge in der alten gallischen, oder celti-
schen Sprach viele Jahrhunderte durch in Schottland, wo er in der zweyten
Hälfte des dritten, und Anfangs des vierten Jahrhunderts gelebt hat, durch
mündliches Ueberliefern sich so weit erhalten haben, daß der Schottländer
*Mac-Pherson* im Stande gewesen eine beträchtliche Sammlung davon zusam-
men zu tragen, die Zusammengehörigen in Ordnung zu bringen, und in einer
englischen Uebersezung herauszugeben. Ob es gleich eine durch das Zeugnis
manches alten Schriftstellers sehr bekannte Sache gewesen, daß bey den alten
Galliern die Barden eine besondere und ansehnliche Classe der Nation ausge-
macht, deren öffentlicher Beruf es gewesen, die Heldenthaten ihrer und ver-
gangener Zeiten in Liedern zu besingen; so fiel Niemanden ein zu vermuthen,
daß solche Lieder sich könnten bis auf unsere Zeit erhalten haben. Man hielt
sie durchgehends für verlohren, und war auch vermuthlich der Meinung, daß
die Geschichte mehr als die Poesie und der Geschmak überhaupt, dadurch ver-
lohren haben mochten.

Aber die Sammlung des Hrn. *Macphersons* zeigte, wie sehr beyde Vermu-
thungen der Wahrheit entgegen sind. Sie legte der Welt Gedichte von man-
cherley Art, von so großer Schönheit, in solcher Menge und von solchem Al-
terthum vor Augen, daß gar viele diese außerordentliche Erscheinung für einen
Kunstgriff des Betruges hielten. Es erschien eben so unglaublich, daß unter
einem Volke, das man für wild und barbarisch gehalten hatte, ein Dichter
sollte gelebt haben, der den größten griechischen Dichtern den Rang könnte
streitig machen; als daß seine Gedichte durch so viel Jahrhunderte, durch blos
mündliche Ueberlieferung, sich sollten erhalten haben. Und doch ist beydes
durch die unleugbarsten Beweise, außer allen Zweifel gesezt. Wer nicht
schon aus dem innern Charakter dieser Gedichte sich überzeugen kann, daß sie
authentisch sind, wird keinen Zweifel mehr dagegen behalten, nachdem er die
Nachrichten gelesen, die der Edimburgische Professor Blair [866] seiner Ab-
handlung über die Oßianischen Gedichte, als einen Anhang beygefügt hat.[1]

Wir haben also an Oßian einen wahren Barden, nicht einen nachahmenden
Dichter; er dichtete, und sang, weil es sein Amt mit sich brachte: zu diesem
Amt aber hatte er, nicht blos einen äußerlichen, sondern einen noch weit ehr-

---

1    Ich wünschte für manchen deutschen Leser, daß der Pater Denis in seiner Uebersezung der
     Macphersonischen Sammlung diesen Anhang nicht übergangen hätte.

würdigern, innerlichen Beruf von der Natur selbst, die ihm das erfinderische, blumenreiche Genie und das empfindsame Herz gegeben hatte, wodurch er auch ohne äußerlichen Beruf ein Dichter würde gewesen sein. Er nahm die Harpfe nicht zum Zeitvertreib in die Hand, auch nicht aus Ruhmbegierde sich einen Namen zu machen. Zu seiner Zeit waren Musik und Poesie nicht Künste, die ein Muße verschaffender Reichthum zu seinem Zeitvertreib herbey ruft; sie waren öffentliche auf das innigste mit der Politik und den Nationalsitten vereinigte Anordnungen, deren unmittelbarer Zwek die Ausbreitung der Tugend, und der Erhaltung der Freyheit war; Künste die einen wesentlichen Theil der Maschine waren, wodurch der Nationalcharakter verbessert, oder wenigstens in seiner Kraft erhalten, und der Staat in seiner Stärke befestigt werden sollte.

Deswegen ist er von allen Dichtern, die wir kennen, der einzige seiner Art. Denn er hat als epischer Dichter vor anderen den Vorzug, daß er bey den meisten der großen Thaten, die er besingt, nicht nur ein Augenzeuge, sondern auch eine Hauptperson gewesen. Die Helden deren Charakter er schildert, waren gröstentheils ihm von Person bekannt; die Vornehmsten durch langen Umgang und durch Bande der Verwandschaft, oder der Freundschaft; andere durch die Handlungen, in die er selbst mit verwikelt war, oder aus Erzählungen von Augenzeugen. Er war ein Sohn *Fingals* eines Königs verschiedener Stämme der Caledonischen Nation, ein Barde und zugleich ein Heerführer: sein Vater aber, war der berühmteste Held seiner Zeit; ein besserer Achilles, dem kein Feind zu wiederstehen vermochte, und der selbst über römische Heere gesieget hatte. Aus seinen Gedichten sehen wir, daß zu seiner Zeit die alten Caledonischen Celten auf dem höchsten Punkt der Tapferkeit gestanden, und in ihren Sitten, es zu einem hohen Grad des Edelmuths gebracht hatten.

Sie waren nichts weniger, als Barbaren, obgleich ihre Verfassung und Lebensart durchgehends noch die Jünglingsjahre des gesellschaftlichen Lebens verräth. Die Nation war in verschiedene kleine Stämme getheilt, deren jeder sein unumschränktes Oberhaupt hatte; der Krieg aber vereinigte die Stämme mit ihren Häuptern unter den Befehlstab des Königs. Jedes Oberhaupt hatte seine Burg; aber von Städten finden wir noch keine Spuhr, so wenig als von Landbau, Handlung, oder von Künsten, Gesezen, Einrichtungen, und innerlichen Unternehmungen, die Ruhe und Frieden in grössern bürgerlichen Gesellschaften zu veranlassen pflegen. Die Jagd ist die einzige Beschäftigung im Frieden; und freundschaftliche Gastgebothe, wobey die Gesänge der Barden und des schönen Geschlechtes allemal eine Hauptsache sind, machen ihren Zeitvertreib aus. Aber bey dieser noch so nahe an die Kindheit des menschlichen Geschlechtes gränzenden Einrichtung, finden wir diese Caledonier höchst empfindsam für Ruhm und Ehre; wir treffen bey ihnen ein so feines Gefühl von Menschlichkeit, einen so feinen sittlichen Geschmak, und in Ansehung der Hauptleidenschaft aller Völker, der Liebe zum schönen Geschlecht, eine Sittsamkeit, eine Zärtlichkeit und eine nicht gekünstelte, sondern natürliche Gallanterie, daß sie in allen diesen Zügen, die die verschiedenen Nationalcharaktere bezeichnen, mit den gesittesten Völkern, um den Vorzug streiten können. Dieses allein muß uns den Dichter schon höchstmerkwürdig machen: aber wenn wir ihn erst kennen gelernt haben, so finden wir uns mit Bewunderung und Hochachtung für sein Genie und für seinen Charakter und mit Liebe für sein edles Herz ganz durchdrungen. Es wäre ganz überflüßig, wenn ich hier eine methodische Untersuchung über sein Genie und über den Werth seiner Gedichte vornehmen wollte, da Herr *Blair* dieses in einer fürtreflichen Schrift, die der Pater *Denis* seiner deutschen Uebersezung der Oßianischen Gedichte beygefüget, bereits besser, als ich zu thun im Stand wär, ausgeführet hat. Ich begnüge mich also für die, denen der Barde noch nicht bekannt seyn möchte, oder die ihn etwa nicht mit der größten Aufmerksamkeit gelesen haben, das, was ich über Hr. *Blairs* Bemerkungen bey ihm [867] wahrgenommen habe, kurz anzuzeigen. Und weil dieser einsichtsvolle Mann gezeiget hat, worin der Celtische Barde mit Homer übereinkommt, *Cesarotti* aber in seiner italiänischen Uebersezung vielerley poetische Schönheiten ausgezeichnet hat, in denen seinem Urtheil nach der Celte den Griechen übertrift; so werde ich vorzüglich das anzuzeigen, worin beyde von einander abgehen, und wodurch jeder seinen eigenen Charakter behauptet.

Man würde sich überhaupt sehr betrügen, wenn man von unserm Barden schlechte erzählende Lieder, ohne Poesie, Enthusiasmus und sittliche Schilderungen erwartete, wie etwa die historischen Lieder und Romanzen, die aus den mittlern Zeiten her noch hier und da vorhanden sind. Oßians Heldenlieder sind wahre Poesie, in der reifesten Gestalt. In seinen zwey großen Epopöen, *Fingal*, und *Temora* ist Plan und überlegte Anordnung; in der Ausführung hohe Begeisterung, höchst mahlerische Schilderung des Sichtbaren, sehr nachdrükliche und bestimmte Zeichnung der Charaktere, kühner und das Herz treffender Ausdruk der Empfindungen, der bey ernsthaften Gelegenheiten höchst pathetisch, bey zärtlichen in einem hohen Grad rührend, und bey lieblichen sehr reizend ist. In diesen Stüken, die der wahren Poesie zu allen Zeiten und unter allen Völkern wesentlich sind, kann unser Barde, es mit jedem Dichter neuer und alter Zeit aufnehmen.

Bey ihm zeiget sich natürlicher Weise, wie bey jedem andern, der besondere persönliche Charakter mit dem allgemeinen seiner Zeit vermischt. Deswegen würd unser Barde, wenn er gerade den persönlichen Charakter Homers, oder Virgils gehabt hätte, sich dennoch in einer ganz anderen Gestalt zeigen. Und wir finden uns durch diese besondere Gestalt des Dichters sehr angenehm überrascht, da wir etwas ganz anderes sehen, als das, dessen wir gewohnt sind. Im epischen Gedicht sind wir der Art, wie Homer es behandelt, und worin ihm Virgil und die Neueren, jeder nach seinem besondern Genie, gefolget sind, so sehr gewohnt, daß wir uns bey Lesung der Heldengedichte des Oßians wie in einem ganz fremden Lande befinden. Es verdienet etwas umständlich erwogen zu werden, worin Homers Art, von der Oßianischen abgeht.

Die Griechen, womit Homer uns bekannt macht, waren ein Volk, das zu großen und weitläuftigen Unternehmungen aufgelegt, standhaft, listig und verschlagen war; aber sie waren dabey mehr ruhmräthig und prahlerisch, als ehrbegierig. Sie hatten weit mehr Geist und Phantasie, als Empfindsamkeit von zärtlicher Art. In ihren Leidenschaften waren sie heftig, brutal, und giengen hitzig und gerade zum Zwek. Sie besaßen schon die meisten Künste der neuern Zeiten; hatten große Städte, besaßen Reichthümer, die sie habsüchtig machten. Sie waren große Liebhaber feyerlicher Versammlungen, prächtigen Spiehle, Aufzüge und Leibesübungen; dabey große Redner und schöne Schwäzer. In der Religion höchst abergläubisch und feyerlich; in öffentlichen Geschäften ceremonienreich und umständlich. Die sanfteren häuslichen Vergnügungen kannten sie fast gar nicht; das schöne Geschlecht spiehlte bey ihnen eine schlechte Role. Befriedigung sinnlicher Triebe und Bestellung des Hauswesens, waren hauptsächlich die Dinge, wozu dies Geschlecht ihnen bestimmt schien.

Hält man ein solches Volk, gegen das, unter dem Oßian gelebt hat; so wird man leicht begreifen, daß auch in den Gesängen von den Thaten und Unternehmungen dieser beyden Völker ein himmelweiter Unterschied seyn müsse. Homer besingt große, weitläuftige Unternehmungen; Oßian sehr kurze und wenig verwikelte Kriegeszüge, und Unternehmungen von wenig Tagen, wobey keine große Verwiklung und Mannigfaltigkeit der Begebenheiten statt hatte. Wir sehen da weder Belagerungen noch Zerstöhrungen, noch weitläuftige Plane der Unternehmungen. Nach dem Aberglauben seiner Zeit mischt Homer unaufhörlich die Götter in das Spiehl der menschlichen Unternehmungen; bey Oßian ist alles blos menschlich. Träume und Erscheinungen verstorbener Helden, die sich aber nicht in die Handlung einmischen, vertreten bey ihm die Stelle des übernatürlichen. Feyerliche Opfer, Spiehle und Feste, weitläuftige und förmlich studirte Reden, sehr umständliche Beschreibungen jeder Feyerlichkeit und bald jedes erheblichen Gegenstandes; ceremonienreiche Anreden und Botschaften; alles dieses findet sich beym Homer eben so natürlich, als es von Oßian übergangen wird. Selten stellt uns dieser andre Gegenstände vor das Gesicht als die Personen selbst und ihre Thaten; die Scenen, wo er sie aufführet sind ein Thal mit einem durchströhmenden Flus; eine Seeküste mit Felsen umgeben; ein Hügel mit Eichen bewachsen, eine natürliche Grotte, eine Halle oder [868] ein Saal, wo die Fremden bewirthet werden, wo die Waffen der Krieger und die Harpfen der Barden aufgehängt sind. Jeder dieser Gegenstände wird in den wenigsten Worten, aber durch meisterhafte und mahlerische Zeichnung, und ganz nahe vors Aug gebracht; so daß wir selbst uns weit länger dabey verweilen, als der Dichter, und weit mehr sehen, als er sagt. Eben diese Sparsamkeit der Worte beobachtet der Dichter auch, wenn er seine Personen sprechen läßt. Alle Homerische Personen bis auf ein Paar, sind Redner, oder gar Schwäzer, die Oßianischen eilen so viel möglich über das Reden weg zum handeln; kein Beurtheilen, kein Beweisen, kein umständliches Erzählen, sondern kurze Eröffnung dessen, was man denkt und empfindet. Eine der wichtigsten Botschaften, die ein Griech mit sehr viel schönen Worten und in künstlichen Perioden würde vorgebracht haben, wird hier in überaus wenig Worten, aber nachdrüklich und vollständig abgelegt. Der Herold, der dem feindlichen Heerführer vor der Schlacht den Frieden anbiethen soll, erscheint, und sagt, ohne weitere Ehrenanrede, kurz und gut:

– Ergreif ihn den Frieden von Swaran,
Welchen er Königen giebt, wenn Völker ihn huldigen! Ullins
Liebliche Flächen begehrt er und deine Gemahlin, die Dogge mit Füßen des
⌊Windes.
Gieb ihm diesen Beweis von deinem unmännlichen Arme,
Führer und lebe forthin dem Winke von Swaran gehorsam.[2]

Dieses ist eine der längsten Reden bey Gesandschaften. Noch kürzer ist die Antwort:

Sag es ihm, jenem Herzen des Stolzes, dem Herrscher von Lochlin.
Cucullin weicht nicht! Ich bieth ihm die dunkelblaulichte Rükfahrt
Ueber den Ocean, oder hier Gräber sich für all sein Geleit an.
Nie soll ein Fremder den reizenden Strahl von Dunscaich[3] besizen!
Niemal ein Rehe durch Berge von Lochlin dem hastigen Fuße
Meines Luaths[4] enteilen.

Bey Botschaften, deren Inhalt und Antwort man errathen kann, läßt der Dichter insgemein gar nicht sprechen. Cairbar ein Heerführer sendet den Barden Olla (diese sind insgemein die Herolde) um nach der Gewohnheit dieser Völker den Oscar, einem feindlichen Heerführer, zum Fest einzuladen. Aber weder Cairbar, noch der Dichter legen dem Herold eine Red in den Mund. Der Dichter sagt:

Izo kam Olla mit seinem Gesang: Zum Feste Cairbars machte mein Oscar sich auf.

Die feyerlichsten Feste, werden in zwey Worten beschrieben. Nach einem großen Sieg gab Fingal ein Fest. Die ganze Beschreibung hiervon ist folgende:

Aber die Seite von Mora sieht izo die Führer zum Mahle
Alle versammelt. Es lodert zum Himmel die Flamme von tausend

---

2    Fingal II. Buch. Ich führe die Stellen nach des P. Denis Uebersezung an, die freylich durchgehends etwas weniger kurz ist, als Macphersons Prose.
3    Cucullins Gemahlin.
4    Sein Hund.

Eichen. Es wandelt die Kraft der Muscheln[5] ins Runde. Den Kriegern
Glänzet die Seele von Lust.

Diese Kürze herrscht überall, es sey daß der Dichter selbst spreche, oder daß er
andere reden lasse. Und darin ist der Vortrag mehr lyrisch, als homerisch-
episch. Denn sogar viel zur Handlung nothwendig gehörige Dinge, werden, wo
man sie errathen und selbst hinzudenken kann, übergangen; daher oft ein
schneller, wahrhaftig lyrischer Uebergang von einem Theil der Handlung auf
den folgenden.

Man nihmt überhaupt bey Oßians Epopöe wahr, daß es dem Barden nicht
so wol um die umständliche, als um eine nachdrükliche Schilderung, der
Haupthandlung selbst, und des Einzelen, zu thun war. Sein Zwek ist allein die
Schilderung seiner Helden; dies war des Barden Amt: Homer läßt sich in tau-
send Dinge ein, die aus andern Absichten da sind. Daher entsteht meines Er-
achtens der größte Unterschied in der Manier beyder Dichter. Oßians Epopöe,
als ein vor unsern Augen liegendes Gemählde betrachtet, ist unendlich weniger
reich an Gegenständen, und an Mannigfaltigkeit der Farben, als die Homeri-
sche; aber die Zeichnung ist dort kühner, Licht und Schatten, bey sehr guter
Haltung, abstechender. Die ganze Epopöe des Barden besteht aus wenig und
gegen die Homerische verglichen, sehr einfachen Gruppen, und so mußte
[869] sie seyn, um durch blos mündliches Ueberliefern auf die Nachwelt zu
kommen.

Auch darin zeichnet der Caledonier sich von dem jonischen Sänger sehr
merklich aus, daß er sehr oft lyrische Anfälle bekommt, denen er sich überläßt,
weil er wegen des geringen Reichthums im Stoffe selbst, weniger nöthig hatte
sich an die Erzählung zu halten. Ofte kommt man auf Stellen von ziemlicher
Länge, die nicht so wol für epische Beschreibungen oder Erzählungen dessen
sind, was der Barde gesehen, als lyrische, Oden- oder Elegienmäßige Aeuße-
rungen dessen, was er dabey empfunden hat. Nicht selten tritt er aus seiner Er-
zählung heraus, um mit sich selbst zu sprechen. Aber eben dieses giebt dem
Gedicht große Lebhaftigkeit.

Ein sehr beträchtlicher Unterschied in der Anlage, zwischen der Homeri-
schen und Oßianischen Epopöe befindet sich darin, daß in dieser das Intresse
der ganzen Handlung weder so groß ist, noch uns so beständig vor Augen
schwebt, als in jener. Hier ist es nicht um weit aussehende Unternehmungen,
nicht um Eroberung großer Länder, oder Zerstöhrung großer Städte und ganzer
Staaten zu thun, dergleichen Intresse konnte bey so kleinen Völkern nicht statt
haben; sondern darum, daß ein plözlich einfallender Feind, durch eine einzige
Schlacht zurük getrieben werde. Man wird also dabey weniger, als beym Ho-
mer angestrengt, sich die Lage der Sachen in Absicht auf das Ganze vorzustel-
len, mancherley Anschlägen durch ihre Ausführung zu folgen, und die Politik

---

5  Das Getränk, das aus Muscheln getrunken ward.

der Helden zu beobachten; der Verstand hat wenig dabey zu thun, aber das Herz wird mehr beschäftiget. Darum endiget sich die Handlung auch mit keiner wichtigen Catastrophe; der Feind ist überwunden, und nun sind Handlung und Gedicht zu Ende.

Der National Unterschied zeiget sich eben so stark in den Charakteren. Man findet bey Oßians Helden keine Spuhr von dem hizigen und im Zorn brutalen griechischen Temperament. Hier sind gesezte, kalte, aber darum doch unüberwindliche, und ohne Hiz überall durchdringende Helden, und, was man bey den Griechen nicht findet, bis zum Erhabenen edle und menschlich gesinnte Charaktere. Der Griech ist fast allezeit auf seinen Feind erbittert, und im Streit giebt diese Erbitterung ihm Kräfte; die Caledonischen Helden sind fast durchgehends gelassen und streiten, ohne alle Erbitterung, um den Vorzug der Stärke und der Tapferkeit. Man wird schweerlich, weder in Gedichten noch in der Geschichte, einen edlern Heldencharakter antreffen, als des Fingals. Ich kann der Begierde, die reizenden Züge desselben hier anzuführen, nicht wiederstehen. Auch für die, denen Oßian wol bekannt ist, wird es Wollust seyn, die Züge dieses großen Charakters hier wieder zu finden.

Ich sagte, Fingal sey der bessere Achilles. Denn er führte überall wo er hinkam den Sieg mit sich, und wenn schon alles verlohren war, wurd durch ihn alles wieder gut gemacht; jeder der stärksten und kühnesten ward von ihm überwunden, und nie vermochte ein Feind ihm zu wiederstehen: dabey war er der beste Mensch. Wie groß sein Kriegesruhm gewesen sey und was für Schreken seine Gegenwart dem Feind eingepräget habe, kann man aus folgender Stelle abnehmen, die zugleich von Fingals Größe und von seines Sohnes Genie, sie zu schildern, zeuget. In der Schlacht, die den Stoff der Epopöe *Temora* ausmacht, sah der König, nach Gewohnheit seiner Zeit, dem Streit von einer Höhe zu. Die Feinde waren außerordentlich tapfer und *Fillan* Fingals Sohn, der der Hauptanführer war, fiel unter dem Schwerdt des feindlichen Heerführers, als eben die Nacht die beyden Heere vom Streit abrufte. Der König entschließt sich nun selbst in die Schlacht zu gehen, und thut diesen Schluß nach damaliger Kriegesart dadurch kund, daß er mit dem Speer dreymal an sein Schild klopfet. Dieses Zeichen wird von seinem und dem feindlichen Heere wol verstanden, und der Dichter beschreibet uns die Würkung davon also:

Geister entwiechen von jeglicher Seite;[6] sie rollten im Winde
Ihre Gestalten zusammen; die Stimmen des Todes erfüllten
Dreymal das schlänglichte Thal, und ohne den Finger der Barden
Bebte von jeglicher Harfe den Hügel hinüber ein Weh'laut.
Aber der Schild klang wieder. Da träumten die Männer von Morven
Eitel Gefechte, da glänzte der weit sich wälzende Blutstrauß
Ueber ihr ganzes Gemüth: Blauschildige Könige stiegen

---

6  Die Celten glaubten die Luft sey voll von Geistern verstorbener Helden die einen Körper von sehr feiner Nebelmaterie hätten.

Nieder zur Schlacht. Es blikten Geschwader im Fliehen zurüke.
Endlich erhub sich das dritte Getön, und von Höhlen der Berge
[870] Sprang das erbebende Wild. Man hörte durch Wüsten der Vögel
Zages Gekreisch –.[7]

Und dieser im Streit so fürchterliche Held, hat ein Herz voll Großmuth, voll
Zärtlichkeit und voll Bescheidenheit. Man denke nach, ob folgende Züge die-
ses Urtheil bestätigen.

Swaran, König von Scandinavien, ein finsterer, troziger und grausamer
Fürst, hatte einen Einfall in Irland gethan und Fingal war auch mit einer Flotte
dahin gekommen, um dem noch minderjährigen König in Irland Hülfe zu lei-
sten. Vor der Hauptschlacht hatte Fingal, wie es damals gebräuchlich war, den
Swaran freundschaftlich auf ein Mahl eingeladen; aber dieser hatte die Einla-
dung brutal abgeschlagen. Diesen Swaran überwand Fingal in einem Zwey-
kampf, nahm ihn gefangen und übergab ihn zween seiner Helden mit dieser
Empfehlung:

– Bewahret
Lochlins Gebiethern! Er gleichet an Stärke den zahllosen Wogen
Seiner Meere. Sein Arm ist Meister im Kampfe, von altem
Heldengeschlechte sein Blut. Du, meiner versuchtesten erster,
Gaul! und Oßian! du, der Lieder Gewaltiger! thut euch
Freundlich zum Bruder der Agandecca! Durch eure Gespräche
Schwinde sein Trübsinn dahin.[8]

Aber der wilde Swaran war nicht zu besänftigen. Als er nach vollendeter
Schlacht zu Fingals Gastmahl gezogen wurd, erschien er in finsterer Traurig-
keit da. Dieses schmerzet unsern Helden, er sagt:

Ullin[9] Erhebe den Friedengesang, – – –
Hundert Harfen die will ich hier nahe. Sie sollen mir Swarans
Seele vergnügen. Ich will ihn in Freuden entlassen; Denn keiner
Schied noch traurig von mir.[10]

Die Art wie Fingal dem überwundenen Feind den Frieden anbiethet und ihn
mit seinem Heere von sich läßt, ist so großmüthig, daß der wilde Swaran selbst
davon gerührt wird. Er biethet dem Sieger wenigstens die Schiffe an, die ihre
Mannschaft verloren hatten; aber es wird nicht angenommen.

Kein Fahrzeug,
Sagte der König: noch irgend ein Land mit Hügeln besezet,

---

[7]   Temora VII Buch.
[8]   Fingal V Buch[.]
[9]   Dieser war der Hauptbarde Fingals.
[10]  Fingal. VI. B.

Nimmt sich Fingal zur Gabe, genugsam mit seinen Gebirgen
Seinen Wäldern und Hirschen beglüket.

Auf die edelste Art tröstet er ihn noch.

Tilge dein Grämen, o Swaran hinweg! Auch wenn sie besiegt sind
Bleiben die Tapfern berühmt. Die Sonne verhüllet zuweilen
Tief in die südlichen Wolken ihe Antliz; doch bliket sie wieder
Ueber die grasigten Höhen herunter.

Er entläßt endlich seinen Ueberwundenen unter der Abschiedsrede, die den be-
scheidenen Helden in seiner Größe zeiget:

– Ja Swaran! – heut hat den Gipfel
Seiner Größe bestiegen der Ruhm von Swaran und Fingal.
Aber wir werden, wie Träume, vergehn. In keinem Gefielde
Wird man mehr hören den Schall von unsern Schlachten. Die Gräber
Selbsten, die werden verschwinden und Jäger vergebens den Wohnsiz
Unserer Ruhe die Flächen durch suchen.

Eben diese Großmuth und Bescheidenheit zeiget unser Held bey jedem Sieg,
wie ungerecht, wie beleidigend auch der überwundene Feind mochte gewesen
seyn. Um den höchsten Contrast in Charaktern zu fühlen, erinnere man sich
der Wuth mit welcher Achilles gegen den Hektor getobet; weil dieser seinen
Freund im Streit erlegt hatte: und denn seze man Fingals Betragen gegen Cath-
mor den Irländischen Hektor, den ersterer im Zweykampf überwunden und ge-
fangen genommen hatte, dagegen. Unmittelbar nach dem Sieg sagt der Held
zum überwundenen Feind, der den Abend zuvor den Fillan, Fingals geliebte-
sten Sohn mit eigener Hand umgebracht hatte:

– Nun folge zum Hügel
Meines Mahles mir nach! Gewaltige siegen nicht immer.
Fingal flammet nicht auf in erlegener Feinde Gesichte,
Jauchzet nicht über des tapferen Fall.

Aber es findet sich, daß Cathmor tödtlich verwundet ist. Er bezeuget sein Ver-
langen nahe bey seinem Wohnsiz begraben zu werden, worauf Fingal:

[871] König! du redest vom Grabe? die Seele des Helden entschwingt sich!
Oßian! Ueber den Geist von Cathmor, dem Freunde der Fremden
Komme mit Ströhmen der Freude![11]

---

11   Nämlich Oßian soll den Cathmor gleich nach seinem Tode besingen, weil nach dem Aber-
     glauben selbiger Zeit, ein solcher Gesang des verstorbenen Seele gleich zum seeligen Size
     der Helden vergangener Zeit empor hebte.

Mit welchem Glanze leuchtet nicht der erhabene Charakter des Helden in folgender Stelle. Aldo, einer seiner Vasallen wurd mißvergnügt und gieng zu Fergthonn König von Sora in Scandinavien über, der Fingals offenbarer Feind war. Dort verliebt er sich in die Königin, entführt sie, kommt wieder nach Hause, und erkühnet sich bey Fingal gegen die ihm nachsezenden Scandinavier, die nun Fingals Gebieth anfallen, Schuz zu suchen. Dieser empfängt ihn mit folgender Rede:

Aldo! du schwülstiges Herz –
– Ich sollte dich schüzen vor Soras gekränktem
Zürnenden Herrscher? – Wer wird mein Volk in seinen Gewölben
Künftig empfangen? Wer laden zum wirthlichen Mahle? Nun Aldo,
Aldo! die niedrige Seele den Schimmer von Sora geraubt hat? –
Suche dein hüglichtes Heimat, unmächtige Rechte! Dort mögen
Deine Grotten dich bergen! Du bringst uns die traurige Noth auf
Wieder den düstren Gebiether von Sora zu kämpfen! O Trenmors[12]
Herrlicher Schatten! wenn kommt das lezte von Fingals Gefechten?
Mitten in Schlachten erblikt ich den Tag, und wandle zu meinem
Grabe nur blutige Steige! Doch niemal bedrükte den Schwachen
Dieser mein Arm. War jemand gewehrlos, dem schonte mein Eisen.
Morven, Morven! die Stürme, die meine Gewölbe bedräuen,
Schweben von mir! wenn einstens in Treffen mein Stammen dahin ist.
Keiner in Selma mehr wohnt; denn werden die Feigen hier walten.[13]

Solche Menschlichkeit und an einem solchen Helden! Auf eine höchst rührende Weise zeiget er diese hohe Gemüthsart, da er izt seinen Enkel Oscar, Oßians Sohn, der eben die ersten Proben seiner Tapferkeit abgelegt hatte, zum Stand der Helden gleichsam einweihet. Wer kann folgendes ohne Bewundrung und Rührung lesen:

Zierde der Jugend! o Sohn von meinem Sohne! –
Den Bliz von deinem Stahl den sah ich, und freute mich meiner Erzeugten.
                                          O! folge[,]
Folge dem Ruhme der Väter, und was sie gewesen das werde!

———                    ———

            – O beuge bewaffnete Stolze,
Jüngling! und schone des schwächeren Arms. Begegne den Feinden
Deines Volkes wie reißende Ströhme; doch flehet um Rettung
Jemand zu dir, dem sey du wie Pflanzen umschmeichelnde Lüftchen.
Also war Trenmor und Trathal gesinnt, so denket auch Fingal.
Jeden Gekränkten beschüzte mein Arm, und hinter dem Blize
Meines Stahles war immer den Schwachen Erholung bereitet.[14]

---

12  Dieser war Fingals Urältervater.
13  In der Schlacht von Lora.
14  Fingal III Buch.

Ich könnte leicht noch hundert rührende Züge, die diesen großen Charakter bezeichnen, anführen. Oßian hat seinen erhabenen Vater in wenig Worten geschildert:

– Du gleichest im Frieden
Frühlingslüftchen, im Kriege den Ströhmen vom Berge.[15]

Weniger groß, aber doch noch bis nah ans Erhabene tapfer und edelgesinnt sind die meisten von Oßians Helden, so wol von seiner, als von feindlichen Nationen Celtischen Stammens. Und bey dieser allgemeinen Uebereinstimmung treffen wir doch eine höchst angenehme Mannigfaltigkeit sehr wol gegen einander abstechender Charaktere. So wenig Grund hat es, daß vollkommene Charaktere sich nicht für die Epopöe schiken,[16] daß wir bey Oßian wenig andere antreffen, und doch wird man von Schönheit zu Schönheit, von einer lebhaften Empfindung zur andern immer fortgerissen. Bey Lesung seiner Gedichte finden wir uns in ein Paradies versezt, so wie wir in der Ilias uns in beständigem Getümmel der hizigsten und kühnesten Männer befinden.

Bescheidenheit, bey der höchsten Ruhmbegierde, und Sanftmuth bey der größten Tapferkeit, Billig[872]keit und Mäßigung im Glük, erstaunliche Gleichgültigkeit gegen den Tod, und das höchste Verlangen mit Ehren in den Liedern der Barden zu erscheinen, treffen wir bey den meisten celtischen Helden an. Die lezte der erwähnten Gesinnungen, ist der herrschende Zug in ihrem Charakter. Ihr höchstes Gut ist ein ehrenvolles Grab und ein bey demselben gesungenes Loblied eines Barden, das von Mund zu Mund auf die Nachwelt komme. Und doch sind diese gebohrne Krieger höchst empfindsam für weibliche Schönheit. Ein weißer weiblicher Arm, schwarze über eine Brust wallende Loken, eine schöne Stimme, erweken in ihnen ein süßes, aber dabey sehr sittsames Gefühl. Es kommen in Oßians Gedichten viele Scenen der Liebe vor, immer auf die angenehmste und sittsameste Weise behandelt. Doch herrschet in dem Charakter und in den Unternehmungen seiner Heldinnen der Zärtlichkeit, etwas Einförmigkeit. Sie erscheinen sehr oft in der Rüstung junger Helden, in der sie dem Geliebten folgen. Aber höchst angenehm und überraschend ist insgemein die Entdekung, die sie dem Geliebten zu erkennen giebt. Nur ein Paar Beyspiele hiervon, die zugleich beweisen, daß Oßian auch im Angenehmen es mit den besten Dichtern aufnehmen kann.

Fingal hatte seine Söhne Oßian (unsern Barden) und Toscar ausgeschikt, um an den Ufern des Crona-strohms ein Siegeszeichen zu sezen. Als sie damit beschäftiget waren wurden sie von Carul einem benachbarten Oberhaupte zu einem Fest eingeladen, dabey Toscar sich in Colnadona, des Oberhaupts Tochter, die den Gästen durch ihren Gesang und Harfenspiel ein Vergnügen mach-

---

15  Temora IV B.
16  S. Charakter S. 198.

te, verliebte. Den folgenden Morgen wird eine Lustjagd angestellt. Der Zufall mit dem der Dichter seinen Gesang schließt, wird von ihm also erzählt:

>                               – Da kam uns
> Aus den Gebüschen ein Jüngling entgegen. Ein Schild und ein Speerschaft
> War sein Gewehr. O du flüchtiger Stral! sprach Toscar von Lutha:
> Sage, was bringt dich hieher? Umwohnt in Colamon der Frieden
> Colnadona die glänzende Saytenerwekerin? Einstens
> Wohnte das glänzende Fräulein am wasserreichen Colamon!
> Seufzte der Jüngling: Sie wohnte! doch izt durchstreift sie die Wüsten
> Von dem erzeugten des Königs begleitet, der ihrem Gemüthe,
> Als es im Saale den Blik versandte, die Freyheit entführt hat.
> Toscar fiel ein: o erzählender Fremdling! und hast du des Kriegers
> Wege bemerket? – Er muß mir erliegen! den wölbenden Schild, den
> Tritt du mir ab! – Er erhaschte den Schild in Erbitterung – Ein zarter
> Busen empörte sich hinter dem Schilde, dem Busen des Schwanes
> Wenn er vom schnelleren Schwalle sich hebet an Weiße vergleichbar.
> Colnadona die Saytenerwekerin war es, des Herrschers
> Tochter. Sie warf ihr blaulichtes Aug auf Toscarn und liebt ihn.[17]

Diese Entdekung ist, wie manche dieser Art bey unsern Barden, blos überraschend und angenehm: folgende aber höchst pathetisch:

> Comal ein Schottischer Krieger liebte Galvina des mächtigen Conlochs
> Zierliche Tochter, im Chore der Mädchen der Sonne nicht ungleich,
> Glänzender schwarz, als die Schwinge des Raben von Haaren. Kein Wild blieb
> Ihren Hunden im Jagen verborgen. Es zischte die Sehne
> Ihres Bogens am Winde des Haines. Der liebenden Blike
> Fanden sich oftmals einander. Sie zogen vereinet aufs Waldwerk,
> Ihres Geflüsters vertraulicher Inhalt war süß und gefällig.

Aber auch Gormal, Comals Feind, liebte die Schöne. Einstmals trafen Comal und Galvina, die beym Jagen ein Nebel von ihren Gefährten getrennt hatte, bey Ronans Grotte zusammen. Der Jüngling erblikt einen Hirschen auf der Höhe. Er bittet die Schöne in der Grotte sich etwas zu verweilen, bis er den Hirschen erlegt habe. Die Folge der kurzen Geschicht erzählt der Barde so.

> Comal! – – Ich fürchte den düstern Gormal,
> Meinen Verfolger. Auch er besuchet die Grotte von Ronan.
> Unter den Waffen, da will ich hier ruhn; doch kehre mein Theurer
> Kehre bald wieder! – Er eilt auf Mora den Hirschen entgegen.
> [873] Aber indessen entschließt sich die Tochter von Conloch den Treusinn
> Ihres Buhlen zu prüfen. Die niedlichen Glieder bedeket
> Mit dem Geschmeide des Kriegs verläßt sie die Grotte. Nun glaubet
> Comal den Gegner zu sehn. Ihm pocht das Herz; er entfärbt sich;
> Finster wirds um ihn her. Er belastet den Bogen; der Pfeil zischt.
> Ach Galvina! sie sinkt in ihr Blut! Nun stürzt er zur Grotte

---

17   Colnadona.

Wütend, und rufet die Tochter von Conloch – Die einsamen Felsen
Starren verstummt – Mein süßes Vergnügen wo bist du? – Gieb Antwort –.
Endlich erblikt er ihr zitterndes Herz. Sein Pfeil ist darinnen –
Meine Galvina! dich hab ich erlegt? Und vergeht ihr am Busen.[18]

Man hat hier zugleich eine Probe von der Kürze der Erzählung deren wir oben
erwähnt haben. Die Schöne hat die Grotte kaum verlassen, da Comal sie ver-
kleidet sieht. Dann sagt uns der Dichter nicht, was dieser, da er sie in der
Grotte vergeblich gesucht, gedacht habe. Wir sehen ihn gleich wieder an dem
Orte wo Galvina gefallen ist. Denn ist Comals Klage, so kurz, wie der tödtende
Schmerz es erfodert. Wie viel Verse würde hier nicht ein poetischer Schwäzer
wie Ovidius, verschwendet haben?

Der Lieblingsstof unsers Barden scheinet das pathetische zu seyn, worin er
ganz fürtreflich ist. Man wird in dieser Art nicht leicht etwas schöneres antref-
fen, als die Stelle von Fillans Tode im VI Buche des Gedichts Temora.

Aber es ist Zeit abzubrechen. Man trift auf jeder Seite dieser fürtreflichen
Barden Gesänge auf Stellen, deren Schönheit man anzupreisen Lust fühlet.
Was hier gesagt worden ist ohne Zweifel hinlänglich denen, die ihn noch nicht
kannten, schnell die Hand danach auszustreken, und denen, die ihn schon aus
der Hand gelegt, Lust zu machen, ihn wieder vorzunehmen.

---

[18]  Fingal II B.

# Friedrich Gottlieb Klopstock: [Auszüge aus:] Fom deutschen Hexameter [1779].

[107] [...]

11. "Ossian, Milton, Young und alle Britten haben die herrlichsten Gedichte in Jambischer oder ähnlicher Versart gesungen, und ich wüste nicht, daß wer über ermüdende Monotonie ihrer langen Gedichte geklagt hätte. Und warum nicht? [108] Weil dies Metrum in der Natur ihrer Sprache lag."

[...]

[116] [...]

Ich mus hir über Miltons Fersart eine Anmerkung machen. Es kan sein, (ich hab' es nicht untersucht) daß in den ersten sechzän Fersen des Paradises, oder filmer nur in firzän, denn zwei kommen doppelt for, sich alle abwexelnde Zusammenstellungen der Füsse finden, di in den englischen Jamben [117] eingefürt sind, das heist, daß di übrigen Ferse des Gedichts aus Teilen diser ersten zusammen gesezt sind. Dis ist nun zwar wol Einschrenkung des Mannichfaltigen, aber eine fon fil zu weitem Umfange, ein blos scheinbares Silbenmas, das dijenige metrische Kraft, di in der Widerholung ligt, nicht hat, denn eine unmerkliche Widerholung ist keine, und das also, der Wirkung nach, der Silbenzal föllig gleich ist. Allein fon därjenigen metrischen Kraft, di in bedeütenden Füssen ligt, scheint Milton files zu haben, und fornämlich deswägen fon seinen Landsleüten für einen grossen Meister in der Ferskunst gehalten zu wärden.

Und follends Ossian. Där sang also nicht in den föllig freien Fersarten unsrer alten Norden, di sogar di leichteste unter allen Forschriften der Ferskunst, di Silbenzal, nicht kanten; fermischte nicht mit erzälenden Fersen seiner Erfindung andre lirische mit dem Inhalte einstimmige, auf di uns Macpherson so oft aufmerksam macht? Mir hat är folgende, di pindarisch sind, geschikt.

[118] Aus Komala:

$$- \cup \cup -,$$
$$\cup - \cup \cup - -,$$
$$\cup - \cup - \cup - -,$$
$$\cup - - \cup - -,$$
$$- - - - - - \cup,$$
$$- - - -,$$
$$- \cup - \cup - - - - -.$$

Aus Fingal:

$--\cup--\cup-,$
$\cup-\cup-\cup-\cup-,$
$-\cup--\cup--\cup,$
$---\cup-\cup-.$

Sondern Ossian sang in englischen Jamben, oder weil dis, wo nicht föllig, doch beina einerlei ist, in deütschen.

Wär dis in Ernste behauptet, där sezt foraus, man glaube fon im, daß är Ossians [119] Sprache, allein durch Hülfe des sexten Gesangs fon Temora, denn nur dän kennen wir in Deütschland, bis auf ire Quantitet, und zwar noch besser, als si Macpherson ferstet, habe lernen können.

12. "Ich habe die Leute auf ihr Gewissen gefragt: Lieber, sagt mir, klingt euch das zu eintönig? Könntet Ihrs wol einige Stunden, durch ein Paar tausend Verse hindurch, so fort tönen hören? Und sie haben mir auf ihr Gewissen geantwortet. Ja! sie könntens."

[...]

[Anonym:] Homer und Ossian [1783].

Jeder Mensch von Genie fühlt eine gewisse natürliche Hochachtung für die Werke der Alten, einen gewissen Geschmak und eine Neigung, sie zu lesen; er zieht sie gerne den Neuern vor, und die Klage, daß man den Neuern zu sehr den Vorzug für den Alten einräume, ist, dünkt mich, wirklich ungegründet. Man lasse nur einen neuern Dichter auftreten, man lasse ihn noch so kühn dichten – *Homern* übertreffen – es wird hart seyn, daß man ihn diesem Alten gleich schäzen, geschweige gar vorziehen solte.

Diese lobenswerthe Achtung für das Alterthum solte nur nicht durch ein Vorurtheil eingeschränkt werden. Warum muß man denn gerade, wenn man die Werke der Alten nennt, blos Griechen und Römer darunter verstehen? Können alte Dichter anderer Nationen nicht auch das Bürgerrecht unter den verdienstvollen Männern des Alterthums erlangen? – Gleichwohl pflegt man das Kunstwort eines grosen Geistes von irgend einer andern Nation höchstens als eine Selten[4]heit anzusehen; es zu bewundern, wagt man nicht, weil man glaubt, dadurch ienen zu nahe zu treten. Und doch fehlt ihnen zur Bewunderung oft nichts, als daß sie nicht griechisch oder lateinisch geschrieben sind.

Neben diesem Vorurtheil hat man noch ein anderes, das gewis nicht weniger ungerecht ist. Man fordert durchaus von einem Manne, der Geschmak haben will, daß er die Werke eines alten Griechen und Römers mit unermüdetem Wohlgefallen lesen soll, so bald sie nur schön geschrieben sind, wenn sie auch sonst Dinge enthalten, die dem Charakter seiner gegenwärtigen Zeiten so zuwider sind, daß sie unangenehm, verdruslich, oder wohl gar oft abgeschmakt klingen, ob sie gleich damals vieleicht das Gegentheil von allen diesen waren. Man will, er soll sich zwingen, seinen angebohrnen Charakter und seine natürlichen Grundsäze so weit zu vergessen, daß er Vergnügen an andern Charakteren und Grundsäzen empfinden kann, die nach den seinigen nichts Gutes und Reizendes an sich haben. Man begnügt sich nicht, daß der Mann vom Geschmak die Geschiklichkeit eines solchen Dichters in den Schilderungen der Charaktere oder Beschreibungen von Begebenheiten bewundere. Nein! sie sollen ihm auch gefallen, und er soll sagen, er wünsche sich keine Schilderung von bessern Menschen oder von anziehendern Vorfällen.

[5] So seufzet der Geschmak unter dem Joche des Vorurtheils, und die Kezermacherey ist auch hierinnen so gros, daß, wer nur in etwas anders denkt, wer sich einfallen läst, ienen Celten *Ossian* lieber zu lesen, als den Griechen *Homer* – wie in *ecclesia pressa* leben muß. Indessen – hier steht der kezerische

Gedanke! – – ich habe ihn gewagt zu äusern, und nun will ich auch meine Ursachen hierzu anführen. Ich tröste mich, daß ich zu gering bin, als daß man aus mir einen Märtyrer machen solte.

Ist es nicht wahr, daß der Werth der Empfindungen, die ein Gedicht in uns erregt, der eigentliche Probierstein desselben ist, und daß ihr Werth genau der Werth des Gedichts selbst ist? Es ist doch, wie ich mir vorstelle, ob ich mich gleich nicht zu denen zählen darf, die durch hohe Dichtertalente sich hervorthun, in iedem Gedicht auf unsre Empfindungen abgesehen, und es kann also unmöglich genug seyn, daß wir die Geschiklichkeit des Dichters in seinen Zeichnungen, Gleichnissen und sonst mit unserm Verstande bewundern; wir wollen auch etwas für unser Herz haben. Unser Herz ist es eigentlich, was seine Stimme gibt; der Verstand ist nur da, das Urtheil zu bestätigen. Und nach diesem Grundsaze gesteh ich aufrichtig, daß ich *Ossian* von der Zeit an, da ich ihn [6] kannte, lieber gelesen habe, als den *Homer*. Ich habe deswegen gerade nicht geglaubt, daß er ihn an Geschiklichkeit, Charaktere und Vorfälle zu schildern, mit einem Wort, an dichterischem Geist überträfe. Ich lasse es ihm, daß er eben so schön und mit eben so lebhaften Farben malt, als *Ossian*; aber seine Gegenstände sind nicht so edel. Man bedenke nur die Charaktere, die *Homer* uns schildert – sind sie nicht alle rauh und wild? Was zeichnet seine Helden anders aus, als blose ungeheure Leibesgröse und Stärke, und Tapferkeit, die, wenigstens bey ihnen, fast eben so körperlich ist, wie iene Eigenschaften; denn sie sind ohne Grosmuth und Menschenliebe. Sein erster Held ist ein fürchterlicher Mann, und es ist sein Glük, daß seine gerechte Sache, seine Freundschaft für Patroklus, und noch einige andre Eigenschaften in seinem Charakter, vermöge deren er vor den übrigen Helden *Homers* hervorsticht, uns ihm noch so halb geneigt machen; denn der schläfrige und wenig tapfere Agamemnon, sein ihm sehr ähnlicher Bruder, Menelaus, den *Homer* selbst μαλθακον αἰχμητην nennt, der ungeheure Aiax Telamonius, und Diomed, für den nur die Götter fechten, reizen uns noch weniger. Ulysses? – wir können ihn wenigstens nicht lieben; und der Greis Nestor? – wild und grausam ist er zwar nicht, wie die übrigen; aber er [7] ist minder weise, als schwazhaft; man kommt in Versuchung, zu lachen, oder einzuschlafen, so oft er eine langweilige Rede anfängt. – So findet man in den Helden des *Homers* keinen Zug von den Eigenschaften, die einen Helden angenehm und liebenswürdig machen – nichts von Menschenliebe, nichts von Grosmuth! – blose wilde Tapferkeit, Hartnäkigkeit, Leibesgröse und Stärke – das ist es, was wir an ihnen sehen. *Homer* bleibt bewundernswürdig, wie er diese Eigenschaften anschaulich zu machen weis; man hat beym Lesen fast immer die Augen offen, so lange man ihn list, wie vor einem Gegenstande, der uns in Verwunderung sezt; man staunt und entsezt sich. – Aber immer staunen, immer sich entsezen, sind denn das nun eben die erhabensten und schönsten Empfindungen, deren der mensch-

liche Geist fähig ist? Gibt es keine höhern? – Bey diesem gänzlichen Mangel
an Charakteren im *Homer*, die uns erhabene Empfindungen, zu denen doch
eigentlich die Epopee bestimmt zu seyn scheint, einflösen könnten[,] findet
man auch unter den mannichfaltigen Begebenheiten und Vorfällen, die er er-
zählt, äuserst wenige, die rührend und angenehm wären. In der Odyssee möch-
ten noch einige seyn; aber die Iliade ist fast leer davon – nichts als unaufhörli-
che Erzählungen von Schlachten und einzelnen Gefechten, Beschreibungen
von Ver[8]wundungen, die, bey aller ihrer Mannichfaltigkeit, dennoch ermü-
den. Kein Auftritt wird durch die edle That eines Helden schön und rührend –
denn die Helden sind nur Helden mit der Faust, nichts weiter. Zuweilen hat es
sogar das Ansehen, als ob *Homer* sich zu dem niedrig komischen, welches
vieleicht in der Epopee gar keinen Plaz verdient, herablassen wolte, als: wenn
Ulysses den Thersites schlägt; die Zänkerey des göttlichen Ehepaares u. s. f.
Ich glaube, wenn ein empfindsamer Leser des *Homers* (ich meine nicht einen
Leser, wie Siegwart seyn würde; – schade! daß das Wort *empfindsam* durch
iene Sekte, die nun fast auszusterben scheint, eine so verdächtige Bedeutung
bekommen hat, daß man allemal eine negative Erklärung darzusezen muß) ich
glaube, daß ein empfindsamer Leser des *Homers*, wenn er aufrichtig seyn will,
wird gestehen müssen, daß er seinen Dichter blos mit Bewunderung einzelner
schöner Stellen, vieler vortreflichen Gleichnisse – mit einem Wort, für das
dichterische Genie desselben, sonst ohne Empfindung von Rührung gelesen
habe. – Ich will iedoch meine vieleicht unschikliche Empfindung nicht für die
allgemeine ausgeben; ich will nur noch erzählen, warum ich *Ossian* lieber lese,
als *Homer*.

[9] *Ossian* – ich seze voraus, daß man seine Gedichte, vorzüglich aus *Denis*
Uebersezung[1] kennt – lebte unter einem Volke, das in Ansehung der äuserli-
chen Kultur hinter dem Volke, unter welchem *Homer* lebte, noch weit zurük
war. Jagd und Schiffahrt hatte ihnen die Natur nothwendig gemacht; sonst
kannten sie keine Künste, nicht einmal Akerbau und Viehzucht – und den
Krieg führten sie nach keinen Gesezen der Kunst. Vieleicht waren eben diese
Sitten, die sich noch so sehr dem ersten Stande der Natur näherten, die Ursa-
che, warum *Ossians* Charaktere und Geschichten noch so einfach, unschuldig
und rührend sind. Seine Helden geben gewis den Homerischen nichts nach an
Tapferkeit; aber sie sind grosmüthig, menschenfreundlich und sogar zuweilen
zärtlich. Ist dies nicht das wahre Ideal eines Helden, wie er der Menschheit an-
ständig, wie er gros ist, ohne die Menschlichkeit zu vergessen, wie er unsre
Bewunderung verdient, ohne von unserer Liebe zu verlieren. Seinem ersten
Helden, Fingaln, gibt *Ossian* den Beynamen: der Mildblikende –. Ist dies nicht
ein Zeichen, daß man sich von den Ossianschen Helden alles Gute verspreche

---

1  Es sey ferne von mir, daß ich die übrigen Uebersezungen vom Ossian tadeln solte, die ich
   vielmehr vortreflich finde. Aber der Tübingische Uebersezer hat den Denis getadelt, und ist
   doch weit hinter ihm geblieben.

kann? Könnte *Homer* [10] wohl es wagen, Einem von den seinigen diesen ed-
len Beynamen zu geben? – So sind auch die Geschichten, die *Ossian* erzählt,
viel einnehmender und rührender, als *Homers.* Zwar ist Krieg auch meist der
Stof darzu – aber – wenn die Grosmuth der streitenden Helden, ihre Men-
schenliebe, das Erschrekliche solcher blutigen Auftritte mildert, so müssen sie
nur desto rührender werden. Wenn die Homerschen Helden einander be-
schimpfen, den Rest ihrer Wuth noch an den Leichnamen gefallener Feinde
auslassen, so verschonen im Gegentheil die Ossianschen Helden ihrer gefalle-
nen Gegner, und beklagen sie, erweisen einander die gröste Hochachtung; und
was diese Geschichten herzangreifend macht, ist, daß wir hier gemeiniglich
den Gefallenen unsers ganzen Mitleids würdig finden; wir hören ihn selbst von
seinem Ueberwinder beklagt werden; im *Homer* aber haben wir selten Ursa-
che, einen sinkenden Krieger zu bedauern. Auch sind im *Ossian* die wenigsten
Handlungen gerade Wirkungen bloser Tapferkeit – meistens sind es edle Tha-
ten, die Grosmuth, Freundschaft, häusliche oder Zärtlichkeit der Geschlechter
hervorbrachte. Alles dies ist an und für sich schon rührend. Wenn man nun
noch hinzudenkt, daß der Dichter über alle seine Gedichte einen gewissen
Geist der Schwermuth verbreitet hat – (ein nicht zu verwerfendes Zeugnis [11]
seines grosen Geistes!) – wenn man beständig allgemeine Bemerkungen einge-
streut findet, Reden, die voll Nachdruk und Anstand sind, unaufhörliche Erin-
nerungen an Zeit, Vergänglichkeit, Tod, Zustand nach dem Tode – alles Ge-
danken, wobey dem Leser Thränen in die Augen treten, die er iedoch gerne
weint – wen das alles nicht rührte, der müste nicht zu rühren seyn. – Es ist
wahr, fast immer möchte man mit *Ossian* weinen, immer fordert er unsre
Thränen, aber wir geben sie ihm gerne – wer wolte nicht mit ihm weinen? – Ist
nicht ein stilles Vergnügen mit sanftem Schmerze vermischt – *Ossian* nennt es
die Wonne der Wehmuth – die angenehmste Empfindung, die man sich nur
wünschen kann? – *Ossian* erregt diese Empfindung beständig, sie ist fast die
einzige, die man hat, wenn man ihn list. Und hierzu tragen auser den obigen
Stüken noch gewisse Lieder im *Ossian* vieles bey, die der Dichter als lyrische
Episoden oft in seine Gedichte einmischt, oft sie damit anfängt, um den Leser
gleich in den Ton zu stimmen, den er erwählt hat. Man erlaube mir eines zum
Beyspiel anzuführen, nicht, weil ich dies gerade für das beste halte, sondern
weil ich es eben vor mir habe.

Wo kömmt er her, der Strom der Jahre?
Wo wälzt er sich hin?
Wo biegt er im Nebel seine vielfarbigten Seiten?

[12] Ich blike die Vorzeit hinan,
Sie scheint meinem Auge trübe,
Wie Stralen des Mondes auf dem entlegenen Teiche.

Hier blizet der Krieg röthlicht empor. –
Dort wohnet stumm ein feig Geschlecht und schleichet
Langsam vorüber, kein Jahr mit Thaten geprägt.

Steig nieder aus der Schilde Mitte,
Darbender Selen Erwekerin,
Harfe von Cona mit deinen drey Stimmen!

Komm mit iener, die die Vorzeit aufhellt,
Und empöre nur des Alterthums Gestalten
Ueber ihre düster braunen Jahre.

Welche angenehme Schwermuth! Welche Stärke der Gedanken! Macht nicht
dies kleine Gedicht fast alle Empfindungen in uns rege, die der reiche Gedanke
an Zeit und Vergänglichkeit in uns hervorzubringen fähig ist? – –

Nach dem, was ich bisher gesagt habe[,] hoffe ich, wird man mich einigerma-
sen entschuldigen, daß ich *Ossian* für reizender und angenehmer zu lesen
halte, als *Homern*. Denn ist es nicht wahr, daß grose und edle Charaktere, men-
schenfreundlichere Scenen weit anziehender sind, als wilde und grausende?
Und warum solt ich meinem Herzen Gewalt anthun?
[13] Eine Frage könnte man mir entgegen stellen. Warum, könnte man sa-
gen, lasen denn aber die Alten diesen Dichter mit unwandelbaren Vergnügen?
Gab es unter ihnen nicht auch Männer, die eben so hätten denken können? –
Allein wenn man die damalige Sittenlehre bedenkt, so hoffe ich, wird man
mich keiner Unbescheidenheit gegen den Geschmak der Alten beschuldigen
können. Zu *Homers* Zeiten gab es nur eine einzige Tugend, die Tapferkeit; an-
dere fanden nur Statt, in so ferne sie mit dieser verwand[t] waren. Diese Sit-
tenlehre änderte sich in der folgenden Zeit unter den Griechen und Römern
wenig, vorzüglich so lange ihre republikanische Verfassung dauerte, für wel-
che sie die schiklichste war. Bey diesen Gesinnungen, kann man sich da wohl
wundern, daß sie keine Erhabenheit kannten, die sie der Homerischen gleich
geschäzt hätten? Der höchste Grad von Tapferkeit, verbunden mit einer rie-
senmäsigen Leibesgröse und Stärke – dies Ideal, wornach *Homer* seine Helden
so meisterhaft zeichnete, – konnte freylich für die Epopee der damaligen Zei-
ten das treflichste seyn. Allein in unsern Tagen, da die Tugend sich, ohne zu
erröthen, in einer sanftern Gestalt sehen lassen darf, warum sollen wir noch
eben so viel empfinden, wie iene, wenn wir von Menschen lesen, die sich blos
durch ungeheure Gröse und durch Unerschrokenheit auszeich[14]neten? Auf
unser verfeinertes Gefühl machen iene Eigenschaften, wenn sie nicht durch
andere menschenfreundlichere gemäsiget werden, oft unangenehme Eindrüke.
Daher können wir ia wohl, bey aller Bewunderung, die wir *Homern* als Dichter
schuldig sind, dennoch gestehen, daß wir einen andern Dichter, der ihm in

iener Rücksicht wohl nicht nachsteht, in Ansehung des Inhalts seiner Gedichte, noch vorziehen.

Wenn ich übrigens versichere, daß meine Absicht nicht gewesen ist, *Ossianen* Trophäen auf *Homers* Ruinen errichten zu wollen, – mit einem geringen Grade von Bescheidenheit seh ich ein, daß ich hierzu zu wenig wäre – und wenn ich sage, daß ich nicht einmal ein Urtheil habe fällen, sondern blos meine Empfindungen gestehen wollen, so hoffe ich, dadurch Midas Schicksal zu entgehen, welches mir vieleicht schon mancher zuerkannt haben wird. Es wäre aber leicht, dies alles, was ich gesagt habe, durch Beyspiele aus beyden Schriftstellern in ein helleres Licht zu sezen. Und wie schön die Scenen aus dem Ossian können bearbeitet werden, wenn ein guter Arbeiter sie formt, das sieht man aus dem Schauspiel nach dem Ossian: *Fingal in Lochlin*, welches im vorigen Jahre zu Dessau erschienen ist.

# Karl Friedrich Kretschmann:
## [Auszüge aus:] Ueber das Bardiet [1784].

[1*] Es sind nun schon funfzehn Jahre verfloßen, seit ich dem Publikum meine Bardenlieder, und nach und nach meine andern Gedichte vorlegte. Da sie gleich anfangs eine gewisse Sensation veranlaßten, und manches dafür und dawider geschrieben und gesprochen wurde; so zog ich mich, mit gutem Vorbedacht, schweigend unter die Leser und Zuhörer zurück: ich bin noch jezt darin mit mir zufrieden, daß ich mich weder [durch] Lob noch Tadel hinreißen ließ, dem Publikum es sey mit Triumphliedern, die mir nicht selten nur gar zu leicht hätten werden müßen, es sey mit Vertheidigungen beschwerlich zu fallen, worein sich nur gar zu bald einige Hitze mischt, wenn sie Schlag auf Schlag, gegen Seichtheit, oder – daß ich nichts härteres sage, – gegen Unbilligkeit erfolgen. Den Mu[2]sen sey Dank! ächte Nothwehr hat es nicht bedurft. Ich ließ also Lob und Tadel sich durch einander verbrausen und abklären; und ich sah am Ende mit Vergnügen, daß das Experiment keinesweges zu meinem Nachtheile ausgeschlagen war. Man überzeugte sich endlich, daß nicht alles Unkraut sey, was aus fettem Erdreiche, blühend und voll Farbe geboren, aber doch nicht nach Scheere und Schnur des holländischen Gärtners zugestutzt worden; man empfand, daß der wilde Wasserfall tiefer bohrte, und selbst in seinen mannichfaltigen Strudeln schöner sey, als der in abgemessenen Kanälen so einförmig einherschleichende Strom; man sah endlich den ganzen Streit, ob Thorlaug, Werdomar oder Rhingulph der Erste seiner Art sey, von der rechten, nehmlich von der lächerlichen Seite an, und ließ jeden geruhig an seinem Platze. Vater Ossian war doch eher, denn wir alle!

[...]

[7] [...]

Es liegt leider am Tage, daß viele, wo nicht die meisten Kunstrichter, sich für oder wider den [8] Bardiet erklärten, ohne ihn einmal etymologisch richtig zu kennen, ohne über sein Wesentliches, und folglich über den Hauptpunkt, ob er unsere Zeitgenossen interessiren kan oder nicht, nachgedacht zu haben. Laßt uns der Sache einen Schritt näher treten, und fragen, was war eigentlich der Bardiet unsrer Vorfahren?

Ich erinnere im Vorbeygehn, daß die alten Schriftsteller, aus denen wir diese Kenntniß schöpfen müßen, das Lied oder die Dichtart selbst, mit der eignen Art des Gesanges verwechselten, womit man in Altteutschland eine Gattung dieser Gedichte, nämlich das Schlachtlied, vortrug. Sie hielten dabey die Schilde vor den Mund, damit die Stimme durch den Wiederhall voller und tiefer würde.[1] Dieses nannte man Bardiet; eigentlich aber kam dieser Name wohl der [9] ganzen Dichtart zu. Vielleicht nannte man sie Bardey, und daher entsprang das von den römischen Schriftstellern verstümmelte Wort, Bardiet. In dergleichen Liedern, (sagen diese Erzähler) priesen die Barden die Anherren und Urväter ihrer Nazion, ihre ersten vergötterten Helden; sie befeuerten den Muth der Krieger; sie lobten den braven Mann, und spotteten über den feigen und nichtswürdigen. Da auch die Barden zu dem Druiden- oder Priesterstande gehörten; so war ihr Gesang auch sonder Zweifel ihrer Religion und Psychologie heilig; und ihr Leben und Weben in der Einfalt und Schönheit der unverdorbenen Natur läßt uns mit Zuverläßigkeit schließen, daß eben diese Einfalt und Schönheit ihre Lieder vorzüglich begeisterte. Leider ist zwar kein Ton ihrer Harfen zu uns herüber gekommen; aber Vater Ossian, ein Kelte so gut als die Barden Germaniens, überzeugt uns, daß dieses wirklich der Charakter der teutschen Bardenlieder gewesen seyn müße. Der Bardiet war also religiös, historisch, kriegerisch, [10] und moralisch, oder blos empfindsam; allemal aber lyrisch, und keinesweges dramatisch, oder ganz episch, ungeachtet er eine gewisse glückliche Verbindung des Epischen und Lyrischen seyn konte, und auch wirklich war. Wir fühlen bey Ossians Gedichten, welche Kraft sein wohltönendes und volles, obgleich ungestüm daher brausendes Silbenmaas hat. Eben so tönten die Lieder der teutschen Barden; sie gingen nicht im abgemessenen Tanze unsrer Strophen und zierlichen Zeilen: sie waren wie der herrliche Gesang des Vogels im Walde, nicht wie die nach Noten gespielte Queerflöte eines Virtuosen im Konzert.

Alles dieses unparteiisch überlegt, kan man nicht läugnen, daß wir noch jezt den Bardiet nachbilden, und dadurch unsrer Nazionaldichtkunst einen neuen Zweig geben können, der sich von den übrigen Dichtarten vortheilhaft unterscheidet, ohne deshalb eine von ihnen verdrängen zu wollen; der uns zum wenigsten eine gewisse Originalität – und auch das aufgege[11]ben – mehr Mannichfaltigkeit gewährt. In sein Gebiet würde vorzüglich die altgermanische Geschichte, der Kriegs- und Schlachtgesang gehören; er dürfte die ersten Grundgesetze der Sittlichkeit, die jezt von unsern Moralisten und Dichtern dergestalt von Grund aus durchwässert sind, daß man ihre göttliche Urkraft kaum noch zu schmecken vermag, auf ihre eigenthümliche Stärke und Einfalt zurückbringen; sein Lob würde Rechtschaffenheit und Tugend, vornehmlich das, was man seit Jahrhunderten teutsche Treu und Glauben hieß, ehren und in Schutz nehmen, die Laster aber mit größerer Kühnheit verfolgen, als es die andern Dichtarten, die schon zu sehr nach dem Tone der feinern Welt umge-

---

1    Einige Ausleger suchen die Sache zu erläutern, und lesen, *Barritus*; Elephantengeschrey: zum deutlichen Beweise, daß uns diese Herren oft große Plattheiten für Erklärungen und Verbesserungen verkaufen.

stimmt sind, erlauben; er dürfte seinen Pinsel in die vollen Farben der schönen
oder der wilden Natur tauchen, um Gemälde aufzustellen in Ossians Kraft und
Umfange; Vaterlandseifer, Tapferkeit, Edelmuth, Keuschheit, Redlichkeit,
Freundschaft und Liebe, würden ihm ihre reinsten Umrisse, ihre stärksten Zü-
ge leihen; [12] er hätte die ganze Harmonie der Natur und der Leidenschaften
zum freyen Gebrauche für seine Harfe; endlich würde er auch der treuste Ver-
wahrer und Aufbehalter des ächten männlichen Ernstes, des wahren teutschen
Tones seyn, der sich in den übrigen Dichtarten jezt so selten finden, vielleicht
auch so schwer anbringen läßt. – [...]
[14] [...]
Was Plan, Anordnung und Ausführung eines Bardiets betrifft; so muß das
alles im Grunde lyrisch behandelt werden. Selbst die historischen Bardiete sind
davon nicht ausgeschlossen, ungeachtet es sich von selbst versteht, daß hier
das Epische eintritt, woraus eine Art von lyrisch-epischen Gedichten entsteht,
das den Talenten des Dichters sehr vortheilhafte Seiten darbietet. Diese beiden
Dichtarten gehören ja zu den reichhaltigsten; und es wäre eine Voraussetzung
ohne Grund, daß aus dieser Verbindung die Dichtkunst selbst, so wie Dichter
[15] und Leser, nicht beträchtliche Vortheile gewinnen sollten. Was wollen wir
auch! Haben wir nicht noch Ossians und einiger andern Barden Gesänge, die
eben um deswillen, weil sie das Epische mit dem Lyrischen verbinden, so gro-
ße Wirkung thun?
Gleichwohl zweifle ich, ob es nicht Zwang und Fessel für unsre Barden
seyn würde, wenn man ihnen einen bestimmten Ton vorschreiben wollte. Es ist
damit in jeder Dichtart etwas bedenkliches. Zehn Virtuosen können auf einer-
ley Instrumente, eines und dasselbe Stück spielen; aber ihr Vortrag und Ton
wird sich dennoch merklich von einander unterscheiden. Doch, das ist eher
Vortheil als Nachtheil. Soviel ist gewiß, daß die ehrwürdigen Ossianischen
Ueberreste immer große Vorbilder des neuen Bardiets seyn müßten: aber nicht
etwa zur genauen Nachformung. Der Teutsche aus derjenigen Epoke, die man
für den heutigen Barden annehmen muß, war in der Cultur weiter vorgerückt
als der Kaledonier; er hatte Bekannt[16]schaft, Handel und Umgang mit poli-
zierten Nazionen; besaß Hof und Haus und Heerde; war kriegerisch, aber nicht
ganz der eiserne Mann aus Ossians und Schwarans Lande; hatte in gewissem
Maaße schon Sitten, Polizey, Bequemlichkeit und Kunst. Seine Sprache war
also gebildeter, und seine Barden sangen, nicht edler und kühner, aber man-
nichfaltiger, gesitteter und zierlicher. Der teutsche Barde hat folglich einen
starken Vorsprung vor dem kaledonischen, und rückt unsern Begriffen und un-
serer Empfänglichkeit um vieles näher. Sein Horizont ist von weiterm Um-
fange. Er erkennt eine allmächtige aber unsichtbare Gottheit; er hat nicht nur
Muth und Ruhmbegier, er hat auch Patriotismus; er kennt die Liebe nicht unter
der räuberischen Gewalt des stärkern Geschlechts gegen das schwächere, er
schätzt das Glück der ehelichen Verbindung; kurz, er ist zwar noch nicht der

veredelte Homerische Grieche, aber auch keineswegs der ungeschlachte Iroke-
se, sondern steht zwischen Homer und Ossian in der [17] Mitte. – Der Haupt-
ton des Bardiets sey also der innere Bardengeist. Einer unsrer Kunstrichter hat
das gut aus einander gesezt, ungeachtet man ihm die daraus gezogenen Folgen
nicht zugehen kann: "Mit Einfalt, Wahrheit, Würde und Stärke singen, die nak-
ten Bilder unsers Vaterlandes und unsrer Geschichte treu, reich und vielsagend
darstellen, die Empfindung wahr und kurz malen, das süße Geschwätz verler-
nen, was wir, ich weiß nicht woher, nur nicht von der nordischen Natur haben,
kurz, That, Bild und Geist sprechen zu laßen, – das ist Bardengesang."
[...]
[26] [...] Der rauhe halbwilde Ossian hat dennoch, Trotz alles Abstandes und
Widersinnischen zwischen unsern und seinen Sitten, zwischen unsrer Zeit und
der seinigen, den größten Eindruck auf die verwöhntesten Leser unsers weich-
lichen Zeitalters gemacht, und wird ihn zu [27] allen Zeiten und unter allen
Nazionen machen, die noch eine Faser von Herzen, die noch eine Saite von
mittönender Phantasie übrig haben. Sollte nun ein Anschauer oder Leser, bey
Gemälden und Gedichten altteutschen Wesens und Inhalts, dennoch so ganz
vergeßen, sogar wenig fühlen, daß er ein Teutscher ist, und eben um des Stoffs
willen die ganze Darstellung uninteressant finden; so läg doch warlich die
Schuld nirgends weiter als in ihm selbst. –
[...]

## 2. Im Umkreis des Sturm und Drang

[Johann Gottfried Herder:] [Rezension zu:]
Die Gedichte Oßians, eines alten celtischen Dichters,
aus dem Englischen übersezt von *M. Dennis*,
aus der G. J. Erster Band [1769].

Die Erscheinung ist neu und schön. Einer aus der Gesellschaft Jesu der Ueber-
setzer Oßians, in deutsche Hexameter, fast nach Klopstocks Manier, der Klop-
stocks Freundschaft und seinen Messias rühmet, der uns durch seine Ueber-
setzung mit dem Hexameter aussöhnen will – die Erscheinung ist neu und
schön. Ein *Sonnenfels* in seiner Gesells[ch]aftlichen Prose, ein *P. Wurz* im
Rednerschwunge, jetzt *P. Dennis* in seinem guten poetischen Geschmack –
lassen die für Wien nicht viel hoffen?

Die Gedichte Oßians, des Sohns Fingal, diese kostbaren Ueberbleibsel der
Vorwelt hatte *Macpherson* aus der alten celtischen oder gallischen Sprache in
englische Prose übersezt. Wir bekamen schon vor Jahr und Tag aus Hamburg
zwey gute, sehr wohlklingende Uebersetzungen auch in Prose, die die Stärke,
die Kürze, die Erhabenheit und das Rührende des Barden ungemein ausdrük-
ken. Hr. Dennis hat sie nicht gesehen, und das schwere Werk übernommen,
einen alten Dichter, der prosaisirt war, aus der Prose wieder hervorzuruffen,
und zu poetisiren. Kein Sylben[64]maas schien ihm angemessener, als der He-
xameter der Griechen, und er wünscht, "daß sich deutsche Dichter zu höhern
Erzählung niemal einer andern Versart, als dieser, oder höchstens noch der
fünffüßigen männlichen Jamben bedienen! aber auch ihre Sylbenmaase so
richtig bestimmen, ihre Wörter so harmonisch anreihen, ihre Abschnitte so
mannigfaltig verlegen, ihre Perioden so abwechselnd ausströmen lassen möch-
ten, als unser großes Muster, der Sänger des Meßias!" Ein Uebersetzer von so
feinem Geschmack kann die freye offne Meynung seiner Leser nicht anders als
willkommen aufnehmen!

So sind also die Gedichte Oßians in Hexameter übersezt – aber würde
Oßian, wenn er in unsrer Sprache sie abgesungen, sie hexametrisch abgesun-
gen haben? oder wenn die Frage zu nah und andringend ist; mag er in seiner
Originalsprache den Hexameterbau begünstigt haben? Mögen in seinen Gesän-
gen die Accente dieser griechischen Versart so vorgezählt liegen, daß eine
andre Sprache nicht anders, als die *disjecti membra poëtae* in Ordnung bringen
darf, und es sind Hexameter? Oder wenn wir dies nicht wissen: thut Oßian in

seinem homerischen Gewande eben die Würkung, als Oßian der Nordische Barde?

Wir wissen von den Nordischen Dichtern der Celten wenig; aber, was wir von ihnen wissen, was die Analogie der Skalden, ihrer Brüder, uns ausserdem noch auf sie schließen läßt, dürfte das für den Hexameter entscheiden? Nach allen einzelnen Tönen, die uns von ihnen zurükgeblieben, haben sie in einer Art von lyrischer Poesie gesungen, und da dies aus den Nachrichten von Skalden gewiß wird, da man den Strophen- und Versbau dieser Liedersänger zum Theil entwickelt hat: so wünschten wir, Hr. D. hätte sich nach den Accenten solcher Bardengesänge sorgfältiger [65] erkundigt, von denen in den so bearbeiteten celtischen Alterthümern Spuren gnug anzutreffen sind. Unsre Sprache, die in so vielen Jahrhunderten freylich sehr nach andern disciplinirt und von ihrem Bardenursprung weggebogen ist, würde vielleicht in diesem Rhythmus Töne finden, die zum zweytenmale Deutsche Barden wieder aufwekten. Und gewiß, so weit die Gesänge und Bilder eines Oßians von Homer *im Innern* abgehen; so anders die Laute der Sprache und der Kehle gewesen: so anders auch sein Saitenspiel. Jezt ists also Oßian der Barde im Sylbenmaase eines griechischen Rhapsodisten.

Vielleicht aber wird er dadurch verschönert, und gleichsam claßisch? Er mag es werden: nur er verliert mehr, als er gewinnt, *den Bardenton seines Gesanges.* Homers Muse wählte den Hexameter, weil dieser in der reichen, vieltönigen, abwechselnden griechischen Sprache lag, und auch in seinem langen und immer rastlosen Gange dem Gange der Poesie am besten nach- und mitarbeiten konnte. Leßing hat in unsern Tagen diese immer schreitende, fortgehende Manier Homers vortreflich entwickelt; und zu ihr war kein Sylbenmaas schiklicher, als der lange, immer gehende, immer fortwallende Hexameter, mit seinem vielen Füssen und Regionen und Abwechselungen. Ich bin nicht der erste, der diese Anmerkung macht, so wie Hr. Leßing nicht der erste ist, der Homers Manier in diesem Fortschritt entwickelt hat. Die *Lettres concerning Poetical translations Lond.* 1739. 8. geben dem Homer *Eilfertigkeit, Rapidität* zum Charakter; dem Virgil Majestät – und sagen auch so manches andre über die Versification Miltons, und über seinen griechischlateinischen Wortbau, das für den Uebersetzer Oßians nicht übel zu lesen wäre. Noch aus einer andern Ursache kleidet den [66] Homer sein Hexameter so vortreflich, seiner süßen griechischen Geschwätzigkeit wegen. Sein Ueberfluß an mahlenden Adjektiven und Participien, an tausend angenehmen Veränderungen und kleinen Bezeichnungen, seine Gewohnheit zu wiederholen u. s. w. Alles schicket sich so vortreflich in den immer fallenden und wiederkommenden Hexameter, daß dieser aus mehr als einem Grunde im eigentlichsten Verstande der Vers Homers heissen kann.

Nun aber Oßian, und er ist fast in allem das Gegentheil. Er ist kurz und abgebrochen: nicht angenehm fortwallend und ausmahlend. Er läßt die Bilder alle schnell, einzeln, hinter einander dem Auge vorbeyrücken; und das Anreihen derselben, ihre Verkettung und Verschränkung in einen Zug kennet er nicht. Rauhe Kürze, starke Erhabenheit ist sein Charakter – kein fortwallender Strom, kein süsses Ausreden. Er tritt einher, möchte ich mit seinen Worten sagen; er tritt einher in der Stärke seines Stals, und rollt wie ein Meteor vorbey und zerfährt im Winde. Ich zweifle, daß die Dennissche Uebersetzung diesem Charakter getreu bleibe. Epischen, heroischen Eindruk läßt sie; aber nicht Schottischheroischen, Nordischepischen Eindruk. Sie muß die kurze Abgebrochenheit des Dichters mildern, und gleichsam verschmelzen: sie muß seine Bilder reihen, die er erhaben hinwarf: die Lücken zwischen ihnen verflößet sie: sie bringt alles in Fluß der Rede – ein homerischer Rhapsodist, nicht aber auch dem Haupteindruk des Tons nach, der rauhe erhabne Schotte.

Vergleichungen zwischen den Prosaischen, dem Macpherson wörtlich treuen Uebersetzungen, und zwischen dieser Poetischen bestätigen, was ich sage. In dieser finden wir mehr den Dichter in Versen, Worten, Construktionen; in jenen mehr das Nordische [67] Original in seiner eigenthühmlichen Hoheit, und abbrechendem kurzen rührenden Tone. Ihm entfallen nur einzelne Bilder und einzelne Laute bey Tragischen Geschichten; aber diese dringen zur Seele, diese lassen Stacheln im Herzen – jene gehen prächtig dem Auge vorüber, und thun nicht immer so viel Würkung. Es ist, wie mit jenen beyden Rednern Homers: der eine spricht – –

επεα νιφαδεσσιν εοικοτα χειμεριοισιν –

der andre – παυρα μεν αλλα μαλα λογεως. –
Der lezte dünkt mich dem Tone des Originals treuer.

Noch eine Probe ist für mich. Der Uebersetzer hat oft lyrische Chöre eingemischt, und sie sind von großer Würkung, oft Bardentöne bis zum Erstaunen. Hr. Dennis hat so innige Accente des Wohllauts in seiner Gewalt, wie der starke Pindar Pfeile in seinem Köcher, daß mans um so mehr beklagt, daß nicht alles in ihm eine *Bardenlust* geworden. Wir nehmen das Erste das Beste:

Aber Schlummer sinket
Mit den Harfentönen;
Holde Träume schweben
 Allgemach um mich. –
 Ihr Söhne der Jagd!
 Entfernet den Schritt!
Verschonet der Ruhe
Des Barden, der jetzo
Zu seinen Erzeugern
Den Helden der Vorwelt
 Hinüber entschläft! –
 Weichet, Söhne lauter Jagd!
Stöhret meine Träume nicht!

Ich wollte gerne noch das Lied der Moina in seinen süssen Trauertönen einrük-
ken, wenn hier Platz wäre, und viele von den Hexametern sind sehr melo[68]-
dienreich und wohlklingend. Wie wäre es, wenn der Uebersetzer in seinem
folgenden Theil sich weniger das einförmige Gehege dieser Versart vorzäunte:
wenn er z. E. *nach den Mustern der freysylbigen Klopstockischen Oden allem
Wohlklange aufhorchte, der jedesmal im Gedanken und im Ausdruk, bis auf al-
le Kürze und Stärke und Einsylbigrührendes und Halbstummes im Oßian liegt;
alles dies mit allen freyen Wendungen und Absätzen in seiner Muttersprache
auffienge, sich mehr um die Barden- und Skaldensylbenmaaße bemühete, und
dieselbe, wo sie nicht in Hieroglyphen und Logogryphen abarten, nachahmte –*
ein melodisches Ohr, wie hier der Uebersetzer bewiesen, was würd' es nicht an
einem Oßian für Symphonien alter Barden erwecken! da würde ihm denn der
Skalde vom Sunde her entgegen tönen:

> Ists Braga's Lied im Sternenklang,
> Ists Tochter Drals dein Weihgesang,
> Was rings die alte Nacht verjüngt?
> Auch mich – ach! meinen Staub durchdringt! –
> Der Fels, wo er die Hymn ergoß,
> Daß Nordsturm tonvoll ihn umfloß,
> Bebt unter ihm, die Tiefe klang,
> Und Geister seufzten in seinen Gesang.

Mit dem musikalischen Gedicht *Comala* bin ich gar nicht zufrieden. Die dra-
matische Eintheilung gefällt mir; aber die poetische Verarbeitung ist wäßricht,
gezogen, und bleibt selbst der hamburgischen Prose nach. Vielleicht, daß die
Reime Hr. *D.* verführt haben, und ich wollte ihm freundschaftlich rathen, das
ganze Stück noch einmal vorzunehmen, und nach dem freyen Klopstockischen
Sylbenmaaße, das ich vorgeschlagen, in einem der folgenden Theile umzuar-
beiten – wie anders würde es klingen! Der [69] Recensent hat selbst vor gerau-
mer Zeit einige Oßiansche Stücke in dies freye Metrum poetisch zu erheben
versucht, und recht die Gränzen des besten prosaischen, und des wahren poeti-
schen Wohlklanges gefühlt – wollte Hr. *D.* nicht die Bahn versuchen?
    Die Anmerkungen des *Cesarotti* und *Macphersons* sind untergerükt: diese
sind meistens historisch; jene kritisch, und mit dem Homer parallelisirend.
Cesarotti hat selten ganz recht, indem er den Homer überall so zum Oßianer
machen will, als andre den Klopstock zum Homeristen; allein seine Anmer-
kungen sind doch immer sehr lesenswürdig. Sie machen auf manche Detail-
schönheiten aufmerksam, und zeigen manche neue und fruchtbare Seite ihres
Autors: wir hoffen also, daß Hr. *D.* mit ihnen fortfahren werde. Vor dem drit-
ten Bande soll D. Blairs Abhandlung stehen, und sie ist sehr der Uebersetzung
werth. – – Wir freuen uns überhaupt auf die ganze Fortsetzung der Dennischen
Arbeit mehr, als auf manche neuere süßlallende Originale in Deutschland, und
wünschen, daß Oßian der Lieblingsdichter junger epischer Genies werde!

[437] [Johann Gottfried Herder:] [Rezension zu:]
Die Gedichte *Ossians*, eines alten Celtischen Dichters
aus dem Englischen übersetzt von *M. Denis*.
Zweyter Band [...]. Dritter Band [1772].

Wir haben das Bardengeschrey der deutschen Nation etwas verhallen lassen,
um die Uebersetzung des Dichters, der so viel Neuern das Bardenkleid angezo-
gen hat, zusamt diesen Neuern, die es von ihm empfangen haben, in einen Ge-
sichtspunkt nehmen zu können. Die Recensionen dieser Bibliothek sind doch
ohnedem nicht die ersten Postbothen von Neuigkeiten der Messe, zu denen
Zeitungen und fliegende Blätter gnug da sind; vielmehr wäre [438] es dem Re-
censenten *Zweck*, wenn sich seine spätere Stimme auch etwa mit dem geprüf-
tern ausgebrauseten Urtheile der stillen Liebhaber im Publikum begegnete.
Und hiernach beurtheile der Leser die etwannige Verspätung dieser Recensio-
nen, und die Anzahl der mancherley Gedichte, die zusammen gestellet werden:
man hat sich mit Fleis verspätet, und mit Fleis so zusammen gestellet.

Im ganzen der Uebersetzung könnte sich der Rec. vielleicht noch völlig auf
seine über den ersten Theil gesagte Meynung (X. B. 1. St. S. 63.) beziehen.
Noch immer Oßian der Hexametrist, der Klopstockianer, da man Oßian den
kurztönenden, unregelmäßigen Celtischen Barden hören sollte. Je mehr der
Rec. in der Länge der Zeit und in sehr verschiednen Augenblicken den Celten
in *Macphersons* Englischer Prose gelesen, sich alsdenn den Celten nach der
gegebnen Probe und Beschreibung in seiner Ursprache gedacht, und alsdenn
den Deutschen Oßian aufgeschlagen, und singen gehört, desto bestärkter ist
ihm dieser Unterschied vorgekommen. Noch immer *ausgemahlte* Bilder, wo
sie nur *schnell vorüber rücken* sollten; *gekettete* Vorstellungen, wo sie im Ori-
ginal *wild und öde allein stehen*; *sanft verflößte* Züge, wo sich dort die Farben
*härter brechen*, das Auge nicht *weiden*, sondern *bestürmen* sollten. Man erlau-
be also gleich eine Hauptanmerkung.

Es kann eine Uebersetzung ein sehr gutes, nützliches, in gewissem Ver-
stande auch klaßisches Werk, und doch eine unvollkommene, ja gar schlechte
Uebersetzung, oder fehlerhafte Nachbildung seyn. *Pope* mit seinem Homer, ist
vom letzten und so viel würklich schöne französische Uebersetzungen sind
vom erstern Zeuge: und die Ursache in beyden sehr leicht zu finden. Hat der
Uebersetzer, oder Nachbilder die Manier sei[439]nes Originals nicht recht *stu-
dirt*, nicht recht gefaßt, oder (denn wer kann oft für die Farbe jedes Dinges in

jedes Menschen Auge sprechen?) nicht recht gesehen; schiebt er seiner Urkun-
de also eine andre Manier, ein andres Ideal unter – als Uebersetzung, als Nach-
bildung betrachtet, wirds immer ein schiefes Werk seyn und bleiben. Nicht
blos daß des Urbildes Treue im Ganzen der Composition, der Haltung, des
Kolorits verlohren gehet; im kleinen müssen auch so viel kleine Fehler, Ver-
zeichnungen, Flecken u. s. w. vorfallen – Ein rauher Versemann hat dies über
Popens Homer kurz und scharf gesagt:

> Pop' hat Homers Gemählde gestochen!
> Bis hieher gut! Dollmetscher könnens nicht anders;
> Allein er hat die *freyen Gestalten*
> *Verzeichnet*, hat die *weiche Ründe durch Schärfen und Ecken*
> *Unkenntlich gemacht* – den Griechen *verschönert*.

*mutatis mutandis* sollte dies Epigramm nicht ziemlich von Oßian und Denis
gelten? ja nicht Haupturtheil seyn können? Denis hatte einmal das Klopstocki-
sche Vers- und Bildermaaß im Sinne, und was er nun in Oßian sah, sah er un-
ter diesem Maasse – Die Kopie gieng immer mehr von Original ab.

Sollte diese Rec. Hrn. Denis selbst in die Hand fallen, so dürften wir uns
gegen ihn auf eine Induktion beziehen, die uns mit ihm vergleichen könnte. Er
sehe, wie *Klopstock* selbst *im dritten Buch* seiner *Oden* den Barden angesehen
und gefühlt hat. Ists in dieser Meßias Manier? oder hat sich nicht fast die ganze
Manier Klopstocks dabey etwas geändert? Welche andre, welche große, wel-
che schwere Würkung! Und nun ein dritter Freyer, der eigentlich keine Manier
haben sollen, der zwischen Klopstock und Oßian [440] frey in der Mitte stehet,
und *diesen* übersetzen will, *wie er ist* – was sollte Oßian auf den für Würkung
gemacht haben?

Erklären können wir uns dies *Weiche, halb Südliche* in Denis Manier
ziemlich; aber gerechtfertigt wirds damit noch nicht im Mindesten. Wir sind
freylich in der ganzen Denkart unsres Jahrhunderts zu weit von Oßian ab.
Mehr an eine Kette raffinirter Vorstellungen, leichter Abstraktionen, ange-
nehmer *pensées* und Reflexionen gewöhnt, als an den rauhen Schrey der Lei-
denschaft, kühner Hinwürfe einer starkgetrofnen Einbildung, und einer wüsten,
starken Gestalt der Seele – haben sich bey uns in Denkart, Ausdruck und Ge-
stalt der Sprache auch ganz andre Seelenkräfte entwickelt, oder zu entwickeln
angefangen. Alles bis auf unsre Dichtkunst und Dichtungssprache hat den Weg
des schönen Anstandes, des Feinausgedachten und Feingesagten, der guten
Wendung, des vollendeten Umrisses auch in Bilde, Perioden, Vers, Wohl-
klang, Sylbenmaas – den Kunstweg hat alles genommen. Dazu liegen Formen
und Materialien in unsrer Seele bereit – und gegen alles dies welchen Abstand
macht Oßian? der rauhe Schotte Oßian? Er sang lebendig, und stürmte also in
den kurzen Augenblicken lebendiger Stimme auf Herz und Ohr; für matte
Augen im Lehnstuhl, die im halben Schlummer unterhalten, und in sanfter
Lektüre sanft eingewiegt werden wollen, wollte er nie in der Welt solche schö-

ne klaßische Augenweide schaffen. Seine Muse ist Tochter der Natur auf ihren wildesten Höhen erzogen, aber rasch, kühn, edlen Ansehens, nur mit natürlichem Reize geschmückt, und im Tanze der Natur hinfliegend. Wer nicht Herz und Augen und Sinne für diese wilde Schöne hat (und ist nicht unsre Sinnlichkeit in vielem Betracht so ertödtet, unser [441] Auge für die Bilder der Natur geschlossen, und unser Herz durch lauter leidige Kunst gegen die rohen Ausbrüche der Natur recht gewapnet?) für den ist freylich Oßian so recht im innern kein Mann. Auch sein Inhalt, seine Bilder werden für ihn bald zu einförmig werden. Unsre Gesellschaftsleserinnen und Leser werden sich bey ihm bald so *langweilen*, als in der Gesellschaft rauher Wilden, *die nichts thun, als singen*, immer *fast dasselbe Lied* und fast *in derselben Melodie singen*, und denn so *unregelmäßig*! so *kurz*! so *wilde*! – kurz wir sind mit Denkart, Sprache, Sitten des Jahrhunderts so weit aus Oßians Natur heraus, als unsre Städte, Höfe, Palläste, Schulgebäude keine Schottische rauhen Gebürge, unsre Gesellschaftskreise und Zerstreuungen im Museum kein Tanz unter rauschenden Bäumen und unsre ganze Poetik und Poesie also – auch nicht *Oßian ist, wie er ist* – das *erklärt*, aber *rechtfertigt, entschuldigt* nicht im mindesten.

Der Uebersetzer sollte Celte geworden seyn! wo möglich alle Welt und Bildung nach Conventionsfuß vergessen haben! nichts als *die Natur* sehen, *die Harfenstimme* hören und fühlen – die er hören und fühlen will. Und sodann welch ein andrer Oßian! Wenn Hr. D. die Gallische Sprache studirt, auch nur im fernen Nachhall vernommen hätte? welch ein andrer Oßian! –

Um nicht vom großen Gusse des Hexameters reden zu dürfen, betrachten wir nur die eingestreuten lyrischen Gedichte. Sie sind an sich selbst, und wenn man sie nicht zur Urkunde hält, hie und da sehr schön. Die Grabelegie, die Cuchullin gesungen wird (B. 3, S. 48.) das Lied der *Bragela* (S. 36. 37.) der Himmelfahrtgesang Oscars (B. 2[,] S. 32. 33.) der fürchterlich schöne Morgengesang *Carrils* (S. 48. 49.) [442] die recht prächtig schauderhafte Todverkündigung (S. 105.) und wie viel andre Stücke müßten wir anführen? Ueberhaupt, einmal aus dem Zauberkreise Oßians herausgetreten, wer kennt nicht, auch ohne unsre Anführung, die sanfte lyrische Kadenz der Denisschen Poesie?... Aber *hier*, so sanft, so vieltönig und schön sie sey, *hier* passet sie Oßianen oft so an, als etwa einen Samojedischen Gesandten bey der rußischen Gesetzkommißion des Ceremonienkleid des Hofmarschalls. Ists z. E. Melodie zum Todtengesange eines abscheidenden Helden, mitten im Schlachtgetümmel, an eine Versammlung Heldenväter gerichtet, die in den Wolken auf ihn warten:

Ihr Geister meiner Väter
O neiget euch hernieder
Aus euerem Gewölke
Empfanget ihn, *den Führer*

Der jetzt *sein Leben endet*
Und Väter, *seyd gebeten* u. s. w.

Wir bleiben in demselben Gedicht *Darthula*. Ein Gesang an die Mondgöttin (Mona, Mana, μηνη,) vielleicht der schönste, der je im Mondschein gesungen worden. – Das *Mädchen des Himmels* kommt mit sanftem Schweben, mit verschwiegner, schöner Wange, – – ihre *Gespielinnen*, *Sterne*, reihen sich sie zu empfangen: die Wolken traben, als Diener oder Dienerinnen, goldgesäumt vorher: sie überglänzt alle Nebenbuhlerinnen, daß diese erröthen und sich in Schleier bergen – – – und da wendet sich des traurigen Oßians Gesang auf seine Lieblingsgedanke: wie? wenn auch sie manchmal vom Himmel verschwände, ob sie auch alsdann in Hütte gienge, zu weinen, zu weinen, wie er? ob sie auch Freundinnen, wie er, verlohren? und nun, da eine gerührte, getroffene Seele ihr Mitleid über alles im [443] Himmel und Erde ausbreitet, siehe! da fängt er an, das schöne Mädchen zu trösten, sie aufzumuntern, daß sie noch recht heiter lächle. u. s. w. Welch ein süßer, weiblicher Gesang, ganz und mit jedem Zuge des Schönen auf der Weiblichkeit des Mondmädchens beruhend. Nun denke man sich auf Einmal, daß Hr. D. aus Andacht für die Deutsche Grammatik diese Schöne des Himmels in – einen *Himmelszeugen* verwandele; wird nicht das ganze Stück ganz unverständlich? Was ist nun *seine* schöne, schweigende Wange, *sein* Empfangen von Gespielinnen, ihre Eifersucht auf *ihn*, sein Verschwinden in die Hütte, um *Brüder* zu weinen, sein nochmaliges Niederlächeln. u. s. w. Alle sanfte weibliche Haltung, Reiz und Sinn des Stücks ist weg. Und warum weg? weil wir im Deutschen der Mond sagen? und also nicht, "die *Mondgöttin*, das *Mondmädchen* sagen könnten?" So ists aber, wenn man aus der dritten Hand bekommt, und nicht im ganzen Sinne des Autors dichtet! Es ist wahr, das Stück ist ein fein künstlicher lyrischer Gesang, in Ramlers Odensprache und Odenwendung und Odenperiode geworden, – aber es ist nicht oßianisch.

Auch das Schlußliedchen nach eben dieses Stücks *Darthula*, ein Todtenlied auf das Grab des armen Mädchens, im Original welche süße unschuldige Elegie! in der Uebersetzung welche kunstvolle Härte und Abtheilung! – – Dergleichen Abweichungen sind unzählig, denn ihr Geist geht das ganze Werk der Uebersetzung durch. Aber hier noch ein Aergeres.

"Ein ansehnlicher Kunstrichter (S. 80. in einer Note Band 3.) hat den Wunsch geäussert, Oßians Gedichte in jener Versart übersetzt zu sehen, deren sich unser liebenswürdigster *Tändler in seinen Gedichten eines Skalden* bedienet hat. Ich will [444] diesen Wunsch wenigstens in den lyrischen Stellen des gegenwärtigen und folgenden Gedichts, zu erfüllen suchen." Wir wissen nicht, wer der ansehnliche Kunstrichter sey, der den Verf. so wohl berathen; der Rath ist aber wenigstens so übel angewendet, daß nur Er, wenn er nicht Gottlob! auf die letzten Stücke nur träfe, allein hingereicht hätte, die ganze Uebersetzung "*abscheulich*" zu machen. Man höre.

> *Vinvela.*
> Ein Sohn des Hügels *ist mir lieb*
> Dem flüchtigen Wilde *folgt sein Trieb*

Von seinem grauen Doggen *wird*
er rund umschnoben. Im Winde *schwirrt*
Die Sonne seines Bogens. *Ist*
dein Lager u. s. w.
–  Durch einen *unbemerkten Steg*
Will ich zu *meinem Liebsten* gehn
und Silrik dich vom Felsen sehn
–  Entgiengest du der Kriegeswuth
Wo sind die Freunde, *sprich, mein einzig Gut*

und da sie todt ist –

–  Mein Silrik, ich bin *ganz allein*
Die Winterstäte schleußt mich ein
Mir fraß der Gram das Leben *ab*
Die blassen Glieder deckt *das Grab*
–  Verweile, mein Vergnügen *ach*
verweil' und sieh, dir wein *ich nach*
–  Die Tochter Vinvals war nicht weit
Sie trug ein helles *Mannsgeschmeid*
Ihr gelbes Haar floß *ohne Band*
Der Bogen war in *ihrer Hand*
Der Jüngling ihr *Geliebtester*
Der zog sie mit zum Treffen *her*.

[445] So ist Alles! Und das ist das Sylbenmaas des Skalden, der eigentlich kein Sylbenmaas hat, sondern alle Harmonien vom Nordischen Ton zu seinem Sylbenmaas machte. – Diese einförmige Verse? Diese und *die gereimte* Kantate im ersten Bande müssen schlechterdings einmal umgeändert werden, oder sie verunzieren Alles. Man kann wirklich sagen, *Denis gelingen nicht Reime!*

Noch Eine Anmerkung, fast noch wesentlicher und allgemeiner. So sehr Hr. D. auch in der Sprache gearbeitet und manchmal den Provinzialdialekt glücklich angewandt hat: oft wird, andern Provinzen wenigstens der Ausdruck *unwürdig*, und *fremde*, ja wohl zuweilen *poßierlich*, *Vater, Mutter, Sohn, Tochter* – was fehlt diesen alten, deutschen Wörtern an Würde und Adel, an Süßigkeit und Stärke? Was fehlt ihnen in der Dichtersprache? und in der Sprache des Dichters, der ja eigentlich nichts als *Vaterliebe*, und *Freundes-* und *Mädchenliebe* besingt? Soll der sich der Wörter schämen, die ihm ja eben die liebsten sind? Wir Deutschen uns auch diese süssesten, würdigsten Namen rauben lassen, wie Nachbarn es schon ergangen ist, und dagegen nichts als eine kalte, unnatürlich veredelnde, oder vielmehr verschlimmernde Artigkeit erbeuten? Und wenn nun bey H. D. statt des ehrwürdigen *Vaters* immer ein – *Erzeuger*, statt des kindlichen Sohns, ein *Erzeugter* daher tritt, und in den rührendsten Elegien statt der erblichnen *Tochter*, nichts als – ein sittiges *Fräulein* spuckt – Wer kann dies vertragen? Wer sich nicht ärgern und schämen? So werden oft mehr von den Herzensgedanken Oßians ich weis nicht mit welchem

Eckel umschrieben: statt *Kraft*, *Stärke* ist überall poetischprosaisches bürgerliches *Vermögen* u. s. w. War Oßian nicht unser Bru[446]der? und welch' ein Glück, welch ewiges Verdienst wäre es, ihn so zu verdeutschen, als ob er, ein Deutscher gewesen wäre: das er doch, der Hälfte nach, gewesen ist.

Man lasse dem Recensenten also noch den Traum der Freude, daß einmal mit Hülfe der Kenntniß gallischer Sprache, gallischer Sylbenmaaße und dem ganzen Gefühl deutscher Ahnenstärke und Einfalt, noch einmal ein anderer, ganz neuer Oßian ersehen werde, der an äusserer Gestalt wenig von diesem an sich haben möchte. Der gegenwärtige dabey ist immer ein gutes Buch, das viel Talente und Fleis des Uebersetzers verräth, dem Wortverstande nach der englischen Prose treu ist, gar das halb klaßische Verdienst hat, diese Prose in eine sehr fliessende und hie und da recht schöne Versifikation gebracht, Oßian ungemein ausgebreitet bekannt gemacht zu haben – – – Auch der hamburgische Uebersetzer könnte, unbeschadet dieser, seine prosaische Uebersetzung noch immer endigen: kein Engländer ist noch auf die Gedanken gekommen, Homer nicht, *wie er ist*, kennen zu wollen, weil ihn *Pope* nach seiner Weise so schön versificirt hatte; und Macphersons Prose muß uns bey Oßian bis jetzt doch noch dafür gelten, *was er ist*. Zudem liefert die hamburgische Uebersetzung so Vieles auf so wenigen Seiten, daß kaum Jemanden diese kleine doppelte Ausgabe gereuen dörfte – – Der wahre, urkundliche, deutsche Oßian indessen bleibt noch der Nachwelt – welch ein stilles, einfältiges, starkes Genie, das sich an ihm wecke, zu seinem Grabhügel wallfahrte und die Reste seiner Laute sammle!

Und so bleibt uns nichts, als kurz zu sagen, was in diesen beyden Bänden enthalten. *Temora*, gleichsam die Odys[s]ee dieses Homers, die *sanft*empfindende Leser vielleicht der Iliade Oßians, dem Fingal, an Rührenden und Interessanten vorziehen dörften. Das andre sind kleinere heroische Gedichte und Lieder. Voraus stehen zwey Abhandlungen, theils historisch, theils kritisch von *Macpherson* und *Blair* nicht blos nachvernünftelt, sondern Oßian, nach empfunden: und wir glauben, wenn schon Kritick über Dichter seyn soll, so ist solche einem großen Original nachtretende, nachempfindende Kritick die beste. Sie thut am wenigsten Unrecht: wirft sich nicht zum Gesetzgeber über so verschiedne Arten auf, die oft nicht unter Ein Gesetz gehören; kann vielleicht am ehestensten blöde Augen öfnen und harten Herzen die Rinde abnehmen – ist auch die Einzige, um Seelenlehre durch wahre Beobachtungen zu erweitern; denn woher kann sich diese erweitern, als durch Ansicht großer Seelen, die stark, oft unregelmäßig, aber eigen empfanden, und frey sprachen. Die Engländer haben also auch auf diesem Wege fast die schönsten Sachen zur Kritick erhalten. *Warton* über *Pope* und *Spenser*, *Addison* über *Milton*, *Hurd* über *Horaz*, *Blackwell* über Homer, so viele Gute und Böse über Shakespear, hier zwey edle Leute, (zu denen sich noch in den Noten *Cesarotti* gesellet) über *Oßian* – und was haben wir Deutschen nun dagegen? *Meier* über den *Meßias*? *König* über *Kaniz* und *Besser*?

[Johann Gottfried Herder:] [Auszüge aus:]
Auszug aus einem Briefwechsel über Ossian
und die Lieder alter Völker [1773].

. . . Auch ich bin, wie Sie, über die Uebersetzung Ossians für unser Volk und
unsre Sprache, eben so sehr als über ein Episches Original entzückt. Ein Dich-
ter, so voll Hoheit, Unschuld, Einfalt, Thätigkeit, und Seligkeit des menschli-
chen Lebens, muß, wenn man *in faca Romuli* an der Würksamkeit guter Bü-
cher nicht ganz verzweifeln will, gewiß würken und Herzen rühren, die auch in
der armen Schottischen Hütte zu leben wünschen, und sich ihre Häuser zu sol-
chem Hüttenfest einweihen – Auch *Denis* Uebersetzung verräth so viel Fleiß
und Geschmack, theils glücklichen Schwung der Bilder, theils Stärke der deut-
schen Sprache, daß ich auch sie gleich unter die Lieblingsbücher meiner
Bibliothek gestellt, und Deutschland zu einem Barden Glück gewünscht, den
[4] der schottische Barde nur gewecket – Aber Sie, der vorher so halsstarrig an
der Wahrheit und Authenticität des schottischen Ossians zweifelte, hören Sie
jetzt mich den Vertheidiger, nicht halsstarrig zweifeln, sondern behaupten, daß
Trotz alles Fleisses und Geschmacks und Schwunges und Stärke der deutschen
Uebersetzung unser Ossian gewiß nicht der wahre Ossian mehr sey. Der Raum
fehlt mir, das jetzt zu beweisen: ich muß also meine Behauptung nur, wie ein
türkischer Mufti, sein Fetwa hinsetzen, und hier der Name des Mufti . . .

---

. . . Meine Gründe gegen den deutschen Ossian sind nicht blos, wie Sie gütigst
wähnen, Eigensinn gegen den deutschen Hexameter *überhaupt*: denn was trau-
en Sie mir für Empfindung, für Ton und Harmonie der Seele zu, wenn ich z. E.
den Kleistischen, den Klopstockischen Hexameter nicht fühlen sollte? aber
freylich, weil Sie doch Einmal selbst darauf gekommen sind, der Klopstock-
sche Hexameter bey Ossian? freylich auch *hinc illæ lacrimæ!* Hätte der Herr
D. die eigentliche Manier Ossians nur etwas auch mit dem innern Ohre über-
legt – Ossian [5] so kurz, stark, männlich, abgebrochen in Bildern und Empfin-
dungen – Klopstocks Manier, so ausmalend, so vortreflich, Empfindungen
ganz ausströmen, und wie sie Wellen schlagen, sich legen und wiederkommen,
auch die Worte, die Sprachfügungen ergiessen zu lassen – welch ein Unter-
schied? und was ist nun ein Ossian in Klopstocks Hexameter? in Klopstocks

Manier? Fast kenne ich keine zwo verschiednere, auch Ossian schon würklich wie *Epopäist* betrachtet.

Aber das ist er nun nicht, und sehen Sie, das wollte ich Ihnen nur sagen, von jenem hat schon, wie mich dünkt, eine Kritische Bibliothek geredet, und das geht mich nichts an. Ihnen wollte ich nur in Erinnerung bringen, daß Ossians Gedichte *Lieder, Lieder des Volks, Lieder* eines ungebildeten sinnlichen Volks sind, die sich so lange im Munde der väterlichen Tradition haben fortsingen können – sind sie das in unsrer schönen epischen Gestalt gewesen? haben sies seyn können? – mein Freund, wenn ich mich zuerst gegen Ihre zweifelnde Halsstarrigkeit gegen die Ursprünglichkeit Ossians auf Nichts so sehr, als auf inneres Zeugniß, auf den Geist des Werks selbst berief, der uns mit weissagender Stimme zusagte: "so etwas kann Macpherson unmöglich gedichtet haben! so was läßt sich in [6] unserm Jahrhunderte nicht dichten!" mit eben dem innern Zeugniß rufe ich jetzt eben so laut: "das läßt sich wahrhaftig nicht singen! in solchem Ton von einem wilden Bergvolke wahrhaftig nicht fortsingen und erhalten! folglich ists nicht Ossian, der da sang, der so lange fortgesungen wurde!" Was sagen Sie zu meinem innern Beweise? – nächstens fülle ich Ihnen vielleicht damit Seiten!

---

... So eigensinnig für Ihren deutschen Ossian hätte ich Sie doch nicht geglaubt! Es mir durch Zergliederungen und einzelne Vergleichungen abzwingen zu wollen, "daß er gewiß so gut, als der Englische sey!" In Sachen der blossen, schnellen Empfindung, was läßt sich da nicht aus zergliedern? was nicht durch ein grübelndes Zerlegen heraus beweisen, was – wenigstens die vorige schnelle Empfindung gewiß nicht ist. Haben Sie es wohl diesmal bedacht, was Sie so oft, oft, und täglich fühlen, "was die Auslassung Eines, der Zusatz eines andern, die Umschreibung und Wiederholung eines dritten Worts; was mir andrer Accent, Blick, Stimme der Rede durchaus für andern Ton geben könne?" Ich will den Sinn noch immer [7] bleiben lassen; aber Ton? Farbe? die schnelleste Empfindung von Eigenheit des Orts, des Zwecks? – Und beruht nicht auf diesen alle Schönheit eines Gedichts, aller Geist und Kraft der Rede? – Ihnen also immer zugegeben, daß unser Ossian, als ein poetisches Werk so gut, ja besser, als der Englische sey – eben weil er ein so schönes poetisches Werk ist, so ist er der alte Barde, Ossian, nicht mehr; das will ich ja eben sagen?
[...]
[9] [...]
Sie kennen doch die liebe, süsse Romanze, von der ich mich wundere, daß sie sich in den [10] Dodsleischen *Reliques* nicht finde: Heinrich und Kathrine

> In ancient times in Britain Isle
> Lord Henry was well knowne –

ein englischer Schulrector, seines Namens Samuel Bishop, hat gewisse *Ferias poeticas* gefeyret: i. e. *Carmina Anglicana Elegiaci plerumque argumenti* (ich schreibe Ihnen den verdienstvollen Titel) *latine reddita* geschrieben, und in diesen *Carminibus Anglicanis latine redditis* ist auch unsre Romanze *Elegiaci argumenti*, und also auch *Elegiaco versu*, schön skandirt und phraseologisirt, die sich also anhebt:

> Angliacos inter proceres innotuit olim
> Henricus priscæ nobilitatis honos!

und wo ist nun die Romanze? – Daß es mit Ossian kaum anders sey, sehen Sie nur einmal die schöne *Macferlansche* Uebersetzung von *Temora*. Der Verf. selbst ein Schotte? der Ossian singen gehört? ihn doch also fühlen muß? Sehen Sie nun, was unter den Händen des guten, flinken Lateiners aus der rührenden Stelle geworden ist, da Oscar fällt, und der Dichter plötzlich abbrechend, sich an seine Geliebte wendet – In der N. Bibl. der sch. W. Band 9. St. 2. S. 344. sind die Uebersetzungen aus *Mac*[11]*ferson Macferlan*, und *Denis* neben einander. Sie können nachschlagen und sehen! . . .

---

. . . Ihre Einwürfe sind sonderbar. Bey alten Gothischen Gesängen, wie Sie sie zu nennen belieben, bey Reimgedichten, Romanzen, Sonnets und dergleichen schon künstlichen oder gar gekünstelten Stanzen, geben Sie mir nach: aber bey alten ungekünstelten Liedern, wilder, ungesitteter Völker – wilder ungesitteter Völker? ich kann ihre Stelle kaum ausschreiben. So gehörte ihr Ossian und sein edler, grosser Fingal so schlechthin zu einem wilden ungesitteten Volk? und wenn jener auch alles idealisirt hätte, wer so idealisiren konnte, und wem so idealisirt, dergleichen Bilder, dergleichen Geschichte, der Traum des Nachts, und das Vorbild des Tags, Gemüthserholung und beste Herzenslust seyn konnte; der war wildes Volk? Wohin man doch abgerathen kann, um nur seine Lieblingsmeinung zu retten.

Wissen Sie also, daß je wilder, d. i. je lebendiger, je freywirkender ein Volk ist, (denn mehr heißt dies Wort doch nicht!) desto wilder, d. i. desto lebendiger, freyer, sinnlicher, lyrisch [12] handelnder müssen auch, wenn es Lieder hat, seine Lieder seyn! Je entfernter von künstlicher, wissenschaftlicher Denkart, Sprache und Letternart das Volk ist: desto weniger müssen auch seine Lieder fürs Papier gemacht, und todte Lettern Verse seyn: von lyrischen, vom lebendigen und gleichsam Tanzmäßigen des Gesanges, von lebendiger Gegenwart der Bilder, vom Zusammenhange und gleichsam Nothdrange des Inhalts, der Empfindungen, von Symmetrie der Worte, der Sylben, bey manchen sogar der Buchstaben, vom Gange der Melodie, und von hundert andern Sachen, die zur lebendigen Welt, zum Spruch- und Nationalliede gehören, und mit diesem verschwinden – davon, und davon allein hängt das Wesen, der

Zweck, die ganze wunderthätige Kraft ab, den diese Lieder haben, die Entzük-
kung, die Triebfeder, der ewige Erb- und Lustgesang des Volkes zu seyn! Das
sind die Pfeile dieses wilden Apollo, womit er Herzen durchbohrt, und woran
er Seelen und Gedächtnisse heftet! Je länger ein Lied dauren soll, desto stär-
ker, desto sinnlicher müssen diese Seelenerwecker seyn, daß sie der Macht der
Zeit und den Veränderungen der Jahrhunderte trotzen – wohin wendet sich nun
die Sache?

Ohne Zweifel waren die Skandinavier, wie sie auch in Ossian überall er-
scheinen, ein wilde[13]res rauheres Volk, als die weich idealisirten Schotten:
mir ist von jenen kein Gedicht bekannt, wo sanfte Empfindung ströme: ihr
Tritt ist ganz auf Felsen und Eis und gefrorner Erde, und in Absicht auf solche
Bearbeitung und Kultur ist mir von ihnen kein Stück bekannt, das sich mit den
Ossianschen darinn vergleichen lasse. Aber sehen sie einmal im *Worm*, im
*Bartholin*, im *Peringskiöld*, und *Verel* ihre Gedichte an – wie viel Sylben-
maasse! wie genau jedes unmittelbar durch den fühlbaren Takt des Ohrs be-
stimmt! ähnliche Anfangssylben mitten in den Versen symmetrisch aufgezählt,
gleichsam Losungen zum Schlage des Takts, Anschläge zum Tritt, zum Gange
des Kriegsheers. Aehnliche Anfangsbuchstaben zum Anstoß, zum Schallen des
Bardengesanges in die Schilde! Disticha und Verse sich entsprechend! Vokale
gleich! Sylben Conson – wahrhaftig eine Rythmik des Verses, so künstlich, so
schnell, so genau, daß es uns Büchergelehrten schwer wird, sie nur mit den
Augen aufzufinden; aber denken sie nicht, daß sie jenen lebendigen Völkern,
die sie hörten und nicht lasen, von Jugend auf hörten und mit sangen, und ihr
ganzes Ohr darnach gebildet hatten, eben so schwer gewesen sey. Nichts ist
stärker und ewiger, und schneller, und feiner, als Gewohnheit des Ohrs! Ein-
mal tief gefaßt, wie [14] lange behält dasselbe! In der Jugend, mit dem Stamm-
len der Sprache gefaßt, wie lebhaft kommt es zurück, und so schnell mit allen
Erscheinungen der lebendigen Welt verbunden, wie reich und mächtig kommt
es wieder. Aus Musik, Gesang und Rede könnt' ich Ihnen eine Menge sonder-
barer Phänomene anführen, wenn ich einmal psychologisiren wollte!

Denken Sie nicht, daß ich übertreibe. Unter 136 Rhythmusarten der Skal-
den, habe ich nur Einen, den Sangbaren, in *Worm* näher studirt (denn ihre
eigentliche Prosodie, der zweite Theil der *Edda* ist meines Wissens noch nicht
erschienen!) und was denken Sie, wenn in diesem Rythmus von 8 Reihen nicht
blos 2 Disticha, sondern in jedem Distichon 3 Anfangähnliche Buchstaben,
3 consone Wörter und Schälle, und diese in ihren Regionen wieder so metrisch
bestimmt sind, daß die ganze Strophe gleichsam eine prosodische Runentextur
geworden ist – und alles waren Schälle, Laute eines lebenden Gesanges,
Wecker des Takts und der Erinnerung, alles klopfte, und stieß und schallte zu-
sammen! – Machen Sie nun die Probe, und studiren *Reyner Lodbrogs* Sterbe-
gesang in den Runen des *Worms*, und lesen denn die feine, zierliche Ueberset-
zung, die wir davon im Deutschen, in ganz anderm Ton und ganz anderm

Sylben[15]maasse haben – der verzogenste Kupferstich von einem schönen Gemälde! Nun komme jemand und mache aus dem Schlachtgesang der *Dysen*, aus dem Zaubergespräch *Odins* am Thor der Hölle, aus dem jüngsten Gericht der *Eddagötter* ein schönes Heldengedicht in Hexametern, oder schöne griechische Sylbenmaasse, wie Herr *Denis* aus dem Gespräch *Gauls* und *Mornis*, *Fingals* und *Roskranen* gemacht hat; aus *Evind Skaldaspillers* Trauerlied auf *Hako* eine Elegie im Ton der Rothschildsgräber – was würde Vater *Odin* und der alte *Skaldaspiller* sagen? – Daß sich nun diese Skaldische Rhytmik nicht auf Island und Skandinavien eingeschränkt, können sie aus *Hickes*, und andern; am neuesten noch in den Dodslei'schen *reliques* aus der Vorabhandlung von dem *complaint of conscience* (Th. 2. B. 3. S. 277.) sehen, wo aus dem Angelsächsischen dergleichen mehr als Eine Probe angeführt wird.

Aber noch mehr. Gehen Sie die Gedichte Ossians durch. Bey allen Gelegenheiten des Bardengesanges sind sie einem andern Volk so ähnlich, das noch jetzt auf der Erde lebet, singet, und Thaten thut; in deren Geschichte ich also ohne Vorurtheil und Wahn die Geschichte Ossians und seiner Väter mehr als Einmal lebendig erkannt habe. Es sind die *fünf Na*[16]*tionen* in *Nordamerika*: Sterbelied und Kriegsgesang, Schlacht- und Grablied, historische Lobgesänge auf die Väter und an die Väter – alles ist den Barden Ossians und den Wilden in Nordamerika gemein; der letzten Marter- und Rachelied nehme ich aus, dafür die sanften Kaledonier ihre Gesänge mit dem sanften Blut der Liebe färbten. Nun sehen Sie einmal, was alle Reiseschreiber, *Charlevoix* und *Lafiteau*, *Roger*[*s*], und *Cadwallader Colden* vom Ton, vom Rythmus, von der Macht dieser Gesänge auch für Ohren der Fremdlinge sagen. Sehen Sie nach, wie viel nach allen Berichten darinn auf lebende Bewegung, Melodie, Zeichensprache und Pantomime ankömmt, und wenn nun Reisende, die die Schotten kannten, und mit den Amerikanern so lange gelebt hatten, Kapt. *Timberlake* z. B. die offenbare Aehnlichkeit der Gesänge beyder Nationen anerkannten – so schliessen Sie weiter. Bey Denis stehen wir steif und fest auf der Erde: hören etwa Sinn und Inhalt in eigner, guter poetischer Sprache, aber nach der Analogie aller wilden Völker kein Laut, kein Ton, kein lebendiges Lüftchen von den Hügeln der Kaledonier, das uns hebe und schwinge, und den lebendigen Ton ihrer Lieder hören lassen: wir sitzen, wir lesen, wir kleben steif und fest an der Erde.

[17] Als eine Reise nach England noch in meiner Seele lebte – o Freund, Sie wissen nicht, wie sehr ich damals auch auf diese Schotten rechnete! Ein Blick, dachte ich, auf den öffentlichen Geist, und die Schaubühne, und das ganze lebende Schauspiel des englischen Volks, um im Ganzen die Ideen mir aufzuklären, die sich im Kopf eines Ausländers in Geschichte, Philosophie, Politik und Sonderbarkeiten dieser wunderbaren Nation, so dunkel und sonderbar zu bilden und zu verwirren pflegen. Alsdenn die größte Abwechselung des Schauspiels, zu den Schotten! zu Macferson! Da will ich die Gesänge eines

lebenden Volks lebendig hören, sie in alle der Würkung sehen, die sie machen, die Oerter sehen, die allenthaben in den Gedichten leben, die Reste dieser alten Welt in ihren Sitten studiren! eine Zeitlang ein alter Kaledonier werden – und denn nach England zurück, um die Monumente ihrer Litteratur und ihre zusammengeschleppten Kunstworte und das Detail ihres Charakters mehr zu kennen – wie freute ich mich auf den Plan! und als Uebersetzer hätte ich gewiß auf andern Wegen ähnliche Schritte thun wollen, die jetzt – *Denis* nicht gethan hat! Für ihn ist selbst die *Macphersonsche* Probe der Ursprache ganz vergebens abgedruckt gewesen.

---

[18] . . . Sie lachen über meinen Enthusiasmus für die Wilden beynahe so, wie *Voltaire* über *Rousseau*, daß ihm das Gehen auf Vieren so wohl gefiele: Glauben Sie nicht, daß ich deswegen unsre sittlichen und gesitteten Vorzüge, worinn es auch sey, verachte. Das menschliche Geschlecht ist zu einem Fortgange von Scenen, von Bildung, von Sitten bestimmt: wehe dem Menschen, dem die Scene mißfällt, in der er auftreten, handeln und sich verleben soll! Wehe aber auch dem Philosophen über Menschheit und Sitten, dem Seine Scene die Einzige ist, und der die Erste immer, auch als die Schlechteste, verkennet! Wenn alle mit zum Ganzen des fortgehenden Schauspiels gehören: so zeigt sich in jeder eine neue, sehr merkwürdige Seite der Menschheit – und nehmen Sie sich nur in Acht, daß ich Sie nicht nächstens mit einer *Psychologie aus den Gedichten Ossians* heimsuche. Die Ideen wenigstens dazu liegen tief und lebendig genug in meiner Seele, und sie würden manches Sonderbare lesen!

Für jetzt. Wissen Sie, warum ich ein solch Gefühl theils für *Lieder der Wilden*, theils für *Ossian* insonderheit habe? *Ossian* zuerst, habe ich in Situationen gelesen, wo ihn die [19] meisten, immer in bürgerlichen Geschäften, und Sitten und Vergnügen zerstreute Leser, als blos *amusante, abgebrochene Lecture,* kaum lesen können. Sie wissen das Abentheuer meiner Schiffahrt; aber nie können Sie sich die Würkung einer solchen, etwas langen Schiffahrt so denken, wie man sie fühlt. Auf Einmal aus Geschäften, Tumult und Rangespossen der bürgerlichen Welt, aus dem Lehnstuhl des Gelehrten und vom weichen Sopha der Gesellschaften auf Einmal weggeworfen, ohne Zerstreuungen, Büchersäle, gelehrten und ungelehrten Zeitungen, über Einem Brette, auf ofnem allweiten Meere, in einem kleinen Staat von Menschen, die strengere Gesetze haben, als die Republik Lykurgus, mitten im Schauspiel einer ganz andern, lebenden und webenden Natur, zwischen Abgrund und Himmel schwebend, täglich mit denselben endlosen Elementen umgeben, und dann und wann nur auf eine neue ferne Küste, auf eine neue Wolke, auf eine ideale Weltgegend merkend – nun die Lieder und Thaten der alten Skalden in der Hand, ganz die Seele damit erfüllet, an den Orten, da sie geschahen – hier die Klippen Olaus vorbey, von denen so viele Wundergeschichten lauten – dort dem Eilande ge-

genüber, das jene Zauberose, mit ihren vier mächtigen Sternebestirnten Stieren
abpflügte, "das [20] Meer schlug, wie Platzregen, in die Lüfte empor, und wo
sich, ihren schweren Pflug ziehend, die Stiere wandten, glänzten 8 Sterne vor
ihrem Haupte" über dem Sandlande hin, wo vormals Skalden und Vikinge mit
Schwerdt und Liede auf ihren Rossen des Erdegürtels (Schiffen) das Meer
durchwandelten, jetzt von fern die Küsten vorbey, da Fingals Thaten gescha-
hen, und Ossians Lieder Wehmuth sangen, unter eben dem Weben der Luft, in
der Welt, der Stille – glauben Sie, da lassen sich Skalden und Barden anders
lesen, als neben dem Katheder des Professors. *Wood* mit seinem *Homer* auf
den Trümmern Troja's, und die Argonauten, Odysseen und Lusiaden unter we-
hendem Segel, unter rasselndem Steuer: Die Geschichte *Uthals* und *Nina-
thoma* im Anblick der Insel, da sie geschahe; wenigstens für mich sinnlichen
Menschen haben solche sinnliche Situationen so viel Würkung. Und das Ge-
fühl der Nacht ist noch in mir, da ich auf scheiterndem Schiffe, das kein Sturm
und keine Fluth mehr bewegte, mit Meer bespült, und mit Mitternachtwind
umschauert, Fingal las und Morgen hofte . . . Verzeihen Sie es also wenigstens
einer alternden Einbildung, die sich auf Eindrücke dieser Art, als auf alte be-
kannte und innige Freunde stützet. –
    [...]
[23] [...]
    Sie kennen das *Kleistische Lied* eines Lappländers, und die Hand dieses
braven Mannes konnte für uns gewiß nicht anders, als verschönern: aber wenn
ich Ihnen nun den rohen Lappländer gäbe? – wenigstens aus der dritten Hand,
denn ich habe Scheffer nicht bey mir:

O Sonne, dein hellester Schimmer beglänze den Orra-See!
Ich würde den Fichtengipfel ersteigen, könnt' ich schauen den Orra-See!
[24] Ich würd' ihn ersteigen, den Gipfel, meine Blumenfreundinn zu sehn!
Ich würd ihn bescheeren, ihm alle Zweige, seine grünen Zweige stümmeln –
Hätt' ich Flügel, zu dir zu fliegen, Flügel der Krähen
Dem Laufe der Wolken folgt' ich, ziehend zum Orra-See!
Aber mir mangeln die Flügel! Ernteflügel! Füsse der Ente!
Rudernde Füsse der Gänse, die mich zu dir bringen!
O du hast lange gewartet, so viel Tage! schöne Tage,
Du mit erquickenden Augen, mit deinem freundlichen Herzen! –
Was ist stärker, als Flechte Sehnen! als eisene, mächtige Ketten
So fesselt uns die Liebe, die Umschafferinn Sinns und Willens:
Denn der Wille des liebenden Jünglings ist Windesgang
Die Gedanken des Liebenden lange Gedanken!
Folgt ich ihnen allen, ich irrte vom rechten Weg' ab.
Drum bleibt mir Ein Entschluß, die sichre Bahn zu gehn!

Es ist, wie gesagt, aus der dritten Hand, dieses lappländische Lied – Aber noch
immer, wie natürlich, wie sehnlich sinnet der junge, begehrende Lappländer,
dem sein Weg zu lange wird, dem Alles, was er sieht, Sonne und Wipfel und

Wolke und Krähe und Ruderfüsse [25] sich zum Orrasee, auf sein Mädchen beziehen muß! Der auf die Schnelle und Langsamkeit seines Weges, auf sein Hineilen der Seele, auf seine vorwandernde Gedanken, auf seine Lust, Richtsteige zu suchen, wie natürlich! wie sehnlich zurück kommt! *Que de choses dans un menuet!* und ich liefre Ihnen doch nur die stammlendsten, zerrissendsten Reste.

[...]

[27] [...]

. . . Endlich werden Sie aufmerksam, und mahnen mich um mehrere solche Volkslieder; ich aber beweise nun wieder gegen Sie Eigensinn. Denn aus Ihrem vorletzten Briefe z. E. ist mir noch ein Einwurf auf dem Herzen. "Auch Herr D. habe ja so viel lyrische Stücke, und die so schön wären!"

Lyrische Stücke hat er, und schön sind sie; aber wie viel lyrische Stücke, und wodurch sind sie schön? Was ist das andre im Original, was bey ihm nicht lyrisch ist, der Grund des Ge[28]dichts, auf dem seine Oden nur Blumen sind, ist das Hexameter? Und denn auch, wie? wodurch sind sie schön? Durch schöne Römische, Griechische Sylbenmaasse, und durch so schöne Anordnung in denselben, daß ich ja eben deswegen behauptet, sie seyn die schönen Bardenlieder Ossians nicht mehr! Was macht Macpherson fast bey jedem solcher Stücke für Ausrüfe über das Wilde, oder Sanfte, oder Feierliche oder Kriegerische ihres Rhythmus, ihrer Melodien, ihrer Sylbenmaasse, das Seele des Gesangs sey – nun muß ich aber bekennen, daß bey den meisten Fällen ich weder Wahl, noch Veranlassung eben zu solchen Römischen und Griechischen Sylbenmaasse; ja wenn ich von den Gesängen der Wilden überhaupt Ton habe, nirgends Veranlassung zu *Einem* solcher Römischen und Griechischen Sylbenmaasse sehe. Ich mag mit Herr D. nicht wetteifern; er hat so viel poetischen Styl und Sprache in seiner Gewalt; aber ich wolte Ein Stück bey ihm sehen, das nicht in einem andern Sylbenmaasse eben so gut, das ist, eben so geziert, erscheinen sollte, und manches ist, ohne Umschweif, übel gewählt.

Zur Probe davon sehen Sie einmal den dritten Band durch. Da hat ihm, ich weiß nicht, welcher Kunstrichter, den Rath gegeben, mehr des Skaldischen Sylbenmaasses zu gebrauchen, [29] und nun sehen Sie, wie es der Uebersetzer mißbraucht hat. Die vortrefliche, so vielsaitige Goldharfe, die unter der Hand des dänischen *Skalden* allen Zauber- und Macht- und Leyer- und Wunderton hat annehmen können, so wie gegenseitig den Ton der Liebe, der Freundschaft, der Entzückung, ist in den Händen des Uebersetzers eine hölzerne Trommel mit zween Schlägen geworden. – Schade nur, daß eben dadurch die schönen Lieder von *Selma* und das süsse *Carrikthura* verunstaltet sind. Im ersten Bande hat der Uebersetzer gar eine Cantate in Reimen nach aller Form *erfunden*, und da ihm nun kaum zwey Reime gelingen, so sinkt dies ganze Stück fast unter die Kritik hinab.

[...]

[31] [...]

Die Anmerkungen, die Sie, "über das *Dramatische in den alten Liedern*" dieser Art machen, ist so nach meinem Sinn, daß ichs mir immer mit unter dem Charakterstücken der Alten gedacht habe, die wir Neuere so wenig erreichen, als ein todtes momentarisches Gemälde eine fortgehende, handelnde, lebendige Scene. Jenes sind unsre Oden; dies die lyrischen Stücke der Alten, insonderheit wilder Völker. Alle Reden und Gedichte derselben sind Handlung: Lesen Sie z. E. im Charlevoix selbst die unvorbereitete Kriegs[-] und Friedensrede des *Eskimaux*: es ist alles in ihr Bild, Strophe, Scene! Was für Handlung in *Odins* Höllenfahrt, im *Webegesange der Valkyriur*, im *Beschwörungsliede der Hervor*, und bey *Ossian* auf jeder Seite, in jedem Stücke! [...]

[39] ... Habe ich denn je meine skaldische Gedichte in Allem für Muster neuerer Gedichte ausgeben wollen? Nichts weniger! sie mögen so einförmig, so trocken seyn: andre Nationen sie so sehr übertreffen: sie mögen für Nichts als Gesänge, nordischer Meistersänger oder *Improvisatori* gelten; was ich mit ihnen beweisen will, beweisen sie. Der Geist, der sie erfüllet, die rohe, einfältige, aber grosse, zaubermäßige, feyerliche Art, die Tiefe des Eindrucks, den jedes so starkgesagte Wort macht, und der freye Wurf, mit dem der Eindruck gemacht wird – nur das wolte ich bey den alten Völkern, nicht als Seltenheit, als Muster, sondern als Natur anführen, und darüber also lassen Sie mich reden.

Sie wissen aus Reisebeschreibungen, wie stark und fest sich immer die Wilden ausdrücken. Immer die Sache, die sie sagen wollen sinnlich, klar, lebendig anschauend: den Zweck, zu dem sie reden, unmittelbar und genau fühlend: nicht durch Schattenbegriffe; Halbideen und symbolischen Letternverstand (von dem sie in keinem Worte ihrer Sprache, da sie fast keine *abstracta* haben, wissen) durch alle dies nicht zerstreuet: noch minder durch Künsteleyen, sklavische Erwartungen, furchtsamschleichende Politik, und verwirrende Prämeditation verdorben – über alle diese Schwächungen des [40] Geistes seligunwissend, erfassen sie den ganzen Gedanken mit dem ganzen Worte, und dies mit jenem. Sie schweigen entweder, oder reden im Moment des Interesse mit einer unvorbedachten Festigkeit, Sicherheit und Schönheit, die alle wohlstudierte Europäer allezeit haben bewundern müssen, und – müssen bleiben lassen. Unsre Pedanten, die alles vorher zusammen stoppeln, und auswendig lernen müssen, um alsdenn recht methodisch zu stammeln, unsre Schulmeister, Küster, Halbgelehrte: Apotheker, und alle, die den Gelehrten durchs Haus laufen, und nichts erbeuten, als daß sie endlich, wie Shakespear's *Launcelots*, Policeydiener, und Todtengräber uneinig, unbestimmt, und wie in der letzten Todesverwirrung sprechen – diese gelehrte Leute, was wären die gegen die Bilder? – Wer noch bey uns Spuren von dieser Festigkeit finden will, der suche sie ja nicht bey solchen; – unverdorbne Kinder, Frauenzimmer, Leute von gutem Naturverstande, mehr durch Thätigkeit, als Spekulation gebildet, die sind, wenn das, was ich anführte, Beredsamkeit ist, alsdenn die Einzigen und besten Redner unsrer Zeit.

In der alten Zeit aber waren es Dichter, Skalden, Gelehrte, die eben diese Sicherheit und Festigkeit des Ausdrucks am meisten mit [41] Würde, mit Wohlklang, mit Schönheit zu paaren wußten; und da sie also Seele und Mund in den festen Bund gebracht hatten, sich einander nicht zu verwirren, sondern zu unterstützen, beyzuhelfen: so entstanden daher jene für uns halbe Wunderwerke von αοιδοις, Sängern, Barden, Minstrels, wie die größten Dichter der ältesten Zeiten waren. *Homers* Rhapsodien und *Ossians* Lieder waren gleichsam *impromptus*, weil man damals noch von Nichts als *impromptus* der Rede wußte: dem letztern sind die Minstrels, wiewohl so schwach und entfernt, gefolgt; indessen doch gefolgt, bis endlich die Kunst kam und die Natur auslöschte. In fremden Sprachen quälte man sich von Jugend auf Quantitäten von Sylben kennen zu lernen, die uns nicht mehr Ohr und Natur zu fühlen gibt: nach Regeln zu arbeiten, deren wenigste, ein Genie, als Naturregeln anerkennet; über Gegenstände zu dichten, über die sich nichts denken, noch weniger *sinnen*, noch weniger imaginiren läßt; Leidenschaften zu erkünsteln, die wir nicht haben, Seelenkräfte nachzuahmen, die wir nicht besitzen – und endlich wurde Alles Falschheit, Schwäche, und Künsteley. Selbst jeder beste Kopf ward verwirret, und verlohr Festigkeit des Auges, und der Hand, Sicherheit des Gedankens und des Ausdrucks: mithin die wahre Lebhaftigkeit [42] und Wahrheit und Andringlichkeit. – Alles ging verlohren. Die Dichtkunst, die die stürmendste, sicherste Tochter der menschlichen Seele seyn sollte, ward die ungewisseste, lahmste, wankendste: die Gedichte sein oft corrigirte Knaben, und Schulexercitien. Und freylich, wenn das der Begriff unsrer Zeit ist, so wollen wir auch in den alten Stücken immer mehr Kunst als Natur bewundern, finden also in ihnen bald zu viel, bald zu wenig, nachdem uns der Kopf steht, und selten was in ihnen singt, den Geist der Natur. Ich bin gewiß, daß *Homer* und *Ossian*, wenn sie aufleben und sich lesen, sich rühmen hören sollten, mehr als zu oft über das erstaunen würden, was ihnen gegeben und genommen, angekünstelt, und wiederum in ihnen nicht gefühlt wird.

Freylich sind unsre Seelen heut zu Tage durch lange Generationen und Erziehung von Jugend auf anders gebildet. Wir sehen und fühlen kaum mehr, sondern denken und grübeln nur; wir dichten nicht über und in lebendiger Welt, im Sturm und im Zusammenstrom solcher Gegenstände, solcher Empfindungen; sondern erkünsteln uns entweder Thema, oder Art, das Thema zu behandeln, oder gar beydes – und haben uns das schon so lange, so oft, so von früh auf erkünstelt, daß uns freylich jetzt kaum eine freye Ausbildung mehr [43] glücken würde, denn wie kann ein Lahmer gehen? Daher also auch, daß unsern meisten neuen Gedichten, die Festigkeit, die Bestimmtheit, der runde Contour so oft fehlet, den nur der erste Hinwurf verleihet, und kein späteres Nachzirkeln ertheilen kann. Einem *Homer* und *Ossian* würden wir bey solchem poetischen Fleiß gewiß nicht anders vorkommen, als einem *Raphael* oder *Apelles*, der durch Einen Umriß sich als Apelles zeigt, der schwachhändig, krizzelnde Lehrknabe – u. s. w.

---

. . . Als ob ich mit dem, was ich neulich vom ersten Wurfe eines Gedichts gemeint, der Eilfertigkeit und Schmiererey unsrer jungen Dichterlinge, auch nur im min[desten] zu statten kommen könnte? Denn was ist doch bey ihnen für ein Fehler sichtbarer, als eben die Unbestimmheit, Unsicherheit der Gedanken und der Worte, daß sie nie wissen, was sie sagen wollen, oder sollen? – Weiß aber jemand das nicht, wie kann ers durch alle Korrektur lernen? Durch Schnitzeley kann da je ein Bratspieß zur marmornen Bildsäule Apolls werden?

Mich dünkt, nach der Lage unsrer gegenwärtigen Dichtkunst sind hierinn zwey Hauptfälle [44] möglich. Erkennet ein Dichter, daß die Seelenkräfte, die theils sein Gegenstand und seine Dichtungsart fodert, und die bey ihm herrschend sind, *vorstellende, erkennende* Kräfte sind: so muß er seinen Gegenstand und den Inhalt seines Gedichts in Gedanken so überlegen, so deutlich und klar fassen, wenden, und ordnen, daß ihm gleichsam alle Lettern schon in die Seele gegraben sind, und er gibt an seinem Gedichte nur den ganzen, redlichen Abdruck. Fodert sein Gedicht aber Ausströmung der Leidenschaft und der Empfindung, oder ist in seiner Seele diese Klasse von Kräften die würksamste, die geläufigste Triebfeder, ohne die er nicht arbeiten kann: so überläßt er sich dem Feuer der glücklichen Stunde, und schreibt und bezaubert. Im ersten Falle haben *Milton, Haller, Kleist* und andre gedichtet: sie sannen lang, ohne zu schreiben: sprachen sie aber, so wards und stand. Bey *Milton* wenige Verse, die er so Nächte durch gleichsam als Mosaische Arbeit in seiner Seele gebildet hatte, und frühe dann seiner Schreiberey sagte: *Haller*, dessen Gedichten mans gnug ansieht, wie ausgedacht und zusammendrängend sie sind: *Leßing* ist, glaub' ich, in seinen spätern Stücken der Dichtkunst auch in dieser Zahl – alle so lebendig, und in der Seele ganz vollendete Stücke nehmen sich, wenn nicht [45] durch ein Schnelles, so durch ein Tiefes und Beständiges des Eindrucks aus. Sie dauern, und die Seele findet bey jedem neuen wiederholten Eindruck gleichsam noch etwas Tiefers und Vollendetes, was sie anfangs nicht bemerkte. Von der zweiten Art muß z. E. *Klopstock* in den ausströmendsten Stellen seiner Gedichte seyn: *Gleim*, dessen Gedichte so viel Sichtbares vom Ersten Wurf haben: *Jacobi*, dessen Verse Nichts, als sanfte Unterhaltungen des Moments werden, und andre, die die Sache freylich nachher bis zu jeder Nachlässigkeit übertrieben haben. *Rammler*, glaube ich, sucht beyde Arten zu verbinden, ob freylich gleich die Erste, die Ausgedachte, bey ihm ungleich sichtbarer ist. *Wieland* sucht sie zu verbinden, ob er gleich immer doch mehr, aus dem Fach der Weltkenntniß seines Herzens zu schreiben scheint, *Gerstenberg* zu verbinden – und überhaupt verbindet sie in gewissem Maasse jeder glückliche Kopf: denn so entfernt beyde Arten im Anfange scheinen; so wenig Ein Genie sich der Art des Andern aus dem Stegreife bemächtigen kann: so kommen sie doch endlich beyde überein; lange und stark und lebendig gedacht, oder schnell und würksam empfunden – im Punkt der Thäthigkeit wird beydes *impromptus*, oder bekömmt die Festigkeit, Wahrheit, Lebhaftigkeit und [46] Sicherheit desselben, und das – nur das ist, was ich sagen wollte. Was liessen sich aber auch nur aus dem für grosse, reiche Wahrheiten der Erziehung, der Bildung, der Unterweisung ziehen! Was liessen sich überhaupt aus dieser Proportion oder Disproportion des erkennenden und empfindenden Theils unsrer Seele für psychologische und praktische Anmerkungen machen! – Aber Sie müssen auf meine Psychologie über Ossian warten!

Ich bleibe hier in meinem Felde. Da die Gedichte der alten, und wilden Völker so sehr aus unmittelbarer Gegenwart, aus unmittelbarer Begeisterung der Sinne, und der Einbildung entstehen, und doch so viel Würfe, so viel Sprünge haben: so hat mich dies längst, aus vielen Wahrnehmungen, auf die Gedanken gebracht, die ich Ihnen hier zum freundschaftlichen Gutachten mittheile. Zuerst, sollten also wohl für den sinnlichen Verstand, und die Einbildung, also für die Seele des Volks, die doch nur fast sinnlicher Verstand und Einbildung ist, dergleichen lebhafte Sprünge, Würfe, Wendungen, wie Sies nennen wollen, so eine fremde böhmische Sache seyn, als uns die Gelehrten und Kunstrichter beybringen wollen? Sie wissen die Einwürfe, die man hier aus *Klopstocks* Kirchenliedern, wie es immer gelautet hat, für gute Sache des Christlichen [47] Volks gemacht hat, lassen sie uns sehen, was daran sey?

Zuerst muß ich Ihnen also, wenn es auf Erfahrung und Autorität ankommt, sagen, daß Nichts in der Welt mehr Sprünge und kühne Würfe hat, als Lieder des Volks, und eben die Lieder des Volks haben deren am meisten, die selbst in ihrem Mittel gedacht, ersonnen, entsprungen und gebohren sind, und die sie daher mit soviel Aufwallung und Feuer singen, und zu singen nicht ablassen können. [...]

[48] [...]

Alle alte Lieder sind meine Zeugen! Aus Lapp- und Esthland, Lettisch und Pohlnisch, und Schottisch und Deutsch, und die ich nur kenne, je älter, je volkmäßiger, je lebendiger; desto kühner, desto werfender. [...]

[69] [...]

Sehen Sie einmal, in welcher gekünstelten, überladnen, gothischen Manier die neuern sogenannten Philosophischen und Pinda[70]rischen Oden der Engländer sind, die ihnen als Meisterstücke gelten! Von *Gray*, von *Akenside*, von *Mason* u. s. w. ob wohl in ihnen Sylbenmaaß, oder Innhalt, oder Einkleidung die mindste Odenwürkung thun könne? Sehen Sie, in welche gekünstelte horazische Manier wir Deutsche hie und da gefallen sind – Ossian, die Lieder der Wilden, der Skalden Romanzen, Provinzialgedichte könnten uns auf bessern Weg bringen, wenn wir aber auch hier nur mehr als Form, als Einkleidung, als

Sprache lernen wollten. Zum Unglück aber fangen wir hiervon an, und bleiben hiebey stehen, und da wird wieder Nichts. – Irre ich mich, oder ists wahr, daß die schönsten lyrischen Stücke, die wir schon jetzt haben, und längst gehabt haben, schon mit diesem männlichen, starken, festen deutschen Ton überein-kommen, oder sich ihm nähern – was wäre nicht also von der Aufweckung mehrerer solcher zu hoffen! –

[115] [...]
## Nachschrift.

Ja Nachschrift! wo keine Schrift, wo lauter Unrede rings um das leider! halb erloschne und entstellte Schaustück der menschlichen Natur Ossian, ist, oder es höchstens ewige Vorrede wird, zu dem was kommen will und kommen soll und nie kommt. Lassen Sie uns also, m. Fr., da die Sache einmal so liegt, dem klügern? oder blödern? Theil des Publikum wenigstens ein *favere linguis* ins Ohr lispeln, wie nichtig es mit Einkleidung des Briefwechsels, der versproch-nen Psychologie Ossians, (wenn der Druckfehler anzumerken werth ist) die Fabelreise zu seinen Inseln völlig zu geschweigen, stehen müsse! wie untreu eine Skandinavische Uebersetzung [116] sey, wo der Autor nur aus Ueberset-zung und höchstens Wortansicht translatirte, zumal endlich wie solch Ge-schwätz, ausser dem vielleicht, was es hie und da sage, so wenig Muster seyn könne und wolle, wie etwas der Art in der Welt *zu sagen sey?* Ueberhaupt schien damals die lyrische Natur, zu der auch Ossian gebrochne Endtöne lie-fert, dem Briefwechsler, noch so fernher zu tönen, daß er natürlich in die Mine des Lauschers fallen muste, der zu hören glaubt, wo andre vielleicht nichts hö-ren, oder das sausende Kind der Lüfte.
    [...]

# Wilhelm Heinse:
# [Auszug aus:] Frauenzimmer-Bibliothek [1774].

[60] [...]

In Empfindung besteht die Glückseeligkeit unsers Lebens; und deren Quellen liegen im Herzen verborgen. *Das muß mit Furcht und Schrecken, mit* [61] *heftigen Gefühlen durchrissen werden, wenn die Adern darinn entstehn, sich eröfnen sollen, woraus die Empfindungen fliessen.* Erschrecken Sie nicht, meine zärtlichen Damen; wenn dieß auch ein wenig schmerzlich ist, so rinnt doch zugleich aus diesem Schmerz eine warme Wonne, die in der That uns glücklicher macht, als das lauterste Vergnügen. Gewiß haben Sie auch dergleichen Schmerzen empfunden. Und wie erhöh'n sie die Menschheit?

[...]

[72] [...] Es werden wenige unter unsern Leserinnen seyn, die die Namen Homer und Ossian nicht sollten gehört haben. In der Folge wird von beyden ausführlich geredet werden.

Die neuern Dichter wollen's den alten nachmachen, und suchen den Mangel an Sinnlichkeit ihrer Menschen, durch welche alle rohe Völker einen so hohen Rang über sie verdienen, mit allerley Erfindungen zu ersetzen; allein wo keine Natur, wo nichts ist, kann niemals etwas werden. Wir können den Geist in den Dingen nicht mehr empfinden; man hat uns in unsrer Kindheit das urmenschliche Gefühl abgenommen; es ist alles ausgedürrtes Holz für uns geworden; unsern schönsten Gegenden fehlt es an Seele; sie haben bloß schöne Gestalt für uns. Und was ist die Ursache davon? Wir leben in Mauren, und empfinden nur in der Einbildung, was ausser ihnen ist; die Oberfläche davon und nicht das Wesen, wie die feurigste Phantasie allein nichts anders kann; [73] wir – wir – doch, dieß gehört für einen künftigen Geschichtschreiber des menschlichen Geschlechts.

Wir haben keinen Homer wie die Griechen, dessen Geist über seine Nation waltete; der mit seinen Gesängen wie Fühlbarkeit unsers Herzens nährte, damit sie nicht abstürbe; und uns, wie ein liebreicher Vater, in den Schooß unsrer Mutter Natur mit seiner zärtlichen Stimme wieder lockte, wenn wir uns von ihr verirret hätten; oder aus ihren Liebesarmen von Sophisten und Schwärmern verführt worden wären. Die Gedichte unsrer Ossiane durften nicht mehr gesungen werden; und unsern grossen Dichtern bleibt nichts mehr übrig, als sich in deren Zeiten zu versetzen, und eine edle Thräne über ihr Schicksal, und die Armseeligkeit ihrer Brüder zu weinen.

[78] Wilhelm Heinse: [Auszüge aus:] [Rezension zu:]
Die Leiden des jungen Werthers [1774].

Leipzig, in der Weygandschen Buchhandlung 1774.

Wer gefühlt hat, und fühlt, was Werther fühlte; dem verschwinden die Gedan-
ken, wie leichte Nebel vor Sonnenfeuer, wenn er's bloß anzeigen soll. Das Herz
ist einem so voll davon, und der ganze Kopf ein Gefühl von Thräne. O Men-
schenleben, welche Gluth von Quaal und Wonne vermagst du in dich zu fas-
sen! Da liegt er im Kirchhof unter den zwo Linden im hohen Grase. Tief ist
sein Schlaf, niedrig sein Küssen von Staub; und o wenn wird es Morgen im
Grabe, zu bieten dem Schlummerer: Erwache! Armer Werther! Unglücklichere
Lotte! [...]
    [79] [...] Welche Landschaften voll Leben! und welch ein himmlisches
Gewächs in seiner Vollkommenheit ist Lotte! S. 106 und den folgenden sagt
sie mehr für das Herz, als Plato bey seinen tiefsinnigsten und erhabensten
Beweisen von der Unsterblich[80]keit des Menschen. S. 193 können unsere
Leserinnen den Celten Ossian in seiner Wahrheit kennen lernen. Wer kann vor
Empfindung etwas über den Gesang der Minona, und Ullins, und die Klagen
Armins sagen, wenn er auch nur einen Schatten von den Gefühlen des Barden
dabey hat! diese Schweere läßt sich nicht aus der Sphäre des Herzens winden.
    [...]

# [Auszug aus:]
## [Brief von Jakob Michael Reinhold] Lenz an [Johann Wolfgang] Goethe. [Straßburg, Februar 1775]

[89] [...]

*[Auf der zweiten Oktavhälfte:]*

Ich habe viel in der Societät zu überwinden, auf einer Seite ists Unglauben, Zerrütetheit, vagues Geschnarch von Belliteratur wo nichts dahinter ist als Nesselblüthen: auf der andern steife leise Schneckenmoralphilosophie die ihren großmütterlichen Gang fortkriecht, daß ich oft drüber die Geduld verlieren möchte. Da konnte Götz nicht *durch* dringen, der *beiden gleich* abspricht. Daher fieng ich an *ut vates* den Leuten Standpunkt ihrer Religion einzustecken, daß itzt unter viel Schwürigkeiten vollendt ist, die Erfolge wird die Zeit lehren. Und nun stürm ich mit Ossians Helden hinein das alte Erdengefühl in ihnen aufzuwecken, das ganz in Französische *Liqueurs evaporirt* war. Daß wirs ausführen können was ich mit ganzer Seele strebe, auf Heyd und Hügel Deine Helden wieder naturalisieren.

Addio.

# [Auszug aus: Brief von Johann Heinrich Voß an Ernst Theodor Johann Brückner.] Göttingen, den 20. März 1775.

[190] [...] Ich habe vieles über die Idylle mit dir zu reden. Theo[191]krit hat mich zuerst auf die eigentliche Bestimmung dieser Dichtungsart aufmerksam gemacht. Man sieht bei ihm nichts von idealischer Welt und verfeinerten Schäfern. Er hat sicilische Natur und sicilische Schäfer, die oft so pöbelhaft sprechen, wie unsre Bauern. Der Römer, Nachahmer in der Idylle sowohl als im Heldengedicht, stahl die besten Stellen, sezte sie nach seiner Fantasie zusammen, mischte etwas von italienischen Sitten und Umständen hinzu, und so entstand ein Ungeheuer, das nirgends zu Hause gehört. Er nannt' es *Ekloge*, vom Auslesen, Excerpiren der besten und füglichsten Stellen. Die Spanier und Italiener fanden ihre Welt noch weniger dichterisch, und zogen mit ihrer bukolischen Muse nach Arkadien, einem Lande, wo sich vermutlich der Gesang und die Einfalt länger als anderswo erhalten hatte. Geßner folgte diesen, und malte Schweizernatur mit arkadischen, oder besser idealischen, das heißt chimärischen, Einwohnern. Was giebst du mir, wenn ich dir zeige, daß er nur da vortreflich ist, wo er *wirkliche* Natur hat. Deine Idyllen borgen auch nur Nebenzierathen, bloße Ausschmückungen der Scene, aus der Unschuldswelt, *können* nicht mehr. Ich glaube, man findet fast in allen Dichtungsarten zu reformiren, wenn man ihrem Ursprung und Endzweck nachspürt, und dann die allmähliche Entstehung der jezigen Form auftreibt. Was braucht's *schöner* Natur. Der Schotte Ossian ist ein größerer Dichter, als der Ionier Homer. Und [192] Batteux ist ein Narr. Doch das für die mündliche Besprechung. [...]

# [Johann Georg Schlosser:] [Auszug aus:]
# Prinz Tandi an den Verfasser des neuen Menoza [1775].

[8] [...]
Ich las nach ihm [i.e. *Sophocles*] den *Homer*. Den Aufruhr, den er in meiner Seele erregte, konnt' ich nie über eine Stunde lang ertragen. Ich wüthete mit seinem *Achill*; Ich stürzte mich mit seinem *Diomed* ins Gefecht; Ich hörte Schild an Schild, Helm an Helm; Sah die Steine schleudern, sah die Götter gemischt unter Helden; Was sag ich, Sah – das Gewimmel des Kriegs riß mich fort. Ich wadete in den Wellen des *Ska*[9]*manders* hieng an *Hectors* blutigem Haare; dann am Knie des *Unerbittlichen*, und Welten wälzten sich von meinem Herzen, da er sich erbitten ließ – Dann fuhr ich auf den Winden in *Ossians* Haiden, schwebte über dem Blinden, und ergoß meine ganze Seele in Trost des Verlassenen, der mit schwachen Menschen weinte. Sein *Oscar* war mein Sohn. Meine Seele schwoll beym Gesang des Barden; lispelte den Seufzern des Mädchens nach aus der einsamen Höle, und horchte aufs Geheul der Hunde im Busch. Mit einer so offenen Seele kam ich zum *Aristoteles*. Nein! Ich kann dirs nicht sagen, *Lenz*, wie mir wurde, da ich den kalten Unmenschen die Linien drechseln sah, womit er die Wege bezeichnen wollte, worauf die Unsterblichen zu meiner Seele gegangen waren. Zehn Jahre warf ich das Buch hinter mich. Ich hatte inzwischen gehört, wie die Leute von den Dichtern sprachen, womit ich so lange, wie mit Geistern des Himmels gelebt hatte. Der rühmte ihre Kunst zu mahlen; der bewunderte am *Sophocles* die Einheit seiner Handlung, der am *Homer* das Gewebe einer so verwickelten, so wahrscheinlichen Geschichte, woraus er nur die Götter wegwünschte; der erhub die strenge Beob[10]achtung des Costüm im *Ossian*; der die Macht der Illusion; Einer untersuchte warum das Schöne schön wäre, und fand es darinn, weil vieles in eins stimmte; ein anderer, weil die Natur so schön nachgemacht wäre; ein dritter zog aus allem dem Regeln; ein vierter schrieb nach den Regeln, und ich marterte mich zu finden, was die Leute gesagt hätten, und zu fühlen, was sie schrieben, und ich fands nicht, und verstands nicht.
[...]

[Heinrich Leopold Wagner:] [Rezension zu:]
# Die Gedichte Oßians, eines alten celtischen Helden und Barden [1776].

## Düsseldorf.

*Die Gedichte Oßians*, eines alten celtischen Helden und Barden, erster Band S. 202, zweiter Band S. 239, dritter Band S. 261, 8. 1775.

Das Beste, was je über Oßian gesagt worden, hat ein Deutscher gesagt, in den Blättern von deutscher Art und Kunst. In mannigfaltigen Uebersetzungen hat man sich bemüht, ihn zu verdeutschen. Jetzt, da nun ein Deutscher kömmt, und sogar die celtische Urkunde selbst zu Rathe zieht, so haben wir gleiche, wo nicht größre Verdienste, um den alten Barden, als die Briten selbst. Ich glaube die Manier des neuen Uebersetzers am besten zu zeigen, wenn ich sowol aus ihm, als aus einigen andern Uebersetzern, einen kleinen Abschnitt abschreibe, und dann Anmerkungen bey jedem hinzufüge, die sogleich mein Urtheil über jeden enthalten werden. Also
von Harold: S. 32.

"Cuchullin saß bey Thuras Mauer: beym Baum des rauschenden Schalls. Gegen einen Felsen [18] lehnte sein Speer. Sein Schild lag im Gras neben ihm. Mitten in seinen Gedanken an Carbar, einen mächtigen Helden, der durch den Führer im Kriege erlag, kömmt der Hüter des Meers, Moran, Fithils Erzeugter. Auf, sagt der Jüngling, Cuthullin, auf; ich sehe die Schiffe des Nords! der Feind ist zahlreich, o Führer der Menschen, zahlreich die Helden des Wellenbesteigers Swaran! Moran, antwortet der blauaugigte Führer, du zitterst immer, Fithils Erzeugter, deine Furcht hat die Feinde vermehrt. Es ist Fingal, König der Wüsten, den grünen und strömigten Erin zu helfen. Ich sah ihren Führer, sagt Moran, hoch, wie ein schimmernder Fels. Sein Speer ist eine versengte Tanne. Sein Schild der steigende Mond! Er saß an dem Ufer, wie eine Wolke von Nebel am schweigenden Hügel. Zahlreich, sagt' ich, o Führer der Helden, zahlreich sind unsre Hände des Kriegs. Wohl bist du der Mächtige genannt; aber man erblickt viele mächtige Krieger von Thuras stürmischen Mauern."

Macpherson nennt den Baum einen Baum des rauschenden *Blatts*; und dies ist wohl besser, weil *Schall* keine neue Idee giebt[.] – Der Felsen hat bey Macpherson noch den Beynamen *moosicht* – *Mitten in seinen Gedanken*, dünkt mir eine zu schwerfällige unpoetische Konstruktion für das leichte englische *Als er an – ihn dachte –* Daß Cuchullin eben *der Führer im Kriege* sey, der den Carbar erschlagen, sieht man hier nicht so leicht, als bey Macpherson, der blos *er* sagt – Herr von Harold hat sich in das Wort *Erzeugter* verliebt, wo Macpherson nur *Sohn* hat; das giebt, wie ich glaube, dem Kolorit ein dunklers Ansehn – *Die Schiffe des Nords,* Macpherson blos die Schiffe des Swaran – *Führer der Menschen* ist ein Zusatz, [19] den ich gar beym Macpherson nicht finde – Aus der *düstern See* des Macpherson, hat Hr. von H. einen *Wellenbesteiger* gemacht. – Ich halte es für poetischer, wenn man beym *König der Wüsten* Fingal wegläßt, wie Macpherson gethan – Erin heist bey Macpherson nur blos *grün; strömigt* ist noch dazu undeutsch – *Schimmernder Fels!* Wovon schimmert er? Deutlicher Macpherson, und wie ein Fels von Eis! Nicht der Held selbst gleich, dem Macpherson zu folge, eine Wolke von Nebel, sondern sein Herr. *Wohl bist du,* ist ein Anglicismus aus Macpherson.

*Denis* S. 6.

(Um des Raums willen will ich seine Hexameter gar nicht absetzen)
"Nahe den Mauern von Tura saß Cuchullin unter dem Schatten säuselnder Blätter. Es ruhte sein Speer am moosigten Felsen, nächst im Grase sein Schild. Er dachte den tapfern Cairbar, den er im Kampfe gefällt, als jetzo des Oceans Hüter, Moran, der Sohn von Fithil, erschien. Auf, Cuchullin, rief er, auf, ich erblicke die Flotte von Swaran. Die Feinde sind zahlreich, häufig die Krieger des düstern Meers. Du zitterst, versezte Erins blauaugigter Führer, mir stets, o Moran, und Furcht mahlt jeden Gegner dir stärker. Der König der einsamen Hügel ist es vielleicht, und kömmt mir zu helfen in Ullins Gefilde. Nein, gabs Moran zurück, ich sah ihn den Herrscher. Er gleicht einer Klippe von Eis, sein Spies dort jener versengten Tanne, sein Schild dem kommenden Monde; dort saß er auf Felsen an dem Gestade. Sein finsteres Heer umfloß ihn, wie Wolken. Viel sind unsere Rechten im Kriege, du König der Menschen, nahm ich das Wort, zwar führst du mit Fuge des Mächtigen Namen; [20] aber die luftigen Vesten von Tura die zeigen auch manchen Mächtigen."
*Säuselnde* Blätter, gleich eine Verschönerung, die der Einfalt des Originals schadet! *Schatten* ist Paraphrase. *Oceans Hüter* ist weder bey Denis noch Harold erklärt, Macpherson sagt simpel *Kundschafter.* – *Flotte* für Schiffe, klingt zu modern[.] – Du zitterst *mir* stets, ein kleines Flickwort! Und nun wieder Verschönerung: Furcht *mahlt jeden Gegner dir stärker,* anstatt, deine Furcht vermehrt die Feinde. – *Ullins Gefilde* haben bey Denis kein Beywort – Moran *gabs zurück,* eine schleppende poetische Formel! *Ihn den,* Cheville! *Herrscher* zu stark! – *Dort jener* ist zu prosaisch, das lezte war genug – *Mit Fuge* ist ein wenig unbequemer Ausdruck.

*Wittenberg* S. 3.

"Cuchullin saß an Turas Mauer bey einem Baum mit rauschenden Laube. Sein Speer war an einen bemoosten Fels gelehnt. Sein Schild lag neben ihm im Grase. Er dachte an den mächtigen Cairbar, einen Helden, den er im Kriege erlegt hatte, da der Kundschafter des Oceans, Moran, Fithils Sohn, bey ihm anlangte. Steh auf, Cuchullin, sagte der Jüngling, steh auf; ich sehe die Schiffe Swarans. Die Feinde sind zahlreich; zahlreich sind die Helden der schwarzrollenden See. Moran, versezte der blauäugigte Heerführer, du zitterst stets, du Sohn Fithils, deine Furcht hat die Zahl deiner Feinde vergrößert. Es ist vielleicht der König der einsamen Berge, welcher kömmt, mir auf Ullins Grüne zu helfen. Ich sehe ihren Anführer, sprach Moran, so hoch war er, als ein Felsen von Eis. Sein Speer gleich jener verdorrten Tanne. Sein Schild gleicht dem aufgehenden Monde. Er saß auf einer Klippe am Ufer, gleich einer Wolke von [21] Nebel am stillen Berge. Viel, du Haupt der Helden, sagte ich, viel sind unsrer Hände zum Kriege. Man heist dich zwar mit Recht den Mächtigen, doch sieht man auch viel mächtige Helden von Turas vom Winde bestürmten Mauern."

Ein Baum *mit* Laube, völlig prosaisch! Der Kundschafter *langt an*, zu sehr im Tone der Zeitung. *Steh auf* überaus schleppend. *Die Fluren* zu arkadisch. *So hoch war er*; kein einziges Hülfswörtchen weggelassen. Die *verdorrte* Tanne; wo bleibt das Bild vom himmlischen Strahl. Man heist dich *zwar* den Mächtigen – Doch wie könnte ich aufhören, wenn ich das Gezerrte dieser Uebersetzung alles ahnden wollte.

*Iris* III. 166.

"Cuchullin saß an Turas Felsen unter dem Baum mit raschelnden Laube. Seinen Spies gegen den moosigten Fels gelehnt. Sein Schild bey ihm im Grase. Dacht an den mächtigen Carbar, einen Held, den er im Kriege erschlug, da kam der Kundschafter des Oceans Moran, der Sohn Fithil.

Flieh, sprach der Jüngling, Cuchullin, flieh, ich sehe Swarans Schiffe. Cuchullin, ihrer sind viel, viel der Helden auf dem dunkeln Meer. Moran, rief der Blauauge, immer zitterst du, Moran, deine Furcht vermehrt den Feind. Vielleicht sind das die Schiffe des Königs des einsamen Hügel, der mir zu Hülfe kömmt. Ich sah den König, grad, wie ein Fels von Eis. Sein Spies war ein Feuerstrahl. Sein Schild, wie der aufgehende Mond. Er hatte sich hingesezt auf einen Fels an der Küste, sein Heer zog wie Wolken um ihn her. Ich sagt ihm, viel, du Haupt der Helden, viel sind unsrer Arme im [22] Streit. Recht heist man dich den starken Mann, aber viel starke Männer sind um Turas Felsen."

Aechte, männliche, einfältigschöne Heldensprache! Er allein hat es eingesehn, daß die Mauren von Tura natürliche Mauren waren. *Ihrer sind viel, viel der Helden*, nichts kann nachdrücklicher seyn. Wo auch Macpherson zu viel Schmuck hat, mäßigt dieser Uebersetzer. Er sagt nicht die *schwarzrollende* See, sondern die *dunkle* See. Kernworte, wie das *Blauauge*, sind sein Eigenthum. Eine einzige Freyheit kann man ein wenig mißbilligen, nemlich daß er für die versengte Tanne den *Feuerstrahl* gesezt hat.

Liebe Mitbürger, Winke genug über den erhabnen Geist des alten Barden! Lernt ihn kennen, strebt zu ihm empor, und er wird auf euch hernieder kommen.

[Johann Wilhelm Petersen:]
Vorbericht des teutschen Uebersezers
[zu *Die Gedichte Ossians neuverteutschet*] [1782].

Die Fürtreflichkeit der Gedichte Ossians war gleich anfangs bei allen Männern von echtem Geschmak entschieden. Sobald Herr Macpherson, ein Schottländer, einige derselben als Probestücke in englischer Sprache bekannt machte,[1] war der Bei[IV]fall laut und allgemein. Von ihm ermuntert durchforschte der unvergeßliche Entdecker das nordliche Schottland, und sammelte theils aus mündlichen Sagen, theils aus Handschriften die übrigen Lieder unsres Dichters. Die Neuheit derselben, vorzüglich aber die Darstellung ihrer mannichfaltigen Schönheiten von Hugo Blair,[2] Heinrich Home[3] und andern bewirkten schnell mehrere Auflagen. Die lezte mir bekannte erschien zu London 1773, von den vorhergehenden weiter nicht unterschieden, als daß hie und da allzureiche Schilderungen abgekürzet, manche Ausdrücke und Wendungen mit andern vertauschet, und die Lieder in eine der Zeitgeschichte gemäse Ord[V]nung gestellt worden sind. Temora hat man sogar in lateinische, und Fingal in englische Verse, beede aber ohne Erfolg, übersezt.

Der grosse Ruf, in welchen Ossians Gedichte kamen, reizte mehrere Gelehrten fernere Nachsuchungen anzustellen, und es sind auch viele Gedichte an das Licht gebracht worden, welche man unserm Dichter beilegt. Harold, ein gebohrner Schottländer, hat mehrere in den Rheinischen Beiträgen zur Gelehrsamkeit und John Smith einen ganzen Band unter dem Titel: *Gallische Alterthümer*: übersezt. Allein sie sind gröstentheils, besonders die Haroldische, Wechselbälge, augenscheinlich aus Ossianischen Stellen, ohne grossen Dichtergeist, zusammengetragen. Neuere Dichterlinge mögen zum Theil den schmeichelnden Gedanken gehabt haben, sich dem grossen Ossian anzuhängen, daß er sie mit sich zur Unsterblichkeit [VI] fortschleppen möchte, welches

---

1    Sie stehen in den *Reliquies of ancient poetry*. Auch finde ich in dem *Gentleman Magazine* Brachmonat 1760. Bruchstücke aus Karricthura und den Liedern von Selma.

2    *Dissertation on the poems of Ossian*. 1763. Ist auch der Macphersonischen Uebersezung von 1765. angehängt. Sie verdiente es sehr, daß die Leipziger Bibliothek der schönen Wissensch. einen umständlichen Auszug und Denis eine Uebersezung lieferte.

3    In den Grundsäzen der Critic. Was er in seinen Versuchen über die Geschichte des Menschen davon sagt, ist minder erheblich.

nun aber nicht so leicht sein dürfte. Andre dieser bekanntgemachten Stücke sind zwar echtkaledonisch, aber unendlich weit unter den Macphersonischen. Die Aufmerksamkeit, welche Ossians Gesänge in Engelland erregten, breitete sich bald in mehrere Länder aus. Abt Cesarotti, der sich durch eine Abhandlung über den Ursprung der Dichtkunst rühmlich bekannt gemacht hatte, lieferte sie 1764 zu Padua in italienischen ungereimten Versen. Die Anmerkungen, mit welchen er sie begleitete, sind oft, besonders in Entwiklung einzelner Schönheiten, sehr fürtreflich; nur verleitet ihn die Sucht Ossian allenthalben mit Homer in Vergleichung zu stellen, zu einer Menge schiefer Urtheile. Die Uebersetzung selbst ist zu frei, zu voll von eingeschalteten seinsollenden Verschönerungen, als daß sie des Urgesangs herrli[VII]che Einfalt darstellen sollte. Indessen hätte sie dennoch eine ungleich bessere Aufnahme in Italien verdient.

Fast eben so wenig Beifall fand er in Frankreich. Einzelne Stücke wurden zwar bald übersezt, unter andern Temora von dem Marquis von Saint Simon; sie erregten aber nur wenig Neubegierde die herrlichen Gedichte ganz zu lesen. Doch kam vor einigen Jahren Le Tourneur, ein allzeit fertiger Uebersetzer, welcher Herveys Todesbetrachtungen, Youngs Nachtgedanken und andre Werke verwässert und verstämmelt hatte, sich noch gegenwärtig gröblich an Shakespear versündigt, und gab *les Poesies d'Ossian &c.* Villeicht ist es manchen nicht unangenehm von einigen angesehenen Männern in der französischen Gelehrtenrepublik zu hören, in welchem Werthe unser Dichter bei unsern Nachbarn stehet. Ein Encyclopädist sagt unter dem Wort Barde: *les Bardes* [VIII] *n'avoient pas l'elegance & la sublimité de Tyrtée, mais il avaient quelquefois sa force avec plus de rudesse. Et voila à quoi il falloit s'en tenir dans le jugement qu'on a porté en Angleterre touchant les poesies d'Ossian, fils de Fingal,* QUE DES ENTHOUSIASTES ONT OSÉ PLACER ENTRE HOMERE & VIRGILE – – – *Il est vrai que les etrangers ont temoigné & temoignent encore de l'empressement a traduire ces poemes en leur langue; nous avons même sous les yeux une traduction allemande de l'an 1769; mais cela ne sauroit en augmenter le merite, aux yeux de çeux,* QUI JUGENT DES POETES EN PHILO-SOPHES. Thomas hingegen verfährt glimpflicher, und hat sogar die Gnade einige Brosamen seiner Lobrednerei unserm Barden zukommen zu lassen. *On y trouve* (sagt er von den Gedichten) *une imagination plus forte qu'etendue, peu de varieté,* PEU D'ART, PEU DE [IX] *LIAISONS, nulle idée generale, nul de ces sentiments qui tiennent au progrès de l'esprit & qui sont les resultats d'une ame exercée d'une reflexion fine. Mais il y regne d'autres beautés, le fanatiome de la Valeur, une ame nourrie de toutes les grandes images de la nature, une espece de grandeur sauvage, & surtout une teinte de melancolie tour-a-tour profonde & douce &c.*

In Teutschland ward unser Dichter frühe bekannt. Kaum erschienen in englischen Monatsschriften vorläufig einige Stücke, als man sie das folgende Jahr

im Bremischen Magazin übersezt lieferte. Das Aufsehen, oder villeicht der
Heißhunger des Uebersetzerschwarms, wurde bald so groß, daß bei Erschei-
nung der vollständigen englischen Ausgabe zu gleicher Zeit zwo Uebersetzun-
gen von Hamburg aus angekündigt worden. Die bessere davon, welche aber
[X] nur den Fingal samt einigen kleineren Gedichten enthält, hat den Herrn
Wittenberg zum Verfasser. Denis ohne diese zu kennen unternahm eine andre,
die zu Wien 1767-1769 in drei grossen Octavbänden erschien. Die Uebersetz-
zung ist in einigen Theilen fürtreflich, die Sprache stark und mahlerisch, die
Perioden strömen voll und in glüklicher Abwechslung, wiewohl die Hexameter
allzu einförmig und hüpfend sind. Ungeachtet dieser Vorzüge hören wir den
wahren Ossian gar nicht. Seine oft scheinbare rauhe Kürze, seine abgebrochne
Weise, seine unnachahmlichschöne Einfalt, besonders seine urhafte Eigen-
thümlichkeiten im Ausdruk sind ganz dahin. Sehr treffend hat dieses ein Ken-
ner in der allgemeinen deutschen Bibliothek[4] dargethan. Seine Beurtheilung
und der Briefwechsel über Ossian[5] gehören unter das Beste, was über unsern
Dichter geschrieben worden.

[XI] Denis Uebersetzung, ungeachtet sie wieder, aber wenig verändert, auf-
gelegt wurde, sättigte noch nicht. Lenz rükte den ganzen Fingal in die Iris;
Viele übersezten einzelne Stücke und endlich gab Harold eine Verteutschung
der sämtlichen Werke. Laut seiner Vorrede schmeichelte er sich die meisten
Schwierigkeiten dieser Arbeit gehoben zu haben, weil die celtische Sprache
seine Muttersprache sei. Allein wie wenig er geleistet, braucht keines umständ-
lichen Beweises. Leider genug, daß wir durch seine Bemühung dem wahren
Urbilde nicht ein Haarbreit näher gekommen sind.

Nach diesen vielen Versuchen trette ich mit einem neuen hervor. Da ausser
denselben die Macphersonische Uebersetzung selbst in Teutschland nachge-
drukt worden, da bei der jezigen grossen Liebhaberei [XII] alles Englischen
nur wenige Leser sein werden, welche den so einfachen, so leichtverständli-
chen Ossian in dieser Sprache nicht lesen könnten, so wird meine Arbeit aller-
dings unnüz und überflüssig dünken. Anfangs war sie auch wirklich nicht zum
Druk bestimmt. Ich unternahm sie vor mehreren Jahren zu meinem eignen
Vergnügen und Gebrauch, denn ich fühlte wohl, daß ein Dichter in unsrer
Muttersprache gelesen ungleich tiefer wirke, wenn er anders nicht ungeschikt
übersezt ist, und die Verdienste desselben nicht in Worten und Versen beste-
hen.[6] Der Eindruk [XIII] des Ganzen ist weit inniger und bleibender; die auf-

---

4    10 Band. I Stük S. 63. und 17 B. 2 St. S. 437.
5    In den fliegenden Blättern von teutscher Art und Kunst.
6    Ich stimme Hrn. Macpherson bei, da er in der Vorrede zur 5ten Ausgabe von 1773. welche
     ich sammt der andern vor Augen hatte, sagte: "Wahrhafte Gedichte verlieren, wie das Gold,
     durch eine geschikte Umschmelzung wenig; Werke, die keine buchstäbliche Probe aushalten,
     sind unechte Münze." Daß man nicht alle Arten von Poesie hienach beurtheilen muß, versteht
     sich von selbst. [XIII] Aber man messe die eigentlichen und größten Dichter: Hiob, David,

gefaßten Bilder und Gedanken verweben sich weit fester in unsre Vorstellungen und Empfindungen. Sogar einzelne Wörter und Ausdrücke erwecken eine Menge Ideen und Nebengefühle, die eine fremde Sprache, sie sei uns dann mütterlich geworden, nicht hervorruffen kann. Aber es ist auch die Uebersetzung eines dichterischen Meisterstüks ein Werk, an welchem zehn Uebersetzer ihre Kraft versuchen können und der eilfte findet doch noch Arbeit.

Man schelte daher wenigstens meine Absicht nicht, weitere Beiträge und Veranlassungen zu einer bessern Verteutschung zu liefern. Mehrere haben bei mittleren Dichtern dieses gethan; darf man also nicht su[XIV]chen sich um Ossian dieses Verdienst zu erwerben, der unter den Söhnen des Gesangs ein König, der als sittliches Wesen eine der ersten Seltenheiten, ich möchte sagen, eine Wundererscheinung in der Geschichte der Menschheit ist?

---

Jesaias, Ossian und andere an diesem Maasstabe, und sie verlieren im Vergleich mit Virgil, Euripides, Tasso, Racine u. s .w. unendlich wenig.

# [Auszug aus:] [Brief von Gottfried August] Bürger an [Heinrich Christian] Boie. W[öllmershausen], den 7ten Novbr. 1778.

[319] [...]

Ich habe einen Entschlus gefast, und mich sol verlangen, ob du ihn billigen werdest. Ich habe nämlich die Übersezungen von Ossian mit dem Original verglichen, und bin erstaunt, daß ein solcher Dichter keinen bessern Dolmetscher gefunden hat. Gott! und es scheint mir so leicht, ihn auf das herlichste zu verteütschen! Da bin ich so hungrig drauf geworden, wie ein schmachtender Wolf auf die Beüte. Sprickmann, dem ich davon gesagt habe, hat mich noch mehr gereizt und dabei erzält, daß du die neüeste und viel volkommnere Ausgabe des englischen Ossian besizest. Kanst du mir die nicht borgen, oder lieber ganz verkaufen? Sonst mus ich mich blos mit der Frankfurter begnügen. Ich gehe mit solchem Triebe an die Arbeit, daß ich schier dächte, auf Ostern solte der ganze Ossian fertig *gespielt* seyn. Das könte dann mit zum Zehrpfennige auf die Reise dienen. Schreib mir, was du davon hälst. Von deinem Rathe sol, troz der ganzen schönen Melodie, wovon meine Seele vol ist, dennoch die Ausführung abhangen. Ich würde in Prosa übersezen.

[...]

# [Auszug aus:] [Brief von Heinrich Christian] Boie an [Gottfried August] Bürger. Hannover, den 22. Nov. [17]78.

[322] [...]

Kanst du denn nicht das Eine Exemplar von Stolbergs Ilias verkaufen? Voß rückt mit seiner Odyßee immer weiter, und ich verspreche mir, unabhängig von der Schwager- und Freundschaft, sehr viel von seiner Arbeit – wie ich von deinem Oßian thun würde, wenn ich von andrer Seite dich der Uebersezung zu unterziehen rathen mögte. Freilich die Uebersezungen samt und sonders sind mittelmäßig und schlecht, und *mit der Zeit* muß eine neue gemacht werden, aber ob die Zeit *schon* sey, d. i. ob *schon*, worauf es dir doch vorzüglich ankömt, Vortheil dabei zu machen sey, daran – zweifle ich gar sehr. Dein Name wird viel thun, aber kaum, oder vielmehr gewis, nicht genug, um eine Zahl von Käufern anzulocken, die dich für deine Mühe belohnte. Wir haben in Deutschland, die abgerechnet, die den Oßian Englisch lesen oder lesen wollen, nicht Kenner genug, daß ihnen der Unterschied zwischen einer schlechten und guten, einer mittelmäßigen und vortreflichen Uebersezung fühlbar genug wäre, um zum zweitenmal ein Buch zu kaufen, das sie schon zu haben glauben. Harald [sic!] hat vollends das Publikum mit dem Oßian so überflüßig versehen, daß ich, wenn auch nicht die Zahl der Leser, doch die der Käufer von deiner Verdeutschung mir ungemein klein denke. Ich getraue mir nicht 10 Exemplare abzusezen. Hast du dem ungeachtet Mut, so rechne auf meine Unterstüzung. Die neue Ausgabe des Originals hat bloße Verändrungen in der Diktion, und den Ausdruck mit großem Glück simpler, klarer und bestimter gemacht, auch die Ordnung der Gedichte verändert. Wilst du sie brauchen, so schreib mirs, und sie soll mit der nächsten Post abgehen. – Ich riethe dir viel eher zu einem neuen Band deiner Gedichte. Einen halben must du wol schon meist beisammen haben, und ich dächte, die Uebersezung des Oßians müste dir eben so viel Mühe machen, als die Samlung, Ordnung und Bearbeitung deiner alten poetischen Ideen. [...]

# [Auszug aus:] [Brief von Gottfried August] Bürger an [Heinrich Christian] Boie. W[öllmershausen], den 3. Decbr. 1778.

[325] [...] Mit meinem *Ossian* ist es nicht gerade auf den Gewin angesehn. Es jammert mich nur, fast jeden seiner Töne verstimt in den bisherigen Dolmetschungen zu hören. Ich denke auch dabei an keine Subscription. Ich wolte die Übersezung schlankweg einem Buchhändler verkaufen. Deine Gründe gegen das Unternehmen sind volkommen richtig; indessen wil ich doch, wär es auch nur zu meiner alleinigen poëtischen Erbauung, fortfahren, mich mit dem grossen Könige der Lieder zu beschäftigen. Was *jezt* nicht zu gebrauchen ist, steht vielleicht künftig zu gebrauchen. Auf einige Monate mus ich mir deine Ausgabe einmal ausbitten, denn in der Frankfurter scheinen mir manchmal beträchtliche Drukfehler und Defecte zu seyn. Ich habe seit einiger Zeit den Ossian so viel gelesen, daß ich ihn zu ganzen Gesängen auswendig weis, und im Spazierengehn ganz unwilkürlich, ja wider meinen Willen verteütsche. Ich kan die Melodie aus der Seele nicht loswerden. Ausser Shakespear habe ich noch in keines Dichters Werken so volle Weide für den poetischen Genius gefunden. – – [...]

# [Auszug aus:] [Brief von Gottfried August] Bürger an [Heinrich Christian] Boie. W[öllmershausen], den 25. Jan. 1779.

[339] [...]
Ich habe den Ossian erhalten und danke dir für die Mittheilung. Wenn du mir ihn künftig abtreten kanst und wilst, so sol mir das ungemein lieb seyn, wiewol ich die Frankfurter Ausgabe auch besize. Ich finde in dieser gar vieles anders; doch nach meinem Gefül nicht *immer* besser, daher ich mir hin und wieder die Freiheit der Wal vorbehalten werde. Ich glaube, ich werde bald und ohne Mühe mit meiner Übersezung fertig. Mit einer Probe davon ins Mus. ist dir vielleicht nicht gedient, wiewol ich das Publikum und sonderlich die Buchhändler vorher aufmerksam zu machen wünschte. Denn ich habe mit Himburg noch nicht geschlossen, wiewol er mir ziemlich unverblümt 2 Duc. für den Bogen in Med. Octav, und wenn er nur irgend seine Rechnung fände, noch ein ExtraDouceür, *das der Würde des Autors gemäs* seyn solte, anbietet. Dies machte nach meinem Überschlage ohngefähr 100 Duc. Wenn du eine Probe mit einer kurzen Vorrede im Mus. gebrauchen kanst, so melde mir, welches Stück du wol gern hättest. Die Lieder von Selma sind nach meinem Gefühl beinahe das [340] beste im ganzen Ossian. Doch ist hier Göthe der guten Übersezung im Werther schon zu nahe gekommen. Wilst du Carric-thura haben? Es ist auch ein hübsches Gedicht und so gut als fertig. Es ist darin die grauenvolle Erscheinung des Gottes *Loda* enthalten. Hier hast du eine kleine Probe von dem Gange meiner Übersezung, aus Cath-loda.
"U-thorno, entsteigend den Wogen! Umschwebt von Flammenzeichen der Nacht! Ich sehe des Mondes Niedergang dort hinter deinem rauschenden Hain. Dein Haupt bewohnt der nebliche Loda. Hier ist der Heldengeister Siz. Aus der Tiefe seiner WolkenHalle winkt Cruth-loda, der Geist der Schwerter, hervor. Dort dämmert seine Gestalt durch wallendes Nebelgewölk. Mit der Rechten hält er den Schild, in der Linken halbsichtbar die Muschel. Das Dach der entsezlichen Halle glänzt von den Flammen der Nacht.
Das Geschlecht Cruth-loda's rückt heran, ein Schwarm gestaltloser Schatten. Er reicht die tönende Muschel herum, an die, so da glänzten im Streit. Doch ihn und den Feigen sondert sein Schild, ein düstres Scheibenrund. Er ist ein stürzendes Meteor dem Schwachen im Kampf." –

Ich kan gar nicht begreifen, was die bisherigen Übersezer für Ohren haben müssen. Es fällt alles so natürlich und von selber in seinen Tact. Dennoch möchte man Hals und Beine brechen, wenn man ihr Machwerk lieset. Ich getraue mir, wo die Sprache nicht schlechterdings zuwider ist, mit Macpherson völlig die Wagschaal zu halten; oft, wo mir meine Sprache zu statten komt, ihn zu überwiegen. Auf ein halbes Jahrhundert mus ich alle andern Dolmetschungen ausschliessen oder ich fange lieber nicht an.

Man merkt nirgends mehr, was die Sprache vermag, als bei Übersezungen. Oft gerathe ich über die Unsrige in Entzücken. Manchmal aber auch in Verdrus und Verzweiflung. Sie ist eine herliche Sprache, aber bei Gott! sie erfodert, wie das Schwert Carls des Grossen eine Faust! – Das ärgerlichste ist mir, daß die Wörter: *entweder, oder, einer, eine, diese, unter, über* u. s. w. nicht einsylbig sind. So ein Lausewort wil einen oft den ganzen Tact verderben. Und vollends die Wörter von folgender Quantität – – ∪ oder die – – ∪ ∪, als *weisbusige, weisarmige,* wolte ich, daß der Teüfel holte. Wie sehr habe ich sie nicht schon im Homer verwünscht! Unsre Dichter haben, wegen der so sehr schweren Versification in der That noch halb so viel Verdienst, wenn sie ihre Sachen gut machen, als die von den meisten andern Nationen. Warhaftig ich glaube, daß manches poetische Genie unter uns sich blos deswegen nicht aüsert, weil so gar viel Kraft und Vermögen dazu gehört, die Sprache fertig zu handhaben.

[341] [...]

# [Auszug aus:] [Brief von Gottfried August] Bürger an [Leopold Friedrich Günther von] Goeckingk. Wöllmershausen, d. 25. Januar 1779.

[422] [...]

Ich verdolmetsche alleweil en passant den Ossian. Denn ich kan ein hübsch Stüklein Geld damit verdienen, und dann ists ja so leicht, eine bessere Übersezung, als die bisherigen zu machen. Ich kam von ohngefähr drauf, dass ich verschiedene Übersezungen mit dem Original verglich, und über die Mängel derselben erstaunte. *Denis* ist ganz ausser dem Ton des Originals und *Harold* mus vollends gar erst teutsch lernen. Schlechter als dieser konte kein Schüler übersezen. Die, welche das Fräulein Iris zu Markte bringt, lispelt gar zu sehr; und Wittenbergs seine klingt, wie sein vol gesabbeltes Reichsposthorn.

[...]

# [Auszug aus:] [Brief von Leopold Friedrich Günther von] Goeckingk an [Gottfried August] Bürger. Ellrich, den 21. März 1779.

[348] [...]

Zwei Dukaten für den Bogen? Schlagt zu, Bürger! Wer in der Welt kann Euch mehr schaffen? Die Verleger können Eure Übersetzung des Ossian nicht gegen die von Denis, Harald [sic!] und dem Reuter ohne Kopf halten, aber Euch wohl die Gefahr vorstellen, bei drei Übers. die 4te zu verlegen. Warlich! wenn's Euer Nahme nicht thäte, würde Euch weder Himburg noch Limburg nur 1 Duk. bieten. Wo bleibt denn die Probe für das Museum? Boie erkundigt sich sogar vorgestern bei mir darnach, und weiß nicht was er davon denken soll, daß Ihr in 2 Monaten nichts von Euch habt hören lassen. Wenn Ihr der Auktion auf den Ossian den rechten Schwung geben wollet, [349] müßt Ihr ja die Probe bald abdrucken lassen. Wenns Euch gleichviel ist, so nehmt Carricthura dazu, die von Denis (andre Übersetzungen ließt man nicht mehr) so verhunzt ist. Das wird Eurer Übers. Vortheil und dem Leser Vergnügen bringen. Ich bin so gierig darauf, daß ich Eure Handschrift zu meiner Gesellschaft hier zu haben wünschte.

[...]

3.  Im Umkreis der Kunstperiode

# [Auszüge aus:] [Brief von Friedrich Hölderlin]
## An Immanuel Nast. Maulbronn vor Pfingsten 1787.

[191] Eine Neuigkeit! eine schöne, schöne herzerquikende Neuigkeit! Ich habe den Ossian, den Barden ohne seines [192] gleichen, Homers grossen Nebenbuhler hab' ich wirklich unten den Händen.

Den must Du lesen, Freund – da werden Dir Deine Thäler lauter Konathäler – Dein Engelsberg ein Gebirge Morvens – Dich wird ein so süsses wehmütiges Gefühl anwandeln – Du must ihn lesen – ich kan nicht deklamiren. Er muss mit nach Nürtingen in die Vakanz, da les' ich ihn so lang, bis ich ihn halb auswendig kan.

Ich weiss noch nicht, ob ich Dich besuchen kan, in der Hinaufreise wenigstens nicht. Ich weiss gar nichts zum schreiben – Der gute blinde Ossian da schwadronirt mir immer im Kopf. [...] Ich mache hier wenig Bekantschaft – ich bin immer noch lieber allein – und da fantasire ich mir eins, im Hirn herum, und da gehts so andächtig her, dass ich zuweilen beinahe schon geweint [193] hätte, wan ich mir gefantasirt habe, ich sei um mein Mädchen gekommen, seie verachtet von jedermann verstossen worden. Lebe wohl – Bruder – die Gloke schlägt, ich muss ins Collegium.

Dein Hölderlin.

# [Auszug aus:] [Brief von Friedrich Hölderlin]
## An Immanuel Nast. Maulbronn vor Pfingsten 1788.

[214] Lieber Bruder!

Da leg' ich meinen Ossian weg, und komme zu Dir. Ich habe meine Seele geweidet an den Helden des Barden, habe mit ihm getrauert, wann er trauerte über sterbende Mädchen.

Und so – war ich gestimmt – um etliche Augenblike ganz für Dich zu seyn.

Lange, lange schon ists freilich, dass wir nichts mehr von einander hören – und denke, Bruder, die ganze Vakanz war ich kaum eine Meile von Dir und konnte – unmöglich hin – nicht auf einen halben Tag. Da sass ich ganze vier Wochen am Todtenbette meiner Tante in Gröningen und lernte dulden – von ihr! und jezt Bruder, jezt ist sie todt!

O Bruder! sie soll so ganz mein seeliger Vater gewesen seyn, ich hab' ihn nie gekannt, ich war drei Jahr alt, als er starb, aber ein herrlicher Mann muss er gewesen seyn, wenn er war, wie sie. Wann sie so unter den unaussprechlichsten Schmerzen trauernd zum Himmel sah, und sie in todesnahen Stunden die Sprache verlor, und ich für sie betete – und sie dann schnell wieder aus ihrem Röcheln aufwachte und staunte, dass sie noch auf der Erde sey – Bruder! Bruder! da liess sich viel lernen! Und als ich wieder hieher reiste, und auf Nimmersehen von ihr Abschied nahm, und sie sagte – "wann wir uns auf dieser Welt nimmer sehen, so finden wir uns in jener". O! diese Worte vergess' ich nie! Es ist des Menschen seeligster Gedanke, der Gedanke an die Ewig[215]-keit. – Wenn ich oft so düster zu meiner Louise komme, und über Menschen klage – und mir für die Zukunft bange wird – da mahnt sie mich an die Ewigkeit – und das sind seelige Stunden.

[...]

## [Auszug aus: Brief von Friedrich Schiller an Charlotte von Lengefeld. Weimar, den 3. Januar 1789.]

[190] Zuerst danke ich Ihnen für das Ossianische Lied, das Sie sehr glücklich gewählt haben. Es überraschte mich, da ich mich nicht erinnere, es schon gelesen zu haben, und Ossians ganzer Geist athmet darin. Alles ist so rein, so edel in seiner Schilderung: "Fingal kam von der Jagd, und fand die lieblichen Fremden. Sie waren wie zwei Lichtstrahlen in der Mitte seiner Halle." Welcher Dichter hätte dieses schöner sagen können! Auch die feinste Bescheidenheit ist Ossian eigen. Wie leicht schwebt er am Schluß des Gedichts über seine eigenen Thaten hin, die er uns nur in den Folgen merken läßt, nicht schildert!

Es freut mich, daß Sie diesem schönen Dichter getreu bleiben und sich auf die beste Art, die möglich ist, durch Uebersetzungen mit seinem Geiste familiarisiren. Endlich werden Sie noch [191] ein ganz Ossianisches Mädchen! Die Uebersetzung ist ungezwungen, und thut dem Original durchaus keine Gewalt an. Etwas weniger *Wortversetzungen* und einige Bindewörter mehr, die die kurzen und abgebrochenen Sätze angenehm ineinander fügen und zerschmelzen – so wird die Uebersetzung ganz harmonisch fließen. [...]

# [Auszug aus: Brief von Friedrich Schiller an Charlotte von Lengefeld. Weimar, den 26. März 1789.]

[260] [...] Darthula ist eins der schönsten Stücke aus Ossian. Gleich der Anfang, die Anrede an den Mond hat unendlich viel Anziehendes und eine rührende Einfalt. "Sind deine Schwestern vom Himmel gefallen und kommst du hieher, sie zu betrauern?" Es ist überaus menschlich und menschlich schön, wie er alles, auch die leblose Natur, durch Sympathie an *sich* anschließt und mit *seinen* Empfindungen belebt. Ich freue mich, eines der angenehmsten Augenblicke meiner frühern Jugend mich durch *Sie* wieder zu erinnern. [...]

[265] [Auszüge aus:] [Brief von Friedrich Schiller]
An Gottfried Körner. Weimar d. 30. März [17]89.

Deinen Brief habe ich in dem Augenblick erhalten, wo der meinige abgieng. Du hast mich sehr damit erfreut. Was Du von den Künstlern urtheilst stimmt mit meiner Erwartung überein; wir müssen einander ja kennen. Ich fürchte, daß Deine Bemerkung wegen gewisser Dunkelheit im Ausdruck wahr ist, und bey einigen Lesern fand ich sie auch schon bestätigt. Wieland hat manches nicht verstanden. Diese Dunkelheit thut mir darum besonders leid, weil sie einige vorzügliche Gedanken trift, die ich in das möglichste Licht gesetzt wünschte. Wir wollen doch diejenigen durchgehen, die Du ausgehoben hast.
　　[...]
　　[267] 5) Das Gleichniß: Der Schatten in des Mondes Angesichte usf. hat in meinen Augen einen ungemeinen Werth. Das Menschliche Leben, sage ich in den vorhergehenden Versen, erscheint dem Menschen als ein Bogen, d. i. als ein unvoll[268]kommener Theil eines Kreises, den er durch die Nacht des Grabes fortsetzt, um den Zirkel ganz zu machen (von Schönheit oder Kunstgefühl sich regieren lassen ist ja nichts anders, als den Hang haben, alles ganz zu machen, alles zur Vollendung zu bringen). Nun ist aber der wachsende Mond ein solcher Bogen, und der übrige Theil der noch fehlt um den Zirkel völlig zu machen, ist unbeleuchtet. Ich stelle also zwey Jünglinge *nebeneinander*, davon *der eine* beleuchtet ist, der andere nicht, (mit umgestürztem Lichte) *jenen* vergleiche ich mit der beleuchteten MondesHälfte, diesen mit der schwarzen, oder was eben soviel sagt, die Alten, die den Tod bildeten, stellten ihn als einen Jüngling vor, der eben so schön ist als sein Bruder, das Leben, aber sie gaben ihm eine umgestürzte Fackel, um anzudeuten, daß man ihn nicht sehe – eben so wie wir an den ganzen Ring des Mondes glauben, ob er uns gleich nur als ein Bogen oder als ein Horn erscheint. Ich habe in dieser Stelle ein Gleichniß Ossians in Gedanken gehabt und zu veredeln gesucht. Ossian sagt von einem der dem Tod nahe war "der Tod stand hinter ihm, wie die schwarze Hälfte des Mondes hinter seinem silbernen Horn." Diese ganze Strophe muß man überhaupt mit einer lebhaften Gegenwart des Hauptgedankens lesen, daß der Mensch, in dem einmal das Gefühl für Schönheit, für Wohlklang und Ebenmaaß rege und herrschend geworden ist, nicht ruhen kann, biß er alles um sich in Einheit auflößt, alle Bruchstücke ganz macht, alles mangelhafte vollendet, oder, was eben soviel sagt, biß er alle Formen um sich her der vollkommensten nähert. [...]

[Johann Gottfried Herder:]
Homer und Ossian [1795].

Das grosse Geschäft, das den Händen der Zeit anvertrauet ist, Kunstwerke der Menschen ans Licht zu fördern, lebendige Geburten des Geistes wachsend zu machen, ihnen Fülle, Blüthe, endlich auch Frucht in andern Hervorbringungen zu gewähren, dies Geschäft bildet eine *goldene Kette menschlicher Geister.* Wo irgend ein Name aus der Vergangenheit hervorblickt, der auf einen Punct der Vollkommenheit traf, an den heften sich früher oder später die Namen derer, die sein Werk forttrieben. Vielleicht erlöschen diese Namen; aber das Werk, der Name des Anführers bleibt; ihre Bemühung selbst theilte Jenem neuen Glanz mit. *Wer da hat, dem wird gegeben*; die gesamte Nachwelt arbeitet sodann in des grossen Meisters Schule.

Im Orient sind die Namen *Salomons, Lockmanns* u.a. bekannt. Was an Natur- an Spruch- und Fabelweisheit späterhin erfunden ward, ward an jene Namen im Tempel der Unsterblichkeit geheftet; es hieß *Lockmannische, Salomonische* Weisheit. So hiessen die spätesten Psalmen immer noch *Davidische* Psalmen; durch ganz Morgenland ist *Alexander* als Zerstörer, *Solimann* als Erbauer alles Grossen und Prächtigen berühmt; sie gelten als fortlebende Monarchen im Reich [87] der Zeiten. – Bei den Griechen nicht anders. An *Homer, Hesiod, Aesop, Anakreon, Sappho, Theognis* u. f. reihete sich, was sich an sie reihen konnte; Namenlos traten spätere Krieger in die Glieder dieser alten Feldherrn; und die neuere Kritick wendet oft fast vergebliche Mühe an, bei diesem und jenem Werk Urheber und Zeiten zu sondern. *Pythagoras* und *Plato* lebten nach Christi Geburt zum zweitenmal in philosophischen Schulen auf; ihnen ward zugeschrieben, woran sie hie und da schwerlich gedacht hatten; ihre Gestalt wuchs auf der Schwinge der Zeiten.

Sollte es mit *Ossian* anders seyn? Wir wollen nicht behaupten; sondern auch bei ihm, wie bei *Homer,* dem Gang der Zeit, wie sie uns ihn offenbarte, folgen.

I.

Viele Leser werden sich erinnern, was für ein süsses Staunen die Erscheinung Ossians in den Jahren 1761 bis 1765 gewährte. Zuerst traten kleine Gesänge *als Fragmente* hervor, und vielleicht sind mehrere Liebhaber Ossians, die ihn in dieser Gestalt, in der sie ihn zuerst kennen lernten, immer noch am meisten lieben. In kleinen romantischen Erzählungen wurden wir mit *Schilrick* und *Vinvela*, mit *Connal* und *Crimora*, mit *Ronnan* und *Rivina*, mit *Fingal, Ossian, Oscar, Minona* bekannt; wir hörten die Gesänge *Selma's*; *Comala* erschien; *Carthon*, der Tod *Cuchullins, Berrathon, Karricthura*.[1] Allenthalben [88] sahen wir Scenen der Unschuld, der Freundschaft, der väterlichen, kindlichen, der Bruder- und Schwesterliebe, und hörten von der Wehmuth getrennter Liebenden und Gatten die rührendsten Töne. Offenbar trug die abgerißene Gestalt dieser Erzählungen, ihre hohe Einfalt, und wenn ich sagen darf, ihr *niedrer Himmel, ihre schmale Einfassung* zu dem Eindruck bei, den sie auf alle, insonderheit jugendliche Seelen machten. Wie aus der Ferne, aus einer Höle, über das Meer, vom Thal oder von Gebürgen der Nebelinsel her, hörte man süsse Stimmen und sah wie im Traume die engbeschränkte, von Wolken umfaßte Hütte der Edlen und Geliebten.

*Fingal* erschien; bald auch, nebst andern Gedichten, *Temora*. Sie wurden als Epopeen angekündigt, die mit Homer wetteifern, und ihn wohl gar übertreffen sollten. Dahin zielte in mehreren Anmerkungen *Mac-Pherson* selbst, Ossians unsterblicher Herausgeber; dahin *Hugh Blairs* kritische Abhandlungen;[2] noch mehr *Cesarotti's* Anmerkungen zu seiner Italiänischen Uebersetzung dieser Gedichte. Dem zu Folge sang *Denis* in wohlklingenden homerischen Hexametern, mit lyrischen Sylbenmaassen untermischt, sie den Deutschen vor, und [89] gab ihnen dadurch noch mehr das Ansehen eines einförmig-fortgehenden Ganzen. Mehrere Uebersetzungen in Prose folgten. Zugleich aber erschienen auch *Einwendungen* und *Zweifel*, die von sehr verschiedner Art waren.[3]

Die Irländischen Zweifel dünkten mir vom wenigsten Belange. Irland nämlich, (Erin) wollte sich *Fingal* und *Ossian* landsmännisch zueignen; es reclamirte den Sänger, wie den Helden. *Fingal* sollte *Fion* oder *Fin*, König in *Leinster, Ossian* soll *Oisin*, der Sohn *Fions* gewesen seyn, u. f.[4] Auf alle dies, dünkt mich, kann man kurz antworten: "*beweiset, daß er es gewesen*. Bringt irländische Gesänge, schönere Gesänge hervor, als die Schotten hervorbrachten; und wir wollen Euch glauben." Sei Fingal in der Geschichte, wer er wolle; in Ossians Gedichten ist er nicht *Fion* oder *Fin in Leinster* mehr, sondern Fingal, der König der Menschen, Anführer der Helden. Der Gesang hat ihn auf seine Fittige genommen, und über die Sterblichen erhöht. Würden *Achill*, und

---

1  Uebersetzt erschienen diese einzelne Gedichte unter dem Titel: [88] *Fragmente der alten hochschottländischen Dichtkunst*. Hamb. 1764. Auch *Fingal*, ein Heldengedicht nebst verschiednen andern Gedichten Ossians. Hamb. 1764.

2  Uebersetzt von *Denis* im dritten Bande seines Ossians; so wie auch durch die ganze Sammlung hin *Cesarotti's Mac-Phersons* Noten.

3  Ein vollständiges Verzeichnis dessen, was über Ossian gestritten und geschrieben worden, liegt ausser meinem Wege; wahrscheinlich ists auch von andern schon geliefert worden.

4  Eine Abhandlung hierüber ist in den *Unterhaltungen* (Hamburg 1766. B. I. S. 329. u. f.) übersetzt worden; gut, daß wir mit mehreren dergleichen verschont geblieben.

*Ajax, Ulysses, Penelope, Agamemnon* sich in Homers Bildern erkennen? Ich glaube schwerlich; so wenig sah *König Artus, Carl der grosse, Gottfried von* [90] *Jerusalem*, oder die Helden *Ariosts* in den Gesängen ihrer Dichter erkennen würden. Eben nur durch eine *Verwandlung* wurden sie *epische Helden*. Die Sage hatte sie von Munde zu Munde fortgetragen; da war ihre Gestalt zwischen Himmel und Erde gewachsen. Der Sänger nahm sie auf und verewigte sie; in ihrer alltäglichen, gemeinen Gestalt wären sie keine Geschöpfe für ihn gewesen. *Fingal, Ossian, Oskar* sind Kinder der Sage, Gebilde der erhöhenden, fortsingenden Zeit.

Was sollen überhaupt in dieser Sache geographisch-historisch-chronologische Rivalitäten? Ossians Gedichte gehören dem ganzen *Galischen Völkerstamm*, ja jedem zu, der seine Ursprache verstehet, oder Ossian zu schätzen weiß; er lebe dies- oder jenseits des Meeres. Zwar auch die Griechen stritten unter einander, *wem* Homer zugehöre? und es wetteiferten hiebei mehr als sieben Städte und Länder. Nicht aber thaten sie es in der Absicht, daß sie dadurch Homers Gesänge, wie man sie hatte, verunglimpfen wollten; vielleicht mit manchen Abwechselungen sangen Alle Einen Homer. Und so mögen denn auch Schotten und Irländer Einen Ossian so lange lesen und an Einen Fingal so lange glauben, bis Irland aus seinen Mitteln uns einen zarteren Ossian, einen edleren Fingal hervorruft, als ihn *Mac-Pherson* darstellte. Sodann wollen wir der romantischen Sage dankbar seyn, die sich in zwei en Mundarten zwar verschieden, in jeder aber vortreflich erhalten. Bisher ist von Irischen Gedichten nichts bekannt, das an die Schottischen reiche.

[91] 2.

Ein ungleich wichtigerer Zweifel war der, den man gegen die *Aechtheit des Mac-Phersonischen Ossians* machte; und es ist zu verwundern, daß man ihn, der kecken Manier ungeachtet, mit der ihn die Engländer vorbrachten, bisher noch so unbefriedigend aufgelöset hat. *Mac-Pherson* konnte dies am leichtesten thun, ja den Zweifel auf einmal zu Boden schlagen, wenn er einzeln und treu anzeigte: "*woher Er jedes* Stück habe? *in welcher Gestalt* er es empfangen? und was daran *sein* sei?" Der Urtext dieser Gesänge in ihrer brüchigen Form, mit den Sylbenmaassen und Gesangweisen begleitet, deren entzückende Einfalt und Abwechselung mehrere Verehrer Ossians rühmen, wäre, ohne alle kritische Noten, ein Erweis der Wahrheit für Welt und Nachwelt gewesen, gegen welchen kein Britte, kein *Johnson* einen Laut hätte thun mögen. Meines Wissens ist dies nicht geschehen; und daß es nicht geschehen ist, daß es von *Mac-Pherson* nicht selbst geschah; freilich dies vermehrte den Zweifel. Seid ihr denn so arm, ihr Schotten, daß ihr *Euern Homer*, den Ihr über den Griechen preiset, nicht in der Ursprache, ganz wie ihr ihn habt, wie er bei Euch noch gesungen wird, mit Melodien und Sprach-Erläuterungen ans Licht stellen, ihn

dadurch vom Abgrund der Vergessenheit, dem er so nah ist, retten, ihn auf
einmal der Unsterblichkeit vergewissern, und eurer Sprache dadurch selbst die
Unsterblichkeit, und zwar die edelste, claßische Unsterblichkeit sichern könnt?
Oder erwartet Ihr ein schöneres Product in ihr, als Ossian? Oder glaubt ihr, daß
man diese Gesänge immerhin fortsingen werde? Oder bildet ihr [92] euch ein,
daß man bei Euren Behauptungen von der unaussprechlichen Schönheit dieser
Gedichte in der Ursprache, und ihrem entzückenden Reiz in den Gesangwei-
sen, *ohne Proben*, etwas denke? Verlangen und am Ende Ueberdruß erwecken
dergleichen unkräftige Anpreisungen; *Proben, Proben* allein geben Sicherheit
und Belehrung.[5]

[93] Daß eine solche Behandlung Ossians sehr nützlich seyn müsse, ist
schon daher ersichtlich, weil sie die einzig-vernünftige ist. Entspringe daraus
ein Resultat, wie es wolle; *Mac-Phersons* Ruhm kann es nicht schaden. Sei
alles der Tradition entnommen, wie Ers gab; Er hats gesammlet, Er hats gege-
ben. Er war der *Solon* und *Hiparch*, der die Gesänge dieses Homers der Ver-
gessenheit entzog, sie der ganzen gebildeten Welt annehmlich machte, sie in
der Verständigen Ohr, in der Empfindenden Herz hinübertönte. Sein Name
bleibt unvergeßlich. Oder empfing er nur rohen Stof, und sezte mit Schöpfer-
hand zusammen, was er dargestellt hat; um so rühmlicher für ihn, um so beleh-
render für uns. Hier ließ er sodann niedrige Züge aus; dort sezte er aus Hebrä-
ern, Griechen oder Neueren ähnliche, feinere Züge hinzu, und gab dem Gan-
zen, *seinem Fingal, seinem Ossian, seiner Bragela* die edelste und zarteste
Bildung; um so besser. Er that, wie ein kluger Mann thun mußte. Zu eignen
Gesängen solcher Art fühlte er sich schwerlich stark genug; aber der Geist sei-
nes Vaterlandes, seiner Vorfahren, der Geist seiner Sprache [94] und der in ihr

---

5    Von ächten Melodieen zu Ossian hat mir das Glück bisher noch nichts zugeführt. Von einer
     ächten Ausgabe Ossians im Ersischen ist mir auch nichts bewußt; das Specimen aus dem 7.
     Buch der Temora konnte nichts entscheiden. Woher hätte es *Mac-Pherson?* Ist alles, wie es
     gedruckt ist, gefunden? Ists aus lebendigen Gesängen genommen oder aus Handschriften?
     Stimmen die Handschriften unter einander? stimmt jede derselben mit dem lebendigen Ge-
     sange? Aus welcher Zeit ist die Diction des Gesanges und der Handschriften? Untersuchun-
     gen und Belehrungen solcher Art wären verdienstlicher als alle Lobpreisungen Ossians. – Die
     *Galic Antiquities* sollen zwar unter dem Titel *Sean Dana* Ersisch herausgegeben seyn; daß
     aber diese und nicht *Mac-Phersons Ossian*, daß sie, soviel ich weiß, ohn' alle Kritick heraus-
     gegeben sind, bringt uns nicht weiter. Im Jahr 1784 hat ein Irländer *Arthur Young* Galische
     Gedichte, die sich auf die Geschichte der *Fians* beziehen, in Nordschottland gesammlet;
     (übersetzt ins Deutsche 1792) sie sind mir noch nicht zu Händen gekommen. Eine treffende
     Anzeige, worauf es bei ihnen ankomme, stehet im 139[.] Stück der allgemeinen Literatur-
     zeitung 1795. Wenn auf diesem Wege [93] von andern, insonderheit von Galen selbst, fortge-
     schritten würde, käme man zum Ziel. Gemeiniglich aber geschieht am spätesten oder gar
     nicht, was zuerst hätte geschehen sollen. Späterhin sind mehrere Gedichte z. B. *the Works of
     the Caledonian Bards* herausgekommen, deren Mythologie sogar vom Mac-Phersonschen
     Ossian auszuweichen scheint. Vielleicht ist keine Gesangsart, in der sich, dem Anschein
     nach, so leicht fortsingen läßt, als die Gesangweise Ossians.

gesungenen Lieder ergriff ihn. In sie legte er also den Schatz vieler sowohl aus andern Zeitaltern gesammelten Schönheiten als der Empfindungen seines eignen Herzens. Daß er dies unter der Maske Ossians that, ist ihm sodann nicht nur zu verzeihen, sondern es war für ihn vielleicht eine Pflicht der Dankbarkeit und der Noth. Unter solchen Gesängen war er erzogen; sie hatten sein Innerstes erweckt; auf ihren Flügeln schwang er sich empor; über dem war ein heiliger Betrug dieser Art bei der überschwenglich-geltenden Mode-Poesie der Engländer fast nothwendig: denn was gleicht dem Stolze dieses Handels-Volkes, auf die *Grimaces, faces* und *Graces,* seiner *fashionable Poëtry,* auf die *pleasure's, measure's* und *treasure's* seiner gereimten Verse? Was stand diesen mehr entgegen als der schlichte, einfache Ossian? Da war es ja ganz an Ort und Stelle, daß Mac-Pherson den literarischen Krämern alte Handschriften in die Läden zu London legte, daß sie sich daran satt sehen könnten; er wußte doch, daß sie damit nichts thun würden.

Aber was Mac-Pherson nicht that, thue jetzt einer seiner Freunde, deren Mehrere doch gewiß die genaueste Kenntniß der Sache haben. Man lasse weiter keinen Engländer oder Irländer umherreisen, sondern entdecke zu Ehren *Ossians* und *Mac-Phersons* die Beschaffenheit der Sache kritisch, klar und wahr. Bei einiger Genauigkeit müssen sich dabei in Ansehung des Ursprungs der Verbreitung, der Erhaltung und Abänderung dieser Sagen, in Ansehung der moralischen, geistigen und politischen Begriffe dieser Gedichte Untersuchungen ergeben, die alle ästhetische Belehrungen über den Werth dieser [95] Gesänge, weit überwiegen. Ich traue der gütigen Zeit es zu, daß sie auch dieses Werk zu *ihrer Stunde* fördern werde.

## 3.

Denn was sollte die ganze Parallele zwischen *Homer* und *Ossian* sagen? Daß *Homer* kein *Ossian* und *Ossian* kein *Homer* sei? wer hätte daran gezweifelt?

Unsere Erde hat mancherlei Klima; unser Menschenstamm hat mancherlei Geschlechter. Jonien ist nicht Schottland, die Galen sind keine Griechen; hier ist kein Troja, keine Helena, kein Palast der Circe. Was wollen wir unnütz vergleichen? Gegend, Welt, Sprache, die ganze Seh- und Denkart beider Nationen ist anders; das verschiedene Zeitalter, in welchem Homer und Ossian lebten, noch ganz ungerechnet. Was ein Tausend von Jahren und Meilen von einander trennt, wollt Ihr als ein *Symplegma* zu Einer Form vereinen?

Schon das unterscheidet *Homer* von *Ossian* ganz und gar, daß Jener, wenn ich so sagen darf, *rein-objectiv,* dieser *rein-subjectiv* dichtet. Jener ist blos ein Erzähler; sein Hexameter schreitet ein- und vielförmig dahin, ohne alle Theilnehmung, als die ihm der Inhalt auflegt. An diesem *gleichgehaltenen* Hexameter haftet gleichsam die ganze Kunst Homers; in ihm trägt er alle Leidenschaften vor, in ihm schildert er alle Gegenstände und Situationen im Himmel, auf

Erden und im Orkus; mit ihm misset er Götter, Helden und Menschen *gleich-förmig*. Aus dem *gleichförmigen* [96] Hexameter Homers und aus der *ruhigen Weisheit*, die ihn belebet, entsprang daher jener Styl Griechenlandes, der von der heitern Denkart dieses Volkes zeuget. An ihm bildete *Herodot* dem Vortrage und Perioden nach seine Geschichte; nach ihm formete sich ein System der Götterlehre, der Kunst und Weisheit. – Bei Ossian geht alles von der *Harfe der Empfindung*, aus dem *Gemüth des Sängers* aus; um ihn sind seine Hörer versammlet, und er theilt ihnen sein *Inneres* mit. In diese Welt ziehet er sie hinein; diese Zauberwelt verbreitet er rings um sich. Daher die Einleitungen in seine Gesänge, durch welche er die Seelen der Zuhörer in seinen Ton gleichsam stimmet und füget. Er mahlet die Gegenstände umher, den Ort, die Tages- und Jahrszeit. Meistens sinds Töne des *Ohrs*, dadurch er sie mahlet: denn diese stimmen das Gemüth mehr, als Ansichten des Auges. Nun hebt er an; jede Sage ist mit seiner eignen individuellen Empfindung, wie mit dem Finger der Liebe bezeichnet; und sobald er kann, wird die Begebenheit selbst *Stimme, Klage der Wehmuth, Harfengesang*. Auch in den großen Gedichten, *Fingal* und *Temora* geht alles von Tönen der einsamen Harfe aus, und kommt auf diese zurück; an ihren Saiten hängen alle Gefühle des Herzens, so wie die verlebten Schicksale der Väter. Und der Gesang ändert sich nach *jeder* Empfindung; die Schotten können das Rührende jeder unerwarteten Abwechselung des sanften, traurigen, oder wilden und kühnen Sylbenmaasses nicht genug preisen; von welchem allen *Homer* nichts weiß. Unermüdet irret dieser immer auf derselben lieblichen Saite, und ward auf ihr ein Muster des Wohlklangs für alle Gegenstände und Situationen. Er ist ein *rein-epischer*, [97] Ossian ist, wenn man so will, ein *lyrisch-epischer* Dichter.

Mit dieser verschiednen Art des Gesanges unterscheidet sich auch der *ganze Genius* beider Dichter. Bei Homer treten alle Gestalten wie unter freiem und heitern Himmel in hellem Licht hervor; als Statuen stehen sie da, oder vielmehr sie schreiten handelnd fort, *leibhaft, in völliger Wahrheit*. Auch alle seine Gleichnisse und Naturbilder nehmen an dieser völligen *Sichtbarkeit* Theil; langsam wälzen sie sich umher, um gleichsam von allen Seiten ihre Naturbestandheit in ewigvesten Zügen darzustellen und zu gewähren. Kein hellerer Platz ist, als das Feld vor Troja; unter dem immerheitern Asiatischen Himmel geht Eine Heldengestalt nach der andern hervor und läßt keinen Zug ihrer Handlung, ich möchte sagen, kein Glied, mit welchem sie wirket, in ungewisser Deutung. Auch für die Sonderung der Gruppen hat Homer dergestalt gesorget, daß selbst im wilden Schlachtgetümmel das Auge des Zuschauers ohne Nebel und Verwirrung bleibet. Und was den Faden des Gedichts betrifft, so entwickelt sich solcher aus dem Knäuel der Geschichte so ununterbrochen und ruhig, als ob die Hand der Parze ihn führte.

Bei *Ossian* ist alles anders. Seine Gestalten sind Nebelgestalten, und sollten es seyn; aus dem leisen Hauch der Empfindung sind sie geschaffen, und

schlüpfen wie Lüfte vorüber. So erscheinen nicht nur jene in Wolken wohnen-
de Geister, durch welche die Sterne durchschimmern; auch die Gestalten seiner
Geliebten deutet Ossian mehr an, als daß er sie darstellete und mahlte. Man hö-
ret [98] ihren Tritt oder ihre Stimme; man siehet den Schimmer ihrer Arme,
ihres Antlizes wie einen vorübergleitenden Strahl. Ihr Haar fliegt sanft im
Winde; so schlüpfen sie her; so vorüber. Gleichergestalt mahlet er seine Hel-
den, nicht wie sie sind, sondern wie sie sich nahen, wie sie erscheinen und ver-
schwinden. Es ist eine Geisterwelt in Ossian, statt daß in Homer eine leibhafte
Körperwelt sich beweget. In ihm *siehet* man die Handlung, die man in Ossian
an Tritten, Zeichen und Wirkungen gleichsam nur *ahnet*. Was endlich die *Ex-
position der Gedichte* betrift: so hätten *Mac-Pherson* und *Blair* sich hüten sol-
len, hierinn beide Dichter auch nur zu vergleichen. Bei Homer erzählt sich
alles selbst; Eins folgt aus dem andern unaufhaltbar; dagegen sind Fingal und
Temora dunkel-zusammengereihete Gedichte, voll Episoden, denen sinnlich zu
folgen hie und da schwer wird. Die lieblichste Gestalt macht Ossian in kleinen
einzelnen Erzählungen, die man bald als heroische Romanzen, bald als rüh-
rende Idyllen, bald als reine lyrische Stücke betrachten kann, deren einige z. B.
Comala sich dem Drama nähern. In solchen zeigt sich seine *geistige Schilde-
rei*, sein Herz voll Wehmuth, Liebe und Unschuld. Eine epische Fortleitung,
die vielleicht blos Mac-Pherson in die größern Stücke gebracht hat, scheinet
ihr ganz fremde.

Es ergiebt sich hieraus, wie verschiedene Wirkungen und Folgen beide
Dichter haben mußten. Wer Götter und Helden *bilden* will, gehe zu Homer,
nicht zu Ossian; in diesem ist Eine Gestalt wie die andre und *für den Künstler*
eigentlich keine gezeichnet. Der Mahler, den Ossian begeistert, muß aus sich
selbst schö[99]pfen; aus seinem Dichter kann er nur die Farbe der Empfin-
dung, und das Helldunkel der Situation anwenden. Dagegen ist in Ossian eine
Quelle des Gefühls, voll der zartesten, sittlichen Gesinnungen, die Homer sei-
nen Helden nicht beilegen konnte. Beide Dichter unterscheiden sich hierinn,
wie sich die *Welt diesseit und jenseit der Alpen* unterscheidet. In Norden hat
die Natur die Menschen mehr zusammengedrückt, und indem sie ihnen eine
härtere Rinde, dazu mehrere Mühe von aussen gab, in ihrer Brust vielleicht
eine tiefere Quelle des sittlichen Gefühls aus dem Felsen gebohrt. In den süd-
lichen, wärmeren Gegenden breitete sich die Natur mehr aus; lockerer gehet
die Menschheit aus einander und theilt sich allem, was um sie ist, leichter und
lebendiger mit. Dagegen aber bleiben vielleicht auch Empfindungen uner-
weckt, die nur der nordische Himmel, einsame Geselligkeit, Noth und Gefahr
ausbilden konnten. Die *intensive Kraft des Gesanges, wiewohl in einem engern
Kreise* ist Ossians; die *extensive im weitesten Felde der Mittheilung* bleibt Ho-
mers großer Vorzug.

Aus Homer entsprang also, was aus Ossian die Zeit nicht entwickeln
konnte. Jener blühete mit einem jungen Volk auf; und in jeden neuen Ruhmes-

kranz dieses Volks schlang sich sein Lorbeer. Die erste Kriegsunternehmung des gesammten Griechenlandes hatte er besungen; wenn späterhin Griechenland gegen die Perser noch größere Unternehmungen ausfocht: so konnten *Aeschylus, Sophokles* u. f. mit Homers Gastmahle, nach neuerem Geschmack zubereitet, ihre Mitbürger bewirthen. Die Ehre des ganzen griechischen Stammes sproßte in seinen Ge[100]sängen; sie trug reiche Blüthen und Früchte in jeder Art, mit jeder neuen Betriebsamkeit des Volkes: denn über ihnen schien ein heiterer Himmel; um sie weheten Jonische, Griechische, Italische Lüfte.

## 4.

Und Ossian? Es ist ungerecht von einem Baume Früchte zu erwarten, die er, seiner Art nach, nicht bringen kann; Ossian sei an seinem Orte das, was Homer war; nur stand er auf einer ganz andern Stelle. Er, der letzte des Heldenstammes seiner Väter, Zeuge der Thaten des Ruhmreichen Fingals und ihr Mithelfer, jetzt in seinem Alter die letzte Stimme der Heldenzeit für die schwächere Nachwelt; dies ist der Standpunct des Sängers, der zugleich den ganzen Charakter seiner Dichtungsart mit sich führet. Er ist die *Stimme voriger Zeiten*; aber eine traurige Stimme, mit keinem erweckenden Aufruf für die Nachzeit begleitet.

In jedem Lande bildet sich der Volksgesang nach innern und äußern Veranlassungen der Nation; auf Einem Punct derselben steht er sodann stille und gewinnt Charakter. Bei den Griechen gab diesen Charakter-Punct der *Trojanische Krieg*, und Homer war der Sänger, der ihn veststellte; unter den Galen war es der *Ausgang des Heldenstammes*; und Ossian dessen trauriger Verkünder. Woher in aller Welt kam den Galen dieser jammernde *Abschnitt der Zeiten*? und mit ihm für alle Nachzeit zwar ein schmelzender, aber zugleich ein niederschlagender Ton der alten Sage? Ver[101]anlaßete ihn eine fremde Unterjochung? oder die eindringende Religion der *Culdäer*, der christlichen Mönche? Auf beides spielen die Gedichte an; aber warum nur so dunkel? haben die bisherigen Sammler etwa nur aus Höflichkeit die harten Stellen und Töne verschwiegen, denen die Stimme der Galen den Untergang ihres alten Heldenruhms beimißt? oder war diese Stimme so sanft, daß sie duldend gleichsam schwieg und vielleicht schweigen mußte? Wie es sei; so sollte darüber Auskunft gegeben werden: denn es scheint unmöglich, daß ein Volk nur *klage*, ohne sich zu *beklagen*, ohne die Ursache seines Verfalls anzuzeigen und den Geist der Väter, wenn auch mit leeren Versuchen, zurückzurufen und anzufeuren. – Hievon nun zeigt sich in den Ossianischen Gesängen fast keine Spur. Die Wolkengegend, der luftige Aufenthalt der Väter ist ihr einziger Trost; auf der Erde sehen sie traurige Wüsten, erloschne Tritte; sie hören verklingende Töne. Man siehet, daß die Gesänge in einem *duldenden, unterjochten* Volk fortgesungen worden sind, das sich am Ruhm und an der Glückseligkeit seiner Vorfahren unmächtig labte.[6]

Wie es mancherlei Jahrszeiten in der Natur giebt: so giebt es deren auch in der menschlichen Geschichte. Auch Völker haben ihren Frühling, Sommer, Herbst [102] und Winter. Ossians Gedichte bezeichnen den *Herbst seines Volkes*. Die Blätter färben und krümmen sich; sie fallen und fallen. Der Lufthauch, der sie ablöset, hat keine Erquickung des Frühlinges in sich; sein Spiel indessen ist traurig-angenehm mit den sinkenden Blättern.

Auch Klagen sind nicht ohne Anmuth. *Mimnermus* und *Solons* Elegieen, die Wehklagen aus der Jüdischen Gefangenschaft in *Jeremias* und den *Psalmen* rühren uns; noch mächtiger *Hiobs* Jammergeschrei; und an wessen Herz ertönte je eine Ossianische Klage des zurückgebliebenen Sohnes und Vaters, der verlassenen Braut, des einsamen Gatten, des verschwindenden Heldenstammes vergebens? Der Klageton ist dieser Muse so eigen, daß er bis in die Wurzeln der Sprache, in die Ableitung und Verkettung ihrer Worte eingedrungen ist; der Klang derselben und die Gesangweise der Lieder hat nach allen Berichten denselben Ausdruck.

Ich gebe es zu, daß Ossian mißbraucht werden kann, nicht nur, wenn man ohne seine Empfindung seine Töne nachsinget, sondern auch, wenn man seinen wehmüthigen Gefühlen sich zu einsam überläßt, und sich mit erliegender Ohnmacht an seinen Bildern, an seinem süssen Wolkentrost labet. Indessen giebts in ihm auch eine so reine Uebersicht der Menschheit, in ihren innigsten Verbindungen und Situationen, daß ich diese, wenn ich so sagen darf, *reinmenschliche Stellen und Empfindungen*, wie Perlen gefaßt, sämmtlich componirt wünschte.[7] Von selbst würde der Gesang hier ein [103] sanftes Recitativ, dort ein wehmüthiger Ausruf der Empfindung, hier eine leidenschaftliche Declamation, dort wechselnde Stimmen und Chöre werden, denen man schwerlich sein Ohr und Herz verschliessen könnte. Wer z. B. hat *Sigmund Seckendorfs* Grabgesang der Darthula bei einem Saitenspiel singen gehört, ohne von dem Zuruf:

Darthula wach auf!
Frühling ist draussen, die Lüfte säuseln,
Auf grünen Hügeln, holdseliges Mädchen,
Weben die Blumen! im Hain wallt sprießendes Laub.

und von dem traurigen Abschiede:

---

6  Die irische Akademie hat ein Gespräch Ossians mit einem christlichen Priester bekannt gemacht, das auch im Deutschen übersetzt ist. Es enthält harte Stellen, deren Einige, wie es scheint, haben unterdrückt werden müssen; offenbar aber ists von einem späten Datum, und hat nicht den edeln Charakter, der die andern Gedichte Ossians bezeichnet.

7  Wir können die Hoffnung geben, daß eine solche Samm[103]lung ausgesuchter Ossianischer Stellen für die Composition bald erscheinen werde.

Nimmer o nimmermehr kommt dir die Sonne
Weckend an deine Ruhestätte: wach auf!
Du schläfst im Grabe langen Schlaf,
Dein Morgenroth ist fern.

Auf immer, auf immer weiche dann, Sonne
Dem Mädchen von Kola, sie schläft!
Nie ersteht sie wieder in ihrer Schöne,
Nie siehst du die Liebliche wandeln mehr!

innig bewegt zu werden. Wenn ich diesen Gesang und die seufzende *Vinvela* ebenfalls in *Seckendorfs* Composition hörte: so dünkte mich, sein Geist schwebe zu den lieblichen Tönen hernieder und höre sie mit an.

Unter allen Nationen, die Italiänische selbst nicht [104] ausgenommen hat Ossian seine Probe bestanden. Wir Deutsche verdanken ihm nicht nur mehrere zarte Töne in *Gerstenbergs Minona*, in *Klopstocks* Oden, in *Kosegartens*, *Denis* Gedichten u. a.; sondern wer das Schicksal der Zeiten, unter mehreren Europäischen Nationen zur Stimme bringen wollte; könnte er anders als Ossian singen und seufzen?

5.

Wer wissen will, wie es jetzt mit dieser alten singenden Helden-Nation, Ossians Nachkommen stehe? lese *Buchanans Reisen durch die westlichen Hebriden*, während der Jahre 1782 bis 90.[8] Der edelmüthige Verfasser fodert Jeden auf, ihm in seinen Berichten die kleinste Unwahrheit zu erweisen. – Wozu sind diese alten edlen Geschlechter hinabgewürdigt! in welchen Zustand sind sie gerathen! "Uebersieht man, spricht *Buchanan*, wie wir gethan haben, die westlichen Hebriden im Allgemeinen, so zeigt sich das Bild der Traurigkeit und Unterdrückung am häufigsten, und tritt allenthalben hervor. Im Ganzen genommen, sind diese Inseln der schwermüthige Aufenthalt des Jammers und des vielgestaltigen Elends: denn ihre Bewohner werden als Lastvieh, schlimmer als Lastvieh behandelt. Können Mangel und Striemen den Sklaven, gegen seine Abhängigkeit, gegen den Spott und die Schmach, welche sich über ihn häufen, nicht völlig abhärten: so rufen sicherlich die Thränen, die Seufzer, das Geschrei, eines vielzähligen, [105] unterdrückten, aber keineswegs sinn- und geistlosen Volks, die Staatsverwalter um Mitleid und Rettung an."[9]

---

8    Uebersetzt, Berlin 1795.
9    S. 174. 175. der Deutschen Uebersetzung. So lese man S. 43. 44. 184. überhaupt das kleine Buch von Anfang bis zu Ende. Der Verfasser hat sich auf eine seltne, Menschenfreundliche Art für dies Volk bemühet; möge die Vorsehung seine ernsten Bemühungen segnen. Vielleicht bringt seine *Rettung der Galen gegen Pinkerton* oder die *Galischen Alterthümer*, die er verspricht, uns auch in dem, was wir über Ossian wünschen, weiter.

Nach Jahrhunderten der Unterdrückung, sind Ossians Galen auch hier noch kenntlich. "Im Ganzen, sagt *Buchanan*,[10] besitzen die westlichen Hebrider, gute natürliche Fähigkeiten, begreifen schneller, und dringen vielleicht tiefer in einen Gegenstand ein, als irgendwo innere Landesbewohner zu thun pflegen. Dies muß daher kommen, weil sie so vielen Umgang mit Leuten von verschiedner Gemüthsstimmung haben, welche ihnen die Schiffahrt täglich zuführt, derentwegen sie vorsichtig, thätig und gefällig werden müssen. Auch setzt sie ihre beständige Gefahr, auf dem Elemente mit welchem sie sich unablässig beschäftigen, in die unumgängliche Nothwendigkeit, zu ihrer Selbsterhaltung, Augen und Sinnen stets wachsam zu erhalten: und diese anhaltende Uebung wird bei ihnen zur festen Gewohnheit, die sich bei jeder Handlung des Lebens an ihnen offenbaret."

"Sie haben eine glückliche Anlage zur Dichtung, [106] wie zur Sing- und Instrumental-Musik, besonders auf beiden *Uists*, wo man nicht bloß studierte, sondern augenblickliche Ergiessungen einer sehr scharfen und beissenden Satyre zu hören bekommt, die durch Mark und Bein dringt und den Stachel sitzen läßt."

"Durch eben diese Gesänge strömt ein zarter weicher Laut tief empfundener Rührung, der die Seele zu herzlichen Gefühlen und Liebe stimmt. Auch vernimmt man wehmüthige Klagen und Jammertöne um verlohrne Geliebten und Freunde: und solche Sänger findet man nicht bloß unter Vornehmen, sondern unter der niedrigsten Volksklasse. Darin übertreffen sie alle alten englischen und schottischen, bis jetzt bekannt gewordene Lieder: so vielen und verdienten Beifall diese auch bei wahren Kennern des Gesanges gefunden haben. Wäre die Galische Sprache bekannt genug, die Meisterstücke ihrer Tonkunst würden allen Schaubühnen, wo Geschmack und Anmuth herrscht, zur Zierde und Bewunderung gereichen."

"Ihre *Luinneags*, und der Einklang aller hineinfallenden Stimmen, sind dem Ohr unaussprechlich angenehm. Auch das Auge wird beschäftigt, wenn man sie im Kreise stehn und Hand und Tuch bewegen sieht. Sing- und Instrumental-Musik sind ihre gesellschaftliche Unterhaltung. An Geschicklichkeit im Tanz übertreffen sie wahrscheinlich alle andern Völkerschaften."

"Die gemeinen Leute sind wundernswürdig schnell in ihren Begriffen. Weiber werden so gute Weber als Männer. Sie lernen diese Kunst in wenig Monathen. Dabei singen sie herzhaft ihre *Jorrams und Luin*[107]*neags*. Eine macht die Hauptstimme, die andern den Chor, der nach jedem Gesetz des Liedes zwei oder dreimal wiederholt wird. Der süsse Laut ihrer Lieder zieht gewöhnlich eine Menge Zuhörer herbei, welche mit in den Chor fallen."

Von Sankt Kilda schreibt er: "Männer und Weiber lieben den Gesang, und haben schöne Stimmen. Ihre natürliche Anlage und Neigung zur Dichtkunst ist

---

10  S. 71-73. 74. 76. 125.

nicht geringer, als die der andern eingebohrnen Hebrider. In ihren Liedern lieben sie Beschreibungen, und beweisen ungemeine Einbildungskraft. Der Gegenstand derselben sind die Reize ihrer Geliebten, und die Heldenthaten der Vogelsteller oder Fischer, wie auch der traurige Tod, welcher sie zwischen Klippen überfällt."

"Wie auf Harris singen die Männer am Ruder, und beleben sich bei der Arbeit durch Wett- und Chorgesang, der zum Schlage den Takt hält." – – Käme diesen armen Galen ein zweiter Fingal wieder: so würde sein Sohn Ossian auch erscheinen. Er sänge nicht mehr, *wozu jener den Ton angab und was die traurige Zeit leider fortsingen mußte*: Untergang der Helden, Unterdrückung, Jammer und Wehmuth. – –

# Friedrich Schiller: [Auszüge aus:] Ueber das Naive [1795].

[66] [...]

Wenn man sich der schönen Natur erinnert, welche die alten *Griechen* um-
gab, wenn man nachdenkt, wie vertraut dieses Volk unter seinem glücklichen
Himmel mit der freyen Natur leben konnte, wie sehr viel näher seine Vorstel-
lungsart, seine Empfindungsweise, seine Sitten der einfältigen Natur lagen,
und welch ein treuer Abdruck derselben seine Dichterwerke sind, so muß die
Bemerkung befremden, daß man so wenige Spuren von dem *sentimentalischen*
Interesse, mit welchem wir Neuere an Naturscenen und an Naturcharaktere
hangen können, bey demselben antrift. Der Grieche ist zwar im höchsten Gra-
de genau, treu, umständlich in Beschreibung derselben, aber doch gerade nicht
mehr und mit keinem vorzüglicheren Herzensantheil, als er es auch in Be-
schrei[67]bung eines Anzuges, eines Schildes, einer Rüstung, eines Hausgerä-
thes oder irgend eines mechanischen Produktes ist. Er scheint, in seiner Liebe
für das Objekt, keinen Unterschied zwischen demjenigen zu machen, was
durch sich selbst und dem was durch die Kunst und durch den menschlichen
Willen ist. Die Natur scheint mehr seinen Verstand und seine Wißbegierde, als
sein moralisches Gefühl zu interessieren; er hängt nicht mit Innigkeit, mit
Empfindsamkeit, mit süsser Wehmuth an derselben, wie wir Neuern. Ja, indem
er sie in ihren einzelnen Erscheinungen personifiziert und vergöttert, und ihre
Wirkungen als Handlungen freyer Wesen darstellt, hebt er die ruhige Noth-
wendigkeit in ihr auf, durch welche sie für uns gerade so anziehend ist. Seine
ungedultige Phantasie führt ihn über sie hinweg zum Drama des menschlichen
Lebens. [...]

Woher wohl dieser verschiedene Geist? Wie kommt es, daß wir, die in al-
lem was Natur ist, von den Alten so unendlich weit übertroffen werden, gerade
hier der Natur in einem höheren Grade huldigen, mit Innigkeit [68] an ihr han-
gen, und selbst die leblose Welt mit der wärmsten Empfindung umfassen kön-
nen? *Daher* kommt es, weil die Natur bey uns aus der Menschheit verschwun-
den ist, und wir sie nur ausserhalb dieser, in der unbeseelten Welt, in ihrer
Wahrheit wieder antreffen. Nicht unsere größere *Naturmäßigkeit*, ganz im Ge-
gentheil die *Naturwidrigkeit* unsrer Verhältnisse, Zustände und Sitten treibt
uns an, dem erwachenden Triebe nach Wahrheit und Simplicität, der, wie die
moralische Anlage, aus welcher er fliesset, unbestechlich und unaustilgbar in

allen menschlichen Herzen liegt, in der physischen Welt eine Befriedigung zu verschaffen, die in der moralischen nicht zu hoffen ist. Deßwegen ist das Gefühl, womit wir an der Natur hangen, dem Gefühle so nahe verwandt, womit wir das entflohene Alter der Kindheit und der kindischen Unschuld beklagen. Unsere Kindheit ist die einzige unverstümmelte Natur, die wir in der kultivirten Menschheit noch antreffen, daher es kein Wunder ist, wenn uns jede Fußstapfe der Natur ausser uns auf unsre Kindheit zurückführt.

Sehr viel anders war es mit den alten Griechen.[1] [69] Bey diesen artete die Kultur nicht so weit aus, daß die Natur darüber verlassen wurde. Der ganze Bau ihres gesellschaftlichen Lebens war auf Empfindungen, nicht auf einem Machwerk der Kunst errichtet; ihre Götterlehre selbst war die Eingebung eines naiven Gefühls, die Geburt einer fröhlichen Einbildungskraft, nicht der grübelnden Vernunft, wie der Kirchenglaube der neuern Nationen; da also der Grieche die Natur in der Menschheit nicht verlohren hatte, so konnte er, ausserhalb dieser, auch nicht von ihr überrascht werden, und kein so dringendes Bedürfniß nach Gegenständen haben, in denen er sie wieder fand. Einig mit sich selbst, und glücklich im Gefühl seiner Menschheit mußte er bey dieser als seinem Maximum stille stehen, und alles andre derselben zu nähern bemüht seyn; wenn *wir*, uneinig mit uns selbst, und unglücklich in unsern Erfahrungen von Menschheit, kein dringenderes Interesse haben, als aus derselben herauszufliehen, und eine so mislungene Form aus unsern Augen zu rücken.

[70] Das Gefühl, von dem hier die Rede ist, ist also nicht das, was die Alten hatten; es ist vielmehr einerley mit demjenigen, welches wir *für die Alten haben*. Sie empfanden natürlich; wir empfinden das natürliche. Es war ohne Zweifel ein ganz anderes Gefühl, was Homers Seele erfüllte, als er seinen göttlichen Sauhirt den Ulysses bewirthen ließ, als was die Seele des jungen Werthers bewegte, da er nach einer lästigen Gesellschaft diesen Gesang las. Unser Gefühl für Natur gleicht der Empfindung des Kranken für die Gesundheit.

[...]

---

1   Aber auch nur bey den Griechen; denn es gehörte gerade eine solche rege Bewegung und eine solche reiche Fülle des menschlichen Lebens dazu, als den Griechen umgab, um Leben auch in das Leblose zu legen, und das Bild der Menschheit mit diesem Eifer zu verfolgen. *Ossians* Menschenwelt z. B. war dürftig und einförmig; das Leblose um ihn her hingegen war groß, kolossalisch, mächtig, drang sich also auf, und behauptete selbst über den Menschen seine Rechte. [69] In den Gesängen dieses Dichters tritt daher die leblose Natur (im Gegensatz gegen den Menschen) noch weit mehr, als Gegenstand der Empfindung hervor. Indessen klagt auch schon Ossian über einen Verfall der Menschheit, und so klein auch bey seinem Volke der Kreis der Kultur und ihrer Verderbnisse war, so war die Erfahrung davon doch gerade lebhaft und eindringlich genug, um den gefühlvollen moralischen Sänger zu dem Leblosen zurückzuscheuchen, und über seine Gesänge jenen elegischen Ton auszugießen, der sie für uns so rührend und anziehend macht.

# Friedrich Schiller: [Auszug aus:]
# Die sentimentalischen Dichter [1795].

[23] [...] Der elegische Dichter sucht die Natur, aber in ihrer Schönheit, nicht bloß in ihrer Annehmlichkeit, in ihrer Uebereinstimmung mit Ideen, nicht bloß in ihrer Nachgiebigkeit gegen das Bedürfniß. Die Trauer über verlorne Freuden, über das der Welt verschwundene goldene Alter, über das entflohene Glück der Jugend, der Liebe u. s. w. kann nur alsdann der Stoff zu einer elegischen Dichtung werden, wenn jene Zustände sinnlichen Friedens zugleich als Gegenstände moralischer Harmonie sich vorstellen lassen. Ich kann deßwegen die Klaggesänge des *Ovid*, die er aus seinem Verbannungsort am *Eurin* anstimmt, wie rührend sie auch sind, und wie viel Dichterisches auch einzelne Stellen haben, im Ganzen nicht wohl als ein poetisches Werk betrachten. Es ist viel zu wenig Energie, viel zu wenig Geist und Adel in seinem Schmerz. Das Bedürfniß, nicht die Begeisterung stieß jene Klagen aus; es athmet darin, wenn gleich keine gemeine Seele, doch die gemeine Stimmung eines edleren Geistes, den sein Schicksal zu Boden drückte. Zwar wenn wir uns erinnern, daß es Rom, und das Rom des Augustus ist, um das er trauert, so verzeyhen wir dem Sohn der Freude seinen Schmerz; aber selbst das herrliche Rom mit allen seinen Glückseligkeiten ist, wenn nicht die Einbildungskraft es erst veredelt, bloß eine endliche Größe, mithin ein unwürdiges Objekt für die Dichtkunst, die erhaben über alles, was die Wirklichkeit aufstellt, nur das Recht hat, um das Unendliche zu trauern.

Der Inhalt der dichterischen Klage kann also niemals ein äußrer, jederzeit nur ein innerer idealischer Gegenstand seyn; selbst wenn sie einen Verlust in der Wirklichkeit [24] betrauert, muß sie ihn erst zu einem idealischen umschaffen. In dieser Reduktion des Beschränkten auf ein Unendliches besteht eigentlich die poetische Behandlung. Der äussere Stoff ist daher an sich selbst immer gleichgültig, weil ihn die Dichtkunst niemals so brauchen kann, wie sie ihn findet, sondern nur durch das, was sie selbst daraus macht, ihm die poetische Würde giebt. Der elegische Dichter sucht die Natur aber als eine Idee und in einer Vollkommenheit, in der sie nie existirt hat, wenn er sie gleich als etwas da gewesenes und nun verlorenes beweint. Wenn uns Ossian von den Tagen erzählt, die nicht mehr sind, und von den Helden, die verschwunden sind, so hat seine Dichtungskraft jene Bilder der Erinnerung längst in Ideale, jene Helden in Götter umgestaltet. Die Erfahrungen eines bestimmten Verlustes haben sich zur Idee der allgemeinen Vergänglichkeit erweitert, und der gerührte Barde, den das Bild des allgegenwärtigen Ruins verfolgt, schwingt sich zum Himmel auf, um dort in dem Sonnenlauf ein Sinnbild des Unvergänglichen zu finden.[1]

[...]

---

[1]    Man lese z. B. das trefliche Gedicht Carthon betitelt.

# [Auszug aus:] [Brief von Karoline von Günderrode an Gunda von Savigny.] H[anau] d 29 August [1801].

[170] [...]

Es ist ein häßlicher Fehler von mir daß ich so leicht in einen Zustand des Nichtempfindens verfallen kann, und ich freue mich über iede Sache die mich aus demselben reist. Gestern las ich Ossians Darthula, und es wirkte so angenehm auf mich; der alte Wunsch einen Heldentod zu sterben ergrif mich mit groser Heftigkeit; unleidlich war es mir noch [171] zu leben, unleidlicher ruhig und gemein zu sterben. Schon oft hatte ich den unweiblichen Wunsch mich in ein wildes Schlachtgetümmel zu werfen, zu sterben, Warum ward ich kein Mann! ich habe keinen Sinn für weibliche Tugenden, für Weiberglükseeligkeit. Nur das Wilde Grose, Glänzende gefällt mir. Es ist ein unseliges aber unverbesserliches Misverhältniß in meiner Seele; und es wird und muß so bleiben, denn ich bin ein Weib, und habe die Begierden wie ein Mann, ohne Männerkraft. Darum bin ich so wechselnd, und so uneins mit mir.

## [Auszug aus:] [Brief von Karoline von Günderrode an Gunda von Savigny.] [Hanau] d 21 [Oktober 1801].

[172] Gunda ich bin ungeduldig übler Laune, kurz ganz häßlich und verunstaltet. Ich muß fast den ganzen Tag am Krankenbette sitzen, und bei einem Kranken dessen Geisteskräfte so abgespannt sind daß man keine einzige erfreuliche Äusserung derselben gewahr wird. Nein ich kann Dir nicht sagen wie ungeduldig ich bin, und wie sehr ich doch dabei diese Ungeduld hasse, ohne sie überwinden zu können. Ich erliege mir selber, ich bin ganz elend innerlich. Rathe, hilf mir, und sage nicht Dein Kaltes *es muß so sein*, oder laß uns wehnigstens dies fatale Thema mit Träumen umspinnen.

Vor einiger Zeit gelang es mir mich in eine schöne erhabne Phantasie Welt zu schwingen, in Ossians halbdunkle Zauberwelt; aber die seligen Träume zerfließen; sie kommen mir vor wie Liebestränke, sie betäuben exaltieren und verrauchen dann, das ist das Elend und die Erbärmlichkeit aller unserer Gefühle; mit den Gedanken ists nicht besser, man überdenkt auch leicht eine Sache bis zur Schalheit. – Ein pigmäisches Zeitalter, ein pigmäisches Geschlecht spielt ietzt, recht gut nach seine[r] Art. –

[...]

# Friedrich Hölderlin: [Auszug aus: Pindar-Fragmente] [1803-1805].

## [384] Das Belebende.

Die männerbezwingende, nachdem
Gelernet die Centauren
Die Gewalt
Des honigsüßen Weines, plözlich trieben
Die weiße Milch mit Händen, den Tisch sie fort, von selbst,
Und aus den silbernen Hörnern trinkend
Bethörten sie sich.

Der Begriff von den Centauren ist wohl der vom Geiste eines Stromes, so fern der Bahn und Gränze macht, mit Gewalt, auf der ursprünglich pfadlosen aufwärtswachsenden Erde.

Sein Bild ist deswegen an Stellen der Natur, wo das Gestade reich an Felsen und Grotten ist, *besonders an Orten, wo ursprünglich der Strom die Kette der Gebirge verlassen* und ihre Richtung queer durchreißen mußte.

Centauren sind deswegen auch ursprünglich Lehrer der Naturwissenschaft, weil sich aus jenem Gesichtspuncte die Natur am besten einsehn läßt.

In solchen Gegenden mußt' ursprünglich der Strom umirren, eh' er sich eine Bahn riß. Dadurch bilden sich, wie an Teichen, feuchte Wiesen, und Höhlen in der Erde für säugende Thiere, und der Centauer war indessen wilder Hirte, dem Odyssäischen Cyklops gleich; die Gewässer suchten sehnend ihre Richtung. Jemehr sich aber von seinen beiden Ufern das troknere fester bildete, und Richtung gewann durch festwurzelnde Bäume, und Gesträuche und den Weinstok, destomehr mußt' auch der Strom, der seine Bewegung von der Gestalt des Ufers annahm, Richtung gewinnen, bis er, von seinem Ursprung an gedrängt, an einer Stelle durchbrach, wo die Berge, die ihn einschlossen, am leichtesten zusammenhiengen.

*So lernten* die Centauren *die Gewalt des honigsüßen Weins*, sie nahmen von dem festgebildeten, bäumereichen Ufer Bewegung und Richtung an, und warfen *die weiße Milch und den Tisch mit Händen weg*, die gestaltete Welle verdrängte die Ruhe des Teichs, auch die Lebensart der Ufer verän[385]derte sich, der Überfall des Waldes, mit den Stürmen und den sicheren Fürsten des Forsts regte das müßige Leben der Haide auf, das stagnirende Gewässer ward so lange zurükgestoßen, vom jäheren Ufer, *bis es Arme gewann*, und so mit eigener Richtung, von selbst *aus silbernen Hörnern trinkend*, sich Bahn machte, eine Bestimmung annahm.

Die Gesänge des Ossian besonders sind wahrhafftige Centaurengesänge, mit dem Stromgeist gesungen, und wie vom griechischen Chiron, der den Achill auch das Saitenspiel gelehrt.

# [Auszüge aus: Brief von Philipp Otto Runge an Ludwig Tieck vom 29. März 1805.]

[258] [...] Von vielem, was ich angefangen, muß ich schweigen, aber eines kann ich Ihnen doch nicht vorenthalten, was mich jetzt am meisten beschäftigt, und woran ich sehr gern denke. Perthes hat mich durch die Bitte, ihm einige Zeichnungen zu einer Uebersetzung des Ossian's von Stolberg zu machen, veranlaßt, das Manuscript zu lesen. Ich hatte nie etwas von Ossian gelesen, es hat mich ganz wunderbar ergriffen, und ich bin so ziemlich dazu fertig, eine vollständige Bearbeitung davon in bildlichen Zusammenstellungen zu machen und es darin als ein großes Ganzes zusammenzufassen. Da das, was ich darin begreife, so einzig darin zu finden und auch so ganz im Zusammenhange mit meinen sonstigen Ahnungen steht, giebt es mir sehr viel Hoffnung. Auch bin ich vorerst über die Ausführung für das Publicum mit Hardorf einig geworden, der sich auf das Radiren gelegt hat. Ich habe zu der Ausgabe des Werkes für Perthes drey Zeichnungen gemacht, die nachher in dem Ganzen mit begriffen werden. Ich habe die sämmtlichen Dichtungen nun öfter gelesen, und die Verhältnisse von den Himmelszeichen zu den Helden springen mir zu deutlich in die Augen, als daß sich [259] nicht gewisse Gestaltungen festhalten ließen, ohne jedoch so bestimmte Gestalten zu werden. Der Hauptzusammenhang besteht also, insofern er bleibend ist, in den Nebensachen.[1] Die Helden sind jung, alt, und oft ganz andre Personen, und doch bezeichnen sie immer dasselbe. Die Hauptbedeutung erhebt sich bloß zu den drey Helden, Fingal, Ossian, und Oscar, ohne sich doch in ihnen allein darstellen zu wollen. Ich habe diese drey zu der Ausgabe als Frontispice gezeichnet: *Oscar* steht in einer niedrigen Gegend auf dem Horizont; der Schild, am Riemen hangend, sinkt ihm von der Schulter und neigt sich zum Rande der sinkenden Sonne, wie der schmale Streif des Mondes; die Spitze seines Speeres ist der Abendstern. Er steht schwankend und tritt mit dem einen Fuß hinter den Horizont, sieht in die Sonne hinab, welche die lezten Strahlen über ihn wirft, und wird bis zum Vorgrund hin abgespiegelt in einem See. – *Ossian* sitzt auf der höchsten Felsenspitze mit der Harfe, zusammengesetzt aus dem Schwerdt Fingal's, Bogen und Horn; das Horn ist die untere Seite und es brauset ein Strom heraus, der sich in eine Schlucht stürzt; Bäume stürzen nach, so wie ein Fels vor Ossian's Fußtritt

---

[1]  Die Meynung scheint uns zu seyn: wird durch die Himmelszeichen und Elementarerscheinungen festgehalten [Anmerkung des Herausgebers].

herab. Ueber ihn der Nordstern, und da er mit der Rechten zum Schilde greift, so steht er mit Schild und Harfe wie zwischen Himmel und Erde; er hat die jugendliche Jagd verlassen und sein Stern ersteht ihm nur in der Hoffnung. – *Fingal's* Schild ist die Sonne; er tritt mit dem Fuß auf's Land, die Rehe fahren aus dem Gebüsch.

[...]

[263] [...] Es kommen nun in der Ausführung Dinge vor, wie die Bekleidung u. s. w. Da die Gestalten immer wechseln, so ist es durch diese äußerlichen Zeichen allein möglich, sie festzuhalten, und die würden denn bleibend und kenntlich aus einem festen Princip durchgeführt. Das Ganze fällt auch hier in vier Theile, in Morven, Lochlin, die Inseln, und Erin. Die Schilde von Morven wären rund, die von Lochlin viereckt, von den Inseln geflochten; so im Verhältniß die Bekleidung, Helme, Schwerdter; alles dieses schmilzt nun durch Variationen wohl ineinander, doch kann kein völliger Uebergang eintreten. – Ich hoffe mich bey dieser Arbeit so einrichten zu können, daß ich nicht vom Mahlen abkomme; halte auch dafür, daß ich, ohne die Geschichten auszulöschen oder zu entstellen, sie eben in diesem Zusammenhange deutlicher herausarbeiten werde. [...]

# [Auszug aus: Brief von Philipp Otto Runge an Johann Gottfried Quistorp vom 3. Mai 1805.]

[264] [...] Mir kann oft recht himmlisch zu Muthe werden, wenn mir etwas auszuführen gelingt, wovon ich sonst wohl schon die Ahnung gehabt, und innere und äußere Umstände arbeiten sich für mich immer mehr zu einer lebendigen umfassenden Ansicht aus. Vorzüglich habe ich mein Augenmerk auf eine Bearbeitung, und einfache, durch unsre Kunst versinnlichte Darstellung des Zusammenhanges in dem Ganzen der Gedichte Ossian's gerichtet. Es ist dieses Ganze von mir ziemlich durchgearbeitet, und ich glaube, die äußere Gestaltung der inneren geistigen Erlebungen, die in diesen Gedichten zum Grunde lieget, würde, zusammenhangend und mit Liebe an den Tag gebracht, der Neigung, die immer zu diesen Gedichten vorgewaltet hat, eine recht wohlthätige freudige Wendung geben; man würde lernen, durch die tragischen Begebenheiten der Zeit hindurch zu der hohen freudigen Empfindung Ossian's zu gelangen. – Uebrigens auch scheinen mir alle Ereignisse und Empfindungen, die sich mir zu Darstel[265]lungen darbieten, mich immer mehr dahin zu führen, die Erfüllung von der Ahnung Pauli deutlicher sehen zu lassen, "daß auch alle Creatur frey werden wird von dem Dienste des vergänglichen Wesens, denn nicht allein wir, sondern auch sie sehnt sich noch immer nach der Erlösung." (Röm. VIII.) Diese Hoffnung ist nun keine gewisse Erkenntniß, denn sonst wäre Hoffnung, wie der Apostel auch bemerkt, nicht Hoffnung; jedoch will es mir deutlich werden, daß, wenn, wie im Orient den Menschen der Erlöser geboren wurde, so im Occident in den einfachen Elementen der Natur dem Geiste einer Nation die Hoffnung eines ewigen gestaltlosen Wesens in der Halle des Ruhmes aufging, dieses wie ein leiser Spiegel ist, und Ahnung der Welt selbst, von dem Geiste, der über sie gekommen. So auch, wenn im Menschen der Geist der Liebe erweckt ist, und durch ihn und in ihm Gottes Wunder erscheinen in der unsichtbaren Welt, tritt die äußere Welt wie ein Spiegel dieser innern Herrlichkeit vor ihm auf, und er kann und will nur dies einige herrliche Bild lieben und in allen Wesen erkennen; so löset sich zulezt in ihm die Creatur auf zum Wesen, und die Gestalten seiner Gedanken, die er als vergängliches Ding einschlingt in den Abgrund seines liebenden Wesens, und sich selbst aufgiebt in Gott, sind so ihm ein Würken der Bescheidenheit, daß er auch alle natürlichen Erkenntnisse versenket in die ewige, und die Wahrheit nur in Gott findet. – Verzeihen Sie meine Undeutlichkeit und daß ich überhaupt jetzt so etwas habe schreiben wollen –.

# Philipp Otto Runge: [Ossian
(an Friedrich Leopold Graf zu Stolberg)] [1805].

[260] [...]
Diese drey Gestalten müßten, damit sie so wie ich es wünschte verstanden
würden, dorthin gestellt werden, wo Oscar aus dem Kriege von Inisthona zu-
rückkommt, da, wo in der Reihefolge der Gedichte die *Lieder von Selma* vor-
kommen. Sie sollten nach meiner Meynung die vorhergehenden Gedichte in
drey große Abschnitte theilen; so daß bey einer vorzunehmenden Bearbeitung
des Ossian's in dieser Art, da die nachfolgenden Gedichte sich auch wieder in
drey Abschnitte theilten, das Ganze in sechs Abtheilungen (Hefte) zerfiele.
Nachdem ich mir einen schriftlichen Auszug von den Bildern gemacht
habe, durch alle Gedichte Ossian's, welche und wie viele Darstellungen erfor-
derlich wären, um in einem Cyklus jedes Gedicht zusammenhangend mit dem
Ganzen zu versinnlichen, sehe ich, daß ein schöner einfacher Plan darin liegen
und auch durchgeführt werden kann. Diesen wollte ich vorerst nur in einem
kürzeren Auszuge darzustellen suchen. Die drey Theile der ersten Hälfte wür-
den sich schließen mit den Liedern von Selma, oder mit diesen drey Bildern,
wo die Geister dieser drey Helden sich erheben; und jede Abtheilung würde
enthalten, als:

1. Cathloda.
   Comala.          In diesen bildet und offenbart sich der Geist und
   Carricthura.     die Gesinnung Fingal's.
   Carthon.

2. Oinamorul.
   Colnadona.
   Oithona.         in welchen Ossian's Geist und Bildung
   Croma.           vollendet wird.
   Calthon und Colmal.

3. [261] Der Krieg mit Caros.    wo am Ende Ossian jauchzend
   Cathlin von Clutha.           sich erhebt über Oscar, den Fin-
   Sulmalla von Lumon.           gal begrüßt hat und der mit dem
   Der Krieg von Inisthona.      Schwerdt aufgetreten ist.

1. Fingal's Siege sind in (oder über) Lochlin, und er steigt mit der Sonne von *Osten* herauf.
2. Ossian's Siege sind in den Inseln (meistens im *Norden*)[,] und er wählt sich Concathlin (den Nordstern) zum Zeichen.
3. Oscar schlägt den Feind am Lego-See, und steht wie der Abendstern im *Westen.*

(So stehen die drey Helden in meiner Ahnung, wie hier vor den Augen des Beschauers, und treten uns in den *Liedern von Selma* so vor die Seele. Nun erheben sie sich zum Kampf.)

Fingal's Schild ist die Sonne; er kommt, Trenmor's Gedanken zu erfüllen; jeder Tritt ist mit Thaten bezeichnet und jeder Streich seines Schwerdtes entscheidend.

Oscar folgt dem Fingal, ihn beschauend mit kindlichem Gemüth, und steht oft wie der Abendstern oder der schmale Rand des Mondes über der sinkenden Sonne, wenn Fingal ruht auf Trenmor's braunem Schild.

Ossian greift fast mehr zur Harfe wie zum Schwerdt. In seinem Geiste wogt der gewaltige Thatenstrudel der Söhne von Selma wie ein ganzes Gebild; daran erhebt er sich über die Hügel der Gefallenen mit der tönenden Harfe.

Wie Oscar sich beschauet, und folgt den gewaltigen Thaten Fingal's – so wird Ossian von dem wundergroßen Zusammenhange der Unendlichkeit ergriffen und er strömet ihn aus in Gesang, brausend wie Trenmor im Wirbelwinde sein Geschlecht heimsucht auf den Hügeln Morven's; singend in der Hitze des Mittags.

Die Siege Trenmor's waren gegen die überfluthenden Weltkönige, die Römer,[1] gegen *Süden*, und so ist ein wunderschönes Spiegeln und Flimmern in den Beschauen dieser vier Gestalten, und aus ihrem Verhältniß zu einander.

[262] Wie die Sonne langsam schreitet in ihrer Kraft, und der Mond ein lieblicher Bote ist, von ihr ausgehend und zu ihr kehrend, so ist Ossian's Geist schicklich zu vergleichen dem reinen menschlichen Geist, der diesen Boten empfängt.

Auf diese Art eingetheilt würden die drey Gestalten am Ende der drey ersten Abtheilungen, in welchen die drey Helden, Vater, Sohn und Enkel, sich erheben, erforderlich seyn.

In der zweyten Hälfte werden diese Gestalten aufgelöset, und höher bedeutende, diesen analoge Bilder würden hier die drey lezten Abtheilungen schließen.

Wenn in dem Gedichte *Fingal* sich die Söhne von Selma zum Kampf erheben, Fingal das Panier hoch und groß wie der umwölbende Himmel wehen

---

1    Die Gründe, aus welchen die Kritik später die Annahme Macpherson's, daß die Römer in diesen Gedichten vorkämen, und ein so hohes Alter derselben, widerlegt hat, waren unserm Verf. natürlich noch unbekannt [Anmerkung des Herausgebers].

läßt, die Schlacht in ihrem Wirbel Erin und Lochlin verschlingt, Fingal ringend mit Swaran, die Sehnenkraft in einander geschmiegt, durch den Kampf ihn in seine Gewalt verschmilzt, da, wo Swaran den Stein aufrichtet, Fingal sagt: "*Heute* ist unser Ruhm am größten..." das ist der Ruhm in Trenmor's Halle, der besteht, wann selbst die Sonne vergeht; so verklärt oder offenbart sich der Geist Trenmor's (und ein Fleck, der dennoch bey einer solchen Offenbarung in das Wesen Trenmor's kommen muß, ist der Ueberfall Lathmon's vor Selma während dieser Schlacht).

Auf gleiche Weise offenbart oder verklärt sich Fingal's Geist und Wesen in dem Gedicht *Temora*.

Und im Gedichte *Berrathon* der Geist Ossian's.

Ich wüßte mich nicht besser zu erklären über das Ganze als so: Wenn ich den Zusammenhang in der ersten Hälfte so bezeichne:

| *Fingal.* | *Oscar.* | *Ossian.* |
|---|---|---|
| Sonne. | Mond. | Erde. |
| gebend. | bringend. | empfangend. |

so ist hier in der zweyten Hälfte das Verhältniß auf ähnliche Art:

| *Trenmor.* | *Fingal.* | *Ossian.* |
|---|---|---|
| Licht. | Strahl. | Raum. |

Wenn die Sonne angesehen wird wie das Wort des Wesens, *des* Ruhms, der bleiben wird, wenn auch die Sonne vergeht, so ist es belebend gerichtet zum unendlichen Raum, und in sofern erscheint hier die *Sonne* wie der Bote, oder wie der Mond in einer höheren Potenz, der einst wieder verschlungen wird in den Abgrund der ewigen Liebe.

[263] Das, was vergeht, ist die Jugend, die Gestalt, die Kraft, kurz *Oscar*, und über dieses alles erhebt sich zuletzt Ossian's Geist, und es ist, als wollte in ihm die ganze irdische Gestalt mit der Erde selbst sich auflösen in den alles umspannenden tönenden Raum, der den Lichtstrahl lebendig zu empfangen allein im Stande ist.

Eben wegen dieser Auflösung aller Form läßt sich die lezte Hälfte nicht so in Gestalten zusammenfassen, wie hier die erste; eben weil diese vergangen sind. Es können allenfalls componirte geistige Gegeneinanderstellungen seyn, die durch alles Vorhergehende sich selbst bilden, und wobey ich nichts zu thun hätte, als sie zur Anschauung zu bringen; Bilder, die zulezt, um schließen zu können, erforderlich, und deren Darstellung deswegen nur möglich wäre, un-möglich aber als auf sich beruhende Gestalten, wie die drey zu der ersten Hälf-te, sondern Auflösungen von diesen.

Nachdem so das Ganze durchgeführt wäre, würde es erst möglich seyn, ohne sich in's Unendliche zu verlieren, aus jedem Gedichte ein Ganzes für sich in einem Cyklus zu bilden. – [...]

# [Auszug aus: Brief von Philipp Otto Runge an Ludwig Tieck vom 18. August 1807.]

[265] [...] Ich bin mit meinen Gedanken nicht von [266] Ihnen gewesen, liebster Freund, wohl aber manchmal böse; das waren aber meine Gedanken von Ihnen: Ich habe vor zwey Jahren recht wunderbare Gestalten gesehen, wie ich zuerst den Ossian las und mich dünkte damals, ich würde es alles machen können: es ist mir einerley, wie Sie über den Ossian denken; wenn ich es Ihnen einmal zeigen könnte, welche herrliche Gestalten mir darin aufgegangen, und das würde ich, könnte ich nur bey Ihnen seyn, so würden Sie mich verstehen. Es ist einerley, ob ich es nun so darstelle, oder auf eine andre Art; genug, wenn ich bey der Arbeit bleibe, kommt es doch heraus. – Könnte ich nur Menschen finden, die fähig wären zu sehen, wie es blitzt und sich spiegelt in der Welt von unendlichem Leben und Klarheit, sie müßten alle mahlen lernen, und so, wie es noch nicht geschehen ist.

# [XVI] Ludwig Uhland: Über das Romantische [1807].[1]

Das Unendliche umgibt den Menschen, das Geheimnis der Gottheit und der Welt. Was er selbst war, ist und sein wird, ist ihm verhüllt. Süß und furchtbar sind diese Geheimnisse.

Hier zieht sich um sein einsames Schiff das unermeßliche Weltmeer; er zittert vor dem dumpfen Brausen, das ihm Sturm dräut. Und wenn er auch das Land erreicht, ist er sicher, daß nicht der Ozean, der die Feste rings umgürtet, mächtig hereinwoge und sie mit ihm verschlinge?

Dort hebt sich über ihm und dem Irdischen der heilige Äther. Der Gedanke will sich in diesen reichen Sternenhimmel mit seinen kalten, inhaltlosen Dreiecken heben. Die reellen Seelenkräfte langen mit unendlicher Sehnsucht in die unendliche Ferne. Der Geist des Menschen aber, wohl fühlend, daß er nie das Unendliche in voller Klarheit in sich auffassen wird, und müde des unbestimmt schweifenden Verlangens, knüpft bald seine Sehnsucht an irdische Bilder, in denen ihm doch ein Blick des Überirdischen aufzudämmern scheint; mit liebender Andacht wird er solche Bilder umfassen, ihren geheimsten Mahnungen lauschen, wie Maria den Gott in Kindesgestalt am Busen wiegte; sie erscheinen ihm wie Engel, freundlich grüßend, aber zugleich mit dem Fittich, auf dem sie sich immer in das Unendliche aufschwingen können.

Aber auch jene furchtbare Welt sendet uns ihre Gestalten, die schaurigen Nachtgeister; bedeutende Stimmen hören wir aus der Finsternis. Fast in jedem Bilde, das ein Geheimnis andeutet, glauben wir gerade eines jener großen Geheimnisse zu ahnen, nach denen unser Sinn, mit oder ohne Bewußtsein, immer sich hinneigt.

Dies mystische Erscheinen unseres tiefsten Gemütes im Bilde, dies Hervortreten der Weltgeister, diese Menschwerdung des Göttlichen, mit *einem* Worte: dies Ahnen des Unendlichen in den Anschauungen ist das Romantische.

Die Griechen, in einem schönen, genußreichen Erdstriche wohnend, von Natur heiter, umdrängt von einem glänzenden, tatenvollen Leben, mehr äußerlich als innerlich lebend, überall nach Begrenzung und Befriedigung trachtend, kannten und nährten nicht jene dämmernde Sehnsucht nach dem Unendlichen. Ihre Philosophen suchten es in lichten Systemen aufzufassen, ihre [XVII]

---

[1]  Verf. dieses, den seine noch sehr mangelhafte Bekanntschaft mit den Kunstwerken der romantischen Poesie gegen seine eigenen Ansichten mißtrauisch macht, will die letzteren hier den Kundigen zur Prüfung vorlegen.

Dichter stellten jeder innern Regung des Höheren äußerlich eine helle, mit kräftigen Umrissen abgestochene, mit bezeichnenden Attributen ausgerüstete Göttergestalt entgegen. Ihr Olymp stand in lichter Sonne da, jeder Gott, jede Göttin ließ sich klar darauf erblicken.

Einzelne Erscheinungen in der griechischen Poesie sind vielleicht mehr für uns romantisch, als sie es für die Griechen selbst waren.

Der Sohn des Nordens, den seine minder glänzenden Umgebungen nicht so ganz hinreißen mochten, stieg in sich hinab. Wenn er tiefer in sein Inneres schaute als der Grieche, so sah er eben darum nicht so klar. Seine Natur lag halb in den Wolken. Daher waren seine Götter ungeheure Wolkengestalten, ossianische Nebelgebilde; er wußte von Meerfeien, die aus der blauen, unendlichen See auftauchten, von Elfen, Zwergen, Zauberern, die alle mit seltsamer Kunde aus der Tiefe der Natur hervortraten. Er verehrte seine Götter in unscheinbaren Steinen, in wilden Eichenhainen; aber um diese Steine bewegte sich der Kreis des Unsichtbaren, durch diese Eichen wehte der Odem der Himmlischen.

So finden wir uns mitten in dem Begriffe des Romantischen, wie er oben angegeben worden.

Wie der romantische Sinn der gotischen Stämme sich mit ihnen in verschiedene Länder verbreitete oder mit der Romantik anderer Völker zusammentraf, wie das Romantische sich in verschiedenen Gegenden verschieden gestaltete, und so manches andere sind wichtige Gegenstände historischer Untersuchung. Auch möchte es nicht unerheblich sein, zu entwickeln, wie sich das Wort 'romantisch' von seiner nationalen Beziehung zum Kunstbegriff erweiterte. Hier nur noch von einigen Hauptmomenten der Romantik, und zwar zuerst von dem romantischen Christentum und der romantischen Liebe.

Das Christentum trat auf mit erhabenen Lehrworten aus dem Reiche der Unendlichkeit. Seine Nachfolger ergriffen zu diesen Worten die Bilder, als da sind das Kreuz, das Abendmahl (daher in der Folge die Romane vom Gral) u. s. f.; sie bestaunten die Wirkungen der Religion in den Heiligen, diesen Wundergestalten mit dem Scheine des Himmels um das Haupt. Die Wallfahrten, die Kreuzzüge waren eine Folge des Glaubens an die Heiligkeit gewisser Gegenstände und Gegenden: des Grabes Jesu, der Stadt Jerusalem, des ganzen Gelobten Landes. Das Christentum ist ein viel umfassender Gegenstand der Romantik, aber wohl nicht die Mutter derselben. Schon [XVIII] in den alten nordischen Götter- und Heldensagen herrscht der romantische Sinn.

Der Geist der romantischen Liebe (Minne) ist dieser: durch die Bande der Natur und des Charakters an das Weib gezogen, glaubt der Mann in der himmlischen Gestalt seinen Himmel zu finden; des Weibes kindliche Einfalt ist ihm die Kindheit einer höhern Welt. Er legt hinter die schöne Hülle das Ziel von all seinem Sehnen, seine ganze Unendlichkeit. Daher die Anbetung, mit der er vor der Geliebten kniet. Ihr Rosenantlitz erscheint ihm in Verklärung, aus ihren

Augen leuchtet ihm der Himmel mächtig hervor. Jedes leise Zeichen der Huld ist ihm Segen aus der Höhe, jede zarte Rede ist ihm Offenbarung. Was daran Schein sei, was Wahrheit, wer will es ergründen? Religion und Minne sind es, für die der Helden Kraft rang und strebte. Religiosität, Minne und Tapferkeit machen den Geist der Ritterwelt aus. Es gibt romantische Charaktere, d. h. solche, die der romantische Glaube ganz ergriffen hat und Motiv ihrer Gesinnungen und Handlungen wird: Mönche, Nonnen, Kreuzritter, Ritter des Grals u. s. f., wie überhaupt alle die poetischen Ritter und Frauen des Mittelalters.

Auch die Natur hat ihre Romantik. Blumen, Regenbogen, Morgen- und Abendrot, Wolkenbilder, Mondnacht, Gebirge, Ströme, Klüfte usw. lassen uns teils in lieblichen Bildern einen zarten, geheimen Sinn ahnen, teils erfüllen sie uns mit wunderbarem Schauer.

Manche Naturerscheinungen, Orkane, Gewitter, stürmen zu rauh herein, sprechen ihren Sinn zu laut aus, übertreiben zu sehr die Ahnung durch Schrekken, um noch romantisch zu sein. Doch können sie es werden, wenn sie, mehr untergeordnet, etwa in einer Handlung als Vorbedeutung eintreten.

Eine Gegend ist romantisch, wo Geister wandeln, mögen sie uns an vergangene Zeiten mahnen oder sonst in geheimer Geschäftigkeit sich um uns her bewegen. Wir stehen noch außer dem Reigen der luftigen Elfen, die nach der nordischen Sage nur der sieht, der innerhalb ihres Kreises steht; aber wir fühlen ihre wehende Bewegung, wir hören ihre flüsternden Stimmen.

Die Romantik ist nicht bloß ein phantastischer Wahn des Mittelalters; sie ist hohe, ewige Poesie, die im Bilde darstellt, was Worte dürftig oder nimmer aussprechen, sie ist das Buch seltsamer Zauberbilder, die uns im Verkehr erhalten mit der dunkeln Geisterwelt; sie ist der schimmernde Regenbogen, die [XIX] Brücke der Götter, worauf, nach der Edda, sie zu den Sterblichen herab und die Auserwählten zu ihnen emporsteigen. Hat denn stets der absprechende Unglaube der neuen Zeit bessern Grund als der verrufene Aberglauben der Alten?

Auch hat der beständige Umgang mit dem Wunderbaren, das von allen Seiten über uns hereinhängt, so vielen den Sinn dafür benommen. Sie haben es verwechselt mit ihrer Gemeinheit, und wem noch der höhere Blick geblieben, den nennen sie Schwärmer.

Nun so laßt uns Schwärmer heißen und gläubig eingehen in das große romantische Wunderreich, wo das Göttliche in tausend verklärten Gestalten umherwandelt!

# Johann Caspar Velthusen: [Auszüge aus:] Merklicher Einfluß portugiesischer und spanischer Juden, Chaldäer und Hebräer [...] auf die feinere Bildung des Barden Ossian [1807].

## [2*] Drey Stimmen Deutscher Männer aus Ossians Gruft im Thal Josaphat bey Neuyork. Fragment eines Schottischen Duans.

### I.
Wie lang zerfleischt mit eigner Hand
Germanien seine Eingeweide?

### 2.
Zu welchem Wechsel ist der Völker Glück verdammet?
Ein rauh verachtet Volk, das edler Muth entflammet,
Macht sich der Erde fürchterlich,
Wird üppig und entkräftet sich,
Und fällt, nach kurzgenoßnem Glücke,
Schnell in sein erstes Nichts zurücke.

### 3.
O Deutschland! Deutschland! reiß die Binde –
Die Augenblende – reiß sie ab;
Und mache dich nicht selbst zum Kinde!
Und stürze dich nicht selbst ins Grab!

[115] [...]
Die Herausgeber des *Ossians* und seine Ausleger streiten sich darüber, ob er den *Irländern*, oder den *Hochländern* angehöre? Man denke sich den ganzen Strich vom nordöstlichen Irland, als der alten *Schotteninsel*, mit Inbegriff der westlichen Inseln und westlichen Küsten Schottlands. Alsdann wird man sich nicht mehr wundern, wenn zur Zeit des *Caracalla*, dessen *verunstalteten Namen Caracul* die besten Ausleger in Ossians Gedichten antreffen, Personen vorkommen, die *keine Druiden mehr* sind, und doch *auch noch keine Christen*

zu seyn scheinen. Sie stehen, wie die *Juden* an den Höfen in Spanien, (nach dem *Salomo ben Virga*,) als *Sänger* und *Virtuosen* in der *Musik*, besonders *als aus einem fernen Lande gekommene Hymnensänger*, in Achtung. Ihr Name ist [116] *Culdee*, im Pluralis *Chuldich*; (ausgesprochen *Coldi* oder *Coldei* und im Pluralis *Colditsch* oder gallisch *Coldiesch*, jüdisch *gezischt*, anstatt *Coldies* oder *Couldees*;) und gaben den *lateinischen* Chronikenschreibern durch ihren *Namensklang* Anlaß zu der Uebersetzung durch *colidei*. (*S. Johnson, Dictionary. Culdees: colidei, lat. Monks in Scotland.*) Es schienen also diese *Chaldaei uralte jüdische Anachoreten oder Eremiten von der chaldäischen Zunge* gewesen zu seyn. Aus der *fast handgreiflichen* Erzeugung gewisser Beschreibungen im Ossian (z. E. der in mehrern Ausdrücken mit dem *19ten* und *102ten Psalm* fast buchstäblich übereinstimmenden Schilderung der Sonne, und *frappanten Tonklängen* aus *Davids Elegie* auf Jonathan, hauptsächlich aber aus dem *Hohenliede*,) aus Stellen der *hebräischen* Bibel, wird es wahrscheinlich, daß die Barden, auf Lieder *hebräischer* Anachoreten oder Eremiten horchend, sich unvermerkt, vielleicht *ohne ihr Bewußtseyn*, Gedanken und Empfindungen *lebendig eingeprägt* haben, die hernach, mit den rohern [117] kriegerischen blutschnaubenden Bardenbegeisterungen zusammenfliessend, so *etwas Contrastirendes* hervorbrachten, als jetzt in den Gedichten Ossians sichtbar ist, und ohne jene Voraussetzung fast unbegreiflich bleiben würde.

[...]
[205] [...]
Mir deucht, *Ich wenigstens* kann, ohne meinen *Verstand* zu verleugnen, bey so zahllosen sich aufdrängenden *Harmonien*, mir es nicht anders als *moralisch unmöglich* vorstellen, daß der blinde Ossian, – oder sein chaldäischer Freund, – oder irgend ein die alten Bardenlieder verschönernder schottischer Mönch auf einer der irländischen oder hochländischen Matroseninseln, – oder selbst Macpherson beym Uebertragen der Fragmente jener Duans aus dem *Erßischen* oder *Herßischen* Dialect ins Englische, – so *lebendig* mit den im *Hebräischen* dem *Ohr* sich darbietenden *Klangtönen* israelitischer Hymnen übereinstimmend diesen Ossianischen Gesängen ihre jetzige Form hätte geben können, wenn nicht auf jeden Fall der *hebräische klingende Text* unsrer Judenbibel *Quelle* war. Ist aber dies, so muß der *Geist der hebräischen Poesie* – und der [206] *hebräischen Allegoriensprache* – sehr früh im *Schottendistrict Unsterblichkeitsbilder* verbreitet, und vermittelst derselben den *Emporschwung* der Seelen über dies enge Häuschen, das unsre Hülle einst einschließt, hinauf zu Gott befördert haben. Pred. Sal. 12, 7. I.

[...]

# [Auszug aus:] Brief von Achim von Arnim an Clemens Brentano. Heidelberg, den 6. Februar 1808.

[491] [...] Eine Erläuterung aus der Englischen Literaturgeschichte möchte ich hinzufügen, wenn mir nicht mehrere Namen vergessen wären. Nirgends ist die Nachahmung der alten Romanzen weiter getrieben, es ist einer, ich habe drin gelesen, der hat seine Arbeiten wohl zwanzig Jahre für alt auch bey den gelehrtesten Kennern ausgegeben, aber unter allem diesem nachgemachten Alterthume ist nie etwas erschienen, was den Geist der Zeit so lebendig berührt hat wie Macpherson mit seiner Neumachung der alten Gedichte, das geht so weit, daß man jezt kaum die alten sehr merkwürdigen Fragmente lesen mag, die jetzt unverändert erscheinen. [...]

# [I*] Franz Wilhelm Jung: Vorerinnerung [zu *Ossian's Gedichten*] [1808].

In jenen so glücklichen Jahren, worin noch die Fantasie dem jugendlichen Geiste das Höchste des Lebens und der Kunst darbietet, und das Herz noch so warm und fromm empfindet, war *Ossian*, nach *Klopstock*, lange Zeit mein Lieblingsdichter. Wer mit beiden vertraut ist, wird beides begreifen.

Um seine Schönheiten desto tiefer zu fühlen, übersezte ich mir ihn in's Deutsche: denn von welcher Sprache wird es so stark und innig ergriffen, als von der Muttersprache?

[II] Späterhin war ich gesonnen, meine Arbeit dem Drucke zu übergeben; aber als Herr *Gräter* sich äusserte, er beschäftige sich mit einer Verdeutschung Ossian's, unmittelbar aus dem Gaelischen, trat ich bescheiden zurück: denn ich kann nur Englisch. Er hatte schon damals gezeiget, was er zu leisten vermöge; desto mehr Beweggrund für mich, seine Uebersetzung erst abzuwarten.

Doch, Herr *Gräter* gab seinen Plan wieder auf, und dies bestimmte mich endlich, nach vielen Jahren, zu der Ausführung des meinigen. Wirklich war schon mein Manuskript nicht mehr in meinen Händen, als ich erfuhr, Herr *Ahlwardt* in Helmstädt werde nächstens seine Uebersezzung Ossian's, ebenfalls unmittelbar aus der Ursprache, erscheinen lassen.

[III] Halb entschlossen, auch diesmal zurückzutreten, kam mir die vorausgeschickte Probe derselben zu Gesichte. Aber gerade sie, verbunden mit ihrer Einleitung, überzeugte mich, dass wohl die meinige recht gut neben ihr bestehen könne: ich will nicht sagen, in Absicht ihres inneren Werthes, über welchen am allerwenigsten mir ein Urtheil zukommt, sondern in Absicht ihrer grössern oder geringern Annäherung an das Original.

Wer kennet jetzo dies Original, mit streng diplomatischer Gewissheit?

Beinahe ein halbes Jahrhundert ist verflossen, seitdem *Macpherson* die von ihm entdeckten Gedichte *Ossian's* durch seine englische Uebersetzung, und sogar durch einen Theil der Urschrift, bekannt machte. Aber [IV] die Engländer, aus Zweifelsucht, mitunter auch aus Nazionalhass, beschränkten ihren Antheil an dieser ganz ausserordentlichen Erscheinung grösstentheils auf einen müssigen und eitelen Streit über ihre Echtheit; und noch bis auf diese Stunde sind sie ziemlich gleichgültig gegen die Gedichte selbst. Somit ist aber schon längst der eigentliche Augenblick einer vollständigen und fruchtbaren Untersuchung ungenüzt verstrichen, und schwerlich kommt er jemals wieder. Es ist

so beklagenswerth als unbegreiflich, dass die Engländer, und vollends die
Schottländer, statt jener trägen Rechthaberei, sich, in weiserem Eifer, nicht
weit früher mit einem gründlichen Studium der noch immer nicht hinlänglich
bekannten gaelischen Sprache, und mit [V] der sorgfältigsten Nachspürung
und Vergleichung der ossian'schen Gedichte beschäftiget haben. Wären sie nur
halb so thätig gewesen für den Dichter ihres Landes, als für die literarischen
Schätze Ostindiens, hätten sie unverzüglich, an Ort und Stelle, die seinigen
zum Gegenstande ihrer emsigsten Bemühungen gemacht, die noch fehlenden
aufgesucht, die Lücken möglichst ergänzet, das Gesammte kritisch bearbeitet –
wir besässen jetzo vermuthlich einen der vorzüglichsten, die Menschheit am
reinsten und innigsten aussprechenden Dichter ganz vollständig; wir schweb-
ten wenigstens über einzelne Lesearten desselben nicht in solchen, von keiner
Zeit mehr zu lösenden Zweifeln.

Denn seit der Entdeckung und Bekanntmachung der ossian'schen Ge[VI]-
dichte, sind, in der ganzen bürgerlichen und menschlichen Lage der Hochlän-
der, schon so erstaunlich grosse Veränderungen vorgegangen; man hatte schon
damals, von Seiten der Regierung, mitunter so gewaltsame Maasregeln ergrif-
fen, ihre Nazionalität möglichst zu verwischen, um auch ihnen dafür jene
Flachheit zu geben, durch welche alle übrigen Völker Europens, in abgeschlif-
fener Karakterlosigkeit, im Rennen nach Genuss, in dadurch aufgehezter Ge-
winnsucht, und in dumpfer Gleichgültigkeit gegen unabhängige Selbstäusse-
rung, einander täglich ähnlicher werden, und so den wilden, starren Sinn jener
kräftigen, und dabei so kindlich guten Naturmenschen geschmeidiger zu ma-
chen; die vielen kleinen Häupter derselben sind nicht [VII] mehr was sie ehe-
mals waren: sie haben der Nothwendigkeit, und mehr noch der allgemeinen
Verfeinerung nachgegeben; ihre alten, herrlichen Nazionalgesänge sind nicht
mehr ihre höchste patriotische Ergötzung an Festtagen, sie bewahren sie nicht
mehr mit gewissenhafter Treue für die Nachwelt; die vormaligen Sitten, Ge-
wohnheiten und Gebräuche weichen allmählig den neuen und sehr entgegen-
gesezten Bedürfnissen unseres Zeitalters; Ackerbau, Manufakturen und Han-
del, mit ihrem Gefolge, dringen immer tiefer und vorherrschender ein in ihre
rauhen Gebirge; die Rhapsoden *Ossian's* haben sich verloren. So erlöschen
nothwendig die poetischen Ueberlieferungen in dem Gedächtniss, und der
poetische Sinn in dem Gemüth.

[VIII] Ich will die so heftig angegriffenen Lesearten *Macpherson's* nicht
überall und nicht unbedingt vertheidigen. Es kann allerdings seyn, dass er hier
und da manches besser auszuründen, dass er überhaupt seine Urschrift hier und
da zu verschönern gesucht, ja, dass er sogar das Innere mancher Gedichte,
zwar immer mit ossian'schen Materialien, aber doch mehr oder weniger nach
Gutdünken, zusammen gesezt: so ungefähr, wie vielleicht *Pisistratus* die aus
dem Munde der Rhapsoden gesammelten Dichtungen *Homer's*. Es *kann* seyn,
aber durch was wird es uns *bewiesen*? Welches sind bestimmt die Grenzen und

die Stellen? Und wer, im Gegentheile, giebt uns Zuverlässigkeit, dass diejeni-
gen Ueberlieferungen und Handschriften, welche [IX] die schottische hochlän-
dische Gesellschaft noch vorgefunden, und zu ihrer Uebersetzung benützet hat
– Wort für Wort von *Ossian* herrühren?

In dem Munde des Volks, und selbst derjenigen, die es sich eigens zum
Geschäfte machen, Volksgedichte herzusagen oder abzusingen, verändern sie
sich allmählig, wie man an unsern eigenen leicht bemerken kann. Noch weit
mehr kann dieses der Fall seyn, wenn noch keine Druckerei dagegen sichert,
und selbst das Volk, durch eine abgelenkte Richtung seiner Beschäftigungen,
seiner Genüsse und seines Geschmackes, nicht mehr den vormaligen Werth
auf sie legt.

In der grossen Ungewissheit, wie viel *Macpherson* in den Gedichten *Os-
sian's* wirklich verändert habe, oder wie viel, im Gegentheile, seit [X] seinen
Bemühungen, durch die Unachtsamkeit Anderer, darin vernachlässigt, oder
durch ihre Willkühr verworfen oder eingeschoben worden, ist es so befrem-
dend als schmerzlich, die Behauptung aufgestellet zu sehn, seine Uebersetzung
wimmele von albernen Zusätzen, von Weglassungen, von Verschlimmbesse-
rungen, von Wortprunk, von Unsinn, von Schwulst.

Wo, um's Himmelswillen, hatten doch bisher alle die gebildeten Leser der
gebildetsten Nazionen ihre Sinne, dass sie von allem diesem in dem macpher-
son'schen Ossian nicht das geringste fanden, sondern dass sie ihn lasen und
wieder lasen, mit immer steigender Bewunderung und Liebe? Von dem schuld
gegebenen Schwulste, zum Beispiel, hatten sie nicht die ge[XI]ringste Ah-
nung. Sie glaubten ganz einfältig, die Uebertreibungen in den Ausdrücken und
Bildern *Ossian's* lägen völlig in der Natur der Kinder, und jedes noch in seiner
Kindheit begriffenen Volkes. Auch diese Uebertreibungen gehörten, nach ihrer
noch nicht zurecht gewiesenen Meinung, zu den inwohnenden, und desto sie-
genderen Beweisen für die Echtheit und das Alterthum der Gedichte. So arge
Vorurtheile hatten sich leider! bis jezt unser Aller bemeistert; die schottische
hochländische Gesellschaft mag uns, aus Mitleid, unsern Blödsinn verzeihen!

Doch, reden wir ernst von einer ernsten Sache. Die Art und Weise wie wir
Neuern sprechen, dürfen wir durchaus nicht zum Maasstabe machen dessen,
wie jene, dem [XII] Naturzustande noch so nahe Menschen sich äussern muss-
ten. Nur wie sie den unsrigen ähnlicher werden, fühlen sie nüchterner, drücken
sie sich eben deswegen desto berechneter aus.

Aber wie ist es? Die abweichenden, älteren Lesearten *Macpherson's* finden
sich, nach der Versicherung der schottischen hochländischen Gesellschaft, nun
einmal nicht vor: wo, wird man vielleicht fragen, könnten sie denn seitdem
hingekommen seyn? – Ich antworte: Wo, wie die Gesellschaft selbst einge-
steht, Elf ganze Gedichte *Ossian's* in der Ursprache hingekommen sind: die
Schlacht von Lora! der Krieg von Inisthona! der Krieg mit Karos! Oithona! die
Gesänge von Selma! Darthula! Berrathon! Kuchullin's Tod! Lathmon! Kathlin

von Klutha! Sulmalla von Lumon! und [XIII] selbst ein Theil von Karthon! In gerechter Scham über *solche* schnelle Folgen einer *solchen* Vernachlässigung, spüre man zuvor diesen, auf eine so unverantwortliche Weise verlornen Gedichten besser nach, ehe man es wagt, über *Macpherson* in einem so wegwerfenden, und darum so verwerflichen Tone abzusprechen.

Die Dankbarkeit ist eine feine Tugend: sie sey einer Gesellschaft gezollt, die nun, durch ihre Bemühungen, aller Fehde über die Echtheit der Gedichte *Ossian's* ein erwünschtes Ende gemacht; wiewohl dies bey jedem unbefangenen Leser nicht einmal nöthig war; denn er hatte sich längst mit dem Gedanken *Rousseau's* beruhigt: *Ce n'est pas ainsi qu'on invente.* Diese Dankbarkeit wende sich aber auch nie von dem weit ver[XIV]dienstvolleren Manne, ohne den wir, wie wir jezt erst vollkommen überzeuget worden, den unsterblichen Dichter gar nicht einmal kennten: denn wer hätte sich, unaufgereget von ihm, um das bekümmert, was zwar jetzo noch in der Urschrift vorhanden ist, aber zuverlässig schon nach wenigen Jahren ebenfalls ein Raub der Vergessenheit würde? Auch *Macpherson's* mögliche Irrthümer, Misgriffe und Fehler bedecke sie achtend und bescheiden. Sie sage sich, bei Gelegenheit der gegen ihn gerichteten häufigen Schmähungen, dass, wenn wirklich schon Elf ganze Gedichte verloren sind, dies noch gar viel leichter der Fall seyn könne mit einzelnen Lesearten.

Ihr wollt uns beweisen, *Ossian* habe nicht in *Macpherson* seinen [XV] würdigen *Pisistratus* gefunden? Warum zeigte sich denn, als der Augenblick noch so viel günstiger war, unter euch kein besserer? Durch was seyd ihr jetzo berechtiget, von uns zu verlangen, dass wir euch, die ihr, wie ihr selbst bekennet, so verspätet nachkommt, mehr zutrauen sollen als ihm, der, unter so dringenden Umständen, ein halbes Jahrhundert vorausgehabt? Ihr seyd dem Zeitpunkte der Entdeckung *Ossian's* zu nah und zu fern, als dass es euch wohl anstehe, über *Macpherson* ein so hartes Urtheil zu fällen.

Und gesetzt denn auch, *Macpherson* habe wirklich hier und da etwas verändert oder eingewebt, um irgend einen Ausdruck oder ein Bild zu verstärken oder zu verschönern, oder die Darstellung lebendiger, rün[XVI]der, und dem Ohre lieblicher zu machen: das grosse Unglück! Soll nur der Uebersetzer, der mit seinem Dichter innigst verwandt und vertraut ist, der ihn mit voller Liebe, mit ringender Beharrsamkeit ergriffen hat – soll nur er sich nicht zu den Freunden desselben zählen dürfen, die jener gewöhnlich so gern auffodert, auch ihre Hand ihm zur lezten, vollendenden Feile zu leihen? Sollte er es nicht in seiner Sprache thun, um ihm einigermassen das zu ersetzen, was ihm, weil es eine *andere* Sprache ist, nothwendig darin verloren geht? Wenn *Macpherson* sich nicht solche Veränderungen und Zusätze erlaubte, welche die Grenzen der Achtung und der Bescheidenheit gegen seine Urschrift überschritten, und dem Geist und Sinn *Ossian's* [XVII] *fremd* waren; wenn sie vielmehr so völlig in diesem Geist und in diesem Sinne sind, dass man in so fern auch sie als ein

Eigenthum *Ossian's* betrachten muss – wurde wohl *Ossian* deswegen mit *Macpherson* rechten? Ich glaube es nicht. Dem Uebersetzer, dem ein Ideal vorschwebt von einer höhern Ehrfurcht für seinen Dichter, von einem höheren Bedürfniss seiner Leser, von einer höheren Schönheit, von einer höheren Pflicht – auch er muss Freiheit haben, eine Freiheit, welche sich nicht herausnimmt, dem Dichter irgend einen *Gedanken* aufzudringen, indem dadurch der Dichter aufhören würde, Er zu seyn, aber welche sucht, den seinigen so glücklich und so erfassend auszudrücken als möglich; eine Freiheit, mit Einem Worte, welche sich dem [XVIII] Genius des Dichters, seinem ganzen Ideen- und Empfindungsgange, seiner ganzen Eigenthümlichkeit überall mit Liebe, und sich aus Liebe unterordnend, anpasst. Ohne diese Freiheit lässt sich, im Grunde, eine die Urschrift möglichst erreichende Uebersetzung gar nicht denken; mit ihr, spricht sie ihren Dichter unbefangener und kräftiger aus, ist sie schöner, ist sie wahrhaft wahrer.

Wenn also, wie wir bisher mit einem ganz eigenen Genusse gefühlet, *Macpherson's* Ossian für uns immer Ossian war – sollten uns einzelne, bloss *mögliche* Abweichungen diesen Genuss verkümmern?

In diesem Glauben will ich handeln, und meine Verdeutschung neben die des Herrn *Ahlwardt* ruhig hinstellen.

[XIX] Ist, worüber bloss das Publikum zu entscheiden vermag, die meinige nur an sich gut, so kann jede derselben ihren eigenen Werth haben. Ich gehe von meinem Standpunkte aus, Herr *Ahlwardt* von dem seinigen. So nehmen wir eine ziemlich verschiedene Richtung. Desto mehr Raum bleibet ihm und mir.

Wir besitzen schon fünf vollständige Uebersetzungen des macpherson'schen Ossian; dennoch will ich es wagen, sie mit der meinigen zu vermehren; überzeugt, dass, so wie ich muthig und bescheiden nach dem Besseren gestrebt, Andere nach mir kommen, und ohne Zweifel sie übertreffen werden: denn das ist eben mein Wunsch und meine Absicht, dass sie, auf ihrem Wege, Veranlassung seyn möge, unserer Nation je[XX]nen ihr durch Art und Sinn so nahe verwandten Dichter stets lebendiger und würdiger vorzuführen. Kaum eine der älteren Uebersetzungen ist ohne alles Verdienst; die Stollbergische insbesondere hat sehr entschiedene Vorzüge, und schon auf diejenige, welche Herr *Petersen* im Jahre 1782, wiewohl nur in Prosa, herausgegeben, lässt sich anwenden, was *Lessing* irgendwo bei Gelegenheit der Wielandischen Uebersetzung Shakspeare's sagt: Was er gut gemacht hat, das macht schwerlich ein anderer besser. — Die ungünstigen Seitenblicke, die nebenher auch auf jene Uebersetzungen gefallen sind, haben mir, ich will es nicht verschweigen, wehe gethan; und jetzo macht es mir desto grössere Freude, das Gute, und selbst das Vortrefliche, das [XXI] sie, eine freilich mehr als die andere, enthalten, öffentlich zu erkennen, und denen, die mir darin vorangegangen sind, ganz ehrlich dafür zu danken. In sehr erlaubtem Wetteifer habe ich gesucht, dem Ziele näher zu kommen als sie; dennoch mag ich allerdings oft hinter ihnen zurück geblieben seyn. Aber, wie *Lessing* noch an einem andern Orte sagt, seines Fleisses darf sich jeder rühmen. So bin ich mir des meinigen bewusst.

Und so bringe ich vor das Auge des Publikums, was ich auf meinem Wege zu finden gestrebt: denn er dünket mich noch immer derjenige, welcher überall das angemessenste darbietet.

*Ossian* sang seine Gedichte, unter Begleitung seines höchst einfachen Instrumentes, wie sie aus seiner so [XXII] reichen Seele strömten. Wo sie nur erzählend und beschreibend sind, lässt er es darum auch in meiner Uebersetzung bei einem allgemeinern und gänzlich freien Rhytmus bewenden. Diejenigen Gesänge aber, welche den Gedichten zur Einleitung und zum Schlusse dienen, die elegischen Klagen, und die Odenaufflüge, welche man so oft eingestreut findet, sind, auf einen ausdrücklichen Wink *Macpherson's* hin, auch weit lyrischer. Das ist der Dichtkunst und dem Dichter so natürlich!

Ich habe daher geglaubt, dieser Spur, nach den Bedürfnissen und den Ansprüchen *unserer* Sprache und *unserer* Menschen, nach Vermögen und nach bester Einsicht, folgen zu müssen; immer ringend, den Gedanken und die Empfindung des Dichters [XXIII] rein und voll wieder zu geben, und doch nicht, vor lauter Treue an dem Buchstaben, höchst untreu zu werden an dem Geiste des Originals, und an dem Heiligthum des Schönen. Bei einer sorgfältigen, ich darf hinzufügen, bei einer frommen Ehrfurcht für die Individualität Ossian's, habe ich überall gesucht, so zu übersetzen, nicht als wenn er mein Zeitgenosse wäre, sondern als wäre meine, dem Alterthum etwas näher gerückte Sprache die seinige.

Die höchste Wirkung bleibet hier das höchste Gesetz.

Ein grosser Mann ist mir in der Behandlung ähnlicher Gegenstände vorangegangen: *Klopstock* wählte sie grösstentheils für seine Bardiette, und billig nahm ich mir sie zum Vorbilde. Die vierzeiligen, und mit[XXIV]unter die dreizeiligen Odenstrofen sind auch einer so natürlichen Fülle und Ründe fähig, dass sie wohl schon dadurch die zweckmässigsten sind.

Aber bei einem Dichter, wie *Ossian*, darf die Kunst nicht sichtbar werden; die Poesie darf vorzüglich in ihm nichts anders seyn, als der freieste, augenblickliche Erguss eines tiefumschauenden Geistes, und eines tiefergriffenen Gemüthes, begleitet von jenem vorherrschenden Gefühle hoher Schwermut, die fast immer unzertrennlich ist von der wahren Genialität. Denn eben nach Maassgabe dieser Genialität strebet in ihr die Menschheit sehnsuchtsvoller nach dem Unendlichen, und siehet sich mit desto innigerm und gewaltsamerem Schmerze so unausreichend, so gebunden, und so bedrängt.

[XXV] Was man den lebendigen Ausdruck nennt, ergiebt sich bei ihm ohne allen Zwang, aus seinem richtigen Ohr, aus seinem zarten und starken Gefühl. Aber von so manchen übereingekommenen Regeln, von unsern künstlichen Verschränkungen der Verse weiss er wenig. Der Uebersetzer muss ihm

auch hierin so nahe zu bleiben suchen wie möglich; in so fern jene beabsich-
tete höchste Wirkung dadurch nicht vermindert wird.

Von diesem Gesichtspunkte bin ich ausgegangen. Aber je grösser ich mir
die Schwierigkeiten einer Unternehmung denke, zu welcher eigentlich der
Uebersetzer, wenn nicht die Schöpferkraft des Dichters, doch seinen ganzen
leisen und tiefen Sinn mitbringen müsste – je mehr ich mir [XXVI] dies denke,
desto mehr muss ich überzeuget seyn, dass ich, bewusst und unbewusst, ihnen
oft unterlegen bin. Nicht ohne Schüchternheit tritt sie daher, aus ihrer langen
Verborgenheit, an das Licht. Ist sie aber, wie ich wünsche, nicht ohne alles
Verdienst, so hat der macpherson'sche Ossian bis jezt unter den ersten Völkern
Europens, vorzüglich aber unter dem gemüthvolleren Deutschen, eine so all-
gemeine und gerechte Bewunderung erregt, dass ich hoffen darf, man werde
sie dem herrlichen Greis auch in meinem Gewande nicht versagen.

Frankfurt am Main, im Januar 1808.

## [384] Wilhelm Nicolaus Freudentheil: Ossian und die Hebräischen Dichter [1808].

### I.

So wichtig es für die Erklärung alter Dichterwerke seyn mag, in den Kreis ihres Werdens zurückzutreten, sich in die Seele ihrer Verfasser hineinzudenken und die Welt ihrer Ideen und Empfindungen zu erforschen: so muß doch der Ausleger, um sein Geschäft zu vollenden, auch oft zu Vergleichungen unter Dichtern verschiedener Zeiten und Völker aufgefordert werden. Selten ist die Erscheinung solcher Originaldichter, welche, zufrieden mit der allgemeinen Lehrerin der Natur, aus der Fülle ihres eigenen Geistes schöpften. Große Sänger werden auf einer unbetretenen Bahn berühmt, und eine Reihe von Nachfolgern tritt verehrend in ihre Fußstapfen ein, die [385] Geister später Jahrhunderte erwärmen sich an ihrer Flamme. Ist es in diesem Falle für den Ausleger Pflicht, seinem Dichter zu der Quelle zu folgen, um zu erfahren, wo er nachbildete und von dem Seinigen hinzuthat: so muß es doch auch bey solchen Dichtern, welche unabhängig von einander und durch Zeit und Raum getrennt erscheinen, lehrreich seyn, zu bemerken, wie ihre Phantasie unter den verschiedenen Einflüssen des Himmels, der Natur und ganzen sittlichen Bildung eine verschiedene, oder gleiche Richtung nimmt, wie sie die Gegenstände ins Auge fassen und darstellen.

Seitdem Macpherson den Caledonischen Barden der Verborgenheit entrissen haben wollte, mußte sich die Welt gern um die Grotte eines Sängers versammeln, welcher für die Geschichte der Kultur, Religion und Menschheit, wie für Phantasie und Empfindung reiche Aernten zu versprechen schien. Hier fand man eine Heldenzeit ohne Rohheit, die höchste Einfalt der Lebensweise, verbunden mit einem, gebildeter Menschen würdigen Zartgefühl. Hier zeigte sich der Geist der Humanität ohne Altäre und Tempel. Gesinnungen, welche sonst nur unter der Pflege der Religion zu gedeihen schienen, erzeugte hier das Andenken an die Thaten der Väter und die Sehnsucht nach dem Ruhm der Nachwelt. Ein Fingal verehrte [386] die Tugenden der Feindesliebe, der Gastfreyheit und Großmuth, aber keine Götter. Bey so manchen auffallenden Erscheinungen machte man von Ossian, wie von andern alten Dichtern, den vielseitigsten Gebrauch. Bald nahm man aus ihm Beyträge zur Geschichte religiöser Begriffe; bald erforschte man seinen Dichterwerth und zog zwischen ihm und andern Sängern des Alterthums Parallelen. Betrachtete ihn Hugo Blair vorzüglich in Beziehung auf Homer, so verglichen ihn Herder, Ilgen und Andere mit Werken der hebräischen Poesie. Allerdings müssen uns oft unerwartete Aehnlichkeiten und Erinnerungen an hebräische Dichter beym Ossian überraschen. Dieser erwähnt gewisser Culdäer, welche in den Grotten und Wäldern des gestürzten Druidenordens den Caledoniern das Christenthum predigten. Erhielt vielleicht – so fragte man – der Barde durch sie eine Kunde der hebräischen Poesie? Erhob er sich so auf fremden Flügeln? Immerhin könnte indessen Ossian in manchen Zügen mit den hebräischen Dichtern zusammentreffen und uns in dem erhabenen Schwunge seiner Phantasie, in seiner kurzen und nachdrucksvollen Darstellung an die Propheten erinnern, ohne daß ihm eine solche Uebereinstimmung, wenn nicht andere Gründe vorhanden wären, das Eigenthumsrecht streitig machte. Müssen immer Sprachen von einander [387] geborgt haben, wenn einzelne ihrer Naturlaute gleich tönen, Dichter, wenn sie gleiche Gegenstände mit gleichen Farben mahlen? War Virgil mit den hebräischen Sehern vertraut, weil er in der Schilderung einer goldenen Zeit (*Ecl.* 4.) mit ihm zusammentrift? Erhob sich Shakespear auf dem griechischen Kothurn, wenn er uns in seinem Hamlet einen Orest wieder zu geben scheint?

So sehr der Verehrer Ossians wünschen mag, daß er in seiner Grotte alles gesungen habe, was ihn sein Wiederhersteller singen läßt: so mußten doch bald äussere und innere Gründe seine Aechtheit zweifelhaft machen. Und hier erfuhr Ossian fast dasselbe Schicksal, welches in unsern Tagen auch die ältesten Denkmäler der hebräischen Literatur vor dem Richterstuhl einiger Kritiker erwartete.

1. Wie konnten, sprach man, Ossians Werke sich so viele Jahrhunderte hindurch, bey dem Mangel aller Schrift, durch die dürftige Hülfe der Tradition erhalten?[1] Aus eben diesem Grunde [388] bestritt Otmar die Authenticität der Mosaischen Schriften.[2]
2. Wie kam es, daß man Ossians Gedichte so viele Jahrhunderte hindurch nicht kannte, daß selbst Ossians Landsleute, deren Nationalruhm doch am meisten dabey im Spiel war, sie nicht aus dem Dunkel hervorzogen?[3] So glaubte Otmar im Zeitraum vieler Jahrhunderte keine Spur zu finden, daß jemand die dem Mose beygelegten Schriften gelesen, aber wohl Beweise, daß die Israeliten selbst die wichtigsten Theile derselben nicht kannten.[4]

---

1   Abhandlung über das Zeitalter Ossians, I, XVII (Ossians und Sineds Werke). Neuaufgefundene Gedichte Ossians aus dem Englischen. Frankfurt und Leipzig 1792. S. 38. Ueber Homer vergl. *Wolfii Prolegomena ad Homerum* I, XXXIX.
2   Henkens Magazin für Religionsphilosophie 2, 3. 444.
3   Neuaufgefundene Gedichte Ossians S. 47.
4   Henkens Magazin 2, 3. 446.

3. Wie läßt sich in so frühen Zeiten, unter einer so wilden Nation ein so vollendeter und humaner Dichter, wie Ossian, erwarten, welcher so edle und tugendhafte Helden, wie einen Fingal schildern konnte? Aus ähnlichen Gründen bestritt man das hohe Alter mehrerer hebräischen Gedichte. Wie konnte, sagte man, ein Werk, voll hoher Kultur, wie Hiob, in so frühen Zeiten gedeihen?[5] Wie bey Ossian z. B. der [389] prachtvolle Wagen Cuthullins, so schienen in der Jobeide[6] Glas, Gold und Bergwerke mit der Einfalt früherer Zeiten unverträglich. War Macpherson bey der Herausgabe Ossians nicht nur Sammler und Uebersetzer, sondern selbst Dichter; fand er vielleicht nur den Stoff vor, welchen er mit bildender Hand sonderte und zu einem vollendeten Ganzen verarbeitete, ein roheres Feld, welches er anbauete, verschönerte und mit den Blumen seiner eigenen, durch das Studium des Alterthums genährten Phantasie bereicherte, so dürfte auch in diesem Falle eine Vergleichung mit Werken des Alterthums nicht ohne Gewinn bleiben. Sollte der Herausgeber bey seiner Arbeit ganz seine Individualität verläugnet und sich der klassischen Gelehrsamkeit, welche er zum Dichter mitbrachte, entäußert haben? Er selbst vergleicht ihn oft mit hebräischen und griechischen Dichtern. Sollten solche Erinnerungen, ohne ihn zum knechtischen Nachahmer herabzuwürdigen, nicht unvermerkt auf ihn gewirkt haben und einzelne Blumen aus Palästina verpflanzt, uns noch das Mutter[390]land erkennen lassen, aus welchem sie hervorgingen?[7]

## 2.

Ossian schöpft nicht aus jener Quelle, welche die hebräischen Dichter zu den erhabensten Gemälden begeisterte. Vergebens suchen wir an der Spitze seiner Welt einen Gott, auf welchen das Große und Kleine in der Natur, wie im Menschenleben, zurückgeführt wird. Mit großen Zügen malt er die Sonne, den Mond und Abendstern, aber ohne einen Schöpfer. Statt seiner finden wir indessen einen heiligen Dienst der Vorfahren. Wie bey den hebräischen Dichtern Jehova, so wirken bey dem caledonischen Barden die Geister der Väter mächtig auf Natur und Menschheit. Sie nehmen an den Schicksalen ihrer Nachkommen, welche selbst zu ihnen beten, (Temora 3, 4. 137.)[8] den innigsten Antheil, reichen ihnen Waffen dar,[9] er[391]scheinen ihnen ermunternd in Schlachten

---

5   *Hugo Blairs* kritische Abhandlung über die Gedichte Ossians (Ossians und Sineds Werke 3, XXVII.).

6   Eichhorns Einleitung ins A. T. 3, 514. Hiob, von Hufnagel. Einleitung S. 12.

7   Homer und Ossian. Schillers Horen 1795. St. 10, 93.

8   *Works of Ossian. Francfort and Leipzig, printed for Fleischer* 1783.

9   So bittet z. B. Gaul den Geist seines Vaters (Temora 3, 3. 85) um ein Schwert, wie etwa David den Jehova um einen Schild Ps. 18, 36. Das Vertrauen auf die Einwirkung höherer

und rufen sie, wenn sie erliegen, mitleidig zu sich in die Wolken. Erinnern uns die Geistererscheinungen im Ossian an jenes treffliche Nachtstück im Hiob, an den Geist, welcher dem Eliphaz[10] erscheint, so läßt sich die Vergleichung in Rücksicht dichterischer Darstellung selbst auf die Gemälde Jehova's ausdehnen. Wie dieser, erscheinen und verschwinden auch jene Geister unter furchtbaren Bewegungen in der Natur. Wie Jehova, hüllen sie sich in Nebel und Dunkel und schweben auf den Flügeln und Wagen des Windes. (Ps. 18, 11. 12. Temora 3, 189) Jehova sendet die Winde als Boten (Ps. 103, 4. 148, 8). Bey Ossian umringen die Stürme den Geist der Nacht

> – der hoch
> Auf Morvens Gipfel sie ruft, sie in Fremdlings Land
> Zu schütten.
> (nach der Stollbergschen Uebersetzung.)

Jehova gebeut der Sonne, und sie erleuchtet nicht (Hiob 9, 7). So wird von Fingals Geist gerühmt:

> [392] Du haschest in Zorn
> Die Sonn', und verbirgst sie
> In deinem Gewölk! (Berrathon 4, 76.)

Unter Ossians Geistern ragt vor allen der Geist von Loda, nach Macphersons Vermuthung Odin, kolossalisch hervor. Wie Jehova erscheint er dort dem Fingal auf den Flügeln des Windes, (Carric-Thura 2, 149 ff. Ps. 18, 11. 104, 2.) im Heldencostume, mit Schild, Schwert und Lanze bewaffnet, um die Sache seiner Schutzgenossen zu führen. Denn auch er beschützt seine Lieblinge in den Gefahren des Kriegs, vorzüglich den König von Sora, welchen er seinen Sohn nennt.[11] Wie um Jehova, wenn er auf Zion erscheint, Sturmwinde brausen, (Ps. 50, 3.) so wehen Orkane vor dem Angesichte unseres Geistes. Theilnehmend und entscheidend tritt Jehova in den Schlachten seines Volks auf, und der Geist von Loda rühmt von sich:

> – Es beugen mir
> Sich Nationen! Im Feld der Tapfern kehr'
> Ich den Sieg –

Jehova's Odem weht, und die Feinde sinken, wie Bley; er schnaubt Rache, und sie verwehen, wie Spreu; er haucht die Großen an, und sie ver[393]dorren (2 B. M. 15, 10. Ps. 68, 2. Jes. 40, 24.). Auch der Geist von Loda will mit sei-

---

Wesen bewirkte auch bey den rohesten Völkern Wunder der Tapferkeit. Auch Attila wollte, wie Achill mit Vulkans Waffen ficht, sein Schwert von dem [391] Schutzgott empfangen haben. Krause Geschichte des heutigen Europa 2, 164.

10    *Ilgen Jobi antiquissimi carminis Hebraici natura atque virtutes p. 141.*
11    *The king of Sora is my son. Ps. 2, 7.*

nem brausenden Odem tödten. Jehova schaut, und die Völker beben, (Habac. 3.) der Geist von Loda wirft auf Geschlechter sein Auge und sie verschwinden. Wie Jehova, (Sprichwörter 30, 4.) faßt er die Winde in seiner hohlen Hand. Wenn jener am rothen Meer erscheint, dann zittern die Berge; bebend und wimmernd erblicken ihn die Wogen. Sichtbar wird bey seinem Drohen der Quell des Meers (Ps. 77, 17. Habac. 3, 10 ff.). Als sich der Geist von Loda entfernte, da

> – erbebet Inistore,
> Die Fluthen hörten es in der Tiefe, standen
> Vor Furcht, in der Mitte des Laufs![12]

### 3.

Wie der sinnliche Mensch, wenn er sich zu der Betrachtung höherer Wesen erhebt, diesen seine Art zu denken und zu empfinden beylegt, so veredelt er auch die Sinnenwelt, welche er unter sich erblickt, [394] mit seinen Vorzügen. Auch auf dem todten Schauplatz der Natur sucht er Befriedigung für seine Sehnsucht nach Mitgefühl; überall begegnet er Wesen seiner Art; sein Bild sieht er in der Quelle, wie unter den Sternen. So ward den Dichtern ein weites Feld eröfnet, auf welchem sie das Unbeseelte zum Leben, Handeln und Dulden erwecken konnten. Ossian und die Hebräer fanden um sich her eine verschiedene Natur. Mögen uns einige Beyspiele zeigen, wie die Künstler oft gleichmäßig in ihrer Werkstätte bilden!

Der Morgenröthe, jenem beflügelten Wesen, (Ps. 57, 9. 110, 3. 139, 9. Hiob 38, 4.) welches, von der Harfe des Dichters auf dem Lager am äußersten Meer geweckt, aus dem Schooß den Thau gebiert, der Erde Enden ergreift und die Räuber von ihr schüttelt, folgt der König des Tages (Ps. 136, 8.). Am Morgen schreitet er daher, wie ein Dräutigam aus dem Brautgemach und erfreuet sich, wie ein Held, seiner Laufbahn (Ps. 19, 5-8.). Nichts entgeht seinem Feuerglanz und nur vor Jehova erblaßt er beschämt und leuchtet nicht, wenn er gebietet (Jes. 24, 23. Hiob 9, 7.). Besteht dort ein mächtiger Held einen furchtbaren Kampf, so verweilt er länger auf seiner Bahn (Jos. 10, 13.). Ficht der Schutzgott für sein geliebtes Volk, so starrt [395] er dämmernd beym Lichtglanz der fliegenden Pfeile und dem Blitz der Speere (Habac. 4.). Abends kehrt er zur Ruhe in sein Gezelt am Ende der Erde, wohin kein Sterblicher gelangte, zurück (Ps. 19, 5. Jos. 10, 13. Hiob 38, 19.).

---

12  Aehnliche wunderthätige Kräfte legt die Edda dem Odin bey, welcher durch ein Wort Feuersbrünste auslöschen und nach Gefallen Wind und Meer beruhigen oder empören konnte. Gebhardi Geschichte Dännemarks; Alg. Welthistorie 32, 326 ff.

Bey Ossian wandelt der goldgelockte Sohn des Himmels[13] mit immerdau-
erndem Lichte, in erhabener Schönheit daher. Vor ihm bergen sich die Sterne,
der Mond sinkt kalt und blaß in die westliche Welle (Carric-Thura 2, 140. Car-
thon 2, 90. 91.). Er aber freut sich seiner Jugendkraft und jauchzt bey aller
Wandelbarkeit der ihn umgebenden Natur im Schimmer seiner Laufbahn. Im
Wetter blickt er aus der Wolke und lacht des Orkans. Doch ist auch er höheren
Geistern unterthan. Wie jener König des Tages bey dem hebräischen Dichter
nimmt er an der Thaten der Helden Antheil. Am Tage einer Schlacht steigt er
traurig auf, rollt über die niedergeschlagenen Heere Dampf und trägt einen
blutigen Schild (Temora 3, 2. 75.). Bey der Rückkehr von seiner Laufbahn öf-
net ihm der West die Thore, die Wogen sammeln sich, seine Schönheit ehr-
furchts[396]voll anstaunend um den schlafenden Jüngling, welcher in einer
schattigen Grotte ruht.[14]
   Die Winde sind dem hebräischen Dichter Boten des Jehova, welcher bald
auf ihren Schwingen daherfliegt, bald sie in seiner Hand faßt; (Ps. 104, 3. 148,
8. Sprüche 30, 4.) dem Ossian Diener der Geister mit ähnlicher Darstellung
(s. oben). Ihnen sind auch die Blitze unterthan, welche nach den hebräischen
Dichtern dienstbar vor Jehova erscheinen, seine Befehle auf der Erde ausfüh-
ren und auf seinen Ruf antworten: Hier sind wir! (Ps. 103, 4. Hiob 37, 12. 38,
35.) Die Wellen erblicken bebend den Jehova, (Ps. 77, 7. 98, 8. 114, 3. 5.)
fliehn erschrocken und wimmern, wenn er sich zum Kampfe nähert und be-
grüßen ihn, wenn er siegreich zurückkehrt, mit Händeklatschen. Mit ähnlichen
Empfindungen werden sie von Ossian beseelt. Bald zeigt er sie uns furchtsam
und erschrocken vor Stürmen und Geistern, (Conlath und Cuthona 2, 60. Car-
ric-Thura 2, 140.) bald fröhlich im Angesichte des Abendsterns, dessen liebli-
ches Haar sie baden. (Lieder [397] von Selma 2, 166.) Der Fluß Carun gesellt
sich, wie der Jordan, zum Siegsgepränge. Ihm rufen die Barden (Comala 2,
12.) im Triumphgesange zu:

Fluthe, strömender Carun! in Freuden fluthe!
Die Söhne der Schlacht sind entflohn.

Ossians Phantasie belebt dort eine Blume. Sie ahnet ihr nahes Hinwelken und
trauert über ihre Vergänglichkeit (Berrathon 4, 63.). So führt der hebräische
Seher die Weinstöcke redend ein, wie sie über ihre Drangsale klagen und sich
Ruhe wünschen (Jes. 37, 2-5.). Die Tannen und Cedern Libanons stimmen
nach dem Sturz des Königs von Babel (Jes. 14, 8.) in den Triumphgesang ein:

---

13   So heißt auch in einer Hymne des Orpheus Apollo χρυσοκόμης.
14   Ossian schildert also, wie die hebräischen Dichter, die Sonne mit Zügen nationeller Lebens-
     weise. Der hebräische Krieger ruht in Gezelten; so seine Sonne. Die caledonischen Helden
     finden wir in Grotten; sie erhält auch die Sonne zum Lager.

Die Tannen und die Cedern Libanons
Frohlocken über Dir: Seitdem Du fielst,
Steigt, uns zu stürzen, keiner mehr empor.

Die Jahre rufen dem Ossian (die Lieder von Selma 2, 178.) seinen nahen Tod
zu. Der hebräische Sänger hört (Ps. 19, 3.) Tage und Nächte im Wechselgesan-
ge das Lob des Schöpfers erheben. Moses fordert Himmel und Erde auf, sei-
nem Liede zu horchen:

[398] Neigt, o ihr Himmel! euer Ohr; ich rede;
Vernimm, o Erde! meines Mundes Spruch.
5. B. M. 32, I.[15]

Ossian ladet die Hügel und Ströme zu seinen Gesängen ein:

Kommt mit euren Strömen,
Hügel Cona's, lauschet
Ossians Stimme –

## 4.

Zeigt uns Hiob in seinen Naturschilderungen und Personifikationen eine auf-
fallende Verwandtschaft mit Ossian, so ähnelt er ihm auch in seiner wehmü-
thigen, melancholischen Stimmung. Der Held der hebräischen Theodicee hat,
was ihm lieb und werth war, Güter, Kinder, Ehre und Ansehen bey dem Volke
verlohren und erwartet, von seinen Freunden verlassen, unter den Schmerzen
eines siechen Körpers seine Auflösung. Auch der caledonische Barde erscheint
uns einsam in seiner Höhle:

[399] – Hin ist Ossians Kraft!
Des Gesanges Söhne gingen zur Ruh! es bleibt
Nur meine Stimme zurück, wie des Sturmes Stoß,
Der noch einsam braußt an der meerumringten
Klippe –

Die Gefährten seiner Jugend Fingal, Evirallin, Oscar haben längst, um in sei-
ner Sprache zu reden, ihr Nebelkleid empfangen; von seinem väterlichen Sel-
ma entfernt beugen ihn Blindheit und Alter nieder. Kein Wunder daher, wenn
sich in so trüben Seelen auch die Gegenstände dunkel spiegeln, wenn ihnen so

---

15    Wie Thau entrinn' mein Lied, wie Regenschauer
      Auf Kräuter, gleichwie Tropfen auf den Halm!
   So werden auch bei Ossian Bardengesänge mit Thau verglichen. Z. B.
      – Bardengesang ergeußt,
      Wie Thau, sich über des Heeres Wiederkehr. Temora 3, 96.

oft Bilder der Vergänglichkeit und des Todes vorschweben. Mit gleich weh-
müthiger Empfindung segnet jener die Vorzeit, in welcher er als Emir angese-
hen und geehrt unter das Volk ging und dieser die Jugendjahre, in welchen er
berühmt als Held und Barde im Kreise seiner Vertrauten lebte. (Hiob 39. Fin-
gal I, 3. 72. Der Krieg von Inis-Thona 2, 30.) Wie sich Ossian in der Abge-
schiedenheit von den Freuden des Lebens innigst nach den Wolken sehnt und
sein enges Haus (*the narrow house, domus exilis Plutonia, Hor.*) nahe sieht: so
athmet der idumäische Dulder Verwesung, sieht seine Tage erlöschen und er-
wartet seine Behausung im Scheol (Hiob 17, I. 13. Die Lieder von Selma 2,
178.). Beyde ergießen sich oft in gleichen Klagen [400] über die Vergänglich-
keit alles Irdischen. Eine Blume verkündigt dem Ossian (Berrathon 4, 63.) sei-
ne Hinfälligkeit; auch Hiob blühen und verwelken, wie jene, die Söhne Evens
(Hiob 14, 2.). Ossian achtet die Völker den Meereswogen gleich (*like the
waves of ocean*) und nach Hiob stürzt der Mensch, wie Wogen der See entrin-
nen (Berrathon 4, 82. Hiob 14, 11.). Minder ernst sind freylich Ossians Bilder
vom Todtenreich, wie die Schilderungen bey Hiob und andern hebräischen
Dichtern.[16] Mögen dort die Geister auch zuweilen als schwache, unwissende
Schatten (*a feeble race*) umherflattern, so erscheinen sie doch zugleich fröhlich
im Genuß alles dessen, was ihnen im Leben lieb und werth war. Wenn Malwi-
na in den luftigen Hallen der Väter und der König von Babel im Schattenreich
ankommt, so werden beyde von ihren vormaligen Genossen, welche sich über
ihre Ankunft wundern, empfangen. (Berrathon 4, 66. Jes. 14, 9-11.)

"Bist kommen sobald"
Sprach Fingal, "o Tochter
Des herrlichen Toscar's? –

[401] Den König von Babel grüßen die Geister ehemaliger Herrscher:

Das Todtenreich tief unten zitterte
Dir Kommenden entgegen, bot die Schatten,
Der Erdenhäupter jeglichen, die Führer
Von ihren Thronen, alle Könige
Der Völker auf. Sie alle huben an
Und grüßten Dich: So bist auch Du, wie wir,
Uns gleich auch Du geworden? –

Gesellt sich dort Malwina zu den Gespielen ihrer Jugend, in den Kreis der
Väter, welche fröhlich den Liedern der Barden horchen[17] und wie im Leben
kämpfen und jagen, so herrscht im hebräischen Scheol eine dumpfe Stille, wel-
che nach Davids Ausspruch:

---

16  Eichhorns Bibliothek I, 367 ff. Flügge Geschichte des Glaubens an Unsterblichkeit I, 124ff.
17  Wie im Elysium Orpheus und Musäus, so erfreuen in Ossians Wolkenreich Ullin und andere
    Barden die Helden durch Spiel und Gesang.

Wer singt Dir Lieder in dem Schattenreich!

kein Gesang unterbricht. Gleichwohl hören wir an den caledonischen Gräbern ähnliche Klagestimmen, wie bey Ossian und andern hebräischen Dichtern. Z. B.

> – Gleich dem Gewölke sinkt der Mensch
> In's Schattenreich unwiederbringlich nieder.
> [402] Er kehrt zu seiner Wohnung nie zurück,
> Er schaut ihn nimmer seine Hütte wieder.
> Hiob 7, 9. 10.

>                   – Himmel altern. Er
> Erwacht nicht, ihn weckt nichts aus seinem Schlaf.
> Hiob 14, 12.

So ruft dort der Barde an Morars Grabe:

> Tief ist der Todten Schlaf!
> Niedrig ihr Küssen von Staub!
> Er hört hinfort deine Stimme nicht,
> Noch erwacht er bey deinem Ruf!
> Wann gehet in seinem Grabe
> Der Morgen auf, –

Fingal (Temora 3, I. 32.) klagt über den Untergang seiner Ahnen:

>                   – wo
> Sind unsre Väter, die Häupter vor'ger Zeit?
> Sie gingen unter, Sterne, die einst auch schienen!

So wird der König von Babel angeredet:

> O Morgenstern, wie stürztest du vom Himmel!
> Wie wurdest, Sohn der Frühe, du, der Völker
> Daniederwarf, zur Erde hingeworfen!

Auch auf den Trümmern zerstörter Heldensitze begegnet Ossian nicht selten den hebräischen Sehern. [403] Dort erblicken wir Balclutha's zerstörte Mauer, (Carthon 74.) die Distel schüttelt da ihr einsames Haupt, das Moos pfeift im Winde, der Fuchs schaut aus den Fenstern. So singt von Babylons Trümmern Jesaias (13, 21. 22. vgl. 34, 13-16.):

> Nur wilde Katzen werden dort sich lagern
> Und voll von Drachen sind die Häuser dort;
> Da wohnen Strauße, hüpfen wilde Böcke;
> Dort in Palästen zischen Schlangen sich,
> In Prunkgemächern Drachen sich entgegen.

## 5.

Bey der eigenen Seelenstimmung Ossians, welche so gern die Wonne der Wehmuth (*the joy of grief*, γόου ἵμερον) sucht, mag es uns nicht befremden, wenn uns der Dichter oft zu Gräbern führt.[18] Waren doch solche Grabgesänge innig mit der Ruhe der Todten verbunden, welche, so wähnte [404] man, ohne jenen Dienst der Sänger nicht zu den luftigen Hallen der Väter gelangen konnten.

Der Strom der Zeit hat uns aus dem hebräischen Alterthum nur wenige Reste solcher Leichengesänge erhalten, unter welchen die Elegie Davids auf Saul und Jonathan die Oberstelle gebührt. Kein Kenner Ossians wird sich jenes Denkmals der Freundschaft und dichterischen Kunst erfreuen, ohne sich seines celtischen Sängers zu erinnern und ähnliche Klagetöne an den nordischen Gräbern zu hören. David besingt mit einem Carril und andern Barden einen gemeinschaftlichen Gegenstand, Helden, welche, mit dem Dichter befreundet, in der Schlacht gefallen sind und sich durch Tapferkeit und Kriegsruhm ausgezeichnet haben. Kein Wunder daher, wenn der Schmerz sich in gleichen Tönen äußert, der Ruhm der Gefallenen mit denselben Zügen geschildert wird und auch in der äußern Oekonomie ein ähnlicher Geist waltet. In den Grabgesängen herrscht nemlich als Hauptempfindung der Schmerz über den Verlust des Todten. Zu ihr kehrt die Seele des Dichters gern zurück; durch einen Ausruf des Wehs, durch ein *have!* unterbricht er den Ideengang des Liedes. Daher kann jener Schaltvers, welcher, ehe ihn die Kunst des Dichters mit der Nänie verband, schon das natürliche Schmerzgefühl roherer Menschen aus[405]-drückte.[19] Wie im hebräischen Grabgesange das dreimalige: "Weh! die Helden fielen," so kehrt in Carrils Todtenliede am Grabe seines Führers und Freundes Cuthullin der Ausruf: *Blest by thy soul!* (der Tod Cuthullins 2, 109-111) wieder. Doch hören wir Davids Elegie selbst mit einigen vergleichenden Bemerkungen:

---

[18]  Dieselbe Stimmung bemerkte ein neuer Reisender noch in der heutigen hebridischen Poesie. "Durch eben diese Gesänge strömt ein zarter, weicher Laut tief empfundener Rührung – Auch vernimmt man wehmüthige Klagen und Jammertöne um verlohrene Geliebten und Freunde, und solche Sänger findet man nicht bloß unter Vornehmen, sondern auch unter der niedrigsten Volksklasse." Buchanans Reisen durch die westlichen Hebriden S. 72.

[19]  Man vergleiche jenes Stegreifslied eines Neuseeländers bey dem Tode eines ihm befreundeten Taheitiers:

*Aeghih, matte, ah wäh, Tupaia*
Gefangen, todt! O weh! Tupaja!

Reh von Israel![20] auf
Deinen Höhn verwundet? –
Weh, die Helden fielen!

[406] O sagt's nicht an in Gat, verkündet es
Nicht auf den Straßen Askalons,
Daß Philistäa's Töchter sich nicht freun,
Der Unbeschnitt'nen Brut[21] nicht jauchzt.

Von der Erschlagnen Blut, vom Heldenmark
Entwich der Bogen Jonathans
Von hinnen nicht. Auch kehrte nicht das Schwert
Des Königs unversucht zurück.[22]

Es schieden Saul und Jonathan, sich einst
In ihrem Leben lieb und hold,
[407] Im Tode nicht. Kein Adler[23] war so schnell,
Denn sie; kein Leu gleich ihnen stark.

Ihr Töchter Israels, beweinet Saul!
Des purpurnen Gewandes Pracht
Hat er euch angethan, des Goldes Schmuck
In eure Hüllen euch gewirkt.

---

20    Der Chor apostrophirt an Jonathan. *Reh* heißt er entweder in Rücksicht auf Schnellfüßigkeit
      (Hom. ποδαρκυς Αχιλλευς) oder auf Schönheit und Milde. Auch in Ossians Heldenwelt ist
      dieses Bild nicht selten. So fragt Fingal (Temora 3, 6, 187.).
          Erlag das junge hüpfende Reh? Es war
          Auf meinen Hügeln herrlich! –
      So singt der Barde Alpin (Lieder von Selma 2, 172.) von dem gefallenen Morar:
          Du warst schnell, o Morar,
          Wie in der Wüste das Reh!
      So klagt Ossian am Grabe Erragons (Schlacht von Lora 43.).
          Wie bist du auf unsern Bergen gefallen?
          Wie liegt der Gewaltige?

21    Der Phantasie des Dichters schweben die siegprangenden Feinde vor, wie sie von den Wei-
      bern in der Heimath empfangen werden, welche nun nach dem Fall der größten feindlichen
      Helden nicht mehr für ihre Geliebten fürchten. Daher dann der Wunsch, daß die Todeskunde
      den Feinden verschwiegen werden möge. Dasselbe äussert in der Malwina (Neuentdeckte
      Gedichte Ossians, übersetzt von Harold S. 65.) Cathul. "Weint (ruft er nach dem Tode seines
      Freundes Oscar), weint in der Stille, daß der hochmüthige Freund nicht frohlocke, daß sich
      der König der Welt in unserm Verlust nicht erfreue."

22    Auch Alcletha (der Tod Cuthullins 3, 38) rühmt von ihrem Sohn Calmar:
          Es kehrte nimmer sein Speer
          Unblutig zurück!
          Sein Bogen auch nicht,
          Aus der Mächtigen Kampf!

23    So singt der Barde Carril von seinem getödteten Freund Cuthullin (der Tod Cuthullins 2,
      110) *thy speed was like the eagle's wing.*

Weh! die Helden fielen
Tief im Schlachtgefilde.
Jonathan auf deinen
Höhen Du verwundet!

Um Dich, mein Bruder! härmet sich mein Geist.
Mein Jonathan! Du warst mir lieb.
Mir lohnte Deine Liebe wunderbar.
So liebte nimmer mich ein Weib.

Weh! die Helden fielen
Und des Krieges Waffen
Sind dahin geschwunden![24]

## 6.

[408] Die wegen ihrer Stelle im Kanon so oft mißverstandene idyllische Blu-
menlese, das hohe Lied, mußte, seitdem geschmackvolle Erklärer die Trugbil-
der frommer Schwärmerey daraus verscheuchten, Vergleichungen mit einem
Theokrit und andern Dichtern des Alterthums veranlassen. Ossians und des
Hebräers Gemälde der Liebe scheinen uns wenige Berührungspunkte zu ver-
sprechen. Zwar singt auch jener die Liebe nicht selten im Ton der Idylle. Aber
wie verschieden sind die Personen, welche handelnd und empfindend auftre-
ten, wie fremdartig Natur und Sitten des Landes, in welchem die Scene spielt!
Dort erscheinen uns Jägerinnen mit Pfeil und Bogen, welche Heldensinn und
zarte Empfindsamkeit mit ihren Geliebten theilen; hier erblicken wir ein
schlichtes Landmädchen bey Reben und Granatenbäumen. Dort finden wir
Krieger im Getümmel der Waffen, hier einen Geliebten bey der Heerde, in
Wiesen und Gärten. Ueberall ringen die Liebenden mit Bildern und Verglei-
chungen; was ihnen die Umgebungen Schönes darbieten, muß sich zu Kränzen
für das Geliebte verflechten. Aber eine verschiedene Natur steht ihnen zu Ge-
bote. Für den Hebräer, dessen Phantasie eine so reiche Weide findet, duften
Narden, Myrrhen und Aloe; er kann unter Purpurlilien, [409] Feigen und Gra-
natbäumen umherwandeln; ihm glänzen Gold, Elfenbein und Alabaster. Dem
Caledonier geben seine Felsen, Haiden und Ströme eine geringere Ausbeute,
seine rauhe, nordische Natur verengt den Kreis seiner Bilder. Vergleicht bey
ihm ein Duchomar (Fingal I, 12.) das Haar seiner Morna mit dem Nebel von
Cromla, wenn er sich an den Felsen kräuselt, so nimmt der Hebräer (Hohes
Lied 4, I. 5. 6, 4. 7, 5.) eben so örtliche Bilder von den Ziegen am Berge Gi-
leads, von Wein und Purpur. Dort müssen zwey glatte Felsen, Schnee, Wellen-

---

24 Fingal klagt nach Fillans Tode (Temora 2, 6, 187).
– er fiel!
So ist zerbrochen der Schild des Kriegs!

schaum und Schwanenflaum geben (Fingal I, 13. 3, 60. 97.). Hier erinnert uns
der Dichter (Hohes Lied 4, 5. 6, 7. 7, 8.) an zwey junge Zwillinge eines Rehs,
an die Trauben der Palme und des Weinstocks. Gleichwohl erscheinen uns bey
aller Lokalität der Dichter doch auch ähnliche Bilder. Der Hebräer vergleicht
z. B. den Hals seiner Sulamith mit dem Thurm Davids, Ossian die Arme seiner
Morna mit zwey weißen Säulen in Fingals Hallen (Fingal I, 13.). Was dem
Celten seine ärmere, ihn umgebende Natur zu versagen scheint, sucht er am
Himmel. Sonne, Mond, Sterne, Morgen- und Abendröthe müssen die Reize
seiner Geliebten erheben. Kein Wunder daher, wenn sich bey der Gleichheit
dieser Erscheinungen die Dichter auf einem Wege [410] begegnen, wenn z. B.
eine Daura, Agandecca und Minone gleich der Sulamith (6, 9.) schön wie der
Mond glänzen (Lieder von Selma 71. Fingal 3, 61. 5, 116).

Wie verschieden ist auch der Geist der Liebe, welcher in beyden Dichtern
athmet! Wohl erscheint sie auch bey dem Hebräer in zarter Einfalt, schmach-
tend und sehnend, aber doch zugleich fröhlich im Genuß, selig bey Umarmun-
gen und Küssen. Bey Ossian ist sie dagegen ätherisch und geistig, gleich den
Nebelgestalten, welche um seine Höhle schweben. In wehmüthiger Sehnsucht
schmachten seine Liebenden; sie scheinen nur Seufzer und Thränen, aber nicht
den Preis der Liebe zu kennen. Beyde Dichter gefallen sich in Nachtscenen.
Malwina (Croma 43.) hört die Stimme Oscars im Traum, und Sulamith sucht
den Freund ihrer Seele auf nächtlichem Lager. Das hebräische Landmädchen
treibt die Sehnsucht nach dem Geliebten in die Nacht hinaus (3, 2.). Nach ihm
wimmert sie, wie dort am nächtlichen Felsen Colma nach ihrem Salgar (Lieder
von Selma 2, 168.). Gleich der Sulamith harrt dort am Felsen nächtlich Comala
ihres geliebten Fingal und fragt nach ihm ihre Gefährten (Comala 2, 6). Fingal
nähert sich und späht nach seiner Comala.

[411] Schau herab, meine Liebe, von Deinen Felsen!
Laß mich hören die Stimme Comala's!
Komm zur Höhle meiner Ruhe!
Der Sturm ist vorüber,
Es bescheint die Sonne das Gefild!
Komm zur Höhle meiner Ruhe. –

Schöner noch ruft der liebende Hebräer seiner Sulamith zu:

Wohlauf, hinaus, mein Mägdlein, meine Holde!
O sieh, der Winter schwand. Von hinnen flohn
Die Regenschauer. Blumen beut die Erde.
Die Zeit des Sanges kam. Der Turteltaube
Gegirre wird auf unsrer Au vernommen.
Dem Feigenbaum reift seine junge Frucht.
Des Weinstocks Beeren athmen Wohlgeruch.
Wohlauf, hinaus, mein Mägdlein, meine Holde!
O du mein Täubchen in des Felsen Spalten,

Am Dach der Klippe, laß mich Deine Bildung
Erschaun, laß Deine Stimme mich vernehmen!
Denn sie ist süß und deine Bildung lieblich.

## 7.

Richten wir endlich noch einen Blick auf die später unter Ossians Namen ver-
breiteten Gesänge, [412] (Neuentdeckte Gedichte Ossians, übersetzt von Ha-
rold. Düsseldorf 1787.) welche nach seiner Bekanntschaft mit den Culdäern
gedichtet seyn sollen, so finden wir plötzlich den Schauplatz des Ganzen ver-
ändert. Ueberall weht jener hebräische Geist, der uns in mehreren Gesängen
der Barden Lamin und Dlorah nur einen Nachhall der Harfe Davids und seiner
Genossen erkennen läßt. Hier tritt plötzlich ein Gott als Schöpfer und Erhalter
des Weltalls an die Spitze. In allen Eigenschaften dem Jehova gleich, strahlt er
im Lichtglanz auf dem Thron seiner Herrlichkeit, (Lieder der Tröster 116.) von
welchem ewig Erbarmen, Gnade und Liebe herabströmen (Morgenlied des
Barden Dlorah 190.). Ein eherner Schild, ein Thurm der Kraft ist er seinem
Verehrer, den er mit ewiger Wonne tränkt, dessen Lied er in das Buch des
Lebens zeichnet (Morgenlied 188. 190. Ps. 18, 3. 31, 3. 69, 29.). Sehnlicher als
der Hirsch die Fluthen der See, sucht dieser Ossian (Lieder der Tröster 118.
Ps. 42, 2.). den Allmächtigen kennen zu lernen und seinem Willen zu folgen.
Ihn hört und sieht er im Wind und Regen; ihn fühlt er im Sonnenstrahl (Lieder
von Tara 16.). Ihn kennt er als den Geist, dessen Wort Himmel, Erde und Meer
schuf (Sulmora 48). Er spricht, und es geschieht, ungeheure Berge zertrüm-
mern, Don[413]ner rollen seinem Worte voran (Sitrick 174. Ps. 33, 9.). Alles,
Natur und Menschheit huldigt in tiefer Unterwürfigkeit jenem Einzigen. Jener
goldgelockte Sohn des Himmels, welchen wir oben so selbst genügsam in sei-
ner Kraft daherschreiten sahen, wird der Gottheit dienstbar (Lieder von Tara
11.).[25] Manche Stellen verrathen den Nachahmer Hiobs. So zeichnet der Barde
Lamin den Wallfisch mit Zügen, welche uns an die prachtvollen und erhabe-
nen Thierstücke im Hiob erinnern (Lieder von Tara 12.). So enthalten die Lie-
der der Tröster, wie jenes Meisterwerk der hebräischen Dichtkunst, eine Theo-
dicee. Fast dasselbe, was der Nachtgeist dem Themaniten Eliphaz (Hiob 4, 12-
21.) verkündigt, betet der Culdäe Fulir in seiner Höhle (Lieder der Tröster
115.).[26] Am Schluß tritt dort, wie im Hiob, die Gottheit selbst auf den Schau-
platz. Der Barde, Lamir, unfähig, die Strahlen seiner Herrlichkeit zu ertragen,

---

25 Stolze Sonne, was bist du? du scheinst mächtig in deiner Kraft, ein Riese, schreitend durch
die Gewölbe des Himmels. Aber, stattliche Sonne, du bist nichts durch dich selbst. Du bist
kraftlos, unfruchtbar und kalt. Er, der ist, zeichnete die Pfade deines Laufs.

26 Was ist der Mensch vor deinem Angesichte, o du mächtiger Schöpfer des Alls. Ein Augen-
blick ist sein Raum in der Zeit.

fällt zu Boden und erhält nun, wie dort [414] Moses am Dornbusch, oder Jesaias bey der Prophetenweihe, den Aufruf, unter den Führern von Erin als Lehrer aufzutreten. Mehrere Sätze zeigen auch schon eine vertrautere Bekanntschaft ihres Dichters mit den christlichen Dogmen. So kennt z. B. der Barde Dlorah eine Schöpfung aus nichts; (Morgenlied 88.) so hat dieser Ossian selbst von einem jüngsten Tage und Weltgericht gehört, von einer Zeit, wo Sonne und Sterne fallen, der Himmel selbst vergeht und rühmliche Thaten belohnt werden (Sulmora 48.). Beschränkt sich endlich jener Ossian in den früheren Gedichten, was auch Blair von ihm rühmt, in der Wahl der Bilder, auf seine Heimath und die Grenzen seines Caledoniens, so überraschen uns im Morgenliede des Barden Dlorah schon Erzeugnisse fremder Zonen, Cedern und Elephanten.

## [41] Christian Karl Buri: Bemerkung über Ossian [1809].

Genau besehen, scheint mir der vortreffliche Natursänger *Ossian* eine hohe Stelle unter den *malerischen* und *sentimentalen*, aber nicht unter den *eigentlich-dichterischen* Sängern zu behaupten. Alle seine Gemälde sind Nachbildungen der wirklichen Natur, höchstens Darstellungen des Entfernten, Abwesenden, Vergangenen; aber nicht Fiction des Möglichen. Seine Phantasie und sein innrer Sinn sind nur geschäftig, bald das Gegenwärtige, ihn Umgebende, oder in ihm Erregte, anschaulich darzustellen, bald das Vergangne lebhaft zu erzählen, und beides sowohl in klarer Anschauung, als in warmer Empfindung treffend und mit wenigen kraftvollen Zügen zu versinnlichen. Er bildet nach, was er sieht oder sah, was er fühlt oder fühlte, was er erlebt hatte oder durch Tradition wußte; und in diesem Nachbilden ist er ein unübertroffner Meister. Aber von der eigentlich dichterischen Fiction, von *Schöpfungen* der productiven Einbildungskraft, von Hervorrufung des Möglichen durch den Zauberstab des Genius, scheint fast keine Spur in seinen Gesängen anzutreffen zu seyn. Man müßte denn [42] jene heiligen Nebelgestalten und Wolkenerscheinungen, die er aus den Religionsbegriffen der alten Caldonier entlehnte, hierher rechnen wollen. Seine Poesie malt und erzählt nur, *sie schafft nicht.* In *poetischer* Hinsicht steht er also weit hinter *Homer*, welcher beides thut; so wie hingegen *Ossian* den griechischen Sänger an edler Humanität, an zarter reiner Menschlichkeit weit übertrift. Seine Helden z. B. sind die edelsten großmüthigsten Krieger, die je die Erde trug oder die Phantasie bildete; seine Mädchen zartfühlende Wesen, deren liebevolle Seelen am Grabe des Geliebten auf der Winde Hauch entflattern u. s. w.

# [Joseph Görres:] [Rezension zu:] Probe einer neuen Uebersetzung der Gedichte Ossians aus dem gaelischen Original, von C. W. Ahlwardt [1810].

[249] *Probe einer neuen Uebersetzung der Gedichte Ossians aus dem gaelischen Original, von C. W. Ahlwardt, des oldenburgischen Gymnasiums erstem Professor und Rector. Hamburg, bey Perthes. 1807. (10 gr.)*

Gutes Wort aus alter Zeit in fremder Zunge wird uns hier geboten. Ossian selbst will uns erscheinen, und durch Harfengesang verständlich in seiner Sprache zu uns sprechen. Irrend in den Gebürgen Caledoniens haben sie seinen Schatten angetroffen, und ihn beschworen daß er Rede stehe, und Stimme verschwundener Vorzeit werde und Nachklang alter Vergangenheit. In den Gebürgen allein mag der starke Adler nisten, innen sind sie mit Metall gesättigt, und außen sticht das feste Urgestein durch die leichten Gestalten der Oberfläche durch. Auch die Sage geht in den Gebürgen um, am spätesten verglüht an den großen Massen die Erinnerung, verborgen ruht die Tradition im sichern Lager, und wird von den Strömen wie Goldstaub in die Ebene ausgeworfen. Auf den Bergen und den Inseln am fernen Umkreis im Aufgang und im Niedergang, im Mittag und Mitternacht hat die Natur, dem was sie bewahren will, eine sichere Freystätte bereitet. In der Mitte auf der Ebne geht der Sturm der Begebenheiten, Zeiten häufen sich auf Zeiten, Thaten werden auf Thaten geschichtet; aber wie Windsbraut geht das Verhängniß und der Eigenwille durch die Formen, und wirft die Trümmer übereinander. Die Ebene hat keine geologische Geschichte, nichts als Gerölle, und lose Nagelfluh und den leichten Flugsand, die Asche erstorbener Gebürge, und oben auf die Dammerde, an [250] der jedesmal die gegenwärtige Generation zehrend hängt. Was sich bewahren will, das flüchtet zum sichern Porte, und wird in der Geschichte selbst wie Felsenhöhe, die in der Zeit verwittert, aber nicht untergeht. Wo sollten wir die alte Poesie auch suchen, als bey der großen Naturpoesie, die Natur hat das Bild hingestellt, die Geschichte legt Ton und Wort hinein, und der Berggeist singt nun in stiller Mitternacht die Kunde vergangener Tage und den Gesang früher Geschlechter. Wo ist die Quelle nordischer Poesie am reichlichsten geflossen als auf Island, wo sie heiß wie die Heklabrunnen der Insel durch den Schnee sich durchgebrannt. Warum ist die alte germanische Bardenpoesie untergegangen? nur weil nachdem das Christenthum sie aus ihren Höhlen und

Hainen herausgetrieben, kein freyes, großherziges Bergvolk sie aufnehmen und bewahren mochte. Wo sollten wir celtischen Gesang aufsuchen, der so ganz untergegangen in spätere Cultur in seinem Ursitz, als bey jenen einzelnen Verzweigungen des großen Stammes, die er nach allen Seiten ausgeworfen, *Basken* in den Pyrenäen und *Bretonen* etwa und vor allem, bey jenem nord-lichsten gälischen Stamm, der aus dem Stromgang der großen Geschichte am weitesten herausgetreten, und seine eigene nur übende nicht zerstörende sich gegründet hat. Divinatorisch mußte aus diesen Voraussetzungen die wirkliche Existenz einer alten Poesie in diesen Gegenden sich voraussagen lassen, selbst ehe die Denkmäler aufgefunden waren; nur der Zweifel, ob die Nachforschung nicht Jahrhunderte zu spät gekommen sey, konnte die Gewißheit des histori-schen Calculs problematisch machen. Die Besorgniß erwieß sich nichtig, da Macpherson die Denkmäler wirklich im Munde des Volkes fand, sie wurden mit Liebe und Freude aufgenommen. Bald trat auch die bedächtige Kritik hinzu, sie wollte prüfend wägen, und an innern Merkmalen erkennen, ob die Urkunden echt oder verwerflich seyen; die lautesten Stimmen waren für das Letzte, andere bestimmten sich für das Gegentheil. Es wurde viel hin- und her geredet in England, Deutschland und allerwärts, [251] und wie überhaupt reichlich das Gerede fließt, spärlicher das Thun, an Untersuchung auf Ort und Stelle wurde zuletzt gedacht. Jetzt erst hat die hochländische Gesellschaft durch ihr Zwischentreten den Streit entschieden. Es kann nicht bezweifelt wer-den, daß diese Dichtungen ein Vermächtniß früher Zeit durch die Tradition von Geschlecht zu Geschlecht vererbt als Volksgesang in Caledonien mit dem Stamme selbst noch leben. Als man allein noch die Edda des *Snorro Sturleson* kannte, da mochte man mit einigem Schein die Paradoxie aufstellen, der Sammler dieser Mythen sey auch ihr Erfinder, als man aber in der *sämundi-schen Edda* die Gedichte selbst größtentheils entdeckte, die jener prosaisch aufgelöst und geordnet hatte, da würde es Wahnsinn gewesen seyn, länger jene Irrlehre zu vertheidigen. Nicht anderst ist das Verhältniß Macphersons gegen jene gaelischen Originale: die ihm für den Erfinder halten, wissen nicht was Volkspoesie zu bedeuten habe, und daß keine Nation sich von außen herein fremden Gesang einimpfen läßt, und indem die heftigsten ihm bitter zu schmä-hen glauben, und als strafbaren Verbrecher darstellen, ahnden sie in ihrer Pe-danterie nicht, wie sehr sie ihn erheben, indem sie ihn für den Erfinder einer so ganz originellen Poesie halten, und glauben, daß in ihm die Dichtkunst einen so kräftigen Sproß getrieben habe. Eins fehlte noch, um den ganzen Streit würdig zu krönen, daß nämlich die neue deutsche philosophische Kritik von der hochtrabenden Gattung sich gleichfalls auf ihre Weise versündigen mußte; wir haben neulich noch gesehen, wie sie nachdem alles schon geendigt schien, sich noch ihr Recht vorbehielt, und in einem unserer kritischen Blätter es voll-streckte. Nachdem sie dem großen einfachen Gesetze des Gewerks gemäß rechts einen idealen Pfahl eingerammelt, links einen realen, beyde dann durch einen indifferenten Queerbalken verbunden hatte, wurde der Dichter eingesungen, und ohne Erbarmen an dem Galgen aufgeknüpft. Als ein Verbrechen wurde übermäßige triefende Sentimentalität angegeben, als *corpus delicti* stellte man Delinquenten einige Thränen[251]krüge, Herbstnebel und dergleichen Allotrien hin, als *mater dolorosa* aber trat Agandekka zur Gerichtsstätte hin. Freylich haben sie nur gegen einen Dunstschemen aus dem eignen Brodemtopf gewüthet, wie eine Ketzersecte behauptete, nicht Christus selbst sey gekreuzigt worden, sondern an seiner Stelle der Teufel, der seine Gestalt annehmen müssen. Haben sie denn gar nicht gefühlt, welche unsägliche Anmaßung darin liege, durch eine rein subjective Construction annulliren zu wollen, woran eine brave, gemüthsvolle Nation, fern von allen äußerlichen Verschraubungen allein dem innern Naturgefühl vertrauend, Jahrhunderte sich ergötzt und erlabt hat. Wenn sie uns nur nicht ferner mehr von dieser Sentimentalität schwatzen wollten. Es ist zu einer Art von heroisch gutem Ton geworden, verächtlich von ihr zu reden; es schnellt innerlich gar zu genüglich auf, und gibt äußerlich ein recht antikes tragisches Ansehen gegen diese moderne Weichlichkeit sich unverhohlen zu erklären. Brecht ihr aber durch die grausame Rüstung durch, in der die Worte wie Ringe zum Wappenrocke sich gefügt, ihr trefft hinter der Maske entweder eine gute Seele, die an allen den Gebrechen selbst erkrankt, die sie ihrer Zeit vorwirft, oder im schlimmen Falle einen ausgeweideten mit Formeln und Pedanterien gefüllten Balg, der das barbarische Gesicht nur darum schneidet, daß man ihm nicht näher zu Leibe gehe. Nennt ihr mit modernem Namen auch moderne Ziererey, jene Verlogenheit, die sich selbst und der Welt einschwatzt, was nicht aus eigner Natur hervorgehen will, die mit einem eckeln Gefühlsurrogat sich die Oberfläche gleisend salbt, dann wird niemand widersprechen, aber diese dürft ihr nicht bey Ossian suchen. So viel hat sich wenigstens historisch bewährt, daß er nicht von heute ist. Gerade was Ossian so viele Freunde erworben hat, die Ueberraschung, daß jene Helden, die so tapfer schlugen, auch so menschlich fühlten, soll als eine moderne Weichlichkeit verworfen werden; was so alt ist wie die Welt, dessen will der Tag in seiner gelehrten Zie[253]rerey sich schämen. Die Griechen sind sentimental in diesem Sinne gewesen; weil die Natur in so reich fließender Ader sie durchsetzt, darum mußte das Naturgefühl auch reichlich in ihnen strömen. Freylich neigten sie zwischen der Thräne und der Lache sich bestimmend mehr zur letztern hin, sie mochten lieber freudig im Strahl des Lebens spielend sich bewegen, als in die Schatten der Vergänglichkeit sich versenken, ohne daß spielende Lichter aus dem Tage sie in die Nacht begleiteten. Wenn aber jene nordischen Heldengeschlechter an die Gränze des Sonnenreichs hingetrieben, wo die Finsterniß schon mächtig mit dunkeln Strahlen die Helle durchschießend, sie zur nebelhaften Dämmerung trübt, im Gegentheile sich darin gefielen, die finstern Schatten der Betrachtung in das lichte Leben hinüberzuziehen, und damit jenes schwermüthige Zwielicht über dasselbe auszugießen, aus dem der Heldenmuth in Thaten nur durchblitzt, sind sie darum aus dem Kreise des menschlichen ausgeschlossen, sollen sie in der Poesie nur umwandern wie Gespenster, und haben sie etwas gemein mit jenen Dunstsäulen die aus den modernen Theekesseln aufdampfen? Man hat das Unglück dieser Tage, unter andern auch in der Sentimentalität gesucht, es wäre uns zu wünschen gewesen, daß wir ein stärkeres Maß davon besessen hätten. So aber, wo wir so tapfer sie ausgerottet, ist zuerst jede gründliche Liebe, und jeder feste Haß aus uns gewichen, jede Art von Enthusiasmus und Begeisterung hat sich geklärt und abgerahmt, immer hohler hat die Brust sich ausgeweidet, nichts als die Maulseligkeit ist geblieben. Sie hat sich, recht freudig versucht in den Begebenheiten dieser Zeit, und nachdem sie auf den Schlachtfeldern geschlagen worden, hat sie in die Literatur sich zurückgezogen, wo nicht Todesgefahr auf ihren Fehltritten haftet, und ohne Arg dabey zu haben, treibt sie dort unermüdet und einzig das leere Spiel. Ossian aber und seine Welt ist fern diesem unheiligen Treiben entrückt, das die Sentimentalen gleich sehr wie die Unsentimentalischen in den Wirbel des Ver[254]derbens hinabgezogen. Es läßt sich nicht streng beweisen, daß jene Dichtungen seines Namens wirklich von ihm aus so fernen Zeiten kommen. Nur von großen religiösen Mythen, über deren Erhaltung in ihrer ursprünglichen Reinheit eine eigene Priesterklasse wacht, läßt sich eine solche Unversehrtheit im Laufe von Jahrtausenden behaupten, bey historisch poetischen Traditionen aber ist's kaum anderst möglich, als daß sie in aufeinanderfolgenden Zeiten nicht auch wenigstens einen leichten Anflug vom Geiste dieser Zeit erhalten, und eine leichte Brechung und Aberration in dem Medium so vieler Jahrhunderte erfahren. Wie dem auch sey, es ist gutes altes Oel in diesen Dichtungen, unverfälscht geblieben durch jene Zuthaten, die wenn sie würklich sich mit ihnen verbunden haben, doch keineswegs irgend etwas Fremdartiges in sie hineingetragen. Es ist eine schöne heroische Schwermuth in dieser Poesie; wie die Liebe eine Vergangenheit, und ihre Perspective und das matte Gold des Wiederscheines und den süß benebelnden Zauber der Errinnerung hat, so liebt nicht minder auch der Heldenmuth selbst mitten auf der Höhe seiner Kraft jenen milden schwirrenden Nachklang, abwechselnd mit dem Brausen des Schlachtgesangs; unter dem Eingange der alten Halle sitzt der blinde Dichter, und denkt Geschichte vergangener Schlachten und früherer Thaten, über ihm wölbt sich blau und weit des Himmels Muschel in die Nacht hin, im Sausen des Windes kommen herab die Geister der alten besungenen Helden, von Meteoren umlodert, die Sterne erschimmern trüb durch ihre Gestalt, sie lauschen schwebend auf Gewölken um die alten bemoosten Ehrenmale dem Gesange, und flüstern leisen Laut des Gespräches, oder schwirren durch die Seiten der Harfe, daß sie lispend ertönt, und es dunkelt immer nächtlicher das Auge des alten Sängers, und es lösen sich ihm die dunstigen Gesichte, wie in sanften Regen in Thränen auf; denn ihn umgeben nicht mehr horchend die Häupter der Völker, er sitzt einsam unter kleinen

Leutlein, die Helden seines Gesanges sind [255] alle dahingegangen. Ehrwürdig und heldenhaft erscheint die verwitterte Gestalt noch in den trüben Harm und dem klagenden Schmerz, nichts Weibisches irgendwo, auch die Weiber in seinen Gesängen sind Helden, nur nicht, gleich der Löwin, so wild bemähnt wie die Männer. Wie fallendes Laub des vergangenen Jahres langsam in die frische Grüne niederrauscht, so die falben Klagetöne dieses Sängers in den Frühling seiner Dichtung, habt ihr erst eine solche Jugend gehabt; nimmer wird solche Wehmuth euer Alter verunzieren. Die Einförmigkeit des Colorits aber hat diese Poesie mit aller Ersten, dem Minnegesang, und selbst der homerischen gemein.

Nicht Ossian bedurfte dieser Apologie, wohl aber jene die hin und hergezerrt zwischen entgegengesetzten Meinungen die zum Theil der Muthwillen hervorgebracht, zuletzt erst ihren eignen Tact befragen, und lieber einer rathlosen Verworrenheit sich hingeben, wie man das denn so ziemlich für den Zustand des größeren Theiles annehmen kann. Was aber die hier dargebotnen Proben hochländischer Dichtungen betrifft, so werden sie uns als die ersten Versuche einer treuen Uebersetzung aus der Originalsprache selbst angekündigt. Man weiß schon aus früheren Untersuchungen, deren Resultate unter andern *Mac-Donald* im deutschen Mercur, und im Bragur mitgetheilt, wie diese Sprache nebst der *irischen, bretonischen* und wohl auch *biscayischen* Wurzelsprossen der großen untergegangenen *celtischen* Grundsprache sind, die im innern Geist und äußerer Construction nichts mit der andern europäischen Stammsprache des *Germanischen* gemein gehabt. Was Macdonald darüber beybringt, beweist ihren durchgängig orientalischen Charakter, und ihre genaue Verwandschaft insbesondere in der ganzen Wortfügung mit den *aramäischen* Sprachen, während das germanische eben so entschiedene Analogie mit dem *Persischen* hat. Das eben hat diesen Dichtungen ihr großes historisches Interesse als das einzige Denkmal eines verschwundenen Stammes gegeben, und [256] ihre Vergleichung mit den Scandinavischen, nur nicht so oberflächlich gehalten, wie Blair sie unternommen, zeigt bey unleugbarer Differenz doch wieder in der ganzen Weltanschauung, im Ton und in der Haltung entschiedene Analogie, wie eine solche denn auch z. B. zwischen persischen und chaldäischen Mythen besteht. Das allein hätte den historischen Tact bestimmen können, den ersischen Dichtungen, denselben Grad von Authencität zuzugestehen, den man schon lange den nordischen nicht mehr versagen kann. Die Frage, ob die Sammler von beyden im Mittelalter zugleich auch ihre ursprünglichen Bildner gewesen seyen, würde dann mit jenen nur noch ausgefochten werden dürfen, die nicht glauben können, daß vor der Schule eine Poesie gewesen sey, und der lebendige Ton so treu wie der starre Buchstaben das Anvertraute bewahren möge. Darum aber muß uns auch vor allem so viel daran gelegen seyn, sie rein und unverfälscht wie sie in ihrem Idiome sich erhalten hat, zu erlangen. Uns scheint der Uebersetzer durch die Arbeit hinlänglich seinen Beruf für sie zu bewähren. Eines aber ist uns beym Duchlesen der kleinen Schrift aufgefallen, die Weise wie in ihr von Macpherson gesprochen wird. Es ergibt sich aus der angestellten Vergleichung, wobey wir jedoch ein geflissentliches Aussuchen der schwächeren Stellen zu bemerken glauben, daß Macpherson allerdings nicht überall der gaelischen Sprache mächtig war, daß er hier und da die Emphase und den Wortprunk allzusehr geliebt, und dadurch die ursprüngliche Einfalt dieser Gedichte verkünstelt habe, daß er endlich wohl auch Einschaltungen sich erlaubt. Es ist recht, daß man mit Ernst und Strenge an jede Arbeit gehe; daß man keine Foderung lässig oder feige sich erlasse, die irgend gerechte Kritik an ein Werk machen kann, vor dem Gelungenen muß alles vergehen, was nicht zum Ziel gelangt, und das Beste soll der Feind des Guten seyn; aber es soll auch ein anderes Verhältniß, zwischen dem Besten und dem Guten, als zwischen diesem und dem Schlechten bestehen, Verachtung hier [257] Nacheiferung und Würdigung des früheren Verdienstes dort. Selbst aus jener für Macpherson so ungünstig gestellten Parallele geht doch unverkennbar hervor, daß er im Ganzen und im Großen den Geist seines Originals getroffen; die hier und da ausgestreuten falschen Lichter können nur den Eindruck des Ganzen schwächen; nicht verändern. Die bessere Uebersetzung führt uns in die schon früher bekannte Welt; wir erkennen alles wieder, nur manches Störende ist weggeräumt. Ohne Macpherson wäre uns diese Welt gewiß später, vielleicht gar nicht aufgeschlossen worden, noch nach seinem Tode würkte er durch Legate fort. Es ist undankbar so vielfältiges Verdienst herabzuwürdigen um verzeihlicher Irrthümer willen. Ein Theil der Abweichung rührt zuverlässig von verschiednen Lesarten her; ein anderer von verwitterten Stellen in den Manuscripten; manche Wortbedeutung mag gleichfalls nicht so entschieden seyn, wie man sie hier geben möchte, bey einer Sprache, die wie alle anderen durch so viele Jahrhunderte ohne Zweifel mannigfaltige Veränderungen erfahren hat; manches Eingeschobene endlich, was nicht gerade Tautologie ist, mag er aus andern Gedichten eingelegt haben, was darum gerade noch nicht unossianisch gescholten werden kann. Ehre ihm daher, weil Ehre ihm gebührt, die unnachsichtige Strenge gegen sich selbst mag recht gut mit dieser Milde gegen andere bestehen, und wir hoffen nicht, daß das Publicum anderer Motive bedarf, um sich für diese Unternehmung zu interessiren, als jene die in ihrer Wichtigkeit selbst liegen. Es muß den Freunden alter Kunst erfreulich seyn, das schöne Bild von allen modernen Restaurationen gereinigt zu sehen, und die ihn lieb gewonnen haben, werden ohne Zweifel lieber ihn in seinem eigensten Wesen erkennen, wie es von ihm ausgeflossen ist, als in der fremdartigen Gestalt, die er beym Durchgang durch ein anderes Medium angenommen. Eine Handausgabe mit gegenüberstehendem Originaltexte, getrennt von den Abhandlungen würde zuverlässig vielen angenehm seyn.

# [48] Wilhelm Grimm: Gleichnisse im Ossian [ca. 1811].

In dem Ossian ist zweierlei zu erkennen, entgegengesetztes (insofern überhaupt eins ohne das andere sein kann), was sonst durch die Zeit weit getrennt erscheint: eine Dichtung in der Fabel und in dem Gemüth. Es ist gar kein Zweifel, dass es alte Heldensagen sind, lebendig unter dem Volk erwachsen: die Gewalt und das Weltergreifende, das ihnen stets eigen, lässt sich wohl erkennen; dennoch ist es, als wären diese Sagen der Betrachtung eines einzelnen übergeben worden. Wie nun alles, was aus dem bewegenden des Lebens zurücktritt und bloss vor der einsamen Beschauung steht, seine feste[n] Umrisse verliert und anfängt in Farben mannichfach zu luxuriren, so hat auch die alte Fabel ihr Zusammenhalten und ihre Macht hier aufgegeben, man kann nicht sagen ganz, aber sie gefällt sich mehr, einzelne Momente darin aufzusuchen und dabei zu verweilen. Nicht in den Mittelpunkt der Sage laufen die Fäden zusammen, sondern in die Brust des Dichters, aus dieser ist die Dichtung gesponnen, sie verhält sich zu dem reinen Epos wie der Traum zu dem Leben des Tags. Nur so weit wird der Geschichte gedacht, als nöthig ist die einzelnen Situationen daraus zu verstehen: wie flüchtig eilt der Dichter in Calhon und Culwala an der Fabel vorbei, nur in wenig Worten redet er davon.[1] Es sind andere Forderungen anderer Zeit, man nennt den Ossian darum lyrisch, nicht ganz recht, denn die Stimmung ist auch wieder von der lyrischen verschieden. In Finjal ist die Fabel gänzlich unbedeutend: Cuchullin, Cormacs Vormund, wird von Suaran bedroht, Finjal kommt ihm zu Hilfe und schlägt und sendet fort den Feind, der Cuchullin schon besiegt hatte: dagegen sind die einzelnen Situationen der Helden, der einsame, über sein Unglück erhaben traurige Cuchullin, Finjal, der seinen [49] Feind zum Mahl der Muscheln einlädt und dem Besiegten geliebter Erinnerungen wegen vergiebt, herrlich; ebenso sind die von den Barden besungenen einzelnen Sagen recht wunderbar schön: unglückliche Liebende werden verherrlicht, die der Tod trennte und meist wieder vereinigte. Man kann in ihnen den Grund der Volkslieder noch sehr klar erkennen, am schönsten ist das Lied von Comal und Galwin im dritten Gesang. Auch in Timora, dem anderen grösseren Gedicht, ist dasselbe Verhältnis, ein loser Zusammenhang im Ganzen, aber eine reiche Dichtung im Einzelnen; der sechste Gesang ist der schönste in einfacher Erzählung wie in der Darstellung.

---

[1]    V. 42 ff. (III S. 381).

Im vierten[2] kommt ein Bild vor von so heimlicher Anmuth, dass sich kaum etwas Zärteres erdenken lässt: Sulwalla schläft ein am schilfigen Rande des Baches, von ihrem Haupt fällt der Helm, in ferner Heimath ist ihr Traum, dort glänzt Morgenroth auf den Gefilden, dort zieht die Jagd, dort wandelt auf den Höhen ihr Geliebter, und jungfräulich wendet sie den Blick von ihm: sie weiss es nicht, dass er nah über ihr weint und zum verderblichen Kampf fortgeeilt, eh sie erwacht; doch ihre Seele hat ihn empfunden. Die Lieder von Selma zeigen eine lind trauernde Seele und sind eigenthümlich erwärmt und ansprechend, doch die Klage allein verknüpft das Einzelne. In Carhon nur ist noch Gleichmass zwischen Fabel und Darstellung, und dies kleine Lied darum das vollkommenste zu nennen; darnach folgt Oïhonna und Cahlin von Clua.

Wie die Fabel im Ganzen, so haben die Charaktere der Helden ihren scharfen und individuellen Umriss verloren, es ist in allen eine schwermüthige, erhabene, fast überirdische Gesinnung, durch Grade darin unterscheiden sie sich, nur die eigenthümliche Trauer, einmal unterlegen zu haben, wirft auf Cuchullin ein eigen gefärbtes Licht. Gut und bös allein ist in den Helden entgegengesetzt, dunkel, finster blickend sind die Bösen, rothhaarig wie Dunromma in Oïhonna[3] und Carbre in Timora.[4] Finjal aber ist der Mittelpunkt, um den sich alles [50] Grosse sammelt: umgeben von seinem Sohne, dem die weltlichen Augen zufielen, weil die geistigen ihm aufgiengen, dem Fürsten des Gesanges;[5] von seinen muthigen Söhnen und Enkeln, umschwebt von den Schemen, die auf den Wolken herbeigeführt zu ihm herniederschauen, mit einem Schwert, dessen erster Hieb tödtet,[6] mit einem Speer, an dessen Spitze das Blut Tausender wallt[7] (wenn er die Hand ausstreckt darnach, nahen sich tausend Schemen, sie sehen den Tod des Volks voraus:[8] so siegreich in allen Kämpfen, steht er überirdisch da wie ein Geist,[9] wie die Flamme des Todes, die die Beherrscher der Welt schreckt;[10] ja den feindlichen Gott selbst haut er durch, dass er wie Rauch zusammenstürzt und sich fürchtet vor ihm.[11]

In diesem Helden, wenngleich göttlich im Kampf, doch mild im Frieden,[12] ist die höchste Blüthe des Lebens entfaltet, die mit ihm abstirbt, und hierin gleicht der Ossian wieder allem Epos, das stets in solchem Ausgang erhaben tragisch ist. Er, dessen eigene Thaten vor seinem Feuergeiste hinschwinden,

---

2    V. 370 ff.
3    V. 153.
4    I, 137. 176.
5    Timora I, 35.
6    Timora I, 71. Carrighura 428.
7    Timora I, 65.
8    Dschärdul 243.
9    Timora VI, 275.
10   Carhon 486.
11   Carrighura 255. 299. 660.
12   Carrighura 475.

wie Nebelwolken zerfliessen, wenn strahlend die Sonne emporsteigt,[13] er fühlt den Untergang seines Geschlechts, seine Söhne fallen und sein Enkel, der jugendliche Oscar: "ich sehe deine Stürm', o Morwehn, die meine Hall' einst niederschmettern, wann in Schlachten gefallen mein Stamm!"[14] und "nach und nach fällt hin mein Stamm, dem Ziel naht Finjals Geschlecht!"[15] ruft er aus. Nur der Gesang überlebt die Helden, so lang er vermag: "vergleichbar ist meine Stimme dem letzten Gesäusel des Winds, wenn sein Hauch schwebt aus dem Wald", spricht [51] der hinsterbende Ossian.[16] Die Söhne des *schwachen* Geschlechts bewohnten die Hallen der Väter, der Helden nicht einer war übrig als Ossian, er der letzte Laut der Stimme Conas.[17]

Der Geist des Lieds zeigt sich auch im Gleichnis, fast immer ist das Allgemeine im Besondern dargestellt, eine Neigung der einsam betrachtenden Seele, die durch die ganze Natur sich ausbreitet, während das reine Epos, der Inbegriff des ganzen Lebens eines Volks, durchaus in seinen Bildern das Allgemeine im Besondern zeigt. Die Bilder sind gar nicht mannigfach, die Kämpfe werden meist durch zwei Donner, die auf Bergeshöhen gegenüber gestanden, oder durch zwei gegen einander brausende Ströme verglichen, allein sie sind in demselben Farbenton unendlich verschieden und eigenthümlich lebendig, oft von unbeschreiblicher Schönheit. Sie sind alle aus der umgebenden Natur genommen, die Seele, die sie gefunden, hat alle Geheimnisse derselben erforscht: was ein frischer Mensch, der durch die Wälder, Berge und Thäler hinzieht, gefühlt und gesehen, reicht dahin nicht, sein Weg führt ihn bald hindurch, zu den heimlichsten Gegenden führt keiner, die Thiere fliehen vor ihm. Vor diesem Geist aber sind sie nicht geflohen, er hat sie nicht erschreckt; mitten in der Einsamkeit hat er geruht, wie der erste Lichtstrahl durch das Laub gebrochen und jedes Blatt in grünen Flammen sich erhoben und den Thau glänzend von sich geschüttelt. Er hat gesehen, wie die Vögel erwachend ihr Haupt aufgerichtet und herabspringend zur Quelle sich gebadet und schauernd nach der Sonne sich umgesehen, wie die Rehlein, aufgestiegen vom Lager, an den grünen Hügeln gespielt. "Das Haupt des Birkhahns deckt der Flügel, die Hindin ruht beim Hirsch der Heide, sie werden erwachen beim Frühlicht und grasen am mosigen Strom."[18] Dann ist die Sonne aufgezogen, jeder Baum hat nach seinem Leben in den Lüften sich bewegt, der blaue Himmel, die weissen [52] Wolken haben über dem Wald gestanden, und in jener tiefen Einsamkeit am hellen Mittag, die gleich der um Mitternacht kein Mensch ohne inneres Erschrecken empfindet, sind die Geister auf der Heide hingeschwebt. Sind alle

---

13    Sulwalla von Lumon 61.
14    Dschärdul 125.
15    Timora I, 343.
16    Barhonna 414.
17    Barhonna 114. 137.
18    Cuchullins Tod 26.

Wunder des Tags vorübergegangen und die Schatten der Nacht haben die Erde verhüllt, hat er die Sterne betrachtet, die unergründliche Milde des Monds und den Schlaf alles Lebens, und das brausen des ewig bewegten Meeres gehört. Solche tiefe Naturanschauung ist in allen Gleichnissen offenbart, sie sind nur leis angeknüpft an das, was sie bezeichnen sollen, und der Witz hat wenig Antheil an ihnen. Der Dichter vergisst bald, dass es Gleichnisse sind, ihn freut das eigenthümliche Leben dieser Bilder, es ist eine eigene Lust daran sichtbar, die alle andere Beziehungen vergisst, daher man sie als eigene kleine Gedichte betrachten kann. So, wenn er gedenkt, wie die Sage alter Zeit lieblich sei, vergleicht er sie mit einem stillen Morgenthau, der mild herniedersinkt, und nun fährt er weiter fort: wie er auf den Büschen und Hügeln des Rothwilds gelegen, wann die Sonne langsam steigt über die Stille der grauen Gebirg und kein Tosen trübt den See, der im Thale glänzt sanft und blau.[19] Oder er sagt, sein Schmerz habe sich in Liedern ergossen am Wind, wie ein schattender Baum in wüster Berghöhen engem Thal höre sanft die Stimme des Frühlings umher; hier schliesst sich das Gleichnis, aber Ossian hält das Bild fest: von Blättern umrauschet sein Haupt; dem sonnigen Strahl sie entfaltend schüttelt er einsam die zitternden Zweige, umsummt von der Biene des Bergs. Froh schaut sein Weben der Jäger von kahlen und dörrenden Höhn.[20]

---

[19] Finjal III, 3.
[20] Timora III, 433. 492.

[162] Friedrich Schlegel:
[Auszug aus:] Ueber nordische Dichtkunst.
*Ossian. Die Edda, Sigurd* und *Shakspeare* [1812].

Die leichtern Hervorbringungen der Poesie sind den Blumen zu vergleichen, deren jeder Frühling wieder neue mit sich bringt, oder auch wohl den Schmetterlingen und andern geflügelten Ephemeren, welche im Umkreise der Blumen schweben, oder an Sommerabenden im Glanze der Sonne schwimmen und spielen.

Eine scharf sondernde, streng abwägende Kritik ist hier nicht recht anpassend, und ihr Maß kaum anwendbar auf diese leichten Erzeugnisse eines glücklichen Augenblicks, Kinder des Frühlings und der Liebe. Was hilft es sich bitter darüber zu beklagen, daß die Witterung im Frühling und Sommer mancherley Ungleichheiten ausgesetzt ist, oder ungeduldig zu werden, wenn uns oft im Genuß eines schönen Tages beschwerliche Insekten stören? Ertönt doch auch in unserm Frühling die Klage der Nachtigall und das fröhliche Lied der Lerche! Zufrieden, daß nur noch nicht aller Gesang in unsern letzten Zeiten verstummt ist, nehme man also die Gaben des deutschen Frühlings wie er sie eben biethet, ohne sich ewig nach einem glücklichern und südlichern Himmel vergebens zu sehnen. Wild wachsen liebliche Mayenblumen in unsern Wäldern, thöricht wäre es jedoch, sich in dem Anblick und Genuß eines schönen kunstreichen Gartens durch die stäte Erinnerung selbst zu stören, wie doch eigentlich nicht Deutschland, sondern Persien das Vaterland der Rosen ist, wie diese oder jene Frucht und Blume unter dem jonischen Himmel oder in Italiens Gefilden einheimisch und nicht gleich ursprünglich es auch bey uns gewesen.

[163] Die Jugend ist der Frühling des Lebens, und die einfachen Freuden der Natur werden Vielen immer theuer bleiben. Aber mannigfaltig ist der Sinn der Menschen, nicht minder groß ist die Zahl derjenigen, welchen das Geräusch der Städte, und der reiche wechselnde Glanz des gesellschaftlichen Lebens höher gilt. Allerdings sind hier auch mannigfaltigere, gebildetere, merkwürdigere geistige Kräfte rege, als in jenen kunstlosen Spielen des unmittelbaren Gefühls. Alles ist in dem lebhaftesten Kampf, jeder will gewinnen und genießen, den andern zuvorkommen, und vor den andern glänzen. Mit dem Gedränge und Getreibe eines Jahrmarkts könnte man diese zweyte Gattung der Poesie, welche nach dem Beyfall der Gesellschaft hascht, und dem Geiste der Mode dienstbar ist, am schicklichsten vergleichen; sey es nun, daß sie die

Menge persönlich vor ihrer Bühne versammelt, oder bloß für die Lectüre bestimmt, die müßigen Stunden der einzelnen Genießenden ausfüllt. Alles ist bey einem solchen allgemeinen Austausch in Leben und Bewegung, jeder will kaufen oder verkaufen. Kinder greifen nach dem ersten besten süßen Naschwerk das ihre Blicke reizt, die Jugend meistens nach schimmernden Putz und dem Flitterstaat einer oberflächlichen Geistesbildung; neugierig drängt sich der Haufe bald um diese bald um jene Bude und Bühne. Andere, besonders die Verkaufenden, denken nicht so auf den Genuß als zunächst auf den Gewinn, Geld und Beyfall, und wie sie die Menge täuschen und die schwache Seite auch der Bessern ergreifen und zum eignen Vortheil benutzen können. Oft sind beyde, die Kaufenden wie die Verkaufenden gleich sehr getäuscht, indem die Zahlung und der Beyfall der Ersten nicht mehr wahren Werth hat, als das Naschwerk des Herzens und der Flitterstaat des Verstandes, welchen die andern dafür geben.

Anziehend, merkwürdig und künstlich genug ist bey alle dem dieser allgemeine geistige Verkehr. Die Wirkung welche ein Schauspiel, ein Roman auf ein bestimmtes Publikum, oder gerade zu dieser Zeit, und in diesen Ansichten und Verhältnissen machen soll, und machen kann, läßt sich in einem gewissen Grade be[164]rechnen. Künstliche Theorien und Systeme, verschieden und entgegengesetzt nach den verschieden gewählten Standpunkten oder eingewurzelten Vorurtheilen sind darauf gebaut, und selbst wieder Gegenstand eines ähnlichen geistigen Treibens und Reibens, des lebhaftesten Kampfes und der allgemeinen Theilnahme geworden. Es liegt auch diese Art der Thätigkeit in der menschlichen Natur; vergeblich also und auch thöricht würde es seyn, sie unbedingt verdammen zu wollen. Zu wünschen wäre wohl, daß auf dem poetischen Jahrmarkt, um in dem einmahl ergriffnen Bilde weiter zu reden, besonders auf unserm deutschen, etwas mehr Ordnung und Einheit herrschte. Ob aber dieß durch bloße *Kritik* erreichbar sey, ob hier nicht eine ganz andere, moralische Gewalt zunächst entscheidend ins Mittel treten, und Ordnung hervorrufen müsse, das kann nach dem bisherigen Erfolg kaum zweifelhaft scheinen. Wie selten sind nicht die Fälle, wo es einer durchgreifenden Kritik wirklich gelang dem Strome der Mode Einhalt zu thun, die Täuschungen in ihr Nichts aufzulösen, denen jeder, wenn er auch weiß daß er getäuscht wird, sich so gern von neuem hingiebt, um dem beschwerlichen Ernst der Wahrheit zu entfliehen, oder auch nur einzelne eingewurzelte Vorurtheile auszurotten.

Von diesem Felde also, wo so leicht und so bald kein vollständig glücklicher und siegreicher Erfolg zu hoffen ist, wenden wir uns lieber zu einem ungleich weniger betretenen Gebiete. Außer jener Poesie des Frühlings und des Augenblicks; dann jener zweyten die der Mode dient und in der Sphäre des höhern gesellschaftlichen Lebens ihr Wesen treibt, giebt es noch eine andere, älter als jene beyden. Es ist die Poesie in ihrer ursprünglichen Gestalt selbst, oder die *Sage* und Heldendichtung, welche nicht bloß in dem Gebiete der

Kunst eingeschlossen ist, sondern eben so sehr der Geschichte, und zwar der Urgeschichte des Menschen und der Natur angehört. Im Gegensatz der abgeleiteten Kanäle jener künstlich conventionellen, auf die gesellschaftlichen Verhältnisse und Erscheinungen gerichteten Poesie, könnte man sie einer reinen und starken *Felsenquelle* ver[165]gleichen; in Rücksicht aber auf den äußern Reiz und die sinnliche Fülle, den Blätterschmuck und Blüthenglanz derjenigen Poesie, welche unmittelbar aus dem Gefühl des jugendlichen Lebens und der Liebe hervorgeht, mit jenen rauhen ehrwürdigen *Urgebirgen*, welche den einsamen Wanderer mit Erstaunen und Nachdenken erfüllen, und unter die Riesengestalten der Vorzeit versetzen.

Hier ist die Kritik, die aber wie sich versteht, fast durchaus *Geschichte* seyn muß, ganz an ihrer Stelle und wahrhaft fruchtbar. Nicht um die großen Werke der Natur nach einem willkührlichen Maaß, oder oft allzuleichtem und vergänglichem Gewicht zu würdigen, sondern sie zu deuten, zu erklären, ihnen ihre wahre Stelle anzuweisen, und sie allgemeiner verständlich zu machen. Mit dem Geschäft des Bergmannes ist die Erforschung und Erklärung dieser alten Denkmahle der Sage zu vergleichen; des Bergmannes der die Natur in ihren Tiefen beobachtet und andern deutet. Hier unten wurzeln und schlummern verborgen jene Kräfte und Metalle – das Gold und das Eisen – welche an die Oberfläche hervorgebracht alles in Umlauf und Bewegung setzen, die Fluren mit dem Seegen der Fruchtbarkeit schmücken, oder Felder und Ströme mit Blut färben; hier ruhen verschlossen die erquickendsten Heilkräfte und die tödtlichsten Gifte, unscheinbare Stoffe ferner, aus denen durch geringe Kunst die üppigste Mannigfaltigkeit der glänzendsten Farbenspiele sich entwickeln läßt; manches andere Geheimnißvolle, alles zerstreut und begraben unter den Ruinen einer versunkenen Riesenwelt.

In einer solchen Stimmung muß man sich den alten Denkmahlen der alten Heldensage nahen, um sie zu fassen und zu deuten. Betrachtungen dieser Art, wenigstens so weit als das Gebiet der vaterländischen Dichtkunst sich erstreckt, möchten wir wohl versuchen, unsern Lesern von Zeit zu Zeit mitzutheilen. Es ist uns dabey vorzüglich nur darum zu thun, das gediegene Metall der alten Poesie zu Tage zu fördern. Solche die sich ein Geschäft daraus machen, es vielfach umzuschmelzen, mit irgend einem mehr oder minder all[166]gemein geltenden oder bloß willkührlichen Stempel zu versehen und in kleinen Portionen in Umlauf zu bringen, finden sich ohnehin schon genug.

---

Seit *Leibnitz* und *Eccard* hat die Kenntniß der deutschen Sprache, seit *Klopstock* und *Bodmer* auch die der altdeutschen Dichtkunst immerfort manchen Zuwachs erhalten. Besonders aber ist seit den letztern zehn oder zwölf Jahren, wie das Gefühl des Vaterlandes überhaupt von neuem erweckt und aufgeregt, so auch die Liebe zu unsern alten vaterländischen Dichtern sichtbar allgemeiner und lebhafter geworden. Indessen fehlt noch sehr viel, daß die altdeutsche Litteratur schon vollständig bekannt wäre, was auch nach ihrem großen Umfange selbst bey bessern Hülfsmitteln und zahlreichern Vorarbeiten nicht leicht seyn würde. Es umfaßt dieselbe, selbst wenn man die altsächsischen Denkmahle ausschließt, und nur die Werke in hochdeutscher Sprache dahin rechnet, und dann die Mitte des siebzehnten Jahrhunderts, oder den westphälischen Frieden als die Grenze und Scheidewand zwischen dem alten und dem neuen Deutschland auch in der Litteratur annimmt, einen Zeitraum von beynahe *acht Jahrhunderten* (870 bis 1650). Viele Veränderungen, mehr als eine Ebbe und Fluth, manche gänzliche Umgestaltung durchlebte der deutsche Geist in diesem langen Zeitraume, und mehrere Regionen in dem weiten Gebiet seiner ehemahligen Wirksamkeit sind noch ganz unbekannt und wie unentdeckte Länder. Selbst für die Poesie, auf welche sich die Neigung der Forscher und der Nation bis jetzt vorzüglich gerichtet hat, ist vieles übrig, wo man noch weiter zurückgehen, noch tiefer aus der Quelle schöpfen muß, wenn deutsche Kunst und Art, wie sie von Alters her war, ganz richtig verstanden, und wie sie noch jetzt seyn kann, von neuem belebt und erweckt werden soll.

Jenes alldurchdringende tiefe *Naturgefühl* welches aus den germanischen Sitten und Einrichtungen des Lebens hervorleuchtet, woraus nicht blos der Hang zur Freyheit, sondern auch die zartere Liebe, und die [167] uns eignen Begriffe von Adel und Ehre zuerst entsprungen sind, ist in der nordischen Götterlehre und Edda einheimisch. So viel auch der Einfluß des Christenthums und mildere Sitten nachher daran geändert haben, es ist viel von jener alten Denkart und Gefühlsweise, wenn gleich in neuer verwandelter Gestalt geblieben. Durch die ganze Ritterzeit, durch alle Thaten und Sitten, alle Dichtungen und Gebilde des Mittelalters geht dieser Grundton gleichsam wie die *nordische Ader* hindurch, und noch schlagen diese Gefühle in den Herzen aller Völker deutscher Abkunft.

Odins Götterlehre war den nördlichen Deutschen und Sachsen mit den skandinavischen Völkern gemein; beyde Nationen finden sich nach so langer Absonderung doch noch verwandt, und waren ursprünglich Ein Volk. Um so weniger kann es gegen die Natur der Sache, oder zu weit entlegen scheinen, wenn wir die deutsche Poesie bis zurück zu ihrer nordischen Quelle, der Edda, verfolgen möchten. Anders ist es freylich mit den Celten und ihren Sagen oder Denkmahlen, die uns allerdings fremder erscheinen und bleiben. Wenn aber auch der Geschichtsforscher überall Ursache findet, celtische und gaelische Stämme, Sitten und Einrichtungen von der germanischen sorgfältig zu unterscheiden, so ist doch nicht zu läugnen, daß diese beyden allerdings in ihrem Ursprung ganz verschiedene Nationen, vieles von einander angenommen, daß die freyen nordischen Völker des neuern Europa überhaupt manche Eigenschaften und Ansichten mit einander gemein hatten, daß sie in mancher besondern den Alten fremden Gefühlsweise, auch noch vor der nähern Verbindung welche das Christenthum herbey führte ursprünglich zusammen stimmten. Die allgemeine Aufnahme welche *Ossian* in den meisten Ländern Europa's gefunden hat, die ganz besondere Liebe mit welcher man ihn in Deutschland sich angeeignet hat, kann dieß bestätigen. Wie oft hat man nicht die sentimentale Schwermuth des schottischen Barden, als die eigenthümliche noch aus der freyen Vorzeit herstammende Gefühls- und Darstellungsweise der neuern Europäer, der klaren und heitern Darstellung des Homer und anderer Alten entgegen gestellt!

[168] So viel Unrichtiges auch in diese Gegeneinanderstellungen eingemischt worden seyn mag, so wenig wir auch in die Lobpreisungen der ausschließenden Bewunderer Ossians ganz einstimmen können, so ist doch die Erscheinung schon durch die Wirkungen welche sie gehabt hat, merkwürdig genug. Nachdem Macphersons *unächter* und *falscher* Ossian die Welt so lange beschäftigt hat, und über dessen poetischen Werth oder Unwerth so viel ist gestritten worden, mag es nicht überflüßig scheinen, über den *wahren* und echten Ossian, den man uns jetzt verheißt und darbietet, einige Bemerkungen mitzutheilen, wobey wir vor allem nur suchen werden, erst *historisch* einen festen Grund und Boden für die ganze Erscheinung zu gewinnen. Die *Sage* gehört ja überhaupt nur zur Hälfte der Dichtkunst, dann aber auch der Geschichte an. Beyde Elemente lassen sich nicht eigentlich scheiden, und selbst für den poetischen Werth und Genuß alter Heldengedichte ist es vor allem wichtig, sich nur erst historisch klar zu machen, an welcher Stelle sie in den Zeiten stehen, in welchem oft beschränkten Völkerraume ihre Begebenheiten spielen, kurz sich ganz in die Welt zu versetzen der sie angehören und aus welcher sie entstanden sind.

Nachdem der letzte verzweifelte Versuch, den ein Stuart in Schottland wagte, um den brittischen Thron welchen seine Vorfahren besessen hatten, wieder zu erobern, im Jahre 1746 mißlungen war, fand die Regierung nothwendig, um solchen Versuchen für die Zukunft vorzubeugen, manches in den alten Einrichtungen der Schotten zu ändern, und das bis dahin in seinen Sitten und Gebräuchen durchaus eigenthümliche und selbstständige Land immer mehr an England zu binden, und die gewissermaßen erst wieder eroberte Provinz mit dem Hauptlande des ganzen Reichs möglichst zu verschmelzen. Doch ist bis auf die neueste Zeit eine fühlbare und auch in den Werken des Geistes und des Geschmackes bemerkliche Verschiedenheit zwischen der Sinnesart beyder Völker geblieben. Der gewaltsam zurückgedrängte Patriotismus der Schotten mochte, wie es in solchen Fällen zu geschehen pflegt, seit jener Katastrophe mit desto heißerer Liebe sich zurückwenden zu den alten Na[169]tional-Erinnerungen und Sagen seines ehemaligen Lebens und alten Ruhms. Diese Stimmung hat mit beygetragen zu der aufmerksamern Sammlung und

Bekanntmachung der gaelischen Bardenlieder, und noch mehr vielleicht zu der Liebe und Begeisterung, mit welcher sie zunächst in ihrem Mutterlande aufgenommen wurden. Bald theilte auch fast das ganze übrige Europa dieselbe Begeisterung, so wunderbar entsprach die neue nordische Erscheinung dem allgemeinen Gefühl und poetischen Bedürfniß des Zeitalters.

Nachdem man aus dem ersten Rausche der Bewunderung etwas zu kälterer Besonnenheit zurückgekehrt war, fingen sich an vielerley Zweifel gegen die Aechtheit des Ossian besonders in England selbst zu erheben. Sobald man nun die Gedichte des schottischen Barden in der gaelischen Ursprache näher untersuchte, ward allgemein anerkannt und von allen Seiten bestätigt, daß Macpherson mit den alten Liedern äußerst willkührlich, nachlässig, und überdem noch unredlich verfahren sey. Endlich erschienen die Ossianischen Gedichte vollständig in der Ursprache zu London 1807 in drey Bänden, und nachdem bey uns ausgezeichnete Gelehrte und mehr als ein vortrefflicher Dichter (*Denis, Herder, Göthe, Stollberg*) den von Macpherson bearbeiteten und vielfach verfälschten Ossian in deutscher Sprache übertragen oder frey nachgebildet hatten, besitzen wir nun auch durch *Ahlwardt* eine mit gewissenhafter Treue nach dem gaelischen Original selbst gebildete Uebersetzung. (*Die Gedichte Ossians aus dem Gaelischen im Sylbenmaße des Originals von Ch. W. Ahlwardt, Leipzig bey Göschen* 1811, *drey Bände in 8.*) nach welcher sich jetzt zum erstenmale ein fester Standpunkt und ein haltbares Urtheil über die ganze Sache gewinnen läßt.

Zwar werden in England auch gegen die Aechtheit dieses gaelischen Ossian noch sehr viele und starke Zweifel erhoben. Doch ist die unbedingte Geringschätzung und Herabsetzung, mit welcher die brittischen Gelehrten seit der Erregung jenes Streits auf den Ossian herabsehen, wohl nicht ganz frey von dem Einfluß des ihnen natürlichen eigenthümlichen Vorurtheiles gegen den [170] Lieblingsgegenstand des *schottischen* National-Gefühls. Wenigstens muß ich darin dem deutschen Uebersetzer beystimmen, daß, wenn es auch nicht historisch erwiesen wäre, daß viele der ossianischen Lieder seit geraumer Zeit von den Barden im Hochlande abgesungen wurden, schon eine innere Unwahrscheinlichkeit, die fast an Unmöglichkeit gränzt, dagegen entscheiden würde, daß Macpherson, und seine etwanigen schottischen Gehülfen den ganzen Ossian als eignes Machwerk durchaus untergeschoben, selbst erfunden, und allein fabrizirt haben können; wie es der Skepticismus, oder der Partheygeist einiger engländischen Gelehrten zu behaupten weit genug gegangen ist.

Doch so viel muß zugegeben werden, über das *Zeitalter* welchem die ossianischen Gedichte, vorausgesetzt daß wenigstens Einiges darin ächt und alt sey, angehören, ist erst jetzt, da wir den gaelischen Ossian vor uns haben, möglich, etwas zu bestimmen. Alle Vermuthungen und Untersuchungen über Ossians Zeitalter, bey welchen die Macphersonsche Uebersetzung zum Grunde gelegt war, sind als nicht vorhanden zu betrachten; denn aus mißverstandenem

Patriotismus hat sich Macpherson, um die Gedichte recht alt zu machen, und in die Römer-Zeit hinaufzuschieben, sogar erlaubt, den Text zu verfälschen. Ein merkwürdiges Beyspiel davon führt der deutsche Uebersetzer (Th. III. S. 9 und 47) an. In dem Gedichte Carthonn wird ein Gegner des Fionnghal, (vermuthlich irgend ein Heerführer oder kleiner Fürst auf den Hebriden, oder am Carunn) "der Schildburg Fürst" genannt. Jeder einigermaßen mächtige Häuptling, fügt der Uebersetzer hinzu, heißt bey Ossian ein "König der Schilde." Daraus hat nun Macpherson einen "König der *Welt*" gemacht, und es auf den weltbeher[r]schenden Cäsar Roms gedeutet. Hat der Leser einmal auf Glauben angenommen, daß sich dieser in den Ossianischen Gedichten finde, so ist es dann leicht den *Caracul,* einen Fürsten am Carunn, in den römischen Caracalla zu verwandeln, und noch manche andere ähnliche Umdeutungen und Mißdeutungen herauszukünsteln. Alle diese, so wie jede den Ossian in die Römerzeit hinaufrückende Hypothese, findet der [171] Uebersetzer durchaus unstatthaft, und kann sich nicht stark genug dagegen erklären. Ob es nun absichtliche Verfälschung bey Macpherson war, oder ob er bloß aus Verblendung für die einmal angenommene Lieblings-Hypothese, bey einer wie man jetzt allgemein behauptet, nicht vollkommen gründlichen Kenntniß der gaelischen Sprache, falsch verstand und falsch übersetzte, das ist wenigstens für das historische Resultat gleichgültig.

Genug, es ward durch diesen Einen Grundirrthum, daß man die ossianischen Gedichte in die Römerzeit hinauf setzte, der ganze Standpunkt durchaus verrückt, und alles erschien von nun an in einem ganz falschen Lichte. Sobald aber diese Täuschung wieder weggeräumt ist, so dünkt mich, man könnte aus den Gedichten selbst, ohne solche vorgefaßte Meinung betrachtet, im allgemeinen auf die Sphäre und die Zeit schließen, welcher sie angehören.

Die wichtigste Handlung die in den ossianischen Gedichten dargestellt wird, und die am meisten ein historisches Gepräge hat, ist die, welche den Inhalt des Fingal ausmacht. Als die größte, oder doch als eine der größten Thaten des schottischen Helden, wird hier ausführlich dargestellt; wie er Eirinn oder Irrland gegen den Angriff des mächtigen König Suaran von *Lochlin* vertheidigt und errettet habe. Diese That liegt an sich ganz in den Gränzen der historischen Wahrscheinlichkeit. Lochlin wird als ein mächtiges Reich geschildert, was auch schon daraus erhellt, daß es für eine so große und ruhmwürdige Heldenthat galt und besungen ward, gegen die Macht von Lochlin sich mit Glück nur vertheidigt und ihren Angriff zurückgeschlagen zu haben. Dieses nun, das Land und Reich Lochlin, und dessen Verhältniß zu den Küsten Schottlands und Irrlands historisch zu bestimmen, ist der Punkt auf welchen alles ankömmt. Lochlin sey entweder Jütland oder Norwegen, sagen die Commentatoren; der Uebersetzer entscheidet nicht zwischen diesen beyden Auslegungen. Es werden allerdings auch manche Fahrten und Abentheuer an den schottischen und irrländischen Küsten-Ländern und den dazwischen liegenden Inseln von jütischen [172] und dänischen Helden und Seekönigen erzählt. Indessen scheinen alle Local-Bezeichnungen in dem Gedichte selbst mehr auf Norwegen als auf Jütland zu zielen. Lochlin wird als ein waldiges schneebedecktes Felsenland geschildert, welches selbst gegen das nordwestliche Schottland rauher und nördlicher erscheint. Noch entscheidender ist der Umstand, daß die *schettländischen* und die *orkadischen Inseln*, in den Ossianischen Gedichten, den König von Lochlin für ihr Oberhaupt anerkennen. Dieß führt uns auf die bestimmte Epoche des Königs *Harald Haarfagre*. Dieser Gewalthaber vereinigte zuerst Norwegen zu einem Reiche, und verbreitete nach dessen völliger Bezwingung (875) seine Eroberungen so weit umher, daß diese von ihm im äußersten, dem übrigen Europa fast unbekannten Norden gestiftete Herrschaft, beynahe so groß und so übermächtig erscheint, wie in dem mittlern und bekanntern Europa, Karls und seiner Vorfahren und Nachkommen Frankenreich. Die vor der Alleinher[r]schaft fliehenden Normänner, welche auch *Island*, dieses vielbesungene Thule und ferne Eyland, den Hauptsitz der nordischen Dichtkunst, zuerst oder doch von neuem bevölkerten, und von dort in der Folge wahrscheinlich das feste Land des nördlichen Amerika entdeckten, besetzten die genannten Schottland umgebenden von Norwegen westlich gelegenen Inseln, und thaten von da aus manche Streifzüge nach Norwegen selbst. Dieß veranlaßte den mächtigen König, ihnen bis in ihre Schlupfwinkel zu folgen, und jene Eylande zu erobern. – Was sich nun auch noch vor Schwierigkeiten ergeben mögen, um die Hauptbegebenheit des Fingal bis auf das Jahr historisch genau zu bestimmen, und die im Allgemeinen leicht begreiflichen Widersprüche zwischen Liedern, die Jahrhunderte lang vielleicht bloß durch den mündlichen Gesang der Barden überliefert und erhalten wurden, und der beglaubigten, obwohl in manchem Stücke auch noch dunkeln Geschichte zu lösen, so viel bleibt in jedem Falle gewiß; Lochlin ist Norwegen, und die Ossianischen Gedichte gehören in das Zeitalter der Normannen. Dieß bleibt fest, gesetzt daß sich auch bey genauerer Sichtung eines ziemlich verwickelten Gegenstandes einige Scheingründe [173] auffinden ließen, Fingals Thaten zwar wohl in die normannische Zeit, aber doch etwas vor Harald Haarfagre anzusetzen, und Lochlin auf jütische und dänische Seefahrer zu deuten, was mir nicht wahrscheinlich ist; denn auf keinen Fall könnte es einen großen Unterschied betreffen.

Die ältere schottische Geschichte zerfällt nach dem neuesten und anerkannt gelehrten Erforscher der dasigen Alterthümer (*Chalmers Caledonia*. IV. Vol. 4to 1807) in folgende Hauptperioden. Die erste ist die *römische* vom Jahr 80-446. Diese gehört nicht hierher, denn so alt sind Ossians Gedichte auf keinen Fall. Dann folgt das Zeitalter der *Picten*, von 446-843. Die Picten waren, wie Chalmers gegen Macpherson und andere behauptet und beweist, nicht von teutonischem, sondern von cambrobrittischem Stamme, also verwandt mit den celtischen Bewohnern von Wales und der französischen Bretagne. Die dritte

Periode endlich ist die der Schotten. Irland war das ursprüngliche Vaterland dieses Stammes, von welchem eine Kolonie sich in Argyle, Fingal's und Ossian's Wohnsitz, niederließ. Die Ossianischen Gedichte, besonders die Haupthandlung des Fingal fallen, wie der Uebersetzer sagt, in eine Periode, wo Schottland und Irland (Gaelisch *Alba* und *Eirinn*) von "einem Volke von gleicher Abkunft, gleicher Sprache und Sitte bewohnt war"; also nicht etwa in die letzte Zeit der Pictischen, sondern durchaus in die *schottische* Periode, welche sich nach Chalmers 843 bis 1097 erstreckt. Von da beginnt die vierte Periode, welche der Verfasser die schottisch-*sächsische* nennt, wo der Einfluß der Sachsen und ihrer Kolonien in Schottland seinen Anfang nahm, und sächsische Sitte, Verfassung und Sprache allmählig die Oberhand behielt.

*Fingals und Ossians Thaten und Gesänge gehören in das Zeitalter der Normannen*; damit wird mir mit einemmale vieles klar und leicht begreiflich, was bisher dunkel erschien, und ein Gefühl unauflöslicher Schwierigkeit erregte. Zuerst das gänzliche Stillschweigen und Nicht-Erwähnen des ganzen südlichen Theils der großen brittischen Insel. Die da[174]mals in England herrschenden Sachsen hatten genug zu schaffen, sich selbst gegen die Einfälle der Dänen zu schützen, so daß sie wohl gar nicht daran denken konnten, Schottland erobern zu wollen, oder dessen Bewohner auch nur zu beunruhigen. Beyde Nationen waren ohnedem durch die Religion völlig getrennt; die Sachsen in England waren Christen, in Schottland ist das Christenthum schon von jenem Zeitraum an wohl auch verbreitet worden, aber nur allmählig. In den entferntern Gegenden und Gebirgen gab es noch manche Einwohner und Herrscher vom alten Stamme, die vom Christenthum entweder wirklich keine Kunde hatten, oder auch nicht haben und annehmen wollten. Die Institute der Druiden dagegen waren unstreitig zu dieser Zeit schon erloschen; so erklärt es sich, daß in diesen Gedichten keine einzige deutliche Erwähnung derselben sich findet, wie überhaupt die dem Ossian eigenthümliche Götterlehre, oder vielmehr der gänzliche Mangel einer solchen. Ein Mangel, der wohl nicht wenig beygetragen hat, diese Gedichte dem in ähnlicher unbestimmter Mitte schwebenden, von rohem Aberglauben ziemlich befreyten, zum geistigen Glauben nicht vollständig durchgedrungenem Zeitalter zu empfehlen und angenehm zu machen. Ossian ist wie der traurige Nachhall eines erlöschenden Volks, so auch nur der letzte schwindende Schatten eines untergegangenen Glaubens alter Götterlehre. Außer denen im Nebel und auf Wolken erscheinenden Geistern der verstorbenen Helden, kennt Ossian keine Gottheit, und nennt keine mit Nahmen als den Loduinn, welcher aber nicht in Schottland und Irland, nicht in Alba und Eirinn, sondern in der Fremde, in Lochlin verehrt ward, und welchen alle Erklärer einmüthig auf den in Skandinavien noch bis in so späte Zeiten verehrten und vergötterten *Odin* deuten. Es ist, als ob das unglückliche ersterbende Volk, dessen letzte Klagelaute wir im Ossian vernehmen, gar keine eigne Götter mehr gehabt hätte, nur mit Sehnsucht hinschauend nach den herrlichen Helden und Göttergestalten des glücklichern skandinavischen Nordens. Es ist nicht unwahrscheinlich, daß durch die Normannen der Dienst des Odin auf den orkadischen und schettländischen Inseln [175] bekannt geworden, und aus der häufigen Erwähnung in den Ossianischen Gedichten möchte man fast auf eine gewisse Vorliebe und besondere Verehrung des skandinavischen Gottes, wenigstens bey diesem einzelnen Heldenstamme schließen. Fingals Geschlecht war durch die steten Abentheuer und Seefahrten, in vielfache Berührung und Verbindung mit dem der skandinavischen Könige gekommen; nicht bloß in feindlichem Kampfe, auch beym Mahle der Gastfreundschaft, und durch die Bande der Liebe hatten sie einander kennen lernen, und waren selbst durch Heyrath noch von Treunmor, dem Ahnherrn des Stammes her, verknüpft und verwandt.

> "Lochlins Fürst! sprach Fingal des Siegs,
> *Mir fleußt in den Adern dein Blut.*
> Unsern Vätern war Streit ob dem Meer,
> Ein Streit, den verewigt das Lied;
> *Doch oft in der Halle des Mahls*
> *Umkreisete froh sie das Horn.*"

Durch diesen bald kriegerischen, bald gastfreundlichen Verkehr mit den skandinavischen Helden, Lochlins Beherrschern, war denn auch die Kunde vom Odin an Ossian gekommen. Ueberhaupt darf man wohl annehmen, daß bey so vielen Beziehungen auf Skandinavien, der nicht bloß in Sagen und Gesängen, sondern auch in kühnen Thaten und Abentheuern sich bewahrende poetische Geist der Normannen, wenigstens mittelbar einigen Antheil an der Erweckung der gaelischen Gesänge, und einigen Einfluß auf die Fantasie der schottischen Barden gehabt habe, so verschieden auch hier gaelische und skandinavische, wie überall celtische und deutsche Gesanges- und Sinnesart blieb.

Der neue Aufschwung, welchen der Geist der Normannen seit Harald Haarfagre, wie im Frankenreich und im eigentlichen Deutschland seit Karl dem Großen die Fantasie der südlichern Abendländer nahm, hat überhaupt vielfältig auf die Entwicklung der Sage und Dichtkunst gewirkt. Im Norden selbst wurden, vorzüglich in Island, von den dahin geflohenen Normannen die Sagen vom Odin und die Gesänge der Edda jetzt von neuem erweckt und erneuert, ja auch nachdem das Christenthum bis zu dem äußersten Thule gelangte, vielleicht [176] nur desto eifriger erweitert und gesammelt. Diejenigen Normannen, welche sich an Frankreichs fruchtbarer Küste niederließen, verlernten mit der Annahme des christlichen Glaubens, bald auch die Sprache ihrer Väter. Aber der aus dem Norden mitgebrachte kühne romantische Geist, blieb ihnen noch mehrere Jahrhunderte hindurch eigen. *Sie* haben wahrscheinlich, wenn nicht zuerst, doch vorzüglich, die Thaten Karls des Großen und seines biedern Roland in ein Gedicht verwandelt; sie waren es, die nach England unter Wilhelm dem Eroberer des Rolands Lied brachten, und auch an der Poesie der Kreuzzüge haben sie durch That und Gesang einen großen und wesentlichen Antheil gehabt.

Gehören nun die Thaten Fingals und die Gesänge Ossians, wenn wir ihnen das höchste Alter zugestehen was sie nur immer haben können, und sie unmittelbar auf die Thaten folgen lassen, in dieses Zeitalter (an das Ende des neunten oder in das zehnte Jahrhundert unsrer Zeitrechnung) so ist es bemerkenswerth[,] daß ihre Entstehung oder erste Veranlassung ungefähr gleichzeitig gewesen mit noch mehreren andern großen poetischen Erscheinungen. Es fällt die schon erwähnte Ausbildung der Edda, so wie wir sie jetzt noch haben, in Island gleichfalls in diese Zeit, in der auch Karls und Rolands Thaten schon den Stoff zu Liedern gegeben. Ungefähr zur selbigen Zeit sammelte im Morgenlande Ferdusi die Sagen von den großen Königen und Rittern des alten Persiens in seinem unsterblichen Heldenbuche; nicht viel später vollführte der spanische Cid seine Thaten, die gleich, nachdem sie geschehen, in Heldengedichten erzählt, später in vielen anmuthigen Liedern besungen wurden; und in unserm Deutschland war das Lied der Nibelungen, die Sage vom Attila, und von seiner letzten Hochzeit, dem burgundischen Unglück, von den fränkischen und gothischen Helden, wo auch noch nicht in hochdeutscher, so doch gewiß schon in sächsischer Sprache vorhanden.

Alles dieß fällt recht in die Mitte jenes Zeitraums, welchen man gewöhnlich die "Finsterniß des Mittelalters" zu nennen pflegt. Wohl mag in Rücksicht auf das isolirte Leben der Nationen und der Einzelnen, auf [177] den in den letzten Römerzeiten so allgemeinen und so lebhaften und jetzt unterbrochenen Verkehr der Völker, und in Rücksicht auf die nicht mehr so allgemein verbreitete Gemeinschaft der Geistesbildung, und weil überhaupt die Gewerbe und Geschäfte des Tages noch bey weitem nicht mit der Geschicklichkeit wie in neuern Zeiten betrieben wurden, jene merkwürdige Periode der Menschheit mit der Nacht verglichen werden; aber eine *sternenhelle* Nacht war es! Jetzt scheint es, befinden wir uns noch in einem verworrnen und trüben Mittelzustande der Dämmerung. Die Sterne, welche jene Nacht erleuchteten, sind erblaßt, und größtentheils schon verschwunden, aber noch ist der *Tag* nicht angebrochen. Wohl hat man uns mehr als einmal die bevorstehende Erscheinung einer neuen Sonne allgemeiner Erkenntniß und Glückseligkeit verkündigt. Der Erfolg indessen hat die übereilte Verheißung keinesweges bestätigt, und wenn irgend ein Grund vorhanden ist, um zu hoffen[,] daß sie bald in Erfüllung gehen soll, so ist es wohl nur die empfindliche *Kälte*, welche in der Morgenluft dem Aufgang des Lichtes voran zu gehen pflegt.

Bey dieser Betrachtung der Ossianischen Gedichte bin ich durchgehends von dem Grundsatz ausgegangen, ihnen das höchst mögliche Alter, die größte relative Aechtheit zuzugestehen, welche ihnen nur irgend beygelegt werden, und mit der historischen Wahrheit bestehen kann. Bis das Gegentheil etwa durch andere äußere Gründe erwiesen wird, streitet auch in der That keine innere Wahrscheinlichkeit dagegen, daß ein solcher Heldenstamm Fingals an der nordwestlichen Küste Schottlands im neunten und zehnten Jahrhundert wirklich existirt, daß es einen Ossian wirklich gegeben habe, der als Barde und Held seine eignen und die Thaten seines Geschlechts selbst besungen. Wenn diese stets wiederkehrende wehmüthige Erinnerung an die abgeschiedenen Vorfahren, die in einer bessern Vorzeit lebten, wenn die Klage um den zu früh verstorbenen Oscar durch die häufigen Wiederhohlungen auch einförmig und ermüdend [178] werden, so bildet unläugbar die Verflechtung der Person des Sängers in die Geschichte selbst einen sehr glücklichen poetischen Mittelpunct für das Ganze, und trägt viel zu dem Interesse bey, welches dasselbe vielen Hörern und Lesern so anziehend gemacht hat. Aber eben weil dieser Umstand so vortheilhaft und günstig ist, so mag wohl mancher nachfolgende Barde die einmal gegebene Form benutzt und in Ossians Person weiter gedichtet und gesungen haben. Daß es ursprünglich lauter *einzelne* Lieder und Romanzen waren, daß die oft sehr gezwungen herbeygeführte Einschachtelung so vieler Episoden und die oft ziemlich verworrene Verknüpfung derselben einer spätern überarbeitenden Hand angehören, wird denen als wahrscheinlich einleuchten, welche der Entstehungs- und Fortpflanzungsweise alter Gedichte bey andern Völkern nachgeforscht haben. Auch ohne diese künstliche und oft dennoch verworrene Verknüpfung, bilden die Ossianischen Lieder noch ein Ganzes, durch den gemeinschaftlichen historischen Inhalt, da sie doch alle auf die Geschichten, Abentheuer und Thaten der Familie Fingal sich beziehen. In Rücksicht auf diesen historischen Inhalt, so wie auf ihre Würde und Gültigkeit könnte man die sämmtlichen Lieder in drey Klassen eintheilen. Die erste Klasse bilden diejenigen Lieder welche die historische Haupthandlung, Irlands Befreyung von dem Angriff der Normannen durch Fingal darstellen und betreffen. Diese sind wohl als der Kern und Stamm des Ganzen zu betrachten.

In die zweite Classe gehören die älteren jener Haupthandlung vorangehenden Abentheuer und Fahrten nach Norwegen, und dann die Erzählung wie Fingal die Ermordung des jungen Königs von Eirinn geracht habe, welches den Inhalt des Gedichtes Temora ausmacht. So wenig auch hier eine innere historische Unwahrscheinlichkeit gegen das Ganze streitet, so kann es doch auch leicht geschehen seyn, daß von diesen Begebenheiten und Liedern manches an die Haupthandlung die den Mittelpunct des Ganzen bildet, bloß hinzugedichtet worden; nicht bloß das spätere, sondern auch älteres. In der Poesie sind die Väter oft jünger als ihre Söhne; ist eine berühmte That, ein großer Held der [179] Sage einmahl gegeben und im Gesange beliebt geworden, so werden ihm von spätern Sängern und Barden leicht Gefährten und Nachfolger in ähnlicher Laufbahn, Söhne, Väter, und oft eine ganze Reihe von Ahnen und Nachkommen zugesellt, und es wird an dem ersten Gedichte immer weiter fortgedichtet. Derselbe sich an das Gegebene anschließende und nachahmende Bildungstrieb, der sich in Zeiten der künstlichen Poesie durch die Nachbildung aller Formen und Manieren äußert, wirft sich in den älteren Zeiten der Sage auf den Stoff, ihn immer weiter auswickelnd und fortspinnend, oft noch lange nachdem der ursprüngliche Geist verflogen, die erste Kraft schon erloschen ist. – In die letzte Classe der ossianischen Gedichte gehören wohl alle die übrigen einzelnen Abentheuer, besonders die als Episoden so häufig eingeflochtenen tragischen Liebes- und Mordgeschichten. Diese letzten haben schon eine ziemlich starke Aehnlichkeit mit den spätern seit Percy so häufig gesammelten schottischen Balladen, die meistens auch eine blutige Katastrophe lieben. Nur herrscht in diesen eine treuherzigere Ausmahlung, auch zeigen sich einzeln, obwohl der düstere Nationalgeschmack noch derselbe ist, mildere Züge und Strahlen aus den Zeiten der christlichen Rittersitten.

Ueber alle diese Gegenstände wird der verdienstvolle Uebersetzer in dem vierten Bande, den er uns verspricht, und welcher die kritischen Abhandlungen enthalten soll, gewiß noch viele Aufschlüße geben.

----

[...]

# Jean Paul: [Auszug aus:]
# Vorschule der Ästhetik [1813].

[75] §. 22.
## Wesen der romantischen Dichtkunst, Verschiedenheiten der südlichen und der nordischen.

"Ursprung und Charakter der ganzen neuern Poesie lässet sich so leicht aus dem Christenthum ableiten, daß man die romantische eben so gut die christliche nennen könnte." Mit dieser Behauptung hob der Verfasser gegenwärtigen Paragraphen vor mehren Jahren an; aber das Widerlegen und Belehren von mehr als einem würdigen Kunstrichter fodert ihn auf, einiges abzuändern und wie eine Vorstadt wegzunehmen, um das Ganze oder die Festung zu schirmen. Die erste Frage ist: worin unterscheidet sich denn der romantische Stil[1] vom griechischen? Die griechischen Bilder, Reize, Motive, Empfindungen Charaktere, selber technische Schranken sind leicht in ein romantisches Gedicht herüber zu pflanzen, ohne daß dieses darum den weltseitigen Geist einbüßte; aber rückwärts fände die Verpflanzung romantischer Reize keine bequeme Stätte im griechischen Kunstwerk, höchstens das Erhabne, aber nur darum, weil es als Gränzgott Antikes und Romantisches verknüpft. Sogar die sogenannte moderne Unregelmäßigkeit z. B. der italienischen Oper, der spanischen Komödie ließe sich – da bloße [76] Technik nicht die Geisterwelt des Dichtens in eine alte und eine amerikanische neue entzwei zu schneiden vermag – mit antikem Geist erfüllen und bewegen; und dieß wird durch Bouterwecks Bemerkung schön bekräftigt, daß die italienische Poesie, bei allem Mangel an Ideen-Fülle, durch Klarheit, Einfachheit und Grazie mehr als jede neuere dem Muster der griechischen nachfolge und nachkomme. Gleichwol springen die italienischen Formen mehr als die deutschen und die englischen über die griechischen hinaus. Und mit dieser wahren Ansicht widerlegt Bouterwek seine andere, nach welcher er das Romantische sehr in einer ungriechischen Einkindschaft des Ernsten, ja Tragischen und Komischen findet. Denn diese ist so wenig nothwendiger Charakter des Romantischen, da er so oft fehlt, als sein Gegentheil ein Charakter des Antiken, wo er häufig da ist, z. B. in Aristophanes, welcher

---

[1] Schiller nennt ihn den *modernen*, als ob alles hinter den Griechen Geschriebene modern und neu wäre, gleichgültig ob ein Jahrtausend alt oder zwei Jahrtausend; ferner den *sentimentalen*, ein Beiname, welchen die Romantiker Ariost und Cervantes ohne sonderlichen Ernst annehmen würden.

hart und schroff die Erhabenheit der Chöre in die Erniedrigung sogar der Götter einmischt, gleichsam die Anspannung des Gemüths in dessen komische Abspannung.

Fragen wir doch lieber das Gefühl, warum es z. B. sogar eine Gegend romantisch nennt. Eine Statue schließt durch ihre enge und scharfe Umschreibung jedes Romantische aus; die Malerei nähert sich schon durch Menschen-Gruppierungen ihm mehr und erreicht es ohne Menschen in Landschaften, z. B. von Claude. Ein holländischer Garten erscheint nur als der Widerruf jedes Romantischen, aber ein englischer, der sich in die unbestimmte Landschaft ausdehnt, kann uns mit einer romantischen Gegend umspielen, d. h. mit dem Hintergrunde einer ins Schöne frei gelaßnen Phantasie. Was ertheilt ferner den folgenden Beispielen aus der Dichtkunst das romantische Gepräge? In Cervantes Trauerspiel Numantia verschworen alle Einwohner, um nicht von dem Hunger und den Römern unterjocht zu werden, sich zu einem gemeinschaftlichen Sterben. Als es geschehen und in der leeren Stadt nichts als Leichen und Scheiterhaufen lagen: so trat die Fama auf die Mauer, verkündigte den Feinden den Selbstmord der Stadt und Spaniens künftigen Glanz. – Oder: mitten im Homer die romantische Stelle, da Jupiter von seinem Olymp zugleich die kriegerische unruhige Ebene Troja's und die fernen arkadischen Auen voll stiller Menschen unter einerlei Sonnenlichte überschaut. Oder die obwol schwächer glän[77]zende Stelle in Schillers Tell, wo das Dichterauge von den gethürmten Gebirgsketten herunterschweift in die langen lachenden Kornfluren der deutschen Ebene. Es ist in allen diesen Beispielen nicht das *Erhabene*, das, wie gedacht, so leicht ins Romantische verfließt, sondern das *Weite*, welches bezeichnet. Das Romantische ist das Schöne ohne Begränzung, oder das *schöne Unendliche*, so wie es ein *erhabenes* gibt. So ist Homer im angeführten Beispiel romantisch, indeß er da, wo Ajax in der verfinsterten Schlacht um nichts weiter die Götter anfleht als um Licht, blos erhaben ist. Es ist noch ähnlicher als ein Gleichnis, wenn man das Romantische das wogende Aussummen einer Saite oder Glocke nennt, in welchem die Tonwoge wie in immer fernerer Weiten verschwimmt und endlich sich verliert in uns selber und, obwol außen schon still, noch innen lautet. Eben so ist der Mondschein zugleich romantisches Bild und Beispiel. Den scharf umgränzenden Griechen lag das Zweifellicht des Romantischen so fern und fremd, daß sogar Platon, so sehr Dichter und so nahe der christlichen Erhebung, den wahrhaft romantisch-unendlichen Stoff, das Verhältnis unserer dürftigen Endlichkeit zum Glanzsaale und Sternenhimmel der Unendlichkeit, blos durch die eng und eckig abgeschnittene Allegorie einer Höle ausspricht, aus welcher wir Angeketteten die Schattenreihe der wahren Wesen, die hinter uns ziehen, vorüber gehen sehen.

Ist Dichten Weissagen: so ist romantisches das Ahnen einer größern Zukunft, als hienieden Raum hat; die romantischen Blüten schwimmen um uns,

wie nie gesehene Samenarten durch das allverbindende Meer aus der neuen
Welt, noch ehe sie gefunden war, an Norwegens Strand anschwammen.

Wer ist nun die Mutter dieser Romantik? – Allerdings nicht in jedem Lande
und Jahrhunderte die christliche Religion; aber jede andere steht mit dieser
Gottes-Mutter in Verwandtschaft. Zwei romantische Gattungen ohne Christen-
thum, einander in Ausbildung wie in Klima fremd, sind die *indische* und die
der *Edda*. Die *altnordische*, mehr ans Erhabne gränzende fand im Schattenrei-
che ihrer klimatischen verfinsterten Schauernatur, in ihren Nächten und auf
ihren Gebirgen zum Gespensterorkus eine gränzenlose Geisterwelt, worin die
enge Sinnenwelt zerfloß und versank; dahin [78] gehört Ossian[2] mit seinen
Abend- und Nachtstücken, in welchen die himmlischen Nebelsterne der Ver-
gangenheit über dem dicken Nachtnebel der Gegenwart stehen und blinken;
und nur in der Vergangenheit findet er Zukunft und Ewigkeit.

Alles ist in seinem Gedichte Musik, aber entfernte und dadurch verdoppelte
und ins Unendliche verschwommene, gleichsam ein Echo, das nicht durch
rauh-treues Wiedergeben der Töne, sondern durch abschwächendes Mildern
derselben entzückt.

Die *indische* Romantik bewegt sich in einer allbelebenden Religion, welche
von der Sinnenwelt durch Vergeistigung die Schranken wegbrach; diese wurde
so groß wie die Geisterwelt, aber nicht voll Polter-, sondern voll Schmeichel-
geister, und Erde und Himmel sanken, wie auf einem Meere, einander zu. Dem
Indier lebt die Blume mehr als dem Nordmann ein Mensch. Nun rechnet noch
sein Klima dazu, diese üppige Brautnacht der Natur, und den Indier, den wie
eine Biene, im honigvollen Tulpenkelche ruhend, laue Weste wiegen, und der
im süßen Schwanken ausruht. Eben darum mußte die indische Romantik mehr
in den Sinnenzauber zergehen; und wenn Mondschein und Ton-Verhall Cha-
raktere und Sinnbilder anderer romantischer Arten sind: so mag der dunkle
Wohlduft die indische bezeichnen, zumal da er so oft ihr Leben wie ihre Ge-
dichte durchspielt.

Die *orientalische* Poesie ist weniger der griechischen als der romantischen
durch die Vorliebe für das Erhabne und das Lyrische und durch ihr Unvermö-
gen in Drama und Charakteristik und am meisten durch die orientalische
Denk- und Fühlart verwandt. Nämlich ein Gefühl der irdischen Nichtigkeit des
Schattengewimmels in unserer Nacht, Schatten, welche nicht unter einer
Sonne, sondern wie unter Mond und Sternen geworfen werden, und denen das
kärgliche Licht selber ähnlich ist, ein Gefühl, als würde der Lebenstag unter
einer ganzen Sonnenfinsternis voll Schauer und Nachtgeflügel gelebt – ähnlich
jenen Finsternissen, wo der Mond die ganze Sonne verschlingt, und nur er
selber mit einem stralenden [79] Ringe vor ihr steht – diese Denk- und Fühlart,

---

2   So sehr *Ahlwardts* Uebersetzung durch den Fund des reinern Textes vorwiegen kann: so
    scheint es mir doch, daß der Leichtigkeit und Treue und den Wohllauten der *Jungschen* viel
    zu wenig lobende Gerechtigkeit widerfahren sei.

welche Herder, der größte Abzeichner des Orients, dem Norden so nahe vor-
gemalt, mußte sich der romantischen Dichtkunst auf einem Wege nähern, auf
welchem das verschwisterte Christenthum sie ganz erreichte und ausformte.

Wir gelangen nun zur *christlichen* Romantik; aber von ihr ist zuerst zu zei-
gen, warum sie in Süden (Italien und Spanien vorzüglich) andere Gestalten an-
nahm und erschuf als in Norden, wo, wie oben bewiesen worden, schon der
Landes Boden den heidnischen Vorhof zum christlichen romantischen Aller-
heiligsten machte. Der Süden zeigt sich schon von Natur und dann in seinen
vielfachen historischen Verflechtungen so viel anders, daß man Bemerkungen,
welche die Romantik aus ganz andern als christlichen Quellen fließen lassen,
erwägen oder berichtigen muß.

Der südlichen und frühesten gibt Bouterwek folgende Mütter: erstlich die
höhere, von den alten Deutschen herüber gebrachte Achtung der Weiber, und
also den geistigern Stil der Liebe.

Aber nicht in den altdeutschen Wäldern, sondern in den christlichen Tem-
peln wohnte die romantische Liebe; und ein Petrarch, der kein Christ ist, wäre
ein unmöglicher. Die einzige Maria adelt alle Weiber romantisch; daher eine
Venus nur schön, aber eine Madonna romantisch sein kann. Diese höhere
Liebe war oder ist eben Blüte und Blume aus dem Christenthum, das mit sei-
nem Feuereifer gegen das Irdische den schönen Körper in eine schöne Seele
zerschmelzt, um ihn dann in ihr lieben zu lassen, also das Schöne im Unendli-
chen. Der Name platonische Liebe ist bekanntlich einer anderen Liebe, jener
reinen unbefleckten Freundschaft zwischen Jünglingen abgeborgt, welche an
sich so schuldlos war, daß griechische Gesetzgeber sie sogar unter die Pflich-
ten rechneten, und so schwärmerisch, daß für die Fehler des Geliebten der Lie-
bende gezüchtiget wurde; hier wäre also, nur an einem verschiedenen Ge-
schlechte, dieselbe vergötternde und von der Natur am fernsten vor einer Ver-
unreinigung gehaltene Liebe wieder da wie bei den alten Deutschen, aber nicht
jene heiligende durch Christenthum, welche mit dem romantischen Schimmer
bekleidete.

Der *Rittergeist* – der ohnehin Liebe und Religion, *Dame* und *Notre-dame*
neben einander auf seine Fahnen stickte – und die [80] Kreuzzüge, welche man
zweitens zu Vätern der Romantik machte, sind Kinder der christlichen ... In
das *gelobte* Land ziehen, das von zwei Religionen auf einmal und vom größten
Wesen der Erde in ein dämmerndes Reich der heiligen Ahnung und in ein
Isthmus zwischen erster und zweiter Welt für die Phantasie erhoben war, hieß
sich romantisch verklären und sich die tiefe irdische prosaisch und poetisch
mit zwei Kräften unterwerfen, mit Tapferkeit und Religion. Was konnten aber
Aehnliches die Heroenzeiten und Argonautenzüge gebären?

Als Diener und stumme Knechte der Romantik gelten noch die wachsenden
Jahrhunderte, welche, von Außen alle Völker immer mehr mit einander ver-
schwisternd, deren eckigen Abschnitte zuründen; und welche von Innen durch

das steigende Sonnenlicht der Abstrakzion wie ein Christenthum immer mehr die feste Körperwelt zersetzen. Alles dieß macht zu der Weissagung kühn, die dichtende Zukunft werde immer romantischer und regelloser oder regelreicher und der Abstand von Griechenland breiter werden, und ihrem Flügelrosse werden so viele Flügel nachwachsen, daß sie gerade mit der Menge eine größere Schwierigkeit der geraden Flugbahn erfahren wird, wenn sie nicht, wie jene Sechsflügelgestalt im Ezechiel, einige Schwingen nur zum Verhüllen anwendet. Indeß was gehen die Zeit oder Ewigkeit Aesthetikern und deren Vorschulen an? Soll denn nur die rückende Philosophie weiter kommen, und die fliegende Dichtkunst lahm rosten? Soll nach drei- oder viertausend Jahren und deren Millionen *Horen* keine andere Abtheilung der Dichtkunst vorkommen als die matte Schillersche in den *Horen* von Sentimental und Naiv? – Man könnte behaupten, jedes Jahrhundert ist anders romantisch, so wie man aus Scherz und Ernst in jedem Planeten eine andere Dichtkunst setzen könnte. Dichtkunst, wie alles Göttliche im Menschen, ist an Zeit und Ort gekettet und muß immer ein Zimmermanns Sohn und ein Jude werden; aber in anderer Zeit kann der Stand der Erniedrigung schon auf dem Berge Tabor anfangen, und die Verklärung auf einer Sonne vorgehen und blenden.

Uebrigens ergibt sich von selber, daß das Christenthum, obwol gemeinschaftlicher Vater der romantischen Kinder, andere in Süden, andere in Norden erzeugen muß. Die südliche Romantik in dem klimatisch Griechenland verwandten Italien muß in einem Ariosto [81] heiterer wehen und weniger von der antiken Form abfliegen und abfliehen als die nordische in einem Shakespeare, so wie wieder dieselbe südliche sich anders und orientalisch-kühner im glühenden Spanien gestaltet. Die nordische Poesie und Romantik ist eine Aeolsharfe, durch welche der Sturm der Wirklichkeit in Melodien streicht, ein Geheul in Getön auflösend, aber Wehmuth zittert auf den Saiten, ja zuweilen ein hinein gerissener Schmerz. [...]

# [Wilhelm Grimm:] [Rezension zu:]
## *Ossians Gedichte.* Rhythmisch übersetzt von
## J. G. Rhode. Zweyte verbesserte Ausgabe [1818].

[632] Bey Dunker und Humblot: *Ossians Gedichte.* Rhythmisch übersetzt von
J. G. Rhode. Zweyte verbesserte Ausgabe. Drey Theile mit Vignetten u. Kupfern. 1817. 1818. Erster Theil 280. Zweyter Theil 272. Dritter Theil 277. S.
in 8.

Vorliegende Uebersetzung hält sich, wie alle übrigen, seither erschienenen,
(die Ahlwardtische ausgenommen, die es mit dem Urtext zu thun hat und deshalb andere Rücksichten verdient), an die Englische Bearbeitung von Macpherson. Sie ist lesbar und ansprechend und hat diesem Umstande auch wohl
eine zweyte Auflage (die erste erschien 1800) zu verdanken. Die Stollbergische scheint uns, soweit wir sie verglichen, würdiger und edler; doch auch,
weil man den Uebersetzer aus dem Griechischen darin merkt, für die Lesewelt
fremder. Die Vorrede enthält eine Einleitung aus dem *Report of the Committee
of the Highland Society*; etwas neues über Ossian muß man hier also nicht
erwarten und wir haben nur Gelegenheit zu der erfreulichen Bemerkung, daß
trotz der vielfachen, absprechenden Urtheile doch die Liebe für diese eben so
herrlichen als merkwürdigen Gesänge fortdauert. Wer könnte den Ossian übergehen und das Wesen des Epos erforschen wollen?

# Georg Wilhelm Friedrich Hegel: [Auszüge aus:] Vorlesungen über die Aesthetik. Dritter Theil [1823-1829/1835].

[365] [...]

γ) Wir haben jetzt in Rücksicht auf die Form des Begebens im Epos nur noch einer *dritten* wichtigen Seite Erwähnung zu thun. Ich sagte bereits früher, daß im Drama der innerliche Wille, das, was derselbe fordert und soll, das wesentlich Bestimmende sey, und die bleibende Grundlage ausmache von allem, was vor sich geht. Die Thaten, welche geschehn, erscheinen schlechthin durch den Charakter und dessen Zwecke gesetzt, und das Hauptinteresse dreht sich demnach vornehmlich um die Berechtigung oder Berechtigungslosigkeit des Handelns innerhalb der vorausgesetzten Situationen und herbeigeführten Konflikte. Wenn daher auch im Drama die äußern Umstände von Wirksamkeit sind, so erhalten sie doch nur Geltung durch das, was Gemüth und Wille aus ihnen macht, und die Art und Weise, in welcher der Charakter gegen sie reagirt. Im Epos aber gelten die Umstände und äußeren Zufälle in dem gleichen Maaße als der subjektive Wille, und was der Mensch vollbringt, geht an uns wie das vorüber, was von Außen geschieht, so daß die menschliche That sich nun auch wirklich ebensosehr durch die Verwicklung der Umstände bedingt und zu Wege gebracht erweisen muß. Denn episch handelt der Einzelne nicht nur frei aus sich und für sich selber, sondern steht mitten in einer Gesammtheit, deren Zweck und Daseyn im breiten Zusammenhange einer in sich totalen inneren und äußeren Welt den unverrückbaren wirklichen Grund für jedes besondere Individuum abgiebt.

[...]

[367] [...]

ββ) Die Art und Weise aber, in welcher diese Nothwendigkeit der Begebnisse zur Darstellung gebracht wird, kann sehr verschieden seyn.

Das Nächste, Unentwickelteste ist das bloße Hinstellen der Begebnisse, ohne daß der Dichter durch Hinzufügung einer leitenden Götterwelt das Nothwendige in den einzelnen Vorfällen und dem allgemeinen Resultat näher aus dem Beschließen, Einschreiten und Mithandeln ewiger Mächte erklärt. In diesem Falle muß dann aber aus dem ganzen Tone des Vortrags sich die Empfindung aufdrängen, daß wir es in den erzählten Begebenheiten und großen Lebensschicksalen einzelner Individuen und ganzer Geschlechter nicht mit dem nur Veränderlichen und Zufälligen im menschlichen Daseyn, sondern mit in sich selbst begründeten Geschicken zu thun haben, deren Nothwendigkeit jedoch das dunkle Wirken einer Macht bleibt, die nicht selbst als diese Macht in ihrem göttlichen Herrschen bestimmter individualisirt und in ihrer Thätigkeit poetisch vorgestellt wird. Diesen Ton hält z. B. das Nibelungenlied fest, indem es die Leitung des blutigen letzten Ausgangs aller Thaten weder der christlichen Vorsehung noch einer heidnischen Götterwelt zuschreibt. Denn in Rücksicht auf das Christentum ist nur etwa von Kirchgang und Messe die Rede, auch sagt der Bischof von Speier, als die Helden in König Etzel's Land ziehn wollen, zur schönen Ute: Gott müsse sie da bewahren. Außerdem kommen dann warnende Träume, die Wahrsagung der Donauweiber an Hagen und dergleichen mehr vor, doch keine eigentlich leitend eingreifenden Göt[368]ter. Dieß gibt der Darstellung etwas Starres, Unaufgeschlossenes, eine gleichsam objektive und dadurch höchst epische Trauer, ganz im Gegensatz der ossianischen Gedichte, in welchen einer Seits gleichfalls keine Götter auftreten, anderer Seites aber die Klage über den Tod und Untergang des gesammten Heldengeschlechts sich als subjektiver Schmerz des ergrauten Sängers und als die Wonne wehmüthiger Erinnerung kund giebt.

Von dieser Art der Auffassung ist nun wesentlich die vollständige Verwebung aller menschlichen Schicksale und Naturereignisse mit dem Rathschluß, Willen und Handeln einer vielgestaltigen Götterwelt unterschieden, wie wir sie z. B. in den großen indischen Epopoeen, bei Homer, Virgil u. s. f. antreffen. Die von Seiten des Dichters mannigfache poetische Ausdeutung selbst anscheinend zufälliger Begebenheiten durch das Mitwirken und Erscheinen der Götter habe ich früher bereits (Aesth. Abth. II. p. 71-73.) bemerklich gemacht, und durch Beispiele aus der Iliade und Odyssee zu veranschaulichen versucht. Hier tritt nun besonders die Forderung ein, in dem Handeln der Götter und Menschen das poetische Verhältniß wechselseitiger Selbstständigkeit zu bewahren, so daß weder die Götter zu leblosen Abstraktionen, noch die menschlichen Individuen zu bloß gehorchenden Dienern herabsinken können. Wie dieser Gefahr zu entgehn sey, habe ich gleichfalls an einer anderen Stelle schon (Aesth. Abth. I. p. 289 bis 297) weitläufiger angegeben. Das indische Epos ist in dieser Rücksicht zu dem eigentlich idealen Verhältniß der Götter und Menschen nicht hindurch gedrungen, indem auf dieser Stufe der symbolischen Phantasie die menschliche Seite in ihrer freien schönen Wirklichkeit noch zurückgedrängt bleibt, und die individuelle Thätigkeit des Menschen Theils als Inkarnation der Götter erscheint, Theils überhaupt als das Nebensächlichere verschwindet, oder als ascetische Erhebung in den Zustand und die Macht der Götter geschildert ist. – Umgekehrt wieder haben im Christenthume die besondern personifizirten Mächte, Leidenschaften, Ge[369]nien der Menschen, Engel u. s. f. größten Theils zu wenig individuelle Selbstständigkeit, und werden dadurch leicht zu etwas Kaltem und Abstraktem. Das Aehnliche ist auch im Muhamedanismus der Fall. Bei der Entgötterung der Natur und Menschenwelt, und dem Bewußtseyn von der prosaischen Ordnung der Dinge läßt sich innerhalb dieser Weltanschauung, besonders wenn sie zum Märchenhaften übergeht, schwerer die Gefahr vermeiden, daß dem an und für sich Zufälligen und Gleichgültigen in den äußerlichen Umständen, die nur als Gelegenheit für das menschliche Handeln und die Bewährung und Entwickelung des individuellen Charakters da sind, ohne inneren Halt und Grund eine wunderbare Deutung gegeben wird. Hiermit ist zwar der ins Unendliche fortlaufende Zusammenhang von Wirkung und Ursach abgebrochen, und die vielen Glieder in dieser prosaischen Kette von Umständen, die nicht alle deutlich gemacht werden können, sind auf einmal in Eins zusammengefaßt; geschieht dieß aber ohne Noth und innere Vernünftigkeit, so stellt sich solche Erklärungsweise, wie z. B. häufig in den Erzählungen in "Tausend und eine Nacht", als ein bloßes Spiel der Phantasie heraus, welche das sonst Unglaubliche durch dergleichen Erdichtungen als möglich und wirklich geschehen motivirt.

Die schönste Mitte hingegen vermag die griechische Poesie auch in dieser Rücksicht zu halten, da sie sowohl ihren Göttern als auch ihren Helden und Menschen, der ganzen Grundanschauung nach, eine wechselseitig ungestörte Kraft und Freiheit selbstständiger Individualität geben kann.

[...]

[405] c. [*Das romantische Epos*] [...]

α) Zu einer *ersten* Gruppe können wir alle die poetischen Ueberreste rechnen, welche sich noch aus den vorchristlichen Tagen der neuen Völkerschaften größtentheils durch mündliche Tradition, und deshalb nicht unversehrt, erhalten haben.

Hierher sind vornehmlich die Gedichte zu zählen, die man dem *Ossian* zuzutheilen pflegt. Obschon englische berühmte Kritiker, wie z. B. Johnson und Shaw, blind genug gewesen sind, sie für ein eigenes Machwerk Macpherson's auszugeben, so ist es doch ganz unmöglich, daß irgend ein heutiger Dichter dergleichen alte Volkszustände und Begebenheiten aus sich selber schöpfen könne, so daß hier nothwendig ursprüngliche Poesieen zu Grunde liegen, wenn sich auch in ihrem ganzen Tone und der Vorstellungs- und Empfindungsweise, welche sich in ihnen ausspricht, im Verlauf so vieler Jahrhunderte Manches ins Moderne hin geändert hat. Denn ihr Alter ist zwar nicht konstatirt, sie mögen aber doch wohl ein tausend oder fünfzehn hundert Jahre im Munde des Volks lebendig geblieben seyn. In ihrer ganzen Haltung erscheinen sie vorherrschend lyrisch; es ist Ossian, der alte erblindete Sänger und Held, der in klagevoller Erinnerung die Tage der Herrlichkeit vor sich aufsteigen läßt; doch obgleich seine Gesänge [406] von der Wehmuth und Trauer ausgehen, so bleiben sie ebenso ihrem Gehalte nach wiederum episch, denn eben diese Klagen gehen um das, was gewesen ist, und schildern diese jüngst erst vergangene Welt, deren Helden, Liebesabentheuer, Thaten, Züge über Meer und Land, Liebe,

Waffenglück, Schicksal und Untergang in so episch-sachlicher, wenn auch durch Lyrik unterbrochener Weise, als wenn etwa bei Homer die Helden, Achill, Odysseus oder Diomed von ihren Thaten, Begebnissen und Schicksalen sprächen. Doch ist die geistige Entwickelung der Empfindung und der ganzen nationalen Wirklichkeit, obschon Herz und Gemüth eine vertieftere Rolle spielen, noch nicht so weit als bei Homer gediehn; besonders fehlt die feste Plastik der Gestalten und die taghelle Klarheit der Veranschaulichung. Denn wir sind schon dem Lokal nach in ein nordisches stürmisches Nebelland verwiesen, mit trübem Himmel und schweren Wolken, auf denen die Geister reiten oder sich auf einsamer Haide in Wolkengestalt kleiden und den Helden erscheinen. – Außerdem sind erst neuerdings noch andere altgälische Bardengesänge entdeckt worden, welche nicht nach Schottland und Irland, sondern nach Wallis in England hindeuten, wo sich der Bardengesang in ununterbrochener Folge fortsetzte, und vieles früh bereits schriftlich aufgezeichnet wurde. In diesen Gedichten ist unter Anderem von Wanderungen nach Amerika die Rede; auch Caesar's geschieht darin Erwähnung, seinem Zuge wird aber die Liebe zu einer Königstochter, die, nachdem er sie in Gallien gesehen, nach England heimgekehrt war, als Grund untergelegt. Als merkwürdige Form will ich nur die Triaden anführen, eine eigene Konstruktion, welche immer in drei Gliedern drei ähnliche Begebenheiten, obschon aus verschiedener Zeit, zusammenstellt.

[...]

# [537] Jacob Grimm: Über Ossian [1856].

## [I.]

Wenig fehlt und hundert jahre sind verstrichen, dasz am westlichsten ende Europas, da wo man sich ihrer nicht vermutete, epische gedichte empor tauchten, die mitten in einer auf das rechte verständnis uralter volkspoesie noch unvorbereiteten, ja dafür unempfindlichen, ermatteten zeit frischen ton anschlugen und alsogleich durch den ganzen welttheil fortführten. von Macphersons weicher und flieszender prosa konnte die innere schönheit und der anmutige reiz dieser dichtungen beinahe ungeschwächt in alle gebildeten sprachen übergehn, ihr gefühlvoller, vorher[r]schend melancholischer inhalt, aus dem die lautere stimme der natur entgegenscholl, alle herzen gewinnen. nie seit dem hohen lied hatten empfindung und klage der liebe, [538] nie seit der Ilias männlicher heldenmut so ergreifend sich vernehmen lassen.

Bei uns Deutschen waren es Göthe und Herder, die Ossian mit entzücken empfiengen, in den Werther sind die Selma-lieder als wesentlicher bestandtheil eingegangen, wer möchte sie da herausnehmen? Byron hieng dem alten sänger begeistert an und versuchte sich in nachahmungen. man sagt dasz Napoleon Cesarottis übersetzung mit sich zu felde nahm und oft wieder las.

In England aber hatte sich bald nach erster bekanntwerdung dieser unsterblichen gesänge ein melthau zähes zweifels an die zarte pflanze angesetzt und drohte sie zu ersticken. Macpherson war kühn gewesen und wollte den ursprung der lieder bis ins vierte jahrhundert hinauf rücken, neben mündlicher überlieferung, als seiner eigentlichen quelle, berühmte er sich auch des ihn schützenden besitzes von handschriften. alle die sich von der macht lebendiger tradition keine vorstellung zu machen wusten, forderten nun beglaubigungen für die gewissenhaft dem volksmund abgehörte aufnahme der gedichte und drangen auf vorlage vergilbter pergamente, denen ein so hohes alter anzusehen sei. als keinen von beiden genüge geschah, noch, wie hernach erhellen soll, in begehrter weise entsprochen werden konnte, erhob sich schwerer leumund, erklärte einen fortbestand von langen, gehaltreichen liedern über tausend jahre rückwärts unter rohen volksstämmen für widersinnig und zieh ihren herausgeber des schnödesten truges: nicht nur habe er alle diese gedichte geschmiedet, sondern auch was er von fetzen galisches textes allmälich vorbringe erst aus seinem englischen machwerk selbst übersetzt. so empörenden anschuldigun-

gen von imposture, forgery, fabric erected setzte Macpherson zornig[1] aber
hartnäckig verschlossen, wie er war, stolz auf sein bewustsein und den ruhm,
der ihn anfangs bestrahlt hatte, unerschütterliches stillschweigen der verach-
tung entgegen. er hatte an den liedern, wie nach sorgsamem prüfen man nicht
verkennen darf, gethan was er vermochte und kaum anders damit verfahren
können, manche laut für sie streitende gründe blieben ihm selbst noch unbe-
kannt und musten erst bei fortgesetzter betrachtung der ganzen natur und
eigenheit des epos vortreten; allein der ausgesprengte verdacht und die einge-
nommenheit des vorurtheils hafteten immer fester.[2] Samuel [539] Johnson, ein
übermäszig angesehener, einfluszreicher gelehrter, dessen critic und philologie
jetzt längst veraltet und verschollen sind, von dem man weisz, dasz er Popes
Ilias dem griechischen original vorzog und der sich oft genug an Shakespeare
vergriffen hatte, konnte seine hand auch bei dem einmal anrüchig gewordenen
Ossian nicht aus dem spiel lassen. unfähig während einer kurzen, ohne die al-
lererste bedingung der kenntnis galischer sprache, nach den Hebriden gethanen
reise unter dem volke selbst nach den liedern zu hören und aufschlüsse über
deren fortleben zu erlangen, stimmte er, nicht faul, in die schon geltende an-
sicht ein und verkündete absprechend, weil im Hochland nichts vorhanden sei,
Macpherson keine urschrift vorweise, müsse unfehlbar alles ersonnen sein. auf
so offen wieder vorgebrachte inzicht soll in der ersten wallung Macpherson
ihm eine ausforderung gesandt haben, Johnson entgegnete spitz und höhnisch;
diese an sich selbst bedeutungslose antwort ist seitdem als entscheidend,
gleichsam ein ständiges beweismittel in allen angriffen abgedruckt worden[3]
und hat unleugbar dem herausgeber des epos einen streich versetzt, von dem er
sich in der öffentlichen meinung nicht erholte. wer früher noch unschlüssig
seine rechtfertigung wenigstens für möglich hielt oder wünschte, wurde ihm
nunmehr abspenstig und liesz alle weiteren forschungen fahren.[4]

---

1   who flew into a passion report s. 9
2   Hume an Blair 19. sept. 1763: I live in a place where I have the pleasure of frequently hear-
    ing justice done to your dissertation, but never heard it mentioned in a company, where some
    one person or other did not express his doubts with regard to the authenticity of the poems
    which are its subject, and I often hear them totally rejected, with disdain and indignation, as a
    palpable and most impudent forgery. this opinion has indeed become very prevalent among
    the men of letters in London, and I can foresee, [539] that in a few years the poems, if they
    continue to stand on their present footing, will be thrown aside and will fall into final obliv-
    ion .... the absurd pride and caprice of Macpherson himself, who scorns, as he pretends, to
    satisfy any body that doubts his veracity, has tended much to confirm this general scepti-
    cisme. report s. 4. 5.
3   in den Dubliner transactions höchst unnöthig sogar zweimal p. 9 und 168.
4   Hume an Gibbon 18 merz 1776: I see you entertain a great doubt with regard to the authenti-
    city of the poems of Ossian. you are certainly right in so doing. it is indeed strange that any
    man of sense could have imagined it possible, that above twenty thousand verses, along with
    numberless historical facts, could have been preserved by oral tradition during fifty genera-
    tions, by the rudest, perhaps, of all the european nations, the most necessitous, the most tur-

Ossians sache schien fortan in England unwiderbringlich verloren und zwei erscheinungen, deren jede ihr hätte günstig werden müssen, giengen ohne sichtbaren eindruck vorüber. das eine war die höchst wichtige, von Macpherson unabhängige samlung Smiths, die erst wiederum in übersetzung, bald auch vollständig im urtext bekannt gemacht wurde, und mit einem mal, wären kundige richter da gewesen, erwünschtesten aufschlusz über das verhältnis der galischen lieder selbst zu den versuchen sie in einer neueren sprache auszudrükken, an [540] hand geben muste, dann aber wurde endlich nach Macphersons tod, der sie absichtlich zurück gesetzt oder insgeheim verhindert hatte, die seit langer zeit verheiszene und erwartete ausgabe seiner bedeutendsten originale zu stande gebracht, nachdem ihr noch unmittelbar ein lehrreicher und willkommne bisher vorenthaltene nachrichten bringender report vorausgegangen war. allen die nun die echtheit der gesänge prüfen wollten, hätte jetzt eine fülle der texte zu gebote gestanden und sprachliche studien fruchtbar gefördert werden können, wie sich auch späterhin an den von der Highland society of Scotland herausgegebnen, wesentlich auf diese quellen gestützten wörterbuch bethätigte.

Mittlerweile, um hier eines verkehrten, ungenieszbaren buches von Laing zu geschweigen, der sich eingebildet hatte wendungen und redensarten Macphersons als aus der gesamten literatur entwendet nachzuweisen, war eine von Walter Scott herrührende critic erschienen,[5] welche nicht geringes aufsehen erregte und mit beitrug die schon bestehende abneigung noch zu erhöhen und vollends zu festigen. gewandt und geistreich geschrieben, auch mit anscheinender billigkeit abgefaszt, beruhte sie doch ganz auf den hergebrachten einseitigen vorstellungen und zeigte nicht das mindeste streben in das wesen der ossianischen poesie auf rechten und neuen wegen tiefer einzudringen, wie man wol von einem gebornen Schotten, der sich der Hochländer in seinen romanen vielfach und glücklich bediente, hätte erwarten sollen. Ossian gilt ihm im grunde für entschieden unecht, und er scheut sich nicht s. 499 Smiths vorausgesetzte dichtergabe auf unkosten der treue und wahrheit aller von diesem herausgegebnen gesänge schmeichelhaft zu rühmen, wie ihm Laing sogar einen förmlichen eidschwur auf die authenticität des rührenden liedes von Gauls grab abgefordert hatte. hoffentlich ist dem ehrwürdigen geistlichen vor seinem ende, das etwa um dieselbe zeit erfolgt sein musz, diese stelle gar nicht mehr zu gesicht gekommen. mir bleibt unbekannt, dasz, nachdem bald darauf die angezweifelten texte Macphersons gedruckt vorlagen, Walter Scott sich bewo-

---

bulent, and the most unsettled. where a supposition is so contrary to common sense, any positive evidence of it ought never to be regarded. you are therefore over and above indulgent to us in speaking of the matter with hesitation. Gibbons miscellaneous works vol. I. Lond. 1796. p. 149.

5 Edinburgh review for april-july 1805. vol. 6. s. 429-462.

gen gefühlt hätte seine geäuszerte meinung einzuschränken oder irgend anders
zu bestimmen.

Es scheint auch dasz bis auf den heutigen tag diese urtheile von Johnson,
Hume und Walter Scott in England fortbestehn und zur allgemeinen annahme
durchgedrungen sind, ohne rücksicht auf alles was anderwärts über Ossian er-
mittelt worden ist oder bei dem unverkennbaren fortschritt keltischer sprach-
forschung erneuter untersuchung bedürfte. ich brauche für das in der jetzigen
englischen literatur obenan stehende keinen andern gewährsmann als den her-
vorragenden schrift[541]steller, der, wie sein name zeigt, selbst aus hochländi-
schem blute stammend, sich neuerdings auf das stärkste ausspricht.[6]

Eine eigenthümliche stellung nimmt Irland ein, dem, seinen wahren vor-
theil recht verstanden, alles daran hätte liegen sollen Ossian zu erheben, und
das alles aufbot ihn niederzudrücken, hierbei waltete mehr kleinliche eifer-
sucht gegen einen bruderstamm, als gebührende erwägung uralter gemein-
schaft in überlieferung und sprache, welchen beiden durch Ossian manigfacher
glanz hinzutritt. aus der grundlage dürrer und dürftiger irischer volkslieder will
man blühende, poesievolle gesänge herleiten, als wären unsere Nibelungen aus
einem rohen spielmannslied erwachsen oder die Edda aus liedern, wie die dä-
nischen sind. ich werde auf den verhalt der galischen sprache und dichtung zur
irischen ausführlicher zu reden kommen.

In Deutschland konnten fünf oder sechs übertragungen verschiedener art
der lebhaften, nachhaltigen neigung für Ossian nicht genügen; unter ihnen war
blosz die letzte und sorgfältigste von Ahlwardt sprachgelehrt, sie erschien un-
mittelbar nach herausgabe des galischen textes und kämpfte für der gedichte
echtheit; bedauern musz man dasz der verfasser durch den tod an ausarbeitung
des vierten bandes gehindert wurde, in welchem er seine ansicht zu begründen
dachte. zujüngst aber ist eine gleichfalls metrische, treue übersetzung ins
schwedische von Arfvidsson veröffentlicht[7] und von einer eingehenden histo-
rischen untersuchung über Ossian begleitet worden. auch hier streiten siegrei-
che waffen wider die behauptung von trug und lüge; wären die ergebnisse
nicht allzusehr in anmerkungen zu den einzelnen liedern zersplittert, wäre
gröszere rücksicht auf den inhalt derselben gepflogen worden, so müste die
lehrreiche darstellung des verfassers noch erheblich an kraft und eindruck ge-
wonnen haben. befremden durfte, dasz eine deutsche schriftstellerin, die mit

---

[6]    epic poems which any skilful and dispassionate critic would at a glance have perceived to be
       almost entirely modern, and which, if they had been published as modern, would have in-
       stantly found their proper place in company with Blackmores Alfred and Wilkies Epigoniad,
       were pronounced to be fifteen hundred years old and were gravely classed with the Iliad.
       writers of a very different order from the impostor who fabricated these forgeries saw how
       striking an effect may be produced by skilful pictures of the old Highland life. Macaulay hist.
       of England vol. 3. Lond. 1855. s. 312.

[7]    Oisians sånger efter gaeliska originalet och på dess versslag försvenskade af Nils Arfvidsson.
       Stockholm 1842. 1846. in zwei bänden.

vorliebe über volkslieder geschrieben und eine auswahl der schönsten serbischen verdeutscht hatte, gegen Ossian in die schranken trat und es völlig bei den englischen oder irischen fehlgriffen bewenden liesz.

Wie in England wurde auch in Frankreich durch Villemains und anderer aburtheilende, verwerfende aussprüche, die sich doch nirgend auf einsicht in die originale gründeten, alle freude an Ossian untergraben und getilgt.

[542] Nie vielleicht hat eine verneinende critik ärger gefrevelt. England, sonst ein wachsames auge auf seine macht und seine güter haltend, ihrer eingedenk und warm bewust, läszt sich den vordergrund heimischer poesie schmälern, in welchem das ossianische epos noch mit gröszerm recht walten sollte, als die im vergleich dazu schwächeren, obwohl kostbaren überreste angelsächsischer lieder, deren anerkennung und geltung auch erst spät in unsern tagen eintrat. diese Angelsachsen waren rein germanisch, aber mit ihnen hat sich das keltische element in Schottland, Irland, Wales allmälich verschmolzen und eng verwebt. der aufschwung angelsächsischer und keltischer sprachforschung kann und darf Ossian nicht sinken lassen, sondern wird ihn höher heben, weil uralte zusammenhänge der völker durch ihn und an ihm sich ermitteln. je mehr man in ihn eindringt, desto schlagender wird seine wahrheit auf allen seiten und selbst da, wo sie dem ersten herausgeber noch unerkannt bleiben muste, vorrücken. er ist echt und ungefälscht, eine menge äuszerer und innerer zeugnisse treffen für ihn zusammen, nichts ist an ihm was hätte können erdichtet werden; doch seine feinde werden erst dann die waffen strecken, wann sie ihnen unter der hand brechen. wie von verjährtem irthum, wenn seines endes zeit heran tritt, hintereinander alle zeichen abfallen, so pflegt auch eine verkannte wahrheit, erst an einzelnen spitzen vortretend, auf einmal ihre volle macht zu gewinnen.

Über Ossian zu schreiben und das ihm angethane leid zu rächen hält schwer für einen Deutschen, der alle hilfsmittel kaum erreichen kann. diese dichtungen sind so sehr in vergessenheit und misachtung gesunken, dasz ihren ersten druck man nur einmal wiederholt hat,[8] auf keinen weitern bedacht gewesen ist. eine der beiden fast verschollenen ausgaben, die hier in Berlin nirgends anzutreffen sind, in England oder Schottland aufzutreiben ist mir trotz aller angewandten mühe nicht gelungen; ich hätte die hand vom unternehmen lassen müssen, wäre mir nicht durch die Göttinger bibliothek und professor Chalybaeus in Kiel ausgeholfen worden. ein werk, dessen ehre zu retten ich vorhabe, hätte ich aber nicht entleihen, sondern gemächlicher selbst besitzen müssen.

---

8    the poems of Ossian in the original gaelic. published under the sanction of the Highland society of London. London 1807. 3 vols. Dana Oisein mhic Fhinn. Duneidin 1818. 344 seiten.

## II.

Der sage ist unter allen völkern eine unendliche fülle, denn gleich der sprache entsprang sie im tiefen quell menschlicher phantasie und wurde durch lange überlieferung fortgetragen. [543] doch unterscheiden wir die dem boden und der geschichte sich ansetzende von der frei und losschwebenden mythischen; solche örtliche und historische anknüpfung ermäszigt und schränkt sie ein, verleiht ihr aber zugleich etwas, das dem bloszen mythus abgeht. die volkssage mag oft nüchtern und lückenhaft erscheinen, allein sie ist traulich, der mythus steht in unabsehbarer ferne, die sich mit anmutigem duft überzieht.

Das epos erwächst sobald aus jenem bunten glanz des mythus oder dem halbdunkel der sage lebensvolle theile sich erheben und in helles, sanftes licht treten; der unbestimmtheit des märchens wie der zerstreuung der sage entweichend rücken sie uns näher und werden menschlich. sage und märchen sind wunderbar, das epos braucht nur einen schimmer von wunder und reicht damit aus. ihm wohnt sowol die vertrautheit der volkssage als der innere zusammenhang des märchens bei und diese eigenschaften gelangen erst in ihm zur vollendung.

Sage und märchen erscheinen ungebunden, epos erschallt in liedern, es fordert ein masz, nach dem es sich ergiesze, ein band, in dessen haft es hänge und dem gedächtnis sich einpräge. da nun gesang eine feierliche erhöhung der rede ist, so werden wir auch dem epos eine höhere geistige kraft beilegen, als der sage. die sage schwindet kaum unter den völkern, nicht ihnen allen hat die flamme des epos geleuchtet und oft sinkt sie ganz zusammen.

Das lied weisz nicht nur einer, sondern es wohnt vielen bei, doch nicht jedem in gleicher fülle. es rollt wie eine kugel hin und her, bald hier bald dort still stehend, oder es flieszt wie ein strom, der an verschiedner stelle ins land einbiegt, durch abflüsse verliert oder durch zugänge höher schwillt.

Es gedieh aber nicht, auszer wo es sich unter einem volk in der sprache des volks warm und ungestört entfalten konnte, wie das beispiel der Griechen zeigt. den meisten übrigen europäischen völkern hat das christenthum die stätte ihrer poesie gestört oder vernichtet. die kirche war einer fremden sprache günstig und der heimischen entgegen, weil diese oft mit dem heidenthum zusammenhieng; noch feinder muste sie dem heimischen liede sein, das unmittelbar aus heidnischen anschauungen hervorgegangen war.

Da wo die kirchlichen eingriffe widerstand erfuhren, hielt sich immer die landessprache länger aufrecht, unter deren schutz auch die epische dichtung dauern konnte; der gröszeren unabhängigkeit, welche die angelsächsische und irländische kirche eine zeitlang gegen Rom zu behaupten wuste, sind ohne zweifel manche denkmäler der sprache und dichtkunst zu verdanken. die deutsche kirche war unfreier und die deutsche sprache verwilderte, ihre älteren lieder sind verschollen. .....

# 4.  Im 20. Jahrhundert

## [129*] Alfred Kurella:
## Ossian / Der Zug nach Innisthona [1919].

Vor etwas mehr als hundert Jahren war "Ossian" das Wort, das die Jugend Deutschlands, soweit sie literarisch interessiert war, ja wohl die Europas zu einer geistigen Gemeinschaft zusammenschloß. Jeder kannte, liebte, vergötterte diese Lieder, man redete und dachte in ihren Bildern und auch die zeitgenössische Dichtung erhielt durch sie entscheidende Prägung. Heute kennt man Ossian meist nur aus den Stellen, die Goethe im Werther bringt, und diese sind nicht eigentlich dazu angetan, den modernen Leser zu verlocken, sich näher nach diesen Dichtungen umzusehen. Aber wenn jene Stücke im Werther Ossian als empfindsamen Lyriker erscheinen lassen und uns heute eher abstoßen als anziehen, so ist das mehr die Schuld der Auswahl, der Übersetzung und der Umgebung, in der sie dort stehen.

Was uns unter dem Namen Ossian zuerst durch die englische Übersetzung des Schotten Macpherson überliefert worden ist, sind vielmehr die Reste einer gewaltigen Heldendichtung keltischen Ursprungs. Diese unterscheidet sich allerdings grundsätzlich von anderen durch ihren romantischen Charakter: ein mit seinem ganzen Leben unlöslich mit der Landschaft, mit Fels, Baum, Nebel, Woge, Wind, Heide, Nebel und wieder Nebel, verwobenes Volk singt die Geschichte früherer Heldentaten, die Züge und Kämpfe König Fingals von Erin mit seinen Kriegern und Barden zu einer Zeit, als diese ganze Welt unter dem Druck fremder Eroberer zerfällt. Noch einmal wird der Glanz und Ruhm einer großen, kriegerischen Vergangenheit der müde gewordenen tristen Gegenwart als Spiegel entgegengehalten, zu spät, der ewige Nebel scheint nicht wieder weichen zu wollen: die Tat ist tot. Nur das Lied noch lebt.

Das Lied, als letztes Überbleibsel einer alten Kultur, zurückgehend auf die heiligen Gesänge der Druiden, weiter getragen von den Barden, die als Krieger des Wortes ebenbürtig neben denen des Schwerts standen, heute noch lebendig als Traum und Song, bei den Nachkommen der alten Geschlechter, als immer höchster Trieb seines alten Wurzelstockes, der gälischen Sprache.

Der ersten Veröffentlichung Macphersons wurde von der zeitgenössischen Literarhistorie zunächst die Echtheit bestritten. Den langen Streit darüber beendete erst vierzig Jahre später die Veröffentlichung des gälischen Originaltextes. Auf diesen geht die Übersetzung, von der das nachfolgende Lied eine Probe geben soll, zurück. Von dem Inhalt der ganzen Gesänge Ossians kann der "Zug nach Innisthona" nur eine ungenügende Vorstellung vermitteln. Mehr schon ist das Stück charakteristisch für den besonderen Eigenton dieser Lieder. Ossian, der erste Barde an Fingals Hof, singt selbst, als Greis, wie sein Sohn Oskar zur ersten Kriegsfahrt zieht. Aus der düster-wehmütigen Grundstimmung des Sängers strahlt das Bild der hellen, kampffrohen Vergangenheit.

Entscheidend für den Eigenton ist Klang und Art der gälischen Sprache. Um diesen Faktor, soweit es geht, der Gesamtwirkung zu erhalten, versucht die Übersetzung dem Vorbild im Versmaß, in der Wahl und Stellung der Worte, in der Art der Bilder, ja selbst im Klang peinlich genau zu folgen. Das ergibt für den ersten Augenblick eine gewisse Härte, die aber durch den Erfolg gerechtfertigt wird: wenn bei längerem Lesen das reine Wort und sein Klang jene besondere Befangenheit im Leser – besser noch im Hörer, denn diese Lieder müssen, wie sie gesungen wurden, gehört oder wenigstens laut gelesen werden – hervorruft, die zum eigentlichen Eindringen in diese uns sonst so fremdartige Welt nötig ist; die allein ein wirkliches "Verstehen" ermöglicht, wie es eine Nachdichtung, die den "Sinn" zu fassen und in eigensprachlich vollendeter Form wiederzugeben versucht, niemals kann.

Ohne besondere Anmerkungen, die aber diesem kurzen Stück nicht beigegeben werden sollen, wird manches in ihm dunkel bleiben. Erst der Kreis des Ganzen macht alle einzelnen Abschnitte eigentlich verständlich. So muß der Leser, der nach letztem Verständnis auch in den Einzelheiten strebt, auf die in Vorbereitung befindliche Gesamtausgabe vertröstet werden. Sie wird neben dem vollen Text, soweit er in der Ursprache erhalten ist, alles bringen, was an Erklärungen möglich und nötig ist.

[...]

# [5*] Franz Spunda:
# Vorrede [zu *Ossians Werken*] [1924].

Gewaltige Sage, ungefüge wie ein erratischer Block, steht klotzig da, einge-
stemmt in den Dunstkreis irdischer Begebenheiten. Blöcke aus Nordlandsglet-
schern, die sich in der Vorzeit in das Land schoben, das uns zu eignen gegeben
ward. Jahrhunderte gehen an ihrer blitzegespaltenen Größe vorbei, nicht ach-
tend das Schicksal, das sie grau übermooste, nicht ahnend ihre Beziehung zu
jedem tragischen Los: den Hinfall der Welt zu überleben als Sieger im Geist.
Aber wer zu deuten versteht die Rune des Schicksals, der steht erschüttert da,
Donner im Busen, schauernd vor dem letzten Zeugen steingewordener Urkräf-
te.

Noch nicht hat die Lehre der Männer des Westens und Südens das Ohr der
Helden Ossians erreicht, noch nicht sprach zu ihnen schmeichelnd die Sprache
der Romaleute: im Kampf nur klirrte ihr Schwert wider Karakul, den Herr-
scher der Welt, Caracalla, und sie jagten ihn zurück mittagswärts zu den wei-
cheren Britannen. Nie hatte ein Feind ungestraft den Boden Morvens betreten.
Wo ist ein Held in der ganzen Sagenwelt, der Fingal gliche an Wucht der Rede
und Tat? Wo sind Herakles, Achill, Arthur oder Sigurd? Nur Macht, Sieg und
Ehre sind diese, Fingal aber ist unendlich mehr, ist Urkraft, Kraft, die des Be-
weises nicht [6] bedarf, von der die Taten ausfließen wie die Ströme von den
Bergen. Alle heldischen Eigenschaften sind ihm nur Attribute, er selbst steht
so gewaltig da, daß er es nicht notwendig hat, sich zu manifestieren. Er gleicht
der Kraft Gottes, die war, ehdenn sie die Welt erschaffen. Immer genügt er
sich in diesem Bewußtsein, nie sucht er sich zu beweisen; immer ruft erst eine
fremde Un-Tat seine Tat hervor und dann schlägt sein furchtbarer Wille ein
wie ein flammender Blitz im Tosen des Sturmes. Und auch diese Tat tut er un-
gern, oft sind seine Söhne Vollstrecker seines Willens. Denn Fingal weiß die
tiefste Erkenntnis des Heldischen: jede Tat ist letzten Endes ein Beweis der
Schwäche, ein Mißtrauen zu sich selbst, den Feind nicht durch seine Persön-
lichkeit, sondern durch Mittel der Gewalt dem eigenen Willen zu beugen.
Dennoch ist sie notwendig zu inneren Reinigung, um zum Bewußtsein der
eigenen Überlegenheit zu gelangen. Der größte Mensch ist der, der dieses Be-
weises nicht mehr bedarf: Buddha, Christus, Laotse, die Dreieinigkeit der
menschlichen Götter. Wer aber nur Mensch ist, dem staut sich die Tat wie
elektrische Ströme an, die sich dann in Donner und Blitz erbrechen. Fingal,

sonst keiner. Ihm ist die Tat weder Mittel (Griechen) noch Zweck (Germanen), sondern Elementarereignis, grollend und wild wie die rauhen Klippen der Hebriden. Urlaute schlagen an unser Ohr: das Rascheln des Windes, [7] der mit den weißen Bärten der Disteln spielt, das Seufzen des Baumes, die hohle Brandung des Sturms und das schaurige Schweifen der Nebel über der Heide. Nicht Nebel sind es – die Geister Erschlagner, durch welche trüb das rote Auge der Sonne blickt. Schreckliches künden sie an. Keine Götter locken die Helden mit Gier und Tod; gottlos erfüllen sie den Kreis ihres Geschicks und sind doch in ihrer Größe göttlicher als die Götter der Edda. Keine Verheißung der Himmel, keine Drohung der Hölle macht wankend ihr Herz. Im Sange der Barden zu tönen, genannt von Kindern und Enkeln, kommt ihnen gleich der Unsterblichkeit.

Noch ist nicht geschieden Heldentat und Heldensang, eines bedingt das andere. Fingals Sohn Ossian, der speergewaltige Held, ergreift die Leyer und besingt seine eigenen Taten. Aber er hat nicht mehr in sich die verschlossene Kraft seines Vaters, er ergießt sich bewußt in Schlachten und Gesängen. In Zweiheit ist er zerspalten, in Kraft und Gesang. Er lauscht hin, beugt sein Ohr den Gewalten des Himmels und der Erde und schafft sie um in erschütternde Kunst. Wie Kruthloda tritt er hervor aus den Nebeln der Vorzeit, herrlich und schrecklich zugleich, sanft, wenn er sich beugt über ein tragisches Los. Rosig blüht sein Gesang, wenn er singt von den Taten der Jugend, von seiner Liebe zu Everallin; gedämpft schallt sein Lied in der [8] Hall, wenn er tönt von herbem Entsagen und baldigem Tod. Aber hinter all seinen Gesängen steht düster, unendlich groß und schweigsam die furchtbare, in sich verschlossene Natur; Fingal, sein Vater, als ob er zürnen würde der Sänge des Sohnes.

# Arno Schmidt: [Auszug aus:]
# Fouqué und einige seiner Zeitgenossen [1958].

[390] [...]

Das ist ein in jeder Hinsicht großes Buch, die Abenteuer der vier Brüder Herland, Wildrik, Braun und Asamund in den Stürmen der Völkerwanderung ! Wieder liegt ihre Stammburg im Weserwinkel : "Die Weser rauschte ungestüm durch das tiefe stürmige Nachtdunkel aus dem Thale herauf, der Schnee trieb und kräuselte sich heftig im Gezweig der alten Tannen, welche vom Burgwall einzeln, wie riesengroße Schildwachen, über die Gegend hinragten; im Hauptturm der Veste schimmerte noch Licht aus dem Laden des höchsten Gemaches hervor." Dort halten die Brüder noch einmal Rat, ehe sie auf Aventiure reiten. Und in mächtigen Bildern erfaßt Fouqué alle Hauptereignisse der wilden Zeit : Einer geht mit Hengist und Horsa nach Britannien; Einer reitet durch Deutschland im Heere Attilas; ein Andrer geht in die römischen Lande nach Gallien und Italien und erlebt dort die letzten Lichter römischer Kunst und Gesellschaft – das Gemälde ist durchaus kunstreich durchkomponiert ! Und auch die Ausführung im Einzelnen erreicht in manchen Stellen das Höchste, was Fouqué als Dichter möglich war; Kapitel, wie das in den Trümmerhallen von Selma – Fantasiestück in Ossians Manier – gehören unbedingt mit zu den Paradebeispielen romantischer Prosa. Wenn ihm auch nicht die tiefere Deutung der "Welt als Chaos" wie im "Zauberring" geglückt ist, so ist er diesem doch niemals weder vor- noch nachher in der eigenen Manier so nahe gekommen. Wieder erscheinen die Klippentäler in Wüsteneien; die wilden einsamen Völker; die chaotische schreckliche Vielfalt des Lebens, der Orte, der Jahreszeiten, zumal des goldfeuchten kalten Herbstes, des endlosen, rauschenden, nicht zu bändigenden. Mühselig schafft er wieder ein Gatter von Orthodoxie um sich her; aber wenn er schreibt, "hält" das alles nicht; dann tappt er ratlos durch Nebel und Graunacht nach Gekreuztem, weil vom höchsten Zauberwert. – Wenn man von dem ganzen "Altsächsischen Bildersaal" nur ein Stück auswählen könnte, müßte man unbedingt diese "Vier Brüder von der Weserburg" dazu erlesen.

[...]

# D. Die philologisch-historische Rezeption: Texte und Kommentare zur Echtheitsfrage

# [Heinrich Wilhelm von Gerstenberg:] [Auszüge aus:] Briefe über Merkwürdigkeiten der Litteratur [1766].

## [103] Achter Brief.

### Kopenhagen.

Der ehrliche H. freute sich, wie sie noch wol wissen, herzinniglich über seine eignen Einfälle, da wir mit ihm von unsern Zweifeln über das hohe Alter der Hersischen Gedichte sprachen, welche der Schottländer Macpherson zur großen Erbauung seiner Landsleute, und zum noch größern Erstaunen der übrigen Welt, vor einigen Jahren ans Licht treten ließ. Vermuthlich freut er sich noch: Denn es hatte allen Anschein, daß unser Unglaube auch durch die allgemeine Uebereinstimmung der Recensenten gedemüthigt war. Da ich den Humor dieses braven Mannes kenne, und gar wohl weiß, wie sehr sein trefliches *embonprint* von seiner Zufriedenheit über seine eignen werthen Gedanken abhängt; so darf ich mir von einer gegenseitigen Entdeckung, das erwähnte hohe Alter der Macphersonschen Gedichte betreffend, gegen ihn schwerlich etwas verlauten lassen: Ihnen aber muß sie nicht unbekannt bleiben.

[104] Ich schicke Ihnen demnach in Anschluß ein *Memoire sur les poëmes de Mr. Macpherson*, welches unser – – mir erst vor wenig Tagen aus Paris mitgetheilt hat; Sie müssen es lesen; es enthält ausser dem Neuen noch viel Interessantes. Der Verf. soll ein Irrländer seyn; wenigstens konnte man von keinem Franzosen eine so tiefgehende Untersuchung erwarten.

Daß entweder Hr. Macpherson seinen Text ausserordentlich verfälscht, oder auch das untergeschobne Werk einer neuern Hand allzu leichtgläubig für ein genuines angenommen hätte, glaubten wir gleich aus den mancherley Spuren des Modernen sowol, als aus den verschiednen kleinen *hints*, die der Dichter sich aus dem Homer x. gemerkt zu haben schien, wahrzunehmen. Damals fehlte es uns an weitern Beweisthümern; der Irrländer hat ihrer die Menge, welche alle aus den besten Gewährsmännern darthun, *erstlich*, daß Schottland ursprünglich eine Colonie der Irrländer sey, die erst im Jahr 503 durch die Siege des Fergus, eines Irrländischen Prinzen, angebauet worden; *zweytens*, daß ein gewisser *Malcolme*, ein Schottländer, sich eine Menge Verfälschungen in der Geschichte und den Ueberbleibseln der Barden schuldig gemacht, um das Alterthum seines Volks in viel [105] frühere Jahrhunderte zurück zu schieben. Von diesem verfälschten System des Malcolme leitet unser Verf. die Irrthümer des Macpherson über das hohe Alter der Ossianischen Gedichte her, und zeigt deutlich, daß sie von einer neuern Hand untergeschoben worden, um gedachtem System einen falschen Anstrich der Wahrheit zu geben. Der Betrug wird durch die Fragmente der Irrländischen Romanzen, worauf das ganze Gebäude aufgeführt ist, offenbar; ich enthalte mich aber eines weitern Details, da Sie dieß alles in der Urschrift selbst nicht ohne Vergnügen nachlesen werden.

[...]

[Helfrich Peter Sturz:] [Auszüge aus:]
# Briefe eines Reisenden vom Jahre 1768.
## Erster Brief. London den 18ten Aug.

Ich komme von *Samuel Johnson*, dem Koloß in der Englischen Litteratur, der tiefes Wissen mit Wiz, und Laune mit ernsthafter Weisheit vereinigt, und dessen Menschenlarve nichts davon ankündigt. In seiner Gestalt ist kein Verhältniß, und sein Ansehen, wie eines Faustgerechten Trabanten, beleidigt. [...]
[214] [...]
Ich habe vergessen Ihnen zu sagen, daß *Johnson* das Alterthum des *Ossians* leugnet. *Macpherson* ist ein Schottländer; und er will ihn lieber für einen grossen Dichter gelten lassen, als für einen ehrlichen Mann. Ich bin von der Wahrheit der Sache überzeugt. *Macpherson* zeigte mir, in *Alexander Dow's* Gegenwart, wenigstens zwölf Hefte Manuskripte des Ersischen Originals. Einige davon schienen sehr alt zu seyn. Gelehrte von meiner Bekanntschaft, welche die Sprache verstehen, haben sie mit der Uebersezung verglichen, und man muß entweder die Abgeschmacktheit glauben, daß *Macpherson* auch den Grundtext gemacht ha[215]be, oder nicht länger der Evidenz widerstreben. *Macpherson* deklamirte mir einige Stellen vor. Die Sprache klang melodisch genug, aber feyerlich klagend und guttural, wie alle Sprachen ungebildeter Völker.

# [Brief von Edmond de Harold an Johann Gottfried Herder. Düsseldorf, den 5. Dezember 1775.]

[168] [...]

My Not having any one by me who can transcribe English, put me under the necessity of waiting so long in answering your letter, for [169] as my Military Occupations take up a great part of my Time, I coud only employ some intervals to Copy the three Poems, which I now send you for your perusal.[1] I am entirely persuaded that Mr. Macpherson Not only is the author of the English translation of Ossian Poems, but also of the Celtic Originals which he pretended to have discover'd; to prove this I have wrote to my friends to send me the Old fragments, upon which he founded his Works with so much skill and Superior talents, and they have promised to do it: but as an affair of this Nature demands great attention and scrutiny, it is probable some time may elapse before our Wishes will be satisfy'd. What seems very weighty with me against Macpherson is his total subversion of all received History, both of his own Country, and Ireland; which Later Country is unquestionably the Mother-Country of the Caledonians, his appropriating to Scotland a Bard and Hero, no where Mentiond in the History of that Country, his Creating a Race of Kings only known in his Poems, and for all this he has only his tradition to guarantee the thruth: I say his tradition, for there remains no trace of it any Where, but in his imagination. Besides how is it possible that such scenes of Heroism and such a spirit of Military Achievements (should) immediately and all (at) once cease, as he is obliged to own they did, on Fingals Death? Is it not plain that not having truth or Historical tradition to assert his new inventions, he must take recourse to these insupportable systems of Vulgar and Oral tradition, the Contrary of which is so clearly proved by Many Monuments which are unquestionably authentick: they deduce in the clearest Manner (supported by the general Assent of the Scottish Nation) the descent of the Caledonians from the Irish Milesians, they mark the Time of their Emigration, the friendship subsisting between them for many centuries, the Assistance often given the Scots by the Kings of Ireland, at that Time very Powerful. But all these monuments unhappily for Mr. Macpherson spake invariably of Ossian and his Father Fingal as Irish Leaders of Royal descent, but not Kings, and what is still

---

[1]  "Evirallin" (Englisch und Deutsch) und "Bosmina" (auf Englisch) liegen noch vor, das dritte Gedicht ist nicht aufzufinden. Siehe o. S. 88 [Anmerkung von Alexander Gillies].

more ruinous for Macphersons Systems, these ancient Monuments place these two Heroes in an Age far anterior to the above Mentioned emigration of the Irish Scots into Albany; Besides there are many Chronological Faul(t)s and incoherencies in Macphersons traditions. In the Poem called Fingal he makes Cuthullin and Fingal Cotemporaries, Whereas all History asserts that the former lived above a hundred years before the Latter: What has given rise to some Gentlemen in Scotland to assure, that they Knew by tradition, that some of the Episodes they met with in Macpherson were genuine, Was owing to this Authors artful inserting of Some favorite stanzes well known and generaly adopted as ancient, but these had no relation to Ossian, and were only inserted by Occasion; by this Means he gained easily belief: for there are but very few men in the Whole Nation who are at present able to understand the Old Celtic, and much fewer who are friends enough to truth to investigate so difficult a point; thus they took at his Word What flatterd the Vanity of the Nation and spared them much ungrateful Pains. [170] Besides Macphersons Compositions are Noble, sublime, full of Fire and true Poetry and inspire the Love of Virtue, and Wisdom, they abound with the Favorite Passions of the Old Celts, with their Magnanimity, Their Hospitality, their simplicity, and the remarkable Mildness of their Heroes; no Wonder that they shoud be estimed, protected, admired, cherished, by the Scottish Nation, Whose worth they were peculiarly framed, to establish. I've given you freely my thoughts upon Macpherson. No one admires him more than I do; but I admire thruth more than I do him. You will oblige me to give me your opinion on these last 3 Poems. I'm allways very diffident of my own Oppinion and woud be extremely proud to have your judgement on them, to strengthen the Eulogiums my Friends who sent them to me from England have given them. I take the Liberty of writing to you with the freedom and sincerity of a Friend, and hope you will permit me to act so for the future. I am an utter Ennemy to Pedantry and restraint, and value one single Warm pulsation of the Heart more than a thousand volumes of Stiff Affectation, as a Plain Lover of Virtue. I desire your Friendship, as such I hope you will look upon your truly devoted humble Servant

Ed. Harold, Bn.

Johann Jacob Bodmer: Zweifel gegen die Aechtheit der Kaledonischen Gedichte erhoben [ca. 1775-1783].

In Ossians Geistersystem wird der tapfere Krieger, der von einem Barden aus dem Nebeldampf gerettet worden, in welchem er vor dem Gesange seines Lobes geschmachtet hatte, von seinen Vorältern freudig empfangen, und in einen Luftpalast in den Wolken gebracht. Hier wird ihm ein Stuhl höher, oder niederer, nach seinen Verdiensten gestellt. Die Uebermüthigen, die Grausamen, die Feigen werden von ihren Ahnen ferne von diesem Wohnplaze weggetrieben, sie müssen beständig mit den Winden fliegen und unstät herumirren. Den Tapfern wird der Verstand erhöhet, sie sehen die zukünftigen Begebenheiten zuvor. Aber ihre Stärke des Armes ist dahin; sie sind schwache, unmächtige Wesen, und können nur feige Memmen in [358] Schrecken jagen. Sie können noch Wunden empfangen. Sie haben eine wunderbare Macht über die Luft und andere Elemente. Ihre Geschäfte sind dieselben, die im Leben ihnen die liebsten waren. Sie machen in den Wolken mit Pfeilen von Nebel Jagd auf Hirschen von Luft; oft gehen sie auf einander los, und sezen ihre Fehden fort mit ihren Waffen von Luft; sie stürmen in Wettern, plätschern in den Wassern, pfeifen und girren in den Winden.

Wenn man gleich annimmt, daß der Orden der Druiden aufgehoben war, und nicht ein Mann sein Leben gerettet hatte, daß ihre Rechte und Gebräuche alles aus der Uebung gekommen waren, wer kann glauben, daß zugleich der Theil ihrer Lehren, der sich nicht auf die Regierung und den Staat bezog, aus dem Gedächtniß gefallen sey? Immer lebten noch vor ihren Zöglingen und Jüngern, die nicht des Ordens waren; die ihren Unterricht empfangen hatten. Gesezt, daß bey diesen die *doctrina arcani* in Vergessen gekommen, oder ihnen nicht mitgetheilt war, so konnten sie die sittlichen Lehren, die physischen, die astronomischen nicht aus dem Sinn verlohren haben.

Die Lehren der Druiden von der Unsterblichkeit der Seele war bey den Kaledonen angenommen, sie hatten von dieser Verachtung des Todes, die Er[359]höhung des Muthes in der äussersten Noth; konnten die Krieger diesen Begriff so leicht ablegen, in so kurzer Zeit nach der Vertilgung der Druiden, und um welchen andern? Ward er durch die körperliche Idee von dem schwachen, leeren, unstäten Leben in den Wolken der Luft ersezt? Und wenn die Druiden den Begriff von der Vorsehung gehabt haben, von dem Einfluß, der Einwürkung Eines, oder mehrerer höherer Wesen in die Handlungen der Irdischen, wem wird es glaublich, daß Ossian nicht davon einen erhabenen, poetischen Gebrauch würde gemacht haben, in einem poetischen Ausfall, oder wenigstens in Anspielungen?

Ich will den Kaledonen alle den Wiz einräumen, den sie nöthig hatten, dem Mangel an bildenden Wörtern zu Hülfe zu kommen: aber daß eine so rohe, kriegrische Nation ihn gebraucht habe, leeren Ueberfluß und Pracht in ihre Gesänge zu bringen, will eine Leichtgläubigkeit, die kein Psychologus hat. Es sind wizige und gesuchte Gleichnisse: "Ossians Augen scheinen die Blicke in die Vorwelt dämmernd, wie rükschiessende Stralen des Mondes an einer entfernten See. – Die Helden standen von einander gekehrt, wie zwo Eichen von verschiedenen Winden gebogen. – Die Weißarmichte flog im Dunkel zu dem Schiffe, wie ein Mondstral durch ein nächtliches Thal. – [360] Wie der junge Adler wandt ich die Augen zu meinem Vater. – Wie ein schreitender Geist stieg ich empor. – Die Feinde verschwanden wie Scheidung des Nebels. – Dreymal erhob sich das Jauchzen wie der Ausbruch eines heulenden Windes aus einer Wolke der Nacht. – Die Weißbusichte schritt daher, wie die Musik der Lieder. –" Muß man uns die Blicke, die ein Blinder in die Vorwelt thut, anschaubar machen? Anschaubar den Abstand zweyer Krieger von einander, die sich begegnen? Den eilfertigen Gang eines Mädchens in der Nacht? Den sorgsamen Blik eines Sohns auf seinen Vater? Den leisen Schritt eines nächtlichen Wanderers? Den stillen Abzug der Feinde? Das nächtliche Jauchzen? Den jungfräulichen Schritt? Ich dächte nicht, daß diese Ausbildungen eine starke Sensation bey Kriegern gemacht haben. Ich bekenne, daß auch die abgebrochnen, einzelnen Säze der Periode in der Erzehlung mich für die Lebhaftigkeit des Erzehlers und Hörers zu langsam und lahm dünken. "Swaran stand unbewaffnet; er wälzte sein schweigendes Auge; er warf seine Klinge zu Boden; er gieng pfeifend herein. Seinen Vater erblikt Swaran; Starno kehrt sich zornig. Seine Augbraunen wälzen sich. Er schläft auf Lodas Baum. Er hebt das Sumsen seiner Lieder." Und: "Swaran warf seinen blizenden Speer. [361] Er stand im Baum geheftet. –" Aber lasset die Kaledonen in ihren kalten und fruchtlosen Gefilden an dieser lahmen Kunst Geschmak gehabt haben, wer wird ihnen die bräutlichen, reizenden Vorstellungen glauben, in welchen sie Sonne und West und die Wellen des Meers in fühlende Personen verwandeln, ihr ein Bette decken, und sie von diesen mit verliebten Gedanken betrachten! "Hast du deinen *blauen Lauf* am Himmel verlassen? goldhaariger Sohn der Veste! der West hat seine Thore geöffnet; da ist das Bette deiner Ruhe! Die Wellen kommen deine Schönheit zu betrachten; sie heben ihre zitternden Häupter, sie sehn dich reizend in deinem Schlafe; Aber mit Ehrfurcht stürzen sie sich von dannen."

Solche hochzeitlichen Gefühle, solche goldhaarigten Schönheiten mögen wohl vor die Stirne der wonnesamen Zappi und Jacobi kommen! Ein einziger Zug dieses arabischen Schwindels machet die ganze Poesie Ossians, und Carrils und Ullins zu der Arbeit eines wizigen Künstlers unsers rosenwangigten Zeitalters.

Noch wächst mein Verdacht mehr und mehr, wenn ich die Züge betrachte, welche dieser Ossian von den Sitten, den Gebräuchen, der Religion der Skandinaven und von der Poesie des Styls ihrer [362] Skalden einstreut. Alle diese Dinge sind dieselben, die wir bey den Kaledonen und ihren Barden finden. Conbancargla, die Tochter Torkultarars, eines Schweden, sie hat ihren Vater in der Wolke, die den Mond mit seinem Schilde verbirgt, sie sieht sein flammendes Haar zum Luftschild werden, und wie durch die Nacht segeln. Sie schaute auf den dunkelbekleideten Mond und auf die Luftbilder. Annir, Swarans Vater empfängt seine Muschel von dem feueraugigten Cruthloda. Aldas dünner Geist erscheint der Lorma an einem Felsen, wie ein wässeriger Stral des schwächren Lichtes, wenn der Mond zwischen zwo Wolken hervorbricht; sie folgt der leeren Gestalt über die Haide; sie erkannte darinn den Fall ihres Geliebten; am Wind vernahm sie ihr näherndes Wimmern. Fingal sieht den Geist von Loda in düsterer Bildung mit einem Schild von Wolken und einem kraftlosen Schwerdt von Luft. Der Wind rollt diese zusammen und seine Winde sollen ihn wegbringen. Er schreitet auf dem Rücken der Winde, aber sein Siz ist ruhig über den Wolken. Er ist ein Sohn der Winde. Er hält die Winde in der Höle seiner Hand, er bestimmt den Lauf des Sturms. Fingal durchstach mit seinem Stahl den düstern Geist; die Bildung zerfloß gestaltlos in Luft, wie eine Säule von Rauch. Laut [363] schrie Lodas Gespenst, als er, in sich selber gerollt, auf dem Winde sich erhob. –

Cruthloda beugte sich wie ein gestaltloses Luftbild in den Wolken. Er trieb die Winde heraus und zeichnete sie mit seinem Schrecken. Starno sah es und erkannte daraus, daß Fingal den Sieg erhalten würde.

Das alles ist aus dem System der Kaledonen von den Geistern der Verstorbenen. Nichts von der Mythologie der Sagen, der Voluspa, nichts von den Fabeln der Edda. Hela, Nossa, Ilyn, Wurdi haben hier nichts zu schaffen. Loda, sagen Ossians Scholasten, sey der Anbetungsort der Skandinaven, der Geist von Loda sey ihr Gott Odin, und konnte verwundet werden. Gewiß ist er nicht, der in der Walhalla wohnt, wo er seinen Kriegern die Freude verschaft, sich jeden Morgen in Stücke zu hauen, bis das Mittagsmal bereitet ist.

Einer, der die Skalden in unsern Tagen singen lehrte, hat die Lehren der Wola in sechszig Strophen verfasset:

– – – Ihm war der Laut
Der alten Tage viel erwynschlicher,
Als Nachtigallenvolles Lenzgebysch.

[364] Man wird in den Reden und der Denkart der Personen, welche Ossian hier und dar aus Y-thorno, Lutan, Lochlin, Tormoth, Skandinavischen Provinzen, einführt, keine Spur von dieser unnatürlichen Theogonie, die den neuern Dichtern so viel Freude machet, noch die entfernteste Anspielung auf dieselbe wahrnehmen.

Alle diese Zweifel würden wegfallen, wenn man uns anstatt einiger Strophen aus Fingal ein kleines Wörterbuch und eine kurzgefaßte Grammatik der Kaledonischen Sprache lieferte. Man lobet diese Sprache von so viel Vorzügen, der Uebersezer klaget laut, daß er weder ihren Wohllaut, noch ihren Reichthum, noch das Colorit ihrer Wörter erreichen könne, er machet uns lüstern darnach; wir wünschten, daß vor ihrem gänzlichen Untergang etwas davon gerettet würde. Denn sie kann in dem Munde des Klans, die sie nur reden und nicht schreiben, nicht mehr lange leben. Warum bewegt Macpherson nicht, von ihren eigenthümlichen Vorrechten wenigstens historische Nachrichten mitzutheilen, seine Vaterlandsliebe, nicht die Eitelkeit, sich selbst durch die Ehre und das Lob seiner Ahnen Ehre zu machen? Denn eine Nation, die eine Sprache von den Herrlichkeiten erdacht hat, wie die sind, die man von der Kaledonischen anpreiset, er[365]hält wahrhaftig daher nicht weniger Ehre, als von den grösten Thaten ihrer Krieger. Eine solche Grammatik und solches Wörterbuch würden die Aechtheit der alten Urkunden von Fingal, Temora und den andern ersischen Gedichten von dem geringsten Verdacht befreyen, wenn philologische Philologen eben den Scharfsinn, eben die Cultur des Geistes in der Sprache wahrnehmen würden, die man in der wizigen Ausbildung ihrer poetischen Werke erblikt; und unsern Poeten würde Gelegenheit gegeben, eine kunstreiche, in der Natur der Sachen gegründete Idiodismen durch geschikte Versuche in unsere Sprache überzutragen, welche in dieser in kurzer Zeit nationalisirt würden.

Ossians Verehrer fodern, daß man seine Gedichte in dem Verhältnisse betrachte, in welchem sie mit dem Costume, den Sitten, den Meinungen seiner Zeiten stehe; da er den besten Gebrauch davon gemacht habe, zu unterrichten, zu ergezen, mit einem wohlklingenden und mahlenden Ausdruk in Bewegung zu sezen, so habe er alles gethan; und sie entblöden sich nicht, ihn in diesem Gesichtspunkt über Homer hinaufzusezen. Lasset uns annehmen, daß die Gedichte, wie Fingal, Temora und die andern sind, als das Werk eines Zeitgenossen der rohen und kunstlosen Kaledonen grosse local- und temporal-Verdienste haben. Aber da die [366] Policey, die Künste, die Geschäfte dieser Nation so eingeschränkt waren, so durften, um sie zu schildern, auch die poetischen Talente des Dichters nicht die ausgebreitetsten seyn. In Homers Zeitpunkte waren Lebensarten, Gebräuche, Rechte, Künste, Wissenschaften auf einen ungleich höhern Grad gestiegen, und sie mit Anmuth, Rührung und Belehrung auszubilden, brauchte es persönliche Gaben, Erfahrungen, Kenntnisse, Einsichten, die Ossian nicht hatte, und die von ihm zu fodern Unbilligkeit wäre. Dieser mag der Poet der Kaledonen seyn, aber Homer war es der Griechen, und anderer Völker in seinen eigenen und in gesittetern, kunstreichern, gelehrtern Zeitpunkten. Der Inhalt von Ossians Werken giebt in unsern Tagen nur eine magere, dünne, wässerichte Nahrung; sie ist einer Mahlzeit ähnlich, wo einem nur Wildbrät, wiewohl in starken, gewürzten Brühen, aufgetischt wird.

# Christoph Martin Wieland: [Auszug aus:] Geschichte der Abderiten [1781].

## Viertes Buch.

### Zwölftes Kapitel.

[226] [...]
Inzwischen gereicht es uns doch zu einigem Troste, aus den Papieren, aus welchen gegenwärtige Fragmente der Abderitengeschichte genommen sind, wenigstens einen *Auszug* dieser Reden liefern zu können, dessen Echtheit um so unverdächtiger ist, da kein Leser, der eine Nase hat, den *Duft der Abderitheit*, der daraus empor steigt, verkennen wird. Ein innerliches Argument, das am Ende doch immer das beste zu seyn scheint, welches sich für das Werk irgend eines Sterblichen, er sey nun ein *Ossian* oder ein *Abderitischer Feigenredner*, geben läßt!

[Johann Wilhelm Petersen:] Anhang des teutschen Uebersetzers zu vorstehender Abhandlung [1782].

Die Beschaffenheit, lange Erhaltung und späte Erscheinung der Gedichte Ossians ist zu seltsam und wunderbar, als daß nicht manichfaltige Zweifel und Streitigkeiten über ihre Echtheit und ihr Alter hätten entstehen sollen. Der Gegner sind viel, und unter ihnen selbst Doktor Johnson, der berühmte Kritiker. Der eigentlichste Streitwidder aber war ein Irrländer, der eine ganze Abhandlung in das *Journal des Sçavans* 1764 einrükte, worinn er unsern Dichter gar zu seinem Landesmann machen wollte. Die Unbegreiflichkeit der langen Fortpflanzung hat Macpherson in dem vorstehenden Aufsatze schon vertrieben, und die Haupteinwürfe widerlegt. Es bleiben aber noch einige Punkte übrig, die ich berühren muß.

Daß die Gedichte aus dem höchsten Alterthum sind, bezeugt ihre innere Beschaffenheit am besten. Die Beschäftigungen der Menschen, ihre Sitten, ihre Begriffe [503] von den Geistern und jenem Leben, die Art ihrer Ideenverbindungen und ihr ganzer Gedankenkreis; andernseits die Gleichnisse, die Ausdrücke, die besondere starke Farben und lebendige Mahlereien, der durchaus gleiche Ton und andre Eigenschaften zeigen augenscheinlich, daß der Dichter in dem frühsten Stande der Gesellschaft gelebt, und nicht allein aus der Einbildungskraft gedichtet. Jedem Leser der den Hiob, Moses, David, Homer und andre gelesen, und durch Reisebeschreibungen sich eine Bekanntschaft mit den Naturvölkern erworben hat, muß dieses anschaulich sein.

Eine ungereimtere Meinung konnte daher nicht ausgehekt werden, als die sehr gewöhnliche: Ossians Gedichte für unterschoben und Herrn Macpherson für den wahren Verfasser derselben auszugeben. Dieser Mann, der damals ungefähr 24. Jahre alt war, müßte in der That der seltenste Dichtergeist sein, den je die Zeit geboren. Kurz, es hieß eine natürliche, wiewol sehr seltene, Erscheinung durch ein wahres Wunder erklärt. Dennoch haben Blair, Home, Smith und andere diese Gegner verschiedener Antworten gewürdigt, und dabei die unwiederlegbarsten äusserlichen Beweise für die Echtheit Ossians gegeben. Viele schottische Barden aus den nächst verflossenen Jahrhunderten spielen auf seine Lieder an, und nehmen sogar ganze Redensarten und Stellen daraus. In Hoch-Schottland gab es vor kurzem nur wenige Greise, die als Jünglinge manche dieser Gesänge nicht auswen[504]dig gewust. Man hat ein ganzes Verzeichnis von Edelleuten, Geistlichen und andern Personen gedrukt, welche dieselbe in ihrer Jugend absingen gehört, und zum Theil in Handschriften besassen. Lange vor Macpherson war schon Herr Stone Schullehrer zu Dunkeld gesonnen, Ossians Gedichte zu übersetzen, und gab auch in dem damaligen schottischen Magazin einige Proben davon: sein frühzeitiger Tod aber hinderte ihn an der Ausführung seines Vorhabens. Nach ihm fieng Herr Pope, Prediger zu Rea an, sie in gleicher Absicht zu sammeln, lies aber nachher das Unternehmen wieder fahren.[1] John Smith gibt noch einen andern Beweis von dem Alter der Gedichte, welcher zu merkwürdig ist, als daß ich ihn nicht beifügen sollte. Nachdem er gezeigt, daß fast keine Gegend in den Hochländern sei, wo sich nicht viele Eiländer, Gewässer, Höhlen und Berge finden, die von undenklichen Zeiten her Nahmen von Ossianschen Helden füren, so sezt er an einem andern Orte folgendes hinzu: "Es ist eine erstaunende Uebereinstimmung zwischen einigen dieser Gedichte und den Scenen, die man in ihren Beschreibungen findet, die aber zu entfernt und zu dunkel sind, als daß der Uebersetzer sie jemals sollte gesehen und gehöret haben, und in Ansehung derer, so viel ich jemals erfahren können, nicht einmal eine Sage da ist; so daß Herr Macpherson sie in der Handschrift muß gefunden haben. Ich will nur eines Beispiels erwäh[505]nen, das mit Fleis aus dem Theile, der am wenigsten im Gallischen von der ganzen Sammlung bekannt ist, gewälet worden. Es ist einer der Gesänge von Selma. Die Nahmen von Daura und Erath, von denen hier gesprochen wird, sind so ungewönlich, daß ich sicher bin, man kann jedermann auffodern, einen Beweis anzufüren, daß er den Nahmen, Beinahmen oder die Sage davon gehöret habe. Und doch kan in einem finstern und unzugangbaren Winkel von Argyleshire, von dem der Uebersetzer des Ossian gewis niemals etwas gesehen hatte, und von dem er, wie sein eigen Stillschweigen, das Stillschweigen der Tradition über diese Geschichte, und die Entfernung und Dunkelheit des Ortes verräth, ganz gewis eben so wenig gehört hat – in diesem Orte sage ich, läßt sich sogar die Scene und die sehr ungewönlichen Nahmen dieser Episode ausspüren, die villeicht von der ganzen Sammlung einem gallischen Alterthums-Kenner am wenigsten bekannt ist. Das Eiland, auf das der Verräther Erath die Daura durch Betrug lokte, führt noch seinen Nahmen *Inis-Erath*, das *Eiland von Erath*. Der Fährplaz und die daran liegende Meierei haben ebenfalls ihren Nahmen daher; und ungefähr eine Meile davon ist eine andere Meierei, die aus einer ausgebreiteten Heide, von einem grossen Bergstrom umgeben, besteht, die immer noch von dem unglüklichen Mädchen *Dura-in*, Strom von Daura, den Namen führt. Und [506] was es noch mehr bestätiget, daß diß die vom Ossian beschriebene Scene seyn muß, ist, daß verschiedene umher liegende Pläze von Konnal und andern seiner Helden benannt sind, deren Nahmen man besser kennt. Da niemand leicht vermuthen

---

[1]    S. Abhandlung über die Echth. der Ged. Ossians in den Gall. Alterth. 2 Th. S. 257 u. 58. teutsche Uebers.

wird, daß der Uebersetzer des Ossian, durch einen Zufall auf solche Nahmen, von den geringsten Gemeinplätzen und Oertern, die so wenig bekannt sind, fallen könnte, daß alle die kleinen Umstände so genau mit seinen Gedichten übereinkämen, ohne daß er sie jemals gekannt hätte, so müssen wir diß als einen überzeugenden Beweis von ihrer Echtheit ansehen.["]

Dem andern Wahn, Ossians Gedichte seien Geburten des 15ten Jahrhunderts, hat Macpherson hinlängliche Gründe entgegengesezt. Blair widerlegt ihn noch weiter in folgender Stelle. "Sollten wir also annehmen, daß vor 2 oder 300 Jahren, um welche Zeit auf den Hochländern die gröbste Unwissenheit und Barbarei lag, daß selbst ein Dichter aufgestanden sei, der mit einem so auserlesenen Genie und einer so tiefen Kenntniß des Menschen und der Geschichte begabet war, daß er alle Begriffe und Sitten seiner eignen Zeit von sich legen, und uns den Stand der Gesellschaft, wie er vor tausend Jahren war, richtig und natürlich schildern konnte, der diese Schilderung des Alterthums ohne den mindesten Widerspruch durch so viele Gedichte auszuhalten [507] wußte, und bei allem Genie und aller Kunst so viele Selbstverläugnung besaß, daß er sich verbarg, und seine eigene Arbeit einem alten Barden zuschrieb ohne entdecket zu werden? Nein! diese Hypothese geht über alle Gränzen der Glaubwürdigkeit!"[2] –

Andre kommen und setzen diese Gedichte weiter in das Mittelalter hinauf. Blair hält ihnen aber mit Recht das Stillschweigen von den grossen Hochländischen Clanen oder Geschlechtern entgegen, welches durch das ganze Werk herrschet. "Man weiß, sagt er, daß der Ursprung dieser Clanen sehr alt ist. Man weis eben so gut, daß sich ein gebohrner Hochländer durch keine Passion mehr unterscheidet, als durch die Liebe zu seiner Clane und durch die Eifersucht für die Ehre derselben. Daß also ein hochländischer Barde in Verfertigung eines Werks, das die Alterthümer seines Vaterlands angeht, keinen Umstand sollte berührt haben, welcher den Ursprung seiner Clane beleuchtete, ihr altes Herkommen ausser Zweifel sezte, und ihren Ruhm vermehrte. Dieses, sage ich, ist die unwahrscheinlichste Annahme, die man ersinnen kan, und das obengemeldte Stillschweigen erschwingt sich bis zur Demonstration, daß der Verfasser gelebet habe, ehe noch eine von den heutigen grosen Clanen entstanden oder bekannt war." –

Der vernünftigste Theil der Gegner endlich behauptet: Ossians Gedichte seien wohl alt, aber sie könnten [508] eben so gut in das fünfte oder ein späteres, als in das zweite Jahrhundert gehören. Gerade zu widerlegt können die Vertheidiger dieser Meinung nicht werden. Da aber Macpherson seine mit den angespielten Thatsachen und der innern Beschaffenheit der Lieder weit treffender übereinstimmt, so bleibt sie die wahrscheinlichste und für uns also die gewisse.

---

2  Nach Denis Uebersetzung im 3ten Bande Ossians.

Uebrigens beginnt man jezt in Schottland und Engelland den Anhängern Macphersons immer mehr und mehr beizutretten. Wenigstens sagt ein Mitarbeiter am *Critical Review*,[3] da er einige von Smiths Beweisen anführt: es sei unnöthig sie weiter zu verfolgen, da es dem Scepticismus selbst nicht mehr möglich sei, die Echtheit der Gedichte Ossians zu bezweifeln. All diese Streitigkeiten und Zweifeleien aber, besonders in Ansehung der vorgegebenen Einschaltungen und Verschönerungen[4] Macphersons, wird nichts besser entscheiden, als die Herausgabe der sämtlichen Gedichte in der gallischen Sprache selbst. Macpherson und Smith haben ihren Uebersetzungen schon einige Proben beigefüget; und gegenwärtig soll in Schottland eine vollständige Ausgabe veranstaltet werden. Es ist zu hoffen, daß sie Abgang finden werde, da man seit einiger Zeit die merkwürdige gallische Sprache zu studiren anfängt. Von William Shaw's *Analysis of the Galic language* erschien im J. 1779. zu Glasgow eine wiederhohlte Auflage.

---

3    May 1780. S. 356.
4    In der Preißschrift über den Einfluß der Wissenschaften äussert Hr. Herder diese Meinung ebenfalls.

# [III*] Edmond de Harold: Vorrede
## [zu *Neu-entdeckte Gedichte Ossians*] [1787].

Der große Beifall, welchen die von *Macpherson* herausgegebenen Gedichte erhalten haben, bewog mich einen Versuch zu wagen, ob noch mehr Gedichte dieser Gattung aufzufinden wären. Meine Erwartung würde getäuscht worden seyn, wenn ich mir geschmeichelt hätte, vollständige Stücke zu erhalten; denn zuverläßig sind deren keine mehr vorhanden. Durch sorgfältiges Nachforschen meiner Freun[IV]de aber bin ich zu dem Besitze verschiedener Fragmente von alten Gesängen gelangt, die der mündlichen Ueberlieferung ihre Erhaltung zu verdanken haben, und die mir wegen der Erhabenheit ihres Innhalts, und wegen der edlen Einfalt und Schönheit ihres Ausdrucks, einer nähern Bekanntmachung würdig geschienen. Was ausserdem den Werth dieser Fragmente erhöht, ist, daß der Geschmack an diesen Gesängen, unter dem Landvolke, in den Gegenden wo sie üblich waren, täglich mehr abnimmt, indem die alte Sprache anfängt in eben dem Maaße vernachläßigt zu werden, in welchem der Gebrauch der Englischen allgemeiner wird; und wie sehr die letztere sich ausbreitet, weiß ein jeder der auf Gegenstände dieser Art seine Aufmerksamkeit gerichtet hat. Aus [V] diesen Fragmenten nun habe ich die hier gelieferten Gedichte zusammengesetzt. Ihr Grundstoff ist aus der Ueberlieferung genommen; bloß die Einkleidung haben sie mir zu verdanken. Vielleicht befremdet es einige, daß Oßian zuweilen, besonders in den *Liedern der Tröster*, eher ein Irelänter als ein Schotte zu seyn scheint, und daß verschiedene der gegenwärtigen Gedichte wichtigen Stellen in den *Macphersonschen* ausdrücklich widersprechen; z. B. die Beschreibung der Vermählung von Evirallen, (in dem Gedichte eben desselben Namens) welche von der Beschreibung dieser Vermählung in *Macphersons* Oßian wesentlich verschieden ist. Ich muß die Auflösung dieser Schwierigkeit dem Leser überlassen. Da ich keiner historischen Sekte, noch sonst irgend [VI] einer Parthei geschworen habe, so gebe ich diese Gedichte, ihrem Inhalte nach, rein und lauter, wie ich sie aus dem Munde des Volks gesammelt; und vermesse mich nicht zu entscheiden, welches Land Oßians eigentliches Vaterland gewesen sey. Genug, einen Barden von so hohem Genius als der seinige, kann ich nicht anders als verehren und lieben, er sey in Ireland oder in Schottland geboren. Gewiß ist indessen, daß die Schotten und Irelänter in früheren Zeiten vereiniget waren; auch kann nicht geläugnet werden, daß beide Völker einerlei Ursprung haben: ja ich glaube, daß sogar die

Abstammung der Schotten von den Ireländern durch die zureichendsten Beweise ausser allem Widerspruch gesetzt sey. Diese Wahrheit ist erst seit kur[VII]zem in Zweifel gezogen worden; alle alten Sagen bekräftigen sie, und sie hat das allgemeine Geständniß der Schottischen Nation, und der ältesten Geschichtschreiber derselben für sich. Sollte dem ohngeachtet jemand von ihrer Gewißheit noch nicht überzeugt seyn, so muß ich ihn auf *Macgeogehans* Geschichte von Ireland verweisen, wo er die Sache durch die mühsamste Untersuchung erläutert, und durch die unwidersprechlichsten Gründe dargethan finden wird. Ferner muß ich den Leser noch auf einen sehr wesentlichen Unterschied vorbereiten, den er zwischen diesen und den *Macphersonschen* Gedichten Oßians finden wird. In den Gedichten des letztern geschieht von der Gottheit nicht die mindeste Erwähnung. Die gegenwärtigen hingegen, [VIII] zeichnen sich durch Beschreibungen des Allmächtigen Wesens aus; und erhalten dadurch eine verhältnißmäßige Erhabenheit mit dem besungenen Gegenstande, die bei andern Gegenständen unerreichbar seyn würde. Es verdient bemerkt zu werden, welchen hohen Schwung der Dichter nimmt, wenn er die Macht, Güte, ewige Dauer und Gerechtigkeit Gottes besingt; und es muß den Leser erfreuen, jenen alten ehrwürdigen Krieger mit Gemählden, die seines großen weitumfassenden Genius so würdig sind, beschäftigt, und ihn dadurch von der Beschuldigung des Atheismus gerettet zu sehen, die so viele Männer von Scharfsinn und Unpartheilichkeit ihm haben aufbürden wollen. Eines dieser Gedichte (Lamor) schreibt sich noch vor [IX] Oßians Zeiten her. Sitrick hingegen gehört in das 9te Jahrhundert. Es ist vielleicht nicht überflüßig das Publikum zu erinnern, daß ich entfernet von meinem Vaterlande, bei dem Aufsammeln dieser Gedichte mit mancherlei Schwierigkeiten zu ringen gehabt, und daß ich diese Uebersetzung derselben in einer Sprache liefere, welche ich erst in spätern Jahren zu erlernen Gelegenheit gefunden. Dies wird dem billigen Leser ein Bewegungsgrund zur Nachsicht seyn, wenn er auf Stellen stossen sollte, wo es dem Ausdrucke an Reinheit und Geschmeidigkeit fehlt. Sollten übrigens diese Gedichte so glücklich seyn, bei Männern von Geschmack und Einsicht Beifall zu finden, so würde ich mich für alle darauf verwendete Mühe reichlich be[X]lohnt halten. Ihr Schicksal sei indessen welches es wolle, meine Beruhigung wird der Gedanke seyn, daß ich bei der Bekanntmachung derselben, keine andere als die lautersten Absichten gehabt, und bloß Empfindungen der Menschenliebe, des Muthes und der Tugend dadurch zu verbreiten gesucht habe.

Wilhelm Heinse:
# Erinnerung bey Lesung der Gedichte Ossians [1788].

Daß die Gedichte Ossians untergeschoben sind, sollte wohl jetzt nicht mehr bezweifelt werden. Gleich bey Erscheinung derselben hielten sie schon die guten Köpfe in England dafür. Der furchtbarste Bestreiter der Aechtheit derselben aber war der berühmte Doctor Johnson.

Macpherson, der sich bloß als deren Uebersetzer genannt, und mit den größten Lobeserhebungen davon gesprochen hatte, antwortete, muthwillig ohne Beyspiel, auf dessen Gründe (die mir inzwischen nicht zu Gesicht gekommen sind:) es sey eine Thatsache; und wer es nicht glauben wolle, könne sich leicht in Schottland davon überzeugen, und sie von der ganzen Nazion singen und auswendig hersagen hören.

Johnson that auch darauf, jedoch unter einem andern Vorwand, um nicht das lächerliche auf sich kommen zu lassen, wider besser Wissen in April geschickt worden zu seyn, die Reise dahin. Bey seiner Zurückkunft nach London gab er eine Beschreibung davon heraus, und meldete in der Mitte des Buchs, wie im Vorbeygehen, lediglich auf drey oder vier Blättern: daß auch nicht eine Spur davon zu finden sey, nicht einmal einzelne Volkslieder und Romanzen, daß er bey den gelehrtesten Männern dort darüber nachgeforscht habe, [569] und keiner das geringste Wirkliche davon wisse; und spricht dann von dem ganzen Betruge mit den bittersten Sarkasmen. Macpherson verstehe selbst das alte Ersische wenig in der kleinen Probe von Versen, die er von dem Original habe geben wollen; es sey überhaupt eine ungebildete Sprache, und die Evangelien und Episteln wären erst ohngefehr seit hundert Jahren für das gemeine Volk hinein übersetzt worden.

Macpherson, um sich den Mund nicht ganz stopfen zu lassen, erwiederte nur mündlich einigen Bekannten: er habe die Handschrift von dem Original in seinem Pulte liegen, und es werde schon zu seiner Zeit noch heraus kommen.

Johnson wollte weiter kein Wort verlieren auf eine solche kindische Ausrede. Wenn die edlen Britten zu einer neuen Ausgabe von ihrem Shakespear nach der Menge vorhergehender binnen wenig Tagen *funfzig tausend Guineen* unterzeichnen: sollten sie dasselbe nicht für das einzigste Werk in seiner Art gethan, und Macphersonen deßwegen längst bestürmt haben?

Kein Volk in Europa hat sich so unschuldig enthusiastisch dabey betragen, als wir Teutschen. Vor acht Jahren ward ich auf meiner Reise nach Italien von einigen unsrer besten Gelehrten mit Ingrimm angesehen, als ich nur wie zum Scherz an deren Aechtheit zweifelte, und sie mir gegen die Gründe nichts einzuwenden vermochten. Einer antwortete mir sogar im Eifer, wie einige Nationaleitle Schotten dem Doctor Johnson: wenn sie auch nicht ächt wären, so sollte man sich doch alle Mühe geben, daß sie dafür gehalten würden.

Was man wünscht, das glaubt man leicht. Wir sehnen uns aus allen den Fesseln der bürgerlichen Gesellschaft wieder in den Stand der Natur, und meynen denselben unter den Wilden und den alten [570] Celten unsern Vorfahren zu finden. Macpherson schmelzte das sanfte unsrer Sitten, romantische Zärtlichkeit mit dem heroischen und freyen jener Zeiten zusammen: und unser Herz gerieth bey einigen in der That rührenden und zuweilen erhabnen Schilderungen und kühnen lyrischen Flügen in Wallung. Wir nahmen damit alles für baar an, und übersetzten bis zum Ekel in Prosa und in Versen.

Jeder Unbefangne aber, der in diesen Sachen Gefühl und Erfahrung hat, muß endlich mit Gewalt bey Lesung dieser Gedichte erkennen, daß das meiste bloß aus lauter Einbildung besteht, in englischem poetischen Styl, gewöhnlich mit Beywörtern überladen, und wenig mit Herz und Sinn, mit Augen und Ohren aus der Wirklichkeit selbst empfunden, welches ein ganz ander klassisch Gepräge führt. Fast alles ist schwankend, und hat keine feste sichre Zeichnung; Beschreibung der Gegenden, und Tags- und Jahrszeiten ausgenommen. Ein Mann im Anschauen des Lebens jener Zeiten konnte unmöglich in so allgemeinen, übertriebnen Bildern und Tiraden sprechen; z. B. gleich aus dem Anfange des Fingal: "auf Malmor rangen wir einst; unsre *Fersen* zertraten die *Wälder*, Felsen entstürzten ihrer Stelle, Bäche *änderten ihren Lauf*, sie flohn murmelnd von unsrer Seite –" oder:

"Morna, du schönstes der Mädchen! du bist Schnee auf der Heide; zwey glatten Felsen gleicht dein Busen, die man von Brannos Strömen erblickt; deine Arme sind wie zwey weiße Säulen in den Hallen des mächtigen Fingal pp"

So etwas sagt gerade nichts; und eine Menge dergleichen Stellen.

Man sieht ferner deutlich, daß der Verfasser fleißig den *Homer*, und die bekannten epischen Dichter bis auf die Kolossalischen irrenden Ritter *Ariosts* studirt hat; vorzüglich den letztern und die Iliade [571] des erstern. Die Form der Gedichte, Barden, nach allem, was wir von diesen wissen, gänzlich fremd und nach den Regeln des Aristoteles – Fingal, ein frommer Aeneas des Virgil und Gottfried des Tasso, Kathmor, und seine andern Helden zeigen es augenscheinlich. Kein Charakter ist individuel aus dem Leben gegriffen, die mehrsten haben wenig abstechendes, und gleichen sich, besonders Mädchen und Weiber, wie ein Ey dem andern.

Der Betrug war übrigens so schwer nicht für einen Mann von Genie, mit den Volkssagen in Schottland und Irrland, nebst einigen Ueberbleibseln von Poesie in Chroniken und Geschichten und neuern Romanzen, und bey der genauen Bekanntschaft der Engländer mit den Wilden, zumal in der poetischen

Prosa. Die Bilder sind in allen Gedichten dieselben, und schallende Felsen, schallende Hügel, schallende Schilde, schallender Stahl, schallende Hallen, schallende Ströme, schallende Heide, Schall der brausenden Fluthen, das dunkle Wälzen der Wellen des tobenden Meers, rollende Augen, die dunkelbraunen Hirsche, die hüpfenden Rehe, rasselnde Waffen, hundert verschiedne Winde, die durch hundert Thäler sich stürzen, hundert Hügel, unaufhörliche hundert Barden, tausend Felsen, tausend Ströme, Helden wie Disteln zusammengehauen, Säulen von Nebel, dämmernder Mond, Geister der Wolken, Geister der Nacht, Luftbilder des Todes, Schönen, weißer als Schnee, mit schneeweißen Armen und schneeweißen Brüsten pp überall und auf allen Blättern.

Deßwegen kann auch der größte Bewundrer vor Einförmigkeit bey Lesung derselben nicht lange aushalten. Es läßt sich gar nicht denken, wenn man es nur ein wenig ohne Leidenschaft überlegen will, daß die Leute vom dritten Jahrhundert der christlichen Zeitrechnung her bis auf den heutigen Tag *drey Bände* solcher monotonen Worte [572] immer mündlich von einander sollten auswendig gelernt haben, und noch auswendig lernen. Es gebe sich einer einmal daran, und lerne nur das Gedicht *Temora* in acht Büchern auswendig, oder vier Bücher, oder zwey Bücher, oder nur ein halbes Buch davon, und *bring es einem andern MÜNDLICH wieder bey!*

Die Täuschung ward in Teutschland noch dadurch befördert, daß einige unsrer guten Dichter, z. B. von Gerstenberg und Klopstock, Scenen ihrer Poesien schon in jene Zeiten versetzt hatten. Und als sie endlich nachzulassen begann, erhielt sie noch der letzte Dollmetscher Ossians, ein Schotte von Geburt und Landsmann des angegebnen Barden, der Oberste von Harold in Düsseldorf; welcher, um seiner Uebersetzung Abgang zu verschaffen, nicht nur versicherte, daß er diese Gedichte als Knabe in ihrer Ursprache haben singen hören, sondern daß er selbst noch andre besitze, die er hiermit zum erstenmale bekannt mache.

Ich weiß es aus seinem Munde, daß er jene für untergeschoben hält; und eben so gut weiß ich, daß er die angeblich neuaufgefundnen selbst mit den unaufhörlich wiederkommenden Phrasen der schon bekannten aufgesetzt hat. In London las er diese als ächt neu entdeckt dem Macpherson vor, um ihn zum besten zu haben; und ein schalkhafter Betrüger gratulierte darauf sehr ernstlich über den wichtigen Fund dem andern. Man sollte beyde einander gegenübersitzend in einem Holzschnitte vor dem Titel den Lesern zur Schau stellen.

Bey diesem allen bleiben diese Gedichte doch noch immer eine außerordentliche Erscheinung; und wer sie aus seinem Gefühl und seiner Phantasie hervorbrachte, hätte nicht nöthig gehabt, sich zu verläugnen, wenn er hätte warten wollen, bis der Plan zu einem großen schönen [573] Ganzen in seiner Seele gereift wäre. So scheinen es mehr rohe Arbeiten und Bruchstücke eines jugendlichen gewaltigen Geistes in den Gegenden von Schottland und Irrland, und vielleicht bey den Amerikanischen Wilden entstanden, unter welchen Macpherson einige Zeit soll gelebt haben.

Vielleicht mag er die zu frühe Herausgabe, das übertriebne Eigenlob, und den zu ernsthaft und hartnäckig unterhaltnen Betrug auch jetzt bereuen; denn so bald man versichert ist, daß sie *auf solche Weise* unächt sind, verschwindet wenigstens das beste Interesse.

Nicht so beym Homer und Ariost; wenn auch nie ein Achilles oder Roland in der Welt da war.

# [Brief von Ludwig Theoboul Kosegarten an Friedrich David Gräter] [1791].

## [485] Ueber Ossian, die Sean Dana u. s. w.

*Wolgast*, am 16ten Sept. 1791. Erlauben sie mir, daß ich Ihren Brief mit der Schnelle, Wärme und Sorglosigkeit beantworte, die ich in Briefen an *Freunde* mich so gerne überlasse, und ohne welche das Briefschreiben mir Frohndienst, nicht aber Vergnügen ist. Seit Erscheinung Ihrer *Nordischen Blumen* war mein Herz Ihr. Ein verwandter Geist schien aus jenem schönen Strausse mir entgegen zu wehen, und es war mir halb lieb, halb leid, den Lorbeer, mit welchem ich bey mehrerer Muße einst meine Schläfe zu kränzen dachte, von einer vermuthlich jüngern, ohnstreitig aber frischern und kräftigern Hand gebrochen zu sehen. – Ihren *Bragur* haben unsere Leipziger Freunde mir gesandt. Noch aber ists mir nicht möglich gewesen, mehr von ihm zu lesen als die Inhaltsanzeige. Diese verspricht Reichthum und Zweckmäßigkeit; und sobald [486] ich nur meine nur meine *Clarisse* und meine *Römergeschichte*, von welcher erstern aber erst der fünfte, und von der letztern die beyden ersten Stücke unter der Presse sind, vom Halse werde gewälzet haben, wird es mich freuen, wenn Sie und Ihr wackerer Mitarbeiter mir Gelegenheit und Erlaubniß geben wollen, aus Ihrem Doppelblatt ein Kleeblatt zu machen.[1]

In unsers Freundes Müller und der Herrn Gräff Berichte von meinen Absichten auf die *Sean Dana* haben sich viel Unrichtigkeiten und Unbestimmtheiten eingeschlichen. Hören Sie, wie ich auf die *Sean Dana* aufmerksam geworden bin, und was den Wunsch in mir erzeugte, sie dem Vaterlande in unserer Sprache zu liefern.

Von den Dichtern aller Zeiten und Zungen hat nie keiner stärker, tiefer und bleibender auf mich gewirkt, keiner meinem Geiste eine bestimmendere Impulsion gegeben, als Ossian. Die Lieder von Selma in Göthe's unübertroffener Uebersetzung waren das erste, was ich von ihm kennen lernte, und was meinen damalen noch höchstzarten und jedem Eindruck offenen [487] Geist in nie empfundenes Staunen versenkte. Ich ruhte nun nicht, bis ich den ganzen Os-

---

1   *Clarisse* und die *Römergeschichte* sind nun vollendet. Möchte dieser gefühlvolle Freund der Vorzeit und alles Edlen und Großen jene schöne Hoffnung jetzt in Erfüllung bringen! Unser herzlichster Wunsch wenigstens ist es, und gewiß auch der Wunsch aller Freunde unserer poetischen Vorzeit!

                                       *Die HH.*

sian in Denis schönen, wiewohl ........, metrischen Uebersetzungen erhielt. Jene Göthischen Stücke ließen mich jedoch ahnden, daß Ossian ein anderer seyn müsse, als ich ihn hier fand. Jede neue Verteutschung, die Haroldische, die Tübingische (von einem mir unbekannten, aber sicher mit reinem Dichtersinn begabten Manne) waren mir willkommen. Genüge that mir keine. Hauptsächlich um Macpherson zu lesen lernt' ich Englisch. Ich las ihn, fand mich aber doch noch nicht an der Quelle. Ersisch zu lernen war hinfort mein Taggedanke, war mein Traum. Mit eisernem Fleiße und unermüdsamer Geduld fing ich an das siebente Buch der *Temora*, welches Macpherson bekanntlich hinter der neuesten Ausgabe des Englischen Ossian hat abdrucken lassen, zu studieren, und aus Vergleichung desselben mit den Uebersetzungen eine Art von Wörterbuch und sogar einige grammatische Linien zu abstrahiren. Daß dieß mich nicht weit führte, können Sie leicht erachten. – In *Küttners Briefen über Irrland* fand ich eine ziemlich ausführliche Abhandlung über die Irische Sprache, und zugleich eine Anzeige von einer Irischen Grammatik, die ein gewisser Major *Vallancey* geschrieben hätte. Um diese schrieb ich nach Hamburg, Leipzig, Berlin. Nirgends war sie. Ich verschrieb sie mir nebst einigen andern aus [488] Dublin mit einem hiesigen Schiffer. Er erhielt sie, aber sein Schiff ging verloren. Mittlerweile erschienen die *Sean Dana*. Im festen Vertrauen, daß, da der Titel Englisch und Ersisch zugleich ist, das Buch auch beydes seyn werde, schreib' ich darum nach Berlin, und nach jahrelangem Warten verschafft sie Maurer mir. Ich erhalte sie, und siehe! es ist lauter Ersisch. Da stand ich nun – grade wie *Peter der Große* vor dem *griechischen Homer*, den ein Byzantinischer Gesandter ihm verehrt hatte. *Ich seh ihn an*, schreibt er diesem seinem Freunde zurück. *Staunend und sehnend seh' ich ihn an, aber ach! Homer ist stumm, oder ich bin taub!* – Aus der Vorrede sah ich indessen, daß die Englische Uebersetzung bereits vorher unter dem Titel *Galic Antiquities* herausgekommen. Ich bestellte sie mir sogleich bey Maurern, der auch Englische Bücher führt; aber bis itzt hat er sie mir noch nicht verschaffen können. Mit einmal schreibt Gräff mir, die *Galic Antiquities* seyen bereits vor mehreren Jahren im Weidmannschen Verlage übersetzt herausgekommen, und schickt sie mir. Ich habe sie gelesen, und finde die Stücke größtentheils Ossians und seiner Zeitgenossen völlig würdig, wiewohl ich dennoch fürchte, daß ein Neuerer hin und wieder daran raffinirt und sublimirt habe. In der Uebersetzung dünkt mich die hohe Einfalt der Originalien noch kaum zu ahnden zu seyn. [489] Diese in ihrer Ursprache zu lesen blieb noch immer einer meiner sehnsuchtsvollsten Wünsche, und eben die Schwierigkeiten, die sich seiner Befriedigung entgegensetzten, vermehrten, wie natürlich, dieß Verlangen. Itzt las ich in dem Intelligenzbl. der *A. L. Z.* eine Anzeige, daß Sie sich mit der *Sean Dana* beschäfftigten, und dem Publikum sie zu liefern dächten. Sie können sich nun vorstellen, wie diese Nachricht mich interessirte. Ich war grade in Greifswalde, und sprach mit Müllern davon, in dem ich unvermuthet einen Bekannten von Ihnen

fand, und da er nun eben an Sie zu schreiben im Begriff war, so trug ich ihm
auf, mich Ihnen bestens zu empfehlen, und zu gleich Sie von dem Einklange
unsers Geschmacks und unseres Lieblingsstudiums zu benachrichtigen. Kei-
neswegs aber äußerte ich die Besorgniß einer Kollision zwischen uns beyden.
Denn ob ich gleich den Gedanken gehabt hatte, die *S. D.* zu übersetzen, so
wollt' ich diese Uebersetzung doch aus dem Ersischen Original ausfertigen,
und dazu war ich damalen nicht im Stande. Wie *G.* Ihnen hat schreiben kön-
nen, meine Uebersetzung sey schon unter der Presse, ist mir unbegreiflich.
Entweder muß *er Sie*, oder *Sie* müssen *ihn* mißverstanden haben. Denn noch
zur Zeit hab' ich nicht ein Wort dieser alten Lieder weder aus dem Ersischen
noch Englischen verteutscht.

Vor vierzehn Tagen erhielt ich aus Dublin durch Maurers Besorgung: *A
Grammar of* [490] *the Iberno-Celtic or Irish language by Mayor Charles Val-
lancey*, ein kleiner Quartband, der nicht 200 volle Seiten enthält, und mich
dennoch 8 thlr. kostet. Das Buch sagt meinem Zwecke sehr zu, und da mir das
Irische mit dem alten *Cael* gänzlich dasselbe scheint, so würde es mir wahr-
scheinlich zur Erreichung meines so langen und so sehnlich gehegten Wun-
sches, nähmlich der Erlernung des Ersischen verhelfen, wenn *Vallancey* nicht
unglücklicher Weise seinen Leser über die Aussprache, zumahl der Diphthon-
gen und Triphthongen gänzlich im Dunkeln ließe. Hierüber von Ihnen einige
Auskunft zu erhalten, ist meine inständigste Bitte an Sie.[2] Und wenn Sie mir
diese gewähren, und ich dann noch *Shaw's Galic Dictionary*, das ich mir ver-
schrieben, erhalten haben werde, so hoff' ich endlich jener merkwürdigen
Sprache mich bemächtigen zu können, die einem nicht nur wegen der Dichter-
schätze, die sie verschließt, sondern auch [491] wegen der Aufschlüsse, die sie
über die Metaphysik, den Ursprung, die Verwandtschaft und die Wanderungen
der ältesten Sprachdialekte ertheilet, höchst interessant seyn muß. – –

*L. Th. Kosegarten.*

---

2   *Vallancey* hat zwar auch einiges über die Aussprache S. 31-34 und läßt im Grunde nur über
die Diphthongen und Triphthongen in Ungewißheit. Allein vollständiger und anschaulicher
ist diese Lehre freylich abgehandelt in einer andern Grammatik: *An analysis of the Galic lan-
guage, by William Shaw. A. M. The second Edition. Edinburgh, printed for R. Jamieson, Par-
liament-square.* MDCCLXXVIII. 171 S. 8. S. 1-27. wobey man aber doch Vallancey's Be-
merkungen nicht ohne Nutzen vergleicht.

*Gr.*

# [Brief von Johann Christian Christoph Rüdiger an Friedrich David Gräter] [1793].

### [480] Ossian.

*Halle*, am . . . . . 1793. – Was macht Ihr Studium Ossian's? Ich habe hier herumgehorcht und man ist fast durchgängig für die Aechtheit eingenommen. *Forster* erzählt, daß in England durch gerichtliche Untersuchung herausgebracht sey, die Bestreiter hätten falsche Zeugen erkauft. *Sprengel* sagt, daß *Raspe* [481] im siebenjährigen Kriege einen ganzen Haufen Bergschotten etwas daraus vorgelesen, und sie es für vaterländisch erkannt haben. *Spr.* meinte auch, daß Ihnen leicht ein gewisser Herr *Korn* in Schlesien, ein Verwandter des Buchhändlers, zuvorkommen werde, dem er alle Hülfsmittel zur Sprache hat verschreiben müssen. Da ich mich aber auf der Messe in der Handlung erkundigte, hieß es, er wäre davon abgekommen, und es sey nichts von ihm zu erwarten. Uebrigens ist *Spr.* so zweifelhaft als ich, und führt als Gegengründe aus dem Innern der Gedichte an, ein elfenbeinerner Wagen sey in solchem Lande nicht denkbar. Noch treffender scheint mir der von einem Engländer[1] angeführte Grund, daß der Name Caracalla, den man im Ossian findet, wohl erst nach dem brittannischen Zuge in Rom gegeben sey. – – Ich habe freylich die Sache nicht ergründet, und nicht einmal die Bücher recht gelesen, aber ich denke doch immer *Walker* hat Recht zu behaupten, daß *Macpherson* nur etwas alten hochländischen Stoff nach Bardenmanier verschönert bearbeitet hat, etwan so wie Bürger das alte Mährchen Eleonore. So lassen sich immer die Zeugnisse für die Aechtheit verstehen, ohne daß man die jetzigen Gedichte für so alt erkennen darf, welches doch gar zu große Schwierigkeiten in Absicht des Aeußern hat. Das innere Gepräge für un[482]nachahmlich zu halten, wie die Vertheidiger als Hauptgrund anführen, geht doch zu weit, da es so manche Beyspiele von ähnlicher Unterschiebungen gibt, die doch viel Glauben gefunden haben, wie *Cicero de Consolatione*, jetzt Barii Tragoedie *Progne* und *Rowley's* Gedichte von *Chatterton*, wovon in meinem *Zuwachs* 2. St. S. 223. steht. Daher nun kommt mir Ihr Unternehmen die Sprache *Ossian's* zu lernen, zu unfruchtbar und riesenmäßig vor.[2] [483] Ein anderes ists für den Irrländer,

---

1   *Young* in den Schriften der Dubliner Akademie.

2   Dieser Schluß gründet sich auf obige Meynung von der Aechtheit. Wenn jene richtig und unwiderlegbar ist, so wäre es freylich ziemlich fruchtlos, die Sprache Ossians zu dem Ende zu lernen, um über den Ton und den Werth des Originals, als einer ächten Antike, urtheilen,

der auch die Abweichung des Alterthums besser finden und beurtheilen kann, als mit allen überhaupt mangelhaften und besonders der Parteylich[484]keit[3] verdächtigen Hülfsmitteln thunlich seyn wird. – *Vallancey's* Vergleichung des Celtischen und Phönicischen ist alberne Schwärmerey, wie Sie in seiner bey

---

oder beyde in einer metrischen Nachbildung soviel möglich getreu wiedergeben zu können. Allein so gar arg hat es wohl Macpherson nicht gemacht; und wenn wir auch in die von ihm und seinen Freunden mitgetheilte Originale mit Recht Mißtrauen setzen, so müssen wir doch wenigstens diejenigen für ächt halten, welche die Gegner der Aechtheit zum Beweise ihrer Beschuldigungen aufgestellt haben. Diese aber zu verstehen, mit den andern Originalen vergleichen, und von dem Befunde dieser Vergleichung dem Publikum Rechenschaft geben zu können, ist wahrlich schon Gewinn genug. Uebrigens bin ich nicht der erste oder einzige Teutsche, der den Ossian aus dem Originale, soweit man es hat, zu übersetzen versuchte. Außer dem von meinem verehrungswürdigen Freunde selbst gedachten Herrn *Korn* haben mir der Herr Domainenrath *Zer*[483]*boni* in Glogau, und der Herr Dr. *Kosegarten* (damals noch in Wolgast) selbst Nachricht gegeben,\*) daß sie längst mit mir auf Einer Bahn gewandelt hätten. Und wenn es nichts für Ossian fruchtete, so wäre das Studium der Celtischen Sprache schon für die allgemeine Sprachkunde und die Beweise für die Verschiedenheit des vaterländischen Sprachstammes von dem Celtischen fruchtbar genug. Aber es fruchtet auch sicher zu einer näheren Kenntniß der Ossianischen Gedichte, die man doch niemals gänzlich für eine Erdichtung und ein Unding, nicht für eine ganz eigene Composition des geniereichen Macpherson, sondern nur für eine sehr verschönerte Nachbildung alter Originale gehalten hat. Wäre mir nur diejenige Muße geworden, die ich vor einigen Jahren noch hoffen konnte; so würde ich die Freunde der Dichtkunst bis jetzt nicht ganz in Zweifel darüber gelassen haben. So aber sind meine Nebenstunden noch eingeschränkter als zuvor, und es werden ihrer immer weniger. Indessen erfülle ich die Hoffnung, die theils von meinen Freunden, theils von mir selbst dem Publikum gemacht wurde, gewiß noch, wenn auch Jahre darüber verstreichen sollten.

*Gräter.*

\*) Den Brief des letztern muß ich noch nachhohlen. Er ist zu schön und lehrreich, um nicht auch die Leser des Bragur interessiren zu müssen. Auch sind solche Ergießungen und Nachrichten an Freunde oft leider noch das Einzige, was von den schönsten literarischen Projecten übrig geblieben ist.

3  Wörterbücher und Sprachlehren sind doch nur immer Hülfsmittel der Elemente. Den Bau der Sprache haben wohl auch die unbedingtesten Enthusiasten nicht zu entstellen gesucht. Die Wörterbücher sind freylich sehr mangelhaft und oft unzuverlässig, aber wohl mehr aus Unkunde oder Mangel an Fleiß, als aus Parteylichkeit. Es würde in der That mehr Kopf und Kunst, mehr Beurtheilung, Vorsicht, Mühe und Zeit erfordern, die Forscher der Wahrheit, denen man doch etwas mehr als ihre fünf Sinne zutrauen muß, durch parteyliche Wörterbücher hintergehen zu wollen, als Macpherson zur Verschönerung der ganzen Sammlung jemals nöthig haben konnte. Die Schönheit der Ossianischen Gedichte war übrigens die erste Ursache, die zu dem ganzen Streite gegen die Aechtheit derselben Anlaß gab. Historische Gründe kamen erst beyläuffig. Man bedenke aber, wie oft die kritische Zweifelsucht schon mit all ihren blendenden Gründen an der Existenz und dem Alter schöner Antiken nicht zum Ritter geworden ist, und ihre Waffen *a priori* vor den unbezwingbaren *a posteriori* zu strecken genöthigt war. Ich erinnere nur an die ältere Edda, welcher man noch vor 20 Jahren ihre Existenz rein abdemonstrirte, und die nun da vor aller Augen, und keine Sammlung *Kamtschadalischer* Poesien ist!

*Gr.*

*Shaw's Grammar* oder *Analysis of the Galic language* angebundenen Erklä-
rung der Punischen Stelle im [485] Plautus handgreiflich finden werden. Ein
Franzose *le Brigand* macht noch schöner sein *Bas breton* zur allgemeinen
Muttersprache, und leitet auch das Latein, Sanskrit und Chinesische davon ab.
Selbst *Pezron* und *Bullet* fühlen auch die Thorheit.

*Rüdiger.*

[Friedrich David Gräter:] [Rezension zu:
Matthew Young: *Antient Gaelic poems respecting the
Race of the Fians* und *Neu aufgefundene
Gedichte Ossians*] [1795].

FRANKFURT u. LEIPZIG: *Neu aufgefundene Gedichte Ossians.* Aus dem Englischen. *Mit erläuternden Anmerkungen und einer Abhandlung über die Werke dieses Celtischen Barden.* 1792. 255 S. 8.

Wir verbinden sogleich das noch ebenfalls unbeurtheilte Original damit:

*Antient Gaelic poems respecting the Race of the Fians, collected in the Highlands of Scotland in the year* 1784. By *M. Young*, D. D. M. R. J. A. (Alte Galische Gedichte, die sich auf das Geschlecht der Fians beziehen, in den Schottischen Hochländern gesammelt im J. 1784. von *M. Young.*) In den *Transactions of the Royal Irish Academy.* 1787. Antiq. S. 43-119.

Unter allen Schriftstellern, die für und gegen die Aechtheit der von Macpherson in englischer Sprache bekannt gemachten Gedichte Ossians geschrieben haben, scheint keiner so unpartheyisch *zweckmässig* verfahren zu seyn, noch ein helleres Licht über diesen Gegenstand zu verbreiten, und eben deswegen mehr Aufmerksamkeit zu verdienen, als Hr. *Young.*

Das Interesse, welches von dem in- und ausländischen Publicum an dieser berühmten Streitfrage genommen wurde, veranlasste ihn, auf einer kleinen im Sommer 1784 unternommenen Reise durch die Schottischen Hochlande, alles fleissig zu sammeln, was zur Beleuchtung und zur endlichen Entscheidung dieser Frage beytragen könnte. Er war so glücklich, mehrere Originale zu erhalten, und theilte sieben davon nebst einer englischen Uebersetzung und einigen Erläuterungen der irländischen Akademie zu Dublin mit, von welcher er ein Mitglied ist. Sie sind sämmtlich treue Copieen derjenigen Handschriften, die gegenwärtig in den Hochlanden circuliren, jedoch mit Rücksicht auf die Verbesserungen, die sich in der zu Perth veranstalteten Ausgabe der Ossianischen Originale befinden. In der Uebersetzung hat sich Hr. *Y.*, wie billig, hauptsächlich der Treue beflissen, bekennt aber gleichwohl zur Steuer der Wahrheit, dass er vielleicht theils wegen der ungewissen und verdorbenen Orthographie, theils auch wegen einer nicht gar zu innigen Bekanntschaft mit der

Sprache noch hie und da gefehlt haben könnte, welches jedoch bey der Beurtheilung des Ganzen nicht von Bedeutung zu seyn scheint. Es sind folgende: 1) *Ossian's courtship of Evirallin.* Dieses kleine Gedicht hat Macpherson als eine Episode in dem 4[.] Buche des [346] Fingals angebracht. 2) *The Lamentation of the wife of Dargo.* Macpherson führt die Elegie nur in einer Note zu dem Gedichte *Calthon und Colmal,* und demungeachtet äusserst abweichend, d. h. verbessert und verschönert, an. 3) *The combat of Con Son of Dargo, and Gaul Son of Morne.* Hiemit soll *Cathula* in Smith's Galischen Alterthümern, und Macphersons Carricthura nebst dem Tode Cuthullins verglichen werden. 4) *The combat of Osgar and Illan, Son of the king of Spain.* Dieses Gedicht findet sich in Macpherson nicht. 5) *The invasion of Ireland by Erragon.* Das Original zu Macphersons *Schlacht von Lora.* 6) *The Prayer of Ossian.* Dieses Gebets gedenkt Macph. in seiner Abhandlung über Ossian. 7) *The death of Oscar.* Auf dieses Gedicht ist die Episode von dem Tode Oscars in dem ersten Buche der Temora gegründet. – Freylich wird jedermann, der aus eigener Erfahrung die grossen Verschiedenheiten sowohl der schriftlichen als mündlichen Ueberlieferungen alter Poesien kennt, es immer noch zudringlich finden, wenn man das erste beste aufgefundene Exemplar sogleich für die Quelle erklären will, aus welcher Macpherson geschöpft haben soll, und seinen Vertheidigern den Hinterhalt nicht verwehren können, dass derselbe ein vollständigeres und richtigeres Exemplar besessen haben müsse. Rec. wenigstens ist seines Orts so billig, mit Hn. *Y.* zu glauben, dass Macpherson weder so ungerecht gegen sich selbst, noch so unbescheiden gegen das Publicum seyn konnte, um so vortrefliche und historisch-täuschende Gedichte für Uebersetzungen auszugeben, zu welchen doch überall kein Original sollte vorhanden gewesen seyn. Auch scheint sich bereits der kritische Theil des Publicums darin vereinigt zu haben, dass dieser scharfsinnige Kopf wahrhaft alte Stoffe nur, nach den Mustern der erhabensten Dichter und nach den Eingebungen einer zarten Beurtheilung des Schönen und eines feinfühlenden Herzens, ins Bewundernswürdige gearbeitet habe. Allein mit dieser Uebereinkunft ist der Streit noch nicht geendet. Man muss es auch beweisen, und zeigen können, wieviel davon dem alten Barden und wieviel dem neuern Bearbeiter angehöre, wenn man sich herausnehmen will, über diese Stufe der Cultur in der Geschichte der Galen aus dem Gehalte ihrer Poesie einen entscheidenden Ausspruch zu thun. Und hiezu, irren wir uns nicht, hat Hr. *Y.* in diesen mitgetheilten Originalen wirklich einen vortrefflichen Beytrag geliefert. Wenn auch nur ein einziges darunter in der That dasjenige ist, welches Macpherson vor Augen gehabt hat: so ist für die Beurtheilung seiner Verfahrungsart schon genug gewonnen. Es müssten alle analogischen Schlüsse ungültig seyn, oder das [347] hier mitgetheilte Gedicht, *der Einfall in Irland von Erragon* gehört, zu diesen glücklichen Entdeckungen. Macphersons *Schlacht von Lora* findet ihren ganzen Stoff, ihren Gang und ihre Grenzen in diesem Originale vorgezeichnet. Urbild und Abbild sind sich in nichts als in der Farbengebung unähnlich, und wo das letztere von dem ersteren abgeht, geschieht es mit der scharfsinnigsten ästhetischen Berechnung der poetischen Wirkung. Künstliche Verschleyerung des Historischen, um dem freyen Spiele der Phantasie durch Annäherung der Gegenstände keinen Abbruch zu thun, Benutzung des Stoffes zur Rührung und Anziehung des theilnehmenden Herzens, Nachholung übergangener, Ausbildung nur hingeworfener, und Sammlung zerstreuter Züge, Vermeidung der volksmässigen lyrischen Wiederholungen, Ueberspringung der unpoetischen Nebenideen, Unterdrückung des Ueberflüssigen und Erhöhung des Schönen, kurz alles das, was der Schöpfer dem Bildner überlassen zu haben scheint, ist das Eigenthum der Macphersonschen Malereyen, die erst jene sanfte Schwermuth, jene Hoheit der Bilder, jene erhabenen und rührenden Charaktere, und jenes feyerliche Dunkel, mit einem Worte, diejenige bewundernswürdige ästhetische Vollkommenheit des Ganzen hervorbringen, die uns bey der eben so meisterhaften als schlauen Haltung des angenommenen antiken Tones getäuscht, an einem Barden auf den ersten Stufen der bürgerlichen Cultur in Erstaunen gesetzt, und die schärfer sehenden bald zur Verzweiflung der Aechtheit genöthigt hat. Und eben der Umstand, dass das Macphersonsche Gedicht weder im Stoffe noch Gange, sondern allein in der Ausbildung, und zwar nur da, wo es der feinste Geschmack und die veredelteste Empfindung anrath, von dem Originale sich entfernt, bürgt uns eben sowohl für die Aechtheit des letztern, als er selbst von der Kunstkenntniss eines Zeitgenossen des achtzehnten Jahrhunderts ein unverkennbarer Zeuge ist. Gerne wollten wir hier eine Probe sowohl von der Youngschen Uebersetzung des Originals, als von der Macphersonschen Bearbeitung desselben geben; allein Parallelen abgegriffener Stücke würden nur eine mangelhafte Einsicht in den Werth des einen, und die Verfahrungsart des andern geben: eine vollständige Vergleichung aber lässt der Zweck und die Einrichtung dieser kritischen Blätter nicht zu. Indessen ist eine solche bey den Hn. Herausgebern zur beliebigen Einsicht und eigenen Ueberzeugung niedergelegt. Uebrigens bleiben diese alten Gedichte, auch ohne Macphersonschen Schmuck, immer noch schön und interessant, und das Studium der Originale (hätten wir sie nur sämmtlich und wären die Hülfsmittel zu ihrem Verständniss ergiebiger!) gewährt erst einen reinen Gewinn für die Geschichte der Cultur und des Geschmacks.

Allerdings verdienten diese Gedichte eine deutsche Uebersetzung, und wir sind durch die vor uns liegende in der That sehr angenehm überrascht worden. Der oder vielmehr die ungenannten Verfasser derselben haben nicht nur jedem Gedichte besondere Erläuterungen und ihr eigenes Urtheil darüber beygefügt, sondern auch das Ganze mir einer schätzbaren Abhandlung [348] über die Aechtheit Ossians begleitet, die von ihrer kritischen und literarischen Einsicht in diesen Streit eine unzweydeutige Probe gibt, und gewiss sehr lesenswerth ist. Demungeachtet haben wir gegen alle drey noch einige Einwendungen. Die Uebersetzung sollte durchaus auf kein anderes Verdienst, als das der Treue,

Anspruch machen, und zwar der wörtlichen Treue; sonst wird die Verglei-
chung abermals schwankend. Das haben aber die Uebersetzer nicht beobachtet.
Ein paar Strophen, wie sie uns unter die Hand fallen, mögen zum Beweise ge-
nug seyn:

<table>
<tr><td>

*The Lamentation*
*of the wife of Dargo*

</td><td>

Klagen
der *Wittwe* des Dargo

</td></tr>
<tr><td>

*I am the wife of Dargo, son of Col-*
*lath, a man who know no fault. Ev-*
*ery hero must at length be stretched*
*out in death – sorrowful am I to-*
*night.*

</td><td>

Ich bin die *Gattin* des Dargo, Sohnes
von Collath, *des* Mannes, der *Frevel*
nicht kannte, *Ach! –* selbst den tapfe-
rsten *Krieger* streckt der Tod endlich
hin – *Wehmuth und Gram quält mich*
des Nachts.

</td></tr>
<tr><td>

–    –

</td><td>

–    –

</td></tr>
<tr><td>

*Dargo, who took pleasure in*
*them, to-night is buried in the*
*Grave.*

</td><td>

Dargo, dem diess *frohe Erholung ge-*
*währte, der wird* des Nachts im *fin-*
*stern* Grabe verschlossen.

</td></tr>
</table>

Solche kleine Erhöhungen des Lyrischen und ein einziges hinzugesetztes Bey-
wort, das man bey Uebersetzungen, die bloss zur unterhaltenden Lectüre be-
stimmt sind, übersieht, können nicht anders als zum Vorwurfe gereichen, wenn
sie die Stelle des Originals vertreten sollen, nach welchem die Untreue einer
anderen Uebersetzung zu würdigen ist. Auch bey den angestellten Verglei-
chungen konnten wir uns aus dem nemlichen Grunde nicht genug wundern,
dass sie ausser allen deutschen Uebersetzungen des Macphersonischen Ossians
gerade diejenige wählten, die am meisten auf eigenes Verdienst ausgegangen,
und also zu einer solchen kritischen Vergleichung gerade am wenigsten ge-
schickt ist, nemlich die metrische Uebersetzung des Hn. Denis. Ueberhaupt,
wenn eine Vergleichung zur Einsicht des deutschen Publicums angestellt wer-
den sollte, so mussten sich die Vf. noch die Mühe geben, eben sowohl die
Macphersonischen als die Youngischen Gedichte aufs neue mit möglichster
Treue zu verdeutschen, und beide nach Verhältniss ihres mehr oder mindern
Zusammentreffens neben einander fortlaufen zu lassen. Nach der von Ihnen
beliebten Art aber wird die Vergleichung für den kritischen Leser ziemlich un-
fruchtbar bleiben. Was nun endlich noch die vorangeschickte Abhandlung be-
trifft, so verliert sie dadurch in den Augen des unpartheyischen Wahrheitsfor-
schers, dass die Vf. nicht *zu untersuchen*, sondern *zu vertheidigen*, ausgegan-
gen sind. So scharfsinnig auch immer die Argumente sind, welche die Vf. die-
sen Documenten des Hn. Young entgegensetzen, so haben sie doch alle darum
keine Beweiskraft, weil sie auf der erst zu begründenden Voraussetzung beru-
hen, dass der Macphersonsche Ossian das wahre Original sey. Alles andre aber
beyseite, so ist gewiss die Verschönerung von Seiten Macphersons zehnmal

wahrscheinlicher als [349] die den irrländischen Barden angeschuldigte absichtliche Verfälschung und Entstellung der Originalschönheiten, und gesetzt, wie es auch unabsichtlich durch die mündliche Fortpflanzung sehr leicht geschehen konnte, dass die historischen Umstände wirklich in Irrland verfälscht worden sind, so hat doch eines Theil Hr. Young seine Documente nicht in Irrland, sondern in den schottischen Hochländern gesammelt, und andern Theils kommen die kleinen historischen Abweichungen gegen die grossen ästhetischen auf dem Probiersteine der Aechtheit, und vor dem Tribunale des ästhetischen und philosophischen Publicums, wohin doch dieser Streit hauptsächlich gehört, in gar keinen Betracht.

## [343] Karl August Böttiger / James Macdonald: Ueber Ossian und den Karakter der Schottischen Hochländer [1798].

Es sind beynahe 14 Jahr, daß der als Naturforscher und Chemiker bekannte französische Gelehrte *Faujas de St. Fond* eine scientifische Reise durch England und einen Theil von Schottland machte, der sonst selten bereist wird. Den Inhalt und Werth der hierdurch veranlaßten Reisebeschrei[344]bung, die, durch die Stürme der einbrechenden Revoluzion verspätet, erst voriges Jahr zu Paris erscheinen konnte, haben kritische Blätter schon hinlänglich gewürdigt. Ihre Haupttendenz ist, dem Lieblingsstudium ihres Verfassers gemäß, *mineralogisch*, und darum ist es für Teutschland Gewinn, daß die Uebersetzung dieser Reise in die Hände eines Kenners, der einen großen Theil von Großbrittannien selbst bereiste, und mit einem der scharfsinnigsten englischen Mineralogen in genauen Verbindungen stand, Hrn. Prof. *Wiedemanns* in Braunschweig, gekommen ist. Wir haben hier aus der Hand eines Meisters keine gewöhnliche Uebersetzung zu erwarten.

Zu der Zeit, als das Original in unsere Gegenden kam, genoß ich das Glück einer engen freundschaftlichen Verbindung mit einem in jeder Bedeutung des Wortes *edeln* Schottländer, *James Macdonald*, Esq. der in den westlichsten Hebriden geboren, bis in sein 12tes Jahr in der Nazionalsprache Ossians, in der galischen, erzogen, durch alle Kenntnisse, die neuere europäische Kultur in Sprachen und Wissenschaften gewährt, zur Bewunderung ausgebildet, mit großem und tiefem Wissen ein reges Zartgefühl für alles, was die Menschheit angeht, verband, und während seiner uns allen unvergeßlichen Anwesenheit in Weimar von den *tales of former times*, von Ossian's Liedern, von *Morven* und den Szenen der Ossianischen Lieder, die er selbst oft besucht hatte, und von dem zum [345] Theil noch fortdauernden alten Nazionalgeist und Bardengesang der Hochländer oft mit Rührung sprach. Da nun *Faujas* bey seinen Reisen in jenen Gegenden überall auch alles so getroffen, und für die Aechtheit der so oft, und mit so seichten Gründen auch unter uns bestrittenen Ossianischen Lieder ein merkwürdiges Zeugniß abgelegt hatte: so ersuchte ich meinen Freund, mir seine Gedanken beym Lesen dieser Reisebeschreibung schriftlich aufzusetzen, damit das, was im engern Kreise oft besprochen worden wäre, auch einem größern Publikum, dessen Aufmerksamkeit noch neuerlich durch *Her-*

*ders* schönen, belehrenden Aufsatz *über Ossian*[1] aufs neue für diesen Gegen-
stand geweckt worden war, Vergnügen und Unterricht gewähren möchte. So
entstand folgender Aufsatz, zu dessen Bekanntmachung ich von dem würdigen
Verfasser die uneingeschränkte Erlaubniß erhielt.

Er befindet sich jezt selbst wieder in seinem heimischen Insellande, und
schrieb mir unter dem 11. Juny aus *Oban*, einem Orte, den die Leser des Fau-
jas sehr gut kennen, den Inseln Mull und Staffa gegenüber, folgendes: "Mor-
gen gehe ich nach Staffa, um noch einmal der Fingalshöhle meine Ehrerbie-
tung zu bezeugen. Heute früh durchstreifte ich die Gegenden, die durch Ossi-
an's Lieder klassischer Boden geworden sind, namentlich das *waldige Morven*,
und wünschte mir meine teutschen Freun[346]de hieher, damit wir Ossians
Geist auf den mit Wolken umkränzten Bergen und an den Nebeldampfenden
Quellen beschwören und von ihm Sagen der Vorzeit hören möchten. – Sie
sehen, ich nehme ungefähr dieselbe Reiseroute, die Faujas de St. Fond auch
nahm, und ich muß hier beyläufig bemerken, daß die Genauigkeit, womit er
diese Gegend beschrieben hat, bewundernswürdig ist, und immer mehr ein-
leuchtet, je sorgfältiger man sie an Ort und Stelle selbst mit der Natur ver-
gleicht."

Möge Kaledonien einen seiner edelsten Söhne einst noch einmal zu uns zu-
rückkehren lassen!

*Böttiger.*

---

Bey Durchlesung der Reise nach Schottland und in die Hebriden von *Faujas
de St. Fond*, wurde ich von der überall hervorleuchtenden Redlichkeit und Un-
partheylichkeit des Verfassers sehr angenehm überrascht. Die Werke vieler an-
dern Fremden über Großbrittannien sind selten so frey von ungerechtem Tadel
oder übertriebenem Lobe. Obgleich ein unbefangener Britte, nach einer Ver-
gleichung des gegenwärtigen Zustandes seines Landes mit der Schilderung wie
sie hier gegeben wird, glauben mag, daß dem Reichthum, den Manufakturen
und dem äußerlichen Ansehen seines Vaterlandes nicht volle Gerechtigkeit
widerfahren sey; so muß er doch zugeben, daß der Unterschied zwischen der
[347] Beschreibung und der Wirklichkeit entweder nicht wesentlich wichtig,
oder auch den Verbesserungen und Fortschritten zuzuschreiben sey, die nach
dem Jahre 1784, wo diese Reise unternommen ward, erfolgt sind. Der Verfas-
ser behauptet durchaus eine so ungeschminkte schlichte Art von Erzählung,
daß man überall den Augenzeugen darin erblickt, und in dieser Rücksicht un-
terscheidet er sich von vielen andern berühmten Reisenden, deren Beschrei-
bungen, so mühsam sie auch gesammelt, und mit Landkarten und andern
Urkunden belegt sind, den Karakter der Ungewißheit und Unzuverlässigkeit an

---

1   S. *Horen* 1795. St. 10. S. 85. ff.

der Stirne tragen. Wer die Gegenden und Plätze, die der Verfasser dieser Reise erwähnt, selbst gesehen hat, muß so gleich eingestehen: der Verfasser ist ein ehrlicher Mann, er hat wirklich alle die Gegenden gesehen, die er beschreibt, und ist wirklich in der Gesellschaft der Männer gewesen, deren Bemerkungen und Aussprüche er niedergeschrieben.

Der Theil, der das meiste Neue enthält und folglich dem Weltbürger am interessantesten seyn mag, ist der, welcher von den Hochländern und den Inseln bey Schottland handelt. Dieser Theil hat besonders viel innere Merkmale der Aechtheit sowohl, als Beweise von scharfsinnigem Forschungsgeiste und Güte des Herzens, die dem Verfasser die Liebe aller Gutdenkenden zusichert. Der Schreiber dieser Bemerkungen hat in den Jahren 1795 und 1796. ebendasselbe Land, und fast immer in derselben Rich[348]tung wie der Verfasser, bereiset; und er hat das Vergnügen, die Leser eines Werks, welches seine Landsleute, die Hochländer, betrift, zu versichern, daß, die unvermeidlichen Abweichungen abgerechnet, welche die schnelle Verbesserung der Landstraßen und das Einströmen der Reichthümer nach dem Amerikanischen Kriege veranlaßt haben, in der hier gegebenen Beschreibung nichts wesentliches zu ändern ist. In sofern ein Fremdling in der Sprache und den Sitten der Hochländer sie untersuchen konnte, hat Faujas es nicht nur mit Unpartheylichkeit, sondern auch mit Genauigkeit und einem wahrhaft filosofischen Geiste gethan. Wäre nur die Beobachtung der Menschen und Sitten noch mehr in seinem Plane gewesen, und hätte sie mit der Mineralogie seine Aufmerksamkeit nur *getheilt*; hätte er ferner nur noch einige der größten und bevölkertsten westlichen Inseln, als *Sky* und *Long-Island*, anstatt *Mull*, der traurigsten und unfruchtbarsten von allen, besucht; so würden seine Schilderungen mit *Pennant* selbst weteifern.

Auffallend ist die hier so oft vorkommende Erwähnung Ossian's und seiner Gesänge. Niemand in den Hochländern ist unbekannt mit dem Namen oder den Gedichten des größten der Kaledonischen Barden, noch mit den vielen Ueberlieferungen, die ihn und sein Heldenalter betreffen. Ein geborner Hochländer, der über die streitige Aechtheit von Ossians Gedichten fleißig nachdachte, der die Schwie[349]rigkeiten in Ansehung der mündlichen Ueberlieferung von vielen tausend Versen mehrere Jahrhunderte hindurch, ohne Hülfe der Schrift, mit seiner eigenen Erfahrung von dem, was *er* in seinem Vaterlande sah und hörte, verglich, und häufige Gelegenheit hatte, sowohl Ausländer darüber zu sprechen, als auch die gründlichsten Schriften der Kritik, die in den neuern Sprachen darüber erschienen, zu lesen, darf sich wohl erlauben, seine Meynung über diese Materie zu sagen. Er seines Theils hegt darüber gar keine Zweifel, indem er viele dieser Verse, die alle einstimmig dem Ossian zugeschrieben werden, und die innere Evidenz des nämlichen Verfassers in sich führen, von Personen aller Art in entfernten Inseln und Distrikten mit so wenig Abweichungen wiederholen hörte, daß er über die Wunder des menschlichen Gedächtnisses allemal erstaunte. Von den Personen, die sie recitirten, hörte er, daß sie diese Lieder von ihren Vätern und Großvätern gelernt hätten, die sie ebenfalls von *ihren* Großvätern, und so fort seit undenklichen Zeiten, lernten. Viele Personen erreichen in diesen Inseln das Alter von hundert und mehr Jahren. Im J. 1795. starb zu *Glenkilry* in Perthshire, Misstres *Spalding* von *Ashintully* in einem Alter von 132 Jahren, so daß in tausend Jahren nicht so viele Generazionen unter diesem Volke wegsterben, als in den wärmern Himmelsstrichen. Es ist wahr, viele Stücke werden dem Ossian zugeschrieben, deren Alter gewiß nicht bis zum Eintritt der Culdeer [350] oder der Einführung des Christenthums in die Hochländer hinaufreicht; und man findet auch bald, daß sie der Muse des Sohnes Fingals unwürdig sind. Ossian's Name wird immer mit Liebe und Ehrfurcht ausgesprochen. Seine Stücke haben ihre eigene karakteristische Einfalt und Milde, zum Beyspiel *Carthon* und *Darthula*, die Macpherson bekannt machte, und welche in dem Munde aller Hochländer sind, sind dem Sinne nach gerade so, wie sie in Macpherson's Uebersetzung stehen, wiewohl die unnachahmlichen Reize, der abwechselnden Sylbenmaaße dadurch ausgelöscht sind.

Alle Stücke, die der Hochländer hersagen kann, sind einzeln, ohne Verbindung zu einem langen Epos, und enthalten nur die Beschreibung von *einer* Handlung als einem Kriegszug, einer Heyrath, einem Begräbniß oder einer Schlacht; nie kommt etwas in der Gestalt eines in Kreis geschlossenen epischen Gedichtes vor. Der Hochländer hört alle Stücke, die Macpherson, und viele, die er nicht übersetzt hat, und bewundert die Treue der Uebersetzung, indeß er mit dem Uebersetzer unzufrieden ist, daß er jene köstlichen Stücke, deren Bau keine epische Einkleidung ohne Zwang vertragen kann, ihrer ursprünglich einfachen Gestalt sowohl, als ihrer unverfälschten Anspruchlosigkeit beraubt hat. Aber kann der zweifelsüchtigste Kunstrichter, der die Sprache versteht (die leider *D. Samuel Johnson* nicht verstand), an der Existenz eines Dichters [351] zweifeln, dessen Namen er beständig mit allem, was in der Volkspoesie zierlich und rein ist, in Verbindung hört? Mag Ossian das Ganze oder nur einen Theil von dem, was ihm zugeschrieben wird, verfaßt; mag er in dem 3ten, 5ten oder 9ten Jahrhunderte der christlichen Zeitrechnung gelebt haben; mag die Schreibekunst seinen Landsleuten bis zur Einführung derselben durch die christlichen Mönche, einige Jahrhunderte nach seinem Tode, ganz unbekannt gewesen seyn; und mag keine einzige Zeile von Ossians Gedichten schriftlich abgefaßt gewesen seyn bis auf unsere Zeiten, als Macpherson sie aus den Erzählungen alter Männer vom Jahre 1751 bis 1762 sammelte: alles dies thut nichts die großen Streitfragen zu verneinen; das Daseyn und die Ehre Ossian's, und der Ruhm, der dadurch auf seine Landsleute zurückfällt, bleiben dieselben. Die Gedichte sind vorhanden. Die Gegenden und Flüsse führen noch heutiges Tages denselben Namen, womit sie Ossian benannt hat. Er wird von Jung und Alt erwähnt. Seine Gedichte werden mit erstaunlicher Aehnlichkeit (so erstaunlich, daß kein Mensch es glauben kann, ohne die Erfahrung gemacht zu haben) von allen denen hererzählt, die einige derselben auswendig wissen. Sie tragen die unzweydeutigsten innern Kennzeichen einfacher Sitten, und einer gänzlichen Unkunde des Christenthums und der heutigen Policirung sowohl, als eine Dikzion, die reich an Dialogen und kurzen Wiederholungen ist, welche keine Kunst der Nachahmung je [352] erreichen konnte; und dies alles beweist, daß sie die Furcht eines sehr erhabenen Genius in einem frühen Stande der Gesellschaft sind.

Vorerwähnte Person, nachdem sie Wolfs *Prolegomena* zum Homer und andere Bücher der Art gelesen, wird allen, die sie in Betreff der Aechtheit dieser Gedichte des Ossian und der Existenz ihres Verfassers fragen, die standhafte Erklärung thun: "*Ossian* hat existirt. Er war ein großer Dichter. *Einige* seiner Stücke, die gelegentlich und ohne einige Rücksicht auf eine epische Form verfaßt worden, sind auf unsere Zeiten gekommen[.]" Dies wurde durch die Lebensart und Lieblingsbeschäftigungen der Hochländer möglich gemacht, eines Volks, das ein Hirtenleben führte, seine Volkspoesie enthusiastisch liebte, und eben diese Gedichte, wovon die Rede ist, bey allen öffentlichen Gelegenheiten zu wiederholen pflegte; eines Volks, das zum Theil in den Schulen der Barden seine einzige Bildung erhielt, die bis zu Anfang dieses Jahrhunderts, ja in *Long-Island* bis zum Jahre 1746 fortgedauert haben, und allemal von den angesehensten Männern im Lande unterstützt wurden. Einige seiner Stücke haben sich in großer Reinheit erhalten. Viele sind jetzt schon verloren gegangen, die Macpherson zu seiner Zeit noch hätte bekommen können. Mehrere waren aber schon damals untergegangen, weil er seine Sammlung schon zu spät anfing. Dieser Verlust ist der veränderten Lebensart der Einwohner zuzuschreiben, die von ih[353]rem ursprünglichen Hirtenstande zu dem der Manufakturisten und ordentlicher Arbeiter in allen Zweigen des Kunstfleißes, in dem kurzen Zeitraume seit 1732 weiter vorgerückt sind, als in tausend Jahren vor dem Anfange dieses Jahrhunderts; und von Ossian's sämmtlichen Gedichten würde schon jezt, oder wenigstens vor der Mitte des folgenden Jahrhunderts, keine Spur mehr übrig seyn, wenn Macpherson sie nicht gerade noch aus der Vergessenheit gerettet hätte. Er ist der Solon und Hipparchus unseres Barden. – Es ist gewiß, Ossian war der *größte* unserer Dichter, wiewohl nicht der älteste, da er selbst so viele andere erwähnt, die er in seiner Jugend geliebt, oder deren Werke er von alten Männern gelernt hatte. Viele ihm zugeschriebene Stücke mögen von *Ullin, Fillan* und andern gedichtet worden seyn, aber die *kleineren* Stücke, die in Macphersons Uebersetzung stehen, sind zuverlässig größtentheils von Ossian; und alle sind im Ganzen treu, vielleicht nur zu zierlich übersetzt.

Da die Aechtheit von Ossians Gedichten, ja sogar die Existenz des Dichters selbst, aus Nazionalfeindseligkeit und Partheyhaß in Zweifel gezogen worden ist; so muß die öftere Erwähnung dieses Barden von unserm Autor, während er die wildesten Gegenden *der Hochländer bereisete*, wo dies alles nie einen

Augenblick bezweifelt wurde, jedem aufrichtigen Leser willkommen seyn. Das Zeugniß der Miß *Maclean* (gegenwärtig die Gemahlin des [354] Obristen Clephane, die noch in der Blüthe der Gesundheit und Schönheit in Fifeshire lebt) ist gewiß nicht zu verachten. Auch verdient bemerkt zu werden, daß die Originale von Ossians Gedichten vergangenen Sommer von Hrn. Mackenzie in London in Druck gegeben worden sind, und die, so die Celtische Sprache verstehen, werden bey Vergleichung derselben mit Macpherson's Uebersetzung finden, daß das oben gefällte Urtheil richtig ist.

Die Insel Staffa ist für Naturforscher ein ihrer Neugierde würdiger Gegenstand, als der Ort, wo bekanntlich in Europa die größte Menge von Basalt und in den größten Verschiedenheiten der Form zu sehen ist. Unser Reisende wählte eine schlimme Jahreszeit zu seiner Reise, da in diesen Gegenden das Wetter von der Mitte des Septembers bis zu der Frühlingsnachtgleiche gewöhnlich sehr stürmisch ist. Der Verfasser dieser Bemerkungen reisete im J. 1795 eben den Weg, den *Hr. Faujas* genommen, und von dem Ende des Julius bis in die Mitte des Septembers sah er keine Welle, erfuhr nichts von einem Windstoß der auch das schwächste Boot in den Hochländern hätte in Gefahr setzen können. Für künftige Reisende, die diese wilden und romantischen Gegenden voll roher Majestät zu besuchen wünschen, wo das ungelehrteste, aber auch vielleicht unverdorbenste Volk in Europa lebt, mögen folgende Erinnerungen nützlich seyn:

[355] Verlasse die Niederlande von Schottland zwischen dem 1sten und 20sten August. Gehe in einem Wagen von Glasgow bis Inveray längs den Ufern des Lochlomond, wo durch Vermittelung des edlen und würdigen Herzogs von Argyle (er ist noch in einem Alter von 79 Jahren am Leben) drey vortrefliche Gasthöfe seit dem Jahre 1786 erbauet worden sind. Miethe Hochländische Bediente und Hochländische Pferde für den übrigen Theil der Reise nach Westen und Norden. Vertraue deine Person den Pferden des Landes, die sehr sicher gehen, und die Bedienten – wenn sie dir von einem Gastwirth oder einem andern an dem Orte bekannten Hochländer empfohlen worden – werden dich auch treu und ehrlich bedienen. Deine eigenen Bedienten laß in Inverary, oder schicke sie zurück nach dem Niederlande, und laß sie da an dem Orte, wo du auf deiner Rückkehr einzukehren gedenkst, als in Glasgow, Dunkeld oder Inverneß, auf dich warten. Die Hochländer haben die Fremden gern, aber können ihre Bedienten nicht leiden, die sie als Müßiggänger, Taugenichtse und Schurken betrachten, die zu nichts gut sind, als die Weiber zu verführen. Man läuft hier keine Gefahr, beraubt oder ermordet zu werden, indem kein Beyspiel der Art seit einem halben Jahrhunderte vorgekommen ist. Stehe früh auf, und verlaß nie spät des Abends deine Wohnung. Verschaffe dir so viele Empfehlungsschreiben als möglich, und vermeide nicht aus falscher Delikatesse die Häuser der Einwohner, die den Be[356]such und das Zutrauen eines Fremden allemal für eine Ehre halten. Je mehr Fragen du thust, je herzlicher bist du

willkommen. Lache nur nicht über die Vorurtheile des Volks; mit Gründen kannst du gegen Aberglauben und das *andre Gesicht (the second sight)* streiten, aber *lache* nicht darüber. Führe Taback in guter Quantität mit dir, und verlaß nie ein Haus, ohne einige Lebensmittel mitzunehmen, auf den Fall, daß die Flüsse anschwellen sollten (und dies kann in einer Viertelstunde geschehen) und du einige Tage zwischen zwey Stazionen bleiben müßtest, ohne über den Strom setzen zu können. Dies ereignet sich indeß nur an wenigen Orten, wo die Brücken nicht so gut als gewöhnlich sind. Nimm was dir angeboten wird, solltest du es auch hernach wegwerfen; deine Verschmähung würde als eine Beleidigung und Unhöflichkeit ausgelegt werden. Biete nie weniger Geld als einen Schilling an, weil sie den, der eine geringere Summe anbietet, für einen Niederländer oder einen *Englischen Kaufmann* halten, den sie mehr als irgend ein andres menschliches Wesen hassen und verachten. Iß nicht von allen Arten Fischen, die dir vorgesetzt werden. Einige Gattungen sind für schwache Magen Gift. Fodere Milch, Vögel, Eyer und Kartoffeln in den Gasthöfen, weil diese Dinge immer zu haben und in ihrer Art gut sind. Vermeide ja allen Zank und Streit über den Preis dessen, was du verlangst; weil die Hochländer nur *ein* Wort haben, und den, [357] der feilschen will, für einen Betrüger oder Krämer halten. Suche durch Munterkeit und Freundlichkeit ihren guten Willen zu gewinnen, welches leicht ist; denn wenn sie keine Zuneigung für dich fühlen, so bist du hundert kleinen Neckereyen ausgesetzt, die beym Uebersetzen über Flüsse oder beym Einsteigen in ein Boot zwar nicht gefährlich, aber doch sehr unangenehm seyn können. Teutsche sind bey den Hochländern sehr geschätzt, weil sie für gute Soldaten und für bieder und zuverlässig gehalten werden. Diese Meinung hat sich seit dem siebenjährigen Kriege durch das Betragen des großen Friedrichs von Preußen verbreitet, als acht Hochländische Bataillons auf dem festen Lande wider die Franzosen dienten. Folglich gewinnt ein teutscher Reisender allemal in den Hochländern, wenn er sein Vaterland nennt. Laß deinen Bedienten ja zurück; denn sonst wirst du beständig mit seinen Klagen über die Unverschämtheit und Neckereyen der Hochländer geplagt werden, die ihnen einen verächtlichen Namen (*Fart-catchers*) geben, der immer auf Kosten des armen Bedienten zu lachen macht. Du kannst ein Mädchen von jeglichem Stande auf die Wange küssen, ohne daß es übel genommen wird; aber gehst du weiter, oder erlaubst dir selbst gegen die geringste Weibsperson Unanständigkeiten, so ist dein Leben in beständiger Gefahr. Küsse nicht den Damen die Hand; es wird für Spötterey und unter der Würde des Mannes gehalten. Nimm von Glasgow Schillings in Menge mit, weil in den Hochländern kleine [358] Münze selten ist. Nimm auch *Pennant's* und *Knox's* Reisen mit, und *Ainsley's* Karte von Schottland; eine Flasche und ein mit Leder bedecktes Horn, um Getränke mitnehmen und trinken zu können; einen guten Vorrath von Hemden und Strümpfen, und vornehmlich gute Schuhe. Gedenkst du eine Reise zur See zu machen, die kein Mensch, außer einigen Inselbewohnern, seit dem Ende des letzten Jahrhunderts gemacht hat, nämlich nach *St. Kilda*, eine Reise, die ich aus Erfahrung der kleinen Beschwerde vollkommen werth erkläre; so mußt du die Niederlande zu Anfang des July verlassen, und von Long-Island vor Ende dieses Monaths unter Segel gehen. Du wirst dort eine Gesellschaft von ungefähr 180 Personen finden, die nichts von Geld wissen, nichts von dem, was in der Welt vorgeht, in zehn oder zwanzig Jahren kaum einmal etwas davon gehört haben, und die liebenswürdigsten, lustigsten und gutherzigsten Leute auf Gottes Erdboden sind. Du wirst erstaunen über ihre Musik, ihr Talent zur Dichtkunst, ihre Gewandtheit in Ersteigung der ewigen Klippen-Mauern ihrer Insel, die an einigen Orten 200 Klaftern hoch über der See sind, und mehr Arten verschiedener Seevögel sehen, als jede andere Gegend von Europa darbietet.

*[Macdonald.]*

# August Wilhelm Schlegel: [Auszug aus:] Bürger. 1800.

[134] [...]
Auch Proben einer Uebersetzung von Ossians Gedichten finden sich in der Sammlung. Ich sehe die Meinung sich immer erneuern, die Bürger ebenfalls hegte, daß dieß ein schweres Unternehmen sei; ich, für mein Theil, begreife [135] nicht, wie man es anfangen wollte, den Ossian anders als gut zu übersetzen. Wenn man mich aber fragt: ob so etwas verdient übersetzt zu werden? so antworte ich dreist wie Macduff: Nein, nicht zu leben! Indessen stände von diesem empfindsamen, gestaltlosen, zusammengeborgten, modernen Machwerk, über dessen absoluten Unwerth ich mich nicht stark genug auszudrücken weiß, dennoch vielleicht ein Gebrauch zu machen. Da, wie es scheint, in unserm Zeitalter jeder poetische Jüngling die sentimentale Melancholie einmal zu überstehen hat, so schlage ich vor, wie man jetzt statt der Kinderblattern mit den Kuhpocken abkömmt, sie künftig mit dem Ossian einzuimpfen; das Uebel wird auf diese Art am unschädlichsten und am wenigsten anhaltend sein.
[...]

# [Johann Christoph Adelung:]
# [Auszüge aus:] Ueber den Ossian [1806].

[119] [...]

Es ist doch sonderbar, daß man sich bei der für die Litteratur so wichtigen Frage über das Alter und die Aechtheit der dem *Ossian* zugeschriebenen Ge[120]dichte ein halbes Jahrhundert lang bloß bei einem Nebenumstande aufhielt, dessen Erörterung gleich vom Anfange an in Bitterkeit und Schmähungen ausarten mußte. Der ganze Streit drehete sich um den Punct: hat *Macpherson* die dem *Ossian* beigelegten Gedichte selbst gedichtet, oder waren sie schon vor ihm unter den Hochländern vorhanden? Konnte das letzte dargethan werden, so scheint man von beiden Seiten auch sogleich das vorgegebene Alter und die Aechtheit für entschieden gehalten zu haben. Daher suchte man so eifrig das Daseyn von der einen Seite zu läugnen, und auf der andern zu behaupten. Es ist dies zugleich ein merkwürdiges Beispiel, was für ein zweideutiges Ding die historische Wahrheit ist, indem eine Thatsache, deren Beweis durch den Augenschein so leicht zu seyn scheinet, erst nach so mühsamen und langwierigen Anstalten ausgemittelt werden konnte. Und wer weiß, ob nicht nach einiger Zeit, wenn die Zeugen des Ausschusses verstorben sind, ein neuer Zweifler ihre Aussagen wieder eben so verdächtig macht, als *Shaw* und *Young* die Aussagen *Blair's*. Gesezt nun aber auch, das Resultat des hochländischen Ausschusses hat, wie es höchstwahrscheinlich ist, seine entschiedene Richtigkeit. Ich will sogar annehmen, *Macpherson* habe seine Gedichte nicht umgearbeitet [121] und verschönert, sondern habe sich als einen getreuen und gewissenhaften Uebersetzer gezeigt: so ist für ihre Aechtheit, als Producte des dritten Jahrhunderts damit noch immer nichts gewonnen. Sie können hundert, zwei hundert, ja drei hundert Jahre vor ihm vorhanden gewesen seyn, so folget daraus noch nicht, daß sie vierzehn Jahrhunderte vor ihm vorhanden waren und gedichtet wurden; das mußte aus ganz andern Gründen bewiesen oder bestritten werden, über welche man aber von beiden Seiten mit leisen Schritten hinwegschlüpfte, ungeachtet sie so nahe liegen. – Hätte man diesen Weg gleich vom Anfange an eingeschlagen, so hätte man sich alle die vielen Seitensprünge über *Macphersons* Verdienst oder Unverdienst, wodurch die Sache nur verwirret wurde, ersparen können. Das meiste hätte man noch von den unparteiischen und gründlichen Teutschen erwarten können, auf deren Boden die historische Kritik einheimisch zu seyn scheinet. Allein es ist merkwürdig, daß

auch hier niemanden eine gründliche Untersuchung einfiel, sondern daß fast
jeder von dem Reize der Ossianschen Bilder, welcher dem Eigenen der teut-
schen Dichtung so nahe kommt, getäuscht und bestochen, diese Gedichte mit
gläubiger Bewunderung anstaunte. Selbst die Göttingischen Gelehrten, welche
sie in ihren Anzeigen von Zeit zu [122] Zeit ankündigten, äußerten nie den ge-
ringsten Zweifel gegen ihre Aechtheit. Nun zu den Hauptgründen, unter deren
Einfluß *Ossian* stehen oder fallen muß. Man hat dem *Macphersonschen Ossian*
vom Anfange an den Vorwurf gemacht, daß es ihm zum Beweise seiner Aecht-
heit an alten Handschriften fehle, und *Sam. Johnson* behauptete sogar, es gebe
gar keine Ersische Handschrift, welche über hundert Jahre alt sey, indem die
Sprache erst seit so langer Zeit geschrieben worden. Das war nun wohl zu viel
gesagt, indem es in Schottland seit dem 7ten Jahrhunderte Klöster und Geistli-
che gab, welche doch werden geschrieben haben, obgleich bei der mangelhaf-
ten Cultur des Landes nicht so viel als in andern Ländern, und dieses wenige
mehr Lateinisch, als in der Volkssprache, mehr über Gegenstände der Religion
als der Volksdichtung. *Macpherson* berief sich auf alte Handschriften; be-
stimmt nannte er nur eine von 1410, zeigte sie aber niemanden, und nachher
war sie aller Nachforschung ungeachtet nicht aufzufinden. Aber auch diese
würde, wenn sie vorhanden wäre, für einen Dichter des dritten Jahrhunderts
noch sehr jung seyn. *Mackenzie* hat in dem vorhin gedachten Report, S. 285-
312 ein kritisches Verzeichniß derjenigen Handschriften gegeben, welche die
hochlän[123]dische Gesellschaft zu *Edinburg* zusammen gebracht hat. – Dar-
unter ist Eine, welche ein gewisser *Fitsil* in dem Kloster seines *Pope* (*Papa*)
*Murchus* geschrieben hat. Da *Papa* in den frühesten Zeiten einen jeden Abt,
Bischof und Priester bedeutete, bis die Bischöfe zu *Rom* sich diesen Titel aus-
schließlich anmaßten, diese aber erst im 8ten Jahrhundert in Irland und Schott-
land anerkannt wurden: (nach bessern Nachrichten geschahe es in Irland erst
1152) so setzt *Mackenzie* bloß um dieses noch sehr mißlichen Umstandes wil-
len, die Handschrift in das achte Jahrhundert. Aus der beigefügten Schriftprobe
läßt sich nichts schließen, bis man mehrere Ersische Handschriften von be-
stimmten Zeitaltern aus allen Jahrhunderten hat, woran es aber noch gänzlich
fehlet. – Dem bloßen Anscheine nach würde man sie in das 15te Jahrhundert
setzen. Sie enthält unter andern auch ein Gedicht, aber kein Ossianisches, wel-
ches bereits 550 geschrieben seyn soll; aus was für Gründen wird nicht gesagt.
– Da dessen Geschichte in Irland vorgehet, so ist es wahrscheinlich auch auf
dieser Insel geschrieben, kann also für den Ersischen *Ossian* nichts beweisen,
obgleich Herr *Mackenzie* selbiges ziemlich willkührlich nach Schottland ver-
pflanzte. Irland hatte weit früher Schrift, Cultur und Dichtung, als Schott[124]-
land, und es giebt daselbst noch eben so viele für Ossianisch ausgegebene Ge-
dichte, als es in Schottland immer gegeben haben mag, welche zum Theil sehr
hoch hinauf gesetzt werden, obgleich bessere Kenner versichern, daß es unter
den irländischen Handschriften dieser Art keine gebe, welche über das 13te

oder 14te Jahrhundert hinaus gehen. Indessen ist doch diese Handschrift eines andern Umstandes wegen merkwürdig. – Sie enthält unter andern einige historische Anecdoten, worunter die eine auch *Ossian, Fingals* Sohn betrifft. Wäre ihr Alter kritisch bestimmt, so würde sich daraus auch das Alter der dichterischen Ueberlieferungen von einem *Ossian* bestimmen lassen. Außer dieser werden noch drei alte Handschriften beschrieben, eine angeblich aus dem 9ten oder 10ten, eine aus dem 10ten oder 11ten Jahrhundert, und eine von 1288. Das Alter der beiden ersten wird wieder nach sehr unsichern Gründen bestimmt, daher es zur Zeit noch für nichts weniger als entschieden gehalten werden kann. – Die übrigen sind von 1512, 1527, 1603, 1654 und 1690, also sehr jung. Es läßt sich folglich aus Handschriften, so weit man sie jetzt kennet, noch nichts für das hohe Alter der für Ossianisch ausgegebenen Gedichte entscheiden. Daß es indessen schon vor 1567, also weit früher als *Johnson* wollte, [125] in Schottland geschriebene Gedichte, Genealogieen und Geschichten gegeben, erhellet aus des Bischofs *Oarswell* zu *Edinburg* in dem gedachten Jahre herausgegebenen Katechismus, dem ersten in Ersischer Sprache gedruckten Buche, wo er ihrer in der Vorrede, doch nur überhaupt gedenkt. Aus Einem Umstande könnte man indessen schließen, daß die historischen Gedichte in Schottland sich nicht über das 16te Jahrhundert erstrecken, sondern erst seit demselben gedichtet worden. Als *David Malcolm* im 14ten Jahrhundert den Stoff zu seiner schottländischen Geschichte sammelte, durchreisete er das ganze Land, besuchte alle Klöster, und durchsuchte alle Archive. Allein er gedenkt keiner Gedichte dieser Art, so sehr sie auch seinen unkritischen Behauptungen würden zu Statten gekommen seyn. In gleicher Absicht durchsuchten *John Fordun*, Priester zu *St. Andrä* um 1440, und Bischof *Wilh. Elphinson*, Kanzler von Schottland 1480 alle Bibliotheken und Archive; allein keiner von beiden gedenkt geschriebener historischer Gedichte, daher der letztere seine Leser an die irländischen Schriftsteller verweiset. Sollte man daraus nicht schließen können, daß, wenn gleich die schottischen Barden schon damals, und vielleicht schon lange vorher aus dem Stegreife oder Gedächtnisse barbarische Lieder gedich[126]tet, doch vor dem 16ten Jahrhundert nichts davon wieder geschrieben worden sey?

*Macpherson* scheint die Stärke des Einwurfs, welchen man aus diesem Umstande gegen das Alter seiner Gedichte machen konnte, gefühlt zu haben, daher stellte er den ungeheuern Satz von der mündlichen Erhaltung volle vierzehn Jahrhunderte hindurch auf. Zu deren Unterstützung dichtete er, die Könige oder Oberhäupter von Nord-Schottland und Irland hätten alle Jahre eine große Feier angestellet, bei welcher die Barden ihre das Jahr über gedichteten Gesänge wiederholt hätten. Diejenigen nun, welche der Gebieter für würdig gehalten, seyen den Kindern auf das sorgfältigste beigebracht worden, und so hätten sie sich von Geschlecht zu Geschlecht anderthalb Jahrtausende hindurch erhalten. Um dieses noch begreiflicher zu machen, versichert er, alle diese

Gedichte wären durch Sylbenmaaß, Reim und Cadencen so genau verbunden, daß, wenn man aus einer Strophe nur einen Vers gemerkt, es unmöglich gewesen wäre, die ganze Strophe zu vergessen. Beide Behauptungen sind erdichtet, und die letzte ist dazu wider den Augenschein, indem diese Gedichte in ihrem Bau nichts haben, was sie vor andern Gedichten jedes andern Volkes unter-[127]scheidet. Ich glaube daher nicht, daß es nöthig ist, lange bei diesem Vorgeben zu verweilen. Ein Volk, welches noch keine Schrift hat, gehört allemal zu den rohesten und ungebildetsten; der bescheidene Reitz der wahren Geschichte, das Eigenthum höherer Cultur, ist ihm ungenießbar, weil er sein grobes Nervengebäude kalt und unerschüttert läßt. Die kühnere Dichtung ist ihm stärkere Speise, daher es jede Geschichte, wenn es auch eine Spur davon bekömmt, sogleich in Dichtung verwandelt. – Man hat noch kein Beispiel einer reinen historischen oder poetischen Tradition, welche sich nur mehrere Menschenalter hindurch erhalten hätte. Und nun so weitläuftige Gedichte als Fingal und Temora sind, ersteres von fünf Büchern auf 91 Seiten in groß 8? Ich habe über dieses Unding, welches man historische Tradition nennt, in Herrn Hofr. *Beckers* Erhohlungen von dem Jahre 1797 bei Gelegenheit der nordischen Gedichte, welche auf ähnliche Art sollen seyn erhalten worden, mehr gesagt, und mag mich hier nicht wiederholen. Was man von einigen Hochländern versichert hat, welche noch in den neuern Zeiten weitläuftige Gedichte mehrere Tage hindurch aus dem Gedächtnisse hersagen können, ist noch nicht hinlänglich bewiesen. Und wer weiß denn, ob das, was der Schotte hersagt, die getreue Wiederholung [128] eines ältern Gedichtes, und nicht vielmehr Dichtung aus dem Stegreife nach bekanntem Stoffe ist. Dergleichen Improvisatori giebt es in Italien und Spanien noch häufig, und hat es in Irland und Schottland auch gegeben, wie zum Theil am Ende erhellen wird. Als *John Smith*, einem Hochländer ein dem Ossian beigelegtes Gedicht nachschrieb, und dessen Schönheit bewunderte, gestand derselbe, er habe es selbst gemacht.

Und nun die Sprache, welche in allen diesen sogenannten Ossianischen Gedichten herrscht. – Man weiß, wie sehr sich eine Sprache nach den allgemeinen Gesetzen der Natur in einigen Jahrhunderten verändert; wie groß muß also nicht diese Veränderung in funfzehn Jahrhunderten seyn! Die Celtische Sprache in Irland und Schottland hat seit dem dritten Jahrhunderte, so viel man nur weiß, zwei große Veränderungen erlitten, durch die Einführung des Christenthums im fünften und sechsten Jahrhundert und durch die lange Herrschaft der Normannen wenigstens vom 9ten an. Durch die erste ward sie mit Lateinischen, und durch die letztere mit Germanischen Wörtern und Formen vermischt, und ich sage nicht zu viel, wenn ich behaupte, daß ein reichliches Viertel in beiden Dialecten solche Fremdlinge [129] sind. Wie angenehm müßte es dem Sprachforscher seyn, beträchtliche Stücke in der Celtischen Sprache aus dem dritten Jahrhunderte vor ihrer Vermischung mit der Lateinischen und Scandinavischen zu bekommen! – Aber er mag sich diese Freude nur vergehen lassen; er findet in allen dem *Ossian* beigelegten Gedichten nichts anders, als die heutige Sprache der Hochländer, daher auch jeder gemeiner Schotte sie ohne Anstoß verstehen, behalten und nachsprechen kann. Wie war es möglich, daß diese Bemerkung den eifrigen Verehrern *Ossian's* entgehen, und wenn sie selbige machten, ihnen noch den geringsten Glauben an ein funfzehn hundertjähriges Alter dieser Gedichte übrig lassen konnte? Einige machten sie; aber ihre Auflösung war noch abentheuerlicher, als die Behauptung selbst. Lord *Kayme* nahm seine Zuflucht zu nichts geringerem, als zu einem Wunder, und *John Smith* behauptete, *Ossian* habe die Sprache fixirt, und so habe sich die Sprache des dritten Jahrhunderts bis zum achtzehnten erhalten. Keiner von beiden bedachte, daß die heutige Sprache um der eben gedachten Ursache willen, schlechterdings nicht die Sprache des dritten Jahrhunderts seyn kann. Das Galische in Irland und das Ersische im nördlichen Schottlande sind nur als nahe verwandte Mundarten verschieden. Die irlän[130]dische Mundart müßte also zugleich mit seyn fixirt worden, und sich seit dem dritten Jahrhundert unverändert erhalten haben. In der Pariser Bibliothek befindet sich das *Leavre Lecan* aus dem 13ten Jahrhundert, also schon lange nach den zwei Hauptveränderungen der Sprache geschrieben, da sich die heutige Sprache bereits gebildet hatte; allein der Ausdruck ist in Vergleichung mit der heutigen schon so veraltet, daß er selbst gelehrten Iren unverständlich ist. Hätten wir alte hochländische Handschriften, so würden wir eben dieselbe Erscheinung erblicken. Die ältesten mit Gewißheit bekannten sind aus dem 16ten Jahrhundert, und diese haben eben so gut ihre Archaismen, als die Schriften einer jeden andern Sprache aus diesem Zeitraume. Ich habe oben aus dem *Report* der hochländischen Gesellschaft einiger für weit älter ausgegebenen Handschriften gedacht. Allein ihr Alter ist noch nicht kritisch bestimmt, und dann ist auch nicht ausgemacht, ob sie den Hochländern, oder nicht vielmehr den Irländern angehören. – In jedem Fall hätte Herr *Mackenzie* der Ossianischen Kritik einen sehr wichtigen Dienst geleistet, wenn er die Sprache untersucht und mit der heutigen verglichen hätte. Da er aber das nicht für gut gefunden hat, so kann ich auch nichts weiter sagen, als daß eine unverrückte Erhaltung der Sprache des [131] dritten Jahrhunderts der abentheuerlichste Behelf ist, zu welchem man nur seine Zuflucht nehmen kann.

Wenn nun gleich, sowohl die Handschriften, als die Sprache, die neuesten Zeiten verrathen, so könnte doch wohl der Inhalt ein getreues Bild der Menschen und Sitten des dritten Jahrhunderts seyn, wenn gleich Sprache und Handschrift von Zeit zu Zeit erneuert worden. Unmöglich ist die Sache wenigstens nicht; auch nicht ganz ohne Beispiel, und da die Gedichte so zahlreich und zum Theil so weitläuftig sind, so fehlt es nicht an hinlänglichem Spielraum, diesen Gegenstand zu erschöpfen. Die Kaledonier, unter welchen *Ossian* gelebt und gesungen haben soll, waren eines der rohesten, wildesten und räuberischsten Bergvölker, welches die Römer, wegen seines Sitzes in unzugäng-

lichen Gebirgen nicht bezwingen konnten, vielleicht auch wegen seiner Wild-
heit und Armuth nicht bezwingen wollten, mit welchen sie aber, so lange sie
Brittannien besaßen, d. i. von Cäsars Zeiten an bis in das fünfte Jahrhundert
volle vier hundert Jahre lang, unaufhörliche Kriege führten. Sie kannten selbi-
ges also sehr genau, machten auch häufig Gefangene von ihnen, welche sie
nach ihrer Gewohnheit durch ganz Europa als Sclaven verkauften. Ihre
Schriftsteller haben [132] uns daher manche charakteristische Züge von ihnen
aufbehalten, welche ich hier zusammenstellen will.

Die Celten waren so wohl in Gallien, als in den brittischen Inseln, vor
Ankunft der Römer noch ein sehr wildes barbarisches Volk, und waren (Mela
14, 6.) desto roher, je weiter sie sich von dem festen Lande entfernten; folglich
in Kaledonien am ungebildetsten. Die im südlichen Brittannien bekamen unter
den Römern einige Cultur, die im nördlichen Brittannien und Irland aber,
wohin die Römer nicht kamen, blieben wild und ungesittet. [...]

[134] [...]
Zu diesen Zügen könnte uns nun Macpherson's Ossian den besten Com-
mentar geben, zumal da er gerade um die Mitte der römischen Periode gelebt
haben soll. Wir wollen sehen, wie er seine Caledonier schildert. Sie waren
nichts weniger als räuberische Barbaren, sondern die vollkommensten Helden-
muster, großmüthige Retter der Unterdrückten, weit freigebiger, bescheidener
und gütiger als Homer's Helden. [...] [135-136] [...] Alte Dichter pflegen so
gern die Religion ihres Landes mit in das Spiel zu mischen: aber da *Macpher-
sons Ossian* weder von den Druiden noch ihrer Religion und Menschenopfern,
welche damals gewiß noch gangbar waren, etwas mehr wissen konnte: so ist er
weise genug, sie ganz zu übergehen. Seine Mythologie ist vielmehr die Mytho-
logie aller Menschen, Zeiten und Religionen, Geister und abgeschiedene See-
len, welche ihm denn in der That zu den schönsten Bildern und Gleichnissen
Stoff leihen. Man nehme noch die vielen Nachahmungen homeri[137]scher
und selbst biblischer poetischer Stellen dazu und sage dann, ob sich nicht alles
vereiniget, diese Gedichte für Producte weit neuerer Zeiten zu erklären. *Mac-
pherson's* Caledonier sind nicht einmal die Hochländer der mittleren und neue-
ren Zeiten, sondern glänzende Ritter des 16. Jahrhunderts aus dem reichsten
und blühendsten Staate Europens.

Daß *Macpherson* dessen ungeachtet selbige in ein so frühes Jahrhundert
setzte, geschahe aus eben der Unkritik, mit welcher er alles übrige behandelte.
Daß es in so frühen Zeiten einen Dichter, Namens *Ossian* gegeben, hat keinen
historischen Grund, sondern beruhet bloß auf der Dichtung und auf sehr späten
Volksgerüchten. Daß alle ihm beigelegten Gedichte wirklich von einem *Os-
sian* sind, hat auch nicht einmal diese für sich, sondern ward oft von der Will-
kühr der Sammler und Herausgeber bestimmt. [...]

[139] [...]

Seyen sie nun auch so neu wie sie wollen, so sind doch viele derselben ihrer dichterischen Schönheiten wegen merkwürdig. Sie sind freilich nicht alle von gleicher Güte, und ihre eifrigsten Verehrer bekennen, daß es schlechte und mittelmäßige unter ihnen giebt, so wie es auf der anderen Seite auch erwiesen ist, daß die durch den Druck bekannt gewordenen von *Macpherson* und den übrigen Herausgebern, sowohl dem Inhalte als der Einkleidung nach gar sehr verschönert worden. Allein es giebt auch unter den ächten und unverfälschten Gedichten dieser Art Stücke, welche einer solchen Nachhülfe nicht bedürfen. In des *H. Mackenzie Report* sind einige derselben in der Originalsprache mit einer buchstäblichen Uebersetzung abgedruckt, welche alles übertreffen, [140] was man von so rohen und ungebildeten Menschen erwarten sollte. – Allein wenn man die ehemalige Verfassung des nördlichen Schottlandes kennet, so wird auch dieses begreiflich. Diese war die alte Lehns-Verfassung in ihrer ganzen ehemaligen Härte und Rohheit, so oft sie auch von Unkennern für patriarchalisch ist ausgegeben worden. Das ganze Land war und ist noch unter gewisse Stämme oder Familien (*Clans*) vertheilt. [...] [141] [...] Das Oberhaupt eines solchen Stammes (*Laird*) hatte über seinen Stamm unumschränkte Gewalt, selbst über Leben und Tod und ohne alle gerichtliche Form, erhielt auch von jedem, er gehörte zur Familie oder nicht, unbedingten Gehorsam, ohne Rücksicht auf göttliche und weltliche Gesetze. [...]
[143] [...]
Zu dem Hausgesinde dieser Lairds und ihrer angesehensten Pachter gehörten dann auch die Dichter (*Bards*)[,] Erzähler (*Senachies*) und Pfeifer und Dudelsackspieler (im Macpherson Harfenisten), deren Pflicht es war, ihren Herren in müssigen Stunden die Zeit zu verkürzen, ja sie wohl in den Schlaf zu plaudern und zu spielen. Sie waren wie die ganze Nation rohe unwissende Menschen, aber da ihre Herren eben so unwissend waren, so liefen sie nicht Ge[144]fahr, beschämt zu werden. Es kam auch hier nicht auf Geschichte, sondern bloß auf Unterhaltung an, daher ihr vornehmstes Geschäft war, sich des Neuen und der Veränderung zu befleißigen, indem die Zuhörer, wie schon ihr Ahnherr *Homer* klagt, des Alten gar bald überdrüssig werden. Da sie in der Regel weder lesen noch schreiben konnten, so dichteten sie aus dem Stegreife, oder doch aus dem Gedächtnisse, und da sie keine andere Beschäftigung als Dichten und Erzählen kannten, ihre Stellen erblich besaßen, und folglich von der frühesten Jugend an das Dichten gewohnt wurden, so konnten sie sich darin leicht eine Fertigkeit erwerben, welche wir jetzt aus Unkunde dieses Umstandes bewundern. – Ward ihnen durch Hörensagen, irgend von einem Mönche oder Geistlichen eine Thatsache aus der wahren Geschichte bekannt, welche ihr Land betraf, so legten sie selbige zum Grunde ihrer Dichtung oder ihres Mährchens, und da es unter der großen Menge solcher Dichter nothwendig auch gute Köpfe geben mußte, so können manche ihrer Producte noch jetzt gefallen, zumahl, da der rohe ungebildete Mensch immer ein lebhafterer Dichter

ist, als der durch Wissenschaften und Cultur abgeglättete. – Da sie immer neu
seyn, wenigstens neu scheinen mußten, so war die nächste Folge, daß, wenn
einer einerlei Stoff mehrmals, [145] oder mehrere einerlei Stoff bearbeiteten,
derselbe in der Darstellung immer verändert werden mußte. – Daher stimmen
die mehresten Abschriften oder nachgeschriebenen Copien von einerlei Ge-
dichte niemals überein. So lange die Feudal-Verfassung in ihrer ganzen Härte
bestand, mußten dergleichen Gedichte wenigstens stückweise, und ihren ein-
zelnen Theilen nach, in dem Gedächtnisse vieler leben. Nach 1746 nahmen die
Herren andere Sitten an, und kamen in andere Verhältnisse. Die Barden verlo-
ren Ansehen und Brot, und dichteten eine Zeitlang für das Volk fort, wenn es
ihre Muse bezahlen konnte, oder wollte, bis sie abstarben; daher das, was sich
noch unter dem Volke von ihren Producten erhalten hat, gewiß aus den neue-
sten Zeiten ist. Vielleicht war *Ossian* der Name einer solchen Barden-Familie
von vorzüglichen Fähigkeiten aus den späteren Zeiten. – Nach dem *Report*
S. 4. lebte noch 1763 ein *John Ossian* zu *Harris*, welcher mehr Gedichte aus-
wendig wußte, als irgend jemand auf der Insel. In Irland war ehedem eben die-
selbe Verfassung einheimisch, daher auch hier die Menge Gedichte dieser Art.

# [1065*] Zimmermann: [Auszug aus:] Ossian's Gedichte [1807].

Die seit Jahren von vielen mit Ungeduld erwartete Ausgabe des Gaelischen Originals der Gedichte *Ossian's* ist endlich nach mancherley Hindernissen durch den unermüdlichen Eifer der Schottischen Hochländischen Gesellschaft vor Kurzem zu London in 3 Bänden erschienen. Der Titel dieser in Deutschland jetzt noch gewiß sehr seltenen Ausgabe – vielleicht sind nicht mehr als 2 Exemplare davon in Deutschland vorhanden – ist folgender: *The Poems of Ossian in the original Gaelic, with a literal translation into Latin, by the late Robert Macfarlan, A. M. together with a dissertation on the authenticity of the poems, by Sir John Sinclair, Bart. and a translation from the Italian of Abbé Cesarotti's dissertation on the controversy respecting the authenticity of Ossian, with notes and a supplemental essay, by John M'Arthur, LL. D. Published under the sanction of the Highland Society of London. London.* 1807. 3 Vol. 8.

Vorzüglich interessant ist die vorgesetzte Abhandlung *Sinclair's* über die problematische Aechtheit der Gedichte Ossians, worüber in England selbst noch so sehr verschiedene Meynungen herrschen. *Sinclair* bestreitet die Behauptung der Gegner, daß *Macpherson* selbst der wahre Verfasser dieser Gedichte, daß das Gaelische der ältern Zeiten nie Schriftsprache gewesen sey, und nicht sechs zusammenhängende Zeilen irgend eines Gaelischen Gedichts aufgezeigt werden könnten, und stellt besonders gegen die erstern folgende Gründe auf: erstlich könne *Macpherson* (Gaelisch *Mac a Phersoin*), der Verfasser des *Highländer, Hunter, Death* und der andern Laing's Ausgabe seines Ossians angehängten Gedichte, über deren Erbärmlichkeit in England und Schottland bey Kennern nur Eine Stimme herrsche, unmöglich solche Gedichte, wie *Fingal*, wie *Temora* x. hervorgebracht haben. Aber diese Unwahrscheinlichkeit werde noch größer, wenn man zweytens folgendes erwäge: M. gab die ersten Proben Gaelischer Poesie 1760 heraus. Von Freunden unterstützt machte er darauf eine Reise durch die Hochlande und Inseln, wo Gaelisch die Landessprache ist, um Gaelische Gedichte zu sammeln. Im Winter 1760 kehrte er zurück, und gab darauf im Anfange des Jahres 1762 als Uebersetzung heraus. *Fingal* und 16 kleinere Gedichte, unter ihnen *Carthon* und die Lieder von *Selma*; im Jahr 1763 *Temora*, nebst fünf kleinern Gedichten. Das Ganze mochte im Gaelischen etwa 14 bis 15000 Verse ausmachen. Die englische Uebersetzung, die jedem Bande vorgesetzte Abhandlung ungerechnet,

betrug nebst den Anmerkungen 473 Seiten groß Quart. Jedermann würde dem
Fleiße eines solchen *Uebersetzers* seinen Beyfall nicht versagen können.
Allein – fährt *Sinclair* weiter fort, *in zwey Jahren zwey und zwanzig epische
Gedichte* von fast 15000 Versen zu dichten, Gedichte, wovon mehrere mit den
besten alter und neuer Zeit kühn wetteifern können, und diese überdieß noch
mit zwey großen Abhandlungen und einer Menge Anmerkungen auszustatten,
dieß möchte doch wohl die Kräfte selbst des [1066] schöpferischsten Geistes
übersteigen, wie viel mehr eines Mannes, der weder vorher, noch nachher, nur
"*einen einzigen leidlichen Vers*" habe an's Tageslicht fördern können! Ein
dritter Grund endlich wird aus der Macpherson'schen Uebersetzung selbst her-
genommen, die durch unnatürlichen Bombast, durch sinnentstellende Fehler
den hohen Geist, der im Gaelischen Original athmet, gänzlich verwischt, ent-
stellt, verballhornt haben soll. M., obgleich in einer Gegend geboren, wo das
Gaelische gesprochen wird, hätte das Gaelische ungefähr so verstanden, wie
etwa – ein Bierländer von höherm Stande das Lettische, als Sprache des Gesin-
des und des Pöbels, wovon man nur gerade so viel lernt und weiß, als die Noth
erfordert. Mit dieser mittelmäßigen Kenntniß der Sprache, wenn sie hinläng-
lich dargethan ist, hätte freylich M. unmöglich das, was er englisch dichtete,
mit solcher Schönheit und Wahl des Ausdrucks, mit diesem Wohllaut des
Versbaues, den Kenner mit Recht am Originale bewundern, ins Gaelische
übertragen können.

Das Resultat der Abhandlung ist: 1) Macpherson war nichts mehr und
nichts weniger, als ein sehr mittelmäßiger Uebersetzer der Ossianischen Ge-
dichte. 2) Diese Gedichte sind ächte, alte Poesie; 3) sie können eine Verglei-
chung mit den besten Werken älterer und neuerer Dichtkunst aushalten.

Unter den übrigen schätzbaren Beyträgen zur Aufklärung über diesen Theil
der nordischen Dichtkunst, welche diese kostbare Ausgabe enthält, machen wir
nur noch nahmhaft: *Macfarlans* lateinische Uebersetzung, die freylich, skla-
visch wörtlich, vom Geiste des Dichters nichts wieder gibt, dennoch für den
Kenner des Gaelischen bey manchen schwierigen Stellen ein gutes Hülfsmittel
ist. Die Bemerkungen über Macpherson's und Thomas *Roß* neue Uebersetzung
des ersten Gesanges Fingal's, Vol. I. p. C-CXLIX. sollen besonders M's Un-
kunde der Originalsprache darthun. Der dritte Theil enthält unter anderem
*Cesarotti's* Abh. über die Aechtheit der Gedichte Ossians, aus dem Italiäni-
schen mit Anmerkungen von John M. *Arthur,* und des letzteren Nachträge über
mündliche Tradizion, alte Gesänge und Musik, über die alten Namen und Ein-
wohner Britanniens und die literärischen Fortschritte der Caledonier; philolo-
gische Untersuchungen über die Verwandtschaft der Celtischen oder Gaeli-
schen Sprache mit den orientalischen und andern Sprachen, und eine Topogra-
phie der merkwürdigsten Gegenden, deren in Ossian's Gedichten Erwähnung
geschieht.

Da alle deutsche Uebersetzungen der Ossianischen Gedichte bis jetzt aus Macpherson's Quelle hergeflossen sind, so wird gewiß allen Freunden dieser Poesie die Nachricht erfreulich seyn, daß der durch seine klassische Gelehrsamkeit und auch sonst als Uebersetzer rühmlich bekannte Professor zu Oldenburg, Hr. *Ahlwardt*, an einer *neuen Uebersetzung der Gedichte Ossians aus dem Gaelischen Original* arbeite, wovon in diesen Tagen bereits eine, schöne Hoffnungen erregende, Probe (Oldenburg, 1807. 44 S. in 4.) im Druck erschienen ist. Hr. A. geht auf dem von *Sinclair* eingeschlagenem Wege weiter, und zeigt auf jeder Seite seiner Uebersetzung in untergesetzten Anmerkungen: "daß Macpherson oft sehr falsch übersetzte, sein Original nicht verstand, und aus seinem Gehirn allerley Zusätze machte." – Abgerechnet seine Ausfälle, die doch manchem etwas anstößig seyn möchten, ließt sich diese deutsche Uebersetzung wie ein Original, und es weht rein in derselben der dichterische Geist des Caledonischen Barden. Zu bedauern ist freylich, und es muß doch gegen die Treue der Uebersetzung bedeutende Zweifel erregen, daß wir noch so wenige, dürftige Hülfsmittel zum Verstehen der Gaelischen Sprache besitzen. *Shaw*, ein geborner Gaele, aber aus einer Gegend, wo das Gaelische sehr schlecht gesprochen wird, gab zwar eine Gaelische Sprachlehre (Edinburg, 1778. 8) und ein Gaelisches Wörterbuch heraus;[1] beyde schätzbar als erste Versuche, dennoch aber in so hohem Grade mangelhaft, daß man mit Hülfe derselben schwerlich ein Gaelisches Original wird lesen und verstehen können. Zu wünschen ist daher mit Hrn. A., daß die Hochländische Gesellschaft ihr Versprechen, ein vollständiges Gaelisches Wörterbuch auszuarbeiten, da derselben so bedeutende Hülfsmittel zu Gebote stehen, recht bald erfüllen möge.

[...]

---

[1]    In der Vorrede zu dem Wörterbuche S. 2 behauptet Sh. in vollem Ernste: "Das Gaelische war die Sprache Japhets, es ward vor der Sündfluth gesprochen, und war wahrscheinlich die Sprache des Paradieses."

[Christian Wilhelm Ahlwardt:] [Auszug aus: Rezension zu Ossianübersetzungen von Jung, Schubart und Petersen] [1810].

1. FRANKFURT A. M., b. Varrentrapp u. Wenner: *Ossians Gedichte.* Übersetzt von *Franz Wilhelm Jung.* I Band. XXVI u. 390 S. II Band. 370 S. III Band. 386 S. 1808. 8. (3 Rthlr.)
2. WIEN, b. Degen: *Ossian's Gedichte. Nach Macpherson.* Von *Ludwig Schubart.* I Band. LXVI und 366 S. II Band. XIV u. 337 – 655 S. 1808. 8. (5 Rthlr. Druckpapier.)
3. TÜBINGEN, b. Heerbrandt: *Die Gedichte Ossians.* Neu verdeutscht. Zweyte Auflage. XIV u. 512 S. 8. (I Rthlr. 8 gr.)

Bey der Aufführung eines Schauspiels, wo im ersten Act gar kein weibliches Wesen vorkam, und wo mit dem Anfange des zweyten Aufzugs vier Damen zugleich die Bühne betraten, rief einst zu Paris eine Stimme aus dem Parterre: *Vierzehn Damen, s i n d s i e g u t?* Die nämliche Frage drängt sich bey dieser Trias von Übersetzungen von selbst auf, wie auch nicht weniger die: Waren diese Übersetzungen überhaupt nöthig? Sind sie getreuer, dichterischer, als das halbe Dutzend ihrer Vorgänger? Sind sie eine Breicherung unserer Literatur?
Um diese Fragen zu untersuchen, will Rec. mit dem *poetischen* Übersetzer (*A Jove prinpium!*) (No. I) anfangen, der, wie es S. XII heisst, "nach den Bedürfnissen und den Ansprüchen unserer Sprache und unserer Menschen übersetzté, immer ringend, den Gedanken und die Empfindung des Dichters rein und voll wieder zu geben, und doch nicht, vor lauter Treue an dem Buchstaben, höchst untreu zu werden an dem Geiste des Originals, und an dem Heiligthum des Schönen; der, bey einer sorgfältigen und frommen Ehrfurcht für Ossians Individualität überall so zu übersetzen suchte, nicht als wenn Ossian sein Zeitgenosse sey, sondern als sey seine, dem Alterthum etwas näher gerückte Sprache die Sprache Ossians." So weit recht gut. Die Folge wird lehren:

"Was wohl Würdiges bringt so offenes Munds der Versprecher!"

In der salbungsreichen, mit allerley nichtssagenden neumodischen und altmodischen Phrasen und Floskeln aufgestutzten, und mit Ammenphilosophie, und zur Abwechselung mit Sprachschnitzern durchwebten Vorerinnerung erfahren wir Folgendes, welches zugleich als Beleg des Ebengesagten, und als Probe der Prose unseres Übersetzers, dessen Verse wir nachher würdigen wollen, dienen kann:

[562] "In jenen so glücklichen Jahren, worin noch die Phantasie dem jugendlichen Geiste das Höchste des Lebens und der Kunst darbietet, und das Herz noch so warm und fromm empfindet, war Ossian, nach Klopstock, lange Zeit mein Lieblingsdichter. Wer mit beiden vertraut ist, wird beides begreifen."

"Um seine Schönheiten desto tiefer zu fühlen, übersetzte ich mir ihn in's Deutsche; denn von welcher Sprache wird *es* (*sic!*) so stark und innig ergriffen, als von der Muttersprache?"

"Späterhin war ich gesonnen, meine Arbeit dem Drucke zu übergeben: aber als Hr. *Gräter* sich äusserte, er beschäftige sich mit einer Verdeutschung Ossians unmittelbar aus dem Gaelischen, trat ich bescheiden zurück: denn ich kann nur Englisch. Er hatte schon damals gezeiget, was er zu leisten vermöge; desto mehr Beweggrund für mich, seine Übersetzung erst abzuwarten."

"Doch, Hr. *Gräter* gab seinen Plan wieder auf, und diess bestimmte mich endlich, *nach vielen Jahren* zu der Ausführung des meinigen. Wirklich war schon mein Manuscript nicht mehr in meinen Händen, als ich erfuhr, Hr. *Ahlwardt in Helmstädt* (*?*) werde nächstens seine Übersetzung Ossians ebenfalls unmittelbar aus der Ursprache erscheinen lassen. Halb entschlossen, auch diessmal zurückzutreten, kam mir die vorausgeschickte Probe derselben zu Gesichte. Aber gerade sie, verbunden mit ihrer Einleitung, überzeugte mich, dass wohl die meinige recht gut neben ihr bestehen könne."

Hier hätten wir also die Genesis dieser – *am Geiste des Originals und am Heiligthum des Schönen höchst treuen Übersetzung* – vom Ey an, alle Grade des Raupenstandes hindurch bis zum vollendeten Schmetterlinge, welcher keck der Fackel der Kritik entgegenfliegt, unbesorgt, ob er mit verbrannten Flügeln zu Boden stürze, oder nicht. Immerhin wollen wir es Hn. *Jung* gerne glauben, dass, nachdem er sein Schönheitsgefühl am Ossian durch Übersetzen geübt und gestärkt hatte, er auch gesonnen gewesen sey, den *gemüthvolleren Deutschen* (S. XXVI) seine vollendete Schöpfung durch den Druck mitzutheilen. Nichts ist natürlicher! Ewig Schade wäre es, wenn Verse von so entzükkender Harmonie, wie folgende, B. 2. S. 60:

Nehme (nimm) den Frieden an,
Wie er solchen lässt angedeihen
Königen, wann sich die Völker
Beugen müssen vor ihm.
Uns überlasse
Ullin's liebliche Auen, gieb
[563] Deinen Hund und dein Weib;
Gieb dein Weib mit dem hohen Busen,
Welcher so reizend wallt;

*Dessgleichen den Hund,*
Welcher überholet den Sturmwind."

oder gar folgende noch schönere, B. 2. S. 2:

"Tausend *Schwerte*
Ziehen sie, es fliegen
Tausend Pfeile *zumal.* Er
Steht, als ein Fels."

nicht das Licht der Welt erblickt hätten!

Glauben wollen wir ferner, dass Hr. *J.* kein Gaelisch sondern nur Englisch, und auch diess nur herzlich schlecht, verstehe, und dass Hr. *Gräter* ihm in der Kunst zu übersetzen weit überlegen sey; aber dass Hr. *Gräter* sich mit einer *Verdeutschung Ossians unmittelbar aus dem Gaelischen* beschäftigt habe, und dass Hr. *J.* erst *nach vielen Jahren,* nachdem Hr. *Gr.* seinen Plan wieder aufgab, hiedurch bestimmt sey, seine Übersetzung zu Tage zu fördern: dieser Behauptung muss Rec. einige bescheidene chronologische Zweifel entgegensetzen. Bis zum Sommer 1807, wo der gaelische Ossian zu London in drey Bänden herauskam, war vom Original der ossianischen Gedichte nur unbedeutend wenig abgedruckt, z. B. I) der siebente Gesang von Temora, angehängt der englischen Übersetzung von *Macpherson*; 2) der Anfang von Croma, nach einer sehr schlechten Abschrift, in *Shaws* gaelischer Sprachlehre S. 157; 3) die beiden Apostrophen an die Sonne, eine von 38 und die andere von 11 Versen im 2 Bd. S. 590-592 einer vortrefflichen, in Deutschland gar nicht bekannten Sammlung gaelischer Gedichte, die unter dem Titel: *Cochruinneachta Taoghta de Shaothair nam Bard Gaëtach, Duneidin (Edinburg)* 1804, 2 B. gr. 8, herauskam; 4) ausser den beiden Apostrophen an die Sonne, der Anfang von Carric-Thura, und einzelne Stellen aus Fingal in dem bekannten *Report of the Committee of the Highland Society,* Edinburg 1805. 8.

Dies ist ungefähr Alles, was vor 1807 vom gaelischen Ossian gedruckt ist; denn die hin und wieder erneuerten Abdrücke der Apostrophe an die Sonne aus Carthoen kommen nicht in Betrachtung. Hr. *J.* gab seine Übersetzung in der *Ostermesse* 1808 heraus, und zwar nach S. 2 *viele Jahre nachher,* da Hr. *Gr.* den Vorsatz, den Ossian unmittelbar aus dem Gaelischen zu übersetzen schon aufgegeben hatte. Da nun zwischen der Erscheinung des gaelischen Originals und der *jung*'schen Übersetzung *kaum ein Jahr* verflossen ist: so folgt hieraus von selbst, da ein Jahr nicht viele Jahre seyn kann, die chronologische Unmöglichkeit, dass Hr. *Gr.* sich schon *viele Jahre vor* 1808, das heisst, zugleich auch mehrere Jahre *vor* 1807 mit der Übersetzung des Originals beschäftigt habe, oder mit anderen Worten, dass er ein Buch, das unter unzähligen Hindernissen *erst* 1807 gedruckt ward, *schon* 1804, oder früher, – denn wir wollen ein paar Jahre Hn. *Jung* zu Gefallen uns für *viele* anrechnen, – habe übersetzen können. Hr. *J.* hat also zum Besten seiner Verdeutschung eine sehr unglückliche *Captatio benevolentiae* gewählt, oder, so [564] wie er S. 2 den Rector *Ahlwardt* nach *Helmstädt* versetzt, obgleich auf der Probe des Ossian, die Hr. *J.* nach S. 3 gelesen haben will, mit klaren Worten etwas ganz anderes gedruckt steht: so hat er auch Hn. *Gs.* Äusserung missverstanden, und die Übersetzung der *Sean Dana,* woran Hr. *Gr.* nach *Rüdigers* Friedensnachrichten für Städter und Landleute, Halle 1795 20tes St. S. 318 u. 319, mit *O Brien's* und *Shaw's* Hülfsmitteln arbeitete, irrig für eine Übersetzung Ossians aus dem Gaelischen gehalten. Dass übrigens diese Übersetzung der *Sean Dana* ins Stocken gerieth, ist kein Verlust für die Literatur. Die S. 319 gegebene Probe ist in Rücksicht der beygedruckten Aussprache so abscheulich wie möglich, und gleich hierin dem Pröbchen, das ein Rec. in der hallischen A. L. Z. (s. Deut. Mercur 1809, I St. 84 S.) von seiner gaelischen Weisheit gab; und in Rücksicht der Übersetzung, obgleich nur vier Verse gegeben sind, ist sie voller Fehler. Mit so schlechten Hülfsmitteln, wie die Wörterbücher von *O Brien* und *Shaw,* und mit der noch schlechteren Sprachlehre des letzteren, lässt sich, wenn man sein eigener Lehrer seyn muss, die in vieler Hinsicht schwere gaelische Sprache durchaus nicht erlernen. *Alexander Stewart's* treffliche gaelische Sprachlehre kam erst 1801 heraus, und ist in Deutschland noch gar nicht bekannt.

In der Vorrede S. 3 wird ferner eine Frage aufgeworfen: "Wer kennt jetzo das Original (der ossianischen Gedichte) mit streng diplomatischer Gewissheit?" Hieran werden denn allerley erbauliche Gedanken und Betrachtungen angeknüpft, z. B. über die erstaunlich grossen Veränderungen in der ganzen bürgerlichen und menschlichen Lage der Hochländer, wo man von Seiten der Regierung mitunter so gewaltsame Massregeln ergriffen, um ihre Nationalität zu verwischen, und auch ihnen dafür jene Flachheit zu geben, durch welche alle übrigen Völker Europens, in abgeschliffener Charakterlosigkeit und in dumpfer Gleichgültigkeit gegen unabhängige Selbstäusserung, einander täglich ähnlicher werden. Beyläufig wird auch über die eben so beklagenswerthe als unbegreifliche Sorglosigkeit der Engländer, und vollends der Schottländer gejammert, die, statt des eiteln Streits und der trägen Rechthaberey über Ossians Ächtheit, sich in weiserem Eifer weit früher mit einem gründlichen Studium der noch immer nicht hinlänglich bekannten gaelischen Sprache, und mit der sorgfältigsten Nachspürung und Vergleichung dieser Gedichte, mit Ergänzung der Lücken, und einer kritischen Bearbeitung des Ganzen hätten beschäftigen sollen, "wodurch wir denn jetzo vermuthlich den die Menschheit am reinsten und innigsten aussprechenden Dichter ganz vollständig (?) besitzen, und, – eine sehr natürliche Folge! – wenigstens über einzelne Lesarten desselben nicht in solchen, von keiner Zeit mehr zu lösenden Zweifeln schweben würden."

Also ganz vollständig würden wir den Ossian besitzen, nicht einmal über einzelne Lesarten würden wir in Zweifel schweben, hätte dieses Haupt der

Aristarche die Gedichte gesammelt, und sie seiner kritischen Be[565]arbeitung
gewürdigt! Das Wunder wird desto grösser, wenn man sich erinnert, dass diese
Gedichte sich Jahrhunderte in der Tradition umhergetrieben, von Hausbarden
und Hersagern aller Art interpolirt, und mit angekleksten Assonanzen, und
sogar hin und wieder mit modernen Reimen belastet, auf uns gekommen sind,
wie diess die Revision des gaelischen Ossian in dieser A. L. Z. ehestens zeigen
wird. Wer unter solchen Umständen es für möglich hält, durch seine kritische
Bearbeitung wenigstens über einzelne Lesarten alle Zweifel wegzuräumen, der
ist Rec. – – – *magnus Apollo, Et Phyllida solus habeto!* Nur ein solcher kriti-
scher Halbgott kann der festen Überzeugung seyn, dass der von Hnn. *Ross* und
*Ahlwardt* für unwissend und geschmacklos erklärte englische Übersetzer "mit
seinem Dichter innigst verwandt und vertraut, ihn mit voller Liebe, mit ringen-
der Beharrsamkeit (*sic!*) ergriffen, hier und da einen Ausdruck oder ein Bild
verschönert, die Darstellung lebendiger, ründer, und dem Ohr lieblicher ge-
macht, zur letzten vollendenden Feile dem Dichter seine Hand geliehen, und
ihn überhaupt behandelt habe, so ungefähr, wie vielleicht Pisistratus die aus
dem Munde der Rhapsoden gesammelten Gedichte Homer's." Kein Wunder
also, wenn Hr. *J.* S. X, von eben so viel Befremdung als Schmerz ergriffen,
*Ahlwardt's* Behauptung aufgestellt zu sehen, "der englische Ossian wimmle
von albernen Zusätzen, Weglassungen, Verschlimmbesserungen, Wortprunk,
Unsinn und Schwulst", voll tragischen Entsetzens ausruft: "Wo um's Himmels
willen hatten doch bisher alle die gebildeten Leser der gebildetesten Nationen
ihre Sinne, dass sie von allem diesem in dem *macpherson*'schen Ossian nicht
das Geringste fanden, sondern dass sie ihn lasen und wieder lasen, mit immer
steigender Bewunderung und Liebe?"

Die Frage möchte leichter zu beantworten seyn, als Hr. *J.* glaubt. Der gros-
se Haufe liest Gedichte wie Romane, um die Zeit zu tödten, und sagen zu kön-
nen, das und das habe ich gelesen. Hiebey horcht er, besonders bey Büchern
wie Ossian, die zu fassen, Anstrengung erfodert wird, auf die Urtheile anderer,
gewöhnlich berühmter Leute, und betet diese Urtheile gläubig wieder nach.
Selbst die besseren Leser, von dem Eindruck des Ganzen ergriffen, beküm-
mern sich um die einzelnen Kleinigkeiten nicht mit ängstlicher Sorgfalt. Jahr-
hunderte konnten vergehen, ehe man bemerkte, dass der in einem frühern Ge-
sänge eines Gedichts erschlagene Held unmöglich in einem der späteren Ge-
sänge bey hohem Wohlseyn sich befinden könne. Rec. getrauet sich zu bewei-
sen, dass seit der ersten Bekanntmachung des englischen Ossian, also seit bey-
nahe einem halben Jahrhundert, es nicht funfzig Leser gegeben habe, die Über-
setzer, die von Amts wegen auf alles, was ihren Dichter betrifft, Acht haben
sollten, mit eingeschlossen, die diese Gedichte mit unverrückter Aufmerksam-
keit auf den Zusammenhang und auf das kleinste Detail gelesen und studirt
hätten. Unter einem Dutzend Beyspiele, die leicht aufzutreiben wären, mag

Folgendes hier Platz [566] finden: In der Episode von *Cairbre* und *Cridh'-mor*, woraus *Macpherson Cairbur* und *Grudar* gemacht hat, heisst es *Fingal* I, 585:

> *Dh'ùraich iad mu'n tarbh bu bhàn,*
> *A chite 'm beinn Ghulbuinnse shuas.*

und einige Verse weiter, V. 593:

> *B'fhears nach cualas air tarbh riamh*
> *Air Gulbuinn riabhaich an fhraoich.*
> *Cunnaic iad e anns an – t – fliabh,*
> *'S dh' ùraich trom – dhorran nan laoch.*

Nach einer wörtlichen Übersetzung:

> Oft kämpften sie um den Stier, den weissen,
> Der erblickt ward auf dem Berge Gulbunn oben.
>
> Besser war es, hörte man von dem Stier nie
> Auf dem graulichen Gulbunn der Heide.
> Sie sahen ihn auf der Höhe,
> Und es erneuete sich der schwere Zorn der Tapfern.

*Macpherson*, dem der *weisse* Stier wahrscheinlich zu unpoetisch klang, verschönert ihn zu einem *bunten* (*spotted*), und indem er in der Gedankenlosigkeit des Übersetzers aus V. 595 sich wieder zu V. 585 hinauf verliert, verderbt er auf die unbeg[r]eiflichste Weise die Stelle zu Unsinn:

V. 585:
> *Long had they strove for the spotted bull*
> *That lowedon Golbun's echoing heath.*

V. 593:
> *But ah! why ever lowed the bull*
> *On Golbun's echoing heath!*
> *They saw him leaping like snow;*
> *The wrath of the chiefs returned.*

Nach *Stollbergs* Übersetzung:

> – – – – – Sie hatten lang
> Um den *bunten Stier* gekämpft, der im Wiederhall
> Von Golbun's Haide brüllte. – – –
>
> – – – – O hätte doch nie der Stier
> Gebrüllt in dem Wiederhall der Haide von Golbun!
> Sie sahn ihn springen *weiss wie der Schnee*, es erwacht
> Ihr Grimm! – – – – –

Der Stier also, der in dem vorletzten Verse *weiss wie Schnee* ist, hat auf der kurzen Reise von V. 585 bis 595 sich wunderbar verwandelt, denn dort war er eben so bunt, als er jetzt durch seine Weisse prangt, oder wie *Denis* sagt,

– – – glänzet, wie Schnee glänzt,

trotz *der Flecken,* die er ihm gleichfalls giebt. Das Versehen *Macpherson's* lässt sich zur Noth mit der tumultuarischen Hast, womit die erste Übersetzung des *Fingal* gefertigt ward, entschuldigen, obgleich Fehler der Art bey den wiederholten Auflagen leicht zu verbessern gewesen wären; aber womit lässt sich die Gedankenlosigkeit der deutschen Übersetzer entschuldigen, die, so viel Rec. deren kennt, diesen *bunten, und zugleich auch schneeweissen* irischen Stier *(Irish bull)* treulich wieder aufgetischt haben, ein paar pfiffige Köpfe ausgenommen, welche die Übersetzung des vorletzten Verses so künstlich stellen, dass es unentschieden bleibt, ob der *ci-devant* bunte Stier weiss wie Schnee geworden sey, oder ob er wie der [567] weisse Schnee aufhüpfe und Capriolen schneide. Dieser letzten sinnreichen Erklärung scheint auch Hr. *J.* gefolgt zu seyn, welcher mit der ihm eigenen Eleganz diese Verse so giebt:

> Lange gehadert hatten sie
> Um den *scheckigen* Stier,
> Der auf Golbuns
> Hallender Haide gebrüllt.
>
> Wehe! warum
> Hatt' auf Golbuns hallender Haide
> Jemals der Stier gebrüllet?
> Sie sahen ihn,
> Hüpfend auf wie der Schnee; da kehrte
> Wieder der Helden Grimm.

Hr. *J.,* der alles, was O. betrifft, billig hätte lesen sollen, scheint *Ahlwardts* Probe einer neuen Übersetzung, die er nach S. 2 gelesen zu haben behauptet, kaum flüchtig durchblättert zu haben: sonst ist es unerklärbar, wie, nachdem er von verschiedenen Lesarten, von Überlieferungen und Handschriften der ossianischen Gedichte, wie ein Blinder von der Farbe, allerley gefaselt, er S. XII sich so äussern konnte: "Die abweichenden älteren Lesarten *Macpherson's* finden sich, nach der Versicherung der schottischen hochländischen Gesellschaft, nun einmal nicht vor: wo, wird man vielleicht fragen, konnten sie denn seitdem hingekommen seyn? – Ich antwortete: Wo, wie die Gesellschaft selbst eingesteht, eilf ganze Gedichte Ossians in der Ursprache hingekommen sind: die Schlacht von Lora u. s. w." – Ein blaues Wunder! Die abweichenden, älteren Lesarten, die, wenn man voraussetzt, dass *Macpherson* wörtlich genau übersetzte, in Vergleichung mit dem nun gedruckten Text häufig puren Unsinn müssen enthalten haben, sind also da zu finden, wo man die eilf Gedichte su-

chen muss; und wenn diese nun z. B. in Amerika verloren gegangen, und zu
suchen sind: so muss man auch diese Varianten in Amerika auf[568]spüren. In
der That, ein trefflicher Kritiker, von dem wir uns noch herrliche Aufschlüsse
über Ossian versprechen können! Hätte Hr. *J.* in *Ahlwardt's* Schrift bis S. 15
gelesen: so würde er das Räthsel, in Rücksicht der eilf Gedichte gelöst gefun-
den haben. Dort heisst es: "Zu bedauern ist, dass von elf kleinern Gedichten,
welche *Macpherson's* Übersetzung enthält, die gaelischen Originale durch
*Macpherson's* Nachlässigkeit, wahrscheinlich bey dessen dreyjährigem Auf-
enthalt in West-Florida, verloren gegangen sind." Eben so heisst es in *Sin-
clair's* dem ersten Bande des gaelischen Ossian vorgesetzter Abhandlung über
die Ächtheit der ossianischen Gedichte S. LXXXVII: *It appears by an extract
from Mr. J. Mackenzie's diary, that Mr. Macpherson took with him to Florida,
the Gaelic originals of Ossian; by means of which some of the smaller poems,
either in whole, or in part, were lost.* – In Rücksicht der abweichenden Lesar-
ten, deren Vertheidigung Hr. *J.* so häufig und auch Hr. *Schubart* Vorr. S. XI
mit gleichem Glück übernimmt, und der Handschriften, welche die hochländi-
sche Gesellschaft nach S. IX bey ihrer Ausgabe gebraucht haben soll, kann
Rec. das Räthsel zur Beruhigung und zugleich zur Beschämung dieser Herren
und alles ihres Gelichters lösen, obgleich er Hn. *Jungs* naïve oder vielmehr
*niaise* Frage S. VIII. – "Wer giebt uns Zuverlässigkeit, dass diejenigen Über-
lieferungen und Handschriften, welche die hochländische Gesellschaft noch
vorgefunden und zu ihrer Übersetzung benutzt hat, Wort für Wort von Ossian
herrühren"? – eben so wenig beantworten kann, als die: Ob in unseren Ausga-
ben der Text Wort für Wort von dem alten Barden herrühre? – Eine so alberne
Frage, dass Keiner, der nur eine Ahndung von Kritik hat, sie so wenig aufwer-
fen als beantworten wird.

[569] Aus der Geschichte der ossianischen Gedichte, worauf es hier vor-
züglich ankommt, ergiebt sich in der Kürze Folgendes; s. *Sinclair's* Abhand-
lung S. LXXXVI u. f.: Die Fragmente gaelischer Poesie gab *Macpherson* 1760
heraus. Von Freunden ermuntert und unterstützt machte er hierauf eine Reise
durch die Hochlande, worüber der bekannte *Report* nachzusehen ist, und gab
1761 den *Fingal*, und 1763 *Temora* und die kleineren Gedichte nebst dem 7ten
Gesang der *Temora* im Original heraus. In dem Vorberichte der ersten Aus-
gabe des Fingal erzählt *M.*, dass er den Druck der Originale auf Subscription
angekündigt habe, dass aber, da sich keine Subscribenten gefunden, der Druck
unterblieben sey. *Macpherson* war durchaus kein Betrüger. Dies ergiebt sich
aus Allem. Es ist daher eine schamlose Unwahrheit, die in No. 2 Vorr. S. VIII
aufgetischt wird. *Macpherson*, um für den Verfasser der Gedichte zu gelten,
habe "Sorge getragen, die von ihm und seinen Verwandten gesammelten
Handschriften nicht aufbewahren zu lassen." Wie wenig diess seine Absicht
gewesen, beweist der Abdruck des 7ten Gesanges des Originals der Temora,
dessen vorher erwähnt ist, und der zugleich *Macphersons* Todesurtheil und

seine Apologie enthält. Sein Todesurtheil, indem er seine geringe Kenntniss
der gaelischen Sprache, seinen schlechten Geschmack und seinen Hang zu
Schwulst und Bombast nur zu sehr beurkundet; seine Apologie, indem er ihn
gänzlich von jedem Vorwurfe des Betrugs reinigt, sowohl durch die Nachläs-
sigkeit, die in der Übersetzung von einem Ende bis zum anderen herrscht, als
auch durch die Schönheit des Ausdrucks, die im Gaelischen vorwaltet, der den
in der englischen Übersetzung so sehr übertrifft, dass Jeder, der Gaelisch ver-
steht, keinen Augenblick Bedenken tragen wird, das Gaelische für das Origi-
nal, und das Englische für eine sehr mittelmässige Übersetzung zu erklären.
Ein Betrüger würde ganz anders gehandelt, und wenigstens Original und Über-
setzung in möglichsten Einklang zu bringen gesucht haben.

[570] *Ahlwardt* hat daher Recht, wenn er S. II sagt, dass gerade diese Men-
ge von Übersetzungsfehlern ein überzeugender Beweis von der Ächtheit des
gaelischen Originals – und, setzt Rec. hinzu, von der Ehrlichkeit *Macphersons*
– sey. Die Ehrlichkeit leuchtet auch aus allen drey Bänden des gaelischen Os-
sian hervor, die, mit der englischen Übersetzung verglichen, das harte Urtheil,
das *Ross* und *Ahlwardt* über sie gefällt haben, völlig bestätigen, und deren
Abdruck nicht nach einer Menge aufgefundener sorgfältig verglichener Hand-
schriften, die *Macpherson* unbekannt geblieben, sondern einzig und allein nach
den Abschriften aus *Macphersons* Nachlassenschaft vollendet ist, gerade
denen, wonach M. übersetzte, die er schon in den Jahren 1761 und 1762 zur
Herausgabe vorbereitete, und zu deren Abdruck er noch in seinem Testamente
1000 Pfund aussetzte, s. die Vorrede zu dem gaelischen Ossian. Die Herausge-
ber haben bloss *Macphersons* schlechte Orthographie mit der jetzt gebräuchli-
chen vertauscht, sind aber hiebey zugleich so vorsichtig gewesen, dass, wo sie
zweifelhaft waren, sie lieber das fehlerhafte Wort im Texte stehen gelassen,
und die Verbesserung in einer Anmerkung angezeigt haben, als dass sie *à la
Bothe* ihren Conjecturen gleich einen Platz im Texte eingeräumt hätten. Hn.
*Jung's* Gewäsch über ältere, abweichende, hart angegriffene Lesarten zerfällt
also von selbst in Nichts.

[...]

[576] [...]

Des Übersetzers Irrthum über Ossians Versbau zu widerlegen, würde Rec. hier
zu weit führen. Das Nöthige soll in der Beurtheilung der Ausgabe des Origi-
nals aus einander gesetzt werden. Vorläufig mag die Auskunft hinreichen, dass
der ossianische Vers bey aller Mannichfaltigkeit und Freyheit des Masses,
sowohl in der Erzählung, als im lyrischen Fluge, eben so bestimmten Gesetzen
unterworfen ist, als die Verse im Homer, Horaz und Pindar. Z. B.:

$$- \ - \ \cup \ \ \cup \ \ \breve{\cup}' \ \cup \ \cup \ - \cup$$
*La, ghabh sinn an glacaibh a cheile*
$$- \ - \ \cup \ \ \cup \ \ - \ - \ -$$
*Air Meallmor, 's bu threun ar spairn.*

Einst packten wir ringendes Arms uns
Auf Meallmor, der Kampf war hart.

  – ∪  – ∪ ∪ ´  –
*Chiteadh gaisgiuh nan àrd ghniomh*
  – ∪ – ∪ ∪ ´  –  –
*Tearnadh sios o'm fiar-ghlinn fein.*

Siehe, Helden mit Thatkraft
Steigen nieder vom schlängelnden Thal.

´∪∪ ´∪ ∪ – ∪
*Ullin, a Charuill, a Raoinne,*
 – ∪´ ∪∪ ´ ∪ –
*Guthan aimsir a dh'aom o shean,*
  –  ∪ ´ ∪´ ∪∪  – ∪
*Cluinneam sibh an dorchadas Shelma,*
 – ∪ ´  ∪∪ – ∪ ∪ –
*Agus mosglaibhse anam nan dàn.*
  –  ´ ∪ ∪ ´ ∪  –
*Ni'n cluinneam sibh shil nam fonn:*
 – ∪ – ∪∪  –  ∪ ∪ – ∪
*Cia an talla de neoil bheil ur suain?*

Ullin, du Carull, du Raonne,
O ihr Stimmen entschwund'ner Zeit!
Hört' ich euch im Dunkel von Selma!
Auf! erwecket den Geist des Gesangs!
Nicht hör' ich euch Kinder des Lieds!
Wo, wo ruht ihr in Hallen der Wolken?

Von des Übersetzers blindem Glauben an *Macphersons* Unfehlbarkeit versteht
es sich von selbst, dass er alles wie *Macpherson* es gab, vor der Faust frisch
weg übersetzte, unbekümmert, ob Menschenverstand darin sey oder nicht.
Hierüber also will Rec. nicht mit ihm, noch Hn. *Schubart*, der nicht weniger
gläubig ist, rechten. Rügen indess muss er es, dass Hr. *J.* nicht nach der Ausga-
be der letzten Hand von 1773, die einen viel besseren Text und hin und wieder
gar einige Verse mehr hat, als die früheren Ausgaben, übersetzte; dass er seine
ohnehin lahmen Perioden durch allerley Flickwörter, z. B. *aber, allwo, wohl,
nun, damals,* und durch verkehrte Inversionen noch mehr lähmte, und dass er
aus Unkunde des Englischen Übersetzungsfehler beging, wie man sie bey
einem so leichten, so oft übersetzten Buche gar nicht erwarten konnte. [...]
[577] Von der Übersetzung des Hn. *Schubart* (No. 2) erschienen schon
1799 im *Merkur,* und nachher auch in anderen Zeitschriften, Proben. Zufällige
Umstände, wie es Vorrede S. XLIX heisst, unter andern ein Zusammentreffen
mit zwey anderen *jambischen* Nachbildungen (*Rhode's* von 1800 und *Stoll-
bergs* von 1806) haben ihre Erscheinung verspätet. Wie *Rhode's* Übersetzung,

die (s. Vorrede S. XXI) sich den Namen einer *Nachbildung* verbittet, eine
Nachbildung in Jamben genannt werden könne, sieht Rec. nicht ein[.] Mit eben
dem Rechte könnte man *Benjamin Schmolken's* Morgen- und Abend-Andach-
ten und *Bogatzky's* Schatzkästlein in Hexametern geschriebene Bücher nennen.
Eine rhythmische ist sie freylich, aber welch' ein Rhythmus! Gewiss kein har-
monischer Tanz wohlgeordneter, kraftvoller Wortfüsse, die sich dem Inhalte in
allen Abstufungen anschliessen, sondern das lahmste, eintönigste Geleyer der
schwächsten, kraftlosesten Wortfüsse, die es nur giebt, unter denen besonders
die heillose Menge der Trochäen, wie Welle auf Welle einander drängend, sich
auszeichnen.

In der Einleitung giebt der Übersetzer uns aus *Macpherson's* und *Blair's*
Abhandlungen, aus *Duff's* Versuch über das Original-Genie und aus der *Samm-
lung kritischer Versuche* einiges längst Bekanntes über *Macpherson's* Behand-
lung der ossianschen Gedichte, den Geist ihres Zeitalters, und über die Manier
und den poetischen Charakter des Dichters, doch nicht ohne Beymischung von
Halbwahrem und Falschem, das aus dem *Report* und anderen Quellen sehr
leicht hätte berichtigt werden können. So erschien *Macpherson's* Übersetzung
des Ossian nicht 1762, wie es S. V. heisst, sondern die erste Ausgabe des *Fin-
gal* 1761, die 2te 1762, und *Temora* erst 1763, wie auch auf dem Titel steht,
obgleich am Ende des Jahrs 1762 schon einige Exemplare in Umlauf gekom-
men waren. Was der Übersetzer von der Ausgabe der letzten Hand von 1773
sagt, dass *Macph.* "da und dort durch Beywörter und vermeinte Verstärkungen,
der einnehmenden Einfalt seiner ersten Arbeit gescha[578]det, und dass die
späteren Herausgeber jedoch den ursprünglichen Text bald wieder hergestellt
hätten, und dass das Publicum bey diesem (wiederhergestellten) Texte geblie-
ben sey," ist die grundloseste Behauptung von der Welt. Alle *rechtmässigen*
nach 1773 in England gedruckten Ausgaben, z. B. die bey Strahan und Cadell,
London 1784, 8, folgen dem Texte der Ausgabe von 1773, und bey allen neue-
ren Kunstrichtern Britanniens, z. B. den Herausgebern des gaelischen Ossian,
ist von keinem anderen Texte als diesem die Rede. Selbst der bessere Theil der
englischen Nachdrücke, z. B. vier äusserst schönen und correcten von Laiking-
ton und Allen, London 1806 in verschiedenem Druck und Format besorgten,
die neueste Ausgabe London 1807, 12 bey Walker, und andere mehr folgen
diesem Texte. Nur sorglose Nachdrucker in Schottland, Ireland und Deutsch-
land druckten die erste beste Ausgabe wieder ab, die ihnen in die Hände fiel,
unbekümmert um die Güte des Textes, und eben so kopflose Übersetzer über-
trugen diesen schlechten Text, den Hr. *Schubart* durch eine falsche Nachricht
sogar vertheidigt. Bekanntlich ist ein kleiner Unterschied zwischen Herausge-
ber und Nachdrucker, und *Voss*, der Herausgeber der Gedichte *Hölty's*, würde
sich die Ehre gar sehr verbitten, mit dem Text wiederherstellenden *Geisler
dem Jüngern* und dem *ehrlichen Schmieder* in Karlsruhe, der diese Gedichte
gleichfalls auf seine Art herausgab, in Parallele gestellt zu werden. Lächerlich

ist daher, was der Übersetzer von späteren Herausgebern spricht, deren es, ausser dem Gesindel der Nachdrucker, vor *Laing* keinen gab, und auch dieser, welches nicht schwer zu erfahren war, – hat den Text der Ausgabe von 1773 wieder abdrucken lassen, laut der Vorrede S. VII und VIII: *The text of the corrected edition of 1773 is adopted through out, and the additions are carefully marked and distinguished by Italics, though the alterations are too numerous and minute to be noted.* – Dieser Änderungen und Verbesserungen sind in der That eine grosse Menge. In dem ersten Gesange des Fingal sind von 663 Versen *zweyhundert* mehr oder weniger verändert; *sechs* neue Verse, die das Original hat, sind hinzu gekommen; weggelassen sind die müssigen Partikel *but, aber, for, denn,* – und besonders das liebe *and, und,* über dreyssig Mal, – in den Stellen, wo sie im Original fehlen. Diesem sich mehr zu nähern, herrscht in dieser Ausgabe ein sichtbares Streben, so dass sie mit allem Recht den Vorzug vor den früheren Ausgaben verdient. Hiemit [579] leugnet Rec. nicht, dass nicht in einigen Stellen die Lesarten der früheren Ausgaben sehr unglücklich mit pompvolleren vertauscht sind, z. B. *fir*, Tanne, mit *pine*, Pinie, u. d. m.; aber gegen das Gute, und die wirklichen Vorzüge, welche diese Ausgabe vor allen früheren hat, sind diese Verschlimmbesserungen nur unbedeutend. Beyspiele werden dieses beweisen. Fingal I, V. 606 heisst es so im Original:

*Chite o' truscan uasal*
*A h-uchd naibhreach mar ghealach oidhche,*
*'Nuair bhios a h-iomall a' gluasad*
*O duibhre a tuair gu soills'.*

Im Sylbenmasse des Originals so:

Aus dem Gewand hervorblickt
Schwellend ihr Busen, dem Mond der Nacht gleich,
Wann seine Scheibe hervorwallt
Aus düstrer Umhüllung ins Licht.

In *Macphersons* früheren Ausgaben sind die beiden letzten Verse nicht übersetzt. In der Ausgabe der letzten Hand lautet diese Stelle so:

*Her white bosom is seen from her robe*
*As the moon from the clouds of night,*
*When its edge heaves white on the view,*
*From the darkness which covers its orb.*

"Ihr weisser Busen blickt hervor aus ihrem Gewand,
Wie der Mond aus den Wolken der Nacht,
Wann weiss sein Rand dem Blicke sich erhebt
Aus der Dunkelheit, die seine Scheibe deckt."

Dass das Gleichniss durch den Zusatz der beiden Verse gewonnen habe, bedarf wohl keines Beweises. Ähnliche Zusätze von ganzen Versen, die das Original hat, finden sich fast in allen Gedichten. So hat z. B. in dieser Ausgabe der Ite Gesang der Temora *acht* Verse mehr als die früheren Ausgaben, der Ite G. von Cath-Loda *fünf* Verse, und so ferner. Aber auch einzelne Verse und Ausdrücke haben in allen Gesängen ohne Ausnahme durch eine sorgfältigere Annäherung an die Urschrift gewonnen, z. B. Fingal I, V. 598, fr. Ausg.

*And Grudar like a sun-beam fell.*
"Und Grudar fiel wie ein Sonnenstrahl."

letzte Ausgabe, dem Original, das *Thuit na fhuil* liest, gemässer:

*Grudar fell in his blood.*
"Grudar fiel in seinem Blute."

Fingal I, 160 hat das Original:

*Gu'n gluaiseadh Fionnghall a nall.*
"Bis Fingal dem Lande sich naht."

*Macph.* fr. Ausg.: *Till Fingal come with battle.*

Bis Fingal kommt mit Schlacht.

– letzte Ausg.: *Till F. shall arrive on our coast.*

"Bis Fingal an unsrer Küste erscheint."

Temora G. I, V. 141:

*Lasuidh gieanna ri boillsge nan speur.*
"Thale flammen in Gluten der Luft."

*Macph.* fr. Ausg. übersetzt hier sehr platt:

*The valley gleams with red light.*
Das Thal erglänzt von rothem Licht.

[580] *Macph.* l. Ausg. veredelt, und dem Original näher:

*The valley gleams with heaven's flame.*
Das Thal erglänzt von der Flamme des Himmels.

Temora G. I, V. 144:

*Ghrad chnalas le brigh a ghuth.*
Rasch tönte die Stimme voll Kraft.

*Macph.* fr. Ausg. äusserst platt: *His words are heard,* seine Worte werden gehört; letzte Ausg. näher dem Orig.: *His words broke forth,* seine Worte brachen hervor. Comala, V. 23 und 24:

> *Thuit og do graidh, am fear treun:*
> *O hithear tannas an t-fair' sa bheinn.*
> "Dein trauter junger Held fiel;
> Sieh des Herrlichen Geist auf der Höh."

Fr. Ausg.: *The youth of they love is low,*
> *And his g[h]ost is already on our hills.*
> "Der Jüngling deiner Liebe fiel,
> Und sein Geist ist bereits auf unsern Hügeln."

Die letzte Ausgabe liest mit Auslassung des schleppenden *and* und *already* den zweyten Vers so:

> *His g[h]ost is on our hills.*
> Sein Geist ist auf unsern Hügeln.

– V. 30 fr. Ausg.: *blue-rolling eyes;* letzte Ausg.: *blue eyes,* blaue Augen, dem Original gemässer, das *gorm shuil* liest. – V. 57 und 58:

> *Liudheach ceo is gruaim air Cròna*
> *Luidheach iud air siubhal an righ.*
> "Lagre dich Nebel und Dunkel auf Crona!
> Lagert euch auf des Königes Pfad!"

*Macph.* fr. A.: *Roll, thou mist of gloomy Crona,*
> *Roll on the path of the hunter.*
> "Rolle, du Nebel des trüben Crona,
> Rolle auf des Jägers Pfad."

L. Ausg.: *Dwell, thou mist of gloomy Crona,*
> *Dwell on the path of the king.*
> Weile, d. N. – – weile auf des Königes Pfad.

– V. 218. fr. A.: – *The wind of the hills,* der Wind des Hügels. Richtiger in der l. Ausg.: *The winds of heaven,* die Winde des Himmels, denn das Original hat *Gavith nan speur,* Winde des Himmels. Doch genug an diesen Beyspielen, die sich zu Hunderten vermehren liessen, um zu beweisen, was kein Verständiger je geleugnet hat, oder leugnen wird, Hn. *Schubart* ausgenommen, dass die Ausgabe der letzten Hand einen weit besseren Text habe, als *M's.* frühere Ausgaben.

So gern nun auch Rec. aus voller Überzeugung dieser Ausgabe der macphersonschen Übersetzung, gegen Hn. *Sch's.* Ausspruch, den Vorzug einräumt: so kann er doch das S. VI und VIII *Blair* und Anderen nachgesprochene Urtheil über *M's* Übersetzung nicht unterschreiben, dass *M.* "treu und mit Geist übersetzt, dass er nicht selten sogar die poetischen Cadenzen seines Originals beybehalten, und in seine gemessene Sprache einen Schwung, ein Colorit und eine Abwechselung zu bringen gewusst habe, die vor jeder Versart den Vorzug verdiene, und dass er, wie *Blair* sagt (der, so wie die meisten, die über Ossian schreiben, kein Gaelisch verstand, folglich kein gültiger [581] Richter über die Treue und den Werth einer Übersetzung seyn konnte), mit einer *Anschmiegung* (!!!) mitten im Affect dollmetschte, dass man wohl merke, ihm selbst sey kein geringes Mass von dem alten Geiste zugefallen, den er beschwöre." Die flüchtigste Vergleichung des Originals mit der Übersetzung beweist gerade das Gegentheil, wie *Ross* im I B. des gaelischen Ossian S. 150 u. f. und *Ahlwardt* in der Probe einer Übers. gezeigt haben, und Rec. in der Recension des gaelischen Originals noch mit Mehrerem zeigen wird. Mag immerhin *M's* cadencirte Übersetzung, die in mancher Rücksicht mit der Psalmenübersetzung in der englischen Bibel grosse Ähnlichkeit hat, Manchem recht gut ins Ohr tönen: so kann doch für einen Dichter wie Ossian, von dem der Gaele *J. Macdonald*, der Verfasser der Reise durch Schottland, Leipzig 1808, in seinen im Jahr 1796 an *Herder* geschriebenen Briefen, die Hr. Hofr. *Böttiger* dem Rec. in der Handschrift mitgetheilt hat, mit Recht sagt: *His versification always accords with the subject*, aus der gänzlichen Auflösung einer bestimmten Form in den Wechselbalg der sogenannten poetischen Prose, oder *tollgewordenen Prose*, wie ein Rec. sie neulich nannte, kein Gewinn hervorgehen. Über die gerühmte Treue und den Wohlklang der Übersetzung heisst es in diesen Briefen: *Macph. has spoilt passages by attempting to refine, or if you please to defile them so as to tickle a London ear.*

Richtiger als manche andere Äusserung des Übersetzers möchte wohl die seyn, S. IX, dass *Macph.* manches (einzelne Wort) an diesen Gedichten geändert, und sich Freyheiten in der Zusammenstellung und Anordnung herausgenommen habe. Hiemit stimmt auch *Macdonald* in den Briefen an *Herder* überein: "*I do not think that Ossian ever once took it in his head to write an Epic poem, or any regular continued narration of any specific historical facts. He sung detached militacy expeditions, or battles, or events of importance which had no particular connection with each other. – – – – I have no doubt but Mr. Macpherson has formed the c o n n e c t i o n s of his great pieces of Fingal and Temora, from traditions; indeed I had myself a pretty good idea of the Poem of Fingal before ever I saw his work, by means of the traditions and descriptions which I had been accustomed to hear. – To say the truth, I wish Mr. Macpherson hat n o t given them in that form, for it is not the natural dress of Ossian.*"

Da der gaelische Ossian nach der Abschrift, die *Macph.* zum Druck vollendet, und wonach er die Ausgabe von 1773 revidirt hatte, abgedruckt ist: so verschwindet, was S. X u. f. über verschiedene Lesarten, abweichende Handschriften, unverdorbene Manuscripte gesagt wird, und dass *M. auf jeden Fall andere Papiere und andere Rhapsoden (?) vor sich hatte, als Macfarlan*, u. d. m., von selbst in Dunst. Reinere und ächtere Poesie als *M.* hat *Macfarlan* geliefert, auch mit mehr Einfalt, Kraft, Treue und Anschmiegung an das Origi-

nal übersetzt. Diess kann Rec. Hn. *Sch.* versichern. Aber diese Übersetzung,
[582] so wie der von *Voss* ins Lateinische übersetzte Hymnus an Ceres, lässt
sich nicht lesen wie ein Roman. Er ist zu einem fortlaufenden Commentar für
den bestimmt, der das Gaelische studiren, und den Dichter in der Grundspra-
che recht geniessen will. Für den grossen Haufen der Lesewelt wird die
hochländische Gesellschaft durch eine englische Übersetzung sorgen, die sich
soviel, als die poetische Sprache im Englischen erlaubt, an das Original an-
schmiegen soll. Eine kleine Probe mag hier Platz finden aus dem ersten Gesan-
ge des Fingal V. 277:

> *Daughter of blue-shielded Cormac,*
> *Thou hast cut off my youth from renown;*
> *Cold is the sword, delight of heroes,*
> *It is cold in my breast, O Morna.*
> *Give me to Moina the maid;*
> *(I am her dream in the darkness of night;)*
> *To raise my tomb among the host;*
> *The hunter will see the brightness of my fame.*
> *But draw the sword from my side,*
> *O Morna! the blade is cold.*
> *Tearful and slow she came,*
> *To draw the sword from his side.*
> *He pierc'd the fair breast of the maid.*
> *She fell; her locks were spread on the ground;*
> *The blood ran purling down;*
> *It was red on her arm of snow.*

Ob diese Übersetzung jetzt schon ganz vollendet und gedruckt sey, kann Rec.
nicht bestimmen, da aller Verkehr mit England gesperrt ist. Nach der Probe im
Iten B. des gaelischen Ossians zu urtheilen, werden die *wahren Fühler der*
*Poesie*, wie Hr. *Sch.* sie nennt, keinen Augenblick Bedenken tragen, sie der
*macpherson*schen vorzuziehen. Wer indess eine Modernisirung des Homer *à*
*la Pope* für eine genialischere Behandlung des ionischen Barden hält, als die
*Vossische* Übersetzung, der mag immerhin *Macphersons* Dollmetschung, und
den Dollmetschungen dieser Dollmetschung den Vorzug geben, sich jedoch
zugleich bescheiden, dass er, um über Ossians Geist und Werth richtig zu ur-
theilen, keine Stimme habe.

Es lag in der Natur der Sache, dass die Erscheinung des gaelischen Origi-
nals der ossianschen Gedichte eine Vergleichung und Prüfung der *macpher-*
*son*schen Übersetzung nach sich ziehen musste. Ein geborner Gaele (*Ross*), der
seine Muttersprache in ihrem ganzen Umfange studirt hatte, brachte den Fingal
auf die Capelle, und ein Deutscher (*Ahlwardt*) einen Gesang der Temora.
Beider Urtheil entschied gänzlich gegen *Macpherson*. Unter diesen Umständen
die verbildete, und mit Grund hart getadelte Übersetzung noch einmal zu über-
setzen, war gewiss die unnützeste überflüssigste Arbeit von der Welt. Dem

Uebersetzer selbst scheint diess eingeleuchtet zu haben, denn ihm wandelt S. XII so etwas von einer heilsamen Unruhe an; aber was war zu thun? Die Uebersetzung war einmal fertig; der Ehrensold konnte nicht aufgeopfert werden; ein Deckmantel, unter dem man das Kind in die Welt setzte, musste aufgesucht werden. Wer suchet, der findet. "Das *Original* (der gaelische Ossian) *behält* (s. S. XII) natürlich immer den Vorzug vor der Copie: zuerst aber [583] muss man wissen, ob man das bessere Original vor sich habe. Und sodann, ob die Nachbildung desselben an ächtem poetischem Werthe die bisherige, durch den Beyfall einer ganzen lesenden Welt längst sanctionirte Version übertreffe. Sind wir erst von der Ächtheit und Lauterkeit der neuen Urschrift überzeugt, und hat man uns die nöthigen Hülfsmittel an die Hand gegeben, *um der gaelischen Sprache beyzukommen:* dann versteht es sich, dass wir den Ossian, wie unsern Homer, so lange aus der Ursprache dollmetschen, bis ein glücklicher Wurf alle weiteren Versuche überflüssig gemacht haben wird. – Bis zur Entscheidung dieser wichtigen Fragen, halten wir uns an *Macpherson* (das heisst, – an *Schubarts* Übersetzung), und sind zufrieden, wenn wir *ihn* zu erreichen vermögen" (welches die *schubart*sche Uebersetzung gethan zu haben, hiemit in aller Bescheidenheit andeutet).

Rec. verliert hierüber kein Wort. Sollte es dem Übersetzer jedoch einst wirklich Ernst seyn, *der gaelischen Sprache beyzukommen:* so will Rec. ihm die nöthigen Hülfsmittel zu diesem löblichen Unternehmen nicht verheimlichen. Diese sind ausser den Wörterbüchern von *O Brien* (Paris 1768, 4.) und *Shaw,* nebst den Erklärungen schwerer und seltener Wörter, die dem I B. der gaelischen Bibel, und der *Collection of the works of the Highland Bards* (Edinburg 1804) angehängt sind, *Stewart's* gaelische Sprachlehre. Als Lesebuch für Anfänger ist die gaelische Bibelübersetzung, die allgemein als Muster des Stils anerkannt ist, das beste. Hiemit kann man nachher die versificirte Uebersetzung der Psalmen verbinden, und dann zum Lesen des Ossian, der Sean Dana und der angeführten Collection übergehen. Viele Stellen indess werden einem in diesen letzteren Büchern unverständlich bleiben, wenn man eines guten mündlichen Unterrichts entbehren muss.

[...]

[596] [...]

Die *tübinger Übersetzung* (No. 3) ist nichts mehr und nichts weniger, als der Titel sagt, eine 2te Auflage, oder ein wörtlicher Abdruck einer im J. 1782 gedruckten Übersetzung ohne alle Zusätze und Verbesserungen, au[597]sser dass man die Druckfehler der Iten Ausgabe hin und wieder verbessert, und hin und wieder neue hinzufügt hat. [...] Der Geist, der in diesem Machwerk herrscht, spricht sich in folgender Probe (dem Anfange des ersten Gesangs des Fingal) rein aus, welchen wir *zum bessern Verständniss* das Englische hin und wieder in Klammern beysetzen wollen.

"Kuchullin sass bey der Pforte (*wall*, Mauer) von Tura unter dem Baume der *raschelnden* Blätter (*rustling leaf*). *Sein* Speer an den moosigen Felsen gelehnt; *daneben* im Grase *der* Schild. Er dachte den tapferen Kairbar, einen Führer, den er im Streit (*war*) erschlagen, da kam der Hüter (*scout*) des Meers, Moran, der Sohn *Fithil* (*of Fithil*).

Auf! schrie (*said*) der Jüngling: Kuchullin auf! Ich sehe die Schiffe Swaran's. Viel sind unserer Feinde, Kuchullin, viele der Krieger vom schwarzwogigen Meere.

Moran! du zitterst *doch* immer, versetzte Erins blauaugiger *Schirmer* (*chief*). Deine Angst (*fears*) hat die Feinde *gegrössert* (*increased*). Vielleicht ists Fingal, der König der einsamen Berge, mir zu helfen ins grüne Erin kommend.

Ich sah ihren *Hauptmann* (*chief*), erwiederte Moran. Er gleicht einer Klippe von Eis; sein Speer ist wie jene *sturmentastete* (*blasted*) Tanne, wie der aufgehende Mond sein Schild. Er sass auf einem Felsen am Gestade; seine *finstre* Schaaren flossen (*rolled*) wie Wolken um ihn. Viel, du König (*chief*) der Menschen! sprach ich; viel sind unserer Fäuste zur Schlacht. Mit Fug (*well*) bist du der *starke Mann* (*the mighty Man*) genannt; aber *in* Turas *luftigen Vesten* sind auch der Tapfern viele (*but many mighty* [598] *men are seen from Tura's windy walls*). Da begann er wie die Woge an den Klippen (*on a rock*): Wer in diesem Lande ist mir gleich? Helden stehen nicht in meiner Gegenwart. Sie *müssen nieder* (*they fall to earth*) unter meiner Faust. Keiner *vermags* (*may meet*) mit Suaran im Kampfe, dann (denn) Fingal allein der *Sturmhügelkönig* (*king of stormy hills*). Wir rangen einst mit einander auf Malmor: unsere Fersen zertraten die Büsche (*overturned the wood*); Felsen *rutschten unter uns weg* (*fell from their place*); die Bäche nahmen einen anderen Lauf, und flohen murmelnd vor dem Kampf. Drey Tage *kämpften wir fort* (*we renewed the strife*), und Helden *stunden* fernhin (*at a distance*) und bebten."

Aus dieser Probe ergiebt sich sonnenklar, dass die tübingische Übersetzung weder wörtlich genau, noch correct und poetisch schön sey, und in keiner Rücksicht auf Vollendung Anspruch machen könne, und dass ihr, wie jede Seite beweist, alle an *Jung's* und *Schubart's* Übersetzung gerügten Fehler ankleben, Übertreibung des Ausdrucks, Hinabsinken in Plattheit und Gemeinheit, und die Wuth, seltsame Wortzusammensetzungen zu machen [...].

Wenden wir also den Blick von allen diesen Übersetzungen überhaupt, völlig überzeugt, dass sie, ohne einen Verlust für unsere Literatur, ungedruckt hätten bleiben können, dass die Übersetzung von *Stollberg* und *Denis*, und in mancher Rücksicht sogar die alte von *Harold*, vor diesen den Vorzug verdiene, und dass eine getreue Übersetzung des gaelischen Originals ein wahres Bedürfniss sey.

D. T.

# [305] [Anonym:] [Rezension zu Henry Mackenzies *Report of the Committee of the Highland Society of Scotland*] [1817].

EDINBURGH, aus der Univ. Presse, b. Arch. Constable u. Comp. u. LONDON, b. Longman u. a.: *Report of the Committée of the Highland. Society of Scotland appointed to inquire into the nature and authenticity of the Poems of Ossian.* Drawn up according to the Directions of the Committee by *Henry Mackenzie* Esq. its convener or Chairman with a copius Appendix containing some of the principal Documents, on which the Report is founded 1805. 159 und 350 S. gr. 8 (4 Rthlr. 12 gr.)

[305] Der nun schon über 50 Jahr dauernde und noch immer nicht geendigte Streit über das Alterthum, die Echtheit und den Werth der Galischen Lieder ist ein ganz sonderbarer Beweis von der Stärke des Vorurtheils. Unter den Galen im Schottischen Hochlande und Irland waren eine Menge einzelner Lieder jedermann bekannt, nach anderer kleinen Versuchen zuerst von *James Macpherson* im Ganzen englisch übersetzt herausgegeben, und die Urschriften im Buchladen ausgelegt. Auch ausserhalb, besonders in unserm Deutschlande wurden die Gedichte mit grossem Beyfall aufgenommen, vielfach übersetzt, von *Bodmer* die Echtheit bezweifelt, von *Raspe* hingegen vertheidigt. Ebenso sind sie ins Französische, Italienische, Spanische und Dänische, wenigstens zum Theil übersetzt, der unzähligen Nachahmungen zu geschweigen. Zuerst machte sie der berühmte *Johnson* aus Misstrauen und niedrigem Hass gegen das rohe Naturvolk als untergeschoben verdächtig. Da Klätscherey, zumahl von Ansehn unterstützt, immer wenigstens in etwas haftet, und die Sache überhaupt den meisten Gelehrten wegen Unbekanntschaft mit der Sprache und den Sitten des Volks dunkel, schwierig und zweifelhaft erscheinen musste, so war es kein Wunder, dass er Anhänger fand. Die Vertheidiger der Echtheit gaben noch dazu Blössen in den bekannten schwärmerischen Vorstellungen von dem beynahe aus dem Kasten Noahs hergeführten Alterthum der Celten und der frühen Bildung ihrer Druiden. *Macpherson* selbst als eigentlich Beschuldigter hatte entweder nachher als Parlamentsglied vor andern Geschäften nicht mehr Zeit Musse und Lust zu antworten, oder vielleicht aus Empfindlichkeit gegen die Verunglimpfung seiner Ehrlichkeit oder aus Neckerey gegen [306] seine Widersacher die sonderbare Grille sich gar nicht weiter vertheidigen zu wol-

len. Diess machte natürlich die Widersacher noch kecker und im ganzen Uebel ärger. Doch traten für die Echtheit mehrere angesehene Männer von gelehrten Kenntnissen und Geschmack auf den Kampfplatz, vorzüglich *Hugh Blair*, *Donald* und *H. Home* (Lord *Kaimes*) und *Hill*. Dawider schrieben noch *Ferd. Warner*, *Shaw* der anfänglich selbst dafür eingenommen war und *Wendeborn*. Um auf den Grund zu kommen that *Johnson* selbst mit *Boswell* eine Reise nach dem Hochlande und den Hebridischen Inseln zur Untersuchung. Er fand nichts, weil er – nicht wollte. Es ist lustig in *Boswell's* Reisebeschreibungen zu lesen, wie er ohne ein Wort Galisch zu verstehen auf die Nachrichten sachverständiger Männer und ihm vorgesagten alten mit Macphersons Ausgabe übereinstimmenden Lieder immer nur mit Schwänken antwortete, sie glichen dem Raderatoo Tandaratoo der Lehrjungen in London für den Grafen Essox, die Galen wüssten weder von Büchern, noch von sechs, und könnten vielleicht höchstens bis sechs zählen und denn doch wieder, solche Gedichte könne mancher Mann, manches Weib und manches Kind machen, und wie sie dann dem Eigensinn des berühmten Mannes höflich nachgaben, um seine bekannte Hitze nur nicht zu reizen oder beide Theile einander scherzhaft auswichen. Bald hernach bereiseten bekanntermassen auch *Faujas de Saint Fond* und *Pennant* dieselben Gegenden und fanden überall die Spuren der Alterthümer und noch bekannten Lieder, weil sie unbefangen waren. Hauptsächlich aber sammelten auch nach *Macphersons* Beyspiel der Major Ch. *Vallancey*, die Prediger *John* und *Smith*, der Oberst *Harold*, die Schauspielerin Miss *Brook*, R. J. *Sulivan*, Joseph C. *Walker*, Matth. *Young* und Sylv. O. *Halloran* ähnliche Galische Lieder. Als endlich *Macpherson* 1796 mit Tode abgieng, fand sich ein Vermächtniss von 1000 Pf. St. an seinen Freund *Mackenzie* zum Abdruck der von ihm übersetzten Urschriften. Nun fand die Hochländische Gesellschaft zugleich nöthig über die Echtheit der Macphersonschen Sammlung noch eine nähere Untersuchung anzustellen, und ernannte dazu einen Ausschuss. Dieser schickte durch einen Umlauf sechs gedruckte Fragen an viele Sachkundige Männer, und ersuchte die Antworten darauf mit der Strenge und Genauigkeit wie bey einer gerichtlichen Untersuchung abzufassen. So liefen dann eine Menge Nach[307]richten mit bestätigenden Urkunden bey dem Ausschuss ein, wovon er hieran der Gesellschaft Bericht abstattet und Auszüge der wichtigsten Stücke als Beylagen in dem Anhang hinzugefügt, mit dem Erbieten sie jedem Liebhaber vollständig zur genauern Untersuchung vorzulegen. Den Anfang machen zwey Schreiben von *Hume* an *Blair* vom Jahre 1763, worin er ihm von den Zweifeln an der Echtheit Nachricht giebt und ihm scharf zusetzt, dass er sie auch durch äussere Zeugnisse über die von *Macpherson* vorgegebene alte Handschrift und das mündliche Hersagen der alten Lieder mit Vergleichung der Uebersetzung in bestimmten Stellen besonders durch seine Bekannten unter den der Sprache kundigen Landpredigern zu unterstützen suchen müsse, weil sonst bey dem ungereimten Stolz und Eigensinn *Macphersons* die

Zweifel nur zu verachten und darüber zu spotten, das Ganze für untergescho-
ben gehalten werden und mit der Zeit ganz in Vergessenheit gerathen würde.
So zeichnete also *Hume* schon gleich anfänglich eben den Weg vor, welchen
nachmals der Ausschuss ohne davon zu wissen, bey seinen Fragen einschlug.
*Blair* schrieb auch entweder nach *Hume's* Rath, oder schon vorher aus eigener
Bewegung an mehrere Bekannte, vorzüglich Landprediger, um ihre Meynung
über die Sache, und deren Antworten übergab einer von den Vollziehern seines
letzten Willens dem Ausschuss. Davon sind nun hier unter Nr. I. der Beylagen
eilf Briefe abgedruckt, aus welchen ganz augenscheinliche Gründe für die
Echtheit hervorgehen, indem *James Macdonald*, Gutsbesitzer auf der Insel
Sky, Dr. *John Macpherson* Prediger zu Sleat, Mr. *Angus Macneill*, Prediger zu
Hovemore u. a. umständlich berichten, dass nach dem Zeugniss mehrerer von
ihren Bauern und Pfarrkindern James *Macpherson* von dem Barden *Macmhu-
rich* bey der Familie *Clanranald* ein altes von 1410 an nach und nach ge-
schriebenes Buch mit Galischen Liedern erhalten habe, dass dieser alte Mann
daraus vor 30 Jahren Lieder von den Thaten Cuchullins, Fingals, Oscars,
Ossians u. s. w. jenen Zeugen sowohl als ihnen selbst vorgelesen, und dass sie
solche in der Uebersetzung *James Macphersons* wieder erkannt haben. Ja sie
bezeichnen ausdrücklich ganze beträchtliche Stellen daraus, wie die Beschrei-
bung von Cuchullins Wagen, die Thaten Ossians am See Lego und seine Lieb-
schaft mit Evirallin, Fingals Gefecht mit dem König von Lochlin, die Schlacht
bey Lora, Darthula, das Treffen zwischen Oscar und Ullin und die Klage der
Gattin Dargo's u. s. w. die auch von andern Zuhörern in Uebereinstimmung,
obgleich mit Abweichungen in einzelnen Worten und Versen oder der Ord-
nung derselben hergesagt worden. Hieraus wird also begreiflich, wie sich *Blair*
über alle Zweifel hinlänglich beruhigen und die Echtheit auch ferner öffentlich
behaupten können, ob er gleich wahrscheinlich James *Macpherson* zugefallen
nichts davon bey seinem Leben bekannt machen wollen.

[308] Hierauf folgen aber noch eine Menge ähnlicher, durch den neuerli-
chen Umlauf des Ausschusses veranlasster Nachrichten, welche gleichfalls
dasselbe mit vielen Umständen im Einzelnen bestätigen, und so alle Zweifel
aus dem Grunde heben müssen. Gleich das erste Stück ist ein mündliches
Zeugniss eines ganz ungelehrten Eingebornen, Hugh. *Macdonald's*, Steuerein-
nehmers zu Kilphe, der im nördlichen Theil der Insel Uist, welcher auch nicht
einmal eine andere Sprache konnte. Es ist von Edmund *Mac-Queen*, Prediger
zu Borra den 12ten August 1800 in Gegenwart noch fünf angesehener nament-
lich aufgeführter Männer Galisch niedergeschrieben, von ihnen allen mit ge-
nehmiget und hier in der Grundsprache, mit einer Englischen Uebersetzung,
beygefügt. Nach diesem finden sich ausser den von *Macpherson* übersetzten
unter dem Volke noch eine Menge Gedichte Ossians, worin viel alte weniger
verständliche Wörter vorkommen. Sie weichen zwar nach verschiedenen Ge-
genden der Hochlande und Inseln in Ausdrücken von einander ab, kommen

aber doch im Wesentlichen und Allgemeinen sehr überein und sind durch die in den grossen Häusern unterhaltenen Barden, von welchen er noch mehrere gekannt und namentlich anführt, durch mündliche Ueberlieferung und schriftlich mit grosser Achtung aufbewahrt. Auch irren diejenigen sehr, welche meinen, dass Bildung, Tugend, Edelmuth des Herzens, Gastfreyheit und Uneigennützigkeit erst neuerlich in das Land eingeführt worden, vielmehr waren die alten Häupter Freunde der Menschheit von erhabner Empfindung, Beschützer der Schwachen, ehe Betrug, Heucheley, lohnsüchtige Klugheit und schmutziger Geiz in das Land drangen. Hundert Oerter im Lande und auf den Inseln haben noch die Namen von den alten Helden und Umständen ihrer Geschichte und Denkmäler, welche auch die Einfälle der feindlichen Normänner nicht zu verändern vermocht haben. Dass jetzt niemand mehr die ganzen Gedichte genau inne hat, ist kein Beweis gegen ihre Echtheit, da doch tausende in den entlegendsten Inseln und abgesondertsten Winkeln des Landes Bruchstücke davon wissen; das liegt an der Regierung, welche sich bemühet hat unsere Sprache und Sitten zu vertilgen, wohingegen Irland seine alte Sprache und Handschrift besser erhalten hat u. s. w. Aber ein so allgemeines Zeugniss beweiset immer nur wenig für die Macphersonsche Ausgabe insonderheit. Der Ausschuss geht daher näher auf eine Erzählung aller Sammlungen ein, und diese Verfahrungsart ist unstreitig am meisten überzeugend. Schon in einer altenglischen Handschrift von 1489 bey *Pinkerton* ist des Fingal als eines grossen Helden gedacht. Der Bischoff *Carswell* klagt in der Vorrede eines 1567 zu Edinburg gedruckten Galischen Gebetbuches und Catechismus, dass das Volk mehr auf weltliche Geschichten, von Kriegern wie Fingal achte. Hect. *Boethius* in seiner Historia Scotiae (Paris 1574) nennet Fqu. Mak Coul den Sohn des Himmels einen 7 Ellen grossen gewaltigen Jäger und Govin Douglas [309] setzt ihn nach Irland, welches nach der Bemerkung des Ausschusses mit Schottland eins war und dieselbe dichterische Sprache hatte. (Eben so findet sich auch, was der Ausschuss als fremd nicht so zu kennen Gelegenheit hatte, in einer bey der Propaganda in Rom gedruckten Grammatica Hibernica auct. Fr. O. *Molloy*. 1677. 12. in einem Anhang irländischer Gedichte Fingal die Blume der Grossen und Helden aufgeführt, da doch an Macpherson gar noch nicht gedacht war.) Auch Kirk gedenkt in einem Gedicht vor seiner Galischen Ausgabe der Psalmen, Edinburg 1584, des Hochlandes und der Hebriden als des edeln Sitzes der Helden Fingals. Aber die damals viel häufigern Lieder wurden den Gelehrten nicht bekannt, weil die Kirche als einzige Inhaberin der Gelehrsamkeit sie missbilligte. Der erste, welcher den Einfall hatte sie zu sammeln, war ein Ausländer Hier. *Stone* von Dunkeld, ein Jüngling von 20 Jahren, der 1755. einige in Englische Verse übersetzt zu dem Schottischen Magazin der damals einzigen Zeitschrift des Landes einschickte, und Hr. *Chalmers* in London, welcher dessen Bücher und Handschriften gekauft hatte, theilte dem Ausschuss die Urschrift und Uebersetzung mit, welche hier abgedruckt sind.

Es ist die Geschichte des Todes Traoch's durch die Verrätherey seiner Schwiegermutter, welche er mit der Homerischen von Bellerophon vergleicht. Um eben die Zeit sammelte ein Landprediger *A. Pope* zu Rea in Caithress schon seit 1740 eine Menge Ossianischer Gedichte, verglich sie mit Macphersons Ausgabe und fand viel Uebereinstimmung, wie sein hier abgedrucktes Schreiben an Hrn. *Blair* umständlich erzählt. Hierauf folgte James *Macpherson*, von dessen Sammlung der Ausschuss einen Bericht von den Herren *Blair, Ferguson, Carlyle* und *Home* erhielt. Danach war M. 1759 Hauslehrer des Graham und übersetzte zuerst auf *Homes* Verlangen einige Bruchstücke, die er fast wider Willen auf ihr starres Zusetzen und ihre Kosten in Edinburg herausgab, wozu *Blair* eine Einleitung schrieb. Die allgemeine Aufmerksamkeit der dortigen Gelehrten *Hume's, Robertsons* u. a. bewog ihn 1760 und 61 zu einer Reise auf Unterschrift zum Aufsuchen mehrerer Gedichte und besonders des Fingal durch Inverness, die Insel Sky u. a. So erhielt er durch Hersagen zur Unterhaltung in den langen müssigen Winterabenden eine Menge Gedichte und verschiedene 3 bis 400 Jahr alte Handschriften auf biegsamen aber groben und dunkeln Pergament mit genauem Text, mit Gold-Blumen und allen Farben verzierten Anfangsbuchstaben, die aber zum Theil durch Wurmfrass und sonst in ganzen Worten und Zeilen unleserlich waren. Aus diesem allen stellte er durch Vergleichung mehrerer verschiedenen Texte und Lesearten auch Rathbefragung anderer Kenner der Sprache seinen Fingal in 6 Büchern auf, und 1765 erschien auch die Temora mit einem Buch in der Grundsprache, zugleich aber setzte er in seinem letzten Willen 1000 Pfund zu den Kosten des Drucks der ganzen Urschrift aus. Durch mancherley Hindernisse und besonders eine [310] zu grosse Aengstlichkeit des Vollziehers Hrn. *Mackenzie*, welchen Plan er befolgen sollte, wurde die Ausgabe verzögert und er gab erst eine Probe an dem Anfang des Gedichts Carrickthura mit der wörtlichen lateinischen Uebersetzung Hrn. *Mac-Farlane's* heraus, die auch hier beygedruckt ist. Einige Zeit nachher erschien in Irland eine Sammlung alter Galischer Gedichte von der sinnreichen Schauspielerin Miss *Brook* in schöne englische Verse übersetzt, doch auch mit Beyfügung der Urschriften, worin sich jedoch Spuren neuerer Veränderungen finden, wie besonders Zauberey, die Erwähnung eines Mohrenkönigs u. s. w. daher man das meiste dem 8ten bis 10ten Jahrhundert zuschreiben muss. Ferner gab um 1780 Hr. *Clarke* ein altes Gedicht Merduth in drey Büchern heraus, auch sammelte Mr. Hill auf einer Reise im Sommer 1780 Ossians Gebet und Streit mit einem Geistlichen Dirmids und Bran's Tod, und der Buchhändler *Gillies* zu Perth gab 1786 eine starke Sammlung alter und neuer Galischer Gedichte heraus, worin sich aber viel unverständliches findet. Der einsichtsvollste und glücklichste aber von allen Sammlern nach Macpherson ist *Smith*, Prediger zu Camphelton in der Grafschaft Argyle in seinen Abhandlungen über Galische Alterthümer mit einer Sammlung Gedichte von Ossian, Ullin, Orran u. a. 1780, wozu er hernach die Urschriften 1787 herausgab.

Der Ausschuss giebt hier mehrere Beyspiele von der Uebereinstimmung dieser Gedichte mit den von Macpherson herausgegebenen, welche er zum Theil auch von andern Sammlern erhalten hat, und dadurch muss die Ueberzeugung von der Echtheit allerdings viel gewinnen.

[313] Besonders wendet sich der Ausschuss in seinem Bericht noch zu den handschriftlichen Büchern, welche Macpherson bey seiner Ausgabe gebraucht hat. In seinem Nachlass ist nur ein einziges zu finden gewesen und das war unbedeutend, ein dünner vorn bis S. 35 mangelhafter Duodezband mit prosaischen Aufsätzen, Englischen und Galischen Liedern. Dieses hatten die Mac-Vuirichs verfertiget, welche seit 18 Geschlechtern her als Erbbarden des Hauses Clanronald ein eignes Gut zu benutzen hatten, und es ward nach seinem Tode zurückgegeben. Allein mehrere Herren, die Augenzeugen gewesen waren, sagten aus, dass er noch zwey oder drey andere mit bemalter Schrift und schönen Bänden von eben dem Herren Macdonald von Clanronald erhalten hätte, besonders das unter dem Namen des rothen Buches in der Gegend bekannte von Papier in Folio fast von der Stärke der Bibel von mehrern Händen verschiedener Zeitalter nach einander geschrieben. Beyläufig fand sich auch durch diese *Nachforschung* ein kleines Denkbuch mit Macphersons ersten Jugendversuchen in der englischen Dichtkunst. Hiervon werden zwey Proben gegeben, ein kleines Gedicht an den Tod und ein Gesang aus einem grössern erzählenden von dem Kriege der Schotten gegen die Sachsen, welche beide durch ihren schwülstigen und hoch daherfahrenden Ton wenigstens mit beweisen helfen, dass er den einfach kräftigen Ossian wohl nicht habe schmieden und unterschieben können. Ausserdem bekam der Ausschuss noch von 12 Predigern u. a. angesehenen Männern eine Menge Handschriften mit Ossianischen Gedichten, welche meist im westlichen Hochland und den Inseln gesammelt und gleich den in Irland gangbaren von der *Brook* verderbt und stellenweis unverständlich waren. Ferner verschaffte besonders Major *Maclachlan* von Kilbride eine starke Sammlung eines seiner Vorfah[314]ren um die Zeit der Reformation meist in Irland und auf der Küste von Argyle gefundener Stücke, und Lord *Bannatyne* ein Pergamenbuch von mancherley Inhalt, worin unter andern das Gedicht Darthula enthalten ist aus dem 13ten Jahrhundert. Die grösste und wichtigste Sammlung erhielt der Ausschuss durch die Hochländische Gesellschaft in London von dem Dechant James *Macgregor* zu Lismore der Hauptkirche in Argyle. Sie enthält mehr als 11.000 Verse, zu verschiedenen Zeiten von 1512 bis 1529 geschriebene Galische Gedichte von Ossian, Conal, Fergus, Cnoilt u. a. Zeitgenossen, auch Neueren, wie *Duncan Campbell* und Lady *Isabel Campbell*. Der Ausschuss hat drey von diesen Gedichten eingerückt und eine Uebersetzung beygefügt. Die älteste Handschrift der Londner Gesellschaft ist eine von dem Major *Maclachlan* auf Pergamen, die nach Vergleichung mit *Macbillons* und *Astles* Schriftproben bis ins achte Jahrhundert zurückgeht und aus welcher hier Nachbildungen von bunt ausgemalten An-

fangsbuchstaben und sechs verschiedenen Schriftarten (in England sogenannte Facsimile's) gegeben sind. Endlich hat auch noch der Ausschuss von Hrn. *Duncan Kennedy*, Schullehrer zu Craignisch in Argyle eine Sammlung in drey dünnen Foliobänden gekauft, welche eine Menge alter Gedichte enthält, deren jedem er eine geschichtliche Einleitung vorgesetzt hat. Sie stimmen grösstentheils doch nicht ganz mit der Smithschen und Brookischen Sammlung überein und der Ausschuss stellt deswegen hier eine Vergleichung derselben unter einander, und auch mit Macphersons ersten Ausgaben an. Den Beschluss des ganzen Berichts macht eine kurze Zergliederung einiger Musterstellen in Vergleich des Grundtextes mit Macphersons Uebersetzung, um zu zeigen, wie er dadurch erklärend nachgeholfen hat und so von der ursprünglichen Einfalt abgewichen ist, woraus die Echtheit desto deutlicher und unwidersprechlicher einleuchtet. Das Sylbenmass und der Wohlklang der Galischen Gedichte sowohl im Ton der Erzählung, als das kürzere und schnellere in Schlachtliedern und das klagende sanfte überall mit bisweilen vorkommenden Gleichklängen am Ende der Zeilen, aber ohne den eigentlichen Reim der neuern Dichtkunst, hilft auch sehr zum Beweis des Alterthums und wird hier durch die angeführten Beyspiele sehr gut dargestellt. Auch werden die von manchen Gegnern aufgestellten Schwierigkeiten der bey dem einsam, blos für sich lebenden Volke seit mehrern Jahrhunderten [315] sehr wenig veränderten Sprache, der Fertigkeit die langen Gedichte bloss im Gedächtniss und so durch mündliche Ueberlieferung zu erhalten und der milden Denkart, Edelmuth und des Mitleidens, besonders gegen überwundene Gefangene und Weiber bey dem Fingalschen Geschlecht, da ihre Feinde wie bey den alten Griechen als wilde Barbaren erscheinen, ganz kurz aber durch die eben angeführten Gründe gehoben, und dem Ausschuss bleibt der unstreitige Sieg gegen die vermeinte Unterschiebung der vielen schönen, erhabenen und zärtlichen alten Gedichte. Nur in Absicht der Sammlung Macphersons ist er geneigt zu glauben, dass derselbe Lücken ausgefüllt, Verbindungen gemacht, der Würde und Zahrheit der Urschriften gemäss ausgestrichen, zugesetzt, nachgebessert und verfeinert; wie weit er aber diese Freyheit geübt habe, kann er nicht bestimmen. Er glaubt es finde sich einige Verschiedenheit zwischen dem Fingal und der Temora, mehr Anschein der Einfalt und Uneigenthümlichkeit in jenem, weil Macpherson bey der Ausgabe des ersten, als anfangender unbekannter Schriftsteller vorsichtiger, aufmerksamer und misstrauischer gegen sich selbst gewesen, bey der Temora hingegen durch Beyfall und Ruhm schon in Schwung gebracht, sich mehr erlaubt und manche Neuigkeiten im Galischen und im Englischen einen freyern schwülstigern Ausdruck, wozu er ohne diess geneigt war, gebraucht habe.

Diess ist also die schöne reife Frucht einer mühsamen unparteyischen Untersuchung, wodurch die gelehrte Welt aller gebildeten Völker in einer so wichtigen Sache nun ganz ausser Zweifel gesetzt seyn könnte und sollte. Aber leider macht das Schicksal noch immer den Zweifel unsterblich. Denn in Schottland selbst hat ein Gelehrter, Malcolm *Llaing* in einer neuen Ausgabe der Ossianischen Gedichte von Macpherson in zwey, und einer Geschichte Schottlands mit historischer und kritischer Abhandlung über die angenommene Echtheit der Gedichte Ossians von vier Bänden wider alles verworfen. Bey uns aber in Deutschland hat unser Johnson, der dem Englischen nur gar zu sehr gleicht, der sel. *Adelung* in einem Aufsatz im Deutschen Merkur 1806, und nachher in seinem Mithridates 1809, gleichfalls das Alterthum schwer angefochten. Seine Gründe sind vorzüglich die Schwierigkeit der mündlichen Erhaltung und Gleichheit der Sprache durch mehrere Jahrhunderte und der grosse Abstich der Bildung und feinen Sitten in den alten Gedichten gegen die Berichte der Römischen Schriftsteller. Allein darauf lässt sich antworten dass die mündliche Fortpflanzung selbst bey den Gesängen Homers und dem Indischen Vedam noch mehr geleistet, und dass nur der Römische Stolz die Galen als Fremde so herunter gesetzt hat. Doch ist hier durchaus nicht der Ort dieses weiter auszuführen. Es wäre aber zu wünschen, dass ein fleissiger deutscher Kunstrichter die Untersuchung einmal umständlich und recht eigenes Werks anstellen möchte. Ausser dem eigentlichen Hauptendzweck hat endlich das Werk zu[316]gleich auch noch den wichtigen Nutzen, dass uns darin eine so beträchtliche Anzahl bisher meistens ganz unbekannter Galischer Gedichte mitgetheilt ist. Sie sind folgende: I) Albin und die Tochter Mey's von *Hill*. 2) Ossians Gebet, 3) Carricthura mit *Macfarlans* buchstäblicher lateinischen Uebersetzung. 4) Stellen aus dem Gaul von Macdiarmid und 5) einer Handschrift der Gesellschaft mit dem Fingal verglichen. 6) Der Tod Ossians und 7) Carril's, beide von *Kennedy*, mehrerer kleinern in den Bericht und Anhang eingerückten nicht zu gedenken. Proben davon zu geben wäre unnütz, da sie von der bekannten Art und so schön als irgend andere sind. Daran erhalten auch die deutschen Uebersetzer wieder Stoff zu Uebung ihres Fleisses und es ist zu wünschen, dass Hr. *Ahlwardt* oder Hr. *Gräter* frisch daran gehen möge.

# [Therese Adolfine Louise von Jacob (Mrs. Robinson):] [Auszug aus:] Die Unächtheit der Lieder Ossian's und des Macpherson'schen Ossian's insbesondere. Von Talvj [1840].

### [45*] III. Alterthum der Macpherson-Ossianischen Dichtungen.

Wir wissen nicht, ob es in Deutschland noch irgend ein Individuum giebt, das behaupten möchte, die besprochenen Gedichte seien wirklich *so alt*, als Macpherson sie ausgegeben, d. h. Erzeugnisse des historischen Oisin (Ossian's), Sohn Finn's (Fingal's), eines Sängers des dritten Jahrhunderts. Zahlreiche Anachronismen bezeugen das Gegentheil, Anachronismen, wie sie in der That sich in allen Volksliedern finden, eben weil sie Produkte verschiedener Zeiten und Verfasser sind, die aber nie eine historische Person, die *gleichzeitige* oder *eben vorgefallene* Ereignisse besingt, begehen kann. Der Ossian des dritten Jahrhunderts mußte wohl wissen, daß sein Vater nicht Cuchullin's Zeitgenosse war, denn dieser, den die irischen Annalen von Tigernach als einen ihrer stärksten Helden schildern und von dem manches alte irische Lied singt, ward schon im zweiten Jahre der christlichen Zeitrechnung getödtet.[1] Ebenso hätte er auch nicht von den Einfällen [46] der Lochlyner oder Dänen in Irland erzählen können, unter Umständen, die erst am Schlusse des achten Jahrhunderts stattfanden.[2] Er hätte auch wissen müssen, daß es weder in Irland noch in Schottland im dritten Jahrhundert "Schlösser" und "bemooste Thürme" gab. Denn nach dem Zeugnisse aller englischen Schriftsteller hatte man in Irland, mit Ausnahme einiger Kirchen, erst kurz vor der englischen Invasion im zwölften Jahrhundert angefangen, in Stein zu bauen, und der Einrichtung des Schlosses von Tuam, durch Roderich O'Conor, König von Connaught, im Jahre 1161, als des ersten steinernen Wohngebäudes, wird ausdrücklich von den irischen Annalisten gedacht.[3] Sollte das verwandte, und sonst in der Cultur so weit hinter Irland zurückstehende Schottland in der Architektur so weit vorgewesen sein? sollten die Iren, die die Stahlrüstungen der Dänen zu Ende des achten Jahrhunderts als etwas Neues und Außerordentliches beschreiben,[4] diese nicht an ihren

---

1    *Oreilly* a. a. O. S. 196.
2    *Oreilly* a. a. O. S. 212. 213.
3    Ebend. S. 204.
4    Ebend. S. 203.

schottischen Brüdern bereits fünfhundert Jahre gekannt haben? Und wenn Macpherson, der *Historiker*, selbst erzählt, daß die Verbindung zwischen Schottland und Irland vermittelst elender Böte oder Curraghs unterhalten wäre, die nur in den schönsten Sommertagen hätten gebraucht werden können,[5] [47] hatte er ganz die "weißen Segelschiffe und Mastenhaine" des *Dichters* Macpherson vergessen?

Kurz die Anachronismen der Macpherson-Ossianischen Dichtungen sind so schreiend und in die Augen springend, daß es kaum begreiflich scheint, daß sie auch als geschichtliche Autorität jemals haben vertheidigt werden können. Einen hauptsächlichen innern Grund selbst gegen die Möglichkeit eines so hohen Alterthums führen wir in Hume's Worten an: "Es ist in der That seltsam, schreibt er an Gibbon,[6] daß irgend ein verständiger Mensch es für möglich gehalten haben kann, daß über zwanzigtausend Verse, zusammen mit einer Menge von historischen Thatsachen sich durch funfzig Generationen vermittelst mündlicher Ueberlieferung erhalten haben könnten; und das unter dem rohsten vielleicht aller europäischen Völker, dem bedürftigsten, dem unruhigsten und nomadenhaftesten. Wenn eine Hypothese so ganz der gesunden Vernunft widerspricht, so können positive Beweise nicht berücksichtigt werden." –

Es gibt in der That kein Beispiel in der Geschichte der Volkspoesie, durch das eine solche Behauptung zu stützen wäre. Was wir von vorchristlichen Gedichten, oder Gedichten aus den ersten Jahrhunderten der christlichen Zeitrechnung besitzen, ist alles, wenn es vielleicht auch einige Jahrhunderte lang blos mündlich gelebt, zuletzt nur durch schriftliche Fixirung der Vergessenheit entrissen worden. Einzelne slavische Hochzeitlieder, die nicht [48] viel jünger sein mögen, bestehen nur aus einigen wenigen Versen, die bei bestimmten Gelegenheiten regelmäßig wiederholt, sich auf diese Weise leicht dem Gedächtniß einprägten und von Vater auf Sohn vererbten. Das einzige, was vielleicht zum richtigen Vergleichungspunkte dienen könnte, sind die Lieder aus dem Nibelungensagenkreise, welche noch heut zu Tage unter den Faröern leben.[7] Es ist keinem Zweifel unterworfen, daß die frühsten Ansiedler die Sage, auf die sie gegründet, mit von Norwegen herübergebracht. Keiner aber wird behaupten wollen, daß es noch dieselben Lieder seien, in welchen jene Begebenheiten zuerst besungen, oder nur genau die nämlichen, die sie im neunten Jahrhundert mit herübergebracht, obwohl sie sich nur aus diesen letztern, und diese letztern aus jenen, entwickelt haben können, von Geschlecht zu Geschlecht auslassend, hinzufügend, ändernd, wie Gedächtniß und Laune es eingaben. Ein Vergleich derselben mit den handschriftlich bewahrten Eddaliedern nämlichen Inhalts zeigt, wie verschieden sich die poetische Sage im Laufe der Zeit ge-

---

5  Introduction to the history and antiquities of Great Britain and Ireland.
6  *Gibbon's* Memoirs of his own life and writings.
7  Färdiske Oväder em Sigurd Fofnersbane eg bans Act. Samlede og oversatte af Chr. *Lynybn.* 1822.

staltet. Macpherson aber behauptete die *Identität* der von ihm herausgegebenen Dichtungen mit denen des Ossian, des Sgealaichie des dritten Jahrhunderts.

Ein dritter Hauptgrund gegen die Aechtheit derselben liegt in ihrer *Sprache*, doch müssen die Einwendungen der irischen Sprachgelehrten hier sehr modificirt werden, denn sie beweisen nur, daß sie nie die mindeste Aufmerk-
[48]samkeit auf die Natur eines traditionellen Volksliedes gerichtet haben, welches sie genau so behandeln, wie ein Manuscript. Die tüchtigsten gälischen Gelehrten, sagt Drummond, würden unfähig sein, die Dichtungen des Enkel Comhal's vollkommen zu verstehen, wenn wirklich solche existirten,[8] sowie die Fragmente der Brehongesetze den gelehrtesten irischen Antiquaren nur halb verständlich sind. O'Conor erzählt, daß sich in der Stowebibliothek die Handschrift eines rhythmischen Gedichtes befinde, welches dem Oliol-Olam, einem Dichter des dritten Jahrhunderts, zugeschrieben werde. Obgleich es keineswegs gewiß ist, ob es wirklich so alt, fand doch schon O'Conor's Großvater es nöthig, darauf zu schreiben: "ich verstehe das Gedicht nicht recht".[9] Ebenso wenig verstanden es O'Flaherty und Keating, obwohl ersterer es nicht einmal für so alt hält.[10] Auch Oreilly bemerkt, daß, wenn die wirklichen Dichtungen Ossian's vorhanden wären, sie den meisten Lesern des Gälischen *fast* ganz, dem gemeinen Volke aber *ganz* unverständlich sein würden.[11] Denn das Irische war im Laufe der Zeit, besonders aber seit der englischen Invasion, bedeutenden Veränderungen unterworfen gewesen,[12] und daß er in den [50] Hochlanden gesprochene Dialekt der gälischen Sprache demselben Loose nicht entgangen ist, – wenn auch nicht die Geschichte aller Sprachen dafür zeugte, – geht aus einem alten Manuscript hervor, das die Commission der hochländischen Gesellschaft bei ihrer Untersuchung der Sache auffand[13] und dessen Sprache, nach Oreilly's Urtheil, nur eine schwache Aehnlichkeit mit dem heutigen, corrumpirten Dialekt des Ersischen hat.[14] Die Macpherson'schen sogenannten "gälischen Originale" aber sind nach dem einstimmigen Gutachten *aller* keltischen Sprachkenner, Vallancey's, O'Conor's, O'Flanagan's, Oreilly's und Drummond's, im jetzigen Dialekte der Hochlande, hier und da mit einigen veralteten, mehr noch mit fremdartigen Wörtern durchspickt. Wie unfähig die von der hochländischen Gesellschaft niedergesetzte Commission gewesen, die Sache *sprachlich* zu untersuchen und wie unbekannt mit den keltischen Alterthümern die hochländischen Gelehrten waren, denen dies vor-

---

8    Färdiske Oväder a. a. O. S. 98.
9    Ebend. S. 100.
10   Ogygia Vol. II. p. 228.
11   Chronological account of nearly four hundred Irish writers. p. XXIII. Die nämliche Bemerkung findet sich bestätigt in desselben gelehrtem Aufsatze über die Authenticität des Ossian a. a. O. S. 290, 329, 334 u. a. m. a. O.
12   *Drummond* a. a. O. S. 100.
13   Report of the Committee of the Highland Society etc. p. 305.
14   *Oreilly* a. a. O. S. 293.

zugsweise übergeben ward, geht aus einigen wahrhaft lächerlichen Beispielen
hervor, die Oreilly anführt. So war der Gesellschaft das Bruchstück einer
Handschrift übergeben, das als Hauptbeweis dienen sollte, daß die gälische
Sprache schon in alter Zeit eine gelehrte Pflege erfahren. Denn die Vertheidi-
ger der Authenticität des Ossian behaupteten bald, daß die Dichtungen darum
so treu, weil sie mündlich unter einem abgeschlossenen, durch Kunst unver-
dorbenen Volke auf[51]bewahrt seien; bald, daß sie blos darum so unver-
fälscht, weil Macpherson sie aus uralten Handschriften genommen habe. Als
Titel jenes Manuscripts nennt Dr. Mac-Arthur, der für einen Kenner des Gä-
lischen galt, den Namen Emanuel. Nun erklärt aber Oreilly, daß es wohl hun-
dert irische Manuscripte gebe – und jenes Bruchstück war allem Anschein
nach irisch, – auf deren Rändern der Name Emanuel geschrieben stehe; wie
auf andern "*Josa Christ*", und wieder auf andern "*Mo shlánaighteoir*", "Jesus
Christus", und "Mein Erlöser". Die klösterlichen Schreiber pflegten diese hei-
ligen Namen bei der Arbeit auf den Rand zu setzen, theils sich selbst, theils
ihre Leser immer an die Nähe des Heilands zu erinnern. Nur eine gänzliche
Unbekanntschaft mit alten gälischen Manuscripten konnte Mac-Arthur und die
Verfasser des Berichts verführen, *Emanuel* für den Titel zu halten.[15] Noch
schreiender sind die Irrthümer und Verwechselungen, die derselbe gelehrte
Sprachkenner dem Dr. Donald Smith nachweist, den die hochländische Gesell-
schaft doch gleichsam stillschweigend für ihren besten gälischen Sprachfor-
scher erklärte, indem sie ihn vorzugsweise mit der Untersuchung ihrer Manu-
scripte beauftragte.[16] [52] Denn sie zeigen, daß er weder mit den gewöhnlich-
sten Contractionen der alten gälischen Manuscripte bekannt war, noch daß er
veraltete Wörter richtig verstand. Da wir für *deutsche* Leser schreiben, überge-
hen wir das Weitere, und verweisen den, der sich darüber zu unterrichten
wünscht, auf Oreilly's Aufsatz.[17] In solchen Händen war also auch die sprach-
liche Untersuchung der Macpherson-Ossianischen "Originale".
    Dennoch gehen die irischen Gelehrten offenbar zu weit, wenn sie die
Modernität der Sprache dieser Dichtungen als ein untrügliches Kriterion der
Modernität derselben betrachten. Daß die Sprache sich seit dem dritten Jahr-
hundert gänzlich umgestaltet, kann keinem Zweifel unterworfen sein, trotz
Macpherson's wahrhaft albernen Behauptungen des Gegentheils. Mit unwider-
sprechlicher Wahrheit singt Horaz:

---

15  *Oreilly* a. a. O. S. 293. 294.
16  Dieser *Donald Smith* ist nicht mit *John Smith* zu verwechseln, dem Verfasser einer Geschich-
te der Druiden, der *Sean Dana* und mehrerer schönen, ganz im Macpherson'schen Geiste ge-
schriebenen Gedichte. Er hat sich nie bestimmt gegen die Behauptung, sie selbst gemacht zu
haben, vertheidigt, obwohl er sie anfänglich auch für alte Volkslieder erklärte und dadurch
eine Hauptstütze für die Vertheidiger der Aechtheit des Macpherson'schen Ossian ward.
17  *Oreilly* a. a. O. S. 260-271.

Ut silvae foliis pronos mutantur in annos,
Prima cadunt; ita verborum interit aetas,
Et juvenum ritu florent modo nata vigentque.
*Ars poetica* 60-62.

So wie die Wälder das Laub mit den eilenden Jahren verändern,
Voriges welkt; so vergehn absterbender Worte Geschlechter,
Und gleich Jünglingen blühn die neugebornen, voll Lebens.
Voß.[18]

[53] Aber mit den Worten der Sprache gestaltet sich auch das lebendigen Mundes bewahrte Lied um, und bleibt doch dasselbe, wie ja auch die Sprache trotz allen Wortveränderungen dieselbe bleibt. Von Generation zu Generation wird es mit den nämlichen Veränderungen, die der Sprachgebrauch unterdeß eingeführt, überliefert werden, nur daß die Umgestaltung langsamern Ganges geht, da das zu Ueberliefernde aus seinen festern Formen nur allmälig herauskann. An historischen Beispielen dieses Processes fehlt es kaum in einer Sprache. Die merkwürdigsten aber liefern die dänischen und schwedischen Balladen, die sich offenbar in ihrer jetzigen Gestalt *mit* der Sprache gebildet haben. Wenn dieses bei denjenigen Liedern, die sich in der alten nordischen Sprache nicht finden, geleugnet werden sollte, wie ja überhaupt die Meinungen über das Alter der merkwürdigen schwedischen und dänischen Volkslieder geteilt sind – so wird doch schwerlich ein Zweifel obwalten können, daß die Lieder von Torkar und von Thord von Havsburg (Thor von Asyard), die beide Nationen besitzen, sich aus dem alten Eddaliede von Thor und dem Hammer entwickelt haben.[19] Denn sie beobachten den Gang von dessen [54] Begebenheit genau und es ließe sich Vers für Vers vergleichen. Hier haben wir also ein Beispiel, auf welche Weise sich ein Volkslied durch eine Reihe von Jahrhunderten erhalten kann. Nicht in denselben Worten, aber in denselben Gedanken, Vorstellungen und Begebenheiten. Daß in den Macpherson-Ossianischen Dichtungen der Geist *spiorad* (*spirit*) genannt wird, die Halle *halla*, der Sturm *stoirm*, die Thräne *deur* (*tear*), die Thür *dorsa* (*door*), der Körper *corp*, der Weg *roda* (*road*), die Berge *Muinaidh* (*mountains*) u. s. w. ist daher keineswegs ein unumstößlicher Beweis, daß jene Dichtungen erst, nachdem die Sprache durch

---

18  *Villemarqué*, der Herausgeber der merkwürdigen *Barzas Breiz. Chants populaires de la Bretagne* (Par. 1839), behauptet allerdings, daß die Sprache der heutigen bretagnischen Bauern noch ganz die Taliesin's oder des sechsten Jahrhunder[t]s sei, und sucht dies durch ein Gedicht dieses Barden zu beweisen, dem [53] eine moderne Version zur Seite steht, welche in der That nur höchst unwesentlich abweicht. Allein es fragt sich sehr, ob die Handschrift, von der Taliesin's Gedicht zuerst abgedruckt war, auch aus dem sechsten Jahrhundert stammte und ob es nicht schon im Laufe der Zeit bedeutende Veränderungen und Modernisirungen erlitten?

19  S. Versuch einer geschichtlichen Charakteristik der Volkslieder germanischer Nationen u. s. w. Leipz. 1840. S. 164, 165, 217, 283 u. s. w.

den Einfluß des Sächsischen und Normannischen verunreinigt war, entstanden. Denn der Sänger wird, sobald er bemerkte, daß die ursprünglichen gälischen Wörter für diese Begriffe seinen Zuhörern nicht mehr vertraut oder endlich nicht mehr verständlich waren, diese unwillkürlich für die zur Zeit gebräuchlichen vertauschen und so ein Geschlecht neuer Wörter sich nach und nach auch in alte Dichtungen einschleichen. Er wird ferner auch, sobald ihm für einzelne Stellen sein Gedächtniß verläßt, dies mehr oder minder geschickt durch Einschiebungen zu verbergen wissen, und diese Interpolationen werden nicht verfehlen, das Gepräge der Zeit zu haben, in der sie entstanden. Traditionelle Volkslieder sind in diesem Sinne den Schiffen zu vergleichen, die immer und immer mit neuem Zimmerholze ausgebessert werden, bis kaum Ein Theil in ihnen genau derselbe ist, der er ursprünglich war. Freilich läßt sich zuletzt noch immer die Frage aufstellen, ob bei einer solchen Umformung diese Lieder wirklich noch als identisch [55] zu betrachten seien? Und allerdings waren die irischen Gelehrten auch insofern berechtigt, sich hauptsächlich an die Sprache zu halten, als Macpherson mit einer wahrhaft verwundernswürdigen Keckheit sich wiederholt auf die innern Merkmale dieser Lieder *durch ihre Sprache*, berufen hatte. So sagt er in den Noten zu dem Gedichte *Cath Loda*: "die Interpolationen (der neuern Barden) sind so leicht von den ächten Ueberresten Ossian's zu unterscheiden, daß es mir sehr wenig Zeit genommen, sie herauszufinden und zu verwerfen." Und in einer frühern Note zu dem nämlichen Stück äußert er, von einem andern Gedicht sprechend: "es ist nicht von Ossian. Seine *Phraseologie* verräth es. Es ist gleich jenen flachen Dichtungen, welche die irischen Barden im funfzehnten und sechszehnten Jahrhundert unter dem Namen Ossian's zusammenschmiedeten." Für welchen gründlichen Sprachkenner müssen wir einen Mann halten, der sogleich aus der Sprache eines Volksliedes das Jahrhundert seiner Erzeugung heraushören kann! Wie es aber mit Macpherson's Sprachkenntniß stand, davon nachher.

Außer den vielfältigen Anachronismen und der durchaus modernen Sprache der Macpherson-Ossianischen Dichtungen gibt es noch einen andern Hauptbeweis, daß sie nicht aus dem dritten Jahrhundert sein können. Dies ist nämlich ihre gänzliche Verschiedenheit sowohl in Inhalt als Form von allen sonstigen Ueberresten gälischer Poesie, die man historisch als Produktionen der frühesten Jahrhunderte kennt. Die ältesten irischen Gedichte sind nichts mehr als rhythmische Chroniken, und wenn sie auch wunderbare Begebenheiten erzählen, und Beispiele [56] von Zaubereien und magischer Kunst, so war es nur, weil die Berichterstatter dies für historische Fakta hielten. Sie sind, nach Drummond's Urtheil, gänzlich entblößt von Poesie, und unterscheiden sich von Macpherson's hochtönendem Schwulst ungefähr wie ein nackter Wilder von einem gepuderten parfümirten Hofmann.[20] Ebenso verschieden sind

---

20  *Drummond* a. a. O. S. 116.

Macpherson's Dichtungen in der Form von den zum Gesang bestimmten Lie-
dern. Zwar existirt kein einziges, das die Kritik mit Wahrscheinlichkeit dem
dritten Jahrhundert zuschreiben könnte; allein mehrere Hymnen aus dem fünf-
ten sind vorhanden, zum Theil in gälischer, zum Theil in lateinischer Sprache
geschrieben, aber auch letztere in Versmaß und Form den alten gälischen
nachgeahmt. Denn obwohl die Geschichte der ältesten gälischen Poesie von
hundert verschiedenen Versarten spricht, so findet man doch in allen diesen
ältesten Gedichten nur die eine. Sie besteht aus einem langen Verse von etwa
funfzehn bis sechszehn Silben, gleichviel ob lang oder kurz, aber mit einem
gewissen rhythmischen Falle, mit einer Cäsur in der Mitte. Der erste Abschnitt
des Verses reimt mit dem letztern, so daß dieser eigentlich für das Ohr in zwei
zerfällt.[21] Adhelm, der erste Angelsachse, der lateinische Verse schrieb, mach-
te ein gereimtes Gedicht auf die Jungfrau und scheint diese Art des Reimes
und vielleicht den Reim überhaupt von den Iren gelernt zu haben.[22] Ein [57]
Beispiel dieser ältern gälischen Reimart ist folgender lateinischer Vers:

Christus in nostra insula – quae vocatur Hibernia
Ostensus est hominibus – maximis mirabilibus etc.[23]

Das viel künstlerische Versmaß, welches sich in den irischen, dem Ossian zu-
geschriebenen Liedern, sowie überhaupt in den Erzeugnissen des Mittelalters
findet und das die sogenannten Macpherson'schen *Originale* nachzuahmen su-
chen, – später werden wir sehen, *wie* – kommt in den historisch ältesten Do-
kumenten gälischer Poesie gar nicht vor. Auch dem Inhalt nach unterscheiden
sie sich durchaus von jenen Zauber- und Heldenmärchen, denn sie sind, wie
erwähnt, entweder chronikalisch trockene und doch fabelhafte Berichte, oder
Hymnen, zum Gesang zur Harfe bestimmt, die in den allerfrühesten Zeiten in
Irland cultivirt ward.[24]

---

21  Ebend. S. 110-113.
22  Ebend. S. 110.
23  Aus einer Ode auf die heilige Brigitte nach Einigen von St. Columkill, nach Andern von St.
    Ultan von Ardbraccan. S. *Moore's* History of Ireland Vol. I. p. 312. Gewiß ist es indessen,
    daß, da die Poesie in den frühesten Zeiten als Kunst betrieben und in Schulen gelernt ward, es
    noch andere Metren gegeben haben muß, wenn es auch mit den hundert Arten, die der alte
    Dichter *Fortchern* in seinen "Vorschriften für Dichter" hergezählt haben soll, nicht seine
    Richtigkeit gehabt hätte.
24  Siehe darüber *Walker's* Memoirs of the Irish Bards, besonders den Appendix.

[Anonym:] Ehrenrettung Ossian's [1841].

Kaum ein Jahr, nachdem Frau Talvj die auch in diesen Blättern (1840 Nr. 132) erwähnte Schrift: "Die Unechtheit der Lieder Ossian's und des Macpherson'schen Ossian's insbesondere" herausgegeben, tritt ein Landsmann des Schottischen Barden, Herr Patrick Macgregor, mit einer neuen Untersuchung hervor, in welcher er, wie es scheint unwiderleglich, darthut, daß die Lieder Ossian's *echt* seyen, und daß Macpherson keinesweges die ihm von so vielen Seiten gemachte Anschuldigung des literarischen Betruges verdient habe. Herr Macgregor, der seine Untersuchung zugleich im Namen und unter dem Patronate der Londoner "Hochlands-Gesellschaft" herausgiebt, verbindet damit die Publication einer neuen und zwar wörtlichen Uebersetzung des Gälischen Originales.[1] Wenn eine solche wörtliche Uebersetzung der oben genannten Deutschen Schriftstellerin vorgelegen hätte, so würde sie allerdings Anstand genommen haben, ihr Anathem nicht bloß gegen Macpherson, sondern auch gegen dessen, wie sie behauptet, nur vorgebliches Original auszusprechen. Denn gerade, was ihr die Ossianischen Dichtungen Macpherson's verdächtig machte, der Ton derselben, der nichts weniger als volksmäßig und voll künstlichen Pompes ist, das erscheint in der Uebertragung Macgregor's ganz verschieden. Die Hyper-Romantik und der Bombast waren allerdings ausschließlich Macpherson's Zuthaten, aber nichtsdestoweniger sind sämmtliche Dichtungen, die er mit diesen Zuthaten versehen, das Eigenthum des nicht wegzuleugnenden Gälischen Barden Ossian. Herr Macgregor sagt von seinem Vorgänger: "Macpherson versicherte zwar, wörtlich übersetzt zu haben, aber er hat ganze Zeilen weggelassen oder hinzugefügt und andere nach Gutdünken geändert; kaum eine seiner Lieblings-Phrasen kommt im Gälischen vor, wie z. B. "andere Tage", "andere Jahre", "Fest der Schalen", "mild erröthend", "düster rollend", ["]dunkler Felsensturz", "strömendes Gebraus" u. s. w." – Herr Macgregor stellt den alten Dichter in seiner ursprünglichen Reinheit her, und zwar schließt sich seine Uebersetzung Zeile für Zeile dem Original an; ja selbst das Sylbenmaß desselben ist treu beibehalten. Bei dem Interesse, das Deutschland seit achtzig Jahren an Ossian nimmt, würde auch wohl bei uns eine vollständige Ehrenrettung des Dichters, nach Macgregor's Vorgang, an ihrem Platze seyn.

---

1  The genuine remains of Ossian, literally translated. With a preliminary dissertation. By Patrick M'Gregor, M. A. Published under the Patronage of the Highland-Society of London. – London, 1841.

# Hermann Hettner: [Auszug aus:] Geschichte der englischen Literatur [1856].

## [521] Macpherson. Chatterton. Ireland.

Im Jahre 1760 erschien zu Edinburgh ein merkwürdiges kleines Buch. Es führte den Titel: "Bruchstücke alter Dichtung, in den Hochlanden gesammelt und aus der gälischen oder ersischen Sprache übersetzt, *Fragments of ancient poetry, collected in the Highlands and translated from the gaelic or erse language.*" Als Urheber und Herausgeber dieser Sammlung nannte sich James Macpherson, ein junger schottischer Dichter, der sich bis dahin nur durch einige kleinere, ziemlich lau aufgenommene Dichtungen bekannt gemacht hatte. Macpherson behauptete, daß diese Lieder, durch den lebendigen Volksmund und durch alte Handschriften erhalten, von dem Barden Ossian stammten, der, ein Sohn Fingal's, im dritten Jahrhundert in den schottischen Hochlanden gelebt und gesungen habe.

Zunächst waren es fünfzehn Gesänge. Sie erregten sogleich das gewaltigste Aufsehen. Der schottische Nationalstolz fühlte sich durch die allgemeine Bewunderung ihres alten Barden aufs höchste geschmeichelt. Ein Verein reicher Schottländer setzte den Herausgeber in den Stand, eine neue Entdeckungsreise in die Hochlande zu unternehmen. Nach Verlauf eines Jahres erschien eine zweite, sehr vermehrte Ausgabe. Die ersten schüchternen Funde hatten sich in unglaublich kurzer Frist zu reichen Schätzen gesteigert.

[522] Es kann jetzt als sicher hingestellt werden, daß hier eine der großartigsten Fälschungen vorliegt, die jemals in künstlerischen und schriftstellerischen Dingen erhört worden sind. Die vortreffliche kleine Schrift von Talvj, "die Unächtheit der Lieder Ossian's. Leipzig 1840," giebt über die in dieser Frage geführten Streitigkeiten und Verhandlungen einen eben so klar zusammenzufassenden wie gründlich eingehenden Bericht. Diese sogenannten Lieder Ossian's sind freie Schöpfungen Macpherson's, nach Wendungen und Motiven einzelner hochländischer Volkslieder, besonders aber irischer Sagen und Liedermärchen.

Schon von Anfang an hatten sich in England die lebhaftesten Zweifel erhoben. Hume, Johnson, Shaw und Laing bestritten die Aechtheit aus künstlerischen, sprachlichen und geschichtlichen Gründen. Aber sie konnten es zu keinem durchschlagenden Sieg bringen. Der uralte Haß zwischen Schottland und England kam ins Spiel. Die Schotten wollten den unerwartet gewonnenen

Ruhm den Angriffen der Engländer nicht preisgeben. Macpherson selbst sträubte sich beharrlich, durch Vorlage der alten Schriftstücke, die er in Händen zu haben sich rühmte, den Beweis der Aechtheit anzutreten. Zwar hatte er dies seit 1762 mehrmals versprochen und sogar zu verschiedenen Zeiten von der hochländischen Gesellschaft zu London bedeutende Summen zur Bestreitung der Kosten angenommen; aber im Jahr 1796 starb er, ohne sein Wort gelöst zu haben. Im Jahr 1797 setzte die hochländische Gesellschaft einen Ausschuß nieder. Nach acht Jahren eifriger Forschung veröffentlichte dieser seine Ergebnisse. Man hatte zwar alte Lieder gefunden, die dem Ossian zugeschrieben wurden; aber es konnte kein einziges selbst dem eifrigsten schottischen Patrioten für das Original eines der Macpherson-Ossianischen Gedichte gelten. Und das Zeugniß der herbeigeschafften alten Handschriften lautete nicht günstiger. Um etwas hervorzubringen, was vermittelst der Uebersetzung ungefähr wie eine [523] Skizze des Macpherson'schen Fingal aussah, mußten einmal zu einer einzigen Seite von zweiundzwanzig Zeilen fünfzehn verschiedene Seiten aus zehn verschiedenen Handschriften verwendet werden. Trotzdem glaubten die Schottländer noch immer die Ehre ihres Sängers aufrecht halten zu können. Eine neue Wendung schien einzutreten, als endlich im Jahr 1807 die langersehnte Bekanntmachung der Macpherson'schen Originale erfolgte. Die Niederlage war aber nur um so vollständiger. Eine wirklich alte Handschrift hatte sich in Macpherson's Nachlaß nicht gefunden; nur einige Abschriften, zum Theil von Macpherson's eigener, zum Theil von seines Schreibers Hand geschrieben, kamen zum Vorschein. Diese enthielten elf gälische Gedichte; unter diesen die großen epischen Dichtungen von Fingal und Temora. Sie sind voll von den mannichfachsten Sprachfehlern und Zeitverwechselungen, und widersprechen den vorhandenen Resten ächter Volksdichtung durchaus. Sie können daher, wie namentlich die scharfsinnigen Untersuchungen der gelehrten Irländer Oreilly und Drummond dargethan haben, weder von Ossian noch überhaupt aus jener alten Zeit stammen; ja sie gehören nicht einmal zu den mittelalterlichen Volksliedern, wie sie zu Macpherson's Zeiten noch in großer Menge in Irland und in verderbter Abschwächung auch in Schottland bekannt und beliebt waren. Wie Macpherson die sogenannte englische Uebersetzung des Ossian selbst verfaßt hat, so hat er in den sogenannten gälischen Originalen diese seine eigenen Dichtungen wieder zurückübersetzt.

Talvj hat mit feinster Sachkenntniß eine innere Geschichte von Macpherson's Fälschungen gegeben. "Für alle Gedichte seines ersten Bandes," sagt Talvj a. a. O. S. 107, "läßt sich eine Art von Auctoriät finden; so ist z. B. das große Epos Fingal hauptsächlich auf ein irisches Gedicht, Laoidh Mhaghnuis mhoir, d. h. das Lied von Magnus dem Großen gebaut. Dieses erzählt in fünfzig Stanzen, jede von vier Versen, den Einfall Magnus [524] des Barfüßigen, Königs von Lochlin (Norwegen), in Irland und seine Besiegung durch Finn. Die Episoden in Fingal sind auf andere irische Gedichte gegründet. Aber nur der Gang der Begebenheiten, und die Namen stimmen überein; Colorit, Sprache, Bilderschmuck gehören durchaus Macpherson an. In der "Schlacht von Lora" läßt sich das Lied von Ergon's Landung in Irland erkennen, in "Carthon" die irische Erzählung Conloch, in "Darthula" die Geschichte der Kinder von Uisneach u. f. f. Dagegen können für die Gedichte, welche im zweiten Theile erschienen, gar keine Anhaltspunkte gefunden werden, mit Ausnahme des Todes von Oskar, der als Fragment von Temora schon im ersten Band erschien. Denn nun hatte Macpherson sein Glück und sein steigender Ruhm kühner gemacht, und während er früher für nöthig gehalten, seinen Gedichten so viel Auctorität zu geben als er konnte, glaubte er nun seinem eigenen Dichtergenius freien Lauf lassen zu dürfen. Indessen versäumte er doch nicht, außer einer Menge von Reminiscenzen aus alten und neuen Dichtern, besonders mannichfache Bruchstücke gälischer Poesie, namentlich gewisse stereotype Wendungen und Beiwörter, wie alle Volkspoesie sie besitzt, in seine Dichtungen zu verweben, so daß ein Hochländer nicht leicht die Gedichte hören konnte, ohne irgend eine Sage, einen Vers, einen Ausdruck darin zu erkennen, ihm von Jugend auf vertraut und lieb. In der That, das Gewebe von Wahrheit und Fälschung war auf solche Weise verschlungen, daß es fast unmöglich schien, die einzelnen Fäden noch zu unterscheiden."

Niemand kann über seinen Schatten springen. Jetzt, da die Fälschung Macpherson's offen daliegt, ist es auch leicht zu durchschauen, wie diese Dichtung trotz ihrer fremdartigen Gewandung doch durch und durch ein ächtes und wahrhaftes Kind ihrer Zeit ist. Hier ist ja derselbe wehmüthige und sehnsüchtige Grundton und derselbe idyllische Hang nach der einsamen Mäch[525]tigkeit landschaftlicher Natur und nach den tadellosen Menschen einer reineren Vorzeit, wie bei Thomson und Young, wie in den bebänderten Schäfergedichten Pope's und Geßner's und, um weiter zu greifen, wie in den grübelnden Träumereien der Rousseau'schen Urweltsbegeisterung. Nur gewaltiger und tiefer. Daher der unwiderstehliche Zauber, mit dem dieser vermeintliche Ossian alle Gemüther umstrickte. Es ist nicht blos das Geständniß des empfindsamen Werther, sondern es ist das Geständniß des ganzen in sich unbefriedigten, nach Natur und Freiheit lechzenden Zeitalters, wenn Werther gesteht, daß Ossian in seinem Herzen den Homer verdrängt habe. "Welch eine Welt, in die der Herrliche mich führt! Zu wandern über die Haide, umsaust vom Sturmwind, der in dampfenden Nebeln die Geister der Väter im dämmernden Lichte des Mondes hinführt; zu hören vom Gebirge her ein Gebrülle des Waldstroms, halb verwehtes Aechzen der Geister aus ihren Höhlen und die Wehklagen des zu Tode sich jammernden Mädchens, um die vier moosbedeckten grasbewachsenen Steine des Edelgefallenen, ihres Geliebten."

Ossian machte seinen Eroberungszug durch ganz Europa. Cesarotti theilte mit dem vollsten Glauben die Gesänge einer vierzehnhundertjährigen Vorzeit Italien mit; Ortni Spanien; in Frankreich übertrugen sie Le Touneur, Lombard und Jangurs; in das Polnische übersetzte sie Krasitzki, in das Holländische Bilderdyk. In Deutschland folgten die Uebersetzungen dichtgedrängt. Wer kennt nicht die Ossianischen Oden und Bardieten Klopstock's und die stürmende Bardendichtung seiner Schule? Wer nicht die laute und jubelnde Begeisterung Goethe's und Herder's? Ist doch jene Zeit noch nicht gar lange vorüber, in welcher Alwina, Selma und Fingal die beliebtesten Taufnamen waren! Ossian gab der gesammten Literatur eine andere Tonart.

Heut werden diese Dichtungen meist ebenso unterschätzt, wie sie früher überschätzt wurden. Es ist unleugbar, es fehlt ihnen [526] die Straffheit der Komposition und der plastischen Gestaltung; sie verfliegen und zerstieben wie die Schatten und Nebelwolken, von denen sie singen und sagen; sie sind hohl, empfindsam und überschwenglich, ohne Halt und Boden; man muß ihnen eine verwandte Stimmung entgegentragen, sie wissen uns nicht mit ureigener Gewalt in ihren Kreis zu bannen. Aber sie sind doch von einer Frische des Tons, von einer Erhabenheit der Bilder und von einer Innigkeit der Naturempfindung, die an schwunghafter Kühnheit oft an die alten Propheten und Psalmen gemahnt. Die Einwirkung von Lowth's berühmtem Buch über die heilige Dichtung des alten Testaments ist ganz unverkennbar. Die Genialität Macpherson's ist nur eine anempfindende, nicht eine rein schöpferische; aber den Namen der Genialität verdient sie sicher.

[...]

# [437*] August Ebrard:
# Zur Ossian-Frage. Erwiederung [1869].

In einem Anhang zu meiner metrischen Uebersetzung des "Finnghal" habe ich den Beweis angetreten daß der im Jahr 1807 von der Highland Society herausgegebene gälische Ossian-Text, in der Gestalt wie er vorliegt, aus dem 9. oder 10. Jahrhundert stamme. Auf die *Geschichte* des kritischen Streits habe ich dort nur kurze Rücksicht genommen, und mich auf die Erwähnung der Hauptwendepunkte und Hauptmatadore des Streits um so mehr beschränken zu dürfen geglaubt, als meine Aufgabe keine literarhistorische, sondern eine belletristische war.

Nun hat in diesen Blättern ein Hr. R. aus Frankfurt a. M. es mir zum Vorwurf gemacht daß ich die 1840 erschienene Broschüre eines gewissen *Talvj.*[1] "Die Unechtheit der Lieder Ossians", unberücksichtigt gelassen habe, während doch durch dieselbe die Frage endgültig entschieden sey, aber freilich in einem meiner Ansicht entgegengesetzten Sinn. Denn Talvj habe unwiderleglich bewiesen daß jene Lieder von Macpherson englisch fabricirt, und nachträglich erst in ein verdorbenes Neugälisch übersetzt seyen.

Es bleibt mir hier nichts übrig als das unumwundene Geständniß daß ich die Talvj'sche Broschüre in dieser ihrer hohen Bedeutung wirklich nicht erkannt hatte. Daran ist freilich niemand als Talvj selbst schuld, was ich nun in Kürze zu zeigen gedenke.

Wer die trefflichen Forschungen von Chalmers, Reeves, M'Lauchlan u. a. über die Urgeschichte von Schottland und Irland kennt, der weiß daß die Albanier oder Scoten nichts anderes waren als ein *irischer* Stamm, der nach dem westlichen Schottland vorgedrungen war, hier sich festsetzte, aber bis um 850 in steter nationaler und staatlicher Verbindung mit Irland blieb. Ganz damit übereinstimmend erscheint im Ossian Finnghal als ein mit dem König Cormak von Irland blutsverwandter Oberhäuptling,[2] welcher "Alba," d. i. die Besitzungen der Iren in Westschottland, beherrscht, und dabei in einer Art von Pflichtverhältniß zu dem Oberhaupt Irlands steht, indem er jedesmal, wenn letzteres

---

1   *Eines gewissen* Talvj? Die unter diesem Pseudonym schreibende geistvolle Frau, geborne v. Jakob aus Halle, jetzt die hochbetagte Wittwe des amerikanischen Palästina-Forschers Edw. Robinson, Uebersetzerin der serbischen Volkslieder u. s. w., besitzt im ganzen männliche Gelehrsamkeit genug um über solche Fragen mitsprechen zu dürfen. D. Red.

2   Treun-mhor ist Cormaks Großvater, Finnghals Urgroßvater. Vergl. meinen Finnghal, S. 155.

durch äußere oder innere Feinde bedroht ist, sofort zur Hülfe herbeieilt. Talvj, obgleich er S. 67 f. irische (sagenhafte) Aufzeichnungen, die im wesentlichen das nämliche sagen, anführt, hat doch von jenem historischen Verhältniß so wenig einen Begriff, daß er seinen *Hauptbeweis* gegen das Alter der Ossianischen Epen darauf gründet daß Finnghal nach Ossian ein "Schotte," nach den geschichtlichen Quellen aber ein "Irländer" gewesen sey. Etwa, wie wenn einer sagen wollte: nach den geschichtlichen Quellen sey Robert Guiscard ein Normanne gewesen; wer ihn einen Grafen von Apulien nenne, der erweise sich damit als einen Fälscher!

Daß Kelten und Germanen zwei von einander unterschiedene Völkerfamilien gewesen,[3] liegt außer allem Streit. Hienach kann von keltisch-germanischen *Mischvölkern* (wie z. B. die Franzosen es sind) die Rede seyn, nicht aber wird ein Kenner mit Hrn. Talvj (S. 8) die Picten für "einen keltisch-germanischen *Stamm*" erklären.

Von Beda's Zeiten an wird die Geschichte des pictischen und des albani-[438]schen Reichs klar und licht; wir wissen daß das Pictenreich im Jahr 843 nach dem Aussterben der pictischen Dynastie friedlich durch Erbschaft an den albanischen (scotischen) König Kenneth (836-859) fiel. Hr. Talvj weiß das nicht; er erklärt es (S. 10) für fraglich ob das Pictenreich mit dem der Scoten je vereinigt worden sey (!).

Wer die profane und die Kirchengeschichte Schottlands vom 5. bis 15. Jahrhundert nur einigermaßen kennt, der weiß daß die gälische Sprache bis auf König Alexander (1107-1124) herab die ausschließliche Volks-, Hof- und Kirchensprache war, daß eine gar nicht unbedeutende geschichtliche und poetische Literatur in ihr existirte, daß die geistige Bildung damals in dem (gälisch redenden!) Schottland in hoher Blüthe stand, daß eine ganze Reihe von höheren Schulen bestand (Aberneth, Dunkeld, Brechin, Mordlac, Aberdeen, Monimusc, Lochleven, Portmoak, Dumferlin, Scone und Kirkald), in welchen neben der Theologie auch die classischen Sprachen gelehrt wurden, und daß wir einen Katalog der Bibliothek von Lochleven noch besitzen (siehe *Jamieson, Hist. Account on the Ancient Culdees, Edinb.* 1811, app. p. 376) – der weiß ferner daß nicht nur die gälische, sondern sogar die angelsächsische Sprache mit der irischen die Schriftzeichen gemein hatte – jene Schrift welche man eben darum die "angelsächsische" zu nennen pflegt, und welche vom lateinischen Alphabet nur in der Form weniger Buchstaben abweicht. Nur Hr. Talvj weiß von dem allem nichts. Er behauptet (S. 11): "das Gälische habe in Schottland nie die mindeste Cultur gehabt," und (S. 103): "es ward nur als eine Volksmundart betrachtet, und, soviel uns bekannt (sic!), bis 1754 nie zu Schrift und Druck gebraucht;" und von der "irischen Schrift" redete er als von

---

3    Holtzmanns gegentheilige Ansicht ist namentlich von *Brandis* gründlich zurückgewiesen worden. D. R.

einer in Schottland unbekannt gebliebenen und von der lateinischen grundverschiedenen.

Wer über die Ossian-Kritik schreiben will, der sollte den gälischen Ossian-Text doch wenigstens einmal *angesehen* haben, wenn er auch nicht Gälisch genug versteht um ihn zu *lesen*. Hr. Talvj, welcher, um von andern Sprachschnitzern[4] zu schweigen, aus dem Plural *dorsan* sich einen Nom. Sing. *dorsa* zurecht gemacht hat (der Nom. Sing. heißt bekanntlich *dorus*) – hat keines von beiden gethan; sonst hätte er nicht (S. 81) die Ungeheuerlichkeit aussprechen können: daß sich im gälischen Ossian-Texte "weder von Assonanzen, noch von Alliteration, noch von irgendeiner Art von Reimsystem eine Spur finde."

Wer über das Alter eines Sprachdenkmals urtheilen will, der sollte von Linguistik doch wenigstens so viel verstehen um von Sprachvergleichung und Wurzelverwandtschaft einige Begriffe zu haben. Hr. Talvj hält (S. 54) die Wörter *deur, dorus* (oder wie *er* schreibt: *dorsa*!) und *talla* oder wie *er* schreibt: *halla*!) für Entlehnungen aus dem – Englischen (*tear, door, hall*)! Daß schon in den altirischen Sprachresten bei Zeuß (*gramm. celt.*) diese Wurzeln vorkommen, und daß dieselben der indogermanischen Sprachfamilie gemeinsam sind (dér, δάϰϱυ, Thräne, Zähre; *tala* vergl. θάλαμος; *dora*; θύϱα); davon hat der Mann keine Ahnung.

Parallel mit der gälisch-irischen Poesie läuft die wälische. In letzterer haben wir neben einer reich entwickelten epischen und lyrischen Bardenpoesie auch die Volkspoesie der *mabinogion* (Märchen). Den letzteren entsprechen die irischen Finn-Märchen, den ersteren die gälischen Ossian-Epopöen. Wenn Hr. Talvj (S. 56 und 78) von den letzteren fordert: sie müßten, wenn er sie als echt erkennen solle, die Form der irischen Märchen und nicht die der "vornehmen" Epik haben, so ist dieß gerade wie wenn jemand sagen wollte: "die Schlacht im Ulmenwald" von Taliesin oder die Schlacht-Epen von Meilyr und von Gwalchmai[5] müßten, wenn sie echt seyn sollten, die Form des *mabinogi* von Pwyll haben!

Von der Existenz eines Horaz wußte vom 6. bis 9. Jahrhundert kein Mensch etwas, und die ältesten Handschriften welche man heute besitzt sind aus eben der Zeit in welcher ein Wissen von der Existenz eines Horaz in einzelnen Benedictinerklöstern wieder auftauchte, nämlich aus dem 9. und 10. Jahrhundert. Die ältesten Manuscripte des Horaz sind also beiläufig ein Jahrtausend jünger als der Dichter selbst. Gleichwohl hat die Kritik den Text dieser Manuscripte *aus innern Gründen* als das echte horazische Product des augusteischen Zeitalters anerkannt. Auf solche innere Gründe nimmt Talvj bey Os-

---

4  *Uagh na bhine* st. *uagh na binne. Uaigh na* (!) *Fin* st. *uaigh an Fhinn. Alban* hält er für den Gen. von *Alba*. Von *ageulaiche* bildet er den Plural *sgeulaichies* st. *sgeulaichean* u. a. m. Wie wenn jemand ἡ γυναίξ und αἱ θύγατϱαι und ἄντϱον τῆς Ἀγαμέμνορος schriebe, und dann Untersuchungen über Homer herausgeben wollte!

5  Vergl. hierüber *Thomas Stephens'* Geschichte der wälischen Literatur.

sian keine Rücksicht. Obgleich er selbst (S. 47) die Möglichkeit einer mündlichen Fortpflanzung – wenn auch, bei seiner mangelhaften Kenntniß des Bardenthums, in ungenügender Weise – darthut, so legt er doch (S. 18 u. a.) alles Gewicht darauf daß M'Pherson keine alten Manuscripte produciren konnte. Daß wirklich Manuskripte *vor* M'Pherson existirt haben, ist durch amtliche Protokolle und eidliche Aussagen erwiesen;[6] in diesem wichtigen Zweige der Untersuchung ist Talvj so überaus gut bewandert daß er von dem Besitzer des ältesten Manuscripts nicht einmal den Namen richtig zu schreiben vermag (er nennt ihn S. 102 Mac Mhusuch statt Mac Mhuirich), und daß er das Manuscript desselben aus "mehreren kleinen Octavbänden" unbekannten Inhalts bestehen läßt, während doch die betreffende Urkunde sagt: *Tha coimhne mhath aige gu robh "Saothair Oisein" agriobht' ar craicnean ann an glèidhteanas athar o' shinnsiribh,*[7] und während sie von diesem "*altererbten Pergamentcodex*" ein zweites Manuscript, das "*Leabhar dearg*" *de phaipeir*, welches andere Gedichte enthielt, unterscheidet.

Nicht besser geht Talvj mit den Zeugnissen derer um welche beim Erscheinen von M'Phersons Ossian ihnen bekannte gälische Gedichte in demselben wieder erkannten. Auch hier haben wir bestimmte Namen; Talvj gibt statt dessen unbestimmte Phrasen. S. 17 sagt er: "Alle Irländer riefen: wir kennen diese Gedichte; wir haben sie seit unserer Kindheit gehört!" und wenige Zeilen später versichert er: "nie konnte sich einer erinnern es je gehört zu haben." Später (S. 69) führt er aber selbst eine "glaubwürdige" irische Dame an, die bezeugt hat diese Gedichte in ihrer Kindheit *oft* vorlesen gehört zu haben.

Durch dieß alles, und durch vieles andere ähnliche, war ich auf die unglückselige Meinung geführt worden daß Talvj in keiner Weise die Vorbedingungen für eine kritische Untersuchung von so häklicher Natur besitze, und daß er seine Broschüre lediglich aus einigen englischen Abhandlungen von Drummond, O'Reilly u. a. zusammengetragen habe, ohne alles selbständige Urtheil und ohne eigene Kenntniß der gälischen Sprache und des Grundtextes. Darum hielt ich es nicht für der Mühe werth ihn als eine Autorität zu citiren.

Da ich nun aber nicht wissen kann welche scientifische Größe sich hinter dem geschlossenen Visier des Hrn. R. aus Frankfurt a. M. verbirgt, so werde ich mich wohlweislich hüten auf meinem abschätzigen Urtheil über Hrn. Talvj's Leistung eigensinnig zu bestehen. Zwar ist von mir eine Grammatik und Wörterbuch der mittelgälischen Sprache Ossians (im Verlag von W. Braumüller in Wien) unter der Presse, und ich beweise darin – auf die sprachvergleichenden Forschungen von Schleicher, Ebel, Stockes, Lottner und Pictet, und namentlich auf Ebels Ausscheidung der keltischen Stamm- und der ent-

---

6    Siehe in meinem Finnghal, Anhang S. 132-138.
7    "Er erinnere sich sehr wohl daß die Werke Ossians, auf Pergament geschrieben, sich im Besitz seines Vaters von seinen Ahnen her befanden."

lehnten Fremdwörter[8] gestützt – nichts geringeres als daß Ossians Sprach-
schatz von Lehnwörtern (das *òr nan daimh*, *"Gold der Fremden,"* und einige
lateinische Waffenbezeichnungen ausgenommen) völlig frei ist, daß der Satz-
bau von dem jetzigen neugälischen durchgreifend abweicht, und daß neben ob-
soleten Reflexionsformen sich im Ossiantext auch eine merkwürdige Conse-
quenz und Feinheit im Gebrauch der *modi* erhalten hat, die im Neugälischen
fast spurlos verschwunden ist. Indessen das kann an der Hauptsache nichts än-
dern. Mein unbekannter Gegner versichert: die Frage sey durch Talvj endgültig
entschieden. Und in der That, wenn M'Pherson, der nach Talvj's Versicherung
nicht so viel gälisch verstand um Handschriften des 15. Jahrhunderts, "die
doch ganz gewöhnliche Leser zu verstehn befähigt sind," auch nur zu lesen[9] –
wenn dieser M'Pherson gleichwohl im Stande gewesen ist seinen (ursprünglich
englisch fabricirten) Pseudo-Ossian nachträglich in gälische *Verse* zu übersel-
zen, wenn M'Pherson, der (Talvj S. 19) nicht einmal im Stande war den Homer
ohne Geschmacklosigkeit ins Englische zu übersetzen, und mit seiner Homer-
Uebersetzung "gänzlich durchfiel," und dessen "poetische Gaben auch sonst
wenig Anerkennung gefunden hatten," gleichwohl in seinem Pseudo-Ossian
Gedichte zu Stande gebracht hat in denen Männer wie Goethe einen Dichter-
genius erster Größe erkannt haben: warum soll derselbe M'Pherson nicht auch
in genialer Anticipation dasjenige was Ergebniß der von Bopp an datirenden
neuesten arbeitvollen linguistischen Forschung ist, schon als seliger Adept
[439] gewußt, und darum nur echtkeltische Stammwörter bei seiner fraudulen-
ten Uebersetzung verwendet, und die jüngeren fremden Lehnwörter und späte-
ren Wortbildungen vermieden haben – alles aus purer Verschmitztheit! Denn
Samuel Johnson Esq. hat ihn ja seiner Zeit einen *"ruffian"* gescholten, und Hr.
Talvj stimmt diesem Urtheil bei, und durch Hrn. Talvj ist die Sache endgültig
entschieden.

---

8    Im zweiten Bande von Kuhn und Schleichers Beiträgen zur Sprachvergleichung.
9    Unter andern hält es Talvj (S. 104) für "Unwissenheit" und "Absurdität," wenn M'Pherson
     das Wort "Culdeer" (oder wie Talvj gewöhnlich zu schreiben beliebt: "Culden!") von *cuil-
     teach* ableitet. Aber das thut die eine Hälfte der gelehrten Forscher heute noch. Und von die-
     sen Forschern könnte Hr. Talvj doch noch manches lernen!

# E.  Die passive Rezeption:
Texte und Kommentare zur deutschen "Ossianomanie"

## [25] Brief des Herrn Gleims an Herrn Jacobi.
## Halberstadt, den 7ten Nov. 1768.

Einen vortreflichen Abend, einen Abend, mein Liebster, hatt' ich gestern, wie die Götter ihn haben, wenn sie sich in Nektar berauschen! Mit der Leipziger Post empfieng ich, ohne einen Brief dabey, den *Gesang Rhingulphs des Barden, als Varus geschlagen war*. Gelesen nicht, verschlungen ward er. Große Freude kann ich allein nicht haben, ich gieng nicht, ich flog zu dem Herrn von Breitenbauch, ihm einen deutschen Oßian anzukündigen: denn er sagte mir erst vor einigen Tagen, er wäre lieber Oßian, als römischer Kayser! Zum Glück war er mit seiner Gemahlin ganz allein, eine Dame, die vor den Mu[26]sen nicht läuft, und vor einem Oßian kein Kreutze macht! Ausgerufen ward zuerst der deutsche Oßian, es wurde für Scherz gehalten, dann wurde gelesen, so in einem fort bewundert und gelesen, und nach dem Lesen noch immer so viel bewundert und gesprochen, daß ich ganz heiser, spät um Zwölfe zu Hause kam! Welch ein herrlicher Abend! Welch ein unvergleichlicher Barde! Seinen Nahmen, mein Liebster? Wissen Sie seinen, durch diesen einzigen Gesang vereigten Nahmen, so bitt' ich recht sehr, um eine Zeile nur, um seinen Nahmen, mit der ersten Post! Mit einem Briefe nicht, sondern mit einem in das Buch geschriebenen kleinen erhabenen Gedichtchen an den preußischen Grenadier, war der Bardit begleitet. Die Hand, die das Gedichtchen schrieb, ist mir nicht fremd, aber mit Fleiß verstellet scheint sie mir. Der Gesang selbst hat den simpelsten und schönsten Plan, große Gesinnungen, große Bardengedanken, ein freyes Sylbenmaas, so wie die ersten ἀοιδοι aller Völker mögen gehabt haben, und eine alte fürtrefliche [27] Bardensprache. Wie wird mein Herder sich freuen, der nach einen solchen Barden tief geseufzet hat. Sollt' er wohl selbst der Barde seyn? Glaub[t]e ich nicht, mein liebster Freund, daß er in ihren Bücherladen schon zu haben sey, so schrieb ich ihn ab, für sie, und für den Herausgeber des griechischen Barden; so viel Vergnügen hat er mir gemacht, daß ich wünsche, sie hätten es auch den Augenblick. Schicken sie doch also gleich darnach aus. Das kleine Gedicht an den Grenadier wollen sie denn auch gerne lesen! Für einen Adelbrief, für eine Kompagnie, für ein ganzes Regiment gäb' es der Grenadier nicht weg! So viel Ehre macht es ihm, wie mir das Briefchen in kleinen Versen von meinem Jacobi.

[Auszug aus: Brief von Karl Wilhelm Ramler an Michael Denis. Berlin, den 5. Octob. 1777.]

Höchst zu verehrender und herzlich geliebter Freund!

Sie sollten billig keinen Ihrer Freunde nach Berlin reisen lassen, ohne ihm ein Zeichen Ihrer fortdaurenden Liebe für mich mit auf den Weg zu geben. Ich mache es jetzt so mit Ihren zurückreisenden Freunden, die mich eben jetzt besucht haben; ich kann sie nicht abreisen lassen, ohne Ihnen zu schreiben, wie sehr ich Sie liebe, wie gern ich Sie lese, und wie herzlich ich mich sehne, einmal in Ihrer Gesellschaft einige glückselige Tage zuzubringen. Allein je älter man wird, je weniger Lust hat man, weite Reisen anzustellen, die weiteste Reise ausgenommen, die gleichwohl viele Greise gar keine Lust haben anzutreten. Neulich brachte mir Ihr Fingal, dieses vortrefflich übersetzte Heldengedicht, welches ich meinen jungen Helden im Collegio vorlas und erklärte, wieder meinen theuren Freund ins Gedächtniss, und ich schämte mich, Ihnen in so langer Zeit kein Zeichen von meinem Daseyn gegeben zu haben. Die heutige Gelegenheit kam mir also sehr erwünscht, und ich ergreife sie mit Freuden. Was für einen Eindruck die mächtigen und natürlich schönen Gedanken Ihres Ossians auf meine achtzehnjährigen Zuhörer gemacht haben, kann ich Ihnen nicht beschreiben. Sie waren traurig, wenn die Stunde sobald zu Ende gieng; und wenn ich des folgenden Tages das Buch wieder öffnete, stieg ihre Seele ihnen in die Augen. Sie verschlangen alles; ja lernten es endlich (wenigstens einige darunter) mit allem dem Nachdruck und Feuer vorlesen, das die Declamation dieses Gedichts erfodert. Ich weiss nicht, wie es kömmt, dass unsere Kunstrichter den vorzüglichen Wohlklang Ihres Hexameters nicht bemerken. Doch es versteht sich! non quivis videt immodulata poemata judex, und also auch nicht modulata poemata.

[...]

## [VII*] [Johann] Balbach: Vorrede [zu *Tales of Ossian for Use and Entertainment*] [1784].

Ich glaube es mit so viel sicherer Gewisheit voraussezen zu müssen, dass man es, bei der Erscheinung dieses Werkchens, von mir erwarten wird, hier einige meiner Beweggründe anzugeben, die mirs rathsam machten, so manchen ähnlichen Produkten, welche wir seit wenig Iahren erst erhalten haben, noch ein neues Kontingent von mir selbst beizufügen; und diese Erwartung dünkt mich zugleich so billig und so gerecht zu seyn, dass ich allerdings dadurch verpflichtet werde, wenigstens den *Versuch* zu machen, ob ich auch im Stande bin, ihr einigermassen entsprechen zu können.

Ich muss hiebei noch vorläufig meine Leser ersuchen, mir so viel Redlichkeit des Herzens und so viel Achtung für das Publikum zuzutrauen, als [VIII] in meiner Lage erfordert wird, wenn man auf die sichere Voraussezung von ihrer Seite rechnen will; – wie ich kein Bedenken trage es zu thun – dass ein Mann, der etwas Aehnliches zu unternehmen gesonnen ist, nicht ermangelt haben wird, sich, vor dem Anfang seiner Arbeit, mit allen übrigen, die aus diesem Fach bereits vorhanden waren, bestmöglichst bekannt zu machen, und sie mit schuldigster Gewissenhaftigkeit zu prüfen; um von ihrem respektiven Werth oder Unwerth ein richtiges Urtheil fällen zu können, und ein vestes Resultat für seine eigenen Entschliessungen daraus herzuleiten.

Ich darf es also auch nicht läugnen; – was mir viele Freude macht, – dass ich unter den mehrern englischen Chrestomathien, die ich bisher prüfen konnte, manche gute, geschmakvolle, zum Theil sehr vorzügliche, und – wenigstens in Absicht ihres Entzweks – *meist* sehr brauchbare Lehrbücher gefunden zu haben glaube. Aber ich darf es auch zugleich gestehen; dass, nach den Erfahrungen, die ich bisher in meinen Lehrstunden machen musste, oft gerade das, was an vielen dieser Bücher vielleicht vorzügliches Verdienst ist, bei den wenigsten meiner Lehrlinge eine gedeihliche Anwendung erlaubte.

[IX] Diese Aeusserung[1] kann, wie ich vest versichert bin, keinen unter meinen Lesern befremden, dessen Sache es gewesen ist, diese Bücher durch eigenen Gebrauch derselben, etwas genauer kennen zu lernen.

---

1  Sie vvird vielleicht bei jedem Lehrer der englischen Sprache statt finden, der sich nicht auf eine bestimmte Klasse von gleichförmigen Zöglingen, vvenigstens in Absicht ihres künftigen Berufs, vielleicht auch ihrer allbereits erlangten Vorübungen einschränken kann, vvas, zum

Denn; – sie sind entweder bloss für Akademiker bestimmt, wie *Duschens*, *Tompsons*, *Gooses*, zum Theil auch *Emerts*, Chrestomathien, und erlauben also schon aus diesem Grunde, keine allgemeine Anwendung.

Oder; – sie sind ausschliessend für Lehrlinge aus dem Kaufmannsstande, und folglich auch zur Uebung im kaufmännischen Geschäftsstil der englischen Sprache bestimmt; wie *Ebelings* prosaische Aufsäze, und so findet bei ihnen das nemliche statt.

Oder; – sie sezen Zöglinge voraus, die sich schon mit andern Sprachen, ganz hauptsächlich mit [X] dem Lateinischen, vielleicht auch schon mit mehrern Wissenschaften, besonders mit der Litterair- und Weltgeschichte beschäftigt haben, oder sich einst vorzüglich damit beschäftigen sollen; wie die *meisten* Lehrbücher dieser Art, – und so sind sie denn wieder nicht für jeden Schüler zu gebrauchen.

Oder; – sie enthalten endlich bloss Excerpte, die den Geschmak ihrer Sammler bezeichnen, ohne Hinsicht auf die so nöthigen Uebergänge vom Leichtern zum Schwehrern, und auf ein methodisches Erlernen und allmähliges Fortschreiten in den Känntnissen der Sprache, die durch sie gelehrt werden soll: so wie ohne alle grammatische Hinweisungen auf den Geist und auf die Eigenheiten derselben; auf die Abänderung ihrer wandelbaren Worte, oder auf ihre Verbindung zu einem zusammenstimmenden Ganzen, – welches leztere auf *alle* diese Bücher angewendet werden kann, – und so wird denn auch hiedurch ihre *allgemeine* Brauchbarkeit nicht wenig erschwehrt. –

Ich will hiebei nicht erst noch in besondere Anregung bringen, was doch allerdings auch seine [XI] Rüksicht verdiente; dass die besten dieser Chrestomathien um einen Preiss zu stehen kommen, der, bei vielen Zöglingen, die Summe des Aufwands, den sie auf solche Bücher verwenden können, entweder gänzlich übersteigt; oder sie doch wenigstens, mit ziemlicher Wahrscheinlichkeit, befürchten lässt; dass sie an abgerissenen Druchstüken, (wie solche Sammlungen schon ihrem Entzwek nach enthalten müssen,) für ihre *mehrern* Gulden, nichts so ganz zureichendes zur Abhülfe ihrer Bedürfnisse; oder zur Erweiterung ihrer Känntnisse erkaufen möchten, als sie, nach einigen erlangten Fortschritten in dieser Sprache, um den nemlichen Preiss, an vollständigen Originalwerken zu kaufen im Stande sind. –

Aber das Bekänntnis darf ich nicht verschweigen; dass ich bisher öfters in nicht geringe Verlegenheit versezt wurde, wenn ich, – wie es nach unserm *izigem* Geschmak, und nach den Revolutionen, welche die englische Sprache, *selbst an deutschen Höfen*, bewürken konnte, so natürlich zu erwarten war, – wenn ich, sage ich; von Personen des andern Geschlechts zu Anweisungen im

---

Beyspiel, ein englischer Lektor auf Universitäten, oder auch auf einer Handlungsakademie zu thun im Stande ist.

Englischen aufgefodert wurde, [XII] und ihnen zu dem ersten Lesebuch in dieser Sprache rathen sollte.

Ich habe hiebei wohl nicht nöthig erst zu versichern; dass ich, in Absicht des gänzlich Passenden für Frauenzimmer *nur gar weniges* in einzelnen dieser Bücher; und dann wieder in Absicht der grammatischen Uebungen, wenn sie ohne Beiseyn, oder ohne stetige Aufsicht und Lenkung des Lehrers vorgenommen werden sollten, *auch nicht eines* derselben finden konnte, das meinem Zwek entsprochen hätte.

Was ich also hiebei anzurathen am dienlichsten fand, – wenn es nemlich die ökonomischen Verhältnisse der Schülerinnen; oder auch die periodischen Reichthümer der Buchläden erlaubten, – war eine grammatisch-analytische Lektüre der leichtesten Erzählungen des *Ossians*, worinn ich selten oder niemals meines Zweks verfehlte, weil ich hiebei immer das *utile dulci* am glüklichsten vereinigen konnte.

Denn *das* lehrten mich *mehrere* Erfahrungen, dass *Ossian* wegen des Anziehenden von den meisten seiner Erzählungen, wegen der Sim[XIII]plicität seines Ausdruks,[2] wegen seines kurzen Periodenbaus, und – man erlaube mir noch hinzuzusezen, was ich bei Büchern dieser Art für ein *sehr wichtiges* Requisit halte, – ganz besonders auch *der edeln reinen Moral* wegen, die fast aus jeder Zeile seiner Erzählungen, mit so leichter Mühe abgezogen werden kann, und um so mächtiger auf das Herz von jungen Lesern würken muss, je mehr es ihnen klahr wird, dass sie nicht mit Kunst herbeigerufen wurde, sondern ganz natürlich aus dem Gang der Sache fliesst; – dass *Ossian* sage ich, dieser mannichfaltigen Vorzüge wegen, als Lesebuch für angehende Schüler im Englischen betrachtet, wenn sie nur in etwas Geistesbildung haben, die allerwärmste Empfehlung verdiene.

Indessen gilt das freilich grossentheils nur von einigen Episoden oder auch Bruchstüken seiner Gedichte, nicht von seinen sämtlichen Wer[XIV]ken. Denn so hat zum Beyspiel *Ossians Temora*, so gewis sie auch vielleicht des Dichters Meisterstük genennt zu werden verdient, und so wichtig sie auch dem Geschichtforscher werden muss; wegen der vielen genealogischen Darstellungen, die diese Epopöe enthält, nicht durchgehends Interesse für das Mädchen; auch nicht einmal für jeden Iüngling; und fast das Nemliche lässt sich auch von mehrern Stellen des zweiten vollständigen epischen Gedichts unsers Barden, von seinem nicht minder treflichen *Fingal* sagen. –

Da ich nun noch ausserdem, vermöge des Berufs, der mir beschieden ist, schon öfters die Bemerkung machen musste; dass die englische Sprache, durch ihre immer grössere Ausbreitung, die sie, seit einigen Decennien, bei uns Deutschen gewonnen hat, schon an mehrern Orten, in den Lehrplan von Schü-

---

2  Die Tropensprache vvar bei seiner Nation und zu seinen Zeiten die allereinfachste. Auch kann es ihr am vvenigsten nachgesagt vverden; dass sie bei unserm Dichter grosse Dunkelheiten verursachte.

lern eingeflochten wurde, deren ökonomische Verhältnisse es nur selten erlauben, für einen Schriftsteller, der ihnen aus so manchen Rüksichten zum ersten Lesebuch empfohlen werden dürfte, ausser den ohnehin unumgänglich nöthigen Kosten, die sie mit Grammatik und Diktionair zu bestreiten haben, eine Auslage von [XV] *vier Gulden* zu machen,[3] um sich dadurch ein Buch beizulegen, das sie, – wenigstens im Anfang – doch nicht *ganz* gebrauchen können: so hielt ich es, durch diese Erfahrungen dazu ermuntert, für eine sehr dienliche Sache, das Leichteste und zugleich Interessanteste aus den grössern Epopöen meines Dichters, für die ersten Anfänger des Englischen, in einen kurzen Auszug zu bringen, der ihnen gleichsam zu Deklinir- und Konjugirübungen in dieser Sprache; so wie zu einigen generellen Begriffen, von dem Bau derselben dienen könnte, ohne dass hiebei zu fürchten wäre, ihnen dieses unumgänglich nöthige Geschäft, auf eine so unseelige Art zu verekeln, als es hin und wieder noch geschieht. –

Man wird mir wenigstens nicht den Vorwurf machen, wie ich hoffe; dass ich zu dieser Absicht einen unangenehmen Weg in langweiligen Paradigmen vorzuschlagen; oder die grammatikalischen Bitterkeiten mit zu wenig Würze zu versüssen ge[XVI]sucht hatte; – und indessen wäre doch auch, wie mich dünkt, der Nuze gross genug, der bei einem zwekmässigen Gebrauch eines solchen Buches für die Erlernung der *ganzen Sprache überhaupt* gewonnen werden könnte.

Die wichtigsten Regeln der Grammatik wären bekannt. Der Uebergang zu schwehrern Aufsäzen wäre gebahnt, – und so gebahnt; dass junge Zöglinge gewis nicht abgeschrekt seyn würden, auf diesem Pfad noch weiter fortzuwandeln. Nun könnten, – wenn man es so gut finden sollte, – die vollständigen Werke des Dichters,[4] (die izt ganz unfehlbar ungleich lichtvoller für den Schüler wären,) oder; – *Müchlers, Emerts, Breyers*, vielleicht auch *Tompsons, Gooses, Schulzens* und *Duschens* Miscellanien, mit leichterer Mühe, und folglich auch mit meh[XVII]rerm Vortheil gelesen werden, als ohne diese Vorübungen, – wenigstens von Mädchen oder angehenden Iünglingen, – zu erwarten stünde. Wollte man aber dafür lieber *Elisens* Briefe, oder die Briefe der *Montague*, oder *Yoricks* Reisen, oder den Dorfpriester von *Wakefield* zum Grunde legen; – was meiner Meinung nach allerdings, in diesem Fall, die vorzüglichste Empfehlung verdienen möchte: – so würde nach einem klugen Verweilen bei den ersten Blättern dieser Bücher, um den Unterschied, der zwischen ihrer und Os-

---

3   Das ist vvenigstens der herabgestimmtere Preiss von der neuen Fleischerischen Ausgabe dieses Dichters, (Frankfurt 1783.) Die erstere von 1777, kam noch etvvas über fünf Gulden zu stehen.

4   Würklich vvar es auch, (ausser jenem allbereits schon angegebenen Entzvvek) eine meiner angelegentlichsten Bestrebungen, durch die Ausgabe dieses Werkchens zur deutlichern Einsicht in den vvahren Sinn und die unnachahmlich grossen Schönheiten der *sämtlichen* Werke eines Dichters etvvas beizutragen, den ich gerne in eines jeden Händen zu sehen vvünschte.

*sians* Sprache statt findet, recht einleuchtend zu machen, und das allbereits Erlernte, aus den Excerpten des Dichters recht praktisch auf dieselben anzuwenden, der nemliche Vortheil zu hoffen seyn. – Nach diesem Plan formte sich denn auch natürlich meine Behandlung dieser Auszüge. Daher mein vorangeschiktes Namensregister, das ich bei einem Buch, dessen *viele, gänzlich fremde* Eigennamen, so manche Verwirrung verursachen können, und auch nicht sehr leicht zu behalten sind,[5] [XVIII] für ein höchst nöthiges Bedürfnis hielt. – Daher meine deutschen, gar nicht seltenen Anmerkungen, wo sie mir zur Aufhellung mancher historischen und genealogischen Dunkelheiten; so wie zur Ausfüllung mancher eingerissenen Lüken, erforderlich oder räthlich schienen. – Daher meine angehängten, wie ich glaube, für die ersten Blätter gar nicht kärglichen Phraseologien. – Daher endlich meine Hinweisungen auf die ersten Regeln der Grammatik, die ich dem Wortverzeichnis zu unterlegen für gut fand, und durch welches alles ich keinen andern Zwek erreichen wollte, als diesem Buch für *eigentliche Anfänger*, die nöthige Brauchbarkeit zu verschaffen.

Bei meinem vorausgeschikten Namensregister glaube ich indessen einen Fehler bemerkt zu haben, den ich auch durch meine sorgfältigsten Bemühungen nicht wohl vermeiden konnte, vielleicht weil er in solchen Dingen eigentlich gar nicht zu vermeiden ist. Ich meine die öftere Wiederholung, [XIX] oder wenigstens die öftere Anzeige von einer und eben derselben Sache. So findet sich manches in dem Register, was schon zum Theil, – bald kürzer, bald ausführlicher – in den Noten gesagt wurde; und wieder einiges in der zweiten Abtheilung desselben, was schon allbereits in der erstern berührt worden ist. – Dies schien mir freilich bei meinem Bestreben, bestmöglichste Aufklährung durch mancherley Mittel und auf mancherley Wegen zu geben, vielleicht gerade da Bedürfnis zu seyn; wo es manchem meiner Leser ein entbehrlicher Ueberfluss scheinen möchte. – Aber ganz gewiss sind diese leztern entweder allbereits schon reife Iünglinge oder wohl auch denkende Männer, und von diesen hoff' ich wenigstens hierüber Nachsicht zu erhalten; wenn ich sie an die Verschiedenheit erinnere, die *nothwendig* in den Bedürfnissen *junger, leichtsinniger Lehrlinge* statt finden muss, wenn sie mit den Ihrigen verglichen werden: gesezt auch, dass dieser Fehler durch meinen eigentlichen Entzwek bei diesem Register, – "eine generelle Uebersicht von dem zu geben, was im gan-[XX]zen Buch zerstreut enthalten ist," – nicht befriedigend genug entschuldigt werden sollte.

In den beigefügten Anmerkungen such ich meinen Dichter grösstentheils aus ihm selbst zu erklähren, in so weit mich nemlich eine *vielmals wiederholte*

---

5   Ich spreche hier mit Hinsicht auf meine eigene Erfahrung; denn ich hatte allbereits die sechste Lektüre dieses Dichters vollendet, ohne mit der ervvünschten [XVIII] Aufklärung von so manchen Dunkelheiten, die mir seine persönlichen und lokalen Eigennamen immer noch verursachten, ganz aufs Reine gekommen zu seyn.

Lektüre desselben dazu fähig machte. Indessen benüzte ich auch hiebei, die, zum Theil sehr schäzbaren, Comentationen des *Macpherson, Clerke* und *Hugo Blairs*, aus welchen ich aber gleichwohl mehr den Geist der Erläuterung, als ihre Worte aufzufassen suchte.

Meinem Entzwek nach sollten diese Anmerkungen eigentlich blos zur Abhülfe der lokalen, genealogischen und grammatischen Dunkelheiten dienen, die in diesen Erzählungen enthalten sind. Auch lassen sich die beiden erstern, wie mich dünkt, von einem Schriftsteller, der beinahe vierzehnhundert Iahre hinter seinem Rüken hat; dessen Karaktere meistens unbekannte Helden sind, und dessen Vaterland, – so wie die meisten Scenen seiner Erzählungen, – jungen Lesern nicht viel besser bekannt seyn mögen; so natürlich erwarten, dass die [XXI] Nothdurft solcher Aufklährungen keines weitern Beweises benöthigt ist. – Indessen hat sich denn aber vielleicht doch auch unter die mehrern Anmerkungen, die ich diesem Buche beizuschreiben hatte, manche mit eingeflochten, die eigentlich ausser dem Gebieth der Grammatik, und – wahrscheinlich auch, – der trokenen Geschichtserklährung, und der erforderlichen Ausfüllung von aufgefundenen Lüken liegen mag. – Eigentliche aesthetische Erläuterungen über diese Bruchstüke zu geben, war nun wohl meine Absicht nicht! Auch wird es leicht ins Auge fallen; dass ich viele der günstigsten Gelegenheiten, die sich mir hiezu erbotten hätten, *standhaft,* wenn auch schon *nicht ohne manche Selbstverläugnung* abgewiesen habe. Aber einige meiner jüngern Leser und Leserinnen zur regen Aufmerksamkeit auf die ganz vorzüglichen Schönheiten mancher Stellen dieses Dichters zu ermuntern, da, "wo sie vielleicht beim ersten Anblik ganz verkannt, oder auch ganz anders aufgenommen worden wären, als sie eigentlich verdienten," konnt ich meinem oft *so sehr* gerührten Herzen nicht *immer* versagen. – –

[XXII] Ieder Mann von Einsicht müsste mirs verargen, wenn ich nun noch viele Worte verliehren wollte, um begreiflich zu machen, warum ich, statt meiner deutschen Anmerkungen, nicht lieber *englische* gewählt habe, wie sie sich in meinem Originale fanden. Mühsamer würde es mir nun *ganz gewis nicht* gewesen seyn, wenn ich, statt eigener, kurzer Erläuterungen, – die ich so viel möglich zwekmässig zu machen suchte, – ganz lange Seiten aus *Macphersons* oder *Blairs* oder *Clerkes* Commentaren abgeschrieben hätte: ob aber auch der eigentliche Entzwek dieses Buches erreicht worden wäre, wenn ich die Erklährungen des Textes in Noten zu geben gesucht hätte, die, bei weitem, schwherer zu verstehen sind, als der Text selbst; – darf ich nicht erst beantworten.

Das angehängte Wortverzeichniss schien mir, ausser meiner Absicht, "durch dasselbe bei allen Arten von Lehrlingen der englischen Sprache, die dieses Buch gebrauchen wollen, (und ganz besonders bei jungen Frauenzimmern,) der Ermüdung und dem Ueberdruss in etwas vorzubeugen, die [XXIII] nach einem öfters wiederholten Aufschlagen, sich nur gar zu gerne einzufinden pflegen" – schien mir, sag' ich auch noch ausserdem schon deswegen nöthig, weil ich gefunden habe, dass unsere gewöhnlichen Diktionaire, gerade in Absicht der Worte, die *Ossians* Werke enthalten, besonders unzulänglich sind, und weil noch überdas nach der izigen Einrichtung des Werkchens zu hoffen steht; dass diese *Tales* auch von solchen Schülern als Lesebuch im Englischen benuzt werden können, die zu dürftig sind, als dass sie sich sogleich beim Anfang der Erlernung dieser Sprache, ein etwas vollständiges Wörterbuch beizulegen im Stande wären.

Die grammatischen Hinweisungen beziehen sich auf die bekannteste, und, beim Unterricht im Englischen, fast allgemein eingeführte, Grammatik des *Arnolds*, die, zu Folge meiner *wiederholtesten* Erfahrungen, bis izt noch immer die beste ist, die ich kenne.

Die Aufschriften der excerpirten Erzählungen meines Dichters wählte ich meistentheils selbst, nach dem wichtigsten Sujet ihres Innhalts. Eine [XXIV] Sache, die ich mir eben so wohl vergünstigen zu dürfen glaubte; als es *Macpherson* bei *allen* Gedichten dieses Sängers schon vor mir gethan hat. Da wo ich hingegen irgend eine Rubrik dieser *Tales* durch den Dichter selbst angegeben fand; z. B. THE TALE OF FALLEN CORMAC oder THE SONG OF TURA, gab ich natürlich der leztern den Vorzug. –

Nach allen diesen *manichfaltigen* Voraussezungen, darf ich nun wohl nicht den Vorwurf fürchten; "dass ich bei diesem Lehrbuch Excerpten wählte, die, wegen ihrer hohen Dichterfarbe, die sie an sich tragen, zu einem Lesebuch für *Anfänger* im Englischen zu schwehr sind." Denn; – wenn auch schon die ausserordentliche Fasslichkeit und Deutlichkeit des Wortverstands in diesem Dichter; – die jeder, der das Original gelesen hat, ohne alle Schwierigkeiten zugestehen wird, – und wenn auch ferner meine *sorgfältigsten* Bestrebungen, *alles*, was mir, für den angehenden Lehrling dieser Sprache, nur *in etwas* dunkel schien, durch Noten, Phrasen und grammatische Bemerkungen *bestmöglichst* aufzuhellen, in *gar keinen* Betracht gezogen [XXV] werden dürfte; so war es doch bei uns Deutschen, (der grossen Vorliebe ohnerachtet, die wir, schon seit mehrern Iahren, für die englische Sprache zu erkennen geben,) bis izt gleichwohl noch nicht so gänzlich eingeführte Sitte, sie zu Lehrübungen für eigentliche Kinder von sechs bis zehen Iahren zu machen, wie es lange schon beim *Französischen* geschieht.

Und nur in diesem gar zu frühen Iugendalter liesse sich, bei der Lektüre eines solchen Buches, aus gänzlichem Mangel der erforderlichen Penetration in den eigentlichen Sinn des Dichters, wo er durch poetische Schönheiten, z. B. durch seine Gleichnisse, oder seine Aposiopesen und Metaphern, verdunkelt würde, die Ermüdung und der Ueberdruss vermuthen, die, bei Iünglingen oder Mädchen von etwa vierzehn bis sechzehn Iahren,[6] gewiss nicht befürchtet

---

6   Und das vvar gerade auch die Gattung von Lehrlingen, auf die ich bei meiner Behandlung dieses Buches vorzüglich Rüksicht zu nehmen suchte.

werden dürfen; wenn sie, durch einige Vorübungen in irgend einer andern
[XXVI] Sprache, oder wenigstens durch eine weislich eingerichtete Lektüre in
guten vaterländischen Produkten, – die ja ohnehin, heut zu Tage, eine fast zu
unbegränzte Ausbreitung erhalten hat, – ihren Geschmak für das eigentliche
Schöne und wahre Edle in ächten Dichterwerken nur in etwas auszubilden
suchten.

Nürnberg am Iohannis Tage
    1784.

# [Emilie von Berlepsch (Harms):] [Auszüge aus:] Caledonia. Von der Verfasserin der Sommerstunden. Zweyter Theil [1802].

[189] [...] *Loch Etive* erstreckt sich noch einige Meilen tief ins Land und verliert sich spitz am Fuße des *Cruachan* in einem schönen Thale, das nach ihm heißt *Glen Etha* oder *Etie*. Ossiansche Tradition hat dieses Thal geweiht. Es ist deutlich bezeichnet, als Wohnung und Eigenthum des *Usnoth*, Schwager des berühmten *Cuchullin* und Vater des *Nathos*, dessen Liebe zur *Darthula*, die er dem Irländischen Usurpator *Cairbar* entführt hatte, dessen Heldenmuth und Tod, den Stoff zu einem der Gesänge Ossians giebt. Die armen Liebenden wurden auf ihrer Flucht vom Winde wieder zurückgetrieben nach *Ullin* an die Küste von Irland, wo der rachsüchtige *Cairbar* mit sei[190]nem Heere lag. *Nathos* und seine Brüder, *Althos* und *Ardan*, wurden bald von ihm entdeckt. Der erste, der als Wache ausgestellt war, kam mit der Nachricht zurück, *Cairbar* rücke heran mit zehntausend Mann:

Und laß sie zucken die Schwerdter zu tausend,
sprach lächelnd der fürstliche *Nathos*.

Die Söhne des Wagen-getragenen *Usnoth*
erzittern vor keiner Gefahr.

Warum wälzest du weisschäumend dich,
o Meer! an die Küste von *Ullin*!

Warum rauschet ihr Stürme so laut,
Mit nächtlich schaurigen Flügeln?

Meint ihr, ihr seyd es, die hier, an dem Strand
der Feinde, haltet den *Nathos*?

Nein, ihr Kinder der Nacht,
ihn hält die Kraft seiner Seele!

[191] Bringe mir, Bruder, die Waffen der Väter,
Die dort flimmern im Sternenlicht.

Es brachte *Althos* die Waffen;
es deckte *Nathos* die Glieder mit Stahl.

Lieblich ist des Helden Gebehrde,
doch schrecklich sein glühender Blick.

Er blickt dem kommenden *Cairbar* entgegen,
in seinem Haare pfeifet der Wind.

Schweigend steht ihm *Darthula* zur Seite,
ihr Auge verläßt den Geliebten nicht.

Sie strebt zu verbergen den schwellenden Seufzer,
zwey Thränen rollen im Auge ihr.

*Althos*, sagte der Führer von *Etha*,
ich sehe eine Höhle im Felsen dort.

Verberge das Mädchen,
und stark sey dein Arm.

[192] *Ardan*, wir treffen den Feind,
Wir fordern zum Kampf den fürstlichen *Cairbar*.

O käm' er in schallendem Stahl,
zu fechten mit *Nathos* von *Etha*.

*Darthula*, kannst du entfliehn,
so blicke nicht auf den Gefallenen.

Spanne die Segel, o *Althos*!
lande mit ihr im hallenden *Etha*.

Erzähle dem Fürsten, sein Sohn sey rühmlich gefallen;
es habe mein Schwerdt den Kampf nicht gescheut;

In der Mitte von Tausenden sey ich gefallen.
Froh sey die Trauer des Vaters um mich!

Rufe, Geliebte, rufe die Mädchen,
zur tönenden Halle von *Etha*;

Laß, wenn der schattige Herbst wiederkehrt
sie Lieder singen von *Nathos*.

[193] O mögte die Stimme von Cona ertönen zu meinem Ruhm,
daß sich erfreue mein Geist in seiner Wohnung der Stürme.

Und es soll meine Stimme dich preisen, o *Nathos*,
Dein Ruhm soll leben in Ossians Lied.

Warum war ich nicht an der Küste von *Ullin*,
als der wüthende Kampf sich erhob!

Ossians Schwerdt hätte dich Jüngling vertheidigt,
oder gefallen wär' ich mit dir.

Wir saßen in jener Nacht in den Hallen von *Selma*,
rund um der Muschel voll stärkenden Tranks.

In den Eichen saus'te der Wind,
laut auf schrie der Berggeist.

Der Windhauch kam säuselnd entlang der Halle
und berührte meine Harfe sanft.

Sie ertönte traurig und tief,
gleich einem Grabesgesange.

[194] Fingal hörte das Tönen zuerst,
Seufzer hoben des Königes Brust.

Meiner Helden ist einer gefallen,
sagte Morvens graulockiger Fürst.

Ich höre das Tönen des Todes,
es entschallt der Harfe meines Sohnes.

Ossian rühre die Saiten,
wecke die Feier der Wehmuth.

Daß der Gefallenen Geister mit Freude
mögen zu *Morvens* waldigen Hügeln fliehn.

Ich rührte die Harfe vor dem Könige,
trauervoll und leis' ertönte sie:

Steiget von eurem Gewölke,
neigt euch, ihr Geister der Väter!

Schreckt nicht mit eurem röthlichen Schein.
Empfangt den gefallenen Helden,

[195] Er komme von fernem blutigem Strande,
er komme herauf aus den Wogen;

Empfanget den Helden mit freundlichem Gruß,
öffnet die Wohnung ihm in den Wolken,

Kleidet im Nebelgewande ihn ein,
im Nebel, den Sterne durchschimmern,

Ein halberloschenes Feuergebilde
gleich einem Schwerdte trag' er zur Seite.

Lieblich möge sein Angesicht seyn,
daß sich erfreun die Väter und Freunde.

Neiget, ihr Geister von Ossians Vätern,
neigt euch herab von eurem Gewölk!

So sang ich in *Selma*,
zur klagenden Harfe;

Doch *Nathos* war einsam
und hörte den Feind.

[196] Der Morgen erhob sich mit seinen Strahlen,
Es erschienen die Söhne *Erins*.

Gleich grauen Felsen mit schwankenden Bäumen
breiteten sie an der Küste sich aus.

*Nathos* rauschte vorwärts in seiner Kraft;
zurück konnte *Darthula* nicht bleiben.

Sie kam an der Seite des Helden,
hebend den glänzenden Speer.

Wer sind die zwey Bewaffneten dort
schreitend im Stolze der Jugend?

Es sind die Söhne des *Usnoth*,
die edeln Brüder des *Nathos*.

Komm heran, rief *Nathos* mit Gluth,
komm, Führer des hohen *Temora*!

Laß uns kämpfen an diesem Gestade,
kämpfen um die Tochter *Selama's*.

[197] Fern ist *Nathos* von seinem Volk',
fern seine Krieger jenseits der rollenden See.

Warum führst du die Tausende her,
gegen den Fürsten von *Etha*?

Einst flohst du vor ihm in der Schlacht,
als seine Freunde ihn umgaben,

"Jüngling mit dem Herzen voll Stolz,
soll kämpfen mit dir der König von *Erin*?

Deine Väter sind unberühmt,
sie waren nicht Beherrscher der Menschen.

Hängen in euren Hallen die Waffen der Feinde,
oder die Schilder vergangener Zeit?

Gepriesen ist *Cairbars* Nam' in *Temora*;
mit kleinen Menschen kämpft er nicht."

Dem Auge *Nathos* entstürzte die Thräne,
er wendet auf seine Brüder den schwimmenden Blick.

[198] Und plötzlich fliegen die Speere,
drey Speere fliegen, es fallen drey Helden *Erins*.

Dann zuckten sie glänzende Schwerdter,
es wichen die Reihen von *Erin*,

Wie der Saum des finstern Gewölks
vor dem Windstoß zurückweicht.

Nun ordnete *Cairbar* die Schaaren
und hieß sie spannen die Bogen.

Es flogen die Pfeile zu Tausenden.
Es fielen die Söhne des *Usnoth*.

So fallen drey junge laubvolle Eichen;
sie standen am Hügel allein;

Es sah sie der Wanderer;
er freute sich ihrer;

Es wundert ihn, daß sie so einsam
und doch so kräftig wuchsen empor.

[199] Da kam der Sturm aus der Wüste
mit nächtlich grausem Geheul;

Die jungen Häupter der Eichen
ergreift er wüthig und stürzt sie herab.

Zurück kommt der Wandrer und sieht sie am Boden;
kahl ist der Hügel und öd' ists umher.

*Darthula* stand in schweigendem Schmerz,
und sah den Fall ihres Helden.

Thränenlos rollte ihr Auge, doch wild;
bleich war die liebliche Wange.

Der Bebenden Lippen entflohn
einzelne jammernde Laute.

Da kam der düstere *Cairbar* heran,
mit grimmig höhnischen Worten:

"Dein Buhle, *Darthula*, wo ist er nun?
wo ist der Führer von *Etha*?

[200] Hast du die Hallen des *Usnoth* gesehn,
die braunen Gebirge des Fingal?

In *Morven* hätte gewüthet mein Heer,
wenn nicht die Winde zurück dich getrieben.

Fingal selbst wäre gefallen,
Trauer hätte in *Selma* gewohnt." –

*Darthula's* Armen entsank der Schild,
die schneeweiße Brust ward entblößt;

Ein Blutstrom färbte sie roth,
es hatte ein Pfeil sie durchbohrt.

Sie sank auf den gefallenen Liebling hin,
Der Schneeflocke gleich auf dem Felsen;

Ihr Haar umfloß sein bleiches Gesicht;
vermischt floß ihr Blut auf die Haide.

Die Barden des *Cairbar* stimmten nun an
den Grabgesang um *Darthula*.

[201] "*Tochter des Colla*, du bist dahin,
*Truthils* Geschlecht ist vergangen;

Nun murmeln mit traurig dumpfem Geräusch
die blauen Ströme *Selama's*.

Wann wirst du erwachen in deiner Schönheit,
erstes der Mädchen von *Erin*?

Dumpf ist dein Schlaf im Grabe,
dein Morgen fern.

Die Sonne wird nicht kommen zu deinem Bett,
und sagen: *Darthula*, erwache!

Es wehen draußen die Lüfte des Frühlings;
es schwanken die Häupter der Blumen auf grünenden Hügeln;

Es wallt der Wälder wachsendes Laub;
erwache, du schönste der Weiber!

Tritt nur, o Sonne, zurück!
es schläft die schöne *Darthula*.

[202] Sie kommt nicht wieder
in ihrer Schönheit.

Sie wandelt nicht wieder
mit lieblichen Schritten einher."

So sangen die Barden des *Cairbar*,
als sie erhuben das Grabmahl der Todten.

Es machte mir viel Vergnügen, den Gesang, von welchem ich hier ein Fragment einrücke, Angesichts von *Glen Etie*, wo der großgesinnte *Nathos* geboren war, zu übersetzen. Ich schrieb meine deutschen Zeilen mit Bleystift am Rande meines *Macphersonschen Ossians*, und hatte mit Herrn *Macdonald* manche angenehme und belehrende Gespräche in Beziehung auf diesen Gegenstand. Da uns aber die Geburtsstätte *Ossians*, das Thal *Glencoe*, das wir am folgenden Tage durchreisten, noch mehr [203] Veranlassung zu ähnlichen Unterredungen gab; so will ich die Resultate, die ich daraus zog, verschieben, bis ich über *Glencoe* spreche.
[...]
[232] [...]
Die fünf Berge, die *Glencoe* bilden und umschließen, sind das was man in der Schweiz *Fluen* nennt, Berge der zweyten Gattung, als der *Glarnisch*, das *Stockhorn*. Ich zweifle sogar, ob mich nicht ihr nahes Aneinanderstehen und die Abwesenheit höherer Berge täuscht, sie für höher zu halten, als sie sind. Ihre Stellung gegen einander, da ihre weithingestreckten Ab[204]hänge wie ineinander geschoben sind, macht die größte, aber auch die unbeschreibliche Schönheit des Thals. Es ist augenscheinlich nur das Bett eines Stroms, der sich seinen Weg an den Füßen der fünf conischen Berge durchgerissen hat. Es ist als gewiß anzunehmen, daß der Fluß *Cona*, der jetzt *Coe* heißt, und nur ein starker Gießbach ist, in ältern Zeiten sehr viel größer gewesen seyn muß; auch, daß mehrere Bergströme sich mit ihm vereiniget haben. Es ist zu glauben, daß seine Gewässer sich vertheilt und mit den Seeen, von denen das Thal hinter den Bergen umringt ist, verbunden habe. So unbedeutend als der *Coe* jetzt ist, kann er zu Ossians Zeiten nicht gewesen seyn, das zeigen viele Stellen in seinen Gesängen.

Das Rauschen der kommenden Helden
ist gleich dem Tosen der Ströme,

[234] Die sich begegnen im Thale von *Cona*;
wenn nach den nächtlichen Stürmen

Sie wälzen die schwarzgrauen Wirbel,
beym blassen Schimmer des Mondes.

---

Weit in der Ferne hör' ich das Rauschen (der Feinde)
gleich den Strömen des hallenden *Cona.*

Solcher Anspielungen auf dieses Thal und der ziemlich sichern Andeutungen,
daß es das nehmliche sey, welches unter dem Namen *Cona* als Ossians Ge-
burtsstätte angegeben wird, finden sich sehr häufig in seinen Gedichten. Auch
manche Analogie der Benennungen. So heißt der höchste und schönste der
fünf Berge, die das Thal bilden, *Malmor,* ein Namen, der in einigen Gesängen
vorkömmt. *Cathair Everallin,* Sitz der *Everallina,* heißt ein kleiner Hügel am
[235] Abhang des *Malmors. Everallina* war Ossians Gattin und die Mutter des
*Oscar,* der in seinem zwanzigsten Jahre den von seinem Vater so schön besun-
genen Heldentod starb. Ein anderer Hügel trägt Fingals Namen, *Con-Fion.* Er
selbst, *Ossian,* nennt sich vielfältig die Stimme von *Cona,* und wird von an-
dern so genannt. Warum, sagt Fingal,

Warum beugt sich im Grame der Sänger von *Cona*
über seinen verborgenen Strom?

Ist dies eine Zeit für die Wehmuth,
Vater des *Oscar,* des edel Gefallenen?

---

Umsonst werden sie suchen nach der Stimme von *Cona,*
die in ihren Gefilden verstummte.

Der Jäger wird kommen am Morgen,
und der Klang meiner Harfe ertönt ihm nicht.

[236] "Wo ist der Sohn des wagengetragenen Fingals?"
und es rollt eine Thräne seine Wange herab.

Ich sammle vorläufig diese Stellen, als Beweise für die Authenticität der Ossi-
anschen Gesänge, die jetzt aufs neue so heftig angegriffen wird, und über wel-
che ich späterhin noch einiges sagen werde.
   Bey meinem Durchwandeln des Thals – denn wir verließen alle unsere Wa-
gen – dachte ich wenig an Controversen. Auch ohne den Wiederhall in mei-
nem Innern, von der sanft klagenden Harfe des herrlichen Sängers, hätte mich
dieses Thal, durch seinen erhaben melancholischen Character, tief bewegt.
   [...]

[250] Bewahrt mich vor Unglauben an den Werth, an die Vortrefflichkeit meiner Gattung und bannt den bösen Geist der Menschenverachtung, wenn er, aus den Trümmern zerstörter Ruhe und Tugend hervorschwebend, mich mit Geyerklauen ergreifen will.

Auch Ossian trauerte um die versunkenen, großen Gestalten seiner bessern Jugendzeit. Er sah das heilige Feuer kraftvoller Tugend erloschen um sich her. In die Fußstapfen seines großen Vaters und seiner Helden, traten kleine Menschen. (*Sons of little men* wie *Macpherson*, vielleicht nicht ganz im Ersischen Sinne, übersetzt). Er selbst war in seinem hohen Alter schwach und blind. Der letzte jenes Heldenstammes schwankte verlassen und ermattet um die Gräber seiner Geliebten, und hatte nicht den Trost, ein großes, tugendhaftes Geschlecht zu [251] hinterlassen, in dessen Andenken er wünschen konnte zu leben. Aber er trauerte sanft:

[1]Oft hab' ich gefochten in Schlachten der Speere,
Oft hab' ich gesiegt.

[252] Nun wank' ich weinend und blind,
von kleinen Menschen umgeben,

[253] Von allen Geliebten verlassen.
Deine Krieger, o Vater, seh' ich nicht mehr!

Wie groß muß die Trauer des *Ossian* seyn,
denn du selbst bist verschwunden, o Fingal!

---

1   Diejenigen meiner Leser, welche den *Macpherson*schen *Ossian* und die schöne Uebersetzung des Herrn *Rhode* gelesen haben, mögen mir verzeihen, daß ich ihnen in meinen Uebersetzungs-Fragmenten bekannte Gestalten vorführe. Ich habe unsre zwey ersten Uebersetzungen von *Denis* und *Harold*, so viel Verdienst sie auch haben, und so sehr ich ihre Verfasser schätze, nie mit Vergnügen lesen können. Nachdem ich nun selbst auf dem classischen Boden der alten Ersischen Poesie gewesen bin, und viele Stellen aus dem Grundtexte mir habe vorsagen lassen, kann ich vollends jene Uebersetzungen nicht ertragen. Der kunstvolle Hexameter ist so durchaus entfernt von dem Tackt und Fall der Ersischen Naturpoesie, daß es un[252]möglich ist, sich einen so abgemessenen Gesang in den Thälern von *Glencoe*, *Etie* u. s. w[.], zu denken. Ohngefähr eben so fremd schien mir die *Harold*sche poetische Prose dem Geiste des Originals. Während meiner Hochländischen Reise nahm ich mir deshalb vor, den ganzen *Ossian* in der Manier zu übersetzen, von welcher ich einige Proben beylege; nehmlich in einem metrisch freyen doch cadencirten Parallelismus, in welchem es mir scheint, daß *Ossian*, wie mehrere der ältesten Dichter, aus einem instinktartigen, musikalischen Tackt gesungen hat.

Ziemlich lange nach meiner Zurückkunft in Deutschland, sah ich zuerst die Uebersetzung des Herrn *Rhode*, die zwar nicht im Doppelschlage der Zeilen gearbeitet, aber doch so rein, kraftvoll und schön ist, daß es Vermessenheit seyn würde, mit [253] einer neuen Uebersetzung des ganzen *Ossian* neben ihm aufzutreten. Doch kann ich zum voraus setzen, daß verschiedene meiner Leser die Gesänge des *Ossian* entweder nie gesehn, oder aus dem Gedächtniß verloren haben. Für *diese* wünsche ich durch einen leisen Wiederhall jener erhabenen, sanft melancholischen Töne, ein größeres Leben und Interesse in die ernsten stillen Gegenden zu bringen, die sie mit mir im Geiste durchreisen.

Im Wiederhall der Hügel von *Cona*,
hör' ich deine Stimme nicht mehr.

[254] Oft sitz' ich in *Morven* bey deinem Grabe,
mit meinen verfinsterten Augen.

Ich betast' es mit meinen Händen
und benäss' es mit meinen Thränen.

Dann wähn' ich zu hören die Stimme des Königs;
doch ists nur das Flüstern der Wind' auf der Haide.

Heil deiner Seele, du König der Schwerdter!
Groß ist dein Ruhm auf den Höh'n von *Cona*.

---

Ich höre zuweilen die Geister der Sänger
und lern' ihr herrliches Lied.

Doch versagt mir Erinnerung die Bilder der Vorzeit,
die Stimme der Jahre tönet mir dumpf.

[255] Sie ziehen vorüber und sagen:
"warum singet *Ossian* noch?

Bald wird er wohnen im engen Hause,
kein Lied wird erklingen von seinem Ruhm."

Rollt nur vorüber, ihr finstern Jahre,
ihr bringt keine Freude mir mehr.

Möge sich öffnen die Grube für *Ossian*!
denn schon verschwunden ist seine Kraft.

Die Sänger sind alle zur Ruhe gegangen,
warum denn bleib' ich allein zurück?

Matt nur und flüsternd
tönt meine Stimme;

Gleich einem Lüftchen,
das einsam säuselt,

[256] Am meerumspühlten
schaurigen Felsen,

Wenn mächtiger Winde
Rauschen verstummt ist.

---

Es gleicht meine Stimme
dem letzten verklingenden

Schalle des Windes,
wenn er die Wälder verläßt.

Aber *Ossian* bleibt
nicht lange verlassen;

Schon sieht er den Nebel,
der einst ihn bekleidet,

[257] Wenn ihn der Väter
Geister empfahn.

Dann werden die kleinen, jetzigen Menschen
staunend mich schauen;

Werden bewundern der Helden der Vorzeit
erhabne Gestalt.

Sie werden kriechen zu ihren Höhlen
und furchtsam blicken zum Himmel empor,

Denn in den Wolken, in finstrer Schönheit,
schreit' ich einher.

Sohn des *Alpin*, führe den Greis
zu seinen alten schattigen Wäldern.

Es toben die Stürme,
Es heulen die Wellen.

[258] Beugt nicht von *Malmor* herab
ein Baum die entblätterten Zweige?

Es beugt sich, o Jüngling, im Säuseln des Windhauchs,
es hängt meine Harfe am dürren Zweige.

Dumpf ist der Saiten klagender Ton,
berührt der Wind dich, o Harfe?

Oder erklingst du vom Hauch' eines Geistes,
der leise wehend vorüberstreift?

Sohn des *Alpin*, reich' mir die Harfe;
er soll ertönen ein neues Lied.

Meine Seele soll scheiden mit diesem Gesange;
meine Väter sollen es hören in ihren luftigen Hallen;

Freudig werden sie blicken aus ihrem Gewölk'
und ihre Arme empfangen den Sohn.

[259] Es neigt sich die Eiche über den Strom;
es seufzet im Laub' und im Moose;

Es lispelt der welkende Farrn
und mischet sich schwankend mit *Ossians* Haar.

Schlage die Harfe und erhebe das Lied!
Tragt es, ihr Wind', in die Wolken!

Ich komme, du König der Menschen!
*Ossians* Leben erlöscht.

Ich beginne zu schwinden in *Cona*;
meine Schritte sind in *Selma* nicht mehr.

Neben dem Steine von *Mora*
werd' ich entschlafen.

Der Winde Säuseln in meinen Locken
wird mich nicht wecken.

[260] Geh' nur, o Wind, auf deinen Schwingen,
du kannst nicht stören des Siegers Ruhe.

Die Nacht ist lang', schwer ist sein Auge.
Scheide, flüsternder Windhauch!

Warum trauerst du, Sohn des Fingal?
warum umwölkt der Gram deine Seele?

Es schwanden die Fürsten der vorigen Zeit;
es schwinden die Söhne künftiger Jahre.

Die Völker gleichen den Wogen des Meers;
sie gleichen dem Laub' in *Morvens* Gehölze.

Es sauset der Windstoß,
es schwindet das Laub,

Und neue Blätter erheben
die grünenden Häupter.

[261] Fingal selbst ist verschwunden,
die Hallen der Väter sind öd' und leer.

Und will der alte Sänger noch bleiben,
obgleich verschwanden die Mächtigen alle?

O könnt' ich vergessen
die Freunde der Jugend,

Bis auch mein Fußtritt nicht mehr ertönte!
Bis ich gelangte zu ihrer Wohnung im Nebelgewölk'!

Vielleicht hätte ich nicht so tief mit dem *Ossian* sympathisirt, nicht so harmo-
nisch mit ihm klagen können, wenn wir an dem Tage, da ich *Glencoe* durch-
ging, einen ganz hellen Himmel gehabt hätten. In der Schweiz machte ich oft
die Erfahrung, daß der Eindruck der [262] hohen Berge und ihrer Gründe
durchaus verschieden ist, nach der Beleuchtung, in welcher sie gesehen wer-
den. Bey einem reinen blauen Himmel, machte mich der Anblick der Berge
munter, energisch, kühn; mir war als stünde ich so fest, so emporgehoben als
sie! als könnte ich jeder Uebermacht trotzen; als wäre Licht, Klarheit und rei-
ner Aether das Element meines Wesens. Die scharf abgezeichneten Umrisse;
die durch Schatten und Licht kühn projectirten Felsen; das dunkle ungemischte
Blau der Luft, geben den Nerven eine Elasticität, die keine Schwermuth zuläßt.
Aber die Beleuchtung worin ich *Glencoe* sah, und über welche ich Anfangs
murrte, war ganz dazu gemacht mir Schicksal und Erdendaseyn im Ossiani-
schen Colorit zu zeigen. Ein schwerer Traum von [263] schwankenden Nebel-
gestalten, zuweilen nur von einem reinen Strahl erhellt!

Unsre Jugend gleicht dem Traume des Jägers,
der auf dem Hügel der Haide schläft.

Im milden Strahle der Sonne entschlummert er;
doch er erwacht mitten im Sturm.

Nebel ziehen umher; es schwinden die Gipfel der Berge;
roth fliegen die Blitze; Dornbüsche schütteln ihr Haupt.

Er blickt mit Sehnsucht zurück in die sonnigen Tage,
und gedenkt des lieblichen Traums seiner Ruh.

Melancholisch erhaben war der Anblick in einem sehr hohen Grade, den uns
die Berge [264] gaben, als wir sanft steigend einige Stunden fortgegangen wa-
ren, wenn, wie wir fast alle zehn Minuten thaten, wie still standen und um uns
sahen. Die eine nach Süden gewendete Seite des Thals, ist bis zu einer sehr
beträchtlichen Höhe des Berges, der wie eine Schirmwand empor ragt, grün,
freundlich und mit zahlreichen Heerden von Schaafen besetzt. Ein Bild sanfter
idyllischer Schönheit. Die Bergwände im Hintergrunde und an der Gegenseite,
strotzen in ernster, finstrer Majestät. Hoch auf dem einen dieser nach Norden
gerichteten Berge, sieht man eine ungeheure Felskluft, die eine tiefe dunkle
Höhle bildet. Adler umflogen diese Gipfel; große Nebelmassen umzogen sie;
zuweilen sie ganz umhüllend; dann ließen sie die Spitzen abwechselnd [265]

hervorblicken und rollten langsam in schwerfälliger Würde fort. Plötzlich blickte die Sonne groß und feurig durch den Nebel, und umglänzte das Riesenhaupt des *Malmor*. Nun schien mir das Thal, wie durch eine unsichtbare Hand herausgehoben aus Dumpfheit und Stille, in eine hellere Welt des Lebens und der Freude. Schöne Lichtstreifen fielen auf die grünen Grasstellen; Funken tanzten auf den schäumenden Wellen des *Coe*; die Adler schwangen sich mächtiger auf und schienen dem Sonnenstrahl entgegen zu eilen. Aber in den Klüften, in den Vertiefungen zwischen den Bergen, sanken dunklere Schatten. Nebelgewände zerrissen, ließen uns neue noch unbekannte Formen der Felsgipfel sehn, und rollten sich wieder zusammen.

[266] Es war eine große Scene. Wie sehr muß *Ossian*, ehe er blind war, sich gefreuet haben, wenn die Sonne sein melancholisches Thal so erheiterte! Wie natürlich ists, daß er sie mit heiliger Feyer anredet! Sein Gesang erklang tief in meiner Seele. Ich begleitete ihn mit den Tönen meines Vaterlandes; und mit diesen Harmonieen verließen wir das Thal *Glencoe*.

O du, die du rollest dort oben
rund wie der Schild meiner Väter!

Woher deine Strahlen, o Sonne?
dein nie versiegendes Licht?

In heiliger Schönheit trittst du hervor,
und es verhüllen vor dir sich die Sterne.

[267] Kalt und bleich sinket der Mond
herab zur westlichen Woge.

Aber du wandelst allein.
Wer vermag es dich zu begleiten?

Die Eichen der Berge sinken dahin,
Berge vergehn mit den Jahren.

Der Ocean sinket und steigt,
der Mond verschwindet am Himmel.

Du bist die nehmliche stets,
und prangest im Glanz deines Laufes.

Wenn Stürme die Erde verfinstern,
wenn rollen die Donner und fliegen die Blitze,

[268] So blickst du schön aus Wolken hervor,
und lachst der tobenden Stürme.

Aber auf *Ossian* blickst du umsonst,
Er sieht deine Strahlen nicht mehr;

Es möge dein goldenes Haar
umfließen die östlichen Wolken!

Du mögest scheidend am Thor
des westlichen Himmels noch zittern!

Doch vielleicht hast du gleich mir,
nur Eine Jahrszeit des Lebens.

Einst schläfst du in deinem Gewölk',
nicht hörend die Stimme des Morgens.

[269] Jauchze denn, Sonne, in Jugendkraft!
das Alter ist finster und traurig.

Es gleicht dem glimmenden Lichte des Monds,
dämmernd durch fliegende Wolken.

Auf seiner halb vollendeten Bahn
erstarrt der bebende Wandrer.

# Karl Teuthold Heinze: Ideen zu Zimmern in Ossians Geschmack. Für Freunde Ossians [1804].

Neulich stand in der Südpreußischen Zeitung, unter der Aufschrift Paris: "Alles wird jetzt hier Ossianisch. *Didot* hat neuerdings eine neue Ausgabe Ossians veranstaltet. Hr. *Bousset* verkauft Ossianische Romanzen. Hr. *Ladureur* hat Bardenszenen aufführen lassen. Man macht in der Oper Zubereitungen, um den Ossian von *Lesueur* vorzustellen. Zu Faydeau hält man Repetizionen der Oper "Malvina", und man versichert, daß die Tapezirer ein Modell suchen, um Ossianische Mobilien zu verfertigen." –

Wenn nun dies letzte nicht Scherz, sondern vielmehr wahrer Ernst ist; so will ich Freunden Ossians das *Gedankenbild einer Ossianshall*, oder eines Zimmers, einer Grotte in Ossians Geschmack anzugeben wagen. Geschickte, mit dem Alterthume Kaledoniens bekannte Künstler, werden es zu verbessern und zu verwirklichen wissen.

----

Man wähle in seinem Hause ein beliebiges, nicht zu großes Zimmer und richte es folgendermaßen ein:

Die *Wände* werden rundherum mit würfelichten Tapeten, nach Art der schottischen Zeuge, welche schon im Alterthume getragen wurden, ausgeschlagen, oder auf diese Weise gemahlt. Nur würde ich rathen, dazu nicht die schreienden Farben der Neuschotten zu wählen; sondern vielmehr *grün* und *schwarz* nach seinen Verschattungen. Die Schlacke oben, und über der Lambris sei ein Gewinde von Eichenblättern und Eicheln; die Lambris stelle übereinandergelegte mit Moos ausgestopfte Feldsteine, oder einen grauen Marmorgrund vor. Die Decke des Zimmers werde himmelblau angestrichen und leichte Nebelwolken werden hineingemahlt.

Die *Fenster* müßten, nach Art der altgothischen Kirchenfenster, auf eine edeleinfältige Weise eingerichtet werden. Wollte man Vorhänge dazu haben, so könnten diese entweder von feinem Musselin, oder besser von einem aschgrauen sehr durchsichtigen Zeuge, wolkenartig aufgezogen und so beschaffen seyn, daß sie das Tageslicht gleich einem lockeren Nebel, etwas milderten.

Die *Thüren* würde ich von beliebigem Holz fertigen und so anstreichen lassen, daß sie wie Ruthengeflechte aussähen. Das Schloß daran, so einfach als möglich, müßte etwas versteckt werden, damit die neuere Schlosserarbeit nicht sobald ins Auge fiele und die Täuschung aufhöbe.

Ofen, Spiegel und Sekretair gehören nicht in ein solches Zimmer. Statt des Ofens aber werde ein *Kamin* angebracht. Dieser stelle eine alte, abgebrochene, sehr dicke, hohle Eiche vor, die entweder von rauher Töpferarbeit, nach Art der Kaminofen, oder von Gypsarbeit gemacht und nach der Natur angestrichen seyn müßte. Unten am Fußboden, und so hoch und breit, als eine Kaminöfnung seyn muß, habe diese Eiche ein natürliches Loch, das inwendig so gemauert ist, als sei es die von Alter ausgemorschte Höhlung derselben. Der obere, innere Theil der Eiche kann so eingerichtet werden, wie bei [789] den Kaminöfen. In diese Höhlung wird das Feuer gemacht: dieses muß aber, um ganz schön zu seyn, von alten Weidenköpfen und multrigen, nicht hellbrennendem Holze angezündet werden. Dann wird es so aussehen, als glömme der alte Eichenstrümmel selbst, und man wird sich bei einem solchen Kaminfeuer ganz zu dem alten Barden an seine glimmenden Baumstämme hinträumen können. An jede Seite dieses Kamins könnte auch ein Steinsessel gestellt werden, der, von Holz gemacht, oben gepolstert, und über und über mit steinfarbigem Leder bezogen, einen natürlichen Stein vorstellte. Wollte man diesen Kamin zumachen; so müßte zu diesem Behuf ein Kaminbrett gerade in die Oefnung hineingepaßt und so gearbeitet und angestrichen werden, daß es entweder das verdeckte Morschloch vorstellte, oder den Eichenstamm ergänzte.

Die *Stühle* des Zimmers, will man nicht lauter Steinsessel haben, können, nach Art der Londner Bambusstühle, ganz einfach, von einer Holzart, die eine nicht zu rauhe, festsitzende Rinde hat und einheimisch ist, gemacht seyn.

Statt des Kanapees wähle man eine hübsche, künstliche *Moosbank*, die, nach Art der Ottomannen, oder Sophas ohne Rück- und Seitenlehnen, gearbeitet und mit einem sehr rauhen, moosfarbigen Plüsch, oder noch besser mit rauhen Thierfellen des Landes, als von Hirschen, Bären, sibirischen Auerochsen x. bedeckt seyn müßte.

Wenn die *Tische* eine simple alterthümliche Form haben, mit weissen Marmorplatten bedeckt sind, so werden sie nicht unschicklich seyn. Könnte, wie bei den Stühlen, dem Holze derselben die Rinde gelassen werden, so wäre es freilich besser. Will man sie nicht leer stehen lassen, so stelle man englische Hornbecher, Trinkmuscheln und humpenartige Krüge darauf.

Sollte und müßte dann auch ein *Spiegel* in diesem Ossianszimmer seyn, so muß er in eine altkaledonische Landschaft, deren Mitte ein See ist, so versteckt werden, daß er den See der Landschaft selbst vorstellt. Um denselben herum müßten Schilf und Sträucher so gemahlt seyn, als ob sich dieselben im Wasser spiegelten. Solche Landschaften aber würden erst müssen eigens dazu verfertiget werden; desgleichen auch das darüber zu ziehende Glas, welches aus dem Ganzen, in der Mitte zu Spiegel gemacht, geschnitten seyn sollte. Ob Künstler eine solche Aufgabe werden lösen können, weiß ich nicht: sollte aber doch meinen!

[790] Eben so verhält es sich auch mit dem *Sekretair*, wenn er unentbehrlich seyn sollte. Auch dieser müßte etwas anders, das aus Ossians Welt genommen wäre, vorstellen. Etwa einen Felsenaltar, über dessen oberster Hälfte eine Harfe hinge; oder ein zum Niederlassen eingerichteter Schild, mit darüber befestigten langen Streitäxten und Schwerdtern.

Wollte man auch eine *Büchersammlung* in diesem Zimmer aufbewahren, so müßten in der Wand Blenden mit Fächern angebracht seyn. Die Thüren und die äußere Bedeckung derselben würde ich so mahlen lassen, als ob viele Schriftrollen übereinander geschichtet da lägen.

Den *Fußboden* kann man mit einem grünen oder grauen Teppich belegen.

Zu noch mehrerer Ausschmückung einen solchen Zimmers schlage ich die Kupfer vor, welche der Kurhessische Hofbildhauer *Rühl* in Kassel von allen vorstellbaren Szenen des Ossian entworfen hat und vielleicht bald herausgeben wird. –

Am besten wird sich ein solches Zimmer ausnehmen, wenn es eine gewölbte, ziemlich hohe *Decke* hat. Dann müssen aber die würflichten Tapeten wegbleiben, und an deren Statt Eichen in halberhabener Gypsarbeit und nach der Natur gemahlt, rings um die Wände zu stehen kommen, und ihre Aeste oben im Deckgewölbe in einander schlingen. Zwischen diesen Eichen werden die Blenden für Bücher angebracht; die Ruhebank, Tische, Sekretair x. gestellt und die Fenster vertheilt. Alles Uebrige bleibt, wie oben beschrieben ist.

Am vortreflichsten würde diesen Entwurf einer Ossianshalle, besonders auf die letztvorgeschlagene Weise, der geschmackvolle, vortrefliche *Fürst von Dessau* in seinem Wörlitzer Naturgarten ausführen können, wenn *diesem* fürstlichen Freunde alles Schönen und Guten und gewiß auch Ossians, *dieser* unmaßgebliche Vorschlag zu Gesichte kommen und seinen Beifall erhalten sollte, –

Es ließe sich auch, wenn man, von den Urschriften Ossians an, alle Übersetzungen desselben und was über, von, für und wider seine Gedichte geschrieben worden ist, sammeln wollte, eine recht hübsche, ganz für eine solche Halle geeignete Bücherei anlegen: allein, wie schon gesagt, dazu gehört die geschmackvolle Liebhaberei eines Fürsten, wie der genannte.

[Anonym:] [Auszüge aus: Rezension zu:]
Die Gedichte von Ossian, dem Sohne Fingals, [...]
übersetzt von Friedr. Leop. Grafen zu Stolberg [1807].

*Die Gedichte von Ossian, dem Sohne Fingals. – Nach dem Englischen des
Herrn Macpherson ins Deutsche übersetzt von Friedr. Leop. Grafen zu Stol-
berg. 3 Bände. Hamburg, bey Perthes 1806. 8.*

Jede neue Uebersetzung Ossians verstärkt unsere Sehnsucht nach der endli-
chen Erscheinung der Urschrift. Auch die gelungensten unter den bisherigen
Nachbildungen waren immer nur Uebersetzungen des Macpherson'schen Os-
sians, Copieen einer Copie, über deren Aechtheit die Stimmen noch sehr ge-
theilt sind. So lange indessen die Kritik nicht die angenehmere Pflicht erfüllen
kann, eine Uebersetzung mit dem Original selbst zu vergleichen, muß sie den
englischen Ossian als Maaßstab ihrer Beurtheilung anerkennen. Immer wird
der dichterische Werth desselben und sein Einfluß auf unsere neuere Poesie
bedeutend genug bleiben, um dem Macpherson einen Platz unter den edelsten
Restauratoren zu sichern. Wie vielseitig war auch in Deutschland der Ge-
brauch, welchen man von seinem Funde machte! Hier verglich ihn die Kritik
mit Homer und den [394] morgenländischen Dichtern, dort nahm die Ge-
schichte der Kultur aus ihm wichtige Data für den Geist des Heldenalters.
Dichter erwärmten sich an seiner Flamme, verarbeiteten einzelne Lieder Os-
sians zu Romanzen und Dramen und ließen uns in manchen Gesängen Töne
von Rona vernehmen. Bey einem Dichter, welcher, wie Ossian, dem Deut-
schen so leicht zugänglich ist, konnte es um so weniger an Uebersetzern feh-
len, unter welchen sich die gepriesensten Nahmen finden. Macpherson hatte
eine numeröse Prose zu seiner Darstellung gewählt, welche dem Uebersetzer
am wenigsten Fesseln anlegt und das Geschäft einer getreuen Nachbildung er-
leichtert. Auf diesem Wege ging Harold fort, so gaben uns Göthe, Bürger ӿ.
einzelne Bruchstücke, Denis erschwerte sich selbst die Aufgabe und bewies, so
gewandt er den Ulyssesbogen zu spannen wußte, daß die gewählte Form sich
mit strenger Treue nicht ganz verträgt.

Graf Stolberg, welcher schon vor dreyßig Jahren in der Dichtung Hellebeck
singen konnte:

Nun umschwebten uns Bilder der Vorzeit; die Leyer von Selma
Tönet' um uns, um uns die liebliche Stimme von Kona.

besitzt Eigenschaften, welche ihn zum Uebersetzer Ossians vorzüglich eignen müssen. Er scheint anfangs den Plan einer jambischen Uebersetzung gefaßt zu [395] haben. Wenigstens ist die am frühesten übersetzte Darthula in diesem Versmaaß gebildet. In allen übrigen Stücken hat er ein noch freyeres, größtentheils fünffüßiges Metrum gewählt, in welchem Anapästen, Daktylen, Trochäen ϰ. abwechseln. Z. B.

> O Du, die zwischen den hochgehängten Schilden
> In Ossians Halle wohnst, herab, o Harfe,
> Lass deine Stimme mich hören! – Alpin's Sohn,
> Berühre die Saiten! dir geziemt, zu wecken
> des Barden Geist! das Murmeln des Lora hat
> Verschwemmt die Sag', ich steh' im Gewölk der Jahre,
> das selten sich der Vorzeit öfnet, und kommt
> die Erscheinung, dunkel ist und trübe sie.
> *Temora* Gs. 5.

Der Sänger von Rona gefällt sich bekanntlich in kurzen, nicht vielfach verschlungenen Tönen, in jenen schnell abgebrochenen Akkorden, wie wir sie auch in der Naturpoesie ähnlicher Völker finden, wie sie einem Dichter natürlich seyn mußten, welcher sang, aber nicht niederschrieb, was ihm seine Begeisterung eingab. Solche gleichsam vereinzelte Sätze verbinden und zu Perioden formen, heißt dem Naturdichter einen Theil seiner Selbstheit rauben. Gr. St. giebt größtentheils jenes Charakte[396]ristische wieder und läßt uns nur in wenigen Stellen die Ossianische Einfalt und Energie vermissen.
[...]
[399] [...]
Sehr gefällig ist in den eingewebten Bardenliedern, elegischen Gemählden ϰ. der Wechsel des Metrums. Als Beyspiel stehe hier Ossians Anrede *an den Abendstern* I, 271.

> Stern der sinkenden Nacht,
> Schön ist im Abend dein Licht!
> Dem Gewölk' enthebst
> Du dein ungeschorenes Haupt,
> Am Hügel ist stattlich dein Schritt!
> Was siehst auf die Ebene du!
> Es legten sich ja die stürmenden Winde,
> Fernher erschallt
> Das Getöse des Stroms.
> Es klimmen brausende Wogen
> Die Klippen des Gestades hinan!
> *Es schwebet auf schwachen Schwingen*
> Die Fliege des Abends;
> Ihr summender Flug
> Durchschweift das Gefild. –

[401] [...]

Die beygefügten historischen Notizen und Bemerkungen befördern so sehr den Genuß des Ganzen, daß wir gewünscht hätten, der edle Uebersetzer wäre mit ihnen freygebiger gewesen.

[402] In den eigenen Noten berichtigt er Macpherson und liefert kleine Parallelen mit homerischen Sitten. Wie bey Ossian z. B. das Wild die Geister der Todten sieht, so gewahren bey Homer die Hunde des Eumaios die Gegenwart der Pallas Athene. Wie die alten Schotten mit ihren Gästen die Waffen tauschen, so erneuern bey Homer Diomedes und Glaukos selbst als Feinde mitten in der Schlacht durch Waffentausch die Gastfreundschaft.

[Anonym:] [Auszüge aus:
Rezension zu Ossianübersetzungen
von Stolberg, Ahlwardt und Jung] [1808].

1. *Die Gedichte von Ossian, dem Sohne Fingals.* Nach dem Englischen des
   Hrn. Macpherson ins Deutsche übersetzt von *Friedrich Leopold Graf zu
   Stollberg.* Drey Bände. Hamburg, bey Perthes. 1806. 8. (4 Thlr. 12 gr.)

2. *Probe einer neuen Uebersetzung der Gedichte Ossians aus dem Gaelischen
   Original,* von *Chr. Wilh. Ahlwardt,* des Oldenb. Gymnasiums erstem Prof.
   und Rector. Oldenburg, bey Stalling. 1807. 44 S. 4. (10 gr.)

3. *Ossians Gedichte.* Uebersetzt von *Franz Wilh. Iung.* Drey Bände. Frankfurt
   a. M., b. Varrentrapp u. Wenner. 1808. 8. (3 Thlr. u. 5 Thlr.)

Die Zahl der deutschen Uebersetzungen Ossian's nach Macpherson wird hie-
mit um drey vermehrt, so dass, irren wir nicht, sie sich auf sieben oder acht
belaufen werden. Soll man diess dem innern Werthe dieser Gedichte zuschrei-
ben? Dieser ist mindest vielseitig angefochten worden. Oder dem kindlich
treuherzigen Hingeben des Deutschen an alles, was Organ seiner Bildung wer-
den kann? [...]
   [1352] [...]
   Man hat diese 22 Werklein anfänglich epische Gedichte genannt, unstrei-
tig, weil man Epos zu deutsch Heldengedicht übersetzt, und hier überall von
Helden die Rede ist. Sicher aber hat man nicht bedacht, was doch in der Ge-
schichte vorliegt, und wie eine wundernswürdige nimmer unterbrochene Zau-
berkette, wie eine durchaus und auf das innigste gegliederte Welt sich darstellt,
dass das Epos eben die Gesammtheit einer Zeit, das Menschliche und Göttli-
che als eins, umfasst, dass es sich demnach an ihre Spitze, oder auch ihr Ende
stellt, je nachdem man sie auf- oder abwärts gehend betrachtet, dass es sich
nothwendig nicht nur an die Mythologie in allen ihren Zweigen anschliesst,
sondern in sie hineinwächst, also kosmogonisch, theogonisch und Stammge-
schichte ist, dass eben auf diese Weise alles sich gleichsam, wie Radien, aus
seinem Mittelpuncte herauswirft, und als Einzelnes gestaltet, und dass eben
darum, weil alles sein eignes, selbstständiges Leben gewinnt, der Dichter, als
Darstellender, gar nicht eintreten darf, vielmehr völlig zurücktreten muss, eben

wie im Drama, welches nur eine gediegenere Ausbildung des Epischen ist. Betrachtet man nun die vorliegenden Ossianea von dieser Seite, so ist freylich von Mythologie dieser Basis der Geschichte hier nicht der geringste Anklang; man müsste denn die dünnen (Jung. II, 361.) grauen wässerigen Geistergebilde dafür gelten lassen, wie sie (II, 284. Stollb.) genannt werden, welche hier vor und in den Schlachten herumspuken, und, nach Laing, in dieser Gestalt nur den gemeinen Hochländern gehören, da doch schon die nordische Mythologie überhaupt in ihren Duergars und Alfen eigenthümliche und weit herrlichere Geistergebilde hat. Höchst lächerlich aber ist, ja widerwärtig, wenn der Held Fingal mit einem solchen auf dem Sturme einherfahrenden Geiste Lodas, eben wie ein gewisser Ritter mit den Windmühlen, ficht, und diesen Geist mit dem Stahle durchsticht, dass er schreyt und zerstäubt, Inistore erbebt und die Wellen erschrocken im Laufe stocken (I. 94 f. Jung). Sonst ist alles wahrhaft gottlos (wie schon ein Vertheidiger auffallend fand, aber entschuldigte) und keine Spur von einem Naturdienste, wie er dem Norden und dieser Zeit zusagt. Nicht Götter oder gött[1353]licher Abkunft sind die Helden, nur rüstigere Schläger, "Eber mit ihrem Rudel," sie kehren nicht zu Göttern zurück, sondern zu ihres Gleichen, etwa von andern gesondert. Auch bemerkte schon Laing über sie, dass diese Verfeinerung, Galanterie und Empfindselichkeit nicht wohl in jene Zeiten passe, wo ein Held einen Sänger um ein Stück Rindfleisch mit Zwiebelbrühe ziemlich unsanft über den Kopf hieb; und nicht minder unangemessen dem Geiste einer wilden Kriegerzeit (wie human man es auch heut zu Tage finden möge) ist theils das Betragen der Helden gegen die Ueberwundenen, theils die Gestalt, welche die Liebe unter ihnen annimmt. Diese Helden seufzen und heulen um die Mädchen, entführen sie, und spielen sogar Intriguen, ja bey aller Galanterie so ungalante Intriguen, dass die schwarzlockigen und blondgelockten, schwanweissbusigen, schneearmigen, süsstönigen Dinger, die doch auch in die Schlachten ziehn, daran sterben, wie Komala an Hidallans Intrigue. Und was sind diese Moinen, Minnonen, Malvinen etc. anders, als eigentliche Seufzer und Thränengefässe? Wären sie und ihre Galans nur origineller, man würde glauben, in die Zeiten der französischen Chevalerie versetzt zu seyn, wo man wächserne Herzen, Nachbilder des geliebten, mit glühenden Nadeln in bakchischer Wuth durchstach; so wenig tragen sie den Charakter früher nordischer Frauen an sich, die immer noch verhandelt wurden, immer noch nur Haushälterinnen und Befriedigungsmittel der Geschlechtslust waren, und nur darin von den antiken Frauen sich auszeichnen anfingen, dass sie (wie z. B. bey Caesar im Kriege) als Prophetinnen eine Stimme halten. Erst von diesem Puncte aus sehen wir in der Geschichte die Frauen aus ihrer Knechtschaft, worin sie lange niedergehalten wurden, weil das Ganze, der Staat, mehr hervortrat, als der Einzelne, hervorgehen, – welche im antiken ihre Freyheit vindicirten, wurden Hetairen und bildeten Hetairenschulen – und in der christlichen Welt als Verpflegerinnen der Geselligkeit einen höhern Rang erhalten. Allein diess sind sie hier nicht; ihr ganzes Leben verrinnt im Weinen und Klagen, ohne jedoch die üppige Fülle phantastischen Schwunges zu entfalten.

Ueberhaupt – und diess ist in der That ein sehr wichtiger Punct – ist das ganze Leben in diesem Ossian so arm, so enge und dürftig, und einfärbig, dass es in Schlachten (die ziemlich aufschneiderisch erzählt werden s. II, 5. Stolb.), Muschelmalen, Seufzern und Gesängen, die selber Seufzer sind, sich abweift. Bey dieser höchst magern Allgemeinheit hat denn nothwendig durchaus keine einzige in festen Umrissen verzeichnete eigenthümliche Gestalt hier auftreten können. Jeder überschaue nur unbefangen das Ganze, und sage, ob es nicht einem Gemälde gleiche, worauf eine nackte in Nebel gehüllte Berggegend dargestellt ist, wo aus Nebeln überall graue Geistergesichter hervorlugen, wo rechts etwa ein Strom fliesst, links in nicht gar grosser Entfernung an vier oder acht Grabsteinen, dem Zeichen gefallener [1354] Helden, ein seufzender Held sitzt, zu seinen Füssen ein Hund und ein Schwert, auf der Höhe des Berges ein ohnmächtig gewordenes Mädchen, tiefer unten etwa ein Zweykampf. Man bringe nur Eine Gestalt auf, Mann oder Frau, welche von der andern in Grund und Wesen verschieden ist, und fest und stet sich vor dem Sinne bewegt! Die empfindselige Grossmuth, welche nur wenigen darunter *versagt* ist, der prahlende Trotz, das Gesang*hummen*, oder auch das unmuthige Pfeifen, welches mehrern mitgegeben ist, macht es nicht aus. Dieser Mangel an eigenthümlicher Gestaltung wird auch darin recht sichtbar, dass überhaupt vieles nicht frische poetische Gegenwart, sondern eine episodische Vergangenheit ist, weniger ein sich wirklich darstellendes, entfaltendes Leben, als ein oft schlecht und unzusammenhängig erzähltes, wie in Inisthona. So kann denn, wem die Götter noch eine frische Natur verliehen, die in kränkelnder Empfindeley sich nicht verzehren mag, keinesweges es rührend, sondern nur lächerlich finden, wenn diese jammernden Helden von eignen, oder auch Andrer *tempi passati* mit Klagen und Thränen erzählen, oder sich erzählen lassen. Mit derley Klagen über Malvinas Tod und eigenes nahes Scheiden schliessen denn diese Gedichte ganz würdig, und in keinem wird man eine grosse Idee antreffen, in welcher das Ganze hinge; alles verschwimmt und endet sich in enger Empfindsamkeit. Sollen wir über die Sprache etwas sagen, so gestehen wir, dass auch aus der Ahlwardtschen Probe kein so bedeutender, wesentlicher Unterschied hervorgeht, dass wir von dieser Seite M. so sehr tadeln möchten. Und in der That, wo es um Gehalt und Wesen so steht, wie wir dargethan haben, kommt es ja auf eine Hand voll Blümlein mehr oder weniger aus dem Herbarium der Poesie nicht an, mögen sie aus heiligen oder profanen Schriften genommen seyn, wie Laing auch in Hinsicht der Sitten nicht ohne Grund behauptete.

Nach dem Gesagten schien es doch misslich, diese Gedichte fortan noch episch nennen zu wollen. Nun war es die überschwengliche Empfindseligkeit der Helden und des überall eintretenden Dichters, welche Ahlwardten veranlasste, sie episch-lyrisch zu nennen. Da auch einige Wechselgespräche darin vorkommen, so möchten wir den Verehrern dieses Ossians vorschlagen, sie episch-lyrisch-dramatisch zu nennen, damit, so Gott will, alle Formen der Poesie darin erschöpft geglaubt würden. Nur würden wir rathen, sich nicht durch die Einrede stören zu lassen, dass eben dieser Synkretismus der Formen, dieses Schwanken doch einen unsichern und seiner nicht mächtigen Geist verrathe, dass dergleichen Producte eigentlich weder Fisch, noch Fleisch seyn, indem dagegen das Wesen eines jeden Gedichts bestimmte Gestalt eines bestimmten Gehaltes sey.

Nimmt man zu diesem allen, dass die meisten dieser Gedichte mehrere Berührungen mit Romanzen und Balladen bieten, was andre dargethan haben, so wird dadurch nicht nur jenes Schwanken erklärbar, sondern auch die Zerfällung und Vereinzelung, in [1355] welcher diese Gedichte noch weit eher sich empfehlen könnten, damit aber auch zugleich der Missgriff derer, welche in diesen Erinnerungen an Helden- und Mädchenabentheuer einen epischen Charakter finden konnten. Auch zeihen die Ueberschriften, welche sich in einigen vorfinden, solche kunstrichterliche Ansprüche der Schiefheit; denn da heisst es doch etwa: *ein Lied, eine Sage der Vorzeit*, oder wie Jung zierlich sagt, *Thaten der Tage von andern Iahren, die nimmer (?) sind*. Man sieht, wie anspruchlos diese Gedichte gern wären.

Bey diesem absoluten Unwerth, wie ein allgemein geschätzter Kritiker es nannte, der sich darüber nicht stark genug auszudrücken wusste, kann es, dünkt uns, ziemlich gleichgültig seyn, ob dieser sogenannte Ossian ursprünglich galisch, oder englisch sey. Wenn Macpherson auch nicht Verfasser, oder Verfälscher war, so hätte er doch durch das Aufheben, was er darüber machte, seinen Mangel an poetischem Sinn, welchen ihm Laing vorwarf, nicht undeutlich ausgesprochen. Vielleicht aber liesse sich durch genauere Vergleichung altschottischer und englischer Romanzen und Balladen auch die Zeit ungefähr darthun, in welcher diese Gedichte verfertigt worden, so dass M. zum Theil von der Schuld des Unterschiebens befreyet würde. Wollte man dagegen behaupten, diese Balladen und Romanzen seyen eben erst aus jenen gemacht worden, so wäre es freylich sonderbar genug, dass das Neuere und Spätere mehr Alterthümliches verriethe, als das Alte selbst. Doch diese und ähnliche Untersuchungen eignen sich weder diesem Orte, noch würden sie mehr, als unterstützen, wo so viel innere Beweise sprechen, äussere dagegen entweder gar nicht vorhanden sind, oder doch so wenig sagen, als die oben angeführten. –

Möchten doch die Deutschen von diesem Ossianischen Götzen zurückkommen! Mit diesem Wunsche, und weil doch den lobpreisenden Empfindeleyen über diese Empfindeleyen noch immer nicht Ziel und Maas gesetzt wird, warfen wir einen ernsten Blick auf die Sache, und werden ruhig alle Einsprüche, wenn sie nur, wie die bisherigen, Anweisungen auf die *vox populi*, oder anderweitige Versicherungen über poetische Trefflichkeit sind, auf sich selbst beruhen lassen.

Sehr lustig, wenn auch völlig begreiflich ist es, wenn Uebersetzer, wie z. B. Jung, des gelehrten Ahlwardts Urtheil über Macphersons Uebersetzung hart und unbillig finden; denn freylich, wenn diess eine schlechte Uebersetzung ist, so müssen nothwendig alle Uebersetzungen dieser Uebersetzung noch schlechter erfunden werden, zumal, wenn, wie Jung in der Vorrede äussert, sie für und mit dem Dichter-Uebersetzer, ja dem Uebersetzer, oder dem Dichter vorfühlen. So könnte denn geschehen, dass, Ossians Trefflichkeit vorausgesetzt, die Uebersetzer ihm entweder gar nichts anhaben, oder ihn so entstellen könnten, dass man endlich gar nichts von ihm sähe; oder aber, seine Unpoesie an-[1356]erkannt, er am Ende zu einem Muster rectificirt würde, welches es allen Nationen bieten könnte.

Sollen wir aber über die Jungsche und Stollbergsche Uebersetzung urtheilen, so entscheiden wir uns für die Stollbergische, welche doch der Jungschen zu Grunde gelegt ist. Jung nämlich hat den schön und zuweilen kräftig gemessenen Gang trochäischer Rhythmen, welcher mit lyrischen Versen in mannichfaltigem Wechsel untermischt ist, in allgemeine freye Rhythmen, wie er es nennt, aufgelöst; seine lyrischen Verse sind die drey- oder vierzeiligen Odenstanzen Klopstocken nachgeahmt. Wir zweifeln nicht, dass beyde Uebersetzungen ihr Publicum finden werden. Jung ist weicher, um nicht zu sagen matter, und lyrisch aufgelöster, Stollberg dagegen kräftiger, und besonnener. Indess, wo die Originalübersetzung ihre Albernheiten hat, da kehren sie auch in diesen wieder. So heisst es in Kathlodas zweytem Duan (Jung. 1, 33. Stollb. 1, 25.) von Strinadona bey Stollberg:

> Wann auf der Heide sie wallte, weisser dann
> War ihre Brust als Kana's Flaum; am Gestad
> War Schaum der rollenden Woge nicht so weiss.

bey Jung:

> Wandelte sie der Haid' entlang, da war
> Weisser ihr Busen, denn des Kana's Flaum,
> Und, langs dem seeumrauscheten Ufer, weisser,
> Denn der Schaum des rollenden Meers.

Schon hier sieht man, was durchgängig ist, dass Jung besonders die Epitheta zu erweitern und noch mehr auszuschmücken strebt. So hat Stollberg nur eine *Fahne mit Golde geschmückt*, Jung aber 2, 147 eine *mit goldigen Nägeln, erglitzernd (?) oben besetzte*. Stollb. sagt 3, 244 *dein Schild ist der alte Mond*, Jung 3, 343 *dein Schild ist ähnlich einem veralteten Monde*. Unstreitig muss auf diese Weise Ossian immer homerischer werden, und ein künftiger Ausleger wird manches als *magis poëtice dictum* aus Jung in den Text nehmen, so dass dem armen Ossian am Ende noch mehr Plünderungen werden vorgeworfen werden als jetzt. Es hat schon Leute gegeben, welche die νῆας κελαινας, die νησους ἁλιπλαγκτους, das δῶμα ὑψηρεφες, den ἠελιον φαεσιμβροτον, ja sogar den Apollo ἀκειρεκομης, und selbst aus dem Hebräischen manche alte Bekannte mit nicht geringer Ueberraschung wieder fanden, und auch hieraus folgerten, der graue Barde sey noch nicht so alt, als er sich eben angebe. Auch meyneten dieselben, *epitheta* würden nur um so mehr *mere ornantia*, je öfter sie später nachgebraucht würden; je älter sie aber wären, desto tieferer Bedeutung wären sie, in dem theogonischen Theile vollends der Mythologie hingen sie so innig in die Wurzeln eines oft uralten schwer zu entziffernden Cultus verschlungen, dass man sie keinesweges als spielende Beywerke ansehen könnte. Aber den Naturdichtern kommt dergleichen im Schlafe. – Uebrigens sind beyde Uebersetzer von kleinen Sprachnachlässigkeiten nicht ganz frey, wie [1357] denn Stollberg 1, 130 *lockendes Haar* statt *lockigen* hat, *gepreiset* für *gepriesen*, 167 *umfaht* als Partic. 174. Jung aber öfters (1, 210. 3, 177. 201.) *gebe* für *gieb*, u. s. w. – Mehr über diesen Gegenstand zu sagen, wissen wir wohl, würde bey dieser weit verbreiteten Ossianomanie, welche unserer in Gefühl oder Phantasie wohllüstelnden, überverfeinerten und verzärtelten Zeit zusagt, unnütze Mühe seyn. Solchen werden weder, noch wollen wir ihren Genuss verleiden (es mag Einzelheiten geben, und Stimmungen, in welchen Manchem dergleichen Einzelheiten zusagen); möchten sie dagegen nur so billig und schonend seyn, nicht mit entlehnten leeren Floskeln, oder mit ungesondertem gelehrten Apparat, die Zeiten unkundig schulmeisternd, was ihrer Persönlichkeit zusagt, Andern für allgemein geniessbar, ja verehrlich anzupreisen!

[Anonym:] [Auszüge aus:]
[Rezension zur Ossianübersetzung
von Christian Wilhelm Ahlwardt] [1812].

*Die Gedichte Oisians.* Aus dem Gaelischen im Sylbenmaasse des Originals
von *Christian Wilh. Ahlwardt.* Erster Band. XXXV u. 347 Seit. Zweyter
Band. 402 S. Dritter Band. 492 S. 8. Leipzig, bey Göschen. 1811. (4 Thlr.)

Den historischen und poetischen Kern der Ossianischen Zauberwelt, in wel-
cher, seit ihrer Erscheinung fühlenden und namentlich schwermüthigen Herzen
so wohl war, für einen untergeschobenen, modernen Wechselbalg, für das
Hirngespinst eines einzigen Kopfes zu halten, wird sich ein vorurtheilfreyer
Geist wohl nicht einfallen lassen, wenn er auch die neuesten Untersuchungen
und Zeugnisse der hochländischen Gesellschaft und die Aehnlichkeit der Os-
sianischen mit andern nordischen, z. B. der Runischen Poesie, nicht berück-
sichtigen sollte. Ein Dichter sagt von der Sonne: Sie, die alle Welt verklärt, er-
klärt sich selbst – und so genügt für die Echtheit der Ossian. Welt, als Beweis,
uns der einzige Umstand, dass sie da ist, und dass sie nicht blos schwärmen-
den, unbestimmte Bilder und Empfindungen liebenden Jünglingen, sondern
allen grossen Seelen wahrhafte Nahrung fürs Leben gab. Wem freylich als
echtes Kriterium des Alterthums nur *Roheit* gilt, oder wer alles Alterthum nur
nach dem Zuschnitte der heitern, sinnlich vollkommen ausgestalteten griechi-
schen Lebensgestalt zu messen gewohnt ist, der wird schwerlich in dieses
Urtheil einstimmen. Indessen kann auch auf dessen Meinung, als einseitig,
nicht Rücksicht genommen werden. Die historische und poetische Echtheit der
unter Ossians Namen begriffenen Lieder ist also wohl eben so unbezweifelt,
als die der homerischen. Ossians und Homers Gesänge würden nicht seyn, und
auf empfängliche Seelen wirken, wenn es keine homerischen Griechen, keine
caledonischen Hochländer, und keinen alten Dichtergeist gegeben hätte, wel-
cher das Bild dieser poetischen Lebensweise hätte auffassen können, so wenig
es Klopstocks Bardiete oder einen Göz von Berlichingen geben würde, wenn
es nie eine kriegerische und bey einfachen Sitten poetische deutsche Nation
gegeben hätte. Wie es, um ein Beyspiel aus einer höhern Geistesregion anzu-
führen, für die Bekenner einer auf Urkunden sich stützenden Religion keinen
grössern Beweis für die [570] Echtheit ihrer Urkunden gibt, als den Geist, der
von denselben wirklich ausgeht, und wie nur gewöhnlich die an solchen Ur-

kunden zweifeln, denen Empfänglichkeit für jenen Geist abgeht – so ist es auch mit dem Glauben an die Echtheit der Werke eines poetischen Genius. So phantasirten die Griechen viele Jahrhunderte lang unter dem Schutze des homerischen Namens vom homer. Geiste ergriffen, gläubig fort, weil Homer der treue Spiegel ihrer Natur war, und so phantasirten, seit Ossians Erscheinung, auch die sentimentaler gestimmten Nordländer, die in ihm ihre Welt wieder fanden, von Macpherson an bis zu dem neuesten Uebersetzer oder Bearbeiter im ossianischen Geiste weiter fort, ohne sich in unnütze Zweifel einzulassen. Es war in beyden Fällen weniger um den *Buchstaben*, als um den *Geist* des Dichters zu thun. Homer und Ossian sind als wirkliche Personen doch immer in ein mystisches Dunkel gehüllt. Sie sind, so zu sagen, Ideale der Einbildungskraft, an denen die Nachkommenschaft, die ganze Menschheit theilnehmend weiter arbeiten konnte. Der Kern ihrer Poesien ist in bestimmter Form des Wortausdrucks durch die *Tradition* mehr, als durch die Schrift erhalten. Ihre Gestalten und Gedanken sind in bleibenden Worten *objectiv* worden, und leben wegen ihrer vortreflichen Rundheit und Vollkommenheit dauernd in den Menschenseelen. Denn das ist der einzige wahre Charakterzug einer *classischen Poesie*. Allein die äusserliche Form der Werke selbst, in wiefern sie nur durch Schriftsprache bestimmt werden kann, die Eintheilung und Zusammenstellung der Gesänge und Lieder, das einzelne *Wort*, nicht die Wortmanier – – das alles bleibt wandelbar, ist oft ein Werk späterer Zeiten, und die feinste Kritik, der reinste Geschmack wird hier nicht selten im Dunkeln tappen. Die Muse selbst, die reine Begeisterung allein, muss sich ins Mittel schlagen, um echt von unecht, passend von falsch zu unterscheiden, und das was im Geiste und in der Wortmanier das schönste, das rührendste, das erhabenste ist, wird auch echt genannt werden müssen. Nur der Pedant, wie es wenige geben kann, würde seinen Homer bis zu einem ν ἐφελκυριχον beschwören, und den verfluchen, welcher ein Jota subscriptum hinzuthut, oder davon nimmt. Wenn die Dichter oft selbst, sobald sie aus dem absoluten Zustande der Begeisterung herausgefallen sind, bey allem Geschmack durch neue Lesarten, durch Veränderungen jeder Art, ihr Werk entstellen, was [571] sollen wir erst zu einem, höchstens mit Sprachkenntniss und Geschmack ausgerüsteten Aristarchen sagen, welcher uns mit seinen Obelis den halben Homer anathematisirt? Allemal wird uns der *Rhapsode* noch einen grössern Dank zu verdienen scheinen, der von dem Geiste seines Urdichters ergriffen, in ihm lebend und webend, Worte unterschiebt, die der Urdichter nicht aussprach, zwar oft manches entstellen, aber auch wohl viele Reize besser herausheben kann! Ein solcher von der Muse selbst berufener moderner Rhapsode des Ossian, war *Macpherson*, der mit Recht für den Wiedererwecker des Ossianischen Genius gilt. *Er* und er *allein* liess den Ossian in einem Glanze auftreten, welcher in allen empfänglichen Gemüthern wiederstrahlte, und allen, die Ossianische Ideen in fremden Sprachen darstellten, gelang es nur in sofern, in wiefern sie sich dem Macpher-

son näherten, der, wenn gleich vielleicht durch zu lebendigen Dichtergeist ab-
gehalten, ein genauer Sprachforscher des von ihm gesammelten Urtextes zu
seyn, dennoch seinen Dichter am besten *errieth*, weil er mit ihm nicht nur
durch Vaterland, sondern auch durch Einbildungskraft und Empfindung am
nächsten verwandt war. Ungeachtet er, (der, wie er selbst in einer Vorrede ge-
steht, seine Lehrjahre in der Musen-Kunst heimlich gestanden hat,) Homer,
Aeschylus, Milton u. s. w. in dem Grade und gefühlt haben mochte, dass er
sich unwillkürlich die Wendungen ihrer Sprache zu eigen machen und mit der
Ossianischen verbinden musste, ungeachtet er sich wohl hier und da, wie viele
grosse Dichter, einmal in Wortprunk verlieren konnte: war Er doch von dem
heroischen, melancholischen Geiste seines Gegenstandes und seines Originals
so durchdrungen, dass sein eben so einfacher als orientalisch kühner Styl an
sich betrachtet, ohne die berauschenden Zaubermittel des Metrums und des
Reims im geringsten zu gebrauchen, ein Muster der poetischen Sprache über-
haupt geworden ist, und mit einem bald rauh u. dunkel tönenden, bald sanft
hauchenden und lispelnden Wortklange die Ossian. Schwermuth sehr treffend
begleitet. Macpherson erfüllte also wenigstens, wenn auch mehr als freyer Be-
arbeiter, wie als treuer Uebersetzer, (in welcher Eigenschaft er sich selbst gar
nicht ankündigt,) die strenge Forderung, welche er an einen solchen Uebertra-
ger fremder Ideen in eine andre Sprache macht, nämlich diejenige, *seinem
Originale* gleichen *zu können*. Auch huldigten die grössten Männer aller Na-
tionen demjenigen Ossian, den sie *nur durch Macpherson* kannten. Dichter,
wie Klopstock, Göthe, Herder, Stollberg, Denis fühlten, wie *Macpherson* den
Ton angab. Die berühmtesten Geister Britanniens waren ihm dankbar, und die
Widersacher, welche er fand, machten im Ganzen genommen mehr seine hi-
storische Treue, als seinen poetischen Werth verdächtig, wollten entweder, wie
W. Shaw das ganze Werk für untergeschoben, oder wie der Irländer Young für
ein ursprünglich Irländisches Product [572] späterer Zeit erklärt wissen. Viel-
leicht thut, wie in allen Dingen, so auch hier, der *erste Eindruck*, der immer
der frischeste und lebendigste zu seyn pflegt, das *Seine*. Es ist mit einem schö-
nen Gedichte, das man mit glühender Empfindung umfasst, wie mit der ersten
Liebe, die oft für das ganze übrige Leben und Lieben den Ton anzugeben
pflegt. Der Dichter selbst mag sein Werk späterhin noch so viel herausputzen
und glätten, uns gefällt es doch nur in dem anspruchlosen Schmucke, wie es
uns – vielleicht mit kleinen Nachlässigkeiten, das Erstemal gefiel, als es unsre
ganze Seele einnahm. So scheint *Macpherson*, manchem neueren hochfühlen-
den Kritiker zum Trotz, nun einmal bey dem grössten Theile der empfinden-
den Welt dies zauberische Vorrecht der ersten Liebe davon getragen zu haben.
Selbst das schien den meisten wohlthuend, dass er eine freye, nicht metrische
Rede gewählt hatte. Die Melancholie, zu welcher uns Ossian einladet, wenn er
sich als unser Begleiter in eine romantische Einsamkeit, unter den Trümmern
der Vorwelt und unserer menschlichen Hoffnungen darbietet, hasst alles

Gefühl von Zwang und Peinlichkeit. Hamlet erscheint mit herum hängender, nachlässiger Kleidung auf der Bühne, und die schwärmerischen Stellen der Rousseau'schen Schriften würden sich schlecht in Versen ausnehmen. Das wusste der feinfühlende Macpherson. Er selbst berichtet, dass ihm nicht schwerer geworden sey, *metrisch* als *prosaisch* zu übersetzen, dass er aber das letzte gewählt habe. Von der Beschaffenheit des Gedichts in der Ursprache lässt sich kein Schluss auf eine neuere Sprache machen, die oft in dem Grade gezwungen wird, als sie sich in ausländische Manier hinein dichtet. Daher war man dem Macpherson auch für seine *Prosa* dankbar. Man liess sich die Pracht der Denisischen, wiewohl hier minder passenden Hexameter, die Rhodischen Versuche, die zuweilen meisterhaft gewählten Metra des genialen und der heroischen Empfindung so ganz gewachsenen, in den Genius der deutschen Sprache eingeweihten Stollbergs gefallen, und griff wieder nach Macpherson, weidete sich an den, bis auf wenige Gezwungenheiten so innigen Göthischen Fragmenten im Werther, oder an der treuen Haroldischen Uebersetzung, die wie ihr Verfasser selbst gesteht, oft ganz undeutsch ist, aber den Macpherson doch am besten wiedergibt.

Es war unserm neuen kritischen Zeitalter vorbehalten, das Geschmacks-urtheil eines so verwöhnten Publikums über Ossian herabzustimmen, oder wenigstens – wenn man auch Ossian selbst seine Würde liess, – wie Hr. Ahl-wardt, uns doch auf einen bisher nicht eingenommenen Standpunct zu führen. "Die Gedichte Oisians, sagt Hr. Ahlwardt in der Vorrede, welche hier zum Erstenmale in einer treuen Uebersetzung aus der Ursprache erscheinen, kann-ten wir bisher blos aus den Uebertragungen und Nachbildungen der Englischen Uebersetzung Macphersons, der theils aus Unkunde der Sprache, [573] theils aus *falschem Geschmack* und *Mangel an Dichtergefühl* (!!) sein erhabenes Ur-bild durch Verbildungen aller Art entstellte, wie *Ross*..... und der *Uebersetzer* in den gegebenen Proben, Oldenburg 1807.... bis zur *Evidenz* gezeigt haben." Ferner sagt Hr. A. Vorr. S. V.: "Macphersons Uebersetzung ist eine Apologie, sowie sie zugleich sein *Todesurtheil* ausspricht, seine Apologie indem sie gera-de dadurch, dass sie bey weiten das *Gaelische Original nicht erreicht*, und von Uebersetzungsfehlern wimmelt, seine Ehrlichkeit beweisst. Denn ein Betrüger, aus dessen Kopf der Englische und der Gaelische *Oisian* zugleich hervorge-gangen wären, hätte Original und Uebersetzung gewiss in Einklang gebracht; sein *Todesurtheil* (!!) indem die Menge der falsch übersetzten Stellen und *Missgriffe* hinlänglich beweisen, dass er *dem Geschäft nicht gewachsen war*." Nach S. IX. Vorr. wird dem armen Macpherson (trotz dessen eigener Versi-cherung: *to draw forth from obscurity the poems of my own country, has wast-ed all the time i had allotted for the muses.*) auch nicht das mindeste Verdienst gelassen. Ein *Zufall* macht ihn zum Sammler und Herausgeber, ein *glücklicher* Zufall verschafft ihm Freunde, die das *Gaelische* besser verstehn, als er, und gute Abschriften. Seine Sammlung ist in *tumultuarischer* Eil, und die *Ueber-setzung* in *grosser Hast* gemacht worden u. s. w.

Dieses προσωπον τηλαυγες, mit welchem Hr. A. auftritt, zeugt nun frey-lich ein wenig von dem hochfahrenden *Vernichtungssysteme* und dem *Geiste* der *Undankbarkeit*, einem moralischen Uebel, welches unser modernes, litera-risches Zeitalter charakterisirt, und könnte einem für Macpherson eingenom-menen Leser und Beurtheiler leicht Lust machen, gegen Hrn. Ahlwardts ohne Zweifel sehr schwere und *verdienstliche Bemühung*, uns ein treues Abbild des Urtextes im Deutschen zu verschaffen, eben so *undankbar* zu seyn, als Er in seinem *gaelisch philologischen* Eifer gegen Macpherson, durch dessen Ver-mittlung uns doch *einzig* und *allein* Ossian geworden ist, so dass eilf Gedichte, die durch ihn im Urtexte verloren gegangen sind, auch für uns verloren blei-ben, und Hrn. A's kritisches Genie sie nur *errathend* in die Wahrheit zurück übersetzen kann. (Vorrede XXIII.) Den gemeinen, das *Platte* und *Natürliche* liebenden Leserseelen, auf welche Hr. A. in seiner Vorrede etwas ungehalten und stolz herabblickt, dürfte doch wohl noch unbegreiflich seyn, wie ein des Dichtergefühls so ermangelnder Uebersetzer, als Macpherson seyn soll, mit so einem entstellten, geschmacklosen Produkt die grössten Dichter seines Zeital-ters, ferner die feinfühlendsten, englischen, italienischen, französischen und deutschen Kritiker dergestalt hinreissen, bezaubern konnte, dass es Hrn. A. vorbehalten blieb, dem Publicum bis zur *Evidenz* den Staar zu stechen. Hr. A. scheint diese Verwöhnung seines Ossianischen Publicums durch Macpherson selbst gefühlt zu haben, denn er tritt [574] gegen seine Leserwelt, gegen alle, die vor ihm an Ossian arbeiteten, und gegen seine künftigen Recensenten in voraus in voller Rüstung, in der Sprache mit welcher die Philologen sich sonst gewöhnlich nur lateinisch zu zanken pflegen, auf. Wer den Ossian gern in Macphersons und Göthes zwangloser Prose, d. h. beym Verf. – im Tone einer *Gessnerischen Idylle* – (welcher von der modernen Griechheit sehr verächtlich behandelt wird) las, ist nach S. XXVIII ein Freund des *Natürlichen* und *Plat-ten*, was auch Kritiker, wie Blair und andre berühmte Männer sagen mögen. Und Kunstrichter, die Hrn. A. dem Urtext nachgebildete Sprachwendungen mitunter zu gezwungen finden sollten, werden, als *künftige Gottsche de*, in vor-aus abgefertigt. Ungeachtet dem Rec., der übrigens dieser sich auszeichnenden Uebersetzung wegen wahrhaft poetischer Kühnheiten gewiss keinen Process machen will, bey Hrn. A. wohl dasselbe Loos treffen wird, ein Gottsched zu heissen, so muss er doch erinnern, dass man die Biegsamkeit unserer Sprache, an sich eine wahre Tugend, nach der neuern Uebersetzungstheorie zu sehr missbraucht. Wie sich *kein* Dichter eigentlich *übersetzen*, nur nach dem Ge-nius der ihn verdolmetschenden Sprache umschreiben lässt, so muss man na-mentlich unsere edle Sprache, wenn man sie nicht zum Dialekt herabwürdigen, sondern ihr ihren eigenen Genius zugestehen will, nie zur dienenden Magd einer fremden Zunge erniedrigen. Sonst bekommt man ein *griechisch-deutsch*,

ein *lateinisch-deutsch*, ein *gaelisch-deutsch*, wie man ein *jüdisch-deutsch* hat.
Klopstock, der selbst von der engbrüstigen Kritik zu leiden hatte, weil er viele
verwandte Wendungen der alten Sprache, mit steter Hinsicht auf den altdeut-
schen Genius in unsere glücklich übertrug, äusserte doch öfters, man könne
z. B. die griechische Wortstellung im Deutschen nicht mit Vossischer Genau-
igkeit nachbilden, man müsse aus hundert homerischen Versen, im deutschen
nur *neunzig* machen, wenn man im deutschen Geiste arbeiten wollte. Hrn. Ahl-
wardts S. XI aufgestellte Maxime, die er in dieser Uebersetzung befolgt hat,
die Verszahl des Originals nicht zu ändern, Sylbenmaass, rhythmischen Perio-
denbau, ja sogar *Wortstellung*, soviel als möglich beyzubehalten, kann also
schon vorläufig zwar ein sehr mühsames, zur *Kenntniss* des Originals nützli-
ches, aber kein dem deutschen Geiste überall geniessbares Werk hoffen lassen.
In so fern wird es ihm wohl schwerlich gelingen, die vorhergehenden, nach
Macpherson gebildeten Uebersetzungen ganz zu verdrängen, und es ist etwas
ungerecht von ihm, darüber in voraus seinem Publicum üble Laune zu zeigen.
Olaus Wormius und Saxo Grammaticus haben nordische Poesien von Wort zu
Wort ins Lateinische übergetragen, eine dergleichen latein. wörtliche Ueber-
setzung vom gaelischen Ossian, mit der aber Hr. A. (Vorrede S. XI.) aus aller-
dings triftigen Gründen nicht zufrieden scheint, hat *Robert Macfarlan* [575]
gefertiget, welche bey der Londner Ausgabe des gaelischen Textes befindlich
ist. Diess ist für jeden, welcher das Original in der Ursprache studiren, oder
wenigstens kennen lernen will, sehr nützlich. Die lateinische Sprache als eine
solche, welche den classischen Rang durch ihr Absterben erkauft hat, welche
schon gewohnt ist, griechischen Autoren als wörtliche Dollmetscherin zu die-
nen, kann sich auch zu solchen philologischen Zwecken wohl brauchen lassen.
Allein eine, Gott sey Dank! noch lebende, in fortgesetzter Bildung begriffene
Sprache, wie die deutsche, kann doch unmöglich philologische Treue mit eige-
nem Geiste und poetischer Schönheit in Eine Uebersetzung vereinigen. Mit
Recht spricht also Hr. A. (S. XI Vorrede) bey seinem Unternehmen, eine fast
wörtlich treue und doch geniesbare Uebersetzung zu liefern, von Schwierig-
keiten, die ins *Unendliche* gehen. – Um Darstellung des *wörtlichen* Sinnes aber
ist es hier Hrn. A. vor allen zu thun. Indem er Macpherson, den man bisher für
den Hohenpriester des Ossianischen Heiligthums hielt, als einen untreuen, und
nicht der Ursprache mächtigen Uebersetzer hinwegdrängt, scheint er den Os-
sian der gesammten Menschheit zu rauben, ihn für das Eigenthum einiger we-
nigen zu erklären, die das Gaelische ganz genau studirt haben. Ossians wenig
bekannter Urtext, der doch nur durch sehr schwankende Tradition erhalten
seyn kann, für den selbst geborne neuere unpoetische Gaelen bey aller Natio-
nalität schwerlich competente Dolmetscher seyn können, wird hier sehr be-
quem und echtphilologisch zu einem Muster der Schönheit und zu einer Art
heil. Buche erhoben, zum Gegenstand für einige wenige eingeweihte Philolo-
gen wie Hr. A. und ihre Streitigkeiten. Man weiss aber wie selten man sich auf

die Auslegungskunst von Kennern alter Sprachen verlassen kann, da gerade
die vermeinte, durch Verstandesansichten und Analogien erworbene Sprach-
kenntniss, die gewöhnlich etwas aufgeblasen macht, bey Werken der Begeiste-
rung nicht selten den Geist tödtet. Diess ist so oft in den alten classischen
Sprachen wahr, wo man doch so viele Hülfsmittel hat. Wie misslich muss es
also mit dieser philologischen Genauigkeit erst im *Gaelischen* aussehen, wo,
wie Hr. A. selbst, diessmal mit vieler Bescheidenheit, bemerkt, sehr wenig
Quellen für das Sprachstudium vorhanden sind, so dass der gaelische Urtext
von Macpherson lange Zeit nicht einmal auf Subscription gedruckt werden
konnte, dass die jetzige Originalausgabe, nach Hrn. A. Aeusserung, wohl we-
nigen in Deutschland bisher zu Gesicht gekommen ist, dass endlich Ossian, in
Voraussetzung seines Alters, fast gar keine Parallelwerke zur Auslegung neben
sich hat? – Dass sie des *Gaelischen* kundig wären, so wie das seyn kann, haben
ausser Hrn. Ahlwardt, uns schon einige Uebersetzer Ossians, z. B. *Harold* ver-
sichert, der auch einige Originalgedichte in Händen gehabt und in Ueberset-
zung [576] mitgetheilt hat, ja selbst schon das Ossianische *Metrum*, (jedoch
anders als Hr. A.) in einem kurzen Versuche nachbildet, wiewohl er erklärt, es
im Ganzen mit Macphersons Prosa zu halten. – Macpherson selbst, welchem
Hr. A. seinen dichterischen Lorbeer vergebens vom Haupte zu reissen sucht,
war ein geborner Gaele, und hatte sprachkundige Freunde. – Wer also blos aus
dem Grunde, dass ihn der Zufall begünstigte, das Gaelische von *gebornen*
*Gaelen* zu lernen, sich als alleinigen Hohenpriester Ossians aufwerfen, und
erstere verdrängen wollte, würde wohl das Publicum noch nicht überzeugen;
denn die gebornen Gaelen verstehen wohl eben so wenig alle ihre alten Dich-
ter, als alle neue deutsche die altdeutschen Minnesinger. Was soll erst aus
Ossian werden, wenn wir uns bey der Ungewissheit des Urtextes, der uralten
Aussprache, nun gar auf *Variantensammlungen, auf grammatische künstliche*
*Scansion*, einlassen wollen, wozu dieses *buchstäbliche Auslegungssystem* un-
umgänglich führt? Der alte Dichter, der erst in die Hände der neuen *Kritiker*
und Philologen fällt, gleicht einem Kranken, über den ein Consilium medicum
gehalten wird. Mit wahrer Dankbarkeit wollen wir es bey Hrn. A. anerkennen,
dass er so viele Anstrengung auf das Studium des gaelischen Urtextes gewandt
hat, wie nach seiner eignen Aeusserung, kein Gelehrter Deutschlands, dass das
Schicksal ihm Gelegenheit gab, wie Macpherson, von der gaelischen Poesie
sich Kunde zu erwerben. Schwerlich wird man es auch wagen, den aus der
Hand des Hrn. A. seinen Recensenten (von denen er eine gleiche Liebhaberey
für die doch noch sehr *zweydeutige* altgaelische Mundart verlangt), hingewor-
fenen Fehdehandschuh aufzuheben, und die Vorrede S. XXXIII unübersetzba-
ren gaelischen Worte zu übersetzen! Allein selbst ohne alle Kenntniss des
Gaelischen hat doch ein Jeder das Recht, Hrn. A. zu sagen, dass sein Ueberset-
zungssystem dem Standpuncte, aus welchem man einen durch Tradition erhal-
tenen Dichter, wie Ossian, nur betrachten kann, wie auch dem Geiste der deut-

schen Sprache, nicht überall gemäss, und er in seinen Aeusserungen gegen die prosaischen Uebersetzungen, namentlich gegen Macphersons Geist und Geschmack höchst ungerecht ist. Diese Ungerechtigkeit hätte aber Hr. A. keineswegs nöthig, sowohl wegen der wirklichen Verdienste, die er sich selbst um genauere Kunde von Ossian erworben hat, als auch, weil, in Ansehung der hauptsächlichsten Lieblingsstellen des gefühlvollen Publicums, der Unterschied der gegenwärthigen (häufig den Charakter des *Modernen* tragenden) Darstellung von den vorhergehenden selten ausserordentlich *bedeutend* ist, so dass ganze Phrasen von *Denis* und *Göthen* und andere bey Hrn. A. zu finden sind, welche doch offenbar nach Macpherson übersetzt wurden.

[577] So sehr willkommen es uns seyn muss, wenn Hr. A. uns Nachricht von dem im Ossianischen Texte herrschenden Metrum gibt, das er in der Vorrede systematisch darstellt, im vierten zu erwartenden Theile noch genauer betrachten will, und in der Uebersetzung nachbildet, wenn er uns die von Macpherson entstellten Namen in einem Anhange zu jedem Gedichte richtiger, wenigstens nach den *neugaelischen* Aussprachen lehrt, wenn er manche Interpolation in den kritischen Anmerkungen wegstreicht, manches Epitheton treuer übersetzt, und manches von den Uebersetzern hinzugefügte Flittergold beschneidet, so macht es uns doch noch nicht viel glücklicher, dass wir jetzt *Oisian* statt *Ossian* schreiben, dass wir wissen, im Urtexte stehe *dunkeles* Schiff, wo Macpherson ein *dunkelbusiges Schiff* hinsetzte. Und wenn wir auch Hrn. A. gern manche kühne Wendungen der Sprache gönnen, die Ossians orientalischer Geist nöthig macht, z. B. die *Genitiven* als Beywörter, welche ja schon auch Macpherson brauchte, so bekommt doch die deutsche Sprache häufig bey Hrn. A einen zu undeutschen Charakter, als dass die schönen Stellen in diesem Gewande Deutschen geniessbar seyn könnten. Macpherson kannte in diesem Sinne die *Grenzen* einer Uebersetzung in *neuere* Sprache gewiss besser. Er brauchte kühne Wendungen der Sprache, aber nur da, wo sie für den modernen Sprachgebrauch keinen Doppelsinn, keine schielende, störende Nebenbedeutung geben. Er sagt z. B. nie: *Malmina der Helden,* weil der moderne Mensch diesen Plural und Genitiv entweder gar nicht oder in einer eben nicht ehrenvollen Bedeutung versteht. Macpherson sagt: *weisshändiges Mädchen,* und nicht wie Hr. A., du *Schneehand, hohen Ruhms,* weil in dieser Zusammenfügung der moderne Mensch, welcher freylich nicht so auf den Wintergebirgen herumzustreifen gewohnt ist, als der Nordländer zu Caracallas Zeiten, den Gedanken an einen Schneemann nicht los wird, und eher Frost und Geisterschauer, als Vergnügen empfindet. Wenn Hr. A. dagegen sagen wollte, dass ein solcher Moderner den Ossian nicht lesen solle, so könnte man wieder fragen, warum Hr. A. dem Modernen das Alte verdolmetscht. [578] Belege dafür, dass Macphersons einfache Prosa, die Hr. A. so *geist-* und *geschmacklos* findet, sehr oft *echtpoetischer,* geist- und geschmackvoller sey, als Hrn. A. metrische Uebersetzung, lassen sich gewiss leicht finden, und mit aller Ehrerbietung

für die vorausgesetzte Treue der neuen Uebersetzung, kann auch jeder, welcher nicht *gaelisch* versteht, wenigstens doch beurtheilen, was in der neuern Sprache poetisch darstellender, ausdrucksvoller, der Empfindung angemessener klinge. Man nehme gleich den Anfang von *Kathloda*, das hier *Cath loduinn* heisst, mit dem die bisherigen Uebersetzungen begannen, das aber nach Hrn. A. Ordnung eine Stelle weiter zurück erhalten hat:

"Eine Kund' aus der Vorwelt Zeit:
O Lüftchen du, *sichtbar noch nie,*
Diestelnbeuger auf Lora des Sturms,
Wandelnd die Pfade des *luftigen* Thals,
Warum fliehest mein Ohr du *so schnell?*
Mit tönt kein Brausen weisser *Ström'*
Harfenton nicht vom buschigen Carn.
Malmina komme, dein Barde ruft.
*Zurück* ihm *bringe* den Geist,
*Zurück* ihm den Geist, o du Schneehand!"

*Sichtbar noch nie* heisst den Modernen, was doch wohl einmal sichtbar werden könnte. Dieses *Lora des Sturms* zwischen dem Lüftchen und dem luftigen Thal, dieses zusammengesetzte Substantiv *Diestelnbeuger*, die allzulebendige Inversion *so schnell*, dieses *Ström'*, diese heftige Wiederholung des *zurück* zu *bringenden* Geistes, ist der Empfindung, die man bey Ossian wenigstens *gewohnt* ist zu nähren, keinesweges angemessen.

Um vieles einfacher ist schon *Stollberg*, wie auch sein Metrum hier für die Empfindung passender ist. –

"So lautet die Sage lang verflossner Zeit.
Warum, o du unsichtbarer Wandrer, du,
Der die Diestel beugst auf Lora, warum hast
Du, Lüftchen des Thals, mein Ohr verlassen? Ach
Ioh höre koin Goräuooh von ontfornton Strömon,
Von dem Felsen keinen Ton der Harfe, komm
O Malvina, Jägerin von Lutha, komm,
Und rufe die Seele heim dem Barden" u. f.

Wie classisch einfach ist Macpherson

*A tale of the times of old. Why, thou wanderer unseen! thou bender of the thistle of Lora, why, thou breeze of the* [579] *valley, hast thou left mine ear. I hear no distant roar of streams, no sound of the harp from the rock. Come, thou huntress of Lutha, Malvina, call back his soul to the bard.*

oder nach Harold, der freylich das Original noch nicht erreicht: *Eine Geschichte verflossener Zeiten.*

Warum du unsichtbarer Wanderer, du Beuger der Disteln von Lora! Warum hast du, o Lüftchen des Thals, mein Ohr verlassen? Ich vernehme kein entferntes Rauschen der Ströme, keinen Schall (*Klang*) der Harfe vom Felsen. Komm, o Malvina, du Jägerin von Lutha! ruf die Seele des Barden zurück (ist doch poetischer, als das: *bring* ihm den Geist zurück).

[...]

So viel war nöthig um Macpherson und den Geschmack eines halben Jahrhunderts gegen die Angriffe Hrn. Ahlwardts zu retten, um zu zeigen, dass Macphersons der Hast und des Geistesmangels von Hrn. A. beschuldigte Uebersetzung häufig poetischer sey – vielleicht aus glücklicherm Zufall, als Hrn. A. philologisch fleissiges Werk. Uebrigens verkennen wir für den, welcher Ossian mehr historisch und mit dem Verstande auffassen, als geniessen will, und nicht Gelegenheit hat, sich auf ein Studium des Textes einzulassen, Hrn. A. grosse Verdienste keinesweges. Ein Unternehmen, was er im Ganzen selbst für höchst unmöglich hält, ist ihm doch zum Theil glücklich gelungen. Der modernfühlende Leser muss nur zuerst, wie bey einem starkschmeckenden Arz[582]neymittel einen herzhaften Schluck thun. Ist man einmal den Ton gewohnt, lassen sich grosse Stellen ohne Anstoss lesen, und können dann allerdings ein treueres Bild von dem Original geben. Ossian erscheint hier vollständig übersetzt, zum Theil nach Macpherson zum Theil nach dem Urtexte, wo dieser vorhanden war, mit nützlichen Anmerkungen und einigen kritischen Abhandlungen, in einer typographischen Schönheit, wie man sie von Göschens Sorgfalt gewohnt ist, – und wer Ossian einmal liebgewonnen hat, wird unter mehreren Bearbeitungen desselben, auch diese gewiss besonders in historischkritischer Hinsicht in seine Büchersammlung aufnehmen, wenn er auch nicht die vorhergehenden Uebersetzungen, nach Hrn. A. Ansicht, für vernichtet hält.
[...]

# Johanna Schopenhauer: [Auszüge aus:] Erinnerungen von einer Reise in den Jahren 1803, 1804 und 1805. Erster Band [1813].

## 23. Pferde-Rennen.

[134] [...]

In dem sehr hübschen Conzert-Saale ward ein ächt schottisches Conzert von einem sehr brillanten [135] Auditorium gegeben. Es war als ein Vocal-Conzert angekündigt, und bestand nur aus drei Singstimmen, begleitet von einem Pianoforte. Die Sänger gaben den ganzen Abend nur leichte Romanzen, Lieder und dreistimmige Kanons, hier *Glees* genannt. Diese Art Musik ist in England, noch mehr in Schottland sehr beliebt. Musik und Text waren ganz Schottisch, letzterer oft aus Ossian entlehnt, erstere durchaus sanft und klagend, durch Molltöne sich hinwindend. Manche uralte Melodie ertönte hier und wurde mit heißer Vaterlandsliebe aufgenommen. Das ganze wäre für eine Stunde etwa recht angenehm gewesen; aber es hatte den Fehler aller Ergötzlichkeiten in Großbritannien, es währte zu lange. Das Auditorium war indessen sehr aufmerksam bis an's Ende, nur einige ältliche Herren, die sich wahrscheinlich bei Tische das Wohl der Nation zu sehr zu Herzen genommen hatten, verfielen in süßen Schlummer und schnarchten überlaut den Grundbaß zu dem etwas magern Accompagnement des Pianoforte. Die Singstimmen waren gut und sangen diese einfachen Melodien, wie dergleichen gesungen werden müssen, schmucklos, richtig und ausdrucksvoll.

[...]

## 28. Killin.

[157] [...]

Nahe bei *Killin*, auf dem Wege nach *Tyndrum*, kamen wir [an] einem Wasserfall vorbei, der brausend und schäumend über abgerissene Felsenstücke dem See zueilte. Immer schroffer und höher wurden die Felsen, öde und einsamer die ganze Gegend umher. Wilde Bergwasser rieselten von allen Bergen und stürzten hinab ins Thal. Es war ein Ossianscher Tag, graue Nebel hiengen an den Spitzen der Berge, wogten zuweilen herab und durcheilten, gejagt vom Winde, wie Geistergestalten die Schluchten der Felsen. Einzelne Sonnenblicke flogen über das Thal, durch welches bald silberhell, bald wild tobend ein starker Bach sich wand. Nur selten erinnerte uns in dieser Wildniß ein kleines Kornfeld, eine niedrige Hütte, daß in dieser abgeschiedenen Einsamkeit noch Menschen lebten.

Hier erscheint die Natur, wie *Ossian* sie malte, die Ströme, die Felsen, die uralten einzelnen Eichen. Der Wind heult über die Haide, die Distel wiegt ihr Haupt im Sturme am Grabe der alten Krieger. Die [158] vier grauen, bemoosten Steine erheben sich noch einsam am Hügel der Helden und verkünden stumm dem stillen Wanderer die Geschichte vergangener Jahrhunderte. Viele solcher alten Denkmale sahen wir, von den Urenkeln der Helden, deren Asche sie umschließen, mit Ehrfurcht geschont und bewahrt.[1] *Ossian's* Name, und dessen Lieder sind in diesen Thälern noch nicht verhallt, die Geister der Helden können noch immer von ihrem Wolkensitze der alten wohlbekannten Töne sich erfreuen.

Wir erreichten *Tyndrum*. Es liegt hoch in einer schauerlichen Einöde. Der Regen stürzte jetzt in Strömen herab, lange sahen wir zu, wie die schweren Wolken an den Bergen hinrollten, einzelne Streifen von Sonnenlicht bisweilen auf Momente die Gipfel der Felsen verklärten und der Wind den Regen wild herumpeitschte. Gegen Abend klärte sich das Wetter auf, wir erfreuten uns des wunderbaren Spiels der Wolken, der Wirkung des schnell erscheinenden und wieder verschwindenden Sonnenlichts an den Bergen. Im flachen Lande kann man sich keinen Begriff von diesen [159] magischen Erscheinungen machen. Die schweren Regenwolken schienen wie eine dunkle Decke auf den höchsten Gebirgen zu lasten, leichteres Gewölk zog sich wie ein heller Schleier um andere tiefere Berge, verdeckte sie in diesem Momente ganz, rollte sich dann zusammen und verschwand im nächsten, oder zog pfeilschnell dahin in wunderbaren Gestalten, im ewigen Kampfe mit Sonnenlicht und Sturm, unendlich wechselnd mit Licht und Farbenspiel.

## 29. Dalmally

Der Weg von *Tyndrum* hieher war schlechter wie bisher, doch immer noch fahrbar, die Wildniß noch schauerlicher und öder. Alles stille, keine Spur von Leben, nur hie und da eine Heerde Schaafe an den mit spärlichen Berggräsern und Haidekräutern bekleideten Felsen klimmend. Einsam und traurig blickte dann und wann ein Hirtenknabe von den Höhen herab auf unsern Wagen, der ihm eine seltene Erscheinung seyn mochte. Viele halbversunkene alte Gräber zeigten, daß sonst ein mächtigeres Leben hier waltete. Am Himmel [160] war

---

1    Hier soll, einer alten Sage nach, *Fingal* begraben seyn, der Vater Ossians.

geschäftige Bewegung, Nebel und Wolken und Sonne trieben noch immer ihr wunderbares Spiel.

*Dalmally* ist ein so kleines Dorf, wie die andern; es besteht aus einer Handvoll armer Hütten und wieder aus einem für diese abgelegene Gegend sehr guten Gasthofe. [...]

[161] [...]

In diesem Dorfe wurden wir aufs lebhafteste an *Ossian* erinnert. Ein Greis in der Nationaltracht saß auf einem Steine nahe am Kirchhofe; sein langer, schneeweißer Bart flog im Winde, sein Ansehen war wild, ein Paar dunkle Augen glühten unter einer hohen kahlen Scheitel hervor; der Plaid hieng fantastisch von den Schultern herab wie ein Mantel, zwischen den Knieen hielt er eine kleine Harfe, aus der er unzusammenhängende Accorde wie mit Gewalt einzeln hervorriß. Mit starker, tiefer Stimme sang er dazu alte Volksgesänge in Ersischer Sprache, sein Ge[162]sang war eintönig, fast mehr Declamation, als Lied. Um ihn her war das ganze Dorf versammelt, unter ihnen auch der hundertjährige Greis; Alles hörte feierlich aufmerksam zu. Unser Nähertreten störte weder den Sänger, noch seine Zuhörer im Geringsten, nur machten sie uns mit natürlicher Höflichkeit Raum in ihrem Kreise. Man sagte uns, der Greis seyn ein Sänger, der mit seiner Harfe das Land durchziehe, ohne eigentliche Heimath, aber überall ein willkommner Gast, wie sonst die alten Barden. Leider konnten wir mit ihm nicht sprechen, denn er verstand nicht Englisch.

[...]

## [171] 33. Glasgow.

Hinter *Luß* ward die Gegend allmählich flacher, die Wege besser, Alles kündigte uns an, daß wir das Land der Poesie verließen und zurückkehrten zum platten Lande mit seinem Alltagsleben. In *Dunbarton* schieden wir von unserem Fuhrmanne und seinen vier treuen Rossen, die uns über so manchen hohen Berg, durch so manches friedliche Thal geführt hatten. Wir nahmen Abschied von den Hochlanden, aber die Erinnerung davon blieb uns. Sie reiht sich an so manche andere schöne Erinnerung aus der Schweiz und aus vaterländischen Gebirgen, von denen diese, die wir jetzt verließen, sich indessen so merkwürdig, als merklich unterscheiden.

[...]

# [Charles Edward Dodd:] [Auszug aus:] An Autumn near the Rhine [1818].

[50] [...]

There is a strong family resemblance between the German and the English lan[51]guage, which materially facilitates the literary acquaintance of the two nations; and the English language is, I apprehend, unquestionably more cultivated in Germany than any where else on the continent. A prophet has no honour in his own country; and it is curios to observe the different judgments of compatriots and foreigners on literary works and authors. In Germany, Ossian – whose reputation in England, whether as Ossian or Macpherson, is at least very qualified – is idolised by every reader of poetry, and forms the first exercise of every sentimental lady who commences English. The mere German reader tastes his sublimities through the medium of translation. I incurred a reproach from the Princess of Hesse for hinting the possibility of her favourite rhapsodies being the manufacture of the Honourable Member for Camelford. Nor was Her Royal Highness at all consoled by my assurance that, on such a supposition, she might felicitate herself on a sort of genealogical connection with her favourite bard; the Macphersons all boasting their descent from the Catti, from whom came the counts of Katzenel[52]lenbogen, the ancestors of the house of Hesse, and the ancient occupiers of the territory of Darmstadt. The same fate attends the Robbers of Schiller, which in Germany are slighted as a youthful extravagance – to be pardoned – not admired; while in England they are, undoubtedly, more read and talked of, if not more approved, than his other works. It is, perhaps, not difficult to account for this. By far the greatest proportion, both of English and Germans form their acquaintance with each others literature, by means of translations. And I apprehend it is not the most finished work which appears the most striking, through this imperfect medium. On the contrary, works of coarser workmanship and broader effect, like the two in question, may often be transfused into a foreign language, with less damage to the original. As for the comparatively few persons who peruse, with difficulty, the originals – in reading a language but imperfectly understood, whatever is broadest, and has fewest shades, is most intelligible, and therefore most interesting. Words acquire a value, independent of the ideas [53] they express, from the pains one is at to comprehend them; and what is most florid strikes most. [...]

# [Otto Friedrich] Gruppe: [Auszug aus:] [Rezension zu:] Die Unächtheit der Lieder Ossian's [1841].

[135] *Die Unächtheit der Lieder Ossian's, und des Macpherson'schen Ossian's insbesondere.* Von *Talvi.* 122 S. Leipzig 1840. Verlag von Brockhaus.

Wir Alle haben in unserer Jugend die Begeisterung für Ossian getheilt, welche Göthe im Werther so stark ausdrückt: "Gefällt! das Wort hasse ich auf den Tod. Was muß das für ein Mensch sein, dem Lotte gefällt, dem sie nicht alle Sinnen und alle Empfindungen ausfüllt! Gefällt! Neulich fragte mich Einer, wie mir *Ossian* gefiele." – Und in den Worten: "Ossian hat in meinem Herzen den Homer verdrängt. Welch eine Welt, in die der Herrliche mich einführt!" stellt sich uns der ganze Einfluß dar, den der celtische Barde auf die deutsche Litteratur ausgeübt. Herder bedauerte nichts mehr, als daß nicht auch Klopstock schon in jungen Jahren den Ossian gekannt; denn Macpherson gab seine angebliche Uebersetzung erst im Jahr 1760 heraus. Auf Herder selbst übten die Macpherson'schen Lieder Ossian's eine große Macht; er glaubte in ihnen wahre Naturlaute zu erkennen, und seine Liebe für Volkspoesie, die für die deutsche Litteratur so fruchtreich geworden ist, zündete sich hauptsächlich hier an, mehr noch als es an Percy's altschottischen Balladen geschehen war; denn Ossian erschien einmal viel großartiger und auch dem Geschmacke der Zeit viel entsprechender; überdies mußte ihm schon der Umstand in Herder's Augen großes Gewicht beilegen, daß sich neben aller Empfindsamkeit zugleich auch große Verwandtschaft einerseits mit Homer und anderseits sogar mit den Psalmen vorfand, hauptsächlich was die Bilder und den Ausdruck angeht. Endlich pflegten die Theoretiker der Zeit bei der epischen Poesie ein hauptsächliches Augenmerk auf Metaphern und Gleichnisse zu richten; wo gab es nun aber deren häufigere und kühnere, als in dem neuentdeckten Ossian. Sogar der trokkene Adelung hat deshalb in seiner Anleitung zum deutschen Stil als Beispiel für wohlgelungene, richtig gewählte Gleichnisse am meisten den Ossian angeführt; neben Opitz, Gottsched, Klopstock, Gellert nennt er in dieser Beziehung Keinen so oft, als den celtischen Barden des dritten Jahrhunderts, d. h. neben denen, die ihre Kunst aus dem Horaz und dem Virgil, dem Racine und dem Boileau haben, den Sänger eines rohen nordischen Volkes, das damals noch keine steinernen Häuser, geschweige denn Kirchen und Christenthum hatte. Aber in den Ossian'schen Gesängen war einmal der König Caracull genannt, und hierunter wollte Macpherson keinen Anderen, als den römischen Caracalla verstanden wissen. Dies hohe Alter, wogegen die Nibelungen, das Ludwigslied, ja selbst die Edden modern sind, mußte die Erhabenheit des schottischen Natursängers noch bewundernswerther machen, und in der That konnten jene Volkslieder dadurch wahrhaft in Staunen versetzen; gleich einem vulcanischen Gebirgskegel erhoben sie sich, eben so groß als isolirt, ohne Zusammenhang mit anderen Höhen, denn auch Percy's altschottischen Balladen ließen sich, den Abstand der Zeit ungerechnet, schon dem Charakter nach in gar keine Verbindung damit bringen.

Von Herder pflanzte sich nun vollends die Bewunderung des Ossian auf alle Jüngeren über, hauptsächlich auf Jean Paul, der von Niemand mehr angeregt wurde, als von Herder, wie er selbst sagt und, sagte er es nicht, alle seine Werke schon genugsam bekunden würden. In seiner Kunstart ist Jean Paul der Nachfolger des Sterne; aber Hippel war es auch, und welch' ein Abstand zwischen diesen beiden deutschen Humoristen! Der Abstand füllt sich aber aus und erklärt sich besonders dadurch, daß Ossian zwischen beiden liegt; denn wer hätte den, übrigens auch in Prosa schreibenden Dichter wohl mehr auf sentimentale Naturschilderung hinführen können? Von und mit Jean Paul ist die Liebe für Ossian allen Deutschen ins Blut gegangen, und die immer wiederholten Uebersetzungen beweisen am besten, wie viel er gelesen worden. Die Bearbeitung des wiener Jesuiten Denys in schlechten Klopstock'schen Hexametern war die erste, ihr sind viele prosaische gefolgt. Stolberg gab eine mit poetischem Sinne; später ist die von Rhode [136] am meisten geschätzt worden; sie ist nach der damals beliebten Art in rhythmischer Prosa, – denn etwas der Art Vers zu nennen, wäre zu höflich. Endlich folgte im Jahr 1811 die Uebersetzung von Ahlwardt in Versen, wie der Titel sagt, im Silbenmaße des Originals, d. h. des gälischen Originals, nicht des englischen. Was es mit diesem für eine nähere Bewandtniß hat, davon sogleich; hier nur so viel, daß jene Uebersetzung ohne Reim und eigentliches Maß auch nur in freien Rhythmen einherschreitet, und was ihr an Bestimmtheit eines metrischen Taktes abgeht, durch Wortbildungen in Voß'scher Art, so wie überhaupt durch einen gewissen hochvossischen Ton zu ersetzen sucht. Hierdurch sollte die Aehnlichkeit mit Homer noch mehr hervortreten, vielleicht auch die vermeintliche Naturkräftigkeit und das nordische Colorit anschaulich werden. Dies Colorit wurde dadurch noch bedeutend erhöht, daß alle Namen, welche bei Macpherson so sanft und melodisch geklungen hatten, jetzt nach der Schreibart des sogenannten Originals um so barbarischer klangen: Ossian z. B. hieß jetzt Oisian, Fingal Fionghal, Temora Tighmora u.s.w.

Während nun die Deutschen über Ossian so wohl befriedigt waren, indem sie in ihre große Central-Registratur der allgemeinen Weltlitteratur auch den celtischen Barden, wohlübersetzt nach seinem Versmaß und Charakter, aufstellen konnten, gingen in England die Zweifel an der Echtheit Ossian's fort.

Beim ersten Erscheinen hatten englische Kritiker von Rang, hauptsächlich Johnson, ihre Bedenken geäußert; man nahm Partei für und wider; aber selbst als endlich nach Macpherson's Tode ein Ossian in gälischer Sprache aus der Verlassenschaft des bei Lebzeiten so hart darum bedrängten Herausgebers erschien, konnte auch dies die Zweifel nicht niederschlagen, im Gegentheil wurde der Kampf jetzt nur noch lebhafter. Er ist nun entschieden, er ist für England schon lange entschieden, schon vor mehr als zehn Jahren; nach Deutschland aber ist die Kunde davon, was wahrlich Wunder nehmen mag, noch nicht gedrungen, wenigstens gewiß nicht so allgemein, als der Glaube an die Echtheit verbreitet und befestigt ist. Dies erklärt sich aus dem Umstande, daß die Beweise dafür großentheils in den Quartbänden gelehrter Gesellschaften vergraben liegen, aus welchen jetzt erst die um Volkspoesie vielfach verdiente Verfasserin dem deutschen Publicum mittheilt, was für dieses allerdings vom höchsten Interesse sein muß.

Nicht als ob es für die deutschen Aesthetiker der gegenwärtigen Zeit noch so überraschend wäre, als es offenbar für Stolberg und Herder gewesen sein müßte; nicht als ob wir uns ein theures Besitzthum entrissen oder, was noch schlimmer ist, verleidet sähen, wenn die Verfasserin uns schonungslos beweist, daß Macpherson einer der schlimmsten Falsarien sei, der unsere Leichtgläubigkeit auf's Schmählichste betrogen: im Gegentheil, auch bei uns, denen es an den positiven Elementen der Kritik fehlte, ist es Allen, die sich mit der Volkspoesie näher beschäftigen, wohl nach und nach aus inneren Gründen klar geworden, daß diese Lieder, weder wie Macpherson sie gab, noch wie Ahlwardt sie aus dem angeblichen Original übersetzte, jemals volksmäßig gewesen sein können. Referent, welcher seit vielen Jahren hierüber nicht den mindesten Zweifel gehabt hat, kann sich nicht vorstellen, daß nicht alle anderen Gelehrten, welche dem Studium der Volkspoesieen obliegen, sich in derselben Ueberzeugung befestigt haben sollten. Die Kenntniß der verschiedensten Volkspoesie, welche nach Herder in Deutschland so allgemein ist, hat bei aller Nationalverschiedenheit doch auf's Deutlichste den Charakter der im Munde des Volkes erwachsenen Poesie ergeben, zufolge dessen sie sich bestimmt von aller Kunstpoesie unterscheidet. Wer ihr Wesen einmal kennt, erkennt es auch überall wieder; die neugriechischen, die serbischen, die russischen, die böhmischen Volkslieder haben dies mit allen germanischen gemein, mit den deutschen, den dänischen, den schwedischen, den englischen, den schottischen, – nur durchaus haben alle diese *nichts gemein* mit Ossian. Ossian hat nichts von dem Wesen an sich, wodurch es den Volksliedern allein möglich wird, ohne Aufzeichnung mündlich fortzuleben; er stand da als eine *große Anomalie* in der Volkspoesie, als ein *Räthsel*. Dies Räthsel ist gegenwärtig gelöst, der Verdacht ist gerechtfertigt, und Allen, die, so wie Referent, ohne die schlagenden Beweise in Händen zu haben, den Ossian verdammten, d. h. unter den Ansprüchen, mit welchen ihn Macpherson in die Welt schickte, denen ist jetzt ein schwerer Stein vom Herzen gefallen. Wenn aber die neuere deutsche Litteratur zur Zeit ihres Aufstrebens allerdings mit der Bewunderung des Ossian und mit dem Glauben an die Echtheit verwachsen war, so ist sie dem auch bereits entwachsen, und das Anschmiegen an den Charakter wahrer Volkspoesie hat ihr seitdem eine ganz andere Richtung gegeben. Hat doch Göthe selbst, außer dem Werther, in keinem anderen Werke diesem nordischen Nebelsterne geopfert.

[...]

# [Anonym:] [Auszug aus:] Ossian
## [in: *Das große Conversations-Lexicon für die gebildeten Stände*] [1848].

[921] [...]

Sehr schön sagt *Herder* in seinem Aufsatze über Homer u. O. in Schillers Horen von 1795, wieder abgedruckt in seinen Werken zur schönen Literatur u. Kunst, 12. Bd., S. 387 ff., über die ossianischen Gesänge: "Bei O. geht Alles von der Harfe des Sängers aus; um ihn sind seine Hörer versammelt, und er theilt ihnen sein Inneres mit; in diese Zauberwelt zieht er sie hinein; diese Zauberwelt verbreitet er rings um sich; daher die Einleitungen zu seinen Gesängen, durch welche er die Seele seiner Zuhörer in seine Töne gleichsam stimmt u. fügt. Er malt die Gegenstände umher, den Ort, die Tages- u. Jahreszeit. Jede seiner Begebenheiten ist mit seiner eigenen individuellen Empfindung wie mit dem Finger der Liebe bezeichnet, und sobald er kann, wird die Begebenheit selbst Stimme, Klage der Wehmuth, Harfengesang. Seine Gestalten sind Nebelgestalten und sollten es seyn; aus dem leisen Hauche der Empfindung sind sie geschaffen u. schlüpfen wie Lüfte vorüber. O. ist eine Quelle des Gefühls, voll der zartesten sittlichen Gesinnungen, er ist die Stimme voriger Zeiten, aber eine traurige Stimme, mit keinem erweckenden Aufruf für die Nachzeit begleitet. Man sieht, daß die ossianischen Gesänge in einem duldenden, unterjochten Volke fortgesungen sind, das sich am Ruhm und an der Glückseligkeit seiner Vorfahren ohnmächtig labte." Auch wir verkennen den eigenthümlichen, zarten poetischen Hauch nicht, der in den Dichtungen des schottischen Barden weht, wir müssen ihm einen Bilderreichthum zugestehen, der selbst die Bilderpracht unserer modernen Dichter hinter sich läßt, wir fühlen uns überwältigt von einzelnen der großartigsten Züge, die eines Homer würdig sind. Wenn er eine Schlacht schildert (Fingal, 3. Gesang):

"Wie hundert Winde auf Meeren, wie Ströme
Von hundert Bergen, wie Wolken
Endlos den Himmel durchfliegen, wie
Das schwarze Meer der Wüste Ufer durchbricht,
So laut, so weit und so schrecklich
Mischten die Heere sich auf Lena's
Wiederhallender Haide. Des Volkes Aechzen
Verbreitet sich über die Hügel – es war
Dem Donner der Nacht gleich, wenn die Wolken

Zerreißen auf Kona, und tausend Geister
In hohlem Winde mit einem Male heulen."

so fühlen wir uns im ersten Augenblicke überwältigt von dieser Fülle der erha-
bensten Gleichnisse; aber wenn wir nach dem ganzen Bilde fassen, so zerrinnt
es uns unter den Händen u. wir schauen in Nebel und Wolken. Plastischer
schon ist die Schilderung des Bruderkampfes:

"Wuthvoll zürnten die Brüder.
Ihre flammenden Augen trafen sich
Schweigend – sie kehrten sich ab –
Sie schlugen auf ihre Schilde –
Am Schwerte zitterte die Hand –
Sie stürzten in den Kampf der Helden
Um die schönlockige Strinadona."

Indeß hält auch diese Schilderung den Vergleich noch lange nicht aus mit Ho-
mer oder auch nur mit den späteren ächten Volksdichtungen, u. eine Parallele
O.s mit dem griechischen Sänger, wie sie so oft versucht worden ist, ist daher
gänzlich unstatthaft; nur die Fülle von Epitheten erinnert an Homer, läßt aber
freilich auch den Verdacht der Nachahmung zu. Außerdem mangelt den ossia-
nischen Dichtungen Alles, was in der Volkspoesie uns fesselt u. zur Bewunde-
rung hinreißt; die plastische Kunst, die in Homer ihre höchste Entfaltung er-
reicht und wiederkehrt in den Nibelungen, die das markige germanische Hel-
denthum unvergleichlich in den scharf hervortretenden, wie aus Erz gegosse-
nen Charakteren abspiegeln, und die eigentliche Kunst der Volksdichtung, in
der knappsten Form eine Reihe von Thatsachen dem Leser vor das geistige
Auge zu führen. Bei O. ist Alles aus Nebel und Mondschein geformt; wir füh-
len uns nicht heimisch unter diesen Helden, die nicht Fleisch von unserem
Fleische sind, aus deren Brust uns kein verwandter Pulsschlag entgegenbebt.
Ihre wehmuthvollen Klagen berühren die zartesten Saiten unseres Herzens,
aber sie klingen wie das Flüstern der Aeolsharfe aus unsichtbarer Ferne; sie
umspinnen uns mit einem Netz von süßen Träumen, aber sie erheben uns nicht
zu der freudigen Lust, der Befriedigung und Begeisterung, oder zu dem großen
Schmerz, welche die Poesie als Wirkungen erzielen soll. Darum liegt diese
Poesie der Melancholie unserem poetischen Bewußtseyn, kraft dessen der
Dichter in die Menschenbrust hinabsteigen u. das geheimnißvolle Wirken und
Schaffen des Menschengeistes berauschen soll, so unendlich fern.
    Und doch – gerade die ossianischen Dichtungen waren es, die unsere in
Unnatur versunkene *deutsche* Literatur, freilich auf Umwegen, der Natur
wieder entgegenführten und so dieses unser modernes poetisches Bewußtseyn
erwecken halfen. Ihr erstes Bekanntwerden in Deutschland traf gerade in die
Periode, wo durch Klopstock und seine Freunde die altdeutsche u. nordische
Mythologie mit allen ihren Phantasmen bei uns rehabilitirt und in unserer Poe-

sie an die Stelle der griechisch-römischen sollte gesetzt werden. Die Entdek-
kung des sogen. O. gab diesem Streben einen unendlichen Schwung. Die Neu-
heit der Sache u. der Streit über die Aechtheit jener Gesänge reizten schon
äußerlich die Neugierde; aber weit überzog diese die süße Bewunderung, die
sich des ganzen Geschlechts bemächtigte, das so viel Sympathie zeigte mit
diesen Naturmalereien, mit diesen idyllischen Scenen, dieser Wehmuth und
Sehnsucht, die hier untergegangenen Welten nachseufzt. Man setzte O. über
Homer, weil er mehr Herz u. Gemüth zeigte, weil er Kraft u. Empfindung
paarte, weil die bis zum Erhabenen edlen Charaktere mehr als die menschli-
chen des Homer dem kleinen Menschenstolze der Pedanten schmeichelten, die
von Welt u. Menschheit keinen Begriff hatten. Daher ergriff der neue Dichter
nicht bloß die Göthe, Klopstock u. Herder, er begeisterte auch die Denis,
Kretschmann, die [922] Bodmer, die Sulzer. Wer sich am prosaischsten fühlte,
durfte hoffen, seine dürftigen Gedanken am wirksamsten mit den verschwim-
menden Tönen dieser musikalischen Prosa zu verhehlen oder seine poetische
Blöße mit dem bauschigen Gewande der nordischen Mythologie zu bedecken,
welche, seit Klopstock in Gebrauch gekommen, durch den O. neue Bereiche-
rung erhielt. Einer der frühesten Gesänge in O.s Ton war Kretschmanns *Rin-
gulph*, 5 Lieder über die Varusschlacht, und die Klage. An sie schloß sich
gleich Klopstocks Hermannschlacht an, der eine Unzahl Produktionen von
untergeordneter Bedeutung folgten. Denis übersetzte den O. in Hexametern,
Seckendorf u. Zumsteg versuchten sich an Kompositionen aus O. Es war ein
Glück, daß Göthe in seinem Götz unsere Poesie wieder auf geschichtlichen
Boden versetzte und konkrete Gestalten auftreten ließ, sonst wären wir in der
Ossianomanie zu puren Phantasten geworden. Die segensreiche Frucht aber,
die von dieser Skaldenpoesie übrig blieb, war, daß durch sie der Sinn für Na-
turdichtung zugleich mit dem Begriffe davon, den Klopstock zuerst aufgefaßt
hatte, sich weiter verbreitete.

   [...]

# [1*] Alfred Kurella: [Auszug aus:] Vorwort [zu *Ossian. Fingal in Lochlin*] [1920].

Der Verbannte von St. Helena hat lange Stunden über den Gesängen Ossians verbracht. Alexander, dem es vergönnt war, auf der Höhe seiner Erfolge zu sterben, hatte auf seinem Siegeslauf durch Asien den lichtvollen Homer mitgeführt. War es ein Omen, daß der Kaiser, den die nationalistische Beschränktheit kleiner Geister aus der Bahn seiner genialen europäischen Pläne warf, den romantisch-schwermütigen Ossian auf seinen Feldzügen mit sich führte? In der Einsamkeit der Insel mögen sich dem Gestürzten erst diese Lieder des verlassenen blinden Barden, der eine glanzvolle Heldenzeit unwiederbringlich verloren sah und doch noch einmal versuchen wollte, durch die Bilder der Vergangenheit die entartete Jugend zu gleichen Kämpfen aufzurufen, in ihrer ganzen Gewalt erschlossen haben.

Ossian in der Hand Napoleons, der der Empire-Zeit und dem Empire-Stil den Namen gab – es gibt kaum ein typischeres Kennzeichen für die geistige Atmosphäre der Kulturepoche um die Wende des 18. Jahrhunderts. Diese gälischen Heldenlieder mit ihrer alle Schranken sprengenden dichterischen Phantasie waren in ganz Europa eine geistige Macht geworden zu derselben Zeit, als die malerische Formsprache unter dem von den Kunstphilosophen aufgestellten Gesetz von der "Zusammenziehung der Malerei auf plastische Bedingungen und Formen" unaufhaltsam in das steife Liniensystem des Empirestiles gezwängt wurde. Das "Empire", eine ratlose Zeit, die mit ihren ungeheuren Spannungen nicht fertig zu werden wußte. Politisch die Polarität Imperium und Nation, durch kleinlichen Mißverstand mit der Beseitigung des Imperators verwässert zu den nationalen "Befreiungskämpfen"; dichterisch die in dem epischen Zwiegestirn Homer-Ossian ausgedrückte Polarität, nicht begriffen und ebenso verdünnt zu der Romantik Schlegel-Tiecks; unter Führung karger preußischer Ästhetik die Malerei zu einer farblosen gezirkelten Pinselei entartet. Für Goethe und besonders Herder hatte jenes Zwiegestirn Homer-Ossian gestrahlt, und in Ph. O. Runge rang eine vollendete umfassende "Romantik" nach ihrem malerischen Ausdruck. Aber jene waren nicht die Erfüller eben dieser Zeit, und dieser starb, als er kaum den Anfang seines Weges gefunden [2*] hatte. Die Ratlosigkeit hat triumphiert. Auf einzelne, kleinere Geister verteilt, wurden die großen Kräfte der Zeit verzettelt, sind versickert und haben die Leere zurückgelassen, in der das 19. Jahrhundert seine Nichtigkeiten ausbreiten konnte.

In den ersten Jahren eben dieses Jahrhunderts war es gewesen, daß *Ph. O. Runge*, den wir als den eigentlichen und einzigen Erfüller einer romantischen Malerei im tiefsten Sinne des Wortes anzusprechen haben, mit *Ossian* in Berührung kam. Die Früchte dieses Zusammentreffens sind eine Reihe von Rohrfederzeichnungen, Entwürfe zu später auszuführenden Radierungen. Sie sind nicht Erfüllung, sondern kaum Versprechen: dieser erste enthusiastisch unternommene Anlauf wurde durch eine glatte Abweisung des Auftraggebers der Arbeit zum Stehen gebracht, und die spätere Vollendung des Geplanten verhinderte der Tod des jungen Künstlers. So ist uns nur ein Fragment als Zeugnis davon geblieben, daß einmal die reichen Kräfte jener Wendezeit, die sich nie erfüllen sollte, zusammentrafen.

Die geistige Atmosphäre der zweiten Hälfte des 18. Jahrhunderts, in der die Reste der Heldendichtung des einst weltbeherrschenden Keltenvolkes in den Gesängen Ossians entdeckt wurden, war dem Verständnis dieser Lieder eigentlich wenig günstig. Für das sterbende Rokoko waren sie zu barbarisch; die klassizistisch gebildete Schicht war ein noch weniger geeigneter Resonanzboden für die Töne der Harfe Ossians, den als düstern nordisch-phantastischen Gegenpol des hellen, strengeren Homer ganz zu begreifen nur wenigen erlesenen Geistern vergönnt war. So waren es die Empfindsamen, die sich für ihn erwärmten, aus deren Brust er leicht, wie Werthern, Homer verdrängen konnte. Die Gewalt dieser Dichtungen voll zu würdigen und wahrhaft der europäischen Kunst aufzuschließen, wäre erst eine Geistigkeit fähig gewesen, wie sie im Beginn des neuen Jahrhunderts in Bildung begriffen war, aber nie zur Entfaltung gekommen ist. Immerhin, diese sonderbar düsteren Lieder von den Kriegszügen eines aus der europäischen Geschichte ausgelöschten, ungekannten Volkes wurden damals modern. Wer Anspruch auf literarische Bildung machen wollte, mußte sie kennen. Ein öffentlicher, übrigens sehr müßiger Gelehrtenstreit, der sich über ihre Echtheit entspann, förderte die Verbreitung. In jedem der führenden europäischen Kulturländer gab es wenigstens eine größere Ausgabe des Dichters.

[...]

# Kommentar

# Textredaktion und Anmerkungen

## Einleitung

Das Projekt einer umfassenden Darstellung der deutschen "Ossianomanie" und ihrer literarhistorischen Bedeutung bliebe unvollständig ohne eine Dokumentation der wichtigsten Rezeptionszeugnisse. Die Länge des betrachteten Zeitraums und der Umfangs des Quellenmaterials führten allerdings dazu, daß nur ein Bruchteil der relevanten Texte integriert werden konnte. Der vorliegende Band versteht sich daher als Supplement zu den drei vorausgehenden, auf die an entsprechender Stelle verwiesen ist. Im Zentrum steht der Versuch einer repräsentativen Auswahl, die allen Rezeptionsformen gerecht wird und die wichtigsten Thesen der Arbeit affirmiert: Ossian als Originalgenie ('Homer des Nordens'), als 'Urbild' des sentimentalischen Dichters (*joy of grief* / Wonne der Wehmut), als 'Mutter der Romantik' (Universalpoesie) und als Prototyp des *last of the race*. Die Prägnanz der intertextuellen Verweise war hierbei ein wesentliches Auswahlkriterium. Wenn unmarkierte Ossianbezüge nicht an einer kompakten, weitgehend zusammenhängenden Passage sichtbar zu machen waren, wurde auf den Abdruck verzichtet. Daher fehlen u.a. stark ossianisch geprägte Werke wie Klopstocks *Hermann*-Trilogie, Goethes *Stella*, Millers *Siegwart*, Schillers *Räuber*, Moritz' *Hartknopf*, Jean Pauls *Titan*, Friedrich Schlegels *Lucinde*, Novalis' *Ofterdingen* sowie Gedichte von Herder, Goethe, Lenz, Matthisson, Tieck, Fouqué oder Eichendorff.

Die zur Strukturierung des Materials verwendeten rezeptionsästhetischen Kategorien sind im Methodologie-Kapitel erläutert (vgl. Bd. 1, S. 35). Mitunter ließ die Einordnung der Texte mehrere Möglichkeiten zu: So war z.B. die Trennung zwischen *analytisch-produktiver* und *historisch-philologischer* Rezeption schwierig, weil sich nahezu jeder Beitrag über *Ossian* auch in irgendeiner Form mit der Echtheitsfrage befaßt. Die endgültige Entscheidung ist daher Ergebnis sorgfältigen Abwägens. Allerdings erscheinen nun in Teil D die Vertreter der Fälschungsthese dominanter als es den historischen Tatsachen entspricht. Denn während die Befürworter den poetologischen Bereich einbeziehen, bleiben die Kritiker in der Regel auf den Authentizitätsdiskurs fixiert. Die Reiseberichte von Emilie von Berlepsch und Johanna Schopenhauer wurden unter die Kategorie *passive Rezeption* gesetzt, wenngleich es sich nur indirekt um Zeugnisse für das Leseverhalten eines anonymen Publikums handelt. Die ausgewählten Passagen zeigen jedoch die enorme Popularität und Breitenwirkung des Modephänomens *Ossian*.

Grundlage für den Abdruck der Texte und Auszüge sind in der Regel die *editio princeps* oder einschlägige Werkausgaben. In einigen Fällen wurden die Handschriften konsultiert. Darunter befinden sich zwei Erstdrucke von Jugendwerken Ludwig Tiecks: *Iwona. Eine ossianische Skizze* (ca. 1791) und *Ein Gesang des Barden Congal* (ca. 1792/1793). Hinzu kommen zwei bibliographisch bisher nicht nachgewiesene Texte: eine anonym erschienene *Darthula*-Übersetzung (1766) und ein – ebenfalls anonym publizierter – Aufsatz *Homer und Ossian* (1783).

# Editorischer Bericht

Die Orthographie der in diesem Band enthaltenen Texte entspricht den jeweiligen Vorlagen. Es wurden keine Vereinheitlichungen oder Modernisierungen vorgenommen. Offensichtliche Druckfehler sind jedoch stillschweigend verbessert, Hervorhebungen in den Quellentexten durchgehend kursiviert. (Sperrungen und Unterstreichungen finden sich nur in nicht eindeutigen Fällen.) Alle Fußnotenzeichen sind als arabische Ziffern geschrieben, fehlende Buchstaben oder Satzzeichen in eckigen Klammern ergänzt. Mit dem Indikator "[sic!]" wurde sparsam verfahren, so daß er nur bei ungewöhnlichen Formulierungen und Schreibweisen erscheint. Die Seitenzählung der einzelnen Textvorlagen ist in eckigen Klammern nachgewiesen; das Zeichen * bedeutet, daß im Original an dieser Stelle eine explizite Paginierung fehlt. Zeilensprünge in Überschriften sowie Einrückungen von Textpassagen nach Titeln, Gedichten oder Namen (sprechender Personen) sind im Sinne der Verlagsrichtlinien eliminiert. Gleiches gilt für Großbuchstaben in Überschriften. Die Zeitangabe bezeichnet bei Handschriften das Jahr der Entstehung, bei Drucken in der Regel das der Publikation; zusätzliche Hinweise erscheinen nur bei großer Differenz zwischen Abfassung und Veröffentlichung. Kommentarinterne Referenzen mit Angabe von Band- und Seitenzahlen bzw. Seitenzahlen beziehen sich auf die einzelnen Teile dieser Ausgabe – im ersten Fall auf Bd. 1-3, im zweiten Fall auf Bd. 4. Der Zusatz "A" bei der Positionsangabe einer kommentierten Textstelle bedeutet, daß sich das Lemma in einer Anmerkung befindet, "V" bezeichnet eine Versangabe. Die Zeilenzählung, die im Text selbst nicht markiert ist, umfaßt – der leichteren Orientierung wegen – keine Kopf- und Leerzeilen. Die Hinweise auf Forschungsliteratur entsprechen der in Bd. 1/2 praktizierten Systematik (vgl. S. 1145/Anm. 1) und verweisen auf die Gesamtbibliographie. Im Unterschied zu Bd. 3 enthält die Kommentierung ausschließlich Textstellen, die sich in engerem Sinne auf 'Ossian' beziehen. Fremdsprachige Zitate wurden nicht übersetzt. Das Inhaltsverzeichnis der kritischen *Ossian*-Ausgabe von Howard Gaskill ist in Bd. 1 abgedruckt (vgl. S. XVIII).

# A. Die reproduktive Rezeption: Übersetzungen ossianischer Gedichte

## Darthula, ein Gedicht Ossians [anonyme deutsche Erstübersetzung] [1766]

*Druckvorlage:* Der Greis. Hrsg. von Johann Samuel Patzke. Theil 14. Leipzig 1766. St. 172, S. 323-336 und St. 173, S. 337-352. [Bisher kein bibliographischer Nachweis vorhanden]

3, 24ff.    *In der [...] begleiten]* Vgl. Bd. 3, S. 103, 17ff. und 104, 3ff. (Hugo Blairs [...] Kritische Abhandlung über die Gedichte Ossians). Siehe auch Anm. zu S. 413, 1ff.

3, 31ff.    *Es wird [...] Gedichten]* Vgl. Bd. 3, S. 335f./Anm. 1.

4, 33ff.    Möglicherweise hat Goethe diese Übersetzung als Vorlage für sein Gedicht *An den Mond* (1768-1769) verwendet (vgl. Bd. 2, S. 728f.).

## Carthon [übersetzt von Michael Denis] [1768]

*Druckvorlage:* Die Gedichte Ossians eines alten celtischen Dichters, aus dem Englischen übersetzt von M. Denis, aus der G.J. Bd. 1. Wien 1768.

Zu Denis' Ossianübersetzungen vgl. Bd. 1, S. 546-558.

15, 2    *Vorwelt]* Die Begriffe "Vorzeit" und "Vorwelt" sind ossianische Neologismen. Sie erscheinen – wenigstens in gedruckter Form – zum ersten Mal in Denis' Ossianausgabe, und zwar als Übersetzung von Macphersons "times of old" (vgl. Alfred Wolf (1928), S. 46/Anm. 1). Klopstock hat den Ausdruck bereits in den Handschriften seiner Oden verwendet – aber auch hier im Rekurs auf *Ossian.*

15, A3    *mit einem besondern Gedichte]* The strife of Crona (vgl. The Poems of Ossian and related works. Hrsg. von Howard Gaskill. Edinburgh 1996, S. 445/Anm. 4)

18, A13    *O'Flaherty]* Roderic O'Flaherty (1629-1718), irischer Historiker. Seine mythologisch-historische *Ogygia, seu rerum Hibernicarum chronologia,* die auf irischen Annalen und Legenden basiert, wurde 1685 in London veröffentlicht.

27, 11ff.    Hier beginnt der berühmte 'Sonnengesang' Ossians. Vgl. auch S. 79, 3ff. (Oßians Anrede an die untergehende Sonne [Herder]).

## Die Gesänge von Selma [übersetzt von Johann Wolfgang Goethe] [1771]

*Druckvorlage:* Goethes Werke. Hrsg. im Auftrage der Großherzogin Sophie von Sachsen. Abt. 1. Bd. 37. Weimar 1896.

Zu Goethes Übersetzungen der *Songs of Selma* vgl. Bd. 2, S. 739-743.

## [Auszug aus:] [Brief von Johann Wolfgang Goethe]
## An J.G. Herder [Frankfurt, Oktober 1771]

*Druckvorlagen:* Jahrbuch des Freien Deutschen Hochstifts 25 (1908), S. 261-273 (darin: Faksimile des Manuskripts) und Der junge Goethe. Neu bearbeitete Ausgabe in fünf Bänden. Hrsg. von Hanna Fischer-Lamberg. Bd. 2. Berlin 1963. Der Rekurs auf die Handschrift war notwendig, um eine philologisch korrekte Edition des Briefes zu gewährleisten. Der vorliegende Abdruck ist daher nicht identisch mit den Transkriptionen von Heuer, WA und Morris/Fischer-Lamberg.

Goethe fertigt eine exakte Wort-für-Wort-Übertragung eines Teils des gälischen *Specimen* an (vgl. Anm. zu S. 111, A26[b]), wobei – mitunter ohne Rücksicht auf den deutschen Sprachgebrauch – Adjektiva hinter Nomina positioniert und eine Vielzahl *participia praesentis* verwendet werden, um alle Besonderheiten der Vorlage nachzuahmen. So finden sich hier die im Gälischen sehr häufigen Elisionen und Inversionen, die auch Werther in seinen 'amtlichen Schriften' verwendet. Goethe sucht Herder durch Hervorhebungen im deutschen Text zudem auf die Stellen hinzuweisen, an denen sich die eigene Übertragung von Macphersons Fassung unterscheidet. Vgl. Bd. 1, S. 689f. und 737-739 sowie ausführlich Caitríona O Dochartaigh: Goethe's Translations from the Gaelic Specimen of Temora VII. In: Reception of British Authors in Europe: Ossian. Hrsg. von Howard Gaskill. London 2004 (im Druck).

36, 29   *Relicks]* Thomas Percy: Reliques of Ancient English Poetry: Consisting of Old Heroic Ballads, Songs, and other Pieces of our earlier Poets, (Chiefly of the Lyric kind.) Together with some few of later Date. 3 Bde. London 1765. Vgl. Bd. 1, S. 162.

37, 10f.   *Wenn Sie [...] wieder haben]* Goethe schickt seinem Briefpartner Ende 1771 die *third edition* der *Works of Ossian* (1765) aus der Bibliothek seines Vaters. Herder gibt die Ausgabe erst nach über einem Jahr zurück.

37, 12f.   *es geht doch nichts drüber]* Vgl. Anm. zu Matthias Claudius: Ich wüßte nicht warum? [1771].

37, 15   *der Stellen Sch.]* Ossian wird im folgenden mit Shakespeare auf eine Stufe gestellt.

37, 20f.   *Und übersetze [...] kann]* Vgl. S. 28-33.

37, A1   *Ihre Abhandl.]* Herders *Briefwechsel über Ossian.*


## [Johann Georg Jacobi:] Ossian fürs Frauenzimmer [1775]
## und [Auszüge aus:] Fingal, ein alt Gedicht von Ossian
## [übersetzt von Jakob Michael Reinhold Lenz] [1775-1776]

*Druckvorlage:* Iris. Düsseldorf 1775. Bd. 3. St. 3, S. 163-192; Bd. 4. St. 2, S. 83-105 und Berlin 1776. Bd. 5. St. 2, S. 87-107; Bd. 7. St. 2, S. 563-580; Bd. 8. St. 1, S. 812-830.

Zu Lenz' Fingalübersetzung vgl. Bd. 2, S. 822-829 und Howard Gaskill: Lenz und Ossian. In: Lenz-Jahrbuch 8/9 (1998/1999), S. 60-72.

42, 31ff.   Eine Interpolation von Lenz. Im Original recte.

45, 30   *die Freude der Schmerzen]* Im Englischen: "the joy of grief". Vgl. Bd. 1, S. 122-124.


## Karrikthura. Probe einer neuen Uebersezung Ossians,
## von Gottfried August Bürger [1779]

*Druckvorlage:* Deutsches Museum. Leipzig 1779. Bd. 1.

Zu Bürgers Ossianübersetzungen vgl. Bd. 2, S. 612-621.

49, 16   *Kuldee]* (dt. Einsiedler), gälische Bezeichnung für einen frühen christlichen Missionar. Der Tradition zufolge könnte es sich um St. Patrick handeln, denn das Gespräch zwischen ihm und Ossian bildet den Erzählrahmen vieler authentischer Balladen (vgl. S. 82-85; Bd. 1, S. 385f. und Bd. 3, S. 68, 9; S. 77, 12; S. 188, 12ff.).

50, 8f.   *Wonne der Wehmut]* Die deutsche Standardübersetzung der "joy of grief". Vgl. Bd. 1, S. 123.

52, A7   *ein fürchterlich [...] Kathloda]* Vgl. Bd. 3, S. 177, 3ff. Bürger spielt hier auf die ossianische *"terrible beauty"* an (The Poems of Ossian (Anm. zu S. 15, A3), S. 497/ Anm. 17 und 527/Anm. 16).

## [Ossianübersetzungen von Johann Gottfried Herder aus: *Volkslieder*] [1779]

*Druckvorlage:* Herders Sämmtliche Werke. Hrsg. von Bernhard Suphan. Bd. 25. Berlin 1885.

Zu Herders Ossianübersetzungen vgl. Bd. 2, S. 715-722.

59, 4    *Darthula's Grabesgesang]* Vgl. Bd. 3, S. 346, 6ff.

59, 25   *Fillans Erscheinung und Fingals Schildklang]* Die beiden folgenden Übersetzungen basieren auf Goethes Interlinearversion des gälischen *Specimen* (vgl. S. 34-36), wobei Herder die fehlenden Passagen ergänzt. Es geht ihm dabei um kritische Prüfung der Goethe-Fassung sowie der Übersetzung Macphersons, deren Qualität von Edmond de Harold angezweifelt wurde (vgl. S. 626f.). In der *Erinnerung des Gesanges der Vorzeit* übernimmt Herder drei Strophen von Goethe; bei *Fillans Erscheinung und Fingals Schildklang* emanzipiert er sich stärker von der Vorlage und ersetzt die fehlenden Stellen durch eine Übertragung aus Macphersons *third edition*. Vgl. S. 109, V1ff. (Temora).

63, 2    *Erinnerung des Gesanges der Vorzeit]* Vgl. die vorige Anm. und S. 124, V398ff. (Temora).

63, 9    *Der Wehmuth Freude]* Im Englischen: "the joy of grief".

## [John Smith:] Der Fall von Tura: ein Gedicht
## [übersetzt von Christian Felix Weiße] [1781]

*Druckvorlage:* Gallische Alterthümer oder eine Sammlung alter Gedichte aus dem Gallischen des Ullin, Ossian, Orran, u.s.w. von John Smith ins Engländische und aus diesem ins Deutsche übersetzt [...]. Bd. 2. Leipzig 1781.

Zu Smith' *Galic Antiquities* vgl. Bd. 1, S. 224f.

66, A3   *Lord Kaime's Skizen]* Lord Kames [= Henry Home]: Sketches of the History of Man. 2 Bde. Edinburgh 1774 (vgl. Bd. 1, S. 364f.). Wichtig für die internationale Ossianrezeption sind aber auch seine *Elements of Criticism* (Edinburgh 1762). Vgl. Bd. 1, S. 300.

## [Ossianübersetzungen von Johann Gottfried Herder aus: *Vom Geist der Ebräischen Poesie*] [1782]

*Druckvorlage:* Herders Sämmtliche Werke. Hrsg. von Bernhard Suphan. Bd. 11. Berlin 1879.

Zu Herders Ossianübersetzungen vgl. Bd. 2, S. 715-722.

| 79, 4 | *Oßians Anrede an die untergehende Sonne]* Vgl. S. 49, 22ff. (Karrikthura). |
| 79, 16 | *An die Morgensonne]* Vgl. S. 27, 11ff. (Carthon). |
| 80, 22 | *An den Mond]* Vgl. S. 4, 33ff. (Darthula). |
| 81, 20 | *An den Abendstern]* Vgl. S. 28, 3ff. (Die Gesänge von Selma). |

## [Matthew Young:] Ein Gespräch zwischen dem bejahrten Ossian und St. Patrik [übersetzt von Friedrich Ludwig Wilhelm Meyer] [1793/1802]

*Druckvorlage:* Adrastea 1802. Bd. 4.

Zu Youngs *Antient Gaelic Poems* vgl. Bd. 1, S. 229.

| 82, 2 | *St. Patrik]* Vgl. Anm. zu S. 49, 16. |

## [John Smith:] Finan und Lorma. Ein Gesang des Ossian [übersetzt von Ludwig Theoboul Kosegarten] [1801]

*Druckvorlage:* Kosegarten's Dichtungen. Bd. 4. Greifswald 1812.

Zu Smith' *Galic Antiquities* vgl. Bd. 1, S. 224f.

## Berrathon [übersetzt von Friedrich Leopold Graf zu Stolberg] [1806]

*Druckvorlage:* Die Gedichte von Ossian dem Sohne Fingals. Nach dem Englischen des Herrn Macpherson ins Deutsche uebersetzt von Friedrich Leopold Grafen zu Stollberg. Bd. 3. Hamburg 1806.

Zu Stolbergs Ossianübersetzung vgl. Bd. 2, S. 638-641.

| 95, 17ff. | Vgl. S. 289, 35ff. (Goethe: Die Leiden des jungen Werther). |
| 98, 28ff. | Vgl. S. 279, 4f./16f. (Goethe: Götz von Berlichingen). |
| 102, 30ff. | Vgl. folgende Textstelle bei Heinrich von Kleist: "Freilich mag \| Wohl mancher sinken, weil er stark ist. Denn \| Die kranke abgestorb'ne Eiche steht \| Dem Sturm, doch die gesunde stürzt er nieder, \| Weil er in ihre Krone greifen kann" (FKA I, S. 161 [Die Familie Schroffenstein]). Eine ähnliche Passage findet sich in *Penthesilea.* Dort heißt es über die Protagonistin. "Sie sank, weil sie zu stolz und kräftig blühte! \| Die kranke abgestorb'ne Eiche steht \| Dem Sturm, doch die gesunde stürzt er nieder, \| Weil er in ihre Krone greifen kann" (FKA II, S. 256). Siehe auch Bd. 2, S. 927-937. |
| 105, 2ff. | Vgl. S. 279, 16f. (Goethe: Götz von Berlichingen). |
| 105, 28 | Vgl. S. 346, 30 (Hölderlin: Friedensfeier). |

## Temora. Siebenter Gesang [übersetzt von Christian Wilhelm Ahlwardt] [1807]

*Druckvorlage:* Probe einer neuen Uebersetzung der Gedichte Ossian's aus dem Gaelischen Original. Von C.W.A. Oldenburg 1807.

Zu Ahlwardts Ossianübersetzung vgl. Bd. 1, S. 284-286, zum Status des gälischen Originals ebd., S. 239-242.

| 109, A1 | *Macferlan]* The Poems of Ossian, in the Original Gaelic, with a literal Translation into Latin, By the late Robert Macfarlan, A.M. Together with a Dissertation on the |

Authenticity of the Poems, By Sir John Sinclair, Bart. and a Translation from the Italian of Abbè [sic!] Cesarotti's Dissertation on the Controversy respecting the Authenticity of Ossian, with Notes and a supplemental Essay, By John M'Arthur, LL.D. Published under the Sanction of the Highland Society of London. 3 Bde. London 1807.

110, A12[a]    *in der ersten Ausgabe]* Temora, an ancient epic Poem, In eight Books: Together with several other Poems, composed by Ossian, the Son of Fingal. Translated from the Galic Language, By James Macpherson. London 1763. Vgl. Bd. 1, S. 84f.

110, A12[b]    *In der letzten Ausgabe]* The Poems of Ossian. Translated By James Macpherson, Esq.; in two Volumes. A New Edition, Carefully corrected, and greatly improved. London 1773. Vgl. Bd. 1, S. 86f.

110, A15    *Report]* Henry Mackenzie: Report of the Committee of the Highland Society of Scotland, appointed to inquire into the Nature and Authenticity of the Poems of Ossian. Drawn up, according to the directions of the Committee, by H.M., Esq. Its convener or chairman. With a copious Appendix, containing some of the principal documents on which the Report is founded. Edinburgh 1805. Vgl. Bd. 1, S. 233-236.

111, V48ff.    Vgl. folgende Textstelle bei Novalis: "Die lange Nacht war eben angegangen. Der alte Held schlug an seinen Schild, daß es weit umher in den öden Gassen der Stadt erklang. Er wiederholte das Zeichen dreymal" (HKNA I, S. 290 [Heinrich von Ofterdingen]). Siehe auch Bd. 2, S. 975-989.

111, A26[a]    *eine lange Note von 19 Zeilen]* Vgl. The Poems of Ossian (Anm. zu S. 15, A3), S. 516/Anm. 11.

111, A26[b]    *M's Specimen]* Als Appendix der *Temora*-Ausgabe von 1763 ist erstmals die Vorlage für das siebte Buch dieses Epos abgedruckt, "to give a specimen of the original Galic, for the satisfaction of those who doubt the authenticity of Ossian's poems" (The Poems of Ossian (Anm. zu S. 15, A3), S. 330). Der gälische Text findet sich in Howard Gaskills kritischer Ausgabe (vgl. ebd., S. 331-341).

112, A29    *Laing]* The Poems of Ossian, &c. Containing the Poetical Works of James Macpherson, Esq. in Prose and Rhyme: With Notes and Illustrations. Hrsg. von Malcolm Laing. 2 Bde. Edinburgh 1805. Vgl. Bd. 1, S. 232f.

122, A147    *Rhode]* Ossian's Gedichte. Rhythmisch übersetzt von J.G. Rhode. 3 Bde. Berlin 1800. Vgl. Bd. 2, S. 1139.

123, A162    *zweyte Ausgabe]* The Works of Ossian, the Son of Fingal. In two volumes. Translated from the Galic Language By James Macpherson. The third Edition. To Which is subjoined a Critical Dissertation on the Poems of Ossian. By Hugh Blair, D.D. 2 Bde. London 1765. Vgl. Bd. 1, S. 85f.

124, A172    *Wonne des Grams]* Im Englischen: "the joy of grief".

125, A177[a]    *Shaw's Wörterbuch]* William Shaw: A Galic and English Dictionary containing all the Words in the Scotch and Irish Dialects of the Celtic, that could be collected from the Voice, and old Books and Mss. 2 Bde. London 1780.

125, A177[b]    *Der erste Band [...] enthalten]* Die Ausgabe erscheint nicht 1808, sondern erst drei Jahre später (Die Gedichte Oisian's. Aus dem Gaelischen im Sylbenmasse des Originals von Christian Wilhelm Ahlwardt. 3 Bde. Leipzig 1811). Die beiden nachfolgenden Ankündigungen hat der deutsche Übersetzer nicht in die Tat umgesetzt.

# B. Die produktive Rezeption

## 1. Freie Bearbeitungen ossianischer Gedichte

### Johann Joachim Eschenburg: Comala. Ein dramatisches Gedicht [1769]

*Druckvorlage:* Almanach der deutschen Musen auf das Jahr 1770. Leipzig/Berlin/Frankfurt [²1770].

### [Friedrich Traugott Hase:] [Auszug aus:] Auszug aus Eduard Blondheims geheimen Tagebuche [1777]

*Druckvorlage:* Auszug aus Eduard Blondheims geheimen Tagebuche. Ein Beytrag zur Geschichte vom Genie und Charakter. Kenne dich selbst! Hrsg. von Karl Walder. Leipzig 1777.

137, 4     *in dem bremischen Magazine]* Vgl. Bd. 3, S. 1-39.

### [Edmond de Harold:] Sulmora. Ein Gedicht [1778]

*Druckvorlage:* Rheinische Beiträge zur Gelehrsamkeit. Mannheim 1778. Bd. 2.

Zu Harolds Ossianübersetzungen und -adaptionen vgl. Bd. 1, S. 271-273 und Bd. 2, S. 1134-1137.

139, 21     *Chuldee]* Vgl. Anm. zu S. 49, 16.
139, 23f.     *Diser ist [...] antrifft]* Vgl. Bd. 1, S. 390-392.
140, 29ff.     Vgl. Anm. zu S. 222, 9f.

### Karl Friedrich Kretschmann: Fingal und Hloda. Nach Ossian [1780]

*Druckvorlage:* Taschenbuch für Dichter und Dichterfreunde. Eilfte Abtheilung. Leipzig 1780.

Zu Kretschmanns Ossianrezeption vgl. Bd. 1, S. 569-581.

144, 2     *Fingal und Hloda]* Vgl. S. 52, 28ff. *Carric-thura* zählt nicht nur zu den bekanntesten Gedichten Ossians, sondern – im späten 18. und frühen 19. Jahrhundert – auch zu den berühmtesten Texten der Weltliteratur. Dies zeigen die vielen Übersetzungen (vgl. Bd. 2, S. 1152-1175) sowie die Adaptionen von Kretschmann, Goethe, Tieck, Arnim und Houwald: S. 280, 14ff. (Prometheus), S. 172, 23ff. (Gesang des Barden Congal), S. 186, 18ff. (Das Lied von der Jugend) und S. 372, 3ff. (Wahnsinn und Tod).

### [Zusammenfassende Nacherzählung von:] [Wilhelm Heinrich Wachsmuth:] Inamorulla, oder Ossians Großmuth [1784]

*Druckvorlage:* Theaterbibliothek für Teutschland. Danzig 1784. St. 1.

Das gesamte Drama erscheint u.d.T. Inamorulla, oder Oßians Grosmuth. Ein Schauspiel in fünf Aufzügen. Nach Oßian. Dessau 1783. Vgl. hierzu Bd. 1, S. 396-411, v.a. S. 399.

## Ludwig Tieck: Iwona. Eine ossianische Skizze [ca. 1791]

*Druckvorlage:* Ludwig Tieck: Der handschriftliche Nachlaß in der Staatsbibliothek zu Berlin. Preußischer Kulturbesitz. Nachlaß-Nr. 7. Mappe 1. [Erstdruck]

Zu Tiecks Ossianrezeption vgl. Bd. 2, S. 989-1011 und – v.a. mit Blick auf die frühen Adaptionen – Howard Gaskill (2001).

## [Ludwig Tieck:] [Auszüge aus:] Ottokar Sturm: Die eiserne Maske. Eine schottische Geschichte [1792]

*Druckvorlage:* Die eiserne Maske. Eine schottische Geschichte von Ottokar Sturm. Leipzig 1792.

## Ludwig Tieck: Ein Gesang des Barden Congal [ca. 1792/1793]

*Druckvorlage:* Ludwig Tieck: Handschriftlicher Nachlaß in der Staatsbibliothek zu Berlin. Preußischer Kulturbesitz. Nachlaß-Nr. 1. Nr. 2. [Erstdruck]

| | |
|---|---|
| 172, 23ff. | Vgl. Anm. zu S. 144, 2. |
| 175, 34ff. | Vgl. Bd. 3, S. 283, 26ff. (Fingal. Erster Gesang). |

## Karoline von Günderrode: Darthula nach Ossian [1804]

*Druckvorlage:* Gesammelte Werke der Karoline von Günderode. Erster Band. Bern 1970 (Nachdruck der Ausgabe des Verlages Goldschmidt-Gabrielli 1920-1922).

Zur Geschlechtscharakteristik im *Ossian* und ihrer rezeptiven Funktionalisierung vgl. Bd. 1, S. 420-434.

## Achim von Arnim: Das Lied von der Jugend [1809]

*Druckvorlage:* Der Wintergarten. Novellen von Ludwig Achim von Arnim. Berlin 1809.

Zu Arnims Ossianrezeption vgl. Bd. 2, S. 1040-1068.

| | |
|---|---|
| 182, 3ff. | Vgl. Bd. 3, S. 259-263 (Der Krieg von Inis-thona) und die – allerdings nur den *War of Inis-thona* umfassende – Synopse bei Vickie L. Ziegler: Bending the Frame in the German Cyclical Narrative. Achim von Arnim's *Der Wintergarten* & E.T.A. Hoffmanns *Die Serapionsbrüder.* Washington, D.C. 1991, S. 283-292. |
| 186, 18ff. | Vgl. S. 52, 28ff. (Karrikthura) und Anm. zu S. 144, 2. |
| 190, 12ff. | Vgl. S. 95, 17ff. (Berrathon). |
| 190, 14ff. | Vgl. S. 106, 9ff. (ebd.). |
| 190, 31ff. | Vgl. S. 107, 13ff. (ebd.). |
| 190, 35ff. | Vgl. S. 107, 34ff. (ebd.). |

## Matthäus von Collin: [Auszug aus:] Calthon und Colmal [1813]

*Druckvorlage:* Matthäus von Collin: Dramatische Dichtungen. Bd. 2. Pesth 1813.

202, 30ff.    *Geh hin! [...] In deinem Stolz]* Das Drama gewinnt hier eine anti-napoleonische
               Stoßrichtung. Vgl. Bd. 1, S. 445f. sowie ausführlich Manuela Jahrmärker (1993),
               S. 211-268.
203, 30f.    Vgl. die vorige Anm.

## Christian Karl Buri: Fingal und Agandekka. (Frei nach Ossian.) [1817]

*Druckvorlage:* Minerva. Taschenbuch für das Jahr 1817. 9. Jg. Leipzig.

Der Adaption liegt eine Episode aus dem vierten Gesang von *Fingal* zugrunde. Vgl. Bd. 3, S. 304,
9ff.

## Joseph Freyherr von Auffenberg: Das Mädchen von Selma. Nach Ossian [1824]

*Druckvorlage:* Ceres. Originalien für Zerstreuung und Kunstgenuss. Zweyter Theil. Wien 1824.

Der Adaption liegt keine eindeutig lokalisierbare Episode zugrunde. Der Schluß erinnert jedoch an
das Ende des ersten Buches von *Fingal* (vgl. Bd. 3, S. 283, 26ff.), auf das auch Tieck im *Gesang
des Barden Congal* intertextuell verweist (vgl. S. 175, 34ff.).

# 2.  *Ossian*-Dichtungen

## Michael Denis: An Ossians Geist [1772]

*Druckvorlage:* Die Lieder Sineds des Barden mit Vorbericht und Anmerkungen von M.D., aus der
G.J. Wien 1772.

Zu Denis' Ossianrezeption vgl. Bd. 1, S. 545-569.

## Friedrich [gen. Maler] Müller: An ossian. ode [ca. 1776-1777]

*Druckvorlage:* Ludwig Tieck: Handschriftlicher Nachlaß in der Staatsbibliothek zu Berlin. Preußi-
scher Kulturbesitz. Nachlaß-Nr. 35. Mappe 2. Nr. 7$^{v}$.

## Mathias Herrmann Dühn: Ueber Ossian. An Herrn von Dalberg [1779]

*Druckvorlage:* Die Schreibtafel. Siebente Lieferung. Mannheim 1779.

221, 5    *Wonne der Wehmuth]* Vgl. Anm. zu S. 50, 8f.

# Novalis [Friedrich von Hardenberg]: An Ossian. Fragment [1789]

*Druckvorlage:* Novalis: Briefe und Werke. Bd. 2. Berlin 1943.

Zu Novalis' Ossianrezeption vgl. Bd. 2, S. 945-948 und 975-989.

222, 5f.   Eine Paraphrase der ossianischen *joy of grief.*

222, 9f.   *Ossian* wird hier mit der heiteren "Gestirnnacht" in Verbindung gebracht, die spä-
ter auch Friedrich Schlegel als Chiffre für die romantische Mittelalterbegeisterung
verwendet – und zwar im Anschluß an seine Darstellung von Macphersons Werk.
Schlegel nennt das Mittelalter eine "*sternenhelle* Nacht" (KA III, S. 234 [Über nor-
dische Dichtkunst]). Im *Ossian* finden sich u.a. folgende Referenzstellen: "Rise,
moon! from behind thy clouds; stars of the night appear! Lead me, some light, to
the place where my love rests from the toil of the chace!" (The Poems of Ossian
(Anm. zu S. 15, A3), S. 166), "They were like stars, on a rainy hill, by night, each
looking faintly through her mist" (ebd., S. 193) und "Red stars looked from high. I
gleamed, along the night" (ebd., S. 237). Vgl. auch S. 140, 29ff. (Harold: Sulmora);
S. 299, 4 (Kosegarten: Das Hünengrab) und S. 332, 12 (Hölderlin: Hyperion).

222, 13f.  Der Vergleich von Genie und Strom geht ursprünglich auf die Beschreibung Pin-
dars in einer Ode aus Horaz' *Carmina* zurück. Aber auch im *Ossian* ist er geradezu
topisch. Dies führt mitunter zu einer Substitution des antiken Bezugs. So ist die
intertextuelle Reproduktion des Vergleichs in Stolbergs Hymne *Der Felsenstrom*
(1775) wahrscheinlich primär ossianisch vermittelt: "Unsterblicher Jüngling! | Du
strömest hervor | Aus der Felsenkluft" (Gesammelte Werke der Brüder Christian
und Friedrich Leopold Grafen zu Stolberg. Bd. 1, S. 104). Und in dem Gedicht *Das
Grabmal in Caracthuna* (1781) von Joseph Blodig von Sternfeld heißt es: "Oft
noch ruf' ich ins einsame Thal: Wo bist du? mein Vater! | Kehrest du nimmermehr?
— nimmermehr giebt es der Felsensohn wieder. | Klagende Wildheit und schau-
ernde Wehmuth entflammen den Busen, | Strömen in Liedern die Seele mir weg"
(S. 145). Vgl. auch S. 253, 13ff./24f. (Klopstock: Wingolf) und S. 537f., 4f. (Höl-
derlin: Pindar-Fragmente).

222, 15    Während das Goldene Zeitalter Fingals mit Licht und Jugend assoziiert ist, herr-
schen in Ossians Welt Dunkel und Vergänglichkeit. Die Idolatrie des Alten durch
das Alte (i.e. den greisen Barden) führt somit *per negationem* zum Traum von der
für immer verlorenen Jugend (vgl. The Poems of Ossian (Anm. zu S. 15, A3),
S. 115). Dieser wird auch in der deutschen Literatur intertextuell häufig an *Ossian*
rückgebunden. So konstatiert Hyperion das Primat des Sentimentalischen, wenn er
rhetorisch fragt: "Ist nicht dem Herzen das genesende Leben mehr werth, als das
reine, das die Krankheit noch nicht kennt? Erst wenn die Jugend hin ist, lieben wir
sie, und dann erst, wenn die verlorne wiederkehrt, beglükt sie alle Tiefen der
Seele" (StA 3, S. 115). Das ossianische Motiv der verlorenen Jugend wird wenig
später auch von Arnim poetisch verarbeitet. Vgl. S. 182-190 und Anm. zu S. 270,
5f.

222, 16    Vgl. S. 316, 14/17 (Novalis: Bei dem Falkenstein).

# Karl Lappe: Ossian [1798]

*Druckvorlage:* Musen Almanach. Göttingen 1798.

## [Johann Gottlieb Rhode?:] Ossian [1799]

*Druckvorlage:* Der Neue Teutsche Merkur 1799. Bd. 3. St. 9.
Zur 'doppelten Ästhetik' *Ossians* vgl. Bd. 1, S. 348-360.

## Achim von Arnim: Ossian [ca. 1803-1804]

*Druckvorlage:* Goethe- und Schillerarchiv Weimar: Engl. Notizbücher Heft VIII.
Zu Arnims Ossianrezeption vgl. Bd. 2, S. 1040-1068.

## Julius Curtius: Ossian [1825]

*Druckvorlage:* Musenalmanach für das Jahr 1826. Hrsg. von Julius Curtius. Berlin 1825.

## [Ferdinand Freiligrath:] Ossian [1830]

*Druckvorlage:* Allgemeine Unterhaltungsblätter für Leser aus allen Ständen 4 (1830). Münster/
Hamm. Bd. 8. H. 7.

238, 4f.     Zu Ossian als Vorbild und Popularisator des *last of the race* vgl. Fiona J. Stafford
             (1994), S. 83-108. Auch Goethes *Götz von Berlichingen* (vgl. S. 279, 4f./9), James
             Fenimore Coopers *Der letzte Mohikaner* und Joseph Roths *Radetzkymarsch* (vgl.
             S. 397, 12; S. 398, 15f.) sind in dieser Hinsicht von Macphersons Dichtung beein-
             flußt. Zu Cooper vgl. Georg Fridén (1949), Barrie Hayne (1969) und Fiona J. Staf-
             ford (1994), S. 232-260.

## Gila Prast: [Auszug aus:] Ossian [1996]

*Druckvorlage:* Gila Prast: Ossian. München 1996.
Vgl. hierzu Bd. 2, S. 1129-1132.

# 3.  *Ossian*-Intertextualität vom 18. Jahrhundert
#     bis zur Weimarer Republik

## 3.1  Im Umkreis der Aufklärung

### Friedrich Gottlieb Klopstock: Selmar und Selma [1766]

*Druckvorlage:* Friedrich Klopstocks Oden. Hrsg. von Franz Muncker und Jaro Pawel. Bd. 1. Stutt-
gart 1889.

Es handelt sich hier um die Ode *Daphnis und Daphne* (1749), die Klopstock 1766 *Selmar und Sel-
ma* betitelt. Er macht damit aus der Bezeichnung der keltischen Königshalle einen Mädchennamen
und erfindet das dazugehörige männliche Pendant – ein literarisches Mißverständnis, das später

auch Kosegarten, Stolberg und Timme übernehmen. Die Thematik des Gedichts ist zwar nicht genuin ossianisch, entspricht aber mit ihrem empfindsamen Liebes- und Todesdiskurs dem melancholischen Impetus von Macphersons Werk. Zu Klopstocks Ossianrezeption vgl. Bd. 1, S. 502-526.

## Friedrich Gottlieb Klopstock: [Auszug aus:] Wingolf [1767]

*Druckvorlage:* Friedrich Klopstocks Oden. Hrsg. von Franz Muncker und Jaro Pawel. Bd. 1. Stuttgart 1889.

253, 13ff.    Vgl. Anm. zu S. 222, 13f.

253, 20ff.    Die "so"-Konstruktionen erinnern stark an die Syntax der ossianischen Gedichte. Vgl. u.a. "So fierce, so vast, so terrible rushed on the sons of Erin" (The Poems of Ossian (Anm. zu S. 15, A3), S. 58); "As the dark shades of autumn fly over the hills of grass; so gloomy, dark, successive came the chiefs of Lochlin's echoing woods" (ebd., S. 66); "So rolled his sparkling eyes, and such were his steps on his heath" (ebd., S. 154) und "so shall the fame of Finthormo arise, like the growing tree of the vale" (ebd., S. 195).

## [Friedrich Gottlieb Klopstock:] Gerechter Anspruch [1771]

*Druckvorlage:* Kayserlich-privilegirte Hamburgische Neue Zeitung 1771. St. 183. [unpaginiert]

Zur nationalen Vereinnahmung *Ossians* vgl. Bd. 1, S. 435-463. Siehe auch S. 463, 14f. (Kretschmann: Ueber das Bardiet).

## Heinrich Wilhelm von Gerstenberg: [Auszüge aus:] Minona oder die Angelsachsen. Ein Melodrama [1785/1815]

*Druckvorlage:* Gerstenbergs Vermischte Schriften von ihm selbst gesammelt und mit Verbesserungen und Zusätzen hrsg. in drei Bänden. Bd. 1. Altona 1815.

Zu Gerstenbergs Ossianrezeption vgl. Bd. 1, S. 527-542.

260, 7f.    *jene höhere Instrumentalmusik unsers geisterkundigen Ossian]* Vgl. Bd. 1, S. 360-372. Auch Jean Paul sieht im Musikbezug ein wesentliches Charakteristikum der ossianischen Gedichte (vgl. S. 599, 14ff.).

262, 32    *Culdiche]* Vgl. Anm. zu S. 49, 16.

262, 35    *Brumo]* Macpherson schreibt in einer Anmerkung zum zweiten Buch von *Temora*: "Brumo was a place of worship (Fing. b. 6.) in Craca, which is supposed to be one of the isles of Shetland. It was thought, that the spirits of the deceased haunted it, by night, which adds more terror to the description introduced here. *The horrid circle of Brumo, where often, they said, the ghosts of the dead howled round the stone of fear.* Fing." (The Poems of Ossian (Anm. zu S. 15, A3), S. 490/Anm. 30).

264, 19f.    *weibisch weichen [...] Ossianssprache]* Zum *gender*-Diskurs bei Macpherson siehe Bd. 1, S. 420-434. Vgl. auch die Kritik von August Wilhelm Schlegel (S. 662, 8ff.) und dem Rezensenten der Ossianübersetzungen von Stolberg, Ahlwardt und Jung (S. 752, 26 und 753, 38ff.).

265, 37    *Loda's]* Macpherson schreibt in einer Anmerkung zu *Carric-thura*: "The story of Fingal and the spirit of Loda, supposed to be the famous Odin, is the most extrava-

gant fiction in all Ossian's poems. It is not, however, without precedents in the best
poets; and it must be said for Ossian, that he says nothing but what perfectly agreed
with the notions of the times, concerning ghosts. They thought the souls of the
dead were material, and consequently susceptible of pain. Whether a proof could
be drawn from this passage, that Ossian had no notion of a divinity, I shall leave to
others to determine: it appears, however, that he was of opinion, that superior be-
ings ought to take no notice of what passed among men" (The Poems of Ossian
(Anm. zu S. 15, A3), S. 463/Anm. 67). Vgl. auch Anm. zu S. 144, 2.

267, 7f.    *dessen Licht [...] aufdämmerte]* Zur christlichen Funktionalisierung von Macpher-
            sons Werk vgl. Bd. 1, S. 383-396. Legitimiert werden konnte diese Tendenz durch
            die *Ossian*-Adaptionen Edmond de Harolds (1775-1787) und durch Matthew
            Youngs *Antient Gaelic Poems respecting the Race of the Fians* (1784/dt. 1792).
            Vgl. S. 139, 23f.; S. 143, 23ff.; S. 638, 9ff. (alle Harold) und S. 82-85 (Young).

## [Wilhelm Friedrich von Meyern:] [Auszüge aus:]<br>Dya-Na-Sore, oder die Wanderer [1787-1791]

*Druckvorlage:* Dya-Na-Sore, oder die Wanderer. Eine Geschichte aus dem Sam-skritt übersezt.
3 Bde. Wien/Leipzig 1787-1791.

269, 8      *Gefühl vergangener Zeiten]* Vgl. u.a. "Of former times are my thoughts" (The
            Poems of Ossian (Anm. zu S. 15, A3), S. 14) und "memory of former times" (ebd.,
            S. 124). Siehe hierzu Bd. 1, S. 159-168.

269, 9      *trübe Gestalt ehemaliger Freuden]* Eine der zahlreichen Paraphrasen der *joy of
            grief*, ossianisch markiert durch den gleichzeitig virulenten Vergangenheitsbezug.

269, 20     *Der Gram [...] dieser Erde]* Vgl. die vorige Anm.

269, 25     *süsse Schauer der Melankolie]* Vgl. die vorige Anm.

270, 5f.    *die unzufriedene [...] findet]* Die melancholische Retrospektive ist ossianischer
            Herkunft (vgl. Wolf Gerhard Schmidt: Die "süsse Wehmuth" der "Neuern". Zur
            Provenienz der Vorstellung vom sentimentalischen Dichter. In: Jahrbuch der Deut-
            schen Schillergesellschaft 47 (2003), S. 70-98). Siehe auch Anm. zu S. 222, 15 und
            Bd. 1, S. 105-116.

270, 11f.   *darum werdet ihr [...] zurükdenken]* Vgl. die vorige Anm.

270, 19     *Die wahre Weisheit [...] mischen]* Vgl. Anm. zu S. 269, 9.

270, 28ff.  *Andenken [...] was er sieht]* Eine Paraphrase von Ossians Poetik des Vergangenen.
            Vgl. Anm. zu S. 269, 8.

270, 37ff.  *Das stille Dämmern [...] Schimmer des Mondes]* Eine textnahe Beschreibung der
            ossianischen Nebel- und Geisterwelt. Hier zeigt sich die Bedeutung von Macpher-
            sons Dichtung für die Genese der internationalen Romantik (vgl. Bd. 2, S. 938-
            953).

271, 12f.   *Erinnerung der verlornen Glükseligkeit]* Vgl. Anm. zu S. 222, 15 und 270, 5f.

271, 18f.   *Die Welt [...] Grams]* Vgl. die vorige Anm.

271, 33ff.  *Am Ufer [...] noch leben]* Die gesamte Passage liest sich wie eine unmarkierte Os-
            sianadaption. Vgl. u.a. "Some stones, a mound of earth, shall keep my memory"
            (The Poems of Ossian (Anm. zu S. 15, A3), S. 11); "Some bard may find me there,
            and give my name to the song" (ebd., S. 115) und "The murmur of thy streams, O
            Lora, brings back the memory of the past" (ebd., S. 127).

272, 3ff.   *Der Blik [...] des Daseyns vergist]* Der paraphrasierte Hinweis auf die ossianischen
            *little men*, die Fingals Heldengeschlecht beerben, ist in Sturm und Drang und lite-
            rarischer Romantik geradezu topisch (vgl. Bd. 2, S. 947f. und passim). Siehe auch

S. 279, 16f. (Goethe: Götz von Berlichingen); S. 300, 7ff. (Kosegarten: Das Hü-
nengrab); S. 340, 23 (Wackenroder: Herzensergießungen); S. 496, 13 (Schlosser:
Prinz Tandi); S. 531, A1 (Schiller: Ueber das Naive); S. 533, 2 (Schiller: Die sen-
timentalischen Dichter); S. 535, 16 (Günderrode: Brief an Gunda von Savigny);
S. 577, 42f. (Görres: Ahlwardt-Rezension) und S. 737, 7f. (Berlepsch: Caledonia).

| | |
|---|---|
| 272, 26f. | *die Thaten voriger Zeit]* Vgl. S. 15, 2 (Carthon). |
| 273, 11f. | *Sich wiegen [...] alles oed]* Hier zeigt sich – wie schon im *Werther* – die enorme Bedeutung *Ossians* für die ästhetische Introspektion empfindsam-romantischer Weltaneignung (vgl. Bd. 2, S. 945f.). |
| 273, 16f. | *Tief fühlte er den Iammer verschwindender Zeiten]* Vgl. Anm. zu S. 222, 15 und 270, 5f. |
| 273, 38ff. | *So bleibt [...] fürchtete]* Eine textnahe Beschreibung des empfindsamen Heroismus der ossianischen Krieger (vgl. Bd. 1, S. 412f.). |
| 274, 9 | *Bildern einer frühern Iugend]* Vgl. Anm. zu S. 222, 15 und 270, 5f. |
| 274, 10 | *zu den sanften Empfindungen trauriger Erinnerung]* Vgl. die vorige Anm. |
| 274, 24 | *die glükliche [...] Bildern]* Vgl. Anm. zu S. 273, 11f. |
| 274, 34f. | *Mein Geist [...] mich]* Vgl. Anm. zu S. 274, 24. Auch der Sprachduktus des letzten Satzes erinnert stark an Ossians *measured prose* (vgl. Bd. 1, S. 157-159). |

## 3.2 Im Umkreis des Sturm und Drang

### Matthias Claudius: Ich wüßte nicht warum? [1771]

*Druckvorlage:* Der Wandsbecker Bothe 1771. Nr. 187. [unpaginiert]

Claudius ist keineswegs der einzige, der Ossian über Homer setzt. Dies tun u.a. auch Tobias Smol-
lett, Andrew Erskine, Melchiorre Cesarotti, Klopstock, Kretschmann, Bürger (vgl. S. 506, 16ff.),
der junge Voß (vgl. S. 495, 22ff.), Franz Joseph Benedict Bernold, der junge Goethe (vgl. S. 37,
12f.), ein Anonymus (vgl. S. 457, 13f.) und natürlich die literarische Figur 'Werther' (vgl. S. 282,
13). Siehe auch Bd. 1, S. 330-332.

### Johann Wolfgang Goethe: [Auszug aus:]
### Götz von Berlichingen mit der eisernen Hand [1773]

*Druckvorlage:* Goethes Werke. Hrsg. im Auftrage der Großherzogin Sophie von Sachsen. Abt. 1.
Bd. 8. Weimar 1889.

Vgl. hierzu Bd. 2, S. 743-754.

| | |
|---|---|
| 278, 17 | *Und Georg ist todt]* Auch Ossian überlebt seinen Sohn Oscar, den 'Zukunftshel-den'. Das Motiv des seine Kinder überlebenden Elternteils wird im Sturm und Drang häufig ossianisch textualisiert (vgl. Bd. 2, S. 817f.). Siehe auch S. 398, 15f. (Roth: Radetzkymarsch). |
| 279, 3f. | *Mein alter Vater [...] Gebet]* Die Textstelle erinnert an die intakte Genealogie des *golden age*, wie sie sich in dem Dreigestirn Fingal (Vergangenheit) – Ossian (Gegenwart) – Oscar (Zukunft) manifestiert. |
| 279, 4f. | *ich bin der Letzte]* Der historische Götz war nicht "der letzte" seines Stammes (MA 1.1, S. 509). Erst Goethe stilisiert ihn zum scheiternden Mustermenschen und erfindet dessen genealogisch-heroische Endstellung. Tatsächlich war Götz zweimal ver- |

heiratet, hatte drei Töchter und sieben Söhne. Zu Ossian als Vorbild und Populari-
sator des *last of the race* vgl. Anm. zu S. 238, 4f.

279, 7f.　　　*Ach daß [...] wärmte]* Ganz ähnlich lamentiert der keltische Barde über den Tod
seines Sohnes: "And fallest thou, son of my fame! And shall I never see thee, Os-
car! [...] I, perhaps, shall hear his voice; and a beam of joy will rise in my soul"
(The Poems of Ossian (Anm. zu S. 15, A3), S. 231).

279, 9　　　　*Stirb, Götz [...] überlebt]* Vgl. Anm. zu S. 272, 3ff.

279, 13　　　*Er war [...] tapfer]* Georg trägt deutliche Züge von Fingals Enkel Oscar, der auch
vor seinem Vater bzw. Großvater stirbt. Vgl. Anm. zu S. 278, 17 und 279, 7f.

279, 14　　　*Ich lasse dich in einer verderbten Welt]* Vgl. Anm. zu S. 272, 3ff.

279, 16f.　　*Die Nichtswürdigen [...] fallen]* Im *Urgötz* findet sich folgende Formulierung: "Die
Schwachen werden regieren, mit List, und der Tapfre wird in die Netze fallen wo-
mit die Feigheit die Pfade verwebt". Vgl. die entsprechende Referenz in der Über-
setzung von Petersen (1782): "Die Söhne des Schwachen werden seinen Bogen
daheim finden, aber ihn nicht zu führen vermögen" (Bd. 3, S. 312, 32ff. [Fingal.
Fünfter Gesang]).

279, 22ff.　　*Wehe [...] verkennt!]* Die Textpassage erinnert an Ossians Prophetie in seinem letz-
ten Lied *Berrathon*: "Die Söhne der Schwachen werden mich betrachten, und die
Grösse der Führer der Vorwelt bewundern. Kriechen werden sie in ihre Höhlen und
furchtsam gen Himmel aufblicken: denn ich werde wandeln auf Wolken, und Wet-
ternacht wird um mich fliessen" (Bd. 3, S. 465, 31ff.). Am Schluß des Gedichts
fragt der sterbende(!) Barde: "Und willst dann bleiben du, veralteter Barde, da die
Mächtige vergehen mußten? Aber mein Ruhm soll bleiben und emporblühen wie
die Eiche auf Morven" (ebd., S. 468, 1ff.).

## Johann Wolfgang Goethe: Prometheus [1773]

*Druckvorlage:* Goethes Werke. Hrsg. im Auftrage der Großherzogin Sophie von Sachsen. Abt. 1.
Bd. 2. Weimar 1888.

Vgl. hierzu Bd. 2, S. 754-759.

280, 2ff.　　　Ähnlich forsch tritt Fingal in *Carric-thura* dem Spirit of Loda (Odin) gegenüber:
"Son of night, retire: call thy winds and fly!" (The Poems of Ossian (Anm. zu
S. 15, A3), S. 161). Das Wort "Wolkendunst" ("cloud of mist" [ebd., S. 420/Anm.
13] und "watery cloud" [ebd., S. 197]) erweist sich dabei als einer von vielen ossia-
nisch inspirierten Neologismen. Vgl. auch Anm. zu S. 144, 2 und 265, 37.

280, 4ff.　　　Vgl. "Cuchullin cut off heroes like thistles" (The Poems of Ossian (Anm. zu S. 15,
A3), S. 68) und "Warriors fell by thy sword, as the thistle by the staff of a boy"
(ebd., S. 165).

280, 12ff.　　Sowohl Fingal als auch Prometheus fühlen sich dem Gegner, der ihre individuelle
Freiheit bedroht, überlegen und ignorieren, daß es "Kinder und Bettler" gibt, die
dessen "Majestät" anerkennen. Vgl. "thou frownest in vain: I never fled from migh-
ty men. And shall the sons of the wind frighten the king of Morven? No: he knows
the weakness of their arms" (The Poems of Ossian (Anm. zu S. 15, A3), S. 161).

280, 26f.　　Vgl. Anm. zu S. 273, 38ff.

280, 20　　　Auch Fingal ist Exponent und 'Bildner' einer "godlike race" (The Poems of Ossian
(Anm. zu S. 15, A3), S. 77).

### Johann Wolfgang Goethe: [Auszüge aus:]
### Die Leiden des jungen Werthers [1774]

*Druckvorlage:* Der junge Goethe. Neue Ausgabe in sechs Bänden besorgt von Max Morris. Bd. 4. Leipzig 1910.

Vgl. hierzu Bd. 2, S. 760-779.

282, 13      *Ossian [...] verdrängt]* Vgl. Anm. zu Matthias Claudius: Ich wüßte nicht warum? [1771].

282, 30ff.   *Der Wanderer [...] Erde]* Vgl. Bd. 3, S. 459, 8ff. (Berrathon).

283, 12ff.   Die gesamte Passage liest sich wie eine unmarkierte Ossianadaption (vgl. Bd. 2, S. 771 mit Anm. 299).

283, 19      *fürchterlich herrlichen]* Vgl. Anm. zu S. 52, A7.


### Johann Wolfgang Goethe: [Auszüge aus:]
### Die Leiden des jungen Werther [1774/1787]

*Druckvorlage:* Goethes Werke. Hrsg. im Auftrage der Großherzogin Sophie von Sachsen. Abt. 1. Bd. 19. Weimar 1899.

284, 5       *Manchmal sag' ich mir: Dein Schicksal ist einzig]* Während Werther in der revidierten Fassung von 1787 durch die sympathetische Lektüre *Ossians* sein eigenes Schicksal erhöht und zu bewältigen versucht, bleibt Tasso in Ermangelung eines historischen Vorbilds allein der poetische Ausdruck des Leidens: "Hilft denn kein Beispiel der Geschichte mehr? | Stellt sich kein edler Mann mir vor die Augen, | Der mehr gelitten, als ich jemals litt; | Damit ich mich ihm vergleichend fasse?" (MA 3.1, S. 519). Auf diese Weise steht der künstlerisch potente Italiener dem keltischen Sänger jedoch wesentlich näher als der sich selbst zum Ossian stilisierende Werther. Denn auch Fingals letztem Nachkommen bleibt in seinem – wie er es empfinden muß – historisch singulären Leiden allein die Kunst als Möglichkeit der Bewältigung.

284, 6       *Dichter der Vorzeit]* Die von Jörg-Ulrich Fechner (1982) vertretene These, Goethe spiele hier auf Pindar an (S. 11), scheint problematisch. Zum einen wird 'Leiden' im *Werther* meist ossianisch textualisiert; zum anderen ist das Wort "Vorzeit" selbst ein Neologismus, der – zumindest in gedruckter Form – erstmals bei Denis begegnet und eine Übersetzung von Macphersons Ausdruck "times of old" darstellt (vgl. Anm. zu S. 15, 2).

285, 3ff.    Vgl. Bd. 3, S. 264, 13ff. (Übersetzung von 1774).

289, 35ff.   Vgl. ebd., S. 459, 6ff. (Übersetzung von 1774).


### Johann Wolfgang Goethe: Wonne der Wehmuth [1775/1789]

*Druckvorlage:* Goethes Werke. Hrsg. im Auftrage der Großherzogin Sophie von Sachsen. Abt. 1. Bd. 1. Weimar 1887.

Vgl. Anm. zu S. 50, 8f.

## Friedrich Leopold Graf zu Stolberg:
## Hellebeck, Eine Seeländische Gegend [1776]

*Druckvorlage:* Deutsches Museum. Leipzig 1776. St. 9.

Zu Stolbergs Ossianrezeption vgl. Bd. 2, S. 621-641.


## [Johann Heinrich Jung-Stilling:] [Auszüge aus:]
## Henrich Stillings Jugend. Eine wahrhafte Geschichte [1777]

*Druckvorlage:* Johann Heinrich Jung-Stilling: Lebensgeschichte. Vollständige Ausgabe, mit Anmerkungen hrsg. von Gustav Adolf Benrath. Darmstadt 1976.

296, 5          *sanfte Schwermuth]* Eine Paraphrase der ossianischen *joy of grief.*

296, 7/22       *Wonne der Wehmuth]* Vgl. Anm. zu S. 50, 8f.


## [Johann Heinrich Jung-Stilling:] [Auszug aus:]
## Henrich Stillings Jünglings-Jahre. Eine wahrhafte Geschichte [1778]

*Druckvorlage:* Henrich Stillings Jünglings-Jahre. Eine wahrhafte Geschichte. Berlin/Leipzig 1778.

297, 21ff.      *ein solcher Geist [...] Frühstunde]* Vgl. MA 1.2, S. 204 (Die Leiden des jungen
                Werthers [Brief vom 26. Mai 1771]) und Bd. 2, S. 622f.


## [Johann Heinrich Jung-Stilling:] [Auszug aus:]
## Henrich Stillings Wanderschaft. Eine wahrhafte Geschichte [1778]

*Druckvorlage:* Henrich Stillings Wanderschaft. Eine wahrhafte Geschichte. Berlin/Leipzig 1778.

298, 6          *Ossian]* Ossian wird hier – wie in den *Frankfurter gelehrten Anzeigen* von 1772
                (vgl. Bd. 1, S. 6/Anm. 28) – an erster Stelle der größten Dichter genannt (also noch
                vor Shakespeare).


## Ludwig Theoboul Kosegarten: Das Hünengrab [1778/1824]

*Druckvorlage:* Dichtungen von Ludwig Gotthard Kosegarten. Bd. 8. Fünfte Ausgabe. Greifswald 1824.

Vgl. hierzu Francis J. Lamport: 'Eine wahrhaft ossianische oder kosegartensche Wirkung...': Patriotic Landscapes of the *Goethezeit.* In: Publications of the English Goethe Society. N.F. 70 (2001), S. 56-73.

299, 4          Vgl. Anm. zu S. 222, 9f.

299, 13f.       Vgl. u.a. "and raise the mossy stones of their fame" (The Poems of Ossian (Anm.
                zu S. 15, A3), S. 101); "I sit forlorn at the tombs of my friends" (ebd., S. 104) und
                "Four stones, with their heads of moss, are the only memorial of thee" (ebd.,
                S. 168).

299, 19ff.      Vgl. u.a. "His strength is like the stream of Lubar, or the wind of the echoing
                Cromla; when the branchy forests of night are overturned" (The Poems of Ossian

(Anm. zu S. 15, A3), S. 91) und "His son! that was like a beam of fire by night on the hill; when the forests sink down in its course, and the traveller trembles at the sound" (ebd., S. 93).

299, 24    Vgl. "Bards raised the song" (The Poems of Ossian (Anm. zu S. 15, A3), S. 171). Siehe auch ebd., S. 188 und 196.

300, 2    "circle of stones" (The Poems of Ossian (Anm. zu S. 15, A3), S. 29, 31, 45, 57 und 94).

300, 7ff.    Vgl. Anm. zu S. 272, 3ff.

300, 25ff.    Vgl. die vorige Anm.

300, 28ff.    Vgl. u.a. "It sends my soul back to the ages of old, and to the days of other years" (The Poems of Ossian (Anm. zu S. 15, A3), S. 69); "He sung of the companions of our youth, and the days of former years" (ebd., S. 99) und "A tale of the times of old! The deeds of days of other years!" (ebd., S. 127).

301, 15    Vgl. u.a. "like the watry beam of the moon, when it rushes from between two clouds" (The Poems of Ossian (Anm. zu S. 15, A3), S. 123).

## Friedrich Leopold Graf zu Stolberg: [Auszug aus:]
## Die Zukunft [ca. 1779-1782]

*Druckvorlage:* Archiv für Litteraturgeschichte 8 (1885).

Zu Stolbergs Ossianrezeption vgl. Bd. 2, S. 621-641.

## [Friedrich Leopold Graf zu Stolberg?:]
## Selmar und Selma. An Christian Grafen zu Stolberg [1782]

*Druckvorlage:* Deutsches Museum 1782. Bd. 2. [Initialen: F.M.]

Vgl. Anm. zu Friedrich Gottlieb Klopstock: Selmar und Selma [1766]. Für das Gedicht existiert kein gesicherter Nachweis über die Autorschaft. Die spezifische Adaption der intertextuellen Muster macht es aber sehr wahrscheinlich, daß Friedrich Leopold Graf zu Stolberg der Verfasser ist. Denn die Stilisierung ossianischer Figuren zu treusorgenden Vätern und Müttern ist in der deutschsprachigen Rezeption singulär.

## Karl Philipp Moritz: [Auszüge aus:]
## Anton Reiser. Ein psychologischer Roman [1785-1790]

*Druckvorlage:* Karl Philipp Moritz: Anton Reiser. Ein psychologischer Roman. Heilbronn 1886 (Deutsche Litteraturdenkmale des 18. und 19. Jahrhunderts; 23).

Zu Moritz' Ossianrezeption vgl. Bd. 2, S. 830-846 und Howard Gaskill (1995).

307, 11    *wehmüthiger Freude]* Eine Paraphrase der ossianischen *joy of grief.*

307, 14ff.    *Disteln [...] herunter hieb]* Vgl. Anm. zu S. 280, 4ff.

307, 24ff.    *mit [...] Empfindung]* Eine weitere Paraphrase der *joy of grief.*

309, 29    *qualenvoller Wonne]* Idem.

310, 22    *sanften Schwermuth]* Idem.

[Johann Heinrich Jung-Stilling:] [Auszug aus:]
Henrich Stillings häusliches Leben. Eine wahrhafte Geschichte [1789]

*Druckvorlage:* Henrich Stillings häusliches Leben. Eine wahrhafte Geschichte. Berlin/Leipzig 1789.

311, 12f. *mit unaussprechlich wehmüthiger Empfindung]* Eine Paraphrase der ossianischen *joy of grief.*

311, 29ff. *Dazu kam [...] beschreiben]* Die Textpassage ist wahrscheinlich von Goethes *Werther* inspiriert (vgl. S. 283, 6ff.). Aber auch in Jean Pauls Briefroman *Abelard und Heloise* (1781) schaut der Protagonist am 2. Oktober aus seinem Gartenfenster in eine düster-melancholische Natur *à la Ossian:* "Oh! wie die dumpfigen, schwärzlichen Wolken dahinschwammen, und den holden Mondstral vor den Augen verbargen – wie's so duftig mich umgab – wie der Nord in die welkenden Blätter hineinrauschte, sie in Wirbeln zerstreute – wie er sausete, der Nachtgeist, der alles mit Wehen durchnam – wie die herbstliche Lüfte so kalt einem anschauerten – wie der Wind drüben auf dem Hügel die knarrenden Bäum' abschüttelte, und das Tal mit welken Blättern bestreute" (WJP II.1, S. 146). Vgl. Bd. 2, S. 881-883.

312, 28 *Wonne der Wehmuth]* Vgl. Anm. zu S. 50, 8f.

# 3.3   Im Umkreis der Kunstperiode

## Friedrich Hölderlin: Auf einer Haide geschrieben [1787]

*Druckvorlage:* Friedrich Hölderlin: Sämtliche Werke. Bd. 1. Hrsg. von Friedrich Seebass. Dritte Auflage. Berlin 1943.

Zu Hölderlins Ossianrezeption vgl. Bd. 2, S. 901-926 und Howard Gaskill (1990-1991).

315, 9 Vgl. u.a. "the feast of the hill was spread" (The Poems of Ossian (Anm. zu S. 15, A3), S. 119) und "Spread the feast on Lena" (ebd., S. 149). 'Lena' ist der Name einer Haide (vgl. ebd., S. 65, 84 und 150). Siehe auch Anm. zu S. 344, 23 (Hölderlin: Friedensfeier).

315, 14ff. Vgl. u.a. "And some hunter may say, when he leans on a mossy tomb, here Fingal and Swaran fought, the heroes of other years" (The Poems of Ossian (Anm. zu S. 15, A3), S. 101) und "But we are old, O Usnoth, let us not fall like aged oaks; which the blast overturns in secret. The hunter came past, and saw them lying gray across a stream" (ebd., S. 155).

315, 19 *Bleibe ferne! Störer des Sängers!]* Vgl. die entsprechende Passage in Petersens Übersetzung des *War of Inis-thona*, die Hölderlin sehr wahrscheinlich benutzt hat: "Bleibt in der Fern', ihr Söhne der Jagd! verstöret meine Ruhe nicht. [...] Bleibt in der Fern', ihr Söhne der Jagd! o! stöhret Ossians Träume nicht weg" (Bd. 3, S. 263, 29ff.).

315, 33 Vgl. Anm. zu S. 279, 3f.

## Novalis [Friedrich von Hardenberg]:
## Bei dem Falkenstein, einem alten Ritterschloß am Harze [1788]

*Druckvorlage:* Novalis: Briefe und Werke. Bd. 2. Berlin 1943.

Zu Novalis' Ossianrezeption vgl. Bd. 2, S. 945-948 und 975-989.

316, 3      Vgl. Anm. zu S. 15, 2. Auch bei Denis erscheint der keltische Barde als Inspirationsinstanz (vgl. S. 215-217 [An Ossians Geist]), und Stolberg spricht in seinem Gedicht *Hellebeck*, das ebenfalls in Hexametern geschrieben ist, vom "Gesichte der grauenden Vorzeit" (S. 293, 37). 1807 übernimmt Uhland die Formel "Geist der Vorzeit" (UW I, S. 130 [Lieder der Vorzeit]).

316, 5      *Tuiskons Enkel]* Klopstock bildet 'Thuiskon' (vgl. die Ode *Thuiskon* [1764]) nach Tacitus' *Germania* (Kap. II), wo Tuisto, erdgeborener Gott und Vater des Mannus, von den Germanen in Liedern als ihr Stammvater gefeiert wird.

316, 11f.      *daß [...] Beben]* Die Eiche ist *der* Baum der ossianischen Gedichte. Vgl. u.a. "Die Eichen erbrausen auf ihren Gebirgen" (Bd. 3, S. 298, 24f. [Fingal. Dritter Gesang]).

316, 14      Vgl. S. 222, 16 (Novalis: An Ossian).

316, 17      Vgl. die vorige Anm. und S. 384, 35f. (Fouqué: Die vier Brüder von der Weserburg).

## [Ludwig Tieck (und Friedrich Eberhard Rambach):] [Auszüge aus:] Ottokar Sturm: Die eiserne Maske. Eine schottische Geschichte [1792]

*Druckvorlage:* Die eiserne Maske. Eine schottische Geschichte von Ottokar Sturm. Leipzig 1792.

Zu Tiecks Ossianrezeption vgl. Bd. 2, S. 989-1011 und – v.a. mit Blick auf die frühen Adaptionen – Howard Gaskill (2001).

318, 6ff.      Tieck übersetzt hier aus Ossians *Carric-thura* (vgl. Bd. 3, S. 189, 24ff.). Siehe auch Anm. zu S. 144, 2.

322, 1ff.      Das gesamte Schlußkapitel stammt von Tieck.

## Friedrich Hölderlin: [Auszug aus:] Hyperion oder der Eremit in Griechenland [1792-1799]

*Druckvorlage:* Friedrich Hölderlin: Sämtliche Werke. Bd. 2. Hrsg. von Friedrich Seebass. Dritte Auflage. Berlin 1943.

Zu Hölderlins Ossianrezeption vgl. Bd. 2, S. 901-926 und Howard Gaskill (1990-1991).

331, 6      *Freuden der Vergangenheit]* Vgl. u.a. "The murmur of thy streams, O Lora, brings back the memory of the past" (The Poems of Ossian (Anm. zu S. 15, A3), S. 127); "The king returned in the gleam of his arms. The joy of his youths was great" (ebd., S. 161) und "My soul is full of other times; the joy of my youth returns" (ebd., S. 171).

331, 13      *vor dem Schönsten fürchten]* Vgl. Anm. zu S. 52, A7.

331, 28      *ein seltsames Gemische von Seeligkeit und Schwermuth]* Eine Paraphrase der ossianischen *joy of grief*.

332, 12      *Die sternenhelle Nacht war nun mein Element geworden]* Vgl. Anm. zu S. 222, 9f.

333, 30f.      *suchte die Träume der Nacht]* Vgl. "the dreams of night" (The Poems of Ossian (Anm. zu S. 15, A3), S. 280).

333, 32      *Wonne der Wehmuth]* Vgl. Anm. zu S. 50, 8f. Auch Hölderlins rhythmisierte Sprache ist stark durch Macphersons *measured prose* beeinflußt (vgl. Bd. 2, S. 903).

## Johann Wolfgang Goethe: [Auszug aus:]
## Wilhelm Meisters Lehrjahre [1795-1796]

*Druckvorlage:* Goethes Werke. Hrsg. im Auftrage der Großherzogin Sophie von Sachsen. Abt. 1.
Bd. 21. Weimar 1898.

334, 9f.      *Es waren [...] begleitet]* Der Harfner und Mignon, die in mehrfacher Hinsicht an
              Ossian und Malvina erinnern, können als poetisch-kritische Versuche interpretiert
              werden, dem *Ossian*-Syndrom in der Nachfolge des *Werther* seinen legitimen lite-
              rarischen Ort zuzuweisen. Für diese intertextuelle Rückbindung spricht u.a. auch
              die Tatsache, daß die Harfner-Gestalten bei Schopenhauer (S. 768, 7ff.), Houwald
              (S. 368, 7) und Fouqué (S. 378, 36) explizit ossianisch textualisiert sind.

334, 11f.     *theils singend theils recitirend]* Die charakteristische Vortragsweise der ossiani-
              schen Barden. Vgl. S. 556, 7f. (Jung: Vorbemerkung); S. 768, 14f. (Schopenhauer:
              Erinnerungen) und S. 368, 70 (Houwald: Wahnsinn und Tod). Siehe hierzu allge-
              mein Bd. 1, S. 360-372.

334, 21       *wehmüthige herzliche Klage]* Eine Paraphrase der ossianischen *joy of grief.* Ähn-
              liche Formulierungen finden sich auch in der *Theatralischen Sendung* (vgl. Bd. 2,
              S. 790/Anm. 425).

334, 22       *als ob [...] fortzufahren]* Auch Ossian wird durch Oscars Tod so zu Tränen gerührt,
              daß ihm die poetische Verarbeitung seines Leids nur unter Tränen gelingt: "Son of
              Alpin! the woes of the aged are many: their tears are for the past. This raised my
              sorrow, warrior; memory awaked my grief. Oscur my son was brave; but Oscur is
              now no more. Thou hast heard my grief, O son of Alpin; forgive the tears of the
              aged" (The Poems of Ossian (Anm. zu S. 15, A3), S. 15).

334, 28f.     *Alle Schmerzen [...] auf]* Hier wird die karthartische Wirkung der *joy of grief* be-
              schrieben. Vgl. auch S. 492, 4ff. (Heinse: Frauenzimmer-Bibliothek).

334, 34       Vgl. die vorige Anm.

335, 10ff.    *in der Einsamkeit [...] findest]* Auch Ossian muß nach dem Tod seiner Verwandten
              im *Battle of Gabhra* in aller Abgeschiedenheit leben (vgl. Bd. 1, S. 79). Er schafft
              sich als Refugium eine Traumwelt, deren Evokation für ihn mit der 'Wonne der
              Wehmut' verbunden ist.

336, 10f.     *angenehme [...] brachte]* Vgl. Anm. zu S. 334, 21.


## Ludwig Tieck: [Auszüge aus:] William Lovell [1795-1796]

*Druckvorlage:* William Lovell. 3 Bde. Berlin/Leipzig 1795-1796.

Vgl. hierzu Bd. 2, S. 1001-1003. In der überarbeiteten Fassung des Romans von 1813/14 sind alle
markierten Ossianbezüge getilgt. Vgl. S. 544, 7 (Runge: Brief an Tieck).

338, 25f.     *Die leblose [...] Menschen]* Tieck beschreibt hier die emotionale Disposition des
              sentimentalischen Dichters, dessen 'Urbild' Ossian ist (vgl. Anm. zu S. 270, 5f.).
              Siehe auch S. 530, 26ff. (Schiller: Ueber das Naive).


## [Wilhelm Heinrich Wackenroder:] [Auszug aus:]
## Herzensergießungen eines kunstliebenden Klosterbruders [1797]

*Druckvorlage:* Werke und Briefe von Wilhelm Heinrich Wackenroder. Berlin 1938.

340, 12ff.  *man möchte [...] entflohen ist]* Wackenroder beschreibt hier – wie Schiller und Tieck – die emotionale Disposition des sentimentalischen Dichters im Rekurs auf *Ossian*. Vgl. Anm. zu S. 270, 5f.

340, 23  *entartete Nachkommenschaft]* Vgl. Anm. zu S. 272, 3ff.

## Novalis [Friedrich von Hardenberg]: [Auszug aus:]
## Hymnen an die Nacht [1800]

*Druckvorlage:* Novalis: Briefe und Werke. Bd. 2. Berlin 1943.

Zu Novalis' Ossianrezeption vgl. Bd. 2, S. 945-948 und 975-989.

341, 6[a]  *und ich einsam stand am dürren Hügel]* Vgl. u.a. "Lena's dusky heath" (The Poems of Ossian (Anm. zu S. 15, A3), S. 56); "the dark heaths" (ebd., S. 60); "Lena's gloomy heath" (ebd., S. 84) und "the heath was bare" (ebd., S. 146).

341, 6[b]  *in engen dunkeln Raum]* Vgl. u.a. "four stones with their heads of moss stand there; and mark the narrow house of death" (The Poems of Ossian (Anm. zu S. 15, A3), S. 93) und "A tree stands alone on the hill" (ebd., S. 165).

341, 8  *kraftlos]* Vgl. u.a. "Feeble was his arm" (The Poems of Ossian (Anm. zu S. 15, A3), S. 131, 143) und "the feeble remain on the hills" (ebd., S. 178).

341, 17f.  *durch die [...] Geliebten]* Vgl. u.a. "night settles with all her clouds on the hill" (The Poems of Ossian (Anm. zu S. 15, A3), S. 56); "the light cloud flies over the hills" (ebd., S. 62); "O Fingal, it is like the sun on Cromla; when the hunter mourns his absence for a season, and sees him between the clouds" (ebd., S. 103) und "like the watry beam of the moon, when it rushes from between two clouds, and the midnight shower is on the field" (ebd., S. 123).

## Friedrich Hölderlin: Der blinde Sänger [1801]

*Druckvorlage:* Friedrich Hölderlin: Sämtliche Werke. Bd. 4. Hrsg. von Norbert von Hellingrath. Dritte Auflage. Berlin 1943.

Zu Hölderlins Ossianrezeption vgl. Bd. 2, S. 901-926 und Howard Gaskill (1990-1991).

342, 1  *Der blinde Sänger]* Ossian ist nicht der einzige Dichter der Weltliteratur, der sein Augenlicht verloren hat. Macpherson selbst hebt die Parallelen zu Homer und Milton hervor. Nun schreibt Hölderlins Protagonist im Sinne Schillers 'sentimentalisch'. Der einzige sentimentalische Dichter der Weltliteratur, dem seine Blindheit zum Problem wird, ist aber Ossian. Vgl. auch Anm. zu S. 270, 5f.

342, 4  *Wo bist du, Jugendliches!]* Vgl. Anm. zu S. 222, 15.

342, 5  *wo bist du, Licht?]* Vgl. "Wornach siehst du, schönes Licht? [...] Lebe wohl, ruhiger Strahl. Erscheine, du herrliches Licht von Ossians Seele!" (S. 285, 7ff. [Goethe: Werther]).

342, 9  *am Hügel]* Der Hügel (*hill*) zählt zu den konstitutiven Bestandteilen des *ossianic furniture*. Allein in den von Goethe übersetzten *Songs of Selma* ist er nahezu omnipräsent.

342, 22ff.  Vgl. "Aber hier muß ich sitzen allein auf dem Felsen des verwachsenen Stroms. Der Strom und der Sturm saus't, ich höre nicht die Stimme meines Geliebten" (S. 285, 32f. [Goethe: Werther]).

343, 4        *und der Berg es nachhallt]* Macphersons *Ossian* ist mit Sicherheit das an Echos
              reichste Epos der Weltliteratur (vgl. The Poems of Ossian (Anm. zu S. 15, A3),
              S. 26, 56-61, 67f., 74-79 etc.).

## Friedrich Hölderlin: Friedensfeier [1801-1803]

*Druckvorlage:* Friedrich Hölderlin: Sämtliche Werke und Briefe. Hrsg. von Michael Knaupp.
Bd. 1. Darmstadt 1998.

Vgl. hierzu Bd. 2, S. 920-923 und Ruth-Eva Schulz (1962).

344, 18       *Denn ferne kommend]* In Ossians *Carric-thura* ist es Fingal, der vom Heldenzug
              im Ausland heimkehrt.

344, 23       *Fürsten des Fests]* Schulz hält die mit Fingal assoziierte Sonne für den "Fürsten
              des Fests" (vgl. S. 188, 199). Dafür spricht u.a., daß Hölderlin die "Drei-Themen-
              Folge" aus dem Gedicht *Carric-thura* übernimmt: Die Sonne – Aufforderung zum
              Fest – Der Jüngling (vgl. S. 202-204). Wie stark die *Friedensfeier* ossianisch be-
              einflußt ist, zeigt auch die (Schulz nicht bekannte) Verwendung einer ähnlichen
              Formulierung in der *Carricthura*-Übersetzung, die in Runges *Hinterlassenen
              Schriften* (1840) abgedruckt ist und vermutlich von ihm selbst oder seinem ältesten
              Bruder stammt. Dort wird Fingal als "des Mahles Fürst" bezeichnet (S. 275).

344, 25       *Und als vom langen Heldenzuge müd]* Vgl. "als Fingal zurück vom Kriege kam"
              (S. 50, 1 [Karrikthura]).

345, 8        *Des Donnerers Echo]* Vgl. Anm. zu S. 343, 4.

345, 13f.     *und wäre silbergrau | Die Loke]* Vgl. S. 222, 16 (Novalis: An Ossian).

345, 17       *freundlichernst]* Vgl. Anm. zu S. 273, 38ff.

345, 22f.     *Und die [...] auch]* Vgl. "Die blaue Rüstung hüllte den Gewaltigen ein, wie ein
              leichtes Gewölk die Sonne, wenn sie einherwandelt im Nebelgewand, und halb
              ihren Glanz nur zeigt" (Bd. 3, S. 189, 3ff. [Karrikthura]).

345, 26f.     *So ist [...] Himmlische]* Vgl. "Aber auch du [i.e. die Sonne] bist villeicht, wie ich,
              nur zeitlich, und deine Jahre werden sich enden" (Bd. 3, S. 211, 4f. [Karthon]).

346, 8f.      *von dem [...] Gesänge]* Vgl. u.a. "first in our joy at the feast" (The Poems of Ossian
              (Anm. zu S. 15, A3), S. 57) und "Raise the song of joy, ye bards of Morven" (ebd.,
              S. 155).

346, 10       *ein Ruhigmächtiger ist er]* Vgl. Anm. zu S. 273, 38ff.

346, 30       *bald sind wir aber Gesang]* Vgl. "Euer Ruhm wird seyn im Gesang!" (S. 103, 28
              [Berrathon]); "Meine Seele soll hinscheiden im Ton!" (ebd., S. 105, 28) und "der
              Gesang soll deinen Nahmen erhalten" (S. 287, 39 [Goethe: Werther]).

347, 10       *Fürsten des Festes]* Vgl. Anm. zu S. 344, 23.

## Ludwig Uhland: An einen Freund [1803]

*Druckvorlage:* Uhlands Werke in drei Teilen. Hrsg. mit Einleitungen und Anmerkungen versehen
von Adalbert Silbermann. Erster Teil. Berlin u.a. o.J. [1918].

Das Gedicht verwendet eine Fülle ossianischer Patterns. Vgl. hierzu Bd. 2, S. 1068-1079.

## Ludwig Uhland: Mailied [1804]

*Druckvorlage:* Uhlands Werke in drei Teilen. Hrsg. mit Einleitungen und Anmerkungen versehen von Adalbert Silbermann. Erster Teil. Berlin u.a. o.J. [1918].

## [Friedrich de la Motte Fouqué:] [Auszüge aus:] Historie vom edlen Ritter Galmy und einer schönen Herzogin aus Bretagne [1806]

*Druckvorlage:* Historie vom edlen Ritter Galmy und einer schönen Herzogin aus Bretagne von Pellegrin. II. Theil. Berlin 1806.

Zu Fouqués Ossianrezeption vgl. Bd. 2, S. 1012-1040.

| | |
|---|---|
| 355, 5f. | *Von den [...] Dunkel]* "I sit forlorn at the tombs of my friends" (The Poems of Ossian (Anm. zu S. 15, A3), S. 104); "O that I could forget my friends: till my footsteps cease to be seen!" (ebd., S. 126) und "Where are thy friends, my love? [...] Thou shalt see them no more" (ebd., S. 160). |
| 355, 17ff. | Vgl. Anm. zu S. 343, 4. |
| 355, 23f. | Vgl. Anm. zu S. 222, 15. |
| 355, 28 | *Felsensohn]* Vgl. "son of the rock" (The Poems of Ossian (Anm. zu S. 15, A3), S. 94, 107, 121, 171 und passim). |
| 357, 8 | *Ein Sänger rührt die Saiten]* Vgl. u.a. "Ullin, strike the harp" (The Poems of Ossian (Anm. zu S. 15, A3), S. 93); "Carril strikes the harp" (ebd., S. 135) und "the hundred bards had strung the harp" (ebd., S. 153). |
| 358, 5 | *ein Lied aus alter Zeit]* Vgl. u.a. "song of other times" (The Poems of Ossian (Anm. zu S. 15, A3), S. 111, 121 und 187). |
| 358, 19 | Vgl. Anm. zu S. 299, 13f. |
| 358, 21 | *Distelbart]* Vgl. Anm. zu S. 280, 4ff. |
| 358, 34 | *In Wolken der Geister Spur]* Vgl. u.a. "like the shrill spirit of a storm, that sits dim, on the clouds of Gormal" (The Poems of Ossian (Anm. zu S. 15, A3), S. 60); "The ghosts of the lately dead were near, and swam on gloomy clouds" (ebd., S. 62) und "Ghosts fly on clouds and ride on winds" (ebd., S. 66). |

## Friedrich Schlegel: Gesang [der Erinnerung] [1807]

*Druckvorlage:* Friedrich Schlegels Gedichte. Berlin 1809.

Zu Friedrich Schlegels Ossianrezeption vgl. Bd. 2, S. 953-969.

| | |
|---|---|
| 359, 3ff. | Ossians Einsamkeit wird wie bei Macpherson dadurch verstärkt, daß die Etablierung einer Gedächtniskultur in der Gegenwart fragwürdig geworden ist. Schlegel evoziert diese Erfahrung unter Verwendung ossianischer Patterns (*golden age*, Heroismus, Traditionsverlust, Grabesmetaphorik und poetische Revitalisierung des Verlorenen). Vgl. auch Anm. zu S. 270, 5f. und 599, 3. |
| 359, 14 | Vgl. Anm. zu S. 346, 30. |
| 360, 3 | *Geisterwelt]* Vgl. "Es ist eine Geisterwelt in Ossian, statt daß in Homer eine leibhafte Körperwelt sich beweget" (S. 524, 8f. [Herder: Homer und Ossian]). |
| 360, 10ff. | Vgl. Anm. zu S. 359, 3ff. |
| 360, 16ff. | Vgl. die vorige Anm. |

## Achim von Arnim: Elegie aus einem Reisetagebuche in Schottland [1808]

*Druckvorlage:* Zeitung für Einsiedler 1808. Nr. 9.

Zu Arnims Ossianrezeption vgl. Bd. 2, S. 1040-1068.

361, 14        *Jugend verlorene Zeit]* Vgl. Anm. zu S. 222, 15.

363, 41        Für die (Früh-)Romantik erweist sich die Verbindung von Ethik und Ästhetik, wie
               sie sich in Fingal (und dem jungen Ossian) paradigmatisch verkörpert, als eine
               Überforderung, denn – so Novalis – ein "Dichter, der zugleich Held wäre, ist schon
               ein göttlicher Gesandter", und "seiner Darstellung ist unsere Poesie nicht gewach-
               sen" (HKNA I, S. 285).

364, 11        Vgl. S. 228, 2ff. (Arnim: Ossian).


## Friedrich Krug von Nidda: [Auszug aus:] Drey Tage am Gestad der Weichsel und des Dnieper. im Frühling 1812 und 1813. An einen Freund [1815]

*Druckvorlage:* Die Harfe 1815. Bd. 1.

365, 14ff.     Vgl. Bd. 3, S. 425, 21ff. (Temora. Sechstes Buch).


## Ernst von Houwald: [Auszüge aus:] Wahnsinn und Tod. Ein Bruchstück aus meinen musikalischen Wanderungen [1817]

*Druckvorlage:* Ernst von Houwalds sämmtliche Werke. Bd. 3. Leipzig 1859.

367, 8ff.      Kein wörtliches Zitat, aber inspiriert durch folgende Textpassage am Beginn des
               sechsten Gesangs von *Fingal:* "Be thy soul blest, O Carril, in the midst of thy
               eddying winds. O that thou wouldst come to my hall when I am alone by night!—
               And thou dost come, my friend, I hear often thy light hand on my harp; when it
               hangs on the distant wall, and the feeble sound touches my ear" (The Poems of Os-
               sian (Anm. zu S. 15, A3), S. 99).

368, 7         *wahnsinnigen Harfners]* Vgl. Anm. zu S. 334, 9f.

368, 9f.       *Er trug [...] vor]* Vgl. Anm. zu S. 334, 11f.

369, 1ff.      Vgl. Bd. 3, S. 454, 2ff. (Konlath und Kuthona).

369, 14ff.     Vgl. ebd., S. 454, 8ff.

372, 3ff.      Vgl. ebd., S. 193, 1ff. (Karrikthura).

372, 37ff.     Vgl. ebd., S. 346, 7ff. (Darthula).


## Friedrich de la Motte Fouqué: [Auszüge aus:] Die vier Brüder von der Weserburg. Eine altdeutsche Geschichte [1820]

*Druckvorlage:* Friedrich de la Motte Fouqué: Die vier Brüder von der Weserburg. Eine altdeutsche
Geschichte. In vier Büchern. Nürnberg 1820.

Zu Fouqués Ossianrezeption vgl. Bd. 2, S. 1012-1040.

378, 36        Vgl. Anm. zu S. 334, 9.

382, 34        *Trümmerhallen von Selma]* Vgl. S. 619, 18f. (Arno Schmidt: Fouqué).

## Achim von Arnim: [Auszug aus:] [Das Städtchen Salamander] [ca. 1824]

*Druckvorlage:* Freies Deutsches Hochstift [Handschrift] 7218, o.J., o.S., o.O.

Zu Arnims Ossianrezeption vgl. Bd. 2, S. 1040-1068.

386, 15    *Lodbrag]* Von Addison 1712 im *Spectator* popularisiert, wird der Verweis auf den norwegischen König Regner Lodbrog (8. Jahrhundert n.Chr.) zu einem wesentlichen Konstituens des primitivistischen Diskurses. Auch in Herders *Briefwechsel über Ossian* (1773) findet sich – angeregt durch Blair – ein Hinweis auf Lodbrogs Sterbegesangs (vgl. S. 482, 40f.).

386, 29    *welche [...] wären]* In seiner *Dissertation* wendet sich Sir John Sinclair (vgl. Anm. zu S. 109, A1) gegen die Behauptung, Macpherson selbst habe die ossianischen Gedichte verfaßt. Der gälische Urtext sei authentisch, von seinem Entdecker jedoch aufgrund fehlender Sprachkenntnis (vgl. Anm. zu S. 579, 4f.) in Form und Inhalt entstellt. Siehe auch S. 672, 22ff. (Zimmermann: Ossian's Gedichte).

387, 17    *den ersten echten Ossian herauszugeben]* Ironische Allusion auf Ahlwardts Übersetzung des gälischen Originals. Die Fixierung auf den Urtext widerspricht Arnims Postulat einer 'Neumachung' alter Gedichte, wie er sie bei Macpherson mustergültig realisiert glaubt (vgl. S. 550, 9 [Brief an Clemens Brentano]).

## Heinrich Heine: [Auszug aus:] Die Harzreise [1826]

*Druckvorlage:* Heines Werke in zehn Bänden. Hrsg. von Oskar Walzel. Bd. 4. Leipzig 1912.

Vgl. hierzu Bert John Vos (1908).

388, 20ff.    Es handelt sich hier um keine wörtliche Übersetzung aus *Ossian*, sondern um eine freie, nicht unironische Adaption.

388, 29ff.    Vgl. die vorige Anm.

389, 3ff.    Vgl. S. 4, 33ff. Zur Provenienz der Übersetzung schreibt Vos: "Heine has either translated directly from an early English edition, or borrowed the passage [...] from a literary source that remains to be ascertained" (S. 27).

389, 30ff.    Vgl. S. 289, 35ff. (Goethe: Werther). Heine übernimmt Goethes Übersetzung fast wortwörtlich.

## Heinrich Stieglitz: [Auszug aus:] Gebirgswanderungen [1836]

*Druckvorlage:* Dioskuren für Wissenschaft und Kunst, Schriften in bunter Reihe. Hrsg. von Theodor Mundt. Berlin 1836. Bd. 1.

Vgl. hierzu Bd. 1, S. 482f.

390, 27ff.    Vgl. S. 27, 27ff. (Carthon).

# 3.4  Im 20. Jahrhundert

## Hermann Hesse: [Auszug aus:] Unterm Rad. Erzählung [1906]

*Druckvorlage:* Hermann Hesse: Die Romane und die grossen Erzählungen. Bd. 1. Frankfurt a.M. 1953 (Jubiläumsausgabe zum hundertsten Geburtstag von H.H.).

| 395, 27 | *kränkliche Wehmutwesen]* Heilners emotionale Disposition erinnert an Werther. |
|---|---|
| 396, 9 | *große rollende Wolkenberge]* Vgl. "The clouds of night come rolling down" (The Poems of Ossian (Anm. zu S. 15, A3), S. 99) und "the clouds of night came rolling down" (ebd., S. 122). |
| 396, 10ff. | *Die Bäume [...] Bäume]* Vgl. "Thy family grew like an oak on the mountain, which meeteth the wind with its lofty head. But now it is torn from the earth" (The Poems of Ossian (Anm. zu S. 15, A3), S. 165) und "I must fall [...] like a leafless oak: it grew on a rock, but the winds have overturned it" (ebd., S. 112). Sieh auch Anm. zu S. 102, 30ff. |

## Joseph Roth: [Auszüge aus:] Radetzkymarsch. Roman [1932]

*Druckvorlage:* Joseph Roth: Radetzkymarsch. Roman. 14. Auflage. München 2001.

| 397, 12 | *Mit mir [...] Trotta!]* Vgl. Anm. zu S. 238, 4f. |
|---|---|
| 397, 13f. | *um süße [...] Würde]* Die Vorstellung vom *last of the race* ist hier – wie bei Macpherson – mit der Evokation der *joy of grief* verbunden. Auch Lenz spricht in seiner Schrift *Von Shakespeares Hamlet* (1775-1776) von "der angenehmen Wollust der Schmerzen wie Ossian sie nennt" (WB II, S. 741). Solche Übereinstimmungen verwundern nicht angesichts der Tatsache, daß sich Roth schon früh mit der Literatur von Goethezeit und Romantik befaßt (vgl. David Bronsen: Joseph Roth. Eine Biographie. Köln 1974, S. 87f. und 129). An Ossian erinnert auch ein Gedicht, das Roth 1913 einem Brief an seinen Onkel Willy anfügt: "Heute sind vorbei die Zeiten, | Da ich noch ein Knabe war | Mit den blauen, träumrisch-weiten | Augen und dem blonden Haar. – | Trauernd denk ich jener Tage, | Wie das Schöne rasch entflieht! | Und so strömt' ich meine Klage | Aus in dieses bange Lied" (Handschrift zit.n. Bronsen, S. 94). Vgl. Anm. zu S. 222, 15; 222, 13f. und 270, 5f. |
| 397, 29 | *Ein Greis, dem Tode geweiht]* Der Kaiser gewinnt hier Züge Ossians. |
| 397, 31f. | *Wie lange [...] mehr!]* Vgl. S. 279, 9 (Goethe: Götz von Berlichingen). |
| 398, 15f. | *Sein Sohn [...] untergegangen]* Vgl. Anm. zu S. 278, 17. |

# C. Die analytisch-produktive Rezeption:
# Ästhetik, Moraltheorie und geschichtliche Verortung

## 1. Im Umkreis der Aufklärung

### Rudolf Erich Raspe: Nachricht von den Gedichten des Oßian, eines alten schottischen Barden; nebst einigen Anmerkungen über das Alterthum derselben [1763]

*Druckvorlage:* Hannoverisches Magazin 1763. St. 92.

Vgl. hierzu Bd. 1, S. 260f. und 494-496.

| | |
|---|---|
| 401, A3 | *Pelloutier Hist. des Celtes]* Simon Pelloutier: Histoire des Celtes, et particulière-ment des Gaulois et des Germains, Depuis les Tems [sic!] fabuleux, jusqu'à la Prise de Rome par les Gaulois. La Haye 1740. |
| 402, 27 | *Schlacht von Culloden]* Im Jahr 1746. Vgl. Bd. 1, S. 65f. und 159f. |
| 402, A4[a] | *Schottländische Briefe 2. Theil]* Edward Burt: Schottländische Briefe, oder merkwürdige Nachrichten von Schottland, und besonders von dem Schottischen Hochlande, und den Sitten, Gewohnheiten und der Lebensart der Hochländer oder Bergschotten. Nebst einer Beschreibung der neuen in den Schottländischen Gebirgen angelegten Heerstrasse [1754]. Aus dem Englischen übersetzt. 2 Bde in einem. [Hannover] 1760. Vgl. Bd. 1, S. 491f. |
| 402, A4[b] | *Buchanan. rer. Scotic.]* George Buchanan, schottischer Humanist (Februar 1506 bis 29.9.1582); Gegner Maria Stuarts; verfaßte ein bedeutendes Werk über die schottische Geschichte (*Rerum Scoticarum historia* [1582]), daneben lateinische Tragödien. |
| 403, 4 | *Graf Bute]* John Stuart, Earl of Bute, ehemaliger Lehrer Georgs III. und Kanzler des Marischal College Aberdeen, wird wenig später sogar zum britischen Premierminister. Unter seiner Ägide erscheint am 1. Dezember 1761 in London *Fingal, an ancient epic Poem, In six Books: Together with several other Poems, composed by Ossian the Son of Fingal. Translated from the Galic Language, By James Macpherson.* |
| 404, 3 | *Toland]* A Collection of several Pieces of Mr. John Toland, Now first publish'd from his Original Manuscripts: With Some Memoirs of his Life and Writings. London 1726. Vgl. Bd. 1, S. 328f. und 407. |
| 406, 14f. | *auszugsweise [...] mittheilen]* Vgl. Hannoverisches Magazin 1763. St. 94, Sp. 1489-1504; St. 95, Sp. 1505-1520; St. 96, Sp. 1521-1534 und St. 97, Sp. 1537-1546. |

### [Albrecht Wittenberg:] Vorrede des deutschen Uebersetzers [zu *Fingal, ein Helden-Gedicht*] [1764]

*Druckvorlage:* Fingal, ein Helden-Gedicht, in sechs Büchern, von Ossian, einem alten schottischen Barden. Nebst verschiedenen andern Gedichten von eben demselben. Hamburg/Leipzig 1764.

Vgl. hierzu Bd. 1, S. 497-499.

409, 34　　　*Der* zweyte Band *[...] enthalten]* Die beiden Fortsetzungsbände sind nie erschienen.


## [Albrecht von Haller:] [Rezension zu: *Fingal an Antient epic poem*] [1765]

*Druckvorlage:* Göttingische Anzeigen von gelehrten Sachen 1765. Bd. 1. St. 17.

Vgl. hierzu Bd. 1, S. 263f.

410, 9　　　　*in Französischen Monatschriften]* John O'Brien [Pseudonym: M. de C.]: Mémoire
　　　　　　　de M. de C. à Messieurs les Auteurs Du Journal des Sçavans, au Sujet des Poëmes
　　　　　　　de M. Macpherson. In: Le Journal des Sçavans, pour l'année M. DCC. LXIV. Paris
　　　　　　　1964. Mai, S. 277-292; Juni, S. 353-362; Juni, S. 408-417; August, S. 537-555;
　　　　　　　September, S. 604-617 und Dezember, S. 845-854 (+ S. 854-857: Récapitulation
　　　　　　　du Mémoire précédent par les Auteurs du Journal des Sçavans).


## [Christian Felix Weiße:] [Rezension zu:]
## The Works of Ossian the Son of Fingal [1766]

*Druckvorlage:* Neue Bibliothek der schönen Wissenschaften und der freyen Künste 1766. Bd. 2.
St. 2, S. 245-261 und Bd. 3. St. 1, S. 13-38.

Vgl. hierzu Bd. 1, S. 264f. und 499f.

412, 11f.　　　*in ihrer [...] angezeiget]* Vgl. [Anonym:] [Notiz zu:] Fingal. an Antient Epic Poem
　　　　　　　etc. 1761. In: Bibliothek der schönen Wissenschaften und der freyen Künste 1762.
　　　　　　　Bd. 8. St. 2, S. 349 und [Anonym (= Christian Felix Weiße?):] [Rezension zu:]
　　　　　　　Temora, an ancient Epic Poem. In eight Books: together with several other Poems,
　　　　　　　composed by Ossian, the Son of Fingal. Translated from the Gallic Language. By
　　　　　　　James Macpherson. In: Bibliothek der schönen Wissenschaften und der freyen
　　　　　　　Künste 1763. Bd. 9. St. 2, S. 315f.

412, 12f.　　　*Die guten [...] worden]* Fingal, ein Helden-Gedicht, in sechs Büchern, von Ossian,
　　　　　　　einem alten schottischen Barden. Nebst verschiedenen andern Gedichten von eben
　　　　　　　demselben [Prosaübersetzung von Albrecht Wittenberg]. Hamburg/Leipzig 1764
　　　　　　　und Fragmente der alten Hochschottländischen Dichtkunst, nebst einigen andern
　　　　　　　Gedichten Oßians, eines Schottischen Barden; aus dem Englischen übersetzt [Pro-
　　　　　　　saübersetzung von Johann Andreas Engelbrecht]. Hamburg 1764.

412, 21f.　　　*einen weitläuftigen [...] Gelehrten]* Vgl. Anm. zu S. 410, 9.

413, 1ff.　　　Weiße faßt im folgenden Hugh Blairs *Critical Dissertation* zusammen (vgl. Bd. 3,
　　　　　　　S. 88ff.). Bis Herder 1769 nach Frankreich reist, bleibt Weißes Rezension für ihn
　　　　　　　die einzige Möglichkeit, sich mit den Thesen der Abhandlung zu bekannt zu ma-
　　　　　　　chen. Die *Critical Dissertation* besitzt überhaupt eine große Bedeutung für die
　　　　　　　deutsche Ossianrezeption. Blair liefert nicht nur das Begriffsvokabular (Original-
　　　　　　　genie, Erhabenheit, *poetry of the heart* etc.), sondern auch Wahrnehmungs- und
　　　　　　　Bewertungskategorien (sympathetisches Miterleben, 'klassischer' Naturzustand,
　　　　　　　sprachliche Simplizität etc.). Vgl. Anm. zu S. 472, 39f. (Herder: Denis-Rezension
　　　　　　　[1769]); S. 482, 8ff.; S. 482, 40f.; S. 485, 22ff. (Herder: Briefwechsel über Ossian);
　　　　　　　S. 442, 3ff. (Sulzer: Oßian); S. 517, 29f. (Schiller: Brief an Körner) und S. 635,
　　　　　　　8ff./23ff. (Petersen: Anhang des teutschen Uebersetzers).

414, 15　　　　Olaus Wormius] (lateinisch), Ole Worm (1588-1654), dänischer Gelehrter, gibt
　　　　　　　1636 in Kopenhagen und Amsterdam seine *Runir seu Danica literatura antiquis-*

*sima* heraus (²1651), die sich mit dem Runenalphabet befassen. Der Anhang enthält in Runenschrift und lateinischer Übersetzung u.a. auch die *Ragnar Lodbrok saga*, die bei der verstärkten Rezeption nordischer Mythen im 18. Jahrhundert eine bedeutende Rolle spielt (vgl. Anm. zu S. 386, 15).

414, 17      *Regner Lodbrog]* Vgl. die vorige Anm. und S. 482, 40f. (Herder: Briefwechsel über Ossian).

417, 4ff.      *Der Verf. [...] hat]* Vgl. S. 485, 22ff. (Herder: Briefwechsel über Ossian).

419, 21ff.      *Ossian [...] Gesang]* Vgl. S. 442, 3ff. (Sulzer: Oßian).

428, 34f.      *Der Tod [...] Lichte]* Vgl. S. 517, 29f. (Schiller: Brief an Körner).

430, 40      *die Freude des Schmerzens]* Im Englischen bei Blair: "the joy of grief".

432, 28      *in einem Anhange]* Vgl. The Poems of Ossian (Anm. zu S. 15, A3), S. 401-408.

## [Albrecht von Haller:] [Rezension zu:
## *Works of Ossian the son of Fingal*] [1767]

*Druckvorlage:* Göttingische Anzeigen von gelehrten Sachen 1767. Bd. 2. St. 142, S. 1132-1134 und St. 143, S. 1137-1140.

Vgl. hierzu Bd. 1, S. 265f.

434, 29f.      *Vorwürfe des D. Warner's]* Ferdinando Warner: Remarks On the History of Fingal, And Other Poems of Ossian: Translated by Mr. Macpherson. London 1762. Vgl. Bd. 1, S. 210f.

435, 9[a]      *Keating]* Geoffrey Keating (1570-1644), irischer Historiker. Seine *General History of Ireland*, die im späten 16. Jahrhundert als Manuskript u.d.T. *Foras feasa ar Éirinn* zirkulierte, wurde von Dermot O'Connor ins Englische übersetzt und 1723 in London gedruckt.

435, 9[b]      *O Flaherty]* Vgl. Anm. zu S. 18, A13.

436, 23      *zumahl in Frankreich]* Vgl. Anm. zu S. 410, 9.

## [Heinrich Wilhelm von Gerstenberg:] [Auszug aus:]
## [Rezension zu: Johann Jacob Bodmer:] Politische Schauspiele [1768]

*Druckvorlage:* H.W.v. Gerstenbergs Rezensionen in der Hamburgieschn [sic!] Neuen Zeitung 1767-1771. Hrsg. von O. Fischer. Berlin 1904 (Deutsche Literaturdenkmale des 18. und 19. Jahrhunderts; Nr. 128. Dritte Folge Nr. 8).

437, 2      *Bodmer]* Obwohl Bodmer der Echtheit der Gedichte skeptisch gegenübersteht (vgl. S. 628-631), weisen seine poetischen Werke mitunter deutliche *Ossian*-Bezüge auf.

437, 29ff.      *Ueberhaupt [...] können]* Gerstenberg hält sich nicht an diese Maxime und schreibt 1785 das ossianische Melodram *Minona oder die Angelsachsen* (vgl. S. 255-268).

## Gotthold Ephraim Lessing: [Auszug aus:] Collectanea [1768-1775]

*Druckvorlage:* Gotthold Ephraim Lessings sämtliche Schriften. Hrsg. von Karl Lachmann. Dritte, auf's neue durchgesehene und vermehrte Auflage, besorgt durch Franz Muncker. Bd. 15. Leipzig 1900.

438, 4ff.      *Journal Encycl.]* Journal Encyclopédique. Paul van Tieghem (1917) zitiert diese Äußerung nicht (vgl. Bd. 1, S. 220-230).

## Christian Heinrich Schmid: [Auszug aus:] Oßian [1769]

*Druckvorlage:* M. Christian Heinrich Schmids Zusätze zur Theorie der Poesie und Nachrichten von den besten Dichtern. Dritte Sammlung. Leipzig 1769.

439, 20[a]    *Home]* Vgl. Anm. zu S. 66, A3.

439, 20[b]    *Cesarotti]* Melchiorre Cesarotti (1730-1808), italienischer Schriftsteller und Essayist. Zu seinen wichtigsten Werken zählen der *Saggio sulla filosofia delle lingue* (1785) und die Übersetzungen von Homers *Ilias*, Aischylos' *Prometheus* und Macphersons *Ossian*. Vgl. Poesie di Ossian, figlio di Fingal, antico poeta Celtico, ultimamente scoperte, e tradotte in prosa Inglese da Jacopo Macpherson, e da quella trasportate in verso Italiano dall' Ab. Melchior Cesarotti, con varie annotazioni de' due traduttori. 2 Bde. Padua 1763. (Es handelt sich hier allerdings nur um eine unvollständige Übersetzung der 1762 veröffentlichten *Fingal*-Ausgabe.) Eine von Enrico Mattioda herausgegebene Neuedition ist 2000 in Rom erschienen.

439, 30f.    *allein [...] Homer]* Vgl. "as Mr. Pope is, at times, less like Homer than is Ossian himself, it should seem, designed, that, in these instances, an evident imitation should pass for a casual resemblance" [Daniel Webb(?):] Fingal reclaimed, S. 11. Siehe auch Bd. 1, S. 211.

439, 33    Wittebergischen] Vgl. Anm. zu S. 412, 12f.

440, 2    *von dem Herder mit urtheilt]* Vgl. S. 472, 22ff. (Denis-Rezension [1769]).

440, 16[a]    Journal des savans] Vgl. Anm. zu S. 410, 9.

440, 16[b]    Werners *Buch]* Vgl. Anm. zu S. 434, 29f.

440, 17    Fingal reclaim'd] Vgl. Anm. zu S. 439, 30f.

440, 17f.    *eines andern Mackphersons Werk über die Celten]* John Macpherson. Seine *Critical Dissertations on the Origin, Antiquities, Language, Government, Manners, and Religion of the ancient Caledonians, their Posterity, the Picts and the British and Irish Scots* erscheinen 1768 in London. Sie werden 1770 von Christian Felix Weiße ins Deutsche übersetzt (*Von den Barden, nebst etlichen Bardenliedern aus dem Englischen*).

## Johann Georg Sulzer: Oßian [1774]

*Druckvorlage:* Johann Georg Sulzer: Allgemeine Theorie der Schönen Künste in einzeln, nach alphabetischer Ordnung der Kunstwörter auf einander folgenden, Artikeln abgehandelt. Bd. 2. Leipzig 1774.

441, 30    *Anhang]* Vgl. Anm. zu S. 432, 28.

442, 3ff.    *Er nahm [...] machen]* Vgl. S. 413, 1ff. (Weiße: Works-Rezension).

443, 15    Cesarotti] Vgl. Anm. zu S. 439, 20[b].

## Friedrich Gottlieb Klopstock: [Auszüge aus:]
## Fom deutschen Hexameter [1779]

*Druckvorlage:* Ueber Sprache und Dichtkunst. Fragmente fon Klopstock. Hamburg 1779.

Zu Klopstocks Ossianrezeption vgl. Bd. 1, S. 502-526.

454, 26    *Mir hat är folgende, di pindarisch sind, geschikt]* Klopstock steht in Briefkontakt mit Macpherson. Die Textzeugen sind allerdings nicht überliefert.

| | |
|---|---|
| 455, 9 | *sexten Gesangs fon Temora]* Gemeint ist der siebte Gesang *Temoras.* Vgl. Anm. zu S. 111, A26[b]. |

## [Anonym:] Homer und Ossian [1783]

*Druckvorlage:* Vermischte Aufsäze zum Nachdenken und zur Unterhaltung. Erster Theil. Dessau/ Leipzig 1783. [Bisher kein bibliographischer Nachweis vorhanden]

| | |
|---|---|
| 457, 13f. | *daß ich [...] Homer]* Vgl. Anm. zu Matthias Claudius: Ich wüßte nicht warum? [1771]. |
| 458, A1 | *der Tübingische Uebersezer]* Johann Wilhelm Petersen. Seine Ossianübertragung ist in Bd. 3 abgedruckt (S. 163-468). Vgl. auch Bd. 1, S. 1137-1139 sowie Bd. 3, S. 471f. und 493-495. |
| 459, 27 | *Wonne der Wehmuth]* Vgl. Anm. zu S. 50, 8f. |
| 459, 36ff. | Vgl. Bd. 3, S. 176, 23ff. (Kathloda. Dritter Gesang). |
| 461, 12 | *Fingal in Lochlin]* Wilhelm Heinrich Wachsmuth: Fingal in Lochlin. Ein Schauspiel in fünf Aufzügen. Nach Ossian. Dessau 1782 (Reprint ebd. 1787) [Beide Ausgaben sind über die allgemeine Bibliotheksrecherche in Deutschland nicht nachweisbar. Vgl. Rudolf Tombo jr. (1901/1966), S. 22 und 27. Tombo scheint das Buch eingesehen zu haben, weil er ansonsten alle erfolglosen Recherchen in seiner Bibliographie vermerkt]. Vgl. auch S. 148-154 (Wachsmuth: Inamorulla). |

## Karl Friedrich Kretschmann: [Auszüge aus:] Ueber das Bardiet [1784]

*Druckvorlage:* Karl Friedrich Kretschmans sämtliche Werke. Bd. 1. Leipzig 1784.

Zu Kretschmanns Ossianrezeption vgl. Bd. 1, S. 569-581.

| | |
|---|---|
| 462, 3f. | *meine Bardenlieder]* Der Gesang *Rhingulphs des Barden. Als Varus geschlagen war* (Leipzig 1769) und *Die Klage Rhingulphs des Barden* (ebd. 1771). |
| 462, 22[a] | *Thorlaug]* Bardenpseudonym von Gerstenberg. |
| 462, 22[b] | *Werdomar]* Bardenpseudonym von Klopstock. |
| 462, 22[c] | *Rhingulph]* Bardenpseudonym von Kretschmann. |
| 463, 14f. | *ein Kelte so gut als die Barden Germaniens]* Vgl. Anm. zu [Friedrich Gottlieb Klopstock:] Gerechter Anspruch [1771]. |
| 465, 3 | *Einer unsrer Kunstrichter]* Johann Gottfried Herder. |
| 465, 5ff. | *Mit Einfalt [...] Bardengesang]* Nicht ganz wörtliches Zitat aus Herders Rezension zu Denis' *Bardenfeyer am Tage Theresiens* (vgl. SWS V, S. 332). |

## 2. Im Umkreis des Sturm und Drang

### [Johann Gottfried Herder:] [Rezension zu:]
### Die Gedichte Oßians, eines alten celtischen Dichters, aus dem Englischen übersezt von *M. Dennis,* aus der G. J. Erster Band [1769]

*Druckvorlage:* Allgemeine deutsche Bibliothek 1769. Bd. 10. St. 1. [Initial: Y.]

Vgl. hierzu Bd. 2, S. 651-698 sowie Howard Gaskill (1996a und 2003).

| | |
|---|---|
| 469, 4 | *Erster Band]* Herder erhält ihn im Sommer 1768. |
| 469, 14f. | *aus Hamburg [...] Uebersetzungen]* Vgl. Anm. zu S. 412, 12f. |

471, 41f.     Vgl. Anm. zu S. 315, 19.
472, 28ff.    *Der Recensent [...] versucht]* Vgl. Bd. 2, S. 718-720.
472, 32       *Cesarotti]* Vgl. Anm. zu S. 439, 20[b].
472, 39       *D. Blairs Abhandlung]* Vgl. Anm. zu S. 413, 1ff.


[Johann Gottfried Herder:] [Rezension zu:]
Die Gedichte *Ossians*, eines alten Celtischen Dichters aus dem Englischen
übersetzt von *M. Denis*. Zweyter Band [...]. Dritter Band [1772]

*Druckvorlage:* Allgemeine deutsche Bibliothek 1772. Bd. 17. St. 2.

473, 4        *Zweyter Band [...]. Dritter Band]* Am 6. Januar 1770 schickt Nicolai den zweiten
              und dritten Band von Denis' Ausgabe als Rezensionsexemplar nach Amsterdam,
              bevor Herder Ende 1771 schließlich die *third edition* aus der Bibliothek von Goe-
              thes Vater erhält und erst nach über einem Jahr zurückgibt. Vgl. S. 37, 8f. (Goethe:
              Brief an Herder).
473, 5        *Bardengeschrey der deutschen Nation]* Gemeint sind vor allem die Bardendichtun-
              gen von Denis und Kretschmann (vgl. Bd. 2, S. 654-656).
474, 19f.     *wie Klopstock [...] gefühlt hat]* In den Bardengesängen des dritten Bandes seiner
              *Oden* (1771) gestaltet Klopstock Stoffe aus der germanischen Mythologie und ver-
              wendet dabei statt des Hexameters vorwiegend freie Rhythmen.
475, 37ff.    Vgl. Bd. 3, S. 344, 31ff.
476, 34       *Tändler in seinen Gedichten eines Skalden]* Gerstenberg, der 1759 anakreontische
              Lyrik u.d.T. *Tändeleyen* veröffentlicht, zählt 1766 mit seinem *Gedicht eines Skal-
              den* zu den Mitbegründern der sog. Bardendichtung.
478, 13f.     *der hamburgische Uebersetzer]* Vgl. Anm. zu S. 412, 12f.
478, 41       *Cesarotti]* Vgl. Anm. zu S. 439, 20[b].


[Johann Gottfried Herder:] [Auszüge aus:] Auszug aus einem Briefwechsel
über Ossian und die Lieder alter Völker [1773]

*Druckvorlage:* Von Deutscher Art und Kunst. Einige fliegende Blätter. Hamburg 1773, S. 1-70.
Nachschrift, S. 113-118.

479, 8f.      *in der armen Schottischen Hütte]* Vgl. "Ach! Schottlands Hütte ist hier nicht, | ein
              leeres Haus ist sie! | Greis Fingals Menschen sind hier nicht, | sind alle Sklaven
              sie!" (Herders Briefwechsel mit Caroline Flachsland. Bd. 1, S. 299 [Nr. 59] [Brief
              vom 7. September 1771]).
480, 3        *Kritische Bibliothek]* Anspielung auf Herders eigene anonym erschienene Denis-
              Rezension (1769). Vgl. S. 469-472.
480, 11       *auf inneres Zeugniß, auf den Geist des Werks]* Vgl. S. 412, 18f. (Weiße: Works-
              Rezension); S. 632, 10f. (Wieland: Geschichte der Abderiten) und S. 633, 13f. (Pe-
              tersen: Anhang des teutschen Uebersetzers).
481, 10       *Macferlansche Uebersetzung von Temora]* Temorae liber primus versibus Latinis
              expressus, auctore Roberto Macfarlan, A.M. Londoni 1769.
481, 14ff.    *In der N. Bibl. [...] neben einander]* Vgl. [Anonym:] [Rezension zu:] Temorae Li-
              ber Primus versibus latinis expressus, Auctore Roberto Macfarlan [London 1769].
              In: Neue Bibliothek der schönen Wissenschaften und der freyen Künste. Leipzig
              1770. Bd. 9. St. 2, S. 344-349.

| | |
|---|---|
| 482, 8f. | *Ohne Zweifel [...] Schotten]* Vgl. Bd. 3, S. 90, 38ff. und 94, 25ff. (Hugo Blairs [...] Kritische Abhandlung über die Gedichte Ossians). |
| 482, 13 | *Worm]* Vgl. Anm. zu S. 414, 15. |
| 482, 14[a] | *Bartholin]* Thomas Bartholin (der Jüngere), seine *Antiquitates Danicæ de causis contemptæ a Danis adhuc gentilibus mortis ex vetustis codicibus et monumentis hactenus ineditis congestæ* erscheinen 1690 in Kopenhagen. |
| 482, 14[b] | *Peringskiöld]* Johann Peringer de Peringskiöld: Monumenta Sueo-Gothica. Stockholm 1710-1719. |
| 482, 14[c] | *Verel]* Die von Olaus Verelius edierte *Hervarar-Saga* erscheint 1762 in Uppsala. |
| 482, 33 | *der zweite [...] erschienen]* Die Kommentierung der DKV-Ausgabe ist nicht korrekt (vgl. FHA II, S. 1135f.). Herder meint nicht die seit 1665 zugängliche *Snorra-Edda*, sondern die noch immer unveröffentlichte *Lieder-Edda* (vgl. Wolf Gerhard Schmidt (2000), S. 14-16). |
| 482, 40f. | *Reyner Lodbrogs Sterbegesang in den Runen des Worms]* Vgl. Bd. 3, S. 91, 8ff. (Hugo Blairs [...] Kritische Abhandlung über die Gedichte Ossians). |
| 483, 5f. | *Gespräch Gauls und Mornis, Fingals und Roskranen]* Vgl. The Poems of Ossian (Anm. zu S. 15, A3), S. 250-252. |
| 485, 11 | *Die Geschichte [...] geschahe]* Vgl. S. 100, 9ff. (Berrathon). |
| 485, 23 | *aus der dritten Hand]* Herders Version von Scheffers lappländischem Lied stammt aus Denis' Übersetzung von Blairs *Critical Dissertation*, d.h. aus dritter Hand (vgl. Bd. 3, S. 96, A9). Siehe auch Howard Gaskill (2000-2001). |
| 485, 24 | *Scheffer]* Johannes Gerhard Scheffer: Lapponia, id est regionis Lapponum et gentis nova et verissima descriptio, in qua multa de origine, superstitione, sacris magicis victu, cultu, negotiis Lapponum item animalium, metallorumque indole, quae in terris eorum proveniunt, hactenus incognita produntur, & eiconibus adiectis cum cura illustrantur. Francofurti/Lipsiae 1671. |
| 486, 38[a] | *Lieder von Selma]* Zusammen mit *Carric-thura* das wohl beliebteste ossianische Gedicht (vgl. S. 28-33). |
| 486, 38[b] | *das süsse Carrikthura]* Vgl. auch Anm. zu S. 144, 2. |
| 486, 38ff. | *Im ersten Bande [...] erfunden]* Gemeint ist Denis' *Darthula*-Übersetzung. |
| 490, 14f. | *so viel Würfe, so viel Sprünge haben]* Die hier entwickelten Theoreme des Sturm und Drang speisen sich großenteils aus Topoi des primitivistischen Ossiandiskurses. Bereits für Turgot und Blair erscheinen Brevitas, Asyndese und Irregularität als wesentliche Charakteristika von Macphersons Dichtung (vgl. Bd. 2, S. 674f.). |

## Wilhelm Heinse: [Auszüge aus:] Frauenzimmer-Bibliothek [1774]

*Druckvorlage:* Iris. Düsseldorf 1774. Bd. 1. St. 3.

Vgl. hierzu Bd. 1, S. 432f.

| | |
|---|---|
| 492, 9f. | *aus diesem Schmerz eine warme Wonne]* Eine Paraphrase der *joy of grief.* Vgl. Anm. zu S. 334, 28f. |

## Wilhelm Heinse: [Auszüge aus:] [Rezension zu:] Die Leiden des jungen Werthers [1774]

*Druckvorlage:* Iris. Düsseldorf 1774. Bd. 1. St. 3.

493, 7      *Gluth von Quaal und Wonne]* Eine Paraphrase der *joy of grief.*
493, 8ff.   *Tief ist [...] Erwache!]* Vgl. "Tief ist der Schlaf der Todten, niedrig ihr Kissen von
            Staube. [...] O wann wird es Morgen im Grabe, zu bieten dem Schlummerer: Erwa-
            che!" (S. 287, 33ff. [Goethe: Werther]).

## [Auszug aus:] [Brief von Jakob Michael Reinhold] Lenz an [Johann Wolfgang] Goethe. [Straßburg, Februar 1775]

*Druckvorlage:* Briefe von und an J.M.R. Lenz. Gesammelt und hrsg. von Karl Freye und Wolf-
gang Stammler. Bd. 1. Leipzig 1918.

Zu Lenz' Fingalübersetzung vgl. Bd. 2, S. 808-829 und Howard Gaskill: Lenz und Ossian. In:
Lenz-Jahrbuch 8/9 (1998/1999), S. 51-81.

494, 10     *Da konnte [...] abspricht]* Vgl. Anm. zu Johann Wolfgang Goethe: [Auszug aus:]
            Götz von Berlichingen mit der eisernen Hand [1773].

## [Auszug aus: Brief von Johann Heinrich Voß an Ernst Theodor Johann Brückner.] Göttingen, den 20. März 1775

*Druckvorlage:* Briefe von Johann Heinrich Voß nebst erläuternden Beilagen hrsg. von Abraham
Voß. Bd. 1. Halberstadt 1829.

495, 22ff.  *Der Schotte [...] Homer]* Vgl. Anm. zu Matthias Claudius: Ich wüßte nicht warum?
            [1771].

## [Johann Georg Schlosser:] [Auszug aus:] Prinz Tandi an den Verfasser des neuen Menoza [1775]

*Druckvorlage:* Prinz Tandi an den Verfasser des neuen Menoza. Naumburg 1775.

496, 13     *mit schwachen Menschen]* Vgl. Anm. zu S. 272, 3ff.

## [Heinrich Leopold Wagner:] [Rezension zu:] Die Gedichte Oßians, eines alten celtischen Helden und Barden [1776]

*Druckvorlage:* Frankfurter gelehrte Anzeigen 1776. Nr. 3.

497, 7f.    *ein Deutscher [...] Kunst]* Johann Gottfried Herder (vgl. S. 479-491).
497, 9      *Deutscher]* Edmond de Harold wird 1737 in Limerick geboren. Er stammt aus
            einem alten dänisch-irischen Adelsgeschlecht. Zunächst ist er pfälzischer Kammer-
            herr und Offizier. Später wird er zum Oberstkommandanten des Kurfürstlichen
            Füselierregiments sowie kurpfalzbayerischer Generalmajor der Infanterie. Harold
            stirbt am 28. Juni 1800 in Düsseldorf. Seine beiden wichtigsten Editionen sind: Die
            Gedichte Ossian's eines alten celtischen Helden und Barden. 3 Bde. Düsseldorf
            1775 und Neu-entdeckte Gedichte Ossians. Düsseldorf 1787 (vgl. Bd. 1, S. 271-
            273 und Bd. 2, S. 1134-1137).
498, 39     Wittenberg] Vgl. Anm. zu S. 412, 12f.

| | |
|---|---|
| 499, 20 | Iris] Vgl. Anm. zu [Johann Georg Jacobi:] Ossian fürs Frauenzimmer [1775]. |
| 499, 37 | *dieser Uebersetzer]* Jakob Michael Reinhold Lenz. |

## [Johann Wilhelm Petersen:] Vorbericht des teutschen Uebersezers [zu *Die Gedichte Ossians neuverteutschet*] [1782]

*Druckvorlage:* Die Gedichte Ossians neuverteutschet. Tübingen 1782.

Vgl. Anm. zu S. 458, A1.

| | |
|---|---|
| 500, 11[a] | *Hugo Blair]* Vgl. Anm. zu S. 413, 1ff. |
| 500, 11[b] | *Heinrich Home]* Vgl. Anm. zu S. 66, A3. |
| 500, 12 | *Die lezte mir bekannte erschien zu London 1773]* Vgl. Anm. zu S. 110, A12[b]. |
| 500, 16f. | *Temora [...] übersezt]* Vgl. Anm. zu S. 481, 10 und The Fingal of Ossian, an ancient epic Poem, in six Books. Translated from the original Galic Language, by Mr. James Macpherson; and now rendered into Heroic Verse by Ewen Cameron. Warrington 1776 und London 1777. |
| 500, 21f. | *in den Rheinischen Beiträgen zur Gelehrsamkeit]* Vgl. Bd. 2, S. 1224f. (Bibliographie). |
| 500, 22 | *John Smith]* Vgl. Anm. zu [John Smith:] Der Fall von Tura: ein Gedicht [übersetzt von Christian Felix Weiße] [1781]. |
| 500, A1[a] | *Reliquies of ancient poetry]* Vgl. Anm. zu S. 36, 29. |
| 500, A1[b] | Gentleman Magazine *Brachmonat 1760]* Two Fragments of Antient Poetry collected in the Highlands of Scotland, and translated from the Gallic or Erse Language. In: The Gentleman's Magazine, and Historical Chronicle 30 (1760). For June, S. 287f. [Fragmente V und XII]. |
| 500, A2 | *daß [...] lieferte]* Vgl. S. 412-432 und Bd. 3, S. 88-161. |
| 501, 4 | *Cesarotti]* Vgl. Anm. zu S. 439, 20[b]. |
| 501, 15 | *Temora von dem Marquis von Saint Simon]* Temora Poëme Epique en VIII. Chants composé en Langue Erse ou Gallique par Ossian Fils de Fingal, Traduit d'après l'Édition Anglaise de Macpherson, Par M. Le Marquis de St. Simon. Amsterdam 1774. |
| 501, 17 | *Le Tourneur]* Ossian, fils de Fingal, barde du troisième siècle. Poésies galliques traduites sur l'anglois de M. Macpherson, par M. [Pierre] Le Tourneur. 2 Bde. Paris 1777. |
| 501, 23ff. | *les Bardes [...]* PHILOSOPHES] Die Textpassage findet sich in der *Encyclopédie de Diderot et d'Alembert* unter dem Lemma "Barde *ou* Baird" und stammt von Denis Diderot. |
| 501, 33ff. | *On y trouve [...] douce &c]* Die Textpassage stammt aus dem dritten Kapitel von A.-L. Thomas' *Essai sur les Eloges* (1773). Sie wird bei Paul van Tieghem (1917) zitiert (vgl. Bd. 1, S. 242f.). |
| 502, 1 | *im Bremischen Magazin]* Vgl. zu Anm. zu S. 137, 4. |
| 502, 6 | *Wittenberg]* Vgl. Anm. zu S. 412, 12f. |
| 502, 7 | *1767-1769]* Tatsächlich 1768-1769. |
| 502, 13f. | *ein Kenner]* Johann Gottfried Herder (vgl. S. 469-491). |
| 502, 18 | *Lenz rückte den ganzen Fingal in die Iris]* Vgl. Anm. zu [Johann Georg Jacobi:] Ossian fürs Frauenzimmer [1775]. |
| 502, A6 | *Wahrhafte [...] Münze]* Vgl. Bd. 3, S. 87, 5ff. (Vorrede des englischen Uebersetzers [zu den *Poems of Ossian* (1773/dt. 1775)]). |

[Auszug aus:] [Brief von Gottfried August] Bürger
an [Heinrich Christian] Boie. W[öllmershausen], den 7ten Novbr. 1778

*Druckvorlage:* Briefe von und an Gottfried August Bürger. Ein Beitrag zur Literaturgeschichte
seiner Zeit. Aus dem Nachlasse Bürger's und anderen, meist handschriftlichen Quellen hrsg. von
Adolf Strodtmann. Bd. 2. Berlin 1874.

Zu Bürgers Ossianrezeption vgl. Bd. 2, S. 608-641.

504, 11f.       *die neüeste [...] Ossian]* Vgl. Anm. zu S. 500, 12.

504, 13         *der Frankfurter]* Works of Ossian. [Hrsg. von Johann Heinrich Merck und Johann
                Wolfgang Goethe.] 4 Bde. Bd. 1. [Darmstadt 1773.] Bd. 2. [Ebd. 1774.] Bd. 3.
                Francfort/Leipzig 1777 [bereits im Dezember 1776 erschienen]. Bd. 4. Ebd. 1777.
                Vgl. hierzu Bd. 2, S. 739-741.

[Auszug aus:] [Brief von Heinrich Christian] Boie
an [Gottfried August] Bürger. Hannover, den 22. Nov. [17]78

*Druckvorlage:* Briefe von und an Gottfried August Bürger. Ein Beitrag zur Literaturgeschichte
seiner Zeit. Aus dem Nachlasse Bürger's und anderen, meist handschriftlichen Quellen hrsg. von
Adolf Strodtmann. Bd. 2. Berlin 1874.

505, 18f.       *Harald]* Gemeint ist Edmond de Harold. Vgl. Anm. zu S. 497, 9.

505, 23         *Die neue Ausgabe des Originals]* Vgl. Anm. zu S. 500, 12.

[Auszug aus:] [Brief von Gottfried August] Bürger
an [Heinrich Christian] Boie. W[öllmershausen], den 3. Decbr. 1778

*Druckvorlage:* Briefe von und an Gottfried August Bürger. Ein Beitrag zur Literaturgeschichte
seiner Zeit. Aus dem Nachlasse Bürger's und anderen, meist handschriftlichen Quellen hrsg. von
Adolf Strodtmann. Bd. 2. Berlin 1874.

506, 12         *Frankfurter]* Vgl. Anm. zu S. 504, 13.

506, 16ff.      *Ausser Shakespear [...] gefunden]* Vgl. Anm. zu Matthias Claudius: Ich wüßte
                nicht warum? [1771].

[Auszug aus:] [Brief von Gottfried August] Bürger
an [Heinrich Christian] Boie. W[öllmershausen], den 25. Jan. 1779

*Druckvorlage:* Briefe von und an Gottfried August Bürger. Ein Beitrag zur Literaturgeschichte
seiner Zeit. Aus dem Nachlasse Bürger's und anderen, meist handschriftlichen Quellen hrsg. von
Adolf Strodtmann. Bd. 2. Berlin 1874.

507, 7          *Frankfurter Ausgabe]* Vgl. Anm. zu S. 504, 13.

507, 10         *Mus.]* Die Zeitschrift *Deutsches Museum.* Vgl. S. 49-58 (Karrikthura).

507, 24ff.      Vgl. Anm. zu S. 52, A7.

[Auszug aus:] [Brief von Gottfried August] Bürger an [Leopold Friedrich Günther von] Goeckingk. Wöllmershausen, d. 25. Januar 1779

*Druckvorlage:* Vierteljahrschrift für Litteraturgeschichte 3 (1890).

509, 9       Harold*]* Vgl. Anm. zu S. 497, 9.
509, 11      *welche das Fräulein Iris zu Markte bringt]* Vgl. Anm. zu [Johann Georg Jacobi:] Ossian fürs Frauenzimmer [1775].
509, 12      *Wittenbergs]* Vgl. Anm. zu S. 412, 12f.


[Auszug aus:] [Brief von Leopold Friedrich Günther von] Goeckingk an [Gottfried August] Bürger. Ellrich, den 21. März 1779

*Druckvorlage:* Briefe von und an Gottfried August Bürger. Ein Beitrag zur Literaturgeschichte seiner Zeit. Aus dem Nachlasse Bürger's und anderen, meist handschriftlichen Quellen hrsg. von Adolf Strodtmann. Bd. 2. Berlin 1874.

509, 7[a]    *Harold]* Vgl. Anm. zu S. 497, 9.
509, 7[b]    *Reuter ohne Kopf]* Jakob Michael Reinhold Lenz. Vgl. Anm. zu [Johann Georg Jacobi:] Ossian fürs Frauenzimmer [1775].
509, 14f.    *Carricthura]* Vgl. S. 49-58.


# 3.  Im Umkreis der Kunstperiode

[Auszüge aus:] [Brief von Friedrich Hölderlin]
An Immanuel Nast. Maulbronn vor Pfingsten 1787

*Druckvorlage:* Friedrich Hölderlin: Sämtliche Werke. Bd. 1. Hrsg. von Friedrich Seebass. Dritte Auflage. Berlin 1943.
Zu Hölderlins Ossianrezeption vgl. Bd. 2, S. 901-926 und Howard Gaskill (1990-1991).

513, 6f.     *Konathäler]* Vgl. Bd. 3, S. 287, 3 und passim.
513, 7f.     *ein so süsses wehmütiges Gefühl]* Eine Paraphrase der ossianischen *joy of grief.*
513, 16f.    *um mein Mädchen gekommen]* Vgl. Anm. zu S. 514, 5f.


[Auszug aus:] [Brief von Friedrich Hölderlin]
An Immanuel Nast. Maulbronn vor Pfingsten 1788

*Druckvorlage:* Friedrich Hölderlin: Sämtliche Werke. Bd. 1. Hrsg. von Friedrich Seebass. Dritte Auflage. Berlin 1943.

514, 5f.     *wann er trauerte über sterbende Mädchen]* Später wird Hyperions Lamento um die tote Diotima an Ossian rückgebunden, der auch den Verlust seiner 'Muse' (Malvina) zu beklagen hat. Vgl. Bd. 2, S. 905f. und Anm. zu S. 513, 16f.

[Auszug aus: Brief von Friedrich Schiller
an Charlotte von Lengefeld. Weimar, den 3. Januar 1789]

*Druckvorlage:* Schillers Leben von Caroline von Wolzogen. Verfaßt aus Erinnerungen der Familie, seinen eigenen Briefen und den Nachrichten seines Freundes Körner. Fünfte durchgesehene Auflage. Stuttgart 1876.

Zu Schillers Ossianrezeption vgl. Bd. 2, S. 847-872.

515, 3f.        *das Ossianische Lied [...] haben]* Calthon u. Colmal. 1788 [Prosaübersetzung von Charlotte von Lengefeld.] In: Goethe- und Schiller-Archiv der Nationalen Forschungs- und Gedenkstätten der klassischen deutschen Literatur in Weimar. GSA 83/1614 (20 S.).

515, 6f.        *Fingal [...] Halle]* Vgl. Bd. 3, S. 235, 8f.


[Auszug aus: Brief von Friedrich Schiller
an Charlotte von Lengefeld. Weimar, den 26. März 1789]

*Druckvorlage:* Literarischer Nachlaß der Frau Caroline von Wolzogen. Bd. 1. Leipzig 1848.

516, 5f.        *Sind [...] betrauern]* Vgl. S. 5, 2f. (Darthula).


[Auszüge aus:] [Brief von Friedrich Schiller]
An Gottfried Körner. Weimar d. 30. März [17]89

*Druckvorlage:* Schillers Briefe. Hrsg. und mit Anmerkungen versehen von Fritz Jonas. Kritische Gesamtausgabe. Bd. 2. Stuttgart u.a. [1893].

517, 4         *den Künstlern]* Schillers Gedicht *Die Künstler* (1789). Vgl. Bd. 2, S. 860f.

517, 29f.      *der Tod [...] Horn]* Die zitierte Passage findet sich – leicht variiert – in Charlottes Übersetzung von *The Death of Cuchullin* (GSA 83/1615 (Titelblatt und 24 S.). Hier S. IV*). Möglicherweise hat Schiller aber auch den Nachdruck der *Works of Ossian* (4 Bde. Francfort/Leipzig 1783) verwendet. Die entsprechende Passage wird darüber hinaus in Blairs *Critical Dissertation* zitiert (vgl. Bd. 3, S. 141, 9f.).


[Johann Gottfried Herder:] Homer und Ossian [1795]

*Druckvorlage:* Die Horen eine Monatsschrift hrsg. von Schiller. Tübingen 1795. Bd. 4. St. 10.

Vgl. hierzu Bd. 2, S. 698-715.

518, 32        *in den Jahren 1761 bis 1765]* Tatsächlich 1760 (*Fragments of Ancient Poetry*) bis 1765 (*Works of Ossian*) bzw. 1773 (*Poems of Ossian*).

519, 19        *Cesarotti's]* Vgl. Anm. zu S. 439, 20[b].

519, A4        *Eine Abhandlung hierüber]* [John O'Brien:] Aufsatz des Herrn von C. über die Gedichte des Herrn Macpherson. In: Unterhaltungen. Hamburg 1766. Bd. 1. St. 4, S. 329-340; St. 5, S. 420-436 und St. 6, S. 504-523.

520, 35        *Johnson]* Samuel Johnson (1709-1784). Da sich der Finanzier seines seit 1746 geplanten Wörterbuchs der englischen Sprache wieder zurückzieht, stellt er es in neunjähriger Arbeit ohne Unterstützung zusammen (*A Dictionary of the English language*. 2 Bde. London 1755). Es gelingt ihm, in diesem bis zum *Oxford English*

*Dictionary* (seit 1884) vorbildhaft gebliebenen Werk Wortschatz und Aussprache gültig festzulegen. Johnson ist wichtigster Vertreter der aufklärerisch-moraldidaktischen Literatur des englischen Klassizismus und Wortführer der polemischen Ossiankritik in Großbritannien (vgl. Bd. 1, S. 218-222).

521, A5[a]     *Specimen aus dem 7. Buch der Temora]* Vgl. Anm. zu S. 111, A26[b].

521, A5[b]     Galic Antiquities/ John Smith: Galic Antiquities. Consisting of a History of the Druids, particularly of those of Caledonia; a Dissertation on the Authenticity of the Poems of Ossian, And a Collection of Ancient Poems. Translated from the Galic of Ullin, Ossian, Orran, &c. Edinburgh 1780.

521, A5[c]     Sean Dana/ John Smith: Sean dana, le Oisian, Orran, Ulann, &c. Ancient Poems of Ossian, Orran, Ullin, &c. collected in the Western Highlands and Isles; being the Originals of the Translations some time ago published in the Galic Antiquities. Edinburgh 1787.

521, A5[d]     Arthur Young/ Gemeint ist Matthew Young. Vgl. Anm. zu [Matthew Young:] Ein Gespräch zwischen dem bejahrten Ossian und St. Patrik [übersetzt von Friedrich Ludwig Wilhelm Meyer] [1793/1802].

521, A5[e]     *übersetzt ins Deutsche 1792]* Neuaufgefundene Gedichte Ossians. Aus dem Englischen [übersetzt von Christoph Heinrich Pfaff]. Mit erläuternden Anmerkungen, und einer Abhandlung über die Werke dieses celtischen Barden. Frankfurt/Leipzig 1792. Vgl. Bd. 1, S. 273f.

521, A5[f]     *im 139[.] Stück der allgemeinen Literaturzeitung 1795]* Vgl. S. 649-653.

521, A5[g]     the Works of the Caledonian Bards/ John Clark: The Works of the Caledonian Bards. Translated from the Galic. Edinburgh/London 1778. Vgl. Bd. 1, S. 226-228.

522, 12f.     *daß Mac-Pherson [...] legte]* Vgl. Bd. 1, S. 250 und Howard Gaskill (1990b).

524, 38     *Die* intensive *[...] Vorzug]* Herder rekurriert hier auf Blairs *Critical Dissertation*: "Homer lebte in Ländern, wo die Gesellschaft schon viel mehr gewonnen hatte. Er sah eine weit grössere Anzahl Gegenstände, gebaute, blühende Städte, eingeführte Gesätze, Ordnung, Zucht, Künste, im Laufe. Das Feld seiner Beobachtungen war weiter und herrlicher, folglich seine Kenntnisse gedehnter [*more extensive*], und, wenn man es haben will, auch sein Verstand eindringender" (Bd. 3, S. 104, 21ff.).

525, 27     Culdäer/ Vgl. Anm. zu S. 49, 16.

526, 28f.     Sigmund Seckendorfs *Grabgesang der Darthula]* Darthulas Grabesgesang [Text nach Herders Übersetzung (S. 59, 4ff.)]. In: Volks- und andere Lieder, mit Begleitung des Forte piano, In Musik gesetzt von Siegmund Freyherrn von Seckendorff. Dritte Sammlung. Dessau 1782, S. 26-31.

526, A6     *Die irische [...] übersetzt ist]* Vgl. S. 82-85 ([Young:] Ein Gespräch zwischen dem bejahrten Ossian und St. Patrik).

527, 14[a]     Gerstenbergs Minona/ Vgl. S. 255-268.

527, 14[b]     Klopstocks Oden/ Vgl. Anm. zu S. 474, 19f.

527, 14f.     Kosegartens, Denis *Gedichten]* Vgl. S. 299-301 (Kosegarten: Das Hünengrab) und S. 215-217 (Denis: An Ossians Geist).

527, 20f.     Buchanans Reisen durch die westlichen Hebriden/ John Lanne Buchanan: Travels in the Western Hebrides from 1782 to 1790 by the Reverend J.L.B. London 1793 (Deutsche Übersetzung u.d.T. Johann Lane Buchanans, Missionars der Schottischen Kirche, Reisen durch die westlichen Hebriden, während der Jahre 1782 bis 1790. Aus dem Englischen. Berlin 1795 [²1812]).

## Friedrich Schiller: [Auszüge aus:] Ueber das Naive [1795]

*Druckvorlage:* Die Horen eine Monatsschrift hrsg. von Schiller. Tübingen 1795. Bd. 4. St. 11.

530, 20     *mit süsser Wehmuth]* Eine Paraphrase der ossianischen *joy of grief.* Vgl. Anm. zu
            S. 270, 5f.
530, 26ff.  Vgl. S. 338, 25f. (Tieck: William Lovell).
531, A1     *über einen Verfall der Menschheit]* Vgl. Anm. zu S. 272, 3ff.

## Friedrich Schiller: [Auszug aus:] Die sentimentalischen Dichter [1795]

*Druckvorlage:* Die Horen eine Monatsschrift hrsg. von Schiller. Tübingen 1795. Bd. 4. St. 12.

532, 5ff.   *Die Trauer [...] u. s. w.]* Schiller beschreibt hier die emotionale Disposition des
            sentimentalischen Dichters unter Verwendung spezifisch ossianischer Muster. Vgl.
            Anm. zu S. 222, 15 und 270, 5f.
533, 1      *zur Idee der allgemeinen Vergänglichkeit erweitert]* Vgl. S. 365, 14ff. (Krug von
            Nidda: Drey Tage am Gestad der Weichsel) und Bd. 1, S. 480-483.
533, 2      *Bild des allgegenwärtigen Ruins]* Vgl. Anm. zu S. 272, 3ff.
533, A1     *das trefliche Gedicht Carthon betitelt]* Vgl. S. 15-27.

## [Auszug aus:] [Brief von Karoline von Günderrode an Gunda von Savigny.] H[anau] d 29 August [1801]

*Druckvorlage:* Jahrbuch des Freien Deutschen Hochstifts 1964.

Vgl. hierzu Bd. 2, S. 1054f.
534, 6      *Ossians Darthula]* Vgl. S. 176-181.

## [Auszug aus:] [Brief von Karoline von Günderrode an Gunda von Savigny.] [Hanau] d 21 [Oktober 1801]

*Druckvorlage:* Jahrbuch des Freien Deutschen Hochstifts 1964.

535, 11ff.  *Vor einiger Zeit [...] zerfließen]* Hier zeigt sich die große Bedeutung von Macpher-
            sons Dichtung für die Poetologie der Romantik. Vgl. Anm. zu S. 273, 11f.; 335,
            10ff. und 601, 25ff.
535, 16     *Ein pigmäisches Zeitalter, ein pigmäisches Geschlecht]* Vgl. Anm. zu S. 272, 3ff.

## Friedrich Hölderlin: [Auszug aus: Pindar-Fragmente] [1803-1805]

*Druckvorlage:* Friedrich Hölderlin: Sämtliche Werke und Briefe. Hrsg. von Michael Knaupp.
Bd. 2. Darmstadt 1998.

Zu Hölderlins Ossianrezeption vgl. Bd. 2, S. 901-926 und Howard Gaskill (1990-1991).
537, 5      *mit dem Stromgeist gesungen]* Vgl. Anm. zu S. 222, 13f.

[Auszüge aus: Brief von Philipp Otto Runge
an Ludwig Tieck vom 29. März 1805]

*Druckvorlage:* Hinterlassene Schriften. Hrsg. von dessen ältestem Bruder. Bd. 1. Hamburg 1840.
Zu Runges Ossianrezeption vgl. Bd. 1, S. 393-395 und Susanne Klotz: Runge und Ossian. Kunst,
Literatur, Farbenlehre. Regensburg 1994 (Diss.) [Masch.].
538, 6     *Uebersetzung des Ossian's von Stolberg]* Vgl. Anm. zu Berrathon [übersetzt von
           Friedrich Leopold Graf zu Stolberg] [1806].

[Auszug aus: Brief von Philipp Otto Runge
an Johann Gottfried Quistorp vom 3. Mai 1805]

*Druckvorlage:* Hinterlassene Schriften. Hrsg. von dessen ältestem Bruder. Bd. 1. Hamburg 1840.

Philipp Otto Runge: [Ossian (an Friedrich Leopold Graf zu Stolberg)] [1805]

*Druckvorlage:* Hinterlassene Schriften. Hrsg. von dessen ältestem Bruder. Bd. 1. Hamburg 1840.
541, 4     *Diese drey Gestalten]* Fingal, Ossian und Oscar.

[Auszug aus: Brief von Philipp Otto Runge
an Ludwig Tieck vom 18. August 1807]

*Druckvorlage:* Hinterlassene Schriften. Hrsg. von dessen ältestem Bruder. Bd. 1. Hamburg 1840.
544, 7     *es ist mir einerley, wie Sie über den Ossian denken]* Tieck distanziert sich zu Be-
           ginn des 19. Jahrhunderts zunehmend von Macphersons Dichtung. Vgl. Anm. zu
           Ludwig Tieck: [Auszüge aus:] William Lovell [1795-1796].

Ludwig Uhland: Über das Romantische [1807]

*Druckvorlage:* Uhlands Werke in drei Teilen. Hrsg. mit Einleitungen und Anmerkungen versehen
von Adalbert Silbermann. Erster Teil. Berlin u.a. o.J. [1918].
Zu Uhlands Ossianrezeption vgl. Bd. 2, S. 1068-1079.
545, 27    *dies Ahnen [...] Romantische]* Vgl. S. 598, 25f./40f. (Jean Paul: Vorschule der Äs-
           thetik).
545, 28ff. *Die Griechen [...] waren]* Vgl. S. 523, 26ff. (Herder: Homer und Ossian). Ein wei-
           terer Beleg dafür, daß die Unterscheidung zwischen Altertum und Moderne, nai-
           vem und sentimantalischem Weltverhalten ossianischer Provenienz ist. Vgl. Anm.
           zu S. 270, 5f. und 576, 31ff.
546, 7f.   *Der Sohn [...] hinab]* Hiermit kann nur Ossian gemeint sein, denn in keinem ande-
           ren Text der nordischen Mythologie wird ein ästhetischer Solipsismus dieser Kon-
           sequenz thematisiert. Daher bezeichnet auch Wilhelm Grimm den keltischen Bar-
           den als einen "Fürsten des Gesanges", "dem die weltlichen Augen zufielen, weil
           die geistigen ihm aufgingen" (S. 581, 19ff.). Vgl. Anm. zu S. 273, 11f.
546, 11    *ossianische Nebelgebilde]* Vgl. Anm. zu S. 270, 37ff.

546, 13ff.    *Er verehrte [...] Himmlischen]* Vgl. Anm. zu S. 262, 35 und 265, 37.
546, 34ff.    *Das Christentum [...] Sinn]* Vgl. S. 597, 6ff. (Jean Paul: Vorschule der Ästhetik).
546, 35       *Mutter derselben]* Daß Uhland hier wohl in erster Linie *Ossian* meint, belegen die
              wenig später angeführten Elemente romantischer Naturbeschreibung: "Morgen-
              und Abendrot, Wolkenbilder, Mondnacht, Gebirge, Ströme" (S. 547, 11). Wie Jean
              Paul trennt Uhland das Romantische vom Schrecklich-Erhabenen (vgl. S. 598,
              23ff.) und rückt es damit in unmittelbare Nähe zum Ossianischen, so daß beide Be-
              griffe fast synonym gebraucht werden. Dies zeigt sich auch in eigenen Land-
              schaftsevokationen. So erscheint die Geliebte "Gleich dem Monde, der entschlei-
              ert | Auf der Heide traurig wallt" (UW I, 403 [Der Sänger an die Sterbende]), und
              "der Winde Wehen" erweckt den Klang einer einsamen "Harfe" (ebd., S. 115 [Die
              sterbenden Helden]). An anderer Stelle naht "schwarzes Nachtgewölke", "ver-
              drängt des Mondes Schein" und "Hüllet Geist und Schatten ein" (ebd., S. 349 [Ma-
              rius auf Karthagos Trümmern]). Vgl. auch Anm. zu S. 599, 3.
547, 18ff.    *Eine Gegend [...] bewegen]* Eine deutliche Anspielung auf die ossianischen Nebel-
              geister, die den Kriegern erscheinen und sie an die Kämpfe der Vorzeit erinnern.
              Vgl. Anm. zu S. 270, 37ff. und 360, 3.

## Johann Caspar Velthusen: [Auszüge aus:] Merklicher Einfluß portugiesischer und spanischer Juden, Chaldäer und Hebräer [...] auf die feinere Bildung des Barden Ossian [1807]

*Druckvorlage:* Johann Caspar Velthusen: Merklicher Einfluß portugiesischer und spanischer Ju-
den, Chaldäer und Hebräer, in Begleitung phönizischer Seefahrer, auf den Anbau Hiberniens und
des langen Strichs der schottischen Matroseninseln, auf die feinere Bildung des Barden Ossian,
und auf die älteste, ursprünglich sehr fromme, ächt-Schottische Freimaurerey. Leipzig 1807.

549, 4        Culdee] Vgl. Anm. zu S. 49, 16.
549, 7f.      Johnson, Dictionary] Vgl. Anm. zu S. 520, 35.
549, 25f.     *sein chaldäischer Freund]* Vgl. Anm. zu S. 49, 16.

## [Auszug aus:] Brief von Achim von Arnim an Clemens Brentano. Heidelberg, den 6. Februar 1808

*Druckvorlage:* Ruprecht-Karls-Universität Heidelberg [Handschrift] 2110, 7: Bl. 278ᵛ.
Zu Arnims Ossianrezeption vgl. Bd. 2, S. 1040-1068.
550, 10f.     *die alten [...] erscheinen]* Vgl. Anm. zu S. 109, A1.

## Franz Wilhelm Jung: Vorerinnerung [zu *Ossian's Gedichten*] [1808]

*Druckvorlage:* Ossian's Gedichte. Uebersetzt von Franz Wilhelm Jung. 3 Bde. Frankfurt a.M. 1808.

551, 10       *dem Drucke zu übergeben]* Vgl. Bd. 2, S. 1139f.
551, 11f.     *als Herr* Gräter [...] Gaelischen] Vgl. Bd. 1, S. 287/Anm. 138.
551, 17f.     *Ahlwardt in Helmstädt]* Christian Wilhelm Ahlwardt ist Schulrektor in Oldenburg.
551, 20f.     *die vorausgeschickte Probe derselben]* Vgl. S. 109-125.
551, 29       *durch einen Theil der Urschrift]* Vgl. Anm. zu S. 111, A26[b].

| | |
|---|---|
| 553, 3 | *zu ihrer Uebersetzung benützet hat]* Vgl. Anm. zu S. 109, A1. |
| 553, 40 | *Wo, wie [...] sind]* Die gälische Ossianausgabe von 1807 bietet nicht den gesamten *Ossian.* Von den zweiundzwanzig Gedichten der englischen Übersetzung erscheinen nur elf im Original. |
| 555, 25f. | *fünf vollständige Uebersetzungen des macpherson'schen Ossian]* Denis (1768-1769/1784), Harold (1775), Petersen (1782), Rhode (1800) und Stolberg (1806). |
| 555, 34 | *Petersen]* Vgl. Anm. zu S. 458, A1. |
| 556, 7f. | *Ossian sang [...] strömten]* Vgl. Anm. zu S. 222, 13f. und 334, 11f. |
| 556, 10f. | *Diejenigen Gesänge [...] natürlich!]* Macphersons *Ossian* antizipiert in der Tat die romantische Gattungsmischung. Vgl. Bd. 2, S. 944. |
| 556, 31ff. | *Aber bei einem Dichter [...] bedrängt]* Vgl. Anm. zu S. 270, 5f. |

## Wilhelm Nicolaus Freudentheil: Ossian und die Hebräischen Dichter [1808]

*Druckvorlage:* Charaktere der vornehmsten Dichter aller Nationen, nebst kritischen und historischen Abhandlungen über Gegenstände der schönen Künste und Wissenschaften von einer Gesellschaft von Gelehrten. Hrsg. von Johann Gottfried Dyck und Georg Schaz. Leipzig 1808 (Nachträge zu Sulzer's allgemeiner Theorie der schönen Künste. Bd. 8. St. 2).

| | |
|---|---|
| 558, 35 | *Hugo Blair]* Vgl. Anm. zu S. 413, 1ff. |
| 559, 4 | *Culdäer]* Vgl. Anm. zu S. 49, 16. |
| 559, A1 | *Abhandlung über das Zeitalter Ossians]* Vgl. Bd. 3, S. 48-60. |
| 560, A7 | *Homer und Ossian]* Vgl. S. 518-529 (Herder). |
| 561, 13 | *Stollbergschen Uebersetzung]* Vgl. Anm. zu Berrathon [übersetzt von Friedrich Leopold Graf zu Stolberg] [1806]. |
| 561, 19f. | *Unter Ossians [...] hervor]* Vgl. Anm. zu S. 144, 2 und 265, 37. |
| 565, 16 | *Flügge Geschichte des Glaubens an Unsterblichkeit]*: Christian Wilhelm Flügge: Geschichte des Glaubens an Unsterblichkeit, Auferstehung, Gericht und Vergeltung. Leipzig 1795. |
| 567, 3 | *Wonne der Wehmuth* (the joy of grief, γόου ἱμερον)*]* Vgl. Anm. zu S. 50, 8f. Die griechische Formel stammt aus Homers *Ilias* (Gesang XXIII, Vers 14). |
| 567, A18 | *Buchanans Reisen durch die westlichen Hebriden]* Vgl. Anm. zu S. 527, 20f. |
| 568, A21 | *Neuentdeckte Gedichte Ossians, übersetzt von Harold]* Vgl. Anm. zu S. 497, 9. |

## Christian Karl Buri: Bemerkung über Ossian [1809]

*Druckvorlage:* Der Neue Teutsche Merkur 1809. Bd. 3. St. 9.

## [Joseph Görres:] [Rezension zu:] Probe einer neuen Uebersetzung der Gedichte Ossians aus dem gaelischen Original, von C. W. Ahlwardt [1810]

*Druckvorlage:* Heidelbergische Jahrbücher der Literatur 1810. 3. Jg. Abt. 5. Bd. 1. H. 6. [Initial: 17]

| | |
|---|---|
| 575, 20f. | *Jetzt erst [...] entschieden]* Vgl. Anm. zu S. 110, A15. |
| 575, 24 | *die Edda des Snorro Sturleson]* Vgl. Anm. zu S. 482, 33. |
| 575, 26f. | *sämundischen Edda]* Vgl. die vorige Anm. |
| 576, 16f. | *gegen diese moderne Weichlichkeit]* Vgl. S. 662, 8ff. (Schlegel: Bürger. 1800). |
| 576, 31ff. | *Die Griechen [...] hätten]* Vgl. Anm. zu S. 545, 28ff. |

| | |
|---|---|
| 577, 42f. | *einsam unter kleinen Leutlein]* Vgl. Anm. zu S. 272, 3ff. |
| 578, 19 | Mac-Donald *im deutschen Mercur, und im Bragur]* Vgl. Bd. 2, S. 1244f. Die von Görres postulierte Veröffentlichung in der Zeitschrift *Bragur* konnte nicht eruiert werden. |
| 578, 30 | *wie Blair sie unternommen]* Vgl. Bd. 3, S. 90-94. |
| 579, 4f. | *daß Macpherson [...] war]* Obwohl nach dem Sieg der Königstruppen das Englische bis weit in die Hochlandstäler vordringt, steht – entgegen vielfachen Behauptungen – die Sprachkompetenz des Ossianübersetzers außer Frage: "Macpherson was a native Gaelic speaker and continued to use a colloquial form of Gaelic in correspondence with fellow Highlanders long after he left Inverness-shire for London" (Fiona J. Stafford (1988), S. 3). |

## Wilhelm Grimm: Gleichnisse im Ossian [ca. 1811]

*Druckvorlage:* Kleinere Schriften. Hrsg. von Gustav Hinrichs. Bd. 1. Berlin 1881.

Zu Wilhelm Grimms Ossianrezeption vgl. Bd. 2, S. 1079-1085.

| | |
|---|---|
| 580, 24f. | *Calhon und Culwala]* Grimm bezieht sich – auch in den Anmerkungen – auf Ahlwardts Übersetzung des gälischen Originals. Vgl. Anm. zu S. 125, A177[b]. |
| 581, 19ff. | *dem die [...] Gesanges]* Vgl. Anm. zu S. 270, 5f. und 546, 7f. |
| 583, 4ff. | *Solche tiefe [...] kann]* Die Autonomie der Vergleichsstrukturen bei Macpherson antizipiert die romantische Arabeske. In beiden Fällen wird die narrative Totalität verabschiedet (vgl. Bd. 2, S. 943f.). Siehe auch Anm. zu S. 770, 26ff. |

## Friedrich Schlegel: [Auszug aus:] Ueber nordische Dichtkunst. *Ossian. Die Edda, Sigurd* und *Shakspeare* [1812]

*Druckvorlage:* Deutsches Museum. Wien 1812. Bd. 1. H. 2.

Zu Friedrich Schlegels Ossianrezeption vgl. Bd. 2, S. 953-969.

| | |
|---|---|
| 588, 30 | *im Jahre 1746 mißlungen war]* Gemeint ist die Schlacht von Culloden. Vgl. Anm. zu S. 402, 27. |
| 589, 12f. | *vollständig [...] Bänden]* Vgl. Anm. zu S. 109, A1. |
| 589, 14f. | Denis, Herder, Göthe, Stollberg] Vgl. S. 3-14, 59-63, 79-81, 95-108 und 285-289. |
| 590, 18 | *nicht vollkommen [...] Sprache]* Vgl. Anm. zu S. 579, 4f. |
| 591, 36 | Chalmers Caledonia] George Chalmers: Caledonia: or, an Account, historical and topographic, of North Britain; from the most ancient to the present times: with a dictionary of places, chorographical and philological. 3 Bde. London 1807-1824. |
| 596, 12 | *Percy]* Vgl. Anm. zu S. 36, 29. |
| 596, 17ff. | *in dem [...] soll]* Vgl. Anm. zu S. 125, A177[a]. |

## Jean Paul: [Auszug aus:] Vorschule der Ästhetik [1813]

*Druckvorlage:* Jean Pauls Sämtliche Werke. Historisch-kritische Ausgabe. Hrsg. von der Preußischen Akademie der Wissenschaften. Abt. 1. Bd. 11. Weimar 1935.

Zu Jean Pauls Ossianrezeption vgl. Bd. 2, S. 880-900.

| | |
|---|---|
| 597, 6ff. | In der Erstausgabe (Hamburg 1804) fehlt der hier abgedruckte Paragraph. |

| 597, 9f. | *das Widerlegen [...] Kunstrichter]* Hiermit sind vor allem Friedrich Bouterwek und Franz Horn gemeint. Aber auch der junge Ludwig Uhland übt Kritik an Jean Pauls 'Ableitung' der Romantik aus dem Christentum (vgl. S. 546, 34ff.). |
|---|---|
| 598, 23ff. | Vgl. Anm. zu S. 545, 27. |
| 598, 28ff. | *Es ist [...] lautet]* Vgl. Anm. zu S. 343, 4. |
| 599, 3 | *Mutter dieser Romantik]* Wie Uhland (vgl. Anm. zu S. 546, 35) exemplifiziert Jean Paul die eigenen Vorstellungen vom Romantischen fast ausschließlich im Rekurs auf *Ossian*. Vgl. Anm. zu S. 599, 14ff. und 601, 25ff. |
| 599, 14ff. | *Alles [...] entzückt]* Diese *Ossian*-Charakteristik deckt sich mit den zuvor konstatierten Merkmalen des Romantischen. Vgl. S. 598, 23ff./28ff. |
| 599, A2[a] | Ahlwardts *Uebersetzung]* Vgl. Anm. zu S. 125, A177[b]. |
| 599, A2[b] | *der* Jungschen] Vgl. Anm. zu Franz Wilhelm Jung: Vorerinnerung [zu *Ossian's Gedichten*] [1808]. |
| 601, 25ff. | *Die nordische [...] Schmerz]* Erneut eine Beschreibung von *Ossians* poetischem Kosmos samt diätetischer Evokation der *joy of grief*. Vgl. auch S. 334, 9f./21f./28f. (Goethe: Wilhelm Meister) und S. 771, 10ff. (Gruppe: Talvj-Rezension). |

### [Wilhelm Grimm:] [Rezension zu:] *Ossians Gedichte*. Rhythmisch übersetzt von J. G. Rhode. Zweyte verbesserte Ausgabe [1818]

*Druckvorlage:* Göttingische gelehrte Anzeigen 1818. Bd. 1. St. 63.

Zu Wilhelm Grimms Ossianrezeption vgl. Bd. 2, S. 1079-1085.

| 602, 9 | *Ahlwardtische]* Vgl. Anm. zu S. 125, A177[b]. |
|---|---|
| 602, 12 | *die erste erschien 1800]* Vgl. Anm. zu S. 122, A147. |
| 602, 12f. | *Stollbergische]* Vgl. Anm. zu S. 538, 6. |
| 602, 15f. | Report of the Committee of the Highland Society] Vgl. Anm. zu S. 110, A15. |

### Georg Wilhelm Friedrich Hegel: [Auszüge aus:] Vorlesungen über die Aesthetik. Dritter Theil [1823-1829/1835]

*Druckvorlage:* Georg Wilhelm Friedrich Hegel: Vorlesungen über die Aesthetik. Dritter Band. Mit einem Vorwort von Heinrich Gustav Hotho. Dritte Auflage. Stuttgart 1954 (= Sämtliche Werke. Jubiläumsausgabe in zwanzig Bänden. Hrsg. von Hermann Glockner. Bd. 14).

Vgl. hierzu Bd. 2, S. 477-479.

| 605, 27 | *Johnson]* Vgl. Anm. zu S. 520, 35. |
|---|---|
| 605, 28 | *Shaw]* Zu William Shaws Ossiankritik vgl. Bd. 1, S. 225-228. |
| 606, 11ff. | *noch andere [...] hindeuten]* Edward Jones: The Bardic Museum of primitive British Literature, and other admirable Rarities: forming the Second Volume of the musical, poetical, and historical Relicks of the Welsh Bards and Druids, drawn from authentic Documents of remote Antiquity [...]. London 1802. (Der erste Band erscheint 1784.) |

### Jacob Grimm: Über Ossian [1856]

*Druckvorlage:* Jacob Grimm: Kleinere Schriften. Hrsg. von Karl Müllenhoff und Eduard Ippel. Bd. 7. Berlin/Gütersloh 1884.

Zu Jacobs Grimms Ossianrezeption vgl. Bd. 2, S. 1086-1096.

607, 18      *Cesarottis übersetzung]* Vgl. Anm. zu S. 439, 20[b].

608, 9       *Samuel Johnson]* Vgl. Anm. zu S. 520, 35.

608, 22      *diese an sich selbst bedeutungslose antwort]* Vgl. Bd. 1, S. 221.

608, A1      *report]* Vgl. Anm. zu S. 110, A15.

608, A2      *Hume an Blair 19. sept. 1763]* Vgl. Bd. 1, S. 217.

608, A4      *Hume an Gibbon 18 merz 1776]* Vgl. Bd. 1, S. 223.

609, 4f.     *samlung Smiths [...] wurde]* Vgl. Anm. zu [John Smith:] Der Fall von Tura: ein
             Gedicht [übersetzt von Christian Felix Weiße] [1781].

609, 15f.    *von der Highland [...] wörterbuch]* Dictionarium scoto-celticum: a dictionary of
             the Gaelic language. Compiled and published under the direction of the Highland
             Society of Scotland. Edinburgh 1828.

609, 18      *buches von Laing]* Vgl. Anm. zu S. 112, A29.

609, 20f.    *eine von Walter Scott herrührende critic]* Vgl. Bd. 1, S. 237f.

610, 21      *fünf [...] art]* Tatsächlich sind es bis 1856 zwölf bzw. dreizehn – je nach dem, ob
             man die Denis-Übersetzungen nach der *third* bzw. *fourth edition* separat zählt:
             Denis (1768-1769/1784), Harold (1775), Petersen (1782), Rhode (1800), Stolberg
             (1806), Jung (1808), Schubart (1808), Ahlwardt (1811), Arnauld de la Perière
             (1817-1819), Förster (1826-1827), Brinckmeier (1839) und Böttger (1847).

610, 25f.    *durch den tod [...] wurde]* Grimms These ist nicht stichhaltig, denn Ahlwardt – seit
             1818 "Professor der alten Litteratur" in Greifswald – stirbt erst 1830, d.h. fast
             zwanzig Jahre nach der Publikation seiner Übersetzung des gälischen *Ossian*.

610, 34      *eine deutsche schriftstellerin]* Therese Adolfine Louise von Jacob (Mrs. Robinson).
             Pseudonym: Talvj. Vgl. S. 700-706.

611, 1f.     *auswahl der schönsten serbischen]* [Vuk Stefanovic Karadzhich:] Volkslieder der
             Serben. Metrisch übersetzt und historisch eingeleitet von Talvj. 2 Bde. Halle 1825.


# 4.   Im 20. Jahrhundert

## Alfred Kurella: Ossian / Der Zug nach Innisthona [1919]

*Druckvorlage:* Genius. Zeitschrift für alte und werdende Kunst 1 (1919).

616, 21f.    *die in Vorbereitung befindliche Gesamtausgabe]* Die angekündigte Gesamtausgabe
             ist nie erschienen. Statt dessen wird eine Teilübersetzung des ersten ossianischen
             Epos veröffentlicht (Ossian Fingal in Lochlin. 3 Gesänge in neuer Übertragung von
             Alfred Kurella. Mit 12 bisher unveröffentlichten Zeichnungen von Ph.O. Runge.
             Berlin 1920 [Die Vorrede trägt die Jahreszahl 1921]).


## Franz Spunda: Vorrede [zu *Ossians Werken*] [1924]

*Druckvorlage:* Ossians Werke. Rhythmisch übertragen von Franz Spunda. Bd. 1. Leipzig 1924.

Zu Spundas Ossianrezeption vgl. Bd. 2, S. 1117-1126.

Arno Schmidt: [Auszug aus:] Fouqué und einige seiner Zeitgenossen [1958]

*Druckvorlage:* Arno Schmidt: Bargfelder Ausgabe. Hrsg. von der Arno Schmidt Stiftung, Bargfeld. Werkgruppe III. Bd. 1. Zürich 1993.

619, 18f.      *Kapitel [...] romantischer Prosa]* Vgl. S. 382, 34ff.

619, 29ff.     *Wieder [...] Zauberwert]* Arno Schmidt schätzt an Fouqué insbesondere das, was
               dieser aus *Ossian* übernimmt: die wilderhabenen Naturevokationen, die fehlende
               Transzendenz und die damit verbundene Erkenntnis, daß alle 'Ordnung' Men-
               schenwerk ist. Macphersons Dichtung steht damit am Beginn der Reihe romanti-
               scher Werke, die eine "tiefere Deutung der 'Welt als Chaos'" bieten (Fouqué und
               einige seiner Zeitgenossen, S. 390). Vgl. auch Bd. 1, S. 94-105.

# D. Die philologisch-historische Rezeption: Texte und Kommentare zur Echtheitsfrage

[Heinrich Wilhelm von Gerstenberg:] [Auszüge aus:]
Briefe über Merkwürdigkeiten der Litteratur [1766]

*Druckvorlage:* Briefe über Merkwürdigkeiten der Litteratur. Erste und zweite Sammlung. Schleswig/Leipzig 1766.

Zu Gerstenbergs Ossianrezeption vgl. Bd. 1, S. 527-542.

| | |
|---|---|
| 623, 17f. | Memoire sur les poëmes de Mr. Macpherson*]* Vgl. Anm. zu S. 410, 9. |
| 623, 20 | *Der Verf. soll ein Irrländer seyn]* John O'Brien ist irischer Lexikograph und Bischof von Cloyne. |
| 623, 31 | Malcolme*]* David Malcolm, presbyterianischer Prediger in Schottland. Vgl. [John O'Brien]: Mémoire de M. de C. (Anm. zu S. 410, 9), S. 550-554. |

[Helfrich Peter Sturz:] [Auszüge aus:]
Briefe eines Reisenden vom Jahre 1768. Erster Brief. London den 18ten Aug.

*Druckvorlage:* Deutsches Museum. Leipzig 1777. Bd. 1.

| | |
|---|---|
| 625, 4 | Samuel Johnson*]* Vgl. Anm. zu S. 520, 35. |

[Brief von Edmond de Harold an Johann Gottfried Herder.
Düsseldorf, den 5. Dezember 1775]

*Druckvorlage:* Alexander Gillies: Herder und Ossian. Berlin 1933.
Vgl. hierzu Bd. 2, S. 693f.

Johann Jacob Bodmer: Zweifel gegen die Aechtheit der
Kaledonischen Gedichte erhoben [ca. 1775-1783]

*Druckvorlage:* Bodmers Apollinarien. Hrsg. von Gotthold Friedrich Stäudlin. Tübingen 1783.

Vgl. hierzu S. 437 (Gerstenberg: Bodmer-Rezension).

| | |
|---|---|
| 628, 2 | *ca. 1775-1783]* Die Abhandlung muß nach 1775 verfaßt worden sein, weil Bodmer sich auf Harolds Ossianübersetzung bezieht. Vgl. Anm. zu S. 497, 9 und 630, 13ff. |
| 629, 33ff. | Vgl. S. 49, 22ff. (Karrikthura). |
| 630, 13ff. | Vgl. S. 53, 5ff. (Karrikthura). Siehe auch Anm. zu S. 144, 2. Bodmer zitiert in seiner Ossianparaphrase teilweise wörtlich aus Harolds Übertragung. |

## Christoph Martin Wieland: [Auszug aus:] Geschichte der Abderiten [1781]

*Druckvorlage:* Wielands Werke. Hrsg. von Ludwig Pfannmüller. Bd. 10. Berlin 1913.

632, 10f.  *Ein innerliches [...] scheint]* Vgl. Anm. zu S. 480, 11.

## [Johann Wilhelm Petersen:]
## Anhang des teutschen Uebersetzers zu vorstehender Abhandlung [1782]

*Druckvorlage:* Die Gedichte Ossians neuverteutschet. Tübingen 1782.

633, 2  *zu vorstehender Abhandlung]* Gemeint ist Macphersons *Abhandlung über die Echtheit und das Alter der Gedichte Ossians.* Vgl. Bd. 3, S. 48-60.
633, 6  *Doktor Johnson]* Vgl. Anm. zu S. 520, 35.
633, 7f.  *ein Irrländer [...] einrükte]* Vgl. Anm. zu S. 410, 9.
633, 13f.  *Daß die Gedichte [...] besten]* Vgl. Anm. zu S. 480, 11.
633, 25[a]  *Blair]* Vgl. Anm. zu S. 413, 1ff.
633, 25[b]  *Home]* Vgl. Anm. zu S. 66, A3.
633, 26  *Smith]* Vgl. Anm. zu [John Smith:] Der Fall von Tura: ein Gedicht [übersetzt von Christian Felix Weiße] [1781] und 521, A5[c].
633, 31ff.  *Man hat [...] besassen]* Vgl. Anm. zu S. 432, 28.
634, 2  *Stone]* Im Januar 1756 erscheint im *Scots Magazine* das von Jerome Stone bearbeitete Gedicht *Albin and the Daughter of Mey,* dem ein Brief vorangestellt ist, in dem sich der Übersetzer über die fehlende Rezeption gälischer Balladen beklagt (vgl. Bd. 1, S. 69).
635, 8ff.  *Sollten wir [...] Glaubwürdigkeit]* Vgl. Bd. 3, S. 102, 17ff.
635, 23ff.  *Man weiß [...] war]* Vgl. Bd. 3, S. 103, 2ff.

## Edmond de Harold: Vorrede [zu *Neu-entdeckte Gedichte Ossians*] [1787]

*Druckvorlage:* Neu-entdeckte Gedichte Ossians, übersetzt von Edmund Freiherrn von Harold, Obrist unter dem Graf von Königsfeldischen Regiment Seiner Kurfürstlichen Durchlaucht zu Pfalz ⨯.⨯. Düsseldorf 1787.

638, 24  *entfernet von meinem Vaterlande]* Vgl. Anm. zu S. 497, 9.

## Wilhelm Heinse: Erinnerung bey Lesung der Gedichte Ossians [1788]

*Druckvorlage:* Wilhelm Heinse: Sämmtliche Werke. Hrsg. von Carl Schüddekopf. Abt. 2. Bd. 3. Leipzig 1908.

Vgl. hierzu S. 492f. und Bd. 1, S. 267-269.

639, 6  *Johnson]* Vgl. Anm. zu S. 520, 35.
639, 8f.  *antwortet [...] Gründe]* Neuere Forschungen haben gezeigt, daß diese Darstellung des Streites zwischen Macpherson und Johnson nicht den Tatsachen entspricht (vgl. Bd. 1, S. 221f.).
639, 21f.  *Macpherson verstehe selbst das alte Ersische wenig]* Vgl. Anm. zu S. 579, 4f.
639, 27f.  *er habe [...] liegen]* Vgl. Anm. zu S. 522, 12f.

| | |
|---|---|
| 641, 24 | *der Oberste von Harold]* Vgl. Anm. zu S. 497, 9. |
| 642, 1f. | *unter [...] haben]* Vgl. Bd. 1, S. 3 und 85. |

## [Brief von Ludwig Theoboul Kosegarten an Friedrich David Gräter]
## Ueber Ossian, die Sean Dana u. s. w. [1791]

*Druckvorlage:* Bragur. Ein Litterarisches Magazin der Deutschen und Nordischen Vorzeit. Leipzig 1794. Bd. 3.

| | |
|---|---|
| 643, 3 | *Sean Dana]* Vgl. Anm. zu S. 521, A5[c]. |
| 644, 3 | *Haroldische]* Vgl. Anm. zu S. 497, 9. |
| 644, 3f. | *die Tübingische [...] Manne)]* Vgl. Anm. zu S. 458, A1. |
| 644, 9f. | *das siebente [...] lassen]* Vgl. Anm. zu S. 111, A26[b]. |
| 644, 13f. | Küttners Briefen über Irrland/ K.[arl] G.[ottlob] Küttners Briefe über Irland an seinen Freund, den Herausgeber [M. Schenk]. Leipzig 1785. Vgl. Bd. 1, S. 214 und 265/Anm. 27. |
| 644, 16 | Vallancey/ Charles Vallancey: An Essay on the Antiquity of the Irish Language. Being a Collation of the Irish with the Punic Language [...]. Dublin 1772. Vgl. Bd. 1, S. 213f. |
| 644, 27 | Galic Antiquities/ Vgl. Anm. zu S. 521, A5[b]. |
| 644, 30f. | *die* Galic Antiquities *[...] herausgekommen]* Vgl. Anm. zu [John Smith:] Der Fall von Tura: ein Gedicht [übersetzt von Christian Felix Weiße] [1781]. |
| 644, 39 | *eine Anzeige]* [Anonym:] [Notiz zu einer geplanten *Ossian*-Übersetzung von Friedrich David Gräter] In: Intelligenzblatt der Allgemeinen Literatur-Zeitung. Halle 1790. Nr. 162, Sp. 1340. Vgl. auch Anm. zu S. 551, 11f. |

## [Brief von Johann Christian Christoph Rüdiger
## an Friedrich David Gräter] Ossian [1793]

*Druckvorlage:* Bragur. Ein Litterarisches Magazin der Deutschen und Nordischen Vorzeit. Leipzig 1794. Bd. 3.

| | |
|---|---|
| 646, 5 | Forster/ Georg Forster. |
| 646, 6 | Sprengel/ Matthias Christian Sprengel, Mitherausgeber der *Neuen Beiträge zur Völker- und Länderkunde* (1790-1793). |
| 646, 7 | Raspe/ Vgl. S. 401-406. |
| 646, 19 | Walker/ Joseph Cooper Walker: Historical Memoirs of the Irish Bards [...]. London 1786. Vgl. Bd. 1, S. 315. |
| 646, A1 | Young *in den Schriften der Dubliner Akademie]* Vgl. Anm. zu [Matthew Young:] Ein Gespräch zwischen dem bejahrten Ossian und St. Patrik [übersetzt von Friedrich Ludwig Wilhelm Meyer] [1793/1802]. |
| 647, 3 | Vallancey's/ Vgl. Anm. zu S. 644, 16. |
| 647, A2[a] | *für die allgemeine [...] Celtischen]* Vgl. Bd. 1, S. 450-463. |
| 647, A2[b] | *Den Brief des letztern muß ich noch nachhohlen]* Vgl. S. 643-645. |
| 648, 1 | Shaw's/ Vgl. Anm. zu S. 125, A177[a] und 605, 28. |

[Friedrich David Gräter:] [Rezension zu: Matthew Young:
Antient Gaelic poems respecting the Race of the Fians und
Neu aufgefundene Gedichte Ossians] [1795]

*Druckvorlage:* Allgemeine Literatur-Zeitung. Halle 1795. Bd. 2. Nr. 139.

Zu Youngs *Antient Gaelic Poems* vgl. Bd. 1, S. 229.

| | |
|---|---|
| 649, 28f. | *zu Perth veranstalteten Ausgabe der Ossianischen Originale]* John Gillies: A Collection of Ancient and Modern Gaelic Poems and Songs. Perth 1786. Vgl. Bd. 1, S. 229. |
| 650, 4 | *Episode in dem 4[.] Buche des Fingals]* Vgl. Bd. 3, S. 302, 8ff. |
| 650, 5f. | *in einer Note zu dem Gedichte* Calthon und Colmal] Vgl. Bd. 3, S. 235/Anm. 9. |
| 650, 8 | Cathula *in Smith's Galischen Alterthümern]* Vgl. John Smith: Galic Antiquities (Anm. zu S. 521, A5[b]), S. 229-250. |
| 650, 13 | *in seiner Abhandlung über Ossian]* Vgl. Bd. 3, S. 53, 7ff. |
| 652, 28 | *die Vf.]* Christoph Heinrich Pfaff. Vgl. Anm. zu S. 521, A5[e]. |
| 652, 33 | *die vorangeschickte Abhandlung]* Vgl. [Christoph Heinrich Pfaff:] Abhandlung über die Aechtheit und Unverfälschtheit der von Herrn Mac-Pherson herausgegebenen Gedichte Ossians, in Beziehung zugleich auf diese neu aufgefundene Gedichte dieses celtischen Barden. In: Neuaufgefundene Gedichte Ossians (Anm. zu S. 521, A5[e]), S. 1-80. |

Karl August Böttiger / James Macdonald:
Ueber Ossian und den Karakter der Schottischen Hochländer [1798]

*Druckvorlage:* Der Neue Teutsche Merkur 1798. Bd. 2. St. 8.

| | |
|---|---|
| 654, 5 | Faujas de St. Fond] Barthelemy de Faujas-Saint-Fond: Voyage en Angleterre, en Écosse, et aux Îles Hébrides [...]. 2 Bde. Paris 1797. |
| 654, 9 | *haben kritische Blätter schon hinlänglich gewürdigt]* Vgl. Bd. 2, S. 1208. |
| 654, 19 | James Macdonald] James Macdonald, schottischer Geistlicher, der von den Hebriden stammt und dessen Muttersprache Gälisch ist; besucht 1796 und 1797 Weimar, wo er als Freund Hugh Blairs und Kenner der englischen Literatur viel Beachtung genießt. Zu seinen deutschen Gesprächs- und Briefpartnern zählen neben Böttiger auch Klopstock, Weiße, Wieland, Herder, Goethe und Jean Paul. Vgl. Bd. 2, S. 712-715. |
| 654, 24f. | *während seiner [...] Weimar]* Vgl. die vorige Anm. |
| 654, 34f. | Herders *schönen, belehrenden Aufsatz* über Ossian] Vgl. S. 518-529. |
| 656, 25 | Pennant] Thomas Pennant: A Tour in Scotland and Voyage to the Hebrides 1772. 2 Bde. Chester 1774 (dt. 1779-1780). |
| 657, 8 | *Culdeer]* Vgl. Anm. zu S. 49, 16. |
| 657, 27 | D. Samuel Johnson] Vgl. Anm. zu S. 520, 35. |
| 659, 5 | *Mackenzie]* Vgl. Anm. zu S. 110, A15. |

August Wilhelm Schlegel: [Auszug aus:] Bürger. 1800

*Druckvorlage:* August Wilhelm von Schlegel's sämmtliche Werke. Hrsg. von Eduard Böcking.
Bd. 8. Leipzig 1846.

Zu August Wilhelm Schlegels Ossianrezeption vgl. Bd. 2, S. 770-775.

662, 3f.      *in der Sammlung]* Gottfried August Bürger's vermischte Schriften. Hrsg. von Karl
              Reinhard. Zweiter Theil. Göttingen 1798, S. 173-234.

662, 5        *daß dieß ein schweres Unternehmen sei]* Das Gegenteil ist richtig. So schreibt Bür-
              ger am 7. November 1778 an Boie: "Ich habe [...] die Übersezungen von Ossian
              mit dem Original verglichen, und bin erstaunt, daß ein solcher Dichter keinen bes-
              sern Dolmetscher gefunden hat. Gott! und es scheint mir so leicht, ihn auf das her-
              lichste zu verteütschen!" (S. 504, 6ff.).


## [Johann Christoph Adelung:] [Auszüge aus:] Ueber den Ossian [1806]

*Druckvorlage:* Der Neue Teutsche Merkur 1806. Bd. 2. St. 5, S. 31-52 und St. 6, S. 116-145.

Vgl. hierzu Bd. 1, S. 282f.

663, 19[a]    Shaw] Vgl. Anm. zu S. 125, A177[a] und 605, 28.

663, 19[b]    Young] Vgl. Anm. zu [Matthew Young:] Ein Gespräch zwischen dem bejahrten
              Ossian und St. Patrik [übersetzt von Friedrich Ludwig Wilhelm Meyer] [1793/
              1802].

663, 20       Blair's] Vgl. Anm. zu S. 413, 1ff.

664, 9f.      Sam. Johnson [...] geschrieben worden] Vgl. Samuel Johnson: A Journey to the
              Western Islands of Scotland, S. 114.

664, 17f.     *zeigte sie [...] aufzufinden]* Adelungs Darstellung des Sachverhalts trifft nicht zu.
              Tatsächlich legt Macpherson bei dem Buchhändler Becket das gälische Transkript
              eines mehr oder weniger vollständigen *Fingal* aus (vgl. Anm. zu S. 522, 12f.).

664, 20       *Report]* Vgl. Anm. zu S. 110, A15.

666, 26       John Smith] Vgl. Anm. zu [John Smith:] Der Fall von Tura: ein Gedicht [übersetzt
              von Christian Felix Weiße] [1781].

667, 7f.      *Lord* Kayme] Pseudonym von Henry Home. Vgl. Anm. zu S. 66, A3.


## Zimmermann: [Auszug aus:] Ossian's Gedichte [1807]

*Druckvorlage:* Morgenblatt für gebildete Stände. Tübingen 1807. Nr. 267, S. 1065f. und Nr. 268,
S. 1069f.

671, 6f.      *dieser in Deutschland [...] vorhanden]* Eine Auswirkung der 1806 eingeleiteten
              und 1810 verschärften Kontinentalsperre.

671, 10       Robert Macfarlan] Vgl. Anm. zu S. 109, A1.

671, 11f.     Abbé Cesarotti's] Vgl. Anm. zu S. 439, 20[b].

671, 22f.     *der Verfasser des* Highländer, Hunter, Death] Vgl. Bd. 1, S. 66-70.

671, 28f.     *M. gab die ersten Proben Gaelischer Poesie 1760 heraus]* Fragments of Ancient
              Poetry, Collected in the Highlands of Scotland, and Translated from the Galic or
              Erse Language. Edinburgh 1760. Vgl. auch Anm. zu S. 500, A1[b].

671, 36       *die jedem Bande vorgesetzte Abhandlung ungerechnet]* Vgl. Bd. 3, S. 48-60 und
              61-82.

672, 31       *Thomas Roß]* Sir John Sinclair: A dissertation on the authority of the poems of Ossi-
              an. [London] 1806. [Darin: A new Translation from the original Gaelic [of Book I of
              Ossian's *Fingal*] [by] Thomas Ross, Minister of Lochtroon.]

673, 7        *Probe (Oldenburg, 1807. 44 S. in 4.)]* Vgl. S. 109-125.

673, 17       Shaw] Vgl. Anm. zu S. 125, A177[a] und 605, 28.

[Christian Wilhelm Ahlwardt:] [Auszug aus: Rezension zu
Ossianübersetzungen von Jung, Schubart und Petersen] [1810]

*Druckvorlage:* Jenaische Allgemeine Literatur-Zeitung 1810. Bd. 4. Nr. 296, Sp. 561-568; Nr. 297,
Sp. 569-576; Nr. 298, Sp. 577-584; Nr. 299, Sp. 585-592 und Nr. 300, Sp. 593-598. [Initialen: D.T.]

| | |
|---|---|
| 674, 17f. | *das halbe Dutzend ihrer Vorgänger]* Denis (1768-1769), Harold (1775), Petersen (1782), Denis (1784), Rhode (1800) und Stolberg (1806). |
| 675, 12 | *Gräter]* Vgl. Anm. zu S. 551, 11f. |
| 675, 18f. | *Hr. Ahlwardt in Helmstädt (?)]* Vgl. Anm. zu S. 551, 17f. |
| 675, 21 | *die vorausgeschickte Probe derselben]* Vgl. S. 109-125. |
| 676, 23 | Shaws *gaelischer Sprachlehre]* Vgl. Anm. zu S. 125, A177[a]. |
| 676, 29f. | Report of the Committee of the Highland Society] Vgl. Anm. zu S. 110, A15. |
| 677, 4ff. | *die Übersetzung [...] 319]* Vgl. Anm. zu S. 551, 11f. |
| 677, 7 | *O Brien's]* John O'Brien: Focalóir Gaoidhilge-Sax-Bhéarla; or, An Irish-English dictionary [...]. Paris 1768. |
| 677, 17f. | Alexander Stewart's *treffliche gaelische Sprachlehre]* Alexander Stewart: Elements of Galic Grammar. In four Parts. Edinburgh 1801. |
| 678, 10 | *Ross]* Vgl. Anm. zu S. 672, 31. |
| 681, 30 | *Von Freunden [...] Hochlande]* Vgl. Bd. 1, S. 77f. |
| 682, 10 | *Ein Betrüger [...] haben]* Diese Erklärung ist plausibel. Vgl. Bd. 1, S. 250f. |
| 683, 38f. | *erschienen [...] Proben]* Vgl. Bd. 2, S. 1161 (Bibliographie). |
| 684, 11f. | Macpherson's *und* Blair's *Abhandlungen]* Vgl. Bd. 3, S. 48-60, 61-82 und 88-161. |
| 684, 12 | Duff's *Versuch über das Original-Genie]* William Duff: An Essay on Original Genius; and its various Modes of Exertion in Philosophy and the Fine Arts, particularly in Poetry. London 1767. Vgl. Bd. 1, S. 305-307. |
| 684, 12f. | *Sammlung kritischer Versuche]* William Duff: Critical Observations on the Writings of the Most Celebrated Original Geniuses in Poetry. Being a Sequel to the Essay on Original Genius. London 1770. |
| 685, 2 | *Laing]* Vgl. Anm. zu S. 112, A29. |
| 688, 14f. | *in seinen im Jahr 1796 an* Herder *geschriebenen Briefen]* Gemeint ist Macdonalds Brief an Herder vom November 1796 (abgedruckt bei Alexander Gillies (1933), S. 171-182). |
| 688, 27ff. | I do not think [...] Ossian] Vgl. Gillies, S. 178. |
| 688, 40 | *Macfarlan]* Vgl. Anm. zu S. 109, A1. |
| 689, 27 | *da aller Verkehr mit England gesperrt ist]* Vgl. Anm. zu S. 671, 6f. |
| 689, 40 | *und ein Deutscher (Ahlwardt) einen Gesang der Temora]* Vgl. S. 109-125. |
| 690, 34 | *tübinger Übersetzung (No. 3)]* Vgl. Anm. zu S. 458, A1. |

[Anonym:] [Rezension zu Henry Mackenzies
*Report of the Committee of the Highland Society of Scotland*] [1817]

*Druckvorlage:* Ergänzungsblätter zur Allgemeinen Literatur-Zeitung. Halle 1817. Nr. 39, Sp. 305-
310 und Nr. 40, Sp. 313-316.

Vgl. hierzu Anm. zu S. 110, A15.

| | |
|---|---|
| 692, 16f. | *und die Urschriften im Buchladen ausgelegt]* Vgl. Anm. zu S. 522, 12f. |
| 692, 19[a] | *von* Bodmer *die Echtheit bezweifelt]* Vgl. S. 628-631. |
| 692, 19[b] | *von* Raspe *hingegen vertheidigt]* Vgl. S. 401-406. |
| 692, 22 | *Johnson]* Vgl. Anm. zu S. 520, 35. |

| | |
|---|---|
| 693, 3 | Hugh Blair/ Vgl. Anm. zu S. 413, 1ff. |
| 693, 4[a] | Donald/ Donald MacNicol: Remarks on Dr. Samuel Johnson's Journey to the Hebrides [...]. London 1779. |
| 693, 4[b] | H. Home *(Lord* Kaimes)/ Vgl. Anm. zu S. 66, A3. |
| 693, 4[c] | Hill/ Thomas Ford Hill: New and interesting Light thrown on the *Ossian* Controversy. In: The Gentleman's Magazine: and Historical Chronicle 52-54 (1782-1783). Bd. 52, S. 570f.; Bd. 53, S. 33-36, S. 140-144, S. 398-400, S. 489-494, S. 590-592 und S. 662-665. Vgl. Bd. 1, S. 228f. |
| 693, 4f. | Ferd. Warner/ Vgl. Anm. zu S. 434, 29f. |
| 693, 5[a] | Shaw/ Vgl. Anm. zu S. 125, A177[a] und 605, 28. |
| 693, 5[b] | Wendeborn/ Gebhard Friedrich August Wendeborn: Der Zustand des Staats, der Religion, der Gelehrsamkeit und der Kunst in Grosbritannien gegen das Ende des achtzehnten Jahrhunderts. 4 Bde. Berlin 1785-1788. Vgl. Bd. 1, S. 270. |
| 693, 6 | Boswell/ James Boswell: The journal of a tour to the Hebrides, with Samuel Johnson, LL. D. [...]. London 1785. |
| 693, 18 | Faujas de Saint Fond/ Vgl. Anm. zu S. 654, 5. |
| 693, 21 | *Ch.* Vallancey/ Vgl. Anm. zu S. 644, 16. |
| 693, 22[a] | John *und* Smith/ Vermutlich John Smith. Vgl. Anm. zu [John Smith:] Der Fall von Tura: ein Gedicht [übersetzt von Christian Felix Weiße] [1781]. |
| 693, 22[b] | Harold/ Vgl. Anm. zu S. 497, 9. |
| 693, 22[c] | *Miss* Brook/ Charlotte Brooke: Reliques of Irish Poetry: Consisting of Heroic Poems, Odes, Elegies, and Songs, Translated into English Verse [...]. Dublin 1789. |
| 693, 23[a] | *R. J.* Sulivan/ Richard Joseph Sulivan: Observations made during a Tour through Parts of England, Scotland, and Wales [...]. London 1780. Vgl. Bd. 2, S. 696f. |
| 693, 23[b] | *Joseph C.* Walker/ Vgl. Anm. zu S. 646, 19. |
| 693, 23[c] | *Matth.* Young/ Vgl. Anm. zu [Matthew Young:] Ein Gespräch zwischen dem bejahrten Ossian und St. Patrik [übersetzt von Friedrich Ludwig Wilhelm Meyer] [1793/1802]. |
| 693, 23[d] | *Sylv. O.* Halloran/ Sylvester O'Halloran: Introduction to the Study of the History and Antiquities of Ireland. London 1772. Vgl. Bd. 1, S. 214. |
| 693, 25 | Mackenzie/ Vgl. Anm. zu S. 110, A15. |
| 693, 36 | *zwey Schreiben von* Hume *an* Blair *vom Jahre 1763*/ Gemeint sind die Briefe vom 19. September und 6. Oktober 1763. Vgl. Bd. 1, S. 217f. |
| 694, 14f. | *ein altes [...] Liedern*/ Vgl. Bd. 1, S. 80/Anm. 104. |
| 695, 38 | *Hier.* Stone *von Dunkeld*/ Vgl. Anm. zu S. 634, 2. |
| 696, 1 | *Geschichte des Todes Traoch's*/ Eigentlich "Fraoch's". Es handelt sich hierbei um eine authentische schottisch-gälische Ballade, die von Jerome Stone sehr frei übersetzt wurde (vgl. Mackenzie: Report, S. 105-111 [Appendix] und die vorige Anm.). |
| 696, 7f. | Blair, Ferguson, Carlyle, Home/ Hugh Blair, Adam Ferguson, Alexander Carlyle und John Home zählen zu den sog. *Edinburgh literati* (vgl. Bd. 1, S. 74). Ihre Berichte finden sich im Appendix von Mackenzies *Report* (S. 55-62, 62-66, 66-68 und 68f.). |
| 696, 12 | Robertsons/ William Robertson, Mitglied der *Edinburgh literati* (vgl. Bd. 1, S. 74). |
| 696, 22 | *mit einem Buch in der Grundsprache*/ Vgl. Anm. zu S. 111, A26[b]. |
| 697, 19f. | *Hiervon werden zwey Proben gegeben*/ Macphersons Gedichte *Death* und *The Hunter* (vierter Gesang). Vgl. Mackenzie: Report, S. 157f. und 158-161 (Appendix). |
| 698, 33f. | *weil Macpherson [...] habe*/ Diese Begründung ist plausibel (vgl. Bd. 1, S. 182f.). |
| 699, 2 | *Malcolm* Llaing/ Vgl. Anm. zu S. 112, A29. |
| 699, 7f. | Adelung *[...] 1809*/ Vgl. S. 663-670 und Bd. 1, S. 282f. |
| 699, 29[a] | Ahlwardt/ Vgl. Anm. zu S. 125, A177[b]. |
| 699, 29[b] | Gräter/ Vgl. Anm. zu S. 551, 11f. |

[Therese Adolfine Louise von Jacob (Mrs. Robinson):] [Auszug aus:]
Die Unächtheit der Lieder Ossian's und des Macpherson'schen
Ossian's insbesondere. Von Talvj [1840]

*Druckvorlage:* Die Unächtheit der Lieder Ossian's und des Macpherson'schen Ossian's insbesondere. Von Talvj. Leipzig 1840.

Vgl. hierzu Bd. 2, S. 1098-1103.

700, A1     Oreilly*]* Edward O'Reilly. Vgl. Bd. 2, S. 1098-1103.

701, 11     *Hume's Worten]* Vgl. Anm. zu S. 608, A4.

701, A5     *Introduction [...] Ireland]* James Macpherson: An Introduction to the History of Great Britain and Ireland. London 1771.

702, 8     *Drummond]* William Hamilton Drummond. Vgl. Bd. 2, S. 1098-1103.

702, 11     *O'Conor]* [Charles O'Conor:] Dissertations on the History of Ireland. To which is subjoined, A Dissertation on the Irish Colonies established in Britain. With some Remarks on Mr. Mac Pherson's Translation of Fingal and Temora. Dublin 1766.

702, 16[a]     *O'Flaherty]* Vgl. Anm. zu S. 18, A13.

702, 16[b]     *Keating]* Vgl. Anm. zu S. 435, 9[a].

702, 29     *Vallancey's]* Vgl. Anm. zu S. 644, 16.

702, 29f.     *O'Flanagan's]* Theophilus O'Flanagan, unterstützt mit Joseph Cooper Walker (vgl. Anm. zu S. 646, 19) Charlotte Brooke bei ihren Übersetzungen altirischer Quellentexte (vgl. Anm. zu S. 693, 22[c]).

703, 9     *Dr. Mac-Arthur]* Vgl. Anm. zu S. 109, A1.

703, 20     *Donald Smith]* Bruder von John Smith (vgl. Anm. zu [John Smith:] Der Fall von Tura: ein Gedicht [übersetzt von Christian Felix Weiße] [1781]), arbeitet an Mackenzies *Report* mit (vgl. Anm. zu S. 110, A15) und beschäftigt sich als erster mit dem *Book of the Dean of Lismore* (vgl. Anm. zu S. 708, 20f.).

703, A16     John Smith*]* Vgl. die vorige Anm. und Anm. zu S. 521, A5[b/c].

705, 18ff.     *die Interpolationen [...] verwerfen]* Vgl. Bd. 3, S. 177/Anm. 32.

705, 22ff.     *es ist nicht [...] zusammenschmiedeten]* Vgl. Bd. 3, S. 167/Anm. 7.

705, A24     Walker's*]* Vgl. Anm. zu S. 646, 19.

[Anonym:] Ehrenrettung Ossian's [1841]

*Druckvorlage:* Magazin für die Literatur des Auslandes. Berlin 1841. Nr. 137.

707, 2     *Frau Talvj]* Vgl. S. 700-706 und Bd. 2, S. 1098-1103.

Hermann Hettner: [Auszug aus:] Geschichte der englischen Literatur [1856]

*Druckvorlage:* Hermann Hettner: Geschichte der englischen Literatur von der Wiederherstellung des Königthums bis in die zweite Hälfte des achtzehnten Jahrhunderts. 1660-1770. Braunschweig 1856.

708, 9f.     *der sich [...] hatte]* Vgl. Anm. zu S. 671, 22f.

708, 15f.     *Sie erregten sogleich das gewaltigste Aufsehen]* Vgl. Bd. 1, S. 76 und 82-85.

708, 20f.     *Die ersten [...] gesteigert]* Howard Gaskill (1988b) weist darauf hin, daß Macpherson das *Book of the Dean of Lismore*, die wichtigste schriftliche Quelle seiner Ossianübersetzung, schon einige Jahre vor der Konzeption des *Fingal* gekannt haben muß. "Since the earliest such reference occurs in fact in Blair's Preface to the

*Fragments*, I presume that already at this stage, in June 1760 and before his first expedition to the Highlands, Macpherson must have been in possession of his prize find" (S. 17f.).

708, 22f.     *eine der großartigsten Fälschungen]* Diese These kann heute nicht mehr aufrecht-erhalten werden. Vgl. Bd. 1, S. 247-251.

708, 32[a]     *Hume]* Vgl. Bd. 1, S. 216-218 und 222-224.

708, 32[b]     *Johnson]* Vgl. Anm. zu S. 520, 35.

708, 32[c]     *Shaw]* Vgl. Anm. zu S. 125, A177[a] und 605, 28.

708, 32[d]     *Laing]* Vgl. Anm. zu S. 112, A29.

709, 19f.     *Die Niederlage [...] vollständiger]* Diese Behauptung entspricht nicht den Tatsachen. Vgl. u.a. Bd. 1, S. 239ff. und 283ff.

709, 28[a]     *Oreilly]* Vgl. Anm. zu S. 700, A1.

709, 28[b]     *Drummond]* Vgl. Anm. zu S. 702, 8.

709, 32ff.     *Wie Macpherson [...] zurückübersetzt]* Vgl. Anm. zu S. 708, 22f.

709, 35     *mit feinster Sachkenntniß]* Diese Behauptung entspricht nicht den Tatsachen. Vgl. S. 715, 24ff. (Ebrard: Zur Ossian-Frage) und Bd. 2, S. 1101f.

710, 10f.     *glaubte er [...] dürfen]* Vgl. Anm. zu S. 698, 33f.

710, 33ff.     *Welch eine Welt [...] Geliebten]* Vgl. S. 282, 13ff.

710, 40     *Cesarotti]* Vgl. Anm. zu S. 439, 20[b].

710, 42[a]     *Ortni]* José Alonso Ortiz übersetzt 1788 die ossianischen Gedichte *Carthon* und *Lathmon*.

710, 42[b]     *Le Touneur]* Vgl. Anm. zu S. 501, 17.

710, 42[c]     *Lombard]* Essai d'une traduction d'Ossian en vers françois. Par J.[ohann Wilhelm] Lombard, Secrétaire privé au cabinet du Roi. Berlin 1789.

711, 1[a]     *Jangurs]* Möglicherweise eine entstellte Schreibweise für J.-J.-A. David de Saint-Georges. Vgl. Ossian, fils de Fingal, barde du troisième siècle: poésies galliques, traduites de l'Anglais de M. Macpherson, par M. Letourneur. 7 Bde. Paris 1797-1798 (Bd. 1-4: übersetzt von Letourneur, Bd. 5-7 von David de Saint-Georges).

711, 1[b]     *Krasitzki]* Ignacy Krasicki übersetzt 1779-1784 Ossians erstes Epos *Fingal*.

711, 1f.     *Bilderdyk]* Willem Bilderdijk übersetzt in seiner *Mengelpoëzy* (1799) die ossianischen Gedichte *The War of Inisthona, Dar-thula, The Songs of Selma* und *Carric-thura*.

## August Ebrard: Zur Ossian-Frage. Erwiederung [1869]

*Druckvorlage:* Außerordentliche Beilage zur Allgemeinen Zeitung. Augsburg 1869. Nr. 29.

Vgl. hierzu Bd. 2, S. 1111-1114.

712, 3     *Anhang [...] "Finnghal"]* August Ebrard: Ueber Alter und Echtheit von Ossian's Gedichten. In: Ossian's Finnghal. Episches Gedicht, aus dem Gälischen metrisch und mit Beibehaltung des Reims übersetzt von Dr. A.E.. Leipzig 1868, S. 124-154.

712, A1[a]     *Talvj]* Vgl. Anm. zu S. 707, 2.

712, A1[b]     *Uebersetzerin der serbischen Volkslieder]* Vgl. Anm. zu S. 611, 1f.

715, 27f.     *Abhandlungen von Drummond, O'Reilly]* Vgl. Anm. zu S. 700, A1 und 702, 8.

715, 34ff.     *eine Grammatik [...] Wien)]* August Ebrard: Handbuch der mittelgälischen Sprache hauptsächlich Ossian's. Grammatik – Lesestücke – Wörterbuch. Wien 1870.

716, 14f.     *den Homer [...] übersetzen]* The Iliad of Homer. Translated by James Macpherson, Esq. 2 Bde. London 1773. Vgl. Bd. 1, S. 68.

716, 25     *Samuel Johnson [...] gescholten]* Vgl. Bd. 1, S. 221. Siehe auch Anm. zu S. 639, 8f.

# E. Die passive Rezeption: Texte und Kommentare zur deutschen "Ossianomanie"

Brief des Herrn Gleims an Herrn Jacobi. Halberstadt, den 7ten Nov. 1768

*Druckvorlage:* Johann Wilhelm Ludwig Gleim: Sämtliche Schriften. Achter Theil. Frankfurt/Leipzig 1777.

719, 5f.     Gesang Rhingulphs [...] war/ Vgl. Anm. zu S. 462, 3f.

[Auszug aus: Brief von Karl Wilhelm Ramler an Michael Denis.
Berlin, den 5. Octob. 1777]

*Druckvorlage:* Michael's Denis Literarischer Nachlass. Hrsg. von Joseph Friedrich Freyherrn von Retzer. Abtheilung 2. Wien 1802.

[Johann] Balbach: Vorrede
[zu *Tales of Ossian for Use and Entertainment*] [1784]

*Druckvorlage:* Tales of Ossian for Use and Entertainment. Ein Lesebuch für Anfänger im Englischen. Mit beigefügten historischen und lokalen Erläuterungen, nebst angehängten Phraseologien, und einigen grammatischen Anmerkungen. Nürnberg 1784.

726, 2     Clerke/ Vgl. Anm. zu S. 521, A5[g].
726, 2f.     Hugo Blairs/ Vgl. Anm. zu S. 413, 1ff.

[Emilie von Berlepsch (Harms):] [Auszüge aus:] Caledonia.
Von der Verfasserin der Sommerstunden. Zweyter Theil [1802]

*Druckvorlage:* Caledonia. Von der Verfasserin der Sommerstunden. Bd. 2. Hamburg 1802.

| | |
|---|---|
| 729, 16ff. | Vgl. Bd. 3, S. 343, 19ff. (Darthula). |
| 735, 12 | Macdonald/ Vgl. Anm. zu S. 654, 19. |
| 735, 35ff. | Vgl. Bd. 3, S. 287, 2ff. (Fingal. Zweiter Gesang). |
| 736, 4f. | Vgl. Bd. 3, S. 300, 21f. (Fingal. Dritter Gesang). Fehlerhafte Übersetzung von Berlepsch. |
| 736, 17ff. | Vgl. Bd. 3, S. 443, 22f. (Temora. Achtes Buch). |
| 736, 21ff. | Vgl. S. 95, 27ff. (Berrathon). |
| 737, 7f. | *kleine Menschen/* Vgl. Anm. zu S. 272, 3ff. |
| 737, 14ff. | Vgl. Bd. 3, S. 301, 15ff. (Fingal. Vierter Gesang). |
| 737, A1[a] | *Uebersetzung des Herrn* Rhode/ Vgl. Anm. zu S. 122, A147. |
| 737, A1[b] | Harold/ Vgl. Anm. zu S. 497, 9. |

738, 12ff.  Vgl. S. 33, 7ff. (Die Gesänge von Selma).
739, 1ff.  Vgl. S. 104, 34ff. (Berrathon).
741, 20ff.  Vgl. Bd. 3, S. 259, 18ff. (Der Krieg von Inis-thona).
742, 16ff.  Vgl. Bd. 3, S. 27, 11ff. (Carthon).

# Karl Teuthold Heinze: Ideen zu Zimmern in Ossians Geschmack.
## Für Freunde Ossians [1804]

*Druckvorlage:* Zeitung für die elegante Welt 1804. Nr. 99.

Vgl. hierzu Bd. 1, S. 468-471.

744, 3  *Südpreußischen Zeitung]* [Anonym:] [Notiz zur französischen *Ossian*-Rezeption in einem Brief, datiert:] Paris, den 28. März [1804]. In: Südpreußische Zeitung 1804. Nr. 30, S. 4*/r.Sp. (unpaginiert).
744, 4  Didot] Ossian, barde du troisième siècle. Poésies Galliques en vers français. Par P.M. [Louis François] Baour-Lormian. Paris: Imprimerie de P. Didot l'Ainé an XII (1804).
744, 5[a]  Bousset] Nicht zu eruieren.
744, 5[b]  Ladureur] Nicht zu eruieren.
744, 7[a]  *Ossian von* Lesueur] Le Sueurs Oper *Ossian, ou Les Bardes* (1804).
744, 7[b]  *Faydeau]* Nicht zu eruieren.
746, 8  *Oper "Malvina"]* Zwischen 1768 und 1814 ist keine Oper *Malvina* nachweisbar (vgl. Manuela Jahrmärker (1993), S. 311-318).
746, 14  *Rühl]* Ossian's Gedichte in Umrissen. Erfunden und radirt von Johann Christian Ruhl, Bildhauer in Cassel. 3 Hefte. Erstes Heft: St. Petersburg/Penig/Leipzig 1805. Zweytes Heft: St. Petersburg/Penig 1806. Drittes und letztes Heft: St. Petersburg/ Penig/Leipzig 1807.

# [Anonym:] [Auszüge aus: Rezension zu:] Die Gedichte von Ossian, dem Sohne Fingals, [...] übersetzt von Friedr. Leop. Grafen zu Stolberg [1807]

*Druckvorlage:* Bibliothek der redenden und bildenden Künste. Leipzig 1807. Bd. 3. St. 2.

Zu Stolbergs Ossianübersetzung vgl. Bd. 2, S. 638-641.

747, 27  *Harold]* Vgl. Anm. zu S. 497, 9.
747, 34ff.  Vgl. S. 293, 6f.

# [Anonym:] [Auszüge aus: Rezension zu Ossianübersetzungen von Stolberg, Ahlwardt und Jung] [1808]

*Druckvorlage:* Neue Leipziger Literaturzeitung 1808. Bd. 3. St. 85.

750, 13f.  *auf sieben oder acht belaufen werden]* Es kommt darauf an, ob man die Denis-Übersetzungen nach der *third* bzw. *fourth edition* separat zählt: Denis (1768-1769), Harold (1775), Petersen (1782), Denis (1784), Rhode (1800), Stolberg (1806), Jung (1808) und Schubart (1808).
750, 21f.  *wie ein [...] nannte]* August Wilhelm Schlegel. Vgl. S. 662, 10.
755, 17  *weit verbreiteten Ossianomanie]* Vgl. S. 776, 25 ([Anonym:] Ossian).

[Anonym:] [Auszüge aus:] [Rezension zur Ossianübersetzung
von Christian Wilhelm Ahlwardt] [1812]

*Druckvorlage:* Leipziger Literatur-Zeitung 1812. Bd. 1. Nr. 72, Sp. 569-576 und Nr. 73, Sp. 577-
583.

| | |
|---|---|
| 756, 7 | *Ossianischen Zauberwelt]* Vgl. S. 535, 12 (Günderrode: Brief an Gunda von Savigny). |
| 756, 13 | *Runischen Poesie]* Vgl. Anm. zu S. 414, 15. |
| 758, 5f. | *der, wie er [...] hat]* Vgl. Bd. 3, S. 84, 17f. (Vorrede des englischen Uebersetzers [zu den *Poems of Ossian* (1773/dt. 1775)]) und Anm. zu S. 671, 22f. |
| 758, 18f. | *in welcher Eigenschaft er sich selbst gar nicht ankündigt]* Vgl. Bd. 3, S. 87, 5ff. (Vorrede des englischen Uebersetzers [zu den *Poems of Ossian* (1773/dt. 1775)]). |
| 758, 20f. | seinem Originale *gleichen* zu können] Vgl. Bd. 3, S. 87, 8ff. |
| 758, 27[a] | *W. Shaw]* Vgl. Anm. zu S. 125, A177[a] und 605, 15. |
| 758, 27[b] | *Young]* Vgl. Anm. zu [Matthew Young:] Ein Gespräch zwischen dem bejahrten Ossian und St. Patrik [übersetzt von Friedrich Ludwig Wilhelm Meyer] [1793/1802]. |
| 759, 10f. | *Rhodischen Versuche]* Vgl. Anm. zu S. 122, A147. |
| 759, 15 | *Haroldischen Uebersetzung]* Vgl. Anm. zu S. 497, 9. |
| 759, 27 | *Ross]* Vgl. Anm. zu S. 672, 31. |
| 759, 28 | *in den gegebenen Proben, Oldenburg 1807]* Vgl. S. 109-125. |
| 759, 38f. | *to draw [...] muses]* Vgl. The Poems of Ossian (Anm. zu S. 15, A3), S. 219 mit Anm. 54 (S. 478). |
| 760, 13f. | *und Hrn. A's [...] kann]* Vgl. Bd. 1, S. 285. |
| 760, 30 | *Blair]* Vgl. Anm. zu S. 413, 1ff. |
| 761, 16[a] | *Olaus Wormius]* Vgl. Anm. zu S. 414, 15. |
| 761, 16[b] | *Saxo Grammaticus]* altdänischer Geschichtsschreiber (um 1150 bis um 1220); vermutlich Geistlicher und Schreiber des Erzbischofs Absalon von Lund. Seine *Gesta Danorum* (1185) enthalten viele Sagen (u.a. Hamlet, Hrolf Krake) und sind eine bedeutende Geschichtsquelle. |
| 761, 19 | *Macfarlan]* Vgl. Anm. zu S. 109, A1. |
| 763, 13 | *im vierten zu erwartenden Theile]* Vgl. Anm. zu S. 125, A177[a]. |
| 764, 38 | *Harold]* Vgl. Anm. zu S. 497, 9. |

Johanna Schopenhauer: [Auszüge aus:] Erinnerungen von einer Reise
in den Jahren 1803, 1804 und 1805. Erster Band [1813]

*Druckvorlage:* Johanna Schopenhauer: Erinnerungen von einer Reise in den Jahren 1803, 1804
und 1805. Bd. 1. Rudolstadt 1813.

| | |
|---|---|
| 768, 7ff. | *In diesem Dorfe [...] Englisch]* Vgl. Anm. zu S. 334, 9f. |
| 768, 25f. | *daß wir [...] Alltagsleben]* Vgl. S. 535, 11ff. (Günderrode: Brief an Gunda von Savigny). |

[Charles Edward Dodd:] [Auszug aus:] An Autumn near the Rhine [1818]

*Druckvorlage:* An Autumn near the Rhine; or, Sketches of Courts, Society, Scenery, &c. in some
of the German States bordering on the Rhine. London 1818.

[Otto Friedrich] Gruppe: [Auszug aus:] [Rezension zu:]
Die Unächtheit der Lieder Ossian's [1841]

*Druckvorlage:* Hallische und Deutsche Jahrbücher für Wissenschaft und Kunst 4 (1841). 1. Halbband. Nr. 34.

| | |
|---|---|
| 770, 6ff. | *Gefällt! [...] gefiele]* Vgl. S. 282, 7ff. |
| 770, 9f. | *Ossian hat [...] einführt]* Vgl. S. 282, 13ff. |
| 770, 18 | *Percy's altschottischen Balladen]* Vgl. Anm. zu S. 36, 29. |
| 770, 26ff. | *Sogar der [...] angeführt]* Vgl. Johann Christoph Adelung: Ueber den Deutschen Styl. Erster Theil. Berlin 1785, S. 366, 374 und 377 (§ 44-53). |
| 771, 18f. | *Von und mit [...] gegangen]* Zu Jean Pauls Ossianrezeption vgl. Bd. 2, S. 880-900. |
| 771, 21 | *Denys]* Vgl. Anm. zu S. 498, 14. |
| 771, 22 | *Stolberg]* Vgl. Anm. zu S. 538, 6. |
| 771, 23 | *Rhode]* Vgl. Anm. zu S. 122, A147. |
| 771, 24 | *rhythmischer Prosa]* Vgl. Anm. zu S. 274, 34f. und 333, 32. |
| 771, 26 | *Ahlwardt]* Vgl. Anm. zu S. 125, A177[b]. |
| 772, 2 | *Johnson]* Vgl. Anm. zu S. 520, 35. |
| 772, 6f. | *Er ist [...] Jahren]* Diese Behauptung entspricht nicht den Tatsachen. Vgl. Bd. 2, S. 1103ff. |
| 772, 12f. | *die um Volkspoesie vielfach verdiente Verfasserin]* Vgl. Anm. zu S. 611, 1f. |
| 773, 5f. | *Hat doch [...] geopfert]* Diese These läßt sich nicht aufrechterhalten. Vgl. Bd. 1, S. 723-807. |

[Anonym:] [Auszug aus:] Ossian
[in: *Das große Conversations-Lexicon für die gebildeten Stände*] [1848]

*Druckvorlage:* Das große Conversations-Lexicon für die gebildeten Stände. In Verbindung mit Staatsmännern, Gelehrten, Künstlern und Technikern hrsg. von J. Meyer. Abt. 2. Bd. 1. Hildburghausen 1848.

| | |
|---|---|
| 774, 7ff. | *Bei O. geht [...] labte]* Vgl. S. 523, 6ff. |
| 774, 28ff. | Vgl. Bd. 3, S. 298, 16ff. |
| 776, 18 | *Kretschmanns]* Vgl. Anm. zu Karl Friedrich Kretschmann: [Auszüge aus:] Ueber das Bardiet [1784]. |
| 776, 22[a] | *Seckendorf]* Vgl. Anm. zu S. 526, 28f. |
| 776, 22[b] | *Zumsteg]* In Leipzig wird 1793 Johann Rudolf Zumsteegs Kantate *Colma* veröffentlicht. Vgl. auch Bd. 1, S. 369. |
| 776, 25 | *Ossianomanie]* Vgl. S. 755, 17 ([Anonym:] Rezension zu Ossianübersetzungen von Stolberg, Ahlwardt und Jung). |

Alfred Kurella: [Auszug aus:] Vorwort [zu *Ossian. Fingal in Lochlin*] [1920]

*Druckvorlage:* Ossian Fingal in Lochlin. 3 Gesänge in neuer Übertragung von Alfred Kurella. Mit 12 bisher unveröffentlichten Zeichnungen von Ph.O. Runge. Berlin 1920.

| | |
|---|---|
| 777, 2 | *Fingal in Lochlin]* Gemeint ist das Gedicht *Cath-loda* (vgl. Bd. 3, S. 165-180). Kurella übersetzt allerdings auf der Grundlage von Ahlwardts Ausgabe des gälischen Originals. Vgl. Anm. zu S. 125, A177[b]. |

# Personenregister